1945 im Zentrum Kölns: Die Breite Straße – ein Trampelpfad.
Schweigend schlängeln sich die Menschenmassen durch eine beinahe dörfliche Stille

16. Juli 1945: US-Präsident Truman, sein Staatssekretär Byrnes
und Flottenadmiral Leahy fahren durch die Berliner Ruinenlandschaft

HEISS UND KALT ist eine Sonderausgabe der BilderLese-Bücher:
TRÜMMER TRÄUME TRUMAN
Die Welt 1945-49
© ELEFANTEN PRESS VERLAG GMBH, 1985

BIKINI — KALTER KRIEG UND CAPRI-SONNE
Die fünfziger Jahre Politik Alltag Opposition
© ELEFANTEN PRESS VERLAG GMBH, 1981

CHE SCHAH SHIT
Die sechziger Jahre zwischen Cocktail und Molotow
© ELEFANTEN PRESS VERLAG GMBH, 1984

Redaktion: Eckhard Siepmann, Irene Lusk, Jürgen Holtfreter, Maruta Schmidt, Gabriele Dietz
Layout und Umschlag: Jürgen Holtfreter
Druck: Fuldaer Verlagsanstalt, Fulda

EP 200
1. Auflage, Berlin (West), 1986
Printed in the Federal Republic of Germany
ISBN 3-88520-200-X

ELEFANTEN PRESS VERLAG
Postfach 303080, 1000 Berlin 30

ELEFANTEN PRESS GALERIE
Zossener Str. 32, 1000 Berlin 61

CIP-Kurztitelaufnahme der Deutschen Bibliothek

HEISS UND KALT: d. Jahre 1945-69; d. BilderLeseBuch
[Red. Eckhard Siepmann...]. — Sonderausg.,
1. Auflage — Berlin (West):
Elefanten-Press-Verlag, 1986
(EP; 200) (BilderLeseBuch)
ISBN 3-88520-200-X
NE: Siepmann, Eckhard [Red.]; 1. GT

Wir danken:
— dem Aufbau Verlag für die Genehmigung zum Abdruck der gekürzten Fassung der »Legende von der Genossin Martha in Zeugnissen« aus »Leben und Abenteuer der Trobadora Beatriz nach Zeugnissen ihrer Spielfrau Laura« von Irmtraud Morgner. © Aufbau Verlag Berlin und Weimar 1974;
— dem Verlag Kiepenheuer und Witsch für die Genehmigung der auszugsweisen Wiedergabe des Textes »Nicht alle sind tot, die begraben sind« von Michael Schneider aus »Nur tote Fische schwimmen mit dem Strom«, © 1984 by Verlag Kiepenheuer & Witsch;
— dem Damnitz Verlag für die Genehmigung zum Abdruck eines Auszuges aus »Auf der Schuhe nach Gatt« von Erik Neutsch, © beim Mitteldeutschen Verlag Halle (Saale), 1973
— und dem Verlag Klaus Wagenbach für die Abdruckgenehmigung des Textes »Rückkehr« von Stephan Hermlin, urspünglich veröffentlicht in »Freibeuter«, Heft 18, Berlin 1983.
Die in Anführungszeichen zitierten Passagen im Beitrag »Das unheimliche Rascheln im Care-Paket« auf den Seiten 13-32 sind dem Roman »Gestern war Heute« von Ingeborg Drewitz entnommen, © Claassen Verlag 1978.
Die im selben Beitrag abgedruckten Tagebuch-Zitate, die eingangs mit Ortsangaben oder Namen und Daten versehen sind, stammen aus dem Buch »Mein Tagebuch«, herausgegeben von Heinrich Breloer, © Verlagsgesellschaft Schulfernsehen (vgs), Köln 1984.
Wir danken dem Verlag für die Abdruckgenehmigungen, auch für die Abbildungen auf den Seiten 22, 30 oben, 31 und 32.
»halbstark« erschien zuerst in Graffitti 1/1978 (IVA-Verlag Bernd Polke). Der Comic von Chlodwig Poth erschien zuerst bei Bärmeier & Nickel. Die Zitate von Bertolt Brecht wurden der 20-bändigen-Taschenbuch-Ausgabe des Suhrkamp-Verlags in Frankfurt entnommen.
Der Text von Ulrich Chaussy ist dem Buch »Die drei Leben des Rudi Dutschke. Eine Biographie«, © 1983 by Hermann Luchterhand Verlag, Darmstadt und Neuwied, entnommen. Ulrike Meinhofs Aufsatz »Vietnam in Deutschland« findet sich in dem Band »Die Würde des Menschen ist antastbar«, © R. u. B. Röhl / Wagenbach Verlag 1980; die »Vietnam Chronik« und das Gedicht von Erich Fried »Gleichheit Brüderlichkeit« in »und Vietnam und«, © Wagenbach Verlag 1966.
Die Fotos von Michael Ruetz stammen aus: Michael Ruetz, »Ihr müßt diesen Typen nur ins Gesicht sehen, APO Berlin 1966-1969«.
Das Lied von F.J. Degenhardt ist dem Buch »Kommt an den Tisch unter Pflaumenbäumen« entnommen, © C. Bertelsmann Verlag, München.
Wir danken Heinrich Albertz, Franz Josef Degenhardt, Robert Gernhardt (Lützel Jeman), A.v. Meysenburg, Michael Ruetz, dem Verlag Kiepenheuer & Witsch, Köln, (© »Drei Kugeln auf Rudi Dutschke« von Wolf Biermann, aus »Nachlaß« 1, 1977) sowie allen anderen genannten Verlagen für ihre Abdruckgenehmigungen.

Bildquellennachweis:
Margaret Bourke-White: S. 57, 188
dpa: S. 1, 558, 559, 613 oben, 620 oben, 622 mitte, 622 unten, 623, 659
Deutsches Kabarett-Archiv Mainz: S. 173, 174, 175, 177
Regine Esser: S. 564 unten
Peter Grohmann: S. 487, 488, 579 oben, 617, 618
Peter Großhaus: S. 159
Jürgen Henschel: S. 568, 569, 579 unten
Jürgen Holtfreter: S. 169, 474, 563, 609 mitte rechts, 612 oben, 619, 638 links
Familie Huster: S. 544
Landesarchiv Berlin: S. 109 rechte Spalte
Landesbildstelle Berlin: S. 11, 16, 18, 35 unten, 36 oben, 39 links, 40, 41, 45, 66, 67, 69, 72, 78, 79, 254, 518 oben links, 518 oben rechts, 561, 562, 570, 571, 580, 581, 585, 592, 596, 629, 631 mitte, 631 unten
A. v. Meysenburg: S. 460, 461
Jochen Moll: S. 631 oben
Helga Reidemeister: S. 644
Michael Ruetz: S. 587 unten, 588 oben links, 634 unten, 651 rechts, 630
Hanno Scheffer: S. 616
Manfred Scholz: S. 212 oben, 259, 274, 282, 298, 489, 608
Eckhard Siepmann: S. 517, 613 unten, 651
Stiftung Deutsche Kinemathek: S. 518, 519, 520, 522, 523 unten, 553, 554
Toni Tripp (TT Bilderdienst): S. 212 unten, 226, 278, 417, 479, 490, 491, 493, 494/495, 497 mitte, 498, 501, 620 unten, 635 unten
Ullstein Bilderdienst: S. 71, 74, 75, 105, 106/107, 109, 139, 140, 272, 275, 599, 609 oben links, 609 mitte rechts, 612 unten, 622 oben, 633
Umbo: S. 25 oben links und unten rechts, 34
Jupp Wolter: S. 533 oben
Archiv Zielinksi: S. 504-515
Günter Zint: S. 459, 477, 591, 593 oben, 604, 634 oben

Die Autorenfotos stammen aus dem Privatbesitz von Heinrich Albertz, Rainer Höynck, Hans Mahle, Wolfgang Plat, Helma Sanders-Brahms und Michael Schneider. Alle sonstigen Abbildungen: Archive DGB, Elefanten Press, Jürgen Holtfreter und Werkbund Archiv Berlin. Aufgrund der Fülle des Bild- und Dokumentationsmaterials war es nicht immer möglich, alle Copyright-Fragen zu klären. Wir bitten um Entschuldigung!

HEISS UND KALT

DIE JAHRE 1945–69

EP 200 ELEFANTEN PRESS

Inhalt

hier i. d. Trümmer
Heinrich Singer lebt
Coswig Gartenstr. 7
Mutter wir suchen Dich
Franz lebst Du?
Klavier Gesang
Stock
Robert-Kochstr. 6
b. Naumann
Strehlen
DREWAG

Helma Sanders-Brahms

Der Himmel war blau wie nie, als der Krieg zuende ging

Die Autorin auf dem Arm ihrer Mutter 1944

Die Bäume waren so grün und der Himmel so blau wie niemals wieder, als der Krieg zuende ging. Über die Landstraße kamen Panzer, unter denen der Asphalt aufbrach. Darauf saßen die Sieger. Ich sah zum ersten Mal in meinem Leben Neger, die trugen Uniformen und hohe Schnürschuhe, und die Frauen hatten Angst vor ihnen. Deshalb sagten die halbwüchsigen Jungen zu mir, sie würden den Frauen die Brüste abbeißen, das wären die Küsse der Neger, und danach hieße die Süßigkeit, die ich noch nicht kannte, Negerküsse. Immer noch, wenn ich sehe, wie jemand da hineinbeißt, denke ich an das, was die Halbwüchsigen erzählten, und ich sehe Zähne in eine Brust beißen.

Im Wald wuchsen Veilchen. Es gab eine Stelle, die war mein kleiner Garten, weil dort die Veilchen im Kreis wuchsen, wie zu einem Blumenbeet. Da lag an einem frischen Maimorgen ein toter Soldat. Er lag da noch lange, denn niemand begrub ihn. Er verweste langsam, und um ihn verblühten die Veilchen, denn es ging auf den Sommer zu. Nur wir Kinder wußten von ihm, und wir sagten es niemandem.

Ein Mann aus dem Dorf war aufgehängt worden. Von wem und weshalb, wußten wir nicht. Wir waren auch nicht dabei, als man ihn aufhängte, wir sahen nur von ferne, wie er da hing, mit baumelnden Beinen, in einer zu weiten Jacke, mit zu weiten Hosen, die auch zu kurz waren, unten kamen die dünnen Knöchel heraus, an denen hingen viel zu große Schuhe. Aber ehe wir näherkommen konnten, hatte man ihn schon abgeschnitten, und die Hühner scharrten an der Stelle, wo er gehangen hatte, am Boden herum, als wäre aus seinen Taschen noch etwas Eßbares gefallen.

Der Apfelbaum blühte, und die Milchkannen klapperten, und in der Küche wurde Essen gekocht. Dieser Fraß. Alle waren mager. Alle hatten Hungeraugen, und wo es nach Essen roch, war die Mitte der Welt. Den Teller leer essen. Keinen Krümel übrig lassen. Das ist heute noch zwanghaft. Der Rest Butter, der mit der scharfen Messerseite vom Papier gekratzt wird. Das Eigelb im gekochten Ei, an dem der Löffel immer wieder vorbeisticht, bis ganz zum Schluß, wenn man es dann essen darf. Brot wegwerfen kann ich immer noch nicht. Auch schimmliges nicht. Und ich habe immer noch ein schlechtes Gewissen, wenn ich ein Essen, vor dem mir graust, auf dem Teller stehenlasse. Ich zwang damals alles in mich hinein. Nicht aus Hunger, aber aus Angst vor dem Hunger. Die Schulspeisung der Engländer – aber da wohnten wir wieder woanders, wieder an der Küste, weit weg vom Wald. Schulspeisung, das waren Erbsensuppe, Bohnensuppe, Milchnudeln. Noch heute wird mir übel, wenn ich daran denke. Das kleine Aluminium-Gefäß mit dem Gummiring und dem Bügel, in das die Kelle das Essen hineinschwappte aus einem größeren Aluminiumgefäß mit Gummiring und Bügel. Alles stank. Die Suppe stank, die Gefäße stanken, der Schulraum stank. Ohne dies Essen, hieß es, würden wir verhungern. Du mußt essen. Essen. Die harten Erbsen in der stinkenden Brühe kauen. Die schwabbligen Milchnudeln konnte man in sich hineinziehen, ohne zu kauen, so schnell wie möglich, damit man sie möglichst wenig schmeckte. Bohnensuppe, Erbsensuppe, Milchnudeln konnte ich danach nie mehr essen. Ich wurde sehr krank. Die Darmschleimhäute lösten sich und glitten mit dem, was mein Magen und meine Därme von Bohnensuppe, Erbsensuppe, Milchnudeln übrig gelassen hatte, ins Klo. Ich fühlte mich so schön schwach, als alles wegglitt. Ich durfte im Bett bleiben. Da war es warm. Ich durfte nur gekochte Möhren essen. Drei Wochen lang. Aber ich brauchte nicht zur Schule. Draußen fiel Schnee vor den Fenstern, soweit sie noch übrig waren und nicht mit Pappe vernagelt. Die, die gesund waren, gingen zum Bahnhof und klauten Kohlen von den Kohlenwaggons. Das war das Abenteuer. Dazu war ich noch zu klein, zu dünn, zu ängstlich.

In jedem Haus gab es Flüchtlinge. Die Wohnungen wurden immer kleiner parzelliert, Zimmer mit Wolldecken unterteilt, so wurden aus Zimmern Wohnungen. Die Flüchtlinge erzählten von großen Höfen. Von

weiten Wiesen und Milchvieh und Pferden. Dazu ratterten die Nähmaschinen. Aus zwei zerrissenen Kleidern wurde ein neues Kleid gemacht. Und aus den Resten konnten einige ganz Geschickte noch Puppen machen und Puppenkleider. Frauenstrümpfe konnte man in lange schmale Streifen zerschneiden und die zu Schuhsohlen für Hausschuhe verhäkeln. Solche Hausschuhe hatte ich. Sie waren schön. Aus blauem Samt mit weißen Punkten, rot umhäkelt und mit einer Sohle aus Damenstrümpfen.
Zuhaus war ich gern. Für draußen hatte ich keine Schuhe. Ich hatte Klappsandalen. Klappsandalen waren aus Holz mit Lederstreifen drüber. Drei Holzstücke, mit Leder verbunden, das war die Sohle. Und machte immer klippklapp, wenn man ging und wenn die Holzstücke zusammenschlugen. Solang es nicht schneite, ging das ganz gut; mit mehreren Paar Socken übereinander an den Füßen konnte sogar ganz starker Frost einem nichts. Rote Füße hatte man nur nachher, die man im heißen Wasser aufwärmen mußte, mit Eichenrinde drin, damit man keine Frostbeulen kriegte. Die Eichenrinde hatten wir im Sommer gesammelt. Auch Pilze und Bucheckern. Aus Bucheckern machten wir Öl, in dem Öl konnte man Pfannkuchen machen, vorausgesetzt, man bekam Mehl. Mehl und Wasser, das gab schon einen Pfannkuchen, Ei dazu war natürlich ein Fest. Trockenei gab es manchmal auch aus den Care-Paketen, gelbes Pulver. Und Trockenmilch, die ich sehr liebte und die heute noch, wenn ich sie im Flugzeug zum Kaffee bekomme, mit dem Löffel gegessen wird als eine geschätzte Süßigkeit.
Ziergärten gab es keine mehr, alles war in Nutzgärten umgewandelt, selbst in den Vorgärten wuchs Kohl, rankten sich Bohnen. Wegen der Eier hielten wir schließlich Hühner im Keller, die glucksten nachts unter mir, und morgens schrie der Hahn, wenn es noch dunkel war. Das war ein schöner Hahn, ein weißer mit schwarzem Kragen, groß und stolz mit leuchtendem Kamm. In der Nachbarschaft gab es noch einen anderen, braunen mit blauschillerndem Schweif, der schrie noch früher als unserer. Er schrie: »Komm mal her!«, und unser Hahn antwortete: »Komm doch hierher!«, und darum hatten wir unseren Hahn »Komm-doch-hierher« getauft. Er war so groß, daß ich Angst vor ihm hatte, auch wegen seiner starken Stimme.
Das war eine Weiberwirtschaft damals. Männer waren ganz selten, und wenn welche dazukamen, waren sie müde und mager und still und hatten oft nur einen Arm oder ein Bein oder einen verbundenen Kopf. Mit den Flüchtlingen waren auch ein paar Männer gekommen, aber nur ganz alte, das, was ich »Opa« nannte.
Meinen Vater sah ich lange Zeit nicht. Die Mädchen von gegenüber, die mit mir in die Schule gingen, waren Töchter von Kriegerwitwen. Bei ihnen im Haus gab es auch nur einen Mann, der »Bubi« hieß und von dem man sagte, er wäre »aber harmlos«. Die Frauen hatten jedenfalls das Sagen, und überall waren sie in der Überzahl. Da es so viele von ihnen gab und in jedem Zimmer, das jedesmal eine Wohnung war, also von mehreren bewohnt und mit Möbeln für mehrere Zwecke vollgestellt, immer auch mehrere Frauen wohnten, teilten sie sich die Arbeiten. Die eine zum Beispiel ging arbeiten oder versuchte sich auf dem Schwarzmarkt, die andere blieb zu Haus und saß an der Nähmaschine und kochte zwischendurch und gab auf die Kinder und die Alten acht, und die dritte stand Schlange. Schlangestehen füllte die Tage genauso wie eine richtige Arbeit, wo es sie noch gab, oder wie Hausarbeit, die damals Geduld, Phantasie und Erfindungsgeist erforderte. Denn aus Haferflocken oder Kartoffelschalen wurden Plätzchen gemacht, aus Raps oder Bucheckern oder noch ausgefalleneren Grundstoffen wurde Fett gewonnen; kam von irgendwoher ein Beutel Obst, ein Kohlkopf, eine Speckseite, mußte man sofort einwecken, einsalzen, schnippeln, zum Trocknen hängen. Auf den Schränken standen Weckgläser mit eingemachtem Obst oder sogar Fleisch für Festtage, von Wand zu Wand spannten sich Fäden mit Trockenobst und Bohnen. Denn die Schlangesteherin brachte, wenn sie etwas bekam, gleich so viel wie nur möglich mit, was es auch war, und was nicht gleich gegessen werden konnte, mußte haltbar gemacht werden – die Tage, an denen es gar nichts gab, wo man zu weit hinten in der Schlange stand und, vorgerückt, vor leerem Thresen ankam, waren ohnedies in der Überzahl.
Manchmal ging auch eine zu den Kasernen, in der Manteltasche einen Briefumschlag mit einem Schmuckstück darin oder ein paar silbernen Löffeln, und tauschte diese letzten Schätze gegen ein Paar Nylons, gegen ein Päckchen Tee, der bei uns zu Hause zu den unbedingten Notwendigkeiten des Lebens zählte, oder gegen Zigaretten, Schnaps, Schokolade für die Kinder. In den Kasernen saßen die »Tommis«. Als wir noch in der Nähe des Waldes wohnten, waren da die »Amis«. Leute, die in der »Ami«-Gegend wohnten, hatten es besser als die, die in der »Tommi«-Gegend wohnten, aber am schlimmsten waren die dran, wo »die Russen« waren. Denn die Tommis hatten weniger als die Amis, aber die Russen hatten gar nichts. Die Russen, so hieß es, wuschen die Kartoffeln im Klo, konnten tanzen und singen, waren gut zu den Kindern, aber schlimm zu den Frauen. Vor den Russen herrschte eine allgemeine Angst, und die Flüchtlinge erzählten von ihnen solche Geschichten, daß unsere Mütter uns die Ohren zuhielten. Aber wir hörten sie doch, wir taten, als schliefen wir, wenn sie später abends wieder davon anfingen, und einer erzählte sie den anderen.
Daß sie die Frauen in den Keller schleppten, sogar ganz alte Frauen, und da etwas mit ihnen machten, etwas Grausames, was ich noch nicht verstand, wovor aber alle Frauen Angst hatten und worüber die Halbwüchsigen kicherten wie über die Geschichten mit den Negern, obwohl sie so grausam waren. Diese Halbwüchsigen, die schon im Krieg gewesen waren, im Volkssturm, und einem zeigen konnten, wie man eine Panzerfaust wirft, und die Alben im Schrank hatten mit Fotos von den deutschen Siegen darin, aus Zeitungen ausgeschnitten, schwarzweiße Fotos, auf denen Panzer zu sehen waren, zersprengte Brücken, Bunker, zerbombte Häuser – alles wie jetzt bei uns, nur eben auf Fotos, auf denen das alles deutsche Siege bedeutete, während das, was täglich in der Wirklichkeit passierte, keine Siege mehr waren, denn jetzt waren ja die »Tommis« oder die »Amis« oder noch woanders die »Russen« auf den Panzern, und sie ließen sich vor den zersprengten Brücken fotografieren und vor den zerbombten Häusern, und wahrscheinlich wurden die Fotos davon in deren Zeitungen gezeigt.
Mein Onkel war nur zehn Jahre älter als ich, auch noch ein Kind, noch nicht einmal ein Halbwüchsiger, jedenfalls gehörte er nicht zu denen. Er hatte einen kleinen Radioapparat auf dem Dachboden, damit hatte er immer Feindsender gehört. Aber jetzt waren das keine Feindsender mehr, jetzt durfte man das ganz offiziell hören. Er hatte vom BBC Englisch gelernt und hatte schon eine Brieffreundin in England, die ihm weißes Heidekraut schickte. Während des Krieges noch, in den letzten Wochen vor Kriegsende, hatte er an Sir Thomas Beecham geschrieben, den englischen Dirigenten, weil er in seinem Dachboden-Radio ein bestimmtes Musikstück hören wollte, und weil er mit Nachnamen Brahms hieß, wurde das Musikstück dann auch gesendet, für den vierzehnjährigen Bernhard Brahms, und sein Vater, mein Großvater, mußte sich dafür verantworten

und wäre beinahe noch »weggekommen«, wenn nicht dann einfach plötzlich der Krieg zu Ende gewesen wäre.
Dieser Onkel, eigentlich mein Bruder, hatte auf dem Dachboden aus Sperrholz eine Opernbühne, die Mailänder Scala in klein, das hatte er sich als Modell gebaut, Laubsägearbeit.
Wir ließen darauf kleine Figuren hin und hergehen und »Lache – Bajazzo« singen oder »Und es blitzten die Sterne« oder »Wie eiskalt ist dies Händchen« oder »Nun trinket in vollen Zügen« – Verdi, Puccini, Leoncavallo, italienische Oper eben, und das Wort »Mailand« klang uns wie eine paradiesische Verheißung in den Ohren. Ein Ort, wo immer Mai ist. Und wo immer schöne Frauen und schöne Männer in kostbaren Gewändern stehen und singen. Ja, auch Männer. Aus den Fotos von der Oper wußte ich, es gab Männer mit wunderbar geschminkten Gesichtern und Lockenhaar und samtenen Wämsern, und im Publikum waren andere, keine Soldaten, nicht müde und nicht schmutzig und nicht hungrig, sondern mit schwarzen Anzügen und mit weißen Hemden und Zylinderhüten und seidenen Schals. Daß es die in Mailand zu dieser Zeit auch nicht gab, kümmerte uns nicht. Es gab sie auf den Fotos, sie schritten die breiten Treppen hinauf, an ihren Armen Frauen in schillernden Abendkleidern mit Schleppen und tiefen Ausschnitten. Das war die Welt, die wir uns ersehnten, da oben auf dem Dachboden, zwischen staubigen Resten von Spielzeug und Möbeln, die selbst jetzt keiner brauchen konnte, und immer noch klopft mir das Herz, wenn ich in ein Opernhaus komme, wenn ich die Treppen hinaufgehe, und wenn ich dann noch Seide eines langen Kleides um mich rauschen höre, das regenhafte Rauschen des Beifalls am Anfang für den Dirigenten, und dann die Musik, der große Vorhang, am besten aus Samt, blauem oder purpurnem, der sich öffnet wie ein Mantel, ja, das ist beinahe das Glück, immer noch. So müßte die Liebe sein, mit glitzernden Lichtern und Musik, die Paare müßten singen, und jedesmal, wenn sie sich küßten, müßte der Beifall aufbrausen, so, wie es in der Oper ist.
Dunkel war es nachts in den Straßen. Opernhäuser gab es bei uns nicht, sie waren Hunderte von Kilometern entfernt, unerreichbar außer in den Träumen und vor dem Radio, das mit seinem grünen »magischen« Auge im dunklen Zimmer leuchtete, wenn die Lampen ausgemacht waren, um Strom und Glühbirnen zu sparen. Meine Mutter hörte auch Opern. Von irgendwoher, aus London oder sonstwo gab es Übertragungen, Direktsendungen, und man wußte, jetzt stehen die Sänger wirklich da, der Dirigent, alle die Leute im Orchester, jetzt, jetzt, genau in diesem Augenblick sind sie, weit weg von uns, aber doch gleichzeitig, und vielleicht saßen auch diese schönen Männer und Frauen im Publikum und tranken nachher Wein und Champagner, wie es immer in den Arien heißt, und liebten sich.
Aber wir gingen abends besser nicht nach draußen. Der Nieselregen fiel in die leeren Ruinen, in denen es schwarz und still und unheimlich war. Die Straßen waren geräumt, der Basalt glänzte in der Nässe, und ich sah auf meine Füße unter mir und versuchte, nicht auf die Ritzen zu treten, was nicht einfach war, denn die Steine waren etwa so groß wie die geballte Hand eines Erwachsenen, und deshalb konnte man nur auf Zehen gehen, wenn man die Ritzen vermeiden wollte. Vor gar nicht langer Zeit hatte ich sie noch von weiter oben, vom Arm oder vom Rücken meiner Mutter aus gesehen, wenn sie mit mir in den Bunker hastete, über uns die schönen glitzernden Lichterbäume, die die Bomber auf den Himmel schrieben, aus denen es dann hinunterstürzte und im Heulen der Sirenen und im schwachen Schreien der Menschen detonierte. Dann das Gedränge und Geschiebe im Bunkereingang, Köpfe, auf die ich von den Schultern meiner Mutter heruntersah, dann innen im Bunker unsere Bunkerbank, in der die Wolldecke eingeschlossen war und die wichtigsten Habseligkeiten, in Reihen mit vielen anderen Bunkerbänken, auf denen übernächtigte Menschen saßen, zum Teil in Schlafanzügen mit Mänteln darüber, denn diese Angriffe waren nachts, störten die Leute in den Betten auf. Viele gingen schon halbangezogen ins Bett, meine Mutter auch, aber immer wieder war es einem auch passiert, daß man gedacht hatte: Heute kommen sie nicht, heut' leg ich mich richtig ins Bett, und grad dann kamen sie eben, die Sirenen heulten, und man mußte rennen, rennen ums Leben, um noch rechtzeitig in den Bunker zu kommen. So redeten die Erwachsenen um mich herum, während ich auf dem Schoß meiner Mutter einschlief. Und dann kam die Entwarnung, ich wurde geweckt, wurde wieder auf die Schultern gehoben, und es ging mit dem gleichen Strom nach draußen. Die Überlebenden eilten nach Hause, und das gab es dann oft nicht mehr. Die Straßen waren mit Schutt verschüttet, Tote und wimmernde Verletzte lagen da, Rotkreuzbahren wurden an uns vorbeigetragen, wo vor ein paar Stunden noch ein Haus gestanden hatte, oder zwei, oder drei, waren jetzt nur noch qualmende Mauerteile, aus denen es noch brannte, die manchmal, weil ein tragender Balken weggeschmort war, neben uns noch einmal zusammenstürzen konnten und uns unter sich

begraben, wenn wir nicht schnell genug wegkamen. In und vor diesen Ruinen Menschen, die darin nach Verschütteten suchten, vor allem in den Kellern, aus denen oft Stimmen schrien, Hände ragten, bis andere Hände sie ergriffen, und immer in allem das schreckliche Weinen von Kindern, oder von mir selbst, da oben auf den Schultern meiner Mutter, die mich unversehrt durch die Hölle trug. Das war jetzt vorüber, und man ging durch eine Straße, wie man eben durch eine Straße geht, nur daß die heilen Häuser mit erleuchteten Fenstern selten waren und zwischen langen Reihen von Ruinengrundstücken standen, in denen mittlerweile große Büschel von Unkraut und sogar kleine Birken standen, und der Wind und der Regen und der Schnee kamen hinein, und im Winterdunkel war es so schwarz darin.

Aber im Sommer waren sie schön als Spielplätze, wenn auch eigentlich verboten, weil es immer noch Bomben darin geben konnte, die Kinder beim Spielen versehentlich auslösten, und das war tödlich. Oft erzählten die Erwachsenen uns das, aber wir gingen doch hinein, wir, oder auch ich allein. Halbverschüttete Kellerräume waren Höhlen, die immer schöner wurden, je höher Birken und Unkraut vor ihnen wuchsen und je mehr wir sie uns innen ausgeräumt hatten. Da konnten wir schön Vater-Mutter-Kind spielen mit Tischen und Stühlen aus Steinbrocken und Betten aus trocknem Gras, sogar eine aus der Schublade zu Hause stibitzte Tischdecke kam auf den Tisch, und Sandkuchen auf Tellern, und so spielten wir Familie und Bürgerlichkeit. Wir spielten aber auch das »Dschungelbuch«, als das Unkraut hoch genug war, um einen Urwald abzugeben. Diese grün überwucherten Sommerruinen waren die schönsten Orte zum Spielen, voller Geheimnisse, mit Vogelnestern in den Mauerlöchern, in denen im Frühling grün gesprenkelte Eier lagen, und dann saßen Vogelmütter darauf und sahen mit runden Augen auf uns, die wir leise, leise angeschlichen waren, ehe sie mit einem tschirrenden Laut abflogen, und noch später fütterten sie federlose, magere Vogelkinder, durch deren rosa Hälse das Licht schien, so durchsichtig waren sie, und um ihre vier oder fünf aufgesperrten Schnäbel war so ein merkwürdig dicker weißer Rand, und noch später kriegten sie Federn, und noch später machten sie Flugversuche vom Nestrand aus, saßen dick und unförmig am Boden, flatterten schwerfällig, und noch später waren sie nicht mehr da, und ich nahm das leere Nest aus der Höhlung, die Blätter fielen schon, und es wurde Herbst. Diese Ruinen machten, daß mir der Wald nicht fehlte und nicht die Tiere des Bauernhofes, auf dem wir evakuiert gewesen waren.

Dann kam mein Vater wieder. Andere Väter kamen nicht wieder, oder erst sehr viel später. Die, die wiederkamen, waren ernst und müde. Den Krieg hatten sie hassen gelernt. Nie wieder.

Aber manche von ihnen lärmten nachts und prahlten von ihren Heldentaten, als der Krieg noch Spaß gemacht hatte. Abenteuer. Die fremden Länder. Männerwelt. Nebenan hörte ich sie johlen, sah das Licht durch die Türritze schimmern und konnte nicht einschlafen von ihrem Gebrüll, und dazu lief eine Schallplatte, die mir über alle Maßen abscheulich war: »Man müßte nochmal zwanzig sein, und so ver-liebt wie damals, und irgendwo am Wiesenrain... verge-s-sen die Zeit.« Sie lief, während ich schlafen wollte, und die rotgesichtigen Männer sangen sie mit und hatten sich umarmt, und je betrunkener sie wurden, desto lauter drehten sie die Schallplatte »...du nur, du nur allein... wirst den Traum mir verzeihn... den ich heut geträumt hab, geträumt hab beim Wein...« Ich lag unter meiner dünnen Decke und ballte die Fäuste, weil ich nicht schlafen durfte, so wenig, wie ich in dem Café weggehen durfte, ich mußte diesen Erwachsenen mit ihren unsinnigen Gesängen und mit ihren häßlichen Gesprächen zuhören bis zum Überdruß, bis zum Ekel. Dann machte meine Mutter leise die Tür auf, und der Lichtschein vom anderen Zimmer fiel mir aufs Bett, und sie sagte traurig: »Schläfst du immer noch nicht?« und nahm mich in ihre Arme, und dann lag ich so einen Augenblick in ihre Arme eingeschlossen, da roch es gut, und dann ging sie wieder in das andere Zimmer, in dem sie noch mit meinem Vater saß, beide ganz still, denn mein Vater ging nicht zu den Lärmenden, und sie auch nicht, und später kam sie dann zu mir ins Bett, dann konnte ich immer schlafen, das war die Erlösung, und mein Vater lag nebenan auf dem Sofa, denn unser »Kabuff«, wie wir das nannten, war zu klein für zwei Betten, und sie schliefen wohl auch nicht mehr zusammen. Das habe ich später verstanden. Damals war es mir nur wichtig, daß sie nachts kam, daß der Lärm plötzlich abbrach, wenn ich in ihren Armen lag, nicht daß die nebenan aufgehört hätten zu singen, aber ich hörte sie nicht mehr, wenn meine Mutter bei mir war.

Mein Vater erzählte Geschichten, nicht vom Krieg, aber von Wilinchen und Wilorchen, die mit einem Luftballon über das Land flogen. Er war manchmal sehr lustig, aber er war mir so fremd, viel fremder als mein Großvater, den ich den ganzen Krieg über gesehen hatte. Die Liebe, die aus der Gewohnheit und der Vertrautheit kommt, hatte ich nicht für meinen Vater. Aber ich mochte seinen Pfeifenrauch, er hatte eine gute Hand mit Tieren, und unsere Hühner gediehen besser, seit er wieder da war, und zwischen die Kartoffeln im früheren Ziergarten pflanzte er seine Tabakstauden, die riesig aufschossen und rosa Blüten trieben und gewaltige Blätter ausbreiteten, saftig grün mit silbrigen Haaren darauf, man konnte sich darin verstecken und den starken Tabakgeruch einatmen und in einem fernen tropischen Land sein, bis zum Abendessen gerufen wurde.

Dann wurden die Blätter gelb und mußten abgeschlagen und zum Trocknen auf Fäden aufgezogen werden wie die Pilze und die Apfelscheiben und mußten viel Luft haben und ab und zu gewendet werden und dann noch später mit einem Messer in schmale Streifen geschnitten, bis sie aussahen wie braunes Sauerkraut.

Dann wurde es Winter. Weihnachten stellte ein großes Problem dar: Entweder konnte unser schöner stolzer Hahn, »Komm-doch-hierher« genannt, als Braten gegessen werden, oder man konnte ihn gegen Kerzen einzutauschen versuchen, denn zu kaufen gab es die auch nicht. Da auch mein Vater, und noch mehr meine Mutter, dem »Komm-doch-hierher« nicht den hochgereckten schwarzweißen Hals durchschneiden mochten, da wir uns auch nicht vorstellen konnten, ihn aufzuessen, und die Kerzen uns ohnedies wichtiger waren, wurde »Komm-doch-hierher« in einen Korb gesetzt, der sich fest schließen ließ, und ich fuhr mit meinem Vater über 250 Kilometer im überfüllten Zug auf Hamsterfahrt, und »Komm-doch-hierher« saß flügelschlagend und manchmal auch krähend im Korb und fuhr mit uns beiden nach Osnabrück, und da bekamen wir für ihn eine große Platte Bienenwachs, mit der kehrten wir im Triumph zurück. Ich hatte eine Nacht mit meinem Vater im Bett verbracht, zum ersten Mal seinen Tabakgeruch gerochen und seinen Atemzügen zugehört, die lauter und tiefer als die meiner Mutter waren. Der Zug nach Hause war wieder so voll, daß wir stehen mußten, »Komm-doch-hierher« war nicht bei uns, dafür lag das Bienenwachs im Korb. Die Zugfahrt dauerte einen ganzen Tag, und in der Nacht noch wurden Kerzen gegossen, und dazu betranken meine Eltern sich mit Kartoffelschnaps, und ich hörte sie nebenan singen und lärmen, um den Verrat zu vergessen, den wir an unserem schönen stolzen »Komm-doch-hierher« begangen hatten.

Das unheimliche Rascheln im Care-Paket

Nachkriegsalltag
montiert von Irene Lusk

Vor der Kapitulation

Die letzten Wochen, Tage, Stunden

»Im Keller brennen Hindenburglichter. Hunger, stöhnt einer, leckt sich dabei die Lippen. Durst, stöhnt ein anderer. Die Wasserhähne stehen offen, aber das Wasser wird nicht mehr in die Türme gepumpt, steigt nicht mehr in die Leitungen. Mutter hat drei Kleider übereinander an und doppelte Unterwäsche – damit man wenigstens was rettet. Den Schmuck, ein paar Ketten, Ohrringe, Broschen, trägt sie im Leinenbeutel um den Leib. Vater redet überlaut von der letzten Mutzuteilung Schnaps gegen das Gemurmel im Keller an: Was kann uns schon passieren! Mal muß ja jeder dran glauben, nur nicht sentimental werden jetzt, Würde bewahren! Er lacht dröhnend – Würde! Die Brüder aus der Steppe werden Augen machen, wenn sie uns sehen! Unsere ganze Volksgemeinschaft im Fegefeuer! Hat keiner die Fahnen rausgehängt? Die Fahnen raus, Leute! Farbe bekennen!«

Sonntag, den 29.4.45: Seit Freitag ist dauernd Regenwetter, mitunter gießt es in Strömen, wie gut, daß ich am Donn. den Garten noch fertig gemacht habe! (...) Am Freitag ist Mutter erzählt worden (am Rosterberg ist ja Strom und folglich auch Radio), daß im deutschen Wehrmachtsbericht der Führer selbst gesprochen habe, nur kurz, aber es war genug. Er sei von allen seinen Getreuen verlassen worden und kämpfe jetzt mit nur noch einigen Hitlerjungen. Als ich das hörte, da war für mich alles aus. Ich hatte bis dahin immer noch geglaubt, sie könnten uns doch nicht so belügen, es käme doch noch die Geheimwaffe, aber jetzt ist alles aus. Ich mußte allein ins Eßzimmer gehen, dort habe ich mich aufs Sofa geworfen und bitterlich geweint. Sollte denn so alles vorbei sein? Der Traum ausgeträumt, alles zerschlagen, was glücklich wieder aufgebaut war, sollte das das Ende sein, auf das wir 5 volle Kriegsjahre hingearbeitet und entbehrt hatten, wo so viel blühende Jugend gefallen ist im Kampf für eine närrische Idee – nicht im Kampf fürs Vaterland, das war frei und einig. So viele Witwen und Waisen haben wir jetzt, so viele haben ihre gesunden

Glieder verloren, viele haben Hab und Gut verloren, fünf Jahre lang haben wir fest an den Sieg geglaubt, und jetzt soll dies das Ende sein!

Edelgard B., Siegen
Silvesterabend, 23.45 Uhr: Die Viertelstunde, die das alte Jahr mir noch läßt, will ich dazu benutzen, eine große Frage hier niederzuschreiben:

Was wird das neue Jahr 1945 uns bringen?

Weiter Krieg? Den Frieden? Den Sieg? (...)
Heute abend gab es, wie immer am Silvesterabend, ein ordentliches Stück Bratwurst und einen guten Kartoffelsalat. Sonst war das ja zwar keine Bratwurst, sondern riesige Stücke Fleischwurst oder für jeden ein ganzes Würstchen, aber... Eben haben wir wunderbaren Glühwein getrunken. Dies Jahr ist nun keins der Kinder mit mir bei uns: Anneliese, Mechthild und Werner nicht! Und auch kein Besuch da. Das hatten wir noch nie. Wie schön haben wir sonst immer mit Z.s und G.s gefeiert. Der Krieg macht einem aber auch alle Freuden kaputt!

Sonntag, den 11. Februar 1945: (...) Es war (am 1. 2.) abends gegen 7 Uhr, und wir waren gerade beim Essen, als es Vollalarm gab. (...) Vater sagte: »Werft euch alle auf die Erde, Siegen bekommt einen Angriff, die Leuchtzeichen sind schon gesetzt«, und wir warfen uns alle hin. Ich unter das Luftschutzbett mit Frl. S., die sonst immer in den Stollen geht. (...) Nach 10 Min. – wir dachten schon, es gäbe gar keinen Angriff – da krachte es! Und nun ging es Schlag auf Schlag. Es war ein so ungeheurer Lärm, ich weiß nicht, was schlimmer war, das Heulen der Bomben und Bersten oder der unheimlich brausende Luftdruck. Das Trommelfell tat so weh, daß ich dachte, es platzt. Es brauste wie ein Sturm durchs ganze Haus. Es schien uns eine endlose Ewigkeit zu dauern, länger als Stunden. Jetzt wissen wir, daß es genau 30 Min. waren. Es war grauenhaft. Wir lagen da, den Mund offen, Ohren zugehalten und eine Decke über den Kopf. Eiskalt fuhr der Luftdruck mir unter das Kleid. Bei jeder Bombe dachten wir: Die ist jetzt auf unser Haus niedergegangen! Jetzt stürzt es zusammen, jetzt kracht es über uns, jetzt ist der Moment gekommen, jetzt sind wir gleich alle tot.

»Als ich auf dem Wege dorthin war, begegnete ich Ilse H., einem Mädchen aus dem BDM. Sie fragte mich, ob ich nicht mal mit ihr käm'. Ich fragte sie, wohin, sie sagte: »Hier in die Turnerstraße, ich möchte gerne Begleitung haben.« Ich ging arglos mit ihr. Als sie aber dann sagte, sie wolle in die Turnhalle, da fiel mir ein, daß ja dort die Toten vom Angriff alle lagen. Da wurde mir aber doch angst, die wollte ich nicht sehen. Dann würde ich danach noch mehr Angst vor dem Alarm haben. Ich sagte zu ihr, daß ich dann nachts davon träumte, da wollte ich nicht hin, aber sie meinte: »Ist ja Quatsch, stell' dich nicht an«, da wollte ich mich auch nicht gerne schwach zeigen. Aber da standen wir auch schon in der Tür der Halle. Draußen lagen Särge aufgeschichtet. Ach, war das entsetzlich. Wäre ich doch nicht mit Ilse gegangen. Die Halle war besät mit Leichen. Ich habe mir sie aber nicht weiter angesehen, nur eine Gruppe, die mußte ich bemerken, denn die lag gleich neben der Türe. Da waren ein Mann und eine Frau, die ich aber z. Glück nicht genau erkennen konnte, ich sah nur die blutüberströmten und drecküberkrusteten Gesichter; aber zwei kleine Mädchen, vielleicht 5 Jahre alt, lagen noch da. Das eine so, als wenn es noch lebte, wie ein Püppchen, die Äugelchen zu, ganz süß, als würde es schlafen, und das andere hatte wohl unter dem Schutt gelegen, die Haare und das Gesichtchen waren ganz voll Lehm. An dem nackten Beinchen sah man noch ein Stück Strumpfband, und die Beinchen in den Strümpfen baumelten leblos herunter.«

Hitlerbilder

»Man sieht kaum noch Parteiabzeichen auf den Jackenaufschlägen. (...) Und noch immer sind die Reporter unterwegs: Berlin ist gefaßt! An Berlin zerbricht der Feind! Und noch immer Interviews, Jungenstimmen: Wir werden, aber klar.
Eiserne Rationen werden ausgegeben, die Leute reißen die Büchsen auf, fressen, erbrechen das ungewohnt fette Schweinefleisch. Und doch: Einmal satt gewesen sein. Der Volkssturm geht in die Stellungen an den Vorortstrecken, an der Ringbahn und hinter den Panzersperren. Werwölfe verscharren sich in den Parks. Hitlerbilder und die braunen Uniformen werden heimlich in Ruinengrundstücke geworfen, Orden und Ehrenzeichen vergraben. Zum ersten Mal russische Luftangriffe, dann die Stalinorgeln in den Außenbezirken.«

Russkis, Amis, Tommies, weiße Fahnen

Lienewitz, 30.4.1945: Lebendiges Treiben auf unserem Hof. Wir saßen in der Küche und wärmten uns. Da kamen einige Russen und fragten, ob sie kochen könnten. Allgemeines »Ja«. Dann fing es an: Klötze von Margarine, ein Eimer Schmalz, Fleisch und was man sich sonst noch denken kann. Mittags gab es Leber mit Zwiebeln. Wir mußten mitessen, soviel wir konnten. Abends Nudelsuppe mit einem Klumpen Rindfleisch, Brot in Hülle und Fülle und gebratenen Fisch (mit Handgranaten geangelt), im Fett schwimmend. Jetzt, wo ich schreibe, sausen Infanteriekugeln am Fenster vorbei. Das stört alte Frontschweine nicht. Wir leben wie die Made im Speck. Der Kommandant hat extra gesagt, wir sollen essen, was und wieviel wir wollen. Und das tun wir auch. Es will dunkel werden. Auf einmal setzt die Stalinorgel ein. Ihr kennt dieses Geschütz nicht. Es ist einfach nicht zu beschreiben. Ein Urtier mit tausend Kehlen. Ein entsetzliches Gebrüll. Die Orgel sendet Tod und Verderben. Und ein paar wahnsinnige SS-Leute am Leipziger Autobahndreieck halten dort eine Stellung. Schnake, Du kennst die Gabelung der Autobahn hinter Ferch-Seddin, wo es links nach Leipzig abbiegt. Gestern hatten sie 182 Tote, 72 Verwundete, und 35 wollten zu den Russen übergehen. Da sind 15 von den eigenen Leuten von hinten erschossen worden. Morgen ist 1. Mai. Euer Papi

Hitlerbilder

»Man sieht kaum noch Parteiabzeichen auf den Jackenaufschlägen. (...) Und noch immer sind die Reporter unterwegs: Berlin ist gefaßt! An Berlin zerbricht der Feind! Und noch immer Interviews, Jungenstimmen: Wir werden, aber klar.
Eiserne Rationen werden ausgegeben, die Leute reißen die Büchsen auf, fressen, erbrechen das ungewohnt fette Schweinefleisch. Und doch: Einmal satt gewesen sein. Der Volkssturm geht in die Stellungen an den Vorortstrecken, an der Ringbahn und hinter den Panzersperren. Werwölfe verscharren sich in den Parks. Hitlerbilder und die braunen Uniformen werden heimlich in Ruinengrundstücke geworfen, Orden und Ehrenzeichen vergraben. Zum ersten Mal russische Luftangriffe, dann die Stalinorgeln in den Außenbezirken.«

Russkis, Amis, Tommies, weiße Fahnen

Lienewitz, 30.4.1945: Lebendiges Treiben auf unserem Hof. Wir saßen in der Küche und wärmten uns. Da kamen einige Russen und fragten, ob sie kochen könnten. Allgemeines »Ja«. Dann fing es an: Klötze von Margarine, ein Eimer Schmalz, Fleisch und was man sich sonst noch denken kann. Mittags gab es Leber mit Zwiebeln. Wir mußten mitessen, soviel wir konnten. Abends Nudelsuppe mit einem Klumpen Rindfleisch, Brot in Hülle und Fülle und gebratenen Fisch (mit Handgranaten geangelt), im Fett schwimmend. Jetzt, wo ich schreibe, sausen Infanteriekugeln am Fenster vorbei. Das stört alte Frontschweine nicht. Wir leben wie die Made im Speck. Der Kommandant hat extra gesagt, wir sollen essen, was und wieviel wir wollen. Und das tun wir auch. Es will dunkel werden. Auf einmal setzt die Stalinorgel ein. Ihr kennt dieses Geschütz nicht. Es ist einfach nicht zu beschreiben. Ein Urtier mit tausend Kehlen. Ein entsetzliches Gebrüll. Die Orgel sendet Tod und Verderben. Und ein paar wahnsinnige SS-Leute am Leipziger Autobahndreieck halten dort eine Stellung. Schnake, Du kennst die Gabelung der Autobahn hinter Ferch-Seddin, wo es links nach Leipzig abbiegt. Gestern hatten sie 182 Tote, 72 Verwundete, und 35 wollten zu den Russen übergehen. Da sind 15 von den eigenen Leuten von hinten erschossen worden. Morgen ist 1. Mai. Euer Papi

Lienewitz, 1.5.1945: Gut geschlafen. Um 9 Uhr aufgestanden. Am fertigen Frühstückstisch Nudelsuppe mit Schweinefleisch, schmeckt ausgezeichnet. Hätte es nicht gedacht. Der Kommandant und verschiedene Offiziere kamen in die Küche, und wir haben russischen 1. Mai gefeiert mit Wein und Wodka, Fisch und Fleisch, gleich nach dem Frühstück. Alles eine große Freundschaft. Händedruck und nette Reden. Der Kommandant sagte, er sei Bolschewist. Gebildete, anständige Menschen.

Eben, 13 Uhr 30, Alarm. Die SS ist wieder verrückt geworden. Es wird gesagt, sie alle müssen sterben.

Jetzt will ich ein Mittagsschläfchen halten und gegen Abend weiterschreiben, wenn ich meinen Tee mit 4 Löffel (!) Zucker getrunken habe. Nasdoje, Dobro noz. Gute Nacht.

Euer Papi

Erika S., Hamburg
4.5.45: War das ein aufregender Tag! Um 7½ Uhr etwa fing es an, spannend zu werden. Auf der Straße dröhnte es, wir liefen ans Fenster... und sahen die Bescherung. In der Jarrestraße fuhr Fahrzeug hinter Fahrzeug, Panzer, Panzerspähwagen, Lastkraftwagen, Motorräder... Und alles mit diesem Zeichen ☆, dem Stern. Soldaten in braunen Anzügen, mit den typischen flachen Stahlhelmen, über die ein Tarnnetz gezogen war, saßen dicht an dicht auf den Fahrzeugen. Es war eine wahre Pracht, und ich konnte diesen Anblick nicht genug genießen. – Auch gegenüber standen die Leute an den Fenstern, auch dort noch die meisten in Nachthemden. Mütter trugen die Kinder auf dem Arm, um ihnen die Befreier zu zeigen, die größeren Kinder drückten selbst ihre Nasen an den wenigen heilen Scheiben platt und konnten sich nicht satt sehen, mit aufgeregten Wangen und Gesichtern spähten sie auf die Straße, blickten sie nach den fremden Soldaten, den »Feinden«. Aber so unmenschlich sahen sie doch gar nicht aus!

Sonntag, 15.4.45: Amerikaner! Heute nacht kam ein Mann (im Bunker) und sagte: »Alle Uniformierten müssen sofort den Bunker verlassen.« Als ich am nächsten Morgen erwachte, war ich amerikanisch. Am Vormittag merkte ich nicht viel von den Amerikanern. Als wir aber zum Essen gingen, stand an jeder Ecke ein Panzer. Wie Amerikaner aussehen? Hedi denkt an das Gebäck! Sie untersuchen die Häuser nach Waffen und Uniformen, sind aber im übrigen freundlich. Die befreiten Kriegsgefangenen klauen fürchterlich. Die amerikanische Fahne weht auf dem Rathaus. Ich muß auch schon einen Ausweis haben. Von abends 6 – morgens 7 Uhr ist Ausgehverbot. 200 m Bewegungsfreiheit vom Wohnort aus.

Maria V., bei Kriegsende 14 Jahre alt: Also, ich wollte weg. Ich wollte aus diesem Trümmerhaufen raus. Ich wollt' eigentlich damit nichts mehr zu tun haben. Also, der Aufbau, ich habe gedacht, das ginge viel schneller, und es ging nicht so schnell, und ich wollte leben.
Ich hab' mir immer so Illusionen gemacht: Draußen ist natürlich alles viel schöner, und am schönsten natürlich ist es in Amerika. Und war erpicht auf amerikanische Kleider und Bonbons und Kaugummi und Icecream und lauter so Geschichten. Es war aber auch unheimlich faszinierend zu der Zeit. Und die Musik vor allen

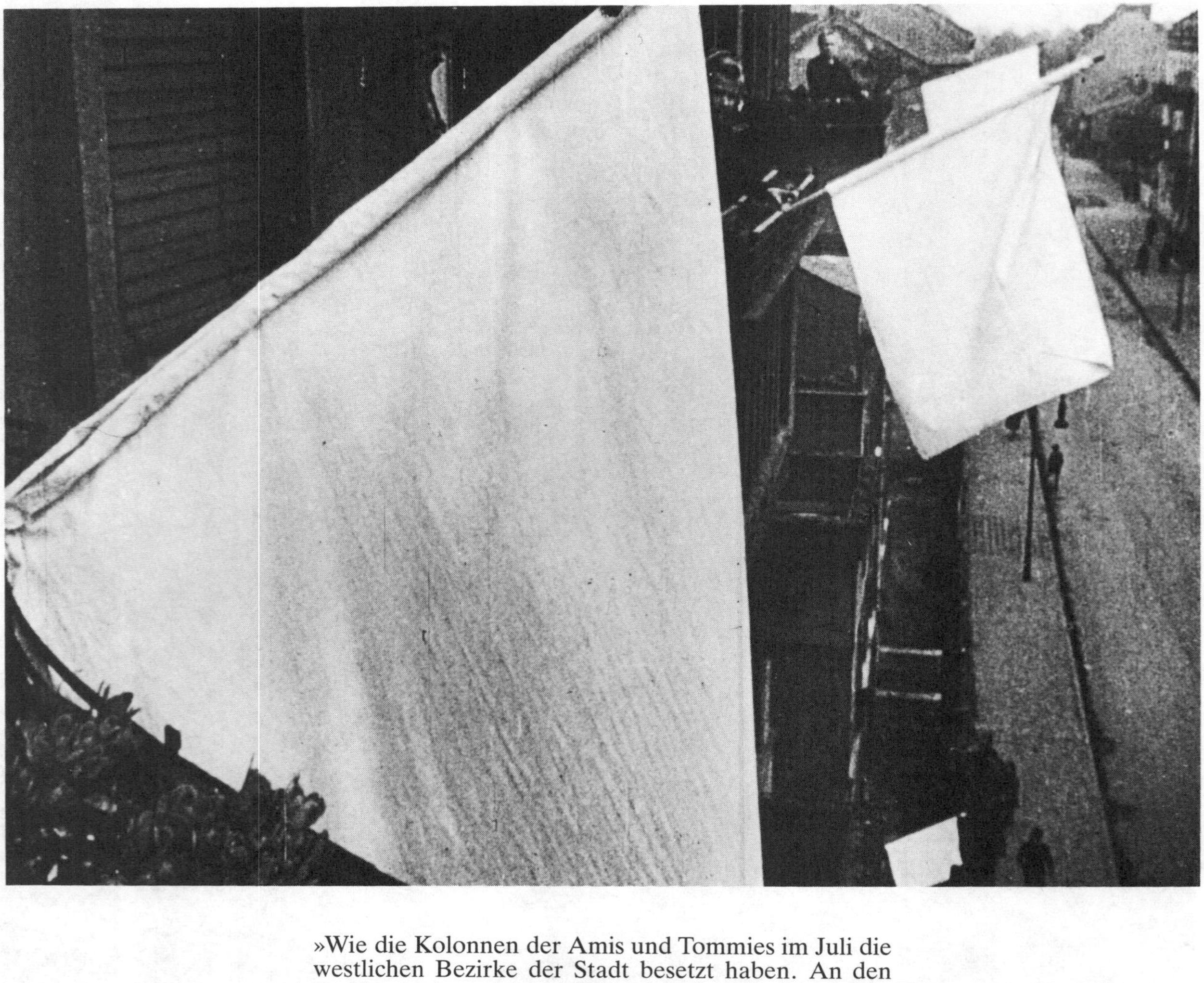

»Wie die Kolonnen der Amis und Tommies im Juli die westlichen Bezirke der Stadt besetzt haben. An den Straßen stehen viele und winken. Und die in den aufgeklappten Panzertürmen und in den Jeeps und auf den Lastern winken zurück, weiße Hände, schwarze Hände, No fraternization! Und wie Vater sagt: Du mußt zu den Amis oder Tommies gehen, du kannst doch englisch. Wir verhungern ja sonst.«

Dingen. Oder wenn man an diesen amerikanischen Clubs vorbeikam, hat man immer diese Fetzen von Musik gehört, und das war für mich sehr aufregend, da wollt' ich immer rein.
Und da gab's halt die Amiliebchen, die sind dann im Jeep manchmal mitgefahren, und das wollten wir natürlich auch, wir anderen, die jüngeren. Die hab' ich schon irgendwie bewundert, daß die da mitfahren konnten. Die trugen dann diese Kopftücher; damals trug man diese amerikanischen bunten Kopftücher. Bei uns war alles grau, grau und grün, grau und oh, schrecklich diese Kleidung. Es war fürchterlich, und die haben dann so schöne Farben gehabt.

Am 24.5.1945: Kühle Tage, und es regnet. Vorgestern wurde vor dem Kreishaus die amerikanische Flagge gehißt. Die Bevölkerung war zur Teilnahme aufgerufen worden. Als wir hinkamen, war es schon vorbei, ziemlich schlicht und ohne Aufwand.
Heute waren 2 Engländer da und wollten das ganze Haus besehen. Wir hoffen, daß unser Haus nicht beschlagnahmt wird.
Ich fühle mich einsam und mein Herz ist schwer. (...)

Am 10.6.1945: (...) Im Radio hören wir wenig Musik, hauptsächlich aktuelle Sendungen, z.B. »Die Stimme Amerikas« sowie täglich ¼ Std. englischen Sprachunterricht.
21.50 Uhr, Sonntagabend. Eben gibt es deutsche Schlager!

»In den beschlagnahmten Wohnungen werden Gelage gefeiert. Die Russkis benutzen die Badewannen als Latrinen, solche Schweine, wissens nicht besser! Gespött und Gehechel, jeder weiß irgend etwas. Andere sammeln die weggeworfenen Brotkanten und Papyrossis in Säcke. Süßliches braunes Brot, wer weiß, was da drin ist, aber es macht satt. Andere kratzen die Reste aus den Konservenbüchsen auf den Abfallhaufen. Und auch das: breite Gestalten, die vor Kindern knien: Dieti! Die Arme verlangend geöffnet, aber die Kinder pressen sich gegen die Beine der Mütter, bis die nach lauter Mißverstehen und Gebärden das Kind ermutigen, die Hand zu geben. Die bärtigen Gesichter unter den erdfarbenen Mützen verziehen sich zum Lächeln, und die schweren Soldatenhände graben in Uniformtaschen und kramen braunen, klebrigen Zucker oder auch ein buntes Fetzchen Papier hervor.«

»Zweimal hat Gabriele russischen Soldaten ausweichen können, die Uri! Uri! gebettelt haben, hat sich anderen Stadtwanderern für ein paar hundert Meter Weg zugesellt.
Das Fabriktor, das hohe gußeiserne Tor, ist zugeschlossen. Zwei Posten gehen davor auf und ab.
Stoi! ruft der eine, als sie ungefähr zwanzig Schritte vorm Tor ist. Die Fabrikgebäude stehen noch. Nur die Fenster sind herausgesplittert. Sie sieht, daß der Fabrikhof leer ist, die Lastwagen sind umgestürzt.
Nix rabotta! ruft der zweite Posten lachend.
Sie hat es gewußt, aber sie hat den Weg machen, hat sich vergewissern müssen. Der verdammte Wunsch, sich zu vergewissern, wie es weitergeht.
Gehen Sie schon, ruft es hinter ihr aus einem Fenster. Schlimm ist das hier. Die feiern jede Nacht. Was hat denn hier ne Frau zu suchen?
Der Posten winkt: Nix rabotta! Nix Frau komm! Lacht, fuchtelt mit dem Gewehr.
Warum Angst haben vor der Zukunft? Die sind die Sieger, aber wir leben noch, haben überlebt.«

Vergewaltigung und die Angst davor

»Und noch immer freitags der Goebbels-Artikel: Mädchenschändungen in Schlesien, in Pommern, ein Vierzehnjähriger vernichtete drei Panzer, Interview: Wie war das, Dieter, so heißt du doch, eine heisere Jungenstimme: Wir waren im Chausseegraben in Deckung, fünf Panzerfäuste hatte jeder von uns. In die Ketten werfen, ducken, das war eins! Du bist ein Held, Junge! Und Sie? fragt der Reporter, wie war das, Fräulein Helene? Na, sie kamen eben ins Dorf, und wir hatten Angst, und Mutter stand in der Küche und wollte sie nicht reinlassen, ja, und ich dachte, lieber sterben, aber dann ging die Tür auf, zwei so große, breitschultrige, Uri, Uri sagten sie. Njet, nix, sagt Mutter, gar nix, aber da wirft sie der eine schon aufs Bett und der andere – ich schreie, beiße, meingott – – Schluchzen auf Band. Und dann der Reporter: Fräulein Helene bittet für alle deutschen Frauen und Mädchen: Schützt unser Land! Auf dem Fabrikhof stapeln sich die Kisten, Meßgeräte für den U-Boot-Krieg. Die Auftragsbücher sind noch voll, sagt der Werkmeister, als die Dicke um Urlaub für einen Tag bittet, weil sie ihre Mutter aus Magdeburg holen will. Sie können mir das doch nicht verwehren, eine alte Frau allein, wenn da die Russen und die Amerikaner an der Elbe zusammentreffen!
Woher wissen Sie das? schnauzt der Werkmeister, das ist Feindpropaganda!«

»– wovor denn noch Angst? Das deutsche Volk bleibt bestehen. Ein Mädchen im Nebenhaus hat sich aufgehängt, auf dem Dachboden zwischen Löschsandtüten und Fässern mit brakigem Wasser. Nach der Vergewaltigung, heißt es.
Mutter hat Gabriele und Ulrike ins Zimmer der alten Frauen eingeschlossen und die Tür mit einem Schrank verstellt. Ihr müßt euch verstecken! Sie durchsuchen ja Wohnung für Wohnung!
Nach Waffen, sagt Vater.
Mutter ist ruhig gewesen trotz der Aufregung. Du weißt doch. Das sind doch nicht bloß Gerüchte! Aber wenn sie euch finden, wehrt euch nicht!
Vater, Mutter und die alten Frauen haben dann im Flur gewartet – so jedenfalls erzählen sie nachher – weil die Soldaten ja schon im Haus waren, haben zugesehen, wie ihre Schränke und Betten und das Buffet durchwühlt wurden. Der eine Soldat hat das Klavier aufgeklappt und mit der gespreizten Hand auf die Tasten geschlagen. Ah, Bethovven, grroßer Mann! Werr spielen? Du? Er hat auf den Vater gezeigt und als der verneint, auf die Mutter: Du spielen! Und sie hat sich ans Klavier setzen müssen. Bethovven, bitte! Ihr ist die Waldsteinsonate eingefallen, als hätte sie die eben zum letzten Mal gespielt, und sie hat zu spielen begonnen und der Soldat hat dabeigestanden. Sie hat fast den ganzen ersten Satz gespielt, bis der Soldat abgewinkt hat. Der andere Soldat hat Vaters abgewetzte Lederjacke mitgenommen. Das vergeß ich nie, sagt Mutter, nachdem die Durchsuchung des Hauses abgeschlossen war und sie die Mädchen wieder aus dem Zimmer herausgelassen hat. Ausgerechnet die Waldsteinsonate!«

»Aber der Bäcker backt Brot. Sie haben dabeigestanden, als die Mehlsäcke von russischen Lastwagen vor den Ladeneingang geworfen wurden, Säcke mit eingewebten Namen pommerscher und ostpreußischer Mühlen. Die Mädchen und Frauen haben sich Asche in die Gesichter geschmiert, laufen in Tücher und Lumpen gehüllt, stehen an den Pumpen an, jede mit zwei Eimern, eine Stunde, zwei Stunden, drei Stunden, gefühllos vor Hunger und Hitze und Ruhr. (...) «

»Sonntags machen sie sich auf in die Mark. Mit der S-Bahn bis Spandau-West und dann zu Fuß. Sie ziehen Pferderüben, die niemand geerntet hat, drehen altgewordenen Rhabarber aus den Stauden, fragen nach Leinöl, nach Brot, zahlen mit dem Schmuck, den Mutter gerettet hat, wandern unter die Rucksäcke geduckt über die Landstraße, werden von zwei jungen Russen mit Pistolengefuchtel und freundlichem Grinsen ins Quartier getrieben und entkommen dank der List der Bäuerin, die die jungen Soldaten wegschickt, Kameraden zum Feiern zu holen, und den Mädchen unterdessen den Fluchtweg zeigt.«

25.10.48: immer noch, nach den drei jahren, zittert unter den arbeitern, höre ich allgemein, die panik, verursacht durch die plünderungen und vergewaltigungen, nach, die der eroberung von berlin folgten. in den arbeitervierteln hatte man die befreier mit verzweifelter freude erwartet, die arme waren ausgestreckt, aber die begegnung wurde zum überfall, der die siebzigjährigen und die zwölfjährigen nicht schonte und in voller öffentlichkeit vor sich ging. es wird berichtet, daß die russischen soldaten noch während der kämpfe von haus zu haus, blutend, erschöpft, erbittert, ihr feuer einstellten, damit frauen wasser holen konnten, die hungrigen aus den kellern in die bäckereien geleiteten, die unter trümmern begrabenen ausgraben halfen, aber nach dem kampf durchzogen betrunkene horden die wohnungen, holten die frauen, schossen die widerstand leistenden männer und frauen nieder, vergewaltigten vor den augen von kindern, standen in schlangen an vor häusern usw. kuckhahn sah eine siebzigjährige, erschossen nach der vergewaltigung, und er sah, wie ein kommissar zwei soldaten niederschoß, die geplündert hatten und ihn angriffen, als er sie zur rede stellte. nach all den materiellen verwüstungen, welche die naziheere in ihrem land anrichteten, werden die russischen kommunisten jetzt auch noch den psychischen verwüstungen begegnen müssen, die der hitlerraubkrieg unter den eben erst in den zivilisationsprozeß geworfenen, vom zarismus entmenschten »muschiks« angerichtet hat.
(N) erinnert, daß eine besondere tragik darin liegt: es war für die sowjets schwierig, ihre heere zur offensive zu bringen. die sozialistischen losungen und der aufbau der neuen wirtschaft ohne konkurrenzkampf hatte die massen friedlich gemacht. nun mußte überstürzt das töten gelehrt werden; die alten instinkte waren aufzurufen, ganz besonders in den zurückgebliebenen sowjetvölkern – die exzedierenden regimenter waren meist bauernregimenter von jenseits des urals.
(Bertolt Brecht, Arbeitsjournal)

Ideologische Stimmung

Lehsen, 30.1.45: Heute ist der Tag der Machtergreifung. Heute vor 12 Jahren ist unser Führer an die Führung des deutschen Reiches gelangt; heute vor zwölf Jahren fing Deutschlands große Zeit an, u. jetzt hat sie ihren Höhepunkt erreicht. An allen Seiten des Reiches steht der Feind u. rückt auf das Herz Deutschlands zu. In kurzer Zeit muß sich das Schicksal unseres Volkes entscheiden: entweder Aufstieg oder Untergang, bedingungsloser Untergang.
Wir müssen siegen, weil wir siegen wollen, weil das ganze deutsche Volk siegen will, mit jeder Faser seines ganzen Seins. Wir wollen siegen, weil wir die Größe unseres Willens kennen u. weil wir von der Richtigkeit unserer Sache überzeugt sind.
Wir hoffen u. bangen für das Gute, für unseren Sieg. Und wir werden siegen u. leben u. glücklich sein, weil wir unser Schicksal in unsere Hände nehmen u. lernen, es zu gestalten. Wir werden in dieser Zeit zu Menschen, wieder zu richtigen, großen Menschen, die den Ursprung des Menschseins kennen u. die gegen alle Lauheit ankämpfen.
Und wir stehen inmitten dieser großen Zeit, bangen und beben mit jedem Geschehen, hoffen u. beten für unseren Sieg. Werden wir leben dürfen? In Glück u. Erfüllung leben dürfen? Oder ist es Wille der Vorsehung, daß wir für unseren Glauben untergehen?
Wir wollen gut werden! Wir haben unsren festen Willen dazu. Wir glauben an die Güte des Schicksals u. an die Größe der Vorsehung.
In einer Stunde wird der Führer sprechen. Ich warte darauf, weil ich seinen Trost brauche, jetzt, gerade jetzt, in der schwersten u. entscheidendsten Zeit. Ich bange um meine Heimat, um meine arme, arme Heimat, u. um meinen Liebsten. Gott schütze mir beides vor dem Schlimmsten.

Aus dem Tagebuch der Erika S., Hamburg: War das eine herrliche Nacht!! Ich schlief so selig, daß ich immer nur dachte: »Hitler tot, Nazis tot! Hitler und die Nazis tot!« Und heute morgen dann ging es zur Schule. Auf dem Weg zum Borgweg hielt ich Ausschau, ob man noch Parteiabzeichen erblicken kann. Keines, wohin das Auge auch sah. Seltsam, kein Mensch weinte oder sah auch nur traurig aus, obwohl doch der geliebte, verehrte Führer, in dem die Vollidioten fast einen Gott sahen, nicht mehr lebte und die Knute aus der Hand legen mußte. Seltsam... *Das* also war die verschworene Volksgemeinschaft, die *alles* für ihn, den Führer hingeben wollte! Aber so hatten wir es schon vorausgesehen, weil Nazis immer feige und das Volk nicht ½ so begeistert war, wie erzählt wurde. Jetzt, wo der Drill aufhört, atmet alles auf.

Kino, Oper, Theater, Vergnügen

»Und immer Flüchtlinge auf den Berliner Bahnhöfen, die Koffer mit Schnüren umwickelt, die Köpfe in Tüchern, plärrende, stinkende Kinder auf dem Arm und an der Hand, nach Westen! Nach Westen! Die Filmtheater sind überfüllt, Storm, farbig, Idyllen in Grün und blonde, herbsüße Liebe, dazwischen Alarm, Menschenherden drängen aus dem Kino, die Vorstellung wird nach dem Angriff fortgesetzt, bitte, behalten Sie die Eintrittskarten!«

»Überlebenstage, Überlebenszeit. Fidelio im Opernhaus in der Kantstraße. November. In Mäntel und Dekken eingehüllt auf den Plüschsesseln im Parkett und in den Rängen, die Hände zwischen den Knien gefaltet beim Chor der Gefangenen. Freiheit. Was ist das, Freiheit? Gabriele hat einen Platz im dritten Rang. In ihrem blauen, abgetragenen Mantel mit dem karierten Wollschal um den Hals und der blauen Baskenmütze auf dem Kopf unterscheidet sie sich nicht von den anderen, die neben ihr, vor ihr und hinter ihr sitzen.«

September 1945: Das Ausgehverbot besteht noch immer ab ½ 11 Uhr abends. Aber kulturelle Veranstaltungen haben jetzt wieder begonnen. Es gibt Konzerte und poetische Vorlesungen, Liederabende und Theaterstücke, alles, was das Herz begehrt, sogar Tanzstunde. Nur bekommt man leider nie eine Eintrittskarte, wenn man keine Beziehungen hat. – Aus Mangel an Theatern (einige sind ja nur für die »Tommies« beschlagnahmt) finden teilweise Veranstaltungen in Kirchen oder Gemeindesälen statt.– So ist jetzt das Leben hier in Hamburg.

Ein Kind, Montag, 5.8.46. Uerdingen. Heute war ich im Kino. Ich habe »Krach um Jolanthe« gesehen. Es hat mir gut gefallen. Auch die Wochenschau war anständig und nicht wie sonst vom Nürnberger Prozeß. Das finde ich schrecklich langweilig.

»An einem wunderschönen, warmen Sommerabend waren Herr E., Adele und ich in unserem Garten. Ich hatte das Akkordeon mitgeschleppt und spielte. Zum Schluß sangen wir Volkslieder, und ich spielte dazu. Herr S. kam auch in kurzer Lederhose und schmutzigen Füßen von der Gartenarbeit, setzte sich auf ein paar Backsteine uns gegenüber und sang tapfer mit. Als die 4 aufeinandergetürmten Steine umfielen, purzelte er hintenüber.
Als wir aufbrachen, muß es wohl schon ½ 12 Uhr gewesen sein. Der Mond stand voll und rund am Himmel – ein wunderbarer, sommerlicher Abend, der so harmonisch mit gemeinsam gesungenen Abendliedern endete. Nach allen Mühen und Sorgen des Alltags war das eine wirkliche Erholung und Entspannung.
Ich war ein paarmal mit einem netten Kollegen zusammen: 1946 einmal im Kino (»Träumerei«), ein Film über Robert Schumann, und einmal zu einem Konzert. Anfang 1947 waren wir zusammen zu einem Vortrag über Rainer Maria Rilke, dessen Lyrik wir beide sehr mochten. Diese 3 Begegnungen werden mir unvergeßlich bleiben, denn sie hoben mich über den grauen Alltag hinaus.(...)«

»Der Glöckner von Notre Dame«, »Unsere kleine Stadt«, »Die roten Schuhe«, »Die Kinder des Olymp«, »Ninotschka«, »Der dritte Mann« und »Die besten Jahre unseres Lebens«. In der Schlußszene dieses Heimkehrerfilms, der viele Deutsche an das eigene Schicksal erinnert, streift der amerikanische Kriegsveteran Parrish seiner Braut Wilma den Ring mit stählernen Greifzangen auf den Finger, denn er hat keine Hände mehr. Auch das Theaterstück »Wir sind noch einmal davongekommen« des Amerikaners Thornton Wilder wird zum großen Erfolg. Eine Familie rettet sich mit knapper Not aus Sintflut, Eiszeit und Bombennächten, um immer wieder von vorne anzufangen. Mancher deutscher Zuschauer schöpft aus solchen Stücken mehr Hoffnung als aus den Klageliedern der deutschen Nachkriegsliteratur. Die Freunde des Theaters sind auch von

Seiltanz über den Trümmern

den Bühnenexperimenten fasziniert, von der Einbeziehung des Zuschauerraums in die Spielfläche. Das Bedürfnis, Neues auszuprobieren, wird auch durch die Raumnot gefördert. Die Wochenschau berichtet am 30. April 1948: »Theater im Zimmer nennt der Schauspieler Helmuth Gmelin sein Unternehmen, das er in seiner Wohnung in Hamburg eingerichtet hat. Jeden Abend klettern fünfzig Besucher, denn mehr Plätze zählt der Zuschauerraum nicht, vier unbeleuchtete Treppen hinauf... Durch das Prinzip des Theaters ohne Rampe will der Regisseur intimsten Kontakt mit seinem Publikum erzielen.«
Zu den begehrtesten Lizenzen der Besatzungszeit gehört jene, einen Buchverlag betreiben zu dürfen. Die Münchner Verleger Reinhard und Klaus Piper zum Beispiel, die keiner nationalsozialistischen Parteiorganisation angehört hatten, erhalten am 4. Januar 1946 eine der ersten amerikanischen Lizenzen zur Wiederaufnahme der Verlagsarbeit. Mit dem schäbigen Holzpapier, das den Verlegern von den Bewirtschaftern zugestanden wird, nehmen sie eine intensive Buchproduktion auf. Das Papier ist so knapp, daß manche Buchhändler Altpapier für neue Bücher verlangen.

Wegen des ungeheuren Nachholbedarfs an Lesestoff, besonders an Übertragungen ausländischer Literatur, setzt der Verleger Rowohlt sogar Rotationsdruckmaschinen der Zeitungen ein und läßt »rororo«-Romane drucken. Fünfzig Pfennig kostet Tucholskys »Gripsholm« und Hemingways »In einem anderen Land«. Ein sehr wichtiges Verlagsgeschäft sind die neuen Schulbücher. Die Kriegs- und Heldengeschichten werden durch Märchen ersetzt.

Der Alexander-Chor singt 1945 auf dem Berliner Gendarmenmarkt

Der Nachholbedarf wird gedeckt: Schlangen vor den Kinos, in denen es endlich wieder Charlie Chaplins »Goldrausch« zu sehen gibt.
Links: Den ersten deutschen Nachkriegsfilm drehte Wolfgang Staudte bei der Defa: »Die Mörder sind unter uns« mit Hildegard Knef und Ernst-Wilhelm Borchert.
Unten: Eine der wichtigsten Strömungen des europäischen Nachkriegsfilms war der italienische Neorealismus, für den hier Rosselinis »Rom, offene Stadt« stehen soll (Giovanna Galetti und Harry Feist in einer Szene dieses Films).

Kinder, Jugend

»Daß immer wieder Kinder abstürzen, die in den Ruinen herumklettern, um Gebälk herauszubrechen, Feuerholz, Winterholz. Daß Ulrike in der Schule russisch lernt – die russischen Emigranten der zwanziger Jahre sind mit einemmal wichtig geworden, wer kann sonst schon russisch? Die aus den Nationalbewegungen in Bjelorußland oder in der Ukraine von den Nazis an die Universitäten geholt worden waren, haben sich nach Westen abgesetzt oder müssen sich noch verbergen. Ulrike lernt auch deutsche Grammatik, wie Vater vorausgesagt hat, aber der Geschichtsunterricht ist gestrichen.«

»Wie sie das Haus noch gefunden hat in der Stuttgarter Straße. Die Wohnung. Und die graue Lehrerin hat sie wiedererkannt. Sie waren beide so elend, daß sie geweint haben, als sie sich um den Hals gefallen sind. Wir sollten uns jetzt beim Vornamen nennen. Sie wissen ja sicher noch aus dem Lehrerverzeichnis, daß ich Elisabeth heiße. Vom Lager hat sie nichts erzählt. Nur, daß sie sich nicht nach Westen hat schleppen lassen. Es war ja doch Winter und die Straßen verstopft. Es war Glück dabei, sagt sie. Sie arbeitet wieder in der Schule, ein anstrengender Weg täglich bis Köpenick, bei den Verkehrsbedingungen! Aber die Schüler sind aufgeschlossen. Sind Jungen darunter, denen ein Bein oder Arm amputiert ist, ein Mädchen, das verschüttet war, Waisen, Halbwaisen, aber auch solche, denen sie die Väter weggeholt haben, weil sie Nazis waren.«

»Und wie sie mit Hunderten oder Tausenden ansteht, den Fragebogen studiert und erstaunt über die vielen NS-Organisationen eine Kolonne No untereinander schreibt, nur einmal unterbricht: eingetreten in den BDM, ausgetreten aus dem BDM, und den Fragebogen abgibt. Und die hinter dem Schiebefenster sagt: Ihr Jahrgang fällt doch sowieso unter die Jugendamnestie. Aber Sie müssen sich wiegen und röntgen lassen. Und ihr eine Anweisung für den Arzt gibt statt einer Arbeitsanweisung. Das Vorzimmer des Arztes erinnern, die gekerbten Gesichter, die Gerüche der kranken Körper, die verkrochenen Augen, die flinken Hände von Frauen, die Aufgeribbeltes stricken, das Blättern der Männer in Illustrierten, die noch aus der Nazizeit stammen. Und die Enttäuschung, als sie den Röntgenbefund bekommt und den Zettel für das Gesundheitsamt Tiergarten. Es ist den Besatzern nicht zuzumuten, daß TB-Kranke in ihrer Umgebung arbeiten, aber der Herd ist klein, den verkapseln sie, sagt der Arzt.«

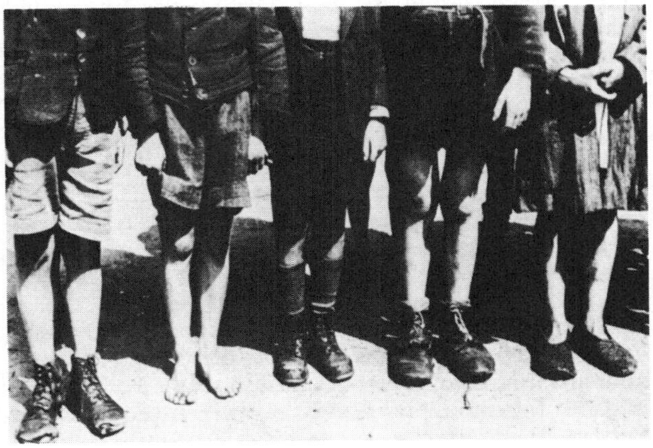

Plündern

»Und dann heißt es, die Kunsthonigfabrik wird geplündert, und die Ölmühle und die Lager von Bolle. Tausende drängen und stoßen, zerren Ölkanister auf die Straße, rollen Honig- und Siruptonnen an den Bordstein, schlagen die Spunde ein, stemmen die Deckel auf, sprengen die Ringe von den Butterfässern, stehen knöcheltief in Sirup und Öl, schöpfen mit Töpfen und Gläsern und bloßen Händen, einige erbrechen sich, andere knien vor den hitzegedunsenen Pferdekadavern, die nach der Schlacht liegengeblieben sind, reißen mit Vorlegemessern, Scheren und Taschenmessern Fleischfetzen heraus, werfen sie in die Körbe, wickeln sie in Lappen oder alte Zeitungen. Frauen suchen ihre Männer und Söhne, finden sie in anderen Stadtteilen wieder oder auch nur zwei, drei Straßen weiter. Alte Männer ohne Waffen, Jungen mit Messern und Jagdgewehren. Die Schuhe sind gestohlen, die Gamaschenwickel und Ledergurte sind gestohlen, die Toten liegen bäuchlings oder eingekrümmt, andere sind schon von Fremden vergraben worden.«

Mode

Eine Frau, die in Krieg und Nachkriegszeit in Männerhosen und Uniformjacke gegen Trümmer angekämpft hatte, empfindet die Wiedereinführung des Korsetts und den konservativen Schleierhut nicht als Zwang, sondern als Wiederherstellung zivilisierter Lebensformen. »Die Frauen haben es satt, praktisch, männlich und sportlich zu sein. Sie wollen weiblich, gepflegt und anschmiegsam erscheinen«, meint der Modeschöpfer H. Oestergard 1947.
1945 wurden Kleider aus verschiedenen Stoffresten zusammengenäht, das Leder der Schuhe genagelt, Kinderschuhe aus Bast angefertigt, Einkaufstaschen aus Pappe hergestellt, Weißblechabfall zu Puderdosen verarbeitet, Strickgarn aus aufgetrenntem Zuckersackgewebe gemacht, ein amerikanischer Mehlsack zu Kleiderärmeln verarbeitet und bestickt.

Und nach dem Produktionsstand jener ersten Nachkriegsjahre hatte ein Bewohner der britischen Zone nur alle 40 Jahre einen Anzug, alle zehn Jahre ein Hemd, alle vier Jahre ein Paar Socken und alle drei Jahre neue Schuhe zu erwarten.

April '45. Während Teile der Wehrmacht zu sinnlosem Widerstand gezwungen werden, haben die Sieger schon ihren Spaß: Hitlers Hutladen. Neben der militärischen Kopfbedeckung das »besondere Fluchtmodell« des Frühjahrs '45: ein deutsches Jägerhütchen.

Gutes Geld

»Es war wie Zauberei: das neue Geld war kaum verteilt, da gaben die Kühe plötzlich wieder Milch, die Hühner legten wieder Eier, die Kartoffeln wuchsen wieder. Was Hungerstreiks, Schweigemärsche, Erfüllungssolls und Strafandrohungen nicht vermocht hatten, gelang dem bunten DM-Papier: Gegen gutes Geld taten sich alle die geheimen Lager auf, in denen Fabrikanten, Grossisten und Einzelhändler die rarsten Waren deponiert hatten.
In Köln ergab eine Stichprobe bei einem Lebensmittelgroßhändler, daß 427000 Kilo Weißzucker, 287000 Kilo Mehl und 208000 Kilo Nährmittel nicht an die Einzelhändler ausgeliefert, sondern gehortet worden waren, um für neues Geld verkauft zu werden. (...) Die »Welt« schrieb: »24 Stunden nach der Währungsreform vollzieht sich das Wunder der Freigabe von Waren, die der deutsche Käufer jahrelang nicht mehr gesehen hat.« In Düsseldorf wurden »schöne Schnapsgläschen 5 Pf das Stück« angeboten, das Hessische Staatstheater in Wiesbaden bot Plätze im Orchestersaal für eine Mark feil.«

Die Ausstellung »Berlin baut auf« im Berliner Zeughaus im Februar 1946 zeigte, wie beispielsweise alte Glühbirnen wegen Rohstoffmangels aufgesägt und mit neuen Glühdrähten versehen werden können.

Haushalt, »Notmaterial«, Überleben

Im Bunker wurden im Frühjahr 1945 Strampelhosen und Babyjäckchen aus Heizungsisolationsmaterial gestrickt: Die Fäden wurden aus Zellulose-Binden, die man zum Isolieren von Heizungsröhren benutzte, gewonnen und miteinander verknotet.

(...) in Westdeutschland liege nur jeder dritte Tote in einem Sarg, nur jeder zweite Säugling mit Windeln in einer Wiege, und in einem Bericht des amerikanischen Ex-Präsidenten Herbert Hoover hieß es: »Was die Lebensmittel, die Heizung und die Unterkunft angeht, so ist das deutsche Volk auf den niedrigsten Stand gesunken, der seit hundert Jahren in der Geschichte des Westens bekannt ist.«

Haushaltsgeräte aus Weißblech-Abfällen, Kochtopfdeckel aus dem Deckel einer US-Konservenbüchse, primitive Gaskocher aus verschiedenen Abfallteilen, Topfdeckel aus dem Filter einer Gasmaske herausgeschnitten.

Wer ausgebombt ist, muß sich aus Abfallmaterial notdürftige Haushaltsgeräte basteln. Die Geschäftsleute halten die noch vorhandenen Waren bis zur Währungsreform zurück.

»Die Stunden, die Mutter und Großmutter täglich nach Lebensmitteln anstehen, am Güterbahnhof, vor Kellergeschäften, Lagerräumen, oft genug von Gerüchten getäuscht. Die Stunden aufrechnen, die Vater an einem Handwagen baut. Er hat ein Kinderwagengestell aus einer Ruine mitgebracht, legt es mit Brettern aus, streicht Gestell und Bretter mit Aluminiumfarbe an, die er noch vorrätig hat. Mit dem Rest der Farbe streicht er die Klosettbrille silbergrau. Wegen der Fäule, sagt er. Natürlich blättert die Farbe ab und der Handwagen taugt nicht mal für ein Netz voll Kartoffeln.«

»Wie die Glaser und die, die einen Glasschneider besitzen, Bretter aufbocken an den Straßenecken, Glas anbieten, Glasbruch, und Leute aus der Umgebung mit ihren Fensterrahmen anstehen und warten, um ein paar Flickenstücke Glas und Fensterkitt zu erhalten und die Glasermeister oder die selbsternannten Glaser mit Reichsmarkbündeln bezahlen oder mit Lebensmitteln. Oder wie immer welche in den stinkenden Mülltonnen wühlen. Oder wie andere mit handgemalten Postkarten an den Ecken stehen, Blumen, Vasen, Falter. Kaufen Sie doch, schenken Sie Freude! Postkarten, die man doch nicht abschicken kann. Oder wie andere Fähren über die Spree einrichten, fünf Pfennig die Überfahrt, und immer sind da Wartende, Stadtwanderer auf der Suche nach Freunden, Verwandten, nach Arbeit und Lebensmitteln, und leisten sich die Überfahrt.«

1945 brechen Produktion und Versorgung (zumindest in Frankfurt) zusammen. Die Lebensmittelzuteilung liegt unter 1600 Kalorien täglich, d.h. unter dem Existenzminimum zur Erhaltung der Körperfunktionen bei völliger Ruhe. Care-Pakete aus den USA und der Schweiz stillen den schlimmsten Hunger und versöhnen mit den »Besatzern«.

»Und den Herbst wahrnehmen, wie sonnig er ist. Das Korallenrot der Vogelbeeren. Die taugen zur Marmelade, weiß Großmutter, bitter, aber gesund. Die Dolden von den Bäumen im Park schlagen, die Beeren klatschen auf den Boden, die sammeln sie in Blecheimer.«

»Vaters TB ist geheilt, und er wird auf dem Kohlenplatz der Briten beschäftigt. Er geht morgens und kommt abends wieder, verdreckt, aber er hat ein Kantinenessen zusätzlich.«

»Bei der Arbeit in den Ruinen ziehen sie jetzt Jacken und Trainingshosen und Mäntel an unter den Schürzen. Versauen uns die ganze Garderobe für bessere Zeiten, schimpfen die Frauen.«

»Es war die Zeit, da in Frankfurt Vitaminpillen verteilt wurden und der Göttinger Universitätsprofessor Rein der Bevölkerung riet: »Wir müssen mehr schlafen, denn dadurch sparen wir Kalorien.«

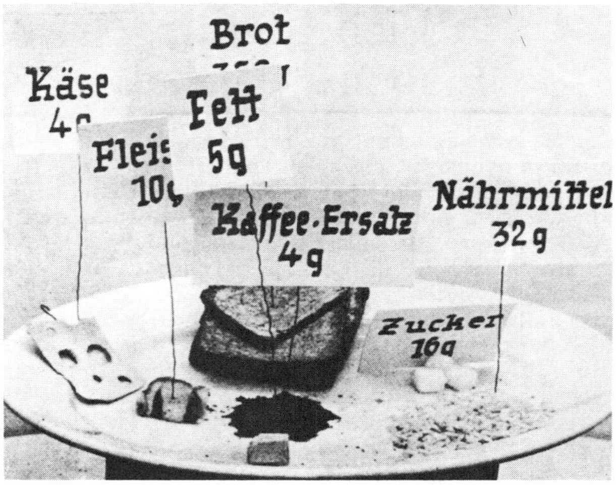

Tagesration eines Normalverbrauchers 1945

Heimkehrer

Nach Kriegsende kehren Evakuierte, Soldaten, Kriegsgefangene zurück. Notunterkünfte in Luftschutzkellern, Bunkern, Baracken und Behelfsheimen werden als »Wohnungen« gezählt.

Als Frau H. 1947 mit ihrem Mann aus Freudenthal im Sudetenland nach Offenbach flüchtet, ist ihr einziges Gepäck eine Handtasche mit Ausweisen, Paßbild, einem Säckchen mit Heimaterde, Fotografien von ihren Verwandten.

Erich Kästner beschreibt für das literarische Kabarett »Die Schaubude im Frühjahr 1947 die Heimkehr eines älteren Kriegsgefangenen:

Das ist die Heimkehr dritter Klasse,
ganz ohne Lorbeer und Hurra.
Die Luft ist still. Der Tod macht Kasse.
Du suchst dein Haus. Dein Haus ist nicht mehr da.

Du suchst dein Kind. Man hat's begraben.
Du suchst die Frau. Die Frau ist fort.
Du kommst, und niemand will dich haben.
Du stehst im Nichts. Das Nirgends ist dein Ort.

Liebe, Sitte, Frauenüberschuß

Die extreme Zunahme von Scheidungen, unehelichen Geburten und Geschlechtskrankheiten (in Frankfurt z. B. das 30fache des Standes von 1939) dokumentieren die Lockerung der Sexualmoral in der Nachkriegszeit. Viele Frauen erleben diese Lockerung unter den Bedingungen von Not und Chaos nicht als Befreiung von Zwängen, sonden als Verrohung der Sexualität, als Verlust an Liebesromantik und Erotik.
Die Normalisierung des Lebens seit der Währungsreform 1949 führt zur Wiederaufrichtung einer strengeren Sexualmoral. Der burschikose Ton der Kameraderie zwischen Frauen und Männern gilt als Erbe der NS-Zeit. Strenge Anstandsregeln und Normen wie »Anmut« und »Ritterlichkeit« sollen dazu dienen, eine neue erotische Kultur zu gewinnen. Der Preis, den die Frauen für die Ritterlichkeit der Männer zahlen, ist die Rückkehr zu einem Rollenverhalten, nach dem »die Frau unten liegt«.
Aus einer Reportage »Vor 12 Minuten geschieden« in »Constanze« 1948: »Gemeinsam verläßt man das Gerichtsgebäude, als käme man von der Post oder aus dem Kino. Als wäre nichts geschehen. ›Er‹ halb Zivilist, halb Soldat. Auch ›Sie‹ trägt Stiefel in Erinnerung an die ›wehrhafte« Zeit und ist froh, daß sie welche hat.«
Trotz drohender Diffamierung knüpfen viele Frauen und Mädchen Liebesbeziehungen mit amerikanischen Soldaten an. Verbunden sind diese Beziehungen mit der Hoffnung, das Elend zu lindern oder ganz herauszukommen. Als Glückspilz gilt, wer wirklich als »Kriegsbraut« nach Amerika mitgenommen wird.
Viele Frauen und Mädchen mußten sich damals prostituieren, um sich oder ihre Kinder vor dem Verhungern zu bewahren.

1946 warnt ein auf Holz gemaltes Plakat amerikanische Soldaten vor Prostitution und »Veneral Deseases« (Geschlechtskrankheiten). Die Buchstaben V. D. wurden im deutschen Sprachgebrauch zur Bezeichnung von Prostituierten als »Veronika Dankeschön«.

Aus dem Tagebuch der Gretel Leichlingen, 7.2.45:
Heute steht Deine Todesanzeige in der Zeitung, während wir vor wenigen Wochen erst unsere Hochzeitsanzeige aufgaben!
Immer und immer wieder muß ich sie kopfschüttelnd lesen und kann es einfach nicht fassen, daß Dein Name dort steht. Wie oft hast Du im Urlaub eine Zeitung zur Hand genommen und im Scherz gefragt, wann man Dich wohl mit einem Gefallenenkreuz einsetzt. Mir zitterte immer das Herz dabei, aber Du lachtest in jugendlichem Übermut und meintest, daß »Deine Zeit« noch nicht gekommen sei. Nun ist sie aber gekommen, Robert, und hat Deinem jungen, blühenden Leben ein Ende gesetzt, noch ehe all Deine vielen Wünsche, die Du an die Zukunft knüpftest, ihre Erfüllung finden konnten.

Schalter im Ehevermittlungsbüro 1947

1945 gibt es in Deutschland 7 Millionen, 1950 noch 4 Millionen mehr Frauen als Männer (55,6% der Bevölkerung ist weiblich). Dabei sind besonders die Jahrgänge der 20–40jährigen betroffen. Aus dieser Übermacht entsteht jedoch keine gesellschaftliche Vormacht der Frauen, sondern eine verschärfte Konkurrenz um den Mann.
Nach dem amerikanischen Vorbild der Pin Ups wird der Körper in optische Sexualsymbole zerstückelt (Beine und Busen). Deren sexueller Reiz wächst mit ihrer in Zahlen ausgedrückten Größe: lange Beine und großer Brustumfang bringen die meisten Punkte bei der Mißwahl.

November 1946: Schon am Polterabend, der übrigens ganz doll war (Vossi war mit 14 Klassenkameradinnen bzw. Volkstanzfreunden erschienen und trug entzükkende Sachen vor, die AJ, die Jungsozialisten, die »jungen Sozialdemokraten« sowie Tante M., Onkel Otto und Tante Elsa polterten abwechselnd laut und schrecklich!), hatten wir feine Sachen bekommen:
Damasttischdecke (Tante Paula), Aufwaschschüssel, Teekessel, Ledertuch (Vati und Mutti), elektr. Kocher, Schürze (Onkel Otto + Tante Elsa), Einholekorb, 100,– RM (Tante M.), geschnitzter Seemannskopf (Fritz A.), Holzleuchter, 1 Schale aus Holz und 1 aus Kristall (Frau Sch.), Babysachen verschiedenster Art von den Klassenkameradinnen.
Ja, und am Hochzeitstag kam dazu:
Windhund + Irma: Schmortopf, Tischtuch.
Oma Minchen: geklöppelte Decke + 200,– RM.
Otto O.: wunderbare Kristallgläser: 12 Wein, 12 Bier, 6 Sekt + 6 Likör.
Tante Lide: Bergbach (Ölgemälde).
Arbeitskollegen: 1 Wäschetruhe, 1 elektr. Bügeleisen, 1 Wäschekorb und 1 Teekessel!
(...)
Aber jedenfalls war es eine wirkliche Friedenshochzeit. Unser Zimmer sieht inzwischen ganz reizend aus. (...)
»Meine persönliche Lage ist unverändert. Ich bin wohl nach außen hin froh und ausgeglichen, aber im Innern sitzt eine schmerzende Wunde: die Ungewißheit über Adolfs Schicksal. Immer muß ich daran denken, wie es ihm gehen mag, ob er noch lebt und ob er vielleicht eines schönen Tages hier ankommt. Habe geträumt, daß Ernst gekommen ist. Hoffentlich erfüllt sich auch dieser Traum. Die quälende Ungewißheit über Ernsts und Adolfs Schicksal läßt mir keine Ruhe. Auch sehne ich mich nach einem bißchen Glück mit einem lieben Menschen.«

Parlez-moi d'amour – Ein zerrissenes Tagebuch
Lisa S., geb. 13.3.1922, Hamburg, Kontoristin. Seit 1950 verheiratet. 1944 lernt Lisa S. während der Verdunkelung Emile, einen belgischen Zwangsarbeiter, kennen. Eine heftige, kurze Liebesgeschichte beginnt in den Trümmern der Hansestadt; eine Liebe, die 1945 mit der Heimkehr Emiles nach Belgien zu Ende geht. Lisa S. mußte die Seiten »mit Emiles Geschichte« aus dem Tagebuch herausreißen. Ihre Mutter wollte nach dem Krieg die Ordnung wiederherstellen. Lisa S.: »Das war eigentlich reiner Wahnsinn, denn das war ja schließlich mein Leben..., das kann mir keiner mehr wiedergeben.« Ein Stückchen der Geschichte ist trotzdem im Tagebuch hängengeblieben.

»Der Verlobungskuß«
9. Juni 1946

Maria Eiken

»Das Brot der frühen Jahre«

Wie die Kalorien ihren Einzug hielten und aus Eicheln Kaffee wurde

Leningrad wurde nie von deutschen Truppen erobert. Trotzdem starben dort Hunderttausende an den Folgen der Hungerblockade der deutschen Angreifer.
Die Gefahr des Verhungerns blieb den Deutschen in den sechs Kriegsjahren erspart. Hungertote gab es in Deutschland in diesen Jahren nur in den KZ's, Zuchthäusern und Kriegsgefangenenlagern, in denen vor allem sowjetische Kriegsgefangene systematisch dem Hungertod preisgegeben wurden. Wenn man sie überhaupt ernährte, dann bestensfalls mit »Russenbrot«, einer gebackenen Masse aus Sägemehl und Strohhäckseln.
Wenn auch ab 1943 Fleisch und Fett knapp wurde, was die Deutschen bis zur Niederlage des Faschismus als »Hunger« bezeichneten war nur das Gefühl des »nicht satt geworden seins«. Schon bald nach Kriegsende erfuhren die Deutschen, daß Hunger etwas ganz anderes ist.
Der Hunger hielt in Deutschland Einzug mit den Armeen der alliierten Sieger. Sie brachten ihn notwendigerweise mit, denn sie trieben die faschistischen Heere aus dem besetzten Europa heraus, das bis dahin von diesen ausgeplündert worden war. Französischer Cognac und Camembert, holländische und dänische Mich, tschechisches Bier, weißrussischer Weizen und ukrainisches Sonnenblumenöl reicherten den Speisezettel des »Dritten Reiches« an, das seit der Industrialisierung Lebensmittel trotz großer Agrargebiete in Pommern und Ostpreußen importieren mußte. Wenn auch seit Kriegsbeginn rationiert und über Karten zugeteilt: Es gab zu essen, was lebensnotwendig war.
Der Hunger brach nicht plötzlich über die Menschen herein. Als zwischen Januar und Mai 1945 in den verschiedenen Regionen Deutschlands der Krieg vorbei war, standen für einige kurze Tage dem Chaos und der Anarchie manche Türen offen: »Die deutsche Bevölkerung wurde in den Tagen des Zusammenbruchs zum Selbstversorger und deckte sich aus den Lebensmittelbeständen ein, die sie in den Silos und Lagerhäusern vorfand. Und das war nicht wenig.«[1] Manchmal lag auch Nahrung, wenn auch nur für ganz kurze Zeit, auf der Straße: »Während noch deutsche Truppen in der Straße lagen, kam jemand in den Keller gerannt mit der frohen Botschaft, draußen sei ein Pferd gefallen. Im Nu war das ganze Kellervolk draußen. Das Tier zuckte noch und verdrehte die Augen, da stachen schon die ersten Brotmesser und Taschenmesser in den Leib – selbstverständlich bei Beschuß. Ein Jeder schnitt und wühlte, wo er gerade angefangen hatte.«[2]
Die zusammengebrochenen Pferde waren bald verzehrt und die geplünderten Vorräte in die Töpfe gewandert. Magere Jahre begannen.

Ein totes Pferd wird ausgeschlachtet

Mit der Kapitulation des faschistischen Staates war auch das gesamte System der despotischen staatlichen Kommandowirtschaft zusammengebrochen. Mit dem zentralistisch aufgebauten »Reichsnährstand«, einer landwirtschaftlichen Zwangskörperschaft, war in den Kriegsjahren die landwirtschaftliche Produktion erfaßt und verteilt worden. Aufgrund der Betriebsgröße, der Qualität der Böden und der Betriebsmittel wurde den Produzenten die Art der Produktion und die Produktionsmenge vorgeschrieben und die Abgabe überwacht. Verstöße gegen die Abgabevorschriften waren teilweise drakonisch bestraft worden. Illegales Halten und Schlachten selbst von Kleinvieh galt als »Kriegswirtschaftsverbrechen« und wurde immer wieder von der Justiz mit der Todesstrafe verfolgt.
Auch das Vakuum, das die Auflösung der Lebensmittelbewirtschaftung hinterlassen hatte, mußte von den Siegern, die für ihre Sektoren bereits Pläne einer Militärverwaltung ausgearbeitet hatten, gefüllt werden: »Sie werden Schätzungen darüber anstellen, welche Zuschüsse notwendig sind, um Hungersnot, die Ausbreitung von Krankheiten und zivile Unruhen zu vermeiden, die die Besatzungsstreitkräfte gefährden könnten. (...) Sie werden alle durchführbaren wirtschaftlichen und polizeilichen Maßnahmen ergreifen, um sicherzustellen, daß die deutschen Hilfsquellen voll ausgenutzt werden und der Verbrauch auf dem Mindestmaß gehalten wird. Sie werden nichts unternehmen, was geeignet wäre, den Mindestlebensstandard in Deutschland auf einem höheren Niveau zu erhalten als in irgend einem benachbarten Mitgliedstaat der Vereinten Nationen«, lautete dieDirektive des amerikanischen Generalstabs an General Eisenhower, dem Oberkommandierenden der alliierten Armeen im Westen.
In dieser Direktive ist bereits die gesamte Ernährungspolitik der Amerikaner und Briten in den folgenden Jahren angelegt. Anders als der im kalten Krieg entstandene Mythos besagt, kamen die Amerikaner als Sieger, die einen hohen Preis bezahlt hatten, und nicht als freundliche GIs, die Schokolade an Kinder verteilen, auf einem Berg von Care-Paketen sitzen und mit den Millionen des Marshall-Plans winken. Sie kamen als strafende Sieger, und Ziel ihrer noch nicht entwickelten Ernährungspolitik war nicht die Versorgung mit dem Lebensnotwendigen, sondern die Vermeidung von »Seuchen und Unruhen«.
»Es muß den Deutschen klargemacht werden, daß Deutschlands rücksichtslose Kriegsführung und der fanatische Widerstand der Nazis die deutsche Wirtschaft zerstört und Chaos und Leiden unvermeidlich gemacht haben, und daß sie nicht der Verantwortung entgehen können für das, was sie selbst auf sich geladen haben. Deutschland wird nicht besetzt zum Zwecke der Befreiung, sondern als ein besiegter Feindstaat...«[3]

Die »Versorgung aus eigener Arbeit und eigenen Hilfsquellen«, die durch den Verlust der agrarischen Überschußgebiete östlich von Oder und Neiße eingeschränkt waren, überließen die Sieger deutschen Behörden, die allerdings ihrer Militärverwaltung nachgeordnet waren. Eine staatliche Zentralgewalt gab es in Deutschland nicht mehr, somit auch keine zentrale Nahrungsmittelbewirtschaftung. Da aber eine Zwangsbewirtschaftung nach dem Fortfall vieler Produktions- und Bezugsquellen mehr denn je not tat, setzte auf alliierte Weisung der Wiederaufbau einer derartigen Verwaltung bereits im Mai 1945 ein. Von Sektor zu Sektor war ihr Aufbau verschieden. Im US-Sektor ging er von unten über Städte, Kreise und Bezirke nach oben zur Länderebene voran. Im britischen Sektor, der mit der Belieferung des Ruhrgebiets die größten Probleme zu bewältigen hatte, durch Reaktivierung der alten, vom Faschismus 1933 geschaffenen Verwaltung.
Dem »Zentralamt für Ernährung und Landwirtschaft« der britischen Zone stand der ehemalige Reichslandwirtschaftsminister der halbdiktatorischen Regierung Brüning vor, Mitglied der mit Hitler verbündeten Deutschnationalen Volkspartei (DNVP) und ehemals pommerscher Rittergutsbesitzer, Hans von Schlange-Schöningen. Um die Effektivität einer eingearbeiteten Bürokratie zu sichern, wurden bei ihm auch belastete Spitzenbeamte aus der NS-Zeit weiterbeschäftigt. Gedanken an eine demokratische Umgestaltung auch dieses Bereichs hat man sich dort nicht gemacht, auch wenn ein Hamburger Sozialdemokrat zum stellvertretenden Vorsitzenden dieses Amts wurde, und sie wurde von den nur an der Funktionstüchtigkeit orientierten britischen Offizieren auch nicht gefordert.
Ein Nahrungsmittelausgleich über die Zonengrenzen hinweg erfolgte bis zum Juni 1946 praktisch nicht, dann wurden zwischen der britischen und der amerikanischen Zone Kartoffeln und Zucker gegen Fleisch und Fette eingetauscht. Mit der französischen Zone kam es erst nach der Währungsreform zu einem Austausch, mit der sowjetischen nie. So ergibt die Betrachtung der Ernährungsmittelsituation in Deutschland kein einheitliches Bild, und durch die unterschiedliche Lebensmittelzuteilung taten sich im Nachkriegsdeutschland »moderne Klassenunterschiede« (Der Spiegel 1948) auf.
13,2% der Bevölkerung gehörten zur Gruppe der landwirtschaftlichen »Selbstversorger«, 6,6% zur Gruppe der »Teilselbstversorger« (Nebenerwerbslandwirte, Besitzer größerer Gärten), 24,6% der Bevölkerung waren Kinder und Jugendliche, die eine geringere Zuteilung auf Karten, dafür aber Sonderrationen an Milch und ab März '46 in der britischen (April '47 in der US-, März '49 in der französischen Zone) eine tägliche warme Schulspeisung bekamen. 4,9% wurden gemeinschaftlich verpflegt (Insassen von Heimen, Gefängnissen etc.). 20,7% der Bevölkerung waren sogenannte »Zulagenempfänger« (Schwer- und Schwerstarbeiter, Politiker, ehemals Verfolgte etc). Zu dieser Gruppe gehörten auch die Bergleute an der Ruhr, denen theoretisch die höchsten Zuteilungen zustanden. Die restlichen 30% der Bevölkerung (»Der dritte Stand« / Spiegel 1948) konnten nur die normalen Rationen erhalten. In der Statistik und im politischen Tagesgeschäft hießen sie »Normalverbraucher«, und mit dem Vornamen »Otto« gingen sie in die deutsche Umgangssprache ein. Die Rationen waren zum Leben zu wenig. Zum Sterben reichten sie manchmal aus, wenn man nur erhielt, was die Karte versprach. Im Jahre 1947 starben 160 der 700 Insassen der »Irrenanstalt« Düsseldorf-Grafenberg an den Folgen der mangelhaften Ernährung. Die Insassen hatten drei Monate ausschließlich von wirklich gelieferten Kartenrationen vegetiert.
Diejenigen, denen Besitz und Vermögen geblieben war, konnten sich zusätzlich Lebensmittel auf dem Schwarzmarkt kaufen oder eintauschen. Lebensmittel, die allerdings der staatlichen Bewirtschaftung von

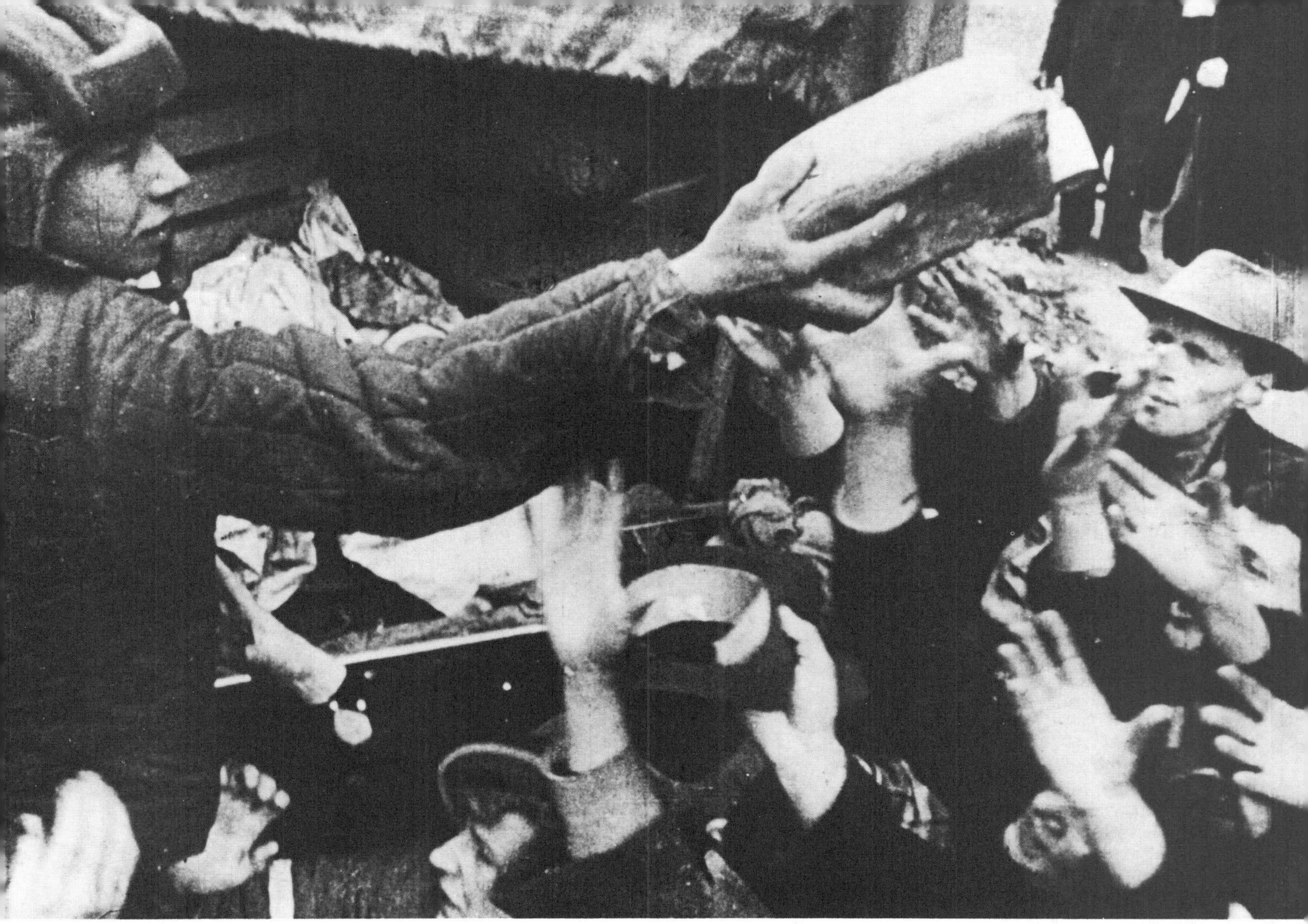

den Produzenten illegalerweise vorenthalten wurden oder aus öffentlichen und alliierten Beständen verschoben worden waren. Die circa 8 Millionen Flüchtlinge, Rentner, Ausgebombten und Stadtflüchtlinge, denen nichts geblieben war, hungerten. »In der schlimmsten Phase der Bewirtschaftung hat es 67 verschiedene Lebensmittelkarten allein in der Bizone gegeben. Neben 21 Karten für Verbraucher aller Klassen existieren 22 Sorten von Zulagen, 14 Arten von Berechtigungsscheinen, zwei Mehlkarten, zwei Milchkarten, zwei Bezugsscheine für Kartoffeln, eine Eierkarte und dreierlei Tageskarten.«[4] Dabei bekamen nach langem Schlangestehen vor Geschäften die Menschen oft weniger als ihnen zugesagt wurde. Ohne die erwarteten Lebensmittel nach Hause zurückzukehren, war ein Alltagserlebnis, das kaum jemandem erspart blieb.

Neben einem starken Stadt/Landgefälle in der Lebensmittelversorgung gab es auch starke Schwankungen in der Versorgung zwischen den einzelnen Zonen. In der Regel war sie in der US-Zone am besten. Zudem waren die USA die ökonomisch stärkste Macht und konnten mehr Lebensmittel als die anderen Alliierten liefern. Immer wieder erhielten während akuten Krisen Teile der Bevölkerung Proviant aus US-Army-Beständen: Trokkenmilch und -früchte. In der britischen Zone mußte das landwirtschaftliche Überschußgebiet Niedersachsen das Ballungszentrum Ruhrgebiet mit über 7 Millionen Menschen und dazu die Stadt Hamburg versorgen. Schleswig-Holstein hatte eine genau so hohe Anzahl an Flüchtlingen (circa 2 Millionen) zu ernähren wie »Altbevölkerung« und konnte kaum Überschüsse abgeben.

Von allen Zonen am schlechtesten gestellt war die französische. Nicht nur, weil das vom Krieg stark geschwächte und zerstörte Frankreich zu Lebensmittelbelieferungen nicht in der Lage – und auch nicht willens – war; aus der Produktion wurden auch noch erhebliche Mittel für Zwecke der Besatzungsmacht abgezweigt. So stellte der Baden-Badener Zentralausschuß (für Ernährung) 1947 fest, »daß die Mehrheit der Bevölkerung der französischen Zone seit Beginn der Besetzung gezwungen ist, ihr Leben mit Rationen zu fristen, die nur etwa ein Drittel des durch den ehemaligen Völkerbund anerkannten physiologischen Minimums von 2400 Kalorien betragen.«[5] Besserung trat in dieser Zone erst im Herbst 1948 (nach der Währungsreform!) ein, als die Entnahmen für die Besatzungsmacht ausblieben und auch in Ernährungsfragen der Anschluß an die britisch-amerikanische Zone, die Bizone, erfolgte.

Kochen im Freien – nach 1945 kein Picknickvergnügen, sondern der Versuch, der drangvollen Enge der Notbehausung zu entfliehen.

Anstehen mit Lebensmittelmarken
Unten: Trittbrettfahrer auf Hamsterfahrt

In der sowjetischen Zone hatte die Versorgung fast durchweg aus eigener Kraft zu erfolgen. Mecklenburg war ein agrarisches Überschußgebiet, aus dem der Ostsektor Berlin und das sächsische und thüringische Industriegebiet mit ernährt werden mußten. Trotzdem reichte die eigene Produktion nicht aus, und so lagen auch in der sowjetischen Zone die Rationen unter denen der Bizone. Durch Wettbewerbe und Leistungsanreize versuchte man die noch nicht kollektivierte Landwirtschaft zu höheren Abgaben und zu höherer Produktion zu motivieren. Die Strafen für Nichtablieferungen waren hoch. Schon früh wurde versucht, durch eine Bodenreform die Erzeugung zu steigern. Die bereits in der Entwicklung begriffenen Instrumente einer planerischen Wirtschaft vermochten auch schon einmal 30000 Stück Rindvieh aus den von einer Mißernte betroffenen südlichen Zonenteilen in den Norden, wo es einen Futterüberschuß gab, zu dirigieren und so Notabschlachtungen, die in die landwirtschaftliche Substanz eingegriffen hätten, zu verhindern. Auch in der sowjetischen Zone gab es Lebensmittelkarten, zunächst in sechs Zuteilungsgruppen. Über geringe Zuteilungen für die Gruppe der Nichtberufstätigen und Hausfrauen wollte man den Arbeitskräftemangel verringern und Nichtberufstätige zur Arbeitsplatzannahme bewegen. »Friedhofskarte« wurde diese extrem niedrige Zuteilung genannt, bevor sie 1947 abgeschafft wurde, als sich aufgrund der Bodenreform die Versorgung zu bessern begann.
Neben Getreide war das zweite deutsche Grundnahrungsmittel jener Jahre die Kartoffel, schon seit Jahrhunderten die Basis der deutschen Küche. Ihre Zuteilung funktionierte nur sehr unvollkommen, weil sie ausschließlich aus eigener Produktion stammte. Da die Kartoffel nicht zu den Verbrauchern kam, kamen die Verbraucher zu der Kartoffel:
»Quer durch die britisch besetzte Zone Deutschlands, in der Richtung von Südwest nach Nordost und umgekehrt, geht seit vielen Wochen ein seltsamer Zug vor sich, der in seiner Unbeirrbarkeit an die Gesetzmäßigkeit des Vogelzuges erinnert. Auch die Menschen, die hier ziehen, folgen einem Gesetz des Hungers und der Not... Viele Hunderte warten bereits zwei und drei Stunden vor der Abfahrtszeit auf dem Endbahnhof... Sie springen auf die Trittbretter, hängen sich an die Türgriffe, erobern sich einen Platz. Sie sind rücksichtslos und haben verschlossene Gesichter. Menschen, die sonst teilnehmend sein können, werden brutal. Es ist eine Vision, die sie treibt. In ihrer Vorstellung entsteht ein Bild: Sie sehen sich selbst mit

leerem Rucksack heimkommen. Hoffnungsvoll blicken ihnen Kinderaugen entgegen, über die jähe Enttäuschung fällt...
So fahren sie, und ihr Ziel ist die Gegend zwischen Celle und Lüneburg. Sie stehen viele Stunden im rüttelnden Zug, sie übernachten in Wartesälen, bleiben sechsunddreißig, achtundvierzig und mehr Stunden ohne Schlaf, sie kommen tagelang nicht aus den Kleidern, sie müssen Stolz und Scham in sich niederzwingen, wenn sie von Hof zu Hof gehen, und sie fühlen sich mit ihren Kartoffeln nicht sicher, ehe sich die Wohnungstür hinter ihnen geschlossen hat...«[6]
Auch andere Grundnahrungsmittel wie Zucker, Fett, Fleisch, Fisch und Milch stammten aus deutscher Produktion. Da die zugeteilten Rationen zum Leben nicht reichten, war ein jeder mit der Lebensmittelorganisation außerhalb der legalen Zuteilung beschäftigt. Unternehmen zahlten einen Teil der Löhne in Waren aus, damit die Belegschaft Gegenwerte zum Tauschen hatte. Viele Arbeiter blieben tagelang der Arbeit fern, um Lebensmittel zu beschaffen. Mancher wird sich nicht für »entfernte« politische Ziele engagiert haben, weil die tägliche Überlebensarbeit die ganze Person erforderte. Die Bergarbeiter, die mit ihrer Arbeit die Grundlage der Wirtschaft schufen, waren lange Zeit aufgrund von Unterernährung nur zu einem Drittel ihrer normalen Arbeitsleistung fähig. Das verschlechterte die Energiesituation, die auch Grundlage landwirtschaftlicher Produktion ist.
Im Krisenwinter 1947, nach einer Mißernte, konnte ein großer Teil der in Hamburger und Bremer Häfen angelieferten Getreideimporte nicht rechtzeitig in die Mangelgebiete geliefert werden, weil das Transportsystem noch nicht funktionierte. Während Millionen hungerten, drohte Getreide zu verderben, Kartoffeln zu verfrieren.
Der allgemeine Mangel hatte auch ethische Folgen. Solidarität im Großen und im Kleinen zerbrach. Im Lande machte sich die »Moral der 1000 Kalorien« breit, wie der linke Gewerkschafter Victor Agartz es formulierte. Rechtliche und sittliche Normen lösten sich auf. Illegale Beschaffung von Nahrung, Kleidung und Heizmaterial wurde selbst vom Kölner Erzbischof Frings mit der theologischen Absulotion versehen – »fringsen« nannte man damals den kleinen Diebstahl.
Von 1945 bis 1948 trat keine Besserung ein. Im Gegenteil: Mißernten (1946/47) verschlechterten die Situation, Eingriffe in die Substanz, z.B. Abschlachtungen, verbesserten kurzfristig die Situation und führten mittelfristig zu starken Kürzungen der Fett-

Vorwort

Dieses Büchlein will der Hausfrau einen Teil ihrer durch Kriegseinflüsse verloren gegangenen Rezepte und Anleitungen ersetzen. Es ist für die erfahrene Hausfrau gedacht, die schon einige Küchenpraxis hinter sich hat. Bei der Zusammenstellung wurde die derzeitige Verknappung aller Lebensmittel und Brennstoffarten in Betracht gezogen. Daher sind wir nicht von dem Man-nehme-Standpunkt ausgegangen, da wir ja nur in der Lage sind, zu nehmen, was und wieviel wir haben.

Brotaufstriche

Zutaten zur Grundtunke:
2 Eßlöffel Mehl, 1 Eßlöffel Fett, 1/8 Liter Flüssigkeit (Bouillon, Milch oder Wasser), Prise Salz

Zubereitung: Man läßt das Fett heiß werden, gibt das trockene Mehl hinein, läßt durchschwitzen (nicht bräunen) und löscht mit der kalten Flüssigkeit ab, läßt unter Rühren 3 bis 5 Min. gar werden, mit Salz abschmecken. Während des Erkaltens der Grundtunke rührt man öfter um, damit sich keine Haut bildet, dann kann man sie zu beliebigem Brotaufstrich verwenden.

Tomatenaufstrich

Zubereitung: Die „Grundtunke" wird mit

Suppen

zur Vervollständigung der Mahlzeit oder als Vorspeise

Grundrezept für legierte Suppen

Zutaten: 1 bis 1½ Liter Wasser oder Gemüsebrühe, 3 bis 4 Eßlöffel Weizenmehl zum Andicken, etwas Milch, Salz, Suppenwürze, Prise Zucker nach Geschmack

Zubereitung: Flüssigkeit zum Kochen kommen lassen, dann das mit Milch angerührte Mehl zum Andicken einlaufen lassen und 3 bis 5 Minuten unter ständigem Rühren gar werden lassen. Hat man Eier, so gibt man die Dotter zum Verbessern erst ganz zum Schluß mit etwas Milch verrührt in die fertige Suppe. Das Eidotter darf nicht mitkochen, da es gerinnen und die Suppe nicht binden
Diese legierten Suppen haben
ohne Fett sehr

Aus dem Kochbuch
»Unser täglich Brot – in Zeiten der Not«
1947

„Ich weiß selber nicht, wie es kam, Herr Doktor! Ich las in einem alten Kochbuch, und plötzlich habe ich es dann verschlungen!"
Zeichnung: Manfred Schmidt

und Fleischrationen. Zugesagte Lieferungen der Alliierten blieben aus. Im Schwarzmarkt versickerten immer größere Teile der Produktion. Die von den Alliierten zugesagten 1550 Tageskalorien wurden nie tatsächlich ausgegeben. Auch Seuchen konnten nicht verhindert werden, in Berlin brach die Ruhr aus, im Ruhrgebiet Typhus.
Und es kam zu Unruhen. Nach Protestkundgebungen in Nürnberg, Hannover, Hamburg und Stuttgart im Dezember 1946 und Januar 1947 spitzte sich die Streikbewegung vor allem im Ruhrgebiet zu. Im Frühjahr '47 wurde sie immer militanter und stärker. Als die Streikenden, die von der Militärpolizei bekämpft wurden, die Verstaatlichung von Großbetrieben und Volkskontrolle über die Nahrungsmittelversorgung forderten, verboten die amerikanischen, britischen und französischen Militärverwaltungen alle weiteren Streiks und Demonstrationen: »Das Volk der Vereinigten Staaten kennt Ihre Ernährungslage, und es werden alle Anstrengungen gemacht, um Ihnen Ihren Mindestbedarf zur Verfügung zu stellen. Die Frage der Geldzuteilung für diese Zwecke liegt jetzt dem Kongreß der Vereinigten Staaten vor. Jedoch müssen Sie durch Ihre Handlungen beweisen, daß Sie der Ausgaben würdig sind, die von den Vereinigten Staaten getragen werden müssen, um Sie vor dem Verhungern zu retten. Ich muß in aller Offenheit sagen, daß Sie in letzter Zeit Ihrer Sache geschadet haben. General Clay ist gerade von Washington unterrichtet worden, daß im Kongreß eine entschiedene Neigung besteht, sich weiteren Geldbewilligungen für Lebensmittel zu widersetzen. Dies ist zurückzuführen auf die jüngsten Berichte von Streiks, Androhungen von Streiks und einen gewissen Widerstand in der Haltung gegenüber den Richtlinien der Besatzung... Vergessen Sie nicht, daß nach den Gesetzen der Besatzungsarmeen und der Militärregierung die Schuldigen sogar mit der Todesstrafe belegt werden können.«[7]
Der Hunger und die allgemeine Ausweglosigkeit versuchte man durch überliefertes Wissen und Improvisation zu überbrücken. Zahlreiche Rezeptheftchen und Ratgeber erschienen in den Nachkriegsjahren, vielversprechende Titel wie »Gute Kost in magerer Zeit«, »Das tägliche Brot in Zeiten der Not«, »10 Pfund Eicheln sind 7 Pfund Eichelmehl«, »Vier Wochen ohne Küchensorgen« und »Schmalhans kocht trotzdem gut« versuchten Optimismus zu verbreiten und gaben Hinweise, die teilweise noch aus Erfahrungen der Großmütter mit der allgemeinen Armut herrührten. Die »Stunde Null« hat es

auch in diesen sehr deutschen Kochbüchern nicht gegeben. Viele stammten aus der Zeit des Faschismus. Auch dort war schon mit Ersatzstoffen (oder, wie sie positiver hießen: »Austauschstoffen«) versucht worden, den Schein eines Fortbestands der Eßkultur aufrechtzuerhalten. Statt richtiger Buletten priesen die Ratgeber »Pilzbuletten«; statt Hasenbraten »falschen Hasen«; statt Kaffee »Kaffeersatz« auf Gersten- oder Eichelbasis. Fehlende Fleischrationen wurden durch Brühwürfel ersetzt. Erfinderisch war man, was eines der Hauptnahrungsmittel, die Kartoffel anging. Immer neue Kartoffelrezepte fanden Einzug in die Kochbücher, und es gab Spezialbroschüren wie »Was man aus der Kartoffel alles machen kann«. Ebenso erfinderisch zeigte man sich in bezug auf Brot und beim Brotaufstrich. Da Triebmittel wie Hefe und Backpulver zur eigenen Brotherstellung nicht zu haben waren, wurden Pilzkulturen gepflegt und an Nachbarn, Verwandte und Freunde weitergereicht.

Eine Wende in der Lebensmittelversorgung erfolgte in den Westzonen erst mit der Währungsreform, die gleichzeitig die Integration dieses Teils von Deutschland in Amerikas »Bollwerk gegen den Kommunismus« einleitete. US-Marshall-Plan-Gelder für die Industrie standen zur Verfügung. Mit den jetzt nicht mehr so stark reglementierten Exporten konnten Lebensmittel von einer jetzt von alliierter Bevormundung freien Nahrungsmittelverwaltung eingekauft werden. Der Austausch von Industrieprodukten und Rohstoffen gegen Lebensmittel, wie er für das Industrieland Deutschland notwendig war, funktionierte wieder. Selbst exotische Nahrungsmittel wie Kaffee und Südfrüchte waren gegen Industrieprodukte »Made in Germany« erhältlich. Von nicht ganz vier Hungerjahren blieb den Deutschen ein Trauma, das sich in den fünfziger Jahren auch in der Physiognomie der Menschen und den durchschnittlichen Konfektionsgrößen zeigen sollte. Der Volkswirtschaftler Leonard Miksch sagte schon 1948 eine »Freßwelle« voraus, der, wie er richtig vermutete, eine »Putz-« und eine »Wohnwelle« folgen würde.

Das nicht ausgeteilte »Brot der frühen Jahre« wurde später verzehrt. Heinrich Bölls Erzähler Walter Fendrich durchwandert mit dem Hungertrauma das nächste Jahrzehnt:

»Ich habe den Preis für alle Dinge erfahren müssen – weil ich ihn nie zahlen konnte –, als ich als sechzehnjähriger Lehrling allein in die Stadt kam: Der Hunger lehrte mich die Preise; der Gedanke an frisch gebackenes Brot machte mich ganz dumm im Kopf, und ich streifte oft abends stundenlang durch die Stadt und dachte nichts anderes als: Brot. Meine Augen brannten, meine Knie waren schwach, und ich spürte, daß etwas Wölfisches in mir war. Brot. Ich war brotsüchtig, wie man morphiumsüchtig ist. Ich hatte Angst vor mir selbst...

Noch jetzt oft, wenn ich mein Geld abgeholt habe und dann mit den Scheinen und Münzen in der Tasche durch die Stadt gehe, überkommt mich die Erinnerung an die wölfische Angst jener Tage, und ich kaufe Brot, wie es frisch in den Fenstern der Bäckereien liegt: zwei kaufe ich, die mir besonders schön erscheinen, dann im nächsten Laden wieder eins, und kleine, braune, knusprige Brötchen, viel zu viele, die ich dann später meiner Wirtin in die Küche lege, weil ich nicht den vierten Teil des gekauften Brotes essen kann und mich der Gedanke, das Brot könne verderben, mit Angst erfüllt.« [8]

1 Der Spiegel. Jg. 1947, Nr. 13, S. 14
2 Anonym. Eine Frau in Berlin. Tagebuchaufzeichnungen, Genf und Frankfurt/M., 1959
3 Direktive und amerikanisches Generalstabs vom 26.4.1945, zitiert nach: Schlane-Schöningen, Im Schatten des Hungers, Hamburg, Berlin 1955, S. 18
4 Die Welt. Berlin, 4.12.1973
5 zitiert nach Schlane-Schöningen, a.a.O., S. 265
6 Stuttgarter Zeitung. Juni 1946
7 aus der Rundfunkansprache von Oberst Newman, US-Gouverneur von Hessen, zitiert nach: Frauenalltag und Frauenbewegung von 1890–1980, Bd. 4, Frankfurt/M., 1980, S. 25f
8 Heinrich Böll. Das Brot der frühen Jahre, Erzählung. München 1984 (6. Auflage), S. 15

Noch Jahre nach dem Krieg kamen »Bino« und Speckaroma in die Wassersuppe

1947 im Strandkorb: Schlager und Schlagkreme (eine schwachgesüßte Schaumspeise)

Andreas Ludwig / Michael Wildt
Schwarzmarkt

»Die Not ist meine schönste Zeit. Schon früh erkannte ich, welche Möglichkeiten der Mangel birgt, die Knappheit an allen Dingen.«
(Siegfried Lenz: Lehmanns Erzählungen oder So schön war mein Markt. Aus den Bekenntnissen eines Schwarzhändlers.)

Im Deutschland nach dem Krieg war alles knapp: Essen, Wohnungen, Brennstoff, Gegenstände des täglichen Gebrauchs. Hunger war das größte Problem der ersten Nachkriegsjahre. Die täglichen Rationen waren knapp, und oft konnte nicht einmal das notwendige Minimum an Lebensmitteln herbeigeschaft werden, selbst wenn man laut Rationskarte ein Anrecht darauf hatte.
Ernährungs- und Versorgungsfragen füllten die Spalten der Tageszeitungen, dazu Kochrezepte, dazu Mitteilungen der Ernährungsbürokratie über Gültigkeitstermine von Lebensmittelkartenabschnitten.
Die »Beschaffungskriminalität« stieg rapide an, vor allem Diebstahl und Raub.
Das, was wir heute unter dem Schwarzen Markt der Nachkriegszeit verstehen, ist in Wirklichkeit ein facettenreiches Bündel von individuellen und kollektiven Überlebensstrategien, aber auch von Großkriminalität und Geschäftssinn.
»GI Joe« lieferte die Leitwährung Zigarette, seine Vorgesetzten bei der Militärverwaltung leisteten durch die Einrichtung von Tauschzentralen (in Berlin »Tauze« genannt) dem Schleichhandel Vorschub. Deputatverteilungen für jeden einzelnen und Kompensationsgeschäfte für ganze Fabrikbelegschaften waren geduldete Formen des grauen Marktes, und beim eigentlichen Schwarzhandel reichte das Spektrum von der Selbsthilfe bis zum Penicillinschieber. Hamsterfahrten waren die wohl häufigste Variante illegaler »Geschäftstätigkeit«. Doch es lebte sich nicht überall gleich schlecht. Die Versorgung der Bevölkerung und das Preisniveau der Schwarzmärkte waren regional unterschiedlich. Trotz aller romantischen Geschichten, die heute über die »Schwarzmarktzeit« im Umlauf sind – die Zahl der Verhungerten läßt sich in den statistischen Jahrbüchern nachlesen.

Leitwährung »Lucky Strike«

Die Zigarette wurde zur Hauptwährungseinheit jener Jahre, aber auch da

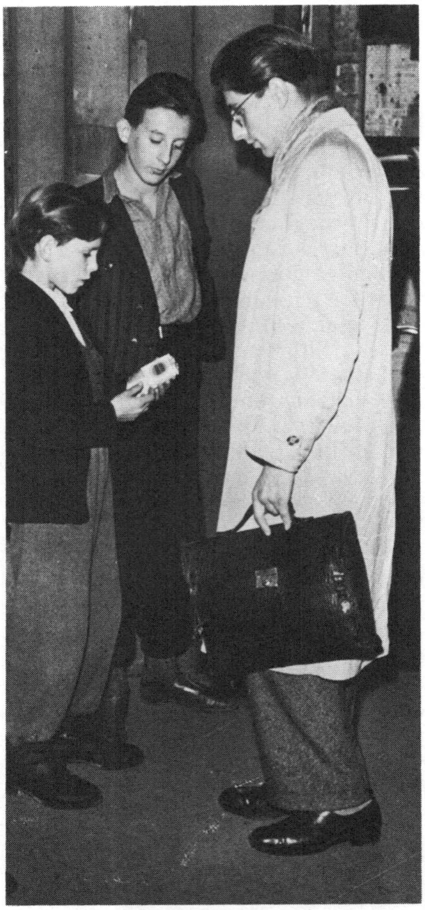

Kinder als Schwarzhändler

gab es Unterschiede. Die sich anbahnende »politische Systemkonkurrenz« scheint sich auf dem Schwarzen Markt niedergeschlagen zu haben: US-Zigaretten standen hoch im Kurs, bis zu 6 Reichsmark kostete eine »Lucky Strike«. Die russischen Zigaretten hingegen hatten weniger Prestige – Höchstpreis in Berlin 2 Mark 50. Die deutschen Zigaretten waren noch weniger begehrt, sie waren für eine Reichsmark zu erwerben.[1]
Für Nachschub sorgten die alliierten Soldaten. So ließen sich die Amerikaner Zigaretten von zu Hause schikken. Als am 26. Mai 1947 die Verfügung bekannt wurde, daß ab dem 1. Juni solche Sendungen verboten seien, brach nicht nur das Preisgefüge zusammen, sondern auch die Zigarettenversorgung: Bis dahin kamen täglich etwa 600000 Zigaretten allein in den US-Sektor von Berlin, versandt von Exportfirmen in den USA, die für diese Möglichkeit der Soldaufbesserung großformatige Werbung in amerikanischen Zeitungen betrieben.[2]

Die Verfolgung des Schwarzmarktes unter den amerikanischen Truppen sei lange Zeit unmöglich gewesen, weil zu viele hohe Offiziere in Geschäfte verwickelt waren, berichtet ein Zeitgenosse.[3]
Auch für Luxusgegenstände waren die Alliierten Lieferanten. Die Beschäftigung mit Schwarzmarktgeschäften soll Teile der amerikanischen Militärverwaltung lahmgelegt und zu erheblichen Disziplin- und Alkoholproblemen geführt haben (eine Schachtel Zigaretten, auf dem Schwarzen Markt verkauft, war fünfzig doppelte Whisky wert).
Im Ruhrgebiet waren die Alliierten gezwungen, Kompensationsgeschäfte (das heißt Bezahlung in Naturalien) zu dulden, weil nur so die Bergwerke in Betrieb zu halten waren. Die Kumpel samt Betriebsräten weigerten sich, die überlebenswichtige Kohle nur für Papiergeld zu fördern: dafür gab es nichts zu kaufen.
Die Versorgung der Belegschaft mit Lebensmitteln und Gebrauchsgütern wurde zur vordringlichen Aufgabe der Betriebsräte: Teile der Produktion wurden in großem Umfang gegen Lebensmittel, etwa aus dem Münsterland, getauscht. Dazu erhielten die Arbeiter Teile ihres Lohns in Naturalien ausbezahlt. Schnaps- und Kohledeputate, Zinkbleche, alles konnte getauscht werden.[4] »Wir kriegten jeden Monat ein Paar Gummistiefel«, berichtet ein ehemaliger Arbeiter einer Hamburger Fabrik. »Und wenn wir die Presse putzten – das war ein besonders schmutziger und anstrengender Job –, kriegten wir als Anreiz ein Paar Stiefel extra. Die Bauern waren auf die Stiefel besonders scharf. Einem Kollegen, der hatte bei Stade schon seine feste Kundschaft, haben wir unsere Stiefel mitgegeben. Dafür kriegte man Speck, Eier, Butter.«[5]

Schwarzhandel

»Im Kontrast zu den Nachtlokalen und dem Schwarzhandel, über die viel erzählt wird, ist Berlin von Hungersnot und Krankheit bedroht. Die Ratten- und Insektenplage, die zerstörten Kanalisationen, der Mangel an Lebensmitteln und an Seife erhöhen die Typhusgefahr und bringen weitere Krankheiten, vor allem Dysenterie, mit sich...«[6]
Aber die Nachtlokale und der Schwarzmarkt standen überhaupt nicht im Widerspruch zum Mangel. Der Mangel machte den Schwarzmarkt erst möglich – und lukrativ.

Auch mit Krankheiten ließen sich gute Geschäfte machen. Nicht nur im Film und nicht nur in Wien gab es den »dritten Mann«, den Verschieber der neuen »Wunderwaffe« Penicillin.
Alle Zeitzeugen sind sich einig, daß auf dem Schwarzen Markt *alles* zu haben war. Die Schieber erschlossen sich ständig neue Quellen: Es wurde schwarzgebacken, schwarzgeschlachtet, Lebensmittelkarten schwarzgedruckt. Der 41jährige Buchdrucker Kurt B. erwirtschaftete beispielsweise mit gefälschten Lebensmittelkarten in weniger als einem Monat über einen Zentner Brot, um – wie Herr B. meinte – »meine Kinder satt zu kriegen«. Dafür bekam er zwei Jahre Gefängnis.[7]
Gerade das völlige Fehlen eines Unrechtsbewußtseins – kein Wunder angesichts des extremen Mangels – war typisch für die Haltung der Bevölkerung in den Nachkriegsjahren. Der Konflikt zwischen Bauch und Gewissen war für einen großen Teil der Bevölkerung – notgedrungen – entschieden.
Der Schwarzhandel reichte bis in die Verwaltungen und Regierungen hinein: Walter L. Dorn notierte auf einer Inspektionsreise durch Franken: »Ansbach. Der König des Schwarzen Marktes. Kommt aus Berlin. Am 2. Mai '46 bot er dem Hauptmann der hiesigen Einheit 400 in bar für ein Radio, das man in den Staaten für 50 Dollar kaufen kann... Büroangestellter der Abteilung für öffentliche Sicherheit im Offiziersrang. Läuft mit 4000 Dollar in bar in der Tasche herum, prahlt vor den Mannschaften über einen Diamantring (für drei Schachteln Zigaretten) und eine Armbanduhr, die er für einen Laib Kommissbrot bekam... Und er ist bei der Polizeiabteilung und soll für die Unterdrückung des Schwarzen Marktes sorgen.«[8]
Die Korruption reicht bis in die höchsten Etagen der Ernährungsbürokratie: Am 8.3.1947 wurden in Berlin leitende Angestellte der Abteilung Ernährung des Magistrats sowie der Bezirksverwaltung Pankow im Sowjetsektor, der städtischen Berliner Großhandelsgesellschaft sowie einige Gemüsegroßhändler wegen Schwarzhandels mit Kartoffeln und Gemüse von der Sowjetischen Militäradministration zu langen Haftstrafen verurteilt.[9] Und das war gewiß nur die Spitze des Eisberges.
Selbst die deutschen Länderverwaltungen waren zum Schwarzhandel gezwungen. Der »Spiegel« berichtete über die Festnahme eines Fahrers des Badischen Ministeriums, der dringend benötigte LKW-Reifen bei Continental in Hannover gegen Zigaretten »kompensieren« wollte. Der Fahrer wurde verhaftet. Aber woher das Ministerium die Zigaretten hatte und ob die dortigen Verantwortlichen bestraft wurden, schrieb der »Spiegel« nicht.[10]
Die Preisbildung eines jeden Produkts war ganz von den Marktmechanismen des Mangels bestimmt. Öffentliche Verlautbarungen, den Schwarzhandel unter härtere Strafen zu stellen, nutzten überhaupt nichts.[11] Kein Wunder, denn nach einer Meinungsumfrage beteiligte sich fast die Hälfte der Bevölkerung am verbotenen Tausch.[12] Alliierte Stellen und deutsche Polizei und Gerichte schoben sich regelmäßig gegenseitig die Schuld an der unzureichenden Bekämpfung des Schwarzhandels zu.
Während der Lohnstop – im Interesse der Unternehmer – strikt durchgesetzt wurde, schlugen die Versuche des Berliner Magistrats, den Preisstop zu überwachen, fehl. Selbst auf den offiziell zugelassenen und streng kontrollierten Tauschmärkten stiegen die Preise fast auf Schwarzmarktniveau.

Schwarzer Markt in der Bombentrichter-Landschaft

Tauschzentralen, Graue Märkte

Die offiziellen, von den Alliierten durch Befehl vom 13.9.1945 eröffneten Tauschzentralen entwickelten sich rasch zu sogenannten »Grauen Märkten«. Die Idee, in Tauschzentralen überflüssige Haushaltswaren und Textilien (sogenannte Altwaren) von Privat verkaufen zu lassen, erwies sich in mehrfacher Hinsicht als Illusion und an den tatsächlichen Gegebenheiten der Nachkriegsjahre vorbeigeplant.
Die Marktordnung des Berliner Magistrats vom September 1945 erlaubte als Höchstpreis den (fiktiven) Neupreis vom 1. April 1945, Preisauszeichnung war Pflicht. Bereits im November wurden die Höchstpreise durch die alliierte Kommandantur herabgesetzt.[13]
Bis zum Jahresende 1945 wurden die Tauschzentralen von circa einer dreiviertel Million Menschen besucht, aber nur, weil dort unter Duldung der Alliierten alles »schwarz« zu haben war.[14] Das Preisamt des Magistrats war völlig überfordert, konnte den Schwarzhandel selbst in den wenigen Tauschzentralen nicht kontrollieren und forderte von den Alliierten deren Schließung. Diese reagierten mit einer verschärften Preisgrenze (nur noch 75 % des Neupreises von 1939 durften gefordert werden) und erhöhten die Strafbestimmungen; eine völlig verfehlte Maßnahme, weil weder Polizei noch Gerichte sie durchsetzen konnten.[15]

Kohlenklau und schwerbewachter Zuckerrüben-Transport

Hamstern

Die streng geahndeten Hamsterfahrten aufs Land bildeten eine wichtige Grundlage für die Versorgung der Städter mit Lebensmitteln. Während die kleinen Schieber Wurst und Kartoffeln in Säcken nach Hause schleppten, luden die Großschieber in gut durchorganisierten Aktionen die Lebensmittel auf Laster und transportierten sie mit gefälschten Papieren in die Städte.
In Berlin waren Hamsterfahrten in die Umgebung wegen der vergleichsweise geringen Zahl von Gärten besonders wichtig. Allerdings war die Ausbeute hier besonders niedrig, weil sich die sowjetischen Besatzungstruppen im Gegensatz zu Engländern und Amerikanern zum Teil aus ihrer Zone ernährten, abgesehen davon, daß jede Hamsterfahrt mit einem illegalen Grenzübertritt verbunden war, der zusätzliche Strafen nach sich ziehen konnte.[16]
Auch die Hamburger fuhren in den ersten Nachkriegsjahren zu Tausenden aufs Land, um zu hamstern.
Aus den traditionell reichen Anbaugebieten des Alten Landes und der Vier- und Marschlande kam 1946 nur

Taschenkontrolle bei einer Schwarzmarkt-Razzia

Leitwährung des schwarzen Marktes: die Ami-Kippe

noch ein Fünftel der Menge Obstes im Vergleich zu 1939 in die Millionenstadt. Auch die Gemüsezufuhr, die real quantitativ fast gleichblieb, verschlechterte sich qualitativ erheblich, da statt hochwertigen Gemüses vornehmlich Grobgemüse wie Kohl und Steckrüben auf den Hamburger Markt kamen.[17]
Das wenige, was blieb, wurde durch Schwarzmarkt und Hamstern dem Erzeuger-Verbraucher-Verkehr, wie ihn die Behörden nannten, weiter entzogen. Die britische Militärregierung schätzte im November 1946, daß ungefähr ein Viertel der Erzeugnisse allein aus den Vier- und Marschlanden der normalen Versorgung entzogen wurde.[18] Die gewerblichen Gemüsetransporteure dieser Region gingen im Juni 1946 sogar davon aus, daß zwischen 35 und 40% des Gemüses die Vier- und Marschlande schwarz verließ.
Militärregierung und deutsche Behörden versuchten, mit drakonischen Maßnahmen dieser Situation Herr zu werden. Schon im Sommer 1945, und auch in den darauf folgenden Jahren, wurden die Vier- und Marschlande sowie weitere Anbaugebiete zu Sperrgebieten erklärt. Niemand durfte sie ohne Passierschein betreten, mitgeführte Lebensmittel wurden sofort beschlagnahmt, die Zufahrtswege streng überwacht. Die Polizei kontrollierte die ausfahrenden Lkw's, um zu verhindern, daß sie auf ihrem Weg zum Großmarkt irgendwo »überschüssiges« Gemüse entluden.[20]
Dennoch konnten diese Maßnahmen nicht verhindern, daß die hungernden Großstädter Mittel und Wege fanden, Obst, Kartoffeln, Gemüse zu organisieren.
Allein in der Woche vom 23. bis 29.8.1945 beschlagnahmte die Polizei insgesamt 290 Zentner Obst und Gemüse.[21] Bei einer Sonderkontrolle auf dem Hamburger Hauptbahnhof wurden im September 1946 während einer einzigen Stunde 36 Personen mit 744 kg Kartoffeln angetroffen.[22] 1947 wurden bei Straßenkontrollen, vor allem im Sommerhalbjahr an den beiden Elbbrücken, folgende Mengen sichergestellt: 62937 kg Lebensmittel, 120 Ferkel, 12 Pferde, 2 Rinder und 10 Schweine.[23]
Dabei trat die keimende Staatsmacht nicht zimperlich auf. »Die Polizisten waren in der Regel scharf. Ich hab' mal in Stade auf dem Bahnhof all meine Äpfel hinkippen müssen. Dann sind die mit Stiefeln darauf herumgestampft. Und ich war gerade froh, ein paar Äpfel ergattert zu haben.«[24] In einem Polizeibericht heißt es: »Die unbedingt notwendige Schärfe beim Durchgreifen gegen Schwarzhändler verursachte unter der betroffenen Bevölkerung Entrüstung und führte teilweise zu wüsten Beschimpfungen und sogar Bedrohungen der Polizei-Beamten.«[25]
Das Massenphänomen Hamstern konnten Briten und deutsche Polizisten trotz aller »Schärfe« nicht verhindern. Die Züge in die Vier- und Marschlande, ins Alte Land wurden erst leerer, als sich Ende der 40er/Anfang der 50er Jahre die Ernährungssituation verbesserte.

Das Ende des Schwarzmarktes

In den Westzonen endete der Schwarzmarkt durch die Währungsreform vom Juni 1948. Die Beschränkung der Geldmenge (und damit der Kaufkraft) und das Auftauchen lange gehorteter Güter auf dem Markt sorgten dafür, daß kaum noch Engpässe in der Versorgung entstanden, zumal die Industrieproduktion 1948 schon wieder regelmäßig verlief. Der illegale Handel beschränkte sich auf seine traditionelle Form, den Grenzschmuggel.
Anders in Berlin: Hier führte die Einführung der D-Mark zur Blockade der Westsektoren durch die Sowjetunion und damit zur extremen Verknappung vor allem von Lebensmitteln und Brennstoffen. Aber der Charakter des Schwarzmarktes veränderte sich. Die Westberliner Bevölkerung lebte von den ihr zugewiesenen Rationen. Der Lebensmittelschmuggel aus der Umgebung blieb gering, und nur wenige Westberliner nahmen das Angebot an, sich Lebensmittelkarten für den sowjetischen Sektor ausstellen zu lassen, der ja von der Blockade nicht betroffen war.
Dennoch blieb der Warenaustausch so rege, daß die Volkspolizei im November 1948 entlang der innerstädtischen Sektorengrenze siebzig Kontrollstellen errichtete. Zum Warenverkehr waren jetzt Freigabescheine erforderlich.[26]
Die Spaltung der Berliner Verwaltung ermöglichte neue Betrugsmöglichkeiten: So wurden in großem Umfang aus Ostberlin Arbeitsbescheinigungen und Arbeitsnachweise verschoben, damit Westberliner darauf Lebensmittelkarten bekamen (in Berlin bestand Arbeitspflicht, seit August 1945 im Sowjetsektor, seit Januar 1946 in den Westsektoren).[27]
In Berlin veränderte sich der Schwarzmarkt zum illegalen Ost-West-Handel. Dabei spielten vor allem das unterschiedliche Preisniveau und die illegale Umtauschquote eine Rolle: 1 DM (West) = 7 Mark (Ost). So kamen zum Beispiel Textilien aus Sachsen billig nach Westberlin im Tausch gegen Güter, die in der DDR knapp waren. Der illegale Ost-West-Handel kam erst mit der Verschärfung der Grenzkontrollen in den frühen 50er Jahren zum Erliegen. Reste haben sich bis heute erhalten: In Westberlin wird die DDR-Mark zu einem Kurs von 1:2,5 getauscht.

Umfassende Darstellungen und präzise Untersuchungen zu diesem Thema fehlen bisher. Ernährungsfragen waren in der unmittelbaren Nachkriegszeit neben Problemen des Wiederaufbaus von zentraler Bedeutung.
Die hier zitierte Literatur hat die Funktion, dem Leser erste Hinweise zu geben. Sie ist keinesfalls vollständig! Wer anfängt, zu Fragen des Schwarzmarktes zu arbeiten, wird auf kaum zu bewältigende Mengen von Akten, Zeitungsnotizen und anderem Schriftgut stoßen.

1 Harold Hurwitz: Die politische Kultur der Bevölkerung und der Neubeginn konservativer Politik. Köln 1983 (= Demokratie und Antikommunismus in Berlin nach 1945, Bd. 1), S. 32
2 Der Spiegel v. 31.5.1947
3 B. U. Ratchford, WM. D. Ross: Berlin Reparations Assignment. Round One of the German Peace Settlement, Chapel Hill, North Carolina 1947, S. 13f, S. 17f
4 vgl. u. a. Bernd Parisius: Arbeiter zwischen Resignation und Integration. Auf den Spuren der Soziologie der fünfziger Jahre, in: Lutz Niethammer (Hrsg.): »Hinterher merkt man, daß es richtig war, daß es schiefgegangen ist.« Nachkriegs-Erfahrungen im Ruhrgebiet. Berlin, Bonn 1983, S. 107–148
5 Interview mit Herrn A. (Hamburg), 15.5.1984
6 Neue Zürcher Zeitung, Nr. 1060, v. 9.7.1945
7 Der Tagesspiegel v. 19.7.1946
8 Walter L. Dorn: Inspektionsreisen in der US-Zone. Notizen, Denkschriften und Erinnerungen aus dem Nachlaß, übersetzt und herausgegeben von Lutz Niethammer. Stuttgart 1973, Vorwort des Hrsg., S. 75. Dorn kontrollierte die lokalen Militärregierungen und deutschen Verwaltungen im September 1945 im Auftrag der US-Militärregierung.
9 Berlin. Behauptung von Freiheit und Selbstverwaltung 1946–1948. Hrsg. im Auftrag des Senats von Berlin. Berlin 1959, Notiz vom 8.3.1947
10 Der Spiegel v. 18.1.1947
11 laut Befehl Nr. 138 des sowjetischen Stadtkommandanten wird bei Wirtschaftsvergehen die Militärgerichtsbarkeit angewandt. Vgl. Berlin, Behauptung, Notiz v. 9.10.1947
12 in der britischen Zone. Der Spiegel v. 4.1.1947
13 Berlin. Kampf um Freiheit und Selbstverwaltung 1945–1946. Hrsg. im Auftrag des Senats von Berlin. Berlin 1961, 2. Aufl., Notizen v. 25.10.1945 und 1.11.1945
14 so die Einschätzung des Preismates des Berliner Magistrats, vgl. Berlin, Kampf, Notiz v. 21.12.1945
15 vgl. Berlin, Kampf, Notizen v. 24.1.1946 und 16.2.1946
16 Hurwitz, S. 23ff
17 s. Hamburg in Zahlen. Hrsg. v. Statistischen Landesamt der Hansestadt Hamburg. Nr. 5, Jahrgang 1947 vom 9.8.47 »Die Versorgung Hamburgs mit Gemüse und Obst 1939–1946»
18 Brief des Regional Governmental Officer an den Hamburger Bürgermeister vom 9.11.1946 (Staatsarchiv Hamburg Senatskanzlei II 788.40-9 1788)
19 Brief des »Vereins der Gewerblichen Gemüsetransporteure aus den Marsch- und Vierlanden (in Gründung)« an Senatsdirektor Frank vom 26.6.1946 (Staatsarchiv Hamburg Senatskanzlei II 788.40-9 1788)
20 siehe Anm. 18
21 Bericht des Kommandos der Schutzpolizei Hamburg über den Einsatz der Polizei gegen den Schwarzhandel mit Obst und Gemüse in der Zeit vom 23.–29.8.1945 vom 29.8.1945 (Staatsarchiv Hamburg Senatskanzlei II 788.40-9 1788)
22 Bericht des Enforcement Department Hamburg vom 12.9.1946 (Staatsarchiv Hamburg BEL I 377-10 B e 18)
23 Jahresbericht 1947 der Kontrollabteilung der Behörde für Ernährung und Landwirtschaft, Hamburg vom 9.1.1948 (Staatsarchiv Hamburg BEL I 377-10 B e 10)
24 Interview mit Herrn G., 25.1.84
25 Bericht des Kommandos der Schutzpolizei ... s. Anm. 22)
26 Berlin, Behauptung, Notiz v. 9.11.1948
27 Der Spiegel v. 6.10.1949

Georg Fülberth

Davongekommen und hineingeraten

Der Weg der Westzonen von Großdeutschland 1945 nach Klein-Amerika 1949

I

Sicherheitspakt oder Pax Americana?

Planungen vor der Kapitulation

Der Zweite Weltkrieg (1939–1945) brachte endgültig eine neue Hegemoniemacht an die Spitze der kapitalistischen Welt: die USA. Zugleich löste er einige der schwersten ökonomischen Probleme in den Hauptländern des Kapitals, dies allerdings nur vorläufig.
Im Ersten Weltkrieg hatte das deutsche Großkapital versucht, sich innerhalb der internationalen kapitalistischen Hackordnung einen »Platz an der Sonne« freizuschießen. Das ging schief, und das deutsche Volk landete im Keller. Diesen mußte es nach 1939 – als Herrenrasse verkleidet – ein zweites Mal aufsuchen, als Hitler einen neuen Anlauf unternahm. Dort war es allerdings dann nicht mehr ganz allein: Soweit dieser Kampf zugleich eine innerimperialistische Auseinandersetzung war, brachte er nicht nur die Zerstörung Deutschlands, sondern auch den Abstieg Großbritanniens und Frankreichs und somit die eindeutige Dominanz der USA.
Die Vorgeschichte des Zweiten Weltkrieges beginnt mit der Weltwirtschaftskrise. Der kapitalistische Markt war nicht mehr imstande gewesen, der Überproduktion Herr zu werden. Sowohl die USA als auch das Deutsche Reich entwickelten daraufhin eine neue ökonomische Strategie: verstärktes Engagement des Staates als Investor und zur Stimulierung von Nachfrage. Im faschistischen Deutschland geschah dies vor allem durch die Ankurbelung der Rüstungswirtschaft. Die damit verbundene Staatsverschuldung mußte wenig Sorge bereiten: Am Ende der Aufrüstung sollte ein Krieg stehen, dessen Eroberungen, insbesondere der Rohstoffe Osteuropas, imstande gewesen wären, die öffentlichen Finanzen wieder zu sanieren.
Auch die USA gingen Anfang der dreißiger Jahre zu verstärkter Wirtschaftstätigkeit des Staates über. Der »New Deal« des Präsidenten Franklin D. Roosevelt setzte auf sozialstaatliche Stärkung der Massenkaufkraft. Auf die Dauer konnte dies nicht ausreichen. Die Sozialpolitik mußte durch die Eroberung des Weltmarktes ergänzt und abgestützt werden. Ideologischer Ausdruck dieser Strategie war das Konzept der »One World«: Die ganze Erde sollte praktisch in eine einzige Freihandelszone umgestaltet werden, in der sich die wirtschaftliche

Überlegenheit der Vereinigten Staaten dann gleichsam automatisch durchsetzen würde. Die Versuche des Deutschen Reiches und Japans, riesige eigene autarke Herrschaftsbereiche zu schaffen, standen diesem Ziel im Wege. Hier liegt einer der Gründe für den Eintritt der USA in den Zweiten Weltkrieg. Danach lastete das militärische Engagement den Produktionsapparat aus. Die Wiederkehr einer neuen Krise war damit zumindest hinausgeschoben. Der Sieg über Deutschland und Japan eröffnete die Chance, daß diese auf absehbare Zeit – ebenso wie die verbündeten Mächte Großbritannien und Frankreich – US-amerikanischen Waren- und Kapitalexporten offenstehen würden.
Parallel zur Umgruppierung innerhalb des Imperialismus tauchte allerdings ein neues Problem auf: die Stellung der kapitalistischen Welt zur Sowjetunion und den Staaten Osteuropas. Und auch die ökonomischen Gefahren, die der Krieg zeitweilig überdeckt hatte, waren keineswegs beseitigt, sondern kündigten sich wieder an.
Der Erste Weltkrieg und der Beginn des Zweiten Weltkrieges waren innerkapitalistische Konflikte gewesen, ein Sieg in diesem Kampf versprach zugleich Weltherrschaft oder Teilhabe an ihr. Dies änderte sich mit dem Überfall Hitlerdeutschlands auf die Sowjetunion, deren erfolgreicher Gegenwehr und ihrem Gegenstoß bis nach Deutschland. Die führende kapitalistische Macht – nunmehr die USA – war nicht Weltherrscher, sondern sah neben sich eine neue, eine sozialistische Großmacht.
Das Verhältnis zu ihr mußte definiert und politisch organisiert werden. Der Zweite Weltkrieg hatte zwar Kapital absorbiert, dessen Überschuß sonst zu einer neuen großen Rezession geführt hätte. Doch schuf er auch neue Kapazitäten. Wurden sie in der Nachkriegszeit nicht ausgelastet, so drohte eine schwere Krise, die von vielen Experten tatsächlich vorhergesagt wurde. Umso dringender war die Durchsetzung des Konzepts eines weltweiten Freihandels, der »One World«. Konnte die UdSSR in diese einbezogen werden? Wie stand es mit den Ländern Osteuropas, die von der Roten Armee besetzt waren? Für die USA boten sich hier drei Lösungsmöglichkeiten an: a) Versuch, die Sowjetunion in ihren ökonomischen Einflußbereich einzubeziehen, ohne ihre politische Souveränität anzutasten. Auch gegenüber den anderen Staaten Osteuropas konnte wirtschaftliche Dominanz angestrebt werden, selbst wenn deren zumindest außenpolitische Anlehnung an die UdSSR akzeptiert wurde. Dies wäre die Modifikation der »One-World«-Konzeption unter den Bedingungen der neuen Großmachtstellung der Sowjetunion gewesen. Außenpolitische Zusammenarbeit mit der UdSSR schien vereinbar mit gleichzeitiger Forderung nach universeller Geltung der liberalen Freiheitsgarantien (Freizügigkeit, Rede-, Versammlungs-, Pressefreiheit etc.) auch in Osteuropa. b) Beschränkung des eigenen ökonomischen Machtbereichs auf Westeuropa und die unterentwickelten Länder. Dies setzte voraus, daß die dort getätigten Investitionen ausreichten, um auf den unter sowjetischem Einfluß stehenden Teil des potentiellen Weltmarkts »verzichten« zu können. c) Schließlich war auch eine Kombination der Varianten a) und b) denkbar: Sicherung des eigenen Dominanzbereiches in Westeuropa und den Entwicklungsländern, danach Versuch zur ökonomischen Durchdringung Osteuropas und der UdSSR oder sogar zu deren politischer und militärischer Niederwerfung.
Der US-amerikanische Präsident Roosevelt (1935–1945) verfolgte relativ konstant die Variante a). Deren Realisierung war vom Kriegsverlauf und der sich dort entwickelnden internationalen Stellung der Sowjetunion abhängig. Die USA traten erst im Dezember 1941 in den Krieg gegen Japan (nach dem japanischen Bomben-Überfall auf Pearl Harbour) und Deutschland (Kriegserklärung durch

das Deutsche Reich) ein. Doch bereits vorher machten Proklamationen Roosevelts die Grundrisse der internationalen Ordnung und der innenpolitischen Prinzipien, deren Verwirklichung er anstrebte, deutlich.
In der »Atlantik-Charta« vom August 1941 entwarf er – hier zusammen mit Churchill – seine Vision der »One World«. Hier wurde das Recht der Nationen auf Selbstbestimmung, gleichen Zugang zum Handel und zu den Rohstoffen der Welt gefordert. Die ideologiepolitische Innenausstattung dieses Konzepts hatte Roosevelt bereits im Januar 1941 vor dem Kongreß proklamiert. Als außenpolitische Ziele nannte er die Durchsetzung der »Vier Freiheiten«: Freiheit der Rede und der Meinungsäußerung, Freiheit der Religion, Freiheit von Furcht und Freiheit von Not. Die Atlantik-Charta richtete sich gegen Japan und Hitler-Deutschland. Aber sie berücksichtigte in keiner Weise mehr die Sowjetunion: Diese schien damals – im August 1941 – unmittelbar vor einer vernichtenden Niederlage zu stehen und wurde als Faktor der Weltpolitik nicht mehr in Rechnung gestellt. Die Realisierung der »One World« schien nach einer Niederringung des Faschismus auch unter Einbeziehung des Territoriums der ehemaligen UdSSR möglich. Diese Variante war nach dem sowjetischen Sieg von Stalingrad 1943 (31. Januar und 2. Februar 1943) nicht mehr zu halten. Roosevelt setzte jetzt auf die Möglichkeit einer Kooperation mit der UdSSR, ohne die Visionen der »One World« aufzugeben. Auf der Konferenz von Teheran (November/Dezember 1943; unter Beteiligung von Stalin, Roosevelt, Churchill) gestand er der Sowjetunion territoriale Garantien ihrer militärischen Sicherheit in Osteuropa einschließlich einer Westverlagerung Polens zu. Dort wurde auch ein US-amerikanischer Plan für eine Zerstückelung Deutschlands in fünf Einheiten vorgelegt.
In der Roosevelt-Administration wirkten zwei Linien neben- und gegenein-

Marlene Dietrich singt vor amerikanischen Truppen in Deutschland 1945

ander: Das Außenministerium befürwortete die Abtrennung von Ostpreußen, Westpreußen, Danzig sowie Teilen Oberschlesiens an Polen, im übrigen aber sollte ein deutscher Staat, wenngleich mit stark föderalisierter Struktur, erhalten bleiben. Die deutsche Wirtschaft müsse zwar internationalen Sicherheitskontrollen unterworfen werden, jedoch imstande sein, als aktiver Teil des Weltmarkts zu funktionieren. Der Finanzminister Morgenthau empfahl nicht nur Gebietsabtretungen im Osten, sondern auch im Westen, die Errichtung einer internationalisierten Zone, Aufteilung des Restes in zwei unabhängige Staaten und die Rückverwandlung des deutschen Territoriums in ein Agrarland. Das hätte die deutschen Kapitalisten zwar als Konkurrenz ausgeschaltet, den Bauern und der Restgruppe der Arbeiter aber wohl kaum genug gelassen, um sich Coca Cola kaufen zu können. Roosevelt ersetzte dieses Konzept, das er zunächst akzeptiert hatte, im September 1944 durch die Direktive JCS 1067 zur Instruktion der künftigen Befehlshaber in Deutschland. Sie kombinierte Elemente des Morgenthau-Plans mit den Vorstellungen des Außenministeriums.

Die britische Kriegszielplanung stellte sich ab 1943 auf die Errichtung einer europäischen Ordnung ein, die zwar eine stärkere Stellung der UdSSR akzeptieren mußte, diese aber zugleich in Schach halten sollte. Noch im Herbst 1944 hatte Churchill den Humor, Stalin eine Festlegung der Einflußaktien zwischen der UdSSR und Großbritannien auf dem Balkan nach Prozentpunkten vorzuschlagen. Die deutsche Wirtschaft sollte im übrigen als Konkurrent ausgeschaltet, als Abnehmer aber erhalten bleiben. Zeitweilig trugen Premierminister Winston Churchill und Außenminister Anthony Eden Überlegungen zur Aufteilung des Reiches vor: Das Rheinland sollte von Deutschland abgetrennt, Bayern entweder selbständig oder mit den anderen süddeutschen Ländern, Österreich und Ungarn zu einem »Donaubund« vereinigt werden.

Die Bewegung des »Freien Frankreich« unter Charles de Gaulle zielte auf Wiederherstellung einer kontinentalen Vormachtstellung unter Anerkennung sowjetischer Sicherheitsinteressen. Auch hier wurde ein Zerstückelungs-Puzzle angeboten: Abtrennung des Saarlandes und des Ruhrgebiets, Autonomiestatus für das gesamte linksrheinische Territorium.

Die sowjetischen Kriegsziele waren durch ein zentrales Ziel bestimmt: Sicherheit vor einem neuen Angriff. Die Errichtung von Regimen in Osteuropa, die mit der UdSSR eng verbunden waren, diente diesem Zweck. Ein zweites Ziel war die rasche Erlangung umfangreicher Reparationen für die ökonomisch ausgeblutete Sowjetunion. Stalin ging offensichtlich während des Krieges nicht von der Erwartung aus, nach dem gemeinsam mit den USA und Großbritannien erkämpften Sieg ganz Deutschland beherrschen zu können. Dem sowjetischen Sicherheitsinteresse hätte eine Einbettung des um die Ostgebiete verringerten und von den Siegermächten kontrollierten Reiches in eine Sicherheitszone von Skandinavien bis Italien (einschließlich Ungarns und der Tschechoslowakei) entsprochen. Konnte das nicht erreicht werden, war die zweitbeste Variante die Einbeziehung der CSR und Ungarns in den volksdemokratischen Bereich und gemeinsame Kontrolle des reduzierten Gesamtdeutschland durch die Alliierten. Dies hätte der UdSSR den Zugriff auf die Reparationen insbesondere aus dem Ruhrgebiet erleichtert.

Einer von den Westmächten immer wieder vorgeschlagenen Teilung Deutschlands hat Stalin zwar bis 1944 nicht widersprochen, solange ein grundsätzliches Einvernehmen mit den USA möglich schien. Als sich der Ost-West-Konflikt in der Polenfrage Anfang 1945 abzeichnete, lehnte er erstmals im März 1945 die Teilung Deutschlands ab: Bei einer Ost-West-Spaltung wäre zwar ein sozialistischer deutscher Staat in der sowjetischen Besatzungszone entstanden. Zugleich aber hätte das Ruhrgebiet und der gesamte westliche Teil Deutschlands zur westlichen Einflußsphäre gehört. Die Errichtung einer US-amerikanischen Dominanz dort mußte die ökonomischen und politischen Gewichte zuungunsten der UdSSR verschieben. Die erste Bruchstelle zwischen der sowjetischen und der US-amerikanischen Politik bildete die Polen-Frage. 1943 hatte die UdSSR ihre Beziehungen zur in London residierenden bürgerlichen Exilregierung, in der sich die antisowjetischen Tendenzen der polnischen Vorkriegspolitik fortsetzten, abgebrochen. Stattdessen förderte sie das 1944 gegründete, ihr eng verbundene »Lubliner Komitee« und erkannte es als provisorische polnische Regierung an. Auf Drängen der USA wurde dieses Kabinett im August 1945 durch vier Vertreter der Bauernpartei und einen Sozialdemokraten erweitert. Diese Regierung ist dann sogar von den Vereinigten Staaten anerkannt worden. Inzwischen aber war die Polen-Frage bereits Gegenstand antisowjetischer Kampagnen in den USA.

Die Interessenlagen, welche vor allem durch die Planungen der USA und der Sowjetunion bestimmt waren, prägten die Vereinbarungen der Anti-Hitler-Koalition. Auf der Konferenz von Teheran wurde eine »Europäische Beratende Kommission« eingesetzt, die im September 1944 ein »Protokoll betreffend die Bestzungszonen in Deutschland und die Verwaltung von Groß-Berlin« erarbeitete. Es markierte den Verlauf der Zonengrenzen zwischen Ost und West und schlug die gemeinsame Präsenz der Siegermächte in Berlin vor. Auf der Konferenz von Jalta (4.–11. Februar 1945) wurde dieses »Zonenprotokoll« von Churchill, Roosevelt und Stalin zum Beschluß erhoben. Dort wurde auch ein »Kontrollrat« zur gemeinsamen Verwaltung Deutschlands eingerichtet. Er sollte ein Organ der Siegermächte zur gemeinsamen Verwaltung des niedergeworfenen Deutschland werden. Frankreich wurde zur Teilnahme am Kontrollrat eingeladen. Als dessen Amtssitz wurde Berlin festgelegt, das allerdings erst Anfang Mai von der Roten Armee erobert wurde. Die Konferenz von Jalta beschloß die Abtretung der deutschen Ostgebiete

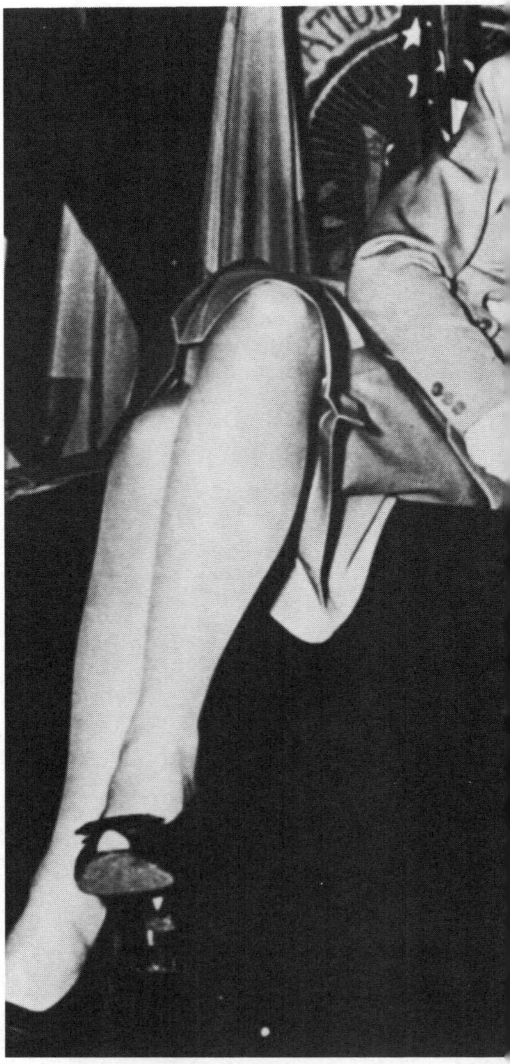

Harry S. Truman, damals US-Vizepräsident...

... mit der Schauspielerin Lauren Bacall 1945

an Polen und die UdSSR, wobei die endgültige Regelung einem Friedensvertrag vorbehalten sein sollte.
Schon Anfang 1945 war klar, daß weder das US-amerikanische noch das sowjetische Maximalprogramm realisiert werden konnte. Eine bis nach Mittel- und Südeuropa reichende Pufferzone hätte niemals die Zustimmung Roosevelts und Churchills erhalten. Realisierbar erschien allenfalls noch die aus sowjetischer Sicht zweitbeste Lösung: Ein international kontrollierbares, entmilitarisiertes Gesamtdeutschland, dessen Ressourcen für Reparationen zur Verfügung standen.
In den USA verflogen gleichzeitig die Illusionen über die aktuellen Chancen einer den ganzen Erdball umspannenden imperialistischen »One World«. Die Vereinigten Staaten hatten die Errichtung einer europäischen Zweiten Front bis August 1944 hinausgezögert – mit der Kalkulation, Kommunisten und Faschisten sollten sich in der Zwischenzeit möglichst gründlich gegenseitig an der Gurgel halten. Im Endergebnis wurde damit allerdings der Sowjetunion nicht nur die Hauptlast des Kampfes, sondern auch Osteuropa überlassen. Jalta bedeutete deshalb nicht etwa die Teilung des Kontinents, sondern war nur noch die Ablichtung inzwischen geschaffener Tatsachen. Die nunmehr zu erwartende Gründung von Volksdemokratien in Osteuropa verschloß dieses absehbar dem kapitalistischen Weltmarkt. Es wurde klar, daß amerikanische Investitionen keineswegs über den gesamten Kontinent abregnen konnten und darum, sollte eine Überproduktionskrise vermieden werden, umso massiver im Westen konzentriert werden mußten. Wurden die Westzonen Deutschlands einbezogen, so bedeutete dies die Teilung des Reiches.
Auch dort waren lange vor der Kapitulation kluge Köpfe bei der Arbeit. Teile der herrschenden Klasse erwogen Alternativen zum Faschismus. Tatsächlich war die deutsche Großbourgeoisie auch unter Hitler kein geschlossener Block, so sehr sie 1933 einhellig seine Machtübernahme betrieben und gutgeheißen hatte. Ein wichtiger Differenzierungspunkt war die Stellung zu den Westmächten. Hitlers Strategie war in erster Linie auf Ausdehnung im Osten gerichtet, er nahm aber auch den – zunächst für vermeidbar gehaltenen – Konflikt mit Großbritannien, schließlich sogar mit den USA in Kauf. Seit dieser Entscheidung – Kriegserklärung an Großbritannien 1939, an die USA 1941 – bildete sich im deutschen Großkapital eine zweite, »oppositionelle« Linie heraus. Sie setzte zwar weiterhin auf den Kampf gegen Sowjetrußland, hielt den Konflikt mit dem Westen aber für einen Fehler und peilte eine zukünftige antisowjetische Koalition mit Frankreich, Großbritannien und den Vereinigten Staaten an. Voraussetzung hierfür war allerdings der Sturz Hitlers. Dies war einer der Leitgedanken in der Mehrheit der Offiziere und Politiker, die Hitlers Beseitigung vorbereiteten und am 20. Juli 1944 losschlugen. Eine abweichende Position vertrat die Gruppe um den Grafen Helmuth James von Moltke (»Kreisauer Kreis«), die einen Ausgleich mit dem Osten anstrebte. Sie hatte auch Verbindung zu illegal arbeitenden Sozialdemokraten. Die dominierende Figur unter den Planern im Umkreis des »Zwanzigsten Juli«, der ehemalige Leipziger Oberbürgermeister Carl Goerdeler, befürwortete entschieden eine prowestliche und antisowjetische Außenpolitik. Innenpolitisch war Goerdeler kein Demokrat: Er erstrebte nicht die Errichtung einer parlamentarischen Demokratie, sondern einen autoritären Ständestaat mit monarchischer Spitze.
Waren im Verschwörerkreis des »20. Juli« vor allem Fragen der Außen- und Verfassungspolitik erörtert worden, so wandte sich eine zweite oppositionell-bürgerliche Gruppierung wirtschaftspolitischen Fragen zu. Einer ihrer führenden Vertreter war der Freiburger Professor Walter Eucken. Ebenso wie die emigrierten Ökonomen Wilhelm Röpke und Alexander Rüstow ging er davon aus, daß die ungezügelte Marktwirtschaft mit der Weltwirtschaftskrise von 1929 gescheitert sei. Die Planungsansätze des deutschen Faschismus bezeichneten diese Professoren als totalitäre Zwangswirtschaft, die im Grunde ebenso sozialistisch sei wie die der Sowjetunion. Eine neue Wirtschaftsordnung müsse die Marktwirtschaft wiederherstellen, zugleich aber verhindern, daß diese zu Verelendung und Monopolbildung führe. Der Staat habe sich zwar prinzipiell aus dem ökonomischen Prozeß herauszuhalten. Durch Kartellgesetze müsse er aber einer Selbstaufhebung der »Freien Marktwirtschaft« entgegenarbeiten und diese durch Sozialgesetze abpuffern. So könne aus der »*Freien* Marktwirtschaft« die »*Soziale* Marktwirtschaft« werden. Die Vertreter dieser Konzeption bezeichneten ihre Lehre selbst als »Ordoliberalismus«, auch der Begriff »Neoliberalismus« wird zu seiner Kennzeichnung häufig gewählt.
Ähnliche Gedankengänge entwikkelte in dieser Zeit der Wirtschaftswissenschaftler Dr. Ludwig Erhard. 1942 gründete er ein »Institut für Industrieforschung«, das mit der »Reichsgruppe Industrie« beim Reichswirtschaftsministerium zusammenarbeitete. Im Kontakt mit Industriellen, die sich nun auf die deutsche Kriegsniederlage einstellten, verfaßte er 1944 eine Denkschrift, in welcher er die Grundzüge einer »Freien Marktwirtschaft« entwarf. Diese Broschüre beeindruckte Carl Goerdeler so sehr, daß er in seinem politischen Testament empfehlend auf Erhard hinwies. Die »Reichsgruppe Industrie« sandte ein Exemplar der Denkschrift auch an den Stellvertreter des Staatssekretärs im Reichswirtschaftsministerium, den SS-Brigadeführer Otto Ohlendorf, der daraufhin mit Erhard Kontakt aufnahm. In ihrem Gespräch um die Jahreswende 1944/45 zeichneten sich Möglichkeiten einer zukünftigen Zusammenarbeit ab. Daraus wurde nun allerdings nichts, weil Ohlendorf nach der Kapitulation gleichsam nachträglich dabei ertappt wurde, 1941/42 als Leiter einer Einsatzgruppe die Ermordung von 90000 Menschen in der Sowjetunion organisiert zu haben. Als er 1951 hingerichtet wurde, war Ludwig Erhard schon Bundeswirtschaftsminister.

II

Hier stirbt sich was und wird sich was

Formierung in den Westzonen

Mit dem Kriegsende verschwanden die politischen Spitzen des deutschen Faschismus. Die Eliten in Wirtschaft, Hochschulen, Verwaltung, Justiz kamen meist für einige Zeit auf die Ersatzbank, wurden aber dann, als Fachleute ausgewiesen, wieder rangelassen. Zuletzt, nach 1949, kamen sogar die ehemaligen Wehrmachtmilitärs. Grundsätzlich gilt: Je später eine Institution in den Westzonen errichtet wurde, desto mehr altes Führungspersonal tauchte in ihr auf. Die Antifaschistischen Ausschüsse, in denen Sozialisten verschiedener Herkunft eine Einheitsorganisation aus Parteien und Gewerkschaften schaffen wollten, sind im Juni 1945 verboten worden. Ihre Eigenaktivität widersprach dem Prinzip der Militärdiktatur, die mit der Besetzung errichtet wurde.

Formell wurde ihre Auflösung meist damit begründet, daß ihre Existenz einen Verstoß gegen das Verbot parteipolitischer Betätigung darstelle. Nur in der französischen Besatzungszone, wo die Gründung von Parteien und Gewerkschaften noch später erlaubt wurde als in der britischen und US-amerikanischen, waren sie länger geduldet. Teilweise wurden die Ausschüsse von den Kommunalverwaltungen aufgesaugt, die als erste wieder eingerichtet wurden. An deren Spitze setzten die westlichen Besatzungsmächte häufig Politiker, welche schon am Ende der Weimarer Republik aktiv gewesen waren. Die Jüngeren waren entweder noch nicht entnazifiziert oder unpolitisch, noch in Gefangenschaft oder als Flüchtlinge und Heimkehrer auf der Suche. Eine offizielle Gründung von Parteien und Gewerkschaften wurde von den westlichen Alliierten erst spät und in Etappen, bei denen es zunächst nicht zu überregionalen Zusammenschlüssen kommen durfte, erlaubt. Die zunächst ernannten Landesregierungen bestanden zumeist aus älteren Politikern der Weimarer Generation.

Gegenprobe: Als nach 1949 der Auswärtige Dienst wieder eingerichtet wurde, stellte ein Untersuchungsausschuß des Bundestages fest, daß zwei Drittel der dort Beschäftigten alte Nazis waren. Die Gemeindevorstände, Magistrate und Landesregierungen, die 1945 von den Besatzungsmächten eingesetzt wurden, waren dagegen frei von ehemaligen Mitgliedern der NSDAP. Im Sinne der Anti-Hitler-Koalition, der die Sowjetunion angehörte, und angesichts der unbestreitbaren Tatsache, daß die Kommunisten den größten Anteil an den Leistungen und Opfern des Widerstandes hatten, wurden auf Gemeindeebene auch Mitglieder der KPD beteiligt. Auf Gemeindebene wurde im übrigen versucht, unter Ausschaltung der NSDAP an das Stärkeverhältnis, wie es bis 1933 bestanden hatte, anzuknüpfen. Häufig kamen so Sozialdemokraten in leitende Stellungen. In einigen Arbeiterwohngemeinden wurden auch Kommunisten Bürgermeister. Ein von der Besatzungsmacht eingesetzter (später wieder entlassener) kommunistischer Oberbürgermeister regierte in Essen. Die Personalauswahl erfolgte teilweise aufgrund von »weißen Listen«, welche die Geheimdienste erstellt hatten, teils aufgrund von Empfehlungen der Kirchen, oft auch nach dem Gutdünken der lokalen Befehlshaber. So ergab sich letztlich doch häufig eine Bevorzugung konservativer Kräfte.

Die Genehmigung zur Gründung von Parteien lag bei den Militärbehörden, die davon unterschiedlichen Gebrauch machten. Die US-Amerikaner ließen im August 1945 in ihrer Zone Parteien zu, die Briten im September. Erst im Dezember 1945 war dies auch in der französischen Zone möglich. In der Lizenzierungspraxis bildete sich zunächst ein Vier-Parteien-System heraus: CDU (bzw. CSU), FDP (bzw. DDPD), SPD und KPD. Das Parteiensystem der Weimarer Republik konnte dabei nicht restauriert werden. Seine am steilsten aufsteigende Kraft ab 1930 war ja die NSDAP gewesen. Sie blieb verboten, ihre Mitglieder und Wähler erhielten nach der Entnazifizierung das Wahlrecht wieder und waren innerhalb des lizenzierten Parteiensystems (CDU, FDP, SPD, KPD) für die christdemokratische und die liberale Partei interessant. Hierdurch erklärt sich ein Teil des Aufstiegs der CDU und der CSU. In der Entstehung einer christdemokratischen Partei setzte sich ein Vereinheitlichungsprozeß fort, der schon in der Weimarer Republik begonnen hatte. Nachdem ab 1930 die kleineren bürgerlichen Parteien faktisch verschwunden waren, blieben nur noch zwei große übrig: das Zentrum und die NSDAP. Beide waren »Volksparteien«: Sie waren an ihrer Spitze zwar

nachweislich mit großkapitalistischen Interessen verbunden, hatten unter ihren Mitgliedern und Wählern aber Menschen aller Klassen, das Zentrum auch viele katholische Arbeiter. Das katholische Zentrum stellte 1945 das Führungspersonal der neuen CDU. Es wurde ergänzt durch einige bürgerliche Politiker aus Parteien, die gegen Ende der Weimarer Republik entweder Splitterparteien waren oder doch zu solchen degenerierten (Deutschnationale Volkspartei, DNVP; Deutsche Volkspartei, DVP; Deutsche Demokratische Partei, DDP; Christlich-Sozialer Volksdienst). Ohne die CDU wären sie jetzt Offiziere ohne Armee gewesen. Alte Nazis hatten in den ersten Monaten in der Spitze der CDU keine Chance. In ihrem Vorstand tauchten sie erst 1950 auf, so etwa Kurt Georg Kiesinger. Als potentielle Wähler waren sie bedeutsam. Die Union wurde für sie attraktiv durch ihre enge Verbindung zu den Kirchen,

die bei den westlichen Alliierten hohe Autorität hatten und deren Leumundszeugnis (»Persilschein«) in Spruchkammerverfahren helfen konnte. Die durch Politiker anderer Gruppierungen angereicherten Kader des Zentrums hatten allerdings nur eine Chance, Führer einer bürgerlichen Einheitspartei zu werden, wenn sie die konfessionale Enge der alten Partei abstreiften. Der Name »Christlich-Demokratische Union« symbolisierte sowohl das Bekenntnis zur kirchlichen Ideologie wie zur Einheit von Protestanten und Katholiken. Die Verbindung mit dem politischen Protestantismus brachte nicht so sehr Zugang aus der Bekennenden Kirche wie eine Übernahme der reaktionären Tendenzen, die ihn vor 1933 beherrscht hatten und dort von der Deutschnationalen Volkspartei und in der Deutschen Volkspartei vertreten wurden. Eine Wiedergründung des Zentrums unter dem alten Namen, vor allem im Rheinland, blieb eine Splittergruppe. In der bayerischen CSU allerdings scheiterte deren Vorsitzender, Josef Müller, 1948 beim Versuch, sie interkonfessionell zu orientieren.

Der Aufstieg des späteren Parteiführers, Konrad Adenauer, begann in dem Moment, in dem seine bereits 1945 formulierte These von der Unausweichlichkeit einer Teilung Deutschlands und einer Auseinandersetzung zwischen kapitalistischer Freiheit und kommunistischer Diktatur auch in der praktischen Politik der westlichen Besatzungsmächte eine Bestätigung fand.

Adenauer, Jahrgang 1876, war von 1917 bis 1933 Oberbürgermeister von Köln gewesen und hatte damals der Zentrumspartei angehört. Die Nazis hatten ihn 1933 zwangspensioniert. Während des Faschismus leistete er keinen Widerstand, wies einen Kontaktversuch Goerdelers ab, paßte sich aber auch nicht an, so daß ihn die Nazis mißtrauisch beobachteten. Im September 1944 wurde er – im Zusammenhang mit den Fahndungen nach dem Attentat vom 20. Juli, mit dem Adenauer nicht in Verbindung stand – verhaftet und kam im November wieder frei. Die US-Amerikaner setzten ihn 1945 als Kölner Oberbürgermeister ein, die Briten, welche die Stadt im selben Jahr übernahmen, lösten ihn wegen angeblicher Unfähigkeit ab. Schon im Oktober 1945 entwickelte er in einem Brief an den Duisburger Oberbürgermeister Weitz seine politische Konzeption: Ostdeutschland sei auf absehbare Zeit verloren, die Westzonen müßten sich mit Frankreich, Belgien, Luxemburg und Holland wirtschaftlich verflechten. Anfang 1946 wurde Adenauer Vorsitzender der CDU der britischen Besatzungszone.

Die UdSSR hatte in ihrer Zone bereits im Juni 1945 Parteien zugelassen. Damals entstand dort die Christlich-Demokratische Union Deutschlands (CDUD). Ihr führender Kopf, der christliche Gewerkschafter Jakob Kaiser, hatte eine andere Konzeption als Adenauer. Seit Dezember 1945 war er Vorsitzender der CDUD, deren Wirkungsbereich auf die sowjetische Besatzungszone und Berlin beschränkt war. Kaiser wies einem künftigen Gesamtdeutschland die Funktion einer »Brücke« zwischen Ost und West zu. Das Berliner Büro der CDUD firmierte als »Reichsgeschäftsstelle«. Als Kaiser Anfang 1946 in die Westzonen reiste, um die Schaffung einer gesamtdeutschen CDU zu betreiben, stieß er auf den Widerspruch Adenauers: Dieser fürchtete, eine Partei, die in allen vier Zonen arbeite und deren Vorstand seinen Sitz in Berlin habe, könne unter sowjetischen Einfluß geraten. Zwar wurde 1947 eine gesamtdeutsche »Arbeitsgemeinschaft CDU/CSU« eingerichtet, die aber niemals funktionierte und 1948 offiziell wieder aufgelöst wurde. Inzwischen war Kaiser mit der Sowjetischen Militäradministration in Konflikt geraten und ging in den Westen.

Der nationale Bankrott schuf auch die Voraussetzungen für das Scheitern des »Christlichen Sozialismus«, der 1945 und 1947 in der Union eine Chance zu haben schien und in sich vielgestaltig war. Teilweise verbarg sich hinter diesem Begriff lediglich der Versuch, ein mittelalterliches Menschenbild auch gegen die kapitalistische Wirklichkeit durchzusetzen, so bei den Dominikanern Welty und Siemer in Köln, teilweise auch konservative Kritik am Wirtschaftsliberalismus (Otto Heinrich von der Gablentz in Berlin).

Von Anfang an auf verlorenem Posten stand die Frankfurter Variante der christlich-sozialistischen Strömung: Eugen Kogon und Walter Dirks banden sich an keine bestimmte Theologie und bemühten sich, auch in der CDU die Notwendigkeit einer Beseitigung der ökonomischen Voraussetzungen des Faschismus klarzumachen. Dafür blieb ihnen bald nur noch eine Intellektuellenzeitschrift übrig: die »Frankfurter Hefte«. Adenauer lehnte zwar sämtliche Varianten des »Christlichen Sozialismus« ab, benutzte diese innerparteilichen Tendenzen aber in der Auseinandersetzung mit SPD und KPD, unter anderem durch das »Ahlener Programm« von 1947 der CDU in der britischen Besatzungszone.

In einigen Ländern hatten bereits 1946 Wahlen zu Landtagen oder Verfassungsgebenden Landesversammlungen stattgefunden. Für das neugebildete Land Nordrhein-Westfalen standen erste Landtagswahlen erst im April 1947 an. Hier war der industrielle Schwerpunkt der Westzonen, die Kommunistische Partei war im Ruhrgebiet und in Teilen des Rheinlandes traditionell stark, zugleich versuchte die CDU die alten Zentrumshochburgen zu beerben und stand in heftiger Konkurrenz mit der SPD. Sie versuchte deshalb möglichst viele Arbeiterwähler zu sich herüberzuziehen. Das Ahlener Programm von Anfang Februar 1947 – also etwas mehr als zwei Monate vor der Landtagswahl – enthielt die These, der Kapitalismus sie den Lebensnotwendigkeiten der Menschen nicht gerecht geworden, und räumte die Möglichkeit von Sozialisierungen ein. Aktuelle Verstaatlichungen wurden aber in demselben Dokument sofort wieder abgelehnt: Da der deutsche Staat durch die Siegermächte unterworfen sei, würde dadurch die deutsche Wirt-

schaft an die Alliierten ausgeliefert.
Bei den Landtagswahlen vom 20. April 1947 gab es folgendes Resultat: CDU 37,6%, SPD 32,0%, FDP 5,9%, KPD 14,0%, Zentrum 9,8%. Dies war insgesamt ein »linkes« Ergebnis, wenn man bedenkt, daß ja auch die CDU mit einer antikapitalistischen Programmatik angetreten war und das Zentrum ohnehin vor allem den sozial orientierten Flügel der alten Partei gleichen Namens repräsentierte. Die KPD hatte ihren Stimmenanteil im Verhältnis zu den Land- und Stadtkreiswahlen vom Oktober 1946 um viereinhalb Prozent steigern können. Ihr gutes Ergebnis resultierte wohl zum Teil auch aus den Konflikten des vorangegangenen Hunger- und Kältewinters und wurde durch Protestaktionen des Frühjahrs 1947 gestützt. Zugleich stellt sich auch die Frage, inwieweit überhaupt antikapitalistische Stimmungen in der westdeutschen Bevölkerung verbreitet waren. Die US-Amerikaner haben in Gefangenenlagern und im zivilen Bereich ein paar Umfragen nach der politischen Einstellung durchgeführt, deren Ergebnis sehr widersprüchlich ist. Die faschistische Ideologie wirkte noch deutlich nach. Allerdings war sie zu einem erheblichen Teil auch Machtopportunismus vor der scheinbaren Unbesiegbarkeit der NSDAP und des Hitlerstaates. Deren Niederlage versah diese Mentalität zeitweilig mit einem anderen Vorzeichen. Der Faschismus hatte sich zwölf Jahre lang als letztes und einziges Bollwerk gegen den Bolschewismus angepriesen. Nachdem es gefallen war und die Rote Armee in der Mitte Deutschlands stand, schien die »rote Flut« nicht mehr aufzuhalten. Außerdem gewann in der Arbeiterklasse, insbesondere in den Jahrgängen, die noch organisiert in der Weimarer Republik gekämpft hatten, der Gedanke, daß der Faschismus eine Konsequenz des Kapitalismus sei, neue Kraft und strahlte von da auf andere Klassen und Schichten aus. So erklärt sich das nordrhein-westfälische Wahlergebnis von 1947 und die Tatsache, daß sich in Hessen Ende 1946 bei einer Volksabstimmung fast 72 Prozent der Teilnehmer für eine Sozialisierung der Grundstoffindustrie und von Teilen des Verkehrswesens aussprachen. Diese Stimmungen waren aber insgesamt labil, die Politisierung reagierte oft nur als Reflex auf die Versorgungslage. Hinzu kam, daß viele Menschen fast völlig damit beschäftigt waren, die täglichen Lebensmittel, Brennstoff und Wohnraum zu beschaffen und so kaum Zeit und Energie für kontinuierliche politische Betätigung hatten. Als sich nach der Währungsreform 1948 die Versorgungslage allmählich besserte und dies unter offenkundig kapitalistischem Vorzeichen geschah, mit Beginn des kalten Krieges massive antikommunistische Propaganda einsetzte, in der Berlin-Krise 1948/49 die Ost-West-Konfrontation auf deutschem Boden einen ersten Höhepunkt erreichte, kippte die Stimmung um, insbesondere kamen die im Faschismus aufgebauten antikommunistischen Muster wieder zum Tragen.

SPD-Kundgebung im Jahre 1947 auf dem Römerberg in Frankfurt am Main. Am Rednerpult Kurt Schumacher.

In der ersten Jahreshälfte 1947 war das allerdings noch Zukunftsmusik. Auch in den Diskussionen des nordrhein-westfälischen Landtages über die Vergesellschaftung des Ruhrbergbaus lavierte Adenauer weiter: Ohne die Sozialisierung zunächst prinzipiell abzulehnen, erreichte er eine ständige Verzögerung. Zwar beschloß der Landtag im August 1948 die Sozialisierung (bei Stimmenthaltung der CDU), die britische Besatzungsmacht suspendierte aber die Entscheidung, zumal nach der offenen Propagierung des kalten Krieges und der Währungsreform das kapitalistische Konzept sich wieder voll durchzusetzen begann. Dessen lautester Verfechter stand bis 1949 außerhalb der Union: Ludwig Erhard. 1945 war er von den US-Amerikanern als Leiter des Wirtschaftsamtes in Fürth, dann als Bayerischer Wirtschaftsminister eingesetzt worden. 1948 wurde er (von der FDP vorgeschlagen) Direktor der Verwaltung für Wirtschaft des Vereinigten Wirtschaftsgebietes in Frankfurt/Main. Er schloß sich der CDU an, nachdem sie sich 1949 in ihren »Düsseldorfer Leitsätzen« zur »Sozialen Marktwirtschaft« bekannt hatte. Der Volkspartei-Charakter der CDU und der CSU, also ihr Versuch, für ihre nunmehr offen prokapitalistische Politik auch Arbeiteranhang zu gewinnen, machte nach wie vor eine Politik des Lavierens gegenüber den Gewerkschaften sowie dort die Sicherung eines Brückenkopfes nötig: die Sozialausschüsse der Christlich-Demokratischen Arbeitnehmerschaft. Das schuf Spielraum für eine kleinere, reinrassig kapitalistische Partei, die FDP. An die Stelle der Dominikaner mit ihrem Versuch, die im 13. Jahrhundert entwickelte Gesellschaftstheorie des Heiligen Thomas von Aquin in den Fabriken heimisch zu machen, trat ab 1949, als ideologische Tankstelle der Sozialausschüsse in der CDU, eine elegantere Variante:
Der Jesuit Oswald von Nell-Breuning ging von den bestehenden kapitalistischen Verhältnissen aus und predigte, sie müßten durch Institutionen der Partnerschaft zwischen Kapital und Arbeit den Erfordernissen eines »christlichen Menschenbildes« (das er nun ebenfalls vom Heiligen Thomas hatte) gerecht werden.
1947 hatte die CDU 400000 Mitglieder. Danach hatte sie, wie alle Parteien, viele Abgänge: Die Beiträge mußten nun in harter DM gezahlt werden. Genaue Zahlen liegen für die Jahre 1948–1952 nicht vor; 1952 waren es 200000 Mitglieder. Bei der CSU waren es im Jahr vor der Währungsreform 82189. Nach der Währungsreform brach sie organisatorisch fast zusammen: Zu den Finanzschwierigkeiten kam die Bedrängnis durch eine neugegründete Konkurrenz – die Bayernpartei – hinzu.
Die Sozialdemokratische Partei war bereits vor 1933 zwar eine Massenorganisation, aber ohne Konzept, von der Spitze her nur noch verwaltet. Nach dem Verbot pflegten viele ihrer Mitglieder noch lockeren Zusammenhalt und wahrten ein nichtfaschistisches Milieu. Diese Nicht-Anpassung war typischer für die nun illegale Partei als der aktive Widerstand, an dem sich auch Sozialdemokraten beteiligten. Wer unter den jüngeren Sozialisten vor 1933 einen intellektuellen oder kämpferischen Anspruch erhob und nicht Kommunist sein wollte, war damals meist nicht in der SPD, sondern in Splittergruppen. Diese haben im Widerstand und insbesondere in der Emigration an einem Prozeß der Kaderkonzentration teilgenommen, der sie an die Sozialdemokratie heran-

1. Mai 1947 in Bremen

führte, diese aber zugleich für kritische Nichtsozialdemokraten öffnete: von der Sozialistischen Arbeiterpartei (SAP) kamen Willy Brandt und Otto Brenner, vom Internationalen Sozialistischen Kampfbund (ISK) Fritz Erler und Willi Eichler, von der KPD Richard Löwenthal und – später – Herbert Wehner. Die Auswirkungen dieses Erneuerungsprozesses an der Spitze wurden nicht sofort 1945 sichtbar, sondern – ähnlich wie ja auch in der CDU – viel später. Nehmen wir einmal als Beispiel die Zusammensetzung der SPD-Führung 1965, zwanzig Jahre nach der Kapitulation: Der Erste Vorsitzende, Brandt, war vor 1933 in der SAP, seine beiden Stellvertreter, Erler und Wehner, im ISK beziehungsweise in der KPD, keiner also in der SPD. Die Integration ehemaliger Linkssozialisten bedeutete allerdings nicht nur deren persönliche Rechtsentwicklung. Auch die Altsozialdemokraten in der Emigration bewegten sich nach rechts. Ihr Scheitern in der Weimarer Republik führten sie darauf zurück, daß die SPD damals noch zu sehr Klassen- und zu wenig Volkspartei gewesen sei. Die gesellschaftlichen Zielvorstellungen wurden nunmehr immer weniger aus der marxistischen Tradition der Partei entwickelt, sondern orientierten sich am schwedischen Modell des Wohlfahrtsstaates, an den Konzepten der britischen Labour-Party und am US-amerikanischen New Deal. Dies bedeutete allerdings nicht einen völligen Bruch mit der bisherigen Geschichte, sondern die Verstärkung von Tendenzen, wie sie der SPD-Theoretiker Rudolf Hilferding und der Gewerkschafter Fritz Naphtali bereits in den zwanziger Jahren verfochten hatten: Der »organisierte Kapitalismus« sollte durch »Wirtschaftsdemokratie« – vor allem mehr Mitbestimmung – humaner gestaltet werden.

Diese ideologischen Neuformierungsprozesse liefen zunächst relativ unbemerkt in der Emigration ab. Im Lande selbst überwog 1945 die Kontinuität: Die SPD wurde nicht neu-, sondern wiedergegründet, viele der alten Mitglieder zahlten ihre Beiträge nach. Als Integrationsfigur beider Tendenzen erwies sich bald der ehemalige Reichstagsabgeordnete Kurt Schumacher. Der einarmige Freiwillige des Ersten Weltkrieges war von jeher fanatischer Nationalist, stand in der Weimarer Republik auf dem äußersten rechten Flügel der Partei, bekämpfte aber zugleich als Vertreter der jüngeren, der Frontgeneration, leidenschaftlich die phlegmatischen Verwalter-Figuren an der Spitze. 1933 weigerte er sich zu emigrieren. Er war zehn Jahre im Konzentrationslager. 1943 entlassen, wurde er nach dem Zwanzigsten Juli wieder inhaftiert. Damals hatten die Nazis in einer Sammelaktion praktisch die gesamten verbliebenen Restbestände der politischen Elite der Weimarer Republik einschließlich deren Nachwuchs für einige Zeit kassiert, was für die Formierung der politischen Führung des Nachkriegsdeutschland bedeutungsvoll wurde. Pensionäre wie der frühere Kölner Oberbürgermeister Adenauer erhielten so ihr etwas billiges Märtyrer-Patent. Zugleich wurden in den Lagern politische Kontakte geknüpft. Der Antifaschist Schumacher konnte hier Verbindung zu Genossen aufnehmen, was seinen schnellen Aufstieg 1945 begünstigte. Etwa zum Zeitpunkt der »Kapitulation« gründete er in Hannover das »Büro Schumacher«. Die alten Würdenträger der SPD aus der Weimarer Zeit versuchte er auszuschalten, was ihm nur teilweise gelang: Adolf Schönfelder etwa, einst Hamburgischer Polizeisenator, 1933 aus der SPD ausgetreten, wurde 1948 Vizepräsident des Parlamentarischen Rates. Schumacher proklamierte einen nationalen und sozialen Führungsanspruch seiner Partei, zugleich eine Art Alleinvertretungsforderung innerhalb der Arbeiterbewegung. Die Kommunisten waren für ihn »rotlackierte Nazis«, Bestrebungen zur Parteieinheit von KPD und SPD lehnte er ab. Diese waren 1945 zunächst in allen vier Besatzungszonen sehr stark: Die Spaltung der alten Sozialdemokratie im Jahr 1917 lag erst 28 Jahre zurück, viele der aktivsten Widerstandskämpfer beider Parteien hatten im Untergrund zusammengearbeitet, die gegenseitige Feindschaft der Jahre vor 1933 war weithin als Fehler erkannt. An den lokalen Gründungsversammlungen von SPD und KPD auch in den Westzonen nahmen häufig Vertreter der jeweils anderen Partei als Gäste und Grußredner teil. Die Reste des alten SPD-Vorstandes in London allerdings hatten im Exil ihre antikommunistische Haltung eher noch verschärft. Anders stand es mit einer Institution, die sich Anfang 1945 in Berlin bildete: dem »Zentralausschuß der SPD«. Ihm gehörten zwei überlebende Mitglieder jenes Gremiums an, das 1933 von der Partei mit der Leitung der illegalen Arbeit in Deutschland beauftragt worden war. Im Zentralausschuß fanden sich aber nicht nur »linke« Sozialdemokraten. Eher zum rechten Flügel der Weimarer Partei gehörten zum Beispiel Max Fechner, der ehemalige Leiter der Kommunalpolitischen Zentralstelle der Partei, und der frühere Reichstagsabgeordnete Otto Grotewohl. Der Zentralausschuß ging mit einer gewissen Selbstverständlichkeit davon aus, daß die neue Leitung der Partei wieder in Berlin sein werde, und begriff sich als Vorbereitungsgruppe. Dies stieß auf den Widerspruch Schumachers, der Unterstützung vom Rest-Vorstand in London erhielt.

Tatsächlich ist die SPD die erste deutsche Partei gewesen, die im nationalen Rahmen gespalten wurde: Auf einer Konferenz in Wennigsen bei Hannover setzte Schumacher im Oktober 1945 durch, daß der Zentralausschuß seinen Anspruch, für die gesamte SPD zu handeln, aufgeben und sich auf die Sowjetische Besatzungszone beschränken mußte. Damit war eine der Voraussetzungen für die Vereinigung von KPD und SPD zur SED in der SBZ geschaffen, und Schumacher konnte sich seine Führung in der West-SPD durch die Wahl zu deren Erstem Vorsitzenden 1946 bestätigen lassen. 1947 hatte die SPD 875000 Mitglieder, 1948 waren es 846000, ein Jahr später 736000.

In Westberlin kam es nicht zur Vereinigung von SPD und KPD. Eine Gruppe von Gegnern dieser Verschmelzung veranstaltete im März in der gesamten Stadt eine Urabstimmung. Die Mitglieder hatten zwei Fragen zu beantworten: »Sind Sie für eine sofortige Vereinigung mit der KPD? 2. Sind Sie für ein Bündnis mit der KPD?« Der Zentralausschuß rief zum Boykott der Abstimmung auf, da sie satzungswidrig sei; die sowjetische Militäradministration verbot sie mit derselben Begründung im Ostsektor. Dieses Hindernis wäre allerdings mit wenigen wertlosen Reichsmarkpfennigen für eine S- oder U-Bahnfahrt hin und zurück leicht zu beheben gewesen. Dennoch nahmen von den 66246 SPD-Mitgliedern in Berlin nur 23019 (= 35 Prozent) an der Abstimmung teil, von denen 19951 sich gegen die Vereinigung und 14146 für eine Aktionseinheit aussprachen. Wären sämtliche Ostberliner Sozialdemokraten an der Teilnahme effektiv gehindert gewesen – wofür es keinen Beleg gibt –, die 23019 Abstimmenden also ausschließlich aus den Westsektoren gekommen, dann hätte die Abstimmungsbeteiligung dort 57 Prozent

betragen. Natürlich kann man auch anders rechnen: Von 23019 Abstimmungsteilnehmern votierten 86,67 Prozent gegen die Vereinigung und 61,45 Prozent für die Aktionseinheit. Das kann tatsächlich jeder halten, wie er will. Die Vereinigung von KPD und SPD zur SED war als gesamtdeutscher Vorgang konzipiert, sollte also auch in den Westzonen Gültigkeit haben. So nahmen an dem Vereinigungsparteitag im April 1946 in Berlin auch KPD- und SPD-Mitglieder aus den Westzonen teil und wurden in den Vorstand der neuen Partei gewählt (zwölf von der westdeutschen KPD, acht von der SPD). Die Sozialdemokraten unter ihnen wurden aus der SPD ausgeschlossen, da sie sich nach Auffassung der westdeutschen SPD-Führung damit automatisch außerhalb der Sozialdemokratie gestellt hätten. In den Westzonen versuchte die KPD 1946 durch eine Kundgebungskampagne, Vorschläge zu gemeinsamen Mitgliederversammlungen, Aktionsausschüsse von Sozialdemokraten und Kommunisten, Zusammenarbeit in den Betrieben die Vereinigung der beiden Parteien anzubahnen. Im Sommer 1946 sprachen führende SED-Funktionäre, darunter Walter Ulbricht, Otto Grotewohl und Wilhelm Pieck in westdeutschen Städten auf Versammlungen für die Einheit. Diesen Bestrebungen arbeitete Schumacher sofort und scharf entgegen und startete eine eigene Versammlungswelle. Die Militärregierungen in den westlichen Zonen bekämpften ebenfalls die Einigungsversuche und lehnten es ab, eine SED zu genehmigen. Der erste Verschmelzungsversuch war spätestens im Sommer gescheitert. Ein zweiter Anlauf wurde Anfang 1947 unternommen: Die SED und KPD beschlossen jetzt die Bildung einer »Sozialistischen Arbeitsgemeinschaft« aus Vertretern der SED in der Sowjetischen Besatzungszone, der KPD und der SPD in den Westzonen. Es gelang nicht, eine größere Zahl von Sozialdemokraten dafür zu gewinnen. Im Frühjahr 1947 wurden SED-Gründungsausschüsse in einzelnen Ländern der Westzonen gebildet, doch von den Militärregierungen alsbald verboten. Erst nach dem Scheitern dieses Konzepts wurde 1948 ein eigener Parteivorstand der KPD für die Westzonen gebildet. Eine Umbenennung der Kommunistischen Partei in »Sozialistische Volkspartei« wurde danach von den westlichen Besatzungsmächten verboten. Den Versuchen zur Schaffung einer SED auch in Westdeutschland liefen Vorschläge zur Aktionseinheit zwischen Sozialdemokraten und Kommunisten parallel beziehungsweise gingen ihnen auch voraus. Bereits im August ist in München ein offizielles Abkommen zwischen den lokalen Organisationen der beiden Parteien zur Zusammenarbeit geschlossen worden. Ähnliche Fälle gab es auch in anderen Städten. In dem Maße, in dem es Schumacher gelang, die Führung der SPD in den Westzonen für sich zu sichern, scheiterten auch die Ansätze zur Aktionseinheit. Wie scharf von da an die Abgrenzung lief, mag ein Beispiel illustrieren: 1947 beschloß der Parteitag der SPD in Nürnberg, daß die gleichzeitige Mitgliedschaft in der Vereinigung der Verfolgten des Nazi-Regimes (VVN) und in der SPD miteinander unvereinbar seien. Schumacher trat gleichzeitig als kämpferischer Sozialist und Nationalist auf. Er behauptete, mit der Niederlage des Faschismus sei auch der Kapitalismus diskreditiert und erledigt, der Sozialismus sei eine Tagesaufgabe, müsse aber als Vergesellschaftung der

Schlüsselindustrien gegen die Westmächte, als parlamentarische Demokratie gegen die Sowjetunion durchgesetzt werden. Allenfalls zum Labour-regierten Großbritannien bestand eine gewisse Nähe, die aber insofern bedeutungslos war, als diese Besatzungsmacht spätestens seit 1947 ökonomisch pleite war und sich allen US-amerikanischen Forderungen beugen mußte. In dem Maße, in dem die nationale Teilung voranschritt, wurde Schumachers Konzept zum Spagat-Sozialismus. Sein Platz auf Zwei-Mark-Münzen der Bundesbank beruht so vor allem auf seiner Leistung der antikommunistischen Abgrenzung. Als dies getan war, trat seine praktische politische Bedeutung bald hinter der betriebsamen Anpassungspolitik des sozialdemokratischen Ministerpräsidenten zurück. Unbestritten bis zu seinem Tod 1952 blieb aber seine propagandistische Führerschaft der Partei.

Die KPD begann 1945 als Massenpartei. 1947 hatte sie nach eigenen Angaben 300000 Mitglieder. Die Mitgliederverluste, die sie in der Folgezeit erlitt, hatten auch andere Parteien. Anders als ihre Konkurrenten geriet die KPD aber gleichzeitig in eine strukturelle Krise: Ihr gesamtes Konzept seit 1945 hatte die Erhaltung der nationalen Einheit auf einer durch die Anti-Hitler-Koalition von außen mitgarantierten antifaschistischen und antimonopolistischen Grundlage zur Voraussetzung. Dies entfiel mit dem offenen Beginn des kalten Krieges spätestens 1947.

Der Wirtschaftsaufschwung schwemmte Anhänger weg, die mit dem Beginn der Wirtschaftskrise 1929 und mit dem nur angeblichen »Zusammenbruch« des Kapitalismus 1945 gewonnen worden waren. In fast allen von den Besatzungsmächten ernannten Landesregierungen war die KPD vertreten (Ausnahme: Württemberg-Hohenzollern). Spätestens 1948 waren alle ihre Minister wieder entlassen.

Kommunisten als Minister hatten vorher nicht nur in den von den Besatzungsmächten ernannten, sondern in Bremen, Niedersachsen, Nordrhein-Westfalen, Rheinland-Pfalz und Württemberg-Baden auch in von den regulären Landtagen getragenen Koalitionsregierungen amtiert.

Dominante, der kommunistischen Bewegung direkt entgegenarbeitende, alle anderen Parteien durchdringende Ideologie wurde ab 1947 der Antikommunismus, der sich zugleich als »Anti-Totalitarismus« vorführte. Faschismus galt nicht als eine extreme politische Ausprägung von Kapitalherrschaft, sondern als Bürokratie und Diktatur, womit man die Merkmale zusammenhatte, die auch an der politischen Struktur der UdSSR unvermeidlich schienen. Dieses Schema ließ sich auch »links« begründen: In den Stäben der US-Armee, im Geheimdienst sowie als wissenschaftliche »Deutschland-Spezialisten« hatten vor 1945 emigrierte linke Intellektuelle (Herbert Marcuse, Franz L. Neumann) ihre Expertisen über den deutschen Faschismus niedergelegt, in denen Bürokratie und Diktatur als dessen Wesensmerkmale erschienen. Auf diese Weise ließ sich für eine vergröbernde Propaganda des kalten Krieges – ganz gewiß nicht im Sinne der Erfinder dieser Thesen – Antikommunismus als eine Art Antifaschismus verkaufen, ebenso wie einige Jahre später Sympathie mit der Aggressionspolitik Israels als antifaschistische Wiedergutmachung galt.

Am 9. März 1947 fand auf dem Römerberg eine Großkundgebung der KPD statt, auf der Wilhelm Pieck sprach

III

Der Kapitalismus kuriert einen Schnupfen

Wirtschaft in den Westzonen

Der Zweite Weltkrieg war der kapitalistischen Wirtschaft des Deutschen Reiches ganz ausgezeichnet bekommen:
Vorhandene Kapazitäten waren voll ausgelastet, neue wurden aufgebaut. Erst ab 1944 überstieg das Ausmaß der Zerstörungen durch die Bombenangriffe den Zuwachs. Im Mai 1945 war das Brutto-Anlagevermögen der Industrie um zwanzig Prozent höher als 1936. Eine der Ursachen: Die britischen und US-amerikanischen Luftangriffe waren bereits nach demselben Prinzip erfolgt, das über dreißig Jahre später den Präsidenten Carter dazu veranlaßte, von der Neutronen-Bombe zu schwärmen. Der Wirtschaftshistoriker Werner Abelshauser beschrieb die Zielplanung der alliierten Luftangriffe und deren Wirkung folgendermaßen: »Auf die Zivilbevölkerung und auf Verkehrseinrichtungen fielen jeweils siebenmal mehr Bomben als auf die Rüstungsindustrie.«
Bei Kriegsende allerdings brach die Produktion erst einmal zusammen. Die Trümmerlandschaften, die Wohnungsnot und der Hunger waren für die Unternehmer sehr praktisch: Sie verdeckten im politisch gefährlichsten Moment, welche Kapazitäten unter dem Schutt lagen. Außerdem trieb der Kohldampf die Arbeiter an, ihre Werkstätten aus eigener Kraft (ohne daß dabei allzu viele Kapitalreserven aufgedeckt werden mußten) auszubuddeln und schadhaft Gewordenes zusammenzuflicken. Das nennt man Leistungsanreiz. Die alten Firmenleitungen gingen in der ersten Zeit nach der Kapitulation auf Tauchstation oder waren handzahm. Viele Arbeiter mochten deshalb zunächst annehmen, daß die Fabriken bald ihnen selbst gehören würden. Die Betriebe, die Nazis gehörten, wurden beschlagnahmt, unter alliierte Vermögenskontrolle und unter treuhänderische Verwaltung (welche von deutschen Beauftragten wahrgenommen wurde) gestellt (»sequestriert«). Sobald die betroffenen Unternehmer entnazifiziert und in die Gruppe der Minderbelasteten, Mitläufer oder sogar Unbelasteten eingestuft waren, erhielten sie ihr Eigentum wieder zurück. Hilfreich war, daß durch die einströmenden Flüchtlinge und Vertriebenen genügend miteinander konkurrierende Arbeitskräfte vorhanden waren. Tatsächlich begannen schon bald die Schornsteine sacht zu rauchen: Noch im Jahr 1945 stiegen die Produktionsziffern wieder, bis Dezember auf zwanzig Prozent des Standes von 1936, im Herbst 1946 auf die Hälfte. Dann kam es zum Kollaps: Das kriegsdemolierte Transportsystem war nicht imstande, die allmählich steigenden Anforderungen zu bewältigen, zumal im äußerst strengen Winter 1946/47 die Wasserstraßen zufroren. Hier waren nun zusätzliche politische Anstrengungen notwendig. 1946 hatten die US-amerikanische und die britische Besatzungsmacht ihre Zonen zur Bi-Zone zusammengelegt. Deren zentrales wirtschaftspolitisches Organ war das »Amt für Wirtschaft«, das von dem SPD-Mitglied Viktor Agartz, einem linkssozialistischen Wirtschaftstheoretiker, geleitet wurde. Er organisierte schnell eine Verbesserung des Eisenbahnverkehrs. Im Herbst 1947 war dann der Aufschwung da, ohne daß bis dahin ein einziger müder Dollar des inzwischen proklamierten Marshall-Plans seine Wirkung getan hätte. Der ständige Anstieg des Bruttosozialprodukts, der in der zweiten Jahreshälfte 1947 begann, dauerte bekanntlich bis zur ersten großen Wirtschaftskrise 1966/67. Die Verbraucher merkten und hatten allerdings zu-

Ein Nazi-Bankier taxiert die Konkursmasse

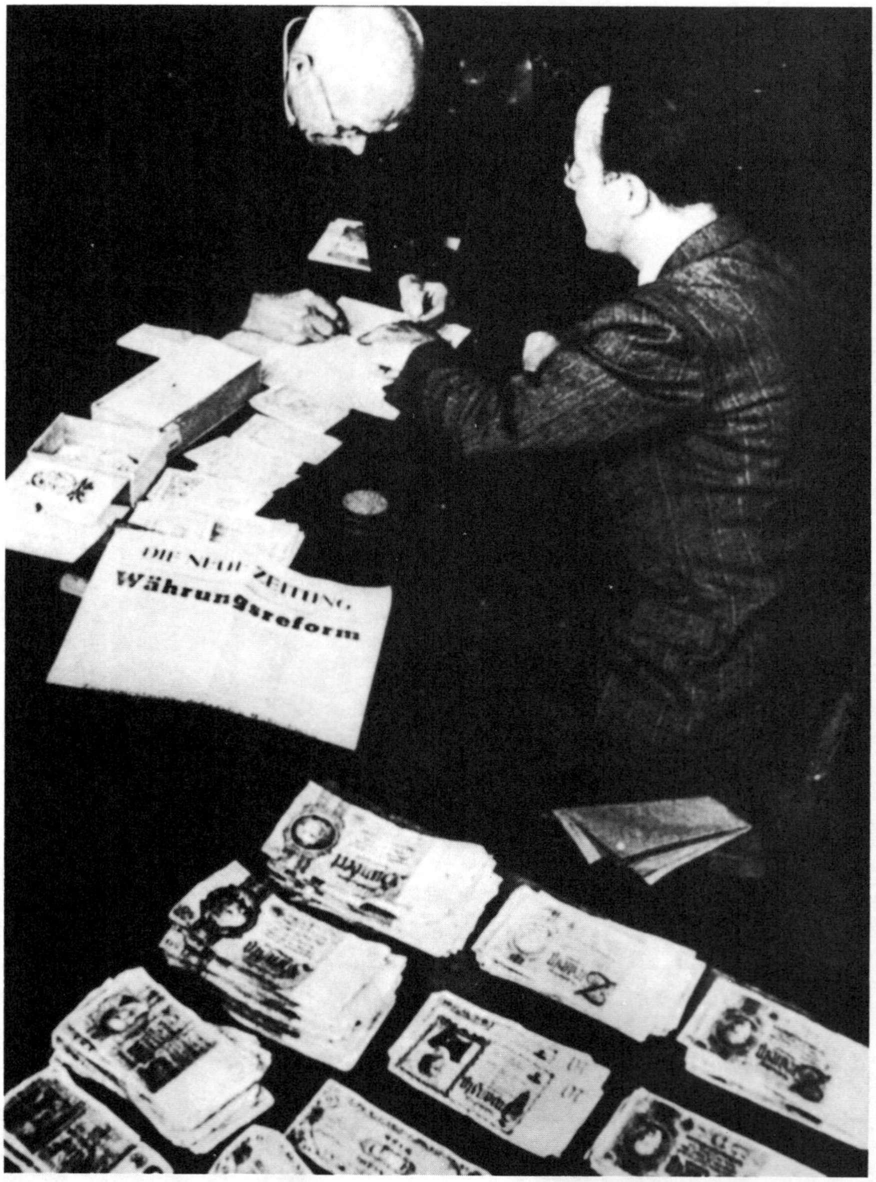

Währungsreform 1948

nächst nichts davon. Die neuen Waren wurden nämlich von den Unternehmern gehortet. Das war weise, denn das Geld, welches sie dafür hätten bekommen können, war nichts wert. Die Kriegswirtschaft der Nazis war ja auf Pump finanziert worden, und das hatte die Reichsmark zugrundegerichtet. Dennoch diente sie drei Jahre lang – von 1945 bis 1948 – noch als Zahlungsmittel der Löhne. Die harten Tatsachen, welche die Arbeiter dafür produzierten, waren dagegen nicht aus Papiergeld. Der Verfall der Reichsmark erzeugte einen schwunghaften Schwarzhandel. Die Währungsreform vom 20. Juli 1948 machte dem ein Ende. Sämtliche Bargeldbestände und Sparguthaben wurden im Verhältnis zehn zu eins (im Endeffekt sogar hundert zu sechs komma fünf) abgewertet. Jeder Einwohner der Westzonen erhielt ein Kopfgeld von vierzig Mark der neuen Währung: Deutsche Mark, DM. Die Geldscheine waren schon 1947 in den USA gedruckt und im April 1948 in die Westzonen geflogen worden. Später wurde oft erzählt, schließlich hätten »wir alle« 1948 mit jenen vierzig Mark angefangen. Das stimmt nun allerdings ganz und gar nicht. Die Unternehmer hätten ihr Kopfgeld gut und gern gleich der Caritas schenken können. Sie hatten ja vor allem ihre Produktionsanlagen und gehorteten Bestände, die, anders als das Sparbuch der kleinen Leute, auf dem sich Löhne der vergangenen Jahrzehnte angesammelt hatten, überhaupt nicht abgewertet wurden. So war der Währungsschnitt eine gewaltige Umverteilungsaktion zugunsten der Sachwertbesitzer.
Am 21. Juni 1948 waren die Läden plötzlich übervoll. Die Arbeiter durften jetzt für harte DM kaufen, was sie vorher für weiche Reichsmark produziert hatten.
Die Überwindung der Krise 1946/47 war im Grunde eine planwirtschaftliche Leistung. Die von den Faschisten eingeführte teilweise Wirtschaftsregulierung war 1945–1948 beibehalten worden, jetzt diente sie allerdings nicht mehr Kriegszwecken. Die rasche Reorganisation der ehemaligen Reichsbahn Anfang 1947 hatte die Transportkapazität bereitgestellt, an der es zunächst so empfindlich mangelte. Nachdem die Teil-Planwirtschaft einen guten Dienst zur Rekonstruktion geleistet hatte, konnte der Mohr aber nun wirklich gehen. Vier Tage nach der Währungsreform hob die bürgerliche Mehrheit im Zweizonen-Wirtschaftsrat – das war das seit Mitte 1947 bestehende parlamentarische Gremium der Bizone, dessen Mitglieder von den Landtagen delegiert wurden – auf Vorschlag des Verwaltungsdirektors für Wirtschaft, Ludwig Erhard, die Bewirtschaftung für zahlreiche wichtige Güter auf. Man konnte sie jetzt ohne Bezugsscheine und Lebensmittelkarten kaufen, zu Preisen, die das »freie Spiel der Kräfte« auf dem Markt herausbildete, denn der Preisstop wurde ebenfalls aufgehoben. Die Löhne allerdings blieben bis Herbst 1948 eingefroren. Dennoch kam es in der zweiten Jahreshälfte zu einem heftigen Inflationstrend. Als alles getan war, also erst nach der Überwindung der Krise von 1946/47, nach dem Beginn des Aufschwungs 1947, nach der Währungsreform und der Aufhebung der »Zwangswirtschaft«, kam auch der warme Regen des Marshall-Plans. Zwar: das European Recovery Program (ERP) – so lautete der offizielle Name – war schon im Juni 1947 vom US-amerikanischen Außenminister Marshall verkündet worden. Dieses Projekt war die wirtschaftspolitische Kehrseite der offenen Proklamation des kalten Krieges durch den Präsidenten Truman im März desselben Jahres. Die enorm aufgeblähten Kapazitäten der US-amerikanischen Industrie mußten unbedingt ausgelastet werden. Der Wirtschaftsverbund, der durch die Verteilung der Gelder, die Warenlieferungen und durch Rückzahlung über den Atlantik hergestellt wurde, schuf die »Freie Welt«. Die westeuropäische Filiale war die OEEC (Organisation for European Economic Cooperation), die Zusammenfassung der Empfängerländer, in welche die Westzonen aufgenommen wurden. Vereinbarungen über die Verteilung und Anwendung der Mittel sowie die Mitsprache des Geberstaates verschafften den USA die Möglichkeit, in die Ökonomie der westeuropäischen Marshall-Plan-Län-

Nach der Währungsreform wieder zu haben: Jedermann-Anzüge

der hineinzuregieren. Kein Wunder, daß die Sowjetunion und die osteuropäischen Staaten die Marshall-Plan-Gelder, die auch ihnen offeriert wurden, ablehnten. Das ERP-Programm war für die US-Konzerne der Einstieg in die westdeutsche und westeuropäische Wirtschaft. Verflechtungen, die bereits vor dem Krieg bestanden hatten und teilweise abgerissen waren, wurden nicht nur wiederhergestellt, sondern das ökonomische Engagement der USA durch Kapital- und Warenexport in die Westzonen und in die anderen Marshall-Plan-Länder (das waren alle westeuropäischen Staaten, die am Krieg beteiligt waren) erreichte nunmehr auf unabsehbare Zeit eine völlig neue Qualität. Den politischen und ökonomischen Erfolg des Marshall-Plans machte der propagandistische Erfolg komplett. Diese Effekte waren letztlich wichtiger als der materielle Ertrag selbst. Aus dem Marshall-Plan haben die Westzonen und hat die Bundesrepublik bis 1952 1,56 Milliarden Dollar erhalten. Tatsächlich sind nach dem Anlaufen des Programms gar nicht mehr US-amerikanische Leistungen hierher gelangt als vorher. Bis dahin hatte das Kriegsministerium aus einem eigenen »Hilfsfonds für die besetzten Gebiete« (Government und Relief in Occupied Areas, GARIOA) schon Waren im Wert von 1,62 Milliarden Dollar geschickt. Erst beide Programme zusammen addieren sich zu der Gesamtsumme von 3,18 Milliarden, welche die Westzonen und die Bundesrepublik bis 1952 insgesamt erhielten.

Während der Krisen- und Erholungsphase der westdeutschen Wirtschaft 1945–1948 blieben die kapitalistischen Eigentumsverhältnisse unverändert, wenngleich sie zeitweilig verschleiert waren. Im Potsdamer Abkommen vom August 1945 einigten sich die Siegermächte auf eine Entflechtung der Monopolunternehmen. Mit dieser Formel war die Position der UdSSR, daß die Machtzusammenballung des Großkapitals die Ursache imperialistischer Kriege war, ebenso gedeckt wie das Konkurrenzinteresse vor allem der britischen Industrie, die auf diese Weise die Hand auf den Besitz ihrer westdeutschen Rivalen legen konnte. Durch Kontrollratsgesetz wurden im November 1945 Krupp und die IG Farben alliierter Verwaltung unterstellt. Im selben Jahr noch erfolgte die Ausgliederung der Kohlenzechen aus der Eisenindustrie. Im August 1946 erst beschlagnahmte die britische Besatzungsmacht die in ihrem Bereich gelegene Eisen- und Stahlindustrie und machte deren amtierende deutsche Verwalter zu Treuhändern. Deutscher Leiter der Entflechtungsmaßnahmen wurde ein ehemaliges Vorstandsmitglied der Vereinigten Stahlwerke, Dinkelbach. Der Chef der britischen Militärregierung, Robertson, war früher Dunlop-Manager. Damit war für ein ritterliches Verhältnis zwischen britischen und deutschen Kapitalisten gesorgt, zumal man sich ja aus früheren Geschäftsbeziehungen, die auch während des Krieges nicht zum völligen Erliegen gekommen waren, kannte. Man verfuhr miteinander als Klassengenosse und Konkurrent, wobei die eine Seite eben gerade einen Krieg verloren, die andere ihn gewonnen hatte. Das gute Einvernehmen wurde zeitweilig etwas dadurch gestört, daß die Briten eine größere Gruppe deutscher Monopolkapitalisten internierten. Aber die wurden bald wieder entlassen: In dem Maße, in dem der kalte Krieg sich durchsetzte, wurden sie erneut gebraucht. Mit ihrer zeitweisen Festsetzung hatte die britische Labour-Regierung das Äußerste an Radikalität aufgebracht, das sie überhaupt in der deutschen Frage aufzubringen imstande war. Ihr Spielraum war ohnehin eng und wurde immer kleiner: Die Besatzungsoffiziere, insbesondere der britische Oberbefehlshaber in Deutschland, waren alles andere als Labour-Leute. Ab 1947 konnte Großbritannien ohnehin keine eigene Deutschlandpolitik mehr machen, denn es war von den USA inzwischen finanziell völlig abhängig geworden. Auch sonst kamen deutsche Großkapitalisten, die Hitlers Krieg unterstützt hatten, glimpflich davon. Gustav Krupp von Bohlen und Halbach gehörte immerhin noch zu den Hauptangeklagten im großen Nürnberger Kriegsverbrecherprozeß. Aber man ließ ihn »wegen schwerer Krankheit« laufen. Immerhin lebte er noch bis 1950. Die US-

Amerikaner stellten in einem Nürnberger »Nachfolgeprozeß« dann seinen Sohn Alfried vor Gericht und verurteilten ihn 1948 wegen Kriegsverbrechen zu 12 Jahren Gefängnis. Doch 1951 wurde er wieder entlassen, 1953 stand er erneut an der Spitze des Unternehmens. Friedrich Flick erhielt 1947 von einem US-amerikanischen Militärgericht sieben Jahre Gefängnis, von denen er nicht einmal drei absitzen mußte.

Der Ton zwischen westdeutschen Unternehmern und den Westalliierten wurde noch erheblich feiner, als ab 1. Januar 1947 die britische und die US-amerikanische Besatzungszone zusammengelegt wurden, denn jetzt erhielten die Vereinigten Staaten Mitspracherecht auch im Ruhrgebiet. Der US-amerikanische Militärgouverneur Clay hatte beste Beziehungen zur Großindustrie seines Landes, der Leiter seiner Wirtschaftsabteilung, Draper, war Bankier und geriet so sehr in den Verdacht, die deutschen Unternehmer zu schonen, daß er sein Amt an seinen Schwiegersohn abtreten mußte. Immerhin sind bis zum offiziellen Schluß der Entflechtungsmaßnahmen 1948 insgesamt 25 Einzelunternehmen aus ihren bisherigen Konzernen und Trusts herausgelöst worden. Sie wurden aber nicht sozialisiert. Die Andeutung eines milden Schreckens wirkte erzieherisch auf die westdeutschen Kapitalisten. Sie eigneten sich jetzt voll eine Qualität an, die sie vorher nur teilweise besessen hatten: sozialpolitische Flexibilität und die Fähigkeit zu präventivem Handeln. Gerade in der Stunde der Gefahr tat Volksgemeinschaft not. Und Gefahren lauerten ja überall: Die neu entstehenden Gewerkschaften redeten von Sozialisierung, ebenso der britische Außenminister Bevin, sogar der von der britischen Militärregierung eingesetzte »Controller« über die deutsche Industrie, Harris-Burland. Zwar wurde von den Besatzungsoffizieren nichts so heiß gegessen, wie es die Labour-Regierung zu kochen vorgab, aber immerhin war zumindest 1945 die Anti-Hitler-Koalition formell noch intakt, und die UdSSR erhob die Forderung nach gemeinsamer Kontrolle des Ruhrgebiets. Der Versicherung der deutschen Kommunisten, nicht Sozialismus, sondern gründliche Demokratisierung stehe zunächst auf der Tagesordnung, war natürlich ohnehin nicht zu trauen. Außerdem mußten nach dem Potsdamer Abkommen Demontagen erwartet werden. Selbst auf die eigenen Klassengefährten war kein Verlaß. Dinkelbach geriet in den Verdacht, sein Amt als Entflechtungsbeauftragter vor allem zugunsten seines ehemaligen Konzerns, also gegen die innerdeutsche Konkurrenz, zu gebrauchen. So empfahl sich der Versuch zur Zusammenarbeit mit den Gewerkschaften. Bereits im Dezember 1945 bot der Aufsichtsratsvorsitzende von Klöckner, Jarres, ihnen eine Beteiligung an Aufsichtsrat und Vorstand an. Allerdings lag diese weit unterhalb der Parität, weshalb die Gewerkschaften ablehnten. 1946 aber wurden die Entflechtungspläne konkreter. Überdies hatte in Sachsen ein Volksentscheid die entschädigungslose Enteignung der Großindustrie beschlossen. Das war zwar in der Sowjetischen Besatzungszone, doch in Hessen hatte sich inzwischen ebenfalls Brenzliges ereignet. Die im Juni 1946 gewählte Verfassungsberatende Großhessische Landesversammlung hatte dort mit den Stimmen der SPD, CDU und KPD – gegen die FDP/LPD – eine Verfassung verabschiedet, deren Artikel 41 lautete:

»Mit Inkrafttreten dieser Verfassung werden

1. in Gemeineigentum überführt: der Bergbau (Kohlen, Kali, Erze), die Betriebe der Eisen- und Stahlerzeugung, die Betriebe der Energiewirtschaft und das an Schienen und Oberleitungen gebundene Verkehrswesen,

2. vom Staate beaufsichtigt oder verwaltet: die Großbanken und Versicherungsunternehmen und diejenigen in Ziffer 1 genannten Betriebe, deren Sitz nicht in Hessen liegt. Das Nähere bestimmt das Gesetz.

Wer Eigentümer eines danach im Gemeindeeigentum überführten Betriebes oder mit seiner Leitung betraut ist, hat ihn als Treuhänder des Landes bis zum Erlaß von Ausführungsgesetzen weiterzuführen.«

Sozialisierungsforderungen auf der Generalversammlung des Industrieverbandes Bergbau 1948 in Recklinghausen

Diese Verfassung wurde dem Volk am 1. Dezember 1946 zur Entscheidung vorgelegt. Der US-Militärgouverneur Clay verlangte, daß darüber hinaus der Artikel 41 noch gesondert zur Volksabstimmung gestellt werde. Aber das half ihm nichts: Fast 72 Prozent der Teilnehmer sprachen sich am 1. Dezember für die Sozialisierung aus.

Im November 1946 hatte der erste Streik für Mitbestimmung stattgefunden, die Winterkrise 1946/47 bereitete Hungerrevolten im nächsten Jahr vor. Es mußte gehandelt werden. Im Februar 1947 vereinbarten Montanindustrielle, Gewerkschaften und britische Besatzungsmacht die paritätische Mitbestimmung in diesem Bereich.

Für General Clay war die Entflechtung ein Mittel, um die Sozialisierung zu verhindern, die Unternehmer erhofften sich von der Mitbestimmung den gleichen Effekt. Wie groß war aber überhaupt die Gefahr?

Die Protestaktionen des Frühjahrs 1947 insbesondere im Ruhrgebiet richteten sich nicht nur gegen die schlechte Versorgungslage, zugleich wurde Sozialisierung gefordert. Anfang April 1947 beschloß die Revierkonferenz Bergbau einen eintägigen Generalstreik in diesem Industriezweig. Der Forderungskatalog, der von diesem gewerkschaftlichen Gremium dabei verabschiedet wurde, enthielt eine detaillierte Auflistung von notwendigen Versorgungsmaßnahmen, aber auch folgenden Punkt: »Die Sozialisierung ist zu einer Sache des arbeitenden Volkes, vor allem der Bergarbeiter zu machen.« Solche Ak-

Der Gewerkschaftsvorsitzende in der Britischen Besatzungszone, Hans Böckler, mit Konrad Adenauer

tionen und Zielsetzungen wurden im Ruhrgebiet vor allem von den Betriebsräten und der Bergarbeitergewerkschaft getragen. Deren Zweiter Vorsitzender war Kommunist und hatte sich bei der Durchsetzung von Einzelaktionen oft mit dem Ersten Vorsitzenden, einem SPD-Mitglied, auseinanderzusetzen. Die Sozialisierungsforderung selbst aber war nicht nur Sache der beiden Arbeiterparteien, sondern wurde auch von der nordrheinwestfälischen CDU erhoben. Unter den Betriebsräten des Ruhrbergbaus waren KPD-Mitglieder in den ersten Nachkriegsjahren in einer starken Mehrheit. Auch andere gewerkschaftliche Gremien und Organisationen forderten Mitbestimmung und Sozialisierung, so der erste Kongreß der bayerischen Gewerkschaften im März 1947.

Im Winter 1946/47 erreichten Bevins Sozialisierungsankündigungen einen Höhepunkt. Zum gleichen Zeitpunkt allerdings geriet Großbritannien endgültig unter die wirtschaftliche Kuratel der USA. Die Richtlinien in der Frage der Wirtschaftsordnung bestimmte nun de facto General Clay. 1947 wurde die alte Direktive JCS 1067 durch eine andere Anweisung ersetzt, die eine kapitalistische Rekonstruktion zum Ziel hatte. Clay spielte auf Zeit: Eine endgültige Entscheidung über die Eigentumsform sollte von den Deutschen auf nationaler Ebene getroffen werden. Vorabbeschlüsse einzelner Länder für Vergesellschaftung seien deshalb nichtig. Mit dieser Begründung suspendierte er 1947 den Sozialisierungsartikel der Hessischen Verfassung ebenso wie 1948 ein Gesetz des Landtags von Nordrhein-Westfalen zur Überführung des Ruhrbergbaus in Gemeineigentum. In beiden Fällen hatte die deutsche Seite gut vorgearbeitet: Im hessischen Landtag stritten sich SPD und CDU über die konkrete Form der Sozialisierung, in Nordrhein-Westfalen verzögerte Adenauer mit allen Mitteln. Das Gesetz Nr. 75 der britischen und der US-amerikanischen Militärregierung vom November 1948 legte fest, daß eine Entscheidung über die Eigentumsform in der Montanindustrie einer künftigen deutschen Regierung zu überlassen sei. Zwischen 1950 und 1952 gingen dann die einst beschlagnahmten Werke – die Montanindustrie der britischen Besatzungszone (Gesetz Nr. 27) und die Chemiewerke der ehemaligen IG Farben – wieder endgültig in die Hände ihrer ehemaligen Besitzer über. Die Gewerkschaften protestierten verbal, aber es kam zu keiner Massenmobilisierung: Sie standen damals bereits im Kampf um die Verteidigung der Montanmitbestimmung gegen Pläne des Bundeswirtschaftsministers Erhard, sie rückgängig zu machen (1950/51), und um das Betriebsverfassungsgesetz (1952). Auf diese beiden Punkte konzentrierten sie ihre Aufmerksamkeit, die Sozialisierung war praktisch passé.
Ähnlich wie in der Sozialisierungsfrage verhielt sich Clay gegenüber den Versuchen, eine umfassende betriebliche Mitbestimmung gesetzlich zu verankern. Das Gesetz Nr. 22 des Alliierten Kontrollrats von 1946 hatte die Voraussetzungen für weitgehende Rechte der Betriebsräte geschaffen. Clay suspendierte jedoch alle Verfassungsbestimmungen und Einzelgesetze der Länder, die diese Kann-Bestimmung des Kontrollratsgesetzes realisieren wollten, und verlangte, daß auch hier eine Entscheidung der künftigen nationalen Gesetzgebung vorbehalten bleiben müsse.

Die Erholung und Festigung, also die Restauration des westdeutschen Kapitalismus erfolgte teils über die Köpfe der Arbeiterklasse hinweg, teils mußte ihre Gegenwehr überwunden werden. Die drei Besatzungsmächte behinderten die Neugründung von Gewerkschaften, Briten und US-Amerikaner unterwarfen sie einem komplizierten Genehmigungsverfahren, das ihren überregionalen Zusammenschluß letztlich nur in dem Maße zuließ, in dem dies der Herausbildung eines Weststaates dienlich war. Der erste britische Militärgouverneur nach der Kapitulation, Marschall Montgomery, erklärte das so: »Die Russen unterstützten die Gewerkschaften. Ich beschloß, das nicht zu tun; ich war zwar sehr dafür, daß sie langsam, den Verhältnissen entsprechend, wachsen sollten, aber dagegen, daß sie ›forciert‹ wurden. Dadurch hoffte ich zu erreichen, daß im Laufe der Zeit aus ihren eigenen Reihen die richtigen Leute an die Spitze kamen. Gingen wir jedoch zu schnell vor, so bestand die Gefahr, daß die Gewerkschaften in falsche Hände gerieten und daraus Schwierigkeiten entstanden.« Als die falschen Leute mit falschen Händen sah Montgomery selbstverständlich die Kommunisten an. Was die Labour-Regierung in London zu seiner Taktik sagte, konnte diesem konservativen Gamaschenknopf ziemlich egal sein. Im übrigen war seine Regierung zwar gut reformsozialistisch, aber auch gut antikommunistisch. Die Bildung einer politisch schlagkräftigen Zentralorganisation, in welcher die einzelnen Branchengewerkschaften nachgeordnet sein sollten, wurde untersagt. Immerhin konnten die Gewerkschaften jetzt ihre frühere Spaltung in einzelne Richtungsorganisationen überwinden.
Die Einheitsgewerkschaft, welche so entstand, hatte drei Wurzeln: Bereits kurz vor Hitlers Machtantritt hatten rechtssozialdemokratische, christliche und liberale Gewerkschafter einen »Führerkreis« auf sozialpartnerschaftlicher Grundlage geschaffen. Der gemeinsame Widerstand gegen den Faschismus und die Erfahrung, daß die Gewerkschaftsspaltung vor 1933 die Verteidigung der Demokratie erschwert hatte, brachten eine Annäherung zwischen kommunistischen und nichtkommunistischen Gewerkschaften. Drittens aber hatte auch die

faschistische »Deutsche Arbeitsfront« vereinheitlichend gewirkt und diente einigen rechtssozialdemokratischen Planern als Organisationsvorbild. Wichtigster Teil des künftigen, 1949 gegründeten DGB wurde der Deutsche Gewerkschaftsbund der Britischen Besatzungszone unter der Führung von Hans Böckler. Hier fiel im Juni 1948 schließlich auch die wichtigste Entscheidung über die Haltung letztlich der gesamten Gewerkschaftsbewegung zum Marshall-Plan. Böckler gewann auf einem Sonderkongreß in Recklinghausen eine massive Mehrheit für die Zustimmung mit dem Argument, das ERP sei die einzige Alternative zum Verhungern. Das war so einleuchtend wie falsch: Es war Juni 1948, die Zeit, in der die Konsumgüterbestände gehortet und verborgen gehalten worden waren, ging gerade zu Ende. Realistisch war lediglich Böcklers Prognose, daß der Marshall-Plan zunächst einmal das Ende der Sozialisierungshoffnungen bedeutete. Über die Zustimmung der westdeutschen Gewerkschaften zerbrach auch die letzte Chance einer gesamtdeutschen Gewerkschaftseinheit: die Interzonenkonferenzen der Gewerkschaften wurden 1948 abgebrochen. Zugleich war die Abstimmung über den Marshall-Plan der Beginn einer innergewerkschaftlichen Auseinandersetzung mit den Kommunisten, die sich ihm widersetzt hatten. Böckler war vor 1933 sozialdemokratischer Stadtverordneter in Köln gewesen. Dort regierte damals der Oberbürgermeister Adenauer. Hans Böckler hatte also eine lange Erfahrung im An-der-Nase-Herumgeführtwerden. Wenngleich es den westdeutschen Unternehmern und der Besatzungsmacht gelang, Neuordnungsvorschläge der Gewerkschaften abzublocken oder zu kanalisieren, so enthielt ihre Taktik doch auch Momente des Nachgebens gegenüber real vorhandenem Druck: Im Herbst 1946 weigerten sich die Ruhrbergarbeiter, Sonderschichten zu fahren. Die Verschlechterung der Versorgung und das Ausbleiben der Neuordnung lösten im März und April 1947 eine große Streik- und Demonstrationsbewegung vor allem im Ruhrgebiet aus. Im Winter 1947/48 schwollen die Streiks wieder an und erreichten im Frühjahr 1948 einen weiteren Höhepunkt. Als nach der Umstellung der Wirtschaft im Juni 1948 die Preise den Löhnen davonliefen, entschlossen sich die westdeutschen Gewerkschaften zu einem eintägigen Warn-Generalstreik am 12. November 1948. Im selben Jahr begannen die gewerkschaftlichen Proteste gegen die jetzt anlaufenden und 1950 abgeschlossenen Demontagen in der britischen Besatzungszone. Diese Maßnahmen waren im Potsdamer Abkommen zum Zweck des Abbaus von Kriegsindustrie vereinbart worden. General Clay hatte in seiner Zone bereits im Mai 1946 alle Demontagen gestoppt. Die Liste der betroffenen Unternehmen wurde in der Folgezeit auch für die britische Besatzungszone ständig gekürzt. Die Sprengung und der Abtransport von Industrieanlagen ab 1948 entsprach zumindest einem vordergründigen Konkurrenzinteresse der britischen Industrie, führte allerdings zugleich durch die Notwendigkeit des Ersatzes zu einer raschen industriellen Innovation und somit zu langfristigem Wettbewerbsvorteil der westdeutschen Wirtschaft. Die Belegschaften, welche sich den Demontagetrupps entgegenstellten, verteidigten aktuell ihre Arbeitsplätze. Besonders hart waren die Auseinandersetzungen in Watenstedt-Salzgitter. Im März 1949 gab es dort bereits eine Arbeitslosigkeit von 25 Prozent. Landesregierung, IG Metall und Betriebsrat ver-

Arbeiter-Protest gegen die Demontage 1949

Am 13. Juni 1949 besetzten belgische Truppen das zur Demontage vorgesehene Steinkohlewerk in Bergkamen, weil die Arbeiter aus Protest die Zufahrt zum Werksgelände gesperrt hatten.

suchten deshalb weitere Demontagen der ehemaligen »Reichswerke Hermann Göring« zu verhindern. Dennoch rückten Anfang Februar 1950 britische Sprengtrupps an, um die Fundamente in die Luft zu jagen. Die vom Betriebsrat unterstützten Arbeiter antworteten mit einem organisierten Aufstand. Selbst der Einsatz eines Panzerwagens konnte ihren Widerstand nicht brechen. Tatsächlich wurden aufgrund dieser Ereignisse die Demontagelisten überprüft und die Zerstörungen Ende 1950 eingestellt. Die Arbeitsplätze hatten so wenigstens zum Teil gerettet werden können.
Als im Oktober 1949 der Deutsche Gewerkschaftsbund für die gesamte – inzwischen konstituierte – Bundesrepublik gegründet wurde, behielt er in seiner wirtschaftspolitischen Grundsatzerklärung die Forderung nach Sozialisierung und Neuordnung bei. Doch die andere Seite hatte inzwischen vollendete Tatsachen geschaffen. Dazu gehörte auch das Wiedererscheinen der Unternehmer- und Arbeitgeberverbände, die sich überregional sogar eher hatten zusammenschließen können als die Gewerkschaften.

Demontage in einem Essener Krupp-Werk

Politische Institutionen 1945–1949

Solange Besatzungsrecht galt, unterstand Deutschland juristisch gesehen einer Militärdiktatur, ausgeübt von den Siegermächten. Oberstes Organ war der *Kontrollrat* in Berlin. Mitglieder: die Militärgouverneure der UdSSR, der USA, Großbritanniens und Frankreichs. Er arbeitete nur in den Jahren 1945–1948. Sein Gegenstück für die Verwaltung von Groß-Berlin war die Alliierte *Stadtkommandantur*, die ebenfalls 1948 ihre Tätigkeit einstellte. Die oberste Gewalt in den einzelnen Besatzungszonen übten die *vier Militärregierungen* aus. (In der Sowjetischen Besatzungszone: Sowjetische Militäradministration, SMAD) Sie setzten 1945/46 *Landesregierungen* ein. Vorher hatte meist eine Neugliederung der Länder stattgefunden (z.B. durch Verselbständigung von Teilen des ehemaligen Preußen). Die US-amerikanische Besatzungsmacht richtete im Oktober 1945 einen *»Länderrat des amerikanischen Besatzungsgebietes«* mit Sitz in Stuttgart ein. Seine Mitglieder waren die Ministerpräsidenten von Bayern, Württemberg-Baden (die bis 1952 bestehende Zusammenfassung von Nordwürttemberg und Nordbaden) und Hessen. Für die Britische Zone wurde im Februar 1946 ein *Zonenbeirat* in Hamburg geschaffen. Mitglieder: die Ministerpräsidenten und Leiter der Provinzen, Vertreter der Parteien, der Gewerkschaften und der Verbrauchergenossenschaften. Das Potsdamer Abkommen hatte die Errichtung gesamtdeutscher Zentralverwaltungen unter der Aufsicht der Besatzungsmächte vorgesehen. Sie sind nie eingerichtet worden: Erst opponierte Frankreich, dann verhinderte der kalte Krieg ihr Entstehen. Die Sowjetische Militäradministration in Deutschland richtete in der Sowjetischen Besatzungszone *Zentralverwaltungen* ein. In der britischen Besatzungszone entstanden *Zonenämter* für Wirtschaft, Landwirtschaft, Arbeit und andere Bereiche. Ab 1. Januar 1947 wurden die britische und die US-amerikanische Besatzungszone vereinigt. So entstand das *»Vereinigte Wirtschaftsgebiet« (Bi-Zone)*. Es bekam fünf gemeinsame *»Verwaltungen«*, und zwar für: Wirtschaft, Ernährung und Landwirtschaft, Finanzen, Verkehr, Post- und Fernmeldewesen. Mitte 1947 erhielt die Bizone weitere Institutionen. Sie hatte nun folgende Einrichtungen:
1.) einen *Wirtschaftsrat:* dies war eine Art Parlament, dessen 54 Abgeordnete annähernd proportional zur Fraktionsstärke von den Landtagen delegiert wurden.
2.) einen *Exekutivausschuß* (später: Exekutivrat): hier saßen die Vertreter der Länder.
3.) die fünf *Ämter*, die von *Direktoren* geleitet wurden.
1948 wurde die Abgeordnetenzahl des Wirtschaftsrats verdoppelt, der Exekutivrat wurde umbenannt in *»Länderrat«*, die fünf Ämter hießen jetzt *»Verwaltungen«*. Der Wirtschaftsrat wählte einen *Oberdirektor* (Hermann Pünder). Weitere Institutionen kamen jetzt hinzu: ein *Obergericht*, eine *Länder-Union-Bank (Bank deutscher Länder)*. Von September 1948 bis Mai 1949 tagte der *Parlamentarische Rat*: 65 Delegierte aus den Ländern erarbeiteten das *Grundgesetz*.

IV

Vom Sperrmüll zum Sprungbrett

Von den Westzonen zur BRD

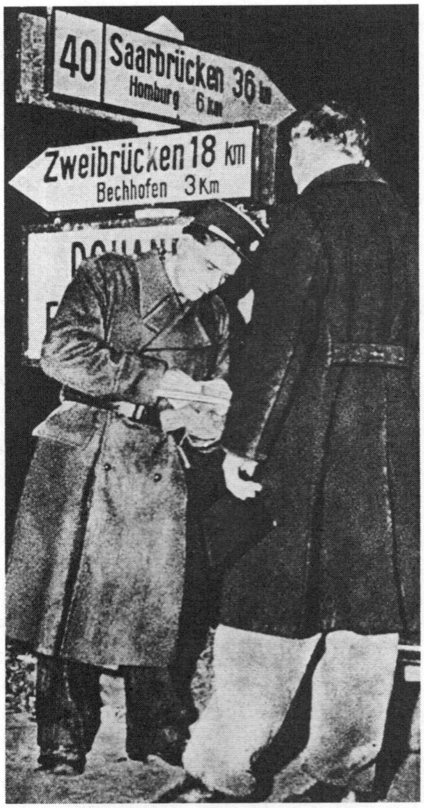

Frankreich trennte 1946 das Saarland von seiner Zone ab und schloß es dem französischen Wirtschafts- und Währungsgebiet an.

Als die Wehrmacht am 8. Mai 1945 kapitulierte, standen die britischen und US-amerikanischen Truppen bereits östlich der Grenze, die ihnen 1944 und dann in Jalta zugewiesen worden waren. Die deutschen Armeen hatten in der Schlußphase des Krieges fast nur noch gegen die Rote Armee gekämpft, die Berlin eroberte, aber nicht mehr weiter vorrücken konnte. Dies brachte Churchill auf die Idee, die gerade erst getroffenen Vereinbarungen zu brechen und die angloamerikanischen Truppen dort stehen zu lassen, wo sie im Laufe der Kampfhandlungen hingekommen waren: in den westlichen Teilen Mecklenburgs, der preußischen Provinz Sachsen, des Landes Sachsen und in Thüringen. Harry S. Truman, der Nachfolger des im April verstorbenen Roosevelt, fand das allerdings ganz und gar nicht praktisch. Die Vereinigten Staaten waren in Europa bislang mit vergleichsweise sehr geringen Menschenverlusten davongekommen. Bruch der Vereinbarung über die Besatzungszonen hätte zu einem Zusammenstoß mit der Sowjetunion geführt, während in der US-amerikanischen Öffentlichkeit bereits eine ganz andere Forderung erhoben wurde: »Bring the boys home!« So zogen sich die westlichen Truppen im Juni aus den für die Rote Armee bestimmten Teilen zurück und rückten andererseits in drei ihnen ebenfalls bereits früher zugestandene Sektoren Berlins ein. Vierte Besatzungsmacht wurde Frankreich. Der Kontrollrat begann seine Arbeit. Für die Konferenz von Potsdam (Churchill, Stalin, Truman; 17. Juli – 2. August) hatte Truman ein Mitbringsel für Stalin: die Nachricht, daß die Vereinigten Staaten nunmehr über die Atombombe verfügten. Zu seiner Umgebung bemerkte er, nunmehr besitze er einen Knüppel für die Sowjetunion. Am 6. und 8. August fielen Atombomben auf Hiroshima und Nagasaki. Zwar hatten die Alliierten vereinbart, daß die UdSSR drei Monate nach der Kapitulation Hitler-Deutschlands in den Krieg gegen Japan eingriff. Jetzt aber sollte deren Engagement in dieser Region verkürzt und mögliche Positionsgewinne dort verhindert werden. Die Atombomben-Abwürfe hatten deshalb den Zweck, die ohnehin bevorstehende Kapitulation Japans zu beschleunigen. In Potsdam selbst konnte Truman den neuen waffentechnischen Trumpf noch nicht umsetzen. Eine Verschiebung der Positionen ergab sich in der Frage der Reparationen. In Jalta waren die Verbündeten davon ausgegangen, daß deren Höhe zwanzig Milliarden Dollar betragen und daß die Sowjetunion davon die Hälfte erhalten solle, denn sie war diejenige der drei Mächte, die am meisten unter dem Krieg gelitten hatte. Auf der Potsdamer Konferenz wurden keine absoluten Zahlen mehr genannt. Stattdessen wurde vereinbart, daß jede Besatzungsmacht ihre Reparationen aus ihrer eigenen Zone entnehmen solle. Darüber hinaus standen der UdSSR fünfundzwanzig Prozent der für Friedensproduktion nicht benötigten Teile der westdeutschen Industrie zu. Fünfzehn Prozent davon sollte sie mit Lebensmitteln und Rohstoffen bezahlen, weitere zehn ohne Gegenlieferung erhalten. Die bereits vollzogene Unterstellung der Gebiete östlich der Oder und Neiße unter polnische Verwaltung wurde auch von den Westmächten akzeptiert. Allerdings sollte die endgültige Regelung einem künftigen Friedensvertrag vorbehalten bleiben. Als politische und wirtschaftliche Grundsätze bei der Behandlung Deutschlands galten die völlige Abrüstung und Entmilitarisierung, die Säuberung vom Faschismus und die Bestrafung der Kriegsverbrecher. Die Wirtschaft sollte entflochten werden. Die Potsdamer Konferenz ging noch von einer künftigen nationalen Einheit Deutschlands aus. So sollten die Siegermächte ihre Verantwortung gemeinsam wahrnehmen und unter ihrer Kontrolle deutsche Zentralverwaltungen arbeiten. Ein Rat der Außenminister hatte die Aufgabe, das weitere Vorgehen auszuhandeln. Insgesamt zeigte Potsdam noch die Grundstrukturen einer möglichen Politik auf der Basis der bisherigen Anti-Hitler-Koalition, wobei das Deutsche Reich als Ganzes außerhalb einseitig festgelegter Einflußblöcke bleiben konnte. Dies hätte sowjetischen Sicherheitsinteressen weitgehend entsprochen, von den USA aber die Bereitschaft verlangt, in den Westzonen, insbesondere im Ruhrgebiet, eine Mitkontrolle der UdSSR zuzulassen. Seit der Polenkrise Anfang jenen Jahres wurde jedoch die Konfrontation vorbereitet. Dies blieb zunächst noch weitgehend unsichtbar: Die Gesetzgebung des Kontrollrats hielt in Fragen der Entflechtung, Entmilitarisierung, Entnazifizierung und der betrieblichen Mitbestimmung zunächst noch Perspektiven einer gemeinsamen Deutschlandpolitik offen, wenn auch schon häufig in Kompromißform. Da Frankreich wesentliche Teile der Vereinbarungen von Potsdam nicht anerkannte, insbesondere die Einrichtung deutscher Zentralverwaltungen ablehnte und das Saargebiet von seiner Zone abtrennte (1946 wurde es dem französischen Wirtschafts- und Währungsgebiet angeschlossen), wurde auf den Konferenzen der Außenminister der sich anbahnende zentrale Konflikt zunächst verdeckt. Sein Kern bestand in der Differenz bei der Bestimmung der Voraussetzungen für eine tiefgreifende Demokratisierung und Entfaschisierung. Der sowjetische Außenminister Molotow nannte hier als wichtigste Forderung die Entmachtung des Monopolkapitals in ganz Deutschland, die Vorschläge der USA umgingen diesen Punkt. Das Drängen der UdSSR auf die Schaffung gesellschaftspolitischer Voraussetzungen einer künftigen Politik Gesamtdeutschlands und auf sicherheitspolitische Garantien insbesondere durch gemeinsame Kontrolle der Ruhr wurde vom US-amerikanischen Außenminister Byrnes als Hindernis für eine Einigung interpretiert. Im

Truman-Doktrin

Präsident Truman, nachdem ihm der Abwurf der Atombombe auf Hiroshima gemeldet wurde:
»This is the greatest thing in history!«

Präsident Truman über den Sinn der US-amerikanischen Atombombenversuche im Hinblick auf die sowjetische Delegation bei der Potsdamer Konferenz:
»If it explodes, as I think, it will, I'll certainly have a hammer on those boys.«

Am 12. März 1947 verlas Präsident Truman in Washington eine Kongreßbotschaft zur Lage im Mittelmeerraum, die als »Truman-Doktrin« bekannt wurde. In der Botschaft hieß es:
»Im gegenwärtigen Abschnitt der Weltgeschichte muß fast jede Nation ihre Wahl in bezug auf ihre Lebensweise treffen. Nur allzuoft ist es keine freie Wahl.
Die eine Lebensweise gründet sich auf den Willen der Mehrheit und zeichnet sich durch freie Einrichtungen, freie Wahlen, Garantie der individuellen Freiheit, Rede- und Religionsfreiheit und Freiheit von politischer Unterdrückung aus.
Die zweite Lebensweise gründet sich auf den Willen einer Minderheit, der der Mehrheit aufgezwungen wird. Terror und Unterdrückung, kontrollierte Presse und Rundfunk, fingierte Wahlen und Unterdrückung der persönlichen Freiheiten sind ihre Kennzeichen.
Ich bin der Ansicht, daß es die Politik der Vereinigten Staaten sein muß, die freien Völker zu unterstützen, die sich der Unterwerfung durch bewaffnete Minderheiten oder durch Druck von außen widersetzen.
Ich glaube, daß wir den freien Völkern helfen müssen, sich ihr eigenes Geschick nach ihrer eigenen Art zu gestalten.«

Frühjahr 1946 stoppte General Clay die in Potsdam vereinbarten Reparationslieferungen an die UdSSR. Er stellte dies als einen Versuch dar, Frankreich und die UdSSR zur Zustimmung für die Bildung gesamtdeutscher Staatssekretariate zu zwingen, und führte als zusätzliche Begründung an, daß die Sowjetunion bislang noch nicht die Rohstoffe und Lebensmittel geliefert habe, mit denen ein Teil der Lieferungen aus den Westzonen erstattet werden sollte. Diese Rechtfertigung war in mehrfacher Hinsicht fadenscheinig: Da keine Fristen für die Bezahlung bestanden, konnte zu einem so frühen Zeitpunkt – Mai 1946 – nicht von einer Weigerung der Sowjetunion gesprochen werden. Der von Clay verordnete Stopp betraf überdies auch jene Lieferungen, welche die UdSSR kostenlos erhalten sollte. Die Sowjetunion wies deshalb zutreffend darauf hin, daß diese Maßnahme des US-amerikanischen Befehlshabers eine Verletzung des Potsdamer Abkommens darstellte. Am 6. September kündigte Byrnes die Bildung einer gemeinsamen Verwaltung für die US-amerikanische und britische Zone (Bizone) an: da eine Einigung mit der UdSSR nicht möglich gewesen sei, solle so ein Kern geschaffen werden, dem sich die anderen Zonen ja anschließen könnten. Die Labour-geführte britische Regierung schloß sich dem US-amerikanischen Vorgehen schon deshalb bereitwillig an, weil sie fürchtete, die finanziellen Lasten, welche die Besetzung einer stark zerstörten Region bedeuten konnte, langfristig nicht tragen zu können. Diese Unterordnung unter die USA bedeutete in letzter Konsequenz allerdings auch den Verzicht darauf, wirtschaftspolitische Neuordnungsbestrebungen zu unterstützen. Daran änderte die auf die eigene Zone bezogene Sozialisierungsrhetorik des Außenministers Bevin, die im Winter 1946/47 einen Höhepunkt erreichte, nichts. Für die ab dem 1. Januar 1947 eingerichtete Bizone wurden fünf gemeinsame Verwaltungen, die im Auftrag der Westalliierten von Deutschen geleitet wurden (Wirtschaft, Ernährung und Landwirtschaft, Finanzen, Verkehr, Post- und Fernmeldewesen), geschaffen. Frankreich brachte seine eigene Zone nicht in das Gebilde ein. Es hatte sich von Anfang an gesamtdeutschen Lösungen widersetzt, beharrte länger als alle anderen auf Zerstückelungsplänen, die weitergingen als die schließlich stattfindende Teilung, und betrieb eine separate Verwaltung seiner Zone. Bis Sommer 1948 bestand Paßzwang zwischen der Bi- und der französischen Zone. Allmählich bildete sich aus der Bi- die sogenannte Trizone, die im streng juristischen Sinn allerdings nie bestanden hat. Am 12. März 1947, während der Moskauer Außenministerkonferenz, proklamierte Truman den offenen Ausbruch des kalten Krieges: Er verlangte von beiden Häusern des US-amerikanischen Kongresses Mittel für eine Verteidigung Griechenlands und der Türkei gegen angeblich drohenden kommunistischen Umsturz und entwickelte in diesem Zusammenhang seine außenpolitische Doktrin: Die Welt sei in ein Reich der Freiheit und der Unfreiheit gespalten. Eine sowjetische Expansionspolitik müsse eingedämmt werden (»Containment«-Politik). Für Deutschland bedeutete dies, daß die diagnostizierte Teilung erst endgültig in die Wege geleitet wurde. Innerhalb der von der Truman-Doktrin proklamierten Strategie sollten die Westzonen zum antikommunistischen Bollwerk ausgebaut werden. Seine ökonomische Innenausstattung sollte der im Juni 1947 verkündete Marshall-Plan vervollständigen.

Inzwischen waren aber auch die innerdeutschen Komponenten des Teilungsprozesses deutlich hervorgetreten.

Bald nach der Kapitulation gab es wieder eine Aktivität deutscher Politiker: nicht nur der Parteiführer, sondern auch der Ministerpräsidenten in den teilweise von den Besatzungsmächten neu gegliederten Ländern. Für Anfang Juni 1947 lud der bayerische Regierungschef Hans Ehard seine Kollegen aus allen vier Zonen zu einer Konferenz nach München ein. Hier sollte – auf dem Hintergrund der wirtschaftlichen Schwierigkeiten 1946/47 gemeinsam beraten werden, wie die Versorgung im nächsten Winter sichergestellt werden könne. Auch in der sowjetischen Besatzungszone waren nach der Niederlage des Hitlerfaschismus neue Länder entstanden: Mecklenburg-Vorpommern (Ministerpräsident: Höcker, SED), Brandenburg (Steinhoff, SED), Sachsen-Anhalt (Hübener, LPD), Sachsen (Friedrichs, SED), Thüringen (Paul, SED). Deren Regierungen waren nach Landtagswahlen, die im Oktober 1946 stattgefunden hatten, gebildet worden. Angesichts der sich nun eindeutig anbahnenden Spaltungstendenzen nach der Verkündung der Truman-Doktrin und der Gründung der Bi-Zone verlangten die Ministerpräsidenten aus der sowjetischen Besatzungszone (SBZ), daß als erster Tagesordnungspunkt die Frage der deutschen Einheit behandelt werden solle. Dies wurde ihnen abgeschlagen. Die gesamtdeutsche Konferenz platzte am 6. Juni, noch bevor sie begann. Als die Ministerpräsidenten aus der sowjetischen Besatzungszone abgereist waren, hielten ihre westdeutschen Kollegen Referate, die sie bereits mitgebracht hatten. Als Rechtfertigung für ihr Verhalten haben sie damals und auch später angeführt, die französische Besatzungsmacht habe den Regierungschefs aus ihrer Zone die Teilnahme nur unter der Bedingung gestattet, daß allgemeinpolitische Fragen nicht erörtert würden. Diese These ist inzwischen als Schutzbehauptung widerlegt. Das 1975 veröffentlichte Protokoll der Münchener Ministerpräsidentenkonferenz dokumentiert, in welch provozierender Form die Besucher aus der sowjetischen Besatzungszone abgefertigt wurden. Insbesondere sozialdemokratische Politiker taten sich dabei hervor. Tatsächlich hatte Schumacher in Hannover seine Parteifreunde unter »Fernbehandlung« gesetzt (so eine Formulierung des Ministerpräsidenten von Württemberg-Baden, Maier, DVP/FDP). Der SPD-Vorsitzende fürchtete von der Konferenz eine Aufwertung der SED und damit eine indirekte Bestätigung der Vereinigung von Sozialdemokratie und KPD in der sowjetischen Besatzungszone.
Westdeutsche Spitzenpolitiker hatten 1947 allmählich andere Sorgen als die deutsche Einheit: es bot sich die Chance, selbst einen Staat zu gründen. Im Juli erhielt die Bizone Organe mit legislativen und exekutiven Aufgaben. Ein Wirtschaftsrat aus Vertretern der Landtage war eine Art Parlament, ein Exekutivausschuß amtierte als Länderkammer, die fünf Verwaltungen mit ihren Direktoren bildeten die Vorform einer Regierung. Ab Januar 1948 wurden sie gar schon durch ein Obergericht und den Vorläufer der heutigen Bundesbank (Länder-Union-Bank / Bank deutscher Länder) komplettiert. Der Exekutivrat hieß jetzt »Länderrat«, die Verwaltungen wurden zu einem »Verwaltungsrat« zusammengefaßt. So zeichneten sich Staatsorgane der späteren Bundesrepublik – Bundestag, Bundesrat, Bundesregierung – bereits ab. Mehr noch: innerhalb dieser Institutionen etablierte sich schon im Juli 1947 das Verhältnis von bürgerlicher Mehrheit und sozialdemokratischer Opposition, wie es dann bis 1966 bestand. Als die SPD bei der Wahl des Direktors der Verwaltung für Wirtschaft unterlag, zog sie ihre Kandidaten auch für alle anderen Positionen zurück. Sie erklärte sich zur Opposition. Direktor der Verwaltung für Wirtschaft wurde Johannes Semler. Als er die Versorgungspolitik der Westmächte kritisierte, mußte er zurücktreten. Sein Nachfolger war ab März 1948 Ludwig Erhard. Die SPD lehnte im Juni 1948 zwar die von ihm betriebene Aufhebung der Bewirtschaftung im Wirtschaftsrat ab, ließ diese aber in der Länderkammer, wo sie die Mehrheit hatte, passieren. Inzwischen hatte der sich herausmausernde Staat durch die Währungsreform auch sein eigenes Geld erhalten (20. Juni 1948). In der ersten Jahreshälfte 1948 wurde die Gründung einer westdeutschen Republik durch eine Konferenz der drei Westalliierten und der Benelux-Staaten (Belgien, Niederlande, Luxemburg) in London weiter vorangetrieben (Londoner Sechsmächtekonferenz). Zugleich bildeten sich Strukturen eines antisowjetischen Militärpakts heraus. Im März 1947 hatten Großbritannien und Frankreich in Dünkirchen einen Verteidigungsvertrag geschlossen, der sich offiziell gegen etwaige Gefahren, die in Zukunft von Deutschland drohen konnten, richtete. Jetzt traten in Brüssel Belgien, die Niederlande und Luxemburg bei. Dies war eine Vorform der späteren Westeuropäischen Union (WEU).
Unmittelbar darauf, am 20. März 1948, zog sich die UdSSR aus dem Kontrollrat zurück, da die sich nun abzeichnende Entwicklung seine Weiterarbeit sinnlos gemacht habe. Am 1. Juli überreichten die westalliierten Militärgouverneure den Ministerpräsidenten in Frankfurt drei in London ausgearbeitete Dokumente. Die Regierungschefs wurden hier u. a. aufgefordert, eine verfassunggebende Versammlung bis spätestens 1. September

Die Westberliner schauen von Trümmern am Rande des Tempelhofer Flugfeldes den landenden C-47-Bombern zu, die sie während der Zeit der Berliner Luftbrücke mit Nahrungsmitteln versorgen.

1948 einzuberufen. Zum Ritual, das nun ablief, gehören auch die Bedenken, ob deutsche Politiker an der Gründung eines Separatstaates mitwirken dürften. Die Ziererei wurde vor allem durch den Vertreter Berlins, Ernst Reuter (SPD), zerstreut. Er argumentierte, Berlin könne nur dann für den »Freien Westen« gehalten werden, wenn sich die britische, französische und US-amerikanische Besatzungszone zu einem funktionsfähigen Staat zusammenschlössen.

Reuter, Stadtrat für Verkehr, war bereits im Frühjahr 1947 zum Oberbürgermeister gewählt worden, wurde aber von der Alliierten Kommandantur nicht bestätigt, da der sowjetische Vertreter Einspruch erhoben hatte. Tatsächlich stellte sich seit 1947 die Frage, was aus Berlin, in dem alle vier Siegermächte einen Sektor hatten, bei einer Teilung Deutschlands werden sollte. Die Entscheidung wurde nach der Schaffung der D-Mark unausweichlich. Die UdSSR reagierte mit einer eigenen improvisierten Währungsreform in ihrer eigenen Zone, um zu verhindern, daß entwertete Reichsmark jetzt massenhaft in die SBZ einströmte. Welches Geld aber sollte in Berlin gelten? Diese Frage verband sich nun unauflöslich mit dem Problem der künftigen staats- und völkerrechtlichen Stellung der Stadt. Die Westmächte und die meisten der mit ihnen zusammenarbeitenden deutschen Politiker betrieben die Eingliederung des US-amerikanischen, britischen und französischen Sektors in den neuen Teilstaat, die UdSSR wollte ihn insgesamt verhindern. Sie unterbrach ab Juni 1948 den Güter- und Personenverkehr zwischen der Stadt und dem Westen zu Wasser und zu Land. Zugleich bot sie eine Versorgung des US-amerikanischen, britischen und französischen Sektors aus dem Ostsektor und aus der SBZ an. Davon machten in der Folgezeit allerdings lediglich 99000–100000 Westberliner Gebrauch. Die Mehrheit lehnte das Angebot ab, verhängte eine freiwillige Selbstblockade gegenüber der SBZ und verließ sich stattdessen auf die Luftbrücke der Angloamerikaner: Nahrungsmittel und Brennstoffe wurden in ständig sich steigerndem Flugzeugeinsatz aus dem Westen herangeschafft. Die gemeinsame Alliierte Kommandantur stellte ihre Tätigkeit ein. Wäre es der UdSSR gelungen, Westberlin tatsächlich abzuschneiden und somit ökonomisch von ihrer Zone abhängig zu machen, dann hätten die USA, Großbritannien und Frankreich vor der Wahl gestanden, entweder auf die Bildung eines Teilstaates zu verzichten oder sich aus der Stadt zurückzuziehen. Nach sowjetischer Auffassung fehlte durch die Zerstörung der Viermächte-Verwaltung für Deutschland nunmehr die

Rechtsgrundlage für die Anwesenheit westlicher Truppen in Berlin. Blieben die USA, Großbritannien und Frankreich bei ihrem Kurs der Separatgründung und konnten sie sich in ihren Sektoren halten, dann hatte dies die faktische Teilung der Stadt zur Folge. Dies war der Kern des Problems, an dem sich allerlei Massenbewegungen im Osten (Demonstrationen gegen die nichtkommunistische Mehrheit der Stadtverordnetenversammlung) und im Westen (Ernst Reuter: »Schaut auf diese Stadt!«) entzündeten. Im September verlegte die Stadtverordnetenversammlung (mit Ausnahme der SED-Fraktion) ihren Sitz in die Hardenbergstraße im Westsektor, die Dienststellen der Verwaltung folgten Stück für Stück in die Weststadt nach, vorneweg der Verkehrs-Stadtrat Reuter. Am Ende blieb nur noch der stellvertretende Oberbürgermeister Friedensburg (CDU) übrig. Ende November wurde durch eine Massenversammlung im Admiralspalast im Ostsektor ein neuer (zunächst provisorischer) Magistrat mit dem Oberbürgermeister Friedrich Ebert (SED) gebildet. Er erhob den Anspruch auf Zuständigkeit für ganz Berlin. Dies begründete er damit, daß die Mehrheit der 1946 gewählten Stadtverordnetenversammlung und die Dienststellen durch ihre Abwanderung in den Westen ihre Pflichten verletzt hätten, funktionslos geworden seien und die Einheit der Stadt aufgegeben hätten, da sie nur noch für den US-amerikanischen, britischen und französischen Sektor amtierten. Also müßten neue Organe geschaffen werden, welche die bislang offiziell durch die Besatzungsmächte nicht in Frage gestellte Einheit der Stadt wahren, diese also auch einheitlich verwalten sollten.

Als Gegenstück entstand im Westen ein Magistrat (später: Senat) mit dem Oberbürgermeister (später: Regierender Bürgermeister) Reuter, der im Rathaus Schöneberg residierte. Auch die Universität und die Gewerkschaften wurden geteilt. In Dahlem entstand die »Freie Universität«, aus dem Freien Deutschen Gewerkschaftsbund (FDGB) spaltete sich im Westen die »Unabhängige Gewerkschafts-Opposition« (UGO) ab. Die UdSSR stellte die Blockade im Mai 1949 ein, nachdem feststand, daß deren Hauptzweck: Verhinderung des Weststaates, nicht erreicht werden konnte. Bei den Verhandlungen der Ministerpräsidenten über die Weststaatengründung im Juli 1948 kam dem nichtbestätigten Berliner Oberbürgermeister Reuter die Funktion zu, deren – tatsächliches oder vorgespiegeltes – schlechtes Gewissen zu beschwichtigen. Schützenhilfe leistete ein weiterer SPD-Politiker, Carlo Schmid. Dieser wußte folgenden Rat: Wenn man sich geniere, einen Staat zu gründen, dann könne man es ja einfach anders nennen, zum Beispiel »Zweckverband administrativer Qualität«. Das half, und die Ministerpräsidenten machten ihre Hausaufgaben. In ihrem Auftrag tagte im August ein Konvent von Verfassungsspezialisten auf der Insel Herrenchiemsee und erstellte einen Entwurf. Pünktlich am 1. September 1948, wie die drei Militärgouverneure es gewünscht hatten, begann die Arbeit des »Parlamentarischen Rates«, der die Verfassung endgültig erarbeiten und verabschieden sollte. Seine 65 Abgeordneten waren von den elf westdeutschen Landtagen delegiert. Auch hier versuchte man nach Möglichkeit den Anschein zu vermeiden, als beteilige man sich an einer Staatsgründung. Wieder konnte Carlo Schmid mit einer Formulierung aushelfen: Nicht »Verfassung« sollte das Kind heißen, sondern es sei eher ein »Organisationsstatut«. Dieser Versuch, den Begriff »Verfassung« zu vermeiden, führte dazu, daß man das Dokument, welches am 8. Mai 1949 angenommen und am 23. Mai verkündet wurde, »Grundgesetz« nannte. Bei der Verabschiedung gab es Gegenstimmen: Für die Deutsche Partei und die CSU war die Verfassung zu wenig föderalistisch, das Zentrum bemängelte ungenügende Beachtung des Elternrechts. Auch die beiden Vertreter der KPD lehnten ab. Zwar anerkannten sie, daß einige Bestimmungen wichtige demokratische Garantien erhielten, doch insgesamt war nach Auffassung der Kommunisten das Grundgesetz schon durch seine Existenz und durch die Art, wie es zustandegekommen war, ein Dokument der Spaltung. Dabei hatte man sich die Sache doch wirklich etwas kosten lassen. Dem Vorwurf, letztlich einen Teilstaat aus Gesamtdeutschland herausgebrochen zu haben, begegnete man mit dem »Wiedervereinigungsgebot« der Präambel und einer Übergangsbestimmung (Artikel 146). Zugleich hatte man es vermieden, durch das Grundgesetz eine bestimmte Gesellschaftsordnung festzuschreiben. In seinem Rahmen ist sowohl der Kapitalismus wie der Sozialismus möglich. Angesichts der Tatsache, daß bis dahin die Restauration schon weitgehend durchgesetzt war und der Parlamentarische Rat eine bürgerliche Mehrheit (36:29) hatte, mag das zunächst etwas sehr großzügig erscheinen. Die Vertreter von SPD und KPD hätten so überstimmt werden können, daß nach dem Grundgesetz für alle Zukunft sozialistische Eigentumsverhältnisse verboten gewesen wären, also nur durch Hochverrat hätten realisiert werden können. Allerdings wäre die Sache knapp geworden: In der CDU/CSU-Fraktion saßen auch Gewerkschafter, das Zentrum war nicht voll auf prokapitalistischem Kurs. Ein anderer Grund wog ebenfalls schwer: Die Festlegung der neuen Verfassung auf den Kapitalismus hätte damals nur gegen die SPD durchgesetzt werden können. In seiner Eigenschaft als Gründungsurkunde eines Teilstaates wäre es dann entwertet gewesen, falls die Partei, welche die Mehrheit der Arbeiterklasse hinter sich hatte, nicht mitzog. Wenn man sich schon den Vorwurf auflud, mit der Verabschiedung des Grundgesetzes die Spaltung zumindest aktuell zu befördern, dann sollte eben möglichst für alle gelten: »Mitgegangen, mitgefangen«, die Sozialdemokraten sollten mit, und dafür mußten Zugeständnisse gemacht werden. Wie hinterher die Verfassungs*wirklichkeit* aussehen würde, das stand ohnehin auf einem anderen Blatt. Konrad Adenauer gab die Parole aus, seine Partei müsse mindestens acht Jahre an der Macht bleiben, um die Weichen endgültig stellen zu können. Nach den Wahlen zum ersten Bundestag am 14. August 1949 wurde in den Sozialausschüssen der CDU und auch von einigen sozialdemokratischen Ministerpräsidenten eine große Koalition erwogen. Adenauer wie Schumacher lehnten ab. Der SPD-Vorsitzende rechnete damit, daß insbesondere Erhards Wirtschaftspolitik bald scheitern werde. Die Bildung eines »Bürgerblocks« mußte in der CDU die Gewichte weiter nach rechts verlagern. Adenauer beanspruchte die Führung für sein Konzept, das bereits mehr beinhaltete als die Festigung des Kapitalismus und die Teilung Deutschlands. Mit seiner Wahl zum Bundeskanzler im September 1949 beginnt der Versuch, unter der Parole »Wiedervereinigung in Frieden und Freiheit« die alte Ordnung, welche sich nach 1945 in den Westzonen wieder etabliert hatte, nach Osten zu tragen. Aus dem Sperrmüll der unmittelbaren Nachkriegszeit war ein Sprungbrett geworden.

Literaturverzeichnis

Werner Abelshauser: Wirtschaftsgeschichte der Bundesrepublik Deutschland (1945–1980). Frankfurt/M. 1983

Josef Becker, Theo Stammen, Peter Waldmann (Hrsg.): Vorgeschichte der Bundesrepublik Deutschland. Zwischen Kapitulation und Grundgesetz. München 1979

Wolfgang Benz: Von der Besatzungsherrschaft zur Bundesrepublik. Stationen einer Staatsgründung. 1946–1946. Frankfurt/M. 1984

Bernt Engelmann: Wie wir wurden, was wir sind. Von der bedingungslosen Kapitulation bis zur unbedingten Wiederbewaffnung. München 1980

Theodor Eschenburg: Jahre der Besatzung 1945–1949. Stuttgart und Wiesbaden 1983 (in: Geschichte der Bundesrepublik Deutschland, hrsg. v. Karl Dietrich Bracher, Theodor Eschenburg, Joachim C. Fest, Eberhard Jäckel, Erster Band)

Andreas Hillgruber: Deutsche Geschichte 1945–1972. Die »deutsche Frage« in der Weltpolitik. Frankfurt/M., Berlin, Wien 1974

Ernst-Ulrich Huster, Gerhard Kraiker, Burkhard Scherer, Friedrich-Karl Schlotmann, Marianne Welteke: Determinanten der westdeutschen Restauration. Frankfurt/M. 1972

Christoph Kleßmann: Die doppelte Staatsgründung. Deutsche Geschichte 1945–1955. Göttingen 1982

Jürgen Kuczynski: So war es wirklich. Ein Rückblick auf zwanzig Jahre Bundesrepublik. Berlin 1969

Wilfried Loth: Die Teilung der Welt. Geschichte des Kalten Krieges 1941–1955. 3. Aufl., München 1982

Westdeutschlands Weg zur Bundesrepublik 1945–1949. Beiträge von Mitarbeitern des Instituts für Zeitgeschichte. München 1976

Hans-Peter Schwarz: Vom Reich zur Bundesrepublik. Deutschland im Widerstreit der außenpolitischen Konzeptionen in den Jahren der Besatzungsherrschaft 1945–1949. 2. Aufl., Stuttgart 1980.

Heinrich Albertz

Flüchtlingspfarrer in Celle

Der Autor 1945 in Celle

Weihnachten 1945 in Celle. Ausgelöst wurden die Erinnerungen wohl durch den Abdruck einer Zeichnung, die der »Tagesspiegel« damals veröffentlicht hatte: ein winziges Zimmer mit dürftigen Kistenmöbeln, ein Licht, eine Kanne Tee, ein Ball für das Kind, das mit seinen Eltern die erste Weihnacht in Frieden feiert. So war es ja wohl überall, wenn ich von den Bauern und ein paar wenigen anderen Besitzbürgern absehe. In den zerstörten Städten, in den Flüchtlingslagern, in überfüllten Wohnungen. Warum hat sich nur diese ganze doch einfach elende Zeit inzwischen mit einem Glanz überzogen, der alle Ärmlichkeit, alle Anstrengungen vor allem der Mütter, allen Schmutz überdeckt? Für mich und für viele andere sind diese ersten Jahre bis zur Währungsreform die Jahre eines unvergeßlichen Aufbruchs, einer völligen Befreiung gewesen, wie sie sich nie wiederholen kann. Wir hatten äußerlich nichts. Geborgte Sachen, Geld, das nichts wert war, keine Sachen zum Tauschen und Handeln. Aber kaum, daß wir ein paar Monate in der neuen Umgebung lebten, wuchsen die Freundschaften unter den Händen, öffneten sich alle vergrabenen, verschütteten, uns von den Nazis vorenthaltenen Schätze – Bücher, Theater, Filme, Konzerte – und vor allem Menschen, immer neue Menschen, entwurzelt wie wir, aber sich gegenseitig helfend, haltend in einer nie erlebten Solidarität.

Celle war 1945 eine heilgebliebene Bürgerstadt. Nicht besser oder schlechter als andere, viele Nazis bis in das Herz der Gemeinschaft der Gebildeten, das Oberlandesgericht hinein. Überschwemmt von Flüchtlingen, entlassenen Häftlingen aus dem nahegelegenen KZ Bergen-Belsen, das angeblich niemand gekannt hatte. Britisch besetzt mit strenger Anwendung des Prinzips der »Non-Fraternisation«. Ein typisches Beispiel für die völlige Veränderung eines kommunalen Gemeinwesens durch die Folgen des Krieges.

Wir waren zunächst bei Verwandten meiner Frau untergekommen, in einem winzigen Zimmer mit zwei Betten für Eltern und zwei Kinder. Ich war arbeitslos. Die hannoversche Landeskirche dachte gar nicht daran, vertriebene Pfarrer, noch dazu aus einer unierten, preußischen Kirche zu übernehmen. Endlich fand sich ein Job bei der britischen Post. Aber am Tage, bevor ich dort hätte dort arbeiten können, kam der Superintendent des Kirchenkreises Celle, ein hochgewachsener, vornehmer Mann, zu uns in die Wohnung und fragte mich, ob ich nicht die pastorale Betreuung der Flüchtlinge in der Stadt übernehmen wolle. Dies sei ein persönlicher Vorschlag von ihm, kein Landeskirchenamt wisse davon, er könne mir auch nur aus Kollekten RM 300 im Monat zahlen. Aber ich erhielte ein Zimmer für Sprechstunden im Pfarrhaus an der Stadtkirche und dürfte jeden Sonntag einen Gottesdienst halten für die Flüchtlinge – natürlich, wie es sich gehört, am Rande der Stadt, um 11 Uhr nach dem regulären Hauptgottesdienst.

Es begann damit, daß ich an mein Zimmer einen Zettel heftete: »Ev. Flüchtlingspastor Celle, Sprechstunden Montag bis Freitag 9–11, 15–17 Uhr.« Ob jemand kommen würde? Nach wenigen Tagen standen die Menschen Schlange, meldeten sich freiwillige Helfer, entstanden die ersten Verbindungen zu den städtischen Ämtern, den Besatzungsdienststellen, den gerade wieder entstehenden Wohlfahrtsorganisationen. Es begannen auch die Gottesdienste, immer voller und voller. Beides gehörte zusammen, bedingte sich: Wort und Sakrament und eine unbeschreibliche Flut von sozialen Problemen: Arbeit, Wohnung, Kleidung, Ausbildung der Kinder, Suchen nach vermißten Vätern, Söhnen, Müttern. Schon nach wenigen Wochen wurde ich ins Rathaus gebeten. Diesmals war es der erste, noch von den Briten ernannte Oberbürgermeister, der mich bat, doch meine Arbeit auch gleichzeitig für die Stadt Celle zu tun. Er könne ein Stockwerk in einem alten Bürgerhaus zur Verfügung stellen, dort könne ich arbeiten und wohnen. So zog ich um. Es erschien ein neuer Anschlag an meiner Tür: »Ev. Flüchtlingspastor Celle – Flüchtlingsamt der Stadt Celle.« Jedem lutherischen Theologen müssen mit seiner Zwei-Reiche-Lehre Schauer über den Rücken laufen. Jedem Vertreter der Trennung von Kirche und Staat mußten alle nur denkbaren Einwände kommen. Aber damals hatten wir keine Zeit für solche Überlegungen. Ich war Pastor und Vertreter der Stadt. Ich erhielt ein Telefon und – unvorstellbar – einen uralten Opel-P 4 – mit den nötigen Benzingutscheinen. Ich weiß noch heute sein Kennzeichen: LÜN 2075.

Die alte Wohnung war beides: In einem großen Raum kochte und schlief meine Frau mit den Kindern, drei andere Räume waren Büro, ich schlief in dem meinen. Die ehrenamtlichen Helfer zogen ein und arbeiteten rund um die Uhr. Einmal in der Woche wurde alles zusammengerückt, Tische und Stühle, und bis zu hundert Menschen versammelten sich zu Vorträgen, Diskussionen, Lesungen. Die Kinder schliefen mitten unter den Menschen fest – in einer dunklen Ecke. Eine besondere Gruppe von Hilflosen waren entlassene oder einfach

Die Trecks der Flüchtlinge 1945

weggelaufene Soldaten, aus den Ostgebieten stammend, auf der Suche nach ihren geflüchteten Familien. Sie brauchten vor allem eins: eine Adresse, einen festen Platz, von dem aus sie suchen und selbst gefunden werden konnten. So entstanden die »Inseln«, einfachste Unterkünfte in der Stadt und im Landkreis Celle. Vier Rote-Kreuz-Schwestern, die sich freiwillig meldeten, kümmerten sich um die verlassenen Männer, unter primitivsten Verhältnissen. Sogar noch aus Abfällen der britischen Küchen wurden herrliche Suppen gekocht. Die Leute blieben, bis sie ihre Familien gefunden hatten. Manche sehr lange. Einige für immer.
Was die Demokratisierung, die Ausmerzung faschistischer Strukturen, die Bekämpfung der Nazis anging, sah alles zunächst positiver aus. Zwar war auch hier die Initiative voll in den Händen der Besatzungsmächte. Aber die Freigabe der Gründung von Parteien, der langsame Aufbau von parlamentarischen Körperschaften – Gemeinden, Kreise, Länder mit Stadträten, Kreistagen und Landtagen ließ Einübung in die Demokratie zu. Ich habe darüber berichtet. So bitter es klingt: Hätte man uns mehr Zeit gelassen, wären Währungsreform, Marshallplan und Grundgesetze nicht so schnell gekommen, hätte der neue Kalte Krieg die Deutschen – übrigens beide Teile Deutschlands – nicht plötzlich aus Besiegten zu Kumpanen der Sieger gemacht, so daß wir – zumindest in den Westzonen – sehr schnell glauben konnten, wir hätten den Zweiten Weltkrieg eigentlich gar nicht verloren – dann wäre die Demokratie auf ein festeres Fundament gestellt worden. So kam die Demokratisierung von oben: durch die Siegermächte und ihre verunglückte Entnazifizierung, durch den Parlamentarischen Rat und sein nie zur Abstimmung gestelltes, vom Volk diskutiertes Grundgesetz. Wenn heute 60 Prozent der Bürger ihre Verfassung nicht kennen, wenn sie auf entsprechende Fragen antworten, die Grundrechte stünden in der Verfassung der DDR – wenn das sogar die Mehrzahl der Beamten antwortet, dann ist das Ergebnis erschütternd. Wir haben eine funktionierende Demokratie in unserem Land. Aber alte Obrigkeitsvorstellungen sind unausrottbar geblieben. Ein kräftiger Schuß Antikommunismus hat das Volk noch selbstgerechter gemacht. Und die Regierenden wundern sich dann, wenn ihnen große Teile gerade der nachdenklichen jungen Generation in die Verweigerung weglaufen.
Wahrscheinlich hätten wir damals Widerstand leisten müssen gegen die zu schnelle, gegen die übergestülpte, gegen die den ökonomischen Bereich aussperrende Demokratisierung. Aber wir machten mit. Auch ich. Die Träume von Celle waren schnell vergessen. Viel zu schnell.

Es war einer der Tage in meinem Leben, in denen ich ganz auf mich gestellt handeln mußte. Die »Flüchtlinge« standen in Sichtweite vom Schlagbaum der Britischen Zone im Niemandsland. Die Russen hatten sie passieren lassen. Die Engländer ließen sie nicht herein. Ich verhandelte stundenlang mit einem britischen Grenzoffizier. Ohne Ergebnis. Ich telefonierte mit Bonn, das sich gerade etabliert hatte. Keiner wagte zu entscheiden. Dann ging der Offizier zum Mittagessen. Zurück blieben zwei deutsche Polizisten. Ich gab ihnen die Weisung, den Schlagbaum zu öffnen. Sie weigerten sich. Hier hätten nur die Engländer das Sagen. Da ging ich selbst und öffnete den Schlagbaum. »Kommt herüber.« Und da kamen sie, liefen und rannten aus Angst, der Schlagbaum könnte sich wieder senken, Männer, Frauen, viele Kinder. Als ich nach Hannover zurückkam, hatte der Ministerpräsident, mein guter Hinrich Wilhelm Kopf, schon angerufen: »Heinrich, Heinrich, was hast du da angestellt? Der britische General ist wütend. Du sollst dich morgen bei ihm melden.« Nun, Beckh schreibt, ich hätte diesen General, ich glaube, es war Lingham, umgestimmt. Das weiß ich nicht. Er war wirklich wütend, aber dann bekundete er seinen Respekt. Und die »Familienzusammenführung« lief jedenfalls.

Aus einem Bericht über die »Familienzusammenführung« der Jahre 1947–1950 von Polen nach Westdeutschland

Der erste Familienzusammenführungstransport aus Polen mit etwa 500 Deutschen und »Volksdeutschen« war zum Lager Heiligenstatt in der sowjetischen Besatzungszone gekommen. Diese Umsiedler durchquerten das nomansland, um sich in das in Niedersachsen befindliche Durchgangslager Friedland zu begeben, welches in der britischen Besatzungszone lag. Sie wurden aber zunächst nicht zugelassen, da der zuständige britische Offizier ihnen den Eintritt in diese Zone verwehrte. Abgesehen von der deutschen Zuzugsgenehmigung, wünschten die britischen Behörden, daß die in die Besatzungszone einreisenden Personen aus Polen mit einem »permit« versehen waren, das von einem Permit-Officer in Warschau auszustellen gewesen wäre. Doch viele dieser zu ihren Familien eilenden Deutschen wohnten gar nicht in Warschau und hatten fast keine Mittel mehr, auch nur kleinere Gebühren zu entrichten.

Hier war es wie ein Wunder, daß das Wort Familienzusammenführung schließlich doch Tür und Tor, auch als Folge vorhergehender Schritte, ebenfalls durch den IKRK-Delegierten Nicolas Burchkardt, bei der niedersächsischen Regierung, öffnete.

Auch der herbeigerufene niedersächsische Flüchtlingsminister Pastor Albertz konnte die Ablehnung des zuständigen britischen Offiziers nicht mildern, so daß er aus humanitären Gründen, inspiriert von der hohen humanitären Bedeutung der Familienzusammenführung, schließlich von sich aus die Aufnahme dieser Personen in Niedersachsen verfügte. Ein Kompetenzstreit zwischen einer sich auf besatzungsrechtliche Normen beziehenden Behörde und einem andererseits auch zuständigen Minister, der in seiner Entscheidung durch ein humanitäres Postulat gestützt wurde, war entstanden. Als Pastor Albertz die Not dieser Menschen dem zuständigen General im britischen Hauptquartier dargelegt hatte, stimmte er diesen um.

Dieser Vorfall, der je nach der anzunehmenden Rechtsauffassung als ein Durchbruch naturrechtlicher Aspekte oder die Ausübung eines ius cogens *bezeichnet werden kann, öffnete defintiv den Zugang in die britische Besatzungszone für die im Rahmen der Familienzusammenführung eintreffenden Personen.*

In einer der anschließend an die internationale Konferenz in Hannover bereits berichteten Besprechungen in Bonn wurde in Gegenwart der Vertreter des britischen Permit-Officers in Warschau abschließend festgelegt, daß in den Fragen der Familienzusammenführung die deutschen Behörden nunmehr definitiv zuständig sein sollten.

H. G. Beckh
Ehemaliger Europa-Delegierter des IKRK

Wenn ich heute, vierzig Jahre danach, an jene Zeit zurückdenke – an den Evangelischen Flüchtlingspfarrer in Celle (1945–1948) und den Niedersächsischen Flüchtlingsminister (1948–1951) – erscheint es mir fast wie ein Wunder, daß wir damals nicht in einer Katastrophe untergegangen sind. Täglich Tausende von neuen Menschen, Habenichtse im Wortsinn, halbverhungert und ohne jede Behausung, zunächst in überfüllte Lager gepfercht, dann über die Stadt- und Landkreise verteilt, deren Bewohner zum größeren Teil wenig oder gar nichts vom Kriege mitbekommen hatten (außer in den zerstörten Großstädten), Besitzbürger also, im Hannoverschen auch noch mit allen alten Vorurteilen gegen die hereinströmenden Preussen belastet – das alles war ein gefährliches Gemisch in einer zebrochenen Verwaltungsstruktur, ohne funktionierende Verkehrsbedingungen und im Schock über den verlorenen Krieg und den verschwundenen Götzen Adolf Hitler.
Jede Art von Gewalttat wäre denkbar gewesen, vor allem jede Seuche. Aber die Katastrophe blieb aus, und am Ende, heute nach vierzig Jahren, kann man nur sagen: wie gut, daß sie kamen. Die Bundesrepublik Deutschland und ihr vielberedetes Wirtschaftswunder wären undenkbar ohne die Millionenheere von Flüchtlingen, Vertriebenen, Ausgesiedelten, den neuen »Entrechteten«, Expropriierten im alten marxistischen Sinne.
Meine neue »Heimat«, Celle, war damals eine verschlafene Stadt von 28000 Einwohnern, heute zählt sie 60000 Menschen. Sie hat sich verwandelt, wie ich meine zum Besseren.
Nun, damals war ich für die meisten der »Einheimischen« ein unbequemer, vielleicht sogar gehaßter Mann. Und ehrlicherweise: in den ersten Jahren wäre ohne die Besatzungsmacht im Rücken auch nichts gelaufen. Denn allein die Unterbringung der Heimatlosen war ja nur mit Zwang möglich. In drei Fällen habe ich tatsächlich britische Offiziere in Anspruch nehmen müssen, beschämend genug, aber menschlich verständlich. Andererseits setzte die unvorstellbare Not Kräfte frei, die ich so niemals erwartet hätte: Solidarität der Betroffenen, Phantasie und jede Art von Improvisation. Ich hatte ja gegen zwei Fronten zu kämpfen, gegen die Abwehr der Besitzenden und die gefährlichen Träume der Besitzlosen. Als ich, kaum Minister geworden, sagte: »Wir müssen hier arbeiten und leben, als ob kein einziger von uns nach Hause käme«, ging ein Sturm der Entrüstung gegen den Landesverräter durch die Öffentlichkeit. Und die feigen Äußerungen von Politikern jeder Couleur, als sei die polnische Westgrenze nichts Endgültiges, waren alles andere als hilfreich. Ein katholischer Priester verkaufte Fahrkarten nach Schlesien. Er verschwand dann in einem Kloster.
Politisch freilich, in größerem Zusammenhang und auf die Zukunft gesehen, haben wir es nicht vermocht, die neue Besitzlosigkeit zur Änderung der wirtschaftlichen Machtverhältnisse einzubringen. Ich predigte einen sehr verschwommenen »christlichen Sozialismus«, der auf einen sozialen Lastenausgleich hinauslief. Er scheiterte. Auch die SPD wagte nicht, die »quotale« Regelung abzulehnen. Die Großbesitzer des Ostens wurden mit Millionen entschädigt, der kleine Mann blieb klein. Die Währungsreform mit ihrem Gleichheitsbetrug (40 DM für jedermann) war der Schlußstein. Die Besatzungsmächte, auch die Labour-Regierung in London, verhinderten jede ernsthafte Bodenreform, und die Flüchtlinge selbst, besitzlos, aber in ihren alten Strukturen gefangen, spielten auch noch mit. Die Träume eines wirklich neuen Anfangs waren schnell dahin.
Persönlich war die Zeit meiner Arbeit für und mit den Flüchtlingen dieser frühen Jahre mein wichtigster, schwierigster Lebensabschnitt, viel schwieriger als alles, was in Berlin später auf mich wartete. Denn die Integration gelang, unter menschlichen Belastungen, wenn auch in die alte Welt, die wenig oder gar nichts durch Hitler hinzugelernt hatte.

Maria Eiken

Frauenpolitik im Nachkriegsdeutschland

»Anfangs dachte man: ›So schlimm wird es schon nicht werden. Wir haben ja alles schon einmal erfahren. Erst kommt ein Waffenstillstand, dann kommt eine Besetzung. Die Männer kehren heim, und wir geben die Bürde der Verantwortung ab. Man wird sich in jeder Beziehung nach der Decke strecken müssen...‹ Es kam eine bedingungslose Kapitulation. Es kam eine gründliche Besetzung, und danach kam lange Zeit gar nichts. Nur ein geringer Teil der Männer wurde aus der Gefangenschaft entlassen und kehrte gleich zurück. Vorerst blieb die ganze Bürde auf den müden Schultern der Frauen lasten.«[1]

1945 war Deutschland ein Land der Frauen. Sie bestimmten neben den Trümmern, die sie mit ihren Händen beiseite räumten, das Bild des Landes. In langen Schlangen standen sie vor den Geschäften. Auf Handkarren zogen sie den Rest ihrer Habe und ihre Kinder über die Chausseen. Auf den Bahnhöfen suchten sie unter Heimkehrern ihre Männer oder mit dem Foto in der Hand wenigstens einen Hinweis auf ihr Schicksal. Der Anteil der Frauen an der Gesamtbevölkerung betrug 1945 65 Prozent. Auf 100 Männer kamen 170 Frauen. 3,76 Millionen deutsche Männer waren gefallen, Hunderttausende zu Krüppeln geschossen worden, und 11,7 Millionen Männer saßen in Kriegsgefangenschaft (1946 waren es immer noch 2 Millionen). Die Männer, die aus der Gefangenschaft heimkehrten oder ihr entgangen waren, waren von den Strapazen des Krieges und der Gefangenschaft körperlich aufgezehrt, viele zu Pflegefällen geworden.

Die Frauen hatten die Bombennächte in Sorge um ihre Familien in den Kellern verbracht und die knappen Rationen geteilt. Als der Krieg vorüber war, waren es die Frauen, die Land und Menschen am Leben halten mußten. Zwar verschwand die Angst der Bombennächte – am 12. Mai 1945 wurde die Verdunkelung aufgehoben –, aber der tägliche Überlebenskampf hatte sich mit dem Zusammenbruch des faschistischen Staates verschärft.

In den Jahren 1945 bis 1949 gewann der gesellschaftliche Bereich, der nach der traditionellen Geschlechterrolle – und wie zu jener Zeit allgemein angenommen »natürlich« den Frauen zufiel –, die entscheidende Bedeutung für das Weiterleben eines ganzen Volkes: die private Reproduktion. Der Zusammenbruch der arbeitsteiligen Warenproduktion und eines Teils des Warenverkehrs überließ es dem Organisations- und Improvisationsgeschick sowie der Intelligenz der Frauen, die »Lebensmittel« zu schaffen.

Aber es waren nicht nur situationsbedingte Ursachen, die den Frauen die Verantwortung für das Überleben aufbürdeten. Schon der Faschismus hatte

Kriegsende. Die Frauen von Limburg winken mit weißen Tüchern

Auf 170 Frauen kommen statistisch 100 Männer

einen großen Teil der Kriegslasten im Rahmen seiner auf den Krieg gerichteten Autarkiebestrebungen systematisch den Frauen aufgebürdet und Frauenarbeit für seine Kriegszwecke funktionalisiert.[2] Und auch die alliierten Sieger nutzten die Frauenarbeit, die in unserer Gesellschaft »gratis« geleistet wird, für ihre Pläne zur Wiederankurbelung der Wirtschaft. Diese Pläne sahen die Steigerung der industriellen Produktion auf Kosten des Konsumgüterbereichs vor. Im Herbst 1945 wurden 20% der industriellen Produktion von 1936 erreicht (in der britischen Zone), 1948 waren es bereits wieder 60 Prozent. Die konsumtive Versorgung hingegen verschlechterte sich bis 1947, um dann viel langsamer zu steigen.[3] Heute wissen wir, daß diese Gewichtung in den damaligen Westzonen kapitalistischen Interessen diente: »Ohne die private Überlebensarbeit der Frauen hätte diese Schwerpunktsetzung nicht bzw. nicht so kostengünstig funktioniert, was den Start ins ›Wirtschaftswunder‹ erheblich verzögert bzw. in Frage gestellt hätte.«[4]

Die Bedingungen für diese Reproduktionsarbeit als Haushaltsarbeit oder als Arbeit in der Erziehung der Kinder waren katastrophal. 10 Millionen Menschen hatten ihre Heimat verloren, 45% des Wohnraums war zerstört. Strom gab es oft nur für wenige Stunden am Tag. Wasser mußte oft über Kilometer herangeholt werden. Die Zuteilung von Lebensmitteln und Konsumgütern erfolgte unter hohem bürokratischen Aufwand, der ebenso Zeit fraß wie die Mängel in der Verteilung, die die Frauen zu den langen Schlangen vor den Geschäften reihte. Heizmaterialien mußten aus Trümmern geborgen oder aus den Wäldern herangeschleppt werden. Brot mußte oft aus Mehl oder Kartoffeln gebakken werden. Fleisch lieferte nicht der Fleischer, sondern, wenn auch illegal, selbst geschlachtetes und gezogenes Vieh. Aus Farnkraut konnte unter Anleitung von überall veröffentlichten »Ratgebern« Seife gewonnen werden, aus alten Autoreifen wurden Schuhsohlen, aus Blechbüchsen Haushaltsgeräte. Ihren alten Schuhen entwachsen, blieben viele Kinder ohne Schuhwerk. Immer wieder erlebten Lehrer, daß Mütter ihre Kinder im Winter deshalb zur Schule trugen.

Eine soziologische Untersuchung in Berlin 1948 ergab: »Die Erschöpfungszustände häufen sich bei Hausfrauen, die gleichzeitig erwerbstätig sind und die neben der tatsächlichen Arbeitsleistung auch psychisch die volle Verantwortung für die Versorgung der Familie zu tragen haben... Bei diesen Erschöpfungszuständen handelt es sich nicht um vorübergehende Ermüdungen, sondern um anhaltende Symptome eines Kräfteverfalls. Über etwa ein Drittel dieser Frauen wurde ausgesagt, sie ständen vor einem körperlichen und nervlichen Zusammenbruch und hielten dem Übermaß an Arbeit und Verantwortung nur noch stand durch ihr ausgesprochenes Pflichtgefühl. Dabei muß erinnert werden, daß diese körperliche und seelische Überforderung, vielleicht noch mehr die letztere, in vielen Fällen bis tief in die Kriegsjahre zurückreicht. Doch wäre der Abbau der Kräfte wohl in den meisten Fällen aufzuhalten gewesen durch eine rechtzeitige Verbesserung der Mangelernährung. Stattdessen fühlen sich zahlreiche Ehefrauen und Mütter verpflichtet, auf Teile ihrer Lebensmittelrationen zu verzichten zugunsten von Mann und Kindern.«[5]

Für all diese Anstrengungen wurden »Nur-Hausfrauen« mit den niedrigsten Lebensmittelzuteilungen belohnt. Schon hierin drückt sich trotz der täglich erfahrenen Bedeutung der Haushalts- und Familienarbeit der Frauen die tiefsitzende Mißachtung der Reproduktionsarbeit aus.

Überhaupt schienen Frauen nach Ansicht der verteilenden Männer sehr genügsame Wesen zu sein. In der 85. Zuteilungsperiode in der Bizone erhielten Männer ab dem 18. Lebensjahr 20 (amerikanische) Zigaretten zugeteilt. Frauen standen diese, wie auch alkoholische Genußmittel, nur zwischen dem 25. und 55. Lebensjahr zu. Alleinstehende Frauen wurden bei der Zuteilung von Wohnraum auf den Wohnungsämtern ans Ende der War-

Rechts:
Seite aus »Neue Berliner Illustrierte«
1. Oktoberheft 1947

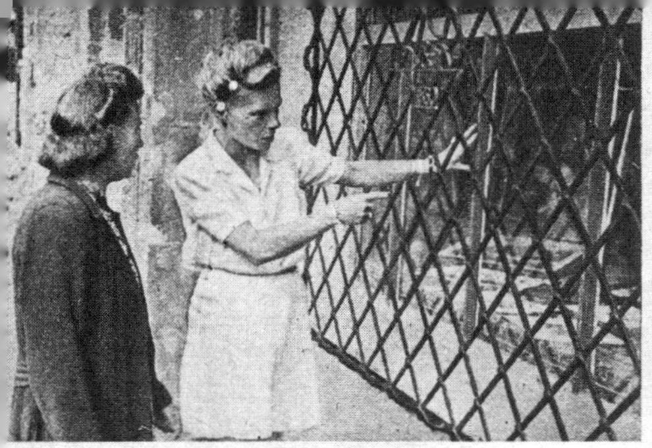

„Das gibt Bruch! Diese Scheiben müssen Sie herausnehmen!" Frau Hertha Bahr geht selbst in die Wohnungen und Läden der Gefahrenzone, um die Inhaber zu warnen und zu belehren

Die ganze Kolonne dreht Pillen, d. h. Hüllen aus Zeitungspapier. Sie werden mit Sand gefüllt und nach den Sprengladungen in die Bohrlöcher geschoben, um diese zu verdämmen

Ihr weltberühmtes Arbeitsfeld: Unter den Linden, Ecke Friedrichstraße. Das ganze Viertel bis zur Mittel- bzw. Charlottenstr. wird sie „abschießen". Nur wenige Häuser bleiben ausgespart

Sie sprengt ohne SPRENGSTOFF

Wie Berlins erste Sprengmeisterin gefahrdrohende Ruinen niederlegt

Aufnahmen: Gerhard Gronefeld

Jetzt kommt's drauf an! Links steht das Tauchgefäß, in dem seit einer halben Stunde hundert Kohlepatronen schwimmen. Sie sind eiskalt und „dampfen" förmlich, wenn sie an die Luft gehoben werden. In sechs Minuten müssen alle hundert in die Bohrlöcher praktiziert und an die vorbereitete Zündkette angeschlossen sein, weil der Sauerstoff sonst verflogen ist und die Ladungen taub werden. Ein zweiter Mann des Trupps verstopft alle Bohrungen mit dem Sandbesatz. Dann geht es in langen Sätzen zur Zündmaschine: zweimaliges Hornsignal – „Schuß" Rechts: Das Straßenbild kurz nach der Zündung. Dicke Kalkstaub-Wolken steigen drohend empor

Links: **Richtige „Maßarbeit".** Das noch bewohnte Nebenhaus erlitt keinen Schaden. Die nächste Sprengung hat nur noch den Rest der „angeschossenen" Brandmauer zu fällen

telisten gesetzt. Ihnen stand weniger Wohnraum als Männern zu.
Um in die staatliche Lebensmittelzuteilung zu gelangen, mußten sich Männer zwischen 14 und 65 Jahren, Frauen zwischen 16 und 45 Jahren bei den Arbeitsämtern registrieren lassen. Hatten Frauen in diesem Alter Kinder unter 14 Jahre oder pflegebedürftige Angehörige zu versorgen, so wurden sie von der Arbeitspflicht freigestellt. Trotzdem ließen sich auch Frauen, die unter die Freistellung fielen, vermitteln, um in den Genuß einer höheren Zuteilung zu gelangen. Dem steht entgegen, daß viele Frauen, um der Arbeitspflicht zu entgehen und sich ganz der Lebensmittelbeschaffung widmen zu können, Scheinarbeitsverhältnisse eingingen. Zahlen über die Berufstätigkeit von Frauen in der Nachkriegszeit bedürfen der Interpretation.
Nach einer Statistik für die Bizone (der zusammengelegten britischen und amerikanischen Besatzungszone) sank die Frauenerwerbsquote im Vergleich zu 1939 (35,2%) auf 28,3 Prozent. Aber in absoluten Zahlen gab es in diesen Jahren mehr Frauen, die einer Arbeit nachgingen als vor dem Krieg – etwas über 11 Millionen. Sicher ist, daß in den Jahren zwischen 1945 und 1950 die Beschäftigung bei Frauen relativ und absolut stärker zunahm als bei Männern. Klassische Frauenarbeitsplätze in der Elektro-, der optischen, chemischen und der Textil-Industrie waren durch die Vernachlässigung dieser Produktionsbereiche durch die alliierte Wirtschaftspolitik gerade in Ballungsräumen nicht in ausreichendem Maße vorhanden. Der größte Arbeitskräftemangel herrschte in der Schwerindustrie – der Metallindustrie, dem Bergbau – und im Baugewerbe.
Hier war körperliche Schwerarbeit zu leisten, für die Frauen in normalen Zeiten als ungeeignet galten. Durch den Mangel an Maschinen erschwerten sich diese Tätigkeiten zusätzlich.
In die Mythen vom Wiederaufbau ist das Bild der städtischen Trümmerfrauen eingegangen. Als menschliches Fließband reichen sie Stein um Stein weiter, um ihn vom Mörtel zu befreien, damit den Deutschen ein neues Haus gebaut werden kann. Fröhliche Gesichter lächeln unter Kopftüchern in die Kamera. Dabei war die Arbeit der »Hilfsarbeiterinnen im Baugewerbe« zunächst reine Zwangsarbeit. Erst später erhielten die Trümmerfrauen Arbeitsverträge auf »freiwilliger« Basis. 72 Pfennig betrug da ihr Stundenlohn, wofür 1000 Steine am Tag, zwei Ziegel pro Minute vom Mörtel befreit werden mußten. Arbeitszeug wie Schippe und Eimer waren mitzubringen.[6]
Die noch gültigen Arbeitsschutzbestimmungen verboten allerdings die Beschäftigung von Frauen im Baugewerbe. Mit dem Kontrollratsgesetz Nr. 32 vom 10. Juli 1946 wurde dieses Verbot zeitlich begrenzt aufgehoben: »Solange die gegenwärtige Knappheit an männlichen Arbeitskräften im Baugewerbe besteht, müssen viel weibliche Arbeitskräfte verwendet werden«,[7] hieß es lakonisch in der Anordnung. Nicht auf Dauer sollte also das Vordringen von Frauen in neue Berufe und Aufgaben sein. Besondere Qualifikationen zu erwerben, würde sich für Frauen in diesen Berufen nicht lohnen. Frauenarbeit am Bau blieb somit Hilfsarbeit. Von den staatlichen Arbeitsverwaltungen wurde alles getan, um die Beschäftigung von Frauen auf »Männerarbeitsplätzen« auf das ökonomisch absolut notwendige Maß zu beschränken. Trotzdem mußte bei dem Ausmaß des Männermangels die Zahl der Frauen, die den Blau»mann« anzog, am Zementmischer »ihren Mann stand« oder als Schiffs»junge« in der Binnen-

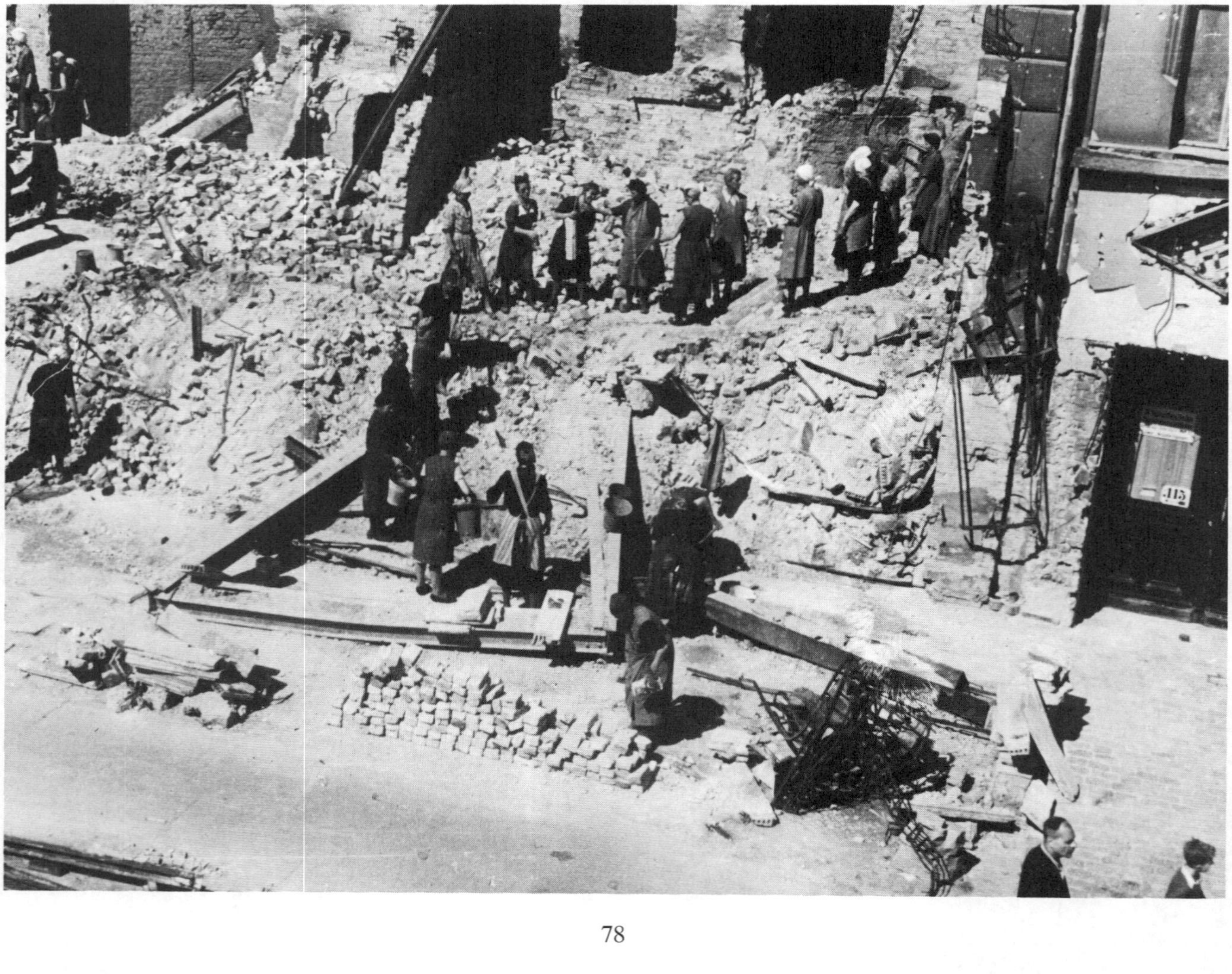

Der Neger

schiffahrt anheuerte, in die Hunderttausende gehen. Um an die begehrten Schwer- und Schwerstarbeiterzulagen zu gelangen, drängte ein Teil der Frauen sogar zu besonders körperlich belastenden Tätigkeiten. Mit der steigenden Zahl der Heimkehrer mehrten sich die Stimmen, die nicht nur um männliche Arbeitsplätze fürchteten, sondern auch um Psyche und Selbstbewußtsein der Männer.
Auch in den klassischen »weiblichen« Berufen, den sozialen Diensten in der Krankenpflege, der Sozialarbeit, der Alten- und Kinderfürsorge kamen auf die Frauen größere Aufgaben zu. Arbeiten, die oft durch den Appell an »weibliche Instinkte« nicht entlohnt, sondern karitativ geleistet wurden.
Um den Arbeitskräftemangel in den besonders unattraktiven Bereichen der Haus- und Landwirtschaft zu beseitigen, führte das Land Nordrhein-Westfalen im September 1945 das aus der Zeit des Faschismus übernommene Pflichtjahr für weibliche Schulabgänger wieder ein. Mädchen konnten danach nur in die Berufs- und Weiterbildung gehen, wenn sie dem Arbeitsamt diesen Einsatz in der Landwirtschaft und im privaten Haushalt – für die »besseren Kreise« als »Haushaltshilfe« – nachwiesen. Alle anderen deutschen Länder der Westzonen übernahmen diese Regelung schon bald.
In der Direktive Nr. 14 des Alliierten Kontrollrats vom 12.10.45 wurden u.a. die Löhne, einschließlich der Sonderzulagen, auf dem Stand von 1945 eingefroren: »Es darf bei der Anwendung der Lohnsätze für Gruppen und Einzelpersonen kein Unterschied aus rassischen oder religiösen Gründen oder aufgrund von politischer Gesinnung oder aufgrund von Zugehörigkeit zu einer politischen Partei gemacht werden.«[8] Den Unterschied aufgrund des Geschlechts erwähnt die Direktive Nr. 14 nicht. So blieb es bei der Benachteiligung berufstätiger Frauen. Nachdem die Sowjetunion in ihrer Zone im Juni 1945 wieder Parteien und Gewerkschaften zugelassen hatte, propagierten die Arbeiterparteien, vor allem die KPD und der »Freie Deutsche Gewerkschaftsbund« (FDGB) schon bald die alte Forderung der sozialistischen und der fortschrittlichen bürgerlichen Frauenbewegung »Gleicher Lohn für gleiche Arbeit!«. Im Grundsatzprogramm des FDGB vom 21.11.45 war diese Forderung bereits enthalten. Der Agitation der überparteilichen und überkonfessionellen Frauenausschüsse, dem FDGB und der KPD ist es zu verdanken, daß die Sowjetische Militäradministration für Deutschland (SMAD) mit dem Befehl Nr. 253 der Lohngleichheit von Mann und Frau eine rechtliche Grundlage schuf.

Im bereits beginnenden kalten Krieg färbte diese Errungenschaft auf die Westzonen ab. Obwohl es in den Jahren 1945/46 sowohl die noch regionalen Gewerkschaften und die Mehrheit der Sozialdemokratie versäumt hatten, die Forderung nach Lohngleichheit zu propagieren, erließ der Kontrollrat die »Ergänzung zur Direktive Nr. 14« vom 13. September 1946, die einen ersten Handlungsspielraum in der Lohnpolitik gewährte und die den Landesarbeitsämtern mit dem ausdrücklichen Hinweis zuging, Lohnerhöhungen für Frauen einzuleiten. Die Ergänzung der Direktive Nr. 14 wurde der Öffentlichkeit nicht bekanntgegeben. Da der gewerkschaftliche Zusammenschluß in den Westzonen nur langsam voranging, kam es erst im Oktober 1947 auf der »6. Interzonenkonferenz der deutschen Gewerkschaften« zu dem Beschluß: »Gleichstellung für Männer und Frauen. Besserung aller besonderen Frauenlohngruppen in den Tarifen. Direkte Einstufung der Frauen in die jeweils gültige Lohngruppe der Angestellten oder Facharbeiter, entsprechend ihrer Arbeit.«[9] In der Folge konnten bis zur Währungsreform Lohnerhöhungen für Frauen erstritten werden. Aber auf den Zeitraum 1938–48 gesehen, vergrößerte sich trotzdem der Lohnabstand zwischen Männern und Frauen um 9,2 Reichspfennige pro Stunde. »Die Durchschnittslöhne männlicher Hilfsarbeiter lagen im Jahresdurchschnitt 1946 mit 79 Rpf. um 19,1 Rpf. höher als die weiblicher Facharbeiter (60,0 Rpf.), während weibliche Hilfsarbeiter sogar 25,1 Rpf. weniger als ihre männlichen Kollegen erhielten.«[10]

Durch die Regelung in der sowjetischen Zone, die Agitation der Frauenausschüsse und durch das gewachsene Selbstbewußtsein der berufstätigen Frauen, die schon seit Jahren in Männerberufen schufteten, war die Lohndiskriminierung in das Bewußtsein der weiblichen und männlichen Öffentlichkeit gelangt, was sich später auch in den parlamentarischen Beratungen des Grundgesetzes widerspiegelte.
»Die Entnazifizierung betraf die Frauen in einem zahlenmäßig geringeren Umfang als die Männer. Immerhin wurden 1945 und 1946 in Ludwigsburg mehrere tausend Frauen interniert, darunter auch Mütter mehrerer Kinder, und noch Ende 1947 befanden sich in einem Lager 55 Mädchen unter 20 Jahren, 69 Mütter von im Kriege Gefallenen und 97 Mütter mit minderjährigen Kindern unter 16 Jahren.«[11]
Zahlen, die belegen, daß auch Frauen an den Verbrechen des deutschen Faschismus beteiligt waren, allerdings aufgrund ihrer gesellschaftlichen Abdrängung ins »Private« in viel geringerem Umfang als Männer.
Der kleinere Teil der Frauen hatte aus den Erfahrungen des Faschismus Konsequenzen gezogen und wollte die Frauen, die durch ihre Abstinenz von der Politik das Aufkommen des Faschismus mit ermöglicht hatten, zu politischem Handeln motivieren. Im Sommer 1945 entstanden in fast allen größeren Städten überparteiliche und überkonfessionelle »Frauenausschüsse«. Sie setzten sich auf der Basis der Gleichberechtigung für die Bewältigung der sozialen Notstände und für die politische Aufklärung von Frauen

Frauen aus der Ostzone und den Westzonen treffen sich 1947 mit Frauen aus zehn anderen Ländern in der Berliner Staatsoper zu einem Kongreß »Frauen für den Frieden«, auf dem die Aufgaben und Ziele des neuen Demokratischen Frauenbundes umrissen werden.
Mitte: Frau Durand-Wever (rechts) im Gespräch mit Mrs. Regan (USA).
Unten: Die Delegierten hören einer Münchnerin zu.

und Jugendlichen ein. In diesen Frauenausschüssen war die Spaltung in eine bürgerliche und eine proletarische Frauenbewegung aus der Weimarer Republik kurzzeitig aufgehoben. Sind auch die Ursachen für das Auseinanderbrechen dieser Ausschüsse noch nicht endgültig erforscht, so dürfen sie doch in den aufkommenden Tendenzen der Restauration und im entstehenden kalten Krieg liegen. Manifestiert ist dieser Bruch im Entstehen eines zonenweiten Einheitsfrauenverbandes in der sowjetischen Zone und dem losen Zusammenschluß des »Deutschen Frauenrings« in den Westzonen.

In der sowjetischen Zone legte ein Befehl der Sowjetischen Militärmission vom 30. November 1945 den Charakter der bereits entstandenen Frauenausschüsse, in denen die KPD einen starken Einfluß hatte, fest. In diesem Befehl wurde die Bildung von parteigebundenen Frauenorganisationen untersagt und den Frauenausschüssen eine politische Orientierung gegeben, doch sollte der überparteiliche Charakter gewahrt bleiben.

Nachdem auch in der sowjetischen Zone die Wahlen der Jahre 1946/47 auf Länder und kommunaler Ebene ergeben hatten, daß Frauen in größerem Umfang als Männer die bürgerlichen Parteien wählten, setzte die SED auf die Schaffung einer starken Frauenorganisation: »Nun standen konzeptionelle Überlegungen der Arbeiterklasse in der Frauenpolitik im Jahre 1947 zur Diskussion. Die Schaffung einer Frauenorganisation war Bestandteil dieser konzeptionellen Überlegungen. Ihre Gründung entsprach der objektiv herangereiften gesellschaftlichen Situation und dem subjektiven Willen der antifaschistischen, aufbauwilligen Frauen.«[12] Am 7. März 1947 wurde der »Demokratische Frauenbund Deutschlands« von 1100 delegierten Frauen aus den fünf Ländern der sowjetischen Zone und den drei Westsektoren Berlins gegründet. Mit dem Befehl Nr. 254 der Sowjetischen Militäradministration für Deutschland »über die Verschmelzung der antifaschistischen Frauenausschüsse mit dem Demokratischen Frauenbund Deutschlands« vom 11. November 1947 gingen alle Frauenausschüsse dieser Zone zwangsweise im DFD auf.

Vorsitzende des DFD wurde die parteilose Ärztin Anne-Marie Durand-Wever. Sie und andere Vertreterinnen des DFD nahmen im Mai 1947 als Gäste an der ersten interzonalen Frauenkonferenz teil, zu der Vertreterinnen von 42 überparteilichen Frauenausschüssen und -gruppen, konfessionellen Frauengruppen und Berufsverbänden nach Bad Boll kamen. Die spätere Vorsitzende des sich 1949 aus diesem Kreis bildenden »Deutschen Frauenrings« der Westzonen, Theanolte Bähnisch, war der Einladung zum Gründungskongreß des DFD »in richtiger Erkenntnis des rein politischen Charakters dieser Frauenorganisation«[13] – so eine offiziöse Geschichte des Deutschen Frauenrings – zwei Monate zuvor nicht gefolgt. Auch im Entstehen von DFD und »Deutschem Frauenring« vollzog sich die Spaltung Deutschlands, wobei Versuche der Zusammenarbeit und Kontaktaufnahme von seiten des DFD kamen. Der Deutsche Frauenring lief in den fünfziger Jahren mit der Politik der Ära Adenauer konform. Ein »Demokratischer Frauenbund Deutschlands«, der 1950 in der BRD gegründet wurde und dem vor allem sozialistische Frauen angehörten, arbeitete mit beim Kampf gegen die Wiederaufrüstung. Er wurde 1957, ein Jahr nach der KPD, verboten.

Der Großteil der Frauen schloß sich weder Frauenausschüssen, noch Gewerkschaften oder Parteien an. Die Gründe lagen nicht nur in »unpolitischen« Einstellungen der Frauen, sondern hatten auch objektive Ursachen: Die meisten Frauen hatten bei der Belastung durch die erschwerte Reproduktionsarbeit und die neuen Aufgaben in der Produktion einfach keine Zeit. Im übrigen setzten die Alliierten – oft auf Empfehlung der frauenfeindlichen Kirchenführer – vor allem Politiker aus der Weimarer Republik ein – und das waren Männer.

1948 gab es unter den circa 120 Landesministern der drei Westzonen nur zwei Frauen. Dem Parlamentarischen Rat gehörten nur vier Frauen an, also nur 5,7 Prozent! Von den 410 Mandaten des 1. Bundestags errangen Frauen nur 29 Plätze: 7,1 Prozent. In Bayern war wieder einmal alles am schlimmsten. Der »Beratende Bayrische Landesausschuß« hatte 1946 128 Mitglieder, darunter 4 Frauen – ein Anteil von 3 Prozent. Geht man die gesellschaftliche Machtpyramide abwärts, so erhöht sich der Anteil der Frauen in den Parlamenten zwar, aber er erreicht nicht annähernd den Anteil der Frauen in der Gesellschaft. In der ersten gewählten Volkskammer der DDR betrug der Frauenanteil dagegen schon 23,8 Prozent.

1946 stellten Frauen nur 20 % der Mitglieder der CDU in der britischen Zone. Im gleichen Jahr sah es in den Gewerkschaften nicht anders aus: »Die Berliner Gewerkschaften haben 300 000 Mitglieder, davon 75 000 = 25 % Frauen. Der Anteil der weiblichen Delegierten am Groß-Berliner Gewerkschaftskongreß mit 71 von 600 Delegierten sinkt um 13 % unter den Anteil der Frauen an der Gesamtmitgliedschaft. Im neunköpfigen Vorstand ist keine Frau vertreten.«[14]

Die Beteiligung von Frauen an politischen Prozessen entsprach nicht annähernd ihrer gesellschaftlichen Bedeutung. Über die allerdings waren sich viele Frauen bewußt.

»Nach dem bürgerlichen Recht darf die im gesetzlichen Güterstand lebende Frau auch ihr eingebrachtes Gut nicht verwalten; aber ein Fünftel aller Einzelhandels- und ein Viertel aller Handwerksbetriebe werden heute von Frauen geleitet.

Die Frau Kultusminister, die das gesamte Schulwesen eines Landes leitet, darf nach dem BGB nicht bestimmen, in welche Schule ihre Tochter geht. Das hat vielmehr allein der Ehemann zu entscheiden.

Die Direktorin bei der Bank deutscher Länder, die über Millionenbeträge verfügt, kann, wenn sie im gesetzlichen Güterstand lebt, ohne ehemännliche Zustimmung kein Bankkonto eröffnen.«[15]

Diese Beispiele für die Rechtssituation der Frau noch im Jahr 1952 treffen selbstverständlich auch für die Phase zwischen 1945 und 1949 zu. Denn auch zu dieser Zeit galt das Bürgerliche Gesetzbuch von 1900, weil die Besatzungsmächte dessen Gültigkeit nicht aufhoben. So blieben die die Frauen diskriminierenden Gesetze in

Elisabeth Selbert (oben) und Friederike Nadig, SPD-Abgeordnete im Bonner Parlamentarischen Rat, brachten den (von CDU/CSU abgelehnten) Antrag »Männer und Frauen sind gleichberechtigt« ein.

Kraft. Das führte im Alltag oft zu absurden Situationen. Frauen, deren Männer verschollen oder in Kriegsgefangenschaft waren, kamen nicht an die Familienbankkonten heran. Vielfach übernahmen Frauen die Rolle des Familienvorstands und wurden durch die Verhältnisse vor Aufgaben gestellt, die das Gesetz nur Männern zugeschrieben hatte. Die Rechtssituation deckte sich nicht mit der gesellschaftlichen Praxis. Nun führte diese Tatsache noch nicht zu einer Veränderung der Rechtssituation. Dazu bedurfte es auch der Veränderung des Bewußtseins der Betroffenen und deren aktiven politischen Handelns. Beides kann für die Jahre 1945–49 in der notwendigen Breite nicht ausgemacht werden. Wenn sich trotzdem mit der Verabschiedung des Grundgesetzes die rechtliche Situation für Frauen grundsätzlich änderte, so lag das an dem »emotionalen Potential«,[16] das sich bei den Frauen – und auch bei einigen Männern – herausgebildet hatte; die Kluft zwischen der gesellschaftlichen Praxis und der juristischen Rollenzuteilung war deutlich spürbar. Mit diesem »emotionalen Potential« hatten diejenigen zu rechnen, die sich im September 1948 an die Ausarbeitung neuer Grundrechte für die entstehende Bundesrepublik Deutschland machten.

»Gerade die vergangenen Jahre haben wohl jedem Mann, einschließlich der Junggesellen, vor Augen geführt, daß die Aufgaben der Frau fast noch schwerer – auch physisch schwerer – sind als die des Mannes. Die meisten deutschen Frauen sind jetzt schon seit Jahren berufstätig, ebenso die Männer, aber sie haben zusätzlich zu den Aufgaben der Männer noch die Aufgaben des Haushalts und der Kindererziehung. Viele deutsche Männer haben erst in diesen Jahren erfahren, was Haushaltsarbeit bedeutet, besonders wenn sie gezwungen waren, an dieser Haushaltsarbeit mitzuwirken. Infolgedessen dürfte es gar keinen Zweifel – abgesehen von einigen Hinterwäldlern – auch unter Junggesellen darüber geben, daß wir die Gleichberechtigung der Frau in jeder Beziehung, nicht nur bei den staatsbürgerlichen Rechten und Pflichten anerkennen.«[17]

Diese Äußerung des CDU-Abgeordneten Dr. Walter Strauß, den Theodor Heuss in der Debatte des Parlamentarischen Rats deshalb als »Kavalier« lobt, belegt, daß selbst konservativste Kreise dieses »emotionale Potential« spürten.

Die von September 1948 bis Januar 1949 währende Diskussion um die Gleichberechtigung von Frau und Mann fand wie keine andere Frage im Parlamentarischen Rat unter großer Anteilnahme der Öffentlichkeit statt. Auch das dürfte an den materiellen Folgen dieser Frage liegen.

Die SPD-Abgeordnete Friedrike Nadig verteidigte in der 6. Sitzung des Grundsatzausschusses den Antrag ihrer Fraktion, der von den Kommunisten unterstützt wurde, die Lohngleichheit sogar im Grundgesetz ausdrücklich zu fixieren, mit den direkten materiellen Auswirkungen für die arbeitenden Frauen: »Ich könnte mir

aber denken, daß durch die Verankerung des gleichen Lohnanspruchs für Männer und Frauen doch der augenblicklichen Situation gewissermaßen Rechnung getragen wird. Wir haben das Gros der Frauen, die auf den Gebieten nicht zu ihrem Recht kommen, und eine solche Festlegung in der Verfassung könnte eine wirklich grundsätzliche Änderung bedeuten.«[18]

Da sich die bürgerlichen Parteien hierauf weder direkt noch indirekt einlassen wollten, dies aber auch wegen der öffentlichen Stimmung nicht offen zeigen konnten, versuchten sie Schlupflöcher in den zu verabschiedenden Paragraphen einzubauen. Von diesen Versuchen schien die Debatte bestimmt. Dabei ergab sich das Bild einer Diskussion, in der angeblich alle dasselbe wollen, aber nur anders formulieren – und die Gegner einer eindeutigen Festlegung der Gleichberechtigung der Frauen sogar noch das Beste für diese.

Keiner der Befürworter – auch nicht die beiden Sozialdemokratinnen – stellte dabei die überkommene Rolle der Frau und die gesellschaftliche Rollenverteilung in Frage. Alle Parlamentarier gingen von statischen »natürlichen« Eigenarten von Männern und Frauen aus. Sogar die selbstbewußteste der vier Parlamentarierinnen, Dr. Elisabeth Selbert, deren Engagement es zu verdanken ist, daß die Sozialdemokraten bei ihrer eindeutigen Haltung in dieser Frage blieben, verstand sich nicht als Frauenrechtlerin; sie war »vielmehr der Meinung, daß auch die Mitarbeit der Frau im Politischen nur unter Einsatz ihrer besonderen Eigenart erfolgen soll.«[19] In der Diskussion gingen die bürgerlichen Parlamentarier sehr geschickt vor. Sie argumentierten mit der »Ungleichheit« der Geschlechter, sie konstruierten eine besondere Schutzwürdigkeit der Frau vor den Unbillen des Lebens über die speziellen Gesetze des Mutter- und Arbeitsschutzes hinaus. Sogar die entmündigenden Bestimmungen des BGB sollten die Frauen angeblich schützen. Mit der Annahme der Gleichberechtigungsformel, wie sie SPD und KPD unterstützten, würden viele Gesetze nach Meinung der rechten Parlamentarier auf einmal ungültig und ein chaotischer rechtloser Zustand entstehen. Im Verlauf der Diskussion gelang es ihnen, auch Vertreter einer eindeutigen Festlegung der Gleichberechtigung zu verunsichern. Im letzten Stadium spitzte sich die Debatte auf folgende alternative Formulierungen zu:

»(1) Alle Menschen sind vor dem Gesetz gleich.

Das Gesetz muß Gleiches gleich, kann Verschiedenes nach seiner Eigenart behandeln. Jedoch dürfen die Grundrechte nicht angetastet werden.

(2) Männer und Frauen haben dieselben staatsbürgerlichen Rechte und Pflichten.

(3) Niemand darf seines Geschlechts ... wegen benachteiligt oder bevorzugt werden.«

oder, wie SPD und KPD wollten:

»(1) Alle Menschen sind vor dem Gesetz gleich.

(2) Männer und Frauen sind gleichberechtigt.

(3) Niemand darf wegen seines Geschlechts ... benachteiligt oder bevorzugt werden.«

Daß gegen die schwammige Formulierung von CDU/CSU, FDP, Zentrum und DP die eindeutige und nicht nur die Rechtsauslegung, sondern *auch die Gesetzgebung bindende* Aussage »Männer und Frauen sind gleichberechtigt« stand, lag an Haltung und Initiative der Juristin Dr. Elisabeth Selbert. Sie war es vor allem auch, die die Öffentlichkeit informierte, wodurch ein öffentlicher Druck auf die Mehrheit entstand. Petitionen und Briefe bestürmten den Parlamentarischen Rat, Resolutionen gingen ein – so von allen weiblichen Abgeordneten der westzonalen Landtage, mit Ausnahme Bayerns. Der eigentliche Druck ging allerdings vom bewußten und aktiveren Teil der Frauen aus, von Gewerkschafterinnen, Journalistinnen, Vertreterinnen der Frauenverbände. Die Mehrheit blieb passiv. Eine im Jahr 1949 durchgeführte Umfrage von Elisabeth Noelle konstatierte eine desinteressierte, weitgehend konservativ eingestellte weibliche Mehrheit.[20]

Trotzdem ist es das »Quasi-Stürmlein« (Theodor Heuss) der Frauenreaktion, das in der 42. Sitzung des Hauptausschusses des Parlamentarischen Rats die bürgerlichen Parteien zur Aufgabe ihrer Formulierung zwingt und die von SPD und KPD vorgeschlagene Fassung ins Grundgesetz festschreibt. Im Protokoll wird sogar ausdrücklich festgehalten: »Ich kann wohl hier als allgemeine Auffassung des Hauptausschusses feststellen, daß der Satz von der Gleichberechtigung für Mann und Frau beinhaltet, daß Mann und Frau bei gleicher Arbeit gleichen Lohn bekommen. (Zustimmung) Es ist keine Stimme dagegen.«[21]

In einem Zusatzartikel wurde festgelegt, daß alle diesem Paragraphen entgegenstehenden Gesetze bis 31.3.1953 anzugleichen seien.

Diese Frist ließ der erste deutsche Bundestag verstreichen. Erst auf massiven Druck hin wurde 1958 das Ehe- und Familienrecht im BGB verändert und ein Gleichberechtigungsgesetz verabschiedet, das diesen Namen aber nicht verdiente. So wurde erst durch Verfassungsgerichtsbeschluß im Jahre 1959 der Paragraph für ungültig erklärt, der dem Mann in strittigen Fragen des Ehe- und Familienlebens weiterhin die Entscheidung zusprach. Der Weltanschauung der regierenden CDU/CSU und DP und ihrer Gesetze nach blieb 1958 der Mann der »Erhalter und Ernährer«, die Frau »das Herz der Familie«. Ihrer Berufstätigkeit mußte der Mann zustimmen, während materielle Gründe sie zum Mitverdienst verpflichten konnten. Auf den naheliegenden Gedanken, gleichberechtigt dem Mann Mitarbeit im Haushalt per Gesetz aufzuerlegen, kam Konrad Adenauer nicht.

1 Verschiedene: Die Frau in unserer Zeit, Oldenburg 1954, hier: Dr. Edith Oppens, Ruhelose Welt, S. 38
2 siehe hierzu: Kuhn, A. (Hrsg.), Frauen in der deutschen Nachkriegszeit, Düsseldorf 1984, hier: Hausarbeit als Überlebensarbeit. Krisenbewältigung auf Kosten der Frauen, S. 32ff
3 näheres hierzu im Beitrag »Vor dem großen Fressen« der Autorin in diesem Band
4 Kuhn, A. (Hrsg.), Frauen in der deutschen Nachkriegszeit, a.a.O. S. 36
5 Thurnwald, Hilde, Gegenwartsprobleme Berliner Frauen. Eine soziologische Untersuchung an 498 Berliner Familien, Berlin 1948, S. 85f. zitiert nach ebenda S. 167
6 Zahlen nach: Schmidt-Harzbach, Ingrid. Serie Nachkrieg. In: Courage Heft 7/1982, S. 49
7 zitiert nach: Kuhn, A. (Hrsg.), Frauen in der deutschen Nachkriegszeit, a.a.O., S. 79
8 zitiert nach: Freier/Kuhn (Hrsg.), Frauen in der Geschichte V, Düsseldorf 1984, S. 203
9 so formuliert in der Zeitung »Freiheit« vom 24.10.1947, zitiert nach ebenda, S. 212
10 Kuhn, A. (Hrsg.), Frauen in der deutschen Nachkriegszeit, a.a.O., S. 96
11 Frauen in der Politik. In: Deutschland-Jahrbuch 1949. Hrsg. von Klaus Mehnert und Dr. H. Schmidt, zitiert nach Frauenalltag und Frauenbewegung, Bd. IV, Frankfurt/M. 1980, S. 171
12 Autorenkollektiv. Die Frau und die Gesellschaft, Leipzig 1974, S. 161
13 Deutscher Frauenring (Hrsg.), Gesellschaftspolitische Frauenarbeit in Deutschland, Opladen 1970, S. 9ff
14 zitiert nach: Frauenalltag und Frauenbewegung. Bd. IV, a.a.O., S. 39
15 Krüger, Hildegard, Gedanken zur Familienrechtsreform, in »Hochland« 1952, zitiert nach ebenda, S. 125
16 Diese Qualifizierung gebraucht Antje Späth in ihrem Beitrag »Vielfältige Forderungen nach Gleichberechtigung und nur ein Ergebnis: Artikel 3 Absatz 2 GG«. In: Freier/Kuhn (Hrsg.), Frauen in der Geschichte V, a.a.O., S. 141
17 Marianne Feuersenger, Die garantierte Gleichberechtigung, Freiburg 1980, S. 38
18 zitiert nach Freier/Kuhn (Hrsg.), Frauen in der Geschichte V, a.a.O., S. 130
19 zitiert nach ebenda. S. 157f
20 Jahrbuch der öffentlichen Meinung. 1947–1955, hrsg. von Elisabeth Noelle und Erich Peter Neumann, Allensbach 1956, S. 159, zitiert nach ebenda S. 151
21 zitiert nach: Marianne Feuersenger, Die garantierte Gleichberechtigung, a.a.O., S. 46

Hans Mahle berichtet:

10 Tage im Mai

Erfragt, protokolliert und bearbeitet von Jens Theo Müller

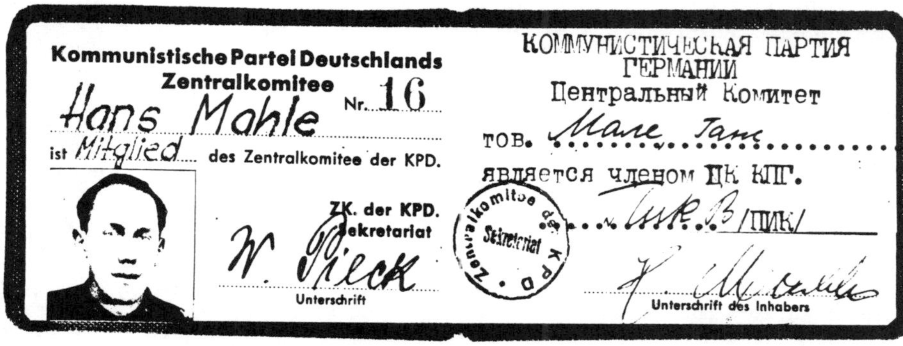
Kommunistische Partei Deutschlands
Zentralkomitee Nr. 16
Hans Mahle
ist Mitglied des Zentralkomitee der KPD.
ZK. der KPD. Sekretariat
W. Pieck
Unterschrift

КОММУНИСТИЧЕСКАЯ ПАРТИЯ
ГЕРМАНИИ
Центральный Комитет
тов. Мале Ганс
является членом ЦК КПГ.
Zentralkomitee der KPD Sekretariat
Unterschrift des Inhabers

»Am frühen Morgen des 2. Mai 1945 verlassen die Genossen der von Walter Ulbricht geführten Initiativgruppe des Zentralkomitees der KPD ihr Quartier in Bruchmühle. Über Atlandsberg erreichen sie Berlin. Sie fahren durch die zerschossene und zerbombte Frankfurter Allee. Doch weit kommen sie nicht. Die Straßendecke über dem U-Bahn-Schacht ist aufgerissen. Sie biegen links ab in der Hoffnung, über Jannowitzbrücke, Spittelmarkt und Potsdamer Platz einen Weg zu finden. Schließlich gelangen sie an die Spree. Aber keine der Brücken ist passierbar. Aus dem Roten Rathaus quillt dicker Rauch. Auf dem Bürgersteig der Oranienburger Straße liegen Leichen, Opfer des letzten Ausbruchsversuch einer SS-Einheit, deren ausgebrannte Panzer teilweise die Friedrichstraße und die Weidendammbrücke versperren. Inmitten der Leichen liegt ein Pferdekadaver, aus dem sich hungernde Menschen Fleisch herausschneiden.
Berlin ist eine rauchende Trümmerwüste. Noch leben oder vegetieren über zwei Millionen Menschen in zerbombten Wohnungen, in Kellern, Ruinen und Bunkern. Sie sind ohne Strom und Gas, ohne Trinkwasser und auch ohne Lebensmittel. Als sich die sowjetischen Truppen der deutschen Hauptstadt näherten, vernichteten die Nazis alle Unterlagen für die Lebensmittelversorgung samt der Einwohnerkartei. Der Magistrat und die Bezirksverwaltungen hörten auf zu existieren. ...Es scheint, als haben Ratlosigkeit, Depression, Hoffnungslosigkeit und Apathie die Menschen in ihren Bann geschlagen. In dieser Situation beginnen die Beauftragten des Zentralkomitees der KPD mit der Arbeit.«

(aus: Geschichte 10, Schulbuch der DDR, Hrsg.: Dt. Institut für Zeitgeschichte, Verlag Volk und Wissen, Berlin 1971)

Aus dem Bericht eines sowjetischen Kriegskorrespondenten vom 2. Mai 1945:

»Ja, Berlin ist furchtbar verwüstet: Kein Transportwesen, kein Telefon, fast kein Wasser, Hunger, überall Ruinen, ganze Stadtviertel sind unpassierbar durch Trümmer, Barrikaden, Überreste von zerschlagenen Wagen usw. Die Bevölkerung ist dem Tode durch Hunger, Durst und Seuchen geweiht, falls wir nicht sofort und drastisch eingreifen und die Berliner nicht selbst den notwendigen Lebenswillen und die Energie beweisen.«

(zitiert nach: Wir sind die Kraft. Der Weg zur Deutschen Demokratischen Republik. Erinnerungen, Berlin 1959, S. 97)

Am 2. Mai 1945 kam ich mit der sogenannten »Gruppe Ulbricht« in das zerstörte Berlin. Genau genommen hieß diese Gruppe »Initiativgruppe von Beauftragten des Zentralkomitees der KPD unter der Leitung Walter Ulbrichts«. Eine Gruppe also, die von der Kommunistischen Partei eingesetzt wurde. Sie war 10 Mann stark. Aufgabe der Gruppe war es zum einen, die elementaren Grundbedingungen für das Überleben der Menschen in Berlin zu schaffen und zum anderen erste Schritte bei der Organisierung einer neuen, einer antifaschistischen-demokratischen Verwaltung zu vollziehen. Die Kommunisten waren die einzigen, die eine klare Konzeption für den Wiederaufbau, für die Schaffung einer antifaschistisch-demokratischen Ordnung hatten. Zunächst mußten in den Bezirken neue Bezirksämter geschaffen werden, provisorisch erst einmal, und Dezernenten für die verschiedenen Belange, für Gesundheit, Ernährung, Arbeit usw. Das konnten natürlich nicht die sowjetischen Truppen machen, sondern das war eine Aufgabe, die von Deutschen gelöst werden mußte. Die Gruppe hatte ihr Domizil in Lichtenberg in der Nähe der sowjetischen Stadtkommandantur in der heutigen Einbecker Straße, und dort haben wir uns jeden zweiten Abend getroffen, unsere Erfahrungen ausgetauscht und die anstehenden Aufgaben verteilt.
Für die Zeit vom 2. Mai bis zum 10. Mai wurde ich der Bezirkskommandantur Tiergarten zugeteilt, dann bekam ich eine Sonderaufgabe, d.h. ich mußte einige wichtige Leute auffinden, und danach wurde ich mit dem Aufbau des Berliner Rundfunks beauftragt.
Die Sowjetarmee hatte ja bekanntlich schon kurz nach dem 20. April bestimmte Außenbezirke Berlins eingenommen. Der Kampf spitzte sich dann immer mehr auf das Zentrum zu, das Gebiet, das zwischen Brandenburger Tor und Alex, Reichstag und Siegessäule lag. In bestimmten Bezirken, Reinickendorf, Wedding, Neukölln etwa, konnte man schon viel eher daran gehen, erste Maßnahmen zu ergreifen. Da gab es schon Bezirkskommandanturen. Das war in Tiergarten anders. Tiergarten war der letzte Bezirk Berlins, in dem die Naziarmee Widerstand leistete, um den Reichstag herum, auf der Charlottenburger Chaussee, die der letzte Flugplatz der Nazi-Truppen war. Dort war schwere Artillerie postiert. Auch in Teilen von Moabit wurde noch gekämpft, das noch teilweise in der Hand von Nazi-Truppen war. Selbst am 2. Mai, als die Berliner Garnison kapitulierte, wurde in Moabit noch weitergekämpft. Das hing damit zusammen, daß dort die SS-Truppen zusammengezogen waren und versuchten, einen Durchbruch nach Westen zu machen...

Die letzten Widerstandsnester waren die Hochbunker am Zoo zum Beispiel, wo heute schon der Tiergarten liegt. Dort wurde noch heftig gekämpft. Um den S-Bahnhof Tiergarten waren noch erbitterte Kämpfe im Gange. Wir sind dann am 2. Mai als erster Vortrupp zur Bildung einer provisorischen Bezirkskommandantur in Tiergarten über Alt-Moabit eingerückt. Wir hatten zwei Flakgeschütze, ein paar Panzerwagen, Lastwagen mit Maschinengewehren drauf und waren so etwa 25–30 Mann, sowjetische Soldaten und ich. Mehr nicht. Wir wurden zunächst in Alt-Moabit beschossen. Aus zahlreichen Häusern wurde noch geschossen, wurden geballte Ladungen geworfen und so weiter. Das war Werwolf, das waren versprengte SS Truppen, das waren auch verängstigte Wehrmachtsangehörige, die glaubten, sie würden nun einen Kopf kürzer gemacht. Unter diesen Bedingungen haben wir in Alt-Moabit 81 die erste Kommandantur aufgemacht. Die erste Nacht war mehr als stürmisch. Es war stockfinster, und es wurden verschiedene Versuche gemacht, die Kommandantur zu überrennen.
Am nächsten Tag war es dann meine Aufgabe, erste Maßnahmen einzuleiten, um den Menschen im Bezirk Tiergarten das Überleben zu ermöglichen. Das war die erste Aufgabe, und gleichzeitig natürlich Ausschau zu halten nach antifaschistischen Kräften, nach Hitlergegnern, die man für die praktische Arbeit einsetzen konnte. Aber zuerst war es nötig, nachdem wir diese erste Nacht überstanden hatten, verschiedene Geschäfte aufzusuchen, Fleischer und Bäcker zu veranlassen, die Läden zu öffnen, damit überhaupt die Bevölkerung das Elementare kaufen konnte.
Es wurde immer noch geschossen, aber wir mußten auf die Straße. Damals saßen die Kugeln sehr locker. Das wußten wir ja. Das war während des ganzen Krieges so, darüber hat man sich keine großen Gedanken gemacht. Auf mich haben sie noch am Morgen des 8. Mai im Kleinen Tiergarten geschossen, aus den Ruinen heraus. Aber das war in der Zeit des ganzen Krieges so. Es war vielleicht etwas komplizierter als in den anderen Bezirken, wo keine Gegenkräfte mehr aktiv waren, und wir bekamen dann Verstärkung. Man hatte wohl gesehen, mit den 25 Mann in Tiergarten, das geht nicht gut, und hat uns dann noch 250 Mann geschickt.
Zuerst mußte also die Ernährung sichergestellt werden. Das ist uns auch ziemlich rasch gelungen. Es gab nur die ersten Tage Schwierigkeiten, da ist die Sowjetarmee mit Gulaschkanonen überall aufgefahren und hat von Lastern Brot an die Bevölkerung verteilt. Aber das konnte nur eine kurze Übergangsperiode sein. Es mußte ja alles in geordnete Bahnen gelenkt werden. Der Bezirk Tiergarten hatte hier eine große Bedeutung, weil hier die großen Lager von Bolle waren, in denen riesige Mengen von Lebensmitteln lagerten. Butter, Zucker, Mehl und andere Dinge, Erbsen, Sago usw. Dort wurde geplündert, wie man es sich gar nicht vorstellen kann. Dort holte sich jeder, was er wollte. Die Butterfässer wurden mit den Füßen durch die Straßen gerollt von Leuten, die dort alles herausholten. Den Plünderungen wurde Einhalt geboten, indem dort sowjetische Soldaten eingesetzt wurden. Anders war das ja gar nicht möglich, das hatte Bedeutung für ganz Berlin. Ich hätte mich da dreimal hinstellen können, und sie hätten mich entweder ausgelacht oder über den Haufen geschossen. Waffen lagen ja genug auf den Straßen herum. Für Tiergarten selbst war die Öffnung der Geschäfte wichtig, die vielfach noch Vorräte hatten. Ich erinnere mich noch daran, daß Bäcker, die sich zuerst weigerten, weil sie sagten, sie hätten kein Mehl, nach einer kurzen Aussprache dann alles hatten.
Es ist der große Verdienst der Sowjetarmee, daß die Berliner nicht verhungert sind und an die Arbeit gehen

Berlin in den letzten Kriegstagen

konnten, um neue Verhältnisse aufzubauen in dieser Stadt. Die Grundlage dafür war die Ernährung. Nach wenigen Tagen kam Mikojan aus Moskau, der stellvertretende Vorsitzende des Ministerrates, und hat die Sicherstellung der Ernährung der Berliner mit den deutschen Stellen, unseren Gruppen des ZK, besprochen und garantiert, daß auch die Lebensmittel da waren. Und das hat geklappt.
Die Seuchengefahr war sehr groß. Anfang Mai gab es eine Wärmewelle, die dafür sorgte, daß die zu Hunderten auf den Straßen, in den Häusern, vor allem auch in der Untersuchungshaft Moabit liegenden Leichen und Pferdekadaver einen pestartigen Geruch verbreiteten, und diese Gefahr mußte beseitigt werden. Die Pferdekadaver wurden verbrannt und die Toten provisorisch bestattet. Bei uns in einem Massengrab im Kleinen Tiergarten. Das wurde nach 3 Monaten wieder geöffnet und die Toten auf die Friedhöfe verteilt. Aber zunächst mußte alles von der Straße, sonst drohte ja eine Epidemie. Es wurde ein riesiges Massengrab im Kleinen Tiergarten ausgehoben, und dort wurde Freund und Feind bestattet. Darunter waren Sowjetsoldaten, deutsche Soldaten, Zivilleute, Angehörige der SS. Die Möglichkeit, auf antifaschistische Kräfte zurückzugreifen, war zu dieser Zeit noch sehr schwierig. Und so geschah es, daß ich den Generalarzt Professor *Gohrbandt*, der am

damaligen Moabiter Krankenhaus als Chef der Chirurgie tätig war, daß ich diesen gerade kapitulierten Militärarzt zum Dezernenten für das Gesundheitswesen im Bezirk Tiergarten ernannte. Natürlich war er in der Nazipartei gewesen. Der Mann hatte Oberst Rudel wieder zusammengeflickt und war gut Freund mit Axmann von der Hitlerjugend gewesen. Aber er war der Mann, der dafür gesorgt hat, daß die Leichen von den Straßen kamen. Das hat Gohrbandt organisiert. Zum Teil auch mit angefaßt. Es gab ja keine Autos, das mußte alles auf Krankenhausbahren geschehen oder auf Handkarren. Er hat auch das Massengrab ausheben und die Untersuchungshaftanstalt von Leichen und Kadavern frei machen lassen. Gohrbandt hat in der ersten Zeit durchaus positive Arbeit geleistet, aus welchen Motiven heraus auch immer. Angst hatten sie. Gohrbandt hat offensichtlich geglaubt, er würde jetzt nach Sibirien geschickt. Er rannte rum mit seinen roten Biesen an der Hose, darüber einen weißen Arztkittel. Wir haben natürlich gesagt: »Wenn Sie anständig arbeiten, werden wir das zu würdigen wissen.« Und daß es seine verdammte Pflicht und Schuldigkeit sei, jetzt mitzuhelfen, daß aus diesem Chaos wieder etwas würde, nachdem er mitgeholfen hatte, daß bis 5 Minuten nach 12 alles in Schutt und Asche gelegt worden war. Trotzdem war er schon wieder ein richtiger deutscher Bürokrat. Am 10. Mai fahre ich durch die Invalidenstraße über eine Brücke, und da lag dort noch immer ein Sowjetsoldat, halb verwest, da lagen zwei Angehörige der Wehrmacht, ein Zivilist und ein Pferdekadaver. Ich hab Gohrbandt dann sofort zur Rede gestellt, und er meinte: »Das gehört nicht mehr zu uns, das gehört zum Bezirk Mitte.« So war er. Aber er hat dann auch noch diese Kadaver beseitigen lassen.
Am 4. Mai habe ich ein selbstgeschriebenes Plakat an die Tür des ramponierten Tiergartener Rathauses gehängt – das Rathaus war zum Teil nach schweren Bombentreffern eingefallen – und habe mitgeteilt, daß am 8. Mai die Arbeit des Bezirksamtes wieder aufgenommen wird und alle Beschäftigten sich zur Arbeit einzufinden hätten. Nun muß man sich vorstellen, daß in diesem Rathaus ein Chaos herrschte. Alles, was nicht niet- und nagelfest war, war gestohlen worden. Mit Müh und Not hatte ich 20 oder 25 Schreibmaschinen sicherstellen können, um überhaupt die Grundlagen für erste schriftliche Arbeiten zu schaffen. Weit über die Hälfte der Mitarbeiter haben sich am 8. Mai eingefunden, und das Bezirksamt konnte wieder in Betrieb genommen werden. Ohne diese Menschen, die ja doch die Situation kannten und die Probleme im Bezirk, wäre es gar nicht möglich gewesen, in so kurzer Zeit das Leben wieder in Gang zu setzen. Auch wenn gerade in der Verwaltung natürlich nicht viele politisch einwandfrei waren – diese Leute brauchten wir. Das, was wir zunächst machen konnten, haben wir getan, nämlich das Rathaus unter eine antifaschistische Führung gestellt. Deshalb setzte ich am 8. Mai einen Bürgermeister ein, einen provisorischen Bürgermeister, der aus dem Zuchthaus gekommen war, einen Antifaschisten. Später ist dieser Bürgermeister dann, als entsprechend dem Abkommen von Jalta die Engländer Tiergarten übernahmen, von den Engländern abgesetzt worden, und er hat sogar drei Monate im Gefängnis gesessen. Dann ist er in die britische Zone abgeschoben worden, nach Westdeutschland.
Das politische Programm der KPD in den ersten Tagen hat sich vor allem darin ausgedrückt, daß wir antifaschistische Kräfte gesucht haben, die aus den KZs, den Zuchthäusern oder aus dem Untergrund kamen. Wir konnten natürlich nicht alles nachprüfen damals. Viele kamen mit Papieren, die besagten, daß sie da und dort gesessen hatten, und das mußten wir zunächst für bare Münze nehmen. Nicht alle waren Antifaschisten, manche hatten sich nur entsprechende Papiere besorgt, sind damit zunächst einmal fremdgegangen und haben geglaubt, sie könnten in diesem Durcheinander leicht zu Positionen kommen. Das gab es auch.
Die Untersuchungshaftanstalt Moabit war halb zerstört. Dort waren keine Gefangenen mehr. Kriminelle und Politische, alle hatten das Weite gesucht. Dort lagen nur etwa 150 Tote, die erschossen worden waren. Unter welchen Bedingungen, weiß man nicht. Möglicherweise in Kämpfen oder aus dem Hinterhalt. Größtenteils wahrscheinlich Häftlinge. Es gab unter ihnen einige Soldaten, die vielleicht auch Häftlinge gewesen waren. Fest steht, daß in den Tagen um den 1. Mai herum die SS sich abgesetzt hat von der Anstalt und nur noch die Gefängnisbeamten dageblieben waren. Ich weiß von zwei Leuten, die dort inhaftiert waren, daß sie natürlich merkten, daß die SS sich verzogen hatte. Sie haben dann mit den Gefängnisbeamten gesprochen: »Na hört mal zu, was wollt ihr denn eigentlich jetzt hier noch machen. Geht man schön nach Hause, wir gehen jetzt auch nach Hause.« Und die haben das gemacht. Die haben sich verkrümelt und die Gefangenen auch. Alle hatten Angst zu der Zeit und haben das Weite gesucht. Wo auch immer.
Das Bezirksamt hat dann unter antifaschistischer Lei-

tung die Arbeit wieder aufgenommen. Direkte Anordnungen gab es nicht, nur erste Maßnahmen. Ein Wohnungsamt mußte wieder aufgemacht werden. In Moabit sind ja viele Häuser stehen geblieben. Es wurden aus anderen Bezirken Leute hierher geschickt; es mußten viel mehr Leute in die Wohnungen. Das hat Schwierigkeiten mit sich gebracht und mußte organisiert werden. Dann mußte die Lebensmittelkartenstelle wieder eröffnet werden, auch um den Schwarzmarkt zu bekämpfen. Ich erinnere mich sehr gut, daß in Alt-Moabit, aber auch anderswo viele Leute vor den Bankfilialen die zu ganzen Haufen herumliegenden alten Geldscheine aufsammelten. Ich versuchte ihnen damals einzureden, daß das Geld nichts mehr wert sei. Aber weit gefehlt, denn praktisch galten diese Geldscheine, die aus der faschistischen Zeit stammten, später noch weiter. Neben der Besatzungsmark – von den Besatzungsmächten wurde ja auch Geld herausgegeben. Aber neben diesem galt auch inoffiziell das alte Geld und bildete dann die Grundlage für den Schwarzmarkt.
Wir haben die Bevölkerung verhältnismäßig rasch zur Mitarbeit bekommen. Das hing merkwürdigerweise damit zusammen, daß die Charlottenburger Chaussee, das Stück zwischen Siegessäule und Brandenburger Tor, das heute Straße des 17. Juni heißt, freigeräumt werden sollte für eine Parade, die nie stattgefunden hat. Die Bezirkskommandantur Tiergarten bekam von der Stadtkommandantur den Auftrag, den Befehl, diese Straße für die Parade vorzubereiten, und natürlich neben dem Befehl auch die dafür nötigen technischen Voraussetzungen, vor allem die nötigen Rationen für die Arbeitskräfte. Die Parade sollte am 8. Mai stattfinden, und bis dahin haben wir die Straße geräumt mit über 5000 Bürgern, die dort eingesetzt und verpflegt wurden. Das ging so vor sich: Ich bin mit dem Jeep und einem Megaphon durch die Straßen gefahren und habe dazu aufgerufen, sich morgens früh um 6 Uhr zu melden – das Nachtausgehverbot wurde extra ab 6 Uhr aufgehoben. Ich habe gesagt, sie sollten Hacke und Spaten mitbringen, sofern sie hätten. Der Tiergarten solle gesäubert werden. Von Kriegsgerät und so weiter. Die Leute hatten nur die Aufgabe, die Krater zuzuschütten und ähnliche Dinge, während die sowjetischen Pioniere die Minen entschärften und die Munition abholten. Das konnten wir ja nicht von der Bevölkerung verlangen, und, nebenbei gesagt, es ist nichts passiert.
Die Leute haben sich gesagt, dahin gehe ich arbeiten, dann habe ich wenigstens zu essen. Genauso war das. Und gleichzeitig haben sie zu uns Zutrauen gefaßt und zu sich selbst. Denn für sein Essen zu arbeiten ist immer besser, als es geschenkt zu bekommen. Sie haben gut zu Essen, gut zu Trinken gekriegt. Es gab Sanitätszelte. Es war für alles gesorgt. Die sowjetischen Truppen hatten ihre Gulaschkanonen aufgebaut, und es gab richtiges, kräftiges Essen. Natürlich zusammengekocht, aber es hatte Hand und Fuß, das war keine Wassersuppe. Die Straße wurde auch pünktlich hergerichtet. Die Trichter wurden zugeschüttet, und es wurde sogar eine Asphaltdecke gelegt, für eine Parade ohne schwere Waffen natürlich. Es sollte eine gemeinsame Parade werden von allen vier Alliierten am 8. Mai, dem offiziellen Tag der Kapitulation. Die kam nicht zustande durch Querschüsse vor allem von seiten der Engländer, von Churchill, aber auch der Amerikaner und Franzosen. Die drei hatten am 7. Mai einen Vorvertrag mit der Dönitz-Regierung abgeschlossen, in Reims, und wollten diesen Vorvertrag zum Kapitulationsvertrag machen unter Ausschaltung der Sowjetunion. Die Sowjetunion hat das natürlich nicht zugelassen, und sie waren gezwungen, am nächsten Tag in Berlin anzutanzen und in Karlshorst die offizielle Kapitulationsurkunde zu unterzeichnen. Aber die Parade fand nicht statt. Der Stadtkommandant Bersarin meinte damals zu mir: »Genosse Mahle, nun sei nicht böse darüber, daß wir die Parade nicht abhalten, die Herrichtung der Charlottenburger Chaussee ist ja auch für die Berliner wichtig.«
Für die Kommunisten, die von ZK beauftragt waren, ging es zuerst einmal darum, die ersten Voraussetzungen für die Wiederherstellung eines geordneten Lebens, für das Überleben zu schaffen. Für das pure Überleben. Die Menschen mußten wieder Lebensmut fassen. Viele waren bis zuletzt unter dem faschistischen Einfluß gewesen und nun von panischer Angst erfaßt. Die Angst war ihnen ja auch von Hitler eingehämmert worden: »Wenn ich untergehe, dann geht das ganze deutsche Volk unter. Dann ist Schluß.« Das haben viele Menschen natürlich geglaubt, und sie waren sich nicht im klaren darüber, was jetzt passieren würde, wie man überhaupt weiterleben sollte. Es gab zu der Zeit viele Selbstmorde. Und es gab vor allem Resignation. Die Menschen packten nicht an. Das war aber die Grundvoraussetzung, überhaupt wieder zu geordneten Lebensverhältnissen zu kommen. Die Menschen mußten selbst etwas tun, um sich das Leben neu einzurichten. Die Betriebe mußten soweit wie möglich entrümpelt und wieder in Gang gebracht werden. Die Maschinen mußten freigelegt werden. Die Arbeiter mußten wieder an die Arbeit gehen. Im Bezirk Tiergarten gab es große Betriebe, LOEWE, AEG-Telefunken usw. Wir haben nicht versucht, den Menschen, die nicht wußten, wie es weitergehen sollte, nun etwa anstatt des faschistischen Gedankenguts marxistisches Gedankengut einzuhämmern. Natürlich haben wir politische Gespräche geführt, mit den Fachleuten, die bereit waren, mit uns zusammenzuarbeiten, und die nicht direkt mit den Faschisten kollaboriert hatten. Oder mit den zu uns stoßenden Antifaschisten, denn es herrschte ja keine Klarheit über die Perspektiven. Viele Leute glaubten – andere befürchteten es –, nun müsse eigentlich eine kommunistische Herrschaft errichtet werden, mit der Sowjetarmee müsse der Kommunismus eingeführt werden. Das war natürlich Quatsch, gar nicht möglich, utopisch, erstens von der Einstellung der Bevölkerung her, die ja doch im faschistischen Geist erzogen und in Angst und Schrecken versetzt worden war. Und zweitens war es nicht möglich, weil man aus einer Trümmerwüste heraus keinen Sozialismus machen kann. Der hätte sich schon von vornherein desavouiert. Die Produktionsverhältnisse lagen ja gewissermaßen in Schutt und Asche. Abgesehen davon mußten noch in Deutschland eine Reihe Maßnahmen vollzogen werden, die die bürgerliche Revolution hätte lösen müssen: Bodenreform, Schulreform usw. Das war ein Diskussionspunkt damals. Ein anderer war, daß viele, die aus den KZs und Zuchthäusern kamen, sagten: »Was soll das eigentlich? Jetzt gründen wir wieder eine KPD und eine SPD. Warum? In den Zuchthäusern haben wir zusammengefunden, jetzt laßt uns zusammen bleiben!« Anfangs war diese Meinung sehr stark verbreitet, aber damals war dafür die Zeit noch nicht reif. Denn die Masse der Mitglieder der Sozialdemokratischen Partei von vor 1933 war natürlich nicht für eine sozialistische Entwicklung. Die waren für Reformen und demokratische Entwicklungen. Und so hat es sich ja auch in der sowjetischen Besatzungszone abgespielt.
Eine andere politische Aufgabe war, ein Minimum an Zutrauen zu schaffen. Die Menschen hatten ja zu uns zunächst kein Vertrauen. Zu uns Kommunisten nicht, und zu den sowjetischen Streitkräften erst recht nicht. Wir waren Bezugspersonen, Ansprechpartner, Wegbereiter, so daß die Berliner sich nicht zuerst an die sowjetische Besatzungsmacht, sondern an Deutsche wenden konnten. Eine Position, die nicht immer leicht war. Nachdem wir zum Beispiel am 3. Mai die Verstärkung

bekommen hatten, wurden die sowjetischen Offiziere und Mannschaften in Wohnungen in der Nebenstraße der Bezirkskommandantur, der Jagowstraße, untergebracht. Die Bewohner wurden ausquartiert. War ja klar. Und in der Wohnung, in die ich kam, da sagte ich natürlich: »Sie können hier ruhig bleiben. Ich will keine Wohnung haben. Mir reicht ein Zimmer.« Da fiel denen ein Stein vom Herzen. Ich war dort groß angesehen, weil ich nicht die Wohnung beschlagnahmt hatte. Andere wurden ausquartiert. Die Besatzungsarmee hat die Wohnungen geräumt. Ich habe das nicht gemacht. Auch später nicht, als mir immer wieder Villen oder schöne Wohnungen angeboten wurden. Wie sollte ich denn gegenüber der Bevölkerung auftreten, wenn ich da als Besatzer ankam. »Das ist doch ein richtiger Russenknecht, der nimmt uns alles weg«, hätte man gesagt. Ich konnte nicht wohnen wie die sowjetischen Offiziere. Das haben manche zunächst nicht verstanden. Das war eine schwierige Situation damals. Manchen Nackenschlag habe ich deswegen einstecken müssen.

Nach dem 10. Mai war ich für einige Tage damit beschäftigt, für den Berliner Magistrat wichtige Fachkräfte zu suchen. Schon am 15. Mai gab es ja wieder einen Berliner Magistrat, der von der sowjetischen Stadtkommandantur eingesetzt worden war. Dafür brauchte man Fachkräfte; Deutsche, die bereit waren mitzuarbeiten und die sich auskannten und möglichst nicht mit den Faschisten zusammengearbeitet hatten. Diese Leute mußten natürlich ausfindig gemacht werden, denn man konnte nicht einfach aufs Einwohnermeldeamt gehen und nachsehen, wo der Mensch wohnt, sondern man mußte die Leute regelrecht aufspüren.

Während meiner Tätigkeit in Tiergarten war ich von Walter Ulbricht damit beauftragt worden, den Gefängnispfarrer von Plötzensee, Poelchau, der als Augenzeuge der Hinrichtungen von Nazigegnern wichtig war, zu suchen. Pfarrer Poelchau hatte ich damals nicht finden können; er war in Bayern. Mehr Erfolg hatte ich jedoch bei zwei anderen wichtigen Personen. Der erste war ein Ernährungsfachmann, der Dr. Hermes hieß. Der saß zitternd in einem Logenhaus in der Charlottenburger Platanenallee und wartete ängstlich darauf, daß nun mit ihm irgendetwas geschehen würde, obwohl er gar nicht in der Nazi-Partei gewesen war. Er war in dem faschistischen Versorgungsamt tätig gewesen und kannte sich aus. Solche Fachkräfte brauchten wir. Das »Nationalkomitee Freies Deutschland« hatte sich vorher genau überlegt, wer für welche Aufgabe gewonnen werden sollte. Dieser Mann ist dann im neuen Magistrat Berlins Stadtrat für Ernährung geworden. Dr. Hermes war einer der Gründer der CDU, ist dann aber später in den Westen gegangen. Aber zunächst, in den ersten Monaten, in den ersten Jahren sogar, hat er wertvolle Facharbeit geleistet. Er hat das gesamte Ernährungssystem Berlins, die gesamte Versorgung mit dem kompletten Kartensystem aufgebaut. Der Mann kannte sich aus.

Tagelang gesucht habe ich nach dem Chefarzt der Charité, der nicht aufzufinden war: nach Professor Sauerbruch. Zuerst habe ich ihn in seiner Villa in Grunewald gesucht. Die war weitgehend ausgeräumt, geplündert. Dort war er nicht. Nachbarn von ihm haben uns weitergeholfen: »Es kann sein, daß er in Wannsee ist, in einem christlichen Stift, dort hat er sich häufig aufgehalten.« Durch den Grunewald bin ich also am 11. Mai nach Wannsee gefahren, mit einem Wagen der sowjetischen Armee. Zu dem Zeitpunkt wurde im Grunewald noch auf uns geschossen; Werwolf vielleicht, man weiß es nicht. Doch wir sind heil in Wannsee angekommen und trafen Professor Sauerbruch dabei an, wie er im Garten des Stiftes mit anderen Menschen aus christlichen Kreisen Leichen bestattete. Er war natürlich erschreckt, als er mich dort im Jeep sah, mit zwei Soldaten und einer MP. Ich mußte zuerst ganz vorsichtig mit ihm sprechen. Zum Glück waren die Offiziere auf solche Situationen immer sehr gut vorbereitet. Sie sprachen deutsch und brachten gleich zu essen mit: eine schöne Seite Speck, ein paar große Kommißbrote und ein paar Flaschen Wodka, und schlußendlich saß die ganze Gesellschaft, die gerade die Gräber ausgehoben hatte, im Garten und unterhielt sich. So hat Sauerbruch dann zu mir Zutrauen gefaßt: Eigentlich wolle er nicht wieder in die Stadt, seine ganze Wohnung sei ausgeräumt, das Haus zerstört. Ich sagte, so zerstört sei es nun wieder nicht, geplündert eben. »Aber jetzt, kommen Sie, Herr Professor, setzten Sie sich zu mir in den Wagen und wir fahren zu Ihrem Haus und gucken, was los ist.« Er ist dann tatsächlich mitgekommen und meinte, als er das Haus gesehen hatte: »O Gott, da ist ja noch vieles drin, auch unersetzliche Sachen. Wie kann man das nur schützen?« Da hab ich ganz einfach zu dem Offizier gesagt: »Jetzt sind Sie am Zuge«, und nach einer Stunde standen dort Posten vor der Tür. Alles ganz unbürokratisch. Da wurden keine Befehle von oben abgewartet. Und so hat Sauerbruch zu uns Zutrauen gefaßt und ist dann Stadtrat für Gesundheit geworden. Und Sauerbruch war zu der Zeit *die* Autorität. Solche Fachkräfte mußten wir finden. Wir konnten nicht einfach jemand aus dem Gefängnis befreien und bestimmen: »Schulze, du bist nun Gesundheitsminister!« Der hätte ja nicht gewußt, was er tun sollte.

Hannelore Mayer

»Weg der alte, her der neue Staat...«

Von der Ostzone zur DDR

»Besser als gerührt sein, ist: sich rühren,
Denn kein Führer führt aus *dem* Salat!
Selber werden wir uns endlich führen:
Weg der alte, her der neue Staat!
Fort mit den Trümmern
Und was Neues hingebaut!
Um uns selber müssen wir uns selber kümmern,
Und heraus gegen uns, wer sich traut!«

21.12.48: kleines lied für die Freie Deutsche Jugend gemacht (Aufbaulied). Bin unzufrieden, daß der »neue staat« hereinkommt, ist aber nötig, damit der materielle aufbau verknüpft werden kann mit dem politischen. ignoriere jedoch bestimmt die einwände gegen die letzte strophe (»und kein Führer führt aus *dem* salat«), erhoben von der leitung...

2.1.49: bei dem aufbaulied der FDJ (Freie Deutsche Jugend) bat mich der berliner gruppenleiter, die zeile »und kein führer führt aus *dem* salat« zu überprüfen, denn hitler interessiere niemand mehr, da er olle kamellen sei (aber olle kamellen verwandeln sich, wenn unbeobachtet, leicht in olle lorbeern), und dann gebe es eine führung durch die partei. ich kann aber nicht entsprechen, die strophe ist auf das motiv des sich-selbst-führens aufgebaut, und das ganze lied dazu...
(Bertolt Brecht, Arbeitsjournal)

»Wir erklären, daß auch wir uns schuldig fühlen« KPD, SPD und die Einheit der Arbeiterklasse

Nicht minder zerstört als die Städte waren 1945 die Strukturen eines demokratisch-politischen Lebens in Deutschland – oppositionelle Parteien seit zwölf Jahren verboten, Tausende Regimegegner verhaftet und ermordet, in der Illegalität aufgebaute Verbindungen durch Verfolgung und Krieg unterbrochen. Was aber am schwersten wog: Große Teile der Bevölkerung begriffen die Zerschlagung der Naziherrschaft als Niederlage und nicht als Befreiung. Die »Katastrophe unvorstellbaren Ausmaßes«, die »über Deutschland hereingebrochen war«, ging nicht nur auf das Konto der faschistischen Führer, der Großbanken, Konzerne, der Militaristen. Mitschuldig waren »alle jene deutschen Männer und Frauen, die willenlos und widerstandslos zusahen, wie Hitler die Macht an sich riß, wie er alle demokratischen Organisationen, vor allem die Arbeiterorganisationen, zerschlug...«, schrieb das Zentralkomitee der KPD in seinem Gründungsaufruf. Und: »Wir deutschen Kommunisten erklären, daß auch wir uns schuldig fühlen, indem wir es trotz der Blutopfer unserer besten Kämpfer nicht vermocht haben, die antifaschistische Einheit der Arbeiter, Bauern und Intelligenz entgegen allen Widersachern zu schmieden.«[1]
Wie den Sozialismus errichten in einem Land, in dem die Mehrheit der Bevölkerung »das elementare Gefühl für Anstand und Gerechtigkeit verloren«, die Ideologie der Nazis »den Organismus des Volkes verseucht« hatte? In einem Land, das in Schutt und Asche lag, dessen Jugend faschistisch erzogen war und dessen Überlebende darum kämpften, sich und die Familie durchzubringen, wiederzufinden, neu zu beginnen.

Die Gründung der KPD

Am 30. April 1945, während die Rote Armee noch um Berlin kämpfte, landete eine sowjetische Militärmaschine aus Moskau nahe Frankfurt/Oder. Mit ihr kehrte die Führungsgruppe des Nationalkomitees Freies Deutschland aus dem Exil zurück. Diese »Gruppe Ulbricht«, später auch »Initiativgruppe der KPD« genannt, sollte vom Sitz des Marschall Schukows aus die Bezirksverwaltung

Berlins nach dem Sieg der sowjetischen Truppen wieder aufbauen und die politischen Voraussetzungen für den Neubeginn gemeinsam mit der Besatzungsmacht schaffen. Eine zweite Initiativgruppe, die sogenannte »Gruppe Sobottka«, ging mit diesem Auftrag nach Mecklenburg-Pommern, eine dritte, die »Gruppe Ackermann«, wurde nach Sachsen gesandt. Walter Ulbricht und seine Genossen wurden bei ihrer Ankunft in Deutschland als »Mitglieder der zukünftigen deutschen Regierung« vom sowjetischen Kommandanten begrüßt und in den folgenden Wochen und Monaten wie keine andere der bald in der Ostzone zugelassenen Parteien von der Militäradministration unterstützt.

Am 11. Juni 1945, einen Tag, nachdem die Sowjetische Militäradministration SMAD die Bildung antifaschistischer Parteien in ihrer Besatzungszone genehmigt hatte, formulierte die KPD in ihrem bereits zitierten Gründungsaufruf folgende Einschätzung der politischen Situation Deutschlands:

»Mit der Vernichtung des Hitlerismus gilt es, ... die Sache der Demokratisierung Deutschlands, die Sache der bürgerlich – demokratischen Umbildung, die 1848 begonnen wurde, zu Ende zu führen, die feudalen Überreste völlig zu beseitigen und den reaktionären altpreußischen Militarismus mit allen seinen ökonomischen und politischen Ablegern völlig zu vernichten. Wir sind der Auffassung, daß der Weg, Deutschland das Sowjetsystem aufzuzwingen, falsch wäre, denn dieser Weg entspricht nicht den gegenwärtigen Entwicklungsbedingungen in Deutschland. Wir sind vielmehr der Auffassung, daß die entscheidenden Interessen des deutschen Volkes in der gegenwärtigen Lage für Deutschland einen anderen Weg vorschreiben, und zwar den Weg der Aufrichtung eines antifaschistischen, demokratischen Regimes, eines parlamentarisch-demokratischen Regimes, einer parlamentarisch-demokratischen Republik mit allen demokratischen Rechten und Freiheiten für das Volk.«[2]

Und in der Tat war es völlig undenkbar, unmittelbar nach dem Ende der faschistischen Herrschaft den Sozialismus zu errichten, obwohl genau das viele Mitglieder von KPD und SPD erwarteten. Die SPD der sowjetisch besetzten Zone setzte sich mit ihrem Gründungsaufruf für ähnliche Ziele, für die Errichtung einer antifaschistisch-demokratischen Republik ein. An der Basis beider Parteien jedoch waren oft Vorstellungen vorherrschend, die unter Ausnutzung der vermeintlich revolutionären Situation, mit der Armee der sozialistischen Sowjetunion im Lande die Voraussetzungen für die proletarische Revolution für gekommen hielten.

»Seine ersten Eindrücke von Begegnungen mit Kommunisten, die eben erst aus der Illegalität, aus Zuchthäusern oder Konzentrationslagern zurückgekehrt waren oder sich – nach Jahren politischer Isolierung – wieder zur politischen Arbeit entschlossen hatten, schilderte Walter Ulbricht am 14. Mai 1945 in einem Brief an Wilhelm Pieck, der damals noch in Moskau arbeitete: ›Wir müssen uns Rechenschaft legen darüber, daß die Mehrheit unserer Genossen sektiererisch eingestellt ist, und daß möglichst bald die Zusammensetzung der Partei geändert werden muß durch die Hereinnahme aktiver Antifaschisten, die sich jetzt in der Arbeit bewähren. Manche Genossen führen unsere Politik mit Augenzwinkern durch, manche haben den guten Willen, aber dann ist bei ihnen doch die Losung ›Rot Front‹, und manche... reden über Sowjetmacht und ähnliches. Wir haben energisch den Kampf gegen die falschen Auffassungen in den Reihen unserer Genossen geführt, aber immer wieder tauchen neue Genossen auf, die mit den alten Fehlern von vorne beginnen. Diese kurzen Andeutungen zeigen Dir, welche Bedeutung die ideologische Umerziehung unserer Genossen hat‹.[3]

Was Ulbricht in Berlin begegnete, erlebte Anton Ackermann in Sachsen: ›Mit manchen Genossen der eigenen Partei und anderen Antifaschisten waren klärende Auseinandersetzungen notwendig, denn viele hingen noch an Vorstellungen aus der Zeit vor 1933. Die rote Arbeiter- und Bauern-Armee stand im Land – waren damit etwa nicht die Errichtung der Sowjetmacht und der Aufbau des Sozialismus auf die Tagesordnung gesetzt‹?[4]

Und auch die Sobottka-Gruppe im Norden der SBZ hatte diese Schwierigkeiten. So erinnerte sich Gottfried Grünberg: ›In Waren gab es eine aktive Gruppe von Kommunisten. Diese Genossen hatten maßgebliche Funktionen besetzt, gaben eine Zeitung ›Die Rote Fahne‹ heraus und organisierten eine ›Rote Miliz‹ mit einem ›Stadtkommandanten‹ an der Spitze. Neben den Befehlen des sowjetischen Kommandanten erließen sie Verordnungen und verfügten Beschlagnahmen. Die Kehrseite dieser Politik läßt sich denken. Unsere ›energischen‹ Genossen blieben unter sich und isolierten sich von der Bevölkerung... Mein Auftrag bestand darin, (eine) Änderung herbeizuführen und die Genossen mit der Politik der Partei vertraut zu machen‹.«[5]

Bereits 1945 entstanden erste, antifaschistische Frauenausschüsse

Die Gründung der SPD

Der Berliner Gründerkreis der SPD begann seine Arbeit in der SBZ im Zeichen einer sozialrevolutionären Programmatik. Der Zentralausschuß (ZA) der SPD in der Ostzone forderte in seinem Gründungsaufruf die Verstaatlichung der Banken und Versicherungen, der Bodenschätze und Bergwerke, die Erfassung des Großgrundbesitzes und aller Kriegsgewinne für die Zwecke des Wiederaufbaus. Und im Gegensatz zu der sich in den Westzonen um Kurt Schumacher formierenden SPD und dem Londoner Exil-Parteivorstand berief sich der Zentralausschuß auf die im »Prager Manifest« von 1935 formulierte Forderung nach der organisatorischen und politischen Einheit der Arbeiterklasse. Er richtete noch in den letzten Kriegstagen das Angebot an die Gruppe Ulbricht, über die Bildung einer Einheitspartei zu sprechen. Eben dieser Einheitswunsch hatte sich vielerorts auch an der Basis in konkrete Zusammenarbeit umgesetzt: in gemeinsamen Antifa-Komitees von SPDlern und KPDlern, allerdings nicht ohne Kritik von seiten der KPD-Führung. Anton Ackermann berichtete:
»Meistens galt es ›linke Überspitzungen‹ zu korrigieren. So in der Stadt Meißen, wo wir einen kompletten städtischen ›Rat der Volkskommissare‹ vorfanden. Genosse Mücke, der dann längere Zeit als Oberbürgermeister tätig war – er stellte sich mir damals als ›Vorsitzender des Rates der Volkskommissare‹ vor, Gerhard Ziller war ›Volkskommissar für Kultur‹ – wollte zunächst nicht einsehen, was politisch notwendig war. Aber es half nichts. Auch in Meißen mußten die Genossen unsere Argumente anerkennen und sich auf die Linie der Partei begeben.«[6] Und Willi Bredel schildert in seinem Roman »Ein neues Kapitel« die Reaktion eines Rostocker Antifa-Sprechers auf die Forderung des sowjetischen Stadtkommandanten, das örtliche Antifa-Komitee aufzulösen: »Wir Kommunisten haben bei Lenin gelernt, daß der alte kapitalistische Staatsapparat zerschlagen und ein neuer, ein proletarischer Staat an seine Stelle gesetzt werden muß, wenn die Herrschaft des Volkes, oder genauer gesagt, die Diktatur des Proletariats gesichert sein soll. Können Sie uns erklären, Genosse Kommandant, weshalb das plötzlich nun nicht mehr gelten soll?‹ ›Das kann ich Ihnen erklären‹, erwiderte der Oberstleutnant lächelnd, ›die leninschen Grundsätze sind gültig und bleiben es auch. Deutschland ist aber kein sozialistischer Staat ...‹ Der Oberstleutnant erklärte seinen Besuchern ... die politische Lage ... Die sowjetische Besatzungsmacht wolle demokratische Grundlagen schaffen helfen; dann könne das deutsche Volk sein Schicksal selbst gestalten.«[7]
Im Mai und Juni 1945 wurden die Komitees aufgefordert, sich in die neu entstandenen Verwaltungen zu integrieren. »Soweit diese Ausschüsse isoliert von den neuen Verwaltungsorganen arbeiteten, hemmten sie objektiv die Schaffung einheitlicher demokratischer Machtorgane«,[8] argumentierte die KPD-Führung. In Berlin hatte es sogar Ansätze zu einer »Vereinigten Kommunistischen Partei« gegeben, die ebenfalls aufgelöst wurde. Die Frage der Einheitspartei sollte zentral entschieden, nicht »unkontrolliert« an der Basis vorweggenommen werden.

Die Auseinandersetzung um die Einheitspartei

Die Führung der KPD ging davon aus, daß die sofortige Verschmelzung von Sozialdemokratischer und Kommunistischer Partei angesichts unterschiedlicher politischer Positionen über kurz oder lang zu neuerlichem Zerwürfnis führen müsse. So kam es trotz der Angebote der SPD-Führung, sofort nach Beendigung des Krieges eine gemeinsame Partei zu gründen, zunächst, das heißt im Juni 1945, lediglich zur Einsetzung eines gemeinsamen Arbeitsausschusses beider Parteien in der SBZ, obwohl die SPD zuvor auf eine schnelle Vereinigung gedrängt hatte. Im Spätherbst des Jahres, als die KPD für einen rascheren Vereinheitlichungsprozeß eintrat, nachdem sie interne ideologische Schwierigkeiten überwunden und sich hatte stabilisieren können, verhielten sich die ZA-Vertreter der SPD zögernder. Erste Erfahrungen in der konkreten Zusammenarbeit hatten offensichtlich die Euphorie verfliegen lassen, und zudem zeichnete sich der politische Konflikt mit der SPD in den Westzonen bereits deutlich ab.
In Hannover hatte sich das sogenannte »Büro Schumacher« der SPD gebildet, das einen offen antikommunistischen Kurs verfolgte und von Anfang an gegen jegliche Einheitsbestrebungen mit der KPD auftrat.
Im Oktober 1945 kam es in Wennigsen bei Hannover zur ersten Begegnung zwischen Otto Grotewohl, der den Berliner Zentralausschuß der SPD repräsentierte, und Kurt Schumacher. Nach harten Auseinandersetzungen einigte man sich darauf, Schumacher als den »politischen Beauftragten der drei westlichen Besatzungszonen« und den Zentralausschuß (ZA) als die Führung der Sozialdemokratischen Partei Deutschlands in der östlichen Besatzungszone anzuerkennen, was faktisch die Spaltung der Partei vorwegnahm. Der ZA verlor damit jegliche Möglichkeit, in den Westzonen für seine Politik zu werben. Bei einem zweiten Treffen von Grotewohl und Schumacher im Februar 1946 sah Schumacher für die Ost-SPD nur noch folgende Alternativen: »Eroberung der sozialdemokratischen Partei Deutschlands (durch die KPD; d. V.) oder Auflösung.«[9] In der Tat waren in den dazwischenliegenden Monaten seitens der KPD in der sowjetischen Besatzungszone die Einheitsbestrebungen forciert worden. Im Oktober 1945 lud sie zu Gesprächen über die »Vertiefung der Aktionseinheit« ein, und im Dezember fand die sogenannte Sechziger Konferenz statt, auf der die bestehenden und künftigen Formen der Aktionseinheit beraten werden sollten. Die KPD hatte in der Zwischenzeit die internen politischen Differenzen um

den einzuschlagenden Weg klären können, die Linie der Führung hatte sich durchgesetzt. Zudem war die KPD durch schnellen Mitgliederzuwachs nunmehr zahlenmäßig stärker als die SPD in der sowjetischen Besatzungszone und mußte nicht mehr befürchten, bei einer Verschmelzung beider Parteien zu einer Art Juniorpartner der Sozialdemokraten zu werden. In einer im Verlauf der Sechziger Konferenz erarbeiteten Resolution beider Parteien wurde vereinbart, überall »neue Schritte zur Entfaltung der antifaschistischen Aktionseinheit« zu unternehmen, um den »Auftakt zur Verwirklichung der politischen und organisatorischen Einheit der Arbeiterbewegung, d. h. zur Verschmelzung zu einer einheitlichen Partei«[10] zu geben. Eine gemeinsame Zeitschrift »Einheit« im gemeinsamen gleichnamigen Verlag sowie »gemeinsame Zirkel- und Schulungstätigkeit« waren weitere Ergebnisse der Konferenz.

Die Linie Grotewohls war es bislang gewesen, die Schaffung der Einheitspartei auf nationaler Ebene, also für alle vier Besatzungszonen anzustreben. Nach der Konferenz von Wennigsen und der Zuständigkeitsbeschränkung des ZA auf die sowjetische Zone war das faktisch unmöglich geworden. Darüberhinaus wurden die Ergebnisse der Sechziger Konferenz an der SPD-Basis als rasche Verschmelzungsstrategie der Führung gedeutet. Es kam zu örtlichen Einheitskundgebungen und Zusammenschlüssen, während in den Westzonen Kurt Schumacher die völlige Abnabelung der östlichen SPD betrieb. Auf einer westzonalen SPD-Funktionärskonferenz ließ er eine Resolution verabschieden, die die »organisatorische Einheit« der SPD als nicht mehr gegeben ansah und die »Abmachungen und Beschlüsse der Partei der östlichen Besatzungszone nicht bindend oder richtungsweisend für die Sozialdemokratische Partei in den westlichen Besatzungszonen«[11] befand.

Am 21./22. April 1946 beschloß ein gemeinsamer Parteitag von SPD und KPD in der Ostzone einstimmig die Vereinigung zur Sozialistischen Einheitspartei Deutschlands, der SED.

Der Vorsitzende der KPD, Wilhelm Pieck (links), und der Vorsitzende der SPD, Otto Grothewohl (rechts), eröffneten am 21. April 1946 im Berliner Admiralspalast einen gemeinsamen Parteitag ihrer beiden Parteien (Bild oben)

Der wirtschaftliche Wiederaufbau

Die Ostzone war 1945 ein Trümmerfeld: Circa 45 % der Industrieanlagen, die Verkehrs- und Zulieferwege zerstört, die wichtigsten Zweige der Schwerindustrie, zum Beispiel das Ruhrgebiet, völlig vom Territorium der SBZ abgeschnitten. Es fehlten für den Wiederaufbau vor allem Steinkohle, Roheisen und Stahl, und die erwarteten Lieferungen aus dem westlichen Teil Deutschlands blieben trotz der zwischen den Alliierten in Potsdam getroffenen Vereinbarungen auch nach der Lockerung der Zonenschranken aus, als sich die Konflikte zwischen den Mächten deutlicher abzuzeichnen begannen.

Die Demontage von Produktionsstätten blieb nicht den Westzonen vorbehalten. Auch die Sowjetunion ließ ganze Betriebe, von den Belegschaften buchstäblich aus dem Schutt wiederaufgebaut, demontieren und ins eigene Land verlegen. Die Verluste durch Demontage waren nach westlichen Schätzungen für die SBZ sogar einschneidender als für die drei Westzonen: Die Einbußen an produktivem Anlagevermögen wurden für die Westzonen auf 12 %, für die SBZ auf 26 % des Bestandes von 1939 geschätzt.

Hinzu kamen Reparationslieferungen an die Sowjetunion, die bis in das Jahr 1953 reichten. Diese Entnahmen aus der laufenden Produktion machten immerhin 25 % des Gesamtproduktionsaufkommens der SBZ aus. Mehr als 200 zum Teil wichtige Unternehmen (zum Beispiel die Leunawerke sowie das ehemalige Krupp-Werk in Magdeburg) wurden in Sowjetische Aktiengesellschaften (SAGs) umgewandelt und dienten direkt dem Aufbau der durch den Krieg wirtschaftlich ruinierten Sowjetunion. Eine dem Marshall-Plan der USA für die westlichen Besatzungszonen vergleichbare Starthilfe konnte es nicht geben und gab es nicht.

Arbeiter bergen Maschinen aus den Trümmern

»die deutschen rebellieren gegen den befehl, gegen den nazismus zu rebellieren; nur wenige stehen auf dem standpunkt, daß ein befohlener sozialismus besser ist als gar keiner. die übernahme der produktion durch das proletariat erfolgt in dem zeitpunkt (und scheint vielen also zu erfolgen zu dem zweck) der auslieferung der produkte an den sieger. volkseigenen betrieben, die aus maschinentrümmern heterogenster art sich wieder produktionsstätten zusammengebastelt hatten, wurden mehrere male die maschinen wieder als reparationen weggenommen. und die arbeiter bedenken nicht eben, daß der zerstörungskrieg gegen die sowjetunion zwar ohne ihre billigung, aber nicht ohne ihre mithilfe gemacht wurde, und die arbeit gebende vorbereitung des krieges unter dem beifall eines sehr großen teils von ihnen.«

(Bertolt Brecht, Arbeitsjournal, Eintragung vom 9. 12. 48)

Enteignung

Die Arbeiter hatten aber nicht nur ihre Produktionsstätten aus den Trümmern hervorgezogen und wieder in Betrieb genommen, sondern sie hatten oftmals auch die Leitung der Werke übernommen.
»Im Mai 1945 war der größte Teil der Direktoren der größeren Betriebe aus dem Lande geflüchtet, d.h. daß diese Betriebe zu einem erheblichen Teil führerlos waren. Aber schon im Herbst 1945 kamen die ersten Beauftragten der früheren kapitalistischen Besitzer wieder zurück, die versuchten, wieder in die Leitungszentren ihrer Betriebe... hineinzukommen... Dies wurde fast überall von Arbeitern, die die Betriebe wieder in Gang gebracht und damit in ihren Besitz genommen hatten, vereitelt.«[12]
»Schon in den ersten Tagen nach der Befreiung nahmen die Arbeiter diese Betriebe in Besitz. Als Leistungsorgane wählten sie Betriebs- oder Arbeiterausschüsse.«[13]
»In vielen Betrieben hatten die früheren Inhaber bereits von sich aus das Feld geräumt und das Weite gesucht. Da, wo dies nicht der Fall war, nahm die Belegschaft, soweit sie sich in den ersten Maitagen zusammengefunden hatte, sofort gegen die früheren Inhaber Stellung und verjagte sie aus den Betrieben...«[14]
Bereits im Oktober 1945 hatte die SMAD in der SBZ das gesamte Eigentum des Deutschen Reiches, der NSDAP und ihrer Amtsleiter sowie der Wehrmacht beschlagnahmt. Schwerindustrielle Großbetriebe, deren Besitzer die NSDAP und die Kriegswirtschaft unterstützt hatten, wurden enteignet, wobei der zu enteignende Personenkreis in den folgenden Jahren weiter ausgedehnt wurde, zum Beispiel auch auf Besitzende, die sich in den Westen abgesetzt hatten.
Die Eigentumsstruktur der SBZ/DDR-Wirtschaft sah nach DDR-Angaben folgendermaßen aus:

Bruttoproduktion in %

	1947	1948	1949	1950
SAG	19,5	22,0	21,9	22,6
VEB	36,8	39,0	46,6	52,4
Privatbetriebe	43,7	39,0	31,5	25,0

(Vom Werden unseres Staates, Berlin/DDR 1966, Bd. 1, S. 316; Barthel, S. 137)

Bodenreform

Am 30. Juni 1946 gab ein Volksentscheid in Sachsen die Grundlage für die entschädigungslose Enteignung sämtlicher Nazi- und Kriegsverbrecher. Wie weit der diesbezügliche Konsens in der Bevölkerung ging, zeigt die hohe Beteiligung an der Abstimmung: 93,7% der sächsischen Bevölkerung stimmten mit, davon 77,6% mit Ja.
Ähnlich breite Zustimmung wie dieser Volksentscheid fand die von der KPD eingeleitete Kampagne für die Bodenreform in der SBZ. Auf den landwirtschaftlichen Großgrundbesitzen hatte die Mehrheit der Bevölkerung vor allem in Mecklenburg, Brandenburg und Sachsen unter extremen sozialen Bedingungen gelebt. Das »Junkertum«, die Großgrundbesitzer und der Adel, war meist vor der Roten Armee nach Westen geflohen, und durch die Bodenreform wurde sein gesamter Landbesitz – 2,5 Millionen Hektar – entschädigungslos enteignet und an Landarbeiter, Bauern ohne eigenen Landbesitz, landarme Bauern und Umsiedler verteilt. Anfang der fünfziger Jahre allerdings wurden die durch die Bodenreform entstandenen kleinen landwirtschaftlichen Betriebe kollektiviert und zu LPGs zusammengefaßt. Die Kleinbetriebe hatten sich als nicht lebensfähig erwiesen.
Eine weitere Reform, die auf breite Zustimmung der Bevölkerung stieß, war die von KPD und SPD bereits im Oktober 1945 eingeleitete Bildungs- und Schulreform. Alle Lehrer, die Mitglied der NSDAP gewesen waren, wurden entlassen. 1946 wurde die Einheitsschule eingeführt, Vorstudienanstalten, später in Arbeiter- und Bauern-Fakultät umbenannt, gaben jungen Menschen ohne höhere Schulbildung die Vorbereitung auf ein nun auch für sie mögliches Studium. Tausende von Neulehrern wurden ausgebildet.

»5. 11. 48: habe einige junge leute da, die, proleten, die zweijahresklassen besuchen, in denen die arbeiterjugend auf die universität vorbereitet wird. mehr mädchen als jungens. einer, kleinbürgerlicher herkunft und redegewandt, sagt: ›wir sind unausgeglichen und verwirrt, kein wunder.‹ (bauer zu tourist: ›ich bin ein schlichtes gemüt und liebe meine erde.‹) aber sonst sind sie frisch und gescheit und wir reden darüber, daß man den marxismus ebenso studieren muß wie die germanistik und das eine für das andere. der kleinbürger sagt: ›ich bekenne mich schon zum marxismus.‹ ich schlage vor, anstatt ›bekenne‹ zu sagen: ›interessierte mich für‹. aber da schlägt er mich: ›es ist keine kleinigkeit, heute in einer u-bahn zu sagen, man ist für die kommunisten.‹«

(Bertolt Brecht, Arbeitsjournal)

Der Kampf gegen »die Gleichmacherei«

Im Oktober 1948 fuhr der Zwickauer Bergmann und SED-Kader Adolf Hennecke im Schacht »Gottes Segen« eine Hochleistungsschicht, in der er die Arbeitsnorm mit 387% übererfüllte.
»Ich wußte, die Arbeiter in der Ostzone würden toben gegen mich. Aber in einer Sache war ich absolut sicher: Meine Kumpel in meinem Schacht, die würden zu mir halten. Sie würden mir wahrscheinlich nicht um den Hals fallen. Aber wir würden weiter gemeinsam unser Bier trinken, uns die Hand geben, uns streiten und vertragen wie immer... Und als ich dann ausfuhr, war alles ganz anders. Ich existierte mit einemmal nicht mehr. Meine Kumpel sahen mich nicht. Ich war für sie Luft... Es kamen Briefe, anonyme Briefe, mit Morddrohungen. Der Strick läge schon bereit und ähnliche Naziparolen. – Das schlimmste war, daß auch fortschrittliche Menschen verwirrt waren. Funktionäre vom Nachbarschacht riefen an und machten unseren Funktionären Vorwürfe, daß sie einen Normenbrecher wie mich herausstellten. Drei Tage wußte ich nicht, was ich bin. War ich nun ein schlechter Genosse oder ein guter? Dann kam ein Brief aus Berlin von Pieck und Grotewohl.«[15]

Bestarbeiter Adolf Hennecke

Was die Kollegen so gegen den Bestarbeiter aufbrachte, fand die Unterstützung der Partei. Durch materielle und ideelle Anreize förderte sie die »Hennecke-Bewegung«, in der Aktivisten die Normen steigerten und so die neu verordneten differenzierten und leistungsorientierten Löhne durchsetzen halfen, gegen die es an der Basis und von den Betriebsräten organisiert hartnäckigen Widerstand gegeben hatte. In den Betriebsräten hatten Kollegen, die nicht der SED angehörten, ein starkes Gewicht; nach den Betriebsrätewahlen vom Sommer 1946 in Sachsen beispielsweise stellten Parteilose 48,8%, SED-Mitglieder 48% der Betriebsräte.
Nachdem der 2. SED-Parteitag die Losung »Mehr produzieren, richtig verteilen, besser leben« ausgegeben hatte und man zu einer langfristigen und zentralen Wirtschaftsplanung überging, versuchte die Partei ihren Einfluß in den Betrieben über die Betriebsgewerkschaftsleitungen (BGLs) zu verstärken. Betriebsräte wurden »von allen Aufgaben, für die die Betriebsgewerkschaftsleitungen zuständig sind«, restlos befreit.
In der von Mangel gekennzeichneten Situation hatte sich in der Ostzone die Auszahlung eines Teils des Arbeitslohnes in Naturalform eingebürgert, und die anfangs weitgehend autonomen Betriebe hatten ihre Produkte auf grauen und schwarzen Märkten gegen Naturalien eingetauscht, das heißt, man hatte sich zunächst mehr an den Interessen der eigenen Belegschaft orientiert als an gesellschaftlichen Erfordernissen. Allein in Sachsen sollen noch 1948 25% der industriellen Gebrauchsgüter über den Schwarzmarkt und durch betriebliche Tauschgeschäfte der allgemeinen Versorgung entzogen worden sein. 1948 verfügte die Militäradministration: »Der Direktor stellt den einzigen Verfügungsberechtigten dar und trägt die volle Verantwortung...«[16] Die Mitbestimmungsfunktion der Betriebsräte wurde dadurch erheblich eingeschränkt. Sie waren, so die Parteikritik, nicht in der Lage, »eine Mobilisierung der Arbeiter und Angestellten für die neuen Aufgaben zu erreichen...«[17]
Die neuen Aufgaben, das waren die Erhöhung der Gesamtproduktion um 35%, die Senkung der Selbstkosten der Volkseigenen Betriebe um 7% und die Steigerung der Arbeitsproduktivität um 30% während des Zweijahresplanes von 1949/50. Diese Ziele sollten erreicht werden durch Verbesserung der Arbeitsorganisation, »Kampf gegen die Arbeitsbummelei« und den Übergang zu Leistungslöhnen sowie die Einführung der »richtigen Normierung«.
Aber selbst innerhalb der Partei war dieser von der Führung beschlossene Weg zur Erhöhung der Produktivität umstritten.
»Viele Arbeiter... sprachen sich zunächst gegen den Leistungslohn aus. Selbst für manche Arbeiterfunktionäre war diese Absage an die Gleichmacherei nicht immer verständlich... Es bedurfte vieler Diskussionen in den (SED-)Betriebsgruppen, um zunächst die Parteimitglieder und dann über die Betriebsräte und die Betriebsgewerkschaftsleitungen die Arbeiter davon zu überzeugen, daß die Anwendung des Leistungslohnprinzips den Interessen der Arbeiter und der Gesellschaft dient.«[18]
Nicht nur die Einführung von Stück- und Akkordlohn, auch die Essensverteilung, die Verteilung von Lebensmitteln nach verschiedenen Katego-

Vor der Eröffnung des ersten Lebensmittelladens der HO in Ostberlin (16. November 1948)

rien stieß an der Basis auf Widerspruch. Noch 1949 mußte ein Autor in der Zeitschrift »Einheit« kritisieren: »Wir reden schon zwei Jahre gegen die verderbliche und verbrecherische Gleichmacherei, aber in der Praxis gibt es fast noch auf allen Gebieten Gleichmacherei. Anstatt A- und B-Portionen wird oder wurde bis vor kurzem... alles in einen Topf geworfen, damit auch die ›anderen‹ ein Essen bekommen. Und so ist es auf dem Gebiet der Verteilung von Textilien, Schuhen, Lohn usw.«[19]
Wie zwiespältig der von der Parteiführung eingeschlagene Weg an dieser Frage beurteilt wurde, zeigen auch die Eintragungen Bertolt Brechts, der im Februar 1948 in seinem Arbeitsjournal notierte: »... dann passieren die fehler, die daher kommen, daß die entwicklungsstufen der russen und der deutschen so verschieden sind. da ist das leistungsprinzip, das die russen anwenden, weil sie es als das zuletzt gefundene für das beste halten. felsenstein warf die russischen pajoks in seinem theater einmal zusammen und verteilte die dinge einigermaßen gleichmäßig; die russen kamen ihm drauf und entzogen ihm die pajoks für zwei monate völlig. die russen hatten die ungleichheit der entlohnung, felsenstein hatte die eingleichung für produktionssteigernd befunden.«
Der Widerstand gegen die Normerhöhungen hielt bis in die fünfziger Jahre an, was sich nicht zuletzt auch am 17. Juni 1953 noch einmal zeigte.

1 Dokumente zur parteipolitischen Entwicklung in Deutschland, hrsg, v. O. K. Flechtheim, Bd. 3, Berlin 1963, S. 313ff.
2 Um ein antifaschistisch-demokratisches Deutschland. Dokumente aus den Jahren 1945–49, Berlin 1968, S. 60
3 Walter Ulbricht, Zur Geschichte der Deutschen Arbeiterbewegung, Bd. II, Zusatzband, Berlin 1966, S. 205
4 Anton Ackermann, Der neue Weg zur Einheit, in: Vereint sind wir alles, Berlin 1966, S. 79f.
5 Gottfried Grünberg, Als Mitglied der Gruppe Sobottka im Einsatz, in: Vereint sind wir alles, Berlin 1966, S. 625
6 Anton Ackermann in: Staat und Recht, 14. Jg., Heft 5 (Mai 1965), S. 674
7 Willi Bredel, Ein neues Kapitel, Berlin 1963, S. 41
8 Schöneburg/Urban, Vom Werden unseres Staaten. Eine Chronik, Bd. 1 (1945–1949), Berlin 1966, S. 702
9 Erich W. Gniffke, Jahre mit Ulbricht, Köln 1966, S. 138
10 Der Text in: Berlin, Quellen und Dokumente, 1. Halbbd., Berlin 1964, S. 805ff.
11 Frank Morav, Die Parole der »Einheit« und die deutsche Sozialdemokratie, Bonn/Bad Godesberg 1973, S. 126
12 Beiträge zur Geschichte der Arbeiterbewegung 1/1972, S. 81
13 Beiträge zur Geschichte der Arbeiterbewegung, 4/1970, S. 654
14 Alois Landherr, Unser Kampf gegen die Kriegsverbrecher, in: Wille und Weg, 2/1946, S. 12
15 Karl-Heinz Jacobs, in: Die erste Stunde. Portraits, hrsg. v. Fritz Selbmann, Berlin 1969, S. 191f.
16 Um ein antifaschistisch-demokratisches Deutschland, a.a.O., S. 626f.
17 Aus der Arbeit des Freien Deutschen Gewerkschaftsbundes 1947–1949, Berlin 1950, S. 346
18 Die beginnende Verlagerung des Schwergewichts der Parteiarbeit auf die Betriebsgruppen (Herbst 1947 – Frühjahr 1948), S. 73
19 Einheit, 4. Jg., Heft 1 (Januar 1949), S. 29

Alle Zitate nach: Dietrich Staritz, Sozialismus in einem halben Land, Verlag Klaus Wagenbach 1976.
An dieser Stelle sei dies informative Buch ausdrücklich zur weitergehenden Lektüre empfohlen.

Irmtraud Morgner

Legende von der Genossin Martha in Zeugnissen

Notiert von Beatriz de Dia

Ich wollte mir von einem Menschen ein Bild machen, weil er keins wollte. Zufällig in Zeugnissen ist er mir begegnet wie die Liebe selber: sie. Eine Frau. Martha Lehmann mit Namen. Sie hatte die Angewohnheit, auf die monatlichen Mietzettel, also auf die Rückseiten von Postzahlkarteneinlieferungsscheinen, die laut Vordruck nicht zu Mitteilungen für den Empfänger zu benutzen sind, Mitteilungen zu schreiben.

M. L. 8. März 1945. Unser Rudi nun schon ½ Jahr nicht mehr unter uns. Unfaßbar. Helmut am 5.2. beim Häuserkampf verwundet, Landsberg (Warthe) am 3.3.45 aus Lazarett entlassen. Dänemark. Anschrift abwarten. Unser Walter in Ungarn (Kloster). Papa Rentner und Siedler. Mama Briefträgerin Leipzig N.21. Zwei große Angriffe am 27.2.45 und 7.3.45. Gott war uns gnädig.

B. Ein Sohn der Frau, Walter Lehmann, sandte einen Lebensabriß von ihr zum literarischen Preisausschreiben der Zeitung »Sonntag«. Angelegt hatte er albumhaft aufgeklebt eine Auswahl jener Mietzettel zur Illustration: Selbstzeugnisse. Daneben zeugnisausstellende Papiere von Leuten, die Martha Lehmann persönlich kannten. Ich möchte Zeugnis ablegen für die Frau, weil ich sie nicht persönlich gekannt habe.

M. L. 11.5.46. I. Friedensmustermesse. Herrliches Wetter. Auch Messe auf dem Meßplatz. Papa Rentner. Mama Bahnarbeiterin. Helmut Schulleiter in Stahmeln. Rudi liegt in russischer Erde, unfaßbar. Walter Lehrbildungsanstalt. Nun Frieden. Gott sei Dank.

B. Glückliche Umstände hatten mir die außerordentlich alltäglichen Dokumente vor Augen gebracht. Sie trafen mich wie erhabne Gegenstände selten. Auch derart, daß ich die Frau sprechen und sie beschreiben wollte. Einem Redakteur, der meinen Wunsch übermittelte, bedeutete Martha Lehmann ihre Abneigung gegen Bekanntmachungen. Erst als ich einen Brief aufsetzte, der Martha Lehmann umstimmen sollte, merkte ich, daß die Absage das Kostbarste der Erscheinung war.

M. L. 22.7.46. Mein Lehmann ist nicht mehr bei uns. Einfach unfaßbar. Helmut Schulleiter. Rudi liegt in Rußland. Walter macht Schullehrerprüfung. Ich bei der Eisenbahn. Nun Frieden. Aber meine beiden liebsten Männer fehlen. Warum? Mein Lehmann, mein Rudi.

B. Ich glaube, die Bescheidenheit der Martha Lehmann gab auch der Wahrheit die Ehre. Frauen sind wesentlich noch nicht in die geschriebene Geschichte eingetreten, sie beginnen gerade. Die Überlieferung ihrer Wirkungsweisen ist fühlbar, nicht meßbar. Legendär.

M. L. 11.4.47. Nun ist der Frieden da! Aber Papa und Rudi fehlen uns sehr. Unfaßbar. Helmut Schulleiter in Stahmeln, Walter Lehrer im Süden. Mama Schrankenwärterin in Möckern, Bude 121. Nun ist die größte Kälte gebrochen, und es waren Anfang April schon mehrere Gewitter. Walter hat schon div. gesät und die Hecke geschnitten, und ich grabe um, da ich das gern tue. Ach, mein Lehmann, das erstemal nun ohne dich im Frühjahr in der Siedlung. Du fleißiger Mann. Dank für alles noch und für die Zuckerrüben.

B. In der Schönheit dieser alten Frau leuchtet die zähe, maßlose Liebeskraft des Lebendigen. Dieser demütige Stolz. Unantastbar. Die kommunistische Bewegung gründet auf solchen Menschen. In ihr verwirklichen sie sich. An außergewöhnlichen Ereignissen entzünden sich auch Hohlköpfe. Martha Lehmann war der Alltag nicht alltäglich, mehr kann kein Leben gewinnen.

M. L. 16.12.48 Bude 121. Eben (9⁴⁵) fuhr ein Heimkehrerzug durch nach Kaserne Möckern. Manche winkten mir freudig zu, manche blickten stur. Wie herrlich wäre es, wenn nun unser Rudi mit dabei wäre. Könnte nicht ein Wunder geschehen? Vielleicht geschieht es... Mildes Wetter.

B. Martha Lehmann stand nicht in Gottes Gnade, sondern in eigener. Sie gab ein Beispiel, weil sie keines gab. Ohne bestimmte Nachrichten von Menschen ihrer Art läßt sich die Welt auch auf die Füße ordnen im Bunde. Mit solchen Nachrichten leb ich versicherter. Denn sie enthüllen mir den Glanz des Wegs, von Zielen träumt sich leicht auch ohne Beistand. Neben die Rechenschaftsberichte des VIII. Parteitags stell ich die Schönheit dieser alten Frau.

W. L. Als 1949 der erste Schwerlastzug am Bahnwärterhäuschen meiner Mutter vorbeidonnerte, stand sie mit einem roten Fähnchen an der Strecke und grüßte den Lokomotivführer Paul Heine. Das rote Fähnchen war einunddreißig Jahre alt. Sie hatte ihren Söhnen zur Novemberrevolution 1918 solche Fähnchen gebastelt, damit die Jungen mit den revolutionären Matrosen Wilhelmshavens demonstrieren konnten.

M. L. 5.5.50 Bude 399 Rackwitz. Bald vier Jahre ist nun mein Lehmann fort von mir. Und unser Rudi fünfeinhalb. Einfach unfaßbar. Am 1. Mai habe ich Umzug mitgemacht von Mockau nach Leipzig. 1900 auch schon mal. Und 1919 mit Papa in Wilhelmshaven. Er schenkte mir ein Veilchensträußchen.

W. L. Mutter ist Arbeiterkind und wurde in Leipzig als älteste Tochter eines Modelltischlers geboren. Von Kind auf war Arbeit ihr Lebenselixier. Zuerst betreute sie ihre zahlreichen jüngeren Geschwister, war dann Kindermädchen bei fremden Leuten, machte vor und nach dem Schulunterricht Aufwartung da und dort. Als es zu Hause zu eng wurde, verdingte sie sich als Mamsell auf ein bayerisches Rittergut. Dort lernte sie den Bäckergesellen Eduard Lehmann kennen und zog mit ihm auf Arbeitsuche durch Deutschland. In einer Mansarde des Leipziger Ostens gebar sie ihm den ersten Sohn, in einem Gesindehaus nahe den Potsdamer Schlössern den zweiten und schließlich 1916 in Wilhelmshaven, allwo mein Vater endlich feste Arbeit auf der kaiserlichen Marinewerft gefunden hatte, noch den dritten und letzten Jungen.

M. L. 3.8.50 Bude 399. Dreimal Nachtschicht. Mein Lehmann ruht in Wahren, Rudi im Osten. O wie vermisse ich meine beiden Lieben. Jetzt gibt es wieder mehr zu essen und zu rauchen, und nichts kann ich euch geben. Unfaßbar.

W. L. Im ersten Weltkrieg arbeitete meine Mutter als Briefträgerin, später als Näherin auf dem Bekleidungsamt, als Plakatankleberin und als Billettabreißerin in einem jener neueröffneten Vorortkinos. In den Inflationsjahren nahm sie einen Handwagen und Milchkannen in Kommission und trug Milch aus, den Liter Magermilch für 170000000 Mark und den Liter Vollmilch für 360000000 Mark. Mein Vater versuchte es dann mit einem kleinen Schwarzbrotstand auf dem Wochenmarkt, es folgte eine Zuckerwarenbude mit Schmalzbäckerei. Doch alle diese kleinen Geschäfte brachten meinen Eltern trotz großen Fleißes keinen Gewinn, weil die Konkurrenz der großen Marktbuden erdrükkend war und unsere herzensgute Mutter zuviel Ware an die hungerleidenden Kinder verschenkte, die ständig unseren Stand umlagerten.

M. L. 21.4.51 Bude 45^{C}, Sonnabend 8^{30}. Mein Lehmann schon 58 Monate nicht mehr bei mir. Immer noch unfaßbar. Warum? Mein Rudi 79 Monate in fremder Erde. Unfaßbar. Warum? Heute fünf Jahre SED. Wetter kühl, ruhig. Flieger kreisen am Himmel. Hoffentlich kommt der Friedensvertrag 1951 noch zustande. 9^{00} Sonne kommt aus den Wolken. Nun geht das Säen und Pflanzen los. Das Hacken, Jäten und Gießen.

W. L. Überhaupt ging kein Bettler, ob groß oder klein, bei uns leer aus. Die Not ringsum bekümmerte meine Mutter. Sie suchte immer wieder nach einem Ausweg. Ein Verwandter schickte ihr regelmäßig die »Leipziger Volkszeitung«. Allmählich wuchs in Mutter der Glaube, daß die Arbeiterklasse imstande ist, die Not abzuwenden. Meine Mutter bat meinen Vater, der seit seiner Gesellenzeit Gewerkschaftler war und dann der SPD beitrat, sie mit zu den Versammlungen zu nehmen. Vater schlug ihr diese Bitten ab, weil ihm Politik für Frauen unpassend erschien. Mutter sollte sich um die Jungen kümmern.

M. L. 10.5.51 Bude 401. Eisheilige, Sturm, am 9.5. sehr heiß, am 8.5. zwei Gewitter. Nun wieder bald Sommer und wieder ohne meinen Lehmann und ohne unseren Rudi, beide vermisse ich sehr, der Schmerz wird immer größer.

W. L. Meine Mutter unternahm viele Bittgänge auf die verschiedenen Schulämter, um für ihre Söhne eine bessere Bildung zu gewinnen. Ihre Hartnäckigkeit siegte, Helmut, Rudi und ich gingen auf die höhere Schule und saßen zum Stolz unserer Eltern zwischen Offizierssöhnen, Direktorensprößlingen und Kindern reicher Geschäftsleute. Während der Wirtschaftskrise tagelöhnerte mein Vater – vorher Bäcker in Leipzig – als Tiefbauarbeiter, meine Mutter nähte unermüdlich Heimarbeit.

M. L. 2.12.51 Posten 399 Rackwitz. Herrliches Wetter. Mild. Dienst von 13^{00} bis früh 6^{00}. Mittags bald den Zug in Neuwiederitzsch verpaßt, aber die Zugschaffnerin hatte ein Herz und ließ den Zug noch eine Minute halten.

W. L. Mein Bruder Rudolf schloß sich der KPD an, wurde dort Lit-Obmann, versorgte unsere wissensdurstige Mutter mit Büchern von Gorki, Tolstoi, Sinclair und Andersen Nexö, erzählte ihr von Diskussionen in den Schulungsabenden, erklärte ihr geduldig Begriffe aus den Grundlagen des Marxismus und nahm sie auch dann und wann heimlich zu Veranstaltungen mit, auf denen Ernst Thälmann zu den Leipziger Arbeitern sprach. Mutter versteckte Rudis marxistische Literatur im Hause und versorgte ihn und seine Genossen, größtenteils mittellose jüdische Studenten, mit Margarinestullen.

M. L. 5.1.52. Bahnmeisterei Mockau, Unterzeichnete verpflichtet sich, 3 Prozent ihres Lohnes zum Aufbau Berlins zu geben.

W. L. In Aussprachen mit dem Vater trat Mutter parteilich für ihren fortschrittlich gesinnten Sohn ein. Den Zwiespalt in unserer Familie löste mein Vater auf seine Art: Er verbrannte Zeitungen, auch Briefe ausländischer Genossen, die an meinen Bruder gerichtet waren, beschimpfte unflätig den »Aufrührer« und warf ihn schließlich aus der elterlichen Wohnung.

(...)

W. L. Während mein ältester Bruder einem Lehrerstudium nachging, hing nun meine Mutter ihr Herz an mich, den Jüngsten, der bis dahin den häuslichen Parteikämpfen verständnislos zugeschaut hatte. So ver-

sorgte ich meinen »ausgestoßenen« Bruder mit Lebensmitteln, machte den Boten zwischen Mutter und Emigrant und wurde von der Mutter jetzt systematisch für die Idee meines Bruders Rudolf erzogen. Das heißt, ich erhielt mehrere Bände der AIZ mit den aufrüttelnden Photomontagen von John Heartfield zum Studium, dazu einfache Bücher von Maxim Gorki. Und Mutter kontrollierte streng, ob ich auch täglich bei einer Petroleumfunzel meinen Gorki ein Stückchen weiter las.

M. L. 8. 10. 52, 11⁰⁰ Autobahn Taucha. Regenschauer. Kalt. 3. Jahrestag der DDR. XIX. Parteitag der KPdSU. Am 7. 10. ein Teil Winterbirnen abgenommen. Dann kam Regen, und ich hörte auf. Heute pflückte ich weiter. Ach mein Lehmann, mein Rudi, es ist nichts ohne euch so allein.

W. L. Als 1932 Ernst Thälmann in einer Wahlversammlung auf dem Volkmarsdorfer Markt in Leipzig-Stünz sprach, nahm mich meine Mutter dorthin mit. Hätte damals Einigkeit die Leipziger und alle deutschen Arbeiter erfaßt, dann hätten ein Jahr später nicht die Nazis ihre verhängnisvolle schwarze Herrschaft antreten können. Mein Bruder Rudolf wurde von der Gestapo am Arbeitsplatz in einem Leipziger Antiquariat verhaftet und in die berüchtigte Elisenburg geworfen.

M. L. 30. 6. 53. Papa sieben Jahre tot. Unfaßbar. Viel Gewitter, Regen, und viel Sonne im Juni, richtiges Wetter für alle Pflanzen. Am 28. 6. die letzten süßen Kirschen geerntet, Himbeerernte auch bald beendet. Viel Stachelbeeren. Am 17. Juni wurde dank unseren sowjetischen Freunden größeres Unheil verhütet. Die Rosenbergs nun doch am 20. Juni früh 3^{00} hingerichtet.

W. L. Der Schmerz meiner Mutter war grenzenlos. Aber das Beispiel der Mutter aus dem Gorki-Roman, den Rudolf ihr zu lesen gegeben hatte, konnte sie beflügeln. Sie kümmerte sich intensiv um die Familie des eingekerkerten Sohnes. Sie versteckte seine reichhaltigen Notizen aus seinen Versammlungen in die Tiefen ihres Küchenschrankes. Heute unersetzliche marxistische Literatur des In- und Auslands wurde im Küchenofen nächtelang verbrannt.

M. L. 8. 5. 54. Zum Tag der Befreiung 10 Mark für die Koreahilfe.

(...)

W. L. Im Inferno des zweiten Weltkriegs wurde mein Bruder Rudolf aus der Haft entlassen und zwangseingezogen. Er fiel 1944 in der Ukraine.

M. L. 8. 9. 54, Posten 46 Taucha 13^{00}–21^{00}. Heute vor zehn Jahren mußte mein Rudi sein Leben lassen. Warum mein Rudi. Noch immer kann ich es nicht fassen. Der herrliche Sohn, der so freundlich, willig und fleißig war. Und wie schön könnte es mein Rudi jetzt haben. Das viele Obst in Papas Siedlung würde doch auch unseren Rudi erfreuen.

W. L. Der schwarz umränderte Brief des Leipziger Oberbürgermeisters mit der lakonischen Mitteilung, daß »Ihr Sohn den Heldentod für Führer, Volk und Vaterland« erlitten habe, erschütterte meine Eltern sehr. Aber seltsam, meine Mutter, die in den Monaten der Haft meines Bruders so viele Tränen geweint hatte, in den Bombennächten im Keller zum Entsetzen meines Vaters laut schreiend den wahnsinnigen braunen Trommler verflucht hatte, sie war jetzt unsagbar traurig, konnte aber keine Träne mehr weinen.

M. L. 13. 8. 55. Anläßlich unseres Landsonntags möchte ich auch meinen Beitrag leisten und spende zehn Mark für unsere Friedenskämpfer und zehn Mark für die Koreahilfe.
17. 12. 55. Liebe Genossen, anbei zehn Mark für unsere Friedenskämpfer.
7. 6. 56. Zum Geburtstag unseres Präsidenten Wilhelm Pieck hatte ich mich zu 20 Aufbaustunden im Sportforum verpflichtet. Anbei der Beleg, daß die Verpflichtung erfüllt wurde.

W. L. An der Seite unseres Vaters trat Mutter 1945 in die SPD ein, im April 1946 wurden beide in die SED übernommen.

M. L. 16. 4. 57. Lieber Genosse Oehmichen, leider muß ich Dich wieder belästigen. Aber ich bekam keine Solidaritätsmarken. Kollege Förster sagte, es sind noch keine da. Wie ist so etwas möglich, die Woche für Algerien war doch vom 7. bis 12. 4. Heute ist Thälmanns Geburtstag, da läßt es mir keine Ruhe, wenn ich nicht etwas für unsere Partei tue. – Von meinem gefallenen Sohn Rudolf habe ich eine Aufnahme aus dem Felde. Mit noch drei Freunden spielte er Schach, ohne Uniform am Tage von Thälmanns Geburtstag 16. 4. 44. Und im Gedanken an meinen Sohn, der wirklich ehrlich für unsere Sache kämpfte, bitte ich, die Kleinigkeit für Algerien anzunehmen.

W. L. Während mein Vater als Invalidenrentner den Haushalt versorgte, meldete sich Mutter 1945 als Trümmerfrau zur Deutschen Reichsbahn. Später kam sie zum Streckendienst und qualifizierte sich mit sechzig Jahren als Bahnwärterin.

M. L. 29. 5. 58. Zu Ehren des V. Parteitags unserer SED für die KP in Frankreich zwanzig Mark.

W. L. Glücklich war unsere Mutter, als sie 1959 hörte, daß Mansfelder Bergleute auf einer Arbeitstagung und anschließenden Kundgebung, die vor dem aus Puschkino stammenden Lenindenkmal in Eisleben stattfand, beschlossen, als Gegengeschenk für den Ort Puschkino bei Leningrad ein Ernst-Thälmann-Denkmal zu schaffen. Mutter verpflichtete sich sofort zu 85 Stundenlöhnen = 100 Mark für dieses Mahnmal. Sie sagte in ihrer Verpflichtung: »Zum Gedächtnis des großen Vorbildes meines Sohnes Rudolf.«

(...)

W. L. Von ihrem letzten Arbeitsplatz brachte mir meine Mutter im Dezember 1971 ein kleines Thälmannbild mit. Bald fünfundzwanzig Jahre hatte dieses uns Arbeitern so lieb gewordene Photo unseres Ernst die Mutter auf ihren verschiedenen Dienststellen begleitet. Es war immer mit Blumen geschmückt, künstlichen oder solchen aus ihrem Garten. Ihr schiene, so sagte sie mir oft, als ob mit diesem Bild nicht nur der verehrte Arbeiterführer zu ihr spräche, sondern als ob auch Rudolf ihr bei ihrer täglichen Arbeit zuschaute. Ich habe das etwas unscheinbare Photo mit dem verblaßten Goldrähmchen ins Zimmer meiner Klasse gehängt, neben die Bilder von Walter Ulbricht und Lenin.

B. Von Martha Lehmann kann man sich kein Bild machen, weil sie sich keins aus sich gemacht hat. Ihr Leben war eins: vollendet. Es steht neben Arbeiterführern angemessen. Laßt uns die Genossin Martha erinnern in Trauer und Fröhlichkeit.

Michael Schneider

Nicht alle sind tot, die begraben sind

Versuch über eine Nachkriegskindheit

Der Autor (links) im Kreise seiner Familie

Unser Haus in der Alpspitzstraße in Grainau war ein regelrechtes Irrenhaus, ein Spukhaus: Da war die Frau Dorneich mit einer Hasenscharte im Gesicht, die, wenn sie sprach, aussah wie eine zuckende Wunde; ihr Mann jagte sie, wenn er einen seiner Jähzornanfälle bekam, aus dem Keller auf den Hof und warf ihr, wenn er sie nicht erwischte, sein Glasauge nach. Manchmal rannte ich voller Entsetzen auf den Hof, um das Glasauge von Herrn Dorneich im Kies zu suchen. Oft mußte unsere Großmutter den Arzt holen, weil Frau Dorneich einen epileptischen Anfall bekommen hatte und zuckend und stöhnend, von ihrem Mann an Armen und Beinen festgehalten oder angeschnallt auf ihrer Pritsche im Keller lag. Dann war da ein älterer, alleinstehender Mann, ein Rußlandheimkehrer, der auch im Keller wohnte und mit seinem Holzbein immer über den Hof schlurfte; gebannt starrte ich hinter dem Verandafenster auf die geschlängelte Spur, die er im Kies hinterließ. Dieser Keller, über dem wir wohnten, war für mich der Inbegriff von Gewalt, Wahnsinn und Züchtigung. Immer wenn ich in die Hose gemacht hatte (ich war mit vier Jahren noch nicht richtig »sauber«), schleppte mich unsere aus der Ostzone geflüchtete Kinderfrau in den Keller, stellte mich in eine Ecke mit dem Gesicht zur Wand – wie zu einer Hinrichtung. Fast alle Hausbewohner und Nachbarn, mit denen ich als Kind zu tun hatte, benahmen sich so, als hätten auch sie ihre Mütter verloren, d. h. als rächten sie sich unter- und aneinander dafür, daß sie von ihrem geliebten Führer im Stich gelassen worden waren. Vielleicht habe ich mich als Kind auch deswegen so an meine »tote« Mama geklammert, um nicht an den Lebenden bzw. Überlebenden irre zu werden.

Dieses mystisch-spiritistische Bewußtsein, das den Toten eine größere Macht und Realität verlieh als den Lebenden, verwirrte aber nicht nur mir den Kopf, sondern auch die Köpfe der Erwachsenen. So wie ich glaubte, meine Mutter sei nicht wirklich tot, sie sei »noch unter uns«, so glaubten insgeheim auch viele Nazis, die den Zusammenbruch des »Tausendjährigen Reiches« nicht verwinden konnten, der »Führer« sei nicht wirklich tot, er sei »noch unter uns«. Die Totenstille, die damals in unserem Haus herrschte, weil man um einen »Toten«, der nur zum Schein begraben worden war, nicht wirklich trauern mußte, herrschte auch im westlichen Nachkriegs-Deutschland, in dem ebenfalls ein Toter nur zum Schein begraben worden war. Da man sich weder hier noch dort von seinen Toten wirklich getrennt hatte, gab es auch nirgends eine echte Trauer. Diese »Unfähigkeit zu trauern« (A. Mitscherlich) war die Unfähigkeit einer ganzen Generation, sich von ihrer braunen Vergangenheit zu lösen; sie suchte vielmehr jede offene, öffentliche Kundgebung von Schmerz und Trauer möglichst zu unterdrücken, um nicht unter dem Leichenberg ihrer Schuldgefühle zusammenzubrechen, und schirmte sich gegen ihre blutige und blutjunge Vergangenheit durch eine kollektive Verdrängungsaktion ab, indem sie sich in einen ebenso hektischen wie heroischen Wiederaufbau flüchtete.

Die künstliche Totenstille, die allenthalben im Lande herrschte, war aber zugleich die heimtückische Stille derer, die sich vier Jahre lang *scheintot* gestellt hatten, um sich wiederum an die Schalthebel der Macht zu schleichen. So formierten sich die Alt-PGs, nachdem sie das Hakenkreuz mit dem christlichen Kreuz vertauscht hatten, schon wieder in aller Freiheit zur stärksten der Parteien; die alten »Wehrwirtschaftsfüher« und Kriegsgewinnler, die mit Hitlers »totalem Krieg« das bombigste Geschäft dieses Jahrhunderts gemacht hatten, saßen bald wieder an der Spitze ihrer zum Schein entflochtenen Konzerne; und die ehemaligen Nazi-Richter übernahmen, nach einem eiligen Bekenntnis zu »Freiheit und democracy«, bald wieder den Vorsitz in den Gerichten der »neuen« Republik und sorgten, gleich zu Beginn der Adenauer- und McCarthy-Ära, dafür, daß die »Volksfeinde«, die Kommunisten und Antifaschisten, Berufs- und Parteien-Verbot erhielten. Die Restauration, die hinter dem Rücken der Bevölkerung und mit klammheimlicher Unterstützung der angloamerikanischen Siegermächte im Gange war, hatte allerdings einen mystischen Zug. Wer da »wieder zur Welt gekommen«, wer da »wieder unter uns« war, waren diejenigen, die Deutschland in zwei Weltkriegen zur Ader gelassen hatten. Die fixe Idee der Wiedergeburt, der »Reinkarnation«, von der mein Vater und ich besessen waren, erscheint mir im nachhinein gleichsam als unfreiwillig-ironische Paraphrase, als bewußtlose metaphysische Widerspiegelung der allerdings fixen »Wiedergeburt« jener braunen Vampire, die nun freilich, im Bonner Schummerlicht, ein demokratisches Keep-smiling aufsetzten.

Zwar war mein Vater nie Mitglied der NSDAP gewesen und hatte sich – zum Glück für die Familie – vor dem Kriegsdienst lange Zeit drücken können, da er als angesehener Dirigent und Komponist »u. k.-gestellt« war; dennoch schien auch ihm die nationalsozialistische Mythenbildung im Verein mit der Anthroposophie den Kopf verdreht zu haben. Die familiäre Katastrophe suchte er in ähnlichen Begriffen zu verarbeiten bzw. zu rationalisieren wie die gesellschaftliche Katastrophe: Für den Sieg wie für den Zusammenbruch des Faschismus machte er eine »höhere Fügung«, eine Art »Vorsehung« verantwortlich, genau wie für den »Tod« seiner ersten Frau. Ja, selbst in dem ungeheuren Leid und der ungeheuren Schuld, die das zusammengebrochene Dritte Reich den Nachkriegsdeutschen aufgebürdet hatte, sah er noch eine »höhere Fügung« am Werk, eine schicksalhafte Bedingung und notwendige Voraussetzung einer höheren Kultur. Diese masochistisch-protestantische Haltung, die aus jeder Not eine höhere Tugend zu machen verstand, war eine der Formen, in der viele Nachkriegsdeutsche den Zusammenbruch zu verarbeiten suchten; um mit dem profanen Trümmerfeld des »Tausendjährigen Reiches« fertig zu werden, mußte es religiös überhöht, in ein apokalyptisches Weltgericht verklärt werden, damit selbst noch das Sinnlose einen Sinn erhielt.

Auch ich mußte diesen historischen Trümmerhaufen, in den ich hineingeboren wurde, schon als Fünfjähriger mystifizieren und ästhetisieren, um ihn überhaupt verarbeiten zu können; mußte mir satt vorkommen von Mahlzeiten, die in Wirklichkeit kärglich und rationiert waren; mußte mir geliebt vorkommen von einer Mutter, die in Wirklichkeit tot, und von einem Vater, der (aus beruflichen Gründen) nur selten da war. Diese halbirren Kriegs-Invaliden, die unser Haus bevölkerten, mußte ich schon zu ganzen und heilen Menschen zurechtstilisieren, um nicht selber an ihnen irre zu werden. Meine Verhaltensstörungen mußte ich, seit ich denken konnte, schon zu außergewöhnlichen und interessanten Charaktereigenschaften verklären, um mir nicht selbst als Kretin vorzukommen. Diesen ganzen historischen Trümmerhaufen mußte ich schon zu meinem höchstpersönlichen Spielplatz ernennen, wenn ich nicht mehr zurückkriechen konnte in den Mutterschoß, der mich zwischen Bomben und Granaten verloren hatte. Bereits mit fünf Jahren war ich ein vollkommen mystisches Kind, weil ich diese gespenstische, spukhafte Nachkriegs-Realität überhaupt nicht als Realität annehmen konnte; »aneignen« konnte ich sie mir durch einen gleichsam magischen Vorgang, indem ich sie nach dem Vorbild meines Vaters schlechterdings auf den Kopf stellte: das Tote für lebendig, das Kaputte für ganz, das Sinnlose für sinnvoll und das Katastrophale für das eigentlich Normale hielt.

Der kleine Franz K. (annitverstan)

An den langen und kalten Winterabenden in Grainau suchten meine Schwester und ich unseren schwerhörigen, oft angetrunkenen Großvater manchmal dadurch in Stimmung zu bringen, daß wir – der eine von rechts, der andere von links – im Chor brüllten: »Zicke-Zacke-Heil-Heil-Heil! Zicke-Zacke-Heil-Heil-Heil!« Mit diesem preußisch variierten Hitler-Gruß, den ich irgendwo aufgeschnappt hatte, erweckten wir unseren Großvater tatsächlich aus seiner Säufer-Apathie und brachten ihn in Stimmung, allerdings in eine andere, als wir in unserer Unschuld ahnen konnten. Denn nach mehrmaliger Wiederholung unseres »Erweckungs-Rufs« fing er am ganzen Körper zu zittern an, sein Gesicht lief rot an, und mit vor Jähzorn bibbernder Stimme schrie er: »Wenn ihr nicht gleich aufhört, könnt ihr was erleben!« Wir aber, erst recht neugierig geworden, ließen nicht locker und brüllten ihm weiter die Ohren voll: »Zicke-Zacke-Heil-Heil-Heil!«, bis er uns mit seinen wuchtigen Händen links und rechts ins Gesicht schlug und wir, in einer merkwürdigen Mischung aus Schmerz und Belustigung, auf den Teppich taumelten. Oftmals wiederholten wir, trotz der Schläge, dieses Spiel, weil wir dahinterkommen wollten, warum unser Großvater auf unsere kindlich-freche Frage »Zicke-Zacke-Heil-Heil-Heil!« wie ein Wahnsinniger reagierte. Wir konnten ja nicht ahnen, daß unser Großvater PG und wie unsere Großmutter, die noch in den letzten Stunden des Dritten Reiches dem »Führer« ihren letzten Goldschmuck geopfert hatte, begeisterter Hitler-Anhänger gewesen war.

Erst zwanzig Jahre später habe ich begriffen, warum für diese geschlagene (Nazi)Generation, die uns erzogen hat, im Prinzip jedes Kind zur Bedrohung wurde: Weil Kinder mit der ihnen eigenen, sprichwörtlichen Unschuld und mit dem ihnen eigenen Forschungstrieb alles anfassen, alles betasten und beriechen; Granathülsen unter den Trümmern hervorwühlen, mit Krücken

Steckenpferd spielen, weggeworfene Ordensspangen und Abzeichen hinter der Hecke vorziehen und zu all dem noch Fragen stellen; grauenhaft einfache Fragen: Wie das heiße, wo das herkomme, wozu das gut sei usw. Ja, da konnten unsere Väter und Großväter (auch wenn sie sonst vielleicht liebe Menschen waren) nur zuschlagen, um uns Fragen auszutreiben, die sie selber nicht beantworten konnten oder wollten, um nicht unter dem bleiernen Gewicht ihrer eigenen Antworten zusammenzubrechen. Und weil die Siegermächte ihnen zudem keine Zeit und keine Möglichkeit ließen, ihre in Haß und Selbsthaß umgeschlagene Liebe zu den alten Nazi-Idolen zu verarbeiten, entwickelten sie einen irrationalen und neurotischen Haß auf alles und jedes, was sie irgendwie an ihre Vergangenheit erinnerte. (...)
Da fast jede zweite Frage mittelbar oder unmittelbar einen wunden Punkt dieser körperlichen oder seelischen Kriegsinvaliden berührte, die das Personal meiner Kindheit bildeten, und ungeahnt heftige Reaktionen auslösen konnte, hüllte ich mich schließlich in ein ängstliches Schweigen, das ich aber periodisch durch schier endlose Selbstgespräche und durch ein meine Geschwister enervierendes Geplapper durchbrach. Die mir durch das irrationale Gesamtverhalten meiner nächsten Umwelt auferlegte Frage-Hemmung hatte ich bald so verinnerlicht, daß ich vor den Fragepronomen – warum, wozu, woher? – eine regelrechte Phobie bekam. Schließlich geriet ich nicht nur bei den Wörtern, die mit »M«, sondern auch bei denen, die mit »W« begannen, regelmäßig ins Stottern. In gewissem Sinne weigerte ich mich, sprechen zu lernen, weil ich so oft am Fragen und vor allem am *Widersprechen* gehindert worden bin.
Ich glaube heute, diese Fragehemmung, die mir als Kind oktroyiert wurde, war kein individueller, vielmehr ein generationsspezifischer Defekt. Eben weil sich diese Kriegsgeneration, die unsere Kindheit geprägt hat, so schuldig fühlte, vermochte oft schon eine ganz naive Frage von uns Kindern sie so in Panik zu versetzen, als stünde sie vor dem Nürnberger Gerichtshof. Unsere Lust zu fragen, unsere kindliche Frage- und Widerspruchs-Bereitschaft wurde von Anfang an gebremst, weil, ließ man unserer Wißbegierde erst einmal freien Lauf, sie sich wie ein Lauffeuer ausbreiten und früher oder später an den Hauptnerv ihrer Verdrängungen, der Verdrängung ihrer Nazi-Vergangenheit, rühren konnte. Dies ist, meiner Meinung nach, der Hauptgrund für die oft beschriebene »Glashaus-Atmosphäre«, die die meisten (klein)bürgerlichen Nachkriegsfamilien charakterisiert. (...)
Da unsere Erzieher auf unsere kindlichen Fragen oft so reagierten, als wollten wir sie auf die Anklagebank setzen, schlugen diese Fragen als wortlose Anklagen auf uns selber zurück. Da wir offenbar mit jeder zweiten Frage an das schlechte Gewissen dieser Generation rührten, bekamen wir am Ende selber ein schlechtes Gewissen. So hat diese Kriegsgeneration den Berg ihrer historischen Schuldgefühle auf uns Kinder gewälzt, als wir noch kaum auf den Beinen standen. Es erging uns Nachkriegs-Kindern in gewisser Weise wie Franz K., der von irgendwelchen Richtern, die er nie zu Gesicht bekommt, aus Gründen, die er nie erfährt, schuldig gesprochen wird.
Die Kriegsgeneration aber fühlte sich nicht zuletzt deshalb so schuldig, weil sie die wirklichen gesellschaftlichen Ursachen ihrer Schuld nicht begriff bzw. diese – wenn überhaupt – nur moralisch, nicht politisch zu ergründen suchte. Und die angloamerikanischen Sieger, die als Richter über das besiegte (West)Deutschland auftraten, hatten offenbar kein Interesse daran, die Deutschen über die wahren politisch-ökonomischen Ursachen des Faschismus aufzuklären und die Macht- und Eigentumsverhältnisse, auf denen jener basiert hatte, grundlegend zu ändern. Da sie im Gegenteil die tatsächlichen Nutznießer des Faschismus ungeschoren und ihnen alsbald eine wahrhaft christliche Absolution zuteil werden ließen – zumal jenen »kapitalen« Sündern, die für den Wiederaufbau nach altem kapitalistischem Muster unabkömmlich waren –, mußte statt dessen das ganze Volk schuldig gesprochen werden. Dieses nahm, opferbereit wie eh und je, am Ende nicht nur die moralische, sondern auch die materielle »Kollektivschuld« seiner Großindustriellen, Großbankiers und Großaktionäre auf sich. In der Währungsreform von 1948 wurden die Ersparnisse der kleinen Leute in grandioser Weise enteignet, d. h. im Verhältnis 1:4 abgewertet, während die deutschen Konzernherren in grandioser Weise exkulpiert wurden, indem ihr gesamtes Sach- und Aktienkapital, sprich: ihre Milliardenprofite aus dem Rüstungsgeschäft, im Verhältnis 1:1 (manchmal sogar im Verhältnis 1:3) »umgestellt« wurden. Statt der Fabriken, Gruben, Patente, Aktien und Banken derer, die in zwölf Jahren Nazi-Herrschaft ihren Reibach gemacht hatten, wurde ihre materielle und moralische Kriegsschuld kollektiviert. Statt der Produktionsmittel derer, die Hitlers Angriffskrieg überhaupt erst ermöglicht hatten, wurde ihr schlechtes Gewissen sozialisiert. Vielleicht ist dies der letzthin politische Grund dafür, daß selbst noch wir Nachkriegskinder uns so schuldig fühlten, als seien wir mit einem Steckbrief um den Hals zur Welt gekommen.

Knecht Ruprecht mit dem Glasauge

Schon im ersten Schuljahr beschwerten sich meine Lehrer über die Unordnung und Schlamperei in meinen Schulheften. Meine Schönschreib-Hefte sahen tatsächlich aus, als »seien die Hühner darüber gelaufen«, wie meine Großmutter zu sagen pflegte. Ich schrieb nicht aus angeborenem Ungeschick, sondern eher mutwillig über und unter die vorgeschriebenen Linien, verschmierte die Ränder und kleckste wild mit Tinte herum, als fände ich eine geheime Lust daran, meine eigene (Schön)Schrift bis zur Unkenntlichkeit zu entstellen. Meine halb mutwilligen, halb zwanghaften Klecksereien waren ebenso wie meine asthmatischen Anfälle theatralische »Verstöße gegen die Form«, die mich im gleichen Maße »berühmt« machten; mit dem allerdings entscheidenden Unterschied, daß mir meine wilden Erstickungsanfälle besondere Schonung und Nachsicht, meine wilden Klecksereien dagegen besondere Strafen und Schläge eintrugen. Meine Lehrer, die mir schon mit sieben Jahren den »Sinn für die Form« absprachen, waren sich darin einig, daß man eisern durchgreifen müsse. Darum habe ich in den ersten zwei Schuljahren so viel Dresche und Strafarbeiten bekommen, daß ich mich außer an Dresche und Strafarbeiten an nichts mehr erinnern kann.
Einmal zog mich mein Klassenlehrer aus den hinteren Bänken des Klassenzimmers an den Ohren heraus, zerrte mich vor die Klasse und blätterte mein Schönschreib-Heft, in dem mehr Tintenkleckse als Buchstaben zu sehen waren, vor der ganzen Klasse durch; schwang dann den Rohrstock, um mir auf die ausgestreckten Finger zu hauen; zum Ergötzen meiner Mitschüler aber zog ich die Hand im letzten Augenblick immer weg, bis der Lehrer mir schließlich mit dem wütenden Ausruf: »Der ist nicht nur ein Schmierfink, der ist auch noch feige!« in die Kniekehlen und auf den Hintern schlug und erst aufhörte, als meine Feigheit durch mein Heulen und Wimmern endgültig bewiesen schien.
Am angesehensten waren nämlich diejenigen Schüler, die »Haltung bewahrten«, die Hand ausgestreckt hielten und ihr Dutzend Schläge einsteckten, ohne eine Miene zu verziehen. Die zur Zeit meiner Einschulung scharenweise wiedereingestellten ehemaligen Nazi-Lehrer (allein in Bayern wurden von 12000 nach 1945 entlassenen Nazi-Lehrern im Jahre 1948/49 wieder 11000 eingestellt) sorgten mit Fleiß dafür, daß die Maxime der Hitler-Jugend: »zäh wie Leder, hart wie Kruppstahl« auch uns, der Nach-Hitler-Jugend, noch ins Fell gebrannt wurde. (...)

Das Höllental der Verfolgungsängste

(...) Die Unfälle und anonymen Feinde, die mir überall aufzulauern schienen, waren Ausgeburten nicht nur meiner persönlichen, sondern auch einer kollektiven Phantasie, Hirngespinste einer historischen Epoche, in der sich ein ganzes Volk vom Weltfeind bedroht sah: für uns Kinder waren das »die Russen«! Das antibolschewistische Feindbild, das der Faschismus in den Köpfen verankert hatte, wurde nach seinem Zusammenbruch durch die kollektiven Straf- und Verfolgungsängste noch potenziert, die sich nun mit dem Bild des Russen als Sieger, Richter und Rächer verbanden. Von den Russen hörte ich schon als Fünfjähriger Greuelgeschichten, die die Grausamkeit der Grimmschen Märchen bei weitem übertrafen. Daß die Russen deutsche Bauern an Scheunentüren nagelten, deutschen Müttern den Bauch aufschlitzten und deutsche Kinder mit der Zunge an Tische und Stühle festnagelten – solche und ähnliche Schauergeschichten verband ich als Kind ganz organisch mit der Vorstellung der »Hölle«, an die meine religiöse Großmutter auch glaubte und die nach meiner Vorstellung ausschließlich mit deutschen Sündern und russischen Teufeln bevölkert sein mußte.
Erst sehr viel später habe ich begriffen, daß die damals überall grassierenden Greuelmärchen über die Russen überwiegend auf Projektionen beruhten; zwar ist es eine unleugbare historische Tatsache, daß die Rote Armee mit der deutschen Zivilbevölkerung nicht gerade zimperlich umgegangen ist – so waren Plünderungen, Lynchjustiz, Vergewaltigungen deutscher Frauen durch russische Soldaten in der ersten Zeit der Besatzung durchaus an der Tagesordnung; doch hatten viele Nachkriegs-Deutsche ein unausgesprochenes Interesse daran, einzelne Exzesse der sowjetischen Besatzungsmacht ins Unermeßliche und Monströse zu steigern, um dem Antibolschewismus und Antislawismus, um derentwillen sie ja in den Krieg gezogen waren, eine posthume Rechtfertigung zu verschaffen. Und natürlich suchten sie sich von ihren eigenen drückenden Schuldgefühlen zu entlasten, indem sie die Verbrecher, die sie selbst als Soldaten der deutschen Wehrmacht (oder der sogenannten Sonder- und Einsatzkommandos) an der russischen Zivilbevölkerung während des Krieges verübt hatten, auf die russischen Sieger projizierten, von denen sie nun ein gleiches erwarteten.
Wenn ich mit den Nachbarkindern in unserem großen Garten »Krieg« spielte und wir mit unseren Holzgewehren und Steinschleudern aufeinander losgingen, dann war der Verlierer, der, welcher totgeschossen werden mußte, immer »der Russe«! So gingen wir Kinder als Sieger aus einem gespielten Krieg hervor, den unsere Väter zum Glück im Ernst verloren hatten. Wir spielten »Stalingrad« mit verteilten Rollen, aber so, daß sich der Russe am Ende immer ergeben mußte. Wahrscheinlich lag es an dieser spielerischen Umkehrung der wirklichen Geschichte, daß dieses Spiel auch die grimmige Sympathie der Erwachsenen genoß. So war ich schon mit fünf Jahren, noch bevor ich irgend etwas anderes war, ein perfekter Antikommunist.
Zu den seltenen glücklichen Augenblicken in meiner Kindheit aber zählen jene, da die ganze Familie, meist ein, zwei Tage vor Weihnachten, wie gebannt vor dem riesigen Care-Paket stand, das eine gütige Dame aus Amerika uns jedes Jahr zuschickte. Dieses Care-Paket mit seinen gewaltigen Butter-, Käse- und Hühnchen-Dosen war für mich der Inbegriff des »reichen und gütigen Amerika«. Die einzigen Sätze, die ich damals wirklich in Schönschrift geschrieben habe, waren die Dankesbriefe an jene mythische »Misses Geyer« aus Amerika.
So stellte sich schon in unseren kindlichen Köpfen die Geschichte verkehrt herum dar: Die Russen, die den ungeheuren Blutzoll von ca. 20 Millionen Menschen entrichten mußten, um die Welt vom deutschen Faschismus zu befreien, erschienen uns als teuflische Verfolger; die Amerikaner dagegen als die »gütigsten Onkel« der Welt. Gebannt starrten die Erwachsenen auf das Goldene Kalb von Wallstreets Gnaden, mit dem Herr Marshall und Co. drei Jahre nach Kriegsende auf Deutschlands Trümmerfeldern gastierte. Daß dieses zugleich ein trojanisches Pferd war, das die alten Nazi-Politiker und -Militärs, die alten Nazi-Industriellen und -Bankiers, die alten Nazi-Richter und -Beamten in sich barg und auf ihr demokratisches Comeback vorbereitete, merkten sie nicht. Um so weniger wir Kinder.

Karl-Ludwig Sommer

Von Hauptschuldigen, Mitläufern und Persilscheinen – Vergangenheitsbewältigung im Nachkriegsdeutschland

»Entnazifizierung, ein Begriff, der zunächst die Ausrottung des Nationalsozialismus in Deutschland bezeichnete, ist allmählich zu einem Synonym für das Reinwaschen von Nationalsozialisten degeneriert.« Dies ist nicht etwa das Fazit einer Untersuchung über die Entnazifizierung aus heutiger Rückschau, sondern der erste Satz einer ernüchternden Bilanz, die der für die Entnazifizierung in Bremen zuständige Offizier der US-Militärregierung, Joseph F. Napoli, unmittelbar nach seiner Rückkehr in die USA im Sommer 1949 veröffentlichte. Und er fuhr fort: »Wir, die wir die politischen Vorstellungen der Militärregierung zu verwirklichen suchten, haben – wie es heute scheint – den Kampf um eine durchgreifende Entnazifizierung sowohl der öffentlichen Verwaltung als auch der privaten Wirtschaft in Deutschland verloren... Wir, die wir aktiv an der Entnazifizierung beteiligt waren, konnten seit den ersten Tagen der Besatzung feststellen, daß wir gegen den Strom schwammen.«[1]

Dieses vernichtende Urteil, mit dem Napoli auch unmittelbar vor seiner Abreise in einer Pressekonferenz am 13. Mai 1949 in Bremen an die Öffentlichkeit getreten war, führte zu heftigen Protesten verantwortlicher deutscher Politiker. Ihnen hatte Napoli unter anderem vorgeworfen, sie hätten sich ihre Sache zu leicht gemacht, indem sie zum Teil dieselben Personen in Führungspositionen gebracht hätten, die diese schon in der NS-Zeit innehatten, anstatt sie durch unbelastete Personen zu ersetzen. Der Präsident des Bremer Senats, Wilhelm Kaisen, einer der vielzitierten »Männer der ersten Stunde«, verlangte z. B. vom Direktor der amerikanischen Militärregierung in Bremen die Verfolgung dieses Vorgangs, da andernfalls eine einvernehmliche Zusammenarbeit zwischen Militärregierung und Senat nicht mehr gewährleistet sei, und drohte sogar mit Rücktritt, falls man von ihm schärferes Durchgreifen fordern sollte. Er mußte sich allerdings von den Amerikanern fragen lassen, ob denn der Senat jemals ernsthaft versucht hätte, unter den drei Vierteln der bremischen Bevölkerung, die als »Nichtbelastet« eingestuft worden waren, geeignete Personen für die relativ wenigen führenden Positionen der Verwaltung zu finden.

Der Kommandant des KZ Auschwitz, Rudolf Höss, wird den polnischen Behörden zur Aburteilung ausgeliefert

Was war geschehen, daß nur vier Jahre nach dem Zusammenbruch der faschistischen Gewaltherrschaft selbst solchen deutschen Politikern, die damals verfolgt worden oder ins Exil gegangen waren, der Vorwurf gemacht wurde, sie seien zu nachsichtig mit den Nutznießern des NS-Regimes umgegangen? Was bedeutete eigentlich der Begriff »Denazification«, mit dessen deutscher Übersetzung sich durchaus publikumswirksame Anklänge an »Entmündigung«, »entwürdigend« usw. wecken ließen? Und warum war eines der wesentlichen Vorhaben der Siegermächte, nämlich Deutschland nach der militärischen Niederwerfung endgültig vom Faschismus zu reinigen, offenbar so schnell und gründlich gescheitert?

Der Ausdruck »Denazification« – anfangs zum Teil wörtlich mit Denazifikation oder Denazifizierung, bald allgemein mit »Entnazifizierung« übersetzt – war das Verlegenheitsprodukt eines politischen Beraters im Stab der US-Streitkräfte. Auf der Suche nach einer zusammenfassenden Überschrift für eine Reihe von Anweisungen der Besatzungsmacht, die von der Entfernung faschistischer Symbole und Straßennamen über die Aufhebung von Gesetzen und Verordnungen bis zur Inhaftierung führender Repräsentanten des NS-Regimes in Politik, Militär und Wirtschaft reichten, prägte er den Begriff in Anlehnung an den unter den Militärs gängigen Ausdruck »Demilitarization« (Entmilitarisierung). Bis dahin, das heißt bis Mitte 1945, war zumeist von »Arrest« und »Amtsenthebung« die Rede gewesen.

Nach den allgemein gehaltenen Absichtserklärungen der »Großen Drei« auf den Konferenzen von Teheran und Jalta im Dezember 1943 und Februar 1945, Faschismus und Militarismus in Deutschland endgültig zu beseitigen, einigten sich die vier Siegermächte erst im Potsdamer Abkommen vom August 1945 vor dem Hintergrund der in ihren Besatzungszonen jeweils bereits angelaufenen Maßnahmen auf Leitlinien für die Entnazifizierung: Neben der Auflösung der NSDAP samt angeschlossenen Organisationen und der Beschlagnahme ihres Vermögens sowie der Aufhebung aller NS-Gesetze sollten vor allem »nazistische Parteiführer, einflußreiche Nazianhänger und die Leiter der nazistischen Ämter und Organisationen und alle anderen Personen, die für die Besetzung und ihre Ziele gefährlich sind«, verhaftet und interniert sowie »alle Mitglieder der nazistischen Partei, welche mehr als nominell an ihrer Tätigkeit teilgenommen haben, und alle anderen Personen, die den alliierten Zielen feindlich gegenüberstehen«, aus öffentlichen Ämtern und verantwortlichen Positionen in der Privatwirtschaft entfernt werden. Ein in sich geschlossenes, geschweige denn gemeinsam erarbeitetes Programm zur Durchsetzung dieser Ziele kam allerdings nie zustande. Der Entnazifizierung lag vielmehr in jeder der vier Zonen ein Bündel verschiedener, zumeist mehr schlecht als recht aufeinander abgestimmter Maßnahmen zugrunde, die von den Besatzungsmächten auf ihre jeweiligen längerfristigen Zielsetzungen zugeschnitten waren und entsprechend deren Wandlungen abgeändert wurden.

Auf die ihnen zugewiesenen Aufgaben, das tatsächliche Ausmaß der Zerstörungen und die chaotischen Lebensumstände im besetzten Deutschland in der Regel unzureichend vorbereitet, mußten die mit der Durchführung der Entnazifizierung beauftragten Angehörigen der Besatzungstruppen über weite Strecken improvisieren. Die Gewährleistung eines Mindestmaßes an öffentlicher Ordnung und Versorgung der Bevölkerung einerseits und der Anspruch einer gründlichen Säuberung der Verwaltung und Wirtschaft andererseits waren vielfach nur schwer miteinander zu vereinbaren, zumal die entsprechenden Direktiven keine schlüssige Antwort auf die Kardinalfrage: »Wer ist eigentlich ein Nazi?« zuließen. Gerade vor Ort war man auf die Unterstützung Deutscher angewiesen, aber wem durfte man denn trauen? Robert Murphy, amerikanischer Berater im alliierten Oberkommando, beschrieb das Dilemma, als er Anfang Mai 1945 amerikanischen Offizieren empfahl, sich weder auf Ratschläge der Kirche zu verlassen, deren Ruf reichlich ramponiert sei, noch auf solche von ehemaligen Mitgliedern der Zentrums-Partei, die nationalistische und militaristische Ziele verfolgt habe. Linke und Gewerkschafter seien zwar Gegner der Nazis gewesen, aber nicht unbedingt liberal und demokratisch, so daß die Beauftragten der Militärregierung sich letztlich auf ihr eigenes Urteil verlassen müßten. Während in der sowjetischen Besatzungszone die im russischen Exil aufgebauten und geschulten deutschen Kader relativ schnell weitreichende Befugnisse erhielten, standen insbesondere britische Militärs und Politiker ins englische Exil gegangenen Deutschen vielfach sehr reserviert gegenüber: Das englische Kabinett beschloß im Mai 1945, die unbelasteten (»white«) Deutschen in Großbritannien zu behalten und nur die belasteten (»black«) nach Deutschland zurückzuschicken, und noch 1946 wurde mehreren hundert deutschen Juristen, die vor dem Krieg nach England gekommen waren und jetzt um Verwendung beim Wiederaufbau des Justizapparates in der britischen Zone nachsuchten, die Rückkehr nach Deutschland untersagt, denen unausgesprochen der Vorwurf gemacht wurde, sie hätten nicht gewagt, in Deutschland zu bleiben und gegen den Faschismus zu kämpfen, wollten jetzt aber Vergeltung üben.

Diejenigen, die wohl am ehesten in der Lage gewesen wären, der Entnazifizierung in der ersten Phase der Besatzung entscheidende Unterstützung zuteil werden zu lassen, sahen sich schnell wachsendem Mißtrauen der Sieger ausgesetzt: In den letzten Wochen und Tagen vor beziehungsweise unmittelbar nach dem Einrücken alliierter Truppen hatten sich in vielen Städten antifaschistische Gruppierungen gebildet, denen in der Mehrzahl ehemalige Mitglieder der Arbeiterparteien und Gewerkschaften, aber auch Gegner des Nazi-Regimes aus bürgerlichen Kreisen angehörten. Überwiegend unter Führung ehemaliger sozialdemokratischer oder kommunistischer Funktionäre als Aktionsausschüsse organisiert, waren sie bemüht, den Wiederaufbau der örtlichen Selbstverwaltung in die Wege zu leiten, und wurden zunächst von den Besatzungstruppen insbesondere dort respektiert, wo sie die kampflose Übergabe ihres Heimatortes durchgesetzt hatten. Doch dieser Ansatz einer »Selbstreinigung« mit dem Ziel des Aufbaus eines sozialistisch geprägten, demokratischen Deutschland stand in deutlichem Gegensatz zu den von den Besatzungsmächten in ihren Zonen längerfristig verfolgten Absichten, und so wurden schon Mitte Mai 1945 fast alle dieser Gruppierungen unter Bezugnahme auf das von den Alliierten erlassene Verbot politischer Betätigung aufgelöst. Nur in der französischen Besatzungszone konnten einzelne Antifa-Ausschüsse nachhaltigeren Einfluß ausüben, wenn sie mit Offizieren zusammenarbeiteten, die in Frankreich der Résistance angehört hatten. Amerikanische und britische Offiziere ließen sich demgegenüber bei der Auswahl ihrer deutschen Helfer des öfteren von Fremdsprachenkenntnis und äußerem Erscheinungsbild leiten. Da diese beiden Kriterien noch am ehesten in Kreisen des Bürgertums anzutreffen waren, die sich mit dem NS-Regime zumindest arrangiert hatten, kam es zu einer Reihe spektakulärer Fehlgriffe, die im Herbst 1945 sogar einige Entlassungen in der amerikanischen Militärverwaltung nach sich zogen.

Bemühungen des Alliierten Kontrollrats, mit der in der Direktive Nr. 24 vom 12. Januar 1946 vorgenommenen Festschreibung des unter die Entnazifizierung fallenden Personenkreises und entsprechender Kategorien für die Entfernung bzw. den Ausschluß aus öffentlichen Ämtern doch noch eine einheitliche Grundlage für die von den Siegermächten eingeleiteten Säuberungen zu schaffen, blieben erfolglos. Den übergeordneten Zielsetzungen der jeweiligen Besatzungsmacht entsprechend hatte sich in den vier Zonen bereits eine im einzelnen recht unterschiedliche Entnazifizierungspraxis etabliert:

Die Franzosen waren – eingedenk ih-

rer eigenen traumatischen Erfahrungen mit der Kollaboration und ihrer Liquidierung nach der Befreiung – daran interessiert, die »schmutzige Wäsche« weitgehend den Deutschen selbst zu überlassen; ihre Direktiven liefen letztlich nur auf die Entfernung der ganz schwarzen Schafe hinaus. Ende 1945 galt ihre Zone als »Eldorado der Duldsamkeit« gegenüber politisch Belasteten, in der eine ganze Reihe von in der US-Zone entlassenen Personen wieder in öffentlichen Ämtern tätig werden konnten.

Auch die Briten betrachteten die eigentliche Entnazifizierung vorrangig als deutsche Angelegenheit, die in der Regel hinter dem Erhalt eines zur Versorgung der Bevölkerung ausreichenden Standes wirtschaftlicher Leistungsfähigkeit zurückzustehen hatte. Ziel ihrer Besatzungspolitik war die Ahndung der an britischen Kriegsgefangenen begangenen Verbrechen sowie die Besetzung wichtiger Positionen mit Personen, die im Sinne der Besatzungsmacht arbeiteten, nicht aber die Bestrafung von Nazis, wie General Robertson, damals stellver-

Angeklagter vor dem amerikanischen Militärgericht im ehemaligen KZ Dachau

tretender Militärgouverneur der britischen Zone, Anfang 1947 erklärte.
In der sowjetischen Zone diente die Entnazifizierung in erster Linie als Hilfsmittel bei der politischen und wirtschaftlichen Umwälzung. Führende Nazis, Kapitalisten und Großgrundbesitzer wurden als Repräsentanten der herrschenden Klasse verhaftet oder enteignet und fast alle Angehörigen des Justizapparates sowie rund 80% der Lehrer entlassen; die große Masse der mittleren und kleinen Chargen in der Verwaltung wurde dagegen – in sicherer Einschätzung deutscher Amtsstubenmentalität – einfach neuer, das heißt kommunistischer Führung unterstellt und im Amt belassen.
Den schärfsten und mit dem bei weitem größten bürokratischen Aufwand verbundenen Kurs verfolgten zunächst die Amerikaner. Gemäß der ihrer Besatzungspolitik bis Anfang 1946 zugrundeliegenden These von der Schuld aller Deutschen am Faschismus mußten die erwachsenen Einwohner ihrer Zone einen 131 Positionen umfassenden Fragebogen ausfüllen. Darin mußten neben Angaben zur Person, zur Ausbildung und zur Mitgliedschaft in politischen, vor allem NS-Organisationen unter anderem auch Auskünfte über alle seit 1923 gehaltenen »öffentlichen Ansprachen und Vorlesungen, mit Angabe des Themas, Datums, der Auflage oder Zuhörerschaft« oder etwa über Herkunft und Höhe der jährlichen Einkünfte seit 1931 gegeben werden. Falsche Angaben, gerade hinsichtlich der Zugehörigkeit zu NS-Organisationen, konnten durch den Abgleich mit der von den Amerikanern erbeuteten Zentralkartei der NSDAP weitgehend festgestellt werden und wurden geahndet. Die anhand der Fragebögen den ersten beiden von insgesamt fünf Einstufungskategorien zugeordneten Personen sollten vorläufig aus öffentlichen Ämtern und führenden Positionen in der Verwaltung und der Privatwirtschaft ausgeschlossen bleiben. In der Praxis entsprach das Ergebnis dieser perfektionistisch ausgeklügelten Massendurchleuchtung allerdings in keiner Weise dem damit verbundenen Aufwand: Von den bis Weihnachten 1945 eingegangenen rund 13 Millionen Fragebögen hatten die Amerikaner bis Mitte 1946 erst 1,6 Mio. bearbeiten können. Die dabei vorgenommene Klassifizierung wurde zudem von örtlichen Militärdienststellen nicht eben selten mißachtet, teilweise aufgrund von Bestechung mit Schwarzmarktgütern oder Jagdgelegenheiten oder durch Prostitution von Frauen, wie führende US-Offiziere im Laufe einer Konferenz über den bisherigen Fehlschlag ihrer Entnazifizierungsmaßnahmen Ende August 1945 selbstkritisch feststellten. Letztlich bewirkte dieses einzige umfassend angelegte Säuberungsprogramm eher das Gegenteil der mit ihm angestrebten Zielsetzung: Je weiter die Amerikaner den Kreis der zu Entlassenden von den staatlichen Institutionen auf die Privatwirtschaft und die freien Berufe ausdehnten und je schärfer sie im Laufe des Jahres 1945 die Einstufungspraxis handhabten, desto stärker wurde ein Solidarisierungseffekt zwischen den nun fast unterschiedslos betroffenen »kleinen« und »großen« Nazis spürbar, denen zudem die übrige Bevölkerung in wachsendem Maße mit Mitleid begegnete.

NS-Prominenz und Kriegsverbrecherprozesse

Schon vor Beginn konkreter Planungen über die eigentliche Entnazifizierung hatten sich die Alliierten im Oktober 1943 öffentlich auf die Aburteilung deutscher Kriegsverbrecher festgelegt. Mit Ausnahme der Hauptkriegsverbrecher, die die Alliierten gemeinsam zur Rechenschaft ziehen wollten, sollten die Beschuldigten in den Ländern vor Gericht gestellt werden, in denen die Verbrechen begangen worden waren. Insbesondere höhere SS- und Gestapo-Offiziere nutzten daher in der Endphase des Krieges ihre berufliche Stellung, um Vorsorge für die Zeit nach dem Zusammenbruch zu treffen. Eine eigens zu diesem Zweck geschaffene Fluchtorganisation arrangierte seit Sommer 1944 die Ausschleusung von Personen und Kriegsbeute, die zumeist über Spanien nach Südamerika gebracht wurden. Als mit dem Vordringen alliierter Truppen nach Deutschland Anfang 1945 die Fluchtwege weitgehend abgeschnitten wurden, verteilte man gezielt neue Personalpapiere, die den damit Ausgestatteten das Untertauchen erleichtern sollten. Einige von ihnen setzten sich nach der Kapitulation über Italien in arabische Länder oder wiederum nach Spanien und Südamerika ab, andere tauchten Anfang der fünfziger Jahre in der Bundesrepublik wieder auf, nachdem die Entnazifizierung offiziell abgeschlossen worden war. Demgegenüber muß gerade in der mittleren Führungsgarnitur der Partei die Kapitulation vielfach als das definitive Ende angesehen worden sein; 13 Gauleiter und mehrere Kreisleiter brachten sich um, ein letztes Mal dem Vorbild des »Führers« folgend.

Im nachhinein betrachtet standen diese endgültigen Entschlüsse in einem fast schon grotesken Mißverhältnis zu den gegen die Mehrzahl der Stützen des faschistischen Systems tatsächlich verhängten Sanktionen. Die Alliierten hatten zwar am 8. August 1945 die Einrichtung eines von den vier Besatzungsmächten zu besetzenden Internationalen Militärgerichtshofes zur »Aburteilung der Kriegsverbrecher, für deren Verbrechen ein geographisch bestimmter Tatort nicht vorhanden ist«, beschlossen und in dem gleichzeitig verabschiedeten Statut für diesen Gerichtshof die vier Tatbestände der »Vorbereitung eines Angriffskrieges«, »Verbrechen gegen den Frieden«, »Kriegsverbrechen« und »Verbrechen gegen die Menschlichkeit« festgelegt. Vor allem Briten und Amerikaner waren allerdings peinlich bemüht, jeden Anschein einer Rachejustiz zu vermeiden, von den prinzipiellen Vorbehalten ihrer Militärrichter, gegen hohe Wehrmachtsoffiziere vorzugehen, ganz zu schweigen. Das am 17. September 1945 in Lüneburg vor einem britischen Militärgericht eröffnete Verfahren gegen den Kommandanten und 44 Angehörige des Lagerpersonals des KZ Bergen-Belsen, als erster größerer Kriegsverbrecherprozeß von entsprechender Publizität begleitet, geriet zum Fiasko: Die britischen Verteidiger versuchten den Nachweis zu führen, daß Konzentrationslager in Deutschland legal gewesen seien, die Wachmannschaften also gar nicht dafür zur Rechenschaft gezogen werden dürften, daß sie Befehle ausgeführt hätten. Allein das Urteil, mit dem 30 der Angeklagten schuldig gesprochen, 11 von ihnen zum Tode verurteilt wurden, konnte den verheerenden Gesamteindruck des Verfahrens ein wenig mildern.

Bergen-Belsen: Aufseherinnen werden gezwungen, vor Häftlingen niederzuknien. Der Prozeß gegen den Kommandanten und das Wachpersonal des Lagers fand im November 1945 vor einem britischen Militärgericht statt.

Mit dem am 14. November 1945 in Nürnberg eröffneten Prozeß vor dem Internationalen Militärgerichtshof begann dann die strafrechtliche Abrechnung mit der Führungsspitze des »Dritten Reiches«. Nach zehnmonatiger Verhandlung wurden 12 der 22 Angeklagten zum Tode verurteilt und bis auf Martin Bormann, gegen den in Abwesenheit verhandelt worden war, und Hermann Göring, der vorher Selbstmord beging, hingerichtet, darunter die Generäle Jodl und Keitel, der ehemalige Innenminister Frick und der Außenminister Ribbentrop. Sieben Angeklagte erhielten Freiheitsstrafen zwischen 10 Jahren und lebenslänglich, die restlichen drei wurden freigesprochen. Ursprünglich als Auftakt für weitere Prozesse geplant, blieb dieses Verfahren das einzige vor dem Internationalen Militärgerichtshof. Nach einem Beschluß des Kontrollrats vom Dezember 1945 wurden Kriegsverbrecher in der Folgezeit in den einzelnen Besatzungszonen durch Gerichte der jeweiligen Besatzungsmacht abgeurteilt. Dabei wurden vor dem amerikanischen Militärgerichtshof in Nürnberg bis Mitte 1949 in 12 weiteren großen Prozessen 120 führende Beamte, Militärs und Funktionsträger des NS-Regimes, 23 Ärzte und 41 Industrielle, unter ihnen Friedrich Flick und Alfried Krupp, angeklagt; von den insgesamt 24 ausgesprochenen Todesurteilen wurden 12 vollstreckt. Über die Gesamtzahl und die Höhe der Strafen der in der sowjetischen Zone durchgeführten Kriegsverbrecherprozesse liegen keine verläßlichen Angaben vor; in den drei Westzonen verurteilten alliierte Gerichte in entsprechenden Verfahren insgesamt 5006 Personen, 794 von ihnen zum Tode – unter den 474 tatsächlich Hingerichteten befand sich kein General!

Links: C. M. Mory, Angeklagte im Mordprozeß KZ Ravensburg (1947), in dem sie zum Tode verurteilt wurde.

Arbeitsruhe in Berlin

Das Internationale Gericht hat gesprochen. Nunmehr ist es Aufgabe des deutschen Volkes, über die Kriegs- und Naziverbrecher das Urteil zu fällen. Zur Unterstützung der Forderung, die Kriegs- und Naziverbrecher vom deutschen Gericht wegen ihrer Verbrechen gegen das deutsche Volk abzuurteilen, fordern wir alle Berliner Betriebe auf, heute

14 bis 14 10 Uhr

die Arbeit ruhen zu lassen.

Für die Entfernung der Nazi- und Kriegsverbrecher aus den Wirtschaftsleitungen in ganz Deutschland!

Für die Säuberung der Berliner Betriebe von den Nazi- und Kriegsverbrechern!

BELEGSCHAFTSVERSAMMLUNG
der Apparatefabrik Treptow

Arbeiter! Angestellte!
Schaffende Berliner!

Mittwoch, den 16. Oktober 1946, werden die in Nürnberg ausgesprochenen Todesurteile gegen die Hauptkriegsverbrecher vollstreckt. Deutschland und die gesamte Welt ist damit von einer Plage befreit. Neben den in Nürnberg abgeurteilten gibt es aber noch viele Kriegs- und Naziverbrecher, die vor deutschen Gerichten sich verantworten müssen.

Vor allem aber müssen jetzt endlich in Berlin und in Westdeutschland

die großcn Konzerne,
die Kriegsverbrecher Nr. 1

enteignet und ihr Eigentum in die Hände des Volkes überführt werden. Das ist die Forderung, die wir am Tage der Hinrichtung stärker denn je erheben. Deshalb rufen wir die Arbeiter und Angestellten auf, am

Mittwoch, dem 16. Oktober,
in der Zeit von 12—13 Uhr,

in allen Berliner Betrieben eine Berichterstattung durchzuführen von der 1. Groß-Berliner Vollversammlung der Betriebsräte.
Wir erheben unsere Stimme und rufen:

Jetzt endlich auch Schluß
mit den Kriegsverbrechern und mit der
Herrschaft der Konzerne in Berlin.

Es lebe die Gewerkschaftseinheit!
Es lebe die Einheit Deutschlands!
Es lebe der Kampf um eine neue demokratische Ordnung in Berlin!
Die Betriebe der Konzernherren und der Kriegsverbrecher in die Hände des Volkes.

Berlin, den 15. Oktober 1946.

Die 1. Betriebsräte-Vollversammlung in Berlin.

Kolleginnen, Kollegen!

Die Verderber Europas, die Vernichter kulturellen Fortschritts, die Massenschlächter der Menschheit gingen heute ihrer

verdienten Strafe entgegen

12 Galgen wurden errichtet!

Wenn das deutsche Volk sein Urteil gesprochen hat, werden 10 weitere erforderlich sein, denn anderes haben die Kreaturen, die zur Schande des deutschen Volkes **den Galgen** zu einer **öffentlichen Einrichtung** machten, nicht verdient.

Um den Dank an die Besatzungsmächte zum Ausdruck zu bringen, die die Menschheit von 12 Verbrechern erlöst haben und uns die Möglichkeit zuerkannten, die restlichen Verbrecher von deutschen Gerichten abzuurteilen, beschloß die gestern tagende Betriebsräte-Vollversammlung, am heutigen Tage,

Mittwoch, den 16. Oktober 1946

12-13 Uhr Arbeitsruhe

durchzuführen..

Kolleginnen, Kollegen, folgt euren Betriebsräten, den Vorkämpfern gegen Reaktion und Faschismus!

Anschläge in Betrieben nach den Urteilen in den Kriegsverbrecher-Prozessen.

Links: Der Angeklagte Flick vor dem US-Militärgericht in Nürnberg 1947

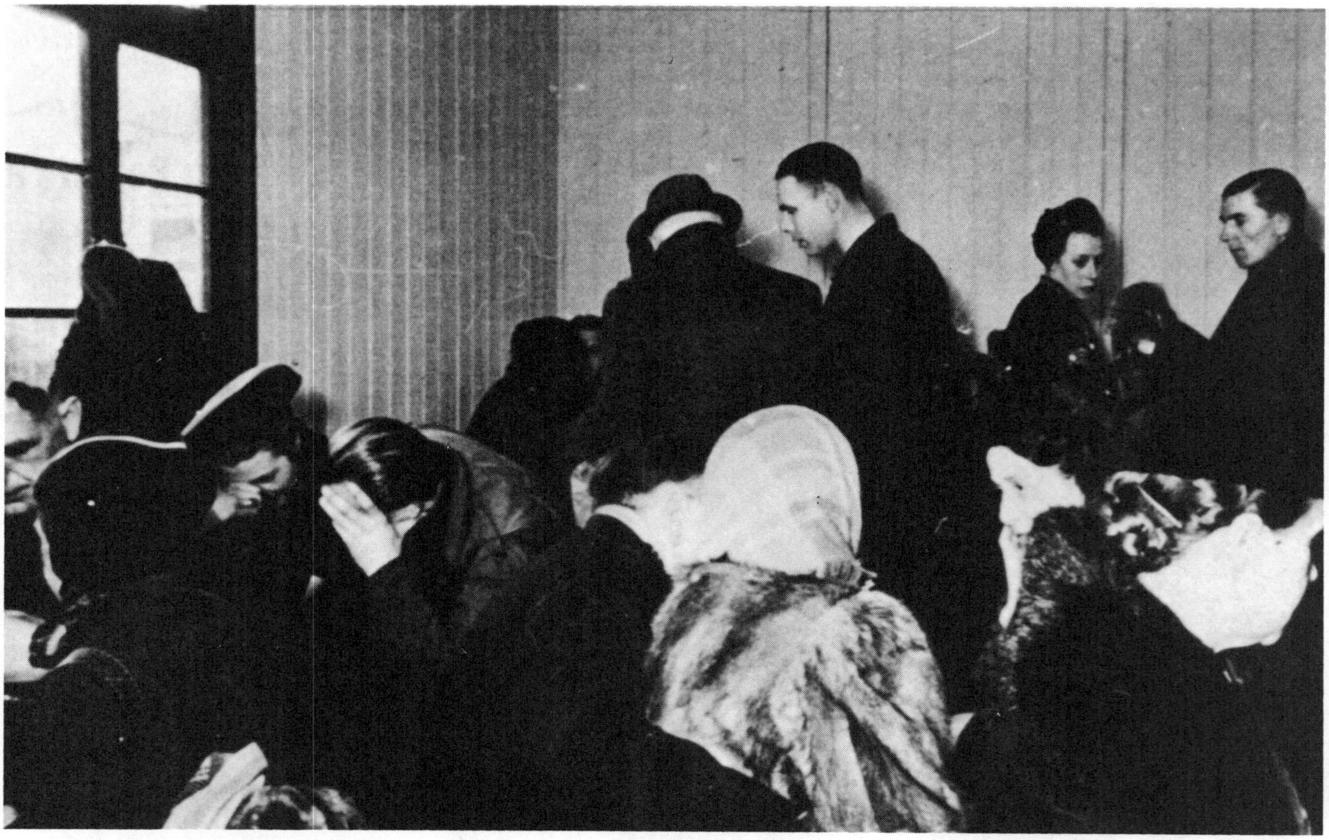

Gesichter hinter Pelzmänteln versteckt: im amerikanischen Internierungslager für führende Nazis in Bremen/Riespott

Die Entnazifizierung in den Westzonen unter deutscher Verantwortung (1946/47 bis 1948/49)

In der sowjetischen Besatzungszone war mit der grundsätzlichen Neuordnung der gesellschaftlichen und politischen Strukturen ein radikaler Bruch mit der Vergangenheit vollzogen worden; die Entnazifizierung wurde bereits im Februar 1948 von der sowjetischen Militäradministration offiziell für abgeschlossen erklärt. Demgegenüber hatte in den drei westlichen Zonen im Zuge der Diskussionen um den demokratischen Neubeginn die Kritik an der Entnazifizierung ständig zugenommen. Sie bezog sich in erster Linie auf die in der US-Zone praktizierte Regelung, betraf grundsätzlich aber auch die jeweiligen Maßnahmen in den anderen Zonen: Auf der einen Seite rügten die Militärregierungen die oft nur widerwillige Mitarbeit deutscher Stellen bei der Entnazifizierung und das fehlende Schuldbewußtsein der Deutschen; einer im November 1945 in der US-Zone durchgeführten Umfrage zufolge hielten 50% der Befragten den Nationalsozialismus für eine gute Idee, die nur schlecht ausgeführt worden sei, und nur 20% akzeptierten die deutsche Schuld am Krieg, während 70% jede Verantwortung dafür ablehnten. Auf der anderen Seite beklagten viele Deutsche, in der ersten Zeit vor allem Vertreter der Kirchen, später auch Politiker der wiederentstehenden Parteien, den angeblich viel zu weit gezogenen Kreis der Belasteten und insbesondere die Rechtsunsicherheit des Verfahrens. Tatsächlich redeten beide Seiten aneinander vorbei; während die Westmächte in der Entnazifizierung eine von politischen Kriterien bestimmte Maßnahme als Voraussetzung für die Wiederherstellung der Demokratie sahen, betrachteten viele deutsche Politiker der ersten Nachkriegszeit die Entnazifizierung als strafrechtliche Maßnahme zur Ahndung von Fehlverhalten während der NS-Zeit. Dabei hielten sie nach den Jahren der Willkürherrschaft die Durchführung entsprechender Sanktionen auf einwandfrei rechtsstaatlicher Grundlage für eine wesentliche Voraussetzung des demokratischen Neuanfangs. Dies galt in erster Linie für bürgerliche Kreise, die – unter dem Faschismus am stärksten kompromittiert und damit von der Entnazifizierung am meisten betroffen – das Argument der Rechtsunsicherheit als willkommenes Mittel zur Verteidigung gerade auch derjenigen entdeckten, die in den voraufgegangenen Jahren keine Probleme damit gehabt hatten, dem alles andere als rechtsstaatlichen NS-Regime zumindest loyal zu dienen. Aber auch prominente Sozialdemokraten maßen der Wiederherstellung einer gesicherten Rechtsgrundlage überragende Bedeutung zu; Gustav Radbruch, in der Weimarer Republik eine Zeit lang Reichsjustizminister, schrieb Anfang 1946: »Demokratie ist gewiß ein preisenswertes Gut, Rechtsstaat aber ist wie das tägliche Brot, wie Wasser zum Trinken und wie Luft zum Atmen...«[2]

Die weitgehende Übertragung der Entnazifizierung in deutsche Verantwortung war insofern auch als Reaktion der Westalliierten auf diese Kritik anzusehen: Am 5. März 1946 unterzeichneten die Ministerpräsidenten der Länder der US-Zone das von ihnen auf amerikanische Aufforderung hin gemeinsam erarbeitete »Gesetz zur Befreiung vom Nationalsozialismus und Militarismus«, dessen wesentliche Elemente bis zum Jahreswechsel 1947/48 auch in entsprechende Regelungen für die britische und die französische Zone übernommen wurden. Grundidee war die Einrichtung eines von Deutschen gegen Deutsche durchgeführten gerichtsähnlichen Verfahrens, bei dem sich die alliierten Militärregierungen allerdings die Kontrolle und letztendlich die Entscheidung in Zweifelsfällen vorbehalten hatten. Von eigens für

die Durchführung der Entnazifizierung geschaffenen deutschen Behörden wurden zunächst alle Erwachsenen anhand von Meldebögen, die jetzt nur noch Fragen zur Zugehörigkeit und zur Tätigkeit für NS-Organisationen umfaßten und ohne deren Einreichung der Betreffende von der Lebensmittelzuteilung ausgeschlossen blieb, in Betroffene und Nichtbetroffene eingeteilt. Die Betroffenen wurden dann von Spruchkammern, die in der amerikanischen und französischen Zone öffentlich, in der britischen Zone nichtöffentlich verhandelten, in eine der fünf neugeschaffenen Kategorien als »Hauptschuldige«, »Belastete«, »Minderbelastete«, »Mitläufer« oder »Entlastete« eingestuft. Je nach Einstufung verhängten die Spruchkammern zudem Sühnemaßnahmen, die von Zwangsarbeit über Vermögenseinziehungen und Beschäftigungsverbote bis zur Aberkennung des passiven und aktiven Wahlrechts reichten. Gegen die Einstufung durch die Spruchkammern war Widerspruch möglich, der von speziellen Berufungskammern, die einen Juristen zum Vorsitzenden haben mußten, abgehandelt wurde.
Diese scheinbare Verrechtlichung der Entnazifizierung in den drei Westzonen führte allerdings binnen kurzem zu eher noch fragwürdigeren Ergebnissen als die vielfach willkürlich und oft auch nur halbherzig durchgeführten Säuberungsmaßnahmen der Besatzungsmächte. Die Kirchen – ungeachtet ihres durchaus problematischen Verhältnisses zum NS-Staat in den ersten Nachkriegsjahren fast als einzige deutsche Institution von den Alliierten auch in politischen Fragen respektiert – verweigerten die Mitarbeit: Es sei unmöglich, den Deutschen die Demokratie nahezubringen, wenn aufgrund rückwirkender Gesetze die einstmals legale Mitgliedschaft in der NSDAP nachträglich kriminalisiert werde, schrieb der evangelische Landesbischof Wurm in Winter 1946/47. Bereits im Sommer 1946 hatte er in einem Interview mit der »New York Times« darüber geklagt, daß linksextreme Elemente die Entnazifizierungsgesetze dazu benutzten, die gebildete Oberschicht Deutschlands zu zerstören; das Ganze habe etwas Bolschewistisches an sich. Auf katholischer Seite untersagte Kardinal Faulhaber, Erzbischof von München, den ihm unterstellten Geistlichen und Amtsträgern die Mitarbeit in den Spruchkammern.
Deren Praxis war denn auch der eigentliche Stein des Anstoßes. Sozialdemokraten, Kommunisten und Gewerkschafter, die zunächst die Arbeit der Spruchkammern dominierten, waren in Verfahrensfragen und juristischer Argumentationstechnik in der Regel den von ihnen überwiegend einzustufenden Angehörigen der bürgerlichen Mittelschicht und vor allem den von diesen häufig hinzugezogenen Rechtsbeiständen hoffnungslos unterlegen. Im allgemeinen mußten diejenigen, die sich keinen Rechtsanwalt leisten konnten, dann auch mit härteren Sanktionen rechnen: So wurde im ersten in Bremerhaven durchgeführten Spruchkammerverfahren eine 59jährige Witwe als »Hauptschuldige« eingestuft und mit 7 Jahren Arbeitslager, Vermögenseinziehung, Aberkennung der bürgerlichen Ehrenrechte und der Befähigung zur selbständigen oder leitenden Geschäftstätigkeit sowie Wohnungs- und Aufenthaltsbeschränkungen als Sühnemaßnahmen belegt, weil sie einen Arbeiter denunziert hatte, der daraufhin wegen »Wehrkraftzersetzung« hingerichtet worden war. Im ersten in Bremen abgeschlossenen Verfahren wurde demgegenüber ein Arzt, seit 1933 Mitglied der NSDAP und der SS, seit 1937 im Range eines Obersturmführers, der 1944 angeblich einen Juden denunziert und damit dessen Deportation veranlaßt haben sollte, als »Minderbelasteter« eingestuft und mit 4000 RM Geldbuße und Beschränkungen bzgl. der Übernahme leitender Stellen im öffentlichen Leben bei zweijähriger Bewährung als Sühnemaßnahmen belegt.
Maßgeblich zur letztgenannten Entscheidung beigetragen hatten eidesstattliche Versicherungen, im genannten Fall unter anderem von Juden und politisch Verfolgten, in denen dem Betroffenen untadeliges Verhalten während der NS-Zeit bescheinigt wurde. Diese »Persilschein« genannten Erklärungen wurden bald zu einem überragenden Kriterium für die Einstufung vor den Spruchkammern, wobei zumeist mehr die Masse, das heißt die Zahl der beigebrachten Persilscheine, und erst in zweiter Linie die Klasse, das heißt die Person des Ausstellers, eine Rolle spielte, wenngleich entsprechende Erklärungen von Juden, politisch Verfolgten oder auch Geistlichen besonders begehrt waren. Aber in Ermangelung derartiger Kronzeugen taten es durchaus Persilscheine von ebenfalls schwer Belasteten, manchmal in alter Freundschaft gegenseitig ausgestellt, und schließlich gab es sehr schnell auch einen florierenden Markt, auf dem insbesondere hochkarätige Persilscheine zu festen Preisen erhältlich waren – gegen Schwarzmarkt»währung« selbstverständlich!
Die Würdigung derartiger Beweismittel war der Tupfen auf dem I in einem Verfahren, in dem der Belastete angeblich die gegen ihn nach Aktenlage, Augenschein und Zeugenaussagen geltend gemachten Vorwürfe entkräften bzw. mildernde Umstände geltend machen sollte, das jedoch faktisch bereits von den Bestimmungen her darauf ausgerichtet war, durch die Beweisführung die formalen Belastungen unbedeutend erscheinen zu lassen und damit die Handhabe zu bieten, den Betroffenen »erfolgreich entnazifiziert« in die im Aufbau befindliche demokratische Ordnung zu entlassen. So wurde ein Bremer Automobilfabrikant, NSDAP-Mitglied seit 1938, Obersturmführer im Nationalsozialistischen Kraftfahrer-Korps, Wehrwirtschaftsführer, Vizepräsident der Gauwirtschaftskammer und Bezirksobmann der Rüstungsinspektion Hamburg als »Minderbelasteter« eingestuft und mit einer für seine Verhältnisse geringen Geldbuße belegt; ein »Alter Kämpfer«, NSDAP-Mitglied seit 1922, seit 1926 SA- und seit 1928 SS-Angehöriger, zuletzt im Rang eines Obergruppenführers, unter den Nazis Polizeipräsident von München, zum »Mitläufer« erklärt. »Mitläuferfabriken« – diesen Namen gaben amerikanische Offiziere nach kurzer Zeit den Spruchkammern, und der vielzitierte »braune Spritzer« auf der ansonsten weißen Weste war bis in die sechziger Jahre fast schon eine Empfehlung für höhere Positionen in Verwaltung, Wirtschaft und den bürgerlichen

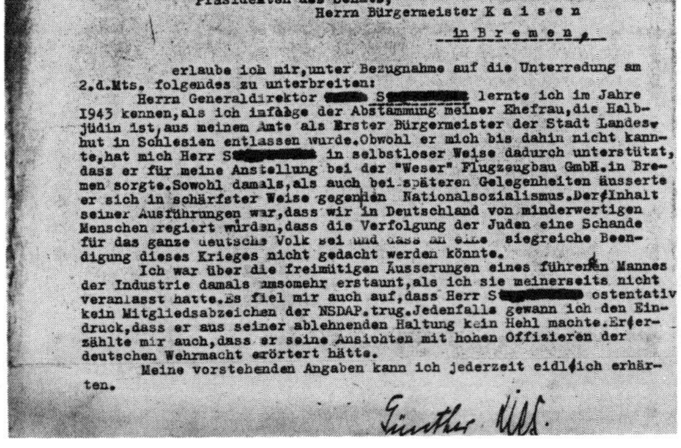
[redacted]

Bremen, 3. November 1945.
Strassburgerstr. 3.

1945
Jo.-No. 3096

Dem
Präsidenten des Senats,
Herrn Bürgermeister K a i s e n
in B r e m e n.

erlaube ich mir, unter Bezugnahme auf die Unterredung am 2.d.Mts. folgendes zu unterbreiten:
Herrn Generaldirektor [redacted] S[redacted] lernte ich im Jahre 1943 kennen, als ich infolge der Abstammung meiner Ehefrau, die Halbjüdin ist, aus meinem Amte als Erster Bürgermeister der Stadt Landeshut in Schlesien entlassen wurde. Obwohl er mich bis dahin nicht kannte, hat mich Herr S[redacted] in selbstloser Weise dadurch unterstützt, dass er für meine Anstellung bei der "Weser" Flugzeugbau GmbH. in Bremen sorgte. Sowohl damals, als auch bei späteren Gelegenheiten äusserte er sich in schärfster Weise gegen den Nationalsozialismus. Der Inhalt seiner Ausführungen war, dass wir in Deutschland von minderwertigen Menschen regiert würden, dass die Verfolgung der Juden eine Schande für das ganze deutsche Volk sei und dass an eine siegreiche Beendigung dieses Krieges nicht gedacht werden könnte.
Ich war über die freimütigen Äusserungen eines führenden Mannes der Industrie damals umsomehr erstaunt, als ich sie meinerseits nicht veranlasst hatte. Es fiel mir auch auf, dass Herr S[redacted] ostentativ kein Mitgliedsabzeichen der NSDAP. trug. Jedenfalls gewann ich den Eindruck, dass er aus seiner ablehnenden Haltung kein Hehl machte. Er erzählte mir auch, dass er seine Ansichten mit hohen Offizieren der deutschen Wehrmacht erörtert hätte.
Meine vorstehenden Angaben kann ich jederzeit eidlich erhärten.

Günther [illegible]

Persilschein

Strafanstalt für Kriegsverbrecher oder . . . ? Wenn man den Wachtposten nicht sehen würde, könnte man beim Anblick der behaglich auf der Liegewiese des Lagers Ruhenden zweifeln, ob man sich tatsächlich an einer Stätte befindet, wo Naziführer und Kriegsverbrecher — die Urheber unseres Unglücks — ihre Schuld büßen sollen

Blick in das Nazi-Internierungslager Ludwigsburg

Aufnahmen: UP

Einem so prominenten Kriegsverbrecher und Lager-Insassen wie Schacht zeigt der amerikanische Wachoffizier des Lagers persönlich die während des Schacht-Prozesses gemachten Photographien. Dem deutschen Volk, das die Kosten der Schacht-Politik zu tragen hat, fällt das Verständnis für soviel Liebenswürdigkeit etwas schwer

Besucher mit Lebensmittelpaketen kommen ebenso regelmäßig wie unbegrenzte Mengen Postpakete. Da die „Normalverbraucher" im Internierungslager 1700, die Arbeitenden sogar 2400 Kalorien erhalten, leben sie besser als Millionen Menschen, die draußen aufbauen müssen, was durch die Schuld der Internierten zerstört wurde

Bildbericht über das Nazi-Internierungslager Ludwigsburg in der »Neuen Berliner Illustrierten«

Parteien der Bundesrepublik.
Die zunehmend von den wachsenden Spannungen zwischen Ost und West beeinflußte Besatzungspolitik der Westmächte tat ein übriges, um den anfänglichen Anspruch der Entnazifizierung endgültig ad absurdum zu führen. Die im Sommer 1946 von der US-Militärregierung erlassene Amnestie für alle nach dem 1.1.1919 Geborenen und die sogenannte Weihnachtsamnestie des gleichen Jahres für sozial Schwache und Versehrte waren vielleicht noch mit der Notwendigkeit der Beschleunigung eines ausufernden bürokratischen Verfahrens zu erklären, wenn sie auch schwer mit einer angeblich auf mehr Rechtssicherheit zielenden Regelung zu vereinbaren waren. Argumente wie das der britischen Militärregierung, die Funktionsfähigkeit des deutschen Justizwesens in ihrer Zone erhalten zu müssen und deshalb eine Quote von 50% formal Belasteter zu dulden, weil doch 90% der Juristen Mitglied der NSDAP oder des NS-Rechtswahrerbundes gewesen seien, machten die Entnazifizierungsverfahren allerdings vollends zur Farce. Denn die Spruchkammern hatten sich zunächst bevorzugt der »kleinen Fische« angenommen, um die nötigen Erfahrungen für den späteren Umgang mit den »großen Nazis« zu sammeln, die dann aber vielfach überhaupt nicht mehr vor den Spruchkammern erscheinen mußten.
Seit der Proklamation der »Eindämmungs-Politik« gegenüber dem Kommunismus durch US-Präsident Truman im März 1947 galt dann bei den westlichen Militärregierungen hinsichtlich der Entnazifizierung die Devise »Augen zu und durch!« Die Besiegten von einst wurden zu Bundesgenossen im Kampf gegen den Bolschewismus – warum also in Polizei und Geheimdienst auf bewährte Experten verzichten? Ende 1948 waren in der bayerischen Landesregierung über 41% der Beamten »braun eingefärbt«, und im Regierungsbezirk Oberbayern betrug der Anteil der ehemaligen NSDAP-Mitglieder in den Stadtverwaltungen 42%, in den Gemeindeverwaltungen 45%, in den Kreisverwaltungen 67% und in der Bezirksregierung gar 81%! Der Entschluß des auf Anweisung der Militärregierung von Deutschen gebildeten »Leitenden Ausschusses für Entnazifizierung/Kategorisierung« in Hamburg im Juni 1948, seine Tätigkeit vorübergehend einzustellen, weil auf Befehl der Besatzungsmacht eine Reihe von Berufsgruppen der Entnazifizierung entzogen worden war »und damit insbesondere belastete Angehörige gehobener Berufe wieder tätig sein dürfen«, ist schließlich ein grotesker Höhepunkt in der unrühmlichen Endphase der Entnazifizierung.
Innerhalb von drei Jahren war ein Sammelsurium von Maßnahmen zur endgültigen Beseitigung von Faschismus und Militarismus in Deutschland zu einem Schnellverfahren zur Mohrenwäsche verkommen, wodurch letztlich diejenigen gestraft wurden, die als Mitglieder der Spruchkammern versucht hatten, die Voraussetzungen für einen neuen Anfang zu schaffen und nun nicht selten in der Nachbarschaft und am Arbeitsplatz als Handlanger der Besatzer geschnitten wurden. Von den in den drei Westzonen bis zum 31. Dezember 1949 insgesamt einem Spruchkammerverfahren unterzogenen 2,5 Mio. Personen waren nur 1,4% als »Hauptschuldige« oder »Belastete« und 9,4% als »Minderbelastete«, dagegen 54% als »Mitläufer« eingestuft worden, in 34,6% der Fälle wurde das Spruchkammerverfahren eingestellt, ganze 0,6% wurden formal als »entlastet«, das heißt als Gegner des Nationalsozialismus anerkannt – wahrlich eine erschreckende Bilanz; denn weniger als 0,5% der Bevölkerung hätten demnach ausgereicht, um den Faschismus in Deutschland zu etablieren und seine Schreckensherrschaft 12 Jahre lang aufrecht zu erhalten!
Der von den Westmächten vorgezeichnete Weg wurde in der Gründungsphase der Bundesrepublik geradlinig fortgesetzt. Schon in seiner ersten Regierungserklärung stellte der eben mit einer Stimme Mehrheit zum Bundeskanzler gewählte Konrad Adenauer fest: »Die wirklich Schuldigen müssen bestraft werden... Aber die nun bestehende Aufteilung des Volkes in zwei Klassen, politisch Einwandfreie und Nichteinwandfreie, muß verschwinden. Die Regierung wird deshalb möglichst bald die Frage einer Amnestie prüfen.« Zum 31.12.1949 erließ der Bundestag ein erstes Amnestiegesetz; das Ausführungsgesetz zu Art. 131 GG vom 11.5.1951 machte die Wiedereinstellung aller Beamten zur Pflicht, die im Zuge der Entnazifizierung entlassen und nicht durch eine rechtskräftige Spruchkammerentscheidung als für den öffentlichen Dienst ungeeignet erklärt worden waren, und nach mehrmaliger Intervention bei den Westmächten setzte die Bundesregierung schließlich auch die Amnestie für alle von ihnen verurteilten und in der Bundesrepublik inhaftierten deutschen Kriegsverbrecher durch – über der Vergangenheit wurde systematisch Gras angesät. Der Soziologe und Publizist Eugen Kogon, einer derjenigen, die dieses Gras wachsen hörten, stellte im Herbst 1954 desillusioniert fest: »Die stille, allmähliche, schleichende, unaufhaltsame Wiederkehr der Gestrigen scheint das Schicksal der Bundesrepublik zu sein. Angetan mit alten und neuen Gesetzesmänteln der Gerechtigkeit, lassen sie sich einzeln auf den hohen, reihenweise auf den mittleren Sesseln der Verwaltung, der Justiz und der Verbände nieder. In der Wirtschaft halten sie ohnehin nicht erst seit heute die Hebel in ihren sicheren, ach so zuverlässigen, so welterfahrenen, so angesehenen Händen. Morgen werden sie auch die Generale stellen, den Offiziersnachwuchs aus ihren Familien, man wird einander zuprosten, die Abgeordneten, die Richter, die Anwälte, die Militärs. Die Gestrigen, zu denen einfallslose, rechthaberische Routiniers der Demokratie freilich ebenso gehören können wie im Verstand einigermaßen angepaßte, in ihren Gefühlen völlig unverändert gebliebene Nationalsozialisten, Nationalisten und die große Zahl derer, die hochmütig alte Vorrechte beanspruchen, sie alle werden bald ganz zufrieden sein, sofern die wenigen Verbliebenen verschwinden, die gemeint haben, so hätte es nicht kommen dürfen, und die meinen, vielleicht doch daran arbeiten zu müssen, daß nicht alle Typen und Figuren wiederkehren, die seinerzeit, ehe es völlig finster wurde, schrecklich geschäftig und schrecklich wirksam, an der totalen Verdunkelung arbeiteten, in der sich die Barbaren dann die Hemdsärmel aufkrempeln konnten, um an ihr blutiges Handwerk zu gehen.«[3]

1 Joseph F. Napoli, Denazification from an American's Viewpoint, in: The Annals of the American Academy of Political and Social Sciences, Vol. 264, Philadelphia, July 1949, p. 115 (Übersetzung durch den Verfasser)
2 Gustav Radbruch, Gesetzliches Unrecht und übergesetzliches Recht, in: Süddeutsche Juristen-Zeitung, 1/1946, S. 105ff
3 Eugen Kogon, Beinahe mit dem Rücken an der Wand, in: Frankfurter Hefte, 9/1954

Literaturhinweise

Martin Broszat, Siegerjustiz oder strafrechtliche »Selbstreinigung«, Aspekte der Vergangenheitsbewältigung der deutschen Justiz während der Besatzungszeit 1945–1949, in: Vierteljahreshefte für Zeitgeschichte, Heft 4/1981, S. 477ff
Tom Bower, Blind Eye to Murder, America and Britain and the Denazification of Postwar Germany, London 1981
Bernt Engelmann, Wie wir wurden, was wir sind. Von der bedingungslosen Kapitulation zur unbedingten Wiederbewaffnung, München 1980
Justus Fürstenau, Entnazifizierung. Ein Kapitel deutscher Nachkriegspolitik, Neuwied 1969
John Gimbel, Amerikanische Besatzungspolitik in Deutschland 1945–1949, Frankfurt/M. 1971
Klaus-Dietmar Henke, Politische Säuberung unter französischer Besatzung. Die Entnazifizierung in Württemberg-Hohenzollern, Stuttgart 1981
ders., Mußte die Entnazifizierung scheitern? Zu einer Grundfrage der Nachkriegsgeschichte, in: Jugendliche erforschen die Nachkriegszeit, Materialien zum Schülerwettbewerb Deutsche Geschichte 1984/85, Hamburg 1984, S. 15ff
Lutz Niethammer, Entnazifizierung in Bayern. Säuberung und Rehabilitierung unter amerikanischer Besatzung, Frankfurt/M. 1972
Michael Ratz u. a., Die Justiz und die Nazis. Zur Strafverfolgung von Nazismus und Neonazismus seit 1945, Frankfurt/M. 1979

»Für mich war dieser Tag...
wirklich ein Tag der Befreiung«

Die Texte stammen aus einem Interview mit Herrn V., das in zwei Teilen im November 1984 geführt wurde. Die folgenden Passagen wurden auf die Frage hin ausgewählt, welche Beobachtungen Herr V. bei seinem Engagement für die Errichtung eines sozialistischen Deutschland gemacht hat und welche Chancen er einer solchen Entwicklung gegeben hat. Seine Euphorie im Frühjahr 1945 wandelt sich im Verlauf eines Jahres in Pessimismus: bezüglich der Möglichkeiten, den Sozialismus in West-Deutschland zu verwirklichen, sieht er keine Chance mehr. Herr V. stellt seine politische Tätigkeit bei der amerikanischen Militäradminstration ein.
Heute ist Herr V. in der Friedensbewegung tätig. Das Gespräch führte Andreas Ludwig.

HEADQUARTERS
MILITARY GOVERNMENT DETACHMENT E1A2

Neustadt a.d.W.
12 June 1945

SUBJECT: Letter Orders.

TO : Whom it may Concern.

The bearer, Herr Michael V[redacted], a German civilian employe of this Headquarters, is authorized and directed to proceed to Wäisbaden, Mainz, Alzey, Worms and Frankenthal to perform a special mission.

By order of Colonel NEWMAN:

ROBERT WALLACH
1st Lt AGD
Adm O

Für mich war dieser Tag, und den habe ich noch sehr lebhaft in Erinnerung, wirklich ein Tag der Befreiung. Wie die Amerikaner in Heidelberg einmarschiert sind, bin ich auf die Straße gegangen und habe ihnen zugejubelt, und habe überhaupt nicht begriffen, daß es sein könnte, daß ich für diese US-Amerikaner ein verdächtiger Deutscher wie jeder andere bin. Ich war dann auch etwas konsterniert, daß meine Begeisterung keine Gegenbegeisterung ausgelöst hat, aber das hat meine Einstellung, meine Freude natürlich nicht geschmälert. Das war wahrscheinlich der Höhepunkt, der emotionale Höhepunkt meines Lebens, bezogen auch auf meine persönliche Situation: die Aussicht auf die Rückkehr meiner Brüder aus der Emigration...

Herr V. erzählt über seine Motivation, im Rahmen der amerikanischen Militäradministration am antifaschistischen Aufbau Deutschlands mitzuwirken

Ich bin 1933 zwölf Jahre alt gewesen und in einer politisch sehr formierten Familie groß geworden, was mich natürlich bestimmt hat. Aber dann gab es eine Lücke auch in meiner Beschäftigung mit politischen Themen, die zu einer Art idealistischer Einstellung oder Vorstellung geführt hat, die sich dann auch 1945 in einer unrealistischen Erwartung kundgetan hat. In dem Sinne, daß ich gedacht habe: Die ganze Welt, die da nun zusammenstand, um den Faschismus zu besiegen, die wird kein anderes Ziel haben können als das, den Sozialismus zu errichten. Wobei ich darauf hinweisen muß, daß ich mich in der Gesellschaft von vielen solchen Idealisten befunden habe. Natürlich auch in der Gesellschaft von Opportunisten. Ich selbst habe mich, rückblickend muß ich sagen: mit einer idealistischen Naivität, in der amerikanischen Administration zunächst, über Wochen und Monate, eingebettet gefühlt in eine gemeinsame antifaschistische und in einem gewissen Sinne auch sozialistische, oder sagen wir mal, antikapitalistische Front. Es ist gar keine Frage, daß es innerhalb der amerikanischen Militäradministration nicht nur irgendwelche Verschwörer im Hintergrund gab, die Ausdrücke wie Landreform oder so gebraucht haben, sondern, das ist, glaube ich, historisch erwiesen: Es gab Bestrebungen, es gab Äußerungen von der Militärregierung selbst, die in diese Richtung gezielt haben.

Herr V. arbeitet bei der amerikanischen Militärregierung

1944 habe ich in Heidelberg, wo ich studiert habe, Alexander Mitscherlich kennengelernt, wir haben uns politisch verstanden und Gemeinsamkeiten entdeckt und gepflegt, und in diesem Zusammenhang mit Mitscherlich ist es dann zu einer Begegnung mit einigen weiteren Leuten gekommen.
Via Mitscherlich, der mit den Amerikanern sehr schnell Verbindung hatte nach dem Einmarsch, schon wenige Tage danach, wurden die Namen dieser Leute übermittelt, die nach seiner Kenntnis und der Zusammensetzung dieses Heidelberger Kreises – wenn man das so nennen will – Gewähr für Integrität geboten haben. Die Amis haben sich dann auch bei der Bildung der ersten »Regierung« in Neustadt auf diese Leute gestützt, inklusive Mitscherlich und inklusive meiner Person...
Ich hatte also, nicht zu Beginn, diese Geschichte als »special investigator«, das war eine Sache, die erst ziemlich spät funktionalisiert wurde. Bis dahin war ich eigentlich so ein Adlatus von Wahrhaftig, mehr oder weniger in seinem Schlepptau, und irgendwann, glaube ich, war eine Situation entstanden, wo ich möglicherweise auch nicht anders tragbar war, als in der Form, daß ich dann eine gewisse offizielle Funktion zugeteilt bekam. Ich hatte mit relativ vielen Leuten auf relativ vielen Fahrten im hessischen Bereich Kontakt aufzunehmen und sie einmal um eine allgemeine Einschätzung zu bitten und im Besonderen im Hinblick auf die Frage, wie die Möglichkeiten sind, Antifaschisten oder nichtkompromittierte Leute in der Administration einzusetzen. Darüber habe ich dann Berichte verfaßt.
Wenn ich dann mit irgendeinem Bürgermeister, dem provisorischen Mandatar einer kommunalen Verwaltung oder so in Verbindung kam, ergab sich von da aus natürlich die Möglichkeit, über ihn zu erfahren, wer da noch eine politische Rolle spielte oder spielen könnte. Und von da aus bin ich dann eben zu den verschiedenen Stellen weitergegangen. Ich kann mich nicht erinnern, daß das sehr systematisch ging. Kann mich auch nicht erinnern, daß wir in Wiesbaden bei der Militärregierung selbst, bei dieser Dienststelle, an die ich ohnehin ganz flüchtige Erinnerungen habe, daß da gewissermaßen ein Feldzugsplan festgelegt wurde in dem Sinn: Du gehst da und dahin und redest mit dem und dem, sondern es hatte einen durchaus provisorischen, sich aus den Gegebenheiten der örtlichen Verhältnisse ergebenden Charakter.
Das heißt, die ersten Kontaktpersonen kannten Sie dem Namen nach oder vom Hörensagen schon vorher?
Ja, die kannte ich dem Namen nach. Zum Teil war es dann auch so, gerade im Frankfurter Bereich, daß ich natürlich auch schon persönliche Kenntnisse hatte. Ich erinnere mich daran, daß ich z. B. einmal von Frankfurt aus auf jemanden in Fulda hingewiesen wurde, den ich dann besucht habe. Also das Netz dieser Kommunikation war ja – das kann man sich heute kaum vorstellen – war ja sehr ungenügend. Das war ja so, daß es kaum eine funktionierende Post gab, und Telefonate waren auch eher etwas Ungewöhnliches, ganz zu schweigen von der Möglichkeit, sich zu begegnen. Daß ich mich bewegen konnte, war das Privileg von einem, der über die amerikanische Militärregierung ein Fahrzeug gestellt bekommen hat. Das war wirklich ein Spinnen von Fäden innerhalb dieses hessischen Bereiches von einem Punkt zum anderen, mehr oder weniger.

Herr V. hat eine Arbeiterratssitzung in Ludwigshafen beoachtet

Das Klassenbewußtsein war weitgehend verschüttet. 1945 war auch in der Arbeiterschaft eine Tendenz vorhanden, die auch in meinem Bericht aus Ludwigshafen zum Ausdruck kommt, sich in allererster Linie der Bewältigung der übermächtigen alltäglichen Schwierigkeiten zu widmen. Die Appelle und Vorstellungen, die von den aktiven, natürlich vorhandenen Kräften ausgingen, zum größten Teil von Leuten, die aus den KZ's gekommen waren, aus der Emigration weniger, diese Appelle fielen ziemlich ins Leere. Oder: es war mühsam. Ich meine, daß es mühsamer war, Leute zu finden, die bereit gewesen wären – nicht nur aus Opportunismus, die gab es natürlich, die da eher ihr Geschäft gewittert haben oder ihr Pöstchen ergattern wollten – sondern aus Idealismus oder aus einer politischen Einschätzung der Situation heraus, sich zu engagieren.
Wenn ich mich recht erinnere, haben wir uns in Ludwigshafen in einer sehr kargen Werkshalle, die Spuren der Zerstörung zeigte, getroffen. Das war ein Zeitpunkt, wo noch keine neue Produktion nennenswerten Grades angelaufen war, und selbst die naheliegende Frage, was nun produziert werden sollte – also ich meine, vor allem diese rückblickend naheliegende Frage, damals lag sie offenbar nicht nahe – wurde eigentlich nicht erörtert. Es gab keine große politische Perspektive, es gab keine Diskussion, die einen Aspekt eröffnet hätte auf eine große Zukunft – jedenfalls nicht von der Basis her –, sondern es gab die Fragen nach der unmittelbaren Versorgung, nach, wie schon erwähnt, der Beseitigung der alltäglichsten, zugegebenermaßen außerordentlichen Schwierigkeiten, was Wohnraum und Nahrungsmittel anging.
Ich kann mich z. B. an die Begegnung mit einem kommunistischen Funktionär entsinnen, der da eine große Rolle spielte, und kann nur bestätigen, was ich dann in dem Protokoll geschrieben habe; diese Resonanzlosigkeit. Auf der einen Seite sehr engagierte Antifaschisten, auch mit dem Elan erfüllt, von dem ich in bezug auf mich geredet habe, der Erwartung, jetzt kommen nicht nur die Gedichte und Dramen aus der Schublade heraus, die ja angeblich nie veröffentlicht werden konnten – und die nicht geschrieben wurden, nebenbei. Sondern jetzt kommt wirklich der aufgestaute Haß auf die Faschisten heraus oder es kommt die Begeisterung heraus, sich jetzt einzusetzen für etwas grundsätzlich Neues. Aber das war wirklich nicht der Fall. Das muß man schon so sagen, daß zwischen diesen politisch bewußten und durch ihre Vergangenheit in den meisten Fällen ausgezeichneten Leute, die die Räte darstellten, und der sogenannten Basis – so hat man das damals nicht genannt, aber das war die Basis – eigentlich eine erstaunliche Kluft vorhanden war, die sich z. B. so kundtat, daß auf der Arbeiterratssitzung bei der Eröffnung der Diskussion niemand bereit war, etwas von sich zu geben.
In Ihrem Bericht wird das Vorhandensein eines Antifakomitees erwähnt. Haben Sie mit Antifakomitees zu tun gehabt während Ihrer Arbeit? Existierten die da noch?
Ja, ich habe bei dieser Gelegenheit auch mit dem Antifa-Ausschuß zu tun gehabt und – das widerspricht etwas dem, was ich sonst so von mir gegeben habe – da sind Schwierigkeiten entstanden, indem die US-amerikanische Administration Aufrufe des Komitees unter dem Vorwand, daß sie nicht genehmigt waren, verboten hat. Daraus resultierte offensichtlich eine wesentliche Beeinträchtigung der Arbeit dieses Antifa-Ausschusses. Es ist auch, glaube ich, wirklich schwer klar zu machen, daß es innerhalb der Administration, der ame-

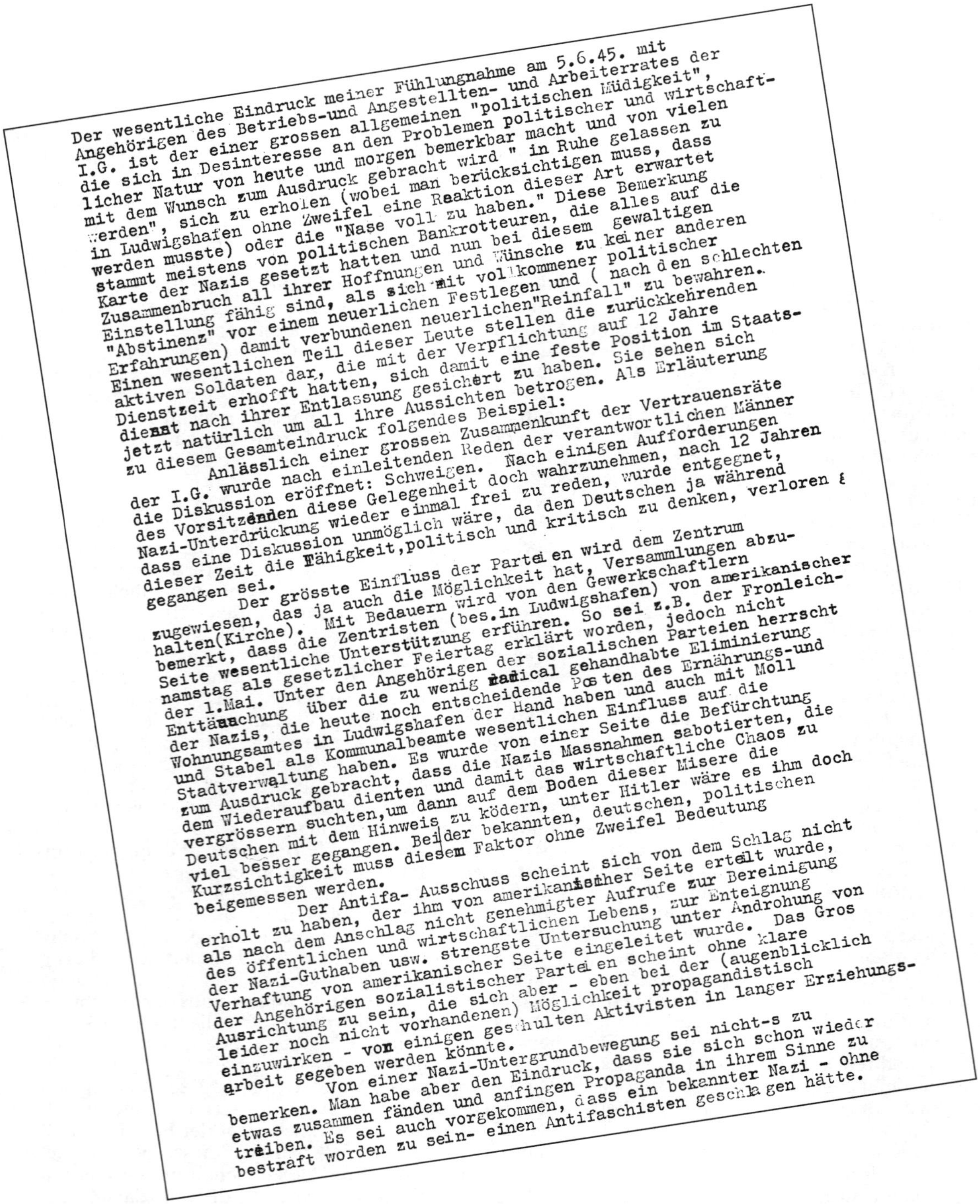
Der wesentliche Eindruck meiner Fühlungnahme am 5.6.45. mit
Angehörigen des Betriebs-und Angestellten- und Arbeiterrates der
I.G. ist der einer grossen allgemeinen "politischen Müdigkeit",
die sich in Desinteresse an den Problemen politischer und wirtschaft-
licher Natur von heute und morgen bemerkbar macht und von vielen
mit dem Wunsch zum Ausdruck gebracht wird " in Ruhe gelassen zu
werden", sich zu erholen (wobei man berücksichtigen muss, dass
in Ludwigshafen ohne Zweifel eine Reaktion dieser Art erwartet
werden musste) oder die "Nase voll zu haben." Diese Bemerkung
stammt meistens von politischen Bankrotteuren, die alles auf die
Karte der Nazis gesetzt hatten und nun bei diesem gewaltigen
Zusammenbruch all ihrer Hoffnungen und Wünsche zu keiner anderen
Einstellung fähig sind, als sich mit vollkommener politischer
"Abstinenz" vor einem neuerlichen Festlegen und (nach den schlechten
Erfahrungen) damit verbundenen neuerlichen"Reinfall" zu bewahren.
Einen wesentlichen Teil dieser Leute stellen die zurückkehrenden
aktiven Soldaten dar, die mit der Verpflichtung auf 12 Jahre
Dienstzeit erhofft hatten, sich damit eine feste Position im Staats-
dienst nach ihrer Entlassung gesichert zu haben. Sie sehen sich
jetzt natürlich um all ihre Aussichten betrogen. Als Erläuterung
zu diesem Gesamteindruck folgendes Beispiel:
Anlässlich einer grossen Zusammenkunft der Vertrauensräte
der I.G. wurde nach einleitenden Reden der verantwortlichen Männer
die Diskussion eröffnet: Schweigen. Nach einigen Aufforderungen
des Vorsitzenden diese Gelegenheit doch wahrzunehmen, nach 12 Jahren
Nazi-Unterdrückung wieder einmal frei zu reden, wurde entgegnet,
dass eine Diskussion unmöglich wäre, da den Deutschen ja während
dieser Zeit die Fähigkeit,politisch und kritisch zu denken, verloren &
gegangen sei.
Der grösste Einfluss der Parteien wird dem Zentrum
zugewiesen, das ja auch die Möglichkeit hat, Versammlungen abzu-
halten(Kirche). Mit Bedauern wird von den Gewerkschaftlern
bemerkt, dass die Zentristen (bes.in Ludwigshafen) von amerikanischer
Seite wesentliche Unterstützung erführen. So sei z.B. der Fronleich-
namstag als gesetzlicher Feiertag erklärt worden, jedoch nicht
der 1.Mai. Unter den Angehörigen der sozialischen Parteien herrscht
Enttäuschung über die zu wenig radical gehandhabte Eliminierung
der Nazis, die heute noch entscheidende Posten des Ernährungs-und
Wohnungsamtes in Ludwigshafen der Hand haben und auch mit Moll
und Stabel als Kommunalbeamte wesentlichen Einfluss auf die
Stadtverwaltung haben. Es wurde von einer Seite die Befürchtung
zum Ausdruck gebracht, dass die Nazis Massnahmen sabotierten, die
dem Wiederaufbau dienten und damit das wirtschaftliche Chaos zu
vergrössern suchten,um dann auf dem Boden dieser Misere die
Deutschen mit dem Hinweis zu ködern, unter Hitler wäre es ihm doch
viel besser gegangen. Beider bekannten, deutschen, politischen
Kurzsichtigkeit muss diesem Faktor ohne Zweifel Bedeutung
beigemessen werden.
Der Antifa- Ausschuss scheint sich von dem Schlag nicht
erholt zu haben, der ihm von amerikanischer Seite erteilt wurde,
als nach dem Anschlag nicht genehmigter Aufrufe zur Bereinigung
des öffentlichen und wirtschaftlichen Lebens, zur Enteignung
der Nazi-Guthaben usw. strengste Untersuchung unter Androhung von
Verhaftung von amerikanischer Seite eingeleitet wurde. Das Gros
der Angehörigen sozialistischer Parteien scheint ohne klare
Ausrichtung zu sein, die sich aber - eben bei der (augenblicklich
leider noch nicht vorhandenen) Möglichkeit propagandistisch
einzuwirken - von einigen geschulten Aktivisten in langer Erziehungs-
arbeit gegeben werden könnte.
Von einer Nazi-Untergrundbewegung sei nicht-s zu
bemerken. Man habe aber den Eindruck, dass sie sich schon wieder
etwas zusammen fänden und anfingen Propaganda in ihrem Sinne zu
treiben. Es sei auch vorgekommen, dass ein bekannter Nazi - ohne
bestraft worden zu sein- einen Antifaschisten geschlagen hätte.

rikanischen, sicher ganz erhebliche Kämpfe gegeben hat und regionale Schwerpunkte. Ich weiß beispielsweise nicht, ob nicht in Ludwigshafen damals schon einer jener Männer das Sagen hatte, die zu den Gefolgsleuten von Clayton oder John Foster Dulles zählten, die den Versuch machten, die Rooseveltsche Politik umzudrehen, und die dann natürlich eine solche Gelegenheit als willkommenen Anlaß benutzt haben, den von ihnen wahrscheinlich als kommunistisch dominiert oder unterwandert empfundenen Antifa-Ausschuß zum Schweigen zu bringen. Aber man kann natürlich in jedem Falle sagen: Wenn in Ludwigshafen so etwas passiert ist wie das, daß der Antifa-Ausschuß mit den Amis in Kollision gekommen ist wegen eines durchaus sozialistisch zu verstehenden Aufrufes, so hat sich da natürlich schon etwas angekündigt, das dann in anderen Bereichen nach einem halben Jahr oder nach einem Jahr gegen den Widerstand der von mir immer als fortschrittlich bezeichneten Kräfte durchgesetzt wurde.

Herr V. berichtet von Beobachtungen auf seinen Fahrten durch Hessen

Es gab auf der überwiegend großen Seite derer, die mit dem Faschismus in dieser oder jener Form etwas zu tun hatten, nichts anderes, als eine ängstliche Erwartung vor dem Ungewitter, das da kommen würde, und nicht die Spur eines großen, erhebenden Gefühls, daß man jetzt tun kann, was man schon jahrelang tun wollte. So etwas gab es nur auf der Seite der quantitativ gesehen natürlich sich in einer außerordentlichen Minorität befindlichen Antifaschisten.

Das heißt also, das Gefühl der Befreiung, der Erleichterung, des Vorwärtsdrängens, der Aktivität hatten sie eigentlich nicht?

Das bestand nur unter Leuten meinesgleichen, um es mal ganz billig zu formulieren. Das bestand sicher bei Menschen, die mit existenzieller Begierde das Ende des

Krieges, das Ende des Nazismus oder Faschismus erwartet haben. Aber von einer allgemeinen Hochstimmung in dem Sinne einer Anarchie kann keine Rede sein, es war eher ein Gefühl der lähmenden Angst für die überwiegende Mehrheit. Ein wichtiger Gesichtspunkt angesichts der bedingungslosen Kapitulation war auch der: der Feind steht im Land, also weiß man nicht, wie er sich rächt für die im Grunde von jedem begangenen oder von jedem mitzuverantwortenden Schandtaten. Also hieß es, die Köpfe einziehen und sehen, daß man sein Brot und seine Kohlen bekommt, aber darüber hinaus nichts. Dann gab es die erwähnten Antifaschisten, die sich aber auch nicht einem Gefühl der Anarchie hingegeben haben, sondern ich würde sagen: eher im Gegenteil, einer mühsamen Kleinarbeit widmen mußten, in dem Sinne, daß man etwas tun mußte – und das waren ja wirklich die Leute der ersten Stunde, das waren die aus den KZ's zurückgekehrten oder sonst aus der Verfolgung zurückgekehrten Antifaschisten, die sich beispielsweise in der kommunalen Verwaltung zur Verfügung gestellt haben.

Kommunisten waren damals sicher ohne Einschränkung bereit, mit allen als antifaschistisch zu betrachtenden Kräften zusammenzuarbeiten. Und dazu gehörten nach Einschätzung der Kommunisten auch Sozialdemokraten und auch die Angehörigen der Christlich-demokratischen Partei. Da gab es natürlich Klagen über Bevorzugung beispielsweise bei der Vergabe von Ämtern, soweit die Möglichkeit dazu überhaupt bestand, und in der Hand beispielsweise eines CDP-Mannes oder so lag. Umgekehrt war die Situation für die Leute von der CDP so, daß sie, um überhaupt ins politische Geschäft zu kommen – und sie waren natürlich am ehesten noch belastet mit dem Odium, in die Nähe der Nazis gerückt zu werden –, ohnehin bereit waren, mit jedem zusammenzuarbeiten, der *sie* akzeptierte. Am schwierigsten war es mit den Sozialdemokraten, weil schon sehr früh diese Spaltung bemerkbar war, und die Schwierigkeit für die sozialdemokratischen Funktionäre, sich darauf einzustellen, daß sie jetzt dem hannoveranischen Schumacherkurs zu gehorchen hatten, beziehungsweise sich ihm zu widersetzen. Die Einigungsbestrebungen hatten lange Zeit doch einen recht umfänglichen Charakter. Es war ja so, daß es gerade im hessischen oder im badischen Bereich viele Versammlungen und Zusammenkünfte gegeben hat, auf denen der Zusammenschluß der beiden Arbeiterparteien beschlossen wurde. Aber trotzdem verstärkten sich die Versuche, sich auf einer vordergründig sachlich erscheinenden Ebene von den Kommunisten zu distanzieren. Und zwar mit dem Hinweis auf ihre geringen Chancen. Das war übrigens sehr eindrucksvoll, daß damals immer wieder darauf hingewiesen wurde, und nicht verwunderlich, wenn man bedenkt, wie sehr die Arbeiter korrumpiert waren und wie auf der anderen Seite durch die Geschichten, die dann aus der sowjetisch besetzten Zone in die Westzonen gedrungen sind, der Keim der wiederaufblühenden antikommunistischen Legende von einer Bedrohung aus dem Osten wieder sichtbar wurde.

Herr V. berichtet über seine Desillusionierung

Bei solchen Begegnungen, wo ich anonym unterwegs war, bin ich eigenartigerweise – eigenartigerweise sage ich deswegen, weil ich immer das Gefühl hatte, daß mein Aussehen mich eher als jemanden erscheinen läßt, dem man keine faschistische Vergangenheit zutraut – auf eine große Offenheit der Leute gestoßen. Also auf diese Vorstellung, na ja, da ist ein junger Mann, der ist natürlich auch Soldat gewesen und hat natürlich auch dieselbe Einstellung, also dem kann man all diese Geschichten über die Russen und die bösen Kommunisten ungehindert erzählen. Das hat zum Verblassen dieser anfänglichen idealistischen Vorstellung bei mir geführt, daß all diese Leute inzwischen begriffen hätten, um was es geht. Ich hatte also schon sehr früh unter der deutschen Bevölkerung mit dem Wiederauftauchen des natürlich nie verschwundenen ideologischen Breis aus faschistischer, rassistischer Gedankenwelt wieder Kontakt. Und das ist mit der Hintergrund, weshalb ich dann die Arbeit aufgegeben habe, leichten Herzens glaube ich, weil ich außerordentlich desillusioniert war. Und diese für mich schreckliche und völlig unerwartete Entwicklung, die sich schon frühzeitig gezeigt hat, diese Restauration, konnte ich nicht verkraften und verfiel dann in eine politische Resignation.

Das fiel ohne Zweifel schon 1945 auf fruchtbaren Boden. Da war – in diesem Sinne natürlich – schon Antikommunismus zu spüren. Und das war – das würde ich schon sagen – eher eine Tendenz, die bei rechten Sozialdemokraten sichtbar wurde, bei dem Versuch, sich zu distanzieren, als bei den bürgerlichen oder liberalen Leuten, mit denen ich zu tun hatte.

Also auch die kommunistischen Freunde, die ich da gesprochen habe und die ich um eine Einschätzung der Situation gebeten habe, oder auch die Angehörigen der SPD und der CDP haben nie zu erkennen gegeben, daß sie irgendwelche Reserven mir gegenüber haben könnten, als einem Vertreter der Militärregierung. Aber natürlich gab es auch Reserven gegenüber der Militärregierung, von kommunistischer Seite sicher in dem Sinne, daß man die Militärregierung bis zu einem gewissen Grade dafür verantwortlich gemacht hat, daß – dafür gibt's ein paar konkrete Beispiele – daß die Administration, die deutsche, von den Nazis nicht so gereinigt war, wie sich das die Antifaschisten mit Recht vorgestellt hatten. Aber auch das war eigentlich mehr dem Zusammenhalt unter den Deutschen zuzurechnen, in dem Sinn wie: eine Krähe hackt der anderen kein Auge aus. Man hat sich untereinander arrangiert und sich darauf berufen, daß es der Fachkräfte bedarf, um die Verwaltung aufrechtzuerhalten.

Es waren nicht in erster Linie die US-Amerikaner, die mich aus dieser Illusion herausgerissen haben, sondern die von den Deutschen entwickelte Politik. Beziehungsweise weniger ihre Politik als ihre Haltung, die eben keine politische Haltung war, sondern die der Tendenz entsprach: also ich hab' mir jetzt die Finger verbrannt, bin ein gebranntes Kind, ich werde mich hüten, nochmal... Das war die große allgemeine Haltung: Politik ist ein schmutziges Geschäft. Und – daraus resultierend – sowie sich die Möglichkeit ergab, aus den Löchern wieder herauszukommen, dieser Anfang des subtilen, dann aber sehr rasch auch sehr rigiden Antikommunismus, der – und das ist über die Deutschen ein hartes Urteil, aber trotz allem typisch – der dann umso rigider wurde, als man sich zunehmend in der Gemeinsamkeit mit dem Großen Bruder, mit den USA befand. Das war so Mitte '46. Mitte '46 habe ich also eine fürchterliche Entwicklung – fürchterlich muß ich für mich persönlich schon sagen – durchlaufen, weil sie zu einer sehr unfruchtbaren und von mir rückblickend als unbefriedigend und schädlich betrachteten Resignation geführt hat. Also zu dieser Vorstellung, mit diesen verdammten Deutschen hat es keinen Sinn. Auch ungefähr: also jetzt macht's ohne mich. Wenn ihr diese Chance, die 1945 eben wirklich zutage trat, nicht wahrgenommen habt, nicht begriffen habt, was man tun muß und welche Schlüsse aus dieser Erkenntnis gezogen werden müssen, dann hat das keinen Sinn, sich um euch zu bemühen.

Christian Sterzing

Jüdischer und palästinensischer Exodus

Der Kampf um Israel/Palästina

Militärisch war Palästina, das seit dem Ende des Ersten Weltkrieges unter britischem Mandat stand, im Zweiten Weltkrieg relativ unberührt geblieben. In den letzten Kriegsjahren erlebte die Region einen beispiellosen wirtschaftlichen Aufschwung, da sie zu einer bedeutsamen strategischen Basis für die alliierten Streitkräfte ausgebaut worden war. Auch die Auseinandersetzungen zwischen Juden und Arabern im Lande hatten nach der Niederschlagung des arabischen Aufstandes von 1936–39 erheblich abgenommen.

Die Verfolgung und Vernichtung der Juden in Europa machten diese zwar zu einem quasi natürlichen Bundesgenossen der Engländer, doch die Beziehungen zwischen der Mandatsmacht in Palästina und der dort lebenden jüdischen Gemeinschaft waren mehr als gespannt. Zur Arrondierung seines imperialen Besitzstandes hatte das britische Empire das Palästina-Mandat übernommen und sich verpflichtet, die »Errichtung einer nationalen Heimstätte für das jüdische Volk in Palästina« zu fördern, gleichzeitig aber auch die »nichtjüdischen Gemeinschaften« (gemeint waren damit die Araber, die damals ca. 90% der Bevölkerung ausmachten!) in ihren bürgerlichen und religiösen Rechten nicht zu beschneiden und aus der politischen »Rückständigkeit« herauszuführen. Diese doppelte Verpflichtung brachte die Mandatsmacht angesichts des jüdisch-arabischen Gegensatzes in ein schier ausweglose Dilemma. Seit 1939 betrieben die Briten eine Politik, die die jüdische Einwanderung nach Palästina auf 15000 pro Jahr beschränkte und die jüdische Kolonisierung, insbesondere den Bodenkauf, eingrenzte. Juden aus Europa, denen es noch gelungen war, der faschistischen Vernichtungsmaschinerie zu entkommen, war der Weg nach Palästina versperrt. Auf kleinen, kaum seetüchtigen und völlig überfüllten Schiffen versuchten Tausende, sich illegal der Küste Palästinas zu nähern. Hunderte mußten beim Scheitern dieser Versuche ihr Leben lassen, Tausende führte die Flucht vor den deutschen Konzentrationslagern in englische Deportationslager auf Mauritius oder Zypern. Ungeachtet des Massenmordes an Juden hielt die englische Regierung an ihrer restriktiven Politik gegenüber der zionistischen Einwanderung fest. Auch als nach dem Ende des Krieges das ganze Ausmaß der jüdischen Katastrophe offenbar wurde,

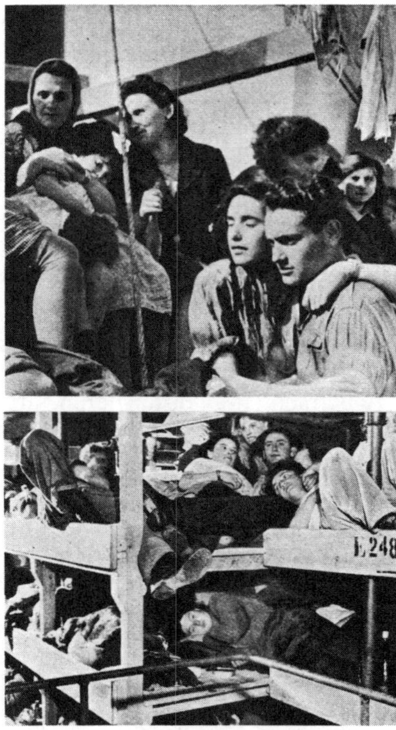

Illegal versuchen jüdische Überlebende mit gecharterten alten Schiffen die Blockade um das »Gelobte Land« zu durchbrechen. Die Bilder sind Originalaufnahmen von dem überfüllten Flüchtlingsschiff »Exodus«

weigerten sich die Mandatsbehörden, die Einwanderung freizugeben.

Zum Symbol für diese verzweifelten Einwanderungsversuche wurde ein rostiger alter 4000-Tonnen-Dampfer der – in »Exodus 1947« umbenannt – von Marseille etwa 4200 Juden, zumeist KZ-Überlebende, nach Palästina bringen sollte. Die englische Flotte dirigierte das aufgebrachte Schiff zurück in den Ausgangshafen und – als die Passagiere sich weigerten, dort von Bord zu gehen – schließlich nach Hamburg. Diese erzwungene Rückkehr jüdischer Flüchtlinge durch die Engländer nach Deutschland – nur zwei Jahre nach der Befreiung von Auschwitz! – löste weltweite Proteste und Empörung aus. Von den insgesamt 63 Schiffen, die zwischen April 1945 und Januar 1948 nach Palästina ausliefen, konnten nur fünf die britische Seeblockade durchbrechen. Angesichts dieser Verlängerung der jüdischen Tragödie im östlichen Mittelmeer unterbreitete der amerikanische Präsident Truman den vermittelnden Vorschlag, wenigstens 100000 »D.P.'s« (engl. für displaced person, eine Bezeichnung für Juden, Heimatlose, Vertriebene, Flüchtlinge usw.) die Einreise nach Palästina zu gewähren. Doch die Briten blieben hart.

Die Vernichtung des europäischen Judentums und die Verschiebungen in den weltpolitischen Machtkonstellationen während des Zweiten Weltkrieges führten zu zwei wesentlichen Änderungen in der zionistischen Politik:

1. Waren in den Anfängen der zionistischen Bewegung die Ziele zumeist vage mit der Bildung einer »jüdischen Heimstatt« in Palästina umschrieben worden, so wurde mit dem 1942 verabschiedeten sogenannten Biltmore-Programm der Anspruch auf einen eigenen jüdischen Staat nunmehr unmißverständlich formuliert. Die Überzeugung, daß nur ein jüdischer Staat allen Juden der Welt Schutz vor Diskriminierung, Verfolgung und Ausrottung bieten könne, setzte sich durch. Hinzu kam, daß in der Führung die Bereitschaft wuchs, sich auch mit einem Teil Palästinas zufrieden zu geben. Die Parole lautete »Jetzt oder nie!« und der Zionismus stieß in der Weltöffentlichkeit auf ein breites Verständnis.
2. Die Kriegs- und Nachkriegsjahre markieren eine Abwendung der zionistischen Bewegung von England hin zu den USA. Während der ersten Jahrzehnte des Jahrhunderts hatte der Zionismus zur Verwirklichung seiner Ziele auf die Unterstützung der Kolonialmacht England gesetzt, doch das nahende Ende des britischen Imperiums und der unaufhaltsame Aufstieg der Vereinigten Staaten zur Weltmacht waren unübersehbar. Die Politik Großbritanniens verstärkte zudem den Eindruck, daß zionistische Interessen nicht mehr mit, sondern nur noch gegen England durchsetzbar waren. Unter der Führung Ben Gurions, des späteren ersten Ministerpräsidenten Israels, wurden die Pferde rechtzeitig gewechselt, zumal die Präsidenten Roosevelt und Truman zionistischen Repräsentanten ihre Sympathie erklärten.

Der Kampf um Israel wurde auch in den Nachkriegsjahren auf zwei Ebenen geführt: kolonisatorisch und militärisch in Palästina sowie politisch-diplomatisch in London, Washington und New York.

Im Mandatsgebiet lebten 1945 etwa eine halbe Million Juden und eine Million Palästinenser. Die jüdische Minderheit konzentrierte sich in den Städten und Dörfern der Küstenregion sowie Ostgaliläas, außerdem in verstreu-

ten Siedlungen, zumeist Kibbuzim. Es bestand kein einheitliches jüdisches Siedlungsgebiet: Alle Städte wurden von Juden und Arabern bewohnt, die Siedlungen waren von arabischen Ortschaften umgeben. Der Jischuw, das jüdische Gemeinwesen in Palästina, hatte seine eigenen politischen und sozialen Institutionen herausgebildet, die sich gemäß der zionistischen Ideologie als exklusiv jüdisch verstanden. So gab es jüdische Parteien und Selbstverwaltungsorgane, eine jüdische Gewerkschaft, ein Erziehungs- und Wirtschaftssystem etc. Schon vor der territorialen Teilung existierte somit eine politisch-gesellschaftliche: Der jüdische Boden sollte durch jüdische Arbeit befreit werden, jüdische Siedler sollten bei jüdischen Händlern nur jüdische Produkte kaufen. So war ein duales Gesellschafts- und Wirtschaftssystem entstanden. Der zionistische Anspruch, zur Lösung der Judenfrage im Land der Vorväter eine für alle Juden der Welt offene spezifisch jüdische Gesellschaft aufzubauen, bedeutete in der Realität den »forcierten Zusammenstoß europäisch-kapitalistischer und arabisch-feudalistischer Zivilisation«, der »die autochthone Bevölkerung Palästinas zu Opfern Europas werden« ließ.[1] Die jüdischen Siedler waren nicht etwa nur Ackerbau und Zitrusplantagen betreibende Pioniere, sondern mit Kapital und Know-How wurden die Urbanisierung und Industrialisierung Palästinas vorangetrieben. In politischer und ökonomischer Hinsicht war die ansässige arabisch-palästinensische Bevölkerung den europäischen Einwanderern deutlich unterlegen.

Seit den zwanziger Jahren hatte der jüdisch-arabische Interessengegensatz seinen Ausdruck immer wieder in bürgerkriegsähnlichen Auseinandersetzungen gefunden. Der Kampf auf jüdischer Seite wurde im wesentlichen von der Haganah, der jüdischen Untergrundarmee geführt, außerdem von den separatistischen Untergrundgruppen Irgun (seit 1946 unter der Leitung Menachem Begins) und deren Abspaltung Lechi (oder Stern-Bande), die als auf einer Kaderstruktur basierende Stadtguerillas für viele terroristische Aktionen gegen Engländer und Araber verantwortlich waren.

Ziele der zionistischen Politik in den ersten Nachkriegsjahren in Palästina waren 1. Förderung der illegalen jüdischen Einwanderung, um die Überreste der jüdischen Bevölkerung Europas zu retten und die Zahl der Juden in Palästina zu erhöhen; 2. Besiedlung gesperrter Gebiete und die Befestigung jüdischer Wohngebiete sowie Demonstrationen gegen die britische

Kinder illegal eingewandterter Juden warten auf ihre Deportation

Politik; 3. Guerilla-Aktionen gegen die Mandatsmacht und die Araber. Aller Welt – und vor allem der englischen Regierung – sollte deutlich gemacht werden, daß ein Frieden in Palästina ohne die Erfüllung der zionistischen Ansprüche, das heißt Errichtung eines jüdischen Staates, nicht möglich ist.

Einen spezifisch palästinensischen Widerstand gegen die zionistische Politik in Palästina gab es zu jener Zeit nicht (mehr). Zwar hatte sich in der Mandatszeit eine arabisch-palästinensische Nationalbewegung entwickelt, die jedoch weder national- oder territorialstaatliche Ziele in einem ausschließlich palästinensischen Sinne verfolgte, noch eine antiimperialistische Befreiungsbewegung moderner Art darstellte. Die durch halb-feudalistische Clanstrukturen geprägte Nationalbewegung war eher pan-islamisch, groß-syrisch oder pan-arabisch ausgerichtet. Im Verlauf der arabischen Rebellion von 1936 bis 1939 war sie aber von Briten und Zionisten entscheidend geschlagen worden, so daß die politische und militärische Offensive der zionistischen Bewegung nach Kriegsende auf eine weitgehend gelähmte und zerstörte palästinensische Gesellschaft traf: politisch aktionsunfähig durch die anhaltenden Fehden zwischen rivalisierenden Familienclans, moralisch diskreditiert durch die Allianz des Großmuftis von Jerusalem mit dem faschistischen Hitlerregime, militärisch noch nicht wieder erholt und nur zu Guerillaaktionen, aber keiner koordinierten Kriegsführung fähig, ökonomisch durch die Abwanderung der Führungseliten (nebst Kapital) und die Zerstörungen durch britische und zionistische »Vergeltungsschläge« geschwächt.

Die zionistische Strategie in Palästina sollte bald Wirkung zeigen: Die ständigen Angriffe auf britische Einrichtungen, denen immer mehr Mandatsbeamte zum Opfer fielen, und nicht zuletzt der spektakuläre Bombenanschlag der Irgun 1946 auf die zivile Abteilung der Mandatsverwaltung im King-David-Hotel in Jerusalem zwangen die Briten schließlich zur Kapitulation. Palästina drohte im Chaos zu versinken, da auch die Auseinandersetzungen zwischen Juden und Arabern zunahmen. England stand dieser Entwicklung hilflos gegenüber. Aus den anfänglichen Rivalitäten und Scharmützeln zwischen den beiden Bevölkerungsteilen war ein fundamentaler politischer und nationaler Konflikt geworden, der sich auch regional und international auszuweiten drohte. Außerdem stand das Königreich vor dem Staatsbankrott, der nur durch erhebliche finanzielle Unterstützung der USA abgewendet werden konnte und der die Ablösung Englands durch die Vereinigten Staaten als imperiale Weltmacht offenbarte. Die britische Regierung übertrug 1947 das Palästina-Mandat und damit auch die Lösung des Konfliktes den Vereinten Nationen.

So trat die politisch-diplomatische Auseinandersetzung um die Zukunft des Mandatsgebietes in ihre entscheidende Phase. Der arabische Antrag, das Mandat für beendet zu erklären und die Unabhängigkeit Palästinas auszurufen, wurde abgelehnt. Stattdessen wurde eine Sonderkommission gebildet (UNSCOP), die nach Anhörung jüdischer und palästinensischer Vertreter am 3. September 1947 einen Bericht vorlegte. Sieben der elf Kommissionsmitglieder sprachen sich für den sogenannten Mehrheitsplan aus, der die Teilung Palästinas in einen jüdischen und einen arabischen Staat vorsah, die in einer Wirtschaftsunion vereinigt bleiben sollten. Jerusalem sollte unter eine internationale Treuhandschaft gestellt werden. In territorialer Hinsicht kam der Plan den zionistischen Vorstellungen ziemlich nahe, wenn auch nicht alle Wünsche berücksichtigt wurden. In dem jüdischen Staat sollten gemäß der Mehrheit der UNSCOP-Mitglieder 499020 Juden 509780 Arabern gegenüberstehen, während die Bevölkerung des arabischen Staates 9520 Juden und 749010 Araber umfaßte. Obwohl die Juden im Mandatsgebiet nicht einmal 8% des Bodens besaßen, wurde ihrem Staat 56,47% und dem arabischen

1 Walter Hollstein, Kein Frieden um Israel,, Bonn 1977, S. 135

Gebiet 42,88 % der Bodenfläche zugestanden. Zähneknirschend stimmte die Zionistische Weltorganisation dem Plan zu, während die arabischen Staaten ihn kategorisch ablehnten.
Die Annahme des Planes in der Generalversammlung war keineswegs sicher. Insbesondere innerhalb der amerikanischen Regierung wurde um eine Stellungnahme gerungen. Verteidigungs- und Außenministerium sprachen sich eindeutig gegen einen jüdischen Staat aus, weil befürchtet wurde, ein solcher Schritt würde die für den Wiederaufbau in Europa erforderliche Ölversorgung und die geostrategische Position Amerikas im Mittleren Osten gefährden. Außerdem könnte eine solche Unterstützung für den Zionismus die Araber in die Arme der Sowjets treiben. Das Weiße Haus neigte mit Rücksicht auf die wichtigen jüdischen Wählerstimmen zur Befürwortung des Mehrheitsplanes. In diesen gegensätzlichen Standpunkten wird eine keineswegs nur historische Konstellation innerhalb der amerikanischen Administration deutlich, die bis heute für viele Widersprüche in der Nahost-Politik der USA verantwortlich ist. Die angeführten Befürchtungen sollten sich jedoch bald erübrigen, da sich überraschend auch die UdSSR, die seit Jahren eine antizionistische Haltung vertreten hatte, zur Errichtung eines jüdischen Staates in Palästina bekannte. Die arabischen Hoffnungen auf eine Blockade des Mehrheitsplanes durch ein sowjetisches Veto hatten sich damit zerschlagen. Die UdSSR ließ sich bei ihrem Votum für Israel sicherlich nicht nur von ihrer Sympathie für die nationalen Aspirationen des jüdischen Volkes angesichts der massenhaften Vernichtung leiten. Entscheidend waren wohl der Wunsch, dem britischen Imperium im Nahen Osten einen Stoß zu versetzen, und die Hoffnung, mit einem »sozialistischen« Israel einen Bündnispartner in der Region zu gewinnen.

1938: Jüdische Siedlungspolizei bei der Festnahme eines arabischen Aufständischen

1948: Haganah beim Angriff auf ein arabisches Dorf in Galiläa

Die Einigkeit der beiden Weltmächte und beträchtlicher zionistischer und amerikanischer Druck auf die Staaten der Dritten Welt sicherten dem Mehrheitsplan dann auch in der Abstimmung der UN-Generalversammlung vom 29. November 1947 eine Mehrheit von 33 Stimmen bei 13 Gegenstimmen und 10 Enthaltungen. Die Juden feierten den Beschluß in aller Welt, die Araber protestierten und kündigten militärische Gegenmaßnahmen an. Die Engländer teilten ihre Absicht mit, am 15. April 1948 ihre letzten Truppen aus Palästina abzuziehen.
Der Krieg ließ jedoch nicht so lange auf sich warten. Die jüdischen Streitkräfte waren sofort bemüht, sich für die absehbare Intervention arabischer Armeen der Staaten Ägypten, Libanon, Syrien, Jordanien und des Irak eine günstige Ausgangsposition zu verschaffen und begannen mit der militärischen Befestigung des angestrebten Staatsgebietes. Der Teilungsplan hatte die Richtigkeit der zionistischen Strategie, vollendete Tatsachen zu schaffen, bestätigt, sollten doch das für den jüdischen Staat vorgesehene Territorium fast alle existierenden jüdischen Siedlungen umfassen. Aber nun galt es, nicht nur die bestehenden Positionen zu sichern, sondern auch Teile des eigentlich für den arabischen Staat vorgesehenen Gebietes zu erobern und die Araber soweit wie möglich zur Flucht aus den jüdischen Regionen zu bewegen.
Der schlecht ausgerüsteten Haganah gelangen gegen die noch schlechter ausgerüsteten arabischen Freischärlerverbände bedeutende Gebietsgewinne. Terroraktionen der Irgun und Lechi – das bekannteste Beispiel ist der Überfall auf das arabische Dorf Deir Yassin am 9. April 1948, bei dem 254 Frauen, Männer und Kinder ermordet wurden – lösten bei der palästinensischen Bevölkerung Panik und Flucht aus.
Der Ausrufung des Staates Israel am Vorabend des endgültigen britischen Rückzugs folgte unmittelbar der Einmarsch der regulären arabischen Armeen. Dies führte zwar zu erheblichen militärischen Rückschlägen für die israelische Armee, doch bald

konnte auch hier die Haganah in die Offensive gehen, da die arabischen Streitkräfte zu schwach und unkoordiniert kämpften. Von arabischer Seite wurde lautstark die Vertreibung der Juden ins Meer und »Massaker von mongolischen Ausmaßen« angekündigt, doch die Kriegsführung diente eher der Durchsetzung eigener territorialer und machtpolitischer Interessen, so daß man gegenseitig mißtrauisch alle militärischen Aktionen betrachtete und zu einer Zusammenarbeit mit palästinensischen Freischärlerverbänden nicht in der Lage war. Zudem war es den Israelis gelungen, durch die Unterstützung der UdSSR tschechische Waffen zu erhalten.

Der Krieg ohne Fronten, ohne strenge Trennung von Soldaten und Zivilisten kam nach mehreren vorübergehenden Waffenstillständen im Frühjahr 1949 zum Ende. Unter Vermittlung des amerikanischen Diplomaten Ralphe Bunche wurden auf Rhodos Waffenstillstandsabkommen geschlossen, die zu Grenzlinien führten, die bis heute das umfassen, was als Kernland Israel bezeichnet wird. Das israelische Staatsgebiet war im Vergleich zum Teilungsplan um fast ein Drittel größer. In diesem Territorium lebten noch ganze 160000 Palästinenser. Etwa 900000 Palästinenser waren geflüchtet oder vertrieben worden. Die Staatswerdung Israels bedeutete für diese Flüchtlinge den Beginn einer teilweise jahrzehntelangen Lagerexistenz. Der im Teilungsplan vorgesehene palästinensische Staat wurde nicht gegründet. Statt dessen annektierte der jordanische König Abdallah das Westufer des Jordan, und Ägypten stellte den Gaza-Streifen unter seine militärische Verwaltung. Die Internationalisierung Jerusalems konnte nicht realisiert werden, so daß die Heilige Stadt geteilt wurde.

Die Nachkriegsjahre haben die politische Landschaft der nahöstlichen Region grundlegend verändert. Das Märchen, von dem Theodor Herzl, der Begründer des politischen Zionismus, noch um die Jahrhundertwende gesprochen hatte, war Realität geworden: ein jüdischer Staat. Der Zionismus, jahrzehntelang eine Minderheitenbewegung innerhalb des Judentums, entwickelte sich zu einem machtpolitischen Faktor, der den ca. 650000 Juden in Palästina eine nationalstaatliche Existenz verschaffen konnte. Hunderttausende von Juden sollten in den Folgejahren nach Israel einwandern, um Schutz vor antisemitischer Verfolgung zu suchen. Entstanden ist dieser Staat auf dem Hintergrund der kolonialen Wachablösung im Nahen Osten zwischen England und den USA, die zur vorherrschenden Macht in dieser Region werden sollte. Die beiden Weltmächte USA und UdSSR waren zwar entscheidende Geburtshelfer dieses jüdischen Staates, doch diese Eintracht währte nicht lange.

Der genuine Konflikt zwischen dem arabisch-palästinensischen und dem jüdisch-israelischen Volk um nationale Selbstbestimmung in Palästina war durch die Ereignisse nicht gelöst worden, sondern trat in ein neues Stadium. Sahen sich die Juden zunächst am Ziel ihrer Wünsche, so erwies sich die Hoffnung, in der historischen Heimat Sicherheit und Frieden zu finden, als trügerisch. Die Palästinenser mußten den Preis für diese Entwicklung zahlen: ein kleiner Teil lebte als unterdrückte nationale Minderheit im jüdischen Staat. Die Mehrheit ging einem ungewissen Flüchtlingsschicksal entgegen.

Palästinensisches Flüchtlingslager bei Nablus Ende der Vierziger Jahre

Ekkehart Krippendorff

Italien
»Die aus dem Widerstand geborene Republik«

In Italien ist der 25. April nationaler Feiertag. An diesem Tage im Jahre 1945 – der deutsche militärische Widerstand gegen die vorrückenden Alliierten war einige Tage zuvor im Appenin (zwischen Florenz und Bologna) zusammengebrochen – proklamierte das Nationale Befreiungskomitee, in dem die politischen Vertreter aller Partisanenverbände zusammenarbeiteten, jene nationale Erhebung, die zur Befreiung der letzten großen Städte in Norditalien (Mailand, Turin, etc.) führte, und zwar ehe die Alliierten Truppen selbst dort ankamen. An diesem 25. April kulminierte der knapp zweijährige bewaffnete Kampf der »Resistenza«, und er ist zugleich der Ausgangspunkt für die Geburt der Republik, für das heutige Italien. In der Bundesrepublik Deutschland ist – im Unterschied zur DDR – der Tag der Befreiung, der 8. Mai 1945, kein Feiertag: Er gilt als der Tag des »Zusammenbruchs«, der »totalen Niederlage«, eigentlich als ein »schwarzer Tag« der deutschen Geschichte, aber offensichtlich nicht im Sinne einer Trauer darüber, daß es den deutschen Antifaschisten nicht gelungen war, sich selbst des Naziregimes zu entledigen oder doch wenigstens einen relevanten Anteil daran gehabt zu haben... Jedes Jahr werden in Italien an diesem 25. April Kränze niedergelegt an den Gedenkstätten für die Opfer des antifaschistischen Befreiungskrieges (62000 gefallene Partisanen, 13000 als Repressalie von den Deutschen ermordete Zivilisten und Gefangene), und von Christdemokraten bis zu den kommunistischen Staats-Festrednern wird die Formel wiederholt von der Republik, die aus dem antifaschistischen Widerstand geboren worden sei. Man muß darum mit diesem beginnen, wenn von den italienischen ersten Nachkriegsjahren die Rede sein soll.

Und zwar nicht nur im Sinne eines besseren politischen Verständnisses aus der Geschichte, sondern auch ganz schlicht »faktizistisch«: Der deutsche 8. Mai 1945 dauerte in Italien sozusagen vom 25. Juli 1943 bis zum besagten 25. April bzw. bis zum Tage der Kapitulation der deutschen Truppen am 29. April 1945. An jenem 25. Juli 1943 hatte der König Viktor Emanuel III., um sich und sein Regime zu retten, in konspirativer Zusammenarbeit mit einigen höchsten Offizieren und dissidenten Faschisten, die in einer Sitzung des Faschistischen Großrates vom Vortage (so etwas gab es immerhin noch in diesem Regime, im Unterschied zur Hitlerdiktatur) dem Duce mehrheitlich ihr Mißtrauen ausgesprochen hatten. Die Alliierten waren in Sizilien gelandet, der Krieg war offensichtlich verloren, an die von Mussolini mit vielsagenden Worten angedeutete deutsche Wunderwaffe, die das Ganze bald retten würde, glaubte niemand. Das alle heutigen Theorien und Theoretiker des »Totalitarismus« (jedenfalls was den Fall Italien anbetrifft) Widerlegende geschah am selben Tag: Innerhalb von 24 Stunden war das faschistische Regime mit seiner Partei, seiner Geheimpolizei, seinen Milizen buchstäblich wie ein Spuk verschwunden, untergegangen und hinweggespült von einer zu Hunderttausenden auf die Straßen und Plätze strömenden, erst ungläubig den Radiobotschaften zuhörenden, dann begeisterten, singenden, redenden, Parteibüros, Zeitungsredaktionen, Verwaltungs- und Regierungsbehörden besetzenden Menge, dem Volk. Mussolini an einem nur wenigen bekannten Ort verschwunden, Polizei und Militär desorientiert, die Botschaft des neuen Regierungschefs Badoglio, es solle Ruhe und Ordnung bewahrt werden und der Krieg ginge weiter, traf auf taube Ohren der Volksbegeisterung: überall wurden die Symbole des Regimes herabgerissen, verbrannt, zerschlagen, wurden Straßen und Plätze umgetauft, Sonderausga-

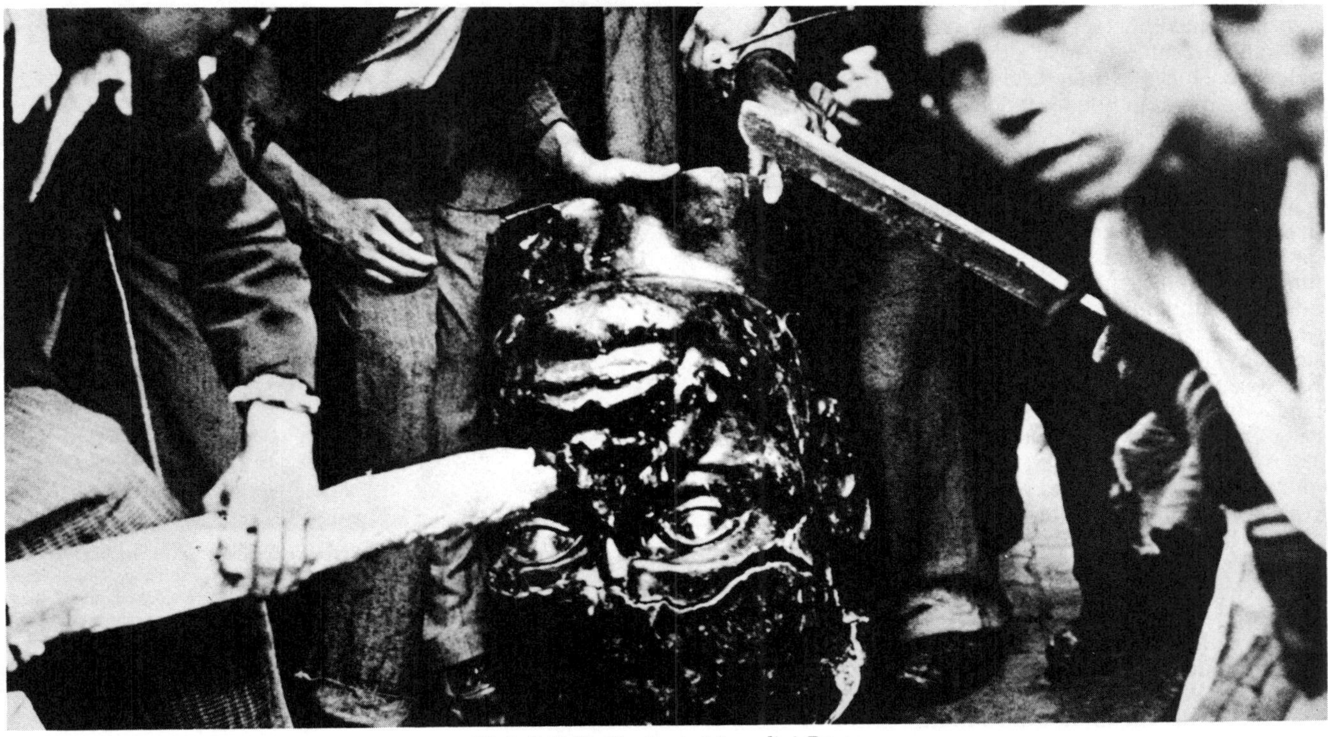

25. Juli 1943. Gestürzte Mussolini-Büste

ben der Zeitungen und Flugblätter gedruckt, umarmten sich die Menschen, als seien sie von einem langen Alptraum wieder erwacht. Die Bilder und Augenzeugenberichte von diesem Tag – vor allem aus der Hauptstadt Rom – gehören zum Bewegendsten, was man sich an Spontaneität und brüderlich-schwesterlicher Solidarität eines Volkes in einer historischen Situation vorstellen kann.
Möglich geworden war das – wie aber auch die Geschichte der nächsten, der blutigen und finsteren Jahre und wie die der neuen Republik nach 1945 –, weil das faschistische Regime, im Unterschied zur Naziherrschaft, seine politischen Gegner nicht physisch liquidiert hatte. Man kann diesen Punkt nicht entschieden genug betonen und unterstreichen. Der italienische Faschismus, zwar wie der deutsche aufgrund einer Palastintrige an die Regierung gekommen, mußte sich nicht gegen einen massiven Widerstand behaupten, war nicht mit einer großen, politisch organisierten Arbeiterklasse und dem opferbereiten Widerstand Zehntausender von entschlossenen Einzelkämpfern konfrontiert, wie das in Deutschland gleich nach Machtergreifung und Reichstagsbrand der Fall war. KZs, Folterungen, systematischen Straßen-Mordterror und politische Todesurteile, mit denen der deutsche Widerstand brutal unterdrückt wurde, gab es in Italien nicht – und brauchte es nicht zu geben, weil eben ein solcher Widerstand nicht existierte. Wer in Italien als Antifaschist bekannt war, zog sich entweder ins Privatleben zurück oder emigrierte oder riskierte für aktive Gegnerschaft maximal Gefängnis bzw. die Verbannung auf eine Insel oder in abgelegene Dörfer. In Deutschland riskierte man für ein Flugblatt den Kopf, und doch waren es viele Tausende, die auf vielerlei Weise gegen das Regime aktiv kämpften. In Italien riskierte man im Widerstand nie das Leben, und dennoch waren nur relativ wenige dazu bereit: Bis weit in die 30er Jahre hinein (bis zum Äthiopien-Abenteuer und dem italienischen Eingreifen in den spanischen Bürgerkrieg) stützte sich das Regime auf einen breiten Konsensus, der nicht, wie in Deutschland, durch physische Einschüchterung erzwungen war. Es ist darum historisch falsch, menschlich ungerecht und politisch bis heute verhängnisvoll, den – ganz unpathetisch gesprochen – heldenhaften Widerstand ungezählter einzelner Deutscher nicht zur Kenntnis zu nehmen und dem den bewaffneten italienischen Selbstbefreiungskampf gegen eine fremde Besatzungsmacht, die Deutschen, als unerreichtes Vorbild gegenüberzustellen. Denn diesen militanten Antifaschismus gab es eigentlich erst nach

Partisanen-Einheit, April 1945

Befreiung, 25. April 1945

Am 2. Juni 1946 stimmen 54,3 Prozent der Wähler für die Republik

dem 25. Juli 1943, genau genommen sogar erst seit Anfang September 1943.
Eines der wichtigsten nicht nur sozioökonomischen, sondern auch politisch-kulturellen Strukturmerkmale (und -defekte) Italiens ist das bekannte Nord-Süd-Gefälle. Das hat tiefe historische Wurzeln und wurde dramatisch verschärft noch durch die Einigung zum Nationalstaat im 19. Jahrhundert. Von 1943 bis 1945 aber, fast zwei sehr entscheidende Jahre lang, wurde Italien aufs Neue geteilt. Während sich im »Norden« (die »Grenze« verlief zunächst südlich von Rom, später südlich von Bologna) die deutsche Militärherrschaft konsolidierte und der befreite Mussolini eine faschistische Marionetten-Republik (die Soziale Republik Italien, RSI) ausrief und während sich dort der breite bewaffnete Widerstand der Partisanenverbände formierte, wurde im befreiten »Süden« bereits wieder kräftig restauriert: In Sizilien war die Mafia zum Verbündeten der Amerikaner geworden und zu neuem, bis heute weiterblühendem Leben erwacht, die Monarchie hatte sich hierhin gerettet und sah eine reelle Überlebenschance, sich von ihrer faschistischen Komplizität zu distanzieren, die Karabinieri wurden eingesetzt zur Niederschlagung der spontanen Landbesetzungen sozialistisch-kommunistisch inspirierter Bauern, die profaschistischen Klienteln der parasitären Mittelschicht entdeckten in der alliierten Besatzung ihren neuen »Padrino«, ihren neuen Paten. Die Sowjetunion erkannte am 13. März 1944 – als erste – die Badoglio-Regierung an, und der aus Moskau zurückgekehrte Togliatti verkündete mit der sogenannten »Wende von Salerno«, daß die Kommunisten zumindest zunächst selbst den König akzeptieren würden, daß eine sozialistische Revolution nicht auf der Tagesordnung des Kampfes gegen den deutsch-italienischen Faschismus im Norden stünde. Der Weg zum viel späteren »Historischen Kompromiß« Enrico Berlinguers war damit eingeschlagen. Später, unter deGasperi, wurde Togliatti Justizminister und verantwortete persönlich das Gesetz weitgehender Straffreiheit für ehemalige Faschisten. Natürlich stand hinter dieser Anpassungs- und Kompromißstrategie Togliattis (er mußte sie durchsetzen gegen die verblüfften und widerstrebenden, aber letztlich an Parteidisziplin gewöhnten eigenen Genossen) eine nur ihm zunächst in ihrer vollen Bedeutung bekannte »weltpolitische« Tatsache: die Sowjetunion hatte sich gegen jede revolutionäre Konfrontation mit dem Westen und für die »Aufteilung der Welt« entschieden, und ein revolutionärer Bürgerkrieg in Italien nach griechischem Vorbild war unter diesen Umständen, wie es schien, von vornherein verloren und ein sinnloser Selbstmord. »Griechenland« zu vermeiden, war für ihn damals und während der nächsten Jahre eines seiner wichtigsten strategischen Ziele.
Aber auch die Alliierten taten das Ihrige, um den drohenden Übergang vom bewaffneten antifaschistischen Kampf in eine revolutionäre Machtübernahme der kämpfenden Partisanenverbände im Norden zu verhindern: Man hat ihre Haltung bisweilen mit dem treffenden Wort vom »alliierten Gegner« bezeichnet, denn ohne aktive Unterstützung vor allem mit schwerem Kriegsmaterial konnten jene ihren Befreiungskampf hinter den deutschen Linien nicht lange durchhalten. Durchaus vergleichbar mit der Gewehr-bei-Fuß-Entscheidung Stalins, der deutschen Niederschlagung des Warschauer Aufstandes und damit der Vernichtung der ihm potentiell gefährlichen nationalpolnischen Elite tatenlos zuzusehen, paßte es auch den anglo-amerikanischen Militärs in ihr strategisches politisches Konzept, daß die Deutschen zwischen Ende 1943 undWinter 1944/45 die zahlreichen Partisanenverbände und vor allem ihre selbstbefreiten Gebiete, die Partisanenrepubliken, systematisch vernichteten oder doch weitgehend dezimierten. Als es diesen im April 1945 dennoch gelungen war, nicht nur die letzten großen Städte im Norden selbst zu befreien, sondern auch vielfach Fabriken zu besetzen und erste, spontane Befreiungskomitees zu bilden und die Selbstverwaltung zu organisieren, bestand die erste wichtige Maßnahme der Alliierten nach der Kapitulation darin, die Partisanenverbände zu entwaffnen und weiteren Waffenbesitz streng zu ahnden; ungezählte Waffen wurden damals – in Erwartung der »Revolution« – versteckt und kommen heute gelegentlich bei Häuserabbrüchen etc. wieder zum Vorschein. Noch zu Beginn der 70er Jahre, als viele einen neo-faschistischen Staatsstreich befürchteten und z.T. unter der Führung ehemaliger Partisanen bewaffnete Widerstandszellen organisierten, bildeten solche versteckten Waffen einen wichtigen Bestandteil für die »Strategie des bewaffneten Kampfes«.
Aber bekanntlich kam mit der völligen Befreiung (und der »Wiedervereinigung« Italiens) nicht die sozialistische Revolution, sondern die bürgerliche Republik. Und selbst die Entscheidung darüber – so stark war die Restauration, besonders stimmzahlmäßig, damals, vor dem großen Exodus der 50er Jahre (4–5 Millionen!), vor allem im Süden bereits vorangeschritten – stand fast auf des Messers Schneide: Am 2. Juni 1946 (auch das heute ein staatlicher Feiertag – im Unterschied zur Konstitution des Parlamentarischen Rates der Bundesrepublik!) stimmten nur 54,3 Prozent der Wähler für die Republik, im Süden die Mehrheit sogar für die Beibehaltung der Monarchie. Und in der mit diesem Referendum gleichzeitig gewählten Verfassungsgebenden Versammlung stellten die Kommunisten (19%) und Sozialisten (20,7% der Stimmen) mit zusammen 219 von insgesamt 556 Abgeordneten nur noch eine große Minderheit gegenüber dem sich formierenden Bürgerblock dar – und das, obwohl die Ersteren vor allem das eigentliche Rückgrat des antifaschistischen Kampfes gewesen waren.
Nun konnte die bürgerliche Restauration im Großen und als strategisches Projekt, unterstützt von den alliierten Besatzungsmächten, mehr oder minder zielstrebig beginnen. Die Verfas-

sung selbst ist, als Text, zwar noch immer ein fortschrittliches Dokument, das gewissermaßen den großen Atem der Befreiung und die mächtige Präsenz der Linken spüren läßt. Ihr Artikel I definiert die Republik als »auf der Arbeit gegründet« und bietet einen großen, flexiblen Spielraum für prinzipiell mögliche, radikale Transformationen von Wirtschaft und Gesellschaft – keine restriktive »FDGO«. Nicht zuletzt deswegen blieb sie in vielen Aspekten noch für Jahre hinaus (Verfassungsgerichtsbarkeit, Eigenständigkeit der Regionen etc.), in manchem bis heute sogar ein bloßes Stück Papier. Vor allem aber ging die gesellschaftspolitische Entwicklung in die andere, die restaurative, die bürgerlich-konservative Richtung bzw. »wurde dorthin gegangen«. Denn die Absage an, oder richtiger: der Verzicht auf den politisch artikulierten Klassenkampf stärkte das Bürgertum und vor allem das kleinbürgerlich-katholische Wählerpotential, dem mit Erfolg die Angst vor kommunistischem »Umsturz« und damit die Angst vor dem Zorn der mächtigen, reichen und wirtschaftlichen Wiederaufstieg versprechenden großen Schutzmacht Amerika eingeredet wurde. Das Jahr 1946 war allerdings noch ein Jahr relativen Waffenstillstands zwischen »Rechts« und »Links«. Kommunisten und Sozialisten waren in der christdemokratisch geführten Regierung deGasperi; aus dem noch im Juni 1944, unmittelbar nach der Befreiung der Stadt, von den wichtigsten Gewerkschaftsvertretern geschlossenen »Pakt von Rom« war eine mächtige, linke Einheitsgewerkschaft (CGIL) hervorgegangen; kommunistische, sozialistische und radikalbürgerliche (Aktionspartei) Politiker aus dem Partisanenkrieg, entwaffnet zwar, aber doch mächtig, regierten nicht wenige der wichtigsten Städte; zahlreiche Partisanen waren in die Polizei übernommen worden: der »Linken« blies der Wind (noch) nicht ins Gesicht, die Geschichte schien schon mittelfristig auf ihrer Seite zu stehen, bei den in absehbarer Zeit nach Verabschiedung der Verfassung anstehenden Wahlen durften die wahlverbündeten Kommunisten und Sozialisten trotz allem auf eine Mehrheit hoffen.

Aber dann setzte sich, von den USA ausgehend, die Kalte-Kriegs-Maschine in Bewegung. Im Rückblick lesen sich die nächsten Daten geradezu wie die Schritte einer geplanten strategischen konzertierten Aktion – sie waren es, auch wenn die taktischen Einzelschritte auf die konkreten Bedingungen hin erfolgten, mit denen es die USA und ihr Verbündeter vor Ort, Alcide deGasperi, zu tun hatten. Im Januar 1947 reist deGasperi zu einem längeren Aufenthalt in die USA und wird dort informiert über die amerikanischen Langzeitpläne und die für Italien vorgesehene Rolle bzw. die Bedingungen, unter denen Rekonstruktionshilfe gegeben werden würde (Italiens Ökonomie ist extrem rohstoffarm und außenhandelsabhängig); ebenfalls im Januar 1947 tritt Saragat aus der Sozialistischen Partei aus und gründet eine neue – die heutige Sozialdemokratische Partei, die explizit das sozialistische Bündnis mit der KPI ablehnt (heute wissen wir, daß dabei amerikanische Finanzhilfen mit im Spiele waren); im März 1947 verkündet Präsident Truman seine »Doktrin« der unbedingten Unterstützung aller anti-kommunistischen Kräfte in Griechenland und der Türkei; im Mai 1947 provoziert deGasperi eine Regierungskrise und schließt die Kommunisten und Sozialisten aus; im Juni 1947 wird der Marshall-Plan verkündet, dem Italien zustimmt; seit Ende 1947 bemühen sich sowohl der Vatikan als auch die amerikanische Gewerkschaft AFL/CIO, der Einheitsgewerkschaft CGIL entweder eine katholische Konkurrenzgewerkschaft an die Seite zu stellen oder sie zu spalten (im Frühjahr 1950 erst wird diese Operation erfolgreich abgeschlossen: Seitdem gibt es drei Gewerkschaften und sogar noch eine vierte, pro-faschistische); die ersten Parlamentswahlen werden für den April 1948 festgesetzt. Der 18. April markiert eine – oder auch die – entscheidende Wendemarke für die italienische Republik. Die Monate bis dahin sind charakterisiert durch ein systematisch produziertes Klima des Bürgerkrieges, in dem die kommunistisch-sozialistische Einheitsfront allein dem geschlossenen propagandistischen Trommelfeuer aller anderen Kräfte ausgesetzt ist: Der Vatikan bedroht kommunistische Wähler mit der Exkommunizierung; die DC malt die Gefahr von Chaos und bewaffnetem Aufstand an die Wand für den Fall eines linken Wahlsiegs; die USA drohen mit der Wiedererrichtung einer alliierten Militärregierung und mit bewaffnetem Eingreifen und postieren ihre Flotte demonstrativ vor den italienischen Küsten; in den USA selbst wird eine

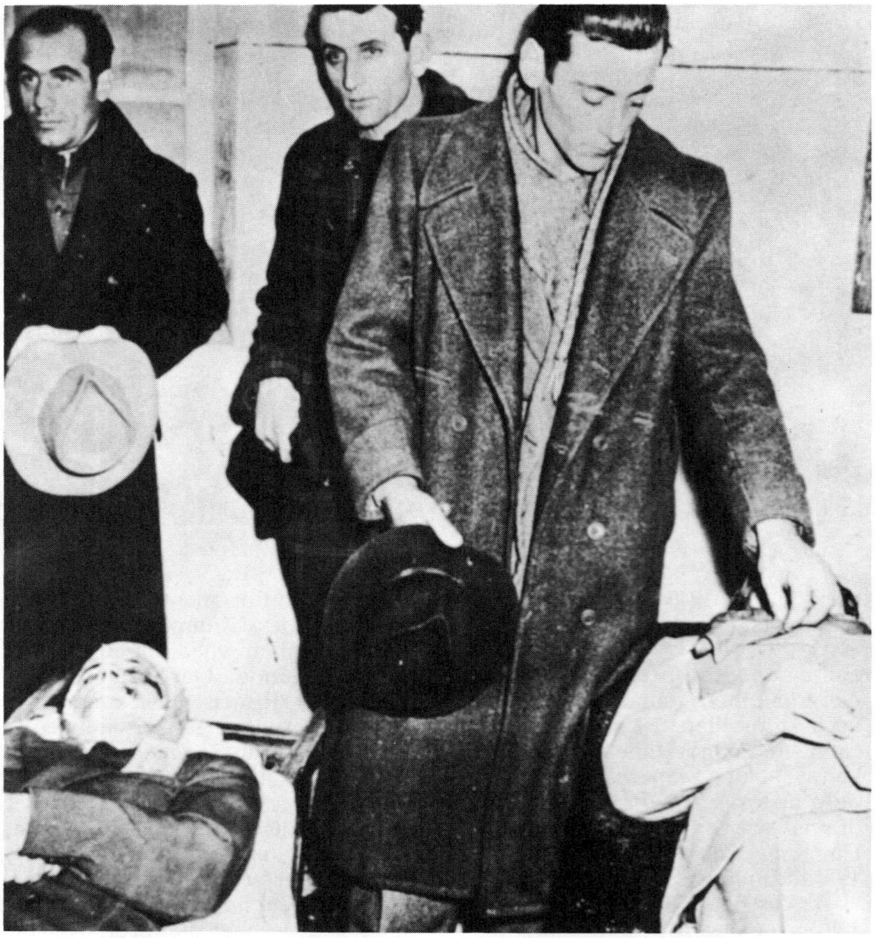

Mit dem Ausschluß der KPI aus der Regierung beginnt die Repression, der »Kalte Krieg nach innen«: 1948–50 erschießt die Polizei insgesamt 62 Arbeiter (hier 2 von 6 Opfern im Stahlwerk Orsi), 3126 werden verwundet, 92000 verhaftet, 19300 verurteilt.

großangelegte Propagandakampagne der Millionen-starken Italo-Amerikaner gestartet, die ihre Landsleute in offenen Erklärungen und persönlichen Briefen vor den Folgen eines kommunistischen Wahlsieges warnen: keine Auswanderung mehr, keine Besuche, keine Wirtschaftshilfe mehr; die US-Regierung selbst verstärkt demonstrativ ihre Wirtschaftshilfe (sogar auf den Elektrizitäts- und Gasrechnungen erscheinen Aufdrucke wie: »ermöglicht durch amerikanische Hilfe«); in Sizilien besorgt die Mafia das Geschäft der einschüchternden Wahlwerbung. Das Wahlergebnis bedeutet den ersten (einzigen?) großen Erfolg einer mit überlegenen Mitteln und unzweifelhafter technischer Perfektion orchestrierten psychologischen politischen Werbekampagne: Mit 48,5% aller Stimmen gewinnt die DC die absolute Mehrheit im Parlament, die linke Einheitsfront erhält nur 35% – und bald danach zerbricht sie dann auch und beginnt die Sozialistische Partei (PSI) ihren Zick-Zack-Weg in die späteren Mitte-Links-Koalitionen und bis in die heutige Ministerpräsidentenschaft.
Einmal noch, kurz nach der katastrophalen unerwarteten und historisch unverdienten Niederlage, versuchte das kommunistische »Fußvolk« das Verhängnis aufzuhalten, das revolutionäre Erbe der Resistenza zu retten bzw. wiederzubeleben. Am 14. Juli 1948 wird ein Attentat auf Palmiro Togliatti verübt, aus dem der überall respektierte Parteiführer nur knapp sein Leben retten konnte. Überall wurden die verborgenen Waffen hervorgeholt, wurden Fabriken besetzt, ein 48-stündiger Generalstreik wurde ausgerufen und befolgt – aber weiter geschah nichts. Vom Krankenbett aus appellierte Togliatti an seine Genossen, Disziplin und Besonnenheit zu üben, das ZK in Rom hatte selbst keine Übersicht über eine Lage, die innerhalb von Stunden in einen blutigen Aufstand übergehen konnte, war vor allem auf die Möglichkeit zur revolutionären Machtübernahme auch nicht im geringsten vorbereitet bzw. hatte solchem »Putschismus« seit langem grundsätzlich abgesagt – und so blieb alles beim alten.
Aber das hieß in der Folge, daß nun die große Involution, die Rückwärtsentwicklung in Richtung auf die Stabilisierung der bürgerlichen Herrschaft voll einsetzen konnte. Kein Patt zwischen der besiegten Linken und der siegreichen Bourgeoisie: Der Polizei- und Staatsapparat wurde von den militanten Linken und Resistenza-Leuten gesäubert, Fabrikräte und Gewerkschaften überall in die Defensive gedrängt, die Kommunisten in die Isolation (und z. T. in den Untergrund) gedrängt, wo sie sich nur durch zähes Festhalten an revolutionären Parolen, an der Ideologie des stalinistischen Marxismus, durch strenge Parteidisziplin und die Entwicklung einer Art Belagerungsmentalität behaupten konnten – und als anerkannt einzige Oppositionskraft langsam und zäh Stück für Stück Wahlstimmen und Parlamentssitze sammeln und ihr »come back« der späten 60er Jahre vorbereiten konnten. Denn was der »Reaktion« nicht gelang, das war das Zerschlagen der Partei und, mehr noch, die Austreibung des linken, des marxistischen so gut wie des Widerstandserbes aus der politischen Kultur des Landes. Für das Letztere hätte sie ihre eigene Tradition leugnen müssen (denn nicht wenige bürgerliche Politiker waren nun einmal selbst im Widerstand aktiv gewesen, hatten in Gefängnissen gesessen oder waren in der inneren und äußeren Emigration gewesen), für das Erstere fehlte ihr die ideologische Kraft und auch der machtpolitische Spielraum. Denn die noch jahrelang sich als marxistisch verstehende sozialistische Partei war langfristig ein notwendiger Bündnispartner zur Brechung des Monopols der KPI über die italienische Linke, und die demokratisch gewählten kommunistischen Hochburgen in einigen Großstädten – Bologna allen voran – waren ohne einen offenen Staatsstreich, der wegen des linken Gewaltpotentials zu kostspielig war, nicht zu beseitigen. So erhielt sich trotz Kalten Krieges und stabiler bürgerlicher Klassenherrschaft in Italien eine zwar zunehmend nur rhetorisch, inhaltlich ausgehöhlte linke, marxistisch sprechende, antifaschistische politische Kultur, die gleichwohl zukünftige Möglichkeiten von realen politischen Veränderungen nach links hin ideologisch absichert. Immerhin hat die italienische Republik mit Sandro Pertini heute einen solchen aufrechten linken Antifaschisten zum Staatspräsidenten; das ist – gemessen an dem, was damals, nach 1943/45, möglich schien und auch zum Teil jedenfalls möglich war – nicht gerade viel, bestimmt sogar viel zu wenig; verglichen mit der heutigen Bundesrepublik aber ist das gleichwohl schon wieder eine ganze Menge.

Palmiro Togliatti auf einer Pressekonferenz in Rom

Januar 1947: Ankunft deGasperis in den USA

Hans Joachim Neyer

Frankreich zwischen Liberation und Restauration

Als am 19. August 1944 die Résistance den bewaffneten Aufstand in Paris begann, ging es um mehr als um die Vertreibung der deutschen Okkupanten: Bevor ein amerikanischer Soldat die Hauptstadt betrat, erreichten die ersten Panzer der 2. (französischen) Division Leclerc Paris. Statt, wie von Eisenhower geplant, in Frankreich zu überwintern, standen die alliierten Truppen schon im Februar 1945 am Rhein. Die Résistance hatte einen wesentlichen Anteil an der schnellen Befreiung des Landes; drei Fünftel, nämlich der südliche Teil zwischen Loire und Rhône, wurden sogar von ihr allein befreit. Damit war gleichzeitig entschieden, daß Frankreich seine politische Neuordnung relativ selbständig gestalten konnte. Das änderte sich erst, als das Land finanzielle Hilfe aus den USA erhielt, was in der Folge auch zum Bruch der Résistancekoalition von Sozialdemokraten (SFIO), Christdemokraten (MRP) und Kommunisten (FKP) führte.

Die Résistance

Die Résistance, das war einerseits der von »außen«, zunächst von England, dann von Nordafrika politisch und militärisch unter General de Gaulle agierende Widerstand, andererseits der in Frankreich selbst kämpfende Widerstand, der politisch vor allem durch drei Bewegungen repräsentiert wurde: erstens durch die im Mai 1941 auf kommunistische Initiative gegründete volksfrontähnliche Sammlungsbewegung des »Front national«, der bei weitem wichtigsten Bewegung, die, nach Berufsgruppen organisiert, bei beispielsweise den Schriftstellern so bekannte Künstler wie den Kommunisten Aragon und den Katholiken François Mauriac vereinte; zweitens die ab 1942 in Erscheinung tretende, vom Bürger- und Kleinbürgertum getragene, politisch linksliberal orientierte Bewegung »Combat«, in deren gleichnamiger Zeitung Malraux, Camus und Sartre schrieben; und schließlich drittens die sozialdemokratisch-sozialistische Bewegung »Libération«, die erst Anfang 1943 gegründet wurde. Die Aktionen der »inneren« Résistance (Résistance intérieure) reichten von der Propaganda, Spionage und Sabotage, von der Fluchthilfe für politisch oder rassisch Verfolgte, für Kriegsgefangene und abgeschossene alliierte Piloten bis hin zu größeren militärischen Aktionen.

Die Befreiung von Paris

Über die größte militärische Organisation verfügte der »Front national« mit den »Francstireurs et partisans«, die nach dem Zusammenschluß mit anderen militärischen Gruppen im Frühjahr 1944 von de Gaulle als »Forces Françaises de l'intérieur« zu Teilen der regulären Armee erklärt wurden. Besonders nach der Einführung des obligatorischen Arbeitsdienstes im Frühjahr 1943, der jeden Franzosen mit der möglichen Deportation nach Deutschland bedrohte, füllten sich die Reihen des »maquis«: vor allem mit Männern und Frauen, die sich dem Zugriff der Deutschen durch Flucht in schwer zugängliche Gegenden entzogen und sich selbständig militärisch zu organisieren begannen. Nach neueren Schätzungen kann man von etwa 1 % der Bevölkerung sprechen, die aktiv am bewaffneten Widerstand beteiligt war: eine halbe Million bewaffneter »résistants«, getragen von einem Meer von Sympathisanten.
1943 war das Gründungsjahr des Nationalen Widerstandsrates – »Conseil national de la Résistance« (CNR) –, der alle wesentlichen politischen und gewerkschaftlichen Bewegungen der »Résistance intérieure« umfaßte. Seine Vorsitzenden waren bis zu seiner Ermordung durch die Gestapo im Juni 1943 der Vertraute de Gaulles, Jean Moulin, danach der Christdemokrat Georges Bidault. In Nordafrika hatte sich inzwischen de Gaulle gegen den von den Amerikanern favorisierten, dem Kollaborationsregime in Vichy anhängenden General Giraud als außenpolitischer Vertreter der Résistance durchgesetzt. De Gaulle, vor dem Krieg Unterstaatssekretär im Heeresministerium und verhementer Kritiker der strategischen Mängel der französischen Panzereinsatzsplanung, war nach dem Einmarsch der deutschen Truppen im Mai 1940 einer der wenigen Kommandeure gewesen, die ihre Truppen so befehligt hatten, daß der feindliche Vormarsch wenigstens kurzfristig aufgehalten werden konnte. Dank seines legendären Appells vom 18. Juni 1940, in dem er über BBC London die zersprengten französischen Truppen zum Widerstand aufgerufen hatte, und wegen der politischen Anerkennung durch die »Résistance intérieure« war der nationalkonservativ gesonnene Panzergeneral, Churchill und Eisenhower zum Trotz, 1944 Chef einer zunächst »Provisorischen Regierung« geworden, die ihre »historische Legitimation im Bad der Massen« (so de Gaulle) bei der Befreiung von Paris erhielt. Diese erste »Provisorische Regierung« setzte sich zusammen aus Vertretern der Christdemokraten, Sozialdemokraten, Radikalsozialisten und Kommunisten.

Die Libération

Ein erster Arbeitsauftrag lag der provisorischen Regierung von seiten des Nationalen Widerstandsrates CNR vor, der sich im März 1944 auf ein gemeinsames Aktionsprogramm für die Nachkriegszeit geeinigt hatte. Neben längerfristigen Forderungen wurde in diesem Programm unmittelbar die Bestrafung der Kollaborateure verlangt, was einhergehen sollte mit der Säuberung von Verwaltung, Wirtschaft, Presse und Kultur von solchen Elementen, die mit der faschistischen Besatzungsmacht gemeinsame Sache gemacht hatten. Etwa 12000 Personen wurden von den »Volks-« und »Militär-Gerichten« der »Résistance intérieure« zum Tode verurteilt und hingerichtet oder starben als Opfer spon-

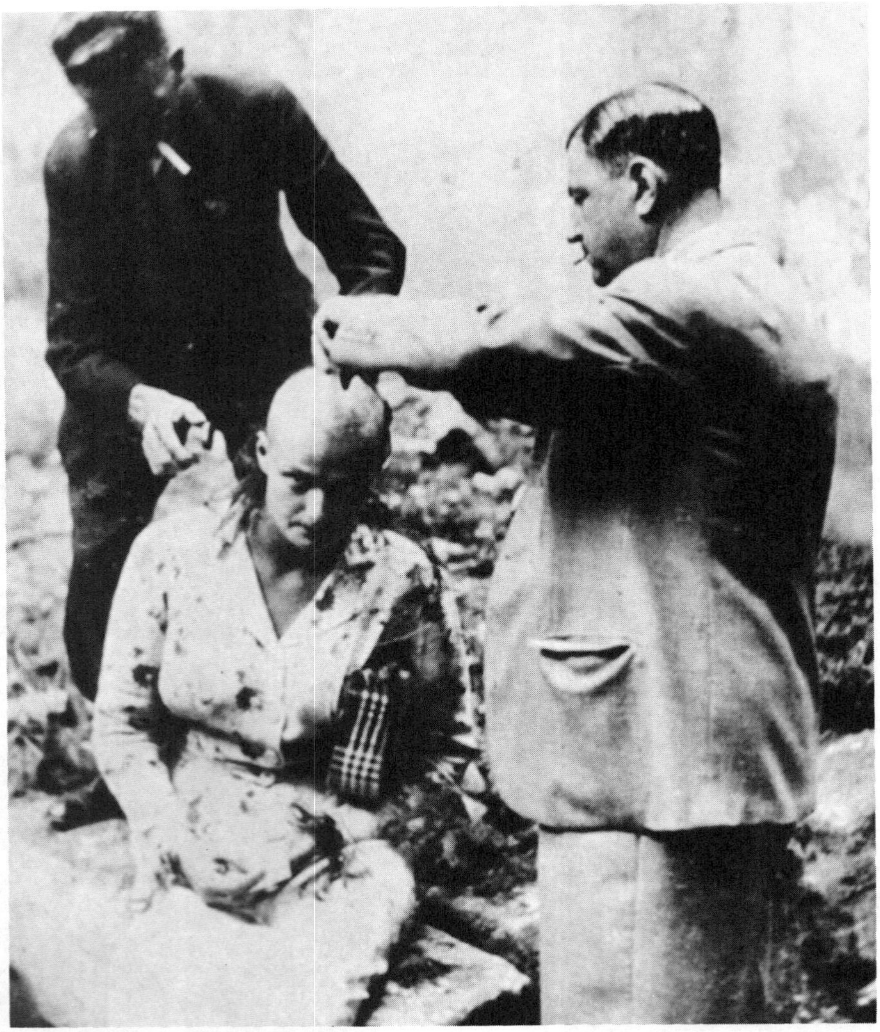

Die Bestrafung der Kollaborateurinnen

taner Vergeltungsakte. Die »Chambres civiques« der bis zur Amnestie 1953 arbeitenden ordentlichen »Säuberungs«-Gerichtsbarkeit verhängten 4783 Todesurteile, von denen 786 vollstreckt wurden, neben fast 100000 Freiheitsstrafen. Hohe Verantwortliche des Vichy-Regimes wurden vor einen neu geschaffenen politischen Gerichtshof gestellt, der 18 Todesurteile aussprach, von denen lediglich die an Regierungschef Laval, dem Chef der gefürchteten »milice«, Darnand, und dem Vichy-Vertreter bei der deutschen Kommandantur in Paris, de Brinon, vollstreckt wurden. Das Todesurteil für den ehemaligen Staatschef Pétain wurde von de Gaulle selbst in lebenslängliche Haft umgewandelt.

Die längerfristigen, vor allem wirtschafts- und sozialpolitischen Forderungen des Nationalen Widerstandsrates gingen aus von der Enteignung so bekannter Wirtschaftskollaborateure wie dem Automobilproduzenten Renault und liefen schließlich auf die »Entfernung der großen Wirtschafts- und Finanzmagnaten« insgesamt hinaus, was durch die »Nationalisierung aller großen monopolisierten Produktionsmittel« erreicht werden sollte. Durch besondere Organe innerhalb der Betriebe sollte nicht nur die Unternehmertätigkeit von Arbeitern kontrolliert, sondern der Arbeitsplatz selbst der Selbstbestimmung der Produzenten unterworfen werden. Außerhalb des Betriebes sollte die unsichere Lage der Arbeiter und Angestellten zum ersten Mal in Frankreich durch ein umfassendes Sozialversicherungssystem verbessert werden. »Libération« und »révolution« waren synonyme Begriffe. Ähnlich wie später in Deutschland (1947 im Ahlener Programm der CDU) war selbst in christdemokratischen Kreisen die Abneigung gegen das unter der III. Republik bis 1940 praktizierte kapitalistische System bei der Befreiung noch so groß, daß die Verwirklichung der von allen gewollten Demokratie in der neuen, 1946 proklamierten IV. Republik auf kapitalistischer Grundlage unmöglich erschien. Oder, wie es Léon Blum, führender sozialdemokratischer Politiker, formulierte: »Der Sozialismus ist Herr der Stunde!« Unter diesem allgemeinen »revolutionären« Druck wurden noch im Dezember 1944 alle Kohlebergwerke der Region »Nord et Pas de Calais« verstaatlicht, denen bis 1946 alle französischen Kohlebergwerke, die Gas- und Elektrizitätsbetriebe, im Transportwesen (neben der in der Volksfrontzeit nationalisierten Eisenbahn) die Luftfahrtgesellschaft »Air France« und die Pariser Verkehrsbetriebe RATP (Métro etc.) folgten; ferner im Finanzwesen die »Banque de France« und die vier größten Depotbanken und 35 Versicherungsgesellschaften, deren Nationalisierung endlich die Beseitigung eines jahrzehntelangen sozialpolitischen Rückstandes in Frankreich möglich machte, den die Volksfront der 30er Jahre mangels Zeit nicht mehr hatte verwirklichen können: die Einrichtung eines umfassenden Sozialversicherungssystems aller Lohnabhängigen, das bis 1958 auch ausschließlich von deren gewählten Vertretern verwaltet wurde. Die Nationalisierungen in der weiterverarbeitenden Industrie betrafen vor allem in der Automobilbranche Renault und die KFZ- und Flugzeugmotorenhersteller »Gnôme et Rhône«. Weitere Nationalisierungen strategisch wichtiger Schlüsselindustrien, wie die des Erzbergbaus, der Stahl- und Chemieindustrie, der Handelsmarine und der großen Geschäftsbanken, wie sie Kommunisten und Sozialisten zunächst gemeinsam gefordert hatten, scheiterten in der Folge am Widerstand der erstarkten bürgerlichen Mitte und der Rechten (1946 war der Unternehmerverband neu gegründet worden), aber auch an zunehmenden Differenzen innerhalb der Arbeiterbewegung selbst.

Die Kommunisten, von denen man es am ehesten erwartet hätte, machten 1945 den geringsten Gebrauch von der allgemeinen revolutionären Phase – selbst der erzkonservative de Gaulle hatte schon 1942 von der Notwendigkeit der »Revolution« gesprochen. Im Juni 1945 verkündete der Generalsekretär der FKP, Maurice Thorez, die Parole von der »Produktionsschlacht«, durch die die unmittelbare materielle Not beseitigt, das Bündnis der Arbeiterklasse mit den Mittelschichten und der Masse der Bauern von unter her realisiert und die im Programm des CNR geforderte Unabhängigkeit des Landes (vom US-Imperialismus, nach Thorez) garantiert werden sollte.

Ökonomisch stand Frankreich zur Zeit der Befreiung vor dem völligen Ruin. 1945 betrug das Produktionsniveau nur 40% des Standes von 1938, der wegen der in Frankreich später einsetzenden und länger anhaltenden Wirtschaftskrise der 30er Jahre noch um ein Viertel unter dem Stand von

1929 gelegen hatte. Die französische Industrie war während der Besatzung vollständig auf die deutsche Kriegswirtschaft ausgerichtet worden. Ganze Fabriken und Millionen von Arbeitern waren deportiert, fast das gesamte Transportsystem war zerstört worden: Von ehemals 17000 Lokomotiven gab es bei der Befreiung noch 2900 Stück, von einer halben Million Lastwagen blieben nur 200000, 3000 Eisenbahnkilometer und 3000 Brükken waren zerstört; ein geordnetes Handels- und Finanzwesen existierte nicht mehr. Frankreich hungerte. Die ersten freien Zeitungen berichteten von Siegesmeldungen und davon, daß Brot, Butter, Nudeln und Fleisch weiterhin nur auf Lebensmittelkarten der verjagten und gehaßten deutschen Besatzungsbürokratie zu haben waren. Mit diesem Stigma mußte die junge IV. Republik bis in den Sommer 1948 leben. Eine rasende Inflation untergrub den Reallohn der Arbeiter, deren Normalarbeitszeit in der Industrie durchschnittlich über 48 Stunden betrug, obwohl seit 1945 offiziell die 40-Stundenwoche galt: Noch im Herbst 1947 mußte die tägliche Brotration pro Kopf von 300 auf 200 Gramm gesenkt werden. Allein der Schwarzmarkt blühte.

Dennoch: die zahlenmäßigen Erfolge der »Produktionsschlacht« waren trotz anhaltenden Energiemangels durchaus bemerkenswert – 1947 wurde in den meisten Industriezweigen das Produktionsvolumen von 1938 erreicht –, sie wurden jedoch durch eine politische Entscheidung überholt, die vor allem der Sozialdemokrat Léon Blum zu verantworten hatte.

Im Mai 1946 reiste Blum mit dem Vorsitzenden der staatlichen Planungskommission Jean Monnet nach Washington, wo er US-Außenminister Byrnes für das »Linsengericht« eines 650-Millionen-Dollar-Kredits und der Streichung der Kriegsschulden die Unabhängigkeit Frankreichs verkaufte; denn die US-Politiker erklärten den Franzosen, daß sie die gewünschte Hilfe erst nach Entfernung der Kommunisten aus der Regierung und der endgültigen Abkehr Frankreichs von der »Autarkie« zugunsten des »Freihandels« und nach Wiedereinführung »marktwirtschaftlicher Prinzipien« gewähren würden – was »im Klartext die vollständige Restauration kapitalistischer Produktionsverhältnisse und die Öffnung des französischen Marktes für den Waren- und Kapitalexport des amerikanischen Monopolkapitals bedeutete«.

Restauration

Nach den militärischen Erfolgen der Résistance und den, wenn auch bescheidenen, ökonomischen Fortschritten der »Produktionsschlacht« wäre für eine einige Arbeiterbewegung nach der Befreiung auch politisch mehr als der nationale Ausverkauf möglich gewesen. Die Mehrheit der französischen Bevölkerung war antikapitalistisch eingestellt. Der gewerkschaftliche Organisationsgrad war mit nahezu sieben Millionen Lohnabhängigen höher als selbst während der Volksfrontzeit. Bei den ersten Parlamentswahlen im Oktober 1945 errangen Kommunisten und Sozialisten zusammen die absolute Mehrheit der Parlamentssitze. Eine Alleinherrschaft der beiden Arbeiterparteien war möglich – wobei allerdings die Sozialisten Juniorpartner der Kommunisten gewesen wären.

Charles de Gaulle und Harry S. Truman

Unter dem bestimmenden Einfluß des Antikommunisten und großen alten Mannes der SFIO, Léon Blum, vergab die sozialdemokratische Partei die historische Chance und forderte stattdessen die Regierungsbeteiligung der christdemokratischen Volksrepublikaner (MRP). Wie diese ihren Regierungsauftrag wahrzunehmen gedachten, verkündete ihr Abgeordneter Teitgen im Januar 1945: »Einer sozio-kommunistischen Alleinregierung werden die USA keinen Kredit einräumen, den aber wollen wir.« Damit war die Entlassung der kommunistischen Minister aus der Regierungskoalition vorprogrammiert. Sie wurde, wie fast gleichzeitig in Belgien und Italien, in Frankreich am 5.5.1947 von dem Sozialdemokraten Ramadier vollzogen. Die antifaschistische Koalition der Résistance war an der Logik des beginnenden kalten Krieges gescheitert, der nicht nur die revolutionären Hoffnungen der Linken scheitern ließ, sondern auch die Träume der Gaullisten von einem unabhängigen Frankreich zerstörte.

Diese Logik des kalten Kriegs bestimmte auch die Deutschlandpolitik Frankreichs. Mit der Annahme der Marshallplan-Gelder war für Frankreich unabdingbar auch eine »Anpassung wider Willen« an die amerikanischen Deutschlandpläne verbunden. Die Anfang 1946 formulierte »Eindämmungspolitik« des Westens gegenüber dem Osten sah ein ökonomisch und militärisch starkes Deutschland als Bollwerk vor – ein Schlag gegen das vornehmlich von de Gaulle vertretene Deutschlandkonzept der Résistance. De Gaulle, der aus innerfranzösischen verfassungspolitischen Gründen schon am 20.1.1946 von seinem Posten als Chef der provisorischen Regierung zurückgetreten war, hatte bis dahin gegenüber den westlichen Alliierten ein Deutschlandkonzept vertreten, das von einer Ablehnung der Kontinuität des »germanischen Herrschaftswillens« von Bismarck bis Hitler geprägt war. Er verlangte ein atomisiertes Deutschland, in dem Preußen als Staatskern aufzulösen sei, das Rheinland sollte autonom, die Saar wirtschaftlich an Frankreich angegliedert und das Ruhrgebiet einer internationalen Kontrolle unterworfen werden. Diese Forderungen entsprachen durchaus der Stimmung der Bevölkerung, die nach Meinungsumfragen 1945/46 allgemein skeptisch gegenüber der Möglichkeit einer demokratischen Wandlung Deutschlands war. Alle Regierungschefs nach de Gaulle hatten es nun mit dem Konflikt zu tun, einerseits die deutschlandfeindliche Stimmung der Bevölkerung berücksichtigen zu müssen, andererseits nicht nur die US-Gelder empfangen, sondern gleichzeitig eine US-Politik mittragen zu müssen, die auf die Wiederbewaffnung der BRD hinauslief. Ministerpräsident Robert Schuman kam Anfang 1950 als erster auf die Idee, »Europa als Rettungsanker« zu benutzen und den genannten Konflikt gleichsam übernational zu neutralisieren. Wie sehr diese Europa-Politik von der Bevölkerung abgelehnt wurde, zeigt die Tatsache, daß die französische Nationalversammlung noch im August 1954 das Projekt einer »Europäischen Verteidigungsgemeinschaft« (EVG) mit Deutschland ablehnte. Kurz danach unterzeichnete die Pariser Regierung jedoch die Pariser Verträge und damit den Beitritt der BDR zur NATO – was blieb ihr anderes übrig, brauchte sie doch weitere US-Hilfe für ihre Kolonialkriege in Vietnam und Algerien.

Stefanie Endlich

Alptraum der Erfahrungen

Resistance und Bürgerkrieg in Griechenland

Fassungslos oder verbittert, zynisch oder resigniert, in jedem Fall voller Trauer blicken demokratisch denkende Griechen auf die Zeit des Bürgerkriegs (1946–49) zurück. Faschistischer Terror ging fast nahtlos über in staatsautoritäre Unterdrückung. Selbstbestimmte Lebensformen wurden durch rechte Gewalt erstickt. Die Linken hatten sich untereinander bekämpft und umgebracht, ohne zu erkennen, daß sie als Spielfiguren der Großmächte mißbraucht wurden.
Verständlicherweise gehören diese Jahre heute zu den wichtigsten Themen der griechischen Linken, darüberhinaus der griechischen Intelligenz, die nicht zur Linken gehört. Das ist schon seit etwa 25 Jahren so. Jedoch konnten öffentliche Auseinandersetzung über diese Periode und ihre Vorgeschichte, wissenschaftliche und kulturelle Aufarbeitung im Lande selbst erst nach 1974 beginnen, nach dem Sturz der Junta. Nur selten trifft man einen Griechen, der diesem Nachholbedarf gleichgültig gegenübersteht. Vielmehr scheint es, als wirkten die erlebten oder überlieferten Erfahrungen von Resistance und Bürgerkrieg noch heute nach wie ein Alptraum. Umso notwendiger ist es, daß diese Emotionen umgesetzt werden in kritische Analyse.
Die Bilanz des Bürgerkriegs: 158000 getötete Griechen. Zusammen mit den Opfern der Besatzungszeit fand in den Jahren 1940 bis 1949 ein Zehntel der griechischen Bevölkerung gewaltsam den Tod. 50000 bis 100000 Griechen flohen ins Exil, vor allem in die sozialistischen Länder. Weitere Zehntausende wurden in Griechenland für Jahrzehnte zu Bürgern zweiter Klasse: Bis in die Gegenwart verweigerte man den Widerstandskämpfern, was den Rechten längst gewährt wurde, nämlich die grundsätzliche Anerkennung ihrer Beteiligung am nationalen Widerstand als eine demokratische Verpflichtung. Diese Voraussetzung für persönliche und öffentliche Rehabilitierung wurde erst Anfang 1984 durch die Regierung Papandreou in die Wege geleitet – zum Beispiel für den Zugang zu bestimmten Berufen, für Kriegsentschädigung, Kosten ärztlicher Betreuung, Pensionsberechtigung. Bis dahin hatte der Staat die Kollaborateure als alleinige Vertreter des Widerstandes gegen die Naziherrschaft dargestellt und nur sie entsprechend entschädigt.
Die Konzentrationslager waren zu

Beginn der fünfziger Jahre überfüllt, wurden teilweise bis in die 60er Jahre beibehalten und beim Putsch der Offiziere 1967 unverzüglich wieder geöffnet. Eine große Anzahl Griechen hat fast die Hälfte des Lebens – mit kurzen Unterbrechungen bis 1974 – aus politischen Gründen in der Gefangenschaft verbracht.
Die Darstellung der Ereignisse muß sehr viel früher als 1945 ansetzen und den Bogen in die Gegenwart schlagen. Wer die neue griechische Geschichte nicht gut kennt, hat es schwer, sich in der verwirrenden Entwicklung dieser Periode zurechtzufinden, in der die Fronten immer wieder wechselten und die Handlungs- und Entscheidungsebenen sich vielfach gebrochen ineinanderschoben.
Für das 19. Jahrhundert nur eine kurze Anmerkung: 1830, acht Jahre nach der Unabhängigkeit von türkischer Herrschaft, verwandelten die »Schutzmächte« Großbritannien, Frankreich und Rußland die junge Republik in eine Erbmonarchie. Seither, besonders aber ab 1862, als der allzu eigenständige König Otto durch die Fremdmächte gestürzt und durch eine gefügigere Dynastie ersetzt wurde, intervenierte Großbritannien kontinuierlich und verhinderte eine selbständige Politik. Bis 1947 war Griechenland faktisch ein Protektorat Großbritanniens; danach übernahmen die USA diese Rolle.
Blicken wir zurück in die zwanziger Jahre. Gescheitert war 1922 das Ideal der »Megali Idea«, der »Großen Idee«, das von den Rechten ausgenutzte Streben des neuen Nationalstaates, alle Griechen zu vereinen. Mit einer vernichtenden Niederlage und Tausenden von Opfern endete der Krieg mit der Türkei. Der Flüchtlingsstrom von 1,3 Millionen Griechen aus Kleinasien – unter ihnen ein Großteil Händler, Geschäftsleute, Angehörige der Intelligenz – brachte tiefgreifende Wandlungen in der Sozialstruktur: beschleunigte Industrialisierung und Urbanisierung, Aufschwung von Handel und Banken, Entstehung eines Arbeiterproletariats und Arbeitslosigkeit. Die Emigration in die USA, »soziales Ventil« und stabilisierendes Moment für die Wirtschaft, war 1921 von der amerikanischen Regierung eingeschränkt worden.
Auseinandersetzungen zwischen Royalisten, Republikanern und Liberalen (»Venizelisten«) kennzeichneten die Jahre zwischen 1924, als die Republik ausgerufen wurde, und 1933, als wieder eine royalistische Regierung ans Ruder kam. In acht Jahren gab es elf Regierungen, drei Wahlen, elf Militärputsche, zwei Militärdiktaturen. Wirtschaftskrise, Streiks, Arbeiter- und Bauernunruhen und teilweiser Staatsbankrott waren wesentliche Ursachen für den wachsenden Einfluß Großbritanniens, der sich in den Bürgerkriegsjahren so zerstörerisch auswirken sollte. In den sich verschärfenden politischen Auseinander-

setzungen der folgenden Jahre um die zukünftige Verfassung – Monarchie oder Republik – gewann General Joannis Metaxas, Kopf der royalistischen Militärpartei, an Einfluß. Er wurde von König Georg II im August 1936 zum Diktator gemacht – letzter Ausweg, um eine liberale Regierung zu verhindern.
Die Metaxas-Diktatur von 1936 bis '41 ging als Periode des »Monarchofaschismus« in die Geschichte ein: Metaxas und der König als zwei Ko-Diktatoren mit jeweils einem außenpolitischen Protektor – Metaxas orientierte sich nach Deutschland, Georg II nach Großbritannien. Gesellschaftspolitische Zielvorstellungen und ideologischer Überbau nahmen den italienischen Faschismus zum Vorbild. Hitler leistete tatkräftige Hilfe beim Aufbau des Terrorapparates, die Kader der Geheimpolizei wurden bei Himmler geschult, britische Regierungsvertreter lobten öffentlich das Regime.
Zentrale Grundlage des Systems war ein diffuser Antikommunismus, gerichtet gegen kommunistische, republikanische, populistische, liberale Politiker und gegen demokratische Kräfte im Volk. Alle Mittel eines totalitären Staates wurden eingesetzt: ein Spitzeldienst, wie ihn Griechenland nie gekannt hatte, »Sicherheitskomitees«, Verstärkung der 1920 zur Unterdrückung sozialer Unruhen aufgebauten Stadtpolizei, Arbeitsbataillone und Anti-Streik-Gesetz, Verbannungen auf die Inseln, Gleichschaltung des geistigen Lebens (selbst Sophokles' »Antigone« stand auf dem Index). In der weitgehend antifaschistisch und antimonarchistisch eingestellten Bevölkerung fand – anders als in Deutschland oder Italien – die Metaxas-Diktatur keine Massenbasis. Die bürgerlichen Parteien allerdings wurden durch den Terror paralysiert; nur einige jüngere progressive Politiker leisteten aktiv Widerstand. Aus diesem Widerstand entstand später die Resistance gegen die Besatzungsmächte.
Im Herbst 1940 griffen Mussolinis Truppen Griechenland an und besetzten nach heftigen Kämpfen Teile des Landes. Eine paradoxe Situation war entstanden: zwei faschistische Staaten führten gegeneinander Krieg. Metaxas starb 1941; Georg II, der sich nun voll den Briten zuwandte, floh vor dem beginnenden deutschen Angriff mit seiner immer noch hauptsächlich aus Faschisten zusammengesetzten Regierung nach Ägypten. Im April besetzten deutsche Truppen das Festland, im Mai die Insel Kreta. Griechenland wurde in deutsche, italienische und bulgarische Besatzungszonen aufgeteilt. Während sich in Kairo mit britischer Hilfe eine Exilregierung bildete und unter britischer Kontrolle eine Exilarmee entstand, kam im besetzten Athen eine Kollaborationsregierung aus zurückgebliebenen Politikern der Metaxas-Diktatur ans Ruder.
Die griechische Bevölkerung litt schwer unter der Okkupation. Mittels Zwangsverkäufen und Zwangsverpachtungen riß die deutsche Industrie einen großen Teil der Produktion an sich; zum Interesse an griechischen Rohstoffen, speziell Erzen (Krupp, Klöckner-Humboldt-Deutz, Siemens und Halske, Deutsche Bank), und am griechischen Absatzmarkt (IG Farben) kam das Interesse an billigen Agrarprodukten, wodurch die Versorgung der Bevölkerung im Lande selbst erschwert wurde. Eine Hungerkatastrophe im extrem kalten Winter 1941/42, bei der die Deutschen nicht halfen und die Briten durch Blockade die Situation verschlimmerten, forderte hohe Opfer. Damals begann die KKE, die Kommunistische Partei Griechenlands, an die Öffentlichkeit zu treten, Hife zu organisieren und den Widerstand zu unterstützen, der spontan gleich nach der Okkupation auf vielen Ebenen begonnen hatte. Er war organisiert auf demokratisch-republikanischer Basis, vor allem in der Nationalen Befreiungsfront EAM – einer Koalition fortschrittlicher Parteien und Gruppen, an deren Gründung die KKE maßgeblich beteiligt war und die schnell zu einer breiten Massenbewegung wuchs – und der EDES, der aus der republikanischen Bewegung entstandenen Nationalen Republikanischen Griechischen Liga.
Konsens der Resistance und aller in ihr kooperierenden Gruppen war das Ziel einer demokratischen, sozialen und unabhängigen Gesellschaft: na-

Griechische Geiseln werden von den Besatzern mit Sonderwaggons am Kopf der Züge vorangefahren, um Sabotageaktionen zu verhindern. (60 solcher Geiseln kamen am 31. 5. 1943 bei einer Tunnelsprengung der ELAS ums Leben)

tionaler Befreiungskampf gegen die Besatzer und Kampf um die innere Freiheit, Überwindung der Königsherrschaft und des gesamten oligarchischen Systems.
Die strategische Bedeutung des Landes für die Achsenmächte, besonders für ihre Luftwaffenbasen, führte zu brutaler militärischer Unterdrükkung. Ein Name für viele: Kalavryta; bei einer »Sühneaktion« für Widerstandsoperationen ermordeten deutsche Soldaten alle männlichen Bewohner dieses Dorfes. Die Akten des Nürnberger Prozesses weisen Dutzende solcher »Säuberungen« aus. Im Frühjahr 1943 wurde auch in Griechenland die »Endlösung der Judenfrage« durchgeführt: nur 19 Prozent der jüdischen Bevölkerung überlebten.
Die nicht kollaborierenden politischen Kräfte schlossen sich im März 1942 in Athen zusammen und unterzeichneten ein Dokument, in dem sie eine Allparteienregierung nach der Befreiung und die Abhaltung eines Plebiszites forderten und sich selbst für die Republik aussprachen. Zur gleichen Zeit entstand im Landesinneren, vor allem in den Bergen, ein demokratisch-sozialistisches Gemeinwesen von der Basis her, befreit und gesichert durch bewaffnete Partisanenverbände (»Andartes«). 1943 waren circa 80 Prozent des Landes – ausgenommen die Städte – unter der Kontrolle der Resistance, die durch spektakuläre Sabotageaktionen die Besatzungstruppen verunsicherte. Auch in den Städten, wo die EAM Streiks, Demonstrationen und ein weites Netz von Untergrundzeitungen organisierte, fand der Widerstand in der Bevölkerung breite Unterstützung.

Aufbau, Struktur und Erfahrungen des »Freien Griechenlands« unter der Resistance sind ein Kapitel für sich, das hier nur allzu kurz umrissen werden kann:
– die EAM als breite, linksorientierte, aber bis zu konservativ gesinnten Bürgern hin offene Volksbewegung mit primär bäuerlicher Basis, unterstützt von großen Teilen der Kirche und der Intelligenz. 1,5 von insgesamt 7 Millionen Griechen waren in den zahlreichen dezentral aufgebauten Organisationen der EAM aktiv, in Jugend- und Studentenverbänden, Dorf- und Distriktkomitees, Wohlfahrts- und Gewerkschaftsverbänden;
– die ELAS, die Partisanenarmee der EAM unter dem legendären Führer Kapetanios (Kommissar) Aris Velouchiotis;
– die KKE mit circa 400000 Mitgliedern, neben Republikanern und Liberalen wichtigste politische Kraft in der EAM, oft initiativ, zeitweise dominierend im EAM-ZK, zeitweise auch – auf Veranlassung Stalins – allzu zurückhaltend im bewaffneten Widerstand gegen die Besatzer und daher wichtige strategische Vorteile verspielend;
– die republikanisch orientierte EDES unter General Napoleon Zervas, vom britischen Secret Service gefördert, anfangs im »Vereinigten Generalhauptquartier der Andarten« produktiv mit EAM/ELAS zusammenarbeitend, zunehmend allerdings auf Führungsebene von rechts unterwandert.
In den befreiten Gebieten entstanden differenzierte politische Selbstverwaltungsstrukturen, in völligem Gegensatz zu dem alten, auf Hierarchie und Zentralismus basierenden System, in dem die Organe auf Provinz-, »Nomarchie«-, Bezirks- und Gemeinde-Ebene durchweg Vollzugsorgane der Athener Behörden gewesen waren. Dazu gehörten Ausbau des Bildungs- und des Gesundheitswesens, Volksgerichtsbarkeit (die mit der nationalsozialistischen Verkehrung dieses Begriffs nichts gemein hatte), Gleichberechtigung der Frau, Entfaltung der Kunst (Volkstheater!), ein demokratisches Gesetzbuch (Code Stereas) und vieles andere.
Die Kooperation von EAM/ELAS und der britisch unterstützten EDES zerbrach im Winter 1943/44. Konfliktpunkt war die erklärte Absicht Churchills, nach der Befreiung auf jeden Fall den König zurückkehren zu lassen, ein Plebiszit darüber zu verhindern, notfalls auch bewaffnet zu intervenieren. So sollten eine »strong administration« errichtet und soziale Umwälzungen im Keim erstickt werden. Im nun folgenden sogenannten Ersten Bürgerkrieg kämpften ELAS- und EDES-Partisanen gegeneinander, die bis dahin Seite an Seite gegen die Besatzer gestanden hatten. Auch nach Ende der Kämpfe kam eine Wiedervereinigung der Resistance auf autonomer Basis nicht mehr zustande; stattdessen erklärten sich EAM/ELAS auf der Aussöhnungskonferenz bereit, Pläne des Hauptquartiers Nahost realisieren zu helfen und britische und amerikanische Spezialeinheiten bei der Durchführung zukünftiger gemeinsamer Aktionen in ihre

Reihen aufzunehmen – ein auch von der KKE forcierter verhängnisvoller Schritt zur Aufgabe der militärischen Eigenständigkeit der Resistance. Das geschah zu einem Zeitpunkt, als diese ohne fremde Unterstützung den größten Teil des Landes kontrollierte und soeben in den befreiten Gebieten eine aus KKE-Vertretern, nichtkommunistischen Linken und Liberalen zusammengesetzte Widerstands-Regierung zustandegekommen war: die PEEA (Politisches Komitee der Nationalen Befreiung) und ihr im Mai 1944 durch freie Wahlen gebildeter Nationaler Rat, der das besetzte wie das Freie Griechenland repräsentieren sollte.

Während noch im August 1943 die griechische Exilregierung, Vertreter der nicht kollaborierenden Parteien und der Resistanceorganisationen sich geeinigt hatten, daß Georg II nach der Befreiung nicht ohne ein Plebiszit zurückkehren sollte, verfolgte seit 1944 der neue Exil-Premierminister Georg Papandreou, obgleich Republikaner, die Linie einer royalistischen Nationalen Einheit. Die Exilarmee wurde auf Veranlassung Churchills von allen republikanischen Kräften gesäubert, die durch Wahlen legitimierte PEEA wurde von der Exilregierung nicht anerkannt. Auf Drängen der KKE-Führer, die einen Kurs wie etwa den Titos ablehnten, der sie in die Konfrontation mit den Briten geführt hätte, gab die EAM nach und schloß sich der neuen antikommunistischen Nationalen Einheit an. Die PEEA wurde aufgelöst; die EAM trat, zögernd und nach internen Auseinandersetzungen, auf sowjetischen Rat in die Regierung Papandreou ein. Im Abkommen von Cazerta unterstellte die EAM zu einem Zeitpunkt, als sie fast ganz Griechenland kontrollierte, ihre Partisanenarmee ELAS dem britischen Oberbefehl und lieferte damit das völkerrechtliche Alibi für die britische Okkupation. Wenig später, im Oktober 1944, schlossen Stalin und Churchill das Interessenabkommen zur Aufteilung des Balkans, das Churchill freie Hand gab für die bewaffnete Intervention in Griechenland.

Nach dem Abzug der Deutschen im September/Oktober 1944 kontrollierte die EAM/ELAS mit Ausnahme eines Teils von Epirus ganz Griechenland. Im Oktober kehrte die Regierung Papandreou nach Athen zurück. Beim feierlichen Einzug von Exilregierung und britischem Militär waren die Resistanceführer unerwünscht; als britisches Hauptquartier wählte man das Gebäude, mit dem alle demokratischen Griechen die schmerzlichsten Erinnerungen verbanden, weil es früher die deutschen Besatzer beherbergt hatte. Die Briten verlangten die Entwaffnung der Andartenverbände und unterstützten zugleich die Papandreou-Regierung bei dem Versuch, ihr militärisches Potential durch Anheuerung der rechten Verbände zu verstärken, die für die Faschisten gegen die Resistance gekämpft hatten.

Am 3. Dezember 1944 schoß die Polizei in eine unbewaffnete Demonstration, bei der die EAM ihre Stärke hatte zeigen wollen (Dekembriana – Dezembermassaker) und provozierte dadurch wochenlange Kämpfe in Athen. Beim Waffenstillstand im Januar 1945 war Athen stark zerstört, EAM/ELAS hatten über 10000, die Briten über 2000 Verwundete und Tote. Im Friedensvertrag von Varkiza kapitulierte die EAM/ELAS und vereinbarte die Übergabe ihrer Waffen, wodurch sie sich selbst die Möglichkeit nahm, die anderen Abmachungen des Abkommens durchzusetzen (Legalisierung der EAM, Amnestie, Säuberung von Armee, Polizei, Verwaltung von Kollaborateuren und Metaxa-Anhängern). Britische Truppen gaben die eingesammelten Waffen sogleich an die rechte Nationalgarde und andere rechte Organisationen weiter.

Die folgenden Monate waren durch rechten (»weißen«) Terror gekennzeichnet. Zusammen mit der Gendarmerie veranstalteten rechte Kommandos Razzien auf Kommunisten und Republikaner, terrorisierten deren Familien, zerstörten ihre Häuser und Gärten, schlugen Gewerkschaftsmitglieder zusammen, richteten illegale Gefängnisse ein und zerstörten linke und liberale Druckereien. Die Gefängnisse füllten sich, Hunderte wurden ermordet. Proteste der Liberalen halfen nichts. Die zuständigen Gerichte befanden, daß die Mitgliedschaft in den faschistischen Kampfverbänden (Tagmata Asfalias) den Interessen Griechenlands gedient habe. Britische Intervention in die griechische Politik wurde zur Regel; die Briten unterstützten den rechten Terror und die illegalen Verhaftungen, um die EAM auszuschalten und die Rückkehr des Königs zu ermöglichen.

Die Waffenabgabe der EAM/ELAS fand nicht geschlossen statt, einzelne zogen es vor, die Waffen zu verstekken. ELAS-Führer Aris Velouchiotis versuchte vergeblich, KKE-Führer Zachariades zu einer Kursänderung zu bewegen. Velouchiotis geriet im Juni 1945 in eine Falle rechter paramilitärischer Gruppen. Sein Tod war ein Schock für die Bevölkerung; um sie einzuschüchtern, wurde sein Kopf von den Rechten öffentlich zur Schau gestellt. Erst Monate später, nach Wahlen, die ebenso unter Terror standen wie das folgende Plebiszit, das eine »überwältigende« Mehrheit für die Rückkehr des Königs erbrachte, und nach der Übertragung diktatorischer Vollmachten an die Regierung, stimmte die KKE der Errichtung von Selbstverteidigungsorganisationen zu. Ab Sommer 1946 gingen die Andarteneinheiten in den nordgriechischen Bergen zum Gegenangriff über. Die DSE (Demokratische Armee Griechenlands) wurde gebildet, unterstützt von den nördlichen Balkanländern. Ende 1946 wütete in weiten Gebieten Griechenlands der Bürgerkrieg.

Bei zunehmender Verschärfung der

Selbstverwaltung im Freien Griechenland: Dorfversammlung

Lage war Großbritannien nicht länger in der Lage, seine Vorherrschaft in Griechenland aufrechtzuerhalten, und übertrug die Verantwortung den USA. Präsident Truman verkündete im März 1947 das vitale Interesse der USA an Griechenland und die Bereitschaft, die griechische Regierung massiv zu unterstützen. Die neue Regierung Tsaldaris interpretierte die Trumandoktrin als Bestätigung ihrer Politik; Sicherheitsminister Zervos leitete ein Repressions- und Terrorprogramm ein, das alles bisher Dagewesene übertraf. Die aus der Metaxas-Zeit bekannten Sicherheitskomitees wurden wieder ins Leben gerufen und verbannten ohne Gerichtsurteile Tausende Oppositionelle auf die Inseln.
Jede um Objektivität bemühte Darstellung der Wirren und der gewalttätigen Zeit wird sich schwertun mit der Aufzählung von Grausamkeiten und Verbrechen, die sich auch Linke zuschulde kommen ließen. Ein Verschweigen wäre unaufrichtig; eine Beschreibung darf nicht Ursache und Wirkung verkehren, darf nicht den falschen Eindruck erwecken, es seien von links und von rechts gleich viele schlimme Dinge geschehen.
Im August intervenierten die USA und machten Sofoulis zum neuen Premierminister. Doch dieser Wechsel hatte keine Bedeutung: Sofoulis wurde zum demokratischen Feigenblatt für die herrschende Rechte, die ihren Kurs unbeirrt weitersteuerte. Im Oktober 1947 wurde die KKE verboten. Im Dezember wurde die Provisorische Demokratische Regierung unter Markos Vafiadis in den griechischen Bergen gebildet; so versuchte Zachariadis, Stalin zur offenen Parteinahme für die Andartenregierung zu zwingen. Stalin lehnte jedoch nicht nur die Anerkennung ab, sondern wollte den griechischen Bürgerkrieg sofort beendet sehen. Konflikte über die notwendigen strategischen Maßnahmen für die Partisanenarmee DSE erschwerten die Kämpfe in den Bergen und schwächten den Widerstand von innen heraus. Vafiadis befürwortete die Beibehaltung der bewährten Guerillataktik, während Zachariadis die Umwandlung der DSE in eine reguläre Armee wollte und sich auch durchsetzen konnte. Der Bruch zwischen Tito und dem Kominform, den 1947 in der Nachfolge gegründeten Kommunistischen Informationsbüro unter sowjetischer Führung, brachte die KKE in eine schwierige Lage; sie entschied sich schließlich im Januar 1949 für die Kominform.
Auch in den Gebieten, die die Athener Regierung kontrollierte, verschärfte sich die Lage. Repressionen und Morde waren an der Tagesordnung. Konzentrationslager wurden errichtet (Makronissos und Jaros waren die berüchtigsten). Die Ermordung des Justizministers Ladas durch einen KKE-Angehörigen führte zu Massenhinrichtungen ehemaliger ELAS-Angehöriger. Die griechische Administration wurde weitgehend durch die Amerikaner kontrolliert. Zugleich wandelte sich der Charakter des Krieges. Amerikanische Experten kontrollierten die nationale Armee auf allen Ebenen. Griechenland wurde – wie 10 Jahre zuvor Spanien – zum Testgelände für die Erprobung neuer Taktiken und neuer Waffen wie Napalm.
An die Linken in den Städten, die zum großen Teil im Untergrund lebten und sich in den Bergen der DSE anschließen wollten, erging die Direktive, in den Städten zu bleiben. Die Umwandlung der DSE in eine taktische Armee wurde forciert; sie erhielt die Aufgabe, frontale Verteidigung gegen die Angriffe der nationalen Armee zu führen. Im August 1949 kam es zur Niederlage der DSE im Vitsi- und Grammosgebirge. Die Einheiten der DSE (circa 15000 Mann) wurden von der nationalen Armee (circa 150000 Mann) geschlagen. Eine Massenflucht ehemaliger EAM-, ELAS- und DSE-Angehöriger in die sozialistischen Länder setzte ein. Auf dem 3. Parteikongreß im Oktober 1950 wurde die KKE von allen nicht stalintreuen Oppositionellen gesäubert.
In den Jahren danach folgten Regierungen der liberalen Mitte (bis 1952) und der Royalisten (bis 1955). Griechenland wurde in den Marshallplan eingegliedert (1947) und trat in die NATO ein (1952). Von 1946 bis 1964 flossen 1,7 Milliarden Dollar Militärhilfe in das Land. 1951 wurde die EDA gegründet, die Vereinigte Demokratische Linke, als unabhängige Sammelbewegung aller linken Kräfte, in der die illegale KKE eine zentrale Rolle spielte. Die KKE-Mitglieder Belojannis und Plumbidis wurden 1952 zum Tode verurteilt für ihre Bemühungen, den Parteiapparat in der Illegalität aufzubauen. 1955 wurde Karamanlis (Nationalradikale Union ERE) Ministerpräsident und blieb es bis 1963. (Nach dem Sturz der Junta 1974 wurde er aus dem Exil geholt und wiederum Ministerpräsident.) Die politischen Verhältnisse dieser Jahre waren gekennzeichnet durch Vernachlässigung der sozialen Probleme, Unterdrückung der Opposition, Verhaftungen und Deportationen politischer Gegner (teils ohne Gerichtsurteil), Aufbau nationaler Sicherheitsbrigaden auf dem Land mit aus der Bürgerkriegszeit stammenden bewaffneten rechten Zivilmilizen, Aufbau »halbstaatlicher« bzw. »nebenstaatlicher Organisationen« als rechte Terrorgruppen, die vor allem bei Wahlkämpfen eingesetzt wurden, Wahlmanipulationen, Übernahme von Ausnahmegesetzen aus dem Bürgerkrieg und der Metaxas-Diktatur und lückenlose administrative Verfolgung politischer Gegner bis hin zur Verweigerung eines Passes oder Führerscheins.
Im Mai 1963 wurde der Abgeordnete Gregoris Lambrakis, Führer der griechischen Friedensbewegung, bei einer Kundgebung in Saloniki von Angehörigen des »Parakratos« – paramilitärischer rechter Organisationen – ermordet. Im Februar 1964 kam die Zentrumsunion unter Georg Papandreou an die Regierung.
Ein gesondertes Kapitel sind die krisenhaften Jahre danach: Liberalisierung, Staatsstreich des Königs, parlamentarische Dauerkrise, Massendemonstrationen. Dann der Junta-Putsch, der die Diktatur brachte. Erst 1974, nach dem Sturz der Offiziere, wurde die KKE wieder zu den Wahlen zugelassen. Sie hatte sich im Exil 1968 gespalten in die moskauorientierte Partei KKE und die unabhängige KKE-Inland auf eurokommunistischem Kurs. Hier wurde von Anfang an die Auseinandersetzung über die Rolle der KKE im Bürgerkrieg geführt; aber auch die moskauorientierte Organisation diskutiert seit einiger Zeit offen über diese Probleme.
Die Auseinandersetzung über Resistance und Bürgerkrieg ist in der griechischen Öffentlichkeit in vollem Gange. Viel ideologisch gefälschte Geschichtsschreibung gilt es hier zu revidieren. Auch die Regierung Papandreou leistete ihren Anteil: Das Parlament beschloß Anfang 1984 ein Rahmengesetz zur Anerkennung des nationalen Widerstandes und zur Öffnung der Grenzen für die Bürgerkriegs-Emigranten. Das hatte bisher keine Regierung gewagt, weil so deutlich werden mußte, wie gering der Beitrag der Rechten im Kampf gegen die Faschisten war. Es ist ein historischer Schritt, denn Griechenland war bis dahin das einzige Land, in dem der Widerstand gegen Besatzung und Faschismus insgesamt niemals als patriotische Sache angesehen, sondern stets diskriminiert wurde.

Ein Literaturhinweis stellvertretend für viele:
Heinz Richter, Griechenland zwischen Revolution und Konterrevolution (1939–46), Frankfurt 1973
Von Heinz Richter stammt auch die einzige umfassende Bibliografie über die neuere Entwicklung: Griechenland und Zypern seit 1920, Bibliografie zur Zeitgeschichte, Heilbronn-Heidelberg 1984

Wolfgang Plat

»Ich habe Angst, wo ihr Polen hinführen werdet«

Polen 1945 bis 1949

Der Satz, der die Überschrift dieses Beitrages bildet, ist dem berühmten polnischen Roman von Jerzy Andrzejewski »Asche und Diamant« entnommen, der bei uns in der meisterhaften Verfilmung von Andrzej Wajda bekannt wurde. Kalicki, der »Sozialist alten Datums«, sagt ihn zu seinem Freund, dem er sich ganz entfremdet, dem Kommunisten Szczuka. Der Roman spielt zwischen dem 4. und dem 8. Mai 1945 in einem kleinen Industriestädtchen im Südosten Polens. Die geschichtliche Ausgangsposition des neuen Polen, das gerade von der Sowjetarmee unter Mitwirkung polnischer Einheiten befreit wurde, wird in dem Roman wie in einer Nußschale sichtbar. Was soll aus diesem Trümmerfeld Polen, was soll aus dieser geschundenen Nation werden? Welchen Weg wird Polen gehen? Alle Personen, die in dem Roman auftreten, beantworten diese Frage auf ihre Art und Weise und ganz unterschiedlich. Da gibt es die beiden Lager, die sich mit unerbittlicher Feindschaft gegenüberstehen: die in den neuen Untergrund gegangenen Mitglieder der Heimatarmee (AK = Armia Krajowa), die Armee der polnischen Exilregierung in London, die ein bürgerliches Polen in seinen Vorkriegsgrenzen wieder herstellen will, und auf der anderen Seite die Kommunisten, die Mitglieder der Polnischen Arbeiter Partei (PPR = Polska Partia Robotnicza), die sich zukünftiges, in geänderten Grenzen lebendes Polen nur an der Seite der Weltmacht vorstellen können, die Hitler das Genick brach und Polen befreite: an der Seite der Sowjetunion. Und da sind all die anderen, der opportunistische Bürgermeister, der sein Fähnchen in den Wind hängt, die Grafen und die Frau des Obersten, der noch in England weilt, die sich amüsieren und auf *ihre* neue Zukunft hoffen. Da ist der Hotelmanager mit dem brutalen Herr-im-Hause-Standpunkt und ihm gegenüber der junge selbstbewußte Kellner, der dem Herrn mit der Gewerkschaft droht, denn die alten Zeiten seien vorbei. Da ist der KZ-Häftling, der gerade befreit wurde, der das Schlimmste durchmachte und doch selbst schuldig wurde, weil er aus Todesangst vor der SS Kameraden mißhandelte. Da sind die müden polnischen Mütter, die sich abrackern um das geringe tägliche Brot. Und da ist der

junge Mann aus der AK, der den Befehl bekommen hat, den Kommunisten Szczuka zu ermorden. Stunden vor seinem eigenen Tode kommen dem Mörder erhebliche Zweifel, ob sein Weg nicht zum Scheitern verurteilt ist.
Der schon klassische Roman »Asche und Diamant« aus dem Jahre 1948 vermittelt Einsichten in die komplizierte und überaus schwierige politische Situation Polens im Jahre 1945, wie sie uns manche dicken geschichtlichen Darstellungen nicht vermitteln können. Diesen Roman muß man lesen, und man wird vieles begreifen, was uns bis heute an Polen rätselhaft erscheint.

1. Der Kampf um das neue Polen

Der Kampf um das neue Polen ist ein außerordentlicher, komplizierter Prozeß. Er ist von der westdeutschen Geschichtsschreibung bis in die jüngste Zeit hinein oft außerordentlich grob vereinfacht, vollständig als Ergebnis der Machtpolitik der Sowjetunion bezeichnet worden. Die Wirklichkeit war wesentlich anders und viel differenzierter. Der Kampf um das neue Polen beginnt mit der Niederlage der polnischen Armee im September 1939 und der Besetzung des Territoriums der Ersten Polnischen Republik durch die Deutsche Wehrmacht und – was seinen östlichen Teil anbelangt –, nachdem die Wehrmacht Polen besiegt hatte, durch die Rote Armee.
Die erste Ebene ist der Kampf des polnischen Volkes gegen Hitler-Deutschland an allen Fronten. Ein von den Truppen Hitlers freies Polen war die erste und notwendigste Bedingung für die Geburt eines neuen Polen. Mit Recht gehört Polen zu den Siegern des Zweiten Weltkrieges, denn es hat nicht nur den Krieg furchtbar erlitten, seine Soldaten und Partisanen haben getreu der schon historischen Parole: »Für eure und unsere Freiheit« an fast allen Fronten gegen Hitler-Deutschland bis zum Sieg gekämpft: in Afrika, in Italien mit dem großartigen Sieg von Monte Cassino am 18. Mai 1944 als Krönung. Polnische Soldaten kämpften als Bomberpiloten der Royal Air Force, als Fallschirmjäger bei Eröffnung der zweiten Front, als Mitglieder der Résistance in Frankreich. Diese polnischen Soldaten waren entweder Emigranten aus der Zeit von vor 1939 oder sie waren Angehörige der Armee des Generals Wladyslaw Anders, die, aus kriegsgefangenen Polen und Flüchtlingen in der Sowjetunion aufgestellt, die Möglichkeit hatte, im Frühjahr 1942 über Persien und den Nahen Osten die SU zu verlassen. Über Nordafrika gelangten Teile dieser Armee bei der Landung der Alliierten 1943 nach Italien. Als selbständige Truppeneinheiten zusammen mit der sowjetischen Armee befreiten polnische Soldaten Westrußland und Polen, und sie drangen bis nach Berlin vor. Auf dem Brandenburger Tor wehte neben der sowjetischen Fahne die weiß-rote Fahne Polens am Tage des Sieges über Hitler-Deutschland.
In Polen selbst entstand im Januar 1940 im Untergrund der Vorläufer der späteren Landesarmee (AK), die, der Londoner Exilregierung unterstellt, den Kampf gegen die deutsche Wehrmacht, die SS und die Polizei aufnahm. Die Armee leistete eine umfangreiche Aufklärungsarbeit, und sie führte gezielte Sabotageakte durch, um den Transportweg zur Ostfront immer wieder auf Schiene und Straße empfindlich zu stören. In überraschenden Aktionen wurden Polen befreit, die zur Zwangsarbeit nach Deutschland transportiert werden sollten. Höhepunkte des Kampfes waren die weitgehende Verhinderung der Himmler'schen Aussiedlungsaktion am Zamosc und der Warschauer Aufstand vom August/September 1944.
Zwischen März 1942 und Mai 1943 entstanden zwei andere militärische Zentren, die aber zunächst wesentlich

* Jerzy Andrezejewski, Asche und Diamant, Berlin 1964, S. 223/224

Nach der Unterzeichnung des Hitler-Stalin-Paktes 1939: Stalin stößt mit dem deutschen Reichsaußenminister Ribbentrop an

schwächer waren als die Landesarmee. Es entstand die »Volksgarde« im Lande selbst (GL) als bewaffnetes Organ der neuentstandenen Polnischen Arbeiter Partei, deren alte Führung Stalin 1938 hatte liquidieren lassen, und es entstand der »Bund Polnischer Patrioten in der UdSSR«, der ebenfalls mit der Aufstellung einer ersten Division begann. Beide Zentren verfolgten im großen und ganzen, wenn man einmal von dem gemeinsamen Ziel der Befreiung Polens von Hitler absieht (und dieses Hauptziel hatte der rechte Flügel der Landesarmee am Ende des Krieges schon nicht mehr), sehr unterschiedliche Ziele, was die Gestaltung Nachkriegspolens, und vor allem, was seine zukünftige Bündnispolitik anbelangte.

Die Situation in Polen vor 1939

Das nach dem Ersten Weltkrieg entstandene Polen war ein Nationalitätenstaat mit 19 Millionen Polen und 8 Millionen mehr oder weniger unterdrückten Minderheiten, und zwar ca. 4 Millionen Ukrainern, ca. 2 Millionen Juden, ca. 1 Million Deutsche, ca. 1 Million Weißrussen und kleineren Gruppen von Tataren, Tschechen und Litauern. Es war ein Nationalitätenstaat, den das Staatsvolk der Polen beherrschte.
Die Grenzen Polens wurden in der Zeit zwischen dem Ersten und dem Zweiten Weltkrieg mit Ausnahme kleiner Grenzgebiete gegenüber Lettland und Rumänien von keinem der Nachbarn Polens als endgültige Grenzen anerkannt. So erreichte Polen keine Sicherheit, denn auch die antisowjetische Stoßrichtung wurde niemals aufgegeben.

Der Zustand der polnischen Wirtschaft war desolat. 1921 waren 74% der Bevölkerung in der Landwirtschaft tätig, nur 10% in der Industrie. Polen war immer noch ein Staat mit überwiegend bäuerlichem Charakter, die Armut vieler Bauern war unvorstellbar. Von 2,1 Millionen Bauernhöfen mit weniger als fünf Hektar Bodenbesitz besaßen nur 50% ein Pferdegespann. Die Industrie, die vor allem zwischen 1935 und 1939 im Zeichen einer weltwirtschaftlichen Konjunktur bedeutende Fortschritte machte, erreichte insgesamt nicht das Produktionsniveau der drei Teilungsgebiete des zukünftigen Polen von vor 1914. Erschwerend wirkte sich aus, daß sich fast 50% des Industrie- und Bankkapitals in ausländischer Hand befand.
Dazu kam, daß die bürgerliche Republik relativ schnell in die Diktatur abglitt, wodurch eine innere Konsolidierung auf politischem, sozialem und wirtschaftlichem Gebiet nur schwer erfolgen konnte. Ein Großteil der Bauern, der Arbeiter und der Intellektuellen befand sich in scharfer Opposition zum Staat.
Das relativ schnelle Abgleiten der 1. Polnischen Republik in die Diktatur und der rasche Zusammenbruch der Republik innerhalb von drei Wochen und nicht zuletzt die Erkenntnis, daß sich die Sowjetunion als die Macht erwies, die der deutschen Wehrmacht die kriegsentscheidenden Schläge versetzte und auch ganz Polen von seinen Peinigern und Henkern befreite – alles das zusammen bestärkte die polnische Linke, den neuen Staat unter keinen Umständen wieder mit jenen Hypotheken zu belasten, die sich so schlimm für die 1. Polnische Republik ausgewirkt hatten.

Der Warschauer Aufstand

Die zweite Ebene ist die der Führung des Kampfes um das neue Polen zwischen der Rechten und der Linken in Polen selbst, oder, anders ausgedrückt, um ein bürgerliches Polen, wobei innen- und außenpolitisch die 1. Polnische Republik das grundlegende Vorbild sein sollte, oder um ein neues Polen, ein Volkspolen. Die Exilregierung und die Landesarmee wollten außenpolitisch auch das Nachkriegspolen wieder erstehen lassen als deutliche Speerspitze gegen die Sowjetunion und als festen Bündnispartner der Westmächte, ein Polen in den Grenzen von 1939, erweitert um einige Gebiete im Norden und im Westen auf Kosten Deutschlands. Die staatspolitische Organisation als bürgerliche Republik sollte auf der Grundlage der Verfassung von 1921 erfolgen. Die Exilregierung versprach Reformen auf sozialem Gebiet und auf dem Gebiet der Bodenreform. Aber das wurde 1921 und danach auch versprochen und nicht gehalten. Insgesamt entsprach die Konzeption der Exilregierung für ein Nachkriegspolen weder dem Willen der Bevölkerung nach tiefgreifenden gesellschaftlichen Reformen, noch dem neuen Kräfteverhältnis zwischen den Großmächten in Europa. Die Konzeption war unrealistisch und berücksichtigte die Erfahrung der Geschichte nicht. Sie berücksichtigte insbesondere nicht, daß auch das zukünftige Polen unausweichlich im Osten einen Nachbarn haben würde, mit dem ein modus vivendi gefunden werden mußte.
Die Sowjetunion hatte mit dem Frieden von Riga vom März 1921 zähneknirschend eine neue Westgrenze akzeptieren müssen, da sie alle Kräfte

gegen die innere Konterrevolution brauchte und Pilsudskis Eroberungen zu diesem Zeitpunkt nicht rückgängig machen konnte. Aber die Sowjetunion hatte sich mit dem Diktatfrieden von Riga niemals abgefunden, was ganz eindeutig in den Vertragstext des deutsch-sowjetischen Abkommens von 1939 einging. Der Hauptaspekt des Hitler-Stalin-Paktes von 1939 bestand aus sowjetischer Sicht darin, daß Stalin unter keinen Umständen Rußland noch einmal in die Situation des eisig isolierten und tödlich eingekreisten Sowjetrußland zwischen 1918 und 1921 bringen wollte. Da 1939 alle Bündnisverhandlungen mit Polen, England und Frankreich völlig scheiterten, die Sowjetunion aber für den Krieg gegen Hitler noch lange nicht gerüstet war, schlossen Stalin und Molotow diesen Pakt ab. In der Geheimklausel des Paktes wurde der Sowjetunion jenes vorwiegend von Ukrainern und Weißrussen besiedelte Gebiet zugesprochen (Curzon-Linie), das Pilsudski in dem Raubfrieden von 1921 Polen einverleibt hatte. An polnisch besiedelten Gebieten war Stalin nicht interessiert. Die Sowjetunion erfüllte den Pakt, vor allem hinsichtlich der Rohstofflieferungen, mit peinlicher Genauigkeit. In seiner Angst vor dem Überfall der deutschen Armee opferte Stalin sogar deutsche Kommunisten, in der Hoffnung, er könne so den Krieg wenigstens hinauszögern. Allerspätestens im April 1943 hatten Exilregierung und AK erkennen müssen, daß Stalin unter allen Umständen auch den Diktat-Frieden von 1921 vernichten wollte. Aber sie wollten es nicht zur Kenntnis nehmen und deshalb nahm von da ab ihre Politik abenteuerliche Züge an, zumal auch die Unterstützung der Westmächte für die polnische Ostgrenze von 1939 mit der Konferenz von Teheran seit Ende 1943 nicht mehr vorhanden war. Die Landesarmee begann nun praktisch einen Drei-Fronten-Krieg, der sich sowohl gegen die deutsche Wehrmacht, als auch gegen die Volksgarde und vor allem gegen die sowjetische Armee richtete. Dieser Drei-Fronten-Krieg erlebte im August/September 1944 mit dem Warschauer Aufstand seinen Höhepunkt. Der Plan der Exilregierung war: Warschau soll den deutschen Truppen entrissen, als Machtzentrum der Exilregierung im Lande selbst installiert werden, um so die Sowjetunion vor vollendete Tatsachen zu stellen. Die sowjetischen Truppen sollten allenfalls »als Gäste« der Londoner Exilregierung in Warschau empfangen werden. Die westdeutsche Geschichtsschreibung hat bei ihrer Darstellung des Warschauer Aufstandes fast immer diesen abenteuerlichen Plan unterschlagen, der bis heute von polnischen Exilpolitikern, die in London leben, bestätigt wird. Die deutsche Geschichtsschreibung sah in diesem Punkt ihr Hauptanliegen darin, Wunschvorstellungen auszubreiten, anstatt Fakten aufzuarbeiten und einzuschätzen. Rundherum wird der Sowjetarmee der Vorwurf gemacht, sie hätte bewußt dem Warschauer Aufstand die militärische Unterstützung versagt. Aber in Wirklichkeit wünschte die Londoner Exilregierung diese militärische Unterstützung nicht, sie wünschte allein militärische Unterstützung von seiten englischer und amerikanischer Bombenflugzeuge. Von schwerwiegenden militärischen Gründen einmal abgesehen,

Bewaffnete Aufständische in Warschau 1944

Der Aufstand ist zusammengebrochen. Die polnischen Parlamentäre gehen durch das Niemandsland der Ruinen auf die deutschen Stellungen zu, um die Kapitulation anzubieten.

kein deutscher Historiker hat bis heute plausibel erklären können, warum die sowjetischen Truppen einen abenteuerlichen Aufstand hätten unterstützen sollen und müssen, der sich in seinem Kern und seiner weiteren Zielsetzung eben gegen die Sowjetunion richtete. Aber die polnische Linke hatte, obwohl ihre Position durch den siegreichen Vormarsch der Sowjetunion nach der Wende von Stalingrad von Monat zu Monat gestärkt wurde, innerhalb der polnischen Bevölkerung weitaus größere politische, ideologische und psychologische Hindernisse zu überwinden als die polnische Rechte. Das betraf nicht die angestrebte Verstaatlichung der Großindustrie und die Bodenreform und damit die endliche Befriedigung des jahrhundertealten Landhungers der polnischen Bauern. Das waren nicht die entscheidenden Hindernisse, wie sich später bei einer Volksabstimmung zeigte. Das entscheidende Hindernis war die außenpolitische Orientierung auf die Sowjetunion.

Polen und Rußland: Feindschaft über Jahrhunderte

Über Jahrhunderte hinweg hatte es zwischen Polen und Rußland eine Feindschaft gegeben, die ganz andere Dimensionen und Tiefen erlebt hatte, als die Gegensätze und dann auch die zeitweilige Feindschaft zwischen Deutschen und Polen bis 1938.

Am Anfang des 17. Jahrhunderts eroberte Polen einen größeren Teil Rußlands und beherrschte zwischen 1610 und 1612 die russische Hauptstadt Moskau. Diese furchtbare Niederlage Rußlands, die den Staat in seinem Kern bedrohte, erwähnte bezeichnenderweise noch Stalin in einer Rede im Jahre 1934. Mit Peter dem Großen begann im Gegenzug am Anfang des 18. Jahrhunderts die russische Politik immer stärker auf die inneren Angelegenheiten der polnischen Adelsrepublik einzuwirken, bis dann unter Führung und auf Initiative von Katharina von Rußland ganz Polen immer weiter aufgeteilt wurde, bis der polnische Staat ganz verschwand und der Großteil Polens für ein Jahrhundert Rußland einverleibt wurde.

Die polnischen Aufstände des 19. Jahrhunderts – 1830, 1846/48, 1863 – richteten sich fast ausschließlich gegen die russische Unterdrückungsmacht. Im Herzen des völlig katholischen Warschau erhob sich neben dem sächsischen Palais als Symbol der Unterdrückung eine riesige griechisch-orthodoxe Kathedrale, die die Polen nach 1918 in mühevoller Arbeit vollständig abtrugen.

Unter diese unselige Politik der Feindschaft und der Unterdrückung wollte die junge Sowjetmacht endgültig einen Schlußstrich ziehen. Mit der Deklaration an alle Völker reichte Lenin Polen die Hand. Auf dem 8. Kongreß der Bolschewistischen Partei im März 1919 ermahnte Lenin seine polnischen Genossen wegen ihrer sturen Haltung in der nationalen Frage. Er sagte: »Es unterliegt nicht dem geringsten Zweifel, daß man die Selbstbestimmung der polnischen Nation sofort anerkennen muß. Das ist klar. Die polnische proletarische Bewegung geht denselben Weg wie die unsrige, geht den Weg zur Diktatur des Proletariats, aber nicht so wie in Rußland. Auch dort schreckt man die Arbeiter damit, daß die Moskowiter, die Großrussen, die die Polen stets unterdrückt haben, unter der Maske des Kommunismus ihren großrussischen Chauvinismus nach Polen tragen wollen. Der Kommunismus wird nicht auf dem Weg der Gewalt Wurzel fassen. Man muß der Tatsache Rechnung tragen, daß der Weg dort in gewissem Maße ein eigenartiger Weg ist, und man darf nicht sagen ›Nieder mit dem Selbstbestimmungsrecht der Nationen! Wir gewähren das Selbstbestimmungsrecht nur den werktätigen Massen!‹ Diese Selbstbestimmung geht einen sehr komplizierten und schwierigen Weg. Nirgendwo, außer in Rußland, gibt es sie, und in Voraussicht all der Entwicklungsstadien in den anderen Ländern soll man nichts aus Moskau dekretieren.«

Goldene Worte aus dem Jahre 1919, das könnte heute ein Gewerkschaftsfunktionär der »Solidarität« sagen. Aber Pilsudski glaubte in demselben Jahr 1919, gegenüber einer schwachen Sowjetunion jene Jagiellonische Eroberungspolitik nach Jahrhunderten wieder aufnehmen zu können, die einen Polen einst bis auf den Zarenthron gebracht hatte. Das Ergebnis des Feldzuges von Pilsudski mit dem Rigaer Frieden als vorläufigem Abschluß war die Begründung einer neuen Feindschaft, die natürlich durch die Vollziehung des Hitler-Stalin-Paktes von 1939 vertieft wurde. Es ist deshalb kein Wunder, daß die polnische Linke, die in völlig nüchterner und realistischer Einschätzung der Lage eine Zukunft Polens nur in einem Bündnis und an der Seite mit dem großen Nachbarn im Osten sieht, innerhalb der polnischen Bevölkerung große politische und psychologische Barrieren forträumen mußte und immer noch muß. Trotz dieser Barrieren setzte sich die Vernunft der Linken schließlich gegenüber der in Abenteurertum ausgearteten Politik der Londoner Exilregierung durch. Sie setzte sich auch gegenüber der Katholischen Kirche durch, die bekanntlich eine der stärksten Bastionen des Katholizismus in der ganzen Welt ist. Auch diese Spannungen bestehen zwischen der Kirche und einer Regierung, die in ihrer Philosophie die Existenz Gottes grundsätzlich leugnet, bis zum heutigen Tage fort. Wenn es dennoch schon damals zu einem modus vivendi mit der Katholischen Kirche kam, so deshalb, weil diese Kirche bei aller Ablehnung der marxistischen Doktrin und auch vieler ihrer Praktiken tätig am Befreiungskampf teilnahm, genauso patriotisch und antifaschistisch dachte wie alle nichtkatholischen Polen und weil viele polnische Geistliche in den Konzentrationslagern der Nazis umkamen.
So setzte sich in einem langen schmerzhaften Prozeß, der als Bürgerkrieg noch bis ins Jahr 1947 andauerte, eine Konzeption des neuen Polen durch, die bewußt eine vollständige Abkehr von Traditionen bedeutet, die sich in der Vergangenheit für Polen immer verhängnisvoll auswirkten, so tapfer die Polen auch immer kämpften.
Die gängige These aber, nicht Polen, sondern die Sowjetunion allein habe Nachkriegspolen geschaffen, bedeutet doch in Wirklichkeit, daß diesem so außerordentlich geschichtsbewußten Volk immer aufs Neue die staatsbildende Kraft und die Fähigkeit, einen modernen Industriestaat aufzubauen, abgesprochen werden soll. Es entspricht einfach nicht der Wirklichkeit, daß Polen als willenloses Objekt der Geschichte dargestellt wird.

Polen und die Anti-Hitler-Koalition

Das berührt bereits das Verhältnis Polens zu den Alliierten, zu der Sowjetunion auf der einen und zu den westlichen Großmächten auf der anderen Seite. Bei den Verhandlungen mit Stalin während des Krieges mußten die Westmächte sehr widerstrebend dreierlei erkennen:
1. Ein Sieg über Hitler ohne die Sowjetunion erschien unmöglich.
2. Irgendeine wirksame militärische Hilfe für Polen durch die Westmächte war nicht möglich.
3. Die polnische Exilregierung in London davon zu überzeugen, daß Politik darin besteht, Realitäten und nicht Wunschvorstellungen zu berücksichtigen, erwies sich als unmöglich.
Es mußte deshalb zwangsläufig während des Krieges zu einem Bruch zwischen den Westmächten und der Londoner Exilregierung kommen, die heute von keinem Staat der Welt mehr anerkannt wird. Aber zuvor war es schon zu einem Bruch zwischen der Exilregierung und der Sowjetunion gekommen. Das Stichwort für den Bruch heißt Katyn. Am 20. April 1943 entdeckten deutsche Truppen bei Katyn Massengräber mit den Leichen von über 4000 ermordeten polnischen Offizieren. Eine neutrale Gutachterkommission stellte fest, daß diese Massenmorde im Mai 1941, also vor dem Einmarsch der deutschen Truppen in die Sowjetunion begangen worden waren. Diese Morde kommen offensichtlich auf das Konto von Stalin und Berija. Aber da es merkwürdige Widersprüche gibt und die letzten Beweise fehlen, hat die seriöse Historiographie immer betont, die sowjetischen Historiker müßten endlich ihr Schweigen brechen, um den Sachver-

Gemeinsamer Einmarsch polnischer Partisanen und sowjetischer Soldaten in Lublin, Juli 1944

Amerikas Ex-Präsident Hoover besichtigt den Schutthaufen, der einst das Warschauer Ghetto war

halt voll aufklären zu können. Nach dem Bekanntwerden der Morde von Katyn: Abbruch der diplomatischen Beziehungen zwischen Moskau und der polnischen Exilregierung. Die Exilregierung ging noch weiter. Sie sprach der Linken im polnischen Untergrund das Recht ab, im Namen des polnischen Volkes zu sprechen.
Churchill und Roosevelt stimmten Stalin hinsichtlich der Grenzen Nachkriegspolens im Westen und im Osten zu. Der Bruch zwischen der polnischen Exilregierung und den Westmächten erfolgte im November 1944. Die Exilregierung bestand dann zwar noch viele Jahre, aber vom November 1944 ab war sie kein Faktor mehr, der irgendeinen nennenswerten Einfluß auf die Politik der Großmächte ausübte. Verzankt mit allen Großmächten, hatte sich die Exilregierung selbst ausmanövriert. Die Westmächte dagegen konzentrierten ganz realistisch von November 1944 an ihre Bemühungen darauf, die provisorische Volksregierung in Polen in ihrem Sinne zu beeinflussen. Damit gerieten sie in Gegensatz zur Sowjetunion, die ihrerseits mit allem Nachdruck die sozialistischen und links-demokratischen Kräfte innerhalb der polnischen Nation unterstützte.
Das Ergebnis des Kampfes um das neue Polen auf verschiedenen Ebenen ist ein neues Polen (verglichen mit der 1. Polnischen Republik) in vierfacher Hinsicht:
1. Ein Polen in neuen Grenzen in Ost und West, ein Polen, das um ca. 250 km nach Westen »versetzt« wurde. Es ist ein national geschlossenes Polen mit völlig unbedeutenden Minderheiten auf einem Territorium und, auf diesen Punkt legt die polnische Geschichtsschreibung besonderen Wert, das fast dem Polen aus dem 11. Jahrhundert gleicht.
2. Es ist ein Polen mit einer sich sehr mühsam entwickelnden sozialistischen Gesellschaftsordnung auf der Grundlage des staatlichen Eigentums an den wesentlichsten Produktionsmitteln.
3. Es ist ein Staat, der sich unter schweren Opfern von einem Agrarstaat zu einem Industrie-Agrarstaat entwickelt. Dieser Wandlungsprozeß ist noch lange nicht abgeschlossen, zumal sich der Großteil des Bodens im bäuerlichen Einzelbesitz befindet.
4. Es ist ein Polen, das einerseits voll integriert ist in das Bündnissystem des Warschauer Paktes und in das Wirtschaftssystem des Comecon, das aber andererseits zu den westlichen Mächten und auch zur Bundesrepublik Deutschland von Jahr zu Jahr bessere Beziehungen erreichte. So ist ein Polen entstanden mit gesicherten Grenzen und mit freundschaftlichen Beziehungen zu den meisten Staaten der Erde. Es ist ein Polen entstanden, das praktisch keine Feinde in der Welt hat und das auch freundschaftlich verbunden ist mit den Millionen Polen in der ganzen Welt. So hat Polen viel mehr nach dem Kriege erreicht und durch den tapferen Kampf gegen Hitler-Deutschland errungen, als es aufgrund seiner bitteren geschichtlichen Erfahrungen erhoffen konnte.

2. Probleme des Aufbaus

»Wenn Sie über Polen schreiben, dann denken Sie daran, daß wir bis weit nach dem Zweiten Weltkrieg ein Bauernland waren.« Mehr als einmal habe ich auf meinen Reisen durch Polen diesen Satz gehört. Ich habe ihn nicht vergessen. Und auch den anderen Satz nicht: »Nennen Sie mir außer Polen noch ein Land auf der Erde, das in kürzester Zeit seine Industrie aufbaute und gleichzeitig erst das Analphabetentum beseitigte.« Auch das ist richtig. 18% der erwachsenen polnischen Bevölkerung konnte nach dem Ende des Zweiten Weltkrieges weder lesen noch schreiben. Dabei sollte man nicht übersehen, daß die junge Sowjetunion nach Beendigung des Bürgerkrieges 1920/21 vor ganz ähnlichen Problemen stand, die sie ebenso löste wie Polen. Und da sind wir schon mitten drin in den polnischen Problemen von 1945. Die Zerstörungen sind unvorstellbar. Das Ergebnis der deutschen Kolonialpolitik in Polen zwischen 1939 und 1945 sieht, in dürren Zahlen ausgedrückt, so aus: 6028000 Tote, davon 89,3% durch Terror und 10,7% durch Kriegseinwirkungen. Das heißt, daß 22,2% der polnischen Nation getötet wurde (in die Zahl von 6 Millionen sind die Millionen polnischer Juden eingeschlossen). 590000 Krüppel, davon 60000 geistig geschädigt. Schwerste Verluste erlitt Polen in den Reihen der Intelligenz und unter Menschen mit höherer Schulbildung. Die materiellen Zerstörungen sind von ungeheurem Ausmaß. Es waren zerstört 38% der Landwirtschaft, 33% der Industrie, 65% des Handels, 50% des Transportwesens, 62% des Postwesens, 60% der Verwaltung und der Banken, 60% der Schulen, Universitäten und wissenschaftlichen Institute; 5948 km der Eisenbahnlinien waren zerstört, 14900 km der Straßen. Nach dem Stand vom August 1939 fehlen in Polen 1,9 Millionen Pferde, 3,9 Millionen Kühe, 4,9 Millionen Schweine, 755000 Schafe; 75 Millionen Kubikmeter Holz wurden von den deutschen Besatzungsbehörden

Warschau 1945, die am schlimmst

geschlagen und abtransportiert, und im Altreich schufteten ca. 1,2 bis 1,3 Millionen polnischer Zwangsarbeiter für die Kriegswirtschaft. Die Denkschrift von Hans Frank über die Behandlung der polnischen Zwangsarbeiter im Reich vom November 1943 gibt exakte Auskunft über die Ausbeutung der polnischen Sklaven.

»Aber«, sagen manche, »welche Vorteile errang Polen, als ihm Schlesien und Pommern gegen Ostpolen ›eingetauscht‹ wurde. Man hat sich doch in Pommern und Schlesien ins gemachte Bett gelegt, ein blühendes Land übernommen und dann alles verkommen lassen.« Diese These können wir noch heute wöchentlich in einer bestimmten west-deutschen Presse lesen. Es ist nur soviel daran richtig, daß mit den riesigen schlesischen Kupfervorkommen und den oberschlesischen Kohlengruben Polen das wichtigste Fundament seiner neuen Industrie bekam. Aber hat Polen ein blühendes Land übernommen? Durch die Kampfhandlungen 1944/45 wurden in den heutigen Westgebieten Polens 54% der städtischen Bebauung und 27,5% der dörflichen Bebauung vernichtet. Glogau, Küstrin, Kolberg und andere Städte waren fast restlos zerstört. Breslau lag zu 75%, Stettin und Danzig zu 50% in Trümmern. Die Verluste von Wohnhäusern erreichten den Wert von 6,8 Milliarden Vorkriegs-Zloty. Von 10707 Kilometern Eisenbahnlinien waren 7563 Kilometer unbrauchbar. Von 60620 Brücken waren 33355, und zwar die größten, gesprengt. Die Industrie war zu 60 bis 70% zerstört. Von 9225 Betrieben waren 6727 demoliert. 3,5 Millionen Hektar landwirtschaftlicher Nutzfläche (das ist ⅓ der gesamten Nutzfläche) waren vermint. Und welcher »Reichtum« war vorhanden? Es waren vorhanden in Pommern und Schlesien 89000 Pferde, das sind 10% des Standes von 1939. Es waren 273000 Rinder da, das sind 7,7% des Standes von 1939. Es waren 195000 Schweine da, das sind 4% des Standes von 1939. 3,8 Millionen Hektar Akkerland lagen brach. So sah in allgemeinen Umrissen der Zustand Pommerns und Schlesiens aus, als Polen diese Gebiete 1945 zugesprochen wurden. In Pommern und Schlesien siedelten sich 4,5 Millionen Menschen an. Zusammen mit 1 Million bodenständigen Polen, die dem jahrhundertelangen Germanisierungsdruck standgehalten hatten (die stärksten ethnischen polnischen Gruppen lebten im Gebiet von Oppeln, Oberschlesien und im Gebiet von Allenstein), macht das 65% der Bevölkerungszahl dieser Gebiete vor Kriegsausbruch aus. Ein Drittel, das heißt 1,5 Millionen Neusiedler kamen aus der Sowjetunion, ca. 200000 aus westeuropäischen und anderen Ländern. Es kann also keine Rede davon sein, daß nach der Flucht, der Aussiedlung und Vertreibung von ca. 6 Millionen Deutschen aus Ostpreußen, Pommern und Schlesien, die ja ebenfalls mit hohen Verlustziffern belastet sind, die Polen sich 1945 in den Gebieten jenseits von Oder und Neiße ansiedelten, als wenn man sich in ein frisch bezogenes Bett legt.

zerstörte Großstadt Europas

Als die Kanonen endlich schwiegen, schien Polen vor schier unlösbaren Aufgaben zu stehen. Wer heute nach 40 Jahren durch Polen reist, wird von den Spuren des Krieges fast nichts mehr bemerken.

Ich habe oft die Frage gestellt: Was wollten denn die Polen eigentlich nach dem Kriege? Was für eine Vorstellung hatten sie vom zukünftigen Polen? Diese Frage ist, wie bei allen Völkern, nicht leicht zu beantworten. Natürlich hätte ich einem polnischen Bekannten diese Frage nie vorzulegen brauchen, denn die Ostexperten in meinem eigenen Lande hätten meine Frage ohne mit der Wimper zu zucken blitzschnell beantwortet. Die Experten und auch die Politiker wissen ja stets, was das Volk will, deshalb fragen sie das Volk auch so selten. Und sie wundern sich dann, wenn das Volk ihnen ab und zu Überraschungen bereitet, bei uns und natürlich vor allem auch in Polen. Also: Welche Vorstellungen hatten die Polen von ihrer zukünftigen Gesellschaftsordnung? Die Volksabstimmung von 1946 gibt da eine gewisse Antwort. In ihrer Mehrheit sprach sich die polnische Bevölkerung bei dieser Volksabstimmung für die Bodenreform, für die Verstaatlichung der Großindustrie und für die Oder-Neiße-Grenze aus. Die nachträgliche Feststellung einiger Ostexperten, diese Volksabstimmung sei eine ungeheure Fälschung gewesen, und die überwiegende Mehrheit der Polen hätte sich für die Privatindustrie, gegen die Bodenreform und gegen die Oder-Neiße-Grenze ausgesprochen, ist absurd und nicht diskutabel. Selbst ehemalige Offiziere der Landesarmee, mit denen ich diskutierte und die teilweise heute noch ein außerordentlich kritisches Verhältnis zu Volkspolen haben, haben niemals daran gedacht, die Bodenreform, die Verstaatlichung der Großindustrie oder die neue Westgrenze Polens abzulehnen. Soweit es also überhaupt feststellbar ist, ging der Wille der Mehrheit der Polen nicht dahin, zu den gesellschaftlichen Zuständen Vorkriegspolens zurückzukehren.

Der polnische Bürgerkrieg wurde 1947 nach zwei erfolgreichen Amnestien (ca. 100000 polnische Untergrundkämpfer kehrten in die Legalität zurück und gaben ihre Waffen ab) und durch die Wahlen von 1947 beendet. Bis dahin hatte der Ministerpräsident der Londoner Exilregierung und Führer der polnischen Bauernpartei (PSL) Stanislaw Mikolajczyk der am 28. Juni 1945 gebildeten provisorischen Regierung als stellvertretender Ministerpräsident angehört.

Bei den Wahlen von 1947 bereitete Mikolajczyk seiner Partei selbst eine Niederlage, indem die PSL:

1. den Bürgerkrieg auf der Seite der AK versteckt unterstützt hatte,
2. bei der Volksabstimmung 1946 die Bevölkerung aufforderte, gegen die Oder-Neiße-Grenze zu stimmen,
3. sich außenpolitisch auf die USA orientierte, deren Staatsekretär Byrnes im Herbst 1946 bei einer Rede in Stuttgart eine Wende in den amerikanisch-deutschen Beziehungen ankündigte und sich gegen die Oder-Neiße-Grenze aussprach.

Bei den Wahlen 1947 errang der Block der demokratischen Parteien (Kommunisten, Sozialisten, linke Bauernpartei und Demokraten) 81% der Stimmen. Die PSL erlitt eine schlimme Niederlage und konnte nur 10,3% der Stimmen erringen. Mikolajczyk verließ Polen im Herbst 1947 für immer.

Die Grundlage des Staates war die Verfassung von 1921 (bis 1952) mit den Änderungen von 1947.

Die politische Konsolidierung Polens

zwischen 1945 und 1949 geschah parallel zu dem enormen wirtschaftlichen Aufschwung.

Die Sowjetunion hat die Entwicklung Polens in dieser Zeit kaum nachhaltiger beeinflußt, als die Westmächte die politische und wirtschaftliche Entwicklung in den deutschen Westzonen. Umfangreiche Kredite und Sachlieferungen schon 1945 wurden Polen durch die SU gewährt.
Ein Indiz für den Willen, zu einem neuen Polen zu gelangen, sind die ungeheure Begeisterung und der immense Fleiß beim Aufbau. Die Kraftanstrengungen und die Opfer sind gewaltig. Die Industrieproduktion Polens stieg 1947 um 33 %, 1948 um 37 % und 1949 um 22 %, und schon in diesem Jahr 1948 hatte Polen das Vorkriegsniveau der Produktion erreicht. Glaubt jemand wirklich, das könne man mit einem Volk erreichen, das dieses Polen prinzipiell und überhaupt ablehnte? Die riesigen Aufbauleistungen beim Wohnungsbau – Millionen Polen waren obdachlos – und die großartige Restaurierung historischer Gebäude, ja ganzer Städte und Stadtteile, das sind weitere Pluspunkte, die die polnischen Aufbauleistungen schon ab 1946 charakterisieren.
Sehr schwierig gestaltete sich die Entwicklung der Landwirtschaft. Durch die Bodenreform – über 6 Millionen ha. wurden an über eine Million Bauern und Landarbeiter aufgeteilt – wurde zunächst der Landhunger der Bauern befriedigt. Der Anteil der bäuerlichen Bevölkerung an der Gesamtbevölkerung ging von 72 % auf ca. 30 % zurück. Millionen Bauern wurden Industriearbeiter. Obwohl 1950 immer noch nur 19 % der Einzelbauernhöfe elektrischen Strom hatten (heute sind es fast 100 %) und auf 627 Hektar nur ein Traktor zur Verfügung stand, versuchte die Staatsführung nach 1948 unter dem Zwang Stalins, die Kollektivierung der Landwirtschaft durchzuführen, was bekanntlich mit einem vollständigen Fiasko endete. Weder standen Traktoren, Mähdrescher, elektrische Melkanlagen usw. für die Industrialisierung der Landwirtschaft zur Verfügung, noch waren die Bauern der Überzeugung, daß ein genossenschaftlicher Zusammenschluß auf die Dauer günstiger sein könnte als die Einzelwirtschaften. Dieses völlig fehlgeschlagene Experiment der Kollektivierung hat die Entwicklung der Landwirtschaft sehr gebremst, und die Auswirkungen dauern bis heute an. Die polnische Landwirtschaft produziert immer noch zu wenig Lebensmittel für den Markt, insbesondere die Produktion von hochwertigen Fleischerzeugnissen und Frischfleisch ist bis heute ein empfindlicher Engpaß bei der Versorgung der Bevölkerung geblieben und eine Ursache für immer wiederkehrende Unzufriedenheit. Der Umgang mit den Bauern war schwierig, und das hat durchaus auch geschichtliche Ursachen. So schwierig war vor 200 Jahren auch der Umgang mit dem polnischen Kleinadel, mit der Schlachta: viel individuelle Freiheit und so wenig wie möglich Staat. Sehr problematisch entwickelte sich auch das Verhältnis zwischen Staat und Kirche im Nachkriegspolen. Es ist ganz falsch, wenn in vordergründiger Absicht die Spannungen zwischen Staat und Kirche immer nur einseitig dem Staat angelastet werden. Die Reibungsflächen zwischen Staat und Kirche ergeben sich keineswegs primär aus der Frage des Atheismus. Die Reibungsflächen ergeben sich vor allem immer wieder dort, wo der Staat der Neuzeit – völlig unabhängig von der polnischen Situation – die traditionelle Rolle der Kirche, die über Jahrhunderte hinweg staatliche Funktionen ausübte, beschneidet. Die Gegensätze sind aber in Polen komplizierter als in manchen anderen Ländern, weil ja die polnische Kirche in der Zeit der Teilungen, der völligen Beseitigung des polnischen Staatswesens zwischen 1795 und 1918 eine jener Institutionen war, die zu den stärksten Klammern gehörte, die die polnische Nation zusammenhielten. Sie war auch während des gesamten Zweiten Weltkrieges eine nationale, patriotische Institution, ganz im Gegensatz zu den Katholischen Kirchen einiger anderer Länder. Die polnische Kirche hat sich bis heute nicht mit der Tatsache abgefunden, daß sie in einem modernen Staatswesen (ganz gleich, ob bürgerlich oder sozialistisch) nichts anderes sein kann, als ein öffentlich-rechtlicher oder privatrechtlicher Verein, dessen traditionelle Funktionen als Standesamt oder als Volksbildungsministerium oder als Träger der Krankenfürsorge vom Staat wahrgenommen werden. Das ist der Keim der Konflikte, nicht die Frage, ob die Polen ungehindert in die Kirche gehen dürfen oder nicht. Wenn man es etwas ironisch ausdrücken will, dann könnte man sagen, daß die Art und Weise, wie die Polen völlig ungehindert ihren Gottesdienst in der Kirche und in Massen auf der Straße abhalten, oder wenn wir an ihre riesigen Prozessionen denken, daß das alles von unserer Polizei als »Störung der öffentlichen Ordnung« empfunden würde.
Insgesamt gesehen ist Volkspolen ein großes Beispiel in unserer Welt:
1. Ein Beispiel, wie Tatkraft und Fleiß ein Volk in relativ kurzer Zeit aus furchtbarster Zerstörung und Zerrüttung in ein geordnetes, sozial abgesichertes Gemeinwesen hinführen können, wenn die Kräfte und die Initiative des Volkes frei werden.
2. Ein Beispiel, daß sozialistische Staatsgewalt und tätiges Christentum (und viele Marxisten in Westeuropa haben das seit langem behauptet) sich nicht nur nicht ausschließen, sondern zu einer sachlichen Zusammenarbeit gelangen können, ohne daß eine der beiden Seiten ihren Standpunkt verleugnet. Letzthin – und das können wir bis in die Gegenwart verfolgen – war der polnische Patriotismus immer wieder jene große historische Klammer, die Gläubige und Nicht-Gläubige zusammenführte.
3. Ein Beispiel einer Nation, die überlebte, weil sie auch in ihrer Geschichte lebt. Das Wissen um die eigene Geschichte hat Polen Kräfte verliehen, mit denen es gelang, selbst mit der Hölle Adolf Hitlers fertig zu werden.
Am Abschluß dieser skizzenhaften Schilderung sei an einige Sätze aus dem eingangs zitierten Roman »Asche und Diamant« erinnert:
»Der nahe Frieden schloß nichts ab, führte nichts zu Ende. In dem verstummenden Geschützfeuer, in diesen Tagen, die befreit waren von Angst, diesen Nächten, die nicht mehr das Pfeifen der Bomben zerreißen noch der Widerschein der Brände erhellen sollte, in diesem Frühling, der die Hoffnungen der Lebenden und Toten erfüllen sollte, lag die Menschheit sterbenskrank und sterbensmüde darnieder. Es gab in Europa keinen Fußbreit Land, das nicht vom Blut durchtränkt war. Viele Millionen wurden ermordet. Friede ihrer Asche! Ihr grauenvoller Tod erschien jetzt nahezu einfach, verglichen mit dem Schicksal jener, denen man das Leben gelassen, während man ihre Herzen und Seelen gemordet hatte. Die besiegten Verbrecher lebten in ihren Opfern fort. Worüber erhob sich also der Siegestriumph? Über Ruinen und Gräbern, über der geschändeten Menschenwürde ...«

Bernd Bonwetsch

Arme Sieger

Die Sowjetunion 1945–1949

Die Sowjetunion gehörte im Innern auf die Seite der Verlierer, wenn sie auch international in den Rang einer Weltmacht aufgerückt war. Die Menschenverluste waren so hoch, daß sie ein Jahrzehnt lang nicht entfernt in ihrem ganzen Ausmaß angegeben wurden. Erst seit dem 20. Parteitag wird mit 20 Millionen Toten, 10 Prozent der Vorkriegsbevölkerung, eine offizielle Zahl genannt, die zumindest an der unteren Grenze realistischer, bis zu 27,5 Millionen reichender Schätzungen liegt.

Erst 1955 erreichte die Bevölkerungszahl wieder den Vorkriegsstand. Der kriegsbedingte Frauenüberschuß ist bis heute noch nicht völlig ausgeglichen. Direkt nach dem Krieg hieß dies, daß Frauen nicht nur Waisen und Invaliden pflegten, sondern auch den Wiederaufbau zu einem wesentlichen Teil trugen. Sie stellten 1945 57 % und 1950 47 % aller Arbeiter und Angestellten. Der Vorkriegsanteil hatte 39 % betragen.

Selbst dieser bescheidene Rückgang wurde nur möglich, weil Frauen die Arbeit auf dem Dorf fast allein auf ihre Schultern nahmen: War das Geschlechterverhältnis 1940 in den Kolchosen noch ausgeglichen, so kamen 1945 auf einen arbeitsfähigen Mann drei und 1946, nach der großen Demobilisierungswelle, immer noch zwei Frauen. An diesem Verhältnis änderte sich bis 1950 nichts mehr, weil arbeitsfähige Männer von der Industrie angelockt wurden. Das »schwache Geschlecht« besorgte unterdes die schwere Landarbeit und mußte dabei nicht nur Männer, sondern auch Maschinen und Zugvieh ersetzen. Wo keine Kuh vor den Deutschen gerettet worden war, da »spannten sich einige Frauen vor den Pflug, den ein Halbwüchsiger von vierzehn-fünfzehn Jahren führte.« Bis 1947 war so etwas keine Seltenheit.[1]

Die Sowjetunion wurde aber nicht allein durch Menschenverluste, sondern auch durch ungeheure Zerstörungen getroffen. Zur Untermauerung der Reparationsforderungen wurden sie detailliert ermittelt. Danach waren u. a. 50 % des städtischen und 75 % des ländlichen Wohnraums im Kriegsgebiet beschädigt oder zerstört, 31 850 Industriebetriebe für 4 Millionen Arbeiter, 65 000 km Eisen-

> »In der Welt hatte sich eine grundlegende Veränderung des Kräfteverhältnisses zugunsten der Sowjetunion und zuungunsten des Kapitalismus vollzogen. Diese Veränderung erfolgte in erster Linie dank den glänzenden Siegen der UdSSR im zweiten Weltkrieg. Die UdSSR war am Ende des Krieges politisch stärker als zu seinem Beginn: die Einheit von Volk, Partei und Regierung war fester geworden, die Autorität und das moralisch-politische Prestige des Sowjetstaates waren gewachsen und sein internationaler Einfluß hatte wesentlich zugenommen. Ohne ihre Teilnahme konnte nunmehr keine einzige wichtige Frage der Weltpolitik mehr völlig gelöst werden.«
>
> *aus: Geschichte der Kommunistischen Partei der Sowjetunion, Berlin/DDR 971, S. 643ff.*

Erinnerung an friedliche Zeiten

Für die verwundeten Partisanen (1944)

bahngeleise und 4100 Bahnhöfe vernichtet, 24 Millionen Stück Großvieh geraubt oder getötet worden – insgesamt ein direkter Schaden, der mit 679 Mrd. Dollar beziffert wurde.
Der deutsche Überfall hatte weite Teile der UdSSR in Schutt und Asche gelegt. Ende 1945 war z. B. in den ehemals besetzten Gebieten – über 1,5 Millionen Quadratkilometer – nur etwa 30 Prozent der industriellen Vorkriegskapazität in Betrieb, obwohl die Wiederankurbelung der Industrie seit dem Umschwung an der Front 1943 um fast jeden Preis betrieben worden war. Die Situation war für den Sieger Sowjetunion um so düsterer, als selbst der Verlierer Deutschland trotz aller Zerstörungen hinsichtlich der Industriekapazität 1945 eher besser dastand als 1939 – ganz zu schweigen von der wirtschaftlichen Expansion der Vereinigten Staaten, die auch noch über die Atombombe verfügten.
Für eine Weltmacht, die ihrem politischen Status wirtschaftlich gewachsen sein wollte, bestand mithin 1945 kein Zweifel daran, daß die beschränkten Ressourcen und Energien vorrangig der Schwerindustrie zugute kommen sollten. Die Frage war vornehmlich: In welchen Regionen? Die Ostgebiete jenseits der Wolga hatten während des Krieges einen großen Aufschwung erlebt. Sie konnten 1945 ihre Produktion gegenüber dem Vorkriegsstand verdoppeln, hätten aber erneut große Investitionen bei einem weiterhin relativ kleinen Anteil an der Gesamtproduktion verlangt, weil die entsprechende Infrastruktur jenseits des Ural weitgehend erst noch aufzubauen war.
In den traditionellen Industriegebieten des Westens hingegen hätten sich Investitionen schneller amortisiert, bei gleichem Kapitaleinsatz wäre der direkte Produktionsgewinn größer gewesen. Sprachen für den Osten langfristige strukturpolitische und, nach den Erfahrungen des Krieges, auch militärische Erwägungen, so boten die Industrien des Westens die Aussicht schnellerer Befriedigung dringender Bedürfnisse – ein Zielkonflikt, der schon die Wirtschaftspolitik der Vorkriegszeit geprägt hatte.
Neben diesem Streit und zugleich mit ihm verwoben wurde eine Auseinandersetzung über das Tempo der Industrialisierung geführt, auch wenn dies nicht offen ausgesprochen wurde. Es ging bei diesen seit der »Industrialisierungsdebatte« der 20er Jahre immer wieder verdeckt ausgetragenen Differenzen um die Frage nach der volkswirtschaftlichen Balance, um das Verhältnis, in dem die Wirtschaftspolitik neben den außen- und großmachtpolitischen Interessen der Sowjetunion auch das Konsumenteninteresse ihrer Bürger berücksichtigen sollte.
Zweifellos bestand 1945 Anlaß genug, trotz aller Großmachtzwänge auch über die Bedürfnisse der Bevölkerung nachzudenken. Über deren Wünsche gab es keinen Zweifel. Der für alle evidente Sinn der Anstrengungen für den Sieg über Deutschland hatte Soldaten wie Zivilisten die unmenschlichen Entbehrungen des Krieges ertragen lassen. Für die Zivilbevölkerung waren sie weit über das hinausgegangen, was etwa die deutsche Bevölkerung hatte auf sich nehmen müssen. Aber jetzt, angesichts des Sieges, war das Gefühl, ein Anrecht auf Erleichterung, auf Freiheit und bessere Lebensbedingungen zu haben, weit verbreitet.
Die Intelligenz, materiell bessergestellt, erhoffte vor allem größere Freiheit von der Furcht vor einer Wiederkehr des »Jahres siebenunddreißig«, des Massenterrors. Auch allgemein in der Bevölkerung war die Erwartung von größerer Freiheit, Ruhe und besserem Leben allgegenwärtig. Nicht nur der populäre Kriegslyriker Aleksej Surkov wußte, daß die Soldaten die Mühsal des Krieges auch deshalb ohne Murren ertrugen, weil sie darauf zählten, nach dem Sieg den »Becher leeren« und »nach Herzenslust ausruhen« zu können.[2] In zahllosen Zeug-

nissen fand die Ansicht Ausdruck, daß es »so nicht weitergehen« könne, daß sich »alles ändern« müsse. Erstaunlich war vor allem die kurz zuvor noch undenkbare Offenheit, mit der Kritik an den Verhältnissen in der Sowjetunion geübt wurde.
Das hing zum einen mit der spürbaren Verminderung des inneren Drucks zusammen, zum anderen jedoch mit dem vielfältigen Auslandskontakt, einer ganz neuen, unerwarteten Erfahrung. Millionen Rotarmisten hatten selbst in ärmeren Ländern Europas einen Lebensstandard kennengelernt, der den ihren weit übertraf. Das wirkte außerordentlich demoralisierend. Tausende von Rotarmisten desertierten, Millionen Demobilisierter und Repatriierter kehrten nach Hause zurück und verglichen ihre Eindrücke mit der sowjetischen Wirklichkeit. Unzufriedenheit und Unlust machten sich breit, Disziplin und Arbeitsmoral ließen generell nach. Aufforderungen an die Heimkehrer, die moralische Überlegenheit des Sowjetsystems zu sehen und sich nicht von »deutscher Dorfkultur« und kapitalistischem Flitter täuschen zu lassen, fruchteten nichts, solange die Verbesserung des Konsumgüterangebots auf dem Lande ein nicht einzulösendes Versprechen blieb. Selbst der Anschluß des Dorfs an die Stromversorgung, im Februar 1945 von der Regierung beschlossen, war ein Wunschtraum, der bis 1950 nur für 15 Prozent der Kolchosen in Erfüllung ging.
Vor allem aber gab es nicht die ersehnte Ruhepause. Seit dem Sieg im Westen, seit Mai 1945 ergingen vielmehr Appelle, die »militärische und wirtschaftliche Macht der Sowjetunion« weiter zu stärken. Von besonderer Erholung könne nicht die Rede sein, zunächst einmal sei noch viel zu arbeiten, erklärte z.B. Staatspräsident Kalinin im August 1945 in mehreren Reden vor Kolchosbauern und Parteiarbeitern.[3] Dabei war auch ihm bewußt, daß die heimkehrenden Soldaten nach den Entbehrungen des Krieges keinen »Gefallen an der Arbeit« mehr fanden, oder, wie ein anderer Funktionär klagte, sich die Produktionspläne »nicht einmal anhören« wollten.[4]
Kalinin, dessen Reden als offizieller Standpunkt in allen wichtigen Zeitungen und Zeitschriften verbreitet wurden, empfahl angesichts dieser Unlust, an den Patriotismus der Bauern zu appellieren, der diese während des Krieges unter materiell noch schlechteren Bedingungen motiviert habe, alles zu geben. Aber nicht nur auf die »Größe des Sieges«, vor allem die Gebietserwerbungen im Osten wie im Westen, sollte hingewiesen werden, um zu neuen Anstrengungen anzuspornen, sondern auch darauf, daß der »errungene Sieg noch nicht alle Gefahren für unser staatliches Dasein und unsere sozialistische Ordnung« beseitigt habe. Geschwunden sei nur die »konkreteste, unmittelbarste Gefahr... von seiten Hitler-Deutschlands«. Um die »Kriegsgefahr tatsächlich für eine lange Zeit« schwinden zu lassen, sei es nötig, durch große Aufbauleistungen den »Sieg zu sichern«.
Damit hatte Kalinin ein Problem angesprochen, das die wirtschaftspolitischen Diskussionen und Entscheidungen der sowjetischen Führung 1945/46 nachhaltig beeinflußte. Die Frage war, wieweit die Sowjetunion sich angesichts der neuen internationalen Lage ungefährdet dem inneren Aufbau widmen konnte, oder aber sich auf neue militärische Verwicklungen vorbereiten sollte.
Wie die äußere Lage in Moskau intern beurteilt wurde, entzieht sich unserer Kenntnis. Die bedrohlichen Tendenzen im Verhältnis zu den Kriegsalliierten und das Stärkegefälle im Vergleich zu den USA führten jedoch offenbar nicht zu der Überzeugung, daß die Sowjetunion akut bedroht sei. Insbesondere die Demobilisierung der Roten Armee von 11,4 Mio. Mann 1945 auf 2,9 Mio. 1948, d.h. etwa den Mannschaftsstand der amerikanischen und britischen Streitkräfte, läßt angesichts des amerikanischen Atomwaffen- und strategischen Bombermonopols keinen anderen Schluß zu. Dem entsprach ein außenpolitisches

1946. Das völlig zerstörte Hüttenwerk »Zaporožstal« in der Ukraine

1947. Eine der Blechwalzstraßen des Werkes wird wieder errichtet

Verhalten, das nicht ganz risikolos war.
In den außenpolitischen Erklärungen der sowjetischen Regierung und besonders Stalins wurden zwar immer wieder gefährliche Erscheinungen in den internationalen Beziehungen beklagt, die Gefahr eines Krieges jedoch zumeist verneint und die Möglichkeit friedlichen Zusammenlebens mit den kapitalistischen Staaten hervorgehoben. Nichtsdestoweniger waren damit Gefahren für die Sowjetunion nicht für alle Zeit auszuschließen, und dies war zweifellos das ausschlaggebende Argument derjenigen in der sowjetischen Führung, die ohnedies den Primat der Schwerindustrie vertraten.
Besonders deutlich wurde dieser Zusammenhang im Zuge der verdeckt geführten innerparteilichen Auseinandersetzung um den neuen 5-Jahr-Plan. Die Meinungsverschiedenheiten waren beträchtlich. Das Politbüro hatte den Planentwurf am 8. August 1945 zwar für den 15. Oktober angefordert, dann aber die Entscheidung verschleppt. Noch am 14. Februar 1946 konnte es sich nicht einigen. Bis dahin wurden von den Parteiführern in öffentlichen Reden aus Anlaß der Wahlen zum Obersten Sowjet unterschiedliche Schwerpunkte nach einem deutlichen Muster gesetzt: Die Befürworter eines harten, die Schwerindustrie favorisierenden Kurses verwiesen in auffälliger Weise auf die »kapitalistische Einkreisung« und die Gefahr neuer Aggressionen gegen die Sowjetunion. Diejenigen, die für eine stärkere Berücksichtigung der Konsumgüterproduktion plädierten, betonten hingegen positive Aspekte der internationalen Lage und erwähnten mögliche Gefahren eher beiläufig.
Erst in der zweiten Februarhälfte scheint sich der Konsens ergeben zu haben, der dann am 4. März 1946 vom Politbüro beschlossen und am 15. März von Nikolaj Voznesenskij, dem Vorsitzenden der Plankommission, dem Obersten Sowjet vorgelegt wurde. Ihm lag das Leitmotiv der forcierten Industrialisierung, das »Einholen und Überholen« der kapitalistischen Länder zugrunde. Es war bereits in Stalins Wahlrede vom 9. Februar als Ziel der nächsten drei 5-Jahr-Pläne genannt worden. Einen Tag nachdem Stalin in einer außerordentlich scharfen Reaktion auf Churchills Rede vom »Eisernen Vorhang« die Gefahr eines neuen Krieges beschworen hatte, präsentierte Voznesenskij nun einen Plan, der keine Atempause vorsah.
Hohen Wachstumsraten der Schwerindustrie standen niedrigere oder vage Ziele in Bereichen wie Wohnungsbau, Konsumgüter und Landwirtschaft gegenüber. Das bedeutete, daß dem Sowjetbürger erneut Konsumverzicht abverlangt wurde. Begründet wurde der vorgesehene Kurs von Voznesenskij, der selbst kurz zuvor noch für die Konsumgüterproduktion plädiert hatte, mit der Gefahr neuer Aggressionen, die der Monopolkapitalismus hervorbringe. Mit dem abschließenden Zitat Stalins von 1931: »Ein Verlangsamen des Tempos... würde einem Rückschritt gleichkommen, – und die Rückständigen werden geschlagen« waren die Prioritäten unmißverständlich gekennzeichnet, hatte Stalin doch damals gerechtfertigt, warum das Land »angepeitscht« werden müsse.
Allerdings war mit der Verabschiedung des Plans noch nicht alles entschieden. Die Realisierung sah anders aus als der Entwurf. Wie vor dem Krieg war der Plan eher Absichtserklärung als Handlungsanweisung. Der Streit um die Prioritäten ging weiter und konnte auch einmal zugunsten der Konsumgüter ausschlagen. So beschloß der Ministerrat am 23. Dezember 1946, die Leichtindustrie stärker zu fördern. Bis 1950 wurden daraufhin 2 Mrd. Rubel mehr in diesen Industriezweig investiert als die vorgesehenen 8,2 Mrd. – bei 250 Mrd. Gesamtinvestitionen in der Industrie.
Letztlich wurden die Planproportionen dennoch zugunsten der Schwerindustrie und – militärischen Erwägungen zum Trotz – der Westgebiete verschoben. Immer wieder wurde dabei auf die bedrohliche äußere Lage hingewiesen, wenn die Konzentration der Kräfte auf die »Stoßbaustellen«, auf die Schwerindustriegiganten des Landes gerechtfertigt wurde. So geschah es z.B., als die beschleunigte Wiederinbetriebnahme des Hüttenwerks »Zaporožstal'« verlangt wurde. Leonid Brežnev berichtet: »In der Nacht (8./9. März 1947, B.B.) rief mich Stalin an. Das Gespräch war ernst. Alles, was wir mit Mühe erreicht hatten, was noch vor kurzem als Erfolg angesehen worden war, verwandelte sich plötzlich fast in eine Niederlage. Die Umstände hatten sich geändert – nicht bei uns im Gebiet, aber im Lande und in der Welt. Die Frist für die Inbetriebnahme des gesamten Stahlblechkomplexes wurde uns auf den kommenden Herbst vorverlegt. Wir sollten das Bautempo beschleunigen... das hing mit dem ›Kalten Krieg‹ zusammen.«[5]
Der Hinweis auf die Weltlage verlieh zweifellos einer Forderung Nachdruck, deren Berechtigung nicht als selbstverständlich empfunden wurde. Am 8. März war das Bautempo in Zaporož'e in der Pravda bereits zum zweiten Mal kritisiert worden, während im Hüttenwerk selbst die allgemeine Kampagne zur Erfüllung des Jahresplans für 1947 bis zum 30. Jahrestag der Oktoberrevolution am 7. November – sie war bereits vor Verabschiedung des Plans gestartet worden! – noch keine Resonanz gefunden hatte.
Nach Gründen brauchte man nicht zu

suchen. Nicht nur für Zaporož'e galt, was der damalige Gebietssekretär Brežnev berichtet: daß die »Disziplin schlecht« war, daß »bewaffnete Banden« die Nächte unsicher machten, daß Raub und Kriminalität »ernsthaft die Durchführung der dritten Schicht« gefährdeten. Nicht nur in Zaporož'e hielt sich der Arbeitsenthusiasmus in Grenzen, hatte sich eine Einstellung des »Irgendwie-wird-es-schon-Werden« gebildet. Wie auch nicht! In einer Zeit des allgegenwärtigen Mangels, in der sich Andrej Ždanov, der damals nach Stalin wichtigste Mann im Führungszirkel der Weltmacht Sowjetunion, persönlich um die Belieferung eines Stahlwerks mit Glühbirnen kümmern mußte, in der lustlosen Bauarbeitern empfohlen wurde, fehlenden Zement durch Bewußtsein zu ersetzen, da gab es wahrhaftig Dinge, die die Aufmerksamkeit der Bevölkerung mehr beanspruchten als Hochöfen und Walzstraßen.
Jetzt jedoch wurde in Zaporož'e reagiert: Sechs Tage nach Stalins Anruf, am 15. März, verpflichteten sich die Bauarbeiter, den Stahlblechkomplex und andere Werksteile bis zum 7. November fertigzustellen. Und nicht nur dort gelang es, die Arbeiter in immer neuen Kampagnen dazu zu bringen, sich ins Zeug zu legen, notfalls auch Sicherheitsvorschriften zu mißachten und, »wie an der Front, Festung um Festung zu nehmen«. Die Atmosphäre des Schlachtfeldes wurde, wie bereits vor dem Krieg, auf die Produktionsschlacht übertragen. Schon 1947 wurde so der relativ hohe Stand der Vorkriegsproduktion in der Schwerindustrie erreicht. Doch zum Einhalten – keine Zeit: »Vorwärts«, hieß es, »zu neuen Siegen!«
Am Ende wurde das Globalziel des 5-Jahr-Plans auf industriellem Sektor erheblich übertroffen. Doch um welchen Preis! Die Statistik zeigt, daß die Produktionsschlacht an der schwerindustriellen Front geführt und gewonnen, daß auf Nebenkriegsschauplätzen wie Konsumgütererzeugung und Landwirtschaft aber trotz allen Gefechtslärms eher hinhaltend gekämpft wurde:

Index der Bruttoproduktion (1940 = 100)

	1944	1945	1946	1947	1948	1949	1950	(Plan)
Gesamtindustrie	104	92	77	93	118	141	173	148
Schwerindustrie	136	112	82	101	130	163	205	–
Konsumgüter	54	59	67	82	99	107	123	–
Landwirtschaft	54	60	67	87	96	99	99	127
Getreideernte	51	49	41	69	70	73	85	107
(Mio. t)	48,7	47,3	39,6	65,9	67,2	70,2	81,2	

Quelle: Narodnoe chozjajstvo SSSR v 1961 godu. Moskau 1962, S. 170, 292; A. Nove, An Economic History of the USSR. Harmondsworth 1972, S. 291, 303.

88 Prozent der Industrieinvestitionen – praktisch ebensoviel wie während des Krieges – und der größte Teil der Aufmerksamkeit von Partei und Regierung galten der Schwerindustrie. Ihre Produktion wurde gegenüber 1940 mehr als verdoppelt.
Auch die Weltmacht Sowjetunion verfügte ab 1949 über die Atombombe. Das Nachsehen jedoch hatte der sowjetische Verbraucher, für den 1950 immer noch kaum mehr Stoff, weniger Schuhe und vor allem weniger Getreide produziert wurde als 1940.
Im Dezember 1947 wurde zwar die Rationierung aufgehoben, aber nicht etwa, weil bereits genügend produziert wurde, sondern weil die »Gleichmacherei« beendet und selbst über allernötigste Grundnahrungsmittel wieder ein Leistungsanreiz gegeben werden sollte. Das Angebot an Nahrungsmitteln und Verbrauchsgütern blieb nämlich weiterhin kümmerlich. 1946 kam gerade halb so viel auf den Markt wie 1940, erst 1950 etwa ebensoviel. Der Ausgleich zwischen Angebot und Nachfrage wurde über eine drastische Preiserhöhung auf etwa das Dreifache hergestellt. Das Kilo Roggenbrot kostete nun 3 statt 1 Rubel. Da auch dies den im Krieg geschaffenen Kaufkraft-

Stalingrad 2. Februar 1943

1945. Der Wiederaufbau Stalingrads beginnt

1947. Aus den Ruinen Stalingrads sind neue Straßenzüge entstanden

Vier Jahre nach der totalen Zerstörung beginnt im Stalingrader Traktorenwerk wieder die Produktion

überhang nicht beseitigte, wurde gleichzeitig eine Währungsreform durchgeführt, die alle größeren Sparguthaben – auch die in den staatlichen Zwangsanleihen – und Bargeldersparnisse reduzierte: Die Guthaben wurden im Verhältnis 1:1 bis 1:10 umgetauscht.
Für die Masse der Verbraucher bedeutete all dies erhebliche Realeinkommensverluste, denn Löhne und Gehälter wurden nicht entsprechend erhöht. Für Löhne unter 900 Rubel monatlich gab es zwar einen »Brotzuschlag« von 80 bis 110 Rubel, aber auch danach betrug der monatliche Durchschnittsverdienst nur etwa 550 Rubel. Für weniger qualifizierte Arbeiter lag das Einkommen trotz Zuschlags sogar noch unter 300 Rubel oder 100 kg Roggenbrot.
Zu den »neuen Siegen« an der Produktionsfront strebte der durchschnittliche Arbeiter 1947 nur mit der Hälfte des Realeinkommens von 1940. Erst seit März 1949 wurde durch jährlich vorgenommene Preissenkungen bei gleichzeitiger Erhöhung des Warenangebots ein spürbarer Umschwung herbeigeführt. 1950 war das Realeinkommen sowjetischer Arbeiter erst wieder so hoch wie 1940 und damit (nach Chapman) immer noch um 10% niedriger als 1937, dem Höchststand der 30er Jahre.
Allerdings, wie überall, so gab es auch in der Sowjetunion Privilegierte, die von dieser Kargheit wenig spürten: Funktionäre, Bestarbeiter, Spezialisten, einem Verband angehörende Kulturschaffende, Offiziere und Generäle. Zahlenmäßig viel stärker ins Gewicht fällt jedoch eine andere Bevölkerungsschicht, die überall sonst gerade in schlechten Zeiten zu den Bessergestellten, in der Sowjetunion jedoch zu den Ärmsten der Armen gehörte: die Bauern in den Kolchosen.
Unter den Bauern war während des Krieges die Hoffnung auf eine Lockerung, wenn nicht sogar Auflösung des Kolchossystems weit verbreitet. In der Parteiführung hat es offenbar auch Befürworter einer Verstärkung des privaten Sektors gegeben. Die in den baltischen Republiken und Westweißrußland erst 1949 vollzogene Kollektivierung ist sicher auch auf interne Differenzen zurückzuführen. Für die bestehenden Kolchosen wurden jedoch durch eine ZK-Verfügung vom 19. September 1946 alle Illusionen im Hinblick auf Erleichterung oder gar Privatisierung genommen. Bis 1950 wurden daraufhin 7,3 Millionen ha »verschleuderten« Landes vor allem von Industriebetrieben an die Kolchosen zurückgegeben. Der private Sektor sollte auf diese und andere Weise eingeschränkt werden.
In diesem Jahr zeichnete sich nach der größten Dürre seit 1891 eine Mißernte vor allem in der Ukraine ab. Die Städte bemerkten davon nur, daß die für Ende 1946 angekündigte Aufhebung der Rationierung verschoben wurde. Auf dem Lande jedoch kehrte Hungersnot mit zahllosen Opfern ein. Selbst in normalen Jahren war der Hunger gerade auf dem Lande eine Alltagserscheinung. Zuzuschreiben war dies den Kriegsfolgen, dem vielen Herumadministrieren und vor allem der geradezu aberwitzigen Preis- und Steuerpolitik. Die staatlichen Aufkaufpreise für wichtige Agrarprodukte wie Getreide, Kartoffeln, Fleisch und Milch – bei technischen Kulturen wie Baumwolle war es anders – waren nach Anfang der 50er Jahre kaum höher, z.T. sogar niedriger als vor dem Krieg. Den Sowchosen (Staatsgütern) wurden z.B. 1952 62 Rubel/Doppelzentner Getreide als Selbstkosten erstattet. Die Kolchosen erhielten 8,25 Rubel und mußten ihre Betriebsmittel obendrein zu Einzelhandelspreisen kaufen, während die Sowchosen sie zu staatlichen Großhandelspreisen erhielten. Die Kolchosen erzielten mithin Preise, die nicht entfernt die Selbstkosten deckten. Bei Kartoffeln deckte der Erlös nicht einmal die von den Kolchosen zu tragenden Kosten des Transports zur Sammelstelle. Kein Wunder, daß die Entlohnung der Kolchosbauern im europäischen Teil der UdSSR mit Naturalien und Geld 1950 noch weit unter dem Vorkriegsstand lag. Es gab sogar fast 2000 Kolchosen, die ihren Mitgliedern für die geleistete Arbeit weder Geld noch Naturallohn zahlten!
Die Lebensgrundlage der Kolchosbauern blieb überwiegend das privat genutzte »Hofland«, dessen Produkte frei verkauft werden konnten – sofern eine Stadt in der Nähe war. Aber auch hier wurde den Bauern das Leben schwergemacht. Einerseits mußten sie auf das hoch angesetzte, fiktive Einkommen aus der Hoflandwirtschaft eine mehrfach erhöhte Einkommenssteuer zahlen, andererseits war das Hofland mit Pflichtablieferungen in Naturalien belastet, und zwar unabhängig davon, ob die entsprechenden Produkte auch erzeugt wurden. So mußten z.B. pro Haushalt und Jahr über 200 l Milch und bestimmte Mengen Fleisch, Gemüse usw. abgeliefert werden. Viele Bauern – nur die Hälfte besaß etwa eine private Kuh – mußten diese Produkte kaufen, borgen oder erbetteln. Von dieser Politik waren von 1945–1950 immerhin rund 65 Millionen Menschen betroffen.
Aber nicht nur die kümmerliche, aber doch garantierte Ernährungsration in den Straflagern erschien vielen Freien und besonders Kolchosbauern unter diesen Umständen als Luxus, sondern auch der Schlafplatz in der Baracke. Denn der Wiederaufbau der zerstörten Städte und Dörfer kam nur sehr schleppend in Gang. Ständig wurden zwar unhaltbare Zustände beklagt und Schuldige angeprangert, aber wenn 1946 die Wohnungsbaupläne in der Sowjetunion nicht einmal zur Hälfte erfüllt wurden, wenn der Plan der Industriestadt Dneprodzeržinsk 1947 nur zu 7 Prozent erfüllt wurde,

dann waren das durchaus keine Ausnahmen. Letztendlich wurde der 5-Jahres-Plan im Wohnungsbau zwar übererfüllt – statt 84,4 wurden 102,8 Millionen Quadratkilometer Wohnraum neu gebaut oder, vor allem, instandgesetzt. Auf dem Lande wurden 2,7 Millionen Wohnhäuser wiederhergestellt oder neu gebaut. Der Wohnraummangel, bereits vor dem Kriege sprichwörtlich, blieb jedoch ein brennendes Problem. Die durchschnittliche Familie mußte sich noch in den 50er Jahren glücklich schätzen, wenn sie ein eigenes Zimmer in einer Wohnung vom »Korridortyp« bewohnen konnte. Statistisch 7, ohne Gemeinschaftsräume wie Küche, Flur und Bad jedoch eher 5 m^2 Wohnraum standen dem Städter 1950 zur Verfügung. Völlig katastrophal war die Situation in den vom Krieg verheerten Gebieten Rußlands, Weißrußlands und der Ukraine. Hier hatte man noch Jahre nach Kriegsende »im Winter den Eindruck, das Land sei unbewohnt, weil sämtliche Häuser zerstört waren und die Menschen in Erdlöchern lebten, die sie mit Zweigen, Flechtwerk und Erde zudeckten. Aus diesen sich kaum als winzige Kuppe abzeichnenden Dächern ragte gewöhnlich ein Stück Ofenrohr in den Himmel.«

Angesichts dieser Mangellage konnte sich die Sowjetunion den Luxus größerer innerer Freiheit nicht leisten. Noch bevor die Waffen schwiegen, wurden ganze Völker aus dem Kaukasus und der Krim sowie Hunderttausende von Einwohnern des Baltikums, Weißrußlands und der Ukraine deportiert oder in die Lager geschickt. Der Vorwurf des Landesverrats traf alle, die irgendwie mit dem Feind in Berührung gekommen waren, auch die nach Deutschland zwangsverpflichteten »Ostarbeiter«. Erst nach dem 20. Parteitag wurden diese Völker und viele der »Repressierten« rehabilitiert.

Zweifellos waren unter ihnen tatsächliche Kollaborateure und Gegner des Sowjetstaats. Noch Jahre nach Kriegsende gab es z.B. in den neuen Westgebieten einen erbitterten Untergrundkrieg. Aber die meisten der Betroffenen waren bloße Opfer des Krieges.

Gewiß, nicht alle Kriegsgefangenen, nicht alle der über 5 Millionen »Repatriierten«, nicht alle Einwohner des besetzten Gebiets gingen in die Lager. Dazu hätten diese gar nicht gereicht, wie Chruščev 1956 in seiner »Geheimrede« bemerkte. Aber mit Mißtrauen wurden sie grundsätzlich behandelt. Das spürten z.B. Studienbewerber noch in den 50er Jahren, wenn sie an der Moskauer Universität nur deshalb zurückgestellt wurden, weil sie als Kinder oder Jugendliche im besetzten Gebiet gelebt hatten.

Auch die Kultur blieb von dieser Verhärtung nicht verschont. Die anfänglichen Illusionen der Intelligenz zerstoben sehr schnell unter der Wucht einer Politik, die als »Ždanovščina« in die sowjetische Geschichte eingegangen ist, benannt nach dem für Kulturfragen zuständigen ZK-Sekretär. Statt der erhofften Liberalisierung gab es eine unbarmherzige Ausmerzung all der kleinen Freiheiten, an die man sich während des Krieges gewöhnt hatte.

Es begann mit einem ZK-Beschluß vom 14. August 1946, der namentlich besonders den Satiriker Michail Zoščenko und die Lyrikerin Anna Achmatova angriff, aber einen Kurswechsel der gesamten Kulturpolitik einleitete. Es ging weiter über Theater, Philosophie, Geschichts- und Wirtschaftswissenschaft, Film und Musik. Unglaublich das verwendete Vokabular, die menschlichen Tragödien, aber auch all die Absurditäten, die im Namen einer sozialistischen Kultur hervorgebracht wurden.

Bedrückend zu sehen, daß zwar die gesamte Kultur ein Opfer war, daß aber gleichwohl einige ihrer Vertreter die Konjunktur durchaus nutzten, um alte Rechnungen zu begleichen und ihre Karriere zu fördern.

Hinter all den direkten oder vermittelten politischen Eingriffen in das Kulturleben der Jahre 1946–1949 wird vor allem ein Ziel deutlich: die Abgrenzung von der westlichen Kultur. Mit dem Feldzug gegen »Katzbuckelei« und »Kriecherei« vor dem Westen sowie gegen den »heimatlosen Kosmopolitismus« wurde der kalte Krieg auf die Kultur übertragen. Die Wissenschaft verarmte, die Genetik wurde vernichtet, die Musik erhob Volkstümlichkeit zum einzigen Wertmaßstab, die Literatur huldigte der »Konfliktlosigkeit« und viele, vor allem jüdische Künstler und Wissenschaftler wurden erniedrigt und verfolgt. Ilja Ehrenburg, selbst eines der Opfer, beschrieb später diese Zeit: »Ich hatte geglaubt, nach den Siegen des Sowjetvolks könnten sich die dreißiger Jahre nicht wiederholen – aber alles gemahnte an damals. Schriftsteller, Regisseure und Komponisten wurden zusammengetrommelt, man entlarvte ›Mitschuldige‹, die Liste der Missetäter wurde tagtäglich durch neue Namen ergänzt.«[7]

So wie Ehrenburg erwarteten viele jede Nacht das berüchtigte »Klingelteichen«. Eine »Affäre« löste die andere ab und kostete, wie die »Leningrad-Affäre« von 1949, Opfer bis in die Parteiführung. Erst Stalins Tod zog einen Schlußstrich unter dieses wenig helle Kapitel der sowjetischen Geschichte. Zunächst gab es eine stille, ab 1956 dann eine offene Entstalinisierung. Sie ließ zwar manches zu wünschen übrig, war aber ein unermeßlicher Gewinn für die Sowjetunion.

1 D. V. Pavlov, Stojkost'. Moskau 1978, S. 198
2 Novyjmir 1946, Nr. 1–2, S. 48f.
3 M. I. Kalinin, Stat'i i reči 1941–1946. Moskau 1975, S. 486f
4 J. Fischer, So sind die Russen. Zürich 1948, S. 39; Kalinin, Stat'i i reči, S. 508f. Die folgenden Zitate ebenda, S. 504–506
5 L. I. Brežnev, Vozroždenie. Moskau 1978, S. 24. Die folgenden Zitate ebenda, S. 9, 12, 15, 22f., 29
6 E. Crankshaw, Der Rote Zar. Frankfurt 1967, S. 164
7 I. Ehrenburg, Menschen, Jahre, Leben. München 1965, Bd. 3, S. 268

1. Mai 1947 in Moskau

»Stalin hat, das mußt Du wissen, zwei große Leistungen vollbracht.
Die eine war eine politische: Er hat die Linie der Schwerindustrialisierung der Sowjetunion als Primat gegen alle Änderungsversuche durchgeführt und damit die Basis für die wirtschaftliche und militärische Stärke der Sowjetunion, die Basis für den Sieg gegen den Faschismus geschaffen.
Die andere war eine persönliche. Er besaß – noch nach 1945 – das tiefe Vertrauen des Volkes. Das wird Dir vielleicht angesichts der Zeit nach 1945, angesichts der Prozesse auch vor 1940, erstaunlich erscheinen. Aber ich will Dir einen Beweis geben: Auch nach 1956, nachdem sich herausstellte, welche Verbrechen unter seiner Führung begangen wurden, versicherten mir sowjetische wie deutsche Genossen, die während des Krieges in der Sowjetunion lebten, was es für sie bedeutet hatte, Stalin über das Radio sprechen zu hören, welch moralische und Kampfeskraft es ihnen gab.
Zugleich jedoch hat er dieses Vertrauen, das letztlich auch mit auf die einzigartige Rolle Lenins und die Leistungen der Bolschewiki unter seiner Führung zurückging, auf das schrecklichste mißbraucht.
Kein Zweifel kann auch darüber bestehen, daß Stalin der hervorragendste Propagandist des Marxismus-Leninismus war, glänzend begabt, schwierige Sachverhalte einfach darzustellen. Der Unsinn war nur, daß er und wir diese propagandistischen Leistungen, diese für die Propaganda notwendigerweise vereinfachten Darstellungen für wissenschaftliche Leistungen hielten, eine Reihe propagandistischer Formulierungen zum Dogma erhoben und so auch den echten wissenschaftlichen Meinungsstreit abtöteten. Daraus ergab sich, daß wir uns von Stalins neuen wissenschaftlichen Ideen ebenfalls schnell überzeugen ließen, ohne sie als oftmals falsch zu erkennen. Stalin war ein hervorragender Organisator – er verwandte diese Fähigkeit aber zugleich darauf, einen ihm als Generalsekretär der Partei blind ergebenen bürokratischen Parteiapparat aufzubauen. So kam es häufig fast zur Entsetzung der Diktatur des Parteiapparates mit dem Generalsekretär an der Spitze – nicht einmal Diktatur der Partei!, denn das Zentralkomitee und selbst das Politbüro spielten zum Schluß kaum noch eine Rolle. Die Kombination von nicht sehr großen eigenen schöpferischen wissenschaftlichen Fähigkeiten sowie mangelndem Verständnis für schöpferische wissenschaftliche Arbeit anderer und vielfach praktizierter Diktatur des Parteiapparates führten zu einer Unterdrückung zahlreicher schöpferischer wissenschaftlicher (und auch künstlerischer) Kräfte. Wissenschaft und Kunst lagen auf vielen Gebieten, besonders nach 1945, darnieder. Einstein wurde zum »imperialistischen Agenten«, zum »Kosmopoliten« erklärt, die allgemeine Relativitätstheorie entsprechend verurteilt. Die deutsche klassische bürgerliche Philosophie, insbesondere Hegel, wurde zu einer reaktionären Strömung. Ein Scharlatan wie Lyssenko – er wurde als Genie der Pflanzenzüchtung betrachtet – konnte die Biologie um ein halbes Jahrhundert und mehr zurückwerfen, noch vor den »Reaktionär« Mendel.
Du siehst also, wie zwiespältig die Gestalt Stalins und seine Zeit sich darstellen: Einzigartiges leisteten die Völker der Sowjetunion in diesen Jahren, und Großartiges, ja, so muß man formulieren, leistete auch Stalin. Aber Schlimmes, Schreckliches brachte die Zeit zugleich für viele Menschen, darunter zahlreiche gute, treue alte und junge Genossen. (...) «

aus: Jürgen Kuczynski, Dialog mit meinem Urenkel, S. 78f.

Malenkov, Stalin, Molotov und Beria halten Totenwache am Sarge Ždanovs, dem für Kultur zuständigen ZK-Sekretär

Wolfgang Plat

Skora damoi – Es geht bald nach Hause

Erfahrungen einer Gefangenschaft 1945–1949

Wolfgang Plat 1949
nach der Entlassung aus russischer Kriegsgefangenschaft

Ich hatte den Krieg von seiner schlimmsten Seite erlebt: Verwundete verbunden, Kranke gepflegt, als Operationshelfer in einem Bunker auf dem Hauptverbandsplatz unter Artilleriebeschuß mit operiert, amputierte Beine hinausgetragen, Tote beerdigt, Selbstmörder seziert.
Aber der 8. Mai 1945 strahlte. Am ersten Abend der Gefangenschaft lagerten wir in einem kleinen Tal. Auf den Hügeln rundherum flackerten kleine Feuer. Die russischen Wachen sangen die Volkslieder, die ich noch so oft hören sollte. Ich lag da und weinte. Niemand sah es. Es war Frieden, ich war nur zweimal leicht verwundet worden, ich war gesund, und ich war 21 Jahre alt.

Merkwürdig war, daß meine Kameraden meinten, wir würden jetzt nach Hause marschieren. Der Krieg war ja vorbei. Niemand glaubte an eine lange Gefangenschaft.
Mir sagte eine innere Stimme, daß sie sehr lange dauern würde. Hatten wir nicht alle gesehen, wie völlig zerstört und ausgeplündert dieses Land war zwischen der ostpreußischen Grenze und Leningrad, zwischen Stalingrad und Brest-Litowsk? Und jetzt sollten wir diesen Trümmerhaufen, diese Leichenberge einfach hinter uns lassen und losmarschieren? Und wir marschierten los, riesige Kolonnen, denn über eine Viertel Million Soldaten und Offiziere waren in Kurland in Gefangenschaft geraten. Wir marschierten in Achterreihen, und unser Gesang dröhnte durch die lettischen Dörfer. So hatte ich niemals vorher und niemals nachher deutsche Soldaten singen hören. Die Frauen winkten, die russischen Soldaten grinsten oder schüttelten den Kopf. Dieser Friitz! Drei Tage marschierten wir so. Es gab die ersten Fußkranken, da waren über Sechzigjährige unter uns. Viele dachten: Wer nicht mitkommt, wird erschossen. Aber das geschah nicht. Das Wachpersonal – es waren sehr wenige Soldaten, und niemand hätte uns aufhalten können, wenn wir weggelaufen wären – requirierte einige Pferdefahrzeuge, und die Kranken fuhren mit uns. Das beruhigte uns sehr. Als ich einmal im Gespräch äußerte, wir hätten vier Jahre gegen die Russen gekämpft, nun müßten wir vielleicht vier Jahre hier arbeiten, schauten mich alle Umstehenden böse an: so etwas Absurdes! »Wie kannst du sowas sagen, das wäre ja unmenschlich!« meinte einer aus meiner Einheit zu mir.

Der erste Tag im Lager. Das war in der Nähe von Riga. Scheißhausparole: Wir werden auf ein Schiff geladen und fahren nach Hause. Und wirklich, ganz in der Nähe hörten wir Schiffssirenen. Später, als wir verladen wurden, sahen wir die »Schiffe« auch: Es waren russische Lokomotiven. Als wir am nächsten Morgen zur Zählung antraten, trauten wir unseren Augen nicht. Da gab es plötzlich eine besondere Formation von Kriegsgefangenen mit weiß-roten Armbinden. Weiß der Teufel, woher die sich über Nacht die Binden besorgt hatten. Es waren Österreicher, die eine besondere Formation bildeten, natürlich in der Hoffnung, sie könnten so Vorteile erlangen und »als Opfer der Nazis« ganz schnell nach Hause kommen. Wir waren verblüfft und empört über diese bodenlose Heuchelei. Es hat eine Weile gedauert, bis ich lernte, daß das Lagerleben ein gnadenloser Kampf aller gegen alle war – um den geringsten Vorteil.
Dann wurden unsere Köpfe geschoren. Eine rein hygienische Maßnahme, ebenso, wie die anschließende Sauna mit Entlausung, denn die meisten unter uns, auch ich, hatten schon seit Jahren Läuse und konnten sie einfach nicht loswerden, trotz immer neuer Entlausungsaktionen. Einige Soldaten gebärdeten sich wie rasend, als ihnen die Köpfe geschoren werden sollten. »Die wollen uns zu Verbrechern stempeln«, war die allgemeine Meinung. Die russischen Soldaten – alle mit geschorenen Köpfen – amüsierten sich.
Dann marschierten wir zur Entlausung und machten eine neue Erfahrung. Wer noch irgendwie konnte, hatte sich am Tage der Kapitulation neue Uniformstücke besorgt. Auch ich hatte Glück gehabt. Nun kamen wir aus der Sauna und wollten unsere entlausten Uniformen in Empfang nehmen. Aber keiner bekam seine Uniform. Unsere deutschen »Kameraden«, die schon länger in der Kleiderkammer des Lagers arbeiteten, hatten alle einigermaßen neuen Ausrüstungsgegenstände aussortiert. Die verkauften sie an die Zivilbevölkerung, wie ich später erfuhr.
Wir bekamen uralte Klamotten. Die Hose, die ich erhielt, hatte sicher schon den 1. Weltkrieg mitgemacht, sie war vielfach geflickt und drei Nummern zu groß. Die Schuhe: unbeschreiblich. Wir sahen aus wie eine Räuberbande. Die »Kameraden« Kammerbullen lachten, bis sie ein paar aufs Maul bekamen. Aber das nützte

Gefangennahme

nichts, auch nicht die Beschwerden beim Lagerkommandanten. Ich hatte zwei Päckchen Tabak gerettet, und damit erstand ich am nächsten Tag eine einigermaßen tragbare Hose und ein Paar ordentliche Schnürstiefel, die mir dann im Winter sehr gute Dienste leisteten.
Dann die Verpflegung: Suppe, einen Klecks Brei, 600 g Brot, Schwarzbrot, sehr feucht und großporig, ein bißchen Tabak. Die Offiziere bekamen vom ersten Tag an zu unserer Verwunderung bessere Verpflegung entsprechend den Richtlinien des Internationalen Roten Kreuzes. Wir waren als Mannschaftsdienstgrade und Unteroffiziere nur zusammen mit Truppenoffizieren (bis einschließlich der Hauptleute) in einem Lager. Diese Offiziere arbeiteten alle. Stabsoffiziere vom Major aufwärts brauchten nicht zu arbeiten.
Meinen Tabak – ich habe mit dem Tage der Gefangenschaft das Rauchen aufgegeben – tauschte ich grundsätzlich bei Mitgefangenen gegen Brot ein. Die Suppe war nicht selten wie Wasser, oft war sie mittelmäßig, selten gut. Im Dezember 1945 erkrankte ich an Ruhr und Diphterie. Ich kam ins Lazarett und überlebte. Aber viele starben.
Das Überleben in der sowjetischen Gefangenschaft hing von vielen Faktoren ab, auch vom körperlichen Zustand, mit dem der Soldat in Gefangenschaft kam. Ich selbst geriet in Gefangenschaft, nachdem wir fast ein Jahr (davon 8 Monate eingekesselt) in derselben Stellung gelegen hatten. Die lettischen Bauern hatten uns versorgt, und ich war in einem sehr guten Ernährungszustand. In welch schrecklichem Zustand waren dagegen z. B. die Stalingrad-Kämpfer – halbverhungert, und sie starben wie die Fliegen an Entkräftung und an Fleckfieber, und mit ihnen starben 42 russische Ärzte und Schwestern.
Dann das Alter: Es gab 17jährige Gefangene, aber auch über 60jährige Angehörige der Organisation Todt. Soldaten, die zwischen 20 und 30 Jahre alt waren, hatten die größten Chancen, das Lager zu überstehen.
Ganz junge, aber auch ältere Soldaten, oft Familienväter, gingen seelisch zugrunde. Sie ließen sich fallen, verwahrlosten völlig. Viele kamen schon durch das Kriegsgeschehen seelisch schwer geschädigt in Gefangenschaft. Nicht wenige ertrugen die lange Gefangenschaft, die völlige Ungewißheit, wann es nach Hause gehen sollte, die täglichen unsinnigen Gerüchte, die durch die Lager kreisten, auf die Dauer einfach nicht.

Ich habe keine Selbstmorde erlebt, aber nicht wenige, die völlig hoffnungslos waren und keinen Lebenswillen mehr hatten.
Auch die Ernährung spielte eine entscheidende Rolle. Auch dort, wo die Ernährung, gemessen an der russischen Gesamtsituation nach dem Kriege, als angemessen bezeichnet werden muß, reichte sie gerade fürs Überleben. Es gab Lager, in denen eine korrupte Lagerleitung alle einigermaßen wertvollen Lebensmittel unterschlug und unter der Hand verkaufte. Entsprechend war die Suppe: Wasser. Ich habe aber auch Lager erlebt, in denen nicht ein Gramm der Lebensmittel unterschlagen wurde. Im Lager Kolomna bei Moskau lernte ich einen Politoffizier kennen, Kapitän Poljakow, der weit über 60 Jahre alt und schon vor der Revolution Mitglied der Bolschewistischen Partei geworden war. Er hatte eiserne Grundsätze, und jede Art von Unregelmäßigkeit bekämpfte er unnachsichtig. Seine Suppe brachte er von zu Hause in einer Feldflasche aus Aluminium mit. Und diese Flasche hängte er in der Küche in einen der großen Kessel mit heißem Wasser. So wärmte er sein Mittagessen. Die Köche grinsten, man kann sich vorstellen, wie eine Suppe beschaffen war, die man in eine Feldflasche füllen konnte.
Ich habe zahlreiche Kriegsgefangene kennengelernt, die fast täglich ihre Portion Brot gegen Tabak eintauschten, auch von mir. Sie glaubten, wenn sie sehr abgema-

gert seien, würde die Ärtzekommission, die regelmäßig die Lager besuchte, sie nach Hause entlassen. Bei manchen ging diese Rechnung auf, aber bei den meisten endete dieses Experiment tödlich.
Die Art und Schwere der Arbeit spielte, ebenso wie die Ernährung, eine sehr große Rolle für das Überleben. Ein großer Unterschied war z. B., ob man im Freien oder in einem Raum arbeitete. Rußland hat – klimatisch gesehen – sehr heiße Sommer und sehr kalte Winter schon im europäischen Teil diesseits des Urals, von den klimatischen Eiskellern jenseits des Urals ganz zu schweigen. Unsere Bekleidung war immer mangelhaft. Ich habe zwei Winter lang beim Eisbrecherbau auf dem Eis der Oka gearbeitet. Wir haben sehr gefroren, und die Arbeit war hart. Im Sommer 1946 arbeitete ich an der Rollbahn Moskau-Orel. Die Straße einschließlich der Gräben wurde durch uns vollständig erneuert. Alles in Handarbeit. Außer LKWs gab es keine einzige Maschine. Es war ein sehr heißer Sommer, oft weit über 30 Grad. Und wir arbeiteten nicht im Schatten. Das glühend heiße Gemisch von Teer und Steinen wurde von den LKWs heruntergeschaufelt und über die Straße verteilt. Abends waren wir völlig ausgelaugt. Andererseits: Die Handwerker unter uns, Schneider, Schuster, Schlosser, Tischler usw. hatten es oft sehr gut. Sie arbeiteten nicht unter freiem Himmel, und sie verdienten oft viel Geld.
Jeder Kriegsgefangene mußte etwa 650 Rubel als Abgabe an das Lager für Unterkunft, Verpflegung, Bekleidung, ärztliche Betreuung usw. erarbeiten. Einfache Arbeiten, die keinerlei Vorkenntnisse erforderten, wie z. B. LKWs mit Sand beladen, wurden schlecht bezahlt. Man kam dabei nie auf seine »Norm« und erhielt nie zusätzlich zur Lagerverpflegung Geld. Aber alles, was der Kriegsgefangene über den Lagerbeitrag hinaus erarbeitete, bekam er – wenn die Lagerleitung korrekt war, und das war sie natürlich nicht immer – bar ausbezahlt. Für dieses Geld konnten zusätzlich Lebensmittel gekauft werden. Im Lager war eine Kantine, wo es gegen Rubel Tee, Brot (auch Weißbrot), Margarine, Papyrossi usw. gab. Aber es gab sehr viele, die nie einen Rubel sahen und sich nie zusätzlich Lebensmittel kaufen konnten.
Unterschlagungen und Schwarzhandel waren, wie immer in Zeiten der Not, weit verbreitet. Die Bevölkerung der Sowjetunion in den völlig ausgeplünderten und zerstörten Gebieten, die von den deutschen Truppen besetzt gewesen waren, hungerten noch lange nach dem Kriege.
Es gab immer wieder überraschende Überprüfungen der Lagerverhältnisse durch Kommissionen hoher Offiziere. Bei Feststellung schwerer Mängel wurden ganze Lagerleitungen ausgewechselt, sogar auf der Stelle verhaftet. Aber es gab auch Lager, die nie überprüft wurden und wo Gefangene einer korrupten Lagerleitung völlig hilflos ausgeliefert waren. Die Sterblichkeitsrate war dann entsprechend. Die sowjetische Regierung hat, und das geht ganz klar aus den gesetzlichen Bestimmungen und auch aus den vielfältigen Erfahrungen hervor, nie einen Augenblick daran gedacht, die deutschen Gefangenen physisch zu vernichten, während die Hitler-Regierung Millionen russische Gefangene systematisch töten oder zugrunde gehen ließ.
Aber, so sagt ein russisches Sprichwort, »der Himmel ist hoch und der Zar ist weit.« Man mußte in der Gefangenschaft auch Glück haben, und viele hatten keins.
Das Leben nach der Arbeit: Wo die Verhältnisse einigermaßen erträglich waren, gab es teilweise ein sehr reges politisches und kulturelles Leben in den Lagern. Das hing weitgehend von den sowjetischen Politoffizieren, aber auch von der Eigeninitiative der Gefangenen ab. Im Lager Kolomna bei Moskau, wo ich den größeren Teil meiner Gefangenschaft verbrachte, bauten wir im Herbst 1946 – natürlich nach Feierabend – ein großes Gebäude mit einer Bühne für Versammlungen und kulturelle Veranstaltungen. Es wurde als Eßsaal benutzt, und dort war auch die Kantine untergebracht. Der Bau war ganz aus Holz und sah aus wie ein großes Bauernhaus. Auf einer Versammlung fragte uns der Lagerkommandant, ob wir damit einverstanden wären, daß ein Teil der erarbeiteten Überschüsse für den Ankauf von Musikinstrumenten verwendet werden könnte. Viele waren dagegen, und es gab eine heftige Diskussion. Eine sehr knappe Mehrheit stimmte für Musik. Im Frühjahr 1947 hatten wir ein kleines Orchester und einen Chor. An jedem Wochenende wurde ein »Bunter Abend« veranstaltet. Es wurde musiziert und gesungen, es wurden Witze erzählt. Einer konnte zaubern, und es gab zwei Akrobaten. Nach unseren heutigen Vorstellungen waren diese Abende auf einem sehr niedrigen Niveau gestaltet, aber ich habe immer wieder beobachtet, wie eine solche Unterhaltung die Gefangenen aufrichtete. Einigen genügten solche Abende nicht. Bücher hatten wir nicht, aber zwei Lehrer konnten nicht wenige Teile der deutschen Lyrik auswendig hersagen. So gab es einen Goethe-Abend, einen Schiller-Abend, einen Abend mit Gedichten von Hölderlin. Etwas später bekamen wir einige Bücher, und es wurde ein Puschkin-Abend, ein Abend mit Lesungen aus dem Werk Gorkis und ein Majakowski-Abend veranstaltet. Das alles war ganz neu für uns; auch ein Abend mit Heine-Gedichten. Heine wird in der Sowjetunion außerordentlich verehrt. In jedem Schullesebuch kann man Heine-Gedichte finden.
Niemand soll denken, daß wir auch nur einen Augenblick in einer Idylle gelebt hätten. Ganz im Gegenteil. Alles, was an Kulturarbeit im Lager geleistet wurde, geschah unter großen Opfern. Der regelmäßige Beitrag der Lagerleitung zum kulturellen Leben bestand darin, einmal in der Woche einen Filmabend zu veranstalten. Ein Dolmetscher war dabei und erklärte ein wenig die Handlung, denn keiner dieser Filme war synchronisiert. So habe ich im Verlauf der Gefangenschaft Hunderte Filme gesehen, alle klassischen sowjetischen Filme wie »Panzerkreuzer Potemkin«, »Iwan der Schreckliche«, aber auch eine unendliche Reihe von Schnulzen, die in Fabriken, vor allem aber auf Kolchosen spielten. Wir lernten sehr bald, zwischen den großen Kunstwerken und den schnulzigen Streifen zu unterscheiden, obwohl wir ja durch die UFA nicht gerade verwöhnt worden waren. Wochenschauen wurden uns nicht gezeigt, aber täglich wurden die wichtigsten Nachrichten – aus der »Prawda« übersetzt – in den Baracken vorgelesen. Seit 1947 bekamen wir auch neben den »Nachrichten für Kriegsgefangene« Zeitungen aus der damaligen sowjetisch besetzten Zone, das heißt die Kriegsgefangenen wurden über das Geschehen in der Welt – aus sowjetischer Sicht natürlich – laufend informiert.
Ich habe dem Antifaschistischen Aktiv des Lagers von Weihnachten 1945 bis zur Heimkehr einige Tage vor Weihnachten 1949 angehört. Weihnachten 1945: Die erste Weihnachtsfeier nach so langer Zeit ohne Kanonendonner. Das »Friede auf Erden und den Menschen ein Wohlgefallen« bekam für uns eine ganz eigene Bedeutung. Zu unserer großen Überraschung hatten die wenigen Antifaschisten in dem Lager bei Riga eine Weihnachtsfeier vorbereitet. Es gab einen großen Tannenbaum. Und er war geschmückt. Das Essen war merklich besser an diesem Tag, und viele von uns bekamen die erste Post aus der Heimat. Da saßen wir nun um den Baum herum und sangen die alten Lieder. Einer der Antifaschisten hielt eine kurze Ansprache und wünschte uns, daß diesem friedlichen Weihnachten

noch viele friedliche Jahre folgen möchten. Das alles hat nicht nur mich sehr beeindruckt. Am nächsten Tag gründeten ungefähr 30 Kriegsgefangene ein antifaschistisches Aktiv. Von da an begann ich mich sehr eifrig mit Politik zu beschäftigen. Es gab zu viele Fragen, die ich mir nicht beantworten konnte. Die Aufklärungsarbeit war mühsam. Die einfachsten Zusammenhänge mußten immer wieder erklärt werden. Damals erst habe ich begriffen, was für schlimme Zerstörungen die Nazis im Bewußtsein der Deutschen angerichtet hatten. Unsere Bemühungen trugen nur wenige Früchte. Ein einziges Beispiel: Unser Aktivältester im Lager Kolomna, ein Stalingrad-Offizier, der mein Vorbild war, ging jeden Abend durch die Baracken und las die Nachrichten vor. Er hatte eine kräftige, wohltönende Stimme. Die meisten Offiziere schauten an ihm vorbei. Sie sahen ihn gar nicht. Die Offiziere waren übrigens in einer eigenen Baracke untergebracht. An einem Abend Anfang Oktober 1946 las Leutnant S. nun die Nachricht über die Urteile des Nürnberger Gerichtshofes und wer zum Tode verurteilt worden war, vor. In der Offiziersbaracke erhob sich ein derartiges Gebrüll, daß er nicht weiterlesen konnte. Die Mehrheit dieser Offiziere war felsenfest davon überzeugt, daß alles, was da verlesen wurde, eine einzige »bolschewistische Lüge« sei. Sie hatten eineinhalb Jahre nach Kriegsende nicht im geringsten begriffen, was in Europa vor sich gegangen war. Es überstieg ihre Vorstellungskraft, daß man Feldmarschälle wegen ihrer Kriegsverbrechen aufhängen könnte.

Die Antifaschistischen Aktivs standen nicht vollständig in der Tradition des Nationalkomitees Freies Deutschland, das – im Juni 1943 gegründet – im November 1945 aufgelöst wurde. Immerhin hatte sich das Nationalkomitee trotz aller Anfeindungen zu einer Bewegung entwickelt, deren Aufruf vom 8.12.1944 immerhin ein Feldmarschall und 49 Generäle unterschrieben hatten. Das Nationalkomitee war – neben der Bewegung des 20. Juli – die bedeutendste deutsche Widerstandsorganisation gegen Hitler. Es löste sich auf mit dem Vermächtnis: »In allen Schichten unseres Volkes gibt es Männer, die gewinnbar für die demokratische Freiheit sind.« In diesem Sinne wollte auch ich arbeiten. Und nicht alle Appelle an die geschichtliche Einsicht fielen auf unfruchtbaren Boden. Manche der Gefangenen erkannten, wie notwendig unsere Aufbauarbeit im humanitären Sinne war. Wir kamen in Dörfer, da bestand die Einwohnerschaft nur aus wenigen älteren Frauen und aus Kindern. Alles war zerstört oder halb zerstört. Die Menschen hatten keine Kuh, kein Pferd, nur ihre Hände. Ich sah alte Frauen, die vor dem Pflug gingen, wie Pferde. Und eine dritte Frau ging hinter dem Pflug. Auch das war die Sowjetunion 1945/46. Solche Bilder vergißt man nicht.

Die Ironie des Schicksals wollte es aber, daß diejenigen, deren Herz nicht zu erweichen war, die nur Mitleid mit sich selbst hatten, in ihrer Haltung voll und ganz bestätigt wurden, als sie nach Westdeutschland zurückkehrten. Nicht als Opfer Hitlers wurden sie bemitleidet, sondern als Opfer des Bolschewismus. Voll und ganz fühlten sie sich bestätigt.

Auch für mich kam der so lang ersehnte Tag der Heimkehr. Viereinhalb Jahre hatten wir die Posten gefragt: »Wann geht es nach Hause?«, und immer kam dieselbe tröstende Antwort: »Bald.«

In einem Gedicht von Brecht las ich später die bange Frage, wie die Heimat wohl den Heimkehrenden empfangen würde. Mich empfing die Heimat nicht. Es bewahrheitete sich der spöttische Hinweis, daß der Dank des Vaterlandes nach dem Krieg beantragt werden könnte. Ich habe ihn nicht beantragt.

„Heimkehrer auf dem Schlesischen Bahnhof", meldet der Berliner Rundfunk ...

Und der Schneidermeister Erich Lorentowski ist unter ihnen. Zufällig hören seine Frau und Tochter, daß er, der 1943 Hitlersoldat werden mußte und 1945 in Gefangenschaft geraten war, dabei sei. Und ein paar Stunden nach der Funkmeldung ist er leibhaftig da und umarmt die Seinen!

aus: Neue Berliner Illustrierte 14/1946

Klaus Gürtler

Die vietnamesische Ausnahme

Am 19. August 1945 siegte in einem straff koordinierten Aufstand der Viet-Minh über die französisch-japanischen Truppen und übernahm die Macht in Vietnam, am 2. September rief Nguyen Ai Quoc, der sich damals schon Ho Chi Minh nannte, in Hanoi die Demokratische Republik Vietnam aus. Der Aufstand traf kaum auf Widerstand, denn die Japaner, die im Laufe des Zweiten Weltkrieges große Teile Asiens besetzt hatten und die Vietnam noch immer besetzt hielten, hatten im März die letzten Reste der französischen Verwaltung aufgelöst und waren nach ihrer Kapitulation handlungsunfähig. Zugleich war die Bevölkerung, die im letzten Winter gehungert hatte, äußerst unzufrieden und kampfbereit. Und sie war kampferfahren, denn der Aufstand setzte einen – leider nur vorläufigen – Schlußpunkt unter einen bereits achtzig Jahre andauernden antikolonialen Kampf.

»Der Sieg wurde uns leichtgemacht«, schrieb der Viet-Minh-General Vo Nguyen Giap rückblickend. Aber: »Um die entscheidende Rolle einer richtigen Führung klarer einschätzen zu können, genügt ein kurzer Vergleich mit anderen Ländern Südostasiens zu jenem Zeitpunkt. Trotz gleicher objektiver Bedingungen wurde die Revolution dort von vornherein abgewürgt.« Zwischen 1859 und 1885 hatte der französische Imperialismus die alte Feudalmonarchie besetzt. Doch während der Königshof in Hue und die Mandarine schnell mit den Franzosen kollaborierten, entwikkelte sich unter den vietnamesischen Bauern eine Widerstandsbewegung, die unter der Führung der konfuzianisch gebildeten »Weisen« die Form der Guerilla annahm. Denn das französische Kolonialregime beschränkte sich auf die frühkoloniale direkte Ausplünderung des Landes: Allein Kotschinchina, der südliche Landesteil, mußte im Jahre 1885 über 28 Millionen Goldfrancs an Steuern aufbringen – zur Zeit der Eroberung waren es nur drei Millionen gewesen. Die »liberale« kapitalistische Ausbeutung, wie sie etwa Großbritannien in Indien entwickelt hatte, blieb in Französisch-Indochina immer untergeordnet. *»Die Gandhis und die de Valeras hätten schon längst das Zeitliche gesegnet, wären sie in einer der französischen Kolonien geboren worden und aufgewachsen«*, schrieb Ho Chi Minh bereits 1922 über die Brutalität der französischen Kolonialverwaltung, die fast die gleiche Kopfstärke wie die der Briten in Indien hatte – bei eier zwanzigmal kleineren Bevölkerung.

Ho Tschi Minh
im ersten Indochina-Krieg

Die erste, noch monarchistische Guerilla wurde nach langen Kämpfen um die Jahrhundertwende niedergeschlagen, ohne daß damit die periodischen Bauernaufstände verhindert werden konnten.

Zugleich traten zwei neue Kräfte auf den Plan: Das Kleinbürgertum und die städtische Intelligenz organisierte sich in Zirkeln und Geheimbünden, aus denen die Nationale Partei Vietnams (V.N.Q.D.D. für Viet-Nam Quoc-Dan Dang) entstand. Die zweite Kraft war eine nach dem Ersten Weltkrieg neu entstandene Arbeiterklasse, die in Tongking (Nordvietnam) in den Minen oder in Kotschinchina auf den Gummiplantagen unter elendsten Bedingungen arbeitete.

Sie war noch ihrer bäuerlichen Herkunft und der alten Widerstandstradition eng verbunden und trat mit einer großen Streikwelle 1928/29 auf die politische Bühne und mit ihr der Kommunismus. Schon 1925 hatten Emigranten, darunter Ho Chi Minh, in Kanton die »Revolutionäre Liga der Annamitischen Jugend« gegründet. Sie war die erste Gruppierung, die das Ziel der kolonialen Befreiung mit dem Ziel einer gegen den Großgrundbesitz gerichteten Bodenreform verband. Der ökonomische Kampf der Arbeiter war direkt antikolonialistisch, da alle größeren Industrien in französischer Hand waren.

Aus der »Revolutionären Liga« gingen 1929 drei kommunistische Gruppierungen hervor, die von Ho Chi Minh 1930 zur Kommunistischen Partei Indochinas vereinigt werden konnten. Gerade rechtzeitig, um eine neue Welle revolutionärer Bewegung beeinflussen zu können.

Im Februar 1930 versuchte die V.N.Q.D.D. den allgemeinen Aufstand, an dem sich auch einige vietnamesische Truppenteile beteiligten, der aber wegen seiner Beschränkung auf die städtischen Klassen blutig scheiterte. Die V.N.Q.D.D. wurde völlig zerschlagen, ihre Führungsspitze hingerichtet. Trotzdem dehnte sich die Aufstandsbewegung auf das Land aus, wo sogar Sowjets gebildet wurden, derer die Franzosen nur durch den Einsatz der Luftwaffe Herr wurden. 27000 Arbeiter streikten, auf dem Lande wurden Verwaltungsgebäude angegriffen und Notabeln in Volksversammlungen verurteilt und hingerichtet.

Obwohl die Repression schwer auf der Bevölkerung lastete, ging die KP Indochina gestärkt aus dieser Bewegung hervor. Daran änderte auch die Verhaftung Ho Chi Minhs in Hongkong nichts. Er galt damals offiziell als tot, aber es war ihm eine abenteuerliche Flucht über Wladiwostok nach Moskau gelungen.

Die Jahre 1936/37 bescherten Indochina eine kurze Zeit der Liberalisierung, die von der französischen Volksfrontregierung zugelassen wurde. Bei Wahlen brachte eine Koalition aus Kommunisten und Trotzkisten mehrere Kandidaten in den Stadtrat von Saigon.

Ab 1939 nahm die Repression wieder zu, und als sich das Vichyfranzösische Kolonialregime mit den Japanern arrangierte, gründete die kommunistische Partei, die inzwischen in den Untergrund gegangen war, 1941 den Vietminh, der 1945 seinen triumphalen Sieg feiern konnte.

Die Freude dauerte indes nur zwei Wochen. Im Lande marodierten noch nicht entwaffnete japanische Truppenteile, die im Norden dem Eindringen chinesischer Kuomintang-Truppen, in Kotschinchina der Intervention britischer Truppen den Vorwand lieferten. Die Franzosen rückten in Saigon ein, um ihre »angestammte« Kolonie wieder in Besitz zu nehmen.

Es kam zu Verhandlungen zwischen den Franzosen und der Regierung, die von beiden Seiten mit dem Ziel des Zeitgewinns geführt wurden. Am 6. März 1946 erkannte Frankreich Vietnam als freien Staat innerhalb der »Union Française« an und erhielt das Recht, Truppen zu stationieren. Ho Chi Minh erkaufte sich damit den Abzug der chinesischen und britischen Truppen, doch schon während der Verhandlungen rückten die französischen Truppen weiter vor. Die offenen Feindseligkeiten brachen am 24. November 1946 aus, als die Franzosen Haiphong bombardierten und Hanoi angriffen und besetzten. Der erste Indochina-Krieg hatte begonnen.
Die vietnamesische Führung wurde von der Geschwindigkeit, mit der Frankreich seine Verträge brach, überrascht. Gegenüber der Blitzkriegsstrategie der weit überlegenen französischen Truppen wurde die Strategie des lang andauernden Krieges gesetzt, doch hatten die vietnamesischen Truppen zuerst große Schwierigkeiten, sich geordnet aus den Städten aufs Land abzusetzen. Die französische Offensive gegen Viet Bac 1947 zielte auf das vietnamesische Führungszentrum und die regulären Truppen, doch unter der Führung des Generals Vo Nguyen Giap gelang es den Vietnamesen, diese Bedrohung abzuwehren.
Bis zu diesem Zeitpunkt hatte die militärische Defensive zu einer Einschränkung der politischen Aktivitäten des Vietminh geführt, zu einer *»gewissen Vernachlässigung der antifeudalen Aufgabe«*, wie Giap schrieb. Die Korrektur dieser Mängel hatte zwei Aspekte: Einerseits wurde die Landreform in den befreiten Gebieten wieder aufgenommen, indem die Pachtzinsen abgeschafft und die Ländereien erwiesener Kollaborateure provisorisch verteilt wurden. Andererseits wurde die reguläre Armee teilweise aufgeteilt und baute ihre Grundeinheiten in den Dörfern auf. Die feudale dörfliche Führungsschicht (durch Bildung, Rang und Vermögen ausgezeichnete Mitglieder der Ratsversammlung) wurde durch gewählte Volkskomitees, Verwaltungs- und Widerstandskomitees ersetzt, von denen die politische und militärische Aktivität von Bevölkerung und Militär in den freien und besetzten Gebieten geleitet wurde. Wie sehr diese Reform das Leben in den Dörfern veränderte, ersieht man allein aus der Analphabeten-Rate: Von 1945 bis 1953 sank sie von 80 auf 30 Prozent.
Durch die volle Entfaltung der Guerilla und ihre immer stärkere Unterstützung durch die Bauernschaft geriet der französische Vormarsch in die Klemme. Spätestens 1950 wurde klar, daß der Vietminh in der Offensive war: Seiner neu formierten, in China ausgebildeten regulären Armee gelang es, das chinesisch-vietnamesische Grenzgebiet zu erobern und so den Nachschub dauerhaft zu sichern.
Das Jahr 1950 brachte auch die Internationalisierung des Konflikts: nicht nur die chinesische und sowjetische Hilfe begann zu fließen, sondern auch die Hilfe der USA für die Franzosen. Die politische Konstellation des 2. Indochinakrieges deutete sich an.
Doch zunächst wurde dieser Krieg beendet, keine US-Hilfe konnte es ändern. 1952 wurde ein Großteil des Landes befreit, und wie die französische Gegenoffensive in Dien bien phu 1954 endete, ist bekannt: Die Vernichtung des eingekesselten französischen Expeditionskorps war die spektakulärste Niederlage, die einer europäischen Kolonialmacht bis dahin beigebracht wurde. Trotz dieses überragenden Sieges blieb das diplomatische Ergebnis des Genfer Abkommens vom Juli 1954 unbefriedigend: Vietnam wurde geteilt.

Die Viet-Minh bauen eine Nachschubstraße

Französische Gegenoffensive in Dien bien phu

Klaus Gürtler
Die indische Ernüchterung

Indien, hellster Edelstein der britischen Krone, Objekt europäischer Phantasien, wenn es um die sagenhafte östliche Weisheit oder auch nur um sagenhafte Profite ging – Indien 1945 aber war nur noch Ernüchterung.

Der Traum vom unabhängigen Indien zerbrach in zwei Teile; der Traum von einem ganz anderen, friedlichen Modell kolonialer Befreiung ging unter in beispiellosen Massakern. Und die Ernüchterung Englands bezog sich auf die Kosten-Nutzen-Rechnung der Kolonie: Indien war durch den Krieg zum Gläubiger geworden, Indien brachte nichts mehr ein, der Geschäftsbereich wurde liquidiert.

Dabei war er immer ein blendendes Geschäft gewesen. Baumwolle aus Indien, in England verarbeitet und nach Indien verkauft – das hatte England reich und Indien arm gemacht. Seine einst hoch entwickelte Manufaktur auf dem Lande und in den Städten war zerstört. 1945 lebten 84 Prozent der Bevölkerung auf dem Lande – 1893 waren es nur 60 Prozent gewesen, bei einer um ein Drittel höheren Getreideproduktion pro Kopf. Zwei Drittel des Bodens besaßen die Zamindari, die Steuereintreiber aus vorkolonialer Zeit, die von den Briten kurzerhand zu feudalen Grundeigentümern gemacht worden waren. Zwischen ihnen und den Produzenten hatte sich eine tief gestaffelte Schicht von Pächtern entwickelt, die sich mehr als das anderthalbfache der Landessteuer aneignete. Diese selbst diente der absurd aufgeblähten britischen Verwaltung – nur wenige Prozent flossen als Investitionen zurück in die ländliche Infrastruktur, in Schulen und das Gesundheitswesen. Trotzdem hatten die Briten in Indien mehr als in jeder anderen Kolonie eine Struktur errichtet, in der die Beherrschten sich selber beherrschten. Gemessen am riesigen Territorium und der Bevölkerungszahl bestand nur eine hauchdünne englische Verwaltung, der »Indian Civil Service«, zu dem nach dem Ersten Weltkrieg auch Inder Zugang hatten – allerdings erst nach einem in London zu bestehenden Examen. Selbst die in Indien stationierten Truppen bestanden zu zwei Dritteln aus Indern.

Der nationalistisch orientierte Widerstand gegen die Herrschaft der Briten begann eher zaghaft. Seine Basis war die dünne Schicht der städtischen »westernized class« – britisch gebildete Verwaltungsbeamte, Rechtsanwälte und Akademiker, städtische

Mahatma Gandhi

Pächter und Grundbesitzer, ergänzt um eine schmale Gruppe von Unternehmern, die im Ersten Weltkrieg entstanden war und im Zweiten das Geschäft ihres Lebens gemacht hatte. Der seit 1885 bestehende »Indian National Congress« war ihr politischer Ausdruck. In ihrer Frühzeit war diese Organisation keineswegs antikolonialistisch orientiert, sondern strebte – in deutlichem Eigeninteresse der »westernized class« – lediglich eine höhere indische Beteiligung an der Verwaltung des Landes an, die als »uneffektiv« kritisiert wurde. Eine bäuerliche Opposition, die in diesem Rahmen hätte wirksam werden können, gab es nicht und konnte es aufgrund der traditionellen Isolation, in der die indischen Dörfer produzierten, auch gar nicht geben.

Erst Mohandas Karamchand Gandhi, genannt Mahatma (»Große Seele«), führte den Kongreß aus dieser bornierten Isolation heraus und machte ihn dadurch zum politischen Faktor. Nach dem Jurastudium in London (1888–91) hatte er seine ersten politischen Erfahrungen in Südafrika gemacht, wo die Briten mit härteren Methoden als in Indien regierten.

Als er 1914 nach Indien zurückkehrte, war seine Opposition zur britischen Kolonialherrschaft eindeutig, das Geschachere um mehr Posten in der Kolonialverwaltung war für ihn keine politische Perspektive. Zielstrebig ging er daran, aus dem Kongreß eine antikoloniale Massenbewegung zu machen – die dennoch unter der Kontrolle der »westernized class« verbleiben sollte. Dieser Widerspruch blieb bestimmend für Gandhis Politik, die sich, ihrer ideologischen Hülle entkleidet, als ein ständiges Schwanken zwischen Mobilisierung der bäuerlichen Massen sowie der städtischen Armut gegen die britische Kolonialherrschaft und teilweise abrupter Demobilisierung von Massenkampagnen darstellt, die der Kontrolle des Kongresses zu entgleiten drohten. *»Man ist den Massen, dem Pöbel ausgeliefert«*, schrieb Gandhi 1920. *»So lange gegenseitige Sympathie herrscht zwischen dem Führer und dem Pöbel, ist alles recht. Sobald aber dieses Band reißt, kommt das Grauen.«*

Doch gerade auch die »ideologische Hülle« der Gandhischen Politik bewirkte ihren Erfolg. Die unvereinbaren Elemente der Politik verschwanden hinter einer wirkungsmächtigen utopischen Ethik der Gewaltlosigkeit und brachten folgerichtig dem indischen Bürgertum die Emanzipation, beließen die Bauern und die Arbeiterschaft jedoch in ihrer Abhängigkeit. Mehrmals hatte Gandhi politische Generalstreiks oder Kampagnen des »zivilen Ungehorsams« abgebrochen, weil es zu gewalttätigen »Pöbelaktionen« gekommen war. Seine Forderung nach unbedingter Gewaltlosigkeit kam dem rechten Flügel des Kongresses entgegen, der die Unabhängigkeit als gentlemen's agreement mit dem britischen Ziehvater wünschte. Diese als »National Party« firmierende Fraktion von Industriellen, Grundbesitzern und Beamten des »Indian Civil Service« hatte hingegen immer Schwierigkeiten mit Gandhis Kampagnen der »Non-Kooperation«, beinhaltete doch schon deren erste Stufe den Rückzug aus allen Verwaltungs- und Regierungs-

Da jede Berührung mit einem Angehörigen niedrigerer Kaste als »Verunreinigung« gilt, läßt hier ein Gutsherr den Lohn vorsichtig und in ein Blatt gehüllt in die Hände seiner Arbeiter fallen.

ämtern. Bei allen Aktionen, mit denen Gandhi den Massenprotest eskalierte, fand er jedoch in den »Leftists« um Jawahrlal Nehru Unterstützung, der seit 1917 Gandhi als persönlicher Sekretär begleitete. Diese Fraktion war mehr von der radikalen Intelligenz und den kleineren Pächtern geprägt und hatte sich in der »Congress Socialist Party« zusammengeschlossen.

Nehru warf Gandhi vor, er vermische Politik und Religion. Doch neben der Fähigkeit zu zugleich symbolkräftigen wie massenwirksamen Aktionen beruhte Gandhis Popularität gerade darauf, daß er seine Politik als Religion formulierte.

Der Dauerkonflikt um die Kuhtötung zwischen Hindus und Moslems, nur überwindbar durch eine säkulare Politik, erfuhr durch Gandhi, für den diese *»tierisch rohe Naturanbetung«* (Marx) *»eine der wunderbarsten Erscheinungen in der Entwicklung der Menschheit«* darstellte, eine unheilvolle Aktualisierung.

Wirklich massenwirksam blieb Gandhis Politik auch nur unter den Hindus, obwohl es Gandhi zuweilen gelang, große Versöhnungsversammlungen zu veranstalten. Der Widerspruch zwischen Moselms und Hindus war zu tief, um durch moralische Ansprachen gelöst zu werden. Auf der Seite der Hindus stand die 800jährige Erfahrung einer islamischen Fremdherrschaft, die oft nicht zimperlich in der Wahl ihrer Methoden gewesen war. Auf der mohammedanischen Seite stand die Erfahrung, daß unter der britischen Herrschaft die Hindus die koloniale Verwaltung dominiert hatten und die Moslems langsam sozial abgestiegen waren. Dieser Prozeß war weniger auf britische Pläne zurückzuführen, er vollzog sich eher urwüchsig und vor allem auch durch den Kongreß, der sich besonders in seiner Frühzeit als Seilschaft zur Erlangung von Verwaltungsposten verstanden hatte.

Die moslemische Führungsschicht stand den Umarmungsversuchen Gandhis sehr skeptisch gegenüber und witterte darin ihre endültige Entmachtung. Seit 1906 bestand ihre eigene Organisation, die Muslim-Liga, deren Verhältnis zum Kongreß unter ihrem Führer, dem späteren Gründer Pakistans Muhammad Ali Jinnah immer mehr von unverhüllter Feindschaft und wachsendem Separatismus geprägt war.

Unter dem Eindruck des japanischen Vormarsches während des Zweiten Weltkrieges bot England 1942 den Dominion-Status an, also die Selbständigkeit unter formeller britischer Oberherrschaft – allerdings erst für die Zeit nach dem Krieg. Gandhi nannte das einen *nachdatierten Scheck bei einer in die Brüche gehenden Bank«*, forderte die sofortige Unabhängigkeit und drohte mit einem gewaltlosen Aufstand. Die Briten verhafteten daraufhin die gesamte Kongreß-Führung. Der Aufstand kam trotzdem, aber mangels illegaler Organisation völlig planlos und gewaltsam. Er wurde unter ungeheuren Opfern von den Briten niedergeschlagen. Der Kongreß blieb bis 1945 verboten.

Auch danach blieb Britannien bei seinem Angebot. Die Bildung einer indischen Interimsregierung scheiterte jedoch an der Moslem-Liga, die alle muslimischen Sitze für sich beanspruchte. Die Provinzwahlen Anfang 1946 bestätigten deren Alleinvertretungs-Anspruch: In allen Moslem-Provinzen bis auf die kleine North

West Frontier Province wurde die Liga die stärkste Partei, alle übrigen Provinzen fielen an den Kongreß. Das Pandjab, die Provinz der Sikhs, wurde zum Streitpunkt: hier entstand eine Kongreß-Koalitionsregierung, obwohl die Moslem-Liga stärkste Partei geworden war.
1946 unternahmen die Briten den zweiten Versuch, eine indische Zentralregierung und eine verfassungsgebende Versammlung zu bilden. Auch diese Verhandlungen scheiterten, doch der britische Vizekönig beauftragte am 12. August 1946 Nehru mit der Bildung eines Kabinettes. Jinnah, der eine Einigung zwischen Kongreß und Briten auf dem Rücken der Moslems befürchtete, erklärte daraufhin den 16. August zu »Direct Action Day« – die Massaker begannen. In Calcutta wurden an diesem Tag über 4000 Hindus ermordet. Das Militär schritt ein, konnte aber nicht verhindern, daß die Hindu-Mehrheit in der Nachbarprovinz Bihar über die Moslems herfiel. Gandhi wanderte durch die sich immer weiter ausdehnden Unruhegebiete und bewirkte kaum mehr etwas.
Unter dem Druck der Unruhen trat die Moslem-Liga in die Nehru-Regierung ein. Der von ihr gestellte Finanzminister Liaquat Ali Khan legte einen Budget-Entwurf vor, der eine hohe Besteuerung von Wirtschaftsgewinnen vorsah. Der Kongreß lief daraufhin Sturm für seine Geldgeber, die Regierung war wieder gelähmt. Unter blutigen Wirren brach die Kongreß-Koalition im Pandjab zusammen, und im Kongreß setzten sich die Gegner Gandhis durch, die eine Aufspaltung der Kolonie in Indien und ein zweigeteiltes Pakistan als einzigen Ausweg akzeptierten.
Fieberhaft betrieb der letzte britische Vizekönig Mountbatten jetzt die Teilung, da er ständig ein Zerbrechen auch des Verwaltungsapparates befürchtete.
Am 15. August 1947 entstanden daher zwei Staaten, deren Grenzen, von Kommissionen hastig gezogen, noch nicht einmal veröffentlicht waren. Außerdem blieb das Problem der Fürstentümer: Die Briten hatten etwa die Hälfte des Landes nicht direkt verwaltet, sondern abhängigen Fürsten überlassen. Die Briten hatten sich in den Teilungsverhandlungen ausbedungen, daß die Fürsten freie Wahl in der weiteren Staatszugehörigkeit erhielten. Diese unsinnige Regelung führte in der Folge bei den drei Fürstentümern Kaschmir, Haiderabad und Junadagh zu blutigen Konflikten.
Die Massaker begannen im Pandjab, das nach dem Teilungsplan unter Indien und Pakistan aufgeteilt werden sollte. Schon am Unabhängigkeitstag wütete hier ein Terror, dem Hunderttausende zum Opfer fielen: Sikhs, Moslems und Hindus fielen übereinander her, Flüchtlingstrecks in beide Richtungen, Eisenbahnzüge voller Leichen in beide Richtungen waren die Folge. Gandhi war im Osten und fastete im Muslimviertel Calcuttas. Durch seine Gebetsversammlungen verbrüderten sich hier Moslems und Hindus, so daß Gewalttaten nur kurz aufflackerten. Doch kurz darauf billigte der Prediger der Gewaltlosigkeit das Eingreifen indischer Truppen in Kaschmir. Dort hatte der Hindu-Fürst für den Anschluß an Indien votiert, obwohl drei Viertel seiner Untertanen Moslems waren. Ein Aufstand war die Folge, in den zuerst die indischen, ab Frühjahr 1948 auch pakistanische Verbände eingriffen. Erst 1949 kam es durch Vermittlung der UNO zu einem Waffenstillstand und zur Teilung Kaschmirs.
Genau umgekehrt lagen die Dinge im Fürstentum Junagadh: Der mohammedanische Fürst votierte für Pakistan, es kam zu Unruhen unter der Hindu-Bevölkerung, die durch das Eingreifen der indischen Armee beendet wurden. Hier wurde die Lage durch ein Referendum geklärt, das Indien in Kaschmir wohlweislich vermied. Auch das Fürstentum Haiderabad wurde im September 1948 von indischen Truppen in einer »Polizeiaktion« besetzt. Der Moslem-Fürst des zentralindischen Territoriums wollte die staatliche Unabhängigkeit, obwohl dieser Staat dann von Indien umschlossen gewesen wäre.
Doch Gandhi, der entheiligte Heilige, war schon am 30. Januar 1948 von einem Hindu-Fanatiker erschossen worden: Die von ihm durchgesetzte Teilung der Staatskasse mit Pakistan wurde ihm als Verrat ausgelegt. Doch Gandhis Tod kam vielleicht gerade rechtzeitig noch, um ihn dieser Gewaltorgie des jungen Indien einigermaßen unbefleckt zu entrücken.

Klaus Gürtler

Sieg im Volkskrieg

Die chinesische Revolution

Der Bürgerkrieg, der die Kommunisten an die Macht brachte, begann 1945 und endete vier Jahre später mit der Ausrufung der Volksrepublik China. Diese Revolution war sicher das folgenreichste Ergebnis des Zweiten Weltkrieges – nur vergleichbar mit der russischen Revolution als Resultat des Ersten Weltkrieges. Direkt betraf sie ein gutes Viertel der Weltbevölkerung, und entsprechend waren die Dimensionen des Kampfes: Die von der Kuomintang (Nationale Volkspartei) unter Tschiang Kai-shek gebildete Regierung in Nanking gebot über eine Armee von 4,3 Millionen Mann, denen gut 800000 kommunistische Soldaten gegenüberstanden. Doch der Zusammenbruch dieser riesigen, für asiatische Verhältnisse gut ausgerüsteten Militärmacht erfolgte sogar zwei Jahre früher, als Mao Tse-tung vorausgesagt hatte. Trotz der direkten Intervention der USA und Großbritanniens, trotz der von der US-Regierung zugegebenen Finanzhilfe von *»mehr als fünfzig Prozent der Barausgaben«* des Kuomintang-Staatshaushaltes. Und trotz der ausbleibenden Unterstützung der Kommunisten durch die Sowjetunion, die nicht an einen Sieg der Volksbefreiungsarmee glaubte und im übrigen zu keinem Zeitpunkt der chinesischen Revolution mit der Politik Maos einverstanden war.

Dieser vergleichsweise schnelle Sieg der Kommunisten läßt sich durch die Aufzählung der militärischen Operationen nicht erklären. Diese besiegelten nur den Bankrott der Kuomintang, einer Partei, die einst die Jahrtausende alte Monarchie beseitigt und eine einheitliche, nationalistische Republik erkämpft hatte.

Doch inzwischen waren die Fronten verkehrt: Tschiang Kai-shek, der seine Sympathien zum Faschismus offen zeigte, hatte sämtliche Oppositionsparteien verbieten lassen – es fehlte ihm nur an den Mitteln, nicht jedoch an der Motivation, um in China ein faschistisches Unterdrückungsregime zu errichten. Er stützte sich immer mehr auf die alte Klasse der feudalen Großgrundbesitzer. Die Unterstützung der Klassen, die die Kuomintang groß gemacht hatten, ging ihm immer mehr verloren.

Die KP Chinas hingegen konnte mit einigem Recht darauf verweisen, daß sie allein noch die ursprünglichen Ziele der Kuomintang und ihres Gründers Sun Yat-sen vertrete. Sie hatte ein Programm der »Neuen Demokratie« entwickelt, das antiimperialistisch und antifeudalistisch ausgerichtet war. »Jedem Pflüger sein Feld« war eine der Forderungen, die von Sun übernommen worden waren und den Bauern natürlich besser gefielen als die drückenden Abgaben, die ihnen das Kuomintang-Regime und die Grundherren auferlegten. Auch das Programm einer kontrollierten Entwicklung des Kapitalismus, das die KP Chinas von Sun Yat-sen (und von Lenins »Neuer ökonomischer Politik«) übernommen hatte, verfehlte seine Wirkung insbesondere in der Spätphase des Bürgerkrieges nicht, als auch die großen, industriell einigermaßen entwickelten Küstenstädte von ihr erobert wurden. *»Es sind der ausländische Imperialismus und der einheimische Feudalismus, die für das heutige China überflüssig sind, aber nicht der eigene Kapitalismus; im Gegenteil, es gibt bei uns zuwenig Kapitalismus«*, schrieb Mao im April 1945. Die Zusage eines Mehrparteiensystems ergänzte das Programm der »Neuen Demokratie«.

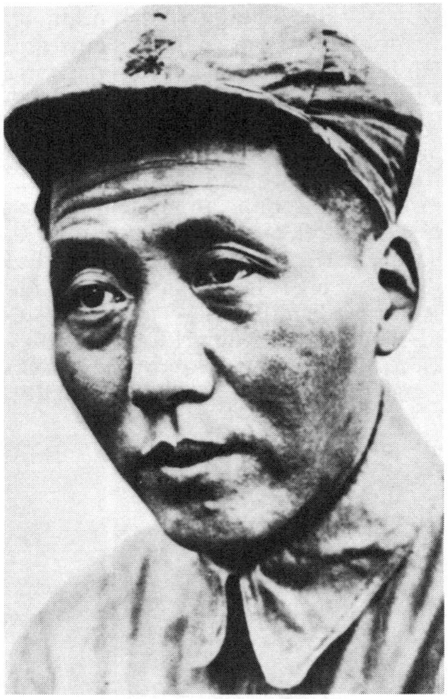

Mao Tse-tung
zur Zeit des langen Marsches

Doch weit wichtiger noch als die programmatischen Erklärungen waren die politischen Voraussetzungen, die sich die KP Chinas während des Krieges gegen die japanischen Invasionstruppen erkämpft und geschaffen hatte. Sie bewirkten, daß Tschiang Kai-shek 1945, trotz der scheinbar ungeheuren Überlegenheit seiner Truppen, den Kampf schon verloren hatte, bevor er begann.

Elf Jahre zuvor sah die Lage anders aus. Die Kommunisten hatten schwere Niederlagen hinter sich: Aufstandsversuche in verschiedenen Großstädten waren blutig gescheitert, die 1931 in der Provinz Kiangsi gegründete »Chinesische Sowjetrepublik« hatte zwar vier »Vernichtungsfeldzügen« der Kuomintang standgehalten, war aber durch den fünften zerschlagen worden. In einem »Langen Marsch« vom Oktober 1934 bis Oktober 1935 hatte sich der Rest der kommunistischen Truppen vor der Kuomintang-Übermacht in die öde und schwach bevölkerte Provinz Shensi zurückgezogen, wo im Gebiet der Stadt Jenan bereits ein von kommunistischen Freischärlern befreites Gebiet bestand.

Die KP Chinas schien am Ende und gerade noch der völligen Vernichtung entronnen.

Trotzdem ist es keineswegs schönfärberische Verklärung, wenn der »Lange Marsch«, dieser verlust- und entbehrungsreiche Rückzug über gut 3000 Kilometer, zu den grundlegenden Ereignissen der chinesischen Revolution gezählt wird. Er war ein Sieg innerhalb einer Niederlage, denn seine Teilnehmer – am Ende knapp 10000 Mann – hatten sich zu einer einheitlichen Avantgarde entwickelt, die unter jeder Belastung politisch handlungsfähig blieb. Und sie hatte sich endgültig auf die politische Linie festgelegt, die durch Mao Tse-tung vertreten wurde: die Revolution als Bauernkrieg zu führen, vom Lande her die Städte einzukreisen und das Gewicht auf die lebendigen Kräfte zu konzentrieren. Diese Erfahrungen wurden bald gebraucht, die japanische Aggression ermöglichte einen schnellen Schritt aus der Defensive heraus.

Die japanische Besetzung Chinas entwickelte sich schrittweise seit 1928, doch die Kuomintang-Truppen leisteten nur hinhaltenden Widerstand mit lokalen Einheiten. 1931/32 besetzte Japan die Mandschurei und bildete den Marionettenstaat Mandschukuo mit dem letzten chinesischen Kaiser und einem ehemaligen Kuomintang-Führer an der Spitze. Tschiang Kai-shek schloß daraufhin 1933 und 1935 mit den Japanern Verträge, mit denen er den gesamten Nordosten Chinas aufgab und die *»Bekämpfung antijapanischer Agitation«* zusicherte.

Diese betrieb er sehr energisch und unter Einsatz seiner Zentraltruppen: Es kam wieder zu mehreren »Vernichtungsfeldzügen« gegen die von Jenan aus kontrollierten kommunistischen Gebiete, die samt und sonders unter katastrophalen Verlusten scheiterten.
Diese Politik des »Inneren Friedens, um Widerstand gegen Japan leisten zu können« rief auch innerhalb der Kuomintang und der Nationalchinesischen Truppen Widerstand hervor. 1936 wurde Tschiang Kai-shek von seinen eigenen Truppen in Sian gefangengesetzt und zu Verhandlungen mit den Kommunisten gezwungen. Tschiang verzichtete daraufhin auf weitere Bürgerkriegsaktionen und erklärte gezwungenermaßen 1937 Japan den Krieg.
An der grundsätzlichen Konstellation änderte sich jedoch nichts. Die Kuomintang-Truppen wichen zurück, kooperierten zuweilen sogar offen mit den Japanern oder traten in die Truppen »Mandschukuos« über, von wo aus sie gegen die kommunistischen Gebiete vorgingen. Ab 1939 begann Tschiang Kai-shek wieder seine »antikommunistischen Kampagnen«.
Den kommunistischen Einheiten standen zwei Drittel der japanischen Truppen und 95 Prozent der *Marionettentruppen* gegenüber. Trotzdem gelang es der KP China, nicht nur die von ihr kontrollierten Gebiete zu halten, sondern bis weit ins japanisch besetzte Hinterland hinein befreite Zonen zu errichten. Dabei entwickelte sie eine kombinierte Kampftechnik von Guerilla und Bewegungskrieg, der weder die Japaner noch die Kuomintang-Truppen etwas entgegensetzen konnten. Doch vor allem beschränkte sie sich nicht auf militärische Aufgaben, sondern sah diese nur als Ergebnis ihrer politischen Ziele.
In jedem befreiten Dorf wurden mit Pacht- und Zinssenkungen sowie der provisorischen Verteilung der großen Ländereien, deren Besitzer geflohen waren, die ersten Schritte der Bodenreform eingeleitet. Und daß diese Armee etwas völlig neues war, merkten die Bauern schnell: Die Soldaten halfen bei der Landarbeit, stahlen nichts und bezahlten, was sie benötigten. Was allein dieses Verhalten bewirkte, angesichts der Soldateska verschiedenster Herkunft, die in den Jahrzehnten zuvor das Land ausgeplündert hatte und in den Kuomintang-Gebieten immer noch plünderte, läßt sich kaum abschätzen. Die Armee war zugleich eine große Schule, die anfing, das Lesen und Schreiben zu lehren, mit Musik und Theater von der Unterdrückung der Bauern und Arbeiter zu berichten und dem Kampf dagegen. Örtliche Selbstverwaltungsorgane wurden aufgestellt, in Versammlungen wurde über die Mächtigen der Vergangenheit geurteilt, soweit man ihrer habhaft werden konnte. Und schließlich wurde eine örtliche Miliz aufgestellt.
Gestützt auf diese politisch-militärische Struktur konnten die zentralen Truppen eine außerordentliche Beweglichkeit entfalten, da sie sich in Aufklärung und Logistik auf die örtlichen Milizen verlassen konnten. Nur so konnte die Taktik funktionieren, eindringenden feindlichen Truppen zuerst große Geländegewinne zu gestatten und ihre dadurch zersplitterten Einheiten einzeln zu schlagen, was eine mit großer Geschwindigkeit durchgeführte Folge von Konzentration, Kampfhandlung und Auflösung der eigenen Einheiten voraussetzte. Die Kommunistische Armee war ein »Fisch im Wasser« und in der Lage, weit überlegene Gegner zu binden und zu schlagen. Die trotz ihrer Motorisierung schwerfällige Nationalarmee hingegen mußte während der letzten japanischen Offensive 1944 fluchtartig riesige Gebiete räumen.
Zum Zeitpunkt der japanischen Kapitulation konnte sich so die KP Chinas nicht nur einer breiten Sympathie unter der Bauernschaft erfreuen. Für alle nationalistisch gesonnenen Kreise hatte sie sich als einzige Kraft bewiesen, die zu einer wirksamen nationalen Verteidigung in der Lage war. Die Bürgerkriegspolitik Tschiang Kaisheks war nach dem Kriege sehr unpopulär. So entsprach die KP Chinas einer weit verbreiteten Stimmung, als sie die Kuomintang zur Bildung einer demokratischen Koalitionsregierung aller Parteien aufforderte. Doch die Verhandlungen im September/Oktober 1945 zwischen Tschiang Kai-shek und Mao scheiterten – Tschiang wußte

Die Belagerung Kantons durch die Kommunistische Armee

nur zu gut, daß er bei allgemeinen Wahlen nicht mehr viel zu melden gehabt hätte. Es mehrten sich die »Zwischenfälle«, und der auf amerikanischen Druck im Januar 1946 zustandegekommene »Waffenstillstand« markiert als Paradox den Beginn des Bürgerkriegs.

Die Kämpfe bgannen in der sowjetisch besetzten Mandschurei, die die Sowjets entgegen den Wünschen der KP Chinas der Tschiang-Regierung übergeben hatte. Gleichzeitig hatten sich auf dem Lande die Kommunisten verankert, von wo aus sie schnell zum Angriff auf die größeren Städte übergingen. Es kam dabei zu keiner Zusammenarbeit mit den Sowjets, diese waren, sehr zum Ärger der KP Chinas, mit der Demontage der von den Japanern errichteten Fabriken beschäftigt.

Bereits 1947 zeichnete sich ab, daß die kommunistischen Truppen, die sich jetzt Volksbefreiungsarmee nannten, vollständig die Initiative an sich gerissen hatten und nun auch größere Schlachten für sich zu entscheiden wußten.

Die Entwicklung wurde beschleunigt durch den vollständigen wirtschaftlichen Zusammenbruch der Kuomintang-Gebiete. Es setzte eine rasante inflationäre Entwicklung ein, die von 1946 an die Preise um das 70fache steigen ließ. Auch eine Währungsreform im August 1948 änderte nichts, da die Regierung ihren Krieg nur noch mit der Notenpresse bezahlte. So wurde selbst von den städtischen Kapitalisten die Niederlage der Kuomintang herbeigesehnt – für sie bestand nur die Wahl zwischen der sofortigen Pleite und der später drohenden Enteignung.

Die schnelle Eroberung riesiger Gebiete und das rasante Anwachsen der Volksbefreiungsgruppen durch übergelaufene Kuomintang-Verbände und Freiwillige brachte jedoch auch Probleme mit sich. Die früher sehr kontrolliert verlaufene Landreform geriet jetzt häufig zu einer radikalen Gleichmacherei, die sich auch gegen die Eigentümer mittelgroßer Ländereien richtete. Zeitweilig kam es zu einer Welle unkontrollierter Racheakte und zur Errichtung lokaler Despotien, die mit massenhaften Hinrichtungen von »Reaktionären« im Hinterland schwerste Probleme bereiteten.

Die Partei führte ab 1948 eine Gegenkampagne durch. Sie veranstaltete auf den Dörfern Versammlungen, auf denen sich die Funktionäre der Kritik der Dorfbewohner stellen mußten. Hierbei wurde eine ganze Anzahl von Funktionären abberufen und bestraft. Mühsam gelang es so, die Lage auf den Dörfern wieder zu stabilisieren.

Das Ende des Krieges kam schnell: Im September 1948 wurde der gesamte Nordosten Chinas befreit, und die Schlacht von Huai-hai von November 1948 bis Januar 1949 brachte die Entscheidung. Bei dieser Schlacht, bei der fast eine Million Soldaten aufeinandertrafen, wurden die militärischen Hauptkräfte der Nationalarmee vernichtet und aufgelöst. Tschiang Kai-shek trat zurück und bereitete seine Flucht nach Taiwan vor. Am 1. Oktober 1949 wurde die Volksrepublik China ausgerufen. Fan-shen, die Revolution hatte ihren ersten Sieg errungen.

Die erste Aufnahme von Mao Tse-tung in Peking nach dem Sieg der Revolution

Rainer Höynck

1945

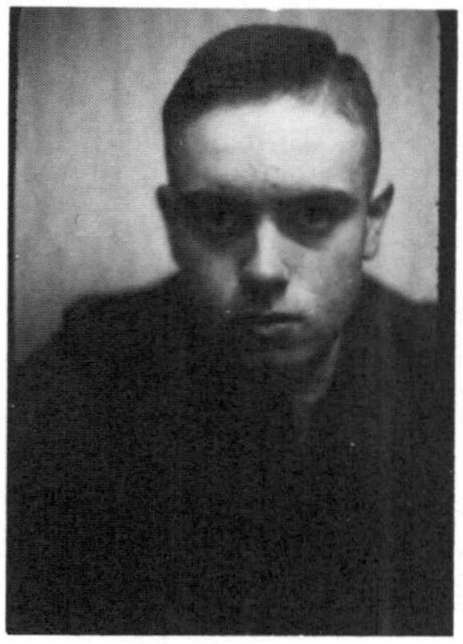

Der Autor 1945

Nichts Besonderes habe ich zu erzählen vom Jahre 1945. Nichts, das nicht unzählige andere ähnlich erlebten. Gerade darum erzähle ich es. Es geht nicht um belletristischen Anspruch in Fabel und Form, sondern um einen Versuch, zu vermitteln, was damals Alltägliches zu bestehen war. Zum Beispiel für einen Siebzehnjährigen, der mit fünfzehn Soldat geworden war, Luftwaffenhelfer, aber das waren Soldaten, mit der Besonderheit, daß ihnen zwei Stunden täglich Latein- und Mathelehrer auf die Nerven gingen. Im übrigen machten wir den normalen Dienst und schleppten nachts während der Luftangriffe Granaten zu den Flakkanonen.
Dann zwei Monate Arbeitsdienst, dann als Grenadier zur Schützenausbildung ins Heer.
Silvester und Neujahr 1945? Ich erinnere mich nicht, nur an die eiskalte Unterkunft in der Alexanderkaserne Ruhleben, wir gingen mit möglichst viel Wäsche ins Bett. Dann Reserveoffizierslehrgang. Für welche Armee? Nie hätte ich damals gedacht, daß es in Deutschland je wieder eine geben würde. Draußen in der Sandgrube wurden Deserteure und »Wehrkraftzersetzer« hingerichtet, wir Kinder mußten in Sichtweite Wache schieben, brauchten aber nicht zu schießen.
Einer der Ort im hektischen Hin und Her war Paretz in der Mark. Angesichts eines schönen Aquarells des Schlosses in der Friedrich-Gilly-Ausstellung dachte ich an die Mahlzeiten: Abends gabs Brot, Marmelade, Wurst. Eine Stunde später war die 24-Stunden-Ration alle, mittags nur eine Suppe zu erwarten. Auf dem Feld geklaute Kartoffeln brachten wir der Bäuerin zum Kochen, weil wir weder Salz noch Kochtopf hatten. Sie haute auch mal ein Ei mit rein.
Döberitzer Kasernen (1936 Olympisches Dorf). Einsatzbataillone der Schützendivision Potsdam wurden gebildet aus Jugendlichen und Landsturm. Ältere sprachen von den Nazi-Völkermorden, ich hatte vorher nichts davon gehört, im Elternhaus schon gar nicht.
Auf der Heerstraße ein unaufhörlicher Flüchtlingszug Richtung Hamburg. Ich durfte, als Schütze der »Sperr-Bataillons Elbe I«, in die Gegenrichtung, ins brennende Berlin marschieren. Am 23. April an der Siegessäule. Keine Gelegenheit, mit den Eltern in Verbindung zu kommen. Nachts im Freien im Tiergarten, da wo heute der Rosengarten angelegt ist, an die Pergolen erinnere ich mich, eine alte Frau sah uns auf den Treppenstufen sitzen und rief: »Die Russen sind in Berlin, und ihr lungert hier herum.«
Häuserkampf im Wedding, in Pankow und um den Flakbunker Humboldthain. Am Gleimtunnel machte das dumpfe Dröhnen der Sowjetpanzer Angst. Im »Tagesspiegel« schrieb ich ein Jahr danach Tagebuchnotizen:
»25. April. Am Gesundbrunnen wird eine Panzersperre gebaut. Ein SS-Rottenführer bewacht die Männer und Frauen, die aus einer Ruine Bretter und Balken schleppen. Ein alter Mann, schwerbeschädigt, bittet, eine andere Arbeit tun zu dürfen, da er sich nicht bücken kann. ›Ich befehle, weiterzuarbeiten!‹ brüllt der SS-Mann, ›sonst schieße ich!‹ Der alte Mann muß lächeln. ›Dann schießen Sie doch‹, sagt er und ahnt nicht, daß es kein Mensch war, mit dem er gesprochen hat. Zwei Sekunden später liegt er tot auf der Straße.
30. April. Der Melder hat einen ›Panzerbär‹ mitgebracht, die letzte Frontzeitung Berlins. Der Wehrmachtbericht meldet die Einkreisung von Berlin. ›Um ihren Führer geschart ...‹ Alles steht um den Leutnant, der immer erzählt hat, daß wir bald befreit werden. ›Nein‹, sagt er, ›das kann nicht stimmen, eingeschlossen sind wir noch nicht.‹ Er tritt an die Hauswand, nimmt einen Bleistift aus der Tasche und schreibt auf die Zeitung ›Feindpropaganda‹.
Deutsche Soldaten wurden von der Waffen-SS und Gendarmerie, oft von ihren eigenen Kameraden an Laternenpfählen und Baumstämmen aufgehängt. Man band ihnen Schilder um: ›Ich war zu feige, für meine Frau und meine Kinder zu kämpfen.‹ Dieselbe Schuld wie die Generäle, die befahlen, tragen auch Soldaten und Offiziere, oft nur wenige in einer Kompanie, die alle anderen terrorisierten und mit ›Umlegen‹ drohten, wenn sie Äußerungen vernahmen, die in ihren Augen ›Verrat und Defaitismus‹ bedeuteten.«
Am 2. Mai nachmittags kapitulierte Berlin. 4 Uhr früh aus einem Radio-Empfänger: die Nachricht von Hitlers Tod. Ab 6 Uhr war der »Ausbruch« aus der Stadt befohlen, obwohl seit dem 23. April der Ring geschlossen war. Man hatte uns erzählt, die Armee des General Wenk (die schon längst aufgerieben war) sei kurz davor, Berlin zu befreien und das Kriegsglück zu wenden.
Acht Stunden gelaufen und gerannt. Schönhauser Allee, Hermsdorf, Blankenburg. Ein Steckschuß in den Rücken (da ist er heute noch), die Mörsergranate detonierte ganz nahe in einem Kleingarten, der Tornister mit der gerollten Wolldecke dämpfte den Aufprall. Meine einzige Waffe, eine kleine Offizierspistole, war nur zum Knallen gut. Als ich in einem Gartenschuppen ausruhte, hatte ich sie in der Tasche. Der Russe, der mich entdeckte und vor Schreck in die Balken schoß, fand sofort die Pistole und meine Armbanduhr. Die

Patronen ließ ich in der folgenden Nacht auf die Erde fallen, zu etwa 20 Mann standen wir in einer Hütte, zum Liegen reichte der Platz nicht.
Am nächsten Tag Krankenhaus Buch, das erste Essen seit zwei Tagen, weißes Bett, eine russische Ärztin. Verladung in Güterwagen. Fahrt durch das zertrümmerte Berlin nach Frankfurt/Oder. Da im Notlazarett, eingerichtet in den Pferdeställen einer Artillerie-Kaserne, malte mir als Geschenk zum 18. Geburtstag eine Schwester einen Blumengruß auf ein Eckchen Pappkarton.
Dann ins Sammellager Fürstenwalde, zum Arbeitslager gings wieder nach Frankfurt, zu Fuß über die Autobahn. Wer nicht mitkam und ans Ende der Marschkolonne geriet, wurde erschossen. Die fehlenden Männer holten sich die Wachposten aus den zuschauenden Zivilisten am Straßenrand, damit die Zahl wieder stimmte.
Vom Gefangenenlager gibts nicht viel zu erzählen. In einem kleinen Zimmer lagen 40 Jungen eines Zuges auf der nackten Erde, als Zusatzverpflegung gabs für die Jugendkompanie einen Becher Zucker, die gerechte Verteilung – für jeden ein Häufchen auf ein Stückchen Zeitung oder Blech – war kompliziert, der Zugführer, der's besorgte, nahm seins als letzter, bloß kein Krümelchen zuviel.
Den feldgrünen Wintermantel für Sibirien habe ich heute noch. Aber bei der Musterung durch Sowjet-Ärztinnen (Entscheid I ab nach Osten, II arbeitsfähig, III entlassen) kam ich dann doch frei.
Zu Fuß nach Berlin in zwei Tagen, nachts im Straßengraben, die Bauern schützten ihre Dörfer mit Knüppeln und Hunden gegen Überfälle. Am Stadtrand 20 Pfennig geschenkt bekommen zur S-Bahn-Fahrt von Grünau nach Zehlendorf. Die Mutter war da, der Vater noch vermißt. 26. August '45.
Der Rest des Jahres war ruhiger, gehungert wurde weiter. Mit Lebensmittelkarte V für Hausfrauen und sonstige Familienangehörige war nicht auszukommen, für den Schwarzmarkt nach zwei Mal Ausbomben wenig übrig.
Das Regie-Volontariat bei Jürgen Fehling – in einem Zehlendorfer Kino Berliner Straße (heute Supermarkt) wurde der Urfaust einstudiert, mit O. E. Hasse als Mephisto und Joana Maria Gorvin als Gretchen – war eine unerwartete Chance zum Lernen durch Zusehen und Zuhören, aber ich mußte es aufgeben, der Karte I zuliebe. So schleppte ich Steine als Bauhilfsarbeiter.
Ab 1. November in der Redaktion des »Tagesspiegel«. Warum mich Erik Reger, Walter Karsch und Edwin Redslob bei soviel Bildungslücken akzeptierten, ist mir immer noch ein Rätsel, aber Bernd Conrad (heute für die »Welt« in Bonn) und ich waren die beiden ersten Volontäre des Tagesspiegel. 200 Westmark Gehalt, das reichte für ein halbes Pfund Butter. Daß Volontäre Leitartikel schreiben durften (da gabs eine Geldprämie), verhinderten die Erwachsenen bald. Zwei davon voller Bandwurmsätze und reichlich Pathos wurden noch gedruckt. Als »Juventus« durfte ich weiter Glossen verfassen, neben dem Gärtner »Agricola« (gutgehütetes Geheimnis: Erik Reger selber) und anderen Kolumnisten. Schwab-Felisch (später »Merkur«-Herausgeber) gehörte zu meinen Lehrern.
Für die Spätschicht in der Nachrichtenredaktion gabs eine Pall Mall Zigarette, die man auch für zehn Mark verkaufen konnte; und ein unbeheiztes Untermietzimmer nahe dem Druckhaus Tempelhof, weil eine nächtliche Heimfahrt wegen der militärischen Ausgangssperre nicht möglich war. Aber geschlafen habe ich in diesen Monaten kaum. Jetzt waren alle Bücher greifbar, uns bisher verboten oder unbekannt. Und das Freischreiben, für den Papierkorb, zum Schaden der Leser auch häufig für den »Tagesspiegel«.
Manchmal, wenn von Tendenzen zum Null-Bock oder zum Karriere-Streben die Rede ist, von Reizüberflutung oder Sinnentleerung oder Sektengläubigkeit bei der Jugend von heute – dann denke ich an das Jahr, in dem ich keine Wahl hatte und keine Selbstbestimmung und keine Langeweile und keine Perspektive, an das Jahr 1945, in dem ich 18 wurde und das ich überlebte.

Das letzte Aufgebot

Rüdiger Liedtke

Zeitung gefällig? Greifen Sie zu!

Zur Lizenzierung von Zeitungen nach 1945 im besetzten Deutschland

April 1945: Den Amerikanern bot sich ein Bild völliger Zerstörung. Frankfurt am Main war eine Trümmerwüste. Nahezu alle Häuser waren zerbombt, alle Mainbrücken gesprengt, es fuhr kein Zug, keine Straßenbahn, es gab weder Wasser noch Strom. Nur knapp die Hälfte der 550000 Einwohner hatte die Bombenangriffe überlebt oder gerade noch die Stadt verlassen können. Mit den in die Stadt einrückenden alliierten Soldaten kamen auch die Presseoffiziere. Junge, intellektuelle, idealistische, integre Männer, deren Order und Ziel es war, eine freie, unabhängige, demokratische Presse aufzubauen, ohne Konzentration und Großkonzerne, ohne altdeutsche Traditionen und radikal frei von jeglichem faschistischen Gedankengut. Ernest Adler und Cedric Belfrage – der eine Amerikaner, der andere Engländer – kannten die deutsche Presselandschaft der Weimarer Republik und des Nazi-Deutschland sehr gut. Sie wußten, wer Hugenberg war, kannten Mosse, Ullstein und Scherl, die Gefahr übermächtiger Pressemonopole, die schon frühzeitig mit den Faschisten sympathisierten, hatten sich kundig gemacht über die gefügigen Generalanzeiger, die reaktionäre Heimatpresse. Die Presseoffiziere der während des ganzen Krieges von London aus operierenden »Abteilung für Psychologische Kriegsführung« der alliierten Streitkräfte hatten schon frühzeitig Vorbereitungen für den Wiederaufbau der deutschen Presse nach der Kapitulation getroffen. Sie wollten durch eine neue Presse, der sie die entscheidende Erziehungsfunktion für die Deutschen auf dem Weg in einen demokratischen Staat zudachten, einen Schlußstrich unter das dunkelste Kapitel deutscher Pressegeschichte ziehen, seit 1848 die Pressefreiheit in den deutschen Grundrechten verankert und die staatliche Vorzensur aufgehoben worden war: die totale Gleichschaltung der Presse während der zwölf Jahre des Faschismus.

Sofort nach der Besetzung begannen Cedric Belfrage und seine Gruppe mit der Suche nach geeigneten Lizenzträgern für die erste Zeitung in der amerikanischen Zone. Die neuen unabhängigen und demokratischen Zeitungen sollten ausschließlich und kompromißlos von aktiven und engagierten Nazigegnern herausgebracht und ediert werden, von deutschen Anti-

faschisten, die den liberalen amerikanischen Presseoffizieren am prädestiniertesten für die angestrebte Umerziehung der Bevölkerung erschienen. Vor allem sollten die früheren Zeitungsverleger auf keinen Fall Lizenzen erhalten, egal, ob sie bis zum Ende der Nazi-Diktatur eine Zeitung herausgebracht hatten oder ob ihnen das Verlagsrecht durch die Nazis abgekauft oder entzogen worden war. Die Amerikaner verfuhren in den ersten Monaten der Besatzung nach einem ganz speziellen Lizenzierungsmodus. Die neu zu gründenden Zeitungen sollten nicht Einzelpersonen übertragen werden, auch keinen gesellschaftlichen Gruppen, sondern ausschließlich sogenannten »panels«, Herausgebergremien mit mindestens drei Lizenziaten aus unterschiedlichen politischen Lagern. Durch dieses Verfahren erhofften die Amerikaner einen repräsentativen Querschnitt aller antifaschistischen Kräfte in Deutschland zu erfassen, von der katholischen Publizistik bis hin zu den Kommunisten. Die Lizenziaten sollten durchaus weltanschaulich engagiert sein, den Zeitungen aber wurde Überparteilichkeit – nach traditionellem amerikanischen Vorbild – zur Pflicht gemacht. Ebenso die strikte Trennung zwischen Nachricht und Kommentar. Die Presseoffiziere taten sich anfänglich schwer, in allen Städten die geeigneten Lizenziaten zu finden, da ja der größte Teil der engagierten Antifaschisten von den Nazis liquidiert worden war. Und da es sich bei fast allen aktiven Anti-Nazis, die 1945 aus Zuchthäusern und Konzentrationslagern befreit worden waren oder aus Illegalität und Emigration auftauchten, um Sozialisten – welcher Coleur auch immer – handelte, mußten sich die Lizenzträger zwangsläufig weitgehend aus diesem Personenkreis zusammensetzen.

Durch diese konsequente Politik der Belfrage-Gruppe wurde am 1. August 1945 – ganze vier Monate nachdem Frankfurt von den Amerikanern eingenommen worden war – die »Frankfurter Rundschau« als erste Zeitung in der amerikanischen Zone lizenziert. Das Lizenzträger-Gremium bestand aus drei Sozialdemokraten, zwei KPD-Mitgliedern, einem KPD-Sympathisanten und einem Linkskatholiken des alten Zentrums. Wie in Frankfurt, so erhielten in der amerikanischen Zone in nahezu allen größeren Städten 113 Lizenzträger 58 Zeitungen sowie von Altverlegern requirierte technische Betriebe und entsprechende Papierzuteilungen – sozusagen gratis. Und in vielen Fällen waren Kommunisten mit von der Partie.

Hatten die liberalen Presseoffiziere wohl tatsächlich die idealistische Vorstellung einer auf Dauer möglichen von allen die Gesellschaft repräsentierenden antifaschistischen Gruppen erscheinenden Presse – gestützt auf die Anti-Hitler-Koalition des Potsdamer Abkommens, nach dem keine alliierte Macht, auch nicht die UdSSR, von Deutschen kritisiert werden durfte –, so kam durch die ständig wachsenden Spannungen zwischen den USA und der Sowjetunion, der zunehmenden antikommunistischen Haltung der Amerikaner und des heraufziehenden kalten Krieges die pressepolitische Wende. Die liberalen Presseoffiziere wurden von strammen Antikommunisten abgelöst, die Lizenzen – kein Vertrag, sondern ein einseitiger Hoheitsakt der Siegermächte – den fortschrittlichen Zeitungsmachern entzogen. Schon bald waren alle Kommunisten und all diejenigen, die daran gedacht hatten, den Zeitungen, der neu entstehenden Presse auch von Verlegerinteressen unabhängige Besitzverhältnisse zu verschaffen, aus den Lizenzträger-Gremien herausgedrängt, und das war eigentlich zu erwarten. Denn die Auswahl aktiver Anti-Nazis für die Herausgebergremien mußte – so schrieb Belfrage später – zwangsläufig zu einem offenen Widerspruch führen zwischen dem, »was die Militärregierung uns aufgetragen hatte«

Axel Caeśar Springer

Die Voraussetzungen für den 1912 in Hamburg-Altona geborenen Axel Caeśar Springer waren zu Kriegsende äußerst günstig: Springer besaß Verlagserfahrung – er war stellvertretender Chefredakteur der »Altonaer Nachrichten« seines Vaters, die 1941 ihr Erscheinen einstellen mußten – verfügte über eine – wenn auch durch Bomben zerstörte – Druckerei, hatte flüssiges Kapital und niemals auf irgendeiner Ebene mit den Nazis kooperiert. Die Kombination all dieser Vorteile, dazu verlegerisches Geschick, die raffinierte Ausnutzung der Chancen alliierter Pressepolitik sowie beste Beziehungen zur Militärregierung und zu Zeitungskreisen der Londoner Fleet Street, ließen Springer schnell zum Zeitungszaren werden. 1945 begann er mit den »Norddeutschen Heften«, 1946 mit der Programmzeitschrift »Hör Zu«. Es folgten u. a. »Kristall« und 1948 das »Hamburger Abendblatt«. Durch diese Ballung publizistischer Macht innerhalb kurzer Zeit und eines damit für die Konkurrenz uneinholbaren Vorsprungs hatte Springer die ökonomischen Voraussetzungen geschaffen, um – dem Beispiel des britischen »Daily Mirror« folgend – 1952 »Bild« ins Leben zu rufen, womit ihm der millionenfache »Einbruch in die Masse der Nichtabonnenten und des lesenden Analphabetentums« gelang. Ein Jahr später schließlich erstand Springer – als Trophäe sozusagen – von den Engländern die überregionale Tageszeitung »Die Welt«. Dieses Geschäft stellte den vorläufigen Höhepunkt einer immer expansiver werdenden Pressepolitik dar, die nicht mehr wie vor 1933 von Berlin, sondern nach 1945 von Hamburg ausging.

und von dem sie vorgab, daß sie es wünschte, und ihren wirklichen Absichten, nämlich den Sozialismus in Deutschland um jeden Preis zu verhindern. Die Amerikaner konnten – so Belfrage weiter – in ihrer Zone keine antifaschistischen Zeitungen mehr erlauben, nachdem diese Zeitungen unvermeidlich nach links geschwenkt waren. Für die Amerikaner war das oberste Prinzip das der kapitalistisch ausgerichteten Presse. So gingen mit der »Generallizenz« von 1949, der organisierten Rückkehr der Altverleger, die aufgrund ihrer aktiven und passiven Unterstützung des Hitler-Faschismus bei dem Neuaufbau des Pressewesens nicht berücksichtigt werden durften – die lizenzierten Zeitungen in den Besitz der Lizenzträger über. Es galt für die verbliebenen Lizenzträger lediglich, die Lizenzbestimmungen einzuhalten, nicht aufzufallen und das Ende der Besatzungszeit abzuwarten, um ruhigen Auges in eine blühende verlegerische Zukunft zu schauen. Jetzt wurde schlagartig klar, daß es ein Irrglaube war, es könnte in den Westzonen etwas anderes als eine privat-kapitalistisch organisierte Presse geben. Im Gegenteil, das Studium amerikanischer Richtlinien und Direktiven beweist, daß die kapitalistisch eingerichtete Presse dem Lizenzsystem der Alliierten immanent war, daß für Zeitungsunternehmen niemals etwas anderes avisiert worden war, als die Form privatwirtschaftlicher Erwerbsbetriebe, in denen die Ware »Zeitung« die ökonomische Funktion eines Werbeträgers hat, mit dem Ziel, möglichst hohe Profite zu erwirtschaften. Und inhaltlich deckten sich mit Beginn des kalten Krieges die Zeitungen mit den Interessen der Besatzer. Viele Blätter gingen dazu über, die amerikanischen Ideale, das System, deren Freiheitsbegriff und wirtschaftliche Konzeption zu lobpreisen bei gleichzeitiger antikommunistischer und antisowjetischer Propaganda. Das Potsdamer Abkommen stand auf dem Kopf. Ähnlich wie die Amerikaner gingen auch die Briten und Franzosen in ihren Zonen vor, wenngleich sie der Lizenzpresse einen ihrer eigenen Pressetradition entwachsenen Stempel aufdrückten.

Bis zum Herbst 1945 verfuhren die Briten ähnlich den Amerikanern und vergaben die Lizenzen an »panels«, also an Lizenzträgergremien, die in ihrer Zusammensetzung eine Widerspiegelung der antifaschistischen Kräfte darstellen sollten. Doch dann wurden parteigebundene Zeitungen, sogenannte »Gesinnungszeitungen« lizenziert. »Britische Politik ist, politische Zeitungen zu schaffen, um die Entwicklung des politischen Lebens zu fördern«, schrieb das Organ der britischen Besatzungsbehörde »Die Welt« in ihrer ersten Ausgabe am 2. April 1946 und fuhr fort: »Im allgemeinen erscheinen in allen größeren Städten zwei oder mehrere Zeitungen, die die wichtigsten politischen Parteien vertreten.« Die politischen Zeitungen der britischen Zone durften sich an die Anschauungen der Parteien anlehnen, jedoch nicht abhängig von ihnen sein. Dadurch unterschied sich dieses System wesentlich von der Parteipresse der Weimarer Republik, denn die Lizenzen sollten nicht den Parteiorganen direkt, sondern einer zuverlässigen Persönlichkeit aus den Reihen der Partei übertragen werden. Die Briten unterstützten anfänglich bei der Lizenzvergabe und der Papierzumessung besonders stark die SPD- und KPD-Blätter, da sie als Verfolgte des Faschismus galten und seit 1933 von der publizistischen Bildfläche verschwunden gewesen waren. Die bürgerlichen Parteien wurden erst mit dem Erstarken der CDU gefördert. Das sich verschärfende politische Klima zwischen Ost und West und wiederholte Kritik der KPD-Blätter an den britischen Besatzern führte gegen die KPD-Presse zu einer Welle von Verboten, Konfiskationen und Erscheinungsstops. Darüberhinaus traten die KPD-Zeitungen häufig als parteieigene Organe in Erscheinung,

was besonders wegen der sich 1947/48 abzeichnenden Tendenz der Briten, mehr und mehr überparteiliche Zeitungen zu lizenzieren, Konsequenzen haben sollte. So wurde beispielsweise das Detmolder »Volks-Echo« wegen seiner kritischen Berichterstattung über die Politik der Besatzungsmächte mehrmals mit einem Erscheinungsverbot überzogen, andere Zeitungen wie die »Freiheit« in Düsseldorf, das »Hamburger Volksblatt« und das »Westdeutsche Volks-Echo« in Dortmund wurden liquidiert. Mit der Aufhebung des Lizenzzwanges begann auch in der britischen Zone sofort das Konkurrenzprinzip zu wirken. Je politisch engagierter sich die Zeitungen seit ihrem Erscheinen gegeben hatten, desto größere Schwierigkeiten bekamen sie jetzt gegenüber der neuentstandenen Massenpresse, weil die Massen- und Billigpreispresse in starken Konzernbildungen in der Londoner Fleet-Street ihren Ursprung hat. So sind die Entwicklungen der Konzerne Springer und Bauer im britisch besetzten Hamburg kein Zufall, die Bild-Zeitung nicht, aber auch nicht die heute noch einzigen parteigebundenen Blätter mit großen Auflagen in der Bundesrepublik, die in Nordrhein-Westfalen noch vorzufinden sind. Die französische Lizenzierungspraxis war eine Art Mischform zwischen amerikanischen und britischen Vorstellungen, zwischen der überparteilichen Presse und den parteinahen Zeitungen. Die Engländer gründeten bis zur Auflösung der Militärregierung 71 Zeitungen, die Franzosen in ihrer Zone 20.

Bei allen Differenzierungen im Wiederaufbau der Presse nach 1945 in den Westzonen hatten die drei Westalliierten aber folgendes gemeinsam: Die lizenzierten Zeitungen wurden den Lizenziaten schließlich zum Geschenk gemacht, nachdem die unliebsamen, sprich fortschrittlichen Kräfte aus den Lizenzträgergremien herausgedrängt worden waren. So zählt Fritz Eberhard – 1949 Mitglied des Parlamentarischen Rates und später Leiter des Instituts für Publizistik an der Freien Universität Berlin sowie Intendant des »Süddeutschen Rundfunks« – die Restauration traditionell kapitalistischer Wirtschaftsmacht im Pressewesen zu den »beklagenswerten Tatsachen der Pressenachkriegsgeschichte«.

Gibt es also in der Lizenzierungspraxis der Westalliierten nur graduelle Unterschiede bei gleicher Zielsetzung, so findet sich der gravierende Einschnitt beim Wiederaufbau einer deutschen Presse im Vergleich zur Ostzone, also in der Betrachtung der divergierenden Gesellschaftssysteme auf deutschem Territorium. Die Pressepolitik der Sowjetunion hatte zum Ziel, das bürgerliche Monopol an den Produktionsmitteln der Presse zu brechen, indem sie versuchte, die Pressepolitik in ihrer Zone in strikter Ausübung der Beschlüsse von Potsdam anzugehen. Das hieß nach ihrem Selbstverständnis eine Umgestaltung der Wirtschaft durch die Enteignung des Großgrundbesitzes und der Großindustrie, die laut Potsdamer Abkommen für die Erstarkung des Faschismus und des deutschen Militarismus in hohem Maße verantwortlich waren. Aber auch eine Hilfestellung für alle antifaschistischen Kräfte, ein Pressewesen aufzubauen, das radikal Konsequenzen aus der bisherigen Entwicklung des deutschen Pressewesens ziehen sollte. Das bedeutete für die Pressepolitik der Sowjetunion in ihrer Zone, den in Parteien, Gewerkschaften und anderen gesellschaftlichen Organisationen vereinigten demokratischen Kräften alle Mittel zur Herausgabe von Presseerzeugnissen zur Verfügung zu stellen. Das aber hieß auch: eine durch Parteien und Gewerkschaften ausgeübte Kontrolle über die Presse (natürlich dominierten die Linksparteien und schließlich die SED), keinerlei Gewinnmaximierung, keine privaten Lizenznehmer, eine gesteuerte Information, also ein Pressewesen, das in etwa analog zu dem in der UdSSR angesehen werden kann.

Fazit: Das Lizenzsystem für den Wiederaufbau einer deutschen Presse nach dem Krieg diente den jeweiligen Siegermächten zur Etablierung ihrer politischen und ökonomischen Zielsetzungen, Wertvorstellungen und Ideale. Vor diesem Hintergrund konnte das Pressewesen in den Westzonen und dann in der Bundesrepublik keinen anderen als den eingeschlagenen Weg gehen, obwohl das Potsdamer Abkommen einen Springer ausdrücklich nicht vorsah. Durch die ihr aufoktroyierte Wirtschaftsform wurde die Restauration einer Monopolpresse bewußt kalkuliert, die Zeitung wie zu Weimarer Zeiten in die private Verfügungsgewalt gestellt.

PS.: Der eingangs erwähnte Presseoffizier der amerikanischen Zone – Cedric Belfrage – wurde 1953 vor dem McCarthy-Ausschuß als angeblich russischer Agent angeklagt und im Zuge der Anti-Kommunismus-Hysterie wegen sogenannter kommunistischer Umtriebe aus den USA ausgewiesen. – Belfrage war nie Kommunist. Er kam nach Deutschland mit dem Ziel, eine unabhängige, freie und demokratische Presse zu installieren, in der Hand engagierter Antifaschisten verschiedener gesellschaftlicher Gruppen, die gegen den Hitler-Faschismus Widerstand geleistet hatten.

Die Redaktion der «Süddeutschen Zeitung« nimmt ihre Arbeit auf

Erik Neutsch

Eberhard Gatt, Arbeiterkorrespondent

Ein Neubeginn in der Ostzone

(...) Ich habe noch fünfzig Kilometer zu laufen. In Hemd und Hose und barfuß. Und als ich zu Hause ankomme, brech ich zusammen. Schlafe und schlafe und kotze. Weil mein Magen die Ziegenmilch nicht mehr verträgt, die der Nachbar mir einflößt. Mit einem Trichter, dessen Kanal er mir zwischen die Zähne klemmt.
Das ist meine Heimkehr. Ich verschlafe die Ankunft der Roten Armee. Ich verschlafe die Neueinteilung der Zeit. Mehr noch. Ich bin mutterseelenallein, heule in mein Bett hinein und denke, daß es nun erst recht keinen Anfang mehr gibt. Nicht für mich, einen spindeldürren Kerl von achtzehn Jahren. Auf dem Grab meiner Mutter wächst Rotdorn. Ich sehe ihn auch auf dem Grab meines Vaters, das mir im Traum als blutiger Hügel erscheint, auf den Gräbern meiner Brüder. Ich kann ihn nicht mehr ertragen. Ich lasse ihn später ausreißen und pflanze Efeu und Thujahecken. Totenblumen erschrecken mich nicht.
Doch mit achtzehn liegt das Leben noch vor mir. Mansfeld ist rot wie seine Erde, und die sowjetischen Truppen werden mit Blumen empfangen. Man singt die Internationale. Einer aus der Straße, in der ich wohne, wird Bürgermeister, einer aus der Grube Polizeikommandant. Die Herren von den Hütten und Schächten, auch der Petrus mit dem wabbligen, hilflosen Gesicht sind mit den Amerikanern über die Berge verschwunden. Und die sind nicht weit. Die Abendsonne färbt ihre Gipfel auf beiden Seiten der Grenze. Manchmal knattern nachts die Motoren, schlagen Türen. Verräter, Nazis werden geholt. Mansfeld hat gelitten und vergißt nicht. Aber bald steh ich auch den anderen gegenüber. Sie erklären, daß es nun weitergehen muß. Auf dem Wege zur Volksmacht. Brüder, zur Sonne, zur Freiheit. Ich fahre wieder ein, steig unter Tage. Die Karte für Schwerstarbeit ist mir wichtiger als der Lohn. Man kann sich nichts dafür kaufen, kriegt alles nur zugeteilt. Ich spüre den Hunger im Bauch und noch mehr als den Hunger die Wut. Ich rackere mich ab. Jede Hand wird gebraucht, doch wir haben nur wenig Hände. Die, die arbeiten könnten, kletten sich an die Züge, fahren bis hinauf an die Nordsee. Wir leben im Hungerjahr. Ziegenmilch, als Brei gekocht, mit gemahlenem Weizen eine Delikatesse. Heringe tauscht man gegen Schnaps. Sie werden in Rucksäcken herangeschleppt, die von Salzlake triefen und stinken. Bremerhaven ist das Mekka der Schieber und Spekulanten. Ich aber höre, daß die Volksmacht das Kupfer braucht. Ich schufte im Berg Tag und Nacht, bis mir die Lunge rasselt. Kein Speck auf den Rippen. Und ich schreibe, weil meine Wut noch größer ist als der Hunger, einen Artikel. An die »Sächsische Volksstimme«. Mehring, Marchlewski, die Linke. Doch davon erfuhr ich erst später. Ich verlange, daß man die Heringsbändiger, wie sie heißen, in den Schacht schickt zu uns. In der Waschkaue kann sich keiner vor dem anderen verstecken. Dort ist jeder nackt. Prüfung der Wahrheit. Ob du einen vollen Wanst hast oder nur Wasser in den Beinen. Und wir brauchen jede Hand, wie gesagt. Und die Volksmacht braucht Kupfer.
Eines Tages spioniert mich einer aus, ein hutzliges Männchen. Es kommt in die Parteiversammlung. Ich bin inzwischen Mitglied. SED, wo denn sonst. In Mansfeld gehört es zum guten Ton, rot zu sein. Max Hölz, von dem sich die Alten noch heute Geschichten erzählen wie anderswo von Rübezahl. Brosowski, Koenen. Du siehst, ich habe Tradition auf dem Buckel. Ich trat ein, als die Kommunisten und die Sozialdemokraten zusammengingen. »Die Waffen nieder« war die Losung. Und vielleicht überzeugte mich die am meisten. Rotdorn... Der Mann aus Sachsen bringt eine Zeitung mit. Darin ist der Artikel gedruckt, an den ich mich kaum noch erinnere. Der Artikel und mein Name, Aufmachung auf der ersten Seite. Überschrift: Die Stimme des Volkes, Stichzeile: Eberhard Gatt, Arbeiterkorrespondent. Er drückt mir zehn Mark in die Hand. Ich quittiere. Aber der Schein ist für die Katz. Nicht mehr wert als ein Hering und ein Schwanz von einem Fisch. Und der Mann sagt zu mir: Genosse Gatt, die Redaktion ist der Meinung... Mithelfen soll ich, eine Zeitung zu schreiben. Ich soll mir die Finger krumm und lahm schuften wie vorher den Rücken. Weiter solche Artikel verfassen. Arbeiterfäuste, sagt er, auf dem Papier.
Ich sträube mich. Ich halte nichts davon, denn ich bin kein Schriftgelehrter. In den Berg will ich gehen und mein Geld mit ehrlicher Arbeit verdienen. Ich fordere nur, daß die anderen es auch tun. Mehr nicht. Wenn du die Schippe nimmst, antworte ich dem Männchen, oder den Hammer und Schiefer hackst, vielleicht tausche ich dann mit dir das Büro. Ich kann dir nicht sagen, wie lange ich mich zur Wehr setzte. Einen Monat, zwei. Der Genosse läßt nicht locker. Nach der dritten Parteiversammlung gebe ich allen Widerstand auf, hänge den Bergmannsberuf an den Nagel, die Lampe, die Kappe und geh in die Zeitung.
Das heißt, sie holen mich ab. In einem klapprigen Ford, der bei jeder Kurve auseinanderzufallen droht. Doch zum ersten Mal fahre ich Auto, streck mich ins Polster, ein Herrschaftsgefühl, und zum ersten Mal höre ich auch, was ein kollektiver Organisator, Propagandist und Agitator ist. Lenin. Die Presse. Ob ich will oder nicht. Parteiauftrag. Die Zeitung denen, die bisher von der Zeitung betrogen wurden. Ich bin Bergmann, wer ist mehr... Heute, Kumpel, siebzehn Jahre danach, müßte ich fragen: Wer ist weniger als ich?
Ein knapper Monat Redaktion genügt, und ich schlage Lärm. Ich habe dir nicht erzählt, wie mein Artikel über die Heringsbändiger aussah. Stimme des Volkes. Die Formulierung stammte nicht von mir. Man hatte sie eingeschmuggelt in die Überschrift und in sieben anderen Stellen. Fettdruck, wiederholt bis zur Lächerlichkeit, als sei mein Gehirn eine Gebetsmühle. Anfangs war es mir nicht einmal aufgefallen. Ich hatte mich nur gewundert, wie gestelzt ich schreiben konnte. Vielleicht, dachte ich damals, liegt es daran, daß dir der Zorn überschüssiges Blut in den Kopf getrieben hat. Bedingter Reflex. Stottern ist ein Versagen der Nerven, nicht der Zunge und schon gar nicht der Hand. Doch diese anmaßende Formel, Stimme des Volkes, erweckte mein Mißtrauen, als ich den ersten Artikel, der mir als Pflichtübung auferlegt war, trotz aller Verstümmelung im Druck wiederfand. Es war ein Interview.
Ich wurde in den ersten Wochen durch sämtliche journalistische Genres gehetzt. Bericht, Reportage, Kommentar, Nachrichten. Nur die Knüller blieben mir vorenthalten. Denn die verlangten eine besondere Kunstfertigkeit und wurden deshalb nur von Künstlern ge-

Sächsische Volkszeitung

Organ der Kommunistischen Partei Deutschlands · Bezirk Sachsen

Die Aufgaben der demokratischen Einheitsfront

macht, meist Männern mit Haarkränzen und Goldzähnen. Ich war auf den Hauptbahnhof gegangen. Längst fuhren die Züge wieder. Aber das Bahnhofsgelände war noch immer nicht enttrümmert. Es war von geborstenen Steinen übersät. Durch die Geröllhalden waren Schneisen gehackt worden. Unter den Rädern der Lokomotiven knirschten Mörtel und Glas, und der Wind fegte durch die zerlöcherten Dächer und wirbelte den Staub von den Schuttbergen. Ich fragte die Frauen nach ihrer Meinung. Trümmerfrauen. Und ich schrieb auf, was sie mir gesagt hatten. Dem Sinne nach kein Wort zuviel, aber auch keins zuwenig. Die eine seh ich noch vor mir wie heute. Das rußgeschwärzte verhärmte Gesicht wurde vom derben Stoff eines Kopftuches halb verdeckt. Sie trug viel zu weite Männerhosen und darüber aus geplünderter Fallschirmhülle einen selbstgeschneiderten Mantel, der keiner Bewegung nachgab.
Sie hatte mir geantwortet: »Ich habe drei Kinder zu Haus zwischen zehn und vierzehn. Sie betteln nach Brot, und ich krieg sie kaum satt. Deshalb muß ich Geld verdienen. Mein Mann ist noch nicht zurück.« In der Zeitung stand: »Ich habe drei Kinder zu Haus. Sie wollen in Frieden leben. Deshalb helfe ich bescheiden mit, ein neues Deutschland aufzubauen.« Auch lachte sie plötzlich begeistert, und ihre freie, selbstbewußte Stirn war nicht mehr rußig, sondern lediglich von den leichten Schweißtröpfchen heroischer Arbeit überhaucht. Eine andere hatte sich einen Rock aus weißer Fallschirmseide genäht. Die halbe Stadt schien sich aus den Vorratskammern der Elitetruppen versorgt zu haben. Er reichte ihr nicht einmal bis an die Knie, so daß sich alles nach ihr umdrehte und auf die nächste Bö wartete. Sie hatte erklärt: »Das hier ist nur eine Übergangslösung für mich. Ich klaube mir das nötige Kleingeld für den Anfang in München zusammen. Dann hau ich ab, kratze die Kurve.« In der Zeitung las sich das etwa so: »Das hier ist eine Übergangslösung für mich. Bald werde ich die Spitzhacke mit dem Federhalter vertauschen. Ich will Neulehrerin werden und mir für das Geld, das ich hier verdiene, Bücher zum Studium kaufen.« Ich kam mir vor wie ein Lügner. Ich wußte nicht mehr, woran ich bin. (...)
Ich durchschaute den Mechanismus der Redaktion noch nicht. Hoffte, die Trümmerfrauen würden niemals die Zeitung lesen. Grübelte, fühlte mich hinters Licht geführt und bebte vor Zorn. Dann wieder glaubte ich, wohl mehr um mich selbst zu beschwichtigen, es handle sich um einen der ebenso sagenhaften wie gefürchteten Druckfehler. So naiv war ich. Die halbe Zeitungsseite ein Druckfehler. Oder irgendein Setzer, ein verkappter Faschist, habe die Sätze der Frauen im Mund und mir unter der Hand umgedreht. Doch in der Besprechung wird das Interview gelobt. Meine Verbitterung nimmt nur zu. Ich folge, in Gedanken zunächst, dem Gang des Artikels, Wirtschaftsabteilung. Dritter Stock. In meinem Zimmer der brüchige Schreibtisch. Hier schrieb ich. Blick aus dem Fenster, und von gegenüber winken mir wieder die Mädchen aus der Kleiderfabrik zu. Da ich den Bleistift noch immer handhabte wie einen Bohrhammer, war mehrmals die Mine abgebrochen. Die deutsche Sprache ist wie Gestein, in das man hineinhämmern muß. Nachdem ich den Text aufs Papier gebracht hatte, Rückseiten von Kathreinertüten, ging ich zur Stenotypistin. Ich diktierte ihr in die Maschine. Sie unterbrach mich dauernd. Wechsle doch mal den Ausdruck, Genosse. Sagte, sagte, immerzu sagte... Nimm: erklärte; oder: gestand unter Erröten. Es gibt doch Leute, die nicht lesen, sondern nur die Wörter zählen, die sich auf einer Seite wiederholen... Vielleicht lag

hier schon die erste Fehlerquelle. Ich zeigte ihr den ausgedruckten Artikel. Sie bestreitet es zornrot, verlangt empört, daß ich mich sofort entschuldige. Danach dann hatte das Manuskript dem Abteilungsleiter vorgelegen. Er hatte nichts geändert. Von ihm wanderte der Artikel ins Sekretariat. Dort war einkorrigiert worden: Sie sollen im Frieden leben. Der Setzer, brav und bieder, kein Faschist, hatte die Korrektur nur gewissenhaft übernommen. Auf der Fahne dann, wiederum im Sekretariat, hatte man hinzugefügt: Deshalb helfe ich mit, ein neues Deutschland aufzubauen. Und auf dem Seitenabzug: bescheiden...

Ich schreibe die Wahrheit, sage ich. Schlage die Faust auf den Tisch. Ich lüge nicht. Ihr sitzt mit eurem breiten Hintern hier im Sessel und fälscht. Wenn's euch nicht paßt, daß ich die Wahrheit schreibe, geht selbst hin und fragt die Leute aus.

Koslowski, Leiter des Sekretariats, im Range eines Stellvertretenden Chefredakteurs, jung, aber mit grauen Schläfen schon, lächelte mich gelangweilt an. Er trommelte mit seinen gepflegten Fingernägeln auf die Glasplatte. Je mehr ich mich aufrege, desto heftiger klopft er. Foxtrott. Seine dünnen Lippen aber bleiben sich gleich. Ich sehe ein Grinsen. Ein paar Büroklammern hüpfen aus der Schale und beginnen zu tanzen. Er aber antwortet mit einer Ruhe, die mich aufbringt. Ich sehe rot. Und er? »Einverstanden. Kritik und Selbstkritik ist das Entwicklungsgesetz der neuen Gesellschaft. Du bist nicht parteilich genug gewesen. Dein Klassenstandpunkt läßt zu wünschen übrig. Das ist dein Fehler. Wir haben berichtigt, ohne dich vorher zu konsultieren. Das ist unser Fehler.« Begreifst du den Unterschied? Nicht Fälschung, sondern Berichtigung. »Ab morgen bessern wir uns. Du schreibst parteilicher. Und wir informieren dich, sobald wir uns eine andere Meinung erlauben.« Du merkst es am Ton, an der kalten, herablassenden Höflichkeit. Von dieser Stunde an beginnt für mich ein Spießrutenlauf in der Redaktion. Die Peitsche ist die Grammatik. Mein Kopf wird wund davon. Es ist ein Schmerz, sage ich dir, der dich nachts aufschrecken und mit den Zähnen knirschen läßt. (...)

Ich fürchte mich nur vor dem Augenblick, da eins meiner Manuskripte entdeckt wird. Ein Text, den die Stenotypistin noch nicht korrigiert hat. Es würde für mich sein wie ein Grubenunglück.

Die Stunde kommt. Die Freunde des Redaktionssekretärs schnüffeln ein paar handgeschriebene Seiten von mir aus. Sie fischen sie aus dem Papierkorb, lassen sie im Haus kursieren. Ich bin vorerst noch ahnungslos. Ich begegne nur spöttischen Blicken. Sie sind hinter mir her, und ich vermag sie nicht zu deuten. Die Stenotypistinnen stehen auf den Fluren und tuscheln. Bis eine absichtlich ein Blatt fallen läßt. Es taumelt vor meine Füße. Ich bücke mich, hebe es auf, starre auf eine Hektographie meines Artikels. Die Fehler sind mit roter Tinte unterstrichen. Ich kann dir die Zahl nicht mehr nennen. Unter einem dicken Querstrich jedenfalls das Urteil. Wie in der Schule. Rechtschreibung: Fünf. Zurückversetzt in die unterste Klasse. (...)

Schluß. Ich pack meine Flebben jetzt, haue dem Kadermann meine Kündigung auf den Tisch. Endgültig Schluß. Von euch Sesselfurzern laß ich mich nicht schikanieren. Ich bin dir auf den Leim gegangen, Genosse Lockvogel. Staat und Macht. Die Kommandohöhlen erobern. Die Zeitungen denen, die bisher von den Zeitungen betrogen wurden. Arbeiterfäuste auf dem Papier. Doch ich weiß jetzt, woran ich bin. Und überall, wo ich hinkomme, werd ich den Leuten ein Licht aufstecken. Über solche wie dich. Ich verschwinde. Zurück in den Berg. Das ist ehrlich Stein und Erz. Da kann mir keiner mit Papierfetzen ein Bein stellen. Und deinen klapprigen Ford laß im Stall. Ich find meinen Weg schon allein. Lieber zu Fuß. Mansfeld leuchtet. Mansfeld ist rot.

So red ich und rede. Meine ganze Wut schrei ich hinaus. Er aber mustert mich nur von oben bis unten. Und erst, als mir die Luft ausgeht, kriecht er hinter dem Schreibtisch hervor und kommt auf mich zu.

Zwei Köpfe kleiner, krumm und lahm. Ich seh wieder, daß er hinkt. KZ. Ich entsinne mich dunkel. Dann zieht er die Jacke aus, reißt sich das Hemd vom Leibe. Die Brust zerfetzt, den Rücken voller Narben. Löcher im Fleisch, so tief, daß deine Fäuste darin Platz hätten. Da, sagt er, schau genau hin, Genosse. Zwölf Jahre. Auf dem Bock. Im Steinbruch. Und wenn du willst, zeig ich dir noch, wie man fachgerecht einen Kreuzverband mauert.

Wozu das alles? Ich verstehe dich nicht... Aber ich halt schon die Zunge im Zaum, starre auf seinen nackten Körper und bin erschüttert.

Wozu? Dafür nicht, um mich von dir eines Tages beschimpfen zu lassen. Oder meinst du, ich habe das alles ertragen, die Zähne zusammengebissen, nur mit dem einen Gedanken: Durchkommen, durchkommen..., weil ich hinter einem Schreibtisch hocken wollte?

Dann schaff doch Ordnung hier. Besseres fällt mir nicht ein.

Allein? Ich hab dich geholt, weil du ein Arbeiter bist. Doch nun kapitulierst du nach der ersten Ohrfeige.

Was soll ich denn tun? Sie, die anderen, Abitur. Und ich? Eine erbärmliche Dorfschule.

Lernen, lernen und nochmals lernen.

Geschenkt. Das hängt schon an jeder Hauswand.

Noch immer nicht groß genug, daß du es begreifst.

Er zieht wieder das Hemd an. Er humpelt wieder an seinen Stuhl zurück. Ein unscheinbares, hutzliges Männchen. Ich kann mir nicht vorstellen, daß er soeben noch wie ein Riese vor mir stand. Aber ich schwöre, diese arrogante Bande zu Fall zu bringen. So oder so. Mit der Grammatik. Mit dem Lernen. Lern sie tot, denk ich. Erwürg sie mit den Kommata am richtigen Platz, der Kadermann hat's verdient.

Reinhard Hippen

Lyrisches Lazarett

Das politische Kabarett in Trizonesien

Die Waffen schweigen. Der Zweite Weltkrieg war zu Ende. Auf den »totalen Krieg« war der totale Zusammenbruch gefolgt. Die Menschen krochen aus den Luftschutzkellern und Bunkern und besahen ihre Stadt. Sie bot einen trostlosen Anblick.
In Berlin war jedes fünfte Haus zerstört, jedes zweite beschädigt. In vielen Stadtvierteln gab es kein Wasser. Strom, Gas und Lebensmittel waren Mangelware und blieben jahrelang kontingentiert: Lager, Bunker und Baracken, Schiebertum, Ruinen, Razzien und Schwarzmarkt bestimmten das Leben. Die Menschen hatten nichts zu lachen, wollten aber gerade deshalb etwas zum Lachen haben. Denn inmitten des allgemeinen Chaos wachsen aus halb zerbombten Theatern, Vereinsbühnen und Caféhauspodien kleine lyrische Lazaretts, Zapfstellen für Überlebensmut.
»Wenn sich alle Pläne dieser Woche verwirklichten«, so Erich Kästner im August 1945, »gäbe es bald mehr Kabaretts als unzerstörte Häuser.« Daß tatsächlich viele dieser Projekte verwirklicht werden konnten, lag zum einen an der Hilfsbereitschaft der Siegermächte, die an kulturellen Aktivitäten wie an politischer Aufklärung stark interessiert waren, zum anderen am immensen Informations- und Unterhaltungsbedürfnis der Bevölkerung.
In Dutzenden von Kabaretts, die wie Pilze aus den Bombentrümmern sprossen, rezitierte man die politischen Prophetien von Brecht, Mehring, Kästner und Tucholsky und die kauzigen Poesien von Ringelnatz aus den späten zwanziger und dreißiger Jahren, trugen übrig- und saubergebliebene Texter und Schauspieler ihr bewährtes Repertoire von gestern und vorgestern vor. Das Besinnungskalkül bemächtigt sich der Namen, es ist das Erbe der Verbannten, Verbotenen und Verbrannten. Das Kabarett war schlagartig wieder zu einem Forum politischer Meinungsäußerung geworden, und dabei erreichte man eine beachtliche Breitenwirkung.

Treffpunkt der Versprengten

Zu den führenden Kabaretts dieser Jahre gehörte die Münchner »Schaubude«, die bereits im August 1945 in den Münchner Kammerspielen eröffnet wurde. Obwohl ihr erstes Pro-

Ursula Herking singt Erich Kästners Chanson »Das Lied vom Warten« im Kabarett »Die Schaubühne«

gramm noch reichlich improvisiert war, sprach Otto Osthoff, der Initiator dieses Kabaretts vom »ersten energischen Willen zur verantwortungsbewußten Aktualität, zum politischen Kabarett.« Was die Mehrzahl der Deutschen als »Katastrophe« und »Zusammenbruch« empfand, war für die oppositionelle Minderheit der Kabarettisten Aufbruch und Ende der Katastrophe, so wie es Horst Lommer 1945 beschrieb:

»Wir Deutschen haben vieles gutzumachen:
Aus unsrer Mitte kam die Nazipest.
Die Stunde schlägt! Jetzt gilt es aufzuwachen!
Und wehe dem, der sie verrinnen läßt!

Nicht jene, die das Ritterkreuz erworben
aus Hitlers Hand im wüsten Nazistreit –
die für die Freiheit im KZ gestorben,
das sind die wahren Helden unsrer Zeit.«

Beherrschender Autor in der »Schaubude« wurde sehr bald Erich Kästner, der in den zwanziger Jahren mit seinem Konzept der »Gebrauchslyrik« hervorgetreten war und mit seinem politischen Skeptizismus Walter Benjamins kompromißloses Urteil »linker Melancholie« auf sich gezogen hatte. Kästners »Elegie mit Ei« bildete den Auftakt zum ersten Programm der »Schaubude«. Die bittere Anklage einer »jungen Generation«, die sich endlich von der »Schuld der Väter« befreien will, war bereits 1928 im neusachlichen Erstling des Autors (»Herz auf Taille«) erschienen. Diese späte Reaktion auf den ideologischen Bankrott der Vätergeneration schien ein geeigneter Kommentar zur Situation im Sommer 1945 zu sein, wo erneut eine junge Generation vor dem Nichts stand, die »Schuld der Väter« wohl oder übel übernehmen mußte. In der Mehrzahl seiner Kabarettbeiträge ging es Kästner aber nun um die lyrische Kommentierung der durch Flüchtlingselend, Versorgungsprobleme und allgemeines Chaos gekennzeichneten Zustände in Deutschland, so etwa in seinem »Marschlied 1945«, mit dem Ursula Herking bereits im Eröffnungsprogramm der »Schaubude« auftrat. Sie spielte eine Flüchtlingsfrau, in Männerhosen und altem Mantel, mit Rucksack und zerbeultem Koffer, die ihre Familie, ihre Heimat und ihr gesamtes Habe verloren hat:

»In den letzten dreißig Wochen
Zog ich sehr durch Wald und Feld.
Und mein Hemd ist so durchbrochen,
Daß man's kaum für möglich hält.
Ich trag' Schuhe ohne Sohlen,
Und der Rucksack ist mein Schrank.
Meine Möbel hab'n die Polen
Und mein Geld die Dresdner Bank.
Ohne Heimat und Verwandte,
Und die Stiefel ohne Glanz –
Ja, das wär nun der bekannte
Untergang des Abendlands!«

Dennoch gibt sie nicht auf, da sie – wie der einprägsame Refrain lautet – »den Kopf ja noch fest auf dem Hals« hat. Wer politisch unbedenklich war, erhielt eine Lizenz, kabarettistisch zu wirken. Sogenannte »Theater-Kontroll-Offiziere« überwachten die Programme, die nun im »Struwwelpeter« in Frankfurt oder in wöchentlich wechselnder Aktualität in der Hamburger »Bonbonniere« von dem Texter Eckart Hachfeld und dem Komponisten Lothar Olias herausgebracht wurden. Oft stehen geschäftliche Interessen gegen »Wahrheit«, Amüsierbetrieb gegen anspruchsvolles literarisches Kabarett. »Der Mut zur Wahr-

heit«, Amüsierbetrieb gegen anspruchsvolles literarisches Kabarett. »Der Mut zur Wahrheit geht immer, um den Preis des Grauens, gegen das Publikum. Amüsiert euch, oder schaut der Zeit ins Gesicht! Zeitverbrämung oder Zeitgericht«, schreibt Rolf Trouwborst in seinem Artikel »Vom literarischen Kabarett«, vor dieser Entscheidung stand das Kabarett auch in München. Nicht selten wurde die »neue Freiheit« des Kabaretts, das heißt die Freiheit des beinahe unzensierten Wortes, von vielen Bühnen mißbraucht, die die miserablen Verhältnisse auf gefühlvolle Art beschönigten und kein wirkliches Interesse am demokratischen Aufbau zeigten.
Im Dienste dieser amüsanten Unverbindlichkeit standen in den ersten Nachkriegsjahren in München die Kabaretts »Barbarina«, der »Bunte Würfel«, der »Cabaret Club Bei Popp« und das »Wespennest«. Den Widerspruch zwischen Engagement und Amüsement reflektierte Wolfgang Borchert 1947 in seinem Hörspiel und Drama »Draußen vor der Tür«: In der grotesk-tragischen vierten Szene stellt sich der junge, hoffnungslos umhergetriebene Beckmann dem Kabarettdirektor als Mitarbeiter vor:
»Direktor: Ja, aber Kunst muß reifen, Ihr Vortrag ist noch ohne Eleganz und Erfahrung. Das ist alles zu grau, zu nackt. Sie machen mir ja das Publikum böse. Nein, wir können die Leute nicht mit Schwarzbrot... füttern, wenn sie Biskuit verlangen... Dies ist schon ganz brav, wie gesagt, aber es ist noch keine Kunst.
Beckmann: Kunst, Kunst! Aber es ist doch Wahrheit!
Direktor: Wahrheit! Mit der Wahrheit hat die Kunst doch nichts zu tun!... Damit machen Sie sich nur unbeliebt... Wer will denn heute etwas von der Wahrheit wissen?«

Beckmann 1947 in Wolfgang Borcherts Stück »Draußen vor der Tür«

Werner Finck darf widersprechen

Schwerer als die jungen Kabarettisten tat sich, dem schützenden Soldatenrock heil und unversehrt entschlüpft, Werner Finck. Im Sommer 1945 führte er zunächst mit zwei Kollegen, Rudolf Schündler und Walter Kiaulehn, in München ein »Schmunzelkolleg« durch, eine Parodie auf die akademischen Vorlesungen über die ersten Prinzipien des Humors. Wenig später gründete er in Stuttgart sein Kabarett »Die Mausefalle«, wo er, noch stärker als in seinen Anfängen in den dreißiger Jahren, für eine stark humoristisch gefärbte Satire plädierte.
1946 eröffnete er mit seiner »Kritik der reinen Unvernunft« das erste politische Kabarett in Berlin, den »Ulenspiegel«. In diesem Programm, dem Muster für zahlreiche weitere Soloprogramme, erzählt Finck im wesentlichen seine Lebensgeschichte, wobei er gleichzeitig den Versuch unternimmt, die deutsche Geschichte aus der Schweijkperspektive aufzurollen. Seine Witztechnik, die Wortspiele mit Doppelbedeutungen und Andeutungen haben erklärtermaßen zum Ziel die Demontage von Herrschaftsformeln und autoritären Ritualen. Einen Massenaufmarsch der Nazis kurz vor 1933 schildert er in diesem autobiographischen Programm auf folgende Weise:
»Dann aber kam auf den Straßen diese Unruhe. Es wurde doch sehr massiv in Berlin. Große Gruppen von Menschen lärmten auf den Straßen. Sie haben die Arme ausgereckt und ›Heil‹ gerufen. Immer so in Dreier-Reihen ›Heil-Heil-Heil‹, daß es knallte. Wie eine Ironie des Schicksals: Gerade in diesem Land, wo am meisten ›Heil‹ gerufen worden ist, ist am wenigsten heil geblieben. Ich kann sagen, ich habe gezittert, mir war es furchtbar unangenehm. Ich habe richtige Angst gehabt. Ich dachte, um Gottes Willen, wie wird das enden. Wenn ich natürlich damals schon gewußt hätte, was man heute weiß – daß das alles nur Mitläufer waren, dann hätte man doch nicht gezittert. Aber das ahnte man doch nicht. Das hat mir doch kein Mensch damals gesagt.«
Die zeitgenössische Situation betrachtete Finck ähnlich illusionslos wie Kästner und andere Autoren dieser Zeit. Aus der Verachtung der nationalsozialistischen Politik wurde tendenziell die Verachtung von Politik überhaupt. Die Schwejkperspektive vieler Kabarettisten stand auch im Dienst einer Haltung, der es primär darauf ankam, sich aus der Politik möglichst herauszuhalten. Man war

Werner Finck 1946 im »Ulenspiegel«

eben mit dem Bewußtsein belastet, daß auch ein neuer, hoffnungsvoller Anfang nicht unbedingt zu dem erwünschten Ziel führen muß.

Wer bellt? Was bellt?

In der sowjetischen Besatzungszone sah die Vergangenheitsbewältigung anders aus. Die aus dem Exil heimgekehrten Texter wie Erich Weinert, Karl Schnog, Louis Fürnberg und auch Bertold Brecht glaubten nicht mehr an eine Erneuerung unter westlichen Vorzeichen. Sie setzten noch am ehesten die Tradition des kompromißlosen, im antifaschistischen Exil entstandenen Kabaretts fort. Im Westen dagegen andere, versöhnlichere Töne. Wenn Just Scheu, der spätere Vater der populären Funklotterie, sich mit der deutschen Vergangenheit und Gegenwart auseinandersetzte, so geschah dies eher schmunzelnd als satirisch. Aus Amerika heimgekehrt, bemühte sich Valeska Gert um ein groteskes Menü in ihrer Berliner »Hexenküche«. Und auch Willi Schaeffers, der liebenswert vergrantelte pére noble der deutschen Kleinkunst, meldete sich 1946 wieder zu Wort und präsentierte unter dem alten Namen »Kabarett der Komiker« ein neues Ensemble. Doch es gab auch vereinzelte Ansätze, provokativer aufzutreten. Vor allem Studentenkabaretts wie die »Amnestierten« (seit März 1947) oder Reisekabaretts wie die »Hinterbliebenen« (seit 1945) riskierten mehrfach Eklats und Verbote. So griffen etwa die »Amnestierten« den deutschen Chauvinismus an, indem sie rücksichtslos das Deutschlandlied parodierten:

»... von der Ruhr bis an die Neiße
alles, alles ... keinesfalls!
Von der Isar bis zum Belt –
Wer bellt? Was bellt?
Deutschland, Deutschland keines-
falles,
keinesfalles in der Welt!«

Im August 1946 kam Günter Neumann, der als Siebzehnjähriger bei Werner Finck in der Berliner »Katakombe« begonnen hatte, nach Berlin zurück, und schon im September des gleichen Jahres stellte er seine erste neue Revue unter dem Titel »Alles Theater« vor. Als Pianist, Texter und Komponist verfügte Neumann über das Talent, das Nachkriegskabarett mit neuen Impulsen und neuem Atem zu beleben. Überraschend war vor allem die Form, die Neumann seinen Nummern und Revuen gab, eine feine Ziselierung der Pointen und die geistreiche Dramaturgie der Musik. Verstärkt wurde dies alles in seiner zweiten Revue »Der schwarze Jahrmarkt«. Thematisch geht es auch hier um die breite Ausstellung der ökonomischen Notsituation im Jahre 1948. Politische Fragen der Zeit werden aber nie konkret, sondern schlagwortartig präsentiert oder gelegentlich in allegorischer Form vorgetragen: Die Politik erscheint so als »Zirkus«, der deutsche Durchschnittsbürger als »dummer Aujust«, der sich mißbrauchen läßt, und das ganze Leben ist letztlich ein »Jahrmarkt«, eine bunte, unübersichtliche, zuweilen groteske Mischung von »Attraktionen und Abnormitäten«, wie es anfangs heißt. Das Militärische wird als unausrottbarer Charakterzug der Deutschen hingestellt. In der Szene »Alte Kameraden« trifft ein ehemaliger Oberst der Wehrmacht, mittlerweile natürlich stellungslos, einen seiner alten Untergebenen wieder, der jetzt Budenbesitzer auf dem Jahrmarkt ist. Sobald sich beide wiedererkannt haben (sie begrüßen sich und verhalten sich in der gesamten Szene militaristisch), wird der »traurige Zivilistenclub« attakkiert, der sogar das Schießen in Jahrmarktsbuden verboten hat. Beide stimmen schließlich – der Budenbesitzer hat anfangs noch etwas gezögert – unter Marschmusikbegleitung in folgenden Schlußgesang ein:

»Demokratie is ja ganz schön
Bloß 'n Führer müßte oben stehn.
Was fängt man an, was fängt man an
als deutscher Mann
wenn man keinem treu gehorchen
kann.«

Noch populärer wird diese Haltung ironisiert durch das antikommunistische Rundfunk-Kabarett »Die Insulaner«, das, wiederum mit Neumann als spiritus rector, zu Weihnachten 1948

Die Insulaner, 1948

Valeska Gert in ihrer »Hexenküche«

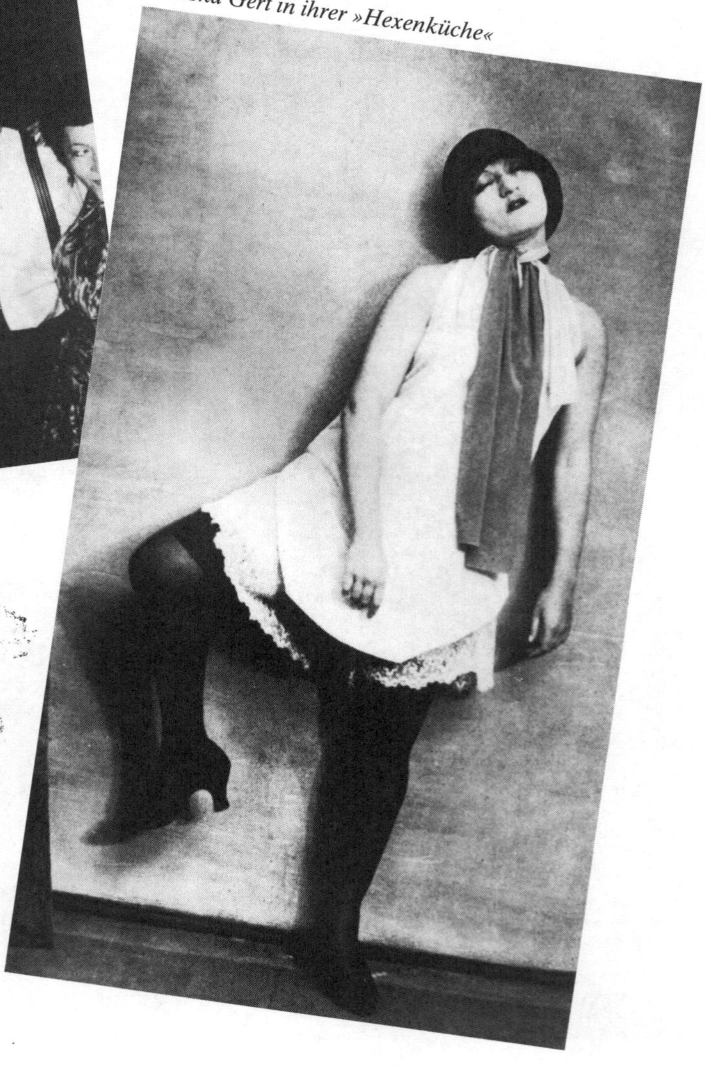

zum ersten Mal über den Äther geht. Ursprünglich war nur eine Veranstaltung geplant, aber das Hörerecho war so groß, daß daraus zehn Jahre wurden, in denen die »Insulaner« den Berlinern das Selbstbewußtsein erhielten und den Selbstbehauptungswillen stärkten.
Echte Ansätze eines zeitbezogenen und konsequent kritischen Kabaretts finden sich auch beim 1947 gegründeten »Kom(m)ödchen«, einem der wenigen Kabaretts, das die Währungsreform im Jahre 1948 überlebte und in der Adenauerära zu einem der führenden Rundfunk- und Fernsehkabaretts aufstieg. Schon früh warnte das »Kom(m)ödchen« vor der Remilitarisierung und den Folgen atomarer Rüstung, die immer stärker in die strategischen Planspiele integriert wurden, und es beschäftigte sich auch erstmals mit den ökonomischen Hintergründen der Rüstungsdiskussion. Als am 15. September 1949 Konrad Adenauer mit nur einer Stimme Mehrheit zum ersten Kanzler der Bundesrepublik Deutschland gewählt wurde, spielte das »Kom(m)ödchen« bereits sein siebtes Programm. Der Titel: »Nichts Treffendes bitte streichen.« Das Deutschland dieser Übergangsjahre bis zur Gründung der Bundesrepublik wurde, da immer wieder ausschließlich auf das eigene Leid eingegangen wurde, in erster Linie als Opfer betrachtet, und zwar als Opfer des Faschismus, als Spielball der Besatzungsmächte und schließlich auch als Opfer eines befürchteten neuen Krieges. Ein zeitgenössischer Kritiker schrieb: »Die Masse des deutschen Publikums ist von den Ereignissen der letzten Jahre wie betäubt. So hat es auch das Ausmaß der Katastrophe nicht begriffen und fürchtet sich, in das Begreifen zu erwachen. Es fühlt sich als hypnotisiertes Opfer eines Irrwahns. Sie nehmen das Urteil der Geschichte hin, ohne nachzudenken.« Wie wahr diese Sätze sind, belegte der Schock, der 35 Jahre später entstand, als das deutsche Fernsehen die Filmfolge »Holocaust« übertrug. Das Kabarett jener Jahre reproduzierte im wesentlichen die Sicht der Gesamtbevölkerung und ging nur in Ansätzen darüber hinaus. Eine wirkliche Perspektive im Sinne eines demokratischen Aufbaus, die am Anfang überall fehlte, konnte auch das Kabarett nicht vermitteln. Das Kabarett jener Jahre wußte besser, wogegen es war, als wofür es eintreten wollte, denn es bestand die große Skepsis allem Politischen und Ideologischen gegenüber. Vielleicht eine vertane Chance, wie es Erich Kästner für das Eröffnungschanson der »Kleinen Freiheit« in München in den fünfziger Jahren noch einmal formulierte:

»Die große Freiheit ist es nicht geworden.
Es hat beim besten Willen nicht gereicht.
Aus Traum und Sehnsucht ist Verzicht geworden.
Aus Sternenglanz ist Neonlicht geworden.
Die Angst ist erste Bürgerpflicht geworden.
Die große Freiheit ist es nicht geworden,
die kleine Freiheit – vielleicht!«

Helmut Peitsch

»Der Eiserne Vorhang... ist gefallen«

Ein Brennpunkt der Nachkriegsliteratur: Der deutsche Schriftstellerkongreß in Frankfurt am Main 1948

»Der Eiserne Vorhang, im Vorjahr noch in drohender Schwebe, ist gefallen«, berichtete am 26.5.1948 die »Kasseler Zeitung«.

Vom 19. bis 21. Mai 1948 hatte in Frankfurt am Main ein Schriftstellerkongreß stattgefunden, der noch die Fronten der alten und schon die der neuen Spaltung der deutschen Literatur unübersehbar machte – ein Jahr, nachdem in Berlin der 1. Deutsche Schriftstellerkongreß aller Zonen getagt hatte. Die Veranstalter des Frankfurter Kongresses setzten die Zählung nicht fort. Die Beschlüsse des Berliner Kongresses wurden von ihnen nicht verwirklicht. Keine den Einheitsgewerkschaften angehörenden Schriftstellerverbände organisierten, wie in Berlin beschlossen, diesen Kongreß, sondern der Offenbacher Bollwerk-Verlag und die sozialdemokratisch regierte Stadt Frankfurt, insbesondere ihr Oberbürgermeister Walter Kolb. In dieser Ausrichtung liegt vermutlich begründet, weshalb die Schriftsteller der sowjetischen Besatzungszone absagten. Dafür spricht, daß Walther Pollatschek in der von der KPD-Großhessen herausgegebenen Zeitschrift »Wissen und Tat« indirekt zu dem Motiv der Absage schrieb: »Die Tagung deutscher Schriftsteller, die während der Paulskirchenfeier in Frankfurt am Main stattfand (...), war von einer keineswegs kompetenten Seite einberufen worden, und zwar von einem SPD-Parteiverlag, der es erst unlängst fertiggebracht hat, die Memoiren Noskes zu veröffentlichen.«[1] Nicht allein die ostdeutschen Autoren, sondern auch der in Berlin gegründete Arbeitsausschuß deutscher Schriftsteller-Organisationen und namentlich die Münchener, Hamburger und Frankfurter »Schutzverbände deutscher Schriftsteller« lehnten die Teilnahme ab.[2]

Obwohl die parteipolitische Fixierung des Kongresses auf die SPD die ostzonalen Autoren fernhielt, weil die SED der SPD eine Vorreiterrolle im kalten Krieg zuschrieb und die Reise nach Frankfurt nicht befürwortete, wurden sozialistische Exilautoren oft genannt. In vielen Zeitungsartikeln wurde beklagt, daß Johannes R. Becher und Anna Seghers zu vermissen waren. Während Seghers vor allem mit ihrer Erzählprosa Resonanz gefunden hatte, wurde Becher bis 1948 auch in den Westzonen respektiert als der deutsche Literaturpolitiker, der in der internationalen Öffentlichkeit, so auf den PEN-Kongressen in Zürich und Kopenhagen, wirksam für eine Anerkennung der zwischen 1933 und 1945 in Deutschland entstandenen nicht- und antifaschistischen Literatur eingetreten war.

Günther Weisenborn

Als dritter Autor der SBZ wurde in den Zeitungsberichten immer wieder Günther Weisenborn vermißt. Er hatte in der Weimarer Republik erfolgreich als Dramatiker debütiert und unter dem Faschismus nicht nur Unterhaltungsromane geschrieben, sondern in der Widerstandsgruppe Harro Schulze-Boysens und Arvid Harnacks mitgearbeitet. Weisenborns Theaterstück »Die Illegalen« stand im Mittelpunkt heftiger Diskussionen. Während es auf den Bühnen der SBZ zu den meistgespielten Stükken gehörte, wurde es in der westzonalen Theaterkritik seiner »Zeitnähe« wegen heftig angegriffen. Wie andere Zeitstücke wurde es als »dokumentarische (...) Zeitpublizistik« ihrer »Tendenz« und »Einseitigkeit« wegen verurteilt.[3]

Die meisten Exilautoren waren bis 1948 in die Sowjetzone heimgekehrt, wo sie wichtige Positionen in den neu geschaffenen kulturellen Institutionen der antifaschistisch-demokratischen Umwälzung übernahmen. Johannes R. Becher kam als einer der ersten im Juni 1945 nach Berlin und wurde Präsident des Kulturbundes zur demokratischen Erneuerung Deutschlands. Seghers konnte erst 1947 aus Mexiko nach Deutschland einreisen, Brecht verließ in demselben Jahr die USA. Aus der Sowjetunion war als Polit-Instrikteur des ZK der KPD für Mecklenburg schon am 5. Mai 1945 Willi Bredel gekommen. Der ebenfalls aus dem sowjetischen Exil heimgekehrte Friedrich Wolf setzte sich nicht nur als Dramatiker mit der Nachkriegssituation auseinander (»Wie Tiere des Waldes«), sondern arbeitete in vielfältiger Weise an der Programmatik eines antifaschistischen Zeittheaters mit, u.a. in der Zeitschrift »Theater der Zeit«.

Einige sozialistische Exilschriftsteller waren zunächst in die Westzonen gegangen, bis sie dann mit der Verschärfung des kalten Krieges und der Einengung ihrer Wirkungsmöglichkeiten in SBZ übersiedelten, wie Eduard Claudius und Stephan Hermlin, die beide aus der Schweiz gekommen waren.

Die harte, an US-amerikanischen Vorbildern von Ambrose Bierce bis Ernest Hemingway geschulte Schreibweise, in der Claudius wie Hermlin sich mit dem Thema des Kampfes gegen den Faschismus beschäftigten, fand auch in den Westzonen eine große, und, solange der Antikommunismus noch nicht dominierte, positive Resonanz. Claudius' Erzählungen »Der Mensch auf der Grenze« oder »Haß« und sein Roman »Grüne Oliven und nackte Berge« wurden ebenso oft besprochen wie Hermlins phantastische Erzählung »Der Leutnant Yorck von Wartenburg«, in der der Verschwörer des 20. Juli im Moment des Todes die Notwendigkeit des Bündnisses mit der Arbeiterklasse so blitzartig wie vergeblich erkennt. Schon 1946 wurden zwei Auflagen verkauft, die erste betrug 20000

Exemplare, obwohl in den Westzonen in der Regel nur Durchschnittsauflagen von 5000 Stück zugelassen wurden.[4] Hermlin wurde, ähnlich wie Anna Seghers, von der Literaturkritik der Westzonen seiner »ins Visionäre«, »gesteigerte(n) Realistik« wegen als »Könner der surrealistischen literarischen Richtung« rubriziert.[5]

Den Kommunisten unter den sozialistischen Exilschriftstellern bedeutete die Rückkehr nach Deutschland kein subjektives Problem, es sei denn, die westalliierten Behörden behinderten die Einreise, wie es z.B. Alfred Kantorowicz beschreibt, der Heiligabend 1946 endlich in Bremen ankam. Diejenigen Exilautoren, die in den Westen Deutschlands heimkehrten und dort blieben, kamen fast alle erst nach der Gründung der BRD, wie z.B. Hermann Kesten 1950.

Für viele Sozialdemokraten, Liberale und Konservative hingegen schuf die Übernahme des Kollektivschuld-Vorwurfs, der in unterschiedlichen Varianten von den Regierungen der bürgerlich-demokratischen Gastländer vertreten wurde, ein starkes Hemmnis. Für sie fiel die Anklage des deutschen Volkes als ganzes und das Gefühl der Zugehörigkeit in problematischer Weise zusammen, während die in Deutschland Gebliebenen aus ihrem Gefühl der Zugehörigkeit wiederum die Exilierten anklagten. Ein prominenter Sozialdemokrat beschrieb 1947 den »Dualismus, der die antifaschistischen Kräfte in Deutschland ohnmächtig macht und jede konstruktive Anstrengung paralysiert«: »Es gab eine innere Opposition, wie es eine Emigrantenbewegung gab, die den Nazismus bekämpfte. Tragisch hierbei ist, daß diese beiden Gruppen nach der Kapitulation nicht zu einer Versöhnung gekommen sind, da die Emigranten die These von der deutschen Kollektivschuld vertraten und der inneren Widerstandsbewegung jeden Verdienst absprachen, während letztere die Emigranten als Deserteure und manchmal als Ausländer betrachtete, die alle Thesen ihrer Adoptivländer übernommen hätten.«[6]

Weil der antifaschistische Kampf nicht als erinnerte oder gegenwärtige Gemeinsamkeit wirksam werden konnte, wurde der Streit zwischen prominenten Exilautoren, die alle von den Regierungen der Gastländer anerkannt waren und nicht zurückkehren wollten, wie Thomas Mann, Franz Werfel, zu schweigen von dem extrem nationalistischen Emil Ludwig, und ziemlich zweideutigen Inneren Emigraten wie Frank Thieß, Walter von Molo, aber auch Manfred Hausmann zu einem »sinnlosen Wettstreit über die wechselseitigen Bürden an Leid und Verfolgung«.[7]

In der sowjetischen Besatzungszone wurde durch das Wirken des Kulturbundes der Konflikt so gelöst, daß die nationale Selbstkritik aller die vorbehaltlose Anerkennung des Widerstands einschloß. Der Buchmarkt der sowjetischen Besatzungszone wurde deshalb bis 1949 nicht nur von den in die Ostzone heimgekehrten Exilschriftstellern bestimmt, sondern auch von Autoren wie Ernst Sommer, dessen bedeutender Roman über jüdisches Leiden und jüdischen Widerstand »Revolte der Heiligen« im SED-Parteiverlag erschien, Heinrich Mann, Oskar Maria Graf und Lion Feuchtwanger, die in ihren Gastländern blieben oder wie Leonhard Frank in die BRD heimkehrten.

Am Rande des 1. Deutschen Schriftstellerkongresses aller Zonen in Berlin 1947.
v. l. n. r.: Rudolf Leonhard, Friedrich Wolf, Herta von Gebhardt und Hans Mayer
unten: Ricarda Huch, die Ehrenpräsidentin des Kongresses

In den Westzonen hingegen hatte der Streit die Relativierung und schließliche Auflösung des Widerstandsbegriffs zur Folge. Die bloß innerliche, oft nur private Ablehnung des Nationalsozialismus geriet in der Öffentlichkeit in den Ruf, als »geistige« und »deutsche« die einzig wahre Opposition gewesen zu sein.
So druckte selbst der Rowohlt-Verlag außer Exilierten wie Kurt Tucholsky, Kurt Hiller oder Hans Habe die Rechtfertigungsschriften eines Rittmeisters Gerhard Boldt und des Reichswirtschaftsministers Hjalmar Schacht; Döblin wurde in kleine oder konfessionelle Verlage abgedrängt, und zwielichtige, nur zeitweise im Exil gewesene Autoren wie Ernst Glaeser und Bernard von Brentano konnten sich in den Vordergrund spielen.
Wie produktiv die Selbstkritik bürgerlicher Autoren sein konnte, die während des Faschismus in Deutschland geblieben waren, beweisen die Spätwerke Hans Falladas und Bernhard Kellermanns. »Jeder stirbt für sich allein« (1947) und »Der Totentanz« (1948), die zu dem Thema des antifaschistischen Widerstands und der Mitschuld der Intelligenz vorstießen.
Für junge Autoren aus dem Osten und dem Westen war die satirische Zeitschrift »Ulenspiegel« von Bedeutung, die 1948 die US-amerikanische Lizenz abgab und nun mit sowjetischer erschien. Wolfgang Weyrauch, der für die Förderung des Nachwuchses verantwortliche Literaturredakteur des »Ulenspiegel« druckte hier Erzählungen so unterschiedlicher Autoren wie Rolf Schroers, Luise Rinser und Walter Kolbenhoff. Weyrauch gab 1947 im Verlag des Kulturbunds, dem Aufbau-Verlag, die Anthologie »Die Pflugschar« heraus, deren Titel als Metapher für »den Drang zur Überwindung der Schuld und zur Errichtung humanistischer Wegzeichen« gedacht war: »Sie kann das Vergangene nicht einfach bereinigen und seine Last beseitigen. Wenn sie hilft, den Schutt zu zerpulvern und das Distelkraut unterzupflügen, war es Wert, Hand anzulegen.«
Während die »Pflugschar« zwar auf die Exilliteratur fast vollkommen verzichtete – Ausnahmen waren bezeichnenderweise Claudius und Hermlin –, aber Lyrik und Prosa älterer und jüngerer Autoren mischte, bot Weyrauchs zwei Jahre später veröffentlichte, wesentlich berühmter gewordene Anthologie »Tausend Gramm« nur noch Kurzgeschichten der jungen Generation. Sie war noch in der redaktionellen Arbeit des »Ulenspiegel« entstanden und ursprünglich im Ulenspiegel-Verlag angekündigt,[8] erschien jedoch 1949 dann im Rowohlt-Verlag, weil Weyrauch die Ostzone verlassen hatte.

Anna Seghers spricht zum Tag des verbrannten und befreiten Buches 1947

Es ist ein Indiz für das ideologische Kräfteverhältnis in den Westzonen zu Beginn des kalten Krieges, daß Hans Mayer – damals Vorsitzender der hessischen Vereinigung der Verfolgten des Naziregimes und Dozent für Soziologie an der Akademie der Arbeit in Frankfurt, in deren Räumen der Kongreß übrigens tagte – nicht nur eins der Hauptreferate des Frankfurter Schriftstellerkongresses hielt, sondern daß er auch im Präsidium saß und de facto den Vorsitz der Verhandlungen »fast ununterbrochen«[9] führte. Neben Mayer – der nie Mitglied der KPD gewesen war – saß ein Kommunist – Herbert Burgmüller – im Präsidium des Frankfurter Schriftstellerkongresses; die übrigen Präsidiumsmitglieder repräsentierten unterschiedliche literarische Strömungen: Rudolf Alexander Schröder und Elisabeth Langgässer vertraten auf verschiedene Weise die christliche Innere Emigration, Kasimir Edschmid stand mit seinem vielgepriesenen, zur »Rechtfertigungsliteratur«[10] zählenden Roman »Das gute Recht« für diejenigen, die schlechten Gewissens, aber umso lauter den Anspruch auf Innere Emigration anmeldeten. Theodor Plievier, der, obwohl kein Kommunist, im sowjetischen Exil den Faschismus überlebt und dort den Roman »Stalingrad« geschrieben hatte – was ihn schließlich zur Zentralfigur des Frankfurter Schriftstellerkongresses werden ließ –, sprach schon nicht mehr für die Exilschriftsteller. Er formulierte schon das neue Selbstverständnis einer westdeutschen Literatur, die sich von der ostdeutschen abgrenzte und deshalb die Unterschiede zwischen Innerer Emigration, Exilierten und junger Generation aufhob. Hans Werner Richter schließlich war der Gründer der »Gruppe 47« und saß deshalb im Präsidium, ohne programmatische Beiträge liefern zu müssen.
Mayers Referat »Der Schriftsteller und die Krise der Humanität« war eine Analyse der ideologischen Situation der Nachkriegszeit und der Versuch, eine positive Bestimmung der Funktion der Literatur zu liefern. Mayer plädierte für einen Optimismus der Erziehung, indem er gegen die »begierig genossene Nahrung weiter Kreise heutiger Intellektueller« polemisierte: »Theorie der Unmenschlichkeit«[11] nannte er die Werke der »Pessimisten vom Schlage Koestlers und Jüngers, Sartres und Burnhams«,[12] ihnen setzte er Thomas Mann, dessen »Doktor Faustus« und Nietzsche-Rede er zitierte, und Kafka entgegen: »(...) was bei Franz Kafka inneres Entsetzen war, gilt ihnen als Wollust der Unmenschlichkeit. Sie lieben die gnadenlose Welt bürokratischer Sinnlosigkeit und Ungerechtigkeit, die Welt des ›Schlosses‹, und haben sich häuslich in solchem Grauen eingerichtet. Die Welt ist absurd – und damit gibt man sich gern zufrieden.«[13]
Trotz seiner unhaltbaren Gleichsetzungen von Faschismus, US-Imperialismus und Existentialismus bemühte sich Mayer um Differenzierung. Er befaßte sich mit dem von allen anderen Diskussionsrednern heftig abgelehnten Beitrag Walter Kolbenhoffs. Dessen »Beispiel vom Spiegel Stendhals« nannte Mayer »falsch, denn der Schriftsteller ist kein Objekt, kein gnadenlos und interesselos reflektierender Spiegel.«[14] Mayer griff auf Hegel und Lenin zurück, wenn er betonte, »wir kennen den gleichen Gegensatz unmittelbarer und ›vermittelter‹ Anschauung der Wirklichkeit aus der Arbeiterbewegung«,[15] um – ohne es ausdrücklich zu sagen – den zentralen Begriff der Poetologie der existen-

tialistischen jungen Generation zu kritisieren: »Realismus des Unmittelbaren« nannten Wolfgang Weyrauch[16] oder Ernst Schnabel ihre Versuche, Schreibweisen der »amerikanischen Story«[17] auf die Erfahrung ihrer Generation der Kriegsteilnehmer und Kriegsgefangenen anzuwenden. Gegen die Forderung nach Erlebnis und Unmittelbarkeit setzte Mayer die nach historischer Erkenntnis und nach moralischer Wertung, was bedeutet, daß »wir den Ursachen der Entmenschung nachgehen, um die Möglichkeiten ihrer Überwindung zu finden. Hegel sprach bereits das tiefe Wort, daß die bloße Schilderung von Zuständen, die ›reine Gegenwart‹ abstrakt sei, so konkret sie auch wirken möge. Genauso steht es etwa mit unserer heutigen Jugend. Sehen wir sie und die Welt der Trümmer und der Bahnhofsbunker einfach als heutige Gegebenheit, ohne Gestern und Morgen, dann hat der Nihilismus seine gewisse Berechtigung. Ganz anders, wenn wir an die Möglichkeiten der Erziehung, Aufklärung, Entwicklung der Geister und Herzen, und die Veränderung der Zustände denken.«[18]
Den Anspruch, »das, was ist«, zu »schreiben«,[19] erhoben alle die jungen Autoren, deren literarische Parole »Wahrheit statt Schönheit« hieß und die entweder erst nach 1945 zu veröffentlichen begannen oder schon im Faschismus in Verlagen und Zeitschriften, wo nichtfaschistische Literatur bevorzugt wurde, in Erscheinung getreten waren. Zu der zweiten Gruppe gehörten z.B. Alfred Andersch, Hans Georg Brenner, der in der Nachkriegszeit vor allem als Sartre-Übersetzer einflußreich wurde, Günter Eich, Luise Rinser, Ernst Schnabel und Wolfdietrich Schnurre. Aus beiden Gruppen rekrutierte sich die »Gruppe 47«.
Charakteristisch für sie alle war die Absage an Ideologien und politische Programme sowie die Orientierung am eigenen Erlebnis. Zwar zogen sie hinsichtlich der Schreibweise aus ihrer Erfahrung sehr unterschiedliche Konsequenzen, aber die vermeintlich unmittelbare Erfahrung weniger des Faschismus als vielmehr des Kriegs bildete die Trennungslinie zur liberalen wie zur sozialistischen Exilliteratur.
Alfred Andersch ging seinerseits in seiner literaturprogrammatischen Schrift »Deutsche Literatur in der Entscheidung« (1947) mit den Vertretern des »realistischen Tendenzromans«[20] der Exilliteratur ins Gericht. »Heute nun, da die Brüchigkeit aller sich uns anbietenden objektiven Wertsysteme immer sichtbarer wird, da uns nichts bleibt als schlechthinnige Existenz des Menschen, erscheint uns ein Realismus, der sich an propagandistische Vorzeichen bindet,

doppelt absurd.«[21] Noch schärfer fielen die Äußerungen des Gründers der »Gruppe 47«, Hans Werner Richter, zur Exilliteratur aus, die ihm »eine Literatur der Stagnation« und des »Leerlauf(s)« war: »Der natürliche Kreislauf der Erlebnisse in einem Volk wurde zur bloßen politischen Reflexion.« Bei Richter klangen nationalistische Töne an, wenn er der Exilliteratur eine »Entfremdung« von Deutschland vorwarf.[22]
Die Deutungsmuster, mit deren Hilfe die Angehörigen der Jungen Generation in ihren literarischen Arbeiten die Erfahrung von Krieg und Nachkrieg bearbeiteten, bewegten sich zwischen dem Zweifel, ob die Angebote des »demokratischen Sozialismus« ausreichen, und der Gewißheit religiöser Wahrheiten. Als politische Publizisten scharten sie sich um die von Alfred Andersch und Hans Werner Richter bis zum 15. April 1947 herausgegebene Zeitschrift »Der Ruf«.
Auch ähnliche Organe der Jungen Generation – »Horizont«, »Ende und Anfang« – propagierten eine Verbindung von Demokratie und Sozialismus, in der die geistige Freiheit des einzelnen wichtiger genommen wurde als die Vergesellschaftung der Produktionsmittel. Als Realisten schieden sie sich in die »beiden Hauptströmungen« eines »blanken« und eines »magischen« Realismus. In der Null-Nummer der Zeitschrift »Skorpion«, deren Nichtzulassung durch die US-amerikanischen Behörden Anlaß zur Gründung der »Gruppe 47« wurde, stritten sich Walter Kolbenkoff und Wolfdietrich Schnurre über diese beiden Varianten des Realismus der Jungen Generation als »Wege zum gleichen Ziel« (...) »der geistigen Durchdringung des Chaos, der Neuwertung des Menschen.«[23]
Gegen Kolbenhoffs Referat richteten sich in Frankfurt die Zwischenrufe ausgerechnet Luise Rinsers. Die Verfasserin der berühmten Kurzgeschichte »Die rote Katze«, in der ein Kind vom Hunger seiner Familie und seines geliebten Tieres erzählt, »wandte sich (...) gegen die vorherrschende Sucht, ›nach Kadavern und hungernden Kindern geradezu zu suchen‹«.[24]
Während Kolbenhoffs Auffassung vom Realismus einerseits der Tendenz der sozialistischen Autoren des Exils, andererseits dem »Objektivismus« nahekam, den Wolfgang Weyrauchs Verleger Walter Kahnert gefordert hatte, verband Wolfdietrich Schnurres Formel vom »Magischen Realismus« die Literaten der Jungen Generation mit einigen älteren Schriftstellern, die im Faschismus recht erfolgreich publiziert hatten, ohne daß sie Nazis gewesen wären, die sich aber auch nicht programmatisch nachträglich zur Inneren Emigration rechneten.
Zu einem der bekanntesten Nachkriegsautoren in den Westzonen wurde Ernst Kreuder mit seiner Erzählung »Die Gesellschaft vom Dachboden.« Sehr schnell wurde sie übersetzt, und der britische Kontrolloffizier, Peter de Mendelssohn, schrieb über die Aufnahme in der britischen Literaturkritik: »Wenn dies der Vorbote der neuen deutschen Prosa ist, so meinte man, so sei sie uns von Herzen willkommen. Kreuders blühende, skurrile Phantasie, sein zarter Humor, sein schönes Sprachgefühl kamen dem englischen Wesen mühelos entgegen; aufatmend verzeichnete man, daß endlich die deutsche Grüblerstirn, die schwere teutonische Hand, der ›tierische Ernst‹ der Grazie, der Klarheit, der Geschliffenheit Platz gemacht hatten.«[25]
Was Mendelssohn als typisch englisch bezeichnete, kam auch in der west-

zonalen Literaturkritik zum Ausdruck: die Befriedigung über das Ausweichen vor dem Nachkriegsstoff wie über die Lieferung eines metaphysischen Sinns.
Stereotyp wetterte Kreuder gegen die »Tatsachenliteratur« der »chininbitteren Realisten« mit ihrem »trübe(n) Ernst«: Sie widme sich, »unterstützt durch Photographie, Statistik und Reportage«, »mit Vorliebe dem sozialen Elend: Überwindung der Realität? Keine Spur.«[26]
Ebenso wie Heinrich Böll, Schnabel oder Schnurre war aber auch er in Zeitungen und Zeitschriften mit Kurzgeschichten vertreten. Überhaupt waren Kurzgeschichtenanthologien wie Fritz Heinrich Ryssels »Unser täglich Leben« (1947), Paul E. H. Lüths »Der Anfang« (1947), Franz A. Hoyers »Erzähler der Zeit« (1948) und Weyrauchs »Tausend Gramm« (1949) eine typische Zeiterscheinung und vor den Sammelbänden einzelner Autoren die Regel. Erst 1950 debütierten Böll mit »Wanderer, kommst du nach Spa ...« und Schnurre mit »Die Rohrdommel ruft jeden Tag«. Davor waren 1949 von Gaiser »Zwischenland« und von Schnabel »Sie sehen den Marmor nicht« erschienen und bereits 1947 Wolfgang Borcherts »An diesem Dienstag« und Elisabeth Langgässers »Der Torso«.
Ein besonders abstoßendes Beispiel »dieser unflätigen Elends-Literatur unserer Jüngsten«[27] fand Kreuder in Günter Eichs Beitrag zum »(nie lizenzierten) Organ der ›Gruppe 47‹, dem ›Scorpion‹«, »Ein schönes Kommando«, den Kreuder »eine geradezu schweinische Geschichte«[28] nannte. Eich erzählt schonungslos die Selbstentlarvung eines Mitläufers. Die Brutalität der Kurzgeschichte ist die einer Mentalität, die Eich vorführt, um den Leser erschrecken zu lassen. Daß diese Kurzgeschichte leider auf Wunsch Ilse Aichingers bis heute nicht in Eichs «Gesammelte Werke« aufgenommen werden durfte,[29] bestätigt nur die Diskontinuität, die die Jahre 1945 bis 1949 im Werk Eichs auch bedeuteten. Abgesehen von der 1954 veröffentlichten Erzählung »Der Stelzengänger« fallen alle Kurzgeschichten Eichs in diesen Zeitraum, überdies tendieren die meisten zur satirischen Decouvrierung des gewöhnlichen Faschismus.
Auch bei Elisabeth Langgässer bedeuteten die Nachkriegsjahre einen Bruch. In dem Sammelband »Der Torso« hatte sie Kurzgeschichten veröffentlicht, von deren Alltagsnähe und Härte sie sich nun mit ihrem Frankfurter Referat distanzierte. Elisabeth Langgässer, die im Nationalsozialismus trotz des 1936 verhängten Schreibverbots ihren Roman »Das unauslöschliche Siegel« geschrieben und so einen Beitrag zu der vielfach bestrittenen »Schubladenliteratur« geliefert hatte, nahm in Frankfurt nicht nur ihre Werke, sondern auch einen Teil ihres Literaturprogramms zurück. Auf dem 1. Deutschen Schriftstellerkongress in Berlin hatte sie »die beiden riesigen Gefahren« genannt, »denen der Schriftsteller während der Hitler-Diktatur ausgesetzt war«: »die Esoterik und das Spiel mit sechserlei Bällen.«[30] Schärfer noch als mit den Esoterikern, denen sich »ihre Welt auf das Idyllische hin, auf das Lokale, das falsche Sichbescheiden oder auf tiefsinnige Afterlegenden und romantische Seifenblasen« »verengerte« und deren »anakreontische(s) Tandeln« »mit Blumen und Blümchen über scheußlich, weit geöffneten, aber eben mit diesen Blümchen überdeckten Abgrund der Massengräber« der Langgässer »verabscheuungswürdig« schien,[31] war sie zum Zweck der »Gewissenserforschung«[32] mit denen ins Gericht gegangen, die nach 1945 von sich behaupteten, zwischen den Zeilen gegen die Nazis geschrieben zu haben: »(...) ›eigentlich‹ ist meine ganze Dichtung nur eine Ablehnung ihrer Weltanschauung gewesen, gerade *weil* ich mich anscheinend ihrer Ausdrücke bedient habe.«[33]

Elisabeth Langgässer 1947

1948 war von der Schärfe dieser Forderung nach Bilanz nichts mehr zu hören: Elisabeth Langgässer begnügte sich nun mit ihren religiösen Gewißheiten, die sie für »die richtigen Konsequenzen« aus der »Katastrophe« hielt.[34]
Die Ausblendung der Gegenwart als Gegenstand der Erkenntnis und der Wertung kennzeichnete noch entschiedener das Referat des Protestanten und Klassizisten Rudolf Alexander Schroeder: »Gegenwart ist der Zeitbegriff der Primitiven und der Kinder.«[35] Ihm ging es mit dieser mehrfach wiederholten Denunziation unter ausführlichem Rückgriff auf Goethe darum, das Amt des Dichters, den er einer schlechten deutschen Tradition gemäß polemisch vom Literaten und Schriftsteller schied, die er »unentwegt Zeitgemäße und Gegenwartsanbeter«[36] nannte, unlösbar an die Ewigkeit zu binden.
Neben W. E. Süskind und K. W. Marek gehört Rudolf Hagelstange zu den problematischen Vertretern der in Deutschland vor 1945 veröffentlichten Literatur: Alle drei hatten sich im nazistischen Propagandaapparat exponiert. Marek hatte als Angehöriger der Propagandakompanien 1941 »Wir hielten Narvik« veröffentlicht; Süskind förderte als Chefredakteur der Zeitschrift »Die Literatur« und als Leiter der Literaturkritik der »Krakauer Zeitung« des »Generalgouverneurs« Franck »mit allen Mitteln die Nazikultur«;[37] Hagelstange wurde im Sommer 1940 »zu dem kommandiert, was er schon zuvor getan hatte, nur daß die Zeitung, die ich nun zu redigieren hatte, ein Armeenachrichtenblatt war«, dem er noch 1953 »Fairness« bescheinigte.[38] Hagelstange sah sich nie veranlaßt, selbstkritisch seine propagandistische Tätigkeit für die Nazis zu überprüfen, weil er mit seinem Gedichtzyklus »Venezianisches Credo« ein Alibi geistigen Widerstands zu haben meinte. Gerade weil die Verbreitung der klassizistischen Verse Hagelstanges nicht zum antifaschistischen Widerstand gehörte, konnte dieser Akt vermeintlich geistiger Opposition des Verfassers Renommee als »ein leidenschaftlicher Verfechter der Autonomie des Geistes«[39] nur fördern. Ausschließlich gegen den linken Antifaschismus richtete sich Hagelstanges vage Polemik gegen »anhaltende(s) Bemühen«, »der Kunst ihren autonomen Rang dadurch zu nehmen, daß man ihr die Rolle eines fleißigen Aschenputtels zuweist«,[40] oder ihr nahezulegen, »Vorschriften zu empfangen«.[41]
Hagelstanges Begriff von Autonomie war allerdings so autonom nicht wie er schien: Er setzte die Identifikation mit der bürgerlichen Demokratie voraus. Hagelstange formulierte den für die 50er Jahre typischen Begriff der repräsentativen Autonomie, wenn er behauptete, den Raum der Kunst »verteidigen, heißt die Freiheit aller verteidigen; und die Freiheit aller verteidigen, heißt zugleich die Freiheit der Kunst verteidigen. Es ist ein ethischer und existentieller Bezug in eins, der sich hier ausspricht.«[42]
Im publizistischen Echo des Frankfur-

ter Kongresses spielte die Unterscheidung von poesie pure und littérature engagée eine Rolle. Einige Beobachter sahen den Kongreß durch diesen Gegensatz bestimmt und damit als europäisch erwiesen. »Man konnte den Namen Bretons durch Hagelstange ersetzen und den Aragons vielleicht durch Hans Mayer oder Burgmüller.«[43] Oft wurde allerdings der Vorwurf erhoben, daß der Kongreß durch Leute bestimmt worden sei, die »entweder gar keine Schriftsteller oder dies nur in zweiter Linie sind«: »Regierungsbeamte, Professoren, Lizenzträger, Verleger, Redakteure, Dramaturgen, Photographen, Rundfunkleute, Buchhändler«,[44] und daß deshalb der »Schriftsteller als Diener der Freiheit« den Dichter »als Wahrer der Freiheit, als Hüter der Kunst: littérature pure«[45] verdrängt habe.

Insbesondere die Referate des Rowohlt-Lektors K. W. Marek und des Redakteurs der »Süddeutschen Zeitung« W. E. Süskind wurden als Plädoyers für eine engagierte Literatur mißverstanden. Gerade in ihnen zeigt sich aber, wie die Bindung der Literatur an die Freiheit des Individuums den Gegensatz zwischen den Anhängern des l'art pour l'art und den Engagierten aufhob.

Marek zog eine Bilanz der Prosa seit 1945, die er durch den auf »Objektivität« zielenden »beschreibenden Realismus«[46] geprägt sah, und erinnerte an den 1. Deutschen Schriftstellerkongreß: »Die nur beschreibenden Realisten verteidigten bereits ihre Position, und die kleine Gruppe der unpragmatischen Poeten gar mußte sich für ihre Existenz entschuldigen.«[47] Gegen die »politisch parteigebunden(en)«, »literarischen Fraktionszwang«[48] respektierenden Autoren erhob er den Vorwurf, Ideologie statt Erkenntnis zu liefern. Dem politisch organisierten Ideologen setzte er die erkennenden Individualisten entgegen.

Erkenntnis wurde so für Marek zum Synonym des bürgerlichen Freiheitsbegriffs. Auf dieser Ebene war dann der Unterschied zwischen »beschreibenden Realisten« und »unpragmatischen Poeten« aufgehoben und der Trennungsstrich gegen den linken Antifaschismus klar gezogen.

Süskind beschrieb in seinem Referat eine »Wandlung des Schriftstellers«, die die Literaturverhältnisse der Nachkriegszeit erzwungen hatten, er wertete sie jedoch von einem Standpunkt, der keineswegs die antifaschistische »Politisierung«[49] billigte. Zwar konstatierte er, daß die meisten Autoren in den Jahren seit 1945 für Zeitschriften und Zeitungen, die wesentlich schneller erschienen und auch bessere Honorare zahlten, schrieben, Reden an die Jugend hielten, an Kongressen und Tagungen teilnahmen und sehr viel Zeit »mit Herausgeben, Bearbeiten, Gutachten, Rundfunkvorträgen, mit literarischer Diplomatie und literarischem Arrangement«[50] verbrachten, aber er zog daraus die Konsequenz, die Rolle des Autors als »schwebende Instanz« zu fassen: »Man darf nicht im voraus von ihm wissen, wo er hingehört – es muß aufhören, daß der Schriftsteller von vornherein links oder rechts steht.«[51] Dieser Forderung entsprach am deutlichsten das Referat von Theodor Plievier.

Theodor Plievier besaß als der Verfasser des Romans »Stalingrad«, des Buchs, das 1945/46 – wie er selbst zu Recht sagte – »als erstes die Zonengrenzen durchbrach und in der russischen wie in der amerikanischen, britischen und französischen Besatzungszone verlegt und gelesen werden konnte« und in dem »Hunderttausende« ihr Kriegserlebnis wiedererkannten,[52] eine Autorität, die den Publizisten wie den Poeten abging. Er war einer von denen, deren »Glaubwürdigkeit«, wie die literaturkritische Zeitschrift »Welt und Wort« forderte, »durch ihr Werk erwiesen wird«.[53] Überdies war er wenige Wochen vor dem 1. Deutschen Schriftstellerkongreß aus Weimar in die US-Zone übergesiedelt. Gerade indem er die eigene Autorität beschwor: »Kann man sich denn nicht vorstellen, daß einer aus dem Osten weggeht, ohne sich deshalb dem Westen zu verschreiben!«,[54] konnte er das vermeintlich über den Fronten des kalten Krieges schwebende Selbstverständnis von Teilen der literarischen Intelligenz artikulieren. Er bekämpfte »eine erschrekkende und gefährliche Charakterhaltung«, »die voraussetzt, daß es gar nicht anders sein könne, als ob der deutsche Schriftsteller, der deutsche Politiker, der in der deutschen Öffentlichkeit Wirkende, *der* Besatzungsmacht hörig ist, unter der er gerade lebt.«[55]

Die Frage des Engagements wurde in den Berichten über den Schriftstellerkongreß unterschiedlich bewertet. In der von Alfred Döblin herausgegebenen Zeitschrift »Das Goldene Tor« wies der vor kurzem aus der SBZ in den Westen gekommene Herbert Wendt den Streit als Scheinfrage zurück. Ihm bewies der Kongreß, »daß es in unseren Tagen nicht mehr um die Entscheidung zwischen politischer und unpolitischer Dichtung geht, sondern darum, ob der Autor frei und aus eigener Erkenntnis heraus seine Position bezieht oder ob er sich zum Werkzeug und zur Propagandatrommel irgendeiner Macht degradieren läßt.«[56]

Eben dieses Bewußtsein der eigenen Unabhängigkeit stellten die linken Kritiker in ihren Berichten vorsichtig in Frage, so Carl August Weber in der

Die erste Frankfurter Buchmesse 1949

literarischen Zeitschrift »Die Fähre«, die ästhetische und politische Avantgarde zu verbinden suchte, oder der von der Redaktion als »Freund und Gegner«[57] eingeführte Hans Mayer in den »Frankfurter Heften«.

Einzig Vilma Sturm äußerte im katholischen »Rheinischen Merkur« – vom konfessionellen Standpunkt – eine der linken vergleichbare Kritik am Leitbild des freien und zugleich engagierten Schriftstellers: »(...) aber wer hätte gefragt, in *welcher* Verantwortung er zu stehen habe und *von wem* er engagiert sei? Daß er zu bestimmten Angelegenheiten in Freiheit die Wahrheit zu sagen habe, ist eine rein formale und schließlich beinahe uninteressante Forderung.«[58]

In der Übereinstimmung der Linken mit den katholischen Antifaschisten stellte sich eine Konstellation wieder her, die in den Jahren 1945 und 1946 das literarische Leben der Westzonen auszeichnete. Lina Haag, die Verfasserin des Erlebnisberichts »Eine Handvoll Staub« vertrat unter den Rednern des Frankfurter Kongresses das literarische Genre, in dem in den ersten Monaten nach der Kapitulation linke und christliche Verfasser vor allem »Selbstbesinnung« beizutragen versucht hatten.

Lina Haags Referat wurde in den Zeitungsberichten über den Frankfurter Schriftstellerkongreß nur selten erwähnt. Wenn die Erfahrung der Antifaschistin ernst genommen wurde,

205 Verlage stellen aus

dann in einer bezeichnenden Verschiebung: Die Menschlichkeit des privaten Leidens wurde gegen den politischen Kampf ausgespielt. Der Antifaschismus sollte keine Zukunft haben, wenn es in der »Neuen Zeitung« hieß: »(...) weder ideologische Erwägungen noch das Bestreben, durch Macht Geist zu erringen, zeichneten ihre von Leid und mütterlicher Trauer herzlich bestimmten Worte aus.«[59]
Mit der Ausklammerung des linken Antifaschismus, der allenfalls als Opfer unter bestimmten Bedingungen anerkannt wurde, konstituierte sich auf dem Frankfurter Schriftstellerkongreß 1948, ein Jahr vor der Gründung der beiden deutschen Staaten, gewissermaßen die Einheit der BRD-Literatur durch Abspaltung von der sozialistischen, allmählich zur DDR-Literatur werdenden. In der bundesrepublikanischen Literatur bildeten konservative Innere Emigration, liberale Exilliteratur und existentialistische Junge Generation in wachsendem Maße eine Einheit in der Abgrenzung zum Sozialismus. Die Schärfe der Abgrenzung drohte die Substanz von Antifaschismus, der Wirklichkeitsnähe, Realismus und Reportage gefordert hatte, immer mehr auszuhöhlen. So konnte bereits sechs Jahre später Karl August Horst, der konservative Literaturkritiker, Walter Jens, den Autor und Kritiker der »Gruppe 47«, dafür loben, daß er keine Parteien mehr kenne, »weil die Konkurrenzen von damals keine echten Konkurrenzen waren.«[60] Horst tat die von der »Gruppe 47« vertretene Reportage ebenso ab wie das von der Literatur des Exils weiter gepflegte »psychologisch-historische Interesse«[61] und den beide verbindenden Glauben an eine Verbindung von Humanismus und Sozialismus. Schon 1951 hatte der wie Horst aus der Jungen Generation stammende konservative Literaturkritiker Hans-Egon Holthusen programmatisch die »Überwindung des Nullpunkts«[62] durch Gottfried Benn und Ernst Jünger festgestellt. Zwei Autoren, deren Werke bis 1948 aufgrund des alliierten Verbots auf dem literarischen Markt keine Rolle spielten, waren zu Repräsentanten aufgerückt.
Dennoch brach in den 50er Jahren immer wieder der Streit zwischen den Konservativen der Tradition und den Nonkonformisten des »Nullpunkts« aus, wenn auf die unmittelbare Nachkriegszeit Bezug genommen wurde. Die Erinnerung an die Jahre 1945 bis 1948 enthielt trotz allem ein kritisches Potential.
In einem 1964 publizierten Bericht »Deutsche Kunst und Literatur in der Ära Adenauer« beschrieb Hans Schwab-Felisch das »Grundgefühl« der ersten vier Nachkriegsjahre als dauerhaft: »Für viele Intellektuelle besitzt der offene Horizont, der ›Nullpunkt‹, an dem nichts verstellt scheint, Faszinationen besonderer Art. Übertrieben kann man getrost von einer Faszination der Anarchie sprechen. Zutreffender wohl von einem Grundgefühl, das der Progression zugetan ist und in Institutionalisierung aller Art nicht allein das notwendige, stabilisierende Element erblickt, sondern auch die Verhärtung, das Erstarren.«[63]

1 W(alther) P(ollatschek): Schriftstellertreffen in Frankfurt a. M. In: Wissen und Tat 3 (1948) H. 6, S. 26
2 Vgl. Gottfried Beutel: Trauer müßte Frankfurt tragen. In: Die Weltbühne 3 (1948), S. 736
3 vgl. z. B. Horizont 1 (1945/46) H. 17, S. 19
4 Börsenblatt für den deutschen Buchhandel (Frankfurt a. M.) 2 (1946), S. 213
5 Welt und Wort 3 (1948), S. 190
6 zitiert nach: Carl August Weber: Emigration und innerer Widerstand. In: Der Ruf 2 (1947) Nr. 18, S. 6
7 Arnold Bauer: Verbannte und Verbrannte Literatur. In: Aufbau 2 (1946) H. 3, S. 318
8 vgl. die Anzeigen in: Ulenspiegel 3 (1948) Nr. 17, S. 8, und in Rowohlts berühmter Kurzgeschichten-Zeitschrift: Story 3 (1948) H. 2, S. 32
9 Arnold Bauer: Frankfurter Tagebuch. Zweiter Bericht von einer unfeierlichen Festreise. In: Sie, 12.6.1948
10 Die Fähre 2 (1947), S. 251
11 Hans Mayer: Der Schriftsteller und die Krise der Humanität. In: Heinrich Bechtoldt (Hrsg.): Literatur und Politik. Sieben Vorträge zur heutigen Situation in Deutschland. Konstanz 1948, S. 85
12 ebd., S. 81
13 ebd., S. 83
14 ebd., S. 86
15 ebd., S. 87
16 vgl. Wolfgang Weyrauch: Realismus des Unmittelbaren. In: Aufbau 2 (1946), S. 701–706
17 vgl. Ernst Schnabel: Die amerikanische Story. In: Nordwestdeutsche Hefte 1 (1946) H. 3, S. 25–28
18 Mayer: Schriftsteller, S. 86
19 Wolfgang Weyrauch (Hrsg.): Tausend Gramm. Sammlung neuer deutscher Geschichten. Hamburg, Stuttgart, Baden-Baden, Berlin 1949, S. 217
20 zitiert nach: Das Alfred Andersch Lesebuch. Hrsg. v. Gerd Haffmans. Zürich 1979, S. 124
21 ebd., S. 125
22 Hans Werner Richter: Literatur im Interregnum. In: Der Ruf 1 (1946/47) Nr. 15, S. 10
23 Wolfdietrich Schnurre: Für die Wahrhaftigkeit. (Eine Antwort an Walter Kolbenhoff.) In: Der Skorpion 1 (1948) Nr. 1, S. 46
24 Sachwalter des geistigen Ansehens der Nation. In: Südostkurier Reichenhall, 26.5.1948
25 Peter de Mendelssohn: Deutsche Bücher in England. Schwierigkeiten der Verständigung. In: Die Neue Zeitung (München), 10.10.1950
26 Ernst Kreuder: Waldemars Ansichten über Literatur. In: Der Ruf 1 (1946/47) Nr. 13, S. 13
27 Brief Ernst Kreuders an Wilhelm Lehmann vom 16.2.1948 DLA 68.4510/2
28 Brief Ernst Kreuders an Wilhelm Lehmann vom 7.10.1948 DLA 68.4510/6
29 vgl. Günter Eich: Gesammelte Werke. Bd. 4: Vermischte Schriften. Hrsg. v. Heinz F. Schafroth. Frankfurt a. M. 1973, S. 471. Der Text findet sich nur in: Der Skorpion 1 (1948) H. 1, S. 19–23
30 Elisabeth Langgässer: Schriftsteller unter der Hitler-Diktatur. In: Ost und West 1 (1947) H. 4, S. 39
31 ebd
32 ebd., S. 40
33 ebd., S. 41
34 ebd
35 Rudolf Alexander Schröder: Aufgaben der Dichtung in der Zeit. In: Bechtoldt (Hrsg.): Literatur, S. 48; nochmals so S. 57
36 ebd., S. 56
37 Kurz Ziesel: Das verlorene Gewissen. Hinter den Kulissen der Presse, der Literatur und ihrer Machtträger von heute. 4. Aufl. München 1958, S. 70
38 Rudolf Hagelstange: Ein Blick zurück. In: ders.: Es steht in unserer Macht. Gedachtes und Erlebtes. München 1953, S. 225/226
39 so Bechtoldt (Hrsg.): Literatur, S. 146, in seiner biographischen Notiz
40 Rudolf Hagelstange: Die unveräußerlichen geistigen Grundlagen der Dichtung. In: Bechtoldt (Hrsg.): Literatur, S. 95
41 ebd., S. 97
42 ebd., S. 98
43 Carl August Weber: Literatur der Freiheit. Aspekte des Frankfurter Schriftstellerkongresses. In: Die Fähre 3 (1948), S. 382
44 Dieter Fritko: Unaufhörlichkeit des Wortemachens. In: Frankfurter Rundschau, 22.5.1948
45 Weber: Tagebuchblätter, S. 11
46 Kurt W. Marek: Der Schriftsteller und die Wirklichkeit. In: Bechtoldt (Hrsg.): Literatur, S. 64
47 ebd., S. 62
48 ebd., S. 65
49 W. E. Süskind: Wandlung des Schriftstellers. In: Bechtoldt (Hrsg.): Literatur, S. 137
50 ebd., S. 133
51 ebd., S. 137
52 Theodor Plievier: Über die Freiheit. In: Bechtoldt (Hrsg.): Literatur, S. 111
53 Karlheinz Gehrmann: Sachwalter des Geistes. In: Welt und Wort 3 (1948), S. 211
54 Plievier: Freiheit, S. 112
55 ebd., S. 112
56 Herbert Wendt: Um die Freiheit des Geistes. (Gedanken über den zweiten deutschen Schriftstellerkongreß in Frankfurt a. M.) In: Das Goldene Tor 3 (1948), S. 610/611
57 Hans Mayer: Der Breslauer Weltkongreß. In: Frankfurter Hefte 3 (1948), S. 975
58 Vilma Sturm: Dichter und Schriftsteller. Zur Diskussion auf dem Frankfurter Schriftstellerkongreß. In: Rheinischer Merkur, 29.5.1948
59 Zwischen Macht und Geist. In: Die Neue Zeitung (München), 23.5.1948
60 Karl August Horst: Stierkampf ohne Stier. Roman. In: Deutscher Geist zwischen Gestern und Morgen. Stuttgart 1954, S. 369
61 ebd., S. 365
62 Hans-Egon Holthusen: Der unbehauste Mensch. München 1951, S. 145
63 Hans Schwab-Felisch: Provinzialismus und Kalter Krieg. Deutsche Kunst und Literatur in der Ära Adenauer. Ein Bericht. II. In: Die Welt (Hamburg), 25.1.1964

Kunstausstellung in Frankfurt 1945. Nach Jahren künstlerischer Restriktionen bemühen sich Künstler und Publikum um Anschluß an die internationale Moderne.

Ausstellung »Moderne französische Malerei« im Berliner Schloß 1946

Günther Strupp, 1947: »Arno Breker«

Die Prägung durch zwölf Jahre Faschismus wirkt nach. Entsetzt betrachten 1947 in Stuttgart zwei Lehrerinnen in einer Ausstellung Bilder, die von den Nazis als »entartete Kunst« verboten gewesen sind.

Stephan Hermlin

Rückkehr

Der Autor 1946

Ende Juni oder Anfang Juli 1945 kam ich als einer der ersten Rückkehrer unter den Emigranten nach neunjähriger Abwesenheit wieder nach Deutschland. Ich war gerade 30 Jahre alt geworden. Das letzte Jahr des Krieges hatte ich in der Schweiz verbracht. Es war nicht leicht gewesen, hatte aber doch etwas Idyllisches gehabt im Vergleich zu dem, was mir vorher begegnet war.

Die Alliierten hatten nach der deutschen Kapitulation die Grenzen gesperrt und die Anrainerstaaten angewiesen, niemand nach Deutschland ausreisen zu lassen, um die Jagd nach Kriegsverbrechern nicht zu erschweren. Ich konnte mich an derartige Verfügungen nicht halten. Ich hatte Aufträge meiner Organisation auszuführen, die meiner Ungeduld, Deutschland wiederzusehen, durchaus entgegenkamen. Länder zu wechseln, ohne einen Paß zu haben, war nicht nur mir zur Gewohnheit geworden. 200 Meter hinter der Grenze, die ich an einem Grenzstein erkannt hatte, erwartete mich ein französischer Oberleutnant mit zwei Soldaten und einem Jeep. Man fuhr mich tiefer ins Land. Ich besaß ein französisches Soldbuch und einen Schweizer Flüchtlingsausweis. In der ersten Stadt befahl der Oberleutnant den Behörden, mir Papiere auszustellen und Lebensmittelkarten zu geben.

Jeder weiß, daß, je älter man wird, desto schneller die Jahre vergehen. Damals lag eine Unendlichkeit von neun Jahren hinter mir. Ich hatte in dieserZeit an die 20 Länder berührt – dies ist wohl die treffende Bezeichnung, denn in manchen dieser Länder war ich nur wenige Tage gewesen, aber wahrgenommen hatte ich eigentlich keines, nicht einmal jene unter ihnen, in denen ich länger geblieben war. Ich hatte fremde Menschen, Landschaften, Bauwerke gesehen, aber all das war merkwürdig schattenhaft geblieben, wie im Traum sprach ich andere Sprachen, manchmal wochenlang kein deutsches Wort, in manchen Ländern hatte ich den Krieg erlebt, aber nicht einmal er konnte mein Denken näher zu Deutschland hinführen, weil Deutschland bereits meine Gedanken beherrscht hatte, bevor er ausgebrochen war, und nicht nur in der Nacht. Mit Selbstverständlichkeit hatte ich in einem Land meine Jugend verbracht, in dem ich geboren war. Oder war das nicht so selbstverständlich gewesen? Leidenschaftlich hatte ich mit dem Rätsel Musik gelebt; ich hätte sie, diese Musik, auch anderswo hören können, hörte sie auch anderswo, sie gehörte der Welt, dennoch schien sie sich mir nur dort ganz offenbaren zu können, wo sie entstanden war. Die höchsten Schönheiten, die mir die Fremde bot, schienen nur dazusein, um mir meine Abwesenheit deutlicher zu machen. Im Garten des Mena-House, in der Nähe der Pyramiden, vernahm ich plötzlich in mir eine einsame Stimme, die »Ännchen von Tharau« sang oder »Ach, wie ist's möglich dann«. Um mich her waren italienische oder spanische Laute, aber ich las eine Seite Goethe oder Stifter. Der morgendliche Park von Kensington existierte nicht; ich versuchte mir sein Licht, seine Kühle über dem Tegernsee vorzustellen. Und die vielen Leute, die ich gesehen oder sogar gekannt hatte, die mit mir unter roten Fahnen demonstriert hatten, diese Arbeiter, deren Können ich bewundert hatte, diese geschickten Handwerker, diese Gelehrten, die die Welt verehrte, diese Bauern, die aus armem Boden erstaunliche Ernten holten, wo waren sie gerade oder, vielmehr, was waren sie? Dabei wußte ich doch, wo und was sie waren. Sie waren dort, wo ich nicht sein konnte, sie waren dies und das, sie gingen umher, sie fanden das Leben erträglich, keiner von ihnen interessierte sich für mich oder meinesgleichen, viele trugen Uniform, sie waren nicht besonders froh darüber, ich sah sie in dem niedergeworfenen Land, in dem ich gerade war, ich stellte mich manchmal auf der Straße in ihre Nähe, mit meinen falschen Papieren in der Tasche, mit meinem zufälligen Namen, nur um deutsche Worte zu hören, ein paarmal kam ich mit welchen ins Gespräch, mir fiel es schwer, die eigene Sprache zu mißhandeln, einen fremden Akzent vorzutäuschen, und das Lob entgegenzunehmen, ich spräche doch recht gut deutsch, was mir die erklärende Lüge entlockte, ich, der ich doch niemals studiert hatte, hätte zwei Semester an einer deutschen Universität absolviert. Einmal stand ich so vor einem Schaufenster, das die Karte der nordafrikanischen Feldzüge zeigte, und ein vorbeigehender Unteroffizier bemerkte sarkastisch, während er einen Augenblick sich unter die neben mir stehenden Feldgrauen mischte, sie wollten wohl nachschauen, wohin der Rommel liefe. Die anderen lachten zustimmend, es waren freundliche Leute, aber ich hatte schon die Erfahrung gemacht, wie sie sich verändern konnten, wenn man in einem Gespräch, das vernünftig begonnen hatte, den Sinn des Krieges zu bezweifeln begann, sie musterten einen mit zusammengekniffenen Augen und wurden belehrend, wir, die Franzosen, denn für sie war ich ja einer, hätten ihnen dankbar dafür zu sein, daß sie uns vor dem barbarischen Bolschewismus und den jüdischen Plutokraten bewahrten, Deutschland opfere sich für Europa, für seine Kultur. Ich fragte nicht nach Dingen der Kultur, sie kannten nicht einmal die eigene, manche erzählten mir später, nach dem Krieg, wie sie von jenen, die sie gefangengenommen hatten, zumal von Russen, zum erstenmal die Namen und Werke berühmter deutscher Dichter und Komponisten hatten nennen hören. Jetzt, vor dem Schaufenster, verstummte ich, während sie eiferten, ich wußte, daß sie nur deshalb mit mir redeten, weil sie mich für einen anderen hielten, alles wäre anders gewesen, wenn sie gewußt hätten, wer ich war, sie waren mein Tod, sie waren der Tod. Als Kind hatte ich leise gesungen, was man mich gelehrt hatte: »Du Land voll Lieb und Leben ...« Ich verstummte und blickte in die Richtung, in der das Lager war, das meinen Vater zerbrochen hatte.

Als ich in jener Stadt an der Grenze vor dem Beamten stand, der mir meine Papiere ausstellen sollte, fragte er mich nach meinem Beruf. Ich erschrak, und meine Antwort kam zögernd. Ich hatte ein paarmal, in verschiedenen Ländern, in Druckereien gearbeitet, meist ohne behördliche Erlaubnis, ich war Angestellter gewesen, einmal ein angeblicher Student, weil mir das einen Aufenthalt ermöglichte, ich hatte Kraftwagen gefahren, ich war Lieferbote gewesen und Lagerinsasse, Militärperson, Landarbeiter, Holzfäller, ich hatte Kohle gebrannt, meine Hände waren verdorben, ich konnte nicht mehr Geige spielen, ich war ein Flüchtling, ich hatte keinen Beruf. Zum erstenmal sagte ich, ich sei Schriftsteller.

Zu meiner Antwort berechtigte mich nur der Umstand, daß einige Monate vor der erwähnten Frage ein kleines Buch von mir erschienen war, auch hatte ich einige Aufsätze in Zeitschriften veröffentlicht. Dennoch hatte ich in diesem Moment das Gefühl, eine enorme Unwahrheit gesagt zu haben. Von nun an wiederholte man die Frage unablässig, viele Jahre hindurch, es waren viele Papiere zu beschaffen. Meine Antwort klang nicht mehr zögernd, aber eine Ungewißheit in mir blieb bestehen.

Der Beruf eines Schriftstellers hatte für mich immer etwas Geheimnisvolles und Hohes gehabt, und gerade in jenen frühen Jahren, in welchen ich in viele Hefte unsinniges Zeug schrieb, das ich vor den Augen anderer streng verbarg, dachte ich nie an die Möglichkeit, eines Tages ein Schriftsteller sein zu können. Im Hause meiner Eltern verkehrten einige Schriftsteller, aber obwohl sie mir Menschen zu sein schienen, wie man sie überall trifft, sagte ich mir, so könne es wohl nicht sein, ihr wahres Wesen sei für mich nicht zu erkennen und bliebe im Verborgenen, nie würde ich an ihre Sphäre heranreichen können. Mein Vater, der mein leidenschaftliches Interesse für Literatur und Musik kannte, versuchte, mir seinen eigenen Beruf schmackhaft zu machen. Gerade ein Unternehmer, wenn er Erfolg habe, und er zweifle nicht im mindesten an meinen zukünftigen Erfolgen, verfüge über die größten Möglichkeiten, zu seinem eigenen und zum Vergnügen seiner Freunde sich künstlerischen und literarischen Neigungen zu widmen. Ich wußte, daß er, ein hervorragend begabter Pianist mit Konzertreife, am liebsten den Beruf eines Musikers ergriffen hätte, aber den Wünschen seines eigenen Vaters gefolgt war. So wenig ich dazu neigte den gleichen Weg einzuschlagen, so wenig fühlte ich mich für einen künstlerischen oder literarischen Beruf geeignet. Ich interessierte mich fast ausschließlich für Dinge der Kunst, aber mein Vater, ein glänzender Dilettant in dem Sinne, in welchem ein großer Komponist des 18. Jahrhunderts die Worte »dilettante veneto« unter seine Arbeiten setzte, hatte nicht zu befürchten, daß ich eine brotlose Profession wählen würde. Vielmehr war ich ganz und gar ratlos und dachte mit Schrecken an die Zukunft. Für eine Weile änderte die Bemerkung eines Freundes meiner Familie meine Stimmung; er sagte in einem zufälligen Gespräch unter vier Augen, jemand wie ich, mit so ausgeprägten Interessen und für sein Alter erstaunlichen Kenntnissen auf dem Gebiet der Literatur, sei eigentlich zum Bibliothekar bestimmt. Ich fühlte mich froh und zuversichtlich und dachte daran, daß Hölderlin, der für mich schon damals über allen anderen Dichtern stand, Bibliothekar eines Duodezfürsten gewesen war. Eine Weile beherrschte mich ein Wachtraum: ich verwaltete die schöne, nicht allzu große Bibliothek eines verloren liegenden Klosters am Rande des Gebirges. Ich liebte die Alpen über alles. Auch das Kloster dürfte nicht zu groß sein, nicht so mächtig wie das gewaltige Ettal. Ich sah mich, die sinkende Sonne im Rücken, den Blick durchs Fenster auf ansteigende Wiesen gerichtet, allein in der stillen Bibliothek, während rechts von mir die allmählich höher strebenden Berge in weiterer Ferne Firnen ahnen ließen. Dort würde ich meine Tage verbringen, mit Büchern und dem Garten beschäftigt, die freundlichen Brüder würden mich nicht stören, Städte wollte ich nicht mehr sehen, mit seit langem verschwundenen Autoren würde ich umgehen, auch mit noch lebenden, von denen ich keinen je erblicken würde.

Dieser Wachtraum lag weit hinter mir. Kaum hatte ich ihn geträumt, so hatte ich mir schon ein ganz anderes Leben gewählt, kein Leben der Meditationen und stillen Studien, äußere Umstände hatten mich erst recht auf die neue Bahn gebracht, auf unfaßliche Weise hatte das Land meiner Geburt mich ausgestoßen, ich hatte es nicht wahrhaben wollen, nun war ich zurückgekehrt, man fragte mich, was ich sei, und ich behauptete, ein Schriftsteller zu sein. Dem war nicht widersprochen worden.

Zwei Jahre lang verdiente ich meinen Unterhalt mit Arbeiten, die sich mit meiner hochstaplerischen Behauptung notdürftig vertrugen – ich war an einer Zeitung, dann am Rundfunk tätig, ich hatte Kenntnisse und Ideen aus dem Ausland mitgebracht, die gebraucht wurden, ich war, so schien es wenigstens, gern gesehen, in einem gebrochenen, beladenen, ermüdeten Land erfreuten sich manche an meinem Enthusiasmus, an meiner Zukunftsgläubigkeit, obwohl ein gewisser Fanatismus, eine Rechthaberei in meinem Wesen mich vielen, nicht zu unrecht, verdächtig machten. Es war schwer, sich zurechtzufinden in dem alten Land, ich blickte voller Grauen auf die zerschmetterte Würzburger Residenz, ich hörte die Cembalistin Picht-Axenfeld in einer notdürftig errichteten Baracke Bach spielen, während durch die offenen Fenster aus den Ruinen der Freiburger Altstadt immer noch Verwesungsgeruch drang, München und Frankfurt lagen ebenso in Trümmern wie das kleine Pforzheim oder das kleine Freudenstadt, aber ich dachte an die Verse des Gryphius, das Schrecklichste sei, daß auch der Seelen Schatz so vielen abgezwungen. Eines Tages verfielen die Amerikaner auf die Idee, die Ausgabe der monatlichen Lebensmittelkarten abhängig zu machen vom Besuch eines Kinos, in dem sie der Bevölkerung die Dokumente vorführten, die sie bei der Befreiung von Dachau und Buchenwald aufgenommen hatten. Lebensmittelkarten erhielt nur der, welcher das ungültig gemachte Billett vorweisen konnte. Ich saß unter armen Leuten in dem nördlichen Bezirk von Frankfurt, in dem ich wohnte. Im halben

Licht des Projektionsapparates sah ich, wie die meisten nach Beginn des Films das Gesicht abwandten und so bis zum Ende der Vorstellung verharrten. Heute scheint mir, das abgewandte Gesicht sei die Haltung von Millionen geworden und geblieben. Das unglückliche Volk, dem ich angehörte, war sentimental und verhärtet zugleich, sich erschüttern zu lassen, das Erkenne-dich-selbst war nicht sein Teil. Die folgende Generation weckte Hoffnungen: Gruppen junger Menschen fuhren in die vom Faschismus verwüsteten Länder oder nach Israel, um freiwillig zu arbeiten. Aber wiederum einige Jahre später wandelte sich das Bild. Jetzt konnte man von jungen Leuten hören, sie seien für die Untaten ihrer Väter und Großväter nicht verantwortlich zu machen, sie hätten mit all dem nichts zu tun, was sicher nicht ganz falsch war, nur fand sich in ihnen nichts, was sie auf den Unterschied hingewiesen hätte zwischen persönlicher Verantwortung und jener Verantwortung vor der Geschichte, der niemand entkommen kann. Sie zogen die pseudorevolutionäre Attitüde vor und ihr Eintreten für Befreiungsbewegungen ermächtigte sie jäh, sich gegen die Opfer zu wenden, die jene andere Bewegung ihrer Väter verursacht hatte.
Damals, unmittelbar nach dem Krieg, sprach ich mit zahllosen Menschen, denen ich mehr oder weniger zufällig begegnete. Ich fuhr oder wanderte durch einen großen Teil Deutschlands. Ich sprach mit demobilisierten oder aus der Gefangenschaft zurückkehrenden Soldaten, die mir versicherten, die deutschen Soldaten seien nicht nur die besten, sondern auch die fairsten der Welt, jetzt aber bereiteten die Alliierten sich darauf vor, alle deutschen Männer zu sterilisieren.
Viele erhofften einen baldigen Krieg zwischen Amerikanern und Russen. Wie oft hörte ich die stereotype Formel: »Wenn es unangenehme Zwischenfälle gegeben hat, so jedenfalls nicht im Abschnitt meiner Division.« Aber ich entsinne mich des schriftlichen Berichts eines jungen Menschen, der an mich gelangte. Er hatte den polnischen Feldzug im Jahre 1939 mitgemacht, und in der kleinen Stadt, in welcher er lag, hatte man an einem Sonntag des gleichen Herbstes eine Massenerschießung von Juden vorgenommen. Er war mit vielen anderen hinausgewandert zu dem Platz, wo das Hinrichtungspeloton Aufstellung genommen hatte, und dort hatten welche unter den soldatischen Zuschauern nach einer Weile spontan den Wunsch geäußert, sich an der Erschießung zu beteiligen. Dem war stattgegeben worden, und auch er hatte seinen Juden erhalten. Der junge Mann wünschte, daß sein Bericht, freilich ohne Nennung seines Namens, veröffentlicht würde. Dies geschah in einer Zeitschrift der sowjetischen Besatzungszone. Aber wer hat diese Beichte eines Mörders gelesen, die, nur sie allein, so viele Legenden widerlegte, so viele freche Verleumder hätte verstummen lassen müssen... In diesem Lande lebten nicht die Gestalten Dostojewskis. Hier galt es für schimpflich, einen anderen, besseren Weg zu gehen. Das hungernde Deutschland lag in der Mitte eines hungernden Europas. Frauen, mit denen ich sprach und die kurz erwähnten, ihr Mann sei bei der SS gewesen und hielte sich vorsichtshalber verborgen, berichteten von ihren Nahrungssorgen. Ihre Klagen schlossen jedesmal mit dem Satz: »Das steht uns als Deutschen einfach zu...«
Ich war in München, als die letzten 7000 Toten bestattet wurden, die man bei der Befreiung des Lagers Dachau dort gefunden hatte. Sie waren eingeäschert worden, und ihre Urnen standen, zu riesigen blechernen Pyramiden aufgeschichtet, vor den offenen Massengräbern, vor denen ein katholischer, ein protestantischer und ein jüdischer Geistlicher beteten. Diese Pyramiden glichen auf groteske und schauerliche Art den Konservenhügeln, die sich bald in den wohlgefüllten Lebensmittel-

Die Bürger von Weimar bei der erzwungenen »Besichtigung« des KZ Buchenwald

handlungen der sich wieder aufrichtenden Gesellschaft erheben würden. Ich stand inmitten der nicht sehr zahlreichen Trauergemeinde. Die Millionenstadt lebte an dem Ereignis vorbei. Auf dem Waldfriedhof waren riesige amerikanische Panzer aufgefahren: man befürchtete einen Überfall des Werwolf.
Kennzeichnend für die Zeit, jedenfalls in meinen Augen, war das Verhalten der Nation gegenüber Thomas Mann. Ich möchte mich berichtigen: Nation ist in diesem Zusammenhang wohl eine Übertreibung, denn diese Nation verhielt sich überhaupt nicht zu ihren Autoren, die größten inbegriffen, außer daß sie Gleichgültigkeit bekundete, gelegentlich auch ein gewisses joviales Belustigtsein. Nie gab es einen Autor in Deutschland, der eine ähnliche Rolle gespielt hätte in seinem Land wie Victor Hugo in Frankreich, Tolstoi in Rußland. Thomas Mann war von zwei Schriftstellern, die angesichts der geschichtlichen Situation gewiß nicht die richtigen Männer am richtigen Platz waren, zur Rückkehr nach Deutschland aufgefordert worden. Seine ablehnende Antwort, ein unvergeßliches Dokument des Zornes, der Qual, der Heimatliebe, erschien in der Zeitung, an der ich arbeitete. Ein Aufschrei der Empörung folgte den Worten aus Pacific Palisades, dieselben Leute, die eben noch heuchlerisch den Repräsentanten des anderen Deutschland geehrt hatten, konnten sich nicht genugtun an Beschimpfungen, ein eben zum Dichter christlicher Oden gemausertes Mitglied der Waffen-SS glaubte sich besonders hervortun zu müssen. Die Deutschen, die so leicht schweigen, wenn ein mutiges Wort nottut, verfallen manchmal in heftiges Reden, wo der Respekt Schweigen gebietet. Es ist festzuhalten, daß die Angriffe auf Thomas Mann sich auf die drei

Westzonen beschränkten – aus der sowjetischen Besatzungszone kamen dagegen Worte dankbarer Bewunderung. Thomas Mann selbst hat dies später gewürdigt. Man darf übrigens nicht glauben, daß nur Leute mit brauner Vergangenheit Thomas Mann attackierten. Der große Schriftsteller Alfred Döblin, auch er ein Emigrant, hatte mich mehrmals freundlich behandelt, er hatte in seiner neuen Zeitschrift einen langen Aufsatz von mir gedruckt, über den er besser dachte als der Verfasser; nun forderte er, in unbegreiflicher Verblendung, mich auf, etwas gegen Thomas Mann zu schreiben, er stelle mir dafür, sagte er, seine Zeitschrift zur Verfügung. Ich antwortete, ich könne mir nicht vorstellen, daß ich jemals ein Wort gegen Thomas Mann sagen oder schreiben würde. Damals begegnete ich zum erstenmal der schädlichen Verquickung von Rankküne und politischer Kampagne, die selbst Leuten, die ich bewunderte oder die mir nahestanden, selbstverständlich zu sein schienen.

Es war Golo Mann, der mich veranlaßte, literarischer Redakteur am Frankfurter Rundfunk zu werden. Er selbst war dort als amerikanischer Kontrolloffizier tätig. »Hören Sie«, sagte er mir, »wir haben über vieles verschiedene Ansichten. Ich bin leider Ihr Zensor. Lassen Sie uns einen ungeschriebenen Vertrag schließen: ich werde jede Ihrer Sendungen genehmigen, ohne sie gelesen zu haben, und Sie werden keine Sendungen machen, die den Anweisungen der Militärregierung widersprechen.« Ich erwiderte, sein Vorschlag entspreche ganz und gar meinen Wünschen. Es sei die Absicht der Alliierten, die Bevölkerung mit den Werken bekannt zu machen, die die Nationalsozialisten ihr vorenthalten hätten, dies sei auch das Ziel der Kommunistischen Partei, deren Mitglied ich war. Ich hätte nicht die Absicht, etwa nur kommunistische Autoren zu bringen, aber kommunistische Schriftsteller würden neben anderen natürlich ihren Platz haben. Golo Mann stimmte zu, und unsere Zusammenarbeit blieb frei von Störungen. Wir trafen uns häufig außerhalb des Rundfunkgebäudes, ich schätzte ihn als einen ausgezeichneten Historiker, seine Ansichten von politischen Umständen waren den meinen oft ganz entgegengesetzt, aber ich fand sie amüsant und nachdenkenswert. Ich entsinne mich manchmal der wöchentlichen Redaktionssitzungen; sie waren frisch, erfüllt von Offenheit und Neugier, wir alle hatten das Gefühl, etwas für das Land Notwendiges zu tun.

Das einzige, das mich störte, waren gewisse Restriktionen der amerikanischen Behörden gegenüber Autoren und anderen Künstlern, die mit dem Nationalsozialismus in Zusammenhang gebracht wurden. Ich verteidigte keine Faschisten. Aber ich wußte wohl von Zwangslagen, in die der und jener geraten war.

Ich hatte eine kleine nächtliche Sendung eingerichtet, die ich »Das Gedicht« nannte und die jeweils einem Dichter gewidmet war. Ich sprach und kommentierte in jeder dieser Sendungen einige Verse von dem, den ich mir ausgesucht hatte. Zu meinen zeitgenössischen Lieblingsdichtern gehörte Wilhelm Lehmann, den die Amerikaner auf ihre schwarze Liste gesetzt hatten. Lehmann war Gymnasiallehrer in Eckernförde; unter dem Druck der Nazis war er Mitglied der NSDAP geworden. Nie hatte er eine faschistische Zeile geschrieben, man hatte ihn aus der Reichsschrifttumskammer ausgeschlossen, sein einziger Sohn war gefallen. Ich sprach nachts seine Gedichte, verstieß in diesem Fall und ähnlichen Fällen wohl gegen meinen ungeschriebenen Vertrag, stieß aber auch nicht auf Golo Manns Widerspruch. Ich glaube, er billigte mein Verhalten.

Bald änderte sich das Klima. Golo Mann schied aus der Armee aus. Sein Nachfolger, ein kleiner, unscheinbarer Mann aus dem mittleren Westen, sprach kein Deutsch, was nicht zählte, wichtiger war, daß er mir bei der ersten Begegnung sagte, Literatur sei nicht gerade seine Sache, er kenne sich besser im show business aus, er hoffe, bald zu seinem job zurückkehren zu können. Fast gleichzeitig hörte man von einer Rede des Generals Clay, der mitteilte, man würde endlich die Glacéhandschuhe ausziehen, mit Kommunisten werde man in Zukunft anders umspringen. Der kalte Krieg war eröffnet. Wenige Tage später erhielt ich ein Manuskript über den Roman »Neuland unterm Pflug« des sowjetischen Autors Michail Scholochow vom Kontrolloffizier in mein Büro geschickt, es war von oben bis unten mit Rotstift durchgestrichen, und zwar jede einzelne Seite. Ich ging in sein Zimmer, um zu protestieren. Er wolle ganz offen sein, sagte er, er habe nicht die geringste Lust, mit mir zu diskutieren, ich sei Deutscher, er sei mein Vorgesetzter und ich hätte ohne Widerspruch seine Weisungen entgegenzunehmen. Offenheit gegen Offenheit, erwiderte ich, ich hätte eine ganz ähnliche Uniform getragen wie er, nur zu einer Zeit, in der er und seinesgleichen noch mit Hitler Geschäfte gemacht hätten. Bevor er die Sprache wiedergefunden hatte, ging ich in mein Zimmer zurück und schrieb meine Kündigung. Vier Wochen später siedelte ich nach Berlin über.

Ehe ich über die Grenze nach Deutschland zurückgegangen war, hatten einige Freunde mich beraten wollen. Sie glaubten, ich solle mich nicht noch einmal allzu tief mit Deutschland einlassen. Ich könnte ja irgendwo in der Nähe bleiben, in Zürich, in Paris oder London oder Venedig, und von dort aus das Land besuchen, wann immer ich Lust dazu haben würde. Ich antwortete nicht. In Zürich wollte ich nicht bleiben, obwohl ich die wundervolle Stadt seit meiner Kindheit kannte, aber ich hatte den Schweizern, als ich über die Grenze zu ihnen geflohen war, versprochen, das Land so bald wie möglich zu verlassen. Von London aus schrieb mir meine Mutter, sie werde sicher ohne größere Schwierigkeiten für mich die britische Staatsbürgerschaft erwirken. Auch diese Stadt kannte ich ganz gut, ich hatte sogar Familie dort, mit der mich wenig verband, aber ich hatte nicht die Absicht, einen britischen Paß zu erhalten, der mir ein paar Jahre früher sehr gelegen gekommen wäre. Was Frankreich anging, so hatte ich manche Erfahrungen gemacht, ich dachte an den Tag der Kapitulation im Sommer 1940, wir waren angetreten, ich trug den Wimpel der Kompanie, der Kompaniechef redete uns brüllend mit »Boches« und »Rouges« an, wir waren Sozialdemokraten und Kommunisten und viele von uns das eine oder andere und Juden dazu, wir gehörten zu einem Bataillon von ausländischen Freiwilligen, jeder zehnte Mann hatte in Spanien gekämpft, mehr als die Hälfte von uns hatte nicht einmal Waffen, viele trugen die blauen Uniformen aus dem Ersten Weltkrieg mit ausgewaschenen, verblaßten Blutflekken, wir erfuhren durch den Kompaniechef, Juden und Kommunisten hätten Frankreich ins Verderben gestürzt, aber Deutschland werde nun auch hier Ordnung machen, alle echten Franzosen würden unter Deutschlands Führung mitarbeiten an einem neuen Europa. Wir waren 180 Mann, die einst in Frankreich Zuflucht gesucht hatten und wir waren im Unglück. Am Abend dieses Tages hatten sich drei von uns vergiftet, andere folgten, ich hatte nicht gewußt, daß viele meiner Kameraden Gift bei sich trugen. Vier Jahre später war ich in der Schweiz, und das gaullistische Comité d'Alger, von den Schweizern noch nicht anerkannt, aber schweigend toleriert, denn der Botschafter in Bern gehörte natürlich zu Vichy – das Comité d'Alger zahlte mir monatlich einen winzigen Militärsold aus. Nach der Befreiung von Paris schrieb mir der neue Botschafter aus Bern, ich möge nach Frankreich zurückkehren, ich würde dort dauernden Wohnsitz und nach kurzer Zeit die französi-

sche Staatsbürgerschaft erhalten. Ich dankte ihm und schrieb zurück, ich sei ein deutscher politischer Flüchtling, der nun, dank auch der französischen Waffentaten, in sein verwüstetes Vaterland zurückkehren könne, wo er wahrscheinlich gebraucht werde; ich hoffe aber, in Zukunft öfter nach Frankreich reisen zu können. Ich hatte mich geirrt: Frankreich verweigerte mir von diesem Augenblick an die Einreise, ohne Begründung, ohne Antwort auf die Anfragen meiner Freunde. Ich reiste im Laufe der Jahre in fast alle Länder Europas, aber ich reiste nicht nach Frankreich. Hunderttausende von Deutschen fuhren nach Frankreich, um ihren Frauen und Kindern ihren ehemaligen Gefechtsstand und sonstige Sehenswürdigkeiten zu zeigen, ich blieb ausgeschlossen. Es war ein merkwürdiges neues Exil. 25 Jahre währte dieser Zustand, dann erteilte man mir plötzlich, ohne Erklärung, ein Einreisevisum. Ich kam aus England, ich stand wieder vor der Fontäne an der Place St. Michel, wo ich, einige Wochen vor seinem Tode, Joseph Roth kennengelernt hatte, ich las die kleinen Erinnerungstafeln an den Straßenecken und an den Häuserwänden mit den Namen der Gefallenen vom August 1944, ich kam nun öfter nach Frankreich, einmal sogar auf Einladung der Regierung. Ich saß in den Cafés am Odéon oder auf den großen Boulevards, ich hatte viele Freunde und Bekannte, aber ich wollte sie nicht belästigen und war endlich ein alter Mann.
Zwei Jahre nach dem Krieg war ich nach Berlin zurückgekehrt und hatte ein kleines Haus gemietet, in dem ich heute noch wohne. Seit der Gründung der beiden deutschen Staaten war ich ein Bürger der Deutschen Demokratischen Republik. Meine häufigen Reisen erforderten Aus- und Einreisevisen. Ausreisevisen erhielt ich von den Behörden meines Landes im allgemeinen ohne Schwierigkeiten, sofern es sich um sozialistische Länder handelte; Reisen in andere Länder waren nicht einfach, ein paar Jahre hindurch durfte ich nicht in sogenannte westliche Länder, also auch nicht in die Bundesrepublik fahren. Aber auch die Einreise in manche andere Länder war schwierig. Ein Bürger der DDR brauchte zu Reisen in Staaten, die der NATO angehörten, viele Jahre hindurch zwei Pässe: den Paß seines eigenen Landes, der das Ausreisevisum enthielt, sowie den Paß eines gewissen Travel Board, einer in Westberlin stationierten alliierten Behörde: in diesen Paß kam das Visum des Landes, in das man zu fahren wünschte, natürlich unter der Voraussetzung, daß einem dieses Visum gewährt wurde.
Als ich diesen Paß zum erstenmal öffnete, las ich erblassend in der Rubrik »Nationalität«, ich sei ein »presumed German«. Hitler hatte mich ausgebürgert. Die Alliierten, in deren Reihen ich gestanden hatte, bezeichneten mich wenige Jahre nach Kriegsende als einen möglichen oder vermuteten Deutschen, weil ich einem deutschen Staat angehörte, der nicht sein durfte.
In diesen Paß wurden nur wenige Visen gestempelt. Die mehrere Monate dauernde Prozedur zur Erlangung eines Visums erforderte jedesmal einige Besuche beim Travel Office, deren jeder mit stundenlangem Warten verbunden war. Sie endete meist negativ. Manchmal wurde einem von diesem oder jenem Konsulat diskret bedeutet, gewiß hätte das betreffende Land gern die Einreiseerlaubnis erteilt, jedoch seien alle NATO-Staaten gehalten, vorher in Bonn das Einverständnis der Bundesbehörden zu erfragen. Dennoch gelangte ich mit Mühe und nach einer langen Frist der Ungewißheit in einige Länder, nach England, das Land, aus dem meine Mutter stammte und für das mein Bruder gefallen war, nach Italien, nach Norwegen, wo ich als ein ehemaliger Emigrant freundschaftlich aufgenommen wurde. Als der belgische P.E.N.-Club mich nach Brüssel einlud, teilte mir der belgische Konsul in Prag mit melancholischer Miene mit, er könne mir leider kein Visum geben, ich würde den Grund wohl erraten. Ich sagte, das mache nichts, ich würde eben nach Berlin zurückfahren. Nein, sagte er mit plötzlich aufgehelltem Ausdruck, ich würde nach Brüssel gelangen, nur nicht mit Visum. Er zeigte mir ein Telegramm meiner belgischen Freunde, daß ich am nächsten Tag auf dem Prager Flugplatz vorweisen mußte, worauf ich die Maschine der Sabena besteigen konnte. Bei der Ankunft in Brüssel überreichten mir zwei Herren sogleich ein Dokument, das mich als Gast des Königs Baudouin auswies. Ich hatte das Recht, mich zwei Wochen in Belgien aufzuhalten. Ich war überrascht und dankbar. Meine Freunde Robert Goffin und Carlos de Radzitzky hatten die Erlaubnis erwirkt, sie stellten mich dem König vor, es war eine originelle kleine Aktion, die ganz dem Geist des P.E.N. entsprach, es war ein Ausweg, den Menschen gefunden hatten, die menschlich empfanden und die den kalten Krieg und seine Bürokratie verachteten. Diese Geste der Freundschaft hatte für mich inmitten von Kälte und Gemeinheit eine hohe Bedeutung. Ich habe sie nie vergessen. Denn Kälte und Gemeinheit breiteten sich aus. In einem vor über zwanzig Jahren veröffentlichten und längst vergriffenen Buch von mir fand ich folgende Tagebuchnotiz: »Neben der Größe der letzten zehn Jahre kann man ihre erbärmlichen Aspekte nicht vergessen. Spätere werden es ermessen. Sie werden die Bilanz ziehen aus lächerlichen Fehden, furchtbaren Verleumdungen, sinnloser Entfremdung, Feigheit und Verrat, vertanen Möglichkeiten, verlorener Zeit.« Die Anlässe zu diesen heftigen Worten liegen irgendwo in meinen Schubladen, ich habe keine Lust, ihnen im einzelnen nachzugehen. Was die Bilanz der Späteren angeht, müßte man heute hinzufügen: »Wenn sie noch Zeit dazu haben werden.« Als ich die obigen Worte niederschrieb, hatte ich die Verhältnisse unter deutschen Intellektuellen im Auge, denn ich glaubte zu wissen, daß, seit dem Ende des Krieges, ihre Fähigkeit zur Selbstkritik und zum Verstehen des anderen, der man selber nicht ist, bestimmend sein würde für die ganze Bevölkerung. Von den zahlreichen Irrtümern, denen ich unterlag, war mein Glaube an die Wandlungsfähigkeit und die bestimmende Rolle der Intellektuellen beim Herstellen besserer Zustände wahrscheinlich der größte.
Stärker als die guten Absichten mancher Einzelner war die tote Last der Vergangenheit, waren Selbstmitleid und stumpfe Arroganz. Wenn ich heute zurückblicke, so ließen sich die Dinge sogleich nach 1945 nicht gut an. Der Westberliner Architekt Julius Posener berichtete vor kurzem, er sei nach seiner Rückkehr und nachdem er wieder einmal Stunden hindurch Erklärungen hatte anhören müssen, was man alles für die Verfolgten getan habe, in die Worte ausgebrochen: »Armer Hitler!«, und auf die erstaunte Frage, was das heißen solle, habe er erklärt: »Er hatte ja nicht einen einzigen Anhänger!«
Auch ich hatte nicht wenige Erklärungen dieser Art gehört, war stumm geblieben, war sogar bewegt, denn ich wollte weiter an das Gute in den Menschen glauben, ich suchte nach Bestätigungen für die gefolterte Liebe, die wir, meine Freunde und ich, für das furchtbare und jetzt tief gedemütigte Deutschland empfunden hatten. Aber die erwähnten Erklärungen erwiesen sich bald als Zeugnisse der Selbstgerechtigkeit, von nationaler Selbstkritik war keine Rede, es waren andere, die sich zu rechtfertigen hatten. Fiel der Name Auschwitz, wurde sogleich von den Engländern geredet, und hatten diese nicht während des Krieges in Afrika Lager errichtet, wurde Coventry erwähnt, so sprach man von Dresden, war die Rede vom Überfall auf die Sowjetunion und den Massakern unter der russischen Bevölkerung, kam man sofort auf die Vergewaltigungen im letzten Kriegs-

Kuba, Anna Seghers und Stephan Hermlin

jahr zu sprechen. Was mich am meisten erstaunte, schon früher erstaunt hatte, war der fehlende Sinn für das Erkennen von Ursache und Wirkung und für eine Abfolge der Zeit in diesen Köpfen. Es bürgerte sich in der Bundesrepublik damals schnell der Brauch ein und er gehört heute zum selbstverständlichen Repertoire demokratischer Redner, daß der Name Hitler, erwähnt in dem ihm einzig zustehenden Sinn, nur fallen kann in Verbindung mit dem Namen Stalin, womit man auf einen Schlag die halbe Verantwortung los ist. Gleichzeitig darf aber beim Nennen dieser Namen auf keinen Fall des Vertrags von München gedacht werden, der in Wirklichkeit der einzige Schlüssel dafür ist, daß man beide Namen zusammen denken kann. Nach einer Weile bleibt übrigens regelmäßig von den beiden der Name Stalin übrig. Es kann nicht verwundern, daß keine vierzig Jahre nach dem Ende der Katastrophe von russischen und polnischen Kriegsverbrechern die Rede ist, um gewissermaßen ein verlorengegangenes Gleichgewicht wieder herzustellen. Diese Kriegsverbrechen kommen in Wirklichkeit ebenfalls auf das Konto jener, die den Krieg zynisch vom Zaun brechen und die Begriffe vom Herrenmenschen und Untermenschen zur Grundlage ihrer Staatsmoral machten.

In dieser Atmosphäre gediehen die Legenden, die an die Stelle einer wirklichen, einer schonungslosen Aufarbeitung der Geschichte traten. Ich denke in diesem Zusammenhang an die Vorstellung, die die Lebenden von der Existenz und vom Untergang der Weimarer Republik haben, überhaupt an die seltsame Tatsache, daß die konkrete Gestalt dieser Republik in den Gedanken und der Phantasie der Zeitgenossen sich in einem Maße verflüchtigt hat, als sei sie nie gewesen. Am lebendigsten ist noch der künstlerisch-literarische Schatten, den sie in die Gegenwart hineinwirft. Bezeichnend für diese Gegenwart scheint mit der überaus starke Trieb zu sein, sich selber etwas vorzumachen und um keinen Preis die einmal eingenommene Position in Frage stellen zu lassen. Damit hängt die gefährliche Neigung der Deutschen zum Glaubenskrieg zusammen, die mit dem Jahre 1648 keineswegs erloschen ist. Gegensätze sind nun einmal da, um nicht überbrückt zu werden, am eigenen Unglück ist niemand als der andere schuld und – man spricht es selten aus, denkt es aber um so öfter – der Ausweg liegt im Grunde genommen allein in der Vernichtung des Gegners.

Mir konnten solche Irrungen des Gefühls nicht fremd sein: ich bin ein Deutscher. Ich weiß sehr genau, wie mich Jahre und Jahrzehnte hindurch ein ideologisch determinierter Widerwille daran hinderte, gewisse Autoren zur Kenntnis zu nehmen, sie nämlich zu lesen. Heute ist mir klar, daß in diesem Widerwillen der Wunsch nach Vernichtung haust. Der Name George Orwells etwa war mir seit meiner Jugend bekannt, in einer bestimmten Zeit hätten sich unsere Wege leicht kreuzen können, es war gut, daß sie sich nicht kreuzten, ich habe ihn nie gesehen. Ich nannte ihn einen schlechten Schriftsteller, ohne eine Zeile von ihm gelesen zu haben. Es geschah erst später, daß ich ihn las, und ich beurteilte ihn von nun an anders.

Kurze Zeit, nachdem ich auf Vorschlag von Brecht und Becher vor dreißig Jahren ein Mitglied der Akademie der DDR geworden war, wurde in der Münchener »Neuen Zeitung« ein Artikel eines bekannten westdeutschen Schriftstellers veröffentlicht, in dem ein Vergleich dieser Akademie mit der fast gleichzeitig gegründeten Darmstädter Akademie angestellt wurde. Der Artikel beklagte die Geringfügigkeit der Mittel, die der Akademie in Darmstadt zur Verfügung stünden, und konstatierte dann, daß in Berlin-Ost Leute wie Brecht und Hermlin monatlich von der Akademie je achthundert Mark erhielten, für diesen Betrag allerdings auch ihre Gesinnung verkauft hätten. Brecht sprach mit mir über den Artikel und schlug mir vor, gemeinsam mit ihm Klage zu erheben. In dieser Klage brachten wir etwa folgenden Gedanken zum Ausdruck: Wir würden nicht das geringste gegen eine Beschimpfung durch den Artikelschreiber haben, protestierten aber gegen seine Behauptung, wir hätten unsere Gesinnung gegen ein Honorar verkauft, vielmehr lebten wir in einer Republik und seien Mitglieder ihrer Akademie, weil wir von jeher eine Gesinnung vertreten hätten, die jetzt die geistige Grundlage jenes Staates und seiner Akademie sei. Es war der erste und letzte Prozeß, den ich anstrengte. Wir erhielten nach einiger Zeit das Urteil zugesandt. Es sei zwar richtig, hieß es darin, daß wir vor Hitler und in der Hitlerzeit bereits Anhänger des Kommunismus gewesen seien, doch sei unsere Klage abzuweisen, da – ich zitiere wörtlich – »es einem Bürger der Bundesrepublik Deutschland nicht zugemutet werden könne, Kommunisten beleidigt zu haben.« Ich rede von diesem Vorfall, weil er zeigt, wie deutsche Intellektuelle in dieser Zeit miteinander umgingen, wie man zurückgekehrten Emigranten begegnete, was eine Justiz sich herausnehmen durfte.

Es blieb nicht dabei. Als ich einige Jahre später einer Einladung nach Hamburg folgte, was damals nicht einfach war, konnte ich in einer großen Zeitung den Artikel eines literarischen Wegelagerers lesen, in dem ich »eine der widerlichsten Kreaturen Ulbrichts« genannt wurde. Der Verfasser teilte weiter mit, ich sei bekannt dafür, daß ich nicht schreibe, ich hätte es auch nicht nötig, da ich monatlich eine Gesamtsumme von 3000 Mark beziehen würde, nämlich tausend Mark von der Akademie der Künste, tausend Mark von der SED und tausend Mark von der DDR. Ich schrieb an den Chefredakteur einen Leserbrief, in dem ich mich auf den Paragraphen 11 des Pressegesetzes berief. Ich sagte in diesem Brief, es träfe zu, daß ich von der Akademie wie jedes andere Mitglied zwar nicht tausend, jedoch immerhin achthundert Mark erhielte, daß ich aber von meiner Partei und meinem Staat noch nie einen Pfennig erhalten hätte. Der Redakteur veröffentlichte den Brief nicht; er teilte mir vielmehr mit, eine Veröffentlichung mache er abhängig von einer Verpflichtung meinerseits, dafür zu sorgen, daß der inkriminierte Artikel in der DDR erscheinen würde. So wie es bei einem einzigen Prozeß blieb für mich, so versuchte ich auch nie mehr, eine Zeitungslüge zu widerlegen. Ich sagte mir, daß ich mich im Grunde nicht beklagen könne – ich hatte gewußt, daß ich den Verwüstungen in den Hirnen und Herzen, die Hitler nicht nur in einer Generation angerichtet hatte und die seinen Sturz lange überleben würden, leibhaftig begegnen mußte, wenn ich mich in das Land zurück begab, an dem ich hing. Den Mann, der diesen Artikel geschrieben hatte, kannte ich nicht, ich kenne ihn nicht, obwohl ich seinen Namen kenne, ich hatte niemals Streit mit ihm, er bezeichnete sich als Schriftsteller und rühmte sich allen Ernstes, in zehn Jahren fünfzig Bücher veröffentlicht zu haben, er arbeitete für Springer, gebärdete sich dann als extremer Linker, er gilt wohl auch heute für links. Der Anblick einer solchen Verlotterung ist ziemlich schauerlich.

Ein Dritter kam auf die Idee, meine Unterschriften unter ein gefälschtes Dokument zu setzen. Da dies nicht die gewünschte Wirkung hatte, beschuldigte er mich einige Jahre später, im Auftrag eines Geheimdienstes junge Leute zu provokatorischen Handlungen zu veranlassen. Und da auch das nichts fruchtete, da ich vor allem auch dieser Infamie mit Schweigen begegnete, behauptete er eine Weile darauf, ich hätte Leute in ein ausländisches Straflager gebracht. Man hätte über das Leben dieses Menschen einen Titel der klassischen Dienstmädchen-Kolportage setzen können – »Von Stufe zu Stufe«. Aber so gut ich wußte, daß er nichts sehnlicher wünschte als eine Antwort, die ihn berechtigt hätte, sich mit ihr zu brüsten, und ich ihm einen Vorwand nicht liefern wollte, spürte ich doch, daß meine Lage jener ähnelte, in der ich mich als ganz junger Mensch befunden hatte: Damals hatte ich an jeder Berliner Straßenecke die Zeitungskästen mit dem ausgehängten »Stürmer« gesehen, der jede Woche die furchtbare jahrhundertealte Ritualmordlüge wiederholte und die Eltern aufrief, ihre Kinder vor den Juden zu hüten. Die Vorfahren dieses Mannes hatten die Vorfahren meines Vaters unglücklich gemacht. Auch wenn er sich dessen gar nicht bewußt war, setzte er doch diese Tätigkeit fort, und wie einst fand sich auch jetzt niemand, der ihm Einhalt gebot.

Genug davon. Ich habe von einigen Erfahrungen aus den Nachkriegsjahren gesprochen, ich habe nicht aufgehört, Erfahrungen zu machen, sie stehen, das ist wörtlich zu nehmen, auf einem anderen Blatt, was bedeutet, daß von ihnen noch geredet werden wird.

Daß ich nach Deutschland zurückkehrte, war eine unumstößliche Entscheidung. Daß ich nach dem Auseinanderbrechen des Landes die Deutsche Demokratische Republik wählte, war mir durch mein Leben vorgezeichnet. Auch dies war ein unaufhebbarer Entschluß. Er betrifft mich allein, ich fälle damit kein moralisches Urteil über andere, die anders fühlten und handelten. Fünfzehn- oder zwanzigmal in den letzten Jahren fand ich in meinem Briefkasten ein Blatt Papier, auf dem, meist ohne Namen darunter, einfach die Worte standen: Gehen Sie nicht weg, bleiben Sie bei uns. Ich habe den Eindruck, daß ich da, wo ich bin, gebraucht werde, und ich bin den Schreibern dieser Botschaften verpflichtet.

Was mir Deutschland eigentlich bedeutet, darüber will ich nichts sagen. Als Kind schon hatte ich angstvoll und halb verstehend bei Hölderlin gelesen:

Verbotene Frucht, wie der Lorbeer, aber ist
Am meisten das Vaterland. Die aber kost
Ein jeder zuletzt.

Ich habe kaum gefragt, ob ich in Deutschland willkommen sein würde. Ebensowenig fragte ich, ob Deutschland mir etwas schulde, denn ein Land, sein Himmel, seine Wälder, sein Licht kann einem einzelnen nichts schulden. Ich konnte auf dieses Land nur mit der liebenden Ehrfurcht blicken, die das Alter, das Unglück, die Selbstzerstörung, die Fülle der bedeutenden Erscheinungen im Betrachter weckt. Ich war zurückgegangen aus einem gewissen Trotz, weil ich alte Rechte zu wahren hatte, nicht nur das Recht meiner Geburt, sondern auch das meiner Vorfahren, die vor fast zwei Jahrtausenden hierher kamen, vor den meisten Deutschen, gemeinsam mit den Römern. Ich kam hierher, weil ich diese Sprache besser kenne als die meisten, die sie auch sprechen, weil Deutschlands Herrlichkeit und Missetaten zu mir lebendiger reden als zu vielen anderen, denen sie auch bekannt sind. Ich bin mir bewußt, daß ich Worte gebrauche, die manche gar nicht mehr verstehen, auf die viele nur ein Gelächter haben.

Eckhard Siepmann

Aus der Frühzeit des StarWar-Arsenals

Noch ist das »Fenster der Verwundbarkeit« nicht geschlossen, noch strömt die frische Luft der Abschrekkung herein, noch ist der Schirm im All nicht entfaltet, der das abschrekken endlich überflüssig macht, weil er den Schutz bietet, der den Sieg in greifbare Nähe rückt.
Wer hätte vor zwei, drei Jahren gedacht, daß das Kinogruseln bei StarWars so kurzfristig von der Wirklichkeit eingeholt würde? Die phantastischen Ideen gehen im Handumdrehen in Serienproduktion; dank Hollywoods Kinderfilmen haben wir eine ziemlich präzise Vorstellung von dem, was mit hoher Geschwindigkeit auf uns zukommt.
Die zentralen Gerätschaften dieses Schauspiels – Weltraumraketen, Atomwaffen, Laser, Elektronik und Kybernetik erhielten Mitte der 40er Jahre ihren entscheidenden Entwicklungsschub; der Blick zurück in die Anfänge der wissenschaftlich-technischen Revolution wird von heute aus zwangsläufig ein Blick zurück in die Frühzeit der Weltuntergangsmaschine.

Links: US-Major James P. Hamill, den »Time« als einen jener »Gehirn-Jäger« bezeichnete, die »jede Welle amerikanischer Truppen begleitet haben«, um die technischen Gehirne der deutschen Kriegsindustrie für die USA sicherzustellen.
Rechts: Wernher von Braun, bis zum Kriegsende Forschungsdirektor der V2-Fabrik vor Peenemünde, nach Kriegsende Fachmann für Raketengeschosse in Fort Bliss, Texas.

Raumfahrzeuge

Der Knabe bastelte anfang der 20er Jahre aus einem Märklin-Baukasten kleine Wagen, steckte Feuerwerksraketen hinein und erschreckte die Passanten mit seinen Feuermäusen. Nachts starrte er durch ein selbstgebautes Fernrohr auf Mond und Mars. Im Juli 1943 hielt er – 31jährig – einen Vortrag in der Wolfsschanze: Nazi-Sieg durch Raketen. Während des kalten Krieges diente er dem Pentagon eine Weltraumstation als Abschußbasis für Atomraketen gegen die Sowjet-Union an: der deutsche Freiherr Werner von Braun.
Nachdem der Versailler Vertrag von 1919 den Deutschen den Bau von Kanonen mit großer Reichweite verboten hatte, richteten sich die betroffenen Augäpfel auf die Raketentechnik. Die Fortschritte waren gering, bis sich jener Freiherr einschaltete und ab 1937 das Raketenforschungszentrum in Peenemünde an der Ostsee leitete. Am 3. Oktober 1942 wurde die erste Großrakete erfolgreich gestartet, schon zwei Jahre später wurde sie, mit 1 Tonne Sprengstoff an der Spitze bestückt, auf die Reise nach London geschickt, gefolgt von über 400 weiteren Exemplaren. Ihre Zielsicherheit war gering, denn ihr Kurs konnte nach dem Abschuß nicht mehr korrigiert werden. So wurde sie nicht die erträumte Wunderwaffe, die den Niedergang wenden sollte – dank langjähriger Zweifel Hitlers und Kompetenzgerangel innerhalb des kriegsapparats. Noch 1945 versicherten sich die USA des Herrn Braun und machten ihn zum technischen Direktor der Heeresforschsungsanstalt für Raketen in den USA. Die Leute aus Peenemünde »spielten Schach und machten gelegentlich Jagd auf leere V2-Treibstoffkanister, die der Wind wie Steppenläufer über die Wüste trieb«, wie einer von ihnen später berichtete (Spiegel 51/1968, S. 142). Immerhin bohrte sich schon im September 1946 die erste erbeutete V2 in den Himmel, und am 24. Februar startete erstmals eine Zweistufenrakete. Sie war sehr symbolisch strukturiert. Eine Nazi-V2 trug eine US-Rakete in Huckepackordnung 35 km hoch. Dort zündete das Gepäckstück und jagte erstmals – 403 km hoch – in den Weltraum hinaus. Bereits sechs Jahre später kann der »Spiegel« die Funktion der neuen Raketen präzisieren, in einer Sprache, in der noch Verwunderung mitschwingt: »Sie sollen in wenigen Minuten von Kontinent zu Kontinent über den Atlantik oder den Pazifik fliegen und sich mit einer Atombombe im Kopf auf den Gegner stürzen.« (53/1955, S. 32) Als wiederum zwei Jahrzehnte später, im Herbst 1984, zwei Redakteure dieses Magazins bei einer der größten Lieferfirmen für das StarWars-Programm recherchierten, trat ihnen, weißhaarig, der Ingenieur Maurer entgegen, der seinerzeit in Peenemünde mit Braun gearbeitet hatte. Trotz vorgerückten Alters scheint seine Arbeit erfolgreich zu sein, denn seine Kollegen äußerten anerkennend: »Wir nennen ihn unseren Dr. Strangelove.« (46/1984, S. 3)

Elektronenströme

30 000 Pfund von der britischen Regierung hatte Professor Babbage verbraten – und was war dabei herausgekommen? Eine Maschine – im Entwurf – mit 50 000 Rädchen! Die sollte denken, genauer gesagt rechnen können. »Dieser Babbage ist verrückt, positiv verrückt. Mag er weitermachen, Geld bekommt er nicht mehr.« Das war 1840. Unmöglich, diesem Heer von Rädern die notwendige Präzision zu geben, unmöglich, das gewaltige Biest mit Dampfkraft in Bewegung zu setzen. Babbage starb als »gescheiterter, enttäuschter Mann«.
Die bodenständigeren Ingenieurgeister beschränkten sich in den folgenden Jahren auf die klappernden Tischrechenmaschinen und Registrierkassen, wie wir sie heute auf den Trödelmärkten sehen.
Erst als – nach dem zweiten Weltkrieg – die Relaistechnik aufkam, wuchs der Appetit nach einem machbaren programmierten Rechner. Elektronische Relais sind elektrische Schalter, die statt von der Hand von einem Elektromagneten betätigt werden. Der Magnet wird durch elektrischen Strom aktiviert, der seinerseits dadurch erzeugt wird, daß ein anderes Relais seinen Kontakt schließt; durch den Zusammenschluß mehrerer Relais können Kontaktfolgereaktionen hergestellt werden – genau das, was eine schnellrechnende Maschine braucht.
Wenn man die Kultur einteilen kann in einen Teil, der durch den Krieg beflügelt wird, und einen zweiten, der durch Kriege zurückgeworfen wird, so gehört der schnelle Rechner auf jeden Fall in die erste Kategorie. Im zweiten Weltkrieg war eine Maschine gefragt, die schnell und präzise Daten für Ballistik und strategische Großplanung bewältigen sollte; die beim Bau z. B. eines elektronischen Steuergeräts für Flugabwehrgeschütze dienlich wäre. An die Stelle von Babbages

US-Computer »ENIAC« 1946

Albert Einstein und J. Robert Oppenheimer

Rädchen und Schräubchen setzten die Leute in weißen Kitteln im Rechenlaboratorium der Harvard-Universität Röhren und Elektronenströme. Im September 1945, als in Deutschland der Naturalientausch an der Reihe war, erblickte in Harvard Mark I das Licht eines sachlich möblierten Raumes – der erste »automatisch reihenkontrollierte Kalkulator« (und mit ihm diese Sprachbrocken samt den ihnen entsprechenden Abkürzungen). Schon im Februar 1946 folgte, diesmal in Pennsylvania, das Monster ENIAC (»elektronisch-numerischer Integrator und Kalkulator«). Über 170 Quadratmeter ausgebreitete 30 Tonnen, mit 18000 Elektronenröhren brillierend, eine Hitze ausstrahlend, die nur von einer Klimaanlage daran gehindert werden konnte, sämtliche Lötstellen schmelzen zu lassen – so zog diese Maschine als »Elektronengehirn« in die Schlagzeilen der Weltpresse ein. »Arithmetische Probleme, mit denen ein Mathematikprofessor sein ganzes Leben zubringen würde, löst ENIAC in Minutenschnelle!« Auf dieser Kapazität beruht die automatische Steuerung, zu welchem Zweck sie auch gebraucht wird.

Das Kühlungsproblem und damit der Hauptfaktor für die Monstrosität der ersten Computergeneration entfiel mit der Ersetzung der Elektronenröhre durch ein Element ohne Wärmeentwicklung. Am 1. Juli 1948 erschien auf der vorletzten Seite der New York Times eine knappe Meldung über die Erfindung eines »Transistors« (zusammengedoktort aus »transfer-resistor«, was seinerseits so viel wie »leitender Widerstand« bedeutet). Diese Erfindung der Bell Telephone Laboratories bedeutete das Ende der Elektronenröhre und den Start für Leistungsfähige Kleinkalkulatoren, mit denen heute jeder zweite durch die Gegend rennt.

Nuklearwaffen

1945 explodierte die erste US-amerikanische Atombombe, 1949 die erste sowjetische.

1896 hatte der französische Physiker Henry Becquerel eine merkwürdige Entdeckung gemacht: Uransalze wirkten selbst bei völliger Dunkelheit auf eine photographische Platte ein. Zwei Jahre später gelang es Marie Curie, die beiden neuen Elemente zu isolieren, auf die die Strahlung mit dem enormen Durchdringungsvermögen zurückzuführen war: Polonium und Radium. Die »Radioaktivität« war die letzte große physikalische Entdekkung des ausgehenden Jahrhunderts. 1905 veröffentlichte Albert Einstein seine spezielle Relativitätstheorie, in der die These aufgestellt wurde, daß Masse und Energie verschiedene Erscheinungsformen einer Substanz seien, zwischen denen wechselseitige Übergänge vorzustellen wären. Bald darauf stellten Rutherford und Soddy eine Theorie der radioaktiven Erscheinungen auf; sie entwickelten das Modell eines Atoms, das dem Planetensystem ähnelt; die Radioaktivität wurde im Atomkern »angesiedelt«.

Die Spaltung des Atomkerns und damit die Freisetzung großer Energiemengen gelang im Dezember 1938 erstmals dem Professor Otto Hahn an einem unscheinbaren Experimentiertisch im Berlin der Nazis. Als diese kurz darauf den Krieg begannen, setzte weltweit ein hektisches, von der Öffentlichkeit weitgehend übersehenes Treiben zur militärischen Nutzung der neuen Entdeckung ein. Ähnlich wie bei der Raketenentwicklung verfehlten die Nazis den entscheidenden Sprung zur Nutzbarmachung nur um wenige Monate – eine Unterlegenheit, die vielleicht kriegsentscheidend war und die nicht zuletzt mangelnder Abstimmung und Kooperation zwischen den beteiligten Behörden zu danken ist. Eine wichtige Verzögerung für den Griff Hitlers nach der Atombombe bedeutete die Zerstörung des norwegischen Werkes, in dem allein schweres Wasser produziert wurde: Ryukjan. Schweres Wasser verzögert die Bewegung der Neutronen, bringt sie auf die Langsamkeit herunter, die zur Kernspaltung notwendig ist. In einem aufwendigen Kampf konnte das Werk dem Zugriff der Nazis entzogen werden.

Albert Einstein hatte 1939 Präsident Roosevelt auf die Gefahr einer Atombombe in der Hand der Faschisten hingewiesen. Mit einem enormen finanziellen und wissenschaftlichen Aufwand betrieben die USA in den folgenden Jahren die Konstruktion der Bombe. Das Atombudget, das 1940 noch ganze 6000 Dollar betragen hatte, kletterte über 342 Millionen 1947 auf 525 Millionen Dollar im Jahr 1948. Im entscheidenden Jahr 1945 wurden konzentriert 2 Milliarden Dollar aufgebracht, mit dem Erfolg, daß am 16. Juli um 5.30 Uhr auf einem stählernen Turm in Alamogordo (Neumexiko) die erste Atombombe explodierte.

Nicht mehr als drei Wochen später

Seeleute schützen ihre Augen beim A-Bombentest auf dem Bikini-Atoll 1947

flog ein riesiger US-Bomber (»Enola Gay«) über eine Distanz von 3000 Kilometer auf die japanische Stadt Hiroshima zu und warf, um 8.15 Uhr Ortszeit, auf Anweisung des Präsidenten Truman, eine Atombombe. Drei Tage später suchte ein zweiter US-Bomber (»Great Artist«) die Stadt Kokura, um die zweite Bombe zu zünden. Dichte Wolken verhinderten jedoch die Sicht und retteten damit die Stadt: Klare Sicht war notwendig, um ein wichtiges Ziel der Übung zu garantieren – der zuendegehende Krieg (Japan war bereits am Rande der Kapitulation) gab den US-Militärs die rare Gelegenheit, ihre Erfindung am Menschen auszuprobieren. In diesen Experimenten starben hundertdreißigtausend Menschen, 70000 wurden verletzt und leiden zum Teil noch heute. Eine Rechtfertigung für diese Friedenstat war sofort zur Stelle: Das Menschenopfer war angeblich notwendig, um den Krieg zu beenden. Heute herrscht unter Historikern aller Schattierungen Einverständnis darüber, wer durch die Bombe beeindruckt werden sollte: nicht die Japaner, sondern die Sowjetunion. Der eigentliche Adressat war der zukünftige Gegner, der alsbald erfahren sollte, wer Herr im neuen Hause war.

Mit der Explosion der im Westen »Joe I« genannten sowjetischen Atombombe im August 1949 entwickelte sich jenes »Gleichgewicht des Schreckens«, das bis vor wenigen Jahren die US-Chauvis daran hinderte, mit den praktischen Vorbereitungen für den projektierten atomaren Erstschlag zu beginnen.

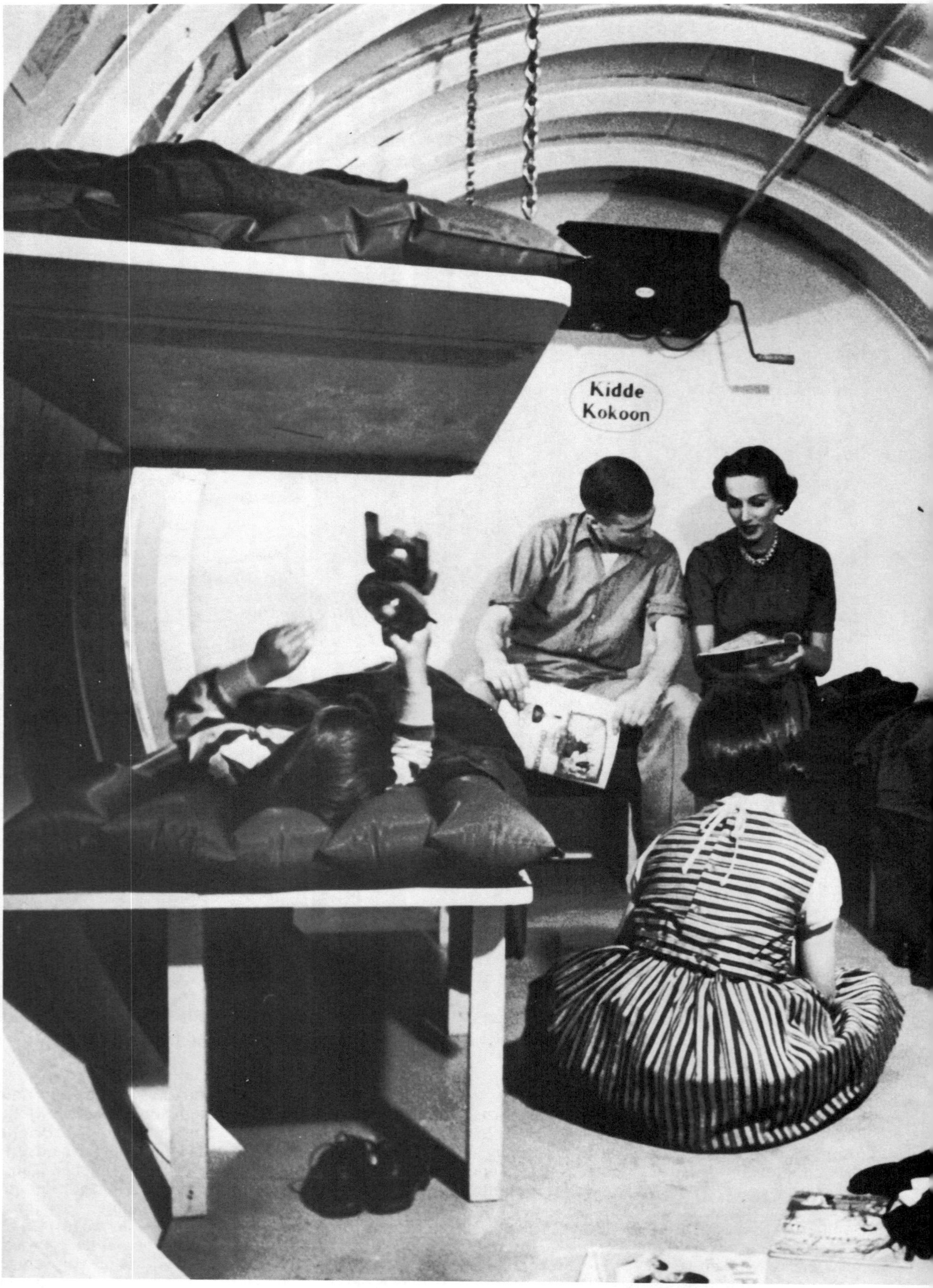
Kidde
Kokoon

Hinter geheimnisvollen Mauern werden in fieberhafter Eile die Mittel einer Massenvernichtung vollendet. Wenn dieses Ziel erreicht ist, tritt die radioaktive Verseuchung des Luftraums und damit die Zerstörung jeglichen irdischen Lebens in den Bereich der technischen Möglichkeit. Alles scheint sich diesem verhängnisvollen Ablauf der Dinge zu fügen. Jeder Schritt erscheint als die unausweichliche Folge des vorhergehenden. Am Ende des Weges zeichnet sich immer deutlicher das Gespenst der allgemeinen Vernichtung ab.
Wir können nur unablässig immer und immer wieder warnen; wir können in unserem Bemühen nicht erlahmen, den Völkern der Welt, zumal ihren Regierungen das unerhörte Unglück bewußt zu machen, das sie mit aller Bestimmtheit heraufbeschwören, wenn sie ihre Haltung gegeneinander und ihre Auffassung von der Zukunft nicht grundlegend ändern.
Unserer Welt droht eine Krise, deren Umfang anscheinend denen entgeht, in deren Macht es steht, große Entscheidungen zum Guten oder zum Bösen zu treffen. Die entfesselte Macht des Atoms hat alles verändert, nur nicht unsere Denkweisen, auf diese Weise gleiten wir einer Katastrophe ohnegleichen entgegen. Wir brauchen eine wesentlich neue Denkungsart, wenn die Menschheit am Leben bleiben soll.
Diese Drohung abzuwenden, ist eines der vordringlichsten Anliegen unserer Zeit geworden.
Im entscheidenden Augenblick – und ich sehe diesem schwerwiegenden Augenblick entgegen – werde ich mit aller mir verbleibenden Kraft meine Stimme erheben.

Albert Einstein

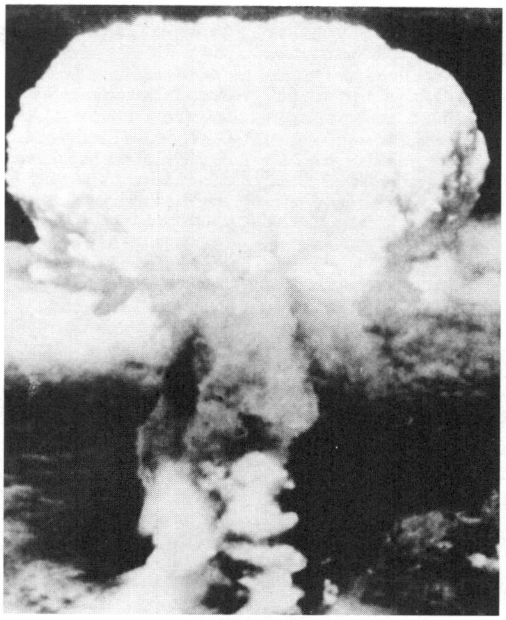

6. August 1945, 8.16 Uhr:
Die erste Atombombe explodiert über der japanischen Stadt Hiroshima.
Die Explosion fordert über hunderttausend Menschenleben.

Atombombenbunker
in Garden City, Long Island
im Staate New York
zu Beginn der fünfziger Jahre

Das Letzte: Senator Joe McCarthy vor dem Capitol in Washington mit einem großen Besen, der das Land von »Kommunisten« befreien sollte. Gemäß Trumans Vision einer »freien Welt« hatten sich Ende der vierziger, Anfang der fünfziger Jahre bekannte Künstler wie Humphrey Bogart, Lillian Hellman, Dashiel Hammett und Bertolt Brecht vor dem von McCarthy initiierten »Ausschuß zur Untersuchung unamerikanischer Umtriebe« zu verantworten.

US-Comic 1947

IS THIS TOMORROW
ES WAR NICHT LANGE NACH ENDE DES 2. WELTKRIEGES, ALS DIE KOMMUNISTISCHEN KRÄFTE IN AMERIKA IHRE CHANCE WAHRNAHMEN. DIE GESCHICHTE IST TRAURIG ... DAS ENDE TRAGISCH ... ABER SO BEGANN ES ...
DER FRÜHLING KAM FRÜH IN JENEM JAHR, ABER ES WAR HEISS UND TROCKEN.
DAS HEISSESTE WETTER, DAS ICH SEIT JAHREN ERLEBT HABE.
KEIN REGEN DEN GANZEN FRÜHLING. DAS WIRD EIN SCHLECHTES JAHR.
DAS LANDWIRTSCHAFTSMINISTERIUM SAGT, WIR KÖNNTEN DIE GRÖSSTE DÜRRE IN DER GESCHICHTE DER NATION KRIEGEN.
U.S. MAIL

DURCH HARTE ARBEIT SOLLTEN WIR VERSUCHEN, EINEN TEIL DER ERNTE ZU RETTEN.
JA, ABER DAS WIRD NICHT AUSREICHEN.
WAS IST DAS ??
GRASHÜPFER!
EIN UNWETTER DURCHFEGTE DEN SÜDWESTEN.
DAILY TIMES
U. S. FACES STARVATION
WEST HIT
AMERIKA AUGE IN AUGE MIT DEM HUNGERTOD

KOMMUNISTISCHE FÜHRER TRAFEN SICH IN NEW YORK
JONES, DU BIST UNSER BESTER MANN IN AMERIKA. DER KREML MEINT DIE ZEIT IST REIF. LASS UNS DEINEN BERICHT HÖREN, WIE WIR AM BESTEN DIE KONTROLLE ÜBER DIE VEREINIGTEN STAATEN BEKOMMEN.
DIESES LAND WIRD INNERHALB EINES JAHRES KOMMUNISTISCH WERDEN.
UNSER PLAN BERUHT AUF ZWEI EINFACHEN SCHRITTEN.
ZUERST MÜSSEN WIR EINE WIRKLICHE KRISE IN DIESEM LAND AUSLÖSEN, DAMIT WIR EINE RECHTFERTIGUNG FÜR DIE MACHTERGREIFUNG HABEN.
UND UM DANN DIESE DÜRRE AUSZUNUTZEN, MÜSSEN WIR DIE VERBLIEBENEN NAHRUNGSMITTEL AN UNS BRINGEN.
BROWN, WAS HAST DU ALS CHEF DER PROPAGANDA GETAN, UM UNSEREN PLAN DURCHZUFÜHREN?
BEI WEITEM DIE ERFOLGREICHSTE METHODE IST DIE SCHAFFUNG EINER "FRONT".
WIE IHR WISST, GRÜNDEN EIN PAAR VON UNSEREN JUNGS EINE 'FRONT' GEGEN FASCHISMUS ODER INTOLERANZ ODER SONST WAS WAS UNPOPULÄR IST. SIE KRIEGEN EIN PAAR GROSSE NAMEN ZUR UNTERSTÜTZUNG.
GUTEN TAG, SENATOR.
SICHER WÄREN SIE GERNE MIT UNSERER LIGA GEGEN DIE INTOLERANZ ASSOZIIERT.
NATÜRLICH, ABER ICH BIN SO BESCHÄFTIGT.
ABER SENATOR, SIE MÜSSEN SICH KEINE SORGEN MACHEN, DASS DIESE SACHE IHRE ZEIT BEANSPRUCHT - WIR ERLEDIGEN DIE ARBEIT. ALLES WAS WIR WOLLEN IST IHRE ZUSTIMMUNG ZU UNSEREM PROJEKT.
NUN, IN DIESEM FALL.
"NACHDEM WIR DIESE NAMEN HABEN, SIND WIR MARSCHBEREIT. WIR BESORGEN UNS PROMINENTE LINKE REDNER UND SORGEN FÜR REICHLICH PUBLIZITÄT."

"NATÜRLICH PAUKEN WIR DIE PARTEILINIE VON ANFANG BIS ENDE DURCH UND DIE LEUTE SCHAUEN NIE HINTER DIE 'FRONT'. BALD SCHON WERDEN SIE UNS UNTERSTÜTZEN.
DER SPRECHER DES ABGEORDNETEN HAUSES WAR VON UNSERER POLITIK SO EINGENOMMEN, DASS ER JETZT ZU ALLEM BEREIT IST.
ABER OHNE PRESSE UND RUNDFUNK WÄRE ES UNMÖGLICH GEWESEN DIE LEUTE DAZU ZU BRINGEN UNS ZU FOLGEN.
WIR HABEN SEIT JAHREN SCHRIFTSTELLER UND HERAUSGEBER AUSGEBILDET, UM DER PARTEILINIE ZU FOLGEN. SIE WERDEN BEREIT SEIN, UM DIE VOLLSTÄNDIGE KONTROLLE ÜBER RUNDFUNK UND VERLAGE ZU ÜBERNEHMEN SOBALD WIR DRAN SIND.
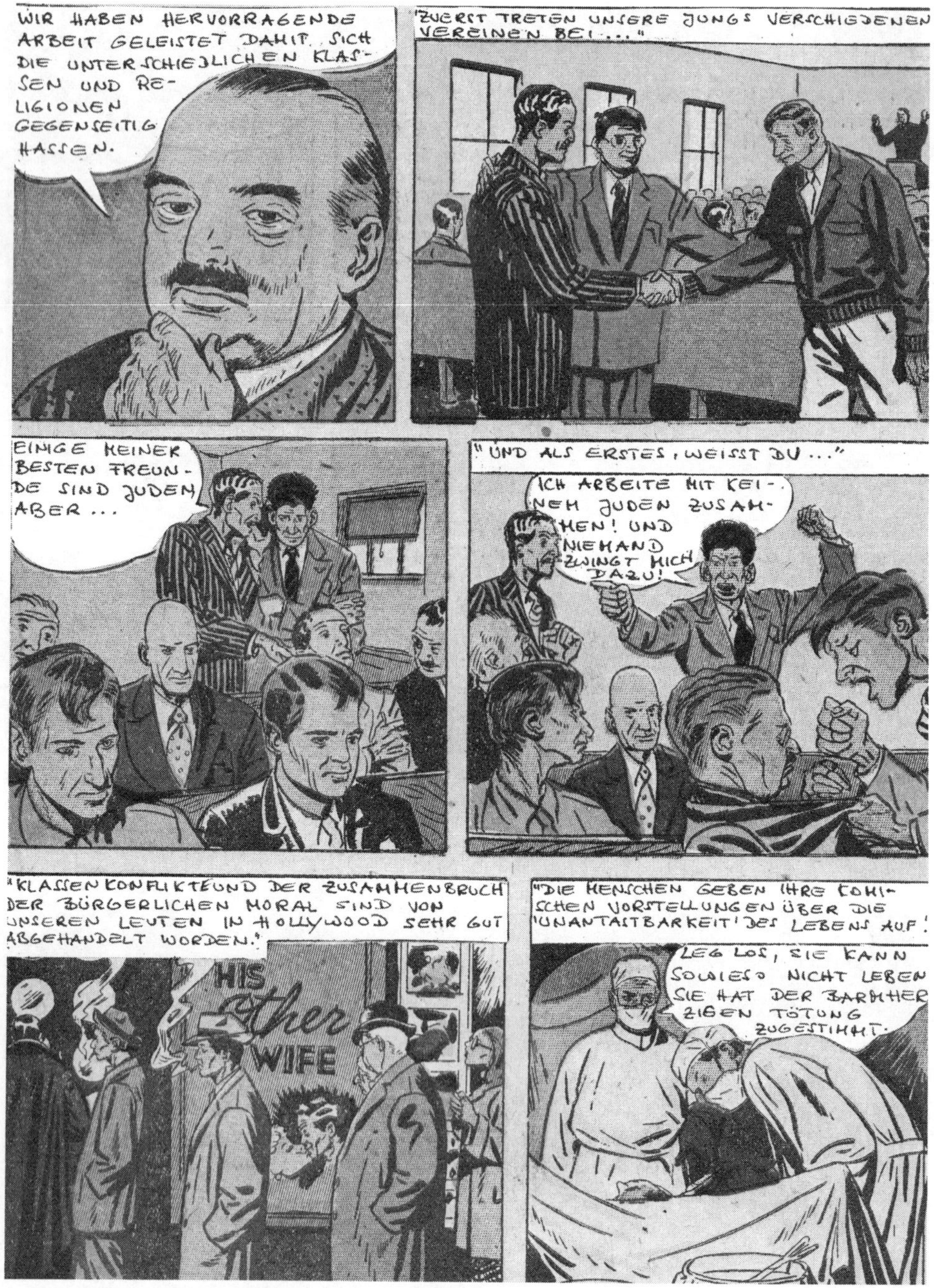
WIR HABEN HERVORRAGENDE ARBEIT GELEISTET DAMIT SICH DIE UNTERSCHIEDLICHEN KLASSEN UND RELIGIONEN GEGENSEITIG HASSEN.
"ZUERST TRETEN UNSERE JUNGS VERSCHIEDENEN VEREINEN BEI ..."
EINIGE MEINER BESTEN FREUNDE SIND JUDEN ABER ...
"UND ALS ERSTES, WEISST DU ..."
ICH ARBEITE MIT KEINEM JUDEN ZUSAMMEN! UND NIEMAND ZWINGT MICH DAZU!
"KLASSENKONFLIKTE UND DER ZUSAMMENBRUCH DER BÜRGERLICHEN MORAL SIND VON UNSEREN LEUTEN IN HOLLYWOOD SEHR GUT ABGEHANDELT WORDEN."
HIS Other WIFE
"DIE MENSCHEN GEBEN IHRE KOMISCHEN VORSTELLUNGEN ÜBER DIE 'UNANTASTBARKEIT' DES LEBENS AUF!
LEG LOS, SIE KANN SOWIESO NICHT LEBEN SIE HAT DER BARMHERZIGEN TÖTUNG ZUGESTIMMT.

WENIG SPÄTER WURDEN DIE LEBENSMITTELLAGER IM GANZEN LAND IN DIE LUFT GESPRENGT.
BEEIL DICH MIT DER ZÜND-SCHNUR!
SINNLOS, NICHTS MEHR ZU MACHEN.

DIE RESTLICHEN LAGERHÄUSER WURDEN STARK BEWACHT.
LAGER-HAUS NR. 2
DER PRÄSIDENT RUFT DIE REPORTER ZU SICH.
DIE FASCHISTEN, DIE UNSERE LEBENS-MITTEL VERBRANNT HABEN, MÜSSEN SOFORT BESTRAFT WERDEN!
ALS ANTI-KOMMUNISTEN BEKANNTE PERSONEN WURDEN ZU HUNDER-TEN VER-HAFTET.
KOMMEN SIE MIT MIR, RICHTER MARTIN
KOMM MIT, MEIN FREUND!
WIE LAUTET DIE AN-KLAGE?
VERSCHWÖRUNG GEGEN DEN STAAT!
SIE SIND VERHAF-TET!

DIE MÄNNER DIE DAS LAGERHAUS DER STADT NIEDERGEBRANNT HABEN SAGEN, DASS DU IHNEN DAZU GERATEN HAST.
SIE WISSEN, DASS DAS EINE LÜGE IST!
ÜBERALL IM LAND KÄMPFEN DIE HUNGERNDEN UM LEBENSMITTEL.
ICH HABE SIE!
GESCHLOSSEN!
KEINE LEBENSMITTEL
PRÄSIDENT CLINE BEKOMMT ES MIT DER ANGST ZU TUN.
IHR DUMMKÖPFE! DIE MENSCHEN WERDEN UNS DAFÜR UMBRINGEN!
DU BIST DER DUMMKOPF! DU BIST MITTEN DRIN IM SPIEL! NUN WILLST DU ES BEENDEN!

ICH GLAUBE ES IST AN DER ZEIT, DIE UNIVERSITÄTEN ZU VERSTAATLICHEN.
PAUL GARDINER PRÄSIDENT DER STAATSUNIVERSITÄT
KEINE ZEITVERGEUDUNG. ICH BIN HIER, UM ÜBER IHR LEHRPERSONAL ZU REDEN.
DIESE SECHS MÄNNER WERDEN BLEIBEN. DER REST DER PROFESSOREN WIRD SOFORT GEHEN.
WARUM, SOWAS HAT ES NOCH NIE GEGEBEN!
ICH WERDE UM DREI UHR IM STADIUM ZUR STUDENTENSCHAFT REDEN.
DAS IST JA UNGLAUBLICH. DAMIT WERDEN SIE NICHT DAVONKOMMEN!

MANCHE LERNEN ES NIE.
WIR HABEN NEUE BÜCHER UND NEUE LEHRER FÜR EUCH. IHR BRAUCHT EUCH IN ZUKUNFT KEINE LÜGEN MEHR ANZUHÖREN!
WIR WERDEN JETZT DIE ALTEN BÜCHER VERBRENNEN!
UND HIER KOMMT DER GRÖSSTE SCHUND DER JE GESCHRIEBEN WURDE – DIE BIBEL –
PLÖTZLICH…
PASS AUF, ER HAT EINE PISTOLE!
SOLL ICH IHN JETZT FERTIGMACHEN?
NEIN. HEB' IHN FÜR SPÄTER AUF. ICH WILL MIT IHM REDEN…
JIM LYNCH, WAS? WELCHE KONFESSION HAST DU?
KATHOLISCH.
EIN PERFEKTER VORWAND, DIE KATHOLIKEN ZU ZERSCHLAGEN. DIE PROTESTANTEN NEHM ICH MIR SPÄTER VOR.
DREH IHN DURCH DIE MANGEL BIS ER SAGT, WAS WIR HÖREN WOLLEN.
AMERIKA KANN EINEM ATTENTÄTER KEINE WEITERE DERARTIGE CHANCE GEBEN, ALSO…

JCH WERDE EIN SIEGESESSEN VERANSTALTEN, UM DEN ERFOLG DER NEUEN ORDNUNG ZU FEIERN. JCH WILL ALLE LECKERBISSEN UND REICHLICH DAVON.
JA, MEIN HERR
WIR HABEN GESIEGT, ENDLICH, UND NICHTS KANN UNS MEHR GEFÄHRLICH WERDEN. WIR HABEN ALLES UNTER KONTROLLE
GENOSSEN, STOSSEN WIR AUF DEN SIEG AN!
MEINE HERREN, BERATER JONES IST TOT. ES WAR EIN HERZANFALL
ICH WERDE DA WEITERMACHEN, WO JONES AUFGEHÖRT HAT. DER KOMMUNISMUS HÄNGT NICHT VON EINEM EINZELNEN AB - ES IST DIE IDEE EINER REGIERUNG, DIE DIE WELT BEHERRSCHEN WIRD.

Wir sind wieder wer

Andrea Theissen

Die „Aufbauphase" der Bundesrepublik Deutschland
1949—1955

Adenauer mit seinem Intimfreund, dem Bankier Dr. h.c. Robert Pferdmenges

oben links: Karl Blessing, erster Bundesbankdirektor, einst im Freundeskreis Himmlers. oben rechts: „Fremde Heere Ost" — General Reinhard Gehlen diente nacheinander drei Herren und prägte ihr Feindbild.
unten links: Dr. Franz Josef Wuermeling, Vorstandsmitglied im Werhahn-Konzern, brachte die CDU-Sozialausschüsse auf den „rechten" Weg.
unten rechts: Dr. Ludger Westrick, Erhards Staatssekretär und alter Bekannter aus dem „Kleinen Arbeitskreis" von 1943/45.

1. Altweibersommer 1949: Konstituierung der BRD

Die Gründung der Bundesrepublik war quasi unter Ausschluß der Öffentlichkeit von Länderministerpräsidenten, leitenden Politikern der Bizonenorgane, Abgeordneten des Parlamentarischen Rates und den Führungsgremien der Parteien mit wesentlicher Beteiligung der Westmächte vorbereitet worden. Wer aber war der Motor dieser Staatsgründung? Blasphemisch beginnt Arnulf Baring sein Buch über Adenauers Außenpolitik mit der Feststellung: *„Im Anfang war Adenauer — so läßt sich der Beginn der Bundesrepublik kennzeichnen."* (Arnulf Baring, Außenpolitik in Adenauers Kanzlerdemokratie. Bonns Beitrag zur Europäischen Verteidigungsgemeinschaft, München/Wien 1969, S. 1) Dagegen Alfred Grosser: *„Die Bundesrepublik wurde 1949 als Zwillingsschwester des Atlantikpaktes geboren. Vater war der kalte Krieg."* (Alfred Grosser, Die Bundesrepublik Deutschland, Tübingen 1967, S. 12) Und verschweigt Grosser hier auch, wen er für die Mutter der Bundesrepublik hält, so kommt diese Aussage der Wirklichkeit doch entschieden näher.

Die Wahlen zum Bundestag fanden am 14. August 1949 statt. Hinsichtlich des Wahlsystems hatte man, wie immer behauptet wird, die Lehren aus Weimar gezogen. Sowohl die mit der Personenwahl verbundene Verhältniswahl (Direktmandat und Listenplatz), als auch die 5%-Klausel, die im Laufe der Entwicklung weiter verschärft wurde — so waren 1949 5% in einem Land oder ein Direktmandat, 1953 ein Direktmandat oder mehr als 5% auf Bundesebene und 1957 5% auf Bundesebene oder drei Direktmandate erforderlich —, dienten dazu, den kleineren Parteien den Einzug ins Parlament zu erschweren. Vor einigen kleineren, v.a. regionalen Parteien errangen die CDU 31,0% (139 Sitze), die SPD 29,2% (131 Sitze), die FDP/DVP 11,9% (52 Sitze) und die KPD 5,7% (15 Sitze).

Die CDU, die als Siegerin aus der Wahl hervorgegangen war, suchte jetzt nach passenden Koalitionspartnern. Nach Adenauers eigenen Worten hätten sowohl weite Kreise innerhalb der CDU/CSU und der SPD als auch die Besatzungsmächte eine große Koalition aus CDU/CSU und SPD begrüßt. Adenauer lehnte diese Möglichkeit jedoch wegen der von ihm unterstellten wirtschaftspolitischen Gegensätze zwischen „sozialer Marktwirtschaft" und „Planwirtschaft" ab; und es gelang ihm, auch seine Parteifreunde davon zu überzeugen. In seinem Rhöndorfer Haus bei Kaffee und Kuchen wurde die Bildung einer Koalition aus CDU/CSU, FDP und der Deutschen Partei vereinbart. Mit diesen beiden Parteien konnte ein Grundkonsens vorausgesetzt werden, denn sowohl mit den Liberalen, als auch mit der DP, der kleinsten Partei der Regierungskoalition, war man sich über die Restauration und den Ausbau der kapitalistischen Gesellschaftsordnung einig. Eines der Hauptargumente, mit denen Adenauer die kleine Koalition durchsetzte, bestand darin, daß der neue Staat eine starke und loyale Oppositionspartei brauche, damit nicht außerhalb des Parlaments eine unkontrollierbare Opposition Platz greifen könnte. Auch die Wahl des der FDP zugehörigen Theodor Heuß zum Bundespräsidenten, die am 12. September vollzogen wurde, war in Rhöndorf bereits beschlossene Sache. Für das Amt des Bundeskanzlers hatte sich Adenauer selbst vorgesehen; und er errang es bekanntlich mit einer, nämlich seiner eigenen, Stimme Mehrheit.

Dieses selbstherrliche Vorgehen Adenauers scheint die eingangs zitierte Feststellung Barings zu bestätigen. Jedoch traf Adenauer seine Entscheidungen nicht einsam; hinter ihm stand der großbürgerliche Führungskern der CDU, v.a. aber seine persönlichen Berater aus Industrie und Großfinanz, wie Pferdmenges, Abs und Henle. Pferdmenges, der in der Öffentlichkeit fast nie in Erscheinung trat, aber seinen Interessen dadurch nicht weniger Geltung verschaffte, galt als engster Berater Adenauers, weshalb das Wortspiel von der „Ära Pferdnauer" aufkam. Er war Inhaber des gleichnamigen Bankhauses in Köln, hatte zeitweise mehr als drei Dutzend Aufsichtsratsposten inne und war einer der reichsten Männer der Bundesrepublik. Er war von den Amerikanern wegen seiner aktiven Teilnahme an der Leitung der Rüstungswirtschaft auf die Kriegsverbrecherliste gesetzt worden, woraus ihm allerdings keine Nachteile erwuchsen, im Gegenteil: er wurde von ihnen sogar zum Präsidenten der Kölner Industrie- und Handelskammer ernannt.

Repräsentanten bedeutender Bank- und Industrieunternehmen oder Politiker, die in enger Beziehung zu ihnen standen, waren nicht nur in wichtigen Bundestagsausschüssen, sondern auch in der Adenauer-Regierung selbst vertreten; dazu rechnen Vizekanzler Blücher (FDP), Wirtschaftsminister Erhard (CDU), Finanzminister Schäffer (CSU) und Verkehrsminister Seebohm (DP). Aufgrund dessen schätzte der SPD-Vorsitzende Schumacher die neue Regierung folgendermaßen ein: *„Aus dem Wesen und der Zusammensetzung dieser Regierung heraus besteht die große Gefahr, daß dieser neue Staat ein autoritärer Besitzverteidigungsstaat werden kann."* (Verhandlungen des Deutschen Bundestages, Stenographische Berichte, Bd. 1, Bonn 1950, S. 32) Diese Befürchtung war angesichts der ersten Regierungserklärung nicht von der Hand zu weisen. Zwar bezeichnete Adenauer die soziale Gerechtigkeit als „Leitstern" der Regierungsarbeit. *„Aber, meine Damen und Herren"*, — so wandte der Schumacher richtig ein — *„Sozialpolitik kostet etwas, und der deutsche Besitz, der ja in seiner überwiegenden Mehrzahl hinter der neuen Bundesregierung steht, hat diese Regierung bestimmt nicht etabliert, um besonders große Aufwendungen für das Volk zu machen."* (Ebd., S. 31) Als Ideal stellte Adenauer die „soziale Marktwirtschaft" hin; aber was beinhaltete dieser Begriff konkret? Auf der einen Seite sollten Anreize für die verstärkte Kapitalbildung durch eine Herabsetzung der Einkommenssteuer geschaffen und das Vertrauen, v.a. der ausländischen, Sparer wiedergewonnen werden, auf der anderen Seite wurde die Aufhebung der Bewirtschaftung (Höchstpreisbindung) angekündigt, was sich insbesondere auf die bisher noch

Das Gesicht der herrschenden Klasse. Um Fritz Berg (Präsident des BDI) geschart (v.l.n.r.): Herbert Pavel, Vizepräsident des Eisen- und Metallwarenverbandes; Ernst Wolf Mommsen; Thyssen-Konzern; Otto Wolff von Amerongen, Präsident des DIHT; Egon Overbeck, Mannesmann-Konzern; Kurt Hansen, IG Farben; Peter von Siemens; F. H. Ulrich, Deutsche Bank fixierten Preise für Lebensmittel und Mieten verteuernd auswirken mußte.

Entsprechend der restaurativen Grundorientierung standen im Mittelpunkt des außenpolitischen Teils der Regierungserklärung die Beziehungen zu den Westmächten. *„Es besteht für uns kein Zweifel, daß wir nach unserer Herkunft und nach unserer Gesinnung zur westeuropäischen Welt gehören.“* (Ebd., S. 29) Das erste Ziel der Bundesregierung bestand darin, im Einvernehmen mit der Alliierten Hohen Kommission die eigenen Freiheiten und Zuständigkeiten Schritt für Schritt zu erweitern; dazu gehörte auch die Schaffung eines Außenministeriums, die das Besatzungsstatut nicht zuließ. Das fernere Ziel sah Adenauer in der Integration der Bundesrepublik in eine „Europäische Union“. Die Forderungen an die Sowjetunion waren so eindeutig wie unverschämt: Räumung ihrer „Besatzungszone“ und Revision der Oder-Neiße-Grenze.

Am 7. Oktober 1949 beschloß der Deutsche Volkskongreß in Berlin die Gründung der Deutschen Demokratischen Republik. Ausdrücklich und scharf wurde dieser Beschluß als Reaktion auf die Gründung der Bundesrepublik bezeichnet: *„Angesichts der schweren nationalen Notlage, wie sie durch die Gründung der amerikanischen McCloy-Republik* (McCloy war der Hohe Kommissar der USA, A.T.) *in Bonn entstand, hat sich der Deutsche Volksrat auf seiner 9. Tagung als Provisorische Deutsche Volkskammer konstituiert. Er hat gleichzeitig die vom Dritten Volkskongreß beschlossene Verfassung der Deutschen Demokratischen Republik in Kraft gesetzt und Otto Grotewohl mit der Bildung einer demokratischen deutschen Regierung beauftragt, die frei ist von Bevormundung irgendwelcher Hohen Kommissare, frei von drückenden Fesseln eines Besatzungsstatuts.“* (Dokumente zur Außenpolitik der Regierung der Deutschen Demokratischen Republik, Bd. 1, Berlin (DDR) 1954, S. 11) Am 11. Oktober wurde Wilhelm Pieck, der von 1928 bis 1933 Reichstagsabgeordneter der KPD war, zum Staatspräsidenten gewählt. Einen Tag später stellte Otto Grotewohl — er gehörte von 1925 bis 1933 dem Reichstag als SPD-Abgeordneter an — seine Regierung vor, der die sowjetischen Besatzungsbehörden alle bisher von ihnen wahrgenommenen Verwaltungsfunktionen übergaben. In seiner Regierungserklärung bekannte sich Grotewohl zur Wiederherstellung der Einheit Deutschlands auf der Grundlage des Potsdamer Abkommens. Als Basis seiner Außenpolitik nannte er die Freundschaft zur Sowjetunion und zu den Volksdemokratien sowie normale, friedliche und gleichberechtigte Beziehungen zu allen Ländern. Daß seine Regierung die Oder-Neiße-Grenze zu Polen als endgültige Grenze anerkannte, stieß bei allen im Bundestag vertretenen Parteien, mit Ausnahme der KPD, auf heftigen Protest. Wurden auch die Forderungen einiger Abgeordneter auf Böhmen, Mähren und Österreich von Adenauer als „romantisch“ bezeichnet und von Carlo Schmid, dem sozialdemokratischen Vizepräsiden-

Max Reimann spricht auf einer Kundgebung für die Einheit Deutschlands in Dortmund im Sommer 1949 (Foto: M. Scholz)

ten des Bundestages, als „Vorstellungen vom weiland großdeutschen Reich" zurückgewiesen, so waren sich doch Regierungsparteien und sozialdemokratische Opposition in der Ablehnung der Oder-Neiße-Grenze einig. Äußerte ein Mitglied des Bundestages eine gegenteilige Auffassung, wie z.B. der kommunistische Abgeordnete Reimann, der die Oder-Neiße-Grenze als Grenze des Friedens bezeichnete, wurde er vom Bundestagspräsidenten unterbrochen und zur Ordnung gerufen. Im Originalton hörte sich das so an: *„**Reimann:** Die Oder-Neiße-Grenze ist die Grenze des Friedens.* (Andauernde erregte Rufe: Pfui! Pfui! — Lärm. — Glocke des Präsidenten. — Erregte Zurufe: Abtreten! Abtreten! —) *Ich trete nicht ab, bis ich nicht alles gesagt habe.* (Fortgesetzter Lärm. — Glocke des Präsidenten) ***Präsident Köhler:** Herr Abgeordneter Reimann, ich habe seit — —* (Andauernde große Unruhe und Rufe: Pfui! Raus! — Abg. Strauß: *Schickt ihn nach Moskau! Ziehen Sie die Uniform an!* Abg. Reimann: *Ich werde hier nicht gehen!*) *— Meine Damen und Herren!.* (Andauernde große Unruhe. — Zurufe: Moskauer Agent! Bezahler Provokateur! — Abg. Reimann: Das sind Sie! — Lärm.) *— Herr Abgeordneter Reimann. Sie haben eben ausgesprochen, daß die Oder-Neiße-Linie die Friedenslinie ist.* (Anhaltende große Unruhe.) *Seitdem gestern hier sämtliche Parteien gesprochen haben, haben sie übereinstimmend die Oder-Neiße-Linie als die deutsche Grenzlinie abgelehnt. Das möchte ich hier einmal festhalten.* (Händeklatschen in der Mitte und rechts.) *Es ist eine Provokation der überwältigenden Mehrheit dieses Hauses, wenn Sie derartige Ausführungen machen. Ich rufe Sie deshalb zur Ordnung!"* (Verhandlungen des Deutschen Bundestages, Bd. 1, S. 66)

Eine Regierungserklärung, die Konrad Adenauer am 21. Oktober 1949 vor dem Bundestag abgab und in der er der DDR jegliche Staatlichkeit absprach und die Bundesrepublik als die alleinige, legitimierte staatliche Organisation des deutschen Volkes hinstellte, wurde von allen Parteien außer der KPD gebilligt. Die zum Programm erhobene „Wiedervereinigung in Freiheit" war eine reine Anschlußkonzeption und bedeutete nichts anderes als die Ausdehnung der Gesellschaftsordnung der Bundesrepublik auf die Gebiete östlich von Elbe und Werra.

Während mit der DDR ein Staat entstanden war, der seit der 2. Parteikonferenz der SED im Juli 1952 nach der antifaschistisch-demokratischen Umwälzung den Aufbau des Sozialismus anstrebte, waren in der Bundesrepublik die alten Strukturen, der Gegensatz zwischen Kapital und Arbeit, zu neuem Leben erweckt worden. Im Oktober 1949 konstituierte sich der „Ausschuß für Wirtschaftsfragen", der Anfang 1950 in „Bundesverband der Deutschen Industrie" (BDI) umbenannt wurde. War sein Vorsitzender, Fritz Berg, ein mittlerer westfälischer Unternehmer, auch ein unbeschriebenes Blatt, so läßt die Reihe der übrigen Vorstandsmitglieder erkennen, daß der BDI zu Recht als Nachfolgeorganisation des durch seine Rolle im Faschismus berüchtigten „Reichsverbandes der Deutschen Industrie" gelten kann. Die Ziele des BDI bestanden in der sowohl ökonomischen als auch politischen Westorientierung, der Entfaltung der „freiheitlich-sozialen Marktwirtschaft" und der Rehabilitierung der durch ihre faschistische Vergangenheit belasteten Industriellen. Die 1950 gegründete „Bundesvereinigung der Deutschen Arbeitgeberverbände" (BDA), die sich auf die lohn- und sozialpolitische Auseinandersetzung mit den

Gewerkschaften konzentrierte, scheute sich nicht, 1953 Hitlers Wehrwirtschaftsführer H.C. Paulsen zu ihrem Präsidenten zu machen.

Auch die Arbeiter hatten sich im Oktober 1949 ihre zentrale gewerkschaftliche Organisation, den „Deutschen Gewerkschaftsbund" (DGB), geschaffen, der bei seiner Gründung 16 Industriegewerkschaften mit 4,9 Millionen Mitgliedern umfaßte. Zum Vorsitzenden wurde Hans Böckler gewählt, der schon seit Anfang des Jahrhunderts in Sozialdemokratie und Gewerkschaft Funktionen innegehabt und von 1928 bis 1933 dem Reichstag angehört hatte. In der Entschließung des Gründungskongresses des DGB hieß es: *„Die Erfahrungen der Jahre 1918 bis 1933 haben gelehrt, daß die formale politische Demokratie nicht ausreicht, eine echte demokratische Gesellschaftsordnung zu verwirklichen. Die Demokratisierung des politischen Lebens muß deshalb durch die Demokratisierung der Wirtschaft ergänzt werden."* (Zitiert nach: DGB wohin? Dokumente zur Programm-Diskussion, Frankfurt a.M. 1978, S. 237) Dementsprechend lauteten die wirtschaftspolitischen Grundsatzforderungen des DGB: Mitbestimmung, Überführung der Schlüsselindustrien in Gemeineigentum, soziale Gerechtigkeit und zentrale volkswirtschaftliche Planung. Aussagen, wie dieses Programm angesichts der vollzogenen wirtschaftlichen und politischen Restauration durchgesetzt werden könnte, fehlten jedoch.

2. Westorientierung und Remilitarisierung

Erstes Ergebnis der von der Adenauer-Regierung betriebenen Außenpolitik war das am 22. November 1949 mit den Hochkommissaren geschlossene „Petersberger Abkommen", benannt nach dem Sitz der drei Hohen Kommissare auf dem Petersberg gegenüber der provisorischen Hauptstadt Bonn. Kernstück des Abkommens war die von beiden Seiten bekundete Absicht, die BRD in das westeuropäische Bündnissystem einzugliedern, eine Absicht, die schon Anfang November in dem Abschlußkommuniqué der Pariser Außenministerkonferenz formuliert worden war. Konkret hieß das die Aufnahme der BRD in den Europarat, sowie der Abschluß eines bilateralen Abkommens mit den USA über die „Marshallplan-Hilfe". Von nun an durfte die Bundesrepublik die Wiedererrichtung von Konsular- und Handelsbeziehungen betreiben. Außerdem erwirkte Adenauer die Zusicherung, daß die Demontagen weitgehend eingestellt werden sollten. Allerdings enthielt auch das Petersberger Abkommen seinen Wermutstropfen; so mußte sich die Bundesregierung verpflichten, der am 28. April 1949 eingerichteten Internationalen Ruhrbehörde beizutreten, die gegründet worden war, um die Produktion des Ruhrgebietes unter Kontrolle zu halten, damit *„die Bodenschätze der Ruhr in Zukunft nicht für Aggressionszwecke, sondern nur im Interesse des Friedens genutzt werden"*, wie es im Ruhrstatut hieß. (Dokumentation zur Deutschlandfrage, Annexband: Verträge, Bonn/Wien/Zürich 1961, S. 21) In der Internationalen Ruhrbehörde sollte die Bundesrepublik nur ein beratendes Votum, aber kein Stimmrecht haben. Dieses Zugeständnis veranlaßte Schumacher in der daraufhin geführten ersten außenpolitischen Debatte zu dem Zwischenruf, Adenauer sei der „Bundeskanzler der Alliierten".

Das Petersberger Abkommen enthielt auch ein Bekenntnis zur Aufrechterhaltung der Entmilitarisierung der Bundesrepublik: *„Die Bundesregierung bekundet ferner ihre ernste Entschlossenheit, die Entmilitarisierung des Bundesgebietes aufrechtzuerhalten und sich mit allen Mitteln, die in ihrer Macht stehen, zu bestreben, daß die Wiederaufstellung bewaffneter Streitkräfte jeder Art verhütet wird."* (Keesing's Archiv der Gegenwart, 1948 und 1949, S. 2143) Zur gleichen Zeit aber, als die Westmächte und die Bundesregierung Beteuerungen dieser Art von sich gaben, wurde hinter dem Rücken der Öffentlichkeit über die Wiederaufrüstung verhandelt, ja es wurden sogar schon Vorbereitungen dafür getroffen. In den NATO-Stäben erörterte man die Aufstellung deutscher Divisionen, gleichzeitig verkündete die Hohe Kommission am 16. Dezember 1949 ein „Gesetz zur Ausschaltung des Militarismus" und noch am 8. Mai 1950 ein „Gesetz zur Verhinderung der deutschen Wiederaufrüstung". Bei diesen Widersprüchen handelte es sich keineswegs um eine „Kuriosität" jener Zeit, sondern sie waren notwendiger Bestandteil einer Politik der Durchsetzung der Remilitarisierung. Die USA-Regierung war sich sehr wohl darüber im klaren, daß ihre militärischen Wunschvorstellungen auf den Widerstand der britischen und französischen Verbündeten stoßen mußten, genauso wie Adenauer wußte, daß zu diesem Zeitpunkt nicht nur die Mehrheit des deutschen Volkes, sondern auch der im Bundestag vertretenen Parteien die Wiederbewaffnung ablehnen würde. *„Ein deutscher Beitrag zu einer Verteidigungsarmee war in der Bundesrepublik ausgesprochen unpopulär"*, bekennt er in seinen Erinnerungen (Konrad Adenauer, Erinnerungen, Bd. 1 (1945—1953), Stuttgart 1965, S. 385). Eine offene Debatte mußte deshalb zunächst vermieden werden. Mit seiner geschickten „Interviewpolitik" machte Adenauer die Öffentlichkeit Schritt für Schritt mit dem Gedanken einer Remilitarisierung vertraut. Das Interview, das er am 3. Dezember 1949 einer relativ unbedeutenden amerikanischen Zeitung, „The Cleveland Plain Dealer", gab, wurde nicht nur in der Bundesrepublik als Sensation empfunden. Darin hatte Adenauer die Schaffung einer europäischen Armee vorgeschlagen, der auch deutsche Soldaten angehören sollten. Daß dieser erste Vorstoß nicht als Beginn der Überlegungen einer Wiederbewaffnung seitens der Bundesregierung zu bezeichnen ist, belegt die Tatsache, daß Adenauer schon 1948 General Speidel, der unter Hitler Stabschef des Generalfeldmarschalls Rommel gewesen war, mit der Anfertigung eines Gutachtens über Vorschläge für einen „deutschen Verteidigungsbeitrag" beauftragt hatte, dem er im November 1949, gleichzeitig mit der Unterzeichnung des Petersberger Abkommens, eine Expertise des Generals von Manteuffel folgen ließ. Dies offenbarte Adenauer zwei Jahre später, „leise über Teetassen und Sandwiches hinwegsprechend", wie es im „Bonner General-Anzeiger" vom 26./27.1.1952 hieß.

Die Aufrüstung der Bundesrepublik ordnete sich nahtlos in die von den USA betriebene Außenpolitik insgesamt ein. Hier war man um 1950 von einer Politik der „Eindämmung" (containment) zu einer Politik der „Zurückdrängung" (roll back) übergegangen, die in Europa darauf abzielte, die Deutsche Demokratische Republik und, wenn möglich, ganz Osteuropa, in ihren Einflußbereich zu zwingen. Adenauer nannte drei Beweggründe für die Notwendigkeit der Remilitarisierung der Bundesrepublik:

Nie wieder SS

Nie wieder Kommiß
Tritt das Volk für den Frieden auf, ist es mit dem Barras aus!

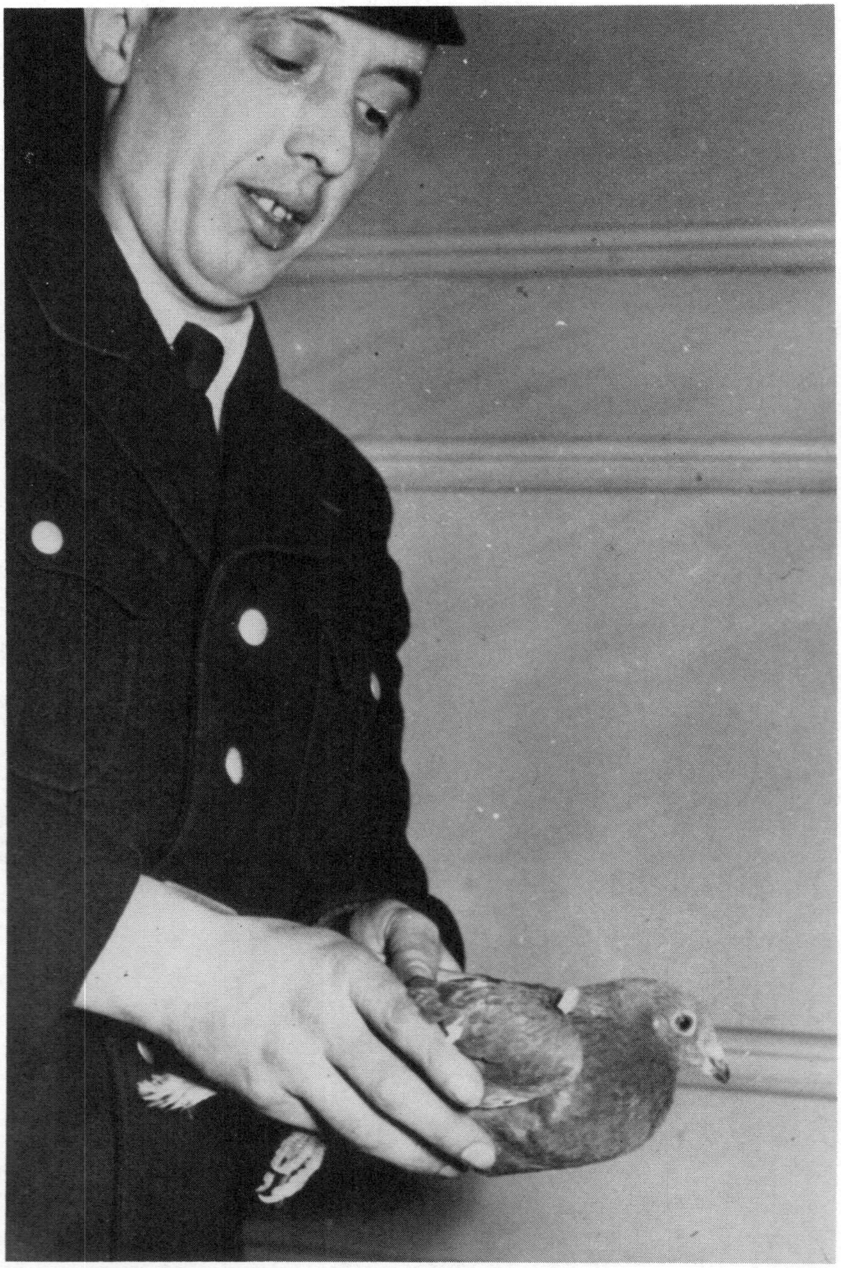

Friedenstauben störten Adenauer. Am 1.3.52 sprach Bundeskanzler Adenauer auf einer Versammlung in Heidelberg und warnte vor SPD-Einfluß im neuen Südweststaat. Zwischenrufer störten die Versammlung, in dem sie Friedenstauben aufsteigen ließen. Bild: Ein Polizist mit einer eingefangenen Friedenstaube. (Foto: Ullstein)

„1. Die Erlangung der Souveränität als Folge der Wiederaufrüstung,
2. Sicherheit gegenüber der Aufrüstung der Sowjetzone durch Sowjetrußland,
3. Herbeiführung einer europäischen Föderation.“
(Adenauer, Erinnerungen, Bd. 1, S. 345)

Große Bedeutung erlangte in der folgenden Debatte das an zweiter Stelle genannte Argument Adenauers. Seit dem Ausbruch des Koreakrieges im Juni 1950, der von westlicher Seite als eine durch die Hand Moskaus gelenkte nordkoreanische Aggression dargestellt wurde, sah die Bundesregierung die Lage als günstig an, die Wiederbewaffnung jetzt offen zu fordern. Daß der Koreakrieg die Ursache für die Bestrebungen zur Remilitarisierung der Bundesrepublik gewesen sei, wie dies auch noch in neueren westlichen Publikationen behauptet wird, läßt sich schon allein anhand des hier geschilderten Ablaufs widerlegen. Durch simplen Analogieschluß zogen die Befürworter der Wiederaufrüstung aus ihrer Version der Situation in Korea den Schluß, daß ein Angriff der Volkspolizei der DDR auf die Bundesrepublik unmittelbar bevorstünde. Die kasernierte Volkspolizei, die in alliierten Quellen übereinstimmend auf 50 000 Mann geschätzt, in Verlautbarungen der bundesrepublikanischen Regierung allerdings auf 150 000 Mann beziffert wurde, konnte jedoch nicht ernsthaft als Gefahr für die Bundesrepublik angesehen werden, bedenkt man, daß ihr — abgesehen von der Polizei — 89 000 Mann deutscher bewaffneter Hilfstruppen der Westalliierten gegenüberstanden. Beschwichtigende Stimmen fanden kein Gehör. So hatte z.B. der Bundespräsident Theodor Heuß gegenüber der Presse geäußert, er sei *„absolut gegen eine deutsche Wehrmacht, auch wenn die Alliierten sie vorschlagen sollten ... Offen gesagt, ich kann nicht sehen, wie die Volkspolizei einen SED-Kreuzzug gegen Westdeutschland führen wollte.“* (Westdeutsche Allgemeine Zeitung vom 9.12.1949, zitiert nach: Ulrich Albrecht, Die Wiederaufrüstung der Bundesrepublik, Köln 1980, S. 38)

Gestützt auf einen Antrag Churchills auf der Europaratstagung vom 8. bis zum 11. August 1950, der mit 89 Stimmen bei 27 Enthaltungen und fünf Gegenstimmen der sozialdemokratischen Delegierten angenommen und worin die sofortige Aufstellung einer europäischen Armee unter Beteiligung westdeutscher Truppen gefordert worden war, entfaltete Adenauer neue Aktivitäten zur Durchsetzung der Wiederbewaffnung. Am 17. August hatte er bei einer Besprechung mit den Hohen Kommissaren die Verstärkung der Besatzungstruppen und die schnelle Aufstellung einer westdeutschen Abwehrtruppe, unabhängig von der Beteiligung der Bundesrepublik an einer Europa-Armee, gefordert. Ähnliche Vorstellungen gab er tags darauf in einem Interview, jetzt allerdings nicht mit einem unbedeutenden Provinzblatt, sondern der „New York Times“, zum besten. Ende August ließ Adenauer dem amerikanischen Hohen Kommissar ein geheimes Sicherheitsmemorandum zukommen, in dem er die Aufstellung deutscher Truppen im Rahmen einer internationalen europäischen Armee anbot. Über dieses Memorandum wurden selbst die Kabinettsmitglieder erst durch die Presse unterrichtet, was allgemeine Empörung hervorrief. Die Konsequenz aus dem eigenmächtigen Vorgehen des Regierungschefs zog aber allein der damalige Innenminister Gustav Heinemann, der aus der Bundesregierung ausschied. Die Außenminister der drei

Der Koreakrieg

Im August 1945 befreite die sowjetische Armee Korea vom japanischen Imperialismus. Das Gebiet südlich des 38. Breitengrades wurde entsprechend alliierter Vereinbarungen durch Truppen der USA besetzt. Im ganzen Land entstanden Volkskomitees, die eine demokratische Umgestaltung Koreas vorantrieben. Während die Volkskomitees im Norden 1946 einen Provisorischen Volksausschuß wählen konnten, wurden sie im Süden von den Besatzungsorganen der USA aufgelöst. Hier errichtete Li Syng Man im Mai 1948 eine von den USA unterstützte Diktatur. Im August desselben Jahres fanden im ganzen Land Wahlen für die Oberste Volksversammlung Koreas statt, an denen sich trotz Verbots auch 75% der südkoreanischen Bevölkerung beteiligten. Im September errichtete die Volksversammlung die Demokratische Republik Korea (KDVR), woraufhin die UdSSR ihre Truppen abzog. Die Wahlen, die am 30. Mai 1950 in Südkorea abgehalten wurden, zeigten, wie wenig Rückhalt Li Syng Man bei der Bevölkerung hatte: von 210 Sitzen errangen seine Anhänger nur 47; sein Regime war nur noch gewaltsam aufrechtzuerhalten. Am 25. Juni 1950 gab die KDVR bekannt, daß südkoreanische Truppen in die Gebiete nördlich des 38. Breitengrades eingefallen seien. Daß Nordkorea dieser Schlag unvorbereitet traf, zeigt die Tatsache, daß die Südkoreaner schon am 26. Juni die Stadt Hädschu hatten einnehmen können. Die von der UNO — sie stand zur damaligen Zeit völlig unter dem Einfluß der USA — eingerichtete Koreakommission erklärte, ohne beide Seiten gehört zu haben und ohne Beweise anführen zu können, die KDVR zum Aggressor. Das in der UNO-Sicherheitsdebatte gefällte Urteil verschaffte den USA die Möglichkeit, ihr Eingreifen in Korea als „UNO-Polizeiaktion“ ausgeben zu können. Nachdem die koreanische Volksarmee auf dem Vormarsch war und innerhalb kurzer Zeit Seoul erobert hatte, beschlossen die USA nicht nur, Luft- und Seestreitkräfte einzusetzen, wie ursprünglich vorgesehen, sondern auch Landtruppen zu entsenden. Am Ausgang des Sommerfeldzuges hatte die nordkoreanische Volksarmee trotz der unbestrittenen Luftherrschaft der amerikanischen Fliegerkräfte 90% des koreanischen Territoriums und 92% seiner Bevölkerung befreit. Dieses Ergebnis wurde durch die amerikanische Gegenoffensive im Herbst 1950 schnell rückgängig gemacht.
Nachsiebentägigen heftigen Strassenkämpfen wurde schließ-
Nach siebentägigen heftigen Straßenkämpfen wurde schließlich am 29. September Seoul zurückerobert. Entgegen der bisher bekundeten Absicht der USA, nur Li Syng Man wieder zur Macht verhelfen zu wollen, überschritt die US-Armee nun den 38. Breitengrad. Der Vorschlag der UdSSR im August 1950, die Kampfhandlungen einzustellen, alle ausländischen Truppen abzuziehen und Wahlen in Nord- und Südkorea abzuhalten, wurde vom UNO-Sicherheitsrat abgelehnt. Der damalige amerikanische Oberbefehlshaber Mac Arthur ging nämlich davon aus, daß bis Ende des Jahres ganz Korea eingenommen sein würde. Diese Rechnung schien zunächst aufzugehen, als US-Verbände am 20. Oktober Pjongjang, die Hauptstadt Nordkoreas, eroberten. Mit Hilfe materieller Unterstützung der Sowjetunion und vor allem chinesischer Volksfreiwilliger gelang es der KDVR in zähem Kampf, wieder Boden gut zu machen. Die materielle Überlegenheit des Gegners konnte durch maximale Ausnutzung des Geländes ausgeglichen werden, so daß im Dezember 1950 die KDVR befreit war. Trotz des gigantischen Rüstungsprogramms der amerikanischen Regierung reichte die Macht des US-Imperialismus nicht aus, um das Kräfteverhältnis im Fernen Osten grundlegend zu verändern und gleichzeitig in Europa präsent zu sein. Nach schweren und verlustreichen Kämpfen im Frühjahr 1951 konnten sich auch die Vereinigten Staaten, von den europäischen NATO-Partnern gedrängt, Waffenstillstandsverhandlungen nicht mehr entziehen. Sie waren von ständigen Kampfhandlungen, einschließlich eines barbarischen Terrors gegen die Zivilbevölkerung, bei dem auch bakteriologische und chemische Kampfmittel eingesetzt wurden, begleitet und mußten mehrmals unterbrochen werden. Als endlich am 27. Juli 1953 das Waffenstillstandsabkommen von Panmundschom unterzeichnet werden konnte, bewegte sich die Frontlinie, die dann auch als Waffenstillstandslinie akzeptiert wurde, um den 38. Breitengrad. Damit war eine Situation entstanden, die der vor Ausbruch des Koreakrieges entsprach.

Korea: Zu Tausenden schaffen die USA schwerkalibrige Bomben vom Nachschubhafen Long Beach zu den Flugplätzen in Japan, die von dort aus in rollenden Einsätzen auf die koreanischen Städte abgeworfen werden (Bild oben).
rechts: Zwei Koreaner werden von US-Soldaten aufgegriffen und erhalten sogleich an der nächsten geeigneten Stelle den Todesschuß. Dieses Beutefoto ist eine grausige Ergänzung des in „Time & Life" veröffentlichten Berichtes von John Osborne: „Die Soldaten ermorden Zivilisten, einfach um sie aus dem Wege zu schaffen und sich die Mühe zu sparen, sie zu verhören ..."

Marilyn Monroe auf Truppenbetreuungs-Tour in Korea

Pablo Picasso: Massaker in Korea, 1951

Jürgen Kuczynski über die Remilitarisierung

Da ist die machtvolle Bewegung von 1951 ... eine Fortsetzung von 1950. Eine Fortsetzung und doch mehr. Denn die zunächst überwiegend gefühlsmäßige Ablehnung der Remilitarisierung, auf der die große spontane „Ohne-uns-Bewegung" von 1950 basierte, erhielt unter dem Einfluß zunehmender Kriegsgefahr, angesichts der Schrecken des Korea-Krieges eine immer mehr bewußte und organisierte Seite. Am 28. Januar 1951 wird in Essen unter der Losung „Rettet den Frieden" eine Tagung gegen Remilitarisierung und Wiederaufrüstung durchgeführt. 1700 Delegierte aus allen Teilen der Bundesrepublik beschlossen ein „Manifest gegen die Remilitarisierung Deutschlands" und forderten von der Regierung in Bonn eine Volksbefragung, die diese natürlich ablehnte. Aber hören wir das Manifest:

„Wir Vertreter von Millionen Männern und Frauen aus allen Schichten des deutschen Volkes, Arbeiter und Bauern, Ingenieure, Ärzte und Wissenschaftler, Pfarrer beider christlicher Konfessionen, Schriftsteller und Künstler, Soldaten, Offiziere und Generale des zweiten Weltkrieges, sind in der Zeit einer geschichtlichen Krise unseres Vaterlandes zusammengekommen, um ernst und unvoreingenommen zu prüfen, wie die Gefahr eines Kriegs gebannt werden kann. Wir stellen fest, daß das deutsche Volk von außerdeutschen Mächten zur unmittelbaren Vorbereitung eines dritten Weltkrieges gezwungen werden soll. Dieser Krieg würde in Deutschland beginnen und unser Volk als erstes mit seiner ganzen Schwere treffen... Ein dritter Weltkrieg wird verhindert und der Frieden gerettet werden, wenn das deutsche Volk von seinem demokratischen Recht Gebrauch macht, über sein Schicksal, über Krieg oder Frieden selbst zu entscheiden, und seinen Willen zur Ablehnung der Remilitarisierung durch eine Volksbefragung zum Ausdruck bringt. Nur so kann eine friedliche und glückliche Zukunft für unser Volk gesichert werden."

Am 14. April 1951 war dann ein Hauptausschuß zur Volksbefragung gegründet worden — die Frage lautete ganz einfach: Sind Sie gegen die Remilitarisierung und für den Abschluß eines Friedensvertrages? In allen Bundesländern hatten sich bereits Landesausschüsse sowie zahlreiche Ausschüsse auf Kreis-, Orts- und Betriebsebene, denen sich Zehntausende Helfer zur Verfügung stellten, gebildet. Bei der Einleitung eines Volksbegehrens durch die Volksbefragungsausschüsse des Landes Rheinland-Pfalz trugen sich in zwei Tagen 25 000 ein und überboten so die nach der Landesverfassung erforderliche Zahl von 20 000 Unterschriften.

Die Bewegung schwoll immer stärker an. Antikommunismus und andere Demagogie halfen nichts. Die Regierung sah nur noch einen Weg: das Verbot. Man kann sagen: das verfassungswidrige Verbot auf Grund der Verfassung. Zehn Tage nach der Konstituierung des Hauptausschusses, am 24. April 1951, erließ die Bundesregierung eine Verordnung gegen die Volksbefragung. Es wurde erklärt, die Volksbefragung untergrabe die freiheitliche demokratische Grundordnung der Bundesrepublik und „stellt einen Angriff auf die verfassungsmäßige Ordnung des Bundes dar". Mit dieser Begründung, die sich auf Art. 9 Abs. 2 des Grundgesetzes stützen wollte, wurden die Volksbefragung und die dazu berufenen Ausschüsse verboten. Bei der Begründung vor dem Bundestag mußte Innenminister Lehr zugeben, daß die Ermittlung der Volksmeinung durch eine nichtamtliche Befragung „in der Regel nicht zu beanstanden ist", die Volksbefragungsaktion aber sei „ein Glied einer planmäßigen Aktion, die den aktiven Widerstand gegen die verfassungsmäßige Ordnung des Bundes und deren Beseitigung zum Ziel hat." (Zit. n.: 3, S. 163 ff.)

Westmächte beschieden Adenauers Forderungen nach dem Aufbau einer mobilen westdeutschen Polizeitruppe und nach Verstärkung der alliierten Streitkräfte positiv. Dagegen blieben die Formulierungen des Abschluß-Kommuniqués der New Yorker Außenministerkonferenz im September 1950 bezüglich der westdeutschen Wiederaufrüstung aufgrund des französischen Widerstandes schwammig. Dennoch fühlte sich die Bundesregierung dazu ermutigt, konkrete Vorbereitungen für die Remilitarisierung zu treffen. So fand vom 5. bis zum 9. Oktober 1950 im Eifelkloster Himmerod eine geheime Klausurtagung „militärischer Sachverständiger" statt. Hier wurde eine Denkschrift verfaßt, die die wichtigsten politischen, militärischen und psychologischen Voraussetzungen für einen westdeutschen Beitritt zur europäisch-atlantischen Verteidigungsgemeinschaft aus der Sicht der Militärs zusammentrug. Zentral waren die volle Souveränität der Bundesrepublik, militärische Gleichberechtigung und die Rehabilitierung des „deutschen Soldaten", was die Freilassung der als Kriegsverbrecher Verurteilten einschloß.

Kurz nach dieser Tagung — und dies ist bezeichnend für Adenauers Taktik, die Öffentlichkeit möglichst im Ungewissen zu lassen — hielt Adenauer im Rundfunk eine Rede, in der er die Verunsicherung der Bevölkerung scheinheilig einer unverantwortlichen Presse anlastete und bestritt, Verpflichtungen hinsichtlich der Aufstellung deutscher Divisionen eingegangen zu sein.

Kurz nach der Himmeroder Tagung wurde eine „Dienststelle für die mit der Vermehrung der alliierten Truppen zusammenhängenden Fragen" im Kanzleramt gebildet, die sich allerdings keineswegs auf die Unterbringung der Besatzungstruppen beschränkte, sondern die Aufstellung der Bundeswehr vorbereitete. Ihr Leiter war der katholische Gewerkschafter Theodor Blank, der 1955 der erste Verteidigungsminister der Bundesrepublik wurde.

Die Entscheidung über die Integration der Bundesrepublik in ein westliches Militärbündnis fiel dann Ende des Jahres 1950 auf der NATO-Ratstagung am 18. und 19. Dezember, wobei die Form der Wiederbewaffnung noch offen blieb. Die französische Regierung hatte ihren vergeblichen Widerstand dagegen aufgegeben und war selbst mit dem Plan des Ministerpräsidenten René Pleven für eine „Europäische Verteidigungsgemeinschaft" (EVG) aktiv geworden. Dieser Plan sah eine europäische Armee unter einem europäischen Verteidigungsminister vor, was den Verzicht auf einen wesentlichen Teil nationalstaatlicher Souveränität bedeutet hätte. Die bundesrepublikanischen Streitkräfte hätten keine volle Gleichberechtigung erhalten, denn sie wären nicht wie die anderen Mitglieder der EVG gleichzeitig Mitglied der NATO gewesen, und die Bundesrepublik sollte auch kein Verteidigungsministerium besitzen. Die Bundesregierung begrüßte diesen Vorschlag trotzdem, als sie sah, daß die zunächst von den USA unterstützte atlantische Lösung, also der direkte Anschluß der westdeutschen Kontingente an die NATO, gegenüber Frankreich nicht durchzusetzen war. Gegen die Anerkennung der Auslandsschulden des Deutschen Reiches und die Beteiligung an einer gemeinsamen Verteilung der für die Kriegsindustrie notwendigen Rohstoffe fand sich die Alliierte Hohe Kommission am 6. März 1951 zu einer ersten Revision des Besatzungstatuts bereit, wodurch der Bundesrepublik begrenzte Vollmacht über ihre auswärtigen Beziehungen erteilt wurde. Sichtbares Ergebnis war die Errichtung des Auswärtigen Amtes, in dem sich viele von Hitlers ehemaligen Diplomaten ein Stelldichein gaben. Adenauer selbst übernahm das Amt des Außenministers.

Nach langen Verhandlungen beschloß die Washingtoner Außenministerkonferenz vom 10. bis 14. September 1951 die Beteiligung der Bundesrepublik an der geplanten EVG und stellte die völlige Ersetzung des Besatzungsstatuts durch eine neue Form der Beziehungen zur Bundesrepublik in Aussicht. Hiermit wurde ein Junktim zwischen der Beteiligung der Bundesrepublik an einem westlichen Militärbündnis und ihrer Gleichberechtigung hergestellt.

Bevor noch die militärischen und politischen Bedingungen, die die Militärs für den deutschen Wehrbeitrag gestellt hatten, gänzlich erfüllt waren, wurden die „psychologischen Hemmnisse" aus dem Wege geräumt. Im Januar 1951 gab General Eisenhower, der für den NATO-Oberbefehl vorgesehen war, eine Ehrenerklärung für die faschistische Wehrmacht ab, woraufhin die schon vorher begonnenen Entlassungen verurteilter Kriegsverbrecher verstärkt fortgesetzt wurden.

Wie beurteilten die Parteien und Gewerkschaften, die bundesrepublikanische Bevölkerung insgesamt diese „Erfolge" der Adenauer-Regierung?

Innerhalb des Parlaments hatte sich im Laufe der Jahre 1949/50 ein merklicher Gesinnungswandel bei den großen Parteien vollzogen. Noch in der ersten Wehrdebatte am 5. und 16. Dezember 1949, ausgelöst durch Adenauers Interview mit dem „Cleveland Plain Dealer", wandten sich sowohl die Abgeordneten der CDU/CSU als auch der SPD eindeutig gegen die Remilitarisierung. Während die in der Regierungskoalition vertretenen Parteien schnell auf Adenauers Kurs umschwenkten, blieb die SPD zunächst bei ihrer grundsätzlich ablehnenden Haltung. Anders stellte sich die Situation dagegen bei der Debatte über die Aufstellung militärischer Verbände durch die Bundesrepublik am 8. November 1950 dar. Zwar lehnte Schumacher den von der Bundesregierung befürworteten Pleven-Plan ab, aber dieses Nein war zugleich ein bedingtes Ja, denn er bezeichnete einen militärischen Beitrag der Bundesrepublik für möglich, wenn die anderen Staaten sie als gleichberechtigten Partner eines internationalen Vertrages akzeptierten. Der Wehrexperte der SPD, Fritz Erler, faßte die komplizierte Haltung der SPD folgendermaßen zusammen: *„Ein bedingungsloses Nein zu jeder militärischen Verteidigung wäre Wasser auf die Mühlen der sowjetischen Politik. Nur zwischen dem bedingungslosen Nein, das uns zu Satelliten der russischen Politik macht, und dem bedingungslosen Ja, das uns als Satelliten der amerikanischen Politik unterwirft, geht der schmale Grat der deutschen Außenpolitik."* (Fritz Erler, Soll Deutschland rüsten? Die SPD zum Wehrbeitrag, o.O.u.J., S. 49) Eine ähnliche Position vertrat die DGB-Führung; sie legte sich aber zunächst Enthaltsamkeit in dieser Frage auf, weil sie meinte, die Entscheidung der Remilitarisierung sei Sache der im Bundestag vertretenen Parteien. Daß sich diese zwiespältige Position innerhalb der SPD- und der Gewerkschaftsführung durchsetzen konnte, lag sicher auch daran, daß jegliche Aktionseinheit mit Kommunisten, die innerhalb wie außerhalb des Parlaments entschieden gegen jede Form der Aufrüstung eintraten, vermieden werden sollte.

Obwohl die größten Organisationen der Arbeiter im Kampf gegen die Wiederbewaffnung keine aktive Rolle

TT-Bilderdienst

Im September (1950, d. Hsg.) verbot die Bundesregierung, daß Mitglieder der KPD, der FDJ, des Kulturbundes, des Demokratischen Frauenbundes und anderer demokratischer Organisationen weiterhin in Einrichtungen des öffentlichen Lebens tätig waren. Daraufhin — man bringt es kaum über die Lippen, die Feder sträubt sich, es niederzuschreiben — ersuchten rechte Führer des DGB die Regierung, sich ihrer als alte antikommunistische Experten zu bedienen und unverzüglich Beratungen mit Vertretern des Bundesvorstandes des DGB aufzunehmen, in welcher Weise der Kabinettsbeschluß seitens des Bundes, der Länder, der Städte und Gemeinden sowie der öffentlich-rechtlichen Körperschaften durchgeführt werden soll.

Aber die Bewegung gegen die Remilitarisierung ging auf breiter Basis weiter. Am 24. September riefen 25 000 Jungarbeiter auf der ersten Jugendtagung der IG Bergbau in Bochum dem Bundespräsidenten Theodor Heuss im Sprechchor zu: „Wir wollen keine Soldaten sein! Theodor geh Du allein!"

Vornehmer in der Sprache, aber nicht weniger bestimmt im Inhalt, verlautbarte aus der Kirche im Oktober: Der Bruderrat der Bekennenden Kirche und der hessische Kirchenpräsident Niemöller wenden sich in Offenen Briefen an Adenauer und verurteilen jede Aufrüstung. „Wenn der gegenwärtige Bundestag über diese Frage entscheidet, so käme das einem Volksbetrug gleich, da kein deutscher Wähler bei der Wahl im Sommer 1949 die Absicht gehabt hatte, dem Deutschen Bund die Vollmacht zu einer Kriegsrüstung oder Kriegsbeteiligung zu geben", erklärte Niemöller am 4. Oktober 1950.

Zwei Wochen später, am 20. Oktober, schrieb die Konstanzer Wochenzeitung „Die 7 Tage", die eine Meinungsumfrage zur Remilitarisierung unternommen hatte: „Wir haben durch unsere Frage ‚Willst Du unter die Soldaten?' eine Schleuse geöffnet, die lange Zeit blockiert war. Nicht nur, daß über 16 000 Leser auf unsere Frage geantwortet haben, viele Hunderte haben ihre Meinung auch noch in Begleitschreiben ausführlich dargelegt ... Das spontane Echo war gewaltig! Das Ergebnis auf unsere Fragen:

	Ja	Nein
Wünschen Sie eine Wiederaufrüstung Deutschlands?	27%	73%
Oder halten Sie eine Sicherheitsgarantie der Westmächte für Deutschland für ausreichend?	67%	33%
Sind Sie selbst bereit, Militärdienst zu tun?	15%	85%

(Zit. nach 3, S. 113 f.)

Die „Ohne-Uns"-Truppen beim Kölner Karneval

Die KPD unterstützte die Volksbefragung (gegen die Remilitarisierung, d. Hsg.) mit ganzer Kraft. Die Befragung wurde durch die Bundesregierung verboten (28.4.1951). Es bedurfte darum sorgfältiger und oft sogar recht ausgedehnter Vorbereitungen, damit eine Befragung schlagartig durchgeführt und vor dem Eintreffen der Polizei beendet werden konnte. Als zum Beispiel die hessische Stadt Hanau durch mehrere hundert Volksbefragungshelfer — zumeist waren es Frauen — befragt werden sollte, wurden die Polizeibehörden durch fingierte Anrufe aufgeschreckt. Die Polizei sollte den Eindruck gewinnen, ganz Darmstadt werde von Volksbefragungshelfern überschwemmt. Die südhessische Bereitschaftspolizei, die Polizeireserven wurden nach Darmstadt in Marsch gesetzt, wo sie ins Leere stießen. Unterdessen wurde die Befragung in Hanau vorgenommen. Als die Polizei endlich dort eintraf, war die Aktion bereits abgeschlossen. In anderen Fällen waren es vor dem Fabriktor dichte Arbeiterketten, die der Polizei das Vordringen zu den Befragungshelfern unmöglich machten. Oft entbrannte auch der Kampf um die Wahlurnen. In manchen Fällen wurden Reserveurnen mitgenommen, um sie der Polizei zur Täuschung in die Hände zu spielen. Es gab Fälle, in denen der Polizei die Beschlagnahme echter Wahlurnen gelang. Kluge Helfer veranlaßten dann bisweilen die Häscher, deren Inhalt zu quittieren: So kam es zur polizeilichen Zählung und Bestätigung des Abstimmungsergebnisses. (Zit. nach 5, S. 56 f.)

spielen wollten, entwickelte sich doch innerhalb der Bevölkerung eine breite Widerstandsbewegung. Umfragen hatten ergeben, daß drei Viertel aller Westdeutschen das „Soldatwerden" in diesen Jahren ablehnten (Hans-Adolf Jacobsen, Zur Rolle der öffentlichen Meinung um die Wiederbewaffnung; in: Aspekte der deutschen Wiederbewaffnung, Boppard 1975, S. 63 f.). Im Jahre 1950 entstand spontan die „Ohne-uns-Bewegung", die zunächst nur in der Ablehnung der Wiederbewaffnung durch einzelne Persönlichkeiten oder kleinere Gruppen bestand. Von der couragierten Haltung Heinemanns gegenüber Adenauer war bereits die Rede. Dabei ließ er es jedoch nicht bewenden, sondern betrieb aktive Friedenspolitik; 1951 gründete er zusammen mit der Vorsitzenden des Zentrums, Helene Wessel, die „Notgemeinschaft für den Frieden Europas", die als überparteiliche Sammlungsbewegung gegen die Wiederaufrüstung ihr Hauptwirkungsfeld unter den Mitgliedern der ehemaligen Bekennenden Kirche fand. Besonderen Einfluß erlangte in dieser Widerstandsbewegung Martin Niemöller, der schon während des Faschismus als Hauptsprecher der Bekennenden Kirche und des „Pfarrernotbundes" großes Ansehen genoß. Er richtete am 4. Oktober 1950 einen offenen Brief an Adenauer, in dem es hieß: *„Wenn der gegenwärtige Bundestag über diese Frage entscheidet, so käme das einem Volksbetrug gleich, da kein deutscher Wähler bei der Wahl im Sommer 1949 die Absicht gehabt hatte, dem Deutschen Bund die Vollmacht zu einer Kriegsrüstung oder Kriegsbeteiligung zu geben."* (Zitiert nach: Fritz Krause, Antimilitaristische Opposition in der BRD 1949—1955, Frankfurt a.M. 1971, S. 42) Unter den vom Bundesinnenministerium gezählten 175 Vereinigungen, die gegen die Wiederaufrüstung kämpften, waren der „Darmstädter Aktionskreis gegen Militarisierung" und der „Nauheimer Kreis" um den Geschichtsprofessor Ulrich Noack besonders aktiv.

Ende 1950 verbreiterte sich diese Bewegung; überall im Stadtbild machte sie auf ihre Existenz aufmerksam. An Verkehrsschildern, Briefkästen, Häuserwänden klebten Plakate in Taschenformat mit der Aufschrift: *„Unterstützt die Ohne-mich-Bewegung. Schließt euch zu Gruppen zusammen!"* Immer lauter wurde der Ruf nach einer Volksabstimmung über die Wiederaufrüstung. Dies wurde jedoch nicht nur von der Regierung, sondern auch von der sozialdemokratischen Opposition strikt abgelehnt; Herbert Wehner: *„Diese Aktion muß als ungesetzlich unterbunden werden."* (Verhandlungen des Deutschen Bundestages, Bd. 7, Bonn 1951, S. 5497)

Ende Januar 1951 fand unter Beteiligung von 1700 Gegnern der Wiederbewaffnung ein Friedenskongreß in Essen statt. Hier wurde ein vorbereitender Ausschuß für die Volksabstimmung gewählt. Obwohl die KPD in dieser Bewegung eine wichtige Rolle spielte, stellten sich auch viele SPD-Mitglieder und Gewerkschafter hinter die Forderung nach einer Volksbefragung, wofür etliche mit ihrem Parteiausschluß oder ihrer Enthebung von Funktionen bezahlen mußten. Trotz des am 24. April 1951 von der Adenauer-Regierung erlassenen Verbotes, fand im Sommer die Volksbefragung gegen die Remilitarisierung, wenn auch unter sehr erschwerten Bedingungen, statt. Nicht überall war die Befragung so erfolgreich wie z.B. in Hanau, wo drei Viertel der wahlberechtigten Bevölkerung erreicht wurde; aber dort, wo die Bevölkerung angesprochen wurde, egal ob in Städten, auf dem Land oder in den großen Fabriken, stimmte die überwältigende

Mehrheit gegen die Militarisierung. Im März 1952 legte der Hauptausschuß für die Volksbefragung das Ergebnis vor: 9119667 Bundesbürger hatten gegen die Remilitarisierung gestimmt.

Neben dieser bundesweiten Bewegung wurde aber die Ablehnung der Wiederaufrüstung auch in vielen einzelnen regionalen Aktionen deutlich. So im Widerstand der Bergarbeiter gegen die von den Zechenherren geforderten Sonderschichten, die angeblich den Hausbrand für die Wintermonate sichern sollten, tatsächlich aber für die Schwerindustrie, v.a. für die während des Koreakrieges auf Hochtouren laufende amerikanische Rüstungsproduktion, gebraucht wurden. Die von der KPD aufgestellte Parole „Panzerschichten folgen Panzerschlachten" wurde von den Bergleuten trotz massiver Drohungen aufgegriffen, so daß Ende Januar kaum noch Sonderschichten gefahren wurden. Auch die Jugend setzte in vielen, z.T. gefährlichen, Aktionen Zeichen des Widerstandes. Anfang 1951 landeten sieben Jugendliche, Mitglieder der FDJ, der Falken, der katholischen Jugend und der Gewerkschaftsjugend auf der Insel Helgoland und verhinderten damit die von der englischen Luftwaffe dort betriebenen Bombenabwürfe. Angehörige der FDJ mauerten in nächtlicher Aktion Sprenglöcher an strategisch wichtigen Anlagen, die in Vorbereitung auf die Wiederaufrüstung hergerichtet worden waren, wieder zu.

Diese Beispiele zeigen, wie groß die Bereitschaft in der Bevölkerung war, sich der von den Westalliierten und der Bundesregierung geplanten Remilitarisierung zu widersetzen; allerdings fehlte der Bewegung die notwendige Vereinheitlichung, die ihr eine größere Schlagkraft verliehen hätte.

...Trotz alledem (Verbot der Volksbefragung, d. Hsg.) ging im Januar 1951 die Befragung weiter! Bei einer Befragung in der Badischen Anilin- und Soda-Fabrik AG, Ludwigshafen, gaben 20023 Arbeiter und Angestellte ihre Stimme ab, davon sprachen sich 18893 gegen die Remilitarisierung aus. Bei Krupp in Essen stimmten von 12308 Befragten 11921 auf die schon genannte Frage mit Ja.

Tausende von Befragungen wurden entgegen dem Verbot durchgeführt, und noch nicht ein Jahr nach dem Verbot konnten wir melden, daß sich 9119667 Bürger gegen die Remilitarisierung und für den Abschluß eines Friedensvertrages ausgesprochen hatten. Wahrlich ein ganz großer Erfolg.

Noch einmal erreichte die Bewegung einen Höhepnkt, als der 1. Mai 1952 zum Kampftag gegen die EVG erklärt wurde und am 11. Mai eine Jugendkarawane für den Frieden, an der sich 30000 beteiligten, im Ruhrgebeit stattfand. Die Polizei schoß auf die Teilnehmer und tötete Philipp Müller.
(Zit. nach 3, S. 166)

Delegationen junger Falken, Gewerkschafter und Kommunisten fuhren 1950/51 hinaus auf die Nordsee, hinüber auf die gesperrte Insel Helgoland, die von den Engländern als Bombenziel benutzt wurde. Kaum war es der Militärpolizei gelungen, die eine dieser Gruppen zu verhaften, landete die nächste Gruppe und verhinderte die Benutzung der roten Sandstein-Insel als Bombenziel. 1952 gaben die Engländer schließlich auf. Die Insel wurde wieder bewohnbar. (Zit. nach 5, S. 58)

TT-Bilderdienst

Sprenglöcher-Aktionen am Niederrhein gab es vor allem während der Jahre 1954 bis 1956, nachdem bekannt geworden war, daß eine Baufirma aus Duisburg diese Anlagen auf und neben wichtigen, strategischen Punkten und Straßen baute, die der Aufnahme von Atomsprengsätzen dienen sollten. Sprenglöcher u.a. auch an den Zugangsstraßen zum Rhein, vor allem dort, wo mit atomaren Explosionen das Rheinbett abzusperren war und sich der Rhein stauen mußte. Die Fotos zeigen Kommunisten und andere Einwohner des niederrheinischen Raums zwischen Neuss und Krefeld. Hier wurden die Arbeiten der Baufirma, wo sie sich zeigte, sofort erkannt. Die Sprenglöcher wurden zugeschüttet, evtl. mit einem Betonpropf versehen oder aber die Einrichtungen wurden zerschlagen. (Fotos: TT-Bilderdienst)

TT-Bilderdienst

In Nizza trafen sich Jugend-Delegationen aller Völker, um gegen die Kriegsvorbereitungen zu protestieren. Ehrengast war Pablo Picasso, der für die „Humanité" die nebenstehende Skizze seiner Friedenstaube entwarf. Hier empfängt er Vertreter der saarländischen FDJ.

Demonstration in Gelsenkirchen (TT-Bilderdienst)

Auf der Grundlage des „Blitzgesetzes“ (das erste politische Sonderstrafgesetz vom 11. Juni 1951, so genannt wegen seiner äußerst schnellen Verabschiedung im Parlament, d. Hsg.) wurden von 1951 bis 1961 etwa 200 000 politische Ermittlungsverfahren eingeleitet, die rund 500 000 Bundesbürger betrafen. Unter den Verurteilten befanden sich die führenden kommunistischen Funktionäre Oskar Neumann, Karl Dickel, und Emil Bechtle, die wegen ihrer Unterstützung der Volksbefragung (zur Remilitarisierung, d. Hsg.) insgesamt siebeneinhalb Jahre Gefängnis erhielten, die leitenden FDJ-Funktionäre Josef Angenfort und Wolfgang Seifert (fünf Jahre Zuchthaus und vier Jahre Gefängnis). Die leitenden Funktionäre der KPD Josef Ledwohn, Fritz Rische und Walter Fisch wurden zu je dreieinhalb Jahren Gefängnis verurteilt, Richard Scheringer erhielt zwei Jahre Gefängnis. Gegen Max Reimann besteht seit 1953 Haftbefehl wegen Herausgabe des „Programms der nationalen Wiedervereinigung Deutschlands“ der (damals noch legalen) Partei. Die führenden Funktionäre der Gesellschaft für Deutsch-Sowjetische Freundschaft wurden verurteilt, ebenso die Leiter der Arbeitsgemeinschaft demokratischer Juristen (zum Beispiel Dr. Hans Mertens: vier Jahre Gefängnis) und der Vorstand der „Sozialistischen Aktion“, einer Gruppe oppositioneller Sozialdemokraten (die drei Hauptangeklagten erhielten: Robert Steigerwald vier Jahre, Horst Boje dreieinhalb Jahre und Karl Wölz drei Jahre Gefängnis). (Zit. nach 5, S. 71 f.)

3. Politische und ökonomische Restauration

Die Bundesregierung konnte ihr Ziel, möglichst schnell die Wiederaufrüstung auch gegen den Willen der Bevölkerung durchzusetzen, nur dann verwirklichen, wenn sie gleichzeitig eine Politik der Aufrüstung nach innen betrieb. Dem stimmten auch die drei westlichen Außenminister auf ihrer oben schon erwähnten Beratung in New York im September 1950 zu: *„Was die interne Sicherheit anbetrifft, sind die Außenminister von der Notwendigkeit überzeugt, die deutschen Stellen in die Lage zu setzen, eventuellen Untergrundbewegungen wirkungsvoll entgegenzutreten. Zu diesem Zweck sind die Außenminister übereingekommen, die Aufstellung beweglicher (mobile) Polizeikräfte auf Landesbasis zu genehmigen.“* (Europa-Archiv, 19/1950 S. 3406) Die Möglichkeit, eine kasernierte Bereitschaftspolizei von 10 000 Mann aufzustellen, setzte die Bundesregierung schnell in die Tat um. Am 16. März 1951 wurde das Gesetz über den Bundesgrenzschutz verabschiedet, ein Jahr später schon eine Verdoppelung der Zahl der Soldaten beschlossen.

Die Aufstellung dieser „Bürgerkriegsarmee“ wurde durch eine Reihe gesetzgeberischer Maßnahmen zur Ausschaltung der Kräfte, die besonders aktiv gegen die Wiederaufrüstung kämpften, ergänzt. Schon im September 1950 war Angehörigen der KPD, der FDJ, des Demokratischen Frauenbundes, der Gesellschaft für deutsch-sowjetische Freundschaft und anderer Organisationen durch Regierungsverordnung der Eintritt in den öffentlichen Dienst untersagt worden. Von dieser Maßnahme waren durchaus nicht nur Kommunisten betroffen, wie auch das Beispiel des Demokratischen Kulturbundes Deutschlands beweist. Ihm gehörten viele Persönlichkeiten an, die schwerlich als Sympathisanten der KPD zu bezeichnen sind, wie Kurt Desch, Ernst Rowohlt oder Manfred Hausmann.

Diesem Berufsverbot folgte im Juni 1951 das Verbot der FDJ im Bundesgebiet; im November erhob der Nachfolger Heinemanns im Innenministerium, Lehr, im Namen der Bundesregierung gegen die KPD Anklage wegen Verfassungsfeindlichkeit, die das Bundesverfassungsgericht fünf Jahre beschäftigen sollte. Auch die erste Änderung des Grundgesetzes im August 1951 gehört in diesen Zusammenhang. Durch das sog. Blitzgesetz — der Bundestag benötigte nur drei Tage zu seiner Verabschiedung — wurden die Bestimmungen über Hochverrat aus dem Grundgesetz genommen und in der Weise geändert, daß durch die sehr weit gefaßten Formulierungen den Gerichten die Möglichkeit gegeben wurde, jede Kritik an der Bundesregierung unter Strafe zu stellen. Allein von 1952 bis 1954 wurden daraufhin 8000 Strafverfahren eingeleitet.

Durch solche und ähnliche Maßnahmen entstand in der Bundesrepublik ein politisches Klima, das dem in den USA in nichts nachstand. Hier hatte Senator McCarthy durch seine Rede am 9. Februar 1950 vor dem Republikanischen Frauenclub in Wheeling, West Virginia, in der er behauptete, er kenne 205 Kommunisten im State Department, die die Schuld an Amerikas Mißerfolgen, wie z.B. dem „Verlust" Chinas, trügen, das Signal für die hysterische Verfolgung fortschrittlicher und demokratischer Kräfte gegeben.

Auf dem rechten Auge dagegen war Justitia wieder einmal blind, wie die Affäre der sog. BDJ-Partisanen bezeugt. Der Bund Deutscher Jugend (BDJ) war eine Gegengründung zur FDJ und verfügte auch in der DDR über illegale Gruppen. Sie erhielt Zuschüsse von staatlichen Dienststellen und unterhielt enge Kontakte zum Verfassungsschutz. Zum Eklat kam es, als bekannt wurde, daß der BDJ einen „Technischen Dienst" zur Vorbereitung des Partisanenkampfes gebildet hatte. Daraufhin nahm die hessische Polizei zahlreiche BDJ-Mitglieder in einem Großeinsatz fest. Trotz heftiger Kritik des hessischen Ministerpräsidenten unternahm die Bundesregierung nichts gegen diese Organisation, nur einzelne Bundesländer schlossen sich dem hessischen Beispiel an.

Seit 1949 sprossen Soldaten- und Traditionsverbände, deren Gründung durch das Kontrollgesetz Nr. 8 ausdrücklich verboten war, wie Pilze aus dem Boden. Sie schufen sich im September 1951 ihre Dachorganisation, den Verband Deutscher Soldaten.

Ähnlich wie nach der Novemberrevolution waren auch in der Bundesrepublik die alten Staatsdiener übernommen worden, sofern sie sich im Faschismus nicht zu sehr kompromittiert hatten. Aber auch auf die letzten im Zuge der Entnazifizierung vorübergehend ausgeschiedenen „Fachkräfte" wollte man nicht verzichten. Am 19. Mai 1951 verabschiedete der Bundestag mit den Stimmen der SPD das „Gesetz zur Regelung der Rechtsverhältnisse der Personen, die nach 1949 im öffentlichen Dienst nicht oder nicht in ihrer früheren Stellung verwendet wurden (Art. 131 Grundgesetz)". Davon betroffen waren 150000 Beamte und Angestellte, die nun ihre vollen Versorgungsansprüche zurückerhielten bzw. die Möglichkeit bekamen, wieder in den Staatsdienst zu treten. Nicht nur Mit-

Renazifizierung:
Zum Beispiel F.K. Vialon

So wurde beispielsweise Dr. Friedrich Karl Vialon Anfang 1950 Abteilungsleiter im Bundesfinanzministerium. Der erfahrene Beamte war schon 1937 aus dem badischen Justizdienst ins Reichsfinanzministerium berufen worden, hatte dann — wie er in seinem Lebenslauf für die Presse kurz vermerkte — „im Kriege Wehr- und Zivildienst, Inland und besetzte Gebiete" geleistet und war nach der Kapitulation für einige Jahre von der Bildfläche verschwunden.

Der Grund dafür lag möglicherweise darin, daß er seinen Zivildienst in den Jahren 1942 bis 1944 als Abteilungsleiter II im „Reichskommissariat Ostland" damit verbrachte, aus den dortigen Juden soviel Geld und Wertsachen herauszupressen wie nur irgend möglich. Sein Vorgänger in diesem Amt war der grausamen Aufgabe nicht gewachsen gewesen und 8 wie es grausamen Aufgabe nicht gewachsen gewesen und — wie es in der Personalakte hieß — „nicht ostlandfähig", offenbar wegen ungenügender Unterdrückung letzter Regungen von Menschlichkeit. Vialon beendete rigoros solchen Schlendrian. Seine Dienststelle „erfaßte" alle noch „verfügbaren" Juden — nach der Ermordung von etwa 250000 Menschen noch knapp 100000 Überlebende — und vermietete sie als Arbeitssklaven an Behörden und Privatfirmen. Sie kassierte bis 1944 „aus der Verwertung der Judenarbeit" rund fünfeinhalb Millionen Reichsmark.

Die baltischen Juden waren, ehe man sie versklavte, restlos ausgeplündert worden; oft hatte man ihnen auch das letzte Paar Schuhe und die einzige Jacke geraubt. Damit sie nicht erfroren, sondern weiter „verwertet" werden konnten, ordnete Vialon am 25. September 1942 an, für Arbeitsfähige „aus dem angefallenen jüdischen Vermögen Wäsche, Kleidung, Schuhwerk und sonstige für den notdürftigen Lebensunterhalt erforderliche Gegenstände zurückzuhalten und einzulagern", um sie bei Einbruch des Winters verfügbar zu haben. Aber: „Es ist dabei darauf zu achten, daß nur minderwertige Gegenstände für diesen Zweck ausgewählt und an die Juden ausgegeben werden."

Vialons fiskalischer Spürsinn verschonte auch nicht die Friedhöfe. Seine Dienststelle verhökerte jüdische Grabsteine und erlöste beispielsweise pro Kubikmeter schwarzen Basalts 300 Reichsmark. Insgesamt kassierte sie aus dem Verkauf beweglicher Habe ihrer Zwangsarbeiter fünfeinhalb Millionen Reichsmark. Gewissenhaft wies Vialon am 20. Oktober 1942 sämtliche Reichskommissare an, streng darauf zu achten, daß die Juden nichts beiseite schafften und versteckten, vor allem „Gold und Silber, kostbare Musikinstrumente" usw. Er empfahl „geeignete Maßnahmen, auch diese Gegenstände zu erfassen" und den Juden „schwerste Strafe" anzudrohen.

Nachdem Himmler im Sommer 1943 befohlen hatte, „alle im Gebiet Ostland noch in Gettos vorhandenen Juden in Konzentrationslagern zusammenzufassen", wo sie der „Endlösung" zugeführt werden sollten, versiegten die stattlichen Einnahmen. Am 15. Februar beklagte sich Vialon bitter bei seinem Chef, dem Reichskommissar Ostland, Hinrich Lohse — er saß als Kriegsverbrecher 1949/50 noch in Haft, wurde aber wenige Monate später aus gesundheitlichen Gründen entlassen —, über „die beängstigenden Schulden des Reichskommissariats". Das Schicksal der Arbeitssklaven, die zuvor seine Kassen gefüllt hatten, war ihm entgangen.

So jedenfalls behauptete Friedrich Karl Vialon später und geriet dadurch, daß es sich um eine beeidete Aussage in einem Strafprozeß gegen die Henker des Lagers Salaspils bei Riga handelte, in dringenden Verdacht, einen Meineid geleistet zu haben. Erst dieser Umstand beendete 16 Jahre nach seinem Eintritt in den Bundesdienst die Beamtenlaufbahn Vialons, der zuletzt Staatssekretär, zuvor Ministerialdirektor im Bundeskanzleramt war. Der 1966 in den Ruhestand versetzte Finanzexperte widmete sich dann als Honorarprofessor ganz einem ihm erteilten Lehrauftrag an der Universität Saarbrücken. (Bernt Engelmann, 1, S. 220 ff.)

Globke

Oberländer

läufer zogen wieder in die Verwaltung ein, sondern auch Gestapo-Kommissare, hohe SS-Chargen des Sicherheitshauptamtes, Staatsanwälte an Sondergerichten, Ghetto-Verwalter usw. Daß die Bundesregierung ein Interesse an der Rehabilitierung der ehemaligen Nazis haben mußte, wundert nicht, sieht man, wer zu Adenauers engsten Mitarbeitern gehörte:

— Ministerialdirektor Hans Globke, seit 1953 Leiter des Bundeskanzleramtes; vor 1945 Oberregierungsrat im Reichsinnenministerium und Kommentator der Nürnberger Rassengesetze.
— Herbert Blankenhorn, Adenauers rechte Hand; vor 1945 Mitarbeiter im Ribbentrop-Ministerium.
— Felix von Eckhardt, seit 1952 Leiter des Bundespresseamtes; er schrieb in der Zeit zwischen 1933 und 1945 19 Drehbücher zu Filmen, die die alliierten Behörden zunächst verboten.
— Wilhelm G. Grewe, Leiter der Rechtsabteilung des Auswärtigen Amtes; war vor 1945 ständiger Mitarbeiter an zahlreichen prominenten Nazi-Zeitschriften.
— Theodor Oberländer, seit 1953 „Vertriebenen"-Minister; vor 1945: Teilnehmer am Hitlerputsch, nach 1933 steile Karriere als faschistischer Ostexperte, als Führer von Sondereinheiten für die Massenmorde in Lemberg und anderen sowjetischen Städten verantwortlich.

Die Bundesregierung trieb nicht nur die politische, sondern auch die ökonomische Restauration energisch voran. Dies tat sie einerseits, indem sie durch eine enge Anlehnung an die Westmächte, v.a. die USA, ökonomische Benachteiligungen zu beseitigen suchte, andererseits der westdeutschen Industrie alle nur erdenklichen Aufbauhilfen, sei es materieller oder ideeller Art, zukommen ließ.

Schon das Petersberger Abkommen hatte wirtschaftliche Erleichterungen durch die Garantie der weitgehenden Einstellung von Demontagen gebracht. Wichtiger noch war, daß die Bundesrepublik nicht mehr, wie in den Londoner Empfehlungen vorgesehen, in die Marshallplan-Hilfe nur einbezogen war, sondern ihr als Vertragspartner beitrat. Bis 1952 erhielt die Bundesrepublik insgesamt 6,5 Milliarden DM als Wirtschaftshilfe, v.a. in Form von Waren. Der Erlös dieser Waren wurde erneut als Kredit vergeben.

Korporationsstudenten in Wichs. Die „Alten Herren" waren nach 1945 bestrebt, ihre Verbindungen in der alten Tradition wieder aufzubauen. Dabei kam es mit vielen Professoren und Studenten zu heftigen Auseinandersetzungen.

Der am 9. Mai 1950 von dem französischen Außenminister Schuman vorgelegte Plan eines gemeinsamen europäischen Marktes, zunächst im Bereich der Montanindustrie, entsprach der mit dem Marshallplan eingeleiteten amerikanischen Europapolitik, die eine Integration der westeuropäischen Staaten unter Einschluß der Bundesrepublik anstrebte. Ziel der Montanunion war die Abstimmung der Produktion und Verteilung von Kohle, Eisenerz, Stahl und Schrott zwischen den beteiligten Staaten. Die Bundesregierung, ebenso wie die Monopolherren an Rhein und Ruhr, sahen in der Europäischen Gemeinschaft für Kohle und Stahl (EGKS) einen weiteren Schritt hin zur politischen Gleichberechtigung der Bundesrepublik und erhofften sich davon den Abbau wirtschaftlicher Restriktionen wie die Aufhebung von Produktionsbeschränkungen, des Verbots der Verbundwirtschaft zwischen Kohle und Stahl und des Ruhrstatus. Die SPD wies diesen Vertrag entschieden zurück. Sie forderte als Grundbedingung für eine EGKS die Überführung der

Schlüsselindustrien in Gemeineigentum und die Mitbestimmung von Arbeitern und Angestellten, damit die Montanunion kein gigantisches Kartellabkommen zwischen Großindustriellen der Bundesrepublik und Frankreichs würde. „Europa und nicht Europa AG" hieß zunächst die Parole. In der folgenden Zeit trat diese Argumentation zugunsten der Forderung nach Gleichberechtigung der Bundesrepublik in den Hintergrund, nur an der Mitbestimmungsforderung hielt die SPD fest. Für diese Forderung mobilisierte der DGB seine Mitglieder erfolgreich. Für den 1. Februar 1951 war ein Massenstreik im Ruhrgebiet angekündigt. Adenauer, der weder auf das EGKS-Projekt verzichten, noch einen Streik dieses Ausmaßes riskieren wollte, lenkte ein und stimmte nach Gesprächen mit „Arbeitnehmer"- und „Arbeitgeber"-Vertretern einer paritätischen Mitbestimmung im Montanbereich zu. Am 18. April 1951 unterzeichneten die Außenminister Belgiens, der Bundesrepublik, Frankreichs, Italiens, Luxemburgs und der Niederlande den Vertrag. Zwar wurde der EKGS-Vertrag am 11. Januar 1952 im Bundestag gegen die Stimmen von KPD und SPD angenommen, aber dieses Abstimmungsverhalten der SPD scheint eher taktisch gewesen zu sein, denn ihre Vertreter im Bundesrat, die dort über 20 der 38 Stimmen verfügten, unternahmen nichts, um diesen Vertrag zu Fall zu bringen.

Nachdem die Bundesregierung einen günstigen gesetzlichen Rahmen für die Stahl- und Kohleproduzenten geschaffen hatte, half sie auch direkt, deren Profite zu erhöhen. Die gestiegene Auslandsnachfrage nach westdeutschen Investitionsgütern und Rohstoffen im Jahre 1951 im Gefolge des Koreakrieges, der sog. Korea-Boom, hatte gezeigt, daß die Unternehmen im Ruhrgebiet hinsichtlich notwendiger Modernisierung und Kapazitätserweiterung einiges nachzuholen hatten. Es kam zu erheblichen Engpässen; die große Nachfrage nach Eisen und Stahl konnte nicht befriedigt werden. Hatte Wirtschaftsminister Erhard bis dahin durch gezielte Bewirtschaftungs- und Preispolitik die Konsumgüterindustrie gefördert, verordnete nun das im Dezember 1951 im Bundestag verabschiedete „Gesetz über die Investitionshilfe der Gewerblichen Wirtschaft" eine finanzielle Spritze in Höhe von einer Milliarde DM für den Kohlebergbau und die eisenschaffende Industrie und gewährte ihnen Sonderabschreibungsmöglichkeiten.

Die ökonomischen Auswirkungen der EGKS zeigten sich schon bald. Während die Stahlproduktion in der Bundesrepublik 1950 11,8 Millionen Tonnen betrug, erreichte sie 1955 bereits 21,3 Millionen Tonnen; der Anteil der Bundesrepublik an der Gesamtproduktion stieg im selben Zeitraum von 37,9% auf 40,8%. Bei den EGKS-Verhandlungen gelang es der Bundesregierung, die Hohe Kommission zu einer weitgehenden Milderung der Dekartellisierungsbestimmungen zu bewegen. Im Mai 1951 entschied sie, daß die Aktien der im Zuge der Entflechtung neu zu bildenden Gesellschaften — bis Mai 1953 waren 24 Einheitsgesellschaften aus den ehemaligen Konzernen herausgelöst worden — an die alten Aktionäre fallen sollten. Eine ähnliche Wiedergeburt erlebten die Konzerne der chemischen Industrie und die großen Banken. Damit war das Ergebnis der Entflechtungspolitik zwar eine gewisse Umstrukturierung, die Eigentumsrechte wurden jedoch nicht angetastet.

Letzte Hoffnungen auf eine demokratische Entwicklung in der Wirtschaft wurden durch das neue Betriebsverfassungsgesetz restlos beseitigt. Der von dem zuständigen Bundestagsausschuß für Arbeit vorgelegte Entwurf stellte gegenüber dem damaligen Zustand eine Verschlechterung dar. Er verpflichtete Betriebsrat und Belegschaft zum „Burgfrieden", senkte den Einfluß der Gewerkschaften auf ein Minimum, untersagte jede politische Betätigung im Betrieb und beschränkte die Rechte der Betriebsräte auf Information und Mitwirkung bei der Einstellung und Entlassung sowie Stillegung des Betriebes. Der Aufsichtsrat bestand zu zwei Dritteln aus Aktionären und zu einem Drittel aus Belegschafts- und Gewerkschaftsvertretern. Außerdem war geplant, für den öffentlichen Dienst in einem Personalvertretungsgesetz Sonderbestimmungen zu schaffen, die noch ungünstiger waren. Am 15. und 16. Mai 1952 organisierte der DGB große Demonstrationen in vielen Städten der Bundesrepublik; insgesamt waren in diesen Tagen mehr als zwei Millionen Gewerkschafter auf der Straße. Am 28. und 29. Mai erschienen im gesamten Bundesgebiet keine Zeitungen, die Druckarbeiter hatten gestreikt. Weitergehende Kampfmaßnahmen wurden allerdings vom Bundesvorstand des DGB abgesagt, um die Verhandlungen mit der Regierung nicht zu stören. Das Ergebnis dieser Verhandlungen war die Verabschiedung des Betriebsverfassungsgesetzes am 19. Juli 1952, ohne daß auch nur ein gewerkschaftlicher Änderungsvorschlag Berücksichtigung gefunden hätte.

Zusammenstöße mit der Polizei im Anschluß an eine DGB-Kundgebung gegen das Betriebsverfassungsgesetz in Düsseldorf 1953. (Fotos: TT-Bilderdienst)

Max Reimann (KPD): Die Klassenauseinandersetzungen um das Betriebsverfassungsgesetz

Um das Treibhausklima für Höchstprofite zu stabilisieren und gleichzeitig den antimilitaristischen Widerstand aus den Betrieben und Gewerkschaftsorganisationen zu brechen, wurde das Betriebsverfassungsgesetz geschaffen. Sein offizieller Titel „Mitbestimmung der Arbeitnehmer im Betrieb" ist eine einzige Irreführung. Soweit wirklich Mitbestimmung vorher erreicht, in Betriebsvereinbarungen, Ländergesetzen, Verfassungen und im Kontrollratsgesetz Nr. 22 niedergelegt war, wurde sie jetzt beseitigt. Der Herr-im-Haus-Standpunkt der Unternehmer sollte wieder die Demokratie am Werkstor enden lassen.

Insgesamt dauerte die parlamentarische Behandlung des Betriebsverfassungsgesetzes vom 27. Juli 1950 bis zum 19. Juli 1952. Dieser Zeitraum, und das zeigt die Entschlossenheit der Belegschaften, den Angriff der Reaktion in diesem entscheidenden Punkt zurückzuschlagen, ist erfüllt von den bedeutendsten sozialen und demokratischen Kampfaktionen der Arbeiterklasse seit 1933. Im Spätsommer 1951 kam es nach einer Urabstimmung, in der sich 88,5 Prozent für Kampfmaßnahmen aussprachen, zum Streik der 60 000 hessischen Metallarbeiter. Ende Oktober, Anfang November folgte der Streik der 10 000 Hamburger Hafenarbeiter, dem sich dann auch die Kollegen in Bremen anschlossen. Im April 1952 traten 60 000 saarländische Bergarbeiter in den Warnstreik. Von April 1952 an entwickelte sich die Protestbewegung immer mehr zu großen Massenaktionen, in denen die Lohnforderungen, das Verlangen nach Mitbestimmung unter Ablehnung des Betriebsverfassungsgesetzes und die antimilitaristische Aktivität, vor allem gegen den nun auf der Tagesordnung stehenden Generalvertrag, miteinander verbunden werden. So riefen am 22. April 2000 Arbeiter des Hüttenwerkes Hagen-Haspe ihre Kollegen auf, bei Unterzeichnung des Generalvertrages die Arbeit niederzulegen. In einem Kampfprogramm der Düsseldorfer Bauarbeiter wird die Forderung erhoben, der Reaktion notfalls auch mit der stärksten gewererhoben, der Reaktion notfalls auch mit der stärksten gewerkschaftlichen Waffe, dem politischen Massenstreik, entgegenzutreten.

Unter diesem Zeichen stehen auch die großen Demonstrationen am 1. Mai und in den folgenden Wochen. Am 11. Mai treffen sich in Essen 30 000 jugendliche Gegner der Remilitarisierung, und wieder steigert die Reaktion ihren Terror: Unter Polizeikugeln stirbt der junge Münchner Arbeiter Philipp Müller — schon in Friedenszeiten fordert der Militarismus das erste Todesopfer.

Am 16. Mai erlebt Hamburg unter Teilnahme von 150 000 Demonstranten die bis dahin größte Aktion seit 1945. Am 23. Mai sind es in Aachen 60 000 Demonstranten, einen Tag später in Dortmund 80 000 und zwei Tage später in Nürnberg wiederum 80 000, die gegen das Betriebsverfassungsgesetz und den Generalvertrag auf die Straße gehen. Insgesamt nehmen in der zweiten Maihälfte in Nordrhein-Westfalen 700 000 Werktätige an derartigen Kundgebungen, Demonstrationen und Warnstreiks teil.

Hatte die DGB-Spitze zunächst unter dem Druck der Aktionen selbst zu Kampfmaßnahmen gegen das Betriebsverfassungsgesetz aufgerufen, so wendeten sich führende Funktionäre des Bundesvorstandes doch von vornherein gegen eine Verbindung dieser Aktionen mit dem Kampf gegen Remilitarisierung, und das mit der Begründung, Wiederaufrüstung und Generalvertrag seien allein Angelegenheit der politischen Parteien und des Parlaments — als ob nicht diese politischen Entscheidungen zutiefst in alle Bereiche des sozialen und gesellschaftlichen Lebens der Arbeiterklasse eingreifen und damit in den elementarsten Aufgabenbereich der Gewerkschaften gehören mußten! Sechs Wochen vor den abschließenden Beratungen des Betriebsverfassungsgesetzes im Bundestag setzten sich rechte Kräfte im DGB schließlich so weit durch, die Einstellung der Kampfmaßnahmen zu verlangen. Das Resultat bestand in einer weiteren Festigung der Positionen des Monopolkapitals auf Kosten der Arbeiter und Angestellten.

Dennoch lieferten die Gewerkschafter in diesen Wochen viele Beweise ihrer Bereitschaft, den Kampf durchzustehen. Der zweitägige Streik der Druckereiarbeiter in den Zeitungsverlagen, die Protestaktionen zu Anfang Juni, an denen sich in Bremen 35 000, in Bielefeld 40 000, in Hannover 100 000 Werktätige beteiligten und die mehr und mehr auch außerhalb der Großstädte beispielhaft und anspornend wirkten — 3000 Demonstranten in Bünde, 6000 in Hameln, je 10 000 in Worms und Troisdorf —, das alles zeigt: Die Masse der Arbeiter verstand mehr und mehr, daß jetzt die Entscheidung über den weiteren Entwicklungsweg der Bundesrepublik fallen mußte; mit dem Betriebsverfassungsgesetz und dem gleichzeitig auf der Tagesordnung stehenden Generalvertrag wurden die Weichen für lange Zeit auf Rechtskurs gestellt. (Zit. nach 2, S. 193 ff.)

Jochen Mandel „Als Philipp Müller starb"

11. Mai 1952. Ich erinnere mich noch sehr gut an diesen Tag. Es war ein Sonntag, und es regnete. Vom Bahnhof Dortmund-Dorstfeld aus fuhren wir nach Essen. Wir, das waren einige junge Bergarbeiter der Zeche Dorstfeld.

Außer uns fuhren noch viele Jugendliche an diesem Tag nach Essen. Arbeiter, Angestellte, Lehrlinge, Schüler und Studenten, Kommunisten, Sozialdemokraten und Christen. Wir folgten einem Aufruf des „Präsidiums des westdeutschen Treffens der jungen Generation" zu einer Friedenskarawane der westdeutschen Jugend gegen die bevorstehende Unterzeichnung des sogenannten Generalvertrags durch den damaligen Bundeskanzler Konrad Adenauer. Der Generalvertrag beinhaltete die Remilitarisierung der Bundesrepublik Deutschland und ihre Einbeziehung in den aggressiven NATO-Pakt.

In einem Treffen in Darmstadt am 2. März 1952 hatten 1 500 Jugendliche aus der gesamten Bunderepublik gegen diese Entwicklung protestiert. Es waren Vertreter der Arbeiterjugend, der Gewerkschaft, der Naturfreunde, der Falken, der Pfadfinder, Kolping-Jugend, des CVJM und anderer evangelischer und katholischer Jugendverbände, der Sportjugend und weiterer Jugendorganisationen. Auch ich nahm an diesem Treffen teil.

Wir 1 500 Teilnehmer forderten in einem Telegramm vom Bundestag, den Generalvertrag nicht zu verabschieden und statt dessen Verhandlungen mit der Regierung der DDR aufzunehmen.

Das Präsidium dieses Treffens unter Vorsitz des Darmstädter Pfarrers Herbert Mochalski rief einige Wochen später dazu auf, am 11. Mai 1952 in Essen durch eine Demonstration und Kundgebung die Ablehnung des Generalvertrags durch die westdeutsche Jugend deutlich zu machen.

Auf der Kundgebung, die unter Leitung des Theologen Arnold Haumann stehen sollte, waren als Referenten der Bundesfeldmeister des deutschen Pfadfinderbundes, Werner Plaschke, der Gewerkschaftsjugendsekretär der Postgewerkschaft, Gustav Wenig, und der Düsseldorfer Pfarrer Meyer vorgesehen.

Der Aufruf fand breiten Widerhall. Überall, in Jugendgruppen, in Betrieben und Verwaltungen erklärten zahlreiche Jugendliche ihre Absicht, nach Essen zu fahren. Die Ablehnung der vorgesehenen Remilitarisierung und Bewaffnung der Bundesrepublik stieß nicht nur bei älteren Menschen, die den erst sieben Jahre zuvor beendeten Krieg noch als Soldaten erlebt hatten, auf starke und eindeutige Ablehnung. Jugendgruppen und Sportvereine, auch betriebliche Jugendversammlungen beschlossen deshalb spontan, an der Friedenskarawane teilzunehmen.

Auch in dem zecheneigenen Ledigenheim, in dem ich damals wohnte, und auf der Zeche selbst war ebenfalls über den Aufruf diskutiert worden. Betriebsräte und der Vorstand einer IG-Bergbau-Ortsgruppe hatten Geld gesammelt, um denjenigen unter uns, die noch in der Ausbildung waren oder aus anderen Gründen über wenig Geld verfügten, die Fahrt zu finanzieren.

Im Zug nach Essen trafen wir noch viele Jugendliche, die schon im Dortmunder Hauptbahnhof zugestiegen waren und deren Ziel ebenfalls Essen war. In einer knappen Stunde erreichten wir die Ruhrmetropole.

Im Bahnhof und davor sahen wir erneut viele Jugendliche, die sich einzeln oder in kleinen Gruppen, zum Teil mit Musikinstrumenten, zur Gruga hinbewegten, wo die Kundgebung um 11 Uhr beginnen sollte.

Aber wir sahen auch überall Polizisten, und wir hörten, daß Busse mit Teilnehmern aus dem Süden und dem Norden der Bundesrepublik an der Stadtgrenze Essens gestoppt und zurückgeschickt worden waren. Auch dort erfuhren wir erst, daß die Friedenskarawane vom Bonner Innenminister Lehr kurzfristig verboten worden war. Am Vortag, gegen 16.30 Uhr, war den Veranstaltern das Verbotsschreiben überreicht worden. Erst Stunden später war die Meldung über das Verbot durch die Rundfunknachrichten gekommen. Viele der Teilnehmer waren zu der Zeit bereits unterwegs. So zum Beispiel auch der Münchner Arbeiter Philipp Müller. Andere, wie zum Beispiel wir in unserem Ledigenheim, hatten mangels Radio nichts von dem Verbot gehört.

Als vorgeschobener „Grund" für das Verbot der Friedenskarawane mußten sogenannte „verkehrstechnische Gründe" herhalten. Angeblich war es der Polizei nicht möglich, mit den Verkehrsproblemen fertig zu werden, die 30 000 fast ausschließlich mit Bussen und mit der Bahn anreisende Jugendliche verursachen würden.

Ein verlogenes Argument, denn schon damals gab es zu manchen Fußballspielen von „Rot-Weiß-Essen" und anderen Mannschaften zumindest genausoviel Andrang. Und die Zahl der am 11. Mai in Essen zusammengezogenen Polizisten hätte ausgereicht, zehn Demonstrationen dieser Größenordnung verkehrstechnisch zu regeln.

Es gibt keinen Zweifel daran: Ohne das Verbot, ohne den Einsatz der Polizei wäre der 11.5. in Essen friedlich und ohne Zwischenfälle verlaufen. Das aber lag offenbar nicht in der Absicht der Herrschenden. Sie wollten Auseinandersetzungen, wollten Zwischenfälle, um die Gegner ihrer volksfeindlichen Remilitarisierungspolitik kriminalisieren zu können. Sie sollten als gewalttätige Rowdys hingestellt werden, um sie so besser in der Öffentlichkeit isolieren zu können. Deshalb das späte Verbot und deshalb der rücksichtslose, brutale und menschenrechtsverletzende Überfall der Polizei auf tausende junger Menschen in Essen am 11. Mai 1952. Die Polizei, der Bonner Staat, trat damals in Aktion, nicht um das grundgesetzlich garantierte Recht der Meinungsfreiheit zu schützen, sondern um es mit Gummiknüppeln zu zerschlagen und mit Pistolenkugeln zu zerschießen.

Der Einsatz der Polizei begann um die Mittagszeit. Vor der Gruga, wo die Kundgebung stattfinden sollte, fanden sich immer mehr junge Menschen ein. Friedlich und unbewaffnet standen oder saßen sie herum.

Die Polizei forderte über Lautsprecher dazu auf, den Platz zu räumen. Ohne weiteren Zeitverlust ging sie sofort nach der ersten Aufforderung gegen die dort versammelten Jugendlichen vor. Die Jugendlichen wurden gezielt auf die eine Seite der Fläche getrieben, um dort von Polizisten empfangen zu werden, die sie wieder zurücktrieben. Vereinzelt wurde von Gummiknüppeln Gebrauch gemacht. Lautes Rufen und das wütende Gebell der Polizeihunde steigerten die Erregung und Spannung.

Dann formierten wir uns, in einer Seitenstraße, etwa 100 Meter neben der Gruga, zu einem Demonstrationszug. Auf Transparenten und in Sprechchören protestierten wir gegen den Generalvertrag. Wir forderten dazu auf, statt dessen zu Verständigungsverhandlungen mit der Regierung der DDR zu kommen.

Das war für die Befehlshaber der Polizeitruppen zuviel. Schreiend hetzten sie ihre Hundertschaften mit Gummiknüppeln und Hunden auf uns. Die Polizisten hatten jede Kontrolle und Beherrschung verloren. Wie wild und zum Teil mit wutverzerrten Gesichtern stürzten sie sich auf uns und prügelten hemmungslos drauflos. Wer nicht schnell genug weglaufen konnte oder gar hinfiel, wurde von mehreren Polizisten mit Knüppeln und Fußtritten zum Teil bis zur Bewußtlosigkeit traktiert und dann auf bereitstehende Mannschaftswagen verladen.

Essener Bürger, die als zufällige Passanten gegen das brutale Vorgehen der Polizei protestierten, wurden ebenfalls zusammengeschlagen und festgenommen. Auch auf Musikinstrumente wurde keine Rücksicht genommen. Ich habe mit eigenen Augen gesehen, wie ein Polizist stehenblieb, um auf einer Gitarre, die ein Mädchen verloren hatte, herumzutrampeln.

Selbst als die Demonstration aufgelöst war, machten die Polizisten weiterhin Jagd auf alles, was jugendlich war oder als Erwachsener gegen das brutale Vorgehen der Polizei protestierte. Die Menschenjagd zog sich durch alle Straßen in der Nähe der Gruga. Die Polizisten bewegten sich zuletzt nur noch wie Marionetten, die hemmungslos auf alles einprügelten, was „verdächtig" erschien.

Plötzlich hörten wir, über das Geschrei und das Gebell der Hunde hinweg, einige Schüsse. Es klang wie das Knallen von Peitschen. Die Schüsse kamen aus der Richtung der Rüttenscheider Kirmes. Das Geschieße dauerte insgesamt mehrere Minuten. Es waren die Schüsse, die, wie wir erst später erfuhren, den jungen Münchner Eisenbahnarbeiter und Kommunisten Philipp Müller töteten und zwei weitere Teilnehmer der Friedenskarawane, den Sozialdemokraten Bernhard Schwarze und den parteilosen Gewerkschafter Bretthauer, schwer verletzten. Die Mordschützen waren Beamte der sogenannten Einsatzgruppe Wolter.

Die für diesen Mord verantwortlichen Ministerien und Polizeidienststellen verbreiteten gezielt noch am selben Abend die Falschmeldung, von den Demonstrationsteilnehmern wäre zuerst geschossen worden. Doch diese Lüge zerplatzte bereits nach einigen Tagen angesichts der übereinstimmenden Aussagen der Augenzeugen dieses Mordes. Zumal auch im Bundestag und im Düsseldorfer Landtag von den kommunistischen Abgeordneten Rische, Renner und Angenfort scharf gegen den Mordterror der Polizei protestiert und die Bestrafung der dafür Verantwortlichen gefordert wurde. Weiterhin war unbestritten, daß sowohl Philipp Müller als auch die beiden Verletzten Schwarze und Bretthauer von hinten durch die Polizeikugeln getroffen worden waren. Augenzeugen berichteten mir später, daß die Polizei blindlings in die Menge der von ihr flüchtenden Jugendlichen hineingeschossen hatte.

Die Polizei machte danach noch stundenlang Jagd auf Jugendliche in Essen. Ohne Rücksicht und mit äußerster Brutalität. Auch ich wurde, kurz vor dem Essener Hauptbahnhof, festgenommen. Vor mir gingen zwei junge Essener Bürger, eine junge Frau und ein junger Mann. Sie waren zuvor aus einer Haustür gekommen und hatten offenbar vor, eine Familienfeier zu besuchen, wie ich aus ihrem Gespräch entnehmen konnte.

Kurz vor dem Bahnhof hielt neben uns ein Mannschaftswagen der Polizei. Mehrere Polizisten sprangen herunter und verteilten sich über den Bürgersteig. Ich wurde gepackt und mit Polizeigriffen auf den Wagen befördert. Von dort sah ich, wie mehrere Polizisten mit Knüppeln auf das junge Essener Paar einschlugen. Die beiden hatten offenbar gegen ihre Festnahme protestiert. Einer der Polizisten entwickelte dabei eine besondere Prügelmethode. Er schlug das Mädchen mehrmals auf den Kopf, bis es die Arme erhob, um sich vor den Schlägen zu schützen. Dann schlug er es blitzschnell auf die Brüste und den Bauch. Als das Mädchen kurz darauf auf den Wagen geschmissen wurde und sich dort vor Schmerzen krümmte, grinste es der Polizist an und sagte: „Das juckt wohl, was, du rote Sau?"

Wir wurden darauf in ein Polizeirevier verfrachtet. Der Flur und die einzelnen Zimmer waren zum Teil bereits voll mit Jugendlichen. Einige von ihnen bluteten oder hatten durch Schläge geschwollene Gesichter. „Warum haben Sie mich denn verhaftet?" fragte ein junger Mann, der nach uns hereingebracht wurde, einen der aufgeregt herumlaufenden Polizisten. Er wurde darauf von zwei Polizisten gepackt und durch eine Tür in einen Nebenraum geschleppt. Die Tür klappte zu. Sekunden danach hörten wir nur noch das Klatschen von Schlägen und Schmerzensschreie, die kurz darauf verstummten.

Neben mir standen drei junge Essener Bergarbeiter. Einer von ihnen sagte laut: „Ich habe viel davon gehört, wie die SA und die SS 1933 gehaust haben. Jetzt weiß ich, wie das war." Ein Polizist sprang auf uns zu und schrie: „Wer von euch Roten hat das gesagt?" Doch einer der jungen Kumpel kannte den Polizisten offenbar. Denn er sprach ihn mit Namen an und sagte: „Ich habe das gesagt. Aber wenn Sie mich jetzt auch dahinten reinschleppen, müssen Sie mich totschlagen. Denn wenn ich hier lebend rauskomme, sind Sie dran." Der Polizist drehte sich, ohne ein Wort zu sagen, um und ging fort. Uns geschah danach nichts mehr.

Wenige Minuten später wurden wir ins Polizeipräsidium gebracht. Die Zellen dort waren längst überfüllt. Wir wurden in den Hof gesperrt. Dort waren schon etwa 250 bis 300 junge Menschen.

(...)

Erst sehr spät, nach Registrierung unserer Personalien, wurden wir wieder entlassen. 11 der festgenommenen Demokraten blieben in Haft. Sie wurden am 20. Oktober 1952 von der 1. großen Strafkammer beim Dortmunder Landgericht wegen angeblichem Landfriedensbruch, Aufruhr und anderer, wie es damals hieß, in „verfassungsverräterischer Absicht" begangenen „Straftaten" zu insgesamt sechs Jahren und vier Monaten Gefängnis verurteilt.

Von den Prügelpolizisten wurde keiner vor Gericht gestellt. Auch nicht der Mörder Philipp Müllers. Da die Polizei in Befolgung eines Schießbefehls gehandelt hatte, galt ihr Vorgehen als „rechtmäßig".

Über den 11. Mai 1952 in Essen liest man heute nichts in den offiziellen Geschichtsbüchern der Bundesrepublik. Er soll in Vergessenheit geraten. Trotzdem: Dieser Tag bleibt ein wesentliches Datum in der Geschichte unseres Volkes, der Arbeiterbewegung dieses Landes. Und wenn heute Politiker des Bundestages und einzelner Landtage fordern, in den Schulen mehr Informationen über die Verletzungen von Menschenrechten, über die Unterdrückung der Meinungsfreiheit und über „Schießbefehle" zu vermitteln: der 11. Mai 1952 bietet hier mehr als genug lebendiges und überzeugendes Anschauungsmaterial.

(34, S. 50 ff.)

So kamen sie in Essen an, Jugendliche, die friedlich demonstrieren wollten. Ein paar Stunden später wurden sie mit Gummiknüppeln und Revolvern angegriffen. Einer von ihnen, Philipp Müller, wurde (wie später Benno Ohnesorg) von einer Polizistenkugel tödlich getroffen.
unten: Philipp Müllers Beerdigung am 11. Mai 1952. (Fotos: TT-Bilderdienst)

Auch in steuerlicher Hinsicht unterstützte die Bundesregierung, wie schon die bizonalen Wirtschaftsorgane, die westdeutschen Unternehmen. Beispiele dafür sind die Steueränderungsgesetze von 1948 und 1949, die erstmals für Ersatzbeschaffung ausgeschiedener Wirtschaftsgüter die progressive Abschreibung erlaubten, wodurch es den Unternehmen möglich wurde, in den ersten Jahren überhöhte Abschreibungen vorzunehmen, die als Profit anzusehen sind, ferner das „Gesetz über steuerliche Maßnahmen zur Förderung der Ausfuhr" vom Juni 1951 und die Steuerreform vom Dezember 1954.

Alle diese Maßnahmen verstärkten die Nachkriegskonjunktur, so daß die Industrieproduktion der Bundesrepublik im Verhältnis zu der anderer westeuropäischer Länder besonders schnell stieg und als „Wirtschaftswunder" bestaunt wurde.

Jahr	Index der Industriep.	Mehrwertmasse	Bruttowochenlöhne	Nettowochenlöhne	Arbeitslose %
1950	100	100	100	100	10,3
1951	119	140	113	111	9,0
1952	128	151	122	118	8,4
1953	139	157	129	126	7,5
1954	158	176	134	132	7,0
1955	178	215	143	141	5,1

(Zusammengestellt nach: Karl Neelsen, Wirtschaftsgeschichte der BRD, Berlin (DDR) 1971, Tabelle 13, 29 und 26; Mehrwert im warenproduzierenden Gewerbe nach: IPW-Forschungshefte, 4/1977, S. 122)

Im Jahre 1950 hatte die Industrieproduktion den Stand von 1936 erreicht, die Löhne dagegen erreichten erst 1953 den Vorkriegsstand. Das sich nun anbahnende rasante Wirtschaftswachstum lag nicht zuletzt an dem relativ niedrigen Lohnniveau in der Bundesrepublik. Selbst Erhard konnte dieser Diskrepanz zwischen der Entwicklung der Preise und Gewinne einerseits und der Löhne andererseits eine „unerfreuliche soziale Optik" nicht absprechen. Deshalb erstaunt es auch wenig, daß bei Umfragen in den Jahren 1950/51 49 Prozent der Bundesbürger sagten: *„'Von Erhard habe ich eine schlechte Meinung', während nur 14 Prozent ihn lobten. Einverstanden mit Erhards Wirtschaftspolitik waren nur 25 Prozent. Die Mehrheit verlangte Preiskontrolle und Wiedereinführung der Zwangsbewirtschaftung."* (Theodor Siepert, Kein Vertrauen am Tag X; in: Stern, 31. Jg., 25/1978, S. 200) *„Aber wie so oft im wirtschaftlichen Leben hatte das Unpopuläre und hier auch sozial Unerfreuliche seine ökonomisch gute Seite."* (Ludwig Erhard, Wohlstand für alle, Düsseldorf 1957, S. 29)

TT-Bilderdienst

4. Die Wiedervereinigung ist gestorben

Der Schwerpunkt der Bonner Außenpolitik lag von Anfang an auf der Integration der Bundesrepublik in das westliche Bündnissystem. In Sachen Wiedervereinigung, die zwar alle Politiker gern im Munde führten, wurde wenig unternommen. Nicht, daß die Bundesregierung in dieser Frage inaktiv gewesen wäre, aber die von ihr gemachten Vorschläge waren für die DDR und die Sowjetunion unannehmbar. Und das war auch jedem klar. Deshalb lassen sich Zweifel an der Ernsthaftigkeit des Wunsches nach Wiedervereinigung zum damaligen Zeitpunkt nicht von der Hand weisen. „Freie gesamtdeutsche Wahlen" sollten die Grundlage der Wiedervereinigung sein. Die Wahlen zur Nationalversammlung, die dann eine deutsche Verfassung auszuarbeiten hätte, sollten nach einem von den Alliierten, nicht von den beiden betroffenen Staaten, erlassenen Wahlgesetz erfolgen und unter der Aufsicht der UNO stehen, die zur damaligen Zeit von den USA dominiert wurde. Ohne vorherige Einigung über den Charakter des neu zu schaffenden Staates wäre das vereinigte Deutschland nichts anderes gewesen als eine vergrößerte BRD. Dieses Wiedervereinigungsmodell wurde auf der Londoner Außenministerkonferenz im Mai 1950, auf der die Pläne zur Wiederaufrüstung der BRD im Vordergrund standen, unterstützt.

Abgesehen davon, daß das erhoffte Resultat dieser Wiedervereinigungskonzeption angesichts der beharrlich betriebenen Westintegration der Bundesrepublik für jedermann erkennbar war, scheint es der Bundesregierung zur damaligen Zeit gar nicht so ernst mit deren Verwirklichung gewesen zu sein. Am 27. September 1951 meldete Adenauer in einer Regierungserklärung vor dem Bundestag Zweifel darüber an, ob bei den gegenwärtigen Verhältnissen in der „Zone" freie Wahlen überhaupt möglich seien; dies wäre erst durch eine Kommission unter Kontrolle der Vereinten Nationen zu prüfen. Aufgrund der damaligen Mehrheitsverhältnisse in der UNO kam dieser Vorschlag mit nur sechs Gegenstimmen durch. Der eingangs schon zitierte Kenner der bundesrepublikanischen Außenpolitik Arnulf Baring wertet diesen Vorgang folgendermaßen: *„Die Einsetzung der UN-Untersuchungskommission für Deutschland war ein Pyrrhussieg der Bundesrepublik, und man wird vermuten dürfen, daß sich Brentano* (Fraktionsvorsitzender der CDU, 1955—1961 Bundesaußenminister, A.T.) *über den ausschließlich propagandistischen Zweck des ganzen Unternehmens von vornherein nicht im unklaren gewesen ist. (...) Wenn man wirklich gesamtdeutsche Wahlen wollte, wäre es sinnvoll gewesen, westlicherseits auf eine wirksame Kontrolle zur Zeit der Wahl und der Wahlvorbereitung zu dringen, um die bisher nicht bestehenden Voraussetzungen im entscheidenden Augenblick zu schaffen und zu sichern."* (In: Sehr verehrter Herr Bundeskanzler! Heinrich von Brentano im Briefwechsel mit Konrad Adenauer 1949—1964, hrsg. von Arnulf Baring, Hamburg 1974, S. 86) Ein darauf zielender Antrag des schwedischen Außenministers fand jedoch keine Mehrheit, obwohl hierin durchaus eine Möglichkeit bestanden hätte, wie aus einer Erklärung des damaligen Generalsekretärs des ZK der SED, Walter Ulbricht, vom 4. Dezember 1951 hervorgeht, der zwar die UNO-Kommission ablehnte, aber die Frage einer internationalen Kontrolle künftiger gesamtdeutscher Wahlen zu prüfen bereit war. Die Kommission wurde trotzdem eingesetzt und bemühte sich vergeblich. *„Dieses Ergebnis*

„Neuer Vorwärts" (SPD) zur Teilung Deutschlands:

Die Teilung Deutschlands kann man als die Folge von Beschlüssen bezeichnen, die von einer kleinen, aber sehr einflußreichen Gruppe am 15. April 1945 in den Amtsräumen des Unterstaatssekretärs Clayton im amerikanischen Außenministerium gefaßt worden waren. Es hatten an dieser Sitzung unter anderem teilgenommen: der Vorsitzende des Senatsausschusses für Auswärtige Angelegenheiten, Senator Vandenberg, der Unterstaatssekretär Clayton (der gleichzeitig als einer der bekanntesten Baumwollmillionäre die Interessen des agrarischen Südens vertrat), zwei hohe Militärs aus dem Kriegsministerium, der Vizepräsident von General Motors und ein Rechtsanwalt, der im Auftrag von Dillon, Read & Co. erschienen war, einer Privatbank, die zwar nicht die größte, aber vielleicht politisch einflußreichste der Vereinigten Staaten ist und in gewisser Hinsicht als der politische Erbe der Firma Morgan bezeichnet werden darf. Der Name des Rechtsanwaltes war John Foster Dulles.

Man hatte die Sitzung einberufen, um die Politik Roosevelts, der drei Tage zuvor gestorben war, zu revidieren ... Die Gruppe beschloß ... Deutschland wieder aufzubauen und dann zu remilitarisieren. Deutschland sollte zu einem ‚Bollwerk' gegen Rußland gemacht werden ... Die Strategie dieser Gruppe, vor allem mit Bezug auf Deutschland, war von Anfang an festgelegt. Man hatte sich sogar auf Schlagworte geeinigt, die für die Durchführung der eigenen Politik benutzt werden sollten. Das ergibt sich aus einer Rede des Senators James O. Eastland, den man auf die Tribüne geschickt hatte, um die neue Politik aus der Taufe zu heben. In dieser Rede, die in der Senatsdruckerei gesetzt und in Hunderttausenden von Exemplaren verbreitet wurde, erklärt der Senator vor Abschluß des Jahres 1945: ‚Wir sind auf dem beten Wege, die Grundsätze christlicher Zivilisation aufzugeben ... Es handelt sich bei dem trostlosen Schicksal Deutschlands ... um die gesamten Beziehungen zwischen der östlichen und westlichen Zivilisation. Deutschland ist stets eine Grenzmark gewesen. Deutschland ist stets die Aufgabe zugefallen, eine Zivilisation, die mehr als 2000 Jahre alt ist, gegen die orientalischen Horden zu verteidigen ... Deutschland ist der Schlußstein des gesamten (europäischen) Baus, und Deutschland muß auf jede nur erdenkliche Weise einer demokratischen freiheitsliebenden christlichen Gesellschaft, die auf dem privatkapitalistischen System aufgebaut ist, erhalten bleiben ...' Bereits im März 1945 hatte ein sehr gut informierter amerikanischer Journalist berichtet, daß ‚das State Departement schon seit längerer Zeit von amerikanischen Industriellen bombardiert wird, die vor dem Krieg Fabriken in Deutschland gehabt haben und nun den Wunsch äußern, nach Deutschland zurückzukehren ...' Der Führer der Gruppe sei der Vizepräsident von General Motors. Es war derselbe Vizepräsident, der am 15. April an der Sitzung in den Amtsräumen des Unterstaatssekretärs Clayton teilgenommen hatte. Es ist heute der Präsident und Generaldirektor der gleichen Firma, der in der Regierung Eisenhower das Amt eines Ministers für Landesverteidigung bekleidet ...

Es ist unwahrscheinlich, daß die deutsche Frage gelöst werden kann, solange sich die Macht in den Händen dieser Gruppe befindet. (3.12.1954)
1954, Bad Godesberg)

Heinemann contra Adenauer

Am 10. März 1952 unterbreitete die Sowjetunion den drei Westmächten einen „Entwurf der Sowjetregierung über die Grundlagen eines Friedensvertrages mit Deutschland". Am 23. Januar 1958 erklärt Gustav Heinemann im Bundestag, daß damals diese Chance von Bonn bewußt ausgeschlagen wurde: *„Der Herr Bundeskanzler hat damals, als die Note ihm bekannt wurde, gleich wegwerfend gesagt — wie ja immer, wenn so etwas passiert: ‚Belanglos' ...*

Wenige Tage vorausgegangen war die Rede des Bundeskanzlers vor dem CDU-Tag in Heidelberg am 1. März 1952, wo er mit aller Klarheit gesagt hatte: ‚Erst stärker werden', und dann sollte es gehen, so hieß es wörtlich, ‚um die Neuordnung der Verhältnisse in Osteuropa' ...

Kaum war diese Möglichkeit sichtbar, mit der Sowjetunion wirklich weiterzukommen, da war auch schon der ganze Übermut, die ganze Hybris wieder im Spiel, es uns als Aufgabe zuzuschreiben, ganz Osteuropa neu zu ordnen ...

Eine letzte Chance, lediglich über die Sicherheitsfragen zu einer Wiedervereinigung zu kommen, war im Winter 1954/55, eingeleitet durch eine Note der Sowjetunion vom 23. Oktober 1954, in der noch einmal die Vorschläge vom März 1952 auflebten, nämlich der Vorschlag einer Viererkonferenz, freier Wahlen in Deutschland unter internationaler Kontrolle, aber alles unter der Bedingung, daß eine Einigung über den militärischen Status eines wiedervereinigten Deutschlands erreicht werde. Und die Antwort des Westens: ‚Erst die Pariser Verträge! Die Sowjetunion wird hinterher auch noch verhandeln. Lassen wir uns nicht einschüchtern! Erst stärker werden!' Das war die Antwort ...

... Ich erachte es für die historische Schuld der CDU, daß sie bis zum Jahre 1954 in dieser leichtsinnigen Weise die damaligen Möglichkeiten ausgeschlagen hat, denen wir heute nachtrauern müssen. Wie lange wollen Sie dieses Spiel noch fortsetzen? Wie lange noch?" (Zit. nach 3, S. 142 f.)

Erklärung des damaligen Innenministers Gustav Heinemann im Bundestag am 23. Januar 1958 zu Adenauers Hintergehungen des Kabinetts: *„Der erste politische Konflikt in der ersten Bundesregierung ergab sich über die Frage, ob die Bundesrepublik dem Europarat beitreten solle. Darüber gab es im Mai 1950 in der Bundesregierung eine stundenlange Aussprache. Jakob Kaiser und ich waren gegen diesen Beitritt, weil er geeignet erschien, die Spaltung Deutschlands zu vertiefen. Nach stundenlanger Beratung im Kabinett wurde eine Kompromißformulierung gefunden, und drei Wochen später erlebte ich in der Bundesratssitzung, daß der Berichterstatter einen anderen Text vortrug, als die Bundesregierung ihn beschlossen hatte. (Hört! Hört! bei der SPD. — Zuruf von der SPD: Das ist Konrad Adenauer!)"* (Zit. nach 3, S. 108 f.)

kann Bonn kaum überrascht haben. Ohnehin waren gesamtdeutsche Wahlen kein vordringliches Ziel des Bundeskanzlers. Schon am 25. Oktober 1951 hatte Adenauer dem britischen Kommissar erklärt, die ganze Sache habe noch so viel Zeit, daß man sich jetzt nicht über sie den Kopf zerbrechen solle." (Ebd., S. 87) Ein energisches Vorantreiben der Wiedervereinigung hätte Adenauers Grundsatz widersprochen, daß nur von einer Position der Stärke aus Verhandlungen in Frage kämen. Dazu aber mußte die Integration der BRD in das westliche Bündnissystem erst vollzogen sein. *„Entweder wir blieben politisch und militärisch Niemandsland oder wir wurden als freier und gleichberechtigter Staat Partner des nordatlantischen Verteidigungssystems gegen jede Aggression Sowjetrußlands."* (Adenauer, Erinnerungen, Bd. 1, S. 473)

Die von Bonn geforderte UNO-Untersuchungskommission war die Antwort auf eine Reihe von Vorschlägen der anderen Seite. Auf der Prager Außenministerkonferenz im Oktober 1950 hatten die sozialistischen Staaten vorgeschlagen, unverzüglich einen Friedensvertrag mit Deutschland abzuschließen und einen paritätisch aus Vertretern der BRD und der DDR zusammengesetzten gesamtdeutschen Konstituierenden Rat zu bilden, der eine provisorische Regierung vorbereiten sollte. Unter dem Motto „Deutsche an einen Tisch!" forderte die DDR-Regierung zu Verhandlungen über diesen Vorschlag auf; dies wurde jedoch von Bonner Seite entschieden abgelehnt und der DDR-Regierung die demokratische Legitimation abgesprochen, über die deutsche Einheit zu verhandeln. Daß dieser Legitimationsbegriff ein ausschließlich formaler war, machte Grotewohl deutlich, indem er konterte: *„Ich weiß nicht, ob Herr Adenauer seine vollständige Isolierung gegenüber dem Volke als ausreichende Legitimation betrachtet, Westdeutschland in die Remilitarisierung zu führen."* (Otto Grotewohl, Im Kampf um die einige deutsche demokratische Republik. Reden und Aufsätze, Bd. 2, Berlin (DDR) [2]1959, S. 306)

Am 15. September 1951 richtete die Volkskammer der DDR erneut einen Appell an den Bundestag der BRD, in dem zu einer gesamtdeutschen Beratung der Vertreter Ost- und Westdeutschlands aufgerufen wurde, die über zwei Fragen zu entscheiden hätte:

— die Abhaltung freier gesamtdeutscher Wahlen zur deutschen Nationalversammlung bei gleicher Betätigungsfreiheit für alle Parteien und Organisationen;
— die Beschleunigung des Abschlusses eines Friedensvertrages mit Deutschland.

Während die Vorschläge der DDR sowohl von den Regierungsparteien als auch von der SPD-Führung als Propagandaaktion abgetan wurden, war diese schöne Einmütigkeit angesichts des „Entwurfs der Grundlagen des Friedensvertrages mit Deutschland" vom 10. März 1952, der berühmten „Stalin-Note", gestört. Hierin betonte die Sowjetunion die Notwendigkeit des baldigen Abschlusses eines Friedensvertrages mit Deutschland und unterbreitete Grundsätze für diesen Friedensvertrag. Der erste politische Leitsatz beinhaltete die Aufhebung der Spaltung Deutschlands und die Schaffung eines unabhängigen, demokratischen und friedliebenden Staates in den durch das Potsdamer Abkommen indirekt festgesetzten Grenzen, der entsprechend einer Präzisierung vom 9. April aus freien Wahlen hervorgehen sollte, den Abzug sämtlicher Streitkräfte der Besatzungsmächte innerhalb eines Jahres nach Inkrafttreten des Friedensvertrages und die Liquidierung aller ausländischen Stützpunkte. Deutschland wären eigene nationale Streitkräfte für die Verteidigung gestattet gewesen, es hätte sich aber verpflichten müssen, keiner Koalition und keinem Militärbündnis beizutreten, das sich gegen einen Staat richtete, dessen Streitkräfte an dem Krieg gegen Deutschland teilgenommen hatten.

Die erste sichtbare Reaktion Adenauers auf diese Initiative war seine Rede auf einer Tagung des Bundesverbandes der Deutschen Industrie in Siegen, in der er die Note scharf kritisierte und einen „Fetzen Papier“ nannte. Nach seiner Auffassung war der richtige Zeitpunkt für Verhandlungen noch nicht gekommen, weil dem Westen die notwendige Stärke fehlte, denn: *„Wenn die Neuordnung Europas kommt — und sie wird kommen —, dann wird man aber auch nicht vorbeigehen können an einer Neuordnung im europäischen Osten, auch bei den Satellitenstaaten ...“* (Hermann Pünder, Von Preußen nach Europa. Lebenserinnerungen, Stuttgart 1960, S. 488) Eine ähnlich ablehnende Haltung nahmen die Westmächte ein, wie aus ihrer Antwort vom 25. März 1952 hervorgeht. Besonderen Anstoß erregte bei ihnen die geplante Bündnislosigkeit des wiedervereinigten Deutschland, was auch aus einer späteren Äußerung des amerikanischen Außenministers John Foster Dulles zu entnehmen ist: *„Wenn ich zwischen einem neutralisierten Deutschland und einem Deutschland im Sowjetblock zu wählen hätte, dann wäre es fast noch besser, es im Sowjetblock zu haben. Das ist selbstverständlich nicht annehmbar. Aber ein Disengagement ist auch völlig unannehmbar.“* (Zit. nach: Ernst Nolte, Deutschland und der kalte Krieg, München 1974, S. 295)

Die SPD dagegen forderte, die Vorschläge der Sowjetunion gründlich zu prüfen, und verlangte nach neuen Viermächteverhandlungen. Auch in der CDU gab es Politiker, die so dachten. Dies trat deutlich, wenn auch folgenlos, bei der Besprechung der Stalin-Note im Parteivorstand der CDU zu Tage. *„Wie üblich entfernte sich der Bundeskanzler nach seinem etwa halbstündigen Referat sofort, da er zu anderen wichtigen Besprechungen unbedingt fort müsse. Eine Diskussion in seinem Beisein war infolgedessen wieder nicht möglich. Viele maßgebliche Mitglieder unseres Vorstandes waren über Adenauers Ausführungen keineswegs erbaut, der übliche Höflichkeitsbeifall beim Schluß seines Referats war daher bemerkenswert dünn. In meiner nächsten Umgebung waren die Kollegen Brentano, Lemmer, Friedensburg, Tillmanns, Kiesinger, Bausch und Bucerius in ihrer kritischen Haltung völlig einig.“* (Pünder, Von Preußen nach Europa, S. 488 f.)

Auch außerhalb des Parlaments blieb die Stalin-Note nicht ohne Wirkung. Größeren Stellenwert als vorher nahm jetzt die Unvereinbarkeit von Wiederbewaffnung und Wiedervereinigung in der Argumentation der antimilitaristischen Opposition ein. Schon im Januar 1952 war im „Spiegel“ unter dem Pseudonym Jens Daniel Rudolf Augsteins vielbeachteter Aufsatz „Ein Lebewohl den Brüdern im Osten“ erschienen, in dem er den Separatismus Adenauers attackiert und den Vorrang einer Wiedervereinigungspolitik vor einer Politik der Westintegration gefordert hatte. Er sah jetzt, wie viele andere, in dem Vorschlag der Sowjetunion eine reale Chance. So auch Gustav Heinemann, der Ende 1952 die Gesamtdeutsche Volkspartei gründete. Im Frühjahr 1952 veranstaltete die außerparlamentarische Opposition viele Kundgebungen und Demonstrationen, deren Höhepunkt

Im August 1954 erklärt Adenauer dem französischen Hochkommissar François-Poncet: *„Vergessen Sie bitte nicht, daß ich der einzige deutsche Kanzler bin, der die Einheit Europas der Einheit seines eigenen Vaterlandes vorzieht.“* (Zit. aus: „Hamburger Echo“, 21. August 1954)

Gespräch Adenauers mit US-Senatoren im April 1953:

„Senator Fulbright (Arkansas):

Ich möchte ihn (Adenauer, d. Hrsg.) folgendes fragen: Wenn die Russen bekantgeben sollten, daß sie bereit sind, die Wiedervereinigung von Ost- und Westdeutschland zu gestatten, welche Auswirkungen würde dies auf den Fortschritt der Einigungsbewegung und auf die Annahme des EVG-Vertrages haben? Wie würde die öffentliche Meinung in Deutschland und in Europa auf einen derartigen Schritt oder eine solche Ankündigung der Russen in der nächsten Zeit reagieren?

Bundeskanzler:

Wenn die Russen einen derartigen Vorschlag machen und freie Wahlen gestatten würden, und wenn diese Wahlen in ganz Deutschland stattfinden sollen, dann könnten solche Wahlen meiner Meinung nach nicht sofort stattfinden. Wir brauchten einige Monate, um der Bevölkerung der Ostzone, die so sehr terrorisiert wurde, die Möglichkeit zu geben, sich mit der neuen Situation vertraut zu machen, bevor sie wirklich eine freie Entscheidung treffen kann.“ (Zit. aus: „Die Neue Zeitung“, München, 23. April 1953)

Dulles und Adenauer — die antikommunistischen Leitfiguren des Jahrzehnts

Der Kampf gegen den Generalvertrag (Fotos: M. Scholz)

eine „Friedenskarawane der Jugend" bildete. Sie wurde von der Polizei mit unvorstellbarer Brutalität niedergeknüppelt, viele Demonstranten wurden verletzt, einer, Philipp Müller, erlag seiner Schußverletzung.

Jedoch die Bundesregierung ließ sich durch diese Proteste innerhalb und außerhalb des Parlaments nicht von ihrem einmal eingeschlagenen Kurs abbringen. Indem sie am 26. und 27. Mai 1952 den Generalvertrag und den Vertrag über eine Europäische Verteidigungsgemeinschaft — der Wortlaut beider Verträge war dem Parlament zu diesem Zeitpunkt nicht bekannt — unterzeichnete, machte sie deutlich, daß sie vorläufig nicht an einer Wiedervereinigung interessiert war. Der Generalvertrag hob das Besatzungsstatut auf und gab der BRD formell die volle Macht eines souveränen Staates; die Westmächte behielten sich jedoch etliche Rechte vor, so die weitere Stationierung von Streitkräften, die Regelung aller Fragen, die Deutschland als Ganzes, also auch die Wiedervereinigung, betrafen, und die Übernahme der Regierungsgewalt bei Notstand. Außerdem verpflichteten sich die Westmächte, für ein wiedervereinigtes, in die europäische Gemeinschaft integriertes Deutschland nach dem Modell der BRD einzutreten.

Die beiden Verträge bedurften jedoch noch der Unterzeichnung durch die Parlamente der beteiligten Staaten. In der BRD wurden sie nicht nur von der KPD, sondern auch von der SPD abgelehnt. Ausschlaggebend war zum einen, daß die SPD hier — ähnlich wie schon bei der Montanunion — die Gleichberechtigung Deutschlands vermißte, zum anderen aber sah sie die Gefahr, daß eine militärische Integration der BRD den Weg zur Wiedervereinigung Deutschlands versperren mußte. Erfolg erhoffte sich der Parteivorstand allerdings nicht von außerparlamentarischen Aktionen, sondern von der Anrufung des Bundesverfassungsgerichts durch die sozialdemokratische Bundestagsfraktion. Es ging dabei um die Frage, ob Deutsche auf Grundlage des Grundgesetzes überhaupt zum Wehrdienst verpflichtet werden könnten. Das hinderte viele Parteimitglieder jedoch nicht daran, sich auch an außerparlamentarischen Aktionen zu beteiligen. Heftige Proteste kamen jetzt auch aus der bäuerlichen Bevölkerung gegen militärische Bauarbeiten auf ihrem Land.

Trotzdem ratifizierte der Bundestag die Verträge schließlich am 19. März 1953 gegen die Stimmen von SPD, KPD, Zentrum und einiger unabhängiger Abgeordneter. Auch im Bundesrat wurden die Verträge angenommen, obwohl hier die SPD die Mehrheit hatte, weil die Vertreter Baden-Württembergs aus Koalitionsrücksichten dafür stimmten. Damit hatte die Bundesregierung alles getan, was in ihrer Macht stand, um die Bundesrepublik in das westliche Bündnis zu integrieren; eine mögliche Wiedervereinigung war in weite Ferne gerückt.

Die Pläne auf Anschluß der „Sowjetzone" durch den Sturz der DDR-Regierung dagegen waren damit nicht begraben. Im März 1952 war in Bonn der sog. Forschungsbeirat für Fragen der Wiedervereinigung Deutschlands gebildet worden, der „Überleitungsmaßnahmen" im Falle der „Machtübernahme in der Sowjetzone" ausarbeiten sollte. (Der Spiegel, 9. Juli 1952, S. 9) Mitte Juni 1953 hielten sich mehrere Mitglieder dieses Forschungsbeirates sowie CIA-Chef Allan W. Dulles, der Staatssekretär des Bundeskanzleramtes Otto Lenz und andere westdeutsche Politiker in Westberlin auf. Ohne die

Ereignisse des 17. Juni allein auf die Tätigkeit von Agenten westlicher Geheimdienste zurückführen zu wollen, ist doch wohl kaum anzunehmen, daß sich die genannten Persönlichkeiten allein zum Sight-seeing in Westberlin versammelt hatten. Bemerkenswert ist auch, was sich zu dieser Zeit an den Börsen abspielte: Vertreter der auf dem Territorium der DDR enteigneten Konzerne, wie AEG, Siemens, Dessauer Gas usw., erteilten Order, Aktien ihrer ehemaligen Betriebe in der DDR aufzukaufen. Sofort stieg das Interesse auch an anderen „Ostwerten". Hoffte man wie der Bundesminister für Gesamtdeutsche Fragen Jakob Kaiser darauf, daß der heiß ersehnte „Tag X" nahe sei? Lange genug hatte man auf diesen Moment warten müssen, lange genug darauf hingearbeitet. Sei es durch die „Organisation Gehlen" (seit 1955 Bundesnachrichtendienst), benannt nach ihrem Leiter, der ab 1942 Leiter der Abteilung „Fremde Heere Ost" im deutschen Generalstab gewesen war und dessen Informationen und Dienste der CIA nach dem Krieg gern in Anspruch nahm; sei es durch das Ministerium für gesamtdeutsche Fragen; sei es durch die militante „Kampfgruppe gegen die Unmenschlichkeit", die von Martin Niemöller schlicht als Verbrechergruppe bezeichnet wurde; sei es durch den „Volksbund für Frieden und Freiheit", u.a. begründet von Eberhard Taubert, dem ehemaligen Mitherausgeber der Zeitschrift „Anti-Comintern" und Mitarbeiter in Goebbels' Propagandaministerium, der Unternehmungen, die mit der DDR Geschäfte machten, mit der Parole „Verrat bringt Tod" bedrohte; sei es durch die Propaganda im Sender „Free Europe", der es sich zur Aufgabe gemacht hatte, den Geist des Widerstandes in den osteuropäischen Ländern wachzuhalten und großzügig vom CIA unterstützt wurde; oder sei es durch den RIAS, in dem ja nicht nur Onkel Tobias zu Wort kam, und der gerade am 17. Juni 1953 unschätzbare Dienste leistete, indem er durch z.T. auch verschlüsselte Nachrichten die Unruhe anheizte.

Diese Institutionen des kalten Krieges verschärften die Widersprüche, die sich in der DDR gezeigt hatten. Die Probleme waren durch ein beim Aufbau des Sozialismus zu rasch angeschlagenes Tempo in der Wirtschaftspolitik entstanden; so waren die Arbeitsnormen administrativ heraufgesetzt worden, bei der Schaffung der Genossenschaften wurde nicht immer das Prinzip der Freiwilligkeit gewahrt, gleichzeitig bestanden Versorgungsengpässe bei Konsumgütern, weil alle Kraft auf den Aufbau der bis zur Spaltung Deutschlands auf dem Gebiet der DDR unterentwickelten Schwerindustrie gelenkt worden war. Obwohl das ZK der SED schon am 9. Juni 1953 diese als fehlerhaft bezeichnete Politik in einzelnen Teilen zurückgenommen hatte und die Regierung vor allem Maßnahmen zur Hebung des Lebensstandards ergriff, war der Ausbruch von Unruhen nicht mehr zu verhindern. Die Protestaktionen richteten sich besonders gegen die hohen Arbeitsnormen, wurden von manchen aber mit einem Protest an den gesellschaftlichen Verhältnissen insgesamt verknüpft. Nach Angaben Grotewohls kam es am 17. Juni in 272 von 10 000 Gemeinden zu Unruhen, 300 000 der 5,5 Millionen Beschäftigten traten in Streik. Noch am selben Tag erklärte das ZK der SED die Erhöhung der Arbeitsnormen als unrichtig und forderte deren Überprüfung gemeinsam mit den Gewerkschaften. Partei und Regierung verfolgten die Politik, die als „Neuer Kurs" bezeichnet wurde, auch in der folgenden Zeit weiter: u.a.

Ostberliner *vor dem Columbus-Haus am Potsdamer Platz. Unter den sechs Leuten, die in die Dienststelle der Volkspolizei eingedrungen sind, ist einer, der bereits früher im Flüchtlingsstrom nach Westberlin kam, aber nun wieder dabei ist: Karlheinz Schäffer (im Fenster, zweiter von rechts)*

17. Juni 1953: Bild aus: „Stern".

Bertolt Brecht: Die Lösung

Nach dem Aufstand des 17. Juni
Ließ der Sekretär des Schriftstellerverbands
In der Stalinallee Flugblätter verteilen,
Auf denen zu lesen war, daß das Volk
Das Vertrauen der Regierung verscherzt habe
Und es nur durch verdoppelte Arbeit
Zurückerobern könne. Wäre es da
Nicht doch einfacher, die Regierung
Löste das Volk auf und
Wählte ein anderes?

führten sie die Normen auf den Stand vom 1. April 1953 zurück, hoben alle Lohnrückstufungen auf, dämpften die Entwicklung der Schwerindustrie zugunsten der Konsumgüterindustrie, erhöhten die Einfuhr von Massenverbrauchsgütern, drosselten das übereilte Tempo bei der Schaffung der Genossenschaften, setzten das Ablieferungssoll in der Landwirtschaft herab, unterstützten private Initiative in Kleinindustrie und -handel und wollten mit kleinlicher und unfruchtbarer Bevormundung und Beengung von Kulturschaffenden Schluß machen.

Stefan Heym: 5 Tage im Juni

Mittwoch, 17. Juni 1953, 18.00 Uhr

unternahm Witte einen Rundgang durch den Betrieb, um sich zu orientieren, wie er Sonneberg sagte, in Wahrheit, weil er das Bedürfnis hatte, allein zu sein ...

Die Treppe, der Korridor; letzter Sonnenstrahl, Staubkörnchen darin tanzend; Stille. Am Schlüsselring der Schlüssel zu seinem Büro, aber die Tür war nicht verschlossen ...

„Kollege Witte!"

„Hab ich Ihnen einen Schock eingejagt, Fränzchen?"

„Aber nein." Sie atmete hastig. „Ich hab ja gewußt, vom Genossen Sonneberg, daß Sie wiederkommen würden, zusammen mit den Kollegen, die da demonstrieren waren, und ich hab geglaubt, vielleicht würden Sie mich noch brauchen ... Wie war's denn?"

„Wissen Sie", sagte er, „es gibt Tage, da treffen sich die Linien der Entwicklung wie im Brennpunkt einer Linse, und auch das, was wir nicht wahrhaben wollen, wird sichtbar."

Sie nickte mehrmals, wie um zu betonen, daß sie ihn durchaus verstünde.

„Wir haben eine Niederlage erlitten", fuhr er fort, „und einen Sieg errungen, beides. Sieg und Niederlage sind relative Begriffe; alles hängt davon ab, was wir aus unserem Sieg machen, und wieviel wir aus unsrer Niederlage lernen."

„Ja", sagte sie, „darauf kommt es wohl an."

Er blickte auf; aber jede Ironie war ihr fern. „Heut in der Stadt", sagte er, „hat mir einer vorgehalten: Hättet ihr früher auf uns gehört, dann wäre vieles nicht geschehen. Sie kennen mich, Fränzchen, ich halte von Statuten und Verfassungen nur insofern etwas, als man sie mit Leben erfüllt. Aber vielleicht könnte man ins Statut unsrer Partei einen Artikel aufnehmen, der die Schönfärberei verbietet und die öffentliche Verehrung einiger Genossen, und der alle Mitglieder zu furchtloser Kritik verpflichtet und jeden bestraft, der diese Kritik zu unterdrücken sucht ..."

Der Kessel begann zu singen; sie goß den Tee auf.

„Andererseits macht, wer zum Umdenken mahnt, sich selten beliebt", fuhr er fort. „Die Weltgeschichte hat sich den Spaß erlaubt, von uns zu verlangen, daß wir den Sozialismus in einem Drittel eines geteilten Landes aufbauen, und das mit Menschen, die sich den Sozialismus keineswegs alle gewünscht haben. Wieviel von der Abneigung gegen die Partei hat seinen Grund nicht in ihren Fehlern, sondern in ihren Zielen?"

Sie wurde rot, vor Eifer, oder weil sie sich geehrt fühlte, daß er ihr so schwer zu beantwortende Fragen stellte. Aber er schien keine Antwort erwartet zu haben. Sie hörte ihn vor sich hin lachen: „Das ist ein hübscher Gedanke — vielleicht sollte die Regierung sich ein andres Volk wählen. Aber auch das Volk kann sich keine andere Regierung wählen; eine andre Regierung wäre keine Arbeiterregierung. Was bleibt als Möglichkeit: vielleicht andere Arbeiter in die Arbeiterregierung ..." [...]

Er begann, hin und her zu gehen. „Wir vereinfachen so gerne: *die* Arbeiter, *unsere* Menschen, *die* Jugend, *die* Klasse — als wären es lauter Schafherden, die man hierhin treiben kann oder dorthin. In Wirklichkeit sind das alles Menschen, Einzelwesen, im Falle der Arbeiterklasse geeint nur durch eines: ihre Stellung in der Gesellschaft, im Arbeitsprozeß. Aber das garantiert noch kein einheitliches Verhalten. Die einen haben heut gestreikt, die andern nicht; was wissen wir, wie viele Faktoren das Bewußtsein beeinflussen ... Die Arbeiterklasse, sagen wir, sei die führende Klasse und die Partei die führende Kraft der Klasse. Offensichtlich muß es Menschen geben, die stellvertretend auftreten für die führende Klasse und deren führende Kraft. Aber wer verhindert, daß sie, stellvertretend, nur noch sich selbst vertreten? ... Mit der Macht darf nicht gespielt werden, hat neulich einer gesagt, ein führender Genosse. Spielt der mit der Macht, der danach strebt, ihr eine breitere Grundlage zu geben? Kader sind gut, Polizei ist nützlich, noch wichtiger aber sind das Verständnis und die Unterstützung der Massen ... Natürlich muß man auch den Mut haben, das Unpopuläre zu tun. Die Minderheit von heute wird zur Mehrheit von morgen, wenn sie die Logik der Geschichte auf ihrer Seite hat. Ich weigere mich zu glauben, daß Menschen, die moderne Maschinen bedienen und den Produktionsablauf beherrschen, nicht imstande sein sollten — wenn man sie richtig informiert —, über die eigne Nasenspitze zu blicken." ...

„Es wird viel von Schuld gesprochen werden in der nächsten Zeit", sagte er, „und manch einer wird sich verleiten lassen, die Schuld bei anderen zu suchen. Aber wie viele werden vortreten und erklären: es hat auch an mir gelegen, Genossen — und dann die Konsequenzen ziehen? ... Das Schlimmste wäre, für das eigne Versagen den Feind verantwortlich machen zu wollen. Wie mächtig wird dadurch der Feind! ... Doch ist die Schuld nicht nur von heut und gestern. Auch für die Arbeiterbewegung gilt, daß nur der sich der Zukunft zuwenden kann, der die Vergangenheit bewältigt hat ..."
(1974)

(Aus dem gleichnamigen Roman, erschienen 1974 bei Bertelsmann/München)

Bertolt Brecht:

Die Demonstrationen des 17. Juni zeigten die Unzufriedenheit eines beträchtlichen Teils der Berliner Arbeiterschaft mit einer Reihe verfehlter wirtschaftlicher Maßnahmen.

Organisierte faschistische Elemente versuchten, diese Unzufriedenheit für ihre blutigen Zwecke zu mißbrauchen.

Mehrere Stunden lang stand Berlin am Rande eines dritten Weltkrieges.

Nur dem schnellen und sicheren Eingreifen sowjetischer Truppen ist es zu verdanken, daß diese Versuche vereitelt wurden. Es war offensichtlich, daß das Eingreifen der sowjetischen Truppen sich keineswegs gegen die Demonstrationen der Arbeiter richtete. Es richtete sich ganz augenscheinlich ausschließlich gegen die Versuche, einen neuen Weltbrand zu entfachen.

Es liegt jetzt an jedem einzelnen, der Regierung beim Ausmerzen der Fehler zu helfen, welche die Unzufriedenheit hervorgerufen haben und unsere unzweifelhaft großen sozialen Errungenschaften gefährden.

Ich habe am Morgen des 17. Juni, als es klar wurde, daß die Demonstrationen der Arbeiter zu kriegerischen Zwecken mißbraucht wurden, meine Verbundenheit mit der Sozialistischen Einheitspartei Deutschlands ausgedrückt. Ich hoffe jetzt, daß die Provokateure isoliert und ihre Verbindungsnetze zerstört werden, die Arbeiter aber, die in berechtigter Unzufriedenheit demonstriert haben, nicht mit den Provokateuren auf eine Stufe gestellt werden, damit nicht die so nötige große Aussprache über die allseitig gemachten Fehler von vornherein gestört wird.

Vor dem 17. Juni und in den Volksdemokratien nach dem XX. Parteitag erlebten wir Unzufriedenheit bei vielen Arbeitern und zugleich hauptsächlich bei den Künstlern. Diese Stimmungen kamen aus einer und derselben Quelle. Die Arbeiter drängte man, die Produktion zu steigern, die Künstler, dies schmackhaft zu machen. Man gewährte den Künstlern einen hohen Lebensstandard und versprach ihn den Arbeitern. Die Produktion der Künstler wie die der Arbeiter hatte den Charakter eines Mittels zum Zweck und wurde in sich selbst nicht als erfreulich oder frei angesehen. Vom Standpunkt des Sozialismus aus müssen wir, meiner Meinung nach, diese Aufteilung, *Mittel* und *Zweck*, *Produzieren* und *Lebensstandard,* aufheben. Wir müssen das Produzieren zum eigentlichen Lebensinhalt machen und es so gestalten, es mit so viel Freiheit und Freiheiten ausstatten, daß es an sich verlockend ist.

Junge Westberliner erklettern an einer Stange das Dach des Brandenburger Tores, von dem sie später die rote Fahne unter dem Gejohle der Menschenmenge herunterholen

unten: So begann es am 16. Juni nachmittags: Die Bauarbeiter in der Stalinallee streiken und formieren sich zu einem Demonstrationszug

Volkspolizisten in Alarmbereitschaft

Der 17. Juni 1953 in der Geschichtsschreibung der DDR
— Das Scheitern des konterrevolutionären Putschversuches gegen die Arbeiter- und Bauern-Macht in der DDR am 17. Juni 1953 —

Bereits auf der 2. Parteikonferenz der SED war mitgeteilt worden, daß die Organe der Staatssicherheit der DDR mehrere Agentengruppen unschädlich gemacht hatten, die teilweise bewaffnet gewesen waren und über Funkgeräte, Sprengstoffe, Gifte, Säuren und Brandsätze verfügt hatten. Einige Banden hatten den Auftrag gehabt, Anschläge auf Brücken, Schleusen, Autobahnen und Eisenbahnlinien zu organisieren. Andere sollten für den Fall eines Krieges „militärische Stützpunkte" bilden. Agenten hatten sich auch in staatliche Organe, in die Leitungen von Großbetrieben und in Blockparteien eingeschlichen und schädigten den sozialistischen Aufbau.

Der von den imperialistischen Kräften unter Ausnutzung der offenen Grenze gegen die DDR geführte kalte Krieg fügte den Werktätigen der DDR große materielle Verluste zu. Die antikommunistische Hetze, die Tag für Tag von den imperialistischen Rundfunkstationen, besonders vom RIAS, ausgestrahlt wurde und die auch über viele andere Kanäle in die DDR eindrang, hemmte die Entwicklung des Bewußtseins der Menschen. Dazu kam, daß die umfangreichen Mittel, die für die Entwicklung der Grundstoffindustrie und für andere Industriezweige, zur Unterstützung der sozialistischen Umgestaltung der Landwirtschaft und für Reparationszahlungen erforderlich waren, zunächst die Verbesserung der Lebenslage der Bevölkerung verlangsamten. Für die Verteidigung der DDR mußten zusätzliche Mittel bereitgestellt werden, die nicht im Fünfjahrplan vorgesehen waren.

Unter dem Einfluß des politischen, ökonomischen und ideologischen Druckes des Imperialismus verstärkten sich die Störungen, die vom kapitalistischen Sektor der Wirtschaft und in gewissem Maße auch vom Sektor der einfachen Warenproduktion ausgingen. In der Versorgung der Bevölkerung traten größere Schwierigkeiten auf. Der massive Druck der imperialistischen Reaktion gab ehemaligen Faschisten Auftrieb, verstärkte die Schwankungen in den kleinbürgerlichen Schichten und beeinflußte auch Teile der Arbeiterklasse. In der ersten Hälfte des Jahres 1953 stieg die Zahl der Bürger, die illegal die DDR verließen, relativ stark an.

Unter Führung der SED wurden große Anstrengungen unternommen, die schwierigen Probleme des sozialistischen Aufbaus bei offener Grenze zum imperialistischen Weltsystem zu meistern und den raffinierten Methoden des Feindes wirksam zu begegnen. Dabei wurde auch versucht, bestimmte Probleme mit administrativen Maßnahmen zu lösen. Dies begünstigte Tendenzen, die geduldige Überzeugung zu vernachlässigen. Solche negativen Erscheinungen wurden genährt durch J. W. Stalins falsche These von der gesetzmäßigen Verschärfung des Klassenkampfes beim Aufbau des Sozialismus.

So kam es, daß in der ersten Hälfte des Jahres 1953 in der DDR zeitweilig eine besonders schwierige Situation entstand. Aber die SED und die Regierung wichen vor dem Druck des Imperialismus und den Schwierigkeiten beim Aufbau der sozialistischen Gesellschaftsordnung nicht zurück. Mit Unterstützung der Führung der KPdSU legte das Zentralkomitee der SED eine Reihe politischer und ökonomischer Maßnahmen fest, um die aufgetretenen Schwierigkeiten zu überwinden. Vor allem ging es darum, die sozialistische Gesetzlichkeit zu festigen und die zeitweilig gelockerten Verbindungen zwischen der SED und Teilen der Arbeiterklasse sowie zwischen der Arbeiterklasse und den kleinbürgerlichen Schichten wieder zu stabilisieren. Die von der SED eingeleiteten Schritte fanden ihren Niederschlag in den Beschlüssen des Politbüros vom 9. Juni und des Ministerrats vom 11. Juni 1953. Es wurden Maßnahmen festgelegt, die im Zusammenhang mit Korrekturen des Plans der Schwerindustrie eine Verbesserung der Lebenslage der Arbeiter und der Intelligenz, der Bauern, Handwerker und Einzelhändler einleiteten. Diese Beschlüsse wurden damals als Politik des neuen Kurses bezeichnet.

Die Imperialisten erkannten, daß die Verwirklichung der Beschlüsse vom 9. und 11. Juni ihr aggressiven Pläne durchkreuzen würde. Sie beschlossen deshalb, den seit langem vorbereiteten „Tag X", den konterrevolutionären Putsch gegen die DDR, beschleunigt auszulösen. Ihr Ziel war es, die revolutionären Errungenschaften der Werktätigen der DDR zu beseitigen, ein konterrevolutionäres Regime zu errichten und im Herzen Europas einen neuen Kriegsherd zu schaffen. Mitte Juni eilten führende Politiker der imperialistischen Staaten, darunter Allen W. Dulles, der Chef des USA-Geheimdienstes, und der Bonner Staatssekretär Lenz nach Westberlin, um an Ort und Stelle den Putsch zu leiten. Angehörige der Deutschen Dienstgruppen wurden nach Westberlin eingeflogen. Amerikanische Panzer bezogen Bereitstellungsräume an der Staatsgrenze zur DDR.

Am 17. Juni 1953 gelang es Agenten der westlichen Geheimdienste und anderen gekauften Subjekten, die vor allem von Westberlin aus massenhaft in die Hauptstadt und in einige Bezirke der DDR eingeschleust wurden, in Berlin und in einer Reihe von Orten der Republik Werktätige mehrerer Betriebe zur Arbeitsniederlegung und zu Demonstrationen zu verleiten. In allen Fällen versuchten die Gruppen von Provokateuren, die Führung der Demonstrationen zu übernehmen, banditenhafte Ausschreitungen zu organisieren und Schießereien zu provozieren. In Berlin und einigen anderen Städten drangen Horden von Provokateuren in Warenhäuser, Buchhandlungen, Büros demokratischer Organisationen und staatlicher Dienststellen ein, zerschlugen Fenster, Türen und Einrichtungen, legten Brände an und rissen Transparente und Fahnen der DDR und der Arbeiterbewegung herunter. Funktionäre der SED und der Massenorganisationen, Aktivisten und klassenbewußte Arbeiter wurden niedergeschlagen und mißhandelt. Einige erlagen ihren Verletzungen.

Geführt vom Zentralkomitee der SED, durchkreuzte jedoch die Mehrheit der Werktätigen der DDR die Pläne ihrer Feinde. In zahlreichen Großbetrieben, wie im Eisenhüttenkombinat Ost, in den Eisenwerken West (Calbe), im Bergbau und im Stahl- und Walzwerk Brandenburg, wiesen die Arbeiter die Provokateure entschieden zurück. Die Werktätigen der DDR wurden von den auf dem Territorium der DDR stationierten sowjetischen Truppen tatkräftig unterstützt. Seite an Seite mit der Kasernierten Volkspolizei traten die sowjetischen Einheiten den Putschisten entgegen und fegten sie von der Bildfläche. Innerhalb von 24 Stunden brach der konterrevolutionäre Putsch zusammen. (...)

Durch ihre entschlossene Politik und die offene Korrektur von Überspitzungen festigten die SED und die Regierung die zeitweilig gelockerten Verbindungen zur Arbeiterklasse. (...) (11, S. 568 ff.)

Vision

Am 15. Juni 1954 fordert der Bonner Minister und Naziverbrecher Oberländer auf einem Landsmannschaftstreffen: *„Unsere gemeinsame große Aufgabe ist heute der Osten ... Es gilt, die Aufgabe zu lösen, das Abendland wieder nach dem Osten zu tragen. Es gilt, Menschen zu erziehen, die kolonisatorische Fähigkeiten haben. Man darf nicht von der Rückkehr träumen, sondern man muß die Rückkehr planen."* (Zit. nach 3, S. 151)

Am 30. Mai 1953 reißt Minister Hellwege auf dem Bundestag der faschistischen Deutschen Partei in Hamburg sein Maul auf: *„Deutschland war immer ein Bollwerk gegen Asien — die Stunde höchster Bewährung ist gekommen. Damit wir sie bestehen können, brauchen wir den starken Arm einer Wehrkraft."* (Zit. aus: „Norwest-Zeitung", Oldenburg, 1. Juni 1953)

„Keine deutsche Regierung kann an der Pflicht zur Rückgewinnung Ostdeutschlands vorübergehen. Wir wollen eure schlesische Heimat mit den Mitteln der Politik zurückgewinnen. Dazu gehört aber eine Politik der Stärke. Durch die wachsende Kraft der freien Nationen sollten die östlichen Machthaber so weit zurückgedrängt werden, daß auch das Land hinter der Oder-Neiße wieder frei wird." Jakob Kaiser, Mitglied der Adenauer-Regierung. (Zit. aus: „Hamburger Echo", 17. September 1951)

Die Hitlergeneräle Blumentritt, Manteuffel und Hansel erklären bereits am 14. Januar 1951 vor amerikanischen Journalisten in Frankfurt am Main: *„Eine reine Verteidigung ist lächerlich. Die Verteidigung Europas kann nur mit einem Offensivkrieg durchgeführt werden ... In der Politik gegenüber Rußland müssen wir immer entsprechend dem Wachsen unserer eigenen Stärke auftreten — 1951 gemäßigt, 1952 können wir uns fester zeigen, und 1953 können wir uns erlauben, forsch und scharf aufzutreten. [...] Eine totale Überraschung kann dem Angreifer aber nur dann gelingen, wenn er den Angriff auslöst in einer Zeit der allgemeinen politischen Entspannung, einer Zeit der freundschaftlichen Zusammenarbeit, im Klima eines weitgehenden wechselseitigen Vertrauens."* (Zit. aus: „Wehrkunde", München 1956, H. 3, S. 273)

„Die deutschen Soldaten der Zukunft müssen die Traditionen der deutschen Soldaten des Zweiten Weltkrieges fortsetzen." Regierungsmitglied Strauß, 1954. (Zit. aus: „Die Welt am Sonntag", Hamburg, 14. März 1954)

Für die Bundesregierung war der 17. Juni, der als „Tag der deutschen Einheit" zum gesetzlichen Feiertag in der Bundesrepublik erklärt wurde, Anlaß zur Verschärfung des kalten Krieges. In dessen Zeichen standen auch die Bundestagswahlen vom September 1953. So war z.B. auf einem CDU-Wahlplakat ein sowjetischer Soldat mit umgehängtem Maschinengewehr vor dem Hintergrund des Kölner Domes zu sehen. Darüber stand geschrieben: *„Er ist bewaffnet! Wollt Ihr ihn hier haben?"* Oder ein anderes, das sich direkt gegen die SPD wandte: *„Alle Wege des Marxismus führen nach Moskau."* Die Kalte-Kriegs-Atmosphäre, gepaart mit den Anfängen des sog. Wirtschaftswunders, das jetzt auch für den kleinen Mann Verbesserungen brachte, zeigte ihre Wirkung. Am 6. September konnte die CDU einen großen Stimmengewinn verbuchen, sie verfügte nun über die absolute Mehrheit im Parlament. Das war eine große Enttäuschung für alle diejenigen, die sich gegen Adenauers Politik der Westintegration gewehrt hatten. Zwei Tage nach dem Scheitern der Berliner Außenministerkonferenz vom 18. bis 24. Februar 1954, auf der die Sowjetunion noch einmal ihren Vorschlag vom 10. März 1952 und außerdem die Schaffung eines Systems der kollektiven Sicherheit in Europa zur Diskussion gestellt hatte, verabschiedete der Bundestag das verfassungsändernde Wehrergänzungsgesetz, mit dem sich der Bundestag die Zuständigkeit über die Verteidigung einschließlich der Wehrpflicht vom vollendeten 18. Lebensjahr an zusprach.

Als der Bundestag am 8. Februar 1952 über die Wiederbewaffnung der Westdeutschen im Rahmen einer Europäischen Verteidigungsgemeinschaft debattierte, demonstrierten Bonner Bürger vor dem Parlament gegen eine neue Wehrmacht

Am 29. Januar 1955 riefen der SPD-Vorsitzende Erich Ollenhauer, der stellvertretende DGB-Vorsitzende Georg Reuter, der Soziologe Alfred Weber und der aus der Widerstandsbewegung gegen Hitler bekannte Theologe Helmuth Gollwitzer zu einer Protestversammlung gegen die Pariser Verträge in der Frankfurter Paulskirche auf. Die rund 1000 Teilnehmer verabschiedeten das „Deutsche Manifest", in dem es u.a. hieß:

„Aus ernster Sorge um die Wiedervereinigung Deutschlands sind wir überzeugt, daß jetzt die Stunde gekommen ist, Volk und Regierung in feierlicher Form zu entschlossenem Widerstand gegen die sich immer stärker abzeichnenden Tendenzen einer endgültigen Zerreißung unseres Volkes aufzurufen. Die Antwort auf die deutsche Schicksalsfrage der Gegenwart — ob unser Volk in Frieden und Freiheit wiedervereinigt werden kann, oder ob es in dem unnatürlichen Zustand der staatlichen Aufspaltung und einer fortschreitenden menschlichen Entfremdung leben muß — hängt heute in erster Linie von der Entscheidung über die Pariser Verträge ab ... In dieser Stunde muß jede Stimme, die sich frei erheben darf, zu einem unüberhörbaren Warnruf vor dieser Entwicklung werden ... Die Verständigung über eine Viermächtevereinbarung zur Wiedervereinigung muß vor der militärischen Blockbildung den Vorrang haben." (Zit. aus: „Vorwärts", Bad Godesberg, 4. Februar 1955)

Bertolt Brecht: Gegen die Pariser Verträge

„Heute vor 10 Jahren wurde Dresden, eine der schönsten Städte Deutschlands, in wenigen Stunden durch Fliegerbomben so zerbrochen und verkrüppelt, daß die Verwüstungen heute noch sichtbar sind. (Die Spuren sind schrecklich, aber erschrecken sie jedermann?) Am zehnten Jahrestag dieser Greuel legen wir hier in Dresden ein Dokument vor, das vor Kriegen warnen soll, schrecklicheren noch als die vergangenen, Kriegen, die nicht mehr mit einfachen oder wie die Amerikaner sagen, konventionellen Bomben geführt werden würden. Es ist folgende Erklärung:

‚Wir erkennen die Pariser Abmachungen, die von der Adenauer-Regierung für ganz Deutschland geplant sind, nicht an.

Wir wollen kein Deutschland, das in einem Kriegslager steht, denn ein dritter Krieg würde Deutschland unbewohnbar machen.'

Ich übergebe die Unterschriften dem deutschen Friedensrat mit der Bitte, sie auf dem nächsten Weltfriedenskongreß in Helsinki dem Weltfriedensrat zu übergeben. Wir haben die feste Zuversicht, daß auch Wasserstoffbomben den Traum der Menschen von einem glücklichen Leben nicht vernichten können. Noch können sie die großen neuen Ideen vernichten, die ein solches glückliches Leben der Völker ermöglichen."
(13.2.1955. — Die in der Rede erwähnte „Erklärung", von Brecht entworfen, war bereits im Dezember veröffentlicht und bis Februar 1955 von 176000 Bürgern der DDR unterzeichnet worden. — Die „Pariser Verträge" vom Oktober 1954 sahen einen „Verteidigungsbeitrag" der BRD vor; sie wurden in den folgenden Monaten im Bundestag beraten und am 27. Februar 1955 — gegen die Stimmen der SPD — angenommen. Am 18.12.1954 hatte die Volkskammer noch einmal ihre Bereitschaft zu „gesamtdeutschen Wahlen ohne Vorbedingungen" erklärt, am 14.1.1955 erklärte sich die Regierung der Sowjetunion und am 20.1. die der DDR zu einer „internationalen Aufsicht über gesamtdeutsche Wahlen" bereit; beides wurde zwei Tage späer von Bundeskanzler Adenauer abgelehnt.)
(17, S. 130 f.)

Scheinbar am Ziel, geriet die Adenauersche Außenpolitik im Sommer 1954 in eine Krise. In der Nacht vom 30. zum 31. August lehnte die französische Nationalversammlung die EVG ab, die aufgrund des Betreibens der Bonner Regierung wenig Ähnlichkeit mit dem ursprünglichen Plevenplan hatte — so wurden der BRD ein eigenes Verteidigungsministerium und außerdem eine Erhöhung der nationalen Kontingente zugestanden. Fieberhaft suchte man in Bonn, London und Washington nach einer Ersatzlösung: Frankreich wurde durch Androhung eines Separatbündnisses mit der Bundesrepublik und Kürzung der amerikanischen Wirtschaftshilfe unter Druck gesetzt. Weder die von Schumachers Nachfolger Erich Ollenhauer aufgestellte Forderung nach einer neuen Viermächtekonferenz über die Wiedervereinigung und die europäische Sicherheit, noch die auf dem 3. Ordentlichen Bundeskongreß des DGB vom 4. bis zum 9. Oktober 1954 beschlossene Ablehnung der Aufrüstung, solange nicht alle Verhandlungsmöglichkeiten über die Wiedervereinigung erschöpft seien, brachten Adenauer zu einer grundsätzlichen Änderung seiner Außenpolitik. Am 23. Oktober 1954 unterzeichneten die Außenminister Belgiens, der Bundesrepublik, Frankreichs, Großbritanniens, Italiens, Luxemburgs, der Niederlande, Kanadas und der USA die Pariser Verträge. Die wichtigsten Bestimmungen betrafen die Aufrüstung der BRD und ihre Aufnahme in die westlichen Militärblöcke, die Herstellung der Souveränität und das Saarproblem. Die in die NATO und die Westeuropäische Union (WEU), einen Neuaufguß des Brüsseler Paktes von 1948, eingegliederte Bundeswehr sollte eine Gesamtstärke von 500000 Mann haben. Der Deutschlandvertrag, der im wesentlichen der Fassung von 1952 entsprach, fixierte die Beendigung des Besatzungsregimes, wobei sich die Westalliierten jedoch weiterhin Rechte in bezug auf Berlin und auf Deutschland als Ganzes vorbehielten. Die Besatzungstruppen verblieben in der BRD, jetzt allerdings als Streitkräfte der NATO zur „Verteidigung der freien Welt". Bezüglich des weiteren Schicksals des Saarlandes, auf das Frankreich Ansprüche erhob, fand man einen Kompromiß: dem Saarland sollte im Rahmen der WEU ein europäisches Statut gegeben werden, das durch Volksabstimmung bestätigt werden mußte.

Daß die Unterzeichnung der Pariser Verträge durch den Bundestag um der Wiedervereinigung willen verhindert werden mußte, war nicht nur in der außerparlamentarischen Opposition, sondern auch in der SPD klar. Diesen Zusammenhang machte die sowjetische Regierung noch einmal deutlich, als sie am 15. Januar 1955 ihr weitestgehendes, aber im Falle der Ratifizierung der Verträge auch letztes Angebot machte: Verhandlungen über die Wiedervereinigung auf Grundlage freier gesamtdeutscher Wahlen unter internationaler Überwachung. Anfang des Jahre 1955 unternahmen die Gegner der Pariser Verträge in der BRD große Anstrengungen. Den Höhepunkt der Aktionen bildete eine Großkundgebung in der Frankfurter Paulskirche. Dazu hatten u.a. aufgerufen: der SPD-Vorsitzende Ollenhauer, der stellvertretende DGB-Vorsitzende Georg Reuter und viele Persönlichkeiten des öffentlichen Lebens wie Prof. Dr. Alfred Weber und Prof. Dr. Helmut Gollwitzer. Die rund 1000 Teilnehmer verabschiedeten eine Resolution, das „Deutsche Manifest", das mit folgenden Worten begann: *„Aus ernster Sorge um die Wiedervereinigung Deutschlands sind wir überzeugt, daß jetzt die Stunde gekommen ist, Volk und*

Regierung in feierlicher Form zu entschlossenem Widerstand gegen die sich immer stärker abzeichnenden Tendenzen einer endgültigen Zerreißung unseres Volkes aufzurufen. Die Antwort auf die deutsche Schicksalsfrage der Gegenwart — ob unser Volk in Frieden und Freiheit wiedervereinigt werden kann oder ob es in dem unnatürlichen Zustand der staatlichen Aufspaltung und einer fortschreitenden menschlichen Entfremdung leben muß — hängt heute in erster Linie von der Entscheidung über die Pariser Verträge ab.“ (Jahrbuch der Sozialdemokratischen Partei Deutschlands 1954/55, Hannover/Bonn o.J., S. 354) In der folgenden Zeit entfaltete sich die Paulskirchenbewegung im ganzen Bundesgebiet, überall fanden Versammlungen statt und wurden Unterschriften für das „Deutsche Manifest“ gesammelt. Dennoch ratifizierte der Bundestag gegen die Stimmen der SPD unter dem Schutz von Wasserwerfern, Drahtverhauen und Polizeikordons die Pariser Verträge am 27. Februar 1955.

Neun-Mächte-Konferenz in Paris im Dezember 1954.
Die Aufrüstung der Bundeswehr wurde beschlossen.

Unterdrückung der Kommunisten

1953
13 kommunistische Jugendliche stehen wegen ihrer Teilnahme an der Friedenskarawane der westdeutschen Jugend gegen den Generalvertrag vor einem Sondergericht in Dortmund. (TT-Bilderdienst)

1953
Nach der 1. Mai-Kundgebung in Düsseldorf zieht eine Gruppe von Demonstranten zum Gefängnis, um die politischen Inhaftierten zu grüßen. (TT-Bilderdienst)

1953
1. Mai 1953. Ein Arbeiter wurde getötet, als bei der Maidemonstration die Polizei mit brutaler Gewalt gegen die Demonstranten vorgingen. (Ullstein-Foto)

Das KPD-Verbot

Das Bundesverfassungsgericht erklärt die KPD für verfassungswidrig. Nach dem Verbot der KPD gibt es in den folgenden Jahren zahlreiche Ermittlungs- und Gerichtsverfahren, auch Verurteilungen zu Gefängnisstrafen.
Bilder: Am Tage der Schließung der Parteigebäude in Düsseldorf 17.8.56:
Ein Polizeibeamter überbringt den (erwarteten) Gerichtsbescheid. Danach folgte ein starkes Polizeiaufgebot.
Die Bevölkerung kommt hinzu.
(TT-Bilderdienst)

Der 1981 verstorbene Rechtsanwalt Karl Friedrich Kaul, hier im Gespräch mit Demonstranten vor dem Bundesgericht in Karlsruhe, in dem der Prozeß gegen die KPD geführt wurde (TT-Foto 1955).
Karl Friedrich Kaul war Kommunist und lebte in Berlin (DDR). Von hier brach er auf, um in zahllosen Prozessen von den frühen 50er Jahren bis zu seinem Todestag seinen juristischen Scharfsinn und seine rhetorische Brillanz in den Dienst in Westdeutschland und Westberlin lebender Antifaschisten zu stellen.
Wenn es doch noch gelungen ist, wenigstens einen Teil der Massenmörder des NS-Regimes vor bürgerliche Gerichte zu stellen, so ist das ganz wesentlich diesem Mann zu verdanken. Ohne die unermüdliche Arbeit dieses Besuchers sähe die Demokratie in der BRD noch wesentlich mieser aus als eh' schon.

Vietnam

Der nationale Widerstandskampf Vietnams

In Vietnam, das seit 1885 französische Kolonie war, entwickelte sich die nationale Befreiungsbewegung in den 30er Jahren unter Führung der 1930 gegründeten Kommunistischen Partei Indochinas (PCI) zu einer Massenbewegung. 1941 schlossen sich 50 Parteien und Organisationen zur „Liga für den Kampf um die Unabhängigkeit Vietnams" (Viet Minh) zusammen. Zum Präsidenten der Viet Minh wurde der Leiter der PCI Ho Chi Minh gewählt. Seit 1944 führte die Viet Minh einen systematischen Partisanenkrieg gegen die französischen Kolonialherren und die japanischen Okkupanten, dessen Ergebnis 1945 die Bildung der „Befreiten Zone Vietbac" in Nordvietnam war. Nach dem Zusammenbruch der militärischen Positionen Japans in Südostasien rief die Viet Minh im August 1945 zur gesamtnationalen Erhebung auf; am 19. August wurde Hanoi befreit, am 23. August Hue und am 25. August Saigon. Am 2. September 1945 konnte die Unabhängigkeit Vietnams proklamiert werden. Der neue Präsident der Demokratischen Republik Vietnams (DRV) war Ho Chi Minh. Unter Leitung der Provisorischen Koalitionsregierung, der auch Vertreter der Rechtsnationalisten angehörten, fanden am 6. Januar 1946 allgemeine Wahlen in ganz Vietnam statt, aus denen die Viet Minh erfolgreich hervorging: von 300 gewählten Abgeordneten stellte sie 230. Die Franzosen wollten jedoch nicht kampflos auf ihr ehemaliges Kolonialreich verzichten; am 23. September fielen sie in Saigon ein und eroberten die Stadt in zwei Tagen zurück. Aber aufgrund des politischen Drucks im eigenen Land zeigte sich die französische Regierung zunächst verhandlungsbereit. In der Convention Préliminaire vom 6. März 1946 erkannte sie die DRV an und verpflichtete sich, Vietnam bis 1951 zu räumen. Diese Erklärung war allerdings von eingeschränktem Wert, weil Frankreich nur die Regionen Trungbo und Bacbo als DRV anerkannte, die Region Nambo, also den südlichen Verwaltungsbereich Vietnams, dagegen als französische Kolonie deklarierte. Dieser modus vivendi wurde aber bald darauf von den Franzosen verletzt. Sie überfielen im November des selben Jahres den Hafen von Haiphong, am 18. Dezember besetzten sie die Regierungsgebäude in Hanoi und drängten die DRV-Regierung in die Nordwestgebiete, von wo aus diese den nationalen Widerstand erfolgreich organisierte. Mitte des Jahres 1953 hatte die vietnamesische Volksarmee (VVA) den größten Teil Nordvietnams befreit. In den von Frankreich besetzten Gebieten wurde eine „unabhängige" Regierung unter dem letzten vietnamesischen Kaiser Bao Dai, der schon den Japanern einmal als Marionette gedient hatte, eingerichtet. Mit materieller Unterstützung der USA begannen die Franzosen im Winter 1953/54 eine Großoffensive. Nach Anfangserfolgen trat mit der historischen Schlacht von Dienbienphu die Wende ein. Die Franzosen hatten den Plan gefaßt, die Hauptkräfte der VVA auf Dienbienphu zu ziehen und dort mit Luftunterstützung zu zerschlagen. Dabei gingen sie von der falschen Voraussetzung aus, daß die VVA ihre Artillerie nicht durch den Bergdschungel nach Dienbienphu bringen könnte. Nach 55 Tagen blutigen Kampfes kapitulierten die Franzosen am 7. Mai 1954. Unter dem Eindruck dieses Sieges war das Ergebnis der Genfer Indochinakonferenz vom 26. April bis zum 21. Juli 1954, an der die Sowjetunion, Frankreich, Großbritannien, die USA, die Volksrepublik China, die DRV, die Bao Dai-Verwaltung, Kambodscha und Laos teilnahmen, für die DRV relativ günstig. Die Teilnehmerstaaten respektierten die Souveränität und territoriale Einheit und Integrität Vietnams. Vietnam wurde zur Umgruppierung der militärischen Kräfte in zwei Zonen nördlich und südlich des 17. Breitengrades eingeteilt, die jedoch nur provisorischen Charakter hatten; im Juli 1956 sollten gesamtvietnamesische Wahlen stattfinden. Die USA jedoch unterzeichneten das Abkommen nicht; anstelle Frankreichs machten sie Südvietnam in der Folgezeit zu ihrem Militärstützpunkt. Die im Genfer Abkommen vorgesehenen nationalen Wahlen wurden vom Saigoner Regime sabotiert, so daß der 17. Breitengrad faktisch zur Grenze zwischen zwei vietnamesischen Staaten wurde.

Raúl und Fidel Castro mit Camilo Cienfuegos auf einem Foto der Reportage, die der USA-Journalist Herbert L. Matthews Anfang 1957 in der „New York Times" veröffentlichte

Kuba

Revolution in Kuba

10. März 1952
Fulgencio Batista regiert nach einem Militärputsch als Diktator. Die soziale Situation in Kuba wird durch die folgenden Daten verdeutlicht:
- die Arbeitslosenrate lag bei 26 %;
- nur 4 % der Bevölkerung konnten regelmäßig Fleisch essen, nur 11 % konnten es sich leisten, Milch zu trinken;
- die Analphabetenrate bei der Landbevölkerung betrug 47 %, bei den Städtern 12 %, bei den eigentlich schulpflichtigen Kindern 50 %.

Gleichzeitig verfügten USA-Monopole über die natürlichen Reichtümer und Industrieanlagen des Landes und über einen dominierenden Anteil an der Fremdenverkehrsindustrie.

26. Juli 1953
Ein Versuch von 150 jungen Patrioten, darunter Fidel und Raúl Castro, die Moncada-Kaserne in Santiago de Cuba zu erstürmen, scheitert; die meisten Beteiligten werden nach einem längeren Feuerwechsel verhaftet, viele von ihnen gefoltert und ermordet; die jetzt im Lande entstehenden illegalen revolutionären Gruppen nennen sich nach dieser Aktion „Bewegung des 26. Juli" (M-26-7)

Oktober 1953
Prozeß gegen die im Juli in Santiago Festgenommenen; Fidel Castro, dem zunächst die Flucht gelungen war, hielt die Verteidigungsrede, die er mit den Worten beendete: „Ihr Urteil ändert nichts, die Geschichte wird mich freisprechen!"

Ende 1954
Zunehmende Unruhe und politische Labilität in Kuba; nach einer „Wahl", die den Diktator Batista im Amt bestätigte, wird eine Amnestie erlassen, durch die auch Fidel und seine Mitgefangenen aus dem Gefängnis auf der „Isla de Pinos" freigelassen werden

25. November 1956
Vom mexikanischen Hafen Tuxpan aus stechen 82 junge kubanische Revolutionäre mit der Motoryacht „Granma" in See, um in Kuba anzulanden; unter ihnen befinden sich u.a. Fidel Castro und Che Guevara

2. Dezember 1956
Die „Granma" landet bei Las Colorados an der Südostküste Kubas, nachdem sie von Regierungsflugzeugen beschossen worden war; die Revolutionäre ziehen in die Berge der Sierra Maestra, um von hier aus den bewaffneten Kampf aufzunehmen

16. Januar 1957
Erster erfolgreicher Angriff auf eine Kaserne der Batista-Truppen in der Sierra

13. März 1957
Ein Versuch von Studenten, den Diktator Batista in seinem Amtssitz zu ermorden, scheitert

27. Mai 1957
Erfolgreicher Angriff auf die Kaserne von Uvero; jetzt befand sich ein größerer Teil der Sierra unter der Aufsicht der Guerilla („Tierra Libre"), in dem sich Bauern und Freiheitskämpfer relativ ungestört bewegen konnten

12. Juli 1957
Im „Manifest der Sierra" formuliert Fidel die Aufgaben im Befreiungskampf: Zusammenschluß aller politischen Parteien der Opposition; Wiederherstellung aller Rechte und Freiheiten; Durchführung einer Bodenreform. Die revolutionäre Oppositionsbewegung und die Zahl der kämpfenden Guerilleros wachsen nach der Veröffentlichung des Manifestes beträchtlich an

August 1957
Nach der Verhängung des Belagerungszustandes, der Verschärfung der Zensur und der Ermordung des Revolutionärs Frank Pais sowie dem Ausbruch eines spontanen Streiks in Santiago befindet sich Kuba am Rande des offenen Bürgerkrieges

3. Mai 1958
Fidel Castro wird auf einer Tagung der Leitungskader der „Bewegung des 26. Juli" zum Leiter des Generalsekretariats der Bewegung berufen

25. Mai 1958
Batista-Truppen (etwa 10.000 Mann) beginnen einen Großangriff auf die Tierra Libre, der nach knapp einem Vierteljahr erfolglos zusammenbricht

August 1958
Fidel Castro entwirft den strategischen Plan für den endgültigen Sieg über die Batista-Truppen

10. Oktober 1958
Der „Bauernkongreß in Waffen" in La Plata erklärt ein Bodenreformgesetz für alle befreiten Gebiete

3. November 1958
Eine von Batista veranstaltete „Wahl" wird von der Mehrheit der Wahlberechtigten boykottiert

27. Dezember 1958
Unter der militärischen Leitung von Che Guevara beginnt die Schlacht um die Provinzhauptstadt Santa Clara, die am 1. Januar 1959 siegreich abgeschlossen wird

1. Januar 1959
Batista verläßt mit dem Flugzeug das Land

2. Januar 1959
Einzug der Revolutionäre in die Hauptstadt Havanna; gleichzeitig trug ein Generalstreik vom 31.12.1958 bis zum 3.1.1959 dazu bei, den feindlichen Widerstand zu brechen

3. Januar 1959
Der chilenische Senator Dr. Salvador Allende besucht Che Guevara in dessen Quartier in der Cabana-Kaserne in Havanna

8. Januar 1959
Fidel Castro zieht mit 1.500 weiteren Guerilleros unter dem Jubel der Bevölkerung in Havanna ein

13. Februar 1959
Fidel Castro Ministerpräsident

17. Mai 1959
Regierungsdekret über die Bodenreform

8. September 1960
Mordanschlag auf Fidel scheitert; es werden „Komitees zur Verteidigung der Revolution" gebildet, die Fabriken und Wohngebiete bewachen, um sie gegen Anschläge der Konterrevolution zu schützen

15. April 1961
Ein Versuch von „Exilkubanern", die von der CIA bewaffnet und ausgebildet worden waren, an der Playa Girón („Schweinebucht") zu landen und die Volksmacht zu stürzen, scheitert kläglich innerhalb von nur drei Tagen

1. Mai 1961
Fidel Castro schlägt vor, in Kuba den Sozialismus aufzubauen.

Ché Guevara während des Kampfes um die Provinzhauptstadt von Las Villas, Santa Clara

Reiner Zilkenat

Die Vollendung der Westintegration der BRD

Krallenschutz

Kardinal Josef Frings hetzte in seiner Silvesterpredigt 1955 im Kölner Dom: *„Sollen wir untätig in jener Lethargie verharren, welche uns vor unvorstellbare Situationen stellen könnte, so daß das teure Vaterland einmal jenes Leid und Elend erfahren müßte, unter dessen Joch die weiten Landteile der asiatischen Völker schmachten und erliegen? — Nein und abermals nein! Kein Mittel und kein Weg darf uns zuviel sein. Es ist die höchste Zeit, und es soll wieder Ehrenpflicht jedes wahren Deutschen sein und bleiben, die heiligen Rechte unserer deutschen Nation zu verteidigen und die Heimat zu schützen vor den Krallen dieser blutgierigen Feinde!“* (Zit. nach 3, S. 153)

Mit Atomkraft in die Ewigkeit

Frings' Kollege Dibelius, der damalige Führer der evangelischen Kirche, steckte diesen noch in die Tasche: *„Die Anwendung einer Wasserstoffbombe ist vom christlichen Standpunkt aus nicht einmal eine so schreckliche Sache, da wir alle dem ewigen Leben zustreben. Und wenn zum Beispiel eine einzelne Wasserstoffbombe eine Million Menschen töte, so erreichen die Betroffenen um so schneller das ewige Leben.“* (Zit. nach: H. Schlemmer: Militärkirche oder kirchlicher Friedensdienst. Hrsg.: Arbeitskreis evangelischer Pfarrer für Frieden und sozialen Aufbau im Lande Brandenburg, Potsdam 1957, S. 13)

Die Krise des Korea-Krieges führte zu der amerikanischen Forderung nach einer neuen deutschen Wehrmacht. Die ersten 1000 Mann rückten am 13. November 1955 in Andernach ein. Das Foto zeigt den Bundeskanzler bei der Begrüßung.

Die innenpolitischen Auseinandersetzungen um die Wiederaufrüstung waren mit der Ratifizierung der Pariser Verträge keineswegs beendet. Ganz im Gegenteil traten besonders in der Frage der atomaren Bewaffnung der Bundeswehr erneut schroffe Gegensätze im parlamentarischen wie außerparlamentarischen Raum hervor.

Zunächst war es jedoch notwendig, die verfassungsmäßigen und gesetzgeberischen Voraussetzungen für die Aufstellung und den ständigen Unterhalt einer großen Armee zu schaffen. Zu den wichtigsten Ergebnissen der vom Bundestag im Jahre 1956 verabschiedeten „Wehrverfassung“ gehörten u.a. die Bestimmung des Bundeskanzlers zum Oberbefehlshaber der Bundeswehr im Kriege, während in Friedenszeiten der Verteidigungsminister diese Funktion ausüben sollte. Die Dauer der am 7. Juli 1956 vom Parlament — gegen das Votum der SPD-Abgeordneten — beschlossenen Wehrpflicht war auf zwölf Monate festgelegt worden. Am 1. August 1957 rückten die ersten 10.000 Wehrpflichtigen in ihre Standorte ein, nachdem am 1. Januar des vorangegangenen Jahres bereits die ersten tausend Freiwilligen einberufen worden waren.

Das am 7. Juni 1955 geschaffene Bundesministerium für Verteidigung leitete Theodor Blank (CDU), der jedoch im darauffolgenden Jahr von Franz Josef Strauß abgelöst wurde, dem Adenauer die Aufgabe zuwies, *„durch die Mauer des Widerstandes, die wir im Parlament und auch in der Öffentlichkeit zu überwinden hatten, durchzustoßen“* (Konrad Adenauer, Erinnerungen 1955—1959, Stuttgart 1967, S. 246).

Eine wichtige Rolle bei der Aufstellung der Bundeswehr spielten auch die Debatten um das Selbstverständnis dieser Armee: In welche Traditionslinie der deutschen Militärgeschichte beabsichtigte sie sich einzureihen? Wie sollte ihr Verhältnis zur faschistischen Wehrmacht definiert werden? Und schließlich: Welche staatsbürgerlichen Rechte sollte der junge Wehrpflichtige besitzen?

Die vom General Grafen Baudissin entwickelte Konzeption vom „Staatsbürger in Uniform" und eine weitgehende parlamentarische Kontrolle der Bundeswehr sollten — in der Theorie — gewährleisten, daß die Integration der Armee in die existierende Verfassungsordnung garantiert werden und sie sich nicht zu einem eigenständigen politischen Faktor entwickeln könne. Die „Innere Führung", entgegengesetzt dem Kadavergehorsam vergangener Zeiten, und die Einrichtung eines Wehrbeauftragten des Bundestages, der als unabhängige Beschwerdeinstanz für die Soldaten zu fungieren habe, galten als Beweis für das Bestreben, eine vermeintlich demokratisch strukturierte Armee aufzubauen. Wie aber sah die Realität aus?

Das Gesicht der Bundeswehr wurde entscheidend durch zwei Faktoren geprägt, die so gar nicht zu den Konzeptionen von „Innerer Führung" und „Armee im demokratischen Staat" passen wollten.

Einerseits waren die Führungspositionen der Bundeswehr mit alten Hitler-Generalen besetzt worden, die ihre einschlägigen Kampferfahrungen aus dem zweiten Weltkrieg, besonders aus dem Aggressionskrieg gegen die Sowjetunion, und ihr zumeist reaktionär gestricktes, militant antikommunistisches und antisowjetisches Weltbild in die neue westdeutsche Armee einbrachten. Namen wie Heusinger, Trettner, Foertsch und Speidel seien hier nur stellvertretend für eine Phalanx von Generälen genannt, die aus der Geschichte nichts zu lernen vermochten. Es war nur konsequent, daß die Namensgebung für Kasernen und Kriegsschiffe sich vor allem an den „großen Soldaten" des zweiten Weltkrieges orientierte, deren „Leistungen" ohne jede Berücksichtigung der verbrecherischen Ziele, denen sie galten, als immer noch vorbildhaft hingestellt wurden. Bald hing auch ein Porträt des Hermann Göring im Offizierskasino eines Luftwaffengeschwaders und auch die von Hitler verliehenen Orden wurden wieder vorzeige- und gesellschaftsfähig.

Andererseits konterkarierte der militärische Auftrag der Bundeswehr alle Versuche — seien sie ernstgemeint gewesen, seien sie zur Täuschung der Öffentlichkeit unternommen worden —, dieser Armee ein demokratisches Mäntelchen umzuhängen.

Geboren als Kind des „kalten Krieges", hineingewachsen in eine Zeit, in der die Regierung der BRD sich der „roll-back"-Strategie des amerikanischen Imperialismus unterordnete und Adenauer forderte, *„nicht nur die Sowjetzone, sondern das ganze versklavte Europa östlich des Eisernen Vorhangs zu befreien"* (zit. nach Rolf Badstübner u. Siegfried Thomas, Restauration und Spaltung. Entwicklung der BRD 1945—1955, Köln 1975, S. 464), war die Bundeswehr als potentielles Instrument einer militärischen Aggression in jedem Falle außerstande, eine Armee demokratischen Zuschnitts darzustellen. Sie war und blieb vielmehr eingebettet in die Traditionslinie des deutschen Militarismus, der zwei Weltkriege zu verantworten hat.

Rasch nach der Aufstellung der ersten Bundeswehr-Einheiten gelangten die ersten westdeutschen Generäle

Thomas Mann:
Gegen die Wiederaufrüstung Westdeutschlands (1954)

Nun ist ja unleugbar, daß von den Hoffnungen des Jahres 1945 kaum eine sich erfüllt hat. Kraft einer unseligen und unheildrohenden Weltkonstellation, deren Ursachen zu analysieren hier nicht der Ort ist, sehen wir eine Menschheit, deren moralischem Status durch die Kriege von gestern und vorgestern schon schwerer Abbruch geschehen ist, in zwei Lager zerrissen, deren furchtbar gespanntes Verhältnis mit einer Katastrophe solchen Ausmaßes droht, daß sie der Zivilisation den Rest geben würde.

Daß zwischen den Lagern die wichtigste Grenze quer durch ein Land, das unglückliche Deutschland, verläuft, rückt die Unhaltbarkeit der Gesamtsituation in ein um so grelleres Licht.

Doch nicht vom „Ganzen" soll hier vornehmlich die Rede sein —, vielmehr von der Lage und politischen Temperatur in Deutschland, und zwar in dem Teil des einstigen Reichs, der heute „DBR" heißt. Denn nicht nur liegen dort, im Westen, die Quellen jeder deutschen Macht, nicht nur liegt dort die deutsche Schwerindustrie; ausschließlich der Westen ist es vorläufig, dessen Beitrag zur kriegerischen Hochrüstung der „freien Welt", das heißt natürlich zur Sicherung des Friedens, — an den man jedoch nicht glaubt —, das Problem des Tages bildet. Das kleindeutsche Bonner Staatsgebilde ist es also, das uns im vorliegenden Zusammenhang zu interessieren hat ...

Nun denn, ich frage mich: Wollen die Deutschen der DBR die Wiederaufrüstung und könnten sie gar verblendet genug sein, den Krieg zu wollen? Das können sie nicht —, könnten es so wenig wie Frankreich und aus denselben zwingenden Gründen. Da sie es aber nicht können, muß — als großer Schritt in Richtung des Krieges — auch die Wiederaufrüstung ihnen — wie Frankreich — zutiefst verdächtig und unerwünscht sein.

Ich sage „sie" und „ihnen" und meine natürlich nicht alle Bürger der Bundesrepublik. Wir wissen, daß in den vergangenen Jahren, akzeleriert, seit dem Jahre 1949, in dem das „deutsche Wirtschaftswunder" sich zu manifestieren begann, Personen und Interessen dort neuerdings an Macht gewannen, die rechtens und de facto „abgewirtschaftet" hatten mit dem Zusammenbruch des Hitler-Regimes. Wenn aber diesmal Schlechtes nach oben kam, so waren es nicht fanatisierte Massen breiter Volksschichten, von denen es getragen war. Und nicht, wie in den Jahren vor 1933, etablierte das Übel sich aus eigener Kraft und gegen den — übrigens schon damals geteilten und teilweise gelähmten — Willen der demokratischen Welt, die sich außerstande wähnte, irgend zu intervenieren. Vielmehr waren es diesmal mächtige Repräsentanten eben dieser Welt, die, zur schockhaften Verwirrung der nunmehr friedwilligen westdeutschen Majorität, dem Todfeind von gestern den Rücken stärkten, in der Irrmeinung, er tauge zum Kron-Alliierten gegen den designierten Todfeind von morgen. Und wie, wenn der Gestrige nun seine wiederhochgepäppelten Kräfte alsbald einer Allianz zur Verfügung stellt, von der allein er sich die Zurückgewinnung verlorenen Besitzes erhoffen könnte —, es sei denn, daß er es vorzüge, Gewalt anzuwenden und so einen Krieg zu entfesseln, den „präventiv" zu nennen, dem Verblendetsten nicht mehr beifallen würde? — Gleichviel: festzustellen war, daß anders als vor 33, Einflüsse von außen wirkten und fortwirken. Auch nahm ja die „Unterwanderung" des politischen Lebens in der DBR möglichst versteckte Wege und wurde dem Gros der Bevölkerung erst deutlich, als sie — in ihren Grenzen — bereits vollzogen war.
(Herbst 1954; Artikel für die Zeitschrift „L'Express".)
(Zit. nach 17, S. 122 f.)

und Stabsoffiziere in wichtige Kommandopositionen der NATO: So wurde General Speidel bereits im Februar 1957 Oberbefehlshaber in Europa-Mitte, während General Heusinger 1960 zum Vorsitzenden des Militärausschusses der Allianz avancierte. Die Ursache für den Aufstieg von Bundeswehr-Generalen in hohe NATO-Funktionen lag nicht allein in ihren im Faschismus erprobten „Führungsqualitäten" begründet, sondern widerspiegelte zugleich das immer größer werdende Gewicht der BRD innerhalb des Nordatlantikpaktes. Während 1956 erst 79.400 Soldaten unter Waffen standen, wuchs die Mannschaftsstärke der westdeutschen Armee bis 1960 auf 272.600 Mann. Es kam hinzu, daß die Bundeswehr aufgrund des am 30. Juni 1955 mit den USA abgeschlossenen Militärhilfeabkommens mit den modernsten amerikanischen Waffen ausgerüstet wurde und bald als eine der am besten bewaffneten Armeen in Europa galt.

Nur kurze Zeit, nachdem die ersten Verbände der Bundeswehr aufgestellt worden waren, begann die mit großer Heftigkeit geführte Debatte um die atomare Bewaffnung. Den endgültigen Aufschluß über die angestrebte Aufrüstung der Bundeswehr mit Atomwaffen gab Adenauer in einer Pressekonferenz in Bonn am 5. April 1957, als er auf eine entsprechende Frage antwortete: *„Unterscheiden Sie doch die taktischen und die großen atomaren Waffen. Die taktischen Waffen sind nichts weiter als die Weiterentwicklung der Artillerie. Selbstverständlich können wir nicht darauf verzichten, daß unsere Truppen auch in der normalen Bewaffnung die neueste Entwicklung mitmachen."* (Konrad Adenauer, Erinnerungen 1955—1959, a.a.O., S. 297) Diese Äußerungen des Bundeskanzlers lösten *„in der deutschen Öffentlichkeit einen Sturm schärfster Proteste aus"* (ebenda).

Im Göttinger Appell forderten nur eine Woche später achtzehn führende westdeutsche Nuklearforscher, darunter Max Born, Otto Hahn und Werner Heisenberg, auf jegliche atomare Bewaffnung zu verzichten. Im In- und Ausland fand der Appell große Resonanz. So solidarisierte sich z.B. Albert Schweitzer in einer Rundfunkansprache ebenso mit den achtzehn Atomwissenschaftlern wie der Bundesvorstand des Deutschen Gewerkschaftsbundes. Die sich formierende außerparlamentarische Opposition gegen die Atombewaffnung der Bundeswehr veranstaltete zahlreiche Kundgebungen und Demonstrationen, die am 1. Mai 1958 kulminierten.

Am 10. März 1958 konstituierte sich in Frankfurt am Main der Arbeitsausschuß „Kampf dem Atomtod", zu dessen Mitgliedern u.a. Gustav Heinemann, Thomas Dehler, Helmut Gollwitzer und der SPD-Vorsitzende Erich Ollenhauer gehörten. Lokale Ausschüsse wurden nach und nach in zahlreichen Städten der BRD gegründet. Im Mittelpunkt der Tätigkeit des Arbeitsausschusses stand die Forderung und Vorbereitung einer Volksbefragung über die atomare Aufrüstung der Bundeswehr. Nachdem der Bundestag jedoch am 25. März 1958 einen entsprechenden Gesetzesantrag der sozialdemokratischen Fraktion abgelehnt hatte und das Bundesverfassungsgericht im Juli desselben Jahres die in Hamburg und Bremen verabschiedeten Gesetze zur Volksbefragung als verfassungswidrig klassifizierte (auch die Städte Frankfurt am Main, Offenbach und Darmstadt sollten nach einem Votum der kommunalen Parlamente ein derartiges Plebiszit organisieren), verzichteten die Vorstände von SPD und DGB auf die Initiierung weiterer außerparlamentarischer Aktionen. Die Aufgaben des Arbeitsausschusses „Kampf dem Atomtod" wurden von den Teilnehmern der Ostermarschbewegung fortgeführt, die erstmals 1960 einen Protestmarsch gegen die atomare Aufrüstung der Bundeswehr und die in der BRD von den Alliierten gelagerten Atomwaffen unternahmen.

Alle außerparlamentarischen Aktionen blieben jedoch erfolglos. Bereits am 25. März 1958 wurde im Bundestag die atomare Bewaffnung der Bundeswehr mit den Stimmen der CDU/CSU und der Deutschen Partei gegen die Stimmen der SPD und der FDP durchgepeitscht.

Die Debatte, in der sich der junge Verteidigungsminister Franz Josef Strauß als Exponent der Atomrüstung besonders hervortat, kennzeichnete der Fraktionsvorsitzende der SPD, Fritz Erler, mit den Worten, es sei der schauerliche Versuch deutlich geworden, *„daß auf der einen Seite gesprochen wird von Entspannung und Abrüstung und auf der anderen Seite gehandelt wird im Sinne des Hineinziehens der Bundesrepublik Deutschland in das Atomwettrüsten."* Und Erler fuhr fort: *„Wir haben vom Herrn Bundeskanzler vernommen, daß man diesen Schritt, den auch er für unabweisbar hielt, tun müsse, weil die strategische Planung der Atlantikpaktorganisation ihn verlange. Wir sind also wieder so weit, daß die Strategie die Politik diktiert!"* (Zit. nach Zwanzig Jahre Bundesrepublik Deutschland in Dokumenten, hrsg. von Michael Hereth, München 1969, S. 112)

Die atomaren Sprengköpfe, die von Haubitzen, taktischen Raketen und Jagdbombern (seit den sechziger Jahren dem „Starfighter") ins Ziel getragen werden, stehen unter der Kontrolle amerikanischer Offiziere, dennoch: die BRD besaß jetzt zumindest *einen* Finger am atomaren Abzug, um — wie es Rudolf Augstein später formulierte — *„als Teilhaber eines atomaren (vielleicht gar präventiven) Schlages gleichberechtigt dazustehen"* (Der Spiegel, Nr. 12, 29.8.1966, S. 12).

Die Westintegration der BRD wurde aber nicht allein im Bereich der Militärpolitik vollzogen. Nachdem bereits 1952 die Mitgliedschaft in der „Europäischen Gemeinschaft für Kohle und Stahl" (Montanunion) erworben wurde, die als supranationale Behörde die Kohle- und Stahlproduktion Belgiens, der Niederlande, Luxemburgs, Frankreichs, Italiens und Westdeutschlands koordinieren sollte, gehörte die Bundesrepublik 1957 zu den Gründungsmitgliedern der Europäischen Wirtschaftsgemeinschaft (EWG). Die sechs Teilnehmerstaaten der Montanunion hatten sich auf einer Außenministerkonferenz in Messina am 2. Juni 1955 und während eines Treffens der Regierungschefs in Paris im Februar 1957 darauf geeinigt, einen Vertrag über die Errichtung eines gemeinsamen Marktes zu schließen, d.h. die Zollgrenzen zwischen den Sechs sukzessive abzuschaffen und gegenüber Drittländern gemeinsame Zolltarife einzuführen. Gleichermaßen wurde die Freizügigkeit aller Arbeiter und Angestellten innerhalb der EWG garantiert und die Koordinierung der Sozial-, Währungs- und Wirtschaftspolitik angestrebt. Die am 25. März 1957 in Rom unterzeichneten EWG-Verträge ratifizierte der Bundestag im Juli desselben Jahres. Seit dem 1. Januar 1958 traten sie für die sechs Mitgliedsstaaten in Kraft.

Das große ökonomische und auch das wachsende politische Gewicht der Bundesrepublik verdeutlichte die Berufung des Wirtschaftsjuristen und Staatssekretärs im Auswärtigen Amt, Prof. Walter Hallstein, zum Präsidenten der EWG-Kommission, die in Brüssel ihren Sitz

1949

1949

1949

1953

1953

1953

1952

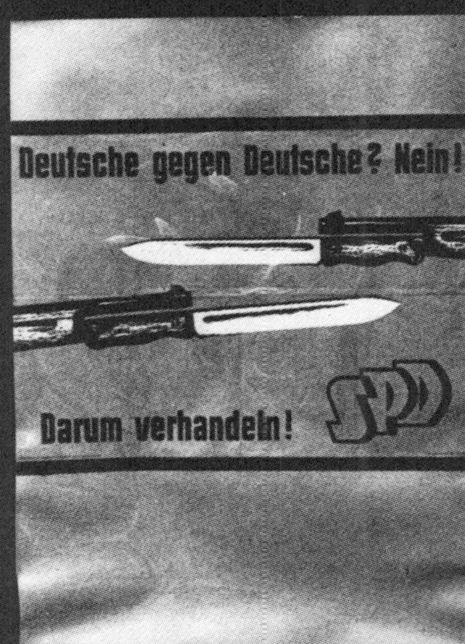

1957

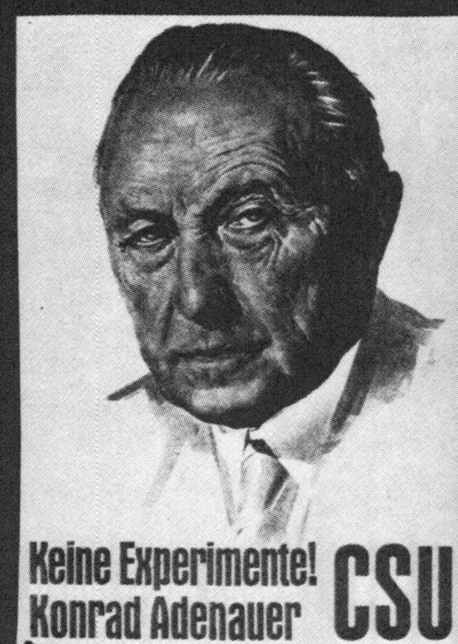

1957

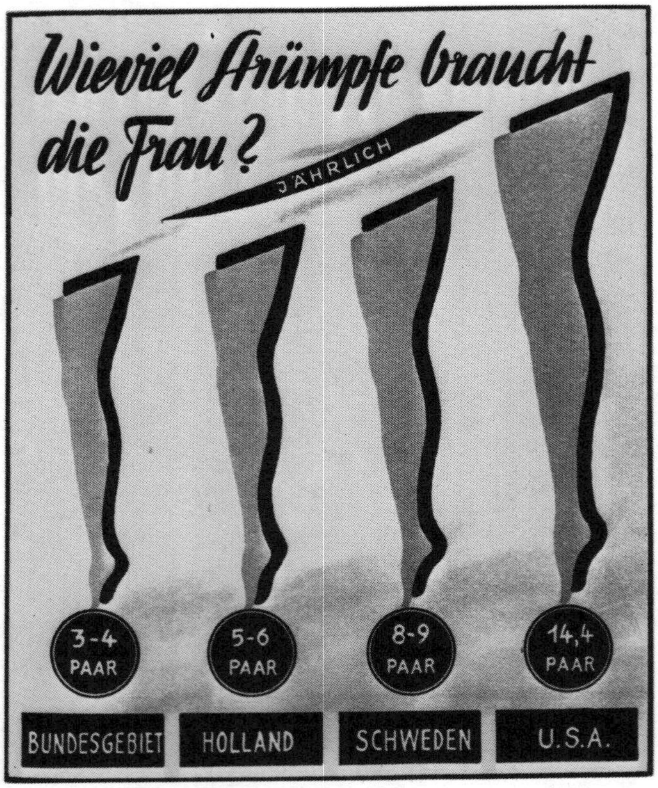

1957 wurde die Europäische Wirtschaftsgemeinschaft (EWG) gegründet, in der sich Belgien, die BRD, Frankreich, Italien, Luxemburg und die Niederlande zusammengetan hatten. Diese Organisation trug der internationalen Verflechtung der großen Konzerne Rechnung und entwickelte sich parallel zu der Machtverflechtung zwischen dem Staat und den Monopolen in den einzelnen Ländern. Der so entstehende „staatsmonopolistische Kapitalismus", von seinen Kritikern auch „Stamokap" genannt, vollzog sich geräuschlos und wurde erst in den 70er Jahren von der Linken entdeckt (abgesehen von den Kommunisten). Der Gebrauch dieses Begriffs erwies (und erweist sich noch) als gefährlich; er hat zu Berufsverboten und Parteiausschlüssen geführt, woraus auch dem oberflächlichen Blick deutlich wird, daß hier offenbar eine Art Achillesverse liegt.
Die Paarung der genannten ökonomischen und politischen Potenzen sollte abgesichert werden durch eine Notstandsgesetzgebung, die die Aussetzungen demokratischer Rechte für den „Krisenfall" vorsah; die Legalisierung totalitärer Praktiken „für den Notfall" sollte aber erst am Ende des nächsten Jahrzehnts gelingen.

1955. Bonner Besuch in Moskau. In der Mitte mit Händedruck für die Kameras Bundeskanzler Dr. Adenauer und Ministerpräsident Bulganin. Links Außenminister Molotow, rechts Nikita Chruschtschow. Zwischen Dr. Adenauer und Chruschtschow Prof. Hallstein

nahm. Daß es sich bei der BRD nicht nur um den formal präsidierenden Partner der Gemeinschaft handelte, beweist die Tatsache, daß sie in der zweiten Hälfte der fünfziger Jahre knapp die Hälfte der Industrieproduktion in den EWG-Staaten herstellte, während z.B. Frankreich als das ökonomisch zweitwichtigste Mitgliedsland nur ein Viertel beisteuerte. (Vgl. Karl Neelsen, Wirtschaftsgeschichte der BRD. Ein Grundriß, Berlin 1971, S. 311, Tabelle 20) Der Versuch, den *politischen* Integrationsprozeß der Sechs voranzutreiben, blieb allerdings auf die Konstituierung eines „Europäischen Parlaments" in Straßburg beschränkt, dem keine relevanten Kompetenzen zugestanden wurden.

Sicherlich war die Gründung der EWG ein Vorgang von historischer Bedeutung, zumal hier ein Gegengewicht zu den Vereinigten Staaten im Entstehen begriffen war — in ökonomischer wie möglicherweise auch in politischer Beziehung. Über die Instrumentarien der EWG gab es für die ökonomisch potente Bundesrepublik die Möglichkeit, nicht nur *wirtschafts*politisch in Europa, und über Europa hinauswirkend, den Status einer Macht der „gehobenen Mittelklasse" zu erlangen.

Die BRD, seit der 1955 als Folge des NATO-Beitritts vollzogenen Aufhebung des Besatzungsstatus ein souveräner Staat, hatte ferner in ihren auswärtigen Beziehungen vorrangig drei Probleme zu bewältigen: die Aufnahme diplomatischer Beziehungen zur Sowjetunion, die Rückführung des unter französischer Kontrolle stehenden Saarlandes und die Regelung der Beziehungen zu Frankreich nach dem Machtantritt des Generals de Gaulle im Jahre 1959 als erster Staatspräsident der V. Republik.

Die Initiative zur Aufnahme normaler diplomatischer Beziehungen zwischen der BRD und der UdSSR wurde im Februar 1954 in einer Erklärung von der sowjetischen Delegation auf der Berliner Außenministerkonferenz der vier Großmächte unternommen, die der Ministerratsvorsitzende der Sowjetunion, Nikolai Bulganin, nur wenige Monate später bekräftigte. Schließlich erhielt die Regierung der BRD über den sowjetischen Botschafter in Paris am 5. Juni 1955 eine Note der Regierung der UdSSR überreicht, in der Konrad Adenauer und andere von seiner Regierung zu nomierende Persönlichkeiten der Bundesrepublik eingeladen wurden, die Sowjetunion zu besuchen, *„um die Frage der Herstellung diplomatischer und kommerzieller Beziehungen"* (zit. nach V.N. Belezki, Die Politik der Sowjetunion in den deutschen Angelegenheiten in der Nachkriegszeit 1945—1976, Berlin 1977, S. 181) miteinander zu besprechen. Konrad Adenauer folgte dieser Einladung, als er vom 8. bis 14. September 1955 mit einer Delegation, zu der u.a. Carlo Schmid und Kurt Georg Kiesinger gehörten, die sowjetische Hauptstadt besuchte.

Nach schwierigen Verhandlungen mit dem 1. Sekretär des ZK der KPdSU, Nikita Chruschtschow, und dem Ministerpräsidenten Bulganin war nicht nur die Aufnahme diplomatischer Beziehungen erreicht. Darüber hinaus wurden 9.626 ehemalige Angehörige der faschistischen Wehrmacht, die von der Sowjetunion als Kriegsverbrecher verurteilt worden waren, die Adenauer aber als Kriegsgefangene bezeichnete, in die BRD entlassen; außerdem sollten Verhandlungen über die Intensivierung des bilateralen Handels aufgenommen werden.

Keine Experimente-
BLEIB BEIM

Fewa

Das Godesberger Programm
Auf ihrem Parteitag vom 13. bis 15. November 1959 nahm die SPD das „Godesberger Programm" an, benannt nach dem Tagungsort in der Nähe von Bonn.
Mit diesem Programm verabschiedete sich die SPD von ihrer Vergangenheit als antikapitalistische Arbeiterpartei und reinigte ihre Weste von allen marxistischen Flecken, um sich als staatstragende Kraft anbieten zu können: *„Das private Eigentum an Produktionsmitteln hat Anspruch auf Schutz und Förderung."* Die vordem bekämpfte Wehrpflicht und die Eingliederung der BRD in die NATO wurden nun voll unterstützt.
Der propagierte Dritte Weg eines „demokratischen Sozialismus" enthielt immerhin demokratische Forderungen wie allgemeine Abrüstung, Ächtung der Atom- und anderer Massenvernichtungswaffen, soziale und wirtschaftliche Mitbestimmung, Wahrung des Streikrechts, Schaffung eines gerechten Bildungssystems.
Dieser Akt der Selbstkastration einer als revolutionäre Arbeiterorganisation gegründeten Partei stieß bei Teilen der SPD auf heftige Ablehnung, u.a. in der Jugendorganisation („Falken") und im Studentenverband der Partei (SDS). Die Auseinandersetzungen führten zur Abspaltung der Kritiker und zur Gründung des Sozialdemokratischen Hochschulbundes (SHB), der das Godesberger Programm bejahte.
Der aus der Partei ausgeschlossene SDS wurde in den 60er Jahren zum Zentrum der außerparlamentarischen Opposition gegen die Politik der Großen Koalition (CDU/SPD) und des US-Imperialismus.

Die Aufnahme der diplomatischen Beziehungen zwischen der BRD und der UdSSR, zustandegekommen gegen den Widerstand nicht weniger westdeutscher Politiker wie z.B. Außenminister v. Brentano und Staatssekretär Hallstein, beinhaltete für die Bundesrepublik die Möglichkeit, mit den sozialistischen Ländern, zunächst der Sowjetunion, normale, gutnachbarliche Beziehungen anzuknüpfen, eine Chance, die von der Adenauer-Regierung bekanntlich ungenutzt blieb.

Die Beziehungen zwischen der BRD und Frankreich waren ungeachtet der gemeinsamen Mitgliedschaft in der Montanunion und in der NATO (und trotz der bekannt guten Beziehungen zwischen Adenauer und dem bis 1952 amtierenden französischen Außenminister Robert Schumann, der als Initiator der Montanunion gilt) wegen des Saarproblems nicht spannungsfrei.

Die Saar war ein autonomes Territorium, das sehr enge ökonomische Bindungen zu Frankreich besaß und dem die Möglichkeit verwehrt war, Mitglied internationaler Organisationen mit dem Charakter etwa der Montanunion zu werden. Nachdem die Bevölkerung des Saarlandes in einer Volksabstimmung am 23. Oktober 1955 mit einer Zweidrittelmehrheit den Plan einer „Europäisierung" der Saar abgelehnt hatte (provisorisches Staatsgebilde unter einem europäischen Kommissar innerhalb der Westeuropäischen Union bis zum Abschluß eines deutschen Friedensvertrages), verhandelten die westdeutsche und die französische Regierung erfolgreich über die Eingliederung der Saar in die BRD, dessen zehntes Bundesland es am 1. Januar 1957 wurde.

Nicht nur der gesamte Komplex der Beziehungen zwischen Frankreich und der BRD war betroffen, als am 8. Januar 1959 General Charles de Gaulle zum ersten Präsidenten der V. Französischen Republik gewählt wurde, nachdem wenige Monate zuvor eine ganz auf die Machtfülle des Staatspräsidenten zugeschnittene Verfassung in Kraft getreten war. De Gaulle galt als französischer Nationalist, dessen Amtsübernahme Folgen für die NATO-Allianz, die EWG und eben auch für die Beziehungen zur Bundesrepublik erwarten ließ.

„Ich war von großer Sorge erfüllt", schreibt Adenauer, *„denn ich befürchtete, die Denkweise von de Gaulle wäre von der meinigen so grundverschieden, daß eine Verständigung zwischen uns beiden außerordentlich schwierig wäre."* (Konrad Adenauer, Erinnerungen 1955—1959, a.a.O., S. 424) Und tatsächlich hatte Adenauer allen Anlaß, derartige Überlegungen anzustellen, da Charles de Gaulle nie ein Geheimnis aus seiner Anschauung gemacht hatte, daß *„die nationalen Interessen Frankreichs ... absoluten Vorrang besaßen und daß er bestrebt sein würde, die in seiner Sicht unwürdige Abhängigkeit Frankreichs von der amerikanischen Führungsmacht aufzuheben ..."* (Andreas Hillgruber, Europa in der Weltpolitik der Nachkriegszeit (1945—1963), München u. Wien 1979, S. 87)

Dies bedeutete auch, daß die Mitgliedschaft Frankreichs in der NATO zumindest in Frage stand und der Prozeß der wirtschaftlichen Integration Westeuropa womöglich gefährdet war.

Die Ergebnisse des Besuchs Konrad Adenauers auf dem Landsitz de Gaulles in Colombey-les-deux-Eglises am 14. und 15. September 1958 konnten — aus der Sicht der westdeutschen Regierung — die gehegten Befürchtungen ausräumen, daß sich die Beziehungen zwischen Frankreich und der BRD in Zukunft kühler gestalten würden.

De Gaulle empfing den Kanzler der Bundesrepublik nicht nur mit demonstrativer Herzlichkeit, sondern er schlug nach ausführlichen Gesprächen ständige Konsultationen über wichtige außenpolitische Probleme zwischen Regierungsvertretern beider Staaten vor. Der „Geist von Colombey-les-deux-Eglises“ senkte sich von nun an nicht nur auf Adenauer und de Gaulle, sondern er bewirkte schließlich die Unterzeichnung eines „deutsch-französischen Freundschaftsvertrages“ am 22. Januar 1961 in Paris, der eine Form von „besonderen Beziehungen“ zwischen Frankreich und der BRD einleitete.

Der den Amerikanern als imperialistische Vormacht ablehnend gesonnene de Gaulle übte auch einen mitunter nicht gering zu veranschlagenden Einfluß auf prominente Politiker in der BRD, besonders innerhalb der CDU/CSU aus. Neben den „Atlantikern“, die ihre Nibelungentreue zu den USA betonten, traten die „Gaullisten“ oder „Europäer“, die eine stärkere Betonung der eigenständigen Rolle Westeuropas innerhalb des NATO-Bündnisses befürworteten und z.B. eine gemeinsame Atomstreitmacht der europäischen Allianzmitglieder anstrebten. Zu ihren Exponenten gehörte zeitweise auch der Verteidigungsminister Franz Josef Strauß.

Welchen Platz nahm die Bundesrepublik nun innerhalb des westlichen Bündnissystems am Ende der fünfziger Jahre ein?

— Nach der Aufhebung des Besatzungsstatuts 1955 und durch die Mitgliedschaft in der NATO und in der EWG hatte die BRD nicht allein den Status völkerrechtlicher Souveränität erlangt, sondern ihre Westintegration konnte jetzt als abgeschlossen gelten.

— Wegen ihres großen ökonomischen Potentials und der militärischen Stärke ihrer Bundeswehr, die bis zur Mitte der sechziger Jahre mit knapp einer halben Million Soldaten zur größten Armee in Westeuropa ausgebaut wurde, wuchs auch das *politische* Gewicht der BRD innerhalb des imperialistischen Bündnissystems. Das in relevanten Teilen der Bevölkerung durchaus verbreitete Gefühl des „Wir-sind-wieder-wer“ besaß — nur relativ kurze Zeit nach dem Ende des zweiten Weltkrieges — seine Wurzeln nicht zuletzt in der gewachsenen internationalen Bedeutung der Bundesrepublik.

Symbolfiguren der 50er Jahre: Ludwig Erhard, Heinrich Lübke und Franz Josef Strauß (unten)

Geschenk der 50er an die 60er Jahre: Am 1. Juli 1959 wurde der Sauerländer Heinrich Lübke zum Bundespräsidenten gewählt. Nach Adenauers Abtritt wurde er von Kiesinger als Kanzler flankiert, womit die obersten Repräsentanten der BRD zwei Altnazis waren, von denen der eine, Heinrich Lübke, sich unter Hitler durch die architektonische Betreuung von KZ-Bauten hervorgetan hatte.

Der Senator für Sozialwesen

Gesch.- III 1b - PRV -

Bln.-Wilmersdorf, den 18.9.1951
Hohenzollerndamm 29
Fernruf: 87 57 13 App. 226

Herrn
Ernst Krumnow

Berlin SO 36
Naunynstr. 79

Betr.: Ihr Antrag auf Übernahme der OdF-Anerkennung als politisch Verfolgter (PRV) v. 28.7.1949

Ihrem oben angegebenen Antrage auf Übernahme der OdF-Anerkennung als politisch Verfolgter (PRV) konnte nicht entsprochen werden.

Gründe:

Nach § 7 Ziffer 1b ist die Übernahme der OdF-Anerkennung als politisch Verfolgter nicht möglich, bzw. muss eine Anerkennung zurückgenommen werden, wenn der Anerkannte Handlungen begeht, die eine Anerkennung nicht mehr als tragbar erscheinen lassen.

Wie festgestellt worden ist, sind Sie wegen Sammelns von Unterschriften zur Ächtung der Atombombe bestraft worden. Sie haben sich durch eine solche Handlungsweise, die geeignet ist, Unruhe in den westlichen Sektoren hervorzurufen und das Ansehen des als politisch verfolgt anerkannten Personenkreises zu schädigen, bewusst gegen die demokratische Einrichtung und Ordnung Westberlins gestellt.

Aus diesen Gründen erscheint Ihre Anerkennung nicht mehr als tragbar, so dass Ihr Antrag abgelehnt werden musste.

Gegen diesen Entscheid steht Ihnen innerhalb 14 Tagen das Rechtsmittel der Beschwerde beim Schiedsgericht PRV zu. Die Beschwerde ist zu richten:

An den Senator für Sozialwesen - PRV-
Berlin-Wilmersdorf,
Hohenzollerndamm 31

Die Frist beginnt mit dem Tage der Zustellung dieses Bescheides.

i.A.
gez. Löffler

Beglaubigt
Siewert
Verw.Angest.

Mit diesem Schreiben wurde 1951 die Anerkennung als Opfer des Faschismus abgelehnt, da der Antragsteller sich am Sammeln von Unterschriften zur Ächtung der Atombombe beteiligt hat.

Kampf dem Atomtod

Birger Kohnert

Bewegungen gegen die atomare Bewaffnung der Bundeswehr in den Jahren 1957/58

Strauß: Die atomare Bewaffnung kommt!

Bundesverteidigungsminister Strauß hat auf einer Tagung der Evangelischen Akademie Bad Boll erklärt, er sei der festen Auffassung, daß die atomare Bewaffnung in allen europäischen Heeren kommen werde, gleichgültig, ob die Amerikaner dafür oder dagegen seien. Der Minister wies ungeschminkt auf die Gefahren einer atomaren Kriegsführung hin und hob hervor, daß dieser apokalyptischen militärischen Zukunft sich auch die Bundeswehr anpassen müsse. *„Ein Krieg wird in Europa ein Atomkrieg sein."* Obwohl er im einzelnen auf eine mögliche atomare Planung nicht eingegangen ist, konnte doch aus seinen Formulierungen entnommen werden, daß er für eine atomare Bewaffnung auch bei der Bundeswehr eintritt ... (Frankfurter Allgemeine Zeitung vom 13.2.1957)

Die Raketen-Front steht, während der Streit um die Volksbefragung tobt

In den Jahren 1957/58 war in der Bundesrepublik Deutschland der Höhepunkt einer Bewegung gegen Atombewaffnung. Diese Bewegung manifestierte sich im wesentlichen auf außerparlamentarischem Gebiet. Dabei ist die Antiatomwaffenbewegung als Fortsetzung des Kampfes der außerparlamentarischen Opposition gegen die Wiederbewaffnung zu begreifen.

Die Zeit seit Entstehung der Bundesrepublik und ihrer verfassungsmäßigen Grundlage, des im Mai 1949 verabschiedeten Grundgesetzes, war wesentlich geprägt durch die geistige Auseinandersetzung breiter Bevölkerungsschichten mit den sozialen Ursachen und Wirkungen des zweiten Weltkrieges. Eine Folge dieser Auseinandersetzung war die entschiedene Ablehnung einer Remilitarisierung der Bundesrepublik etwa im Rahmen der Verhandlungen über eine „Europäische Verteidigungsgemeinschaft" 1950. Träger dieser Haltung war z.B. die „Ohne-uns-Bewegung", der es durch eine Kampagne für eine Volksabstimmung über die Wiederbewaffnung gelang, die Adenauer-Regierung in ernste Bedrängnis zu bringen. Adenauer lehnte eine Volksbefragung mit dem Argument ab: das Grundgesetz kenne keine Volksbefragung. Er ließ die Volksbefragung durch Erlaß am 24.4.1951 verbieten, weil zu erwarten war, daß sich die Bevölkerungsmehrheit gegen seine Pläne ausgesprochen hätte. Weitere Kristallisationspunkte im Kampf für einen entmilitarisierten Status waren die Einrichtung eines Verteidigungsministeriums bzw. der Aufbau einer Armee 1952, die Aufnahme der Bundesrepublik in die NATO 1954 sowie schließlich die Einführung der allgemeinen Wehrpflicht 1956. Repräsentative Untersuchungen des Instituts für Demoskopie, Allensbach, und der Emnid-KG, Bielefeld, belegen, daß die Regierung in dieser Zeit durchgehend einen erheblichen Teil der Bevölkerung gegen sich hatte.

Bereits seit Dezember 1955 haben Bonner Regierungsstellen Meldungen in die Presse lanciert, um ein Klima vorzubereiten, die Bundeswehr mit atomaren Waffen ausstatten zu können.

Der Kampf gegen die Atombewaffnung begann, als Bundeskanzler Adenauer am 5. April 1957 auf einer Pressekonferenz erstmals öffentlich die Atomrüstungspläne eingestand. Zwar versuchte er gleichzeitig zu beschwichtigen, als er sagte: *„Die taktischen Waffen sind nichts weiter als die Weiterentwicklung der Artillerie."* Aber dieses Eingeständnis bestätigte nun endgültig die Aussage von Verteidigungsminister Strauß, der bereits im Dezember des Vorjahres in einem Interview erklärt hatte, *„die Bewaffnung der Bundeswehr mit taktischen Atomwaffen sei beschlossene Sache"*.

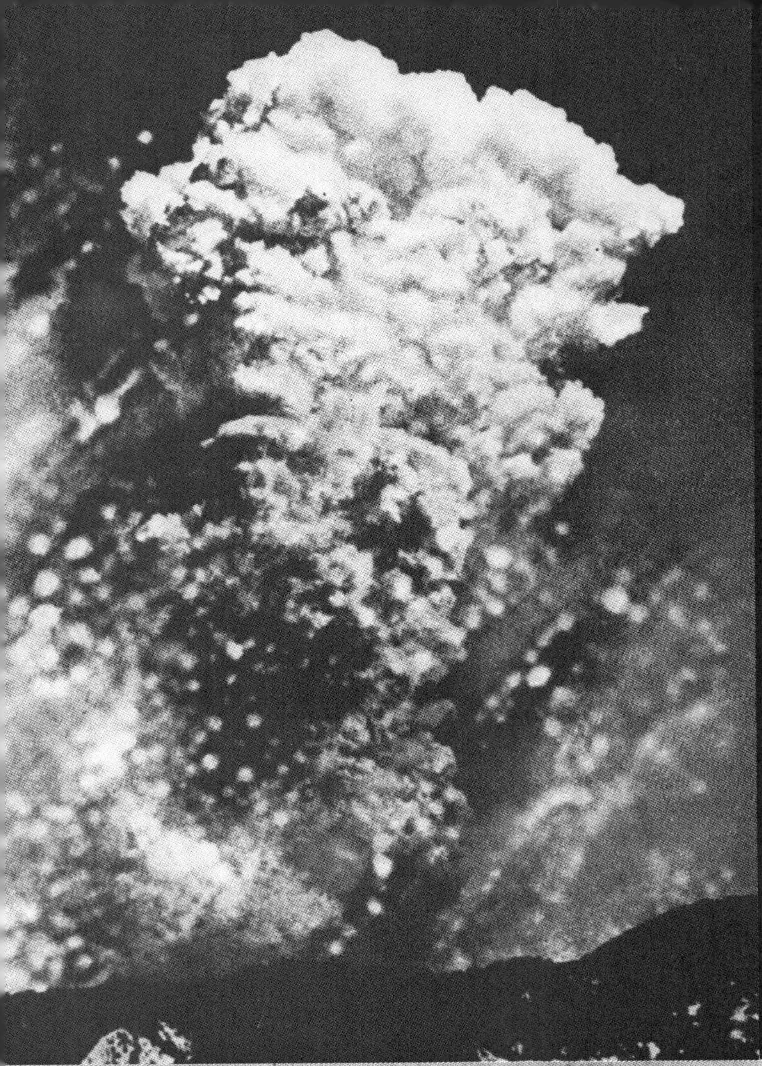

1945
Hiroshima, Nagasaki

Am 6. August 1945 warf ein amerikanisches Flugzeug über Hiroshima die erste Atombombe ab (links: *die Explosion der Uranium-Bombe*). Die Atombombe von Nagasaki, eine Plutonium-Bombe, fiel am 9. August. Diese beiden ersten von den USA zur Anwendung gebrachten Kernwaffen wirkten augenblicklich durch ungeheuren Luftdruck (unten: *das zerstörte Theater von Hiroshima*), durch eine Temperatur von zwanzig Millionen Grad Celsius und durch die radioaktive Strahlung. Der „Hitzblitz" der Bombe, die sich geradlinig mit Lichtgeschwindigkeit ausbreitende Wärmestrahlung, äscherte alle Körper im Umkreis von einem Kilometer augenblicklich ein. *Die Überlebenden der Katastrophe von Hiroshima* wiesen je nach ihrer Entfernung vom Explosionsherd Verbrennungen leichteren bis schwersten Grades auf. Nicht einmal der schwierige Heilungsverlauf und krebsige Entartungen der betroffenen Körperteile ließen ahnen, was erst Jahre später erkannt und unter dem Begriff der „Strahlenkrankheit" zusammengefaßt werden sollte: unkontrollierbare krankhafte Veränderungen der Organe, Sterilität und in steigendem Maß das Auftreten von Mißgeburten. All diese Erscheinungen ließen sich auch an Personen nachweisen, die tausend Kilometer von der Explosion entfernt einem unmerklichen Regen von radioaktiven Spaltprodukten ausgesetzt waren.

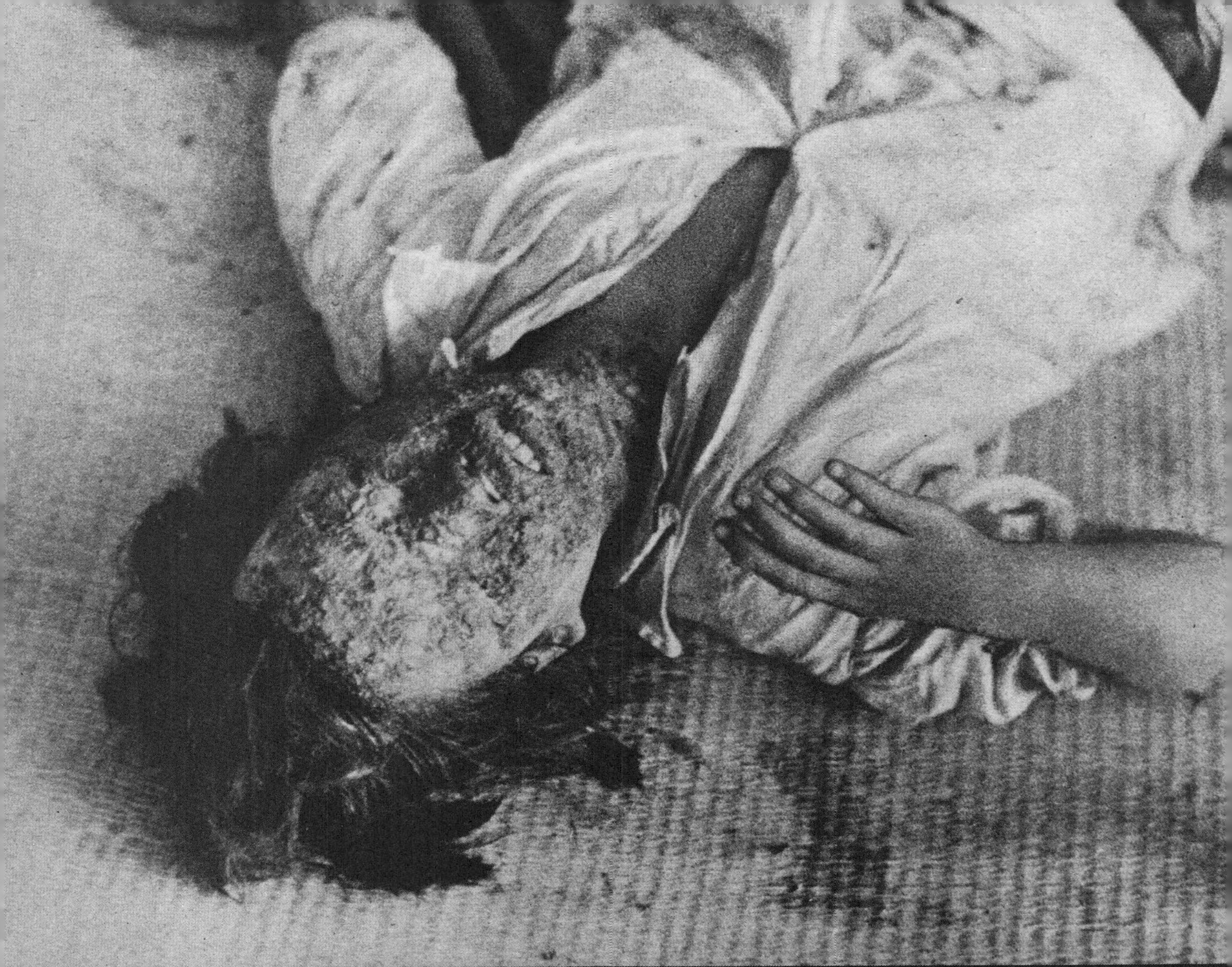

Die amerikanischen Atombombenversuche auf dem Bikini-Atoll gehen weiter. Radioaktiver Aschenregen senkt sich auf friedliche Fischerboote und zerstört unaufhaltsam die inneren Organe der japanischen Fischer. Japans Mediziner versuchen in verzweifelten Anstrengungen, gegen diesen unheimlichen Tod anzukämpfen — doch bis heute fanden sie noch kein Mittel, ihn zu stoppen. Aber noch eine weitere schreckliche Gefahr droht: die Fische sind verseucht; mit Geigerzählern müssen sie abgetastet werden. In Nagasaki und Hiroshima verbrannten 1945 Zehntausende an dem höllischen Strahl der Atombombe (oben).
Auch Frankreich unter General de Gaulle führt Atombombenversuche durch: In geringer Entfernung von der Explosionsstelle der dritten französischen Atombombe bei Reggane in der Sahara hatte man Puppen mit Versuchsbekleidung für wissenschaftliche Untersuchungen aufgestellt (unten).

Im August 1954 trat Dr. J. Rober Oppenheimer (links), Berater de US-Atomenergiekommssion des Weißen Hauses und des amerikanischen Verteidigungsministeriums, von all seinen Poster zurück. Oppenheimer hatte ar den Universitäten Harvard, Cambridge und Göttingen Physik studiert, war 18 Jahre Professor fü Physik an der Kalifornischen Universität, zwischen 1943 und 1945 Leiter des Atomversuchsprogramms in Los Alamos. Seit 1949 hatte er gegen die von seinem Kollegen, Professor Edward Teller, betriebene Entwicklung de Wasserstoffbombe moralische Bedenken geltend gemacht Nachdem das amerikanische Atombomben-Monopol durch die erste Atombombenexplosion ir der Sowjetunion im Septembe 1949 gebrochen worden war, bemühte man sich in den USA um die Entwicklung einer noch stärkeren Waffe, der Wasserstoffbombe. Auf dem Atoll Eniwetok in der Marshall-Inseln wurde am 1. November 1952 die erste H-Bombe zur Explosion gebracht (Bild mitte wurde aus 75 km Entfernung ir einer Höhe von 4000 m aufgenommen. Zwei Minuten nach der Explosion hatte die Wolke eine Höhe von 13 km erreicht). In dem Wunsch, die Geschicke der USA und damit der „freien Welt" einem „starken Mann" anzuvertrauen wählten die Amerikaner am 4. November 1952 General Dwight D Eisenhower zum Präsidenten (Unten: Eisenhower mit seine Frau nach dem Wahlsieg vor sei nem New Yorker Hotel).

Albert Einstein:
Warnung vor dem Atomkrieg

— Aus der Botschaft an den Weltkongreß geistiger Arbeiter, Wroclaw 1947 —

„(...) Wir haben aus schmerzlicher Erfahrung gelernt, daß vernunftgemäßes Denken zur Lösung der Probleme unseres sozialen Seins nicht genügt. Tiefschürfende Forschungsarbeit und hingebende wissenschaftliche Tätigkeit haben für die Menschheit oft tragische Folgen gehabt. Das Ergebnis waren Erfindungen, die zwar dem Menschen ermüdende körperliche Arbeit ersparten und sein Leben reicher und leichter gestalteten, andererseits aber eine tiefe Unruhe in sein Leben trugen, ihn zum Sklaven der ihn umgebenden Technik machten und — das war die größte Katastrophe — die Mittel zu seiner eigenen Massenvernichtung schufen — eine Tragödie, die uns bis in unser Innerstes aufwühlen muß.

Was aber vielleicht noch tragischer ist: während die Menschheit viele Gelehrte hervorgebracht hat, die auf naturwissenschaftlichem und technischem Gebiet ungemein erfolgreich waren, sind wir seit langem gänzlich außerstande, die vielfachen politischen Konflikte und wirtschaftlichen Spannungen zu lösen, unter denen wir leiden. Kein Zweifel: Der Widerstreit der wirtschaftlichen Interessen innerhalb der einzelnen und zwischen den verschiedenen Völkern trägt an der gefahrvollen und bedrohlichen Weltlage von heute ein gerüttelt Maß von Schuld. Es ist dem Menschen bisher noch nicht gelungen, politische und wirtschaftliche Organisationsformen zu finden, die den Völkern dieser Erde ein friedliches Zusammenleben gewährleisten würden, so wenig wie er es verstanden hat, ein System zu schaffen, das die Möglichkeit eines Krieges ausschalten und die Mordwerkzeuge der Massenvernichtung für alle Zeiten bannen könnte.

(...) In den letzten Jahrhunderten hat überall der Staat mehr und mehr Macht über seine Bürger erlangt, und zwar ebenso in Ländern, wo die Anwendung der staatlichen Macht von der Vernunft regiert wurde, wie in jenen, wo man sie zu brutaler Gewaltherrschaft mißbrauchte. Die Aufgabe des Staates, friedliche und geordnete Beziehungen zwischen seinen Angehörigen aufrechtzuerhalten, ist immer komplizierter und umfangreicher geworden, vor allem wegen der Zusammenballung und Konzentration des industriellen Apparats. Der moderne Staat braucht ungeheure, ständig wachsende militärische Mittel, um seine Bewohner vor einem Angriff von außen zu schützen; außerdem hält er es für notwendig, seine Bürger für den Kriegsfall auszubilden, eine ‚Ausbildung', die nicht nur Geist und Seele der Jugend verdirbt, sondern auch in den Köpfen der Erwachsenen Schaden anrichtet. Kein Volk kann sich diesem Verderbnis entziehen, es ergreift die Bevölkerung selbst in den Ländern, die keine ausgesprochen aggressive Richtung verfolgen. Der Staat ist auf diese Weise ein modernes Götzenbild geworden, von dessen Einfluß sich wenige freihalten können.

Ausbildung für den Krieg ist jedoch eine Selbsttäuschung. Die technische Entwicklung der letzten paar Jahre hat eine völlig neue militärische Situation geschaffen. Man hat furchtbare Waffen erfunden, die imstande sind, in wenigen Sekunden riesige Menschenmassen und weit ausgedehnte Gebiete zu vernichten. Da die Wissenschaft bisher noch kein Schutzmittel gegen diese Waffen hat finden können, ist der moderne Staat nicht mehr in der Lage, für die Sicherheit seiner Angehörigen hinlänglich zu sorgen.

Wie soll es da für uns noch eine Rettung geben?

Nur eines kann der Menschheit Schutz vor der Gefahr unvorstellbarer Zerstörung und mutwilliger Vernichtung gewähren: eine übernationale Organisation, die allein zum Besitz dieser Waffen berechtigt ist. Es ist jedoch unter den gegenwärtigen Verhältnissen undenkbar, daß die Völker diese Machtmittel einer übernationalen Organisation übertragen, wenn diese nicht von Gesetzes wegen das Recht und die Pflicht zur Beilegung aller Konflikte hat, die in der Vergangenheit zum Kriege geführt haben. Der Aufgabenkreis der einzelnen Staaten würde sich bei Schaffung einer solchen Organisation mehr oder weniger auf ihre inneren Angelegenheiten beschränken; in ihren Beziehungen zu anderen Staaten hätten sie sich nur mit Fragen und Problemen zu befassen, die unter keinen Umständen die internationale Sicherheit gefährden könnten.

Leider sind sich die Regierungen ganz offensichtlich noch nicht darüber klar, daß die Situation, in der sich die Menschheit befindet, revolutionäre Maßnahmen zu einer zwingenden Notwendigkeit macht. Unsere heutige Lage läßt sich mit nichts in der Vergangenheit vergleichen. Es ist daher nicht möglich, Methoden und Maßnahmen anzuwenden, die sich früher einmal als ausreichend erwiesen haben mögen. Wir müssen unser Denken wie unser Handeln revolutionieren, und wir müssen den Mut haben, die gegenseitigen Beziehungen der Völker dieser Erde zu revolutionieren. Abgeleierte Redensarten von gestern sind heute nicht mehr zu gebrauchen und werden bestimmt morgen hoffnungslos veraltet sein.

(...) Wir wollen hoffen, daß die Beseitigung der gegenwärtigen internationalen Anarchie nicht mit einer von uns selbst herbeigeführten Weltkatastrophe erkauft werden muß, deren Ausmaß sich niemand von uns auch nur im Geiste vorstellen kann.

Wir haben nur noch furchtbar wenig Zeit. Wenn wir überhaupt handeln wollen, dann müssen wir jetzt handeln."

(Bulletin of the Atomic Scientist, Chicago 1949)

Göttinger Appell

Am 18. April 1957 wandten sich 18 prominente Naturwissenschaftler — darunter Max Born, Otto Hahn, Werner Heisenberg und Carl Friedrich von Weizsäcker — in einem Protestschreiben an die Öffentlichkeit. Kurz zuvor hatte die damalige Bundesregierung unter Adenauer bekanntgegeben, daß die Bundeswehr mit sogenannten leichten Atomwaffen ausgerüstet werden solle. Dieser Appell der Atomphysiker, der unter dem Namen „Göttinger Appell" in die Geschichte der Friedensbewegung eingegangen ist und wesentlichen Anteil an den Massenprotestbewegungen der sogenannten Ostermärsche der späten fünfziger Jahre hatte, ist im Zusammenhang mit der jetzigen NATO-Nachrüstungspolitik (Einführung der „Euro-Atomraketen") auch heute noch von bedrückender Aktualität:

„Die Pläne einer atomaren Bewaffnung der Bundeswehr erfüllen die unterzeichneten Atomforscher mit tiefer Sorge. Die Unterzeichneten fühlen sich daher verpflichtet, öffentlich auf einige Tatsachen hinzuweisen, die alle Fachleute wissen, aber der Öffentlichkeit noch nicht hinreichend bekannt zu sein scheinen.

1. Taktische Atomwaffen haben die zerstörende Wirkung normaler Atombomben. Als ‚taktisch' bezeichnet man sie, um auszudrücken, daß sie nicht nur gegen menschliche Siedlungen, sondern auch gegen Truppen im Erdkampf eingesetzt werden sollen. Jede einzelne taktische Atombombe oder Granate hat eine ähnliche Wirkung wie die erste Atombombe, die Hiroshima zerstört hat. Da die taktischen Atomwaffen heute in großer Zahl vorhanden sind, würde ihre zerstörende Wirkung im ganzen viel größer sein.

2. Für die Entwicklungsmöglichkeit der lebenausrottenden Wirkung der strategischen Atomwaffen ist keine natürliche Grenze bekannt. Heute kann eine taktische Atombombe eine kleinere Stadt zerstören, eine Wasserstoffbombe aber einen Landstrich von der Größe des Ruhrgebiets zeitweilig unbewohnbar machen. Durch Verbreitung von Radioaktivität könnte man mit Wasserstoffbomben die Bevölkerung der Bundesrepublik heute schon ausrotten. Wir kennen keine technische Möglichkeit, große Bevölkerungsmengen vor dieser Gefahr zu schützen.

Für ein kleines Land wie die Bundesrepublik glauben wir, daß es sich heute noch am besten schützt und den Weltfrieden noch am ehesten fördert, wenn es ausdrücklich und freiwillig auf den Besitz von Atomwaffen jeder Art verzichtet. Jedenfalls wäre keiner der Unterzeichneten bereit, sich an der Herstellung, der Erprobung oder dem Einsatz von Atombomben in irgendeiner Weise zu beteiligen."

Der damalige Kanzler Adenauer reagierte auf diesen Appell unwirsch und beleidigend: „Wenn die Wissenschaftler sagen, die Bundesrepublik schütze sich am besten durch einen ausdrücklichen Verzicht auf den Besitz atomarer Waffen, dann hat das mit wissenschaftlichen Erkenntnissen nichts zu tun." Ein Jahr später hatte sich ein Ausschuß „Kampf dem Atomtod" gegründet, dem unter anderem der spätere Bundespräsident Heinemann und Heinrich Böll angehörten. Hunderttausende zogen Ostern 1958 auf die Straßen, um gegen die Atombombe zu demonstrieren. „Wir werden nicht Ruhe geben, solange der Atomtod unser Volk bedroht."

Nachdem diese Pläne bekannt wurden, reagierte die Öffentlichkeit. Den Anfang machten achtzehn der bedeutendsten westdeutschen Atomforscher am 12. April mit einer Erklärung, vorgelegt von Prof. Dr. Otto Hahn. Diese wird heute in der Literatur nach dem Ort ihrer Veröffentlichung als „Erklärung der Göttinger Achtzehn" bezeichnet. Die Erklärung beginnt mit dem Satz: *„Die Pläne der atomaren Bewaffnung der Bundeswehr erfüllen die unterzeichneten Atomforscher mit tiefer Sorge".* Sie geht dann auf die Gefährlichkeit von taktischen und strategischen Atomwaffen ein, begründet die Verantwortung der Wissenschaftler als Nichtpolitiker und endet: *„Jedenfalls wäre keiner der Unterzeichneten bereit, sich an der Herstellung, der Erprobung oder dem Einsatz von Atomwaffen in irgendeiner Weise zu beteiligen. Gleichzeitig betonen wir, daß es äußerst wichtig ist, die friedliche Verwendung der Atomenergie mit allen Mitteln zu fördern, und wir wollen an dieser Aufgabe wie bisher mitwirken."*

Die Erklärung überraschte die Öffentlichkeit genauso wie die Regierung. Adenauer lud die „Göttinger Achtzehn" zu einem Gespräch, und die Erklärung füllte tagelang die Kommentarspalten der Tageszeitungen. Die Einmaligkeit der Erklärung — zumal die öffentliche Ankündigung der Arbeitsverweigerung — bewirkte eine Initialzündung und griff auf alle gesellschaftlichen Bereiche über. Die „Achtzehn" erhielten Dankestelegramme u.a. von Kirchenpräsident Niemöller, Dr. Heinemann und Prof. Gollwitzer. Am 17. April begrüßte die Hamburger Bürgerschaft die Erklärung. Einen Tag später sprach sich der Bundesvorstand des DGB erstmalig „gegen die Lagerung von Atomwaffen" aus. Ebenfalls nach dem Göttinger Muster schickten am 5. Mai 99 Wissenschaftler, Künstler und Schriftsteller einen „Offenen Brief" an den Bundeskanzler.

Vergleichen wir all die ‚offenen' Briefe, Aufrufe und sonstige Erklärungen mit der Basis der Opposition gegen die Wiederbewaffnung, so können wir feststellen, daß soziologisch betrachtet das Potential für den politischen Kampf gegen die ‚Atombewaffnung' zu diesem Zeitpunkt nicht unerheblich breiter war als das des Kampfes gegen die Wiederbewaffnung. Während sich Anfang der fünfziger Jahre selten mehr als 50 % der Befragten allgemein gegen eine Wiederbewaffnung ausgesprochen hatten, sprachen sich jetzt einmal 64 %, ein andermal 72 % gegen die Ausrüstung der Bundeswehr mit Atomwaffen aus.

Warum führten diese günstigen Bedingungen nicht unmittelbar zu einem massenhaften Protest gegen die Atombewaffnung? Ein Grund war das allgemein vorherrschende Klima dieser Zeit: Dieses war charakterisiert durch einen permanent vorhandenden Antikommunismus. „Kalte Krieger" beherrschten angesichts der Spaltung Deutschlands das Bild. Die KPD wurde 1956 verboten. Gegner der Atombewaffnung sahen sich dem Vorwurf der Unterstützung des Kommunismus sowie der Unterhöhlung der Verteidigungsbereitschaft ausgesetzt. Ein weiterer Grund waren die nicht vorhandenen Organisationsformen. Die Bewegung wurde zu dieser Zeit nicht durch starke Bürgerinitiativen oder vergleichbare Organisationsformen getragen, sondern im wesentlichen durch Erklärungen von Persönlichkeiten des „Öffentlichen Rechts" geprägt.

Warnung vor ATOM-Weltgefahr
– Professor Albert Schweitzers Rundfunkansprache an die Welt

Als vom 1. März 1954 an Versuche mit Wasserstoffbomben von den Amerikanern auf Bikini, im Gebiet der Marschall-Inseln (im Stillen Ozean), und von den Russen in Sibirien gemacht wurden, kam man dazu, sich davon Rechenschaft zu geben, daß es mit der Erprobung von Atomwaffen ein anderes Ding sei als mit den früheren nichtatomischen. Wenn ein neu konstruiertes Geschützungeheuer auf dem Versuchsfeld abgefeuert worden war, war damit die Sache zu Ende. Nicht so mit der Explosion einer Wasserstoffbombe. Es blieb etwas davon übrig: daß nämlich eine Unmenge kleinster Teilchen von radioaktiven Elementen in der Luft vorhanden waren und radioaktive Strahlen aussandten. Dies war schon bei den Uranbomben, die auf Hiroshima und Nagasaki fielen und nachher noch weiter erprobt wurden, der Fall gewesen. Da es aber, entsprechend der geringeren Größe und Wirkung dieser früheren Bombe, sich noch nicht so bemerkbar machte wie bei der Wasserstoffbombe, hatte man ihm kaum Beachtung geschenkt.

Weil radioaktive Strahlungen, wenn sie in einer gewissen Menge und Stärke vorhanden sind, schädigend auf den menschlichen Körper einwirken, kam dann die Diskussion in Gang, ob die von bisherigen Explosionen von Wasserstoffbomben herrührende Strahlung schon eine Gefahr bedeute, die durch neu hinzukommende Explosionen eine Zunahme erfahren würde.

„Die Völker sollen aufmerken"

Seitdem haben, im Laufe von dreieinhalb Jahren, Vertreter der physikalischen und der medizinischen Wissenschaft sich mit dem Problem beschäftigt. Beobachtungen über das Vorhandensein, die Herkunft und die Natur der Strahlungen wurden gemacht. Die Vorgänge, auf denen ihre Wirkung auf den menschlichen Körper beruht, sind erforscht worden.

Auf Grund des in dieser Sache zusammengetragenen, wenn auch bei weitem nicht vollständigen Materials muß geurteilt werden, daß die radioaktive Strahlung, wie sie sich aus den bisherigen Explosionen von Atombomben ergeben hat, eine nicht zu unterschätzende Gefahr für die Menschheit bedeutet und daß sie bei weiteren Explosionen von Atombomben in beängstigender Weise zunehmen würde.

Dieses Urteil ist, besonders in den letzten Monaten, des öfteren ausgesprochen worden. Merkwürdigerweise ist es nicht in dem Maße, wie man es hätte erwarten sollen, in die öffentliche Meinung übergegangen. Die einzelnen und die Völker fühlen sich nicht bewogen, der Gefahr, in der wir uns befinden, die Aufmerksamkeit, auf die sie leider Anspruch hat, zuteil werden zu lassen. Sie muß ihr vorgehalten und begreiflich gemacht werden.

Mit andern, die sich für verpflichtet halten, in diesen Tagen als Mahner in Wort und Schrift aufzutreten, erhebe ich meine Stimme. Mein Alter und die Sympathie, die mir die von mir vertretene Idee der Ehrfurcht vor dem Leben eingetragen hat, lassen mich erhoffen, daß meine Mahnung mit dazu beitragen kann, der Einsicht, die nottut, den Weg zu bereiten.

Der Radiosendestation von Oslo, der Stadt des Nobel-Friedenspreises, danke ich, daß sie mir dazu verhilft, das, was ich glaube aussprechen zu sollen, in die Ferne gelangen zu lassen. (...)

„Mit den Winden um die Erde"

Als Knabe habe ich miterlebt, daß von dem im Jahre 1883 bei der Explosion der dem Archipel der Sundainseln zugehörigen Vulkaninsel Krakatau in die Luft geschleuderten Staub in Europa in ihr noch mehr als zwei Jahre lang so viel vorhanden war, daß die Sonnenuntergänge durch ihn in besonderer Pracht stattfanden.

Mit Sicherheit können wir aber behaupten, daß die in der Luft entstandenen Wolken von radioaktivem Staube mit den Winden fort und fort um die Erde reisen und daß etwas von ihrem Staube fort und fort, sei es in freiem Fall, sei es durch Regen, Schnee, Nebel und Tau mitgenommen, allenthalben auf die feste Erdoberfläche, die Flüsse und die Meere niedergeht. (...)

„Zuerst wird das Wasser verseucht"

Die durch diese Elemente gesteigerte Radioaktivität der Luft kann uns von außen her nichts anhaben. Die ist nicht stark genug, um unsere Haut zu durchdringen. Anders sieht es schon mit ihrem Einatmen, wodurch radioaktive Elemente in unsere Körper gelangen können. Die vor allem in Betracht zu ziehende Gefahr ist aber die, daß wir infolge der erhöhten Radioaktivität der Luft radioaktives Wasser zu trinken und radioaktive Speisen zu essen bekommen.

Auf Grund der auf Bikini und in Sibirien stattgehabten Explosionen gehen über Japan zeitweise Regen nieder, deren Wasser derart radioaktiv ist, daß es nicht getrunken werden darf. Dies kommt aber nicht dort allein vor. In aller Welt, wo neuerdings Regenfälle Gegenstand der Beobachtung geworden sind, wird zeitweise Niedergang von radioaktivem Regen gemeldet. Darunter sind auch solche, die so radioaktiv sind, daß ihr Wasser nicht mehr als Trinkwasser in Betracht kommt.

Brunnenwasser wird erst durch längeres und reichliches Niedergehen von radioaktivem Regenwasser in erheblichem Maße radioaktiv.

„Pflanzen speichern die Aktivität"

Wird irgendwo radioaktives Regenwasser festgestellt, so will dies heißen, daß die Erde in der betreffenden Gegend es auch ist, und in höherem Maße. Sie wird es ja nicht nur durch auf sie gelangenden Regen, sondern auch durch frei fallenden radioaktiven Staub. Und nicht nur die Erde, sondern auch die auf ihr wachsenden Pflanzen sind dann radioaktiv. Was sich an radioaktiven Elementen auf ihr ansammelt, gibt sie an die Pflanzen ab. Und diese, was wohl zu beachten ist, speichern es in sich auf. Infolge dieses Prozesses kann es vorkommen, daß wir es mit einer beträchtlichen auf uns lauernden Menge von radioaktiven Elementen zu tun haben.

Handelt es sich um Gras, das Tieren, deren Fleisch einmal auf unseren Tisch kommt, zur Nahrung dient, so werden wir beim Essen desselben radioaktive Elemente, die sie durch jenes Gras in sich aufnahmen und aufspeicherten, in uns aufnehmen und aufspeichern.

Handelt es sich um Kühe, so findet solches schon beim Trinken der Milch statt. Schon kleine Kinder haben dann Gelegenheit, radioaktive Elemente in sich aufzunehmen. Für sie bedeuten sie eine besondere Gefahr. Essen wir Gemüse und Obst, so kommen in ihnen aufgespeicherte radioaktive Elemente in uns.

Um welche Zahlen es sich bei der Aufspeicherung radioaktiven Materials handeln kann, läßt sich aus Feststellungen ermessen, die man bei Gelegenheit einer Radioaktivität des Columbiaflusses in Nordamerika machte. Verursacht war sie durch Abwässer der Atomenergie für die Hanford-Atomwerke, die in ihn münden. Die Radioaktivität des Wassers war nicht bedeutend. Aber die des in ihm befindlichen Plankton war es 2000mal mehr, die von Enten, die sich von diesem Plankton nährten, 40000mal mehr, die der Flußfische 150000mal mehr, die von jungen Schwalben, die von den Eltern mit Wasserinsekten gefüttert wurden, 500000mal mehr, die des Eigelbs von Wasservögeln über 1000000mal mehr.

„Die Natur wuchert mit den Elementen"

Wenn uns immer wieder von amtlicher und nichtamtlicher Seite versichert wird, daß eine festgestellte erhöhte Radioaktivität der Luft noch nicht über das hinausgehe, was der menschliche Körper ohne Schaden ertragen könne, so ist dies ein Vorbeireden an dem Problem. Werden wir auch nicht in direkter Weise durch die radioaktiven Elemente der Luft geschädigt, so doch in indirekter: durch das, was davon schon heruntergekommen ist, noch herunterkommt, und noch herunterkommen wird. Dieses nehmen wir im radioaktiven Wasser und in unserer pflanzlichen und tierischen Nahrung auf in den Maße, als es in unserer Gegend in den für uns in Betracht kommenden Pflanzen aufgespeichert vorhanden war. Die Natur, zu unserem Schaden, wuchert mit dem, was ihr von der Luft herkommt.

Keine Radioaktivität der Luft, die durch die bei Explosionen entstandenen radioaktiven Elemente verursacht wurde, ist so geringfügig, daß sie nicht auf die Dauer durch Anreicherung dieser Elemente in unserem Körper sich zu einer Gefahr für uns auswachsen kann.

Was unser Körper an radioaktiven Elementen aufnimmt, wird in seinem Zellgewebe nicht gleichmäßig verteilt, sondern an besonderen Orten abgelagert, vornehmlich im Knochengewebe, wohl auch in der Milz und in der Leber. Von diesen Orten aus findet dann eine von innen kommende Bestrahlung statt, durch welche die für sie empfindlichen Organe in besonderer Weise geschädigt werden. Was ihr an Kraft abgeht, ersetzt diese Strahlung durch Dauer. Durch Jahre hindurch ist sie Tag und Nacht in Gang.

„Das Blut wird krank"

Auf welche Weise werden die Zellen eines Organs durch sie geschädigt? Dadurch, daß sie durch sie ionisiert, das heißt elektrisch geladen werden. Diese Veränderung hat zur Folge, daß in ihnen die chemischen Prozesse, in denen sie den ihnen im Körperhaushalt zufallenden Beruf auszuüben haben, nicht mehr in der rechten Weise ablaufen. Sie vermögen ihre für uns lebenswichtigen Funktionen nicht mehr auszuüben. In Betracht kommt auch, daß durch die Strahlung Zellen eines Organs in großer Zahl degenerieren oder zugrunde gehen können.

Welche Erkrankungen kann die von innen her erfolgende Strahlung zur Folge haben? Diejenigen, die wir als von der von außen kommenden radioaktiven Strahlung verursacht kennengelernt haben.

In der Hauptsache handelt es sich um schwere Erkrankungen des Bluts. Die Zellen des roten Knochenmarks, in denen die roten und weißen Blutkörperchen gebildet werden, die in Menge in unserem Blute vorhanden sind und es befähigen, eine so große Rolle zu spielen, sind sehr empfindlich für radioaktive Strahlen. Erkranken sie unter ihrer Einwirkung, so hat dies zur Folge, daß von ihnen zu wenig weiße Blutkörperchen oder abnorme, in Degeneration begriffene produziert werden. In beiden Fällen kommt es zu Blutkrankheiten, die in den meisten Fällen zum Tode führen. An ihnen sind die Märtyrer der Röntgen- und Radiostrahlen gestorben. An einer dieser Krankheiten litten die japanischen Fischer, die in einer Entfernung von 150 Kilometer von Bikini mit ihrem Schiff in den Aschenregen der Explosion einer Wasserstoffbombe gerieten. Frisch und relativ leicht erkrankt, konnten sie, bis auf einen, durch Infusionen, in denen ihnen fort und fort gesundes Blut zugeführt wurde, gerettet werden.

In den angeführten Fällen handelt es sich um von außen her kommende Strahlung. Daß die von innen her kommende, durch Jahre hindurch auf das Knochenmark wirkende, dieselbe Wirkung haben wird, ist leider sehr wahrscheinlich, besonders da ja die Strahlung vom Knochengewebe aus auf das Knochenmark geht. Wie schon gesagt, speichern sich die radioaktiven Elemente ja mit Vorliebe im Knochengewebe an. (...)

„Weitere Explosionen müssen verhindert werden"

Vergegenwärtigt man sich die Bedingungen, unter denen die Bestrahlung von innen her statthat, hört man auf, gering von ihr zu denken. Wenn es auch wahr ist, daß man in Sachen der Gefährdung durch sie vorerst noch keine Fälle anführen, sondern nur Befürchtungen äußern kann, so sind diese in Tatsachen doch so tief begründet, daß sie für unser Verhalten das Gewicht von Wirklichkeiten annehmen. Wir sind also genötigt, jede Steigerung der bereits bestehenden Gefahr durch weiterhin stattfindende Erzeugung von radioaktiven Elementen durch Explosionen von Atombomben als ein Unglück für die Menschheit anzusehen, das unter allen Umständen verhindert werden muß.

Ein anderes Verhalten kann für uns schon allein darum nicht in Betracht kommen, weil wir es im Hinblick auf die Folgen, die es für unsere Nachkommenschaft haben könnte, nicht zu verantworten vermögen. Dieser droht ja die erste und furchtbarste Gefahr.

„Gedankenlos wandeln wir dahin"

Daß in der Natur von uns geschaffene radioaktive Elemente vorhanden sind, ist ein unfaßliches Ereignis in der Geschichte der Erde und der Menschheit. Es zu unterlassen, sich mit seiner Bedeutung und seinen Folgen abzugeben, ist eine Torheit, welche die Menschheit furchtbar teuer zu stehen kommen kann. In Gedankenlosigkeit wandeln wir dahin. Es darf nicht sein, daß wir uns nicht beizeiten aufraffen und die Einsicht, den Ernst und den Mut aufbringen, ihr zu entsagen, um uns mit der Wirklichkeit auseinanderzusetzen.

Im Grunde denken die Staatsmänner der Atombomben bauenden Völker nicht anders. Durch die ihnen zugehenden Berichte sind sie genügend unterrichtet, um sich ein Urteil zu bilden. Und Verantwortungsbewußtsein müssen wir bei ihnen auch voraussetzen.

Jedenfalls lassen Amerika und Rußland und England einander neuerdings wissen, daß sie nicht besser verlangen, als miteinander ein Abkommen über die Einstellung der Versuche mit Atomwaffen zu schließen. Zugleich erklären sie aber, daß sie, solange ein solches Abkommen nicht besteht, nicht davon ablassen können, weitere Versuche zu machen.

Warum kommen sie nicht dazu, ein Abkommen abzuschließen? Der letzte und eigentliche Grund ist, daß eine öffentliche, dies verlangende Meinung in ihren Ländern nicht vorhanden ist und auch sonst bei keinen Völkern, die Japaner ausgenommen. Diesen wurde sie dadurch aufgenötigt, daß sie von den üblen Folgen der Gesamtheit der Versuche fort und fort in schwerster Weise betroffen werden und dadurch in eine bemitleidenswerte Lage kommen.

„Auf die öffentliche Meinung kommt es an"

Ein Abkommen wie dieses erfordert Zuverlässigkeit und Vertrauen. Die Garantien müssen vorhanden sein, daß es von keinem der Partner mit aus dem Grund abgeschlossen wird, daß ihm dadurch nebenbei ein erheblicher, nur von ihm vorauszusehender taktischer Vorteil erwächst. Es muß von einer den betreffenden Völkern gemeinsamen öffentlichen Meinung eingegeben und ratifiziert werden.

Wenn also in den Ländern, für die das Abkommen in Betracht kommt, und in den Völkern überhaupt, eine öffentliche Meinung entsteht, die sich von den großen Gefahren der Fortsetzung der Versuche Rechenschaft gibt und sich durch die damit gebotene Vernunftmäßigkeit leiten läßt, können die Staatsmänner sich über ein Abkommen, sie zu unterlassen, einigen.

Eine öffentliche Meinung dieser Art bedarf zu ihrer Kundgebung keiner Abstimmungen und keiner Kommissionsbildungen. Sie wirkt durch ihr Vorhandensein.

Kommt es zum Aufhören der Versuche mit Atombomben, so ist dies die Morgendämmerung des Aufgehens der Sonne der Hoffnung, auf die unsere arme Menschheit ausschaut.

Professor Weizsäcker, Mitunterzeichner des „Göttinger Manifestes": *„Für ein kleines Land wie die Bundesrepublik glauben wir, daß es sich heute noch am besten schützt und den Weltfrieden noch am ehesten fördert, wenn es ausdrücklich und freiwillig auf den Besitz von Atom-Waffen jeder Art verzichtet."*

1944: Eine Kompanie marschierender deutscher Infanteristen in einem kleinen Dorf in Hessen

1954: An der gleichen Stelle: eine Atomkanone der amerikanischen Armee

Der damalige Wehrexperte der SPD, Helmut Schmidt, am 22. März 1958 vor dem Parlament: »Der Entschluß, die beiden Teile unseres Vaterlandes mit atomaren Waffen gegeneinander zu bewaffnen, wird in der Geschichte einmal als genauso verhängnisvoll angesehen, wie es damals das Ermächtigungsgesetz für Hitler war«

Aufruf „Kampf dem Atomtod!“

„Das deutsche Volk diesseits und jenseits der Zonengrenze ist im Falle eines Krieges zwischen Ost und West dem sicheren Atomtod ausgeliefert. Einen Schutz dagegen gibt es nicht.

Beteiligung am atomaren Wettrüsten und die Bereitstellung deutschen Gebietes für Abschußbasen von Atomwaffen können diese Bedrohung nur erhöhen. Ziel einer deutschen Politik muß deshalb die Entspannung zwischen Ost und West sein. Nur eine solche Politik dient der Sicherheit des deutschen Volkes und der nationalen Existenz eines freiheitlich-demokratischen Deutschlands. Wir fordern Bundestag und Bundesregierung auf, den Rüstungswettlauf mit atomaren Waffen nicht mitzumachen, sondern als Beitrag zur Entspannung alle Bemühungen um eine atomwaffenfreie Zone in Europa zu unterstützen. Wir rufen das gesamte deutsche Volk ohne Unterschied des Standes, der Konfession oder der Partei auf, sich einer lebensbedrohenden Rüstungspolitik zu widersetzen und statt dessen eine Politik der friedlichen Entwicklung zu fördern.

Wir werden nicht Ruhe geben, solange der Atomtod unser Volk bedroht.“

Auswirkungen der Bundestagsdebatte

Die zweite Phase der Bewegung — wenn man auch sagen muß, daß die Welle der Erklärungen nie ganz abriß — wurde durch eine mehrtägige Bundestagsdebatte zur Außenpolitik eingeleitet. Nachdem die CDU/CSU aus der Bundestagswahl Ende ‘57 wieder als Sieger hervorging, benutzten FDP und SPD die Debatte, um die Atombewaffnung in die Diskussion zu bringen. Die Debatte gipfelte in der Forderung des SPD-Abgeordneten Gustav Heinemann nach Rücktritt des Bundeskanzlers. Die SPD machte zu dieser Zeit einen Kurswechsel durch. Hatte noch der Münchner Parteitag 1956 keinen Protest gegen die Stationierung von US-Atomwaffen erhoben, argumentierte jetzt Fritz Erler — vollkommen neu —, die *„atomare Aufrüstung könne die Aussichten auf eine Wiedervereinigung Deutschlands nur verschlechtern“*, und leitete damit die Wende ein.

Die Bundestagsdebatte wurde von der Bevölkerung außerordentlich gespannt verfolgt; eine Flut von Telegrammen und Briefen an Redner, und Parteivorstände war die Folge. Es ist anzunehmen, daß die Beschlüsse der Pariser NATO-Konferenz vom Dezember ‘57, US-Atomwaffen u.a. auf deutschem Boden zu lagern, zur neuen Welle der Politisierung und Aktivierung beitrugen.

Gegen jene Beschlüsse erhoben die Bremer Bürgerschaft und der Hamburger Senat Protest, ebenso 84 Professoren und Dozenten der Universität Heidelberg. Weitere Städte schlossen sich an. Am 15. Februar kam es in Tübingen erstmals zu einer Protestdemonstration gegen „Atombewaffnung“.

Die Resonanz in den Gewerkschaften, die bis zu dieser Zeit in Anti-Atomfragen keine große Rolle gespielt hatten, war erstaunlich lebhaft und trug positiv zur Entfaltung der oppositionellen Bewegung bei. Neben Beifall und Zustimmung wurden Forderungen nach gewerkschaftlichen Kampfmaßnahmen gegen die Atombewaffnung laut.

Die SPD reagierte jetzt schnell, und ihr Vorsitzender Ollenhauer lud zu einem Treffen zur Gründung eines Arbeitsausschusses „Kampf dem Atomtod (KdA)“ ein, um mit diesem eine „Aufklärungskampagne“ durchzuführen. Dieser Ausschuß trat mit einer Erklärung am 10. März an die Öffentlichkeit, die mit dem Satz endet: *„Wir werden nicht Ruhe geben, solange der Atomtod unser Volk bedroht.“* Zu den Unterzeichnern gehörten neben Erich Ollenhauer u.a. der DGB-Vorsitzende Willi Richter, der Kirchenpräsident Martin Niemöller, Max Born von den „Achtzehn“, Eugen Kogon, Helmut Gollwitzer, Heinrich Böll. Allerdings dominierte die SPD von Anfang an in diesem Bündnis. Der Aufruf erreichte nicht den Überraschungseffekt wie die „Göttinger Achtzehn“.

Der Arbeitsausschuß „KdA“ beschloß die Einleitung einer Kundgebungswelle sowie eine bundesweite Plakataktion. Der Termin der Auftaktkundgebung am 23. März in der Frankfurter Kongreßhalle fiel zusammen mit einer außenpolitischen Debatte im Bundestag.

Auf der Kundgebung wurden wiederholt Rufe nach Generalstreik laut, aber sie wurden weder von Ollenhauer noch von Richter aufgegriffen, obwohl letzterer erklärt hatte, *„von dieser Kundgebung solle eine das ganze Volk umfassende Bewegung ausgehen“*.

rechts: Helmut Schmidt als Redner auf einer Anti-Atomwaffen-Kundgebung in Duisburg-Huckingen am 16.4.1958 (TT-Bilderdienst)

Atom-
waffen?
Nein!

Sammeln am Wittenbergplatz zum Schweigemarsch von Jugendlichen „Gegen den Atomtod" am 15.4.1958 in Westberlin

Atom-Mahnwoche vor dem Neuköllner Rathaus in Berlin (West) am 11. September 1958

Arbeiter demonstrierten

Die außerparlamentarische Oppositionsbewegung griff jetzt auf die Betriebe über. Am 26. März (dem Tag der Bundestagsdebatte) marschierten etwa 500 bis 1000 Beschäftigte der Hanomag-Henschel-Werke Kassel in einer spontanen Demonstration unter der Parole „Kampf dem Atomtod", obwohl sich der IGM-Ortsvorsitzende scharf von diesem „wilden Streik" distanzierte.

Die Bundestagsdebatte bestätigte allerdings ein Festhalten der Regierung an ihren Plänen. Unmittelbare Antwort waren spontane Schweigemärsche, Arbeitsniederlegungen und Protestkundgebungen. Auch erschienen wieder Resolutionen und Aufrufe. Während am 28. März der DGB-Bundesvorstand tagte, traten ca. 10000 Arbeiter der VW-Werke Braunschweig und Wolfsburg in einen Streik. Am 9. April streikten 20000 Arbeiter in Bremerhaven. Die Proteste rissen nicht ab. Immer wieder wurde die DGB-Führung aufgerufen, die gesamte gewerkschaftliche Kampfkraft gegen die Atombewaffnung in die Waagschale zu werfen — also Generalstreik.

Zu dieser Zeit hielt die Mehrheit der erwachsenen Bevölkerung (ab 16 Jahre) in der Bundesrepublik einschließlich West-Berlin, nämlich 52%, einen Streik gegen die Atomausrüstung der Bundeswehr für legitim; nur 31% waren dagegen. Dies belegt das Institut für Demoskopie, Allensbach, durch eine im April 1958 durchgeführte Repräsentativ-Umfrage.

Die DGB-Führung war aber anderer Meinung. Als der Arbeitsausschuß „KdA" ihr für Anfang Mai einen fünfminütigen bundesweiten Streik vorschlug, lehnte sie mit der Begründung ab, *„daß das Volk für eine derartige Aktion noch nicht reif sei"*. Die SPD-Führung unterstützte Streikforderungen ebenfalls nicht. Statt dessen orientierte sich die außerparlamentarische Opposition ausschließlich auf eine Volksbefragungsaktion.

Trotzdem organisierten die inzwischen gebildeten „KdA"-Orts- und Landesausschüsse die Bevölkerung zu einer breiten Protest- und Demonstrationswelle. Ostern und in der Zeit danach fanden in mindestens der Hälfte aller Städte über 200000 Einwohner Kundgebungen statt. Allein von Mitte bis Ende April beteiligten sich hieran nach niedrigst-möglichen Schätzungen 200000 Menschen. In Hamburg demonstrierten allein 120000.

Hier zogen die Menschen von ihren Arbeitsstätten unter Parolen wie „So etwas wie Hiroshima findet Adenauer prima" oder „Wir wollen so alt werden wie Konrad" in die Stadt. Die Hamburger Verkehrsbetriebe hatten eine 45minütige Arbeitsniederlegung beschlossen.

Auch am 1. Mai machte sich die „KdA"-Bewegung unübersehbar bemerkbar. Die Demonstrationen wurden auch darüber hinaus fortgeführt und erreichten teilweise noch beachtliche Teilnehmerzahlen: 25000 in Bremen (13.5.), 30000 in Frankfurt (3.6.), 40000 in Hannover

oben: Die Kampagne „Kampf dem Atomtod" rief 1958 die Massen auf die Straße: Zu einer Kundgebung auf dem Hamburger Rathausmarkt kamen über 120000 Gegner einer atomaren Bewaffnung der Bundeswehr

unten: Spontan verließen am 25.3.1958 etwa 500 Arbeiter der Kasseler Henschel-Werke ihre Arbeitspätze und veranstalteten im Stadtzentrum einen illegalen Demonstrationszug gegen die Aufrüstung der Bundeswehr mit Atomwaffen.

Niedergang

Es wurde jetzt aber immer deutlicher, daß sich der SPD-Vorstand mehr und mehr aus der Kampagne zurückzog. Dies hängt damit zusammen, daß die dort praktizierten außerparlamentarischen Kampfformen und deren inhaltliche Ausrichtung nicht mehr mit dem neu aufgebauten „Image" der SPD korrespondierten. Die Wandlung der SPD zur Volkspartei — daran wurden Hoffnungen auf Regierungsbeteiligung geknüpft — wurde bereits in dieser Zeit vorbereitet, um sie dann ein Jahr später in Bad Godesberg abzuschließen. Wandlung hieß aber in diesem Sinne auch eine Wandlung in militärisch-politischen Fragen.

Am 30. Juli 1958 verbot das Bundesverfassungsgericht (BVG) die Volksbefragung zur Atombewaffnung. Dadurch war das Scheitern der außerparlamentarischen Opposition besiegelt. Auch der DGB-Vorstand steckte zurück. Eine Mitgliederbefragung, wie sie Ende März 1958 von ihm für den Fall des Verbots der Befragung erörtert und auf dem ÖTV-Bundeskongreß am 6. Juni angekündigt worden war, wurde im Oktober vom DGB-Bundesausschuß auf unbestimmte Zeit verschoben.

Nach der BVG-Entscheidung zeigte es sich jetzt, daß die Antiatomtodbewegung nicht in der Lage war, selbständige — unabhängig von DGB- oder SPD-Unterstützung — Aktionen durchzuführen. Von den ursprünglich vorhandenen Orts- und Kreisausschüssen ‚KdA' arbeiteten schon Mitte 1958 nur noch etwa 20%. Einzelne Ausschüsse arbeiteten noch teilweise bis in die sechziger Jahre weiter. Relevante Aktionen — vergleichbar den geschilderten — fanden aber nicht mehr statt.

Die Bewegung gegen die Atombewaffnung in den Jahren 1957/58 war die bisher größte außerparlamentarische Oppositionsbewegung (die heutige Bewegung gegen Atomkraftwerke eingeschlossen) seit Gründung der Bundesrepublik. In ihr haben sich Mitglieder aller gesellschaftlichen Bereiche engagiert. Man muß diese Massenbewegung als Reaktion auf die noch unmittelbaren Nachwirkungen der Schrecken des Krieges begreifen.

Repräsentativumfrage des Emnid-Instituts, Bielefeld, vom Februar 1958, zur Einstellung der Bevölkerung in der Bundesrepublik zur Errichtung von Atomraketen- und Raketenbasen generell

Tabelle 1
Frage: *„Wenn Sie einmal die gegenwärtige politische und militärische Gesamtsituation kurz bedenken: Sind Sie für oder gegen die Errichtung von Abschußstellen für Atomraketen im Gebiet der Bundesrepublik?"*
(Antwortmöglichkeiten vorgegeben)

	Dafür %	Dagegen %	Keine Angaben %	Anzahl 100 %
Insgesamt	13	83	4	1066
Männer	17	80	3	506
Frauen	10	86	4	560

Tabelle 2
Frage: *„Wenn Sie einmal die gegenwärtige politische und militärische Gesamtsituation kurz bedenken: Sind Sie für oder gegen die Errichtung von Abschußstellen für Raketenwaffen im Gebiet der Bundesrepublik?"*
(Antwortmöglichkeiten vorgegeben)

	Dafür %	Dagegen %	Keine Angaben %	Anzahl 100 %
Insgesamt	16	79	5	982
Männer	21	76	3	449
Frauen	12	80	8	533

Prof. Helmut Gollwitzer bei seiner Eröffnungsrede auf einem Studentenkongreß gegen Atomrüstung in Westberlin

**Wolfgang Lefèvre:
Aus der Rede auf dem Studentenkongress in Hannover 1967**

(...) „Die Freie Universität war zweifelsohne — auch wenn es heute einige Gründer scheinbar vergessen haben —, eine eminent politische Hochschulgründung. Es waren Studenten, Assistenten und Professoren der Universität Unter den Linden, die in den amerikanischen Sektor Berlins zogen, um eine Universität frei von den Eingriffen des Staates aufzubauen. Darüber hinaus war es eine Universitätsgründung, die sich nicht allein gegen Staatseingriffe wendete, wie sie unmittelbar Unter den Linden erlebt wurden, sondern in der noch ganz und gar — es war 1948 — das Bewußtsein von der Niederlage der Universitäten während der braunen Jahre Deutschlands lebendig war. Verkürzt kann man sagen, daß der Totalitarismusbegriff — oder genauer: der Antitotalitarismus der Inbegriff der Gründungsidee der Freien Universität war, d.h. die Gleichsetzung von — und die Nichtdifferenzierung, oder doch zumindest ungenügende Differenzierung zwischen Rot und Braun, zwischen Faschismus und Stalinismus. In der Zeit des Kalten Kriegs konnten sich die Leute, die diesen Antitotalitarismus pflegten, einbilden, sie seien Nonkonformisten, d.h. sie konnten sich einbilden, sie hätten tatsächlich ihre Lektion aus dem Faschismus gelernt und wären in der Lage, einem erneuten Angriff auf die Demokratie zu begegnen und sich diesmal als Demokraten zu bewähren; denn in der Zeit des Kalten Kriegs galt es nicht, Kritik zu üben an den eigenen Mißständen, sondern vor allem an denen jenseits der Demarkationslinie. Aber ein weiteres ist an diesem Antitotalitarismus zu beachten — und das war, wenn ich es richtig sehe, für das weitere Schicksal der Universitäten von großer Bedeutung —, nämlich daß in der Gleichsetzung Faschismus und Stalinismus ein unkritischer, nicht mehr der Differenzierung fähiger Begriff von Masse, von Ideologie und von Emotion enthalten ist. Es sind drei Begriffe, die von diesem Antitotalitarismus idiosynkratisch, d.h. zwanghaft abgelehnt werden. Und der Gegenbegriff gegen Masse, Ideologie und Emotion ist ganz folgerichtig: die indirekte, kanalisierte Demokratie, d.h. die rechtsstaatlich repräsentative Demokratie, in der sich der ‚Volkswille' nicht allzu spontan vermitteln kann. Und diese Art Demokratie war anschaubar, und scheinbar während der Kalten-kriegs-Zeit nicht allzu schwer kritiklos anschaubar, im politischen Westen Deutschlands, und die ganze Kritik konnte sich richten auf den politischen Osten Deutschlands. (...)

Während des Abklingens des Kalten Krieges mußte sich zuerst die Frage stellen, ob wir denn nun wirklich des politischen Nonkonformismus fähig sein würden, eine Frage, die mit einem partiellen ‚ja' beantwortet wurde: Studenten und einige Mitglieder des Lehrkörpers machten 1958 den berühmt gewordenen Atomkongreß in Berlin, der das erste Mal die Freie Universität erschütterte, weil jene Studenten und wenige Hochschullehrer merkten, diese Universität ist nicht mehr die, die gegründet wurde, und die anderen, die am Restaurationsprozeß Beteiligten und Interessierten, merkten, daß der politische Ansatz der FU-Gründung jetzt, unter den Bedingungen nach Beendigung des Kalten Krieges, zu einer Universität führen mußte, die jenen Konservativen ungeheuer erscheinen mußte. Es kann nicht verwundern, daß unter diesen Vorzeichen auch die Hochschulfragen, das heißt, die quasi gewerkschaftlichen Fragen, die die Arbeitsbedingungen in der Hochschule betreffen, sich in neuer Qualität stellen mußten. Denn sobald politischer Nonkonformismus in der Universität praktiziert wurde, war die Universität, zumindestens eine Universität wie die FU, deren Anspruch nonkonformistisch war, mit dem Problem konfrontiert, als Universität mit den politischen Aktivitäten identifiziert zu werden, die einzelne Gruppen von Universitätsangehörigen unternehmen. Eine Identifikation der Universität, die ihr hierarchisch korporatives System in Frage stellen mußte. Denn dies System kann weder Politik ‚von unten' in der Universität dulden, noch Politik der Universitätsspitze, weil ersteres den hierarchischen Anspruch der die Selbstverwaltungsorgane beherrschenden Ordinarien tangieren würde, letzteres aber die schrankenlose Willkür der Lehrstuhlinhaber, deren Pfründedenken lediglich eine ästhetisch-organische Einheit der ‚Korporationen' duldet, nicht jedoch eine inhaltliche, politische Einheit. Die Studienreformfragen im einzelnen nun — also die Residuate eines resignierten Hochschulreformprozesses, der nach einer Weile merkte: ‚Hochschulreform wird es nicht geben, machen wir wenigstens Studienreform' — diese Studienreformfragen, die sich ab 1959/60 in neuer Weise stellten, mußten sich in diesem Kontext als unverkennbar politische Fragen stellen, das heißt als Fragen nach hierarchischen Strukturen der Universität, also nach Herrschaftsverhältnissen. (...)"

Günther Maschuff

„... die Mörder sind inmitten."

Protestliteratur unter Adenauer

Kampf dem Atomtod

Seitdem ruchbar wurde, daß die Bundeswehr mit Atomwaffen ausgerüstet werden sollte, antworteten auch westdeutsche Autoren, wenn auch nur in ihrer Summe als Einzelkämpfer.

Den eigentlichen Anstoß gab die Göttinger Erklärung der 18 Atomwissenschaftler im Jahre 1957. Sie regte nach geraumer Zeit auch wieder Schriftsteller zur direkten literarischen Reaktion an. Günther Weisenborn schrieb 1958 die „Göttinger Kantate", eine oratorische Dokumentarrevue, die, von Erwin Piscator inszeniert, zunächst vor Mitgliedern der IG-Metall in der Westberliner Kongreßhalle, später zur Eröffnung des SPD-Parteitages in Stuttgart aufgeführt wurde, um dann gänzlich in die Versenkung zu verschwinden.

Die Politiker nennt der Autor „Handhaber", die Atomwissenschaftler „Hersteller"; ihnen gegenüber steht im Austausch der Argumente das Volk als Chor. Die Frage wird in den Raum gestellt: *„Was ist das für eine Welt, in der man lebt?"* und die auf eine Provokation berechnete Antwort des Autors lautet:

Wer sich christlich nennt, greift zur Bombe,
Die Sicherheit sagt, wählt die Katastrophe.
Die Freiheit sagt, lobt den Selbstmord.
Der Frieden sagt, rüstet zum Krieg.

Darauf der Choral der Vernunft als Finale:

Widersteht! Wenn ihr heute nicht versteht,
morgen ist es vielleicht zu spät.

Konkret und gezielt auch Gerd Semmer:

Atomgedicht 57

Achtzehn Professoren durchbrachen
das tobende Schweigen der Schallmauer,
aufgebaut von bezahlter Journaille
um den Massenmordplan

Aber meine Herren, was geht denn Sie das an?
Sie glauben, daß man einfach hereinreden kann?
Das ist doch Politik, wovon Sie nichts verstehn!
Mund halten, weiterforschen!
Sie sind gar nicht gefragt!
Keine Diskussion! Weitergehen!

Seit Generationen wuschen sie
die Hände in reiner Wissenschaft. Die Folgen
haben sie nie gewollt. Endlich
machten achtzehn den Mund auf, Männer
zeigten Herz .

Aber meine Herren, was gehn Sie die Folgen an?
Sie glauben, daß man einfach hereinreden kann?
Machen Sie Ihre Arbeit, wovon Sie etwas verstehn!
Haben Sie denn kein Berufsethos?
Sie sind außerdem nicht gefragt!
Keine Diskussion! Weitergehen!

„Ihre Kinder an sich drückend
stehen die Mütter und
durchforschen angstvoll den Himmel
nach den Erfindungen der Gelehrten."

Aber meine Herren, was gehn Sie die Kinder an?
Sie glauben, daß man einfach hereinreden kann?
Das ist unsere Politik, wovon Sie nichts verstehn!
Überlassen Sie das den Fachleuten!
Keine Diskussion! Auseinandergehn!

Ansätze einer operativen Literatur

Gab es in diesem Jahrzehnt keine Literatur, die ganz direkt den Zusammenhang zur Politik herstellte, sich den Teufel um die Maßstäbe bürgerlicher Ästhetik scherte, die aus dem politischen Tagesanlaß geboren und für die Aktion gedacht war?

Es gab sie, verstreut und vereinzelt, in einem fast aussichtslosen Kampf gegen konformistische und nonkonformistische Literatur.

Alba Troß erklärte, daß ohne die Mithilfe der „Herrn" von den Hütten, Zechen, Stahlvereinen, die „nazi-onale Einheit" nicht zustande gekommen wäre, denn „sie haben Hitler finanziert" und fährt dann fort:

... sie waren immer national
Sie waren großdeutsch, fromm und stark,
sie waren deutsch bis ins Mark ...
Denn Profit geht über alles,
über alles in der Welt.

und in einem anderen Gedicht:

Denn geht's nicht mit Hitler, dann geh'n sie mit Clay,
Und wechselt die Firma — auch dann ist's okay.
Sie sind ja die alten geblieben ...

Erich Kästner spricht auf einer Kundgebung gegen die Atombewaffnung am 18.4.1958 in München im Zirkus Krone (Foto: Ullstein)

Der allerdings sehr bekannte Karl Schnog assistierte auf seine Weise und prophetisch:

Doktor Goebbels, bald wird es drei Jahre,
Daß Sie sich mit Weib und Kind gekillt.
Noch begreif' ich nicht das Sonderbare,
Dem mein Nachruf in der Grube gilt.

Doktor Goebbels, hätten Sie gewartet,
Statt zu folgen Ihrem Temprament,
Wären Sie inzwischen längst gestartet,
Teils als Fachmann, teils als Referent.

Doktor Goebbels, es ist unverzeihlich,
Daß Sie uns so Ihrer Kraft beraubt.
Warum waren Sie so fruchtbar eilig?
Jupp, wat haste denn von uns jejlaubt?

Und mit aller Konsequenz für die Ausrottung des Faschismus mit Stumpf und Stiel:

Die alten Formen und Methoden!
Dasselbe blutige Geschäft!
Zeit wird's dies Unkraut auszuroden.
Schlagt die Faschisten zu Boden,
wann, wie und wo ihr sie auch trefft.

Heinz Hartwig

Versenkt in Beton sie, versenkt sie in Zement,
Schmeißt sie ins letzte Meer, das keine Schiffahrt kennt ...

Kurt Bork

In den 50er Jahren wurden die Publikationsmöglichkeiten für eine solche Literatur geringer. Immerhin gab es von 1954—57 die satirische Zeitschrift „Der deutsche Michel" des Demokratischen Kulturbundes; Reichskanzler a.D. Joseph Wirth und Architekt des Vertrages von Rapallo gab seit 1953 „Die Deutsche Volkszeitung" heraus und der ehemalige Chefredakteur des sozialdemokratischen „Vorwärts" Gerhard Gleissberg die „Andere Zeitung" in Hamburg.

In einer Schülerzeitung des Gymnasiums Bad Pyrmont zum Beispiel stellten die Pennäler wahrgenommene Tatbestände zusammen und reflektierten sie:

Deutsche Passion

Kapitulation!
Einige Millionen Tote — wofür?
Verlorene Lebensjahre — wofür?
NIE WIEDER KRIEG
Heimkehrer: Von einem verbrecherischen Regime mißbraucht
Für eine bessere Zukunft!
Kriegsgräberfürsorge in 25 Ländern
Verband der Spätheimkehrer
Kriegerdenkmäler
Soldatenzeitungen: „Kamerad — weißt du noch?"
Kino: „Der Etappenhase" — ein lustiger Soldatenfilm
Illustriertenfortsetzung: Einer kam durch!
Marschmusik: Alte Kameraden
Zusatz zum Grundgesetz: Wehrpflicht — Wehrpflicht — Wehrpflicht

Aber war das schon Literatur? Wagenbach war es, der im Hinblick auf eine kritische Diskussion über ein Becher-Gedicht 1952 schrieb: *„... es bleibt festzuhalten, daß Gedichte mit konkreten politischen Inhalten offenbar immer 'Ästhetikdebatten' zur Folge haben — von den Vietnamgedichten Frieds über Biermanns „Drei Kugeln für Dutschke" bis zu Andersch's „GG 3,3"."* (Zitiert nach „Vaterland, Muttersprache")

Neben den bereits genannten Beispielen soll im folgenden an drei Autoren erinnert werden, deren Werke operativer Literatur man zu verschweigen bemüht war, um eine Öffentlichkeit zu verhindern.

GERD SEMMER

Mehrfach schon erwähnt, Jahrgang 1919, Schneidermeister von Beruf, begann mit 27 Jahren erst zu studieren (Germanistik, Theaterwissenschaft, Kunstgeschichte). Mehrfach ist er Regieassistent bei Piscator, dreimal als Redakteur tätig. Er wird Marxist. Für seinen ersten Band „Die Engel sind müde" findet sich in der Bundesrepublik kein Verleger, er wird 1958 in der DDR gedruckt. Seine ersten Verdienste erwirbt er sich mit der Herausgabe der Sammlung „Ca ira", für die er Lieder aus der Französischen Revolution übersetzt. Dafür und für Semmers eigene Verse schreibt Dieter Süverkrüp die Musik, bevor er selbst zur Feder griff und als Interpret in Erscheinung trat.

Semmers' eigentliche Stunde aber schlägt zu Beginn der 60er Jahre, dem Beginn der Ostermarschbewegung.

„Semmers Intention einer unmittelbaren Verbindung seiner poetischen Produktion mit der Praxis gesellschaftlichen Lebens weist den für die Frühphase der Ostermarschbewegung fortgeschrittensten Ansatz auf. Die Intention des Autors, breite Bevölkerungsschichten zu erreichen, ist verknüpft mit seiner eindeutigen Parteinahme für die Ziele der Antiatombewegung. Selten bescheidet sich Semmer dabei mit der kritischen Negation des gesellschaftlichen Status quo; deutlicher als bei allen anderen zeitgenössischen Autoren ist das Bemühen um die Darstellung überzeugender Alternativen." (Ulla Hahn: „Literatur in der Aktion", Akademische Verlagsgesellschaft Athenaion, Wiesbaden 1978)

1961 übrigens gründet Semmer zusammen mit Dieter Süverkrüp, Fasia Jansen, Perry Friedmann, den Conrads, Hannes Stütz und Hanns Dieter Hüsch den pläne-Verlag.

Über den Tagesanlaß hinaus sind Semmers Gedichte in ihrer allgemeingültigen Aussage aktuell wie nie, denn die Verhältnisse haben sich grundsätzlich nicht verändert.

... Wer aber soll den Spaß bezahlen?
Natürlich nur der kleine Mann.
Der Staat erleidet keine Qualen,
wenn er es unten holen kann:
Butter und Brot, sie werden teurer,
die Wuchermieten gehn noch rauf,
es preßt erbarmungslos die Steuer,
der Mensch hält kaum noch mit im Lauf.

PELLE IGEL

Das ist Pseudonym und politischer Tarnname für Hans-Peter Woile. Er knüpfte nach 1945 nicht nur an die sozialistische Literaturtradition der Arbeiterklasse an, er war damals an ihrer Entwicklung direkt beteiligt. Er gründete 1927 die Agit-Propgruppe „Die Roten Reporter", textete und spielte und wurde Leiter der bremisch-oldenburgischen Sektion des Bundes Proletarisch-Revolutionärer Schriftsteller. Noch in der Reichstagsbrandnacht wurde er verhaftet, nach einigen Monaten freigelassen, weil die Nazis die Identität mit Pelle Igel nicht herausfanden. Er erhielt Berufsverbot und schlug sich als Malerhandwerker durchs Leben. 1945 war er sofort wieder dabei, arbeitete an kommunistischen Tageszeitungen in Ost und West mit, gab das in der Illegalität gezeichnete Karikaturenbuch zu Hitlers „Mein Kampf" in Baden-Baden heraus.

1958 wurde ihm wegen „Staatsgefährdung" und „Landesverrat" der Prozeß gemacht. Anlaß war seine antimilitaristische Satire „Stiefel bleibt Stiefel". Das Buch wurde beschlagnahmt und verboten und dann widerfuhr ihm etwas, das er 1933 schon erlebt hatte, als seine private Bibliothek auf der „Danziger Freiheit" in Bremen verbrannt wurde, sein neues Buch ging, 25 Jahre später, erneut von Staats wegen in Flammen auf.

An den Jahrgang 1937

Jungens!
Sie wollen euch wieder in Jacken zwängen,
die feldgrau sind.
Sie wollen euch wieder Waffen umhängen,
die geladen sind.
Mit diesen sollt ihr auf Brüder schießen,
auf deutsche Brüder im geteilten Land.
Es soll das Blut der Deutschen fließen,
von deutscher Hand!

Jungens!
So haben sich's die Herren gedacht,
die Atomstrategen von Washington.
Sie hätten euch gerne zu Kleinholz gemacht,
sie träumen schon gar zu lange davon.
Sie legten schon Riesenlager parat
mit Waffen und Munition,
mit Spaten, und Hacken und Stacheldraht
für mancher Mutter Sohn.

Jungens!
Für wen sollt ihr gen Osten gehn,
in feldgrau, eisern und stur?
Doch wollt ihr auf die Kosten sehn,
betrachtet Hitlers Spur:
sie endete bei Stalingrad,
der Schluß war in Berlin,
im Lager hinter Stacheldraht,
war dann der Endtermin.

Jungens!
Das lange Leben beginnt.
Schlagt euer Leben nicht in den Wind.
Denkt an der Väter schweren Gang.
und daran, daß alles in Blut ertrank.
Atmet den Frieden, die Arbeit, den Tag.
Niemand darf nehmen, wer Waffen mag!
Denkt an das Leben, das Leben beginnt.
Schlagt euer Leben nicht in den Wind!

Jungens!
Ihr habt euch entschieden!
Ihr sagt NEIN zum Krieg, ihr sagt FRIEDEN.

Als Adenauer die letzten Kriegsgefangenen aus der Sowjetunion „heimholte", diese in Friedland tränenreich empfangen wurden, schrieb Pelle Igel folgendes Gedicht:

Herr General, Sie kommen allen?

Herr General, Sie kommen allein?
Wo mögen denn Ihre Soldaten sein?
Es war doch eine Division,
so mancher Vater, Bruder, Gatte, Sohn?
Sie kommen zurück, als sei nichts passiert,
und kommen allein so ungeniert?
Mit Blumen im Arm, mit Geschenken en gros?
Aber — wo sind Ihre Soldaten? Wo?

Herr General, Sie kommen allein!
Sie wollen als Held noch gefeiert sein.
Sie haben damals „die Stellung gehalten",
ins Feuer schickten Sie die Jungen und Alten.
Zu Tausenden fielen die ins Massengrab —
Sie aber — Sie setzten sich sicher ab!
Sie hatten „Halsschmerzen" und Führerbefehle
und große Worte bis zuletzt in der Kehle ...

Und wer Ihnen nicht sofort pariert,
der wurde vom Standgericht kuriert ...
Und heute kommen Sie via Friedland allein!
Sie kommen mit Blumen im Arm, mit Geschenken en gros,
Wo abe sind Ihre Soldaten? Wo?
Es muß Ihnen in den Ohren dröhnen:
Die Mütter schreien nach ihren Söhnen!

Die Schilder fragen: Wer kennt meinen Sohn,
vermißt seit 1944 schon.
Er kämpfte unter einem General,
der ihm „bis zuletzt zu kämpfen" befahl ...
Und nun kehrt der General zurück,
ganz Held, ganz groß im großen Glück,
und trottet daher im alten Trott
und singt das Lied: Nun danket Gott!
Aber — der General, er kommt allein ...
Wo mögen wohl seine Soldaten sein?

Pelle Igels Verse erzielen ihre größte Wirkung als Sprechgedichte, insofern steht er in der Nachfolge von Erich Weinert. Er reist durch die Lande, rezitiert vor einem kleineren oder größerem Auditorium, vermittelt Erfahrungen seines langen, kampferfüllten Lebens — bis heute. Man muß es erlebt haben, mit welcher Vitalität, mit welchem Elan, mit welchem unschlagbaren Optimismus und Humor der heute 76jährige seinen, ja seinen „Klassenauftrag" erfüllt und ein junges Publikum mitzureißen vermag.

PETER BRECKWOLDT

Auch dies ein Pseudonym — für Hans Rondi. Sein Roman „Maiglöckchen blühen überall" war der einzige in dieser Zeit, der sich ganz direkt mit dem politischen Alltag der Arbeiter beschäftigte. Das Buch war für die Bundesrepublik ein staatsgefährdendes erster Ordnung, denn der Verfasser war Mitglied der verbotenen KPD und so konnte der Roman ebenfalls nur in der DDR veröffentlicht werden. Der Autor schildert darin den politischen Alltag der illegalen Kommunisten 1958, die komplizierten Aktivitäten einer Wohngebietsgruppe, ständig unter den Augen der Polizei und durch Spitzel in den eigenen Reihen gefährdet. Das Schwergewicht ihrer Arbeit liegt in den Betrieben und Gewerkschaften und der Autor bringt in einer lebendigen und einfachen Sprache, an dem Stil sozialistischer Literatur von Arbeiterschriftstellern der 20er Jahre orientiert, zur Kenntnis wie mit „Unpolitischen", Sozialdemokraten und Gewerkschaftern eine Übereinstimmung zur gemeinsamen Aktion gesucht wurde. Es geht um die Vorbereitung einer Volksbefragung gegen die Remilitarisierung, es geht um eine mühselige Überzeugungsarbeit und das Ringen um Vertrauen, in kleinen wie in großen Dingen, verbunden mit der Darstellung der Lebenssituationen im privaten Bereich. Breckwoldt spart auch nicht mit Kritik an den eigenen Genossen, an der sektiererischen Enge einiger oder an dem forschen Davongalloppieren anderer, ebenso an der bedächtigen Abwartehaltung gestandener Sozialdemokraten. Der Roman ist nicht nur ein aufschlußreiches Zeitdokument, sondern auch, aus dem unmittelbaren Erlebnishorizont geschrieben, in seiner Art unvergleichlich.

Beginn einer Wende

Ende der 50er Jahre begann der Putz von der bunten Wohlstandsfassade abzublättern, bis dahin verdeckte gesellschaftliche Widersprüche wurden sichtbar. Dazu trug die Zechenkrise im Ruhrgebiet teil, vor allem aber der SPD-Parteitag in Godesberg, auf dem das viele Jahrzehnte alte Selbstverständnis der SPD über Bord ging und diese, jetzt auf dem Weg zu einer „Volkspartei", keine Klassen mehr kannte, nur noch Wirtschatsbürger, und sich als unbedingter Statthalter der bestehenden Ordnung empfahl.

Einher mit diesem Desillusionierungsprozeß ging ein neuer Aufschwung in der Literatur, die sich wieder stärker dem Realismus als Schaffensprinzip zuwandte, gesellschaftliche Prozesse tiefgehender analysierte und damit Ausblicke eröffnete. Bölls „Billard um halb zehn", Walsers „Halbzeit", später Hochhuts „Der Stellvertreter" sind einige Belege dafür. Mit der Ostermarschbewegung verband sich die Entwicklung einer demokratischen Kunst, sie wurde im besten Sinne populär, Lieder wurden von Tausenden gesungen. In Dortmund bildete sich die „Gruppe 81", aus der sich dann später der „Werkkreis Literatur der Arbeitswelt" entwickelte, Arbeiter und Arbeitswelt wurden wieder für literaturwürdig erachtet. Günter Wallraff schrieb seine ersten Industriereportagen. Vor allem aber der „schmutzige Krieg" der USA in Vietnam löste eine massenhafte Protestwelle aus, brachte Autoren in ihrem Zorn dazu, ihren literarischen Beitrag zu leisten. Als 1966 die SPD mit der CDU eine Große Koalition einging und dies mit einem nationale Notstand begründete, wurde das von vielen der Regierten auch als Notstand empfunden — aber eben ganz anders. Die akademische Jugend wurde unruhig, politisierte sich, die APO warf ihre Schatten voraus. Aber das war schon ein anderes Jahrzehnt. Die sich nun stürmisch entwickelnde Protestliteratur fiel allerdings nicht ganz vom Himmel, die Anfänge in den 50er Jahren müssen in ihrer Traditionslinie gesehen werden.

DIE GEWERKSCHAFTEN

Michael Ben

Dreimal abgeschnitten und immer noch zu kurz!

Die Gewerkschaften der 50er Jahre

Stichwort:

Gewerkschaften: Organisationen von Arbeitern und Angestellten zur Vertretung ihrer ökonomischen, politischen, sozialen, kulturellen und rechtlichen Interessen. Hervorgegangen aus Unterstützungskassen, Streikkoalitionen, Arbeiterbildungsvereinen. Organisationsgrad in hochentwickelten kapitalistischen Ländern zwischen 30 und 45%. Über Aufgaben, Kampfmethoden und Charakter dieser größten Massenorganisationen entscheidet in der Regel ihr Verhältnis zu revolutionären- bzw. reformistischen Arbeiterparteien.

Karl Marx über die Gewerkschaften:
„Sie verfehlen ihren Zweck gänzlich, sobald sie sich darauf beschränken, einen Kleinkrieg gegen die Wirkungen des bestehenden Systems zu führen, statt gleichzeitig zu versuchen, es zu ändern, statt ihre organisierten Kräfte zu gebrauchen als einen Hebel zur schließlichen Befreiung der Arbeiterklasse, das heißt zur endgültigen Abschaffung des Lohnsystems."
(Lohn, Preis, Profit)

1945 wird oft — als hätte voraussetzungslos Neues begonnen — zur Stunde Null umgelogen. Tatsächlich wurde wiederaufgebaut, renoviert, zu sehr Diskreditiertes aus dem Verkehr gezogen.

Die Gewerkschaften hatten schon eine 70jährige Geschichte. Noch unter Bebel entwickelte sich bis zur Bewilligung der Kriegskredite für den 1. Weltkrieg die Spaltung der revolutionären deutschen Arbeiterbewegung. Nach der verratenen Novemberrevolution von 1918 wurde die KPD gegründet, Karl Liebknecht und Rosa Luxemburg 15 Tage später erschlagen. Die SPD „differenzierte" sich in der Weimarer Republik weiter in eine reformistische Minderheit — die den Kapitalismus durch Reformen überwinden wollte und als Ziel den Sozialismus hatte — und in „wirtschaftsfriedliche Sozialpartner", aus denen sich die Gewerkschaftsführung im ADGB und die SPD-Führung zusammensetzte, prokapitalistische Politiker wie Ebert oder Noske („einer muß der Bluthund sein"), den Helmut Schmidt als sein Vorbild bezeichnet.

Dieser rechte Flügel (über) der Arbeiterbewegung — wie ihn z.B. Ernst Schumacher repräsentierte — wurde nach dem 2. Weltkrieg wieder in die SPD — und damit in die DGB-Führung geschoben — gegen den Willen der Basis und die offiziellen Parteigremien und mit nachdrücklicher Hilfe der Westalliierten.

In der sowjetisch besetzten Zone (SBZ) konnte ein alter Traum der deutschen Arbeiterbewegung verwirklicht werden, die zentrale Einheitsgewerkschaft FDGB. Eine starke deutsche Arbeiterklasse lag selbstverständlich im Interesse der uniformierten sowjetischen Arbeiterklasse. Ebenso selbstverständlich funktionierte schon bald das Klasseninteresse des amerikanischen Kapitals für seine geschwächte westdeutsche Konkurrenz. Man ließ sogar die verurteilten Kriegsverbrecher wieder laufen und behinderte alle Organisationsversuche der Arbeiterbewegung. Zunächst in den USA begann die nach ihrem Organisator McCarthy benannte Kommunisten-Hysterie: Sie wurde bald importiert wie Petticoat, Hula-Reifen, Kaugummis, Gummibrüste und Bürstenschnitte.

„Wer nach den Erfahrungen sowohl Europas als auch Asiens von einer n i c h t klassengebundenen Politik und einem n i c h t klassengebundenen Sozialismus spricht, der verdient, einfach in einen Käfig gesperrt und neben irgendeinem australischen Känguruh zur Schau gestellt zu werden." (Lenin)

Massendemonstration von 20000 Arbeitern und Angestellten in Frankfurt 1948

Divide et impera — wenn schon Gewerkschaft, dann jedem Nest seine eigene

Statt Entnazifizierung, Demokratisierung, Zerschlagung der Wirtschaftsmonopole als materieller Basis des Faschismus, wie von allen vier Siegermächten in Potsdam vereinbart, begann im März 1947 mit der „Truman-Doktrin" der kalte Krieg, ökonomisch abgesichert durch den „Marshall-Plan". Die USA-Besatzer drängten die Westzonen zur Bildung eines separaten, föderalistischen, „freien" (kapitalistischen), westdeutschen Staates. Er wurde als Ausfallposition auf einen künftigen Kriegsschauplatz im Osten geplant, dessen „Hauptvorteil" immer mehr seine sichere Entfernung von Washington wurde.

Während viele nazistische Unternehmer sich noch verkrochen hatten, wurden die Betriebe (von den Arbeitern!) wieder aufgebaut. Aber Gewerkschaften waren noch verboten, bzw. existierten nur als provisorische lokale Ausschüsse.

Atomisiert war der Handel, durch Zonen getrennt, wie auch die Rohstoff- und Zulieferfirmen von den verarbeitenden Betrieben. Fehlende Lebensmittel, Schiebung und Mißwirtschaft, Demontagen, Zwangsexporte, die Kriegsverluste der Arbeiterschaft, ein wachsender Frauenanteil und Flüchtlinge hießen die Tagesprobleme.

Erst 1947 waren die meisten Betriebe wieder in Gang gesetzt und der Vorkriegsbeschäftigungsstand erreicht. Einem Geldumlauf von 72 Milliarden Mark standen nur 2 Milliarden an Warenwerten gegenüber. Sogar Lohnteile hatten folglich oft die Form von Kompensationsgeschäften in Naturalien. Die zahllosen, unterschiedlichen Betriebsregelungen erschwerten einheitliches, gewerkschaftliches Handeln. Die Fronten zwischen Kapital und Arbeit wurden zusätzlich dadurch verwischt, daß die wichtigsten Forderungen, die nach besserer Ernährung, politische Entscheidungen voraussetzten und also an die Besatzungsmächte zu richten waren.

Eine schon kurz vor der bedingungslosen Kapitulation in Aachen gegründete Gewerkschaft begrüßten die Amerikaner zunächst. Dann wurden Gewerkschaften in allen drei Westzonen verboten, aber lokal unterschiedlich auch stillschweigend geduldet oder sogar gefördert, je nach verantwortlichem Offizier. Seit den Potsdamer Vereinbarungen im August 1945 durfte dann gegründet werden, allerdings über ein kompliziertes Genehmigungsverfahren und strikt auf die Ebene einzelner Orte begrenzt. Reisebeschränkungen, fehlende Post- und Telefonverbindungen erlaubten auch kaum eine Umgehung dieser Regeln. Statt durch Wahl setzten sich die Gruppen anfangs aus den wichtigsten Betrieben und den politischen Parteien zusammen.

Hauptfolgen der lokalen Isolation waren: daß die Gewerkschaften auf Zonenebene kaum ihren politischen Einfluß für eine Neuordnung zur Geltung bringen konnten (während dessen ließen sich die angeschlagenen Kapitalverhältnisse durch Unternehmer und Besatzer in aller Ruhe reorganisieren) und daß an den verschiedenen Orten unterschiedliche Gewerkschaftsformen entstanden.

In erzwungener Einheit hatten die politischen Häftlinge der Nazis die Erfahrungen der Zersplitterung vor 1933 ausgewertet. Alle waren sich über die Notwendigkeit einer Einheitsgewerkschaft einig, und für diese lagen zwei

Konzepte vor:

1.die föderative Einheitsgewerkschaft aus selbständigen, finanziell autonomen Industriegewerkschaften und
2. die zentrale Einheitsgewerkschaft, die nicht nur als Dachverband fungiert, sondern direkt Mitglieder aufnimmt und sich zwar nach dem Industriegewerkschaftsprinzip, aber in unselbständige Sektionen aufgliedert. Diese Organisationsform wurde von den meisten wegen ihrer größeren Schlagkraft und Einheitlichkeit, wegen ihrer demokratischen (nicht von den Vorständen) gewählten Führung und auch gerade wegen ihrer größeren Aktionsfähigkeit auf örtlicher Ebene favorisiert.

Die Militärbehörden erzwangen die Dezentralisierung der nach diesem Prinzip gebildeten Organisationen in Niedersachsen, Hamburg und im Bezirk Nordrhein, obwohl sie vorher die Organisationsform freigestellt hatten. Dabei wurden sie von den sozialpartnerschaftlich orientierten Kollegen unterstützt.

Die zweite gewerkschaftliche Zonenkonferenz im August 1946 mußte deshalb gegen die Stimmen aus Niedersachsen den Aufbau von 12 zonalen Industrieverbänden empfehlen. 1947 entstand dann zuerst der DGB der britischen Zone. Seine Form als föderativer Dachverband war die bestimmende Vorentscheidung für alle künftigen Bundesländer und auch für Westberlin, wo die bestehenden FDGB-Organisationen, mit Ausnahme der bei der Reichsbahn, durch die Spaltung der Stadt verdrängt wurden.

Dieses Ergebnis ist also ein Kompromiß zwischen den amerikanischen Vorstellungen konkurrierender Verbände und der ursprünglichen Idee einer optimalen Gewerkschaftseinheit, wie sie im beginnenden kalten Krieg bereits als „kommunistisch" verketzert wurde. Unterstützung hatten die Militärs übrigens von den Vertretern des Weltgewerkschaftsbundes und der amerikanischen Gewerkschaft AFofL. Noch mehr als die Organisationsstruktur fiel aber die zweijährige Verzögerung beim Gewerkschaftsaufbau zugunsten der Reorganisation kapitalistischer Machtpositionen ins Gewicht. Zwar brachten die Zonenkonferenzen ab 1946 einheitliche Stellungnahmen zu allen wichtigen Themen, ob organisatorischer Aufbau, Wirtschaftsordnung oder Friedensvertrag, aber es stand keine Durchsetzungskraft dahinter.

Im September 1947 wurde klar, daß die amerikanische Militärregierung keinen einheitlichen deutschen Gewerkschaftsbund aller vier Zonen genehmigen würde. Sie empfahl, sich in der Bizone (britisch und amerikanisch) zu vereinigen, was natürlich gegen den FDGB der SBZ (sowjetisch besetzte Zone) gerichtet war.

Diese Spaltungspolitik wurde von den Gewerkschaften stillschweigend und ohne jeden Protest ausgeführt. Dabei mag die Angst, von dem mitgliederstarken FDGB dominiert zu werden, eine Rolle gespielt haben. Wurde zunächst noch ein bißchen von wünschenswerter Einheit geredet, so endeten nach dem Bruch unter den Alliierten im Sommer 1948 auch die gewerkschaftlichen Beziehungen. Die schon unüberhörbar trabsende Nachtigall hieß „westdeutscher Separatstaat".

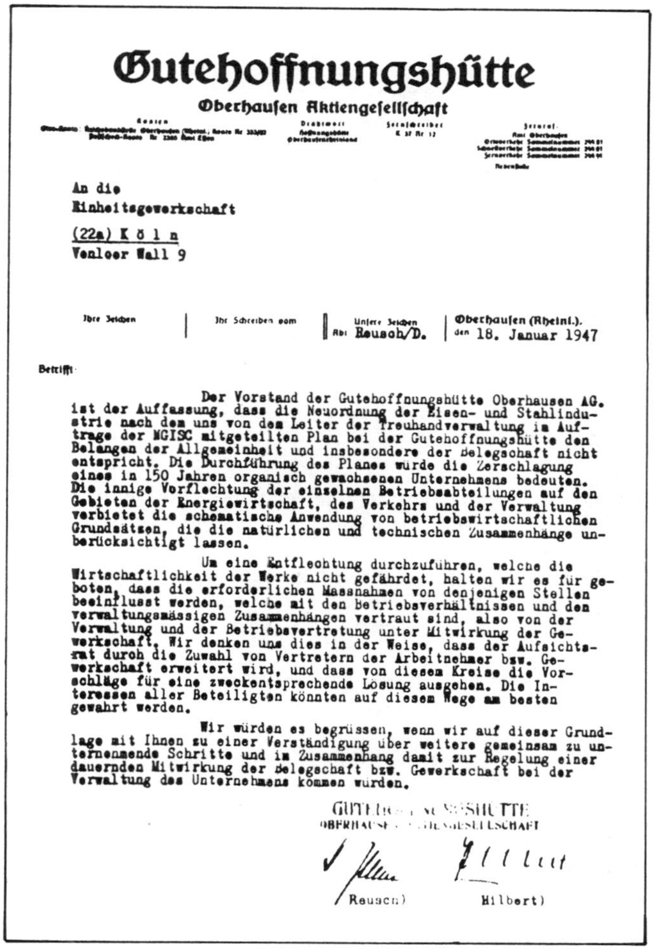

Gutehoffnungshütte
Oberhausen Aktiengesellschaft

An die
Einheitsgewerkschaft
(22a) K ö l n
Venloer Wall 9

Ihre Zeichen | Ihr Schreiben vom | Unsere Zeichen Abt Reusch/D. | Oberhausen (Rheinl.), den 18. Januar 1947

Betrifft:

Der Vorstand der Gutehoffnungshütte Oberhausen AG. ist der Auffassung, dass die Neuordnung der Eisen- und Stahlindustrie nach dem uns von dem Leiter der Treuhandverwaltung im Auftrage der NGISC mitgeteilten Plan bei der Gutehoffnungshütte den Belangen der Allgemeinheit und insbesondere der Belegschaft nicht entspricht. Die Durchführung des Planes würde die Zerschlagung eines in 150 Jahren organisch gewachsenen Unternehmens bedeuten. Die innige Verflechtung der einzelnen Betriebsabteilungen auf den Gebieten der Energiewirtschaft, des Verkehrs und der Verwaltung verbietet die schematische Anwendung von betriebswirtschaftlichen Grundsätzen, die die natürlichen und technischen Zusammenhänge unberücksichtigt lassen.

Um eine Entflechtung durchzuführen, welche die Wirtschaftlichkeit der Werke nicht gefährdet, halten wir es für geboten, dass die erforderlichen Massnahmen von denjenigen Stellen beeinflusst werden, welche mit den Betriebsverhältnissen und den verwaltungsmässigen Zusammenhängen vertraut sind, also von der Verwaltung und der Betriebsvertretung unter Mitwirkung der Gewerkschaft. Wir denken uns dies in der Weise, dass der Aufsichtsrat durch die Zuwahl von Vertretern der Arbeitnehmer bzw. Gewerkschaft erweitert wird, und dass von diesem Kreise die Vorschläge für eine zweckentsprechende Lösung ausgehen. Die Interessen aller Beteiligten könnten auf diesem Wege am besten gewahrt werden.

Wir würden es begrüssen, wenn wir auf dieser Grundlage mit Ihnen zu einer Verständigung über weitere gemeinsam zu unternehmende Schritte und im Zusammenhang damit zur Regelung einer dauernden Mitwirkung der Belegschaft bzw. Gewerkschaft bei der Verwaltung des Unternehmens kommen würden.

GUTEHOFFNUNGSHÜTTE
OBERHAUSEN AKTIENGESELLSCHAFT

(Reusch) (Hilbert)

Aus dem Schreiben der drei Industriellen Dr. Reusch (Gute-Hoffnung-Hütte), Dr. Hehemann (Otto-Wolff-Konzern), Dr. Jarres (Klöckner-Werke) an Dr. Agartz, der dem linken Flügel der SPD angehörte und später wegen seiner marxistischen Einstellung aus der SPD und dann auch aus dem DGB ausgeschlossen wurde:

„Wir erklären uns daher bereit, unter Beachtung der Bestimmungen des in Kürze zu erwartenden Dekartellisierungsgesetzes, Entflechtungsmaßnahmen durchzuführen, die sowohl auf organisch gebildete Zusammenhänge Rücksicht nehmen als auch neue selbständige, wohlübersehbare und wirtschaftlich optimal bemessene Betriebseinheiten schaffen.

Wir schlagen ferner die Überführung dieser neuen Werke in gemischtwirtschaftlichen Besitz — gegebenenfalls unter kapitalmäßiger Beteiligung auch der Gewerkschaften — vor, um schon auf der Ebene des Betriebs die öffentlichen Interessen mit dem privatwirtschaftlichen Ertragsstreben in Übereinstimmung zu bringen und einen möglichst hohen Leistungsgrad zu erreichen. Schließlich erklären wir „ — man lese und staune! —" *unsere aufrichtige Bereitschaft, den Belegschaften und den Gewerkschaften volle Mitwirkungsrechte einzuräumen. Wir wollen uns den Forderungen einer neuen Zeit nicht verschließen und stimmen einer Beteiligung auch der Arbeitnehmerschaft an der Planung und Lenkung sowie an den Aufsichtsorganen für die großen Erwerbsgesellschaften der Eisen- und Stahlindustrie voll und ganz zu. Dabei erfüllt uns die Hoffnung, daß die Verwirklichung unserer aus der allgemeinen Not geborenen Vorschläge eine neue und sichere Vertrauensgrundlage für die Zusammenarbeit der Werksleitungen und der berufenen Vertreter der Allgemeinheit schafft; daß es damit gelingt, unsere für die Gesamtwirtschaft so ungemein wichtige Schlüsselindustrie endlich von einem politischen Odium zu befreien und die in ihr schlummernden Kräfte zu voller Entfaltung für eine friedliche Wiederaufbauarbeit zu bringen."* (Zit. nach 1, S. 88 f.)

Bei seiner Gründung 1949 hat der DGB 7,5 Millionen Mitglieder in den 16 Industriegewerkschaften:
IG Bau-Steine-Erden
IG Bergbau und Energie
IG Chemie-Papier-Keramik
IG Druck und Papier
Gew. der Eisenbahner Deutschlands
Gew. Erziehung und Wissenschaft
Gew. Gartenbau, Land- und Forstwirtschaft
Gew. Handel, Banken und Versicherungen
Gew. Holz und Kunststoff
Gew. Kunst
Gew. Leder
IG Metall
Gew. Nahrung-Genuß-Gaststätten
Deutsche Postgewerkschaft
Gew. Textil-Bekleidung

Hans Böckler auf der ersten Gewerkschaftskonferenz der britischen Zone, März 1946: *„Wir hatten uns gleich von Anbeginn des totalen Niederbruchs gesagt: Ein zweites Mal soll den deutschen Arbeitern nicht passieren, was in den Jahren 1920/21 passiert ist, daß sie trotz ihres ehrlichen Strebens letzten Endes doch wiederum die Betrogenen sind ...“*

„Im März 1948 hatten führende Vertreter der Gewerkschaftsbünde der Westzonen auf einer internationalen Gewerkschaftskonferenz dem ‚European-Recovery-Program‘ (Marshall-Plan) zugestimmt. Auf dem außerordentlichen Bundeskongreß des DGB (brit. Zone) in Recklinghausen im Juni 1948 fand nach zweistündiger Diskussion die Haltung der Gewerkschaftsführer die Zustimmung der ‚übergroßen Mehrheit‘ der Delegierten. Die Auseinandersetzung um den Marshall-Plan hatte sich in den Gewerkschaften auf dessen politische und wirtschaftliche Konsequenzen bezogen — auf die Gefahr einer kapitalistischen Restauration, die den gewerkschaftlichen Forderungen nach Sozialisierung entgegenlaufen mußte. ‚Man überging die Einwände gegen die gesellschaftspolitischen Konsequenzen mit dem Hinweis, daß die Sozialisierung nur vertagt, aber nicht aufgegeben sei‘ ... ‚Zwischen zwei Ideologien gestellt‘, forderte Hans Böckler die Gewerkschaften auf, ‚deutsche Wirtschaftspolitik‘ zu machen.“ (Protokoll des DGB-Kongresses Juni 1948 in Recklinghausen, zitiert aus Deppe ..., Geschichte der deutschen Gewerkschaftsbewegung, Pahl Rugenstein 1977)

*„Lehnt es die Mehrheit des Gründungskongresses angesichts des Wiedererstarkens der schwärzesten Reaktion heute ab, sich in den Satzungen zu den alten Idealen der Erkämpfung der sozialistischen Gesellschaftsordnung und zu der einzig erfolgversprechenden Politik des proletarischen Klassenkampfes zu bekennen, und legt sie sich umgekehrt auch heute wieder für denselben verhängnisvollen Weg der Zusammenarbeit, d.h. der Arbeitsgemeinschaft mit den Unternehmern fest, der nachweisbar von 1918 bis 1933 zur Vernichtung der Gewerkschaften und zur Aufrichtung der schrankenlosen Unternehmerdiktaturgeführt hat, dann bleibt jedem verantwor-
Unternehmerdiktatur geführt hat, dann bleibt jedem verantwortungsvollen Delegierten die Pflicht, gegen den vorliegenden Satzungsentwurf zu stimmen.“* (Karl Mößner, IGM, Stuttgart, Gründungskongress, Protokoll S. 110/111)

Zur Finanzierung des DGB haben die Einzelgewerkschaften 12% der Mitgliedsbeiträge abzuführen. Zwecks besonderer gewerkschaftlicher Aktionen werden in einen Solidaritätsfond pro Mitglied und Vierteljahr 15 Pfennig eingezahlt.

Neues Haus oder neuer Anstrich?

Die wichtigsten Gewerkschaftsforderungen der Nachkriegsjahre waren:
— Ernährung, Beseitigung von Schieberei und organisatorischen Verteilungsmängeln;
— konsequente Entnazifizierung von staatlichen Behörden und Wirtschaft;
— Demokratisierung der Wirtschaft durch Überführung von Schlüsselindustrien in Gemeineigentum;
— Wirtschaftsplanung, Mitbestimmung in Betrieb und Wirtschaft.

„Freie“ Unternehmerwirtschaft, Kapitalismus war anfangs von ausnahmslos allen politischen Gruppierungen als mitschuldig am Faschismus verurteilt worden. Die gewerkschaftlichen Neuordnungsvorschläge knüpften an Konzeptionen aus der Weimarer Zeit an, an „Wirtschaftsdemokratie“, an die Vorstellung einer „Gerechtigkeit“ zwischen Herrschenden und Beherrschten unter Beibehaltung der Ausbeutung, genannt „Gleichberechtigung von Kapital und Arbeit“. An der Basis dagegen wurden die gewerkschaftlichen Forderungen mit der Notwendigkeit begründet, Machtpositionen gegen das Kapital zu erobern.

Spuren der Neuordnungsvorschläge finden sich heute noch in den Länderverfassungen, soziale Rechte, Verbot der Aussperrung oder, wie auch in Hessen, die Sozialisierung von Bergbau, Eisen- und Stahlindustrie, Energiewirtschaft und Verkehrswesen. Amerikanische Versuche, diese Bestimmungen aufzuheben, scheiterten September 1947 am gemeinsamen Widerstand von SPD, KPD und CDU. In der daraufhin angeordneten Volksabstimmung sprachen sich 72% für Sozialisierung aus.

In der britischen Zone versuchte der DGB mit einer Musterbetriebsvereinbarung die Mitbestimmung zu verankern. Dem galten auch die ersten großen Streiks 1946 in Hannover und 1947 in Bielefeld. Trotzdem konnte eine Art Mitbestimmung schließlich nur im Montanbereich realisiert werden, weil dort die Unternehmer angesichts der von den Besatzern drohenden Entflechtungsmaßnahmen und Demontagen zu dieser Zeit die gewerkschaftliche Unterstützung suchten. Damals bedeutete die Zustimmung des DGB zur paritätischen Mitbestimmung in einem Teilbereich den Verzicht auf Sozialisierung. Eben um Zeit zur Beschwichtigung und Aufschub in der Sozialisierungsfrage zu gewinnen, nahmen auch die Briten diese Mitbestimmung in Kauf.

Statt ihre Mitglieder zu mobilisieren erhofften die Gewerkschaftsführer alles von einer SPD-Unterstützung. Selbstverständlich würde diese Partei einmal die geplante Bundesregierung stellen und einen der legendenumwobenen 3. Wege einführen.

Inzwischen wurde die Politik bestimmt durch die Konfrontation mit der Sowjetunion wie durch den gewachsenen Einfluß von Amerikanern und den zurückgewonnenen der Unternehmer, auch in der britischen und französischen Zone. Die Lösung von Grundfragen hoben alle Seiten für eine in Worten immer wieder beschworene gesamtdeutsche Regierung auf, deren realer Kern zum Versatzstück der psychologischen Kriegführung gen Osten geschrumpft war.

Ein Plakat der Arbeiter der Gute-Hoffnungshütte in Oberhausen beim Besuch des Wirtschaftsausschusses der Trizone am 28. April 1949

unten: Streikdemonstration der Ruhrarbeiter in Essen im April 1947

„Die Gewerkschaften feierten das Mitbestimmungsgesetz (1951) überschwenglich als einen großen Sieg. ‚Das Gesetz vom 10. April hat das Tor zu einer neuen Sozialordnung aufgestoßen, aber der Kampf um ihre Verwirklichung wird erst dann beendet sein, wenn die Sozialverfassung in ganz Deutschland aus den Fesseln der Herrschaft des Kapitals über die Arbeit befreit sein wird ... Mit diesen Paragraphen ist ein revolutionärer Akt vollzogen, ist ein Markstein gesetzt — auf dem dritten Weg zu einer neuen Sozialordnung.' Dabei wurde freilich der zwiespältige Charakter dieses Sieges übersehen. Mit der Montan-Mitbestimmung war eine Teilforderung des Münchner Programms — und zwar nicht für die gesamte Wirtschaft, sondern nur für zwei Branchen — verwirklicht. Zugleich war die Konzeption des Münchner Programms, die Einheit von Mitbestimmung, Überführung der Schlüsselindustrien in Gemeineigentum sowie staatlicher Wirtschaftsplanung, aufgebrochen. Die Gewerkschaften hatten diese Verselbständigung der Mitbestimmung selbst noch gefördert, indem sie zunehmend auf die Verknüpfung der Mitbestimmungs-mit der Sozialisierungsforderung verzichteten ... Dieser Verzicht, die Mitbestimmung als eine Machtposition im Klassenkampf zu begreifen, ermöglichte zugleich den Kompromiß mit den führenden politischen Repräsentanten des Kapitals und der CDU; denn nach deren Vorstellung sollten die Organe der Mitbestimmung ‚Transmissionsriemen der Kapitalinteressen gegenüber den Beschäftigten sein, damit deren Integration in den übergeordneten Zweck der Kapitalverwertung im Betrieb wie in das erwerbswirtschaftliche System als ganzes vervollständigen'." (Deppe, S. 337/8)

Urabstimmung im Hüttenwerk Huckingen

Und drüben?

Die Forderungen des FDGB in der SBZ und in Berlin waren stärker auf die Eigentums- und Machtverhältnisse gezielt. Trotz der anfänglichen Wiedergutmachungsdemontagen gelang dort die schnelle Ingangsetzung der Produktion, eine effektivere Erfassung und Verteilung der Güter für Produktion und Konsumtion und eine Preiskontrolle. Erfolgreich wurde gegen Hortungen vorgegangen, entnazifiziert und planmäßige Wirtschaftspolitik entwickelt. Die dortigen Besatzer verstanden sich nicht als siegreiche imperialistische Konkurrenten, sondern als Befreier vom Faschismus. Dessen Ursachen wollten sie deshalb auch beseitigen helfen und begünstigten die Arbeiterbewegung. Der (im Westen verbotenen) Zusammenarbeit und späteren Vereinigung der beiden Arbeiterparteien entsprachen auch schnelle gewerkschaftliche Erfolge. Das Deutschland-Jahrbuch von 1949 weist aus, daß die Produktion in der SBZ weit früher und auf einem höheren Niveau lief als in den Zonen der drei Westalliierten. Durch bessere Organisation und raschen Aufschwung der Agrarproduktion war auch die Versorgung schneller erträglich. Schon 1945 wurden im Zuge der Bodenreform alle Güter über 100 ha enteignet, wurden Flüchtlinge und Landarbeiter als Neubauern angesiedelt, die Großbanken den Landesverwaltungen unterstellt und das Produktivvermögen der Nazi-Konzerne beschlagnahmt, deren endgültige Enteignung der sächsische Volksentscheid von 1946 brachte. Das waren damals 8 % der Betriebe, die 36,8 % der Brutto-Industrieproduktion erzeugten, weitere 20 % wurden in den „sowjetischen Aktiengesellschaften" hergestellt, in ursprünglich zur Demontage vorgesehenen Betrieben.

Schon 1945 erlaubte die SMAD (sowjetische Militäradministration) den Landes- und Provinzverwaltungen Gesetze und Verordnungen zu erlassen, u.a. das Betriebsrätegesetz, das im Unterschied zu seinem Weimarer Vorgänger und der späteren bundesdeutschen Farce die ausschließliche Bindung der Betriebsräte an die Interessen der Belegschaft festschrieb. Mitbestimmung wurde auch für die Produktionsplanung und die Preisgestaltung eingeführt.

Probleme entstanden aus den frühen FDGB-Erfolgen für den gesamtdeutschen Zusammenschluß. Während es im Westen noch ums Elementarste ging, wurde im Osten schon die Planung zur wichtigsten Aufgabe. Aber als ausschlaggebend für das Scheitern der Einheit weisen die Interzonenkonferenzen eindeutig die Politik des kalten Kriegs aus.

Während dort eine neue Ordnung gewerkschaftlich mitgeplant wurde, besiegelte hier die Währungsreform die Restauration privater Eigentumsverhältnisse an den Produktionsmitteln und die Niederlage der auf traditionelle Kleinarbeit zurückverwiesenen DGB-Gewerkschaften.

Bertolt Brecht
„DIE MUTTER"
(aus der Ökonomie-Szene)

PELAGEA WLASSOWA Unsinn, was wollt ihr denn dagegen machen? Warum soll Herr Suchlinow nicht nach seinem Belieben die Löhne kürzen können, die er euch zahlt? Gehört ihm seine Fabrik oder gehört sie ihm nicht?
PAWEL Sie gehört ihm.
PELAGEA WLASSOWA So. Der Tisch zum Beispiel gehört mir. Jetzt frage ich euch: Kann ich mit diesem Tisch machen, was ich will?
ANDREJ Ja, Frau Wlassowa. Mit diesem Tisch können sie machen, was sie wollen.
PELAGEA WLASSOWA So. Kann ich ihn zum Beispiel auch kurz und klein schlagen, wenn ich will?
ANTON Ja, diesen Tisch können sie kurz und klein schlagen, wenn sie wollen.
PELAGEA WLASSOWA Aha! Kann also Herr Suchlinow mit seiner Fabrik, die ihm gehört wie mir mein Tisch, machen, was er will?
PAWEL Nein.
PELAGEA WLASSOWA Wieso nicht?
PAWEL Weil er zu seiner Fabrik uns Arbeiter braucht.
PELAGEA WLASSOWA Wenn er aber sagt, er braucht euch jetzt nicht?
IWAN Sehen Sie, Frau Wlassowa, das müssen sie sich so vorstellen: er kann uns einmal brauchen und einmal nicht brauchen. Wenn er uns braucht, müssen wir dasein, und wenn er uns nicht braucht, dann sind wir eben auch da. Wo sollen wir hin? Und das weiß er. Er braucht uns nicht immer, aber wir brauchen ihn immer. Damit rechnet er. Der Herr Suchlinow hat doch da seine Maschinen stehn. Das ist aber unser Handwerkszeug. Wir haben sonst keines. Wir haben keinen Webstuhl mehr und keine Drehbank, sondern wir benützen eben die Maschinen des Herrn Suchlinow. Seine Fabrik gehört ihm, aber wenn er sie zumacht, nimmt er uns damit unser Handwerkszeug weg.
PELAGEA WLASSOWA Weil ihm euer Handwerkszeug gehört wie mir mein Tisch.
ANTON Ja, aber finden sie, daß das richtig ist, daß ihm unser Handwerkszeug gehört?
PELAGEA WLASSOWA (*laut*) Nein! Aber ob ich es richtig finde oder ob ich es nicht richtig finde, deswegen gehört es ihm doch. Es kann ja jemand auch nicht richtig finden, daß mir mein Tisch gehört.
ANDREJ Das sagen wir: es ist ein Unterschied, ob ihnen ein Tisch gehört oder eine Fabrik.
MASCHA Ein Tisch kann Ihnen natürlich gehören, ein Stuhl auch. Das schadet doch niemand. Wenn Sie ihn auf den Dachboden stellen, was soll das schon schaden? Aber wenn Ihnen eine Fabrik gehört, dann können Sie damit vielen hundert Menschen schaden.
IWAN Denn Sie haben in Ihrem Besitz ihr Handwerkszeug und können damit die Menschen ausnützen.
PELAGEA WLASSOWA Ja, also er kann uns ausnützen. Tut doch nicht, als wenn ich das noch nicht gemerkt hätte in 40 Jahren. Nur *eines* habe ich nicht bemerkt, nämlich, daß man dagegen etwas hätte machen können.
ANTON Frau Wlassowa, wir sind also jetzt, was das Eigentum des Herrn Suchlinow betrifft, so weit, daß seine Fabrik ein ganz anderes Eigentum ist, als zum Beispiel Ihr Tisch. Er kann sein Eigentum dazu benützen, um uns auszunützen.
IWAN Und sein Eigentum hat noch etwas Eigentümliches an sich: ohne daß er uns damit ausnützt, ist es für ihn überhaupt nichts wert. Nur solange es unser Handwerkszeug ist, ist es für ihn viel wert. Wenn es nicht mehr unser Produktionsmittel ist, ist es ein Haufen altes Eisen. Er ist also auch auf uns angewiesen mit seinem Eigentum.
PELAGEA WLASSOWA Gut, aber wie wollt ihr ihm das beweisen, daß er auf euch angewiesen ist?
ANDREJ Sehen Sie, wenn er, Pawel Wlassow, hinaufgeht zum Herrn Suchlinow und sagt: Herr Suchlinow, ohne mich ist Ihre Fabrik ein Haufen altes Eisen, und Sie können mir also meinen Lohn nicht abbauen wie es Ihnen beliebt, dann lacht der Herr Suchlinow und schmeißt den Wlassow hinaus. Aber wenn alle Wlassows in Twer, achthundert Wlassows, dastehen und das gleiche sagen, dann lacht Herr Suchlinow nicht mehr.
PELAGEA WLASSOWA Und das ist euer Streik?
PAWEL Ja, das ist unser Streik.

Die Währungsreform

Auf der Londoner Außenministerkonferenz vom Dezember 1947 zeichneten sich die Stationen zur Bildung eines westdeutschen Separatstaates ab. Der parlamentarische Rat wurde eingesetzt und arbeitete eine Verfassung aus. Das Anlaufen des Marshall-Plans und die im Juni 1948 verkündete Währungsreform lieferten die ökonomische Grundlage der von allen Parteien außer der KPD gebilligten und von den Gewerkschaften geduldeten Spaltung Deutschlands.

Bei den ersten Landtagswahlen bekam die CDU zusammen mit den kleineren bürgerlichen Parteien die Mehrheit. Die SPD wollte als „praktische, konstruktive Opposition" Einfluß gewinnen. Sie wartete und hoffte wie die Gewerkschaftsführung — auf das Scheitern von Ludwig Erhards „freier Marktwirtschaft". Der Sozialismus sollte so kommen, wie sich das die Labour Party schon 1920 mal gedacht hatte: durch einen Antrag im Parlament. Bis dahin war nur auf Stimmengewinne zu hoffen.

Mit der Währungsreform gaben sich die Unternehmer ihren Einstand auf dem Rest des deutschen Reiches und feierten ihren entscheidenden Sieg über die Arbeiterbewegung. Sie begannen, soziale Errungenschaften zurückzurollen, die Rechtmäßigkeit der wirtschaftlichen Mitbestimmung, der Entflechtung und Sozialisierung in Frage zu stellen — ohnehin nur Gesetzestexte.

Angeblich wegen seines provisorischen Charakters ließ man auch im Grundgesetz die wirtschaftliche Konstitution des neuen Staates unbenannt. Mitbestimmungs-, bzw. Sozialisierungsregelungen der Länder wurden nicht, bzw. abgeschwächt übernommen. Dezidiert stehen die Individualrechte über den sozialen Rechten.

Die Produktionsanlagen und die wegen der politischen und finanziellen Unsicherheit in den Nachkriegsnöten gehorteten Warenlager, alle Sachwerte wurden von der Währungsreform nicht erfaßt. Enteignet wurden so die kleinen Sparer, deren Besitz in Geldform auf der Bank lag. Das Großkapital wurde durch die Währungsreform nicht nur gesichert, sondern reicher. Sofort entleerten riesige Rohstoff- und Warenlager ihre angeblichen Mangelwaren auf den Markt. Der Aufschwung des ersten und längsten Konjunkturzyklus nach dem Krieg hatte begonnen.

Planwirtschaftliche Länderregelungen und der Preisstop wurden aufgehoben. Die vorher zurückgehaltenen Lebensmittelablieferungen stiegen sprunghaft. Zwischen Juni 1948 und März 1950 verdoppelte sich die industrielle Produktion und kam so wieder auf den Stand von 1936. Die plötzlichen Veränderungen illustrieren das Ausmaß eines kapitalistischen Mechanismus der künstlichen Stagnation. Man kann mit der Wurst am ausgestreckten Arm verhungern, wenn ihr Verkauf keinen Profit bringt. Die Kriegsgewinnler und Nachkriegsschieber hatten die Güte, sich (gegen wieder gesicherte Gewinne) nicht mehr zwischen Erzeuger und Verbraucher zu stellen. Die Wegelagerei und der Raubüberfall wurden — zum System etabliert — wieder unsichtbar. Die Lasten des verlorenen Krieges und endlichen Produktionsaufschwungs gingen sämtlich auf die Lohnabhängigen, deren Lebensstandart in krassem Kontrast zu den international hervorragenden Startbedingungen des Kapitals stand.

1951 kam dazu, daß infolge des Koreakrieges die amerikanische Rüstungsproduktion auf Kosten anderer Sektoren stark anstieg, was in den übrigen hochentwickel-

Währungsreform 1948: Schlangestehen nach Auszahlung der „Kopfgelder"

„Die Außenpolitik der amerikanischen Gewerkschaftsbewegung ist wesentlich Angelegenheit der Führungsspitze von AFL/CIO in Washington: mehr als 20% des Verbandsbudgets von rund 10 Millionen Dollar wurden dafür ausgegeben. Seit dem Ende des 2. Weltkrieges bzw. dem Beginn des ‚kalten Krieges' haben außenpolitische Fragen zumindest die Hauptreferate von AFL/CIO-Präsident George Meany auf den Jahreskongressen dominiert, und im April 1960 kam es erst- und einmalig zu einer ausschließlich welt- und außenpolitischen Problemen gewidmeten Gewerkschaftskonferenz in New York. Im Selbstverständnis der Gewerkschaftsführung ist ‚keine Gruppe amerikanischer Bürger aktiver besorgt über die Probleme, denen sich die USA und die übrige freie Welt konfrontiert sehen', zumal — so George Meany — ‚wir vermutlich über weitreichendere Kommunikationsmittel verfügen, als andere Segmente der amerikanischen Gesellschaft'. Diese Behauptung dürfte kaum übertrieben sein. Folgt man den Erfolgsmeldungen Meanys, so haben die amerikanischen Gewerkschaften eine wesentliche Rolle gespielt etwa bei dem Wiedererstehen der westdeutschen Gewerkschaftsbewegung nach 1945 als anti-kommunistische Einheitsgewerkschaft: ‚Wir benutzten jede Methode und jede Einflußmöglichkeit' — bis hin zur Versendung von CARE-Paketen an potentiell einflußreiche Persönlichkeiten; sie haben durch Finanz- und Organisationshilfe entscheidend zur Abspaltung der FORCE OUVRIERE von der kommunistischen dominierten französischen CGT (1948) beigetragen; ‚wir haben eine Koalition der christlichen Gewerkschaften in Italien herbeigeführt, die ihren politischen Arm in der Christlich-Demokratischen-Partei hatten'; AFL/CIO hatten 1948 wesentlichen Anteil an der anti-kommunistischen Wahlbeeinflussung in Italien; in dem 1961 ins Leben gerufenen American Institute for Free Labor Development (AIFLD), von AFL/CIO geleitet, aber unterstützt von 60 großen US-Firmen und (1960) zu 92% mit Regierungsgeldern unterhalten, werden jährlich rund 120 Gewerkschafter lateinamerikanischer Länder in Viermonatskursen und in einem Dutzend lateinamerikanischer Länder jährlich rund 1500 Gewerkschafter in Außenstellen des Instituts geschult — ein Projekt, das in direktem Zusammenhang mit den sozialreformerischen Plänen der ALIANZA PARA PROGRESSO steht; die dort Geschulten werden nach ihrer Ausbildung noch weitere neun Monate in ihren Heimatländern von der amerikanischen Gewerkschaft voll bezahlt; formal dem internationalen Bund freier Gewerkschaften unterstehend (letzterer wiederum ein Produkt der Spaltung des Weltgewerkschaftsbundes aufgrund des entschiedenen Druckes der amerikanischen Gewerkschaften, 1949), sind die beiden Gewerkschaftscolleges in Afrika (Uganda für den englisch sprechenden und Elfenbeinküste für den französisch sprechenden Teil) faktisch amerikanische Unternehmungen, ebenso wie das Gewerkschaftscollege in Kalkutta, Indien. Bei der Errichtung des AFRO-ASIAN INSTITUTE FOR LABOR STUDIES in Israel (1960) — ‚eines der effektivsten Zentren der Welt zur Hilfe für Gewerkschaftler der Entwicklungsländer' — war AFL/CIO die treibende Kraft (Krippendorf, „Amerikanische Strategie", S. 362—363 nach The New York Times vom 25.11.63 u.a. — nach derselben Zeitung vom 8., 16.5. und vom 15.8.67 schreibt Krippendorf auf S. 310): „... daß CIA nicht nur die Auslandsarbeit amerikanischer Gewerkschaften finanzierte (was vielfach bereits bekannt war), sondern auch über zahlreiche ‚Stiftungen' die Auslandskontakte der ‚National Student Association', den ‚Kongress für die Freiheit der Kultur' mit seinen renommierten Zeitschriften wie der DER MONAT und ENCOUNTER unterstützte ..."

Bild rechts: Demontage in Salzgitter

ten kapitalistischen Ländern, vor allem aber in dem Billiglohnland BRD, den sogenannten Koreaboom auslöste. Zu dieser Zeit erst wurden die Demontagen offiziell eingestellt und Ludwig Erhard („der Dicke mit der Zigarre") begann an seiner Legende vom „Wirtschaftswunder" zu stricken — ein Wunder an Ausbeutung und Desorientierung.

Gleich im ersten halben Jahr nach der Währungsreform stiegen die Lebenshaltungskosten nach gewerkschaftlichen Berechnungen um runde 20%. Der Lohnstop wurde erst vier Monate später und nach erheblichen Unruhen aufgehoben. Längere Arbeitszeiten und Lohnerhöhungen glichen die Preissteigerungen aus. Die schnelle Zunahme der Arbeitslosigkeit ab 1949 verschlechterte die Lohnkampfbedingungen aber erstmal wieder.

Ein Versuch in Arbeiterbewegungslosigkeit

Als „planwirtschaftlich", also kommunistisch, hatten schon vor der BRD-Gründung 1949 Militärregierung und Frankfurter Wirtschaftsrat die Preiskontrollforderungen des DGB zurückgewiesen. Außer in der französischen Zone, wo Streiks generell verboten waren, hatte das die zögernde Gewerkschaftsführung dazu gebracht, zum ersten Mal eine der bizonalen Protestaktionen zu koordinieren, den Generalstreik vom November 1948. Von 11,7 Millionen Beschäftigten waren über 9 Millionen an dieser größten Massenaktion seit dem Kapp-Putsch 1920 beteiligt. Mangels längerfristiger Strategie kam aber nichts heraus als eine Vorführung brachliegender Kräfte.

12. bis 14. Oktober 1949 war der Gründungskongress des DGB als Dachorganisation von inzwischen 16 Industriegewerkschaften zur Ablösung der Gewerkschaftsbünde in den ehemaligen Westzonen. erster Vorsitzender: Hans Böckler. Im Programm wurden weiterhin Mitbestimmung und Überführung der Schlüsselindustrien in Gemeineigentum gefordert, konsequenzlos bis heute benutzte Kraftworte. Die SPD hatte die Wahlen verloren und Adenauer war Kanzler. Immerhin war die Einheitsgewerkschaft installiert, eines der wichtigsten Klassenziele.

Der Einfluß im DGB richtet sich nach der Stärke der Einzelgewerkschaften. Die IG-Metall organisierte damals 24,8% der Mitglieder, die Gewerkschaft Kunst 0,8%.

Kleine Schönheitsfehler waren (und sind) die Abspaltung der ständisch orientierten DAG (Deutsche Angestellten Gewerkschaft), die zunächst zum DGB der britischen Zone gehört hatte, und des Deutschen Beamtenbundes (DBB). 1955 wurde ohne Erfolg versucht, mit der CGB eine christliche Richtungsgewerkschaft auf die Beine zu stellen. Zur kleineren Mängelliste gehört auch, daß sich das Prinzip „ein Betrieb — eine Gewerkschaft" nicht mal im öffentlichen Dienst durchsetzen ließ (ÖTV, DPG, GdED, GEW).

Alle stimmen darin überein, daß die Einheit verschiedener politischer und weltanschaulicher Richtungen nicht „Neutralität" der Gewerkschaft bedeuten darf. Die DGB-führenden Rechts-Sozialdemokraten verstanden schon zu Beginn der 50er Jahre darunter, daß die Kommunisten aus den hauptamtlichen Funktionen hinauszudrängen sind. Der Antikommunismus wurde bald geradezu als Bindeglied der „Einheitsorganisation" genannt. Lahmgelegt war schließlich jeder, der den gewerkschaftlichen Kampf als Bestandteil des Kampfes der Arbeiterklasse für

Als die Nazis die Kommunisten
holten, habe ich geschwiegen.
Ich war ja kein Kommunist.

Als sie die Sozialdemokraten
einsperrten, habe ich geschwiegen.
Ich war ja kein Sozialdemokrat.

Als sie die Katholiken holten,
habe ich nicht protestiert.
Ich war ja kein Katholik.

Als sie mich holten,
gab es keinen mehr,
der protestieren konnte.

Pfarrer Martin Niemöller

Dr. Viktor Agartz, in der ersten Nachkriegszeit linker „Chefideologe" der Gewerkschaften, wurde bald kaltgestellt.
Bild rechts: Kundgebung für ein fortschrittliches Betriebsverfassungsgesetz in Köln-Deutz

den Sozialismus verstand. Noch einmal ist hier daran zu erinnern, daß es anfangs keine nennenswerte politische Gruppierung bis zu den Vorläufern der heutigen rechts-Parteien CDU/CSU gab, die nicht den Sozialismus im Programm hatten. Lediglich die KPD hatte bescheidenere Ziele: eine demokratisch, antifaschistische Gesellschaft.

Nach dem Münchner Parteitag der KPD von 1951 schließlich, der in These 37 die damaligen Gewerkschaftsführer Fette und vom Hoff als Kräfte bezeichnet hatte, „die versuchen, die Gewerkschaftsorganisation in den Dienst der Kriegsvorbereitung zu stellen", verlangte der DGB von allen kommunistischen Mitgliedern die Unterschrift eines sogenannten „Revers", mit dem sie sich von dieser Aussage ihrer Partei zu distanzieren hatten. Teilweise wurden auch Revers' vorgelegt, mit denen eine allgemeine Distanzierung von der KPD verlangt wurde. So verloren tausende von Kommunisten ihre Funktionen, als Hauptamtliche ihre Arbeit und zwar mit Billigung der Arbeitsgerichte.

Auf dem Hamburger KPD-Parteitag 1954 wurde die These 37 zwar nicht inhaltlich korrigiert; aber daß man sie für sektiererisch hielt aufgrund ihrer verheerenden Auswirkungen für die Arbeiterbewegung zeigte die Erlaubnis, den Revers zu unterschreiben. Isolierung des revolutionären Flügels der Arbeiterbewegung oder eine verkniffene Meinung zu einzelnen Funktionären? Die Klarheit über das Schädlichere von beiden war teuer bezahlt.

Obwohl die Adenauer-CDU sich vom „christlichen Sozialismus" ihres „Ahlener-Programms" schon weiter entfernt hatte, als heutzutage der demagogisch mit dem Wort „demokratisch" verdoppelte Begriff „Sozialismus" vom wirklichen Sozialismus, wurden CDUler weiter nach Proporz in die Gewerkschaftsgremien gewählt. Trotzdem blieben traditionell Gewerkschafts- und SPD-Führung voneinander abhängig, identisch oder auswechselbar. Zwei DGB-Vorsitzende der 50er Jahre — Walter Freitag und Willi Richter — waren Mitglieder der SPD-Bundestagsfraktion.

Schon im Münchner DGB-Programm für „Wirtschaftsdemokratie" und gegen „Auswüchse" wirtschaftlicher Macht war ein auf Hans Böckler zurückgehendes ausdrückliches und rückhaltloses Bekenntnis zum neuen Staat enthalten, sprich: zur Spaltung Deutschlands und zur gewöhnlichen Ausbeutung ohne Faschismus. Dessen Klassenschranken verwischender Schwulst war aber noch durch die neuen Vokabeln zu hören: „Volksgewerkschaft" und „Volksstaat" — lange bevor sich die SPD auch nominell zur „Volkspartei" erniedrigte.

In den 50er Jahren schiebt sich die christliche Soziallehre (Gleichberechtigung von Kapital und Arbeit / sozialer Frieden) neben die nicht weniger wässrigen ADGB-Theorien aus den 20er Jahren. Einer, der nie Gewerkschaftsmitglied war, der Jesuit Oswald von Nell-Breuning bringt es zum DGB-Chef-Theoretiker. Mit seiner Hilfe erreicht auch die SPD ihren theoretischen und bis heute gehaltenen Tiefpunkt in dem, was Nell-Breuning eine Kurzfassung der Bergpredigt genannt hat, im Godesberger Programm — satirisch, kürzer und exakter von Süverkrüpp „Godesberg-Predigt" genannt.

Aber erst mußte politisch für Nell-Breuning Platz geschaffen werden. Viktor Agartz, Leiter des WWI-Wirtschaftswissenschaftlichen Instituts des DGB, wird 1955 wegen seiner progressiv-sozialdemokratischen Vorstellungen entlassen. Unmittelbarer Anlaß: Spaltungsdrohungen der CDU/CSU. 1957 wurde Agartz verhaftet.

Vorwand: Nachdem der DGB seine Arbeiten nicht mehr publiziert hatte, gab er die „WISO-Korrespondenz für Wirtschafts- und Sozialwissenschaften" heraus, von der auch der FDGB einen Teil finanziert hatte.

„Auf die Entwicklung, die zu neuen Streitkräften führte, hatte seiner Ansicht nach der DGB gar keinen Einfluß. Möglich und nötig schien ihm dagegen, für das gewerkschaftliche Stillhalten, für die stillschweigende Unterstützung der Adenauerschen Außen-und Verteidigungspolitik jetzt dem Bundeskanzler eine Gegenleistung — eine demokratische Wirtschaftsverfassung, die Neuordnung der deutschen Wirtschaft abzuverlangen." (A. Barning über Hans Böcklers Motive, „Außenpolitik in Adenauers Kanzlerdemokratie", München 1971, Bd. 2, S. 66)

„Schließlich wurden die Differenzen zwischen der SPD- und der DGB-Führung noch in den Debatten über den Schuhmann-Plan zur Gründung der Montanunion deutlich: Während dieser Plan bei den Gewerkschaften ‚offene Türen' einstieß — u.a. auch deshalb, weil man sich ‚neben der Regelung von Sozialfragen vor allen Dingen die wirtschaftliche Gleichberechtigung der Arbeitnehmerschaft in den vom Vertrag betroffenen Ländern' erhoffte — sah die SPD in ihm ‚eine klerikale Verschwörung gegen alle sozialistischen Bestrebungen in Deutschland', eine ‚Entmündigung des deutschen Volkes auf 99 Jahre'.
So war es kein Zufall, daß in den Gewerkschaftlichen Monatsheften nach Ludwig Rosenberg Max Cohen-Reuss zu Wort kam. Dieser hatte schon vor 1914 — als Vertreter des extrem rechten Flügels der deutschen Sozialdemokratie das bürgerliche Konzept der ‚Vereinigten Staaten von Europa' propagiert. In diese ideologische Tradition — später dezidiert antikommunistischer — Integrationskonzepte reiht sich auch das Bekenntnis des DGB-Vorsitzenden Fette ein: ‚Was ich erhoffte, ist, daß wir in wenigen Jahren das Ziel GANZ EUROPA erreichen ...'." (Deppe, S. 330)

Adenauer empfing im August 1951 auf dem Bürgenstock bei Luzern eine Delegation des DGB unter Führung von Christian Fette zu einer Aussprache. V.l.n.r.: Dr. Rust, Dr. Grosse, A. Schmid, Dr. Deist, Dr. Lanz, Dr. Adenauer, W. Freitag, H. vom Hoff, Chr. Fette, E. Bührig und Dr. Weterick.

Bild rechts: Münchner Gewerkschafter demonstrieren gegen die Wiederbewaffnung. (Fotos: Ullstein)

Remilitarisierung, Antikommunismus und politische Kapitulation

„Kalter Krieg" war (bzw. ist) nicht nur Hochspannung, sondern der Versuch, mit einer „Politik der Stärke" (containment) den Sozialismus zurückzurollen (roll back). Unter Adenauer wurde die BRD zum „Festlanddegen Amerikas", DGB und SPD zur Quaste an der Scheide.

Dazu gehörte eine Aufrüstungspropaganda mit zwei Stereotypen: Entweder militärische Intervention oder das politische und ökonomische System in der DDR bricht mit kräftiger Nachhilfe aus dem Westen ‚von selbst' zusammen.

Von Goebbels lieh man sich „Die Bedrohung aus dem Osten" um öffentlich halbwegs plausibel alle Verhandlungsangebote der Sowjetunion zur Wiederherstellung der deutschen Einheit boykottieren zu können. Dazu wurden die Medien in dem Sinne gleichgeschaltet, daß die Angebote der Sowjets verschwiegen oder bis zur Unkenntlichkeit verballhornt wurden. Im Inneren waren die progressiven, gegen die Remilitarisierung und die damit verbundene irreversible Spaltung auftretenden Kräfte zu isolieren mit Hilfe der kaum von Nazis gesäuberten alten, intakten Klassenjustiz, der „furchtbaren Juristen".

Führende Funktionäre begriffen den DGB ohne Umschweife als „Speerspitze" gegen den Kommunismus. Zwischen 1949 und 1952 stützten sie die Adenauersche Außenpolitik sogar gegen den SPD-Vorsitzenden Kurt Schuhmacher, den die Engländer einst als Verhinderer aller Vereinigungsbestrebungen der SPD-Basis mit der KPD in dieses Amt gehievt hatten. Aber Schuhmacher war im Gegensatz zu Adenauer und der DGB-Führung immerhin ein Patriot. Er wollte die Verständigungsmöglichkeiten mit der Sowjetunion über eine Wiedervereinigung ausschöpfen und verurteilte daher zunächst Westintegration und Remilitarisierung als Zementieren der Spaltung. Für seine Staatsstreichmethoden konnte Adenauer, z.B. 1949 anläßlich der parlamentarisch ungedeckten Zustimmung zum „Petersburger Abkommen" (Westintegration durch Beitritt der BRD zur internationalen Ruhrbehörde) zum Hohn der SPD-Opposition die Zustimmung des DGB-Vorstandes aus dem Hut ziehen.

Böcklers Nachfolger Fette trat schon offen für die Aufrüstung ein. Die Demokratie einschränkende Strafrechtsänderungen mit Stoßrichtung gegen Links, wie das „Blitzgesetz" (1951) und den Verbotsantrag gegen die KPD nahm der DGB widerspruchslos hin. Lediglich gegen neonazistische Tendenzen wurde unter Androhung gewerkschaftlicher „Selbsthilfe" protestiert. Diese Gefahr repräsentierten nicht nur Splittergruppen, wie die 1952 verbotene SRP (Sozialistische Reichspartei), sondern die Nazis in Staat, Justiz, Bildungswesen und später in der Bundeswehr. Um davon und vom notwendigen Zusammenhang zwischen Kapitalismus und Faschismus abzulenken, wurde die Rot=Braun-Soße als „Totalitarismustheorie" wieder aufgewärmt.

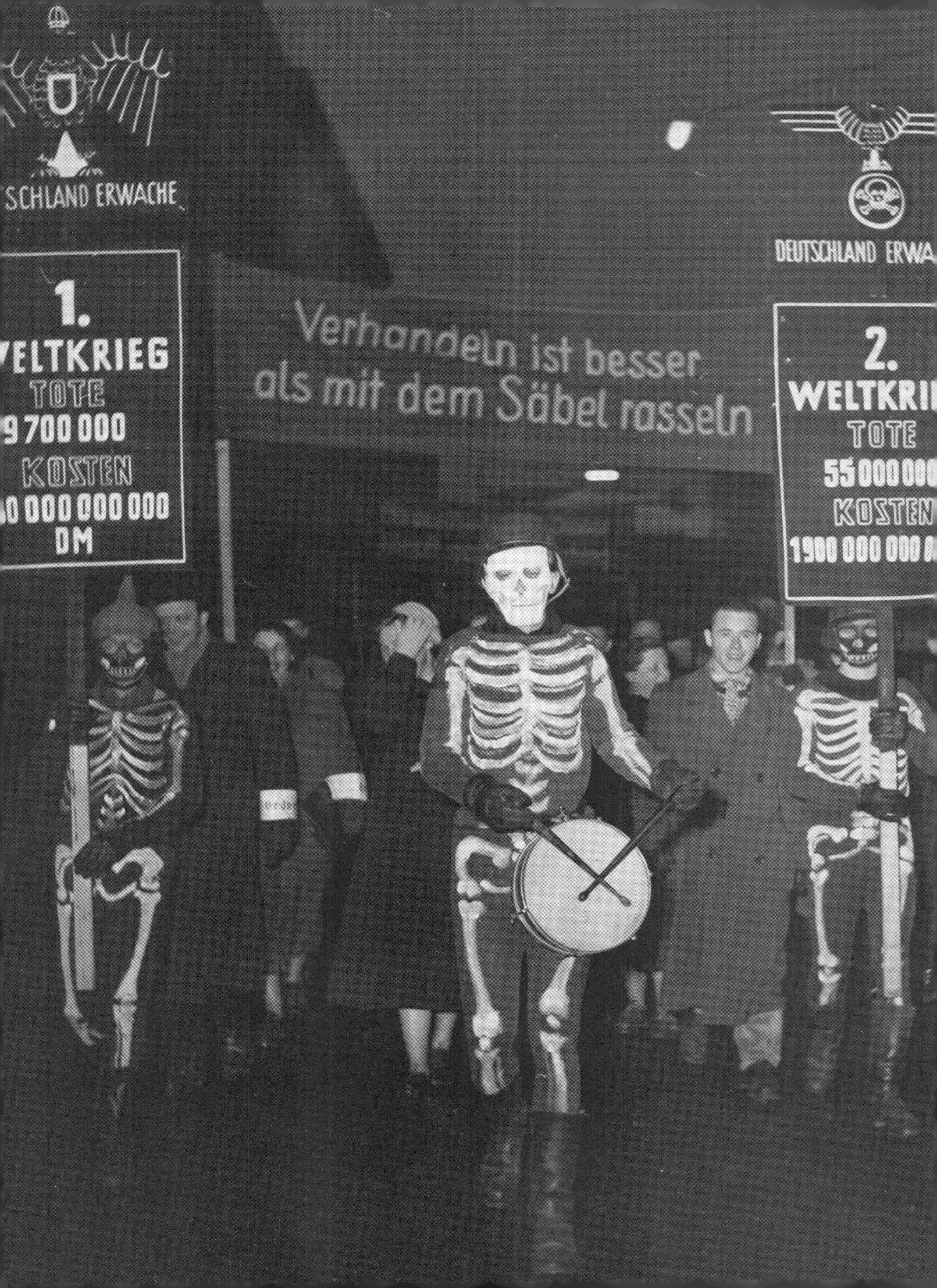

SCHLAND ERWACHE
1.
ELTKRIEG
TOTE
9 700 000
KOSTEN
0 000 000 000
DM
Verhandeln ist besser
als mit dem Säbel rasseln
DEUTSCHLAND ERWA
2.
WELTKRI
TOTE
55 000 000
KOSTEN
1900 000 000 0

Der Krüppel „BetrVG"

(aus Deppe, S. 341): *„Neben der Verweigerung der paritätischen Mitbestimmung in den Aufsichtsräten stießen besonders die folgenden Bestimmungen auf die Kritik der Gewerkschaften:*

‚— Das Gesetz beschränkte sich auf die gewerbliche Wirtschaft und klammerte im Gegensatz zum KRG Nr. 22 sowie den Betriebsrätegesetzen der Länder den öffentlichen Dienst aus ...

— Das Gesetz trennte Betriebsräte und Gewerkschaften; letztere konnten nicht einmal einen eigenen Wahlvorschlag einreichen, ihr Zutrittsrecht zum Betrieb blieb zweifelhaft.

— Das Gesetz stellte die gesamte Betriebsratstätigkeit unter das Gebot der vertrauensvollen Zusammenarbeit mit dem Arbeitgeber. Nach § 49 Abs. 1 hatten beide ‚dem Wohl des Betriebs und seiner Arbeitnehmer zu dienen und das Gemeinwohl zu berücksichtigen'. Über das Betriebsrätegesetz von 1920 hinaus war dem Betriebsrat nicht nur jede Förderung von Arbeitskämpfen untersagt; er mußte vielmehr alles unterlassen, was geeignet war, ‚die Arbeit und den Frieden des Betriebes zu gefährden' und sich jeder politischen Betätigung enthalten ...'

Die Unternehmer zollten dem BetrVG begeisterte Zustimmung."

„Ich bin der Meinung, wenn man schon einen Kamf gegen das BetrVG organisiert, dann sollte man sich vorab über alle politisch möglichen Folgen im Klaren sein. Man kann nicht mit aufgeblasenen Backen in das Kampfhorn blasen (...) und zum Kampf aufrufen, und dann endet dieser Kampf nicht einmal mit einem Kompromiß, sondern mit einem Diktat." (Strothmann, IGM auf dem DGB-Kongreß 1952, S. 218)

Handelsblatt vom 13.3.81 antwortet IGM-Chef Loderer seinem Interviewer: *„Schlimmer als eingetragene DKP-Mitglieder sind die ‚Panzerschrank-Kommunisten', die Mitglieder einer demokratischen Partei sind, in Wirklichkeit aber kommunistische Ziele verfolgen."* Das zielt ganz offenbar gegen linke Sozialdemokraten und wirkt genauso wie die Behauptung in Springers WELT AM SONNTAG von einer ‚Brigade Honnecker' im DGB. (DVZ vom 2.4.81)

Aus dem Vorwort von Hans Mayr und Hans Preiss in der 1980 herausgegebenen IG-Metall-Broschüre: „Kämpfe und Kampagnen — die Legende von der ‚kommunistischen Unterwanderung', ein Mittel zur Schwächung gewerkschaftlicher Solidarität": *„Wir lassen uns nicht ablenken: Unsere Gegner sind einzig und allein die Unternehmerverbände und ihre politischen Helfershelfer. Die Legende von der kommunistischen Unterwanderung bleibt, was sie in allen Erscheinungsformen stets war: ein Mittel unserer Gegner zur Schwächung gewerkschaftlicher Solidarität."*

Adenauer an Hans Böckler: *„Es kann keine Rede davon sein, daß die verfassungsgesetzlich garantierte Koalitionsfreiheit einer organisierten Minderheit, die die Gewerkschaften vom Ganzen her gesehen sind, das Recht gibt, durch Niederlegung der Arbeit die Wirtschaft lahmzulegen, und dadurch bestimmte Akte der Gesetzgebung zu erzwingen..."* (Opel/Schneider, 75 Jahre Industriegewerkschaft, S. 380)

Aber ab 1952 mußte die DGB-Führung unter dem Druck einer breiten Volksbewegung gegen die Remilitarisierung ihre Positionen revidieren. Auch wurden die allerdümmsten Illusionen über das Adenauer-Regime von der gewerkschaftlichen Niederlage bei der Verabschiedung des Betriebsverfassungsgesetzes zerstört.

Auf dem Westberliner DGB-Kongress im Oktober traten nahezu ausschließlich kritische Diskussionsredner an: gegen die Zustimmung zum Schuhmann-Plan, gegen die Führungs-Position zur Remilitarisierung, gegen „Konzeptionslosigkeit" und die „Unterschätzung der Reaktion". Die vorangegangene Schelte auf tausenden von Vertreterversammlungen wurde ausgepackt. Eine Kampfabstimmung brachte die Ablösung Fettes durch den IG-Metall-Vorsitzenden Walter Freitag. Auch der zweite in „These 37" verewigte, Hans vom Hoff, Remilitarisierungs- und Schuhmannplananhänger, flog aus dem Bundesvorstand — für die gekanteten Kommunisten zu spät.

Klar gegen die Remilitarisierung bezog allerdings erst der 3. DGB-Kongreß 1954 in Frankfurt Stellung: „Damit wäre sowohl eine internationale Entspannung der machtpolitischen Gegensätze wie auch die Möglichkeit der Wiedervereinigung Deutschlands ernsthaft gefährdet." Von der Gefahr eines „Obrigkeitsstaates" war die Rede, „der das Ende der Anstrengungen der deutschen Arbeiterbewegung für die Schaffung einer politischen, sozialen und wirtschaftlichen Demokratie" bedeuten könne. Aber wie die SPD verzichtete auch der DGB auf die Umsetzung seiner von unten erzwungenen Beschlüsse in parlamentarische und außerparlamentarische Aktionen. Am Ende hätte man sich neben Kommunisten vor den „Moskauer Friedenskarren" gespannt!

Die offene Offensive der Unternehmer hatte 1950/51 parallel zur Verschiebung des internationalen Kräfteverhältnisses als nationale Variante der weltweiten historischen Defensive des Imperialismus begonnen. Kalter Krieg und Antikommunismus funktionierten gegen die Gewerkschaften, deren Streikvorbereitungen für die Mitbestimmung als „Staatsstreich" für „kollektivistische" Machtinstrumente eines „Gewerkschaftsstaates" verteufelt wurden, als brutale Erpressung. Die Urabstimmung wurde auf anonymen Plakaten gleichzeitig mit faschistischen „Volksentscheiden" und „Ostzonen-Wahlen" verglichen, so daß Böckler die Mitbestimmung gegen den Verdacht der Vernichtung persönlicher und politischer Freiheit zu verteidigen hatte.

Während der Bund Deutscher Arbeitgeber es sich schon wieder leistete, offen die Kriegsverbrecher in seinen Reihen in Schutz zu nehmen, wurden die Gewerkschaften der kommunistischen Unterwanderung geziehen. Das war allerdings zuviel der Ehre. 1952 war der Sargdeckel für die gewerkschaftlichen Neuordnungsvorstellungen fertig, als das sozialreaktionäre Betriebsverfassungsgesetz gegen den Protest von SPD, KPD und DGB durchgepeitscht wurde.

Otto Brenner, IG-Metall-Vorsitzender und von Adenauer als „Feind der Freiheit" beschimpft, brachte später „spezifisch nationalsozialistische Ideologie von der ‚Volks- und Betriebsgemeinschaft'" in Verbindung mit dem BetrVG und empfahl einen Textvergleich mit dem Gesetz zur Ordnung der nationalen Arbeit von 1934.

Etwa 350.000 hatten sich an Protesten gegen das BetrVg beteiligt, die IG-Druck am 28. und 29. Mai alle

Soziale Sicherheit
statt Kanonen

Wiedervereinigung
statt

Der INDUSTRIEKURIER vom 12.2.57: *„Ist sich die IG-Metall selber im klaren, welche ihrer Funktionäre bloß radikal sind ... und welche vielleicht mehr als das? Die IGM hat sich in Schleswig-Holstein so radikal gegeben, daß Presse und Rundfunk der Ostzone auf eigene Formulierungen verzichten und die der IGM übernehmen konnten. Ist es da nicht an der Zeit zu fragen, wo radikales Gewerkschaftsdenken aufhört und wo der Kommunismus beginnt?"*

FAZ, 19.2.62: *„Das beste Podium für die kommunistische Infiltration von Betrieben ist die Arbeit im Betriebsrat. Hier können sich fähige Kommunisten ... durch beständige, solide Arbeit für die Interessen der Belegschaft Sympathien erwerben, die auch schwerem politischen Druck standhalten. So ist etwa bei den Pfaff-Werken in Kaiserslautern ... der einzige Kommunist seit Jahren Betriebsratsvorsitzender."*

Agartz, auf dem DGB-Kongreß 1954 unter stürmischem Beifall der Delegierten: *„Man soll nicht immer zum Osten schauen mit der Behauptung, die Regierung der Deutschen Demokratischen Republik würde von russischen Panzern gedeckt (...) Die Struktur und die Ordnung der westdeutschen Wirtschaft sind sicherlich in gleicher Weise auf den Bajonetten der westdeutschen Besatzungsmächte geformt worden."*

„Über zahlreiche steuerliche Vergünstigungen, Abschreibungsmöglichkeiten sowie über zinsbegünstigte Wiederaufbaukredite wurde die Selbstfinanzierung der Investitionen durch den Staat so systematisch gefördert, ‚daß' — so rückblickend der spätere DGB-Vorsitzende L. Rosenberg — ‚von der angeblich alles umfassenden Kapitalvernichtung durch den letzten Krieg die Sachbesitzer in einer wirklich wundervollen Weise verschont geblieben sind ... Sie sind aus der angeblich alles gleichmachenden Währungsreform machtvoller als je und mit staatlicher Billigung und mit staatlicher Begünstigung hervorgegangen!"

„Die deutschen Arbeitgeberverbände, die voll mit der wirtschaftspolitischen Konzeption der Bundesregierung übereinstimmten, veröffentlichten 1953 eine ‚Denkschrift', in der die gewerkschaftlichen Forderungen zur Herstellung der Vollbeschäftigung wie folgt kommentiert werden: ‚Der Weg der 'Vollbeschäftigung' könnte — auf Kosten der Freiheit — nur über ein verfassungswidriges Zwangsarbeitssystem oder über eine Dienstpflicht, über eine inflationistische Gefährdung der Währung oder über Preisstop und Unterkonsum gehen.'"

„Es steht fest, daß etwa 80% aller Berufstätigen ein Einkommen unter 400 DM brutto haben. Es steht fest, daß der deutsche Industriearbeiter mit der Kaufkraft seines Lohnes für eine Arbeitsstunde von 16 westlichen Ländern an drittletzter Stelle steht. Es steht ferner fest, daß die Preise für Lebensmittel in diesen 16 Ländern sich so gruppieren, daß Westdeutschland in der Spitzengruppe, und zwar an vierter Stelle, rangiert ... Die durchschnittliche Arbeitszeit ist in Westdeutschland immer noch schwankend und beträgt 51 bis 52 Stunden in der Woche." (Viktor Agartz auf dem DGB-Kongreß 1954)

Zeitungen bestreikt, so daß Adenauer für den Abbruch der Kampfmaßnahmen und Zeitgewinn hatte verhandeln müssen.

Da bekam die DGB-Führung wieder einen ihrer Anfälle von Hoffnung auf den Klassenfeind. Als die Enttäuschung als Täuschung offenkundig wurde, fand sich im Bundesausschuß des DGB keine Mehrheit mehr für das Wiederaufnehmen der Kampfaktionen. Die Kapitulation erhielt den Titel: „das Bestmögliche aus diesem Gesetz machen" und den dümmlichen Nachschlag „Wählt einen besseren Bundestag!", mit dem die DGB-Führung ihre Organisation als autonome außerparlamentarische Kraft abmeldete, um Tränen für die 53er Wahlen zu sammeln. Die Führungskrise hatte zwar die Ablösung von Fette, aber keine Analyse gewerkschaftlicher Handlungsbedingungen in der Restaurationsperiode gebracht. Nächste Niederlagen waren die Einrichtung des Bundesarbeitsgerichts 1954 und das Personalvertretungsgesetz 1955 für den öffentlichen Dienst.

In den gerichtlichen Auseinandersetzungen über Schadensersatz für den Zeitungsstreik von 1952 wurde schließlich der politische Streik generell als rechtswidrig definiert. Der kapitalistische Staat als vermeindliches Neutrum würde sonst „in der Autonomie seiner Willensbildung gefährdet". Zwischen *„Arbeitgebern und Arbeitnehmern solle ein Arbeitskampf ‚Sozial-adäquat' auf privatrechtlich-arbeitsrechtliche Vereinbarungen"* beschränkt bleiben (Nipperdey).

Die entscheidende Voraussetzung für den Erfolg der Restaurationspolitik im Massenbewußtsein waren bessere materielle Lebensverhältnisse. Zwischen 1950 und 1956 wuchs die BRD-Wirtschaft jahresdurchschnittlich um 10% und hauptsächlich im Bereich der Investitionsgüterindustrie. Im gleichen Zeitraum nahmen die abhängig Arbeitenden um 4 Millionen bzw. 25% zu. Der Zustrom bestand aus Bauern, Flüchtlingen, Kriegsgefangenen, Frauen. Als zusätzliches Wachstumspotential füllte die DDR die Arbeitslosenreserve auf: 1950 waren 10,4% arbeitslos, 1955 noch 5,2%.

Seit Anfang der 50er Jahre (bei geringeren Kriegszerstörungen als ursprünglich angenommen), als die zerstörten Produktionskapazitäten wiederhergestellt, die kriegsbedingten Verzerrungen beseitigt und im Zuge der Entflechtung die großen Mischkonzerne von ihren unrentablen Teilen wie dem Bergbau befreit waren — von diesem Zeitpunkt an bestanden, durch den Koreaboom noch angeheizt, blendende Kapitalverwertungsbedingungen. Mit ausländischer Kapitalhilfe, Westintegration und ohne den Ballast überalterter Anlagen konnte mit hochqualifizierten, billigen Arbeitskräften nicht nur der Kauf-Nachhochbedarf der eigenen Bevölkerung die Kassen klingeln machen. Der Weg in den zu dieser Zeit weit offenen Weltmarkt und einen kontinuierlich anwachsenden Außenhandel begann. (25 Jahre später meldet die BRD den größten Export aller Staaten.)

Über die gleichsprachigen Medien wirkte diese Prosperität besonders stark in der DDR, wo gerade zu dieser Zeit nach den Jahren der antifaschistisch-demokratischen Ordnung die schwierige Entwicklung einer sozialistischen Wirtschafts- und Gesellschaftsordnung bei offenen Grenzen begonnen wurde. Umso besser ließen sich die konservativen Integrationsstrategien im Westen verkaufen: „Keine Experimente", „Wohlstand für Alle", und „Alle Wege des Sozialismus führen nach Moskau".

Sitzung eines Betriebsrates

Streik in der hessischen Metallindustrie 1951.

Auf Grund der hohen Preissteigerungsraten nach der Währungsreform verwandelte sich — so der DGB-Geschäftsbericht 1950/51 (S. 301) — *„die Lohnpolitik der Gewerschaften (...) vom Herbst 1950 an in nichts anderes als eine Abwehrmaßnahme. Es mußte verhindert werden, daß sich die Realeinkommen der arbeitenden Bevölkerung infolge Preiserhöhung verschlechtern, trotzdem sich das Sozialprodukt laufend vergrößerte. Jede andere Beurteilung dieser Entwicklung verkennt die Tatsachen und unterstellt der gewerkschaftlichen Lohnpolitik Aufgaben, die einzig und allein von der verantwortlichen Regierung hätten gelöst werden müssen."* — Heute nennt man diejenigen, die gesellschaftlichen Aufgaben den Rücken zudrehen, mit Recht Ausgeflippte, ob ihr Detail-Horizont nun von Poona, der Lüneburger Heide oder dem Tarifverhandlungssaal begrenzt wird.

Große gewerkschaftliche Streiks 1950—1955:

Jahr		Beteiligte	Dauer
1950	Bauarbeiter in Hessen	10.000	2 Wochen
1951	Landarbeiter in Niedersachsen	12.000	10 Tage
	Metallarbeiter in Hessen	80.000	4 Wochen
1952	Demonstrationsstreik der Zeitungsdrucker	alle	2 Tage
	Grafisches Gewerbe, BRD	80.000	9 Tage
1953	Werftarbeiter in Bremen	14.000	6 Wochen
	Textilarbeiter in NRW und Niedersachsen	22.000	6 Wochen
1954	Kommunalarbeiter in Hamburg	13.000	8 Tage
	Metallarbeiter in Bayern	100.000	3 Wochen
1955	Proteststreik in der Montanindustrie	800.000	1 Tag

„Das Ende der Weimarer Republik hat historisch bewiesen, daß auf lange Sicht in unserer Zeit Demokratie als bloß formale Demokratie nicht mehr möglich ist, und daß mit der formalen Demokratie auch die durch den Liberalismus entwickelten kulturellen Werte verschwinden müssen, wenn es nicht gelingt durch Umwandlung der formalen Demokratie des Staates in die soziale der Gesellschaft einer positiven Lösung zuzusteuern." (Abendroth, GeMo, 1952, S. 641/2)

DGB-Kundgebung gegen soziale Demontage in Dortmund, Herbst 1958 (Foto: Manfred Scholz)

Auch in der gewerkschaftlich organisierten Arbeiterklasse machte sich anstelle des Klassenbewußtseins eine „Konsumorientierung" breit, derzufolge die Gewerkschaften innerhalb der prinzipiell anerkannten Wirtschafts- und Gesellschaftsordnung lediglich über Prozente zu verhandeln hatten und so zu einer Art Lohngleitklausel-Ersatz geworden waren. Verbreitet war die Vorstellung einer Dichtotomie, eines sozialen Oben und Unten, das entweder als schicksalhaft unüberbrückbar oder als partnerschaftlich zu vermitteln angesehen wurde. Die kapitalistische Klassengesellschaft erschien auch in der Arbeiterklasse als progressive Ordnung. Wenn Marxisten vor der ersten Nachkriegskrise 1967 mit dem Blick auf die historische Epoche des Übergangs zum Sozialismus vom „sterbenden Kapitalismus" sprachen, wurde höhnisch geantwortet: „Aber ein schöner Tod!"

Gegen eine defensive Lohnpolitik, die der Preis-, Umsatz- und Produktivitätsentwicklung hinterherhinkt, formulierte Agartz schon 1953 seine Thesen zur „expansiven Lohnpolitik", deren Kern darin besteht, durch Steigerung der Massenkaufkraft die Konjunktur zu beleben.

In den Jahren nach 1955 herrschte tiefster „sozialer Burgfrieden". Die Zahl der Streiks, der Streikenden und der Ausfalltage sank rapide, obwohl die vorher erreichten Verbesserungen keineswegs automatisches Ergebnis des Wachstums gewesen waren. Hartnäckige, bis zu 5 Wochen dauernde Streiks hatten stattgefunden.

Zur Zähmung der Streikenden war deshalb neben den üblichen Propagandawellen auch gewaltsam provozierende Polizei eingesetzt worden, so in den beiden bedeutendsten Lohnkämpfen dieses Jahrzehnts, dem hessischen und dem bayerischen Metallerstreik 1951 und 1954, deren klägliche Ergebnisse jeweils von einer eindeutigen Mehrheit der Abstimmenden nicht gebilligt wurden.

Aber unter 75 % Gegenstimmen gilt ein ausgehandeltes Ergebnis als angenommen. Positiv an dieser Regelung ist, daß ein Streik nicht ohne die Kampfbereitschaft der knappen Hälfte der Mitglieder geführt werden kann. Negativ, daß damit mehrheitlich abgelehnte Ergebnisse gültig werden.

Anstelle gewerkschaftlicher Einheit entwickelte sich in den 50er Jahren der ständige weltanschauliche Kompromiß und politische Proporz. Dafür fand man den Begriff „organischer Pluralismus" der Verbände, die man sich gleichermaßen einem neutralen Staat unterstellt dachte.

„Pragmatisches" — Wir werden seriös!

Nach konservativer Staatsideologie sind Gewerkschaften bedingungslos systemstabilisierenden Aufgaben verpflichtet. Damals sollte das Streikrecht gesetzlich noch weiter begrenzt werden. Mitbestimmung hieß „syndikaler Totalismus" eines „Gewerkschaftsstaates".

Ein „gewerkschaftlicher Radikalismus", wie er von Theo Pirker oder Viktor Agartz vertreten wurde, hatte nach der Niederlage um das BetrVG von 1952 seinen Einfluß verloren. Nicht mehr die Klassen, sondern die Differenzen zwischen ihnen sollten beseitigt werden — das hatten auch die Reformisten gedacht, aber jetzt sprach sich die DGB-Führung noch die gesamtgesellschaftlichen Aufgaben einer Klassenorganisation ab, alle Neuord-

Polizeiaktion gegen streikende Metallarbeiter in München 1954

DGB-Kundgebung am 1. Mai 1956 (Foto: Manfred Scholz)

Nach der Niederlage der SPD bei den Bundestagswahlen im Jahre 1953, die auch aufgrund des gewerkschaftlichen Appells „Wählt einen besseren Bundestag!" als eine politische Niederlage des DGB erscheinen mußte, wurde die Forderung nach der „Ablösung der Gewerkschaften von der alten politischen Arbeiterbewegung" von H. Wickel in den „Gewerkschaftlichen Monatsheften" (1953, S. 577—579) erhoben: *„Die Bundestagswahlen dürften diesen Überresten eines kraftlos gewordenen proletarischen Mythos den letzten Stoß versetzt haben. Die Bedeutung der Niederlage der SPD liegt nicht darin, daß ihr nur 31 % der Sitze im Bundestag zugefallen sind, sondern darin, daß es ihr nicht gelungen ist, aus dem Turm ihrer Vergangenheit auszubrechen (...) Die Gewerkschaften sind an einer Neuorientierung der SPD durchaus interessiert, gerade um den ideologischen Druck, der von dieser Partei über die auch in den Gewerkschaften tätigen Funktionäre ausgeht, loszuwerden."*

Vertreter des DGB auf dem Außerordentlichen SPD-Parteitag in Bad Godesberg 1959. Von links: Willi Richter, Ludwig Rosenberg und Adolf Kummernuß.
Bild rechts oben: Urabstimmung der IG Metall im März 1958 wegen einer 10prozentigen Lohnerhöhung.
Bild rechts unten: Metallgewerkschafter demonstrieren für ihre Forderungen.

Erich Weinert:

Stell auf den Tisch das Bild von Vater Bebel,
Den Vorwärts, Jahrgang 13, hol herbei,
Und klirre wieder mit dem Schutzmannssäbel
Wie einst im Mai!

Lies mir nochmal die alten Manifeste,
Der ersten Jugend holde Schwärmerei,
Und reich mir wieder die gestrickte Weste
Wie einst im Mai!

Noch einmal singt die Internationale.
Doch macht nicht wieder solchen Krach dabei,
Und nicht mit so pathetischem Finale
Wie einst im Mai!

Noch einmal tragt die feierlichen Fackeln!
Wer weiß, ob uns nicht doch die Ärsche wackeln
Dereinst im Mai!

nungsabsichten, deretwegen linke Sozialdemokraten durchaus die Konfrontation mit dem liberal-kapitalistischen Staat im außerparlamentarischen Kampf riskiert hatten.

Die ‚Offiziellen' wollten keine „Politik der progressiven Demokratie" mehr, sondern Anerkennung innerhalb der bestehenden Staatsordnung. Gewerkschaftspolitik verleugnete nicht nur ihre Klassenaufgaben. Sie „erschien selbst noch als Instrument zur Verhinderung grundlegender gesellschaftlicher und politischer Umgestaltungen." (Deppe)

Zwecks ungestört „volksgemeinschaftlicher Sozialpartnerschaft" mußten die sozialistischen Orientierungen ausgemerzt werden. So fälschten Leute wie Friedrich Stampfer (Vorwärts-Chefredakteur) jetzt Mitbestimmung um in „Kooperation von Gleichberechtigten anstelle des Kampfes unversöhnlicher Klassengegner". „Undogmatische Analysen" verlangten die „Entpolitisierung" gewerkschaftlicher Programmatik, statt „sozialer Utopien" einen „ständig steigenden Lebensstandart", wie unter dem bezeichnenden Titel „Auf der Suche nach einer Gewerkschaftstheorie" (Wickel) zu lesen war. Damals wurde abgesegnet, was jetzt, in den 80er Jahren, als sinnlos, unbefriedigend, feindlich erlebt — vorläufig noch meist außerhalb der Gewerkschaftsbewegung — bekämpft wird.

Das auf dem DGB-Kongreß 1954 verabschiedete, kurzfristig realisierbare Forderungsprogramm wurde von Otto Brenner als notwendig verstanden, um „aus der Defensive, aus der Erstarrung herauszukommen", als Tagesaufgabe und keineswegs als Rückschritt.

Was so verstanden ein Aktionsprogramm für Übergangslösungen, für konkrete Schritte ist, um Selbstbewußtsein und Kampffähigkeit der Arbeiterklasse für neue gesellschaftliche Initiativen zu mobilisieren, das war genau das Gegenteil für die sozialpartnerschaftlichen Pragmatiker — nämlich nicht Ergänzung, sondern Ersatz des Grundsatzprogramms mit seinen viel weiter gehenden Forderungen.

Deren Angriff zugunsten einer „unpolitischen", amerikanisierten Gewerkschaft formulierte Nell-Breuning: *„Wohin führt Dr. Agartz den DGB?*

1. *in einen Irrgarten staats-, gesellschafts- und wirtschaftspolitischer Wahnvorstellungen;*
2. *er führt in den politischen und klassenkämpferischen Radikalismus;*
3. *ich bedaure, es aussprechen zu müssen, aber ich werde es belegen, er führt in die Verantwortungslosigkeit;*
4. *er führt in die Spaltung des DGB."*

(GeMo 6. Jahrg. Beiheft 1, S. 4)

Die Bundestagswahlen 1957 gewann die CDU/CSU wieder, und diesmal mit absoluter Mehrheit. Am 17.8.56 hatte das Bundesverfassungsgericht das Verbot der KPD verkündet und die Bundesrepublik damit neben die faschistischen Diktaturen Spaniens und Portugals gestellt. Wenige protestierten dagegen, daß Kommunisten, nach der Nazibarbarei, nun in die Gefängnisse des CDU-Staates eingeliefert wurden. Die rechtssozialdemokratischen Gewerkschaftsführer hatten für dieses Urteil ohnehin seit Jahren wirkungsvoll vorgearbeitet, zum Teil auch mit kriminellen Methoden, wie in den Memoiren des IG-Bau Vorsitzenden und späteren Verteidigungsministers Leber nachzulesen ist.

Die Preise sind gestiegen
wo bleiben unsere Löhne ?
Die Preise sind gestiegen
wo bleiben unsere Löhne ?
8 %
ist unsere Forderung

Heinrich Gutermuth, Vorsitzender der IG Bergbau, während einer Rede auf einer Protestkundgebung im Ruhrgebiet gegen die Bonner Energiepolitik 1959. Um die Absatzkrise des Steinkohlenbergbaus zu beenden, fordert er die Überführung des Bergbaus in Gemeineigentum.
Hinter Gutermuth Teil eines Transparents „Sicherheit statt Chaos". (Foto: Ullstein)

Struktur des Realvermögens in der BRD 1950—1965 in Prozent:

	1950	1955	1960	1965
Arbeitnehmer	34,7	18,2	15,6	17,2
Rentner + Pensionäre	5,1	2,7	2,5	2,6
Selbständige + Unternehmungen	45,7	46,8	49,3	46,6
Öffentliche Haushalte	14,5	32,3	32,6	33,6

Konzentration 1954—1967, Umsatz in Mrd. DM:

	1954	1960	1963	1966	1967
50 größte Industrien	36,8	92,3	118	156,4	160,5
Gesamtindustrie	144,8	275,5	326,4	402	380,6
Anteil der 50 größten am Gesamtumsatz in %	25,4	33,5	36,2	38,9	42,2

(Quelle: Huffschmid: Die Politik des Kapitals S. 44)

Wie bei Pastor Niemöller beschrieben, folgten den Revolutionären die Reformisten. Schon konnte man Gewerkschafter ganz allgemein als „unsichere Demokraten" beschimpfen.

Innerhalb der SPD hatte sich eine sozialistische Gruppe um die von 1955 bis 1959 herausgegebene „Die andere Zeitung" gegen Anpassungstendenzen und Wiederbewaffnung gestellt.

Ansonsten gab es nur schwachen Widerstand gegen den nun auch offiziell ausgestellten Totenschein einer ehemaligen Klassenpartei, gegen das Godesberger-Programm.

Die Grundorientierung der Adenauerschen Außenpolitik wurde anerkannt. 1960 trennte sich die SPD von ihrem Sozialistischen Studentenverband SDS usw. Vorerst hatte die kapitalistische Restauration auch innerhalb der Arbeiterbewegung gesiegt.

Aber gleichzeitig begann Ende der 50er Jahre eine entgegengesetzte Entwicklung.

Obwohl Adenauers Politik erst offenkundig an der Berliner Mauer 1961 gescheitert ist, deretwegen die USA keinen „Gegenschlag" mehr riskieren mochten, war es auch in der 2. Hälfte der 50er Jahre zu bedeutenden demokratischen Widerstandsaktionen gekommen, insbesondere gegen die Aufrüstung. Im Januar 1955 wandte sich die „Pauls-Kirchen-Bewegung" aus SPD-, DGB- und Wissenschaftsvertretern gegen die „Pariser Verträge", mit denen unter Bruch des Potsdamer Abkommens die Grundlagen für eigene BRD-Streitkräfte, ihren NATO-Beitritt und die spätere EWG geschaffen wurden.

Ein neuer, weit größerer und erfolgreicher Widerstand entwickelte sich nach den Mitbestimmungs-BetrVG-Niederlagen und dem KPD-Verbot, nach Remilitarisierung und endgültiger Spaltung Deutschlands gegen die geplante Atombewaffnung, — aber vor allem außerhalb der Gewerkschaften. 18 führende deutsche Atomwissenschaftler steuerten ihre „Göttinger Erklärung" bei. Schließlich stießen SPD und DGB doch noch dazu und forderten Anfang 1958 innerhalb der Bewegung „Kampf dem Atomtod" eine Volksbefragung, die das Bundesverfassungsgericht nach einer Adenauer-Intervention untersagte. Trotzdem mußte die BRD den Atomwaffen-Sperrvertrag unterschreiben.

Daß die Arbeiter-Bewegungslosigkeit nie voll verwirklicht werden konnte, zeigte sich auch am 1. Mai 1958, der zur größten politischen Massendemonstration in der BRD-Geschichte wurde. Gegen atomare Aufrüstung kam sogar der Generalstreik wieder ins Gespräch. Als aber die SPD sich der Adenauerlinie unterwarf, fiel auch die vom Massendruck erzeugte Anti-Atom-Aktivität der DGB-Führung in sich zusammen, was nicht verhindern konnte, daß die zum „Ostermarsch" formierte Friedensbewegung zur wichtigsten außerparlamentarischen Kraft wurde, an der zahllose Gewerkschafter trotz der Warnungen von oben teilnahmen. Auf solchen Umwegen wurde schließlich auch etwas von der Einsicht in die allgemeinen politischen Pflichten der Gewerkschaft wachgehalten.

In den Jahren von 1960 bis heute sind ausnahmslos alle hier beschriebenen Positionen in Bewegung gekommen und zwar durch zweierlei: durch die Erfahrung der Kollegen, daß eine lange Nachkriegskonjunktur doch nicht die ewige Jugend des Klassenfeindes ist und durch die Marxisten, die, an diese neuen Erfahrungen anknüpfend, ihre Kenntnisse von Gesetzmäßigkeiten wieder vermitteln konnten: vom Klassenunterschied zwischen den wenigen, die über die Arbeitsergebnisse aller verfügen und den Vielen, die sich nur durch Klassenkampf verschaffen können, was ihnen kein Parlament besorgt: die gemeinschaftliche Selbstbestimmung über den Hauptteil des Tages, die Hälfte ihres wachen Lebens, über ihr Handwerkszeug, ihre Fähigkeit, ihren Fleiß, ihre Phantasie, ihre Wünsche und weitreichenden Pläne: Demokratie konkret, täglich und überall, also auch in der Arbeit, nicht mit Besitzern geteilt, sondern mit gleichen, Kollegen.

Wie weit es auch heute noch von ständischen Beschränkungen oder nationaler Borniertheit, vom Kanalarbeiter-Chauvinismus zu fortschrittlicher Klassenpolitik und proletarischem Internationalismus ist, stand in der BILD vom 18.3.81. Während die gewerkschaftlich organisierten Schriftsteller zum Boykott dieses Blattes aufrufen gibt der DGB-Vorsitzende Vetter ihm ein Interview, u.a.: *„Die Kernenergie kann uns aus der Erpressung einiger sandwaschender Wüstensöhne befreien, die per Zufall auf dem Öl der Welt sitzen.“* — eine Bewerbung als Etappenschwätzer bei Reagans Eingreiftruppe?

54

Halbstark

Rock'n Roll

Existenzialismus

Rainer Dorner

Halbstark

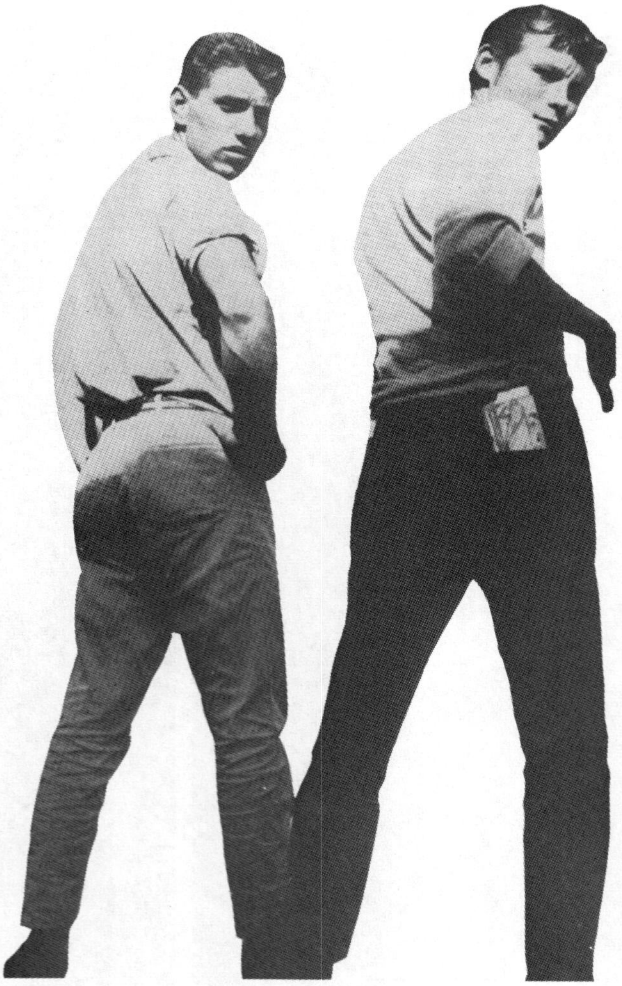

Die Suppe soll sie selbst fressen. Drei Abende Überstunden — wie reich will sie denn eigentlich werden! — In der Küche kannst du dich ja kaum rumdrehen — hier im Wohnzimmer übrigens auch nicht. Was die da alles reinstellt! Den vierstöckigen Blumenständer — so einfach und doch so geschmacklos. Alles muß ins Wohnzimmer — als ob sie den nicht in ihr Schlafzimmer stellen könnte! Da muß aber das Doppelbett stehen, obwohl der Alte schon 15 Jahre auf dem Feld der Ehre liegt. An der Musiktruhe haut man sich auch jedesmal die Knochen kaputt. Was hat sie denn auf dem Plattenwechsler liegen? Wir wollen niemals auseinandergehn! Es hängt ein Pferdehalfter an der Wand! Hat sich die Schnulzen schon für den Feierabend vorsortiert. O Mama! *„O mama, mama, mama, where have you been last night?“* — hört sich ganz gut an, wenn ich's durch die Nase singe. Ist zwar Jazz, aber guter alter, nicht das dudelige Zeug, was der Rudi unten immer hört. Ist fast so gut wie Rock'n'Roll. *„Splish, splash, I was taking a bath“* — naja, hab schon in der Firma geduscht. Jetzt erst mal raus aus den Känguruh-Hosen und die Röhren angetan! Satte Verwandlung! Schon nicht wiederzuerkennen. „Mach so weiter, bringst's zu was!“[1] Meister, das tät dir im Hals stecken bleiben! — Zwei cm Brisk für die Locke, zwei cm für den Bapp.[2] Erwin nimmt Nivea, das nützt ihm bei seinen dünnen Haaren aber auch nichts. — Wo hat sie denn jetzt wieder die Zeitung hingelegt? Auf die Schminkkommode zwischen ihre Töpfchen! Für wen macht sie das eigentlich? Wenn sie lacht, fällt ihr die Emaille ab. —

„Demonstration gegen KPD-Verbot“, das nützt denen auch nichts mehr. Über Ungarn und die Russen, das kann ich mir auch sparen. Scheißrussen! Jetzt wird's interessant: *„Der Abgeordnete der CSU Junker forderte bei einer Anfrage im Bayrischen Landtag die Brechung jeglichen Widerstandes gegen die Staatsgewalt durch Halbstarke mit bis an die Grenze des Gesetzlichen gehenden Mitteln. Bei Vergehen und Verbrechen von Halbstarken müsse jeweils der schärfste Strafantrag gestellt werden.“*[3] Altes Arschloch, ich möchte mal wissen, wie lange du bei schärfstem Strafantrag für deine *„Vergehen und Verbrechen“* sitzen würdest.[4] Weiter geht's: *„Der Bayrische Innenminister sprach sich dafür aus, gegen die Halbstarken mit Brutalität vorzugehen, da die bisher stattgehabte Humanitätsduselei absolut wirkungslos sei.“*[5] Hab bei den beiden Kriminalern, die mich zur Sau gemacht haben, nichts von Humanitätsduselei bemerkt. Wenn ich dem Glatzkopf nicht in die Klicker gehauen hätte, läg ich im Krankenhaus. Ich fahr mit meiner Schleuder *„nicht zur Erreichung eines Verkehrszieles“*[6] um den Block, sagt er und schmeißt mich von meiner Kreidler. Und wie ich den Bock

1 „Im ganzen ist die Eintellung der Berufstätigen zu ihrer Berufsarbeit recht positiv (...) Ein soziales Aufstiegsstreben ist bei einem beträchtlichen Teil der Jugendlichen unverkennbar.“ (Fröhner: Wie stark sind die Halbstarken?, 1956, S. 15)
„Der unmittelbare Vorgesetzte spielt für das Berufsleben der Jugendlichen eine außerordentlich bedeutsame Rolle. Deshalb ist es ein günstiges Zeichen, daß 76 Prozent der Berufstätigen sich positiv über ihn äußern“. (ebd., S. 16)

2 Das ist der Entenschwanz. Die Haare werden am Hinterkopf von beiden Seiten übereinandergekämmt, dann wird vom Scheitel aus mit der Ecke oder der Rückseite des Kammes eine Furche gezogen, die am vollkommensten ist, wenn sie vom Scheitel bis zum Haaransatz im Nacken verläuft.

3 Süddeutsche Zeitung vom 4.6.56

4 Anmerkung des Chronisten: Ich hab da eine Zeitungsnotiz, die in diesem Zusammenhang ganz interessant ist: „Tatsache ist, daß der bisherige Atomminister Strauß einstweilen nur hinter verschlossenen Türen von Atomwaffen träumt. (...) Wörtlich aber hat er bereits vor seiner Ernennung (zum Verteidigungsminister, R.D.) erklärt: 300 000 Mann atomar gegliedert genügen.“ (Die Zeit vom 25.11.56)

5 Süddeutsche Zeitung vom 17.8.56

6 Ein 1956 erlassenes Gesetz, das sich gegen das Herumfahren von Motorrädern aus purer Lust richtet. Wer nicht zur „Erreichung eines Verkehrszieles“ fährt, wird bestraft.

aufheben will, tritt er mir in den Arsch. Da mußt du ja Rabbatz machen. — *„Auch in Hannover Krawall nach ‚Außer Rand und Band'. Polizei gelingt es erst nach vier Stunden, die Randalierer auseinanderzutreiben. Kinobesitzer lehnt es ab, künftig Musikfilme vorzuführen."* Die Kinos machen ja schon Reklame mit den Krawallen — und dann, wenn's passiert, lamentieren se rum. Im Biberbau[7] ham wir ja auch ganz schön Kleinholz gemacht, ist ja auch kein Wunder. Du willst Rock'n'Roll hören und dann langweilst du dich während dem halben Film bei bematschten Schnulzen. Da ziehst du halt selbst ne Schau ab. Hast ja oft genug gelesen, wie sowas gemacht wird.[8] *„One, two, three o'clock, four o'clock, rock!"*

Das isses! War auch heut in der Berufsschule wieder ein klarer Sieg für Bill Haley. Ich lach mich krank, wie der Weisheitszahn (sieht ja nicht übel aus — gut eingeschenkt!) mit uns Demokratie spielen will, geheime Wahl machen, Zettelchen zum ankreuzen mit CDU, SPD usw. verteilt. Da wußte jeder, was zu machen ist; ich hab's noch genau im Kopf: 15 Stimmen für Bill Haley, 6 für Elvis, 2 für Fats Domino und eine für die Everly Brothers. Die Alte hat abgeschnallt, wie durch die Nase töne: „Damit ist es den Everly Brothers wieder einmal nicht gelungen, in den Bundestag einzuziehen!"[9]

Ogott, bläst der ne saure Kanne! Früher war der Rudi ja o.k., als wir den Schrott aus den Trümmern holten; — jetzt hat er die Haare nach vorn, läuft mit der idiotischen Arzttasche rum, bläst seinen Cool-Jazz: macht einen auf Existentialist. Der soll doch im Wald dudeln und nicht in 'ner Sozialbauwohnung. Tut auch noch so, als kennt er einen nicht mehr. Nee, stimmt nicht, manchmal sieht's so aus, als will er stehenbleiben, wenn er mich sieht. Hat doch wirklich keinen Grund. Wo wir ihm seine arschige Tasche geklaut haben. Dann hat er noch die Fresse vollgekriegt. War aber ein fairer Kampf; ich hab ja gedacht, der würd treten und beißen, war aber wie Joe Walcott gegen Hein ten Hoff. Der Jimmi sagt noch „Gib ihn mir zum Spielen" und hat auch schon ein Blaues. War'n so beeindruckt, daß wir ihm den Koffer wiedergegeben haben.[10] Auch keine Lust mehr gehabt, die warmen Brüder in der Friedberger Anlage zu scheuchen. — Der dudelt und dudelt! Wetten, ich kann noch lauter! *„I want to be free, o yes, free, o yes, like a bird in the tree!"* Gibt ja doch einiges her, Mammis Musiktruhe. Siehste, jetzt hört er auf. — Schreib der Alten noch'n Zettel: „Liebe Mama, ich geh ins Haus der offenen Tür, bin um zehn zurück. Dein Norbert." Da regt sie sich nicht auf. Als ob ich in irgend so einen Verein gehen würde. Da steht so ein Fürsorger oder was das ist und will dich *„sinnvoll beschäftigen"*,[11] da willst du Tischtennis spielen und stehst zwei Stunden an der Platte, bis du ran darfst.[12] Greifst du aus Langeweile der Tochter neben dir an die Brust, kriegste Hausverbot und der Heimleiter tobt, als hättst du ihr ein Kind gemacht. — Soll die Alte glauben, ich wär in so einem Verein, ich will ja nicht, daß sie sich aufregt. Norbert ist ein lieber Sohn und ein fleißiger Lehrling![13] Wenn ich mir den Schmus vorstelle, wird mir immer klarer, daß heut noch was passieren muß. Aber was? Vielleicht doch ins Kino. Was gibt's denn? *„Wie einst die Lili Marlen"*, *„Zar und Zimmermann"*, *„Wo die alten Wälder rauschen"*, *„Einladung zum Tanz"*, *„Tierarzt Dr. Flimmen"* — wer soll das aushalten? — *„Hengst Maestoso Austria"*[14]. Nee danke! — Halt, da issn Bild von der Monroe, den neben ihr kenn ich garnet. *„Das große Glück hat Marilyn Monroe an der Seite des dramatischen Dichters Arthur Mil-*

7 Das müssen wir erklären, Norbert. Der Biberbau war ein schönes Kino in der Innenstadt, das es schon lange nicht mehr gibt. Ich war leider nicht dabei, aber dafür in der Schauburg in Bornheim. Die gibt's auch nicht mehr.

8 Im Spiegel vom 19.11.58 stellt in einem Leserbrief ein gewisser Wilhelm Otto folgende Frage: „Wie wird es sein, wenn das Wirtschaftswunder in sein Gegenteil umschlägt? Ob sich die Zerstörungswut dann auch nur auf Musikhallen beschränkt?"

9 „Ein großer Teil der Jugend nimmt an dem politischen Gegenwartsgeschehen keinen Anteil. (...) Bei zahlreichen Jugendlichen äußert sich dementsprechend auch eine gewisse Distanziertheit gegenüber dem heutigen Staat." (Fröhner, S. 19)

10 Ich fürchte, Norbert, das versteht heute keiner mehr, daß wir damals noch Regeln hatten, wenn wir uns geprügelt haben. Treten, beißen und einen schon geschlagenen Gegner mißhandeln, sowas gab's im allgemeinen nicht. Wenn man Filme von damals sieht, muß man bedenken, daß es sich bei den dargestellten jugendlichen Rädelsführern (z.B. Artie West in „Saat der Gewalt" oder Freddy Borchert in „Die Halbstarken") nicht um typische Halbstarke handelt, sondern um jugendliche Kriminelle, Bandenchefs. Für die Halbstarken war es übrigens charakteristisch, daß sie keine Bosse hatten, sondern strukturlose, anarchische Gruppen bildeten, die jeweils, mit wechselnden Wortführern, erst beim aktuellen Anlaß entstanden und danach sofort zerfielen! Es gab keine „Nutzdelikte", sondern im allgemeinen „Angriff- und Schädigungsdelikte" (Günter Kaiser: Randalierende Jugend, 1959). Schon aus diesem Grund sind die Film unauthentisch.

ler gefunden. In Amerika aber sind die Meinungen über die dritte Ehe der ‚Sexbombe', die sich — überraschend für die ganze Welt — zur Charakterdarstellerin entwickelte, geteilt. Man zweifelt, ob diese Ehe zwischen ‚Geist und Körper' für Marilyn ‚gut' ist. Ihr Übertritt zum jüdischen Glauben, zur Konfession ihres Mannes, scheint aber ein Beweis dafür zu sein, daß Marilyn diesmal etwas begegnet ist, was ihr bisher versagt blieb: die wirkliche Liebe."[15] Ehe zwischen Geist und Körper! Die spinnen. Die hören ja gar nicht auf zu spinnen: *„Marilyn will jetzt Kinder haben! Die Sexbombe der Vereinigten Staaten wird zur Frau."* Was war die denn bisher? Wenn das keine Frau war, bin ich ein Gartenzwerg! Wie ich mit der Heide vom Erwin hinten im Apollo[17] gesessen habe und die Monroe den Curtis wieder hinkriegen will, daß es bei ihm klappt, is mir ganz zittrig geworden. Hab der Heidi am Petticoat gearbeitet, hat aber immer's Bein weggezogen. Dabei weiß ich, daß sie's gern hat. Ist sicher wegen Erwin, die sind ja wie verheiratet[18]. In der Woche steht er mit uns an der Ecke und röstet rum und am Wochenende hält er Händchen und fährt mit ihr im Palmengarten Padelboot. Hätt ja auch gern 'nen Stammzahn, aber hier sind die meisten Töchter im Haus versteckt. Und im Schwimmbad sind immer zehn Hunde um einen Knochen. Wenn du eine ankratzen willst, mußt du schon den Bademeister ins Wasser werfen, damit sie auf dich steht. Oder du mußt wie der Elvis aussehen. Ich will ja nicht mal mit ihr ficken, aber so zum Knutschen und Streicheln und so und daß du halt hingehn kannst und mußt nicht immer erst eine ankratzen.[19] — Den Sound kenn ich doch. Der Erwin führt seine Avanti[20] vor, läßt die Kupplung sausen, daß sie vorne hochsteigt. Da fällt der Opa vor Schreck ausm Fenster. Hol ich doch mal meinen Stuhl aus dem Stall. Mal sehn, ob ich ihn mit meiner Kreidler nicht doch noch versäge.

Norbert zieht mit der Rückseite des Kammes den Bapp gerade. Angetan mit einer rotglänzenden Windjacke, auf deren Rücken „Elvis", mit silbernen Nieten kalligraphiert, prangt, verläßt er die Wohnung und schiebt seine Kreidler aus dem Vorkeller. Es dämmert und an der Ecke zur Wöllstädter Straße sind die Umrisse von sechs „Halbstarken" und zwei Mopeds zu erkennen. Norbert wird schweigend empfangen; nach etwa einer Minute sagt einer, als koste es ihn Überwindung „Ei, du Halbstarker" und ein zweiter „Hast Du nen Docht?" Norbert zieht ein schmales Päckchen aus der Jackentasche: „Nur ne Beamtenzigarette!"[22] „Die kannste selbst rauchen", sagt der andere und hat plötzlich selbst eine Schachtel in der Hand. „Siehst du die Kreuze aus Birkenholz? Da ruhen die Raucher von Overstolz", meldet sich einer zu Wort, dem für seine Verse ein mattes Lachen dankt. Die Gruppe ist unmerklich auf über zehn Personen angewachsen. Norbert tritt an Erwin heran. „Wetten, ich versäg dich mit der Kreidler", sagt er mit einer Betonung als sage er „Schönes Wetter heute". Erwin lacht auf: „Keine Kunst, die Avanti ist noch nicht frisiert. Wart bis Montag." Damit ist dieses Thema abgehandelt.

Zwei Mädchen, eine Röhrenhose und ein Petticoat, weichen der Gruppe aus, indem sie auf die andere Straßenseite wechseln. „Hat euch die Mama aber fein gemacht!" „Warum so stolz, Goldzahn?" „Ist das alles echt?" Einer setzt sich, sein Moped, bis es anspringt, schiebend, in Trab und springt, als es losknattert, akrobatisch in den Sattel. Er umkreist die beiden Mädchen eine Minute lang, so daß sie nicht weitergehen können, und kommt dann zurück, da ihm offensichtlich nichts

11 Ziel der Heime war, „die jugendlichen Banden in ihrer Gesamtheit ins Heim der offenen Tür zu ziehen, um dort Einfluß auf die Gruppenmoral zu gewinnen, damit diese in Richtung auf das Wertsystem der Gesamtgesellschaft gelenkt werde."
(Christel Bahls: Halbstarke unter sich, 1962, S. 18)
„Indem sie für das Gute, Wahre, Schöne in der ihnen zugänglichen Weise empfänglich gemacht werden, werden sowohl die Grundlagen für eine Persönlichkeits- wie Gemeinschaftsbildung entwickelt." (Aus den „Frankfurter Empfehlungen" von 1956)

12 Hier übertreibt Norbert in verständlichem Zorn. Die Wartezeiten waren nie länger als eine Stunde.

13 Das Doppelleben der Halbstarken läßt sich schwer noch vorstellen. Ordentliche Lehrlinge und Schüler, weitgehend „normale" Söhne, die sehr lange bei ihren Eltern leben und ihren Lohn zuhause abgeben, einerseits — und auf der Straße andererseits „Halbstarke", über die sich „Wochenend" folgendermaßen äußert: „Die Zukunft hat schon begonnen — der Terror einer ebenso labilen wie brutalen Generation von Halbwüchsigen leitet sie ein. Die Motive: Lebensgier, Hemmungslosigkeit und frühe Geschlechtsreife." (1956, Nr. 13: Die böse Macht der Halbstarken)

14 Filmhinweise für die Woche 9.—15. September 1956 in „Bravo"

15 „Wochenend" 1956, Nr. 30

16 ebenda

17 Ein Kino in Bornheim, das es nicht mehr gibt. Von Jugendlichen wegen der Actionfilme und der gemütlichen Atmosphäre bevorzugt.

18 Von 18 männlichen Jugendlichen zwischen 15 und 18 Jahren verbringen 1956 17 ihre Freizeit mit einem Freund, nur einer mit einer Freundin! (V.G. Blücher: Freizeit in der industriellen Gesellschaft, 1956). Überhaupt ist die Halbstarken-„Bewegung" eine von männlichen Jugendlichen. Dies wird auch in den Statistiken über die „Krawalle" deutlich, aus denen hervorgeht, daß maximal 5% Mädchen beteiligt sind — meistens nur anfeuernd und das „Balzverhalten" der Jungens provozierend. (Curt Bondy: Jugendliche stören die Ordnung, 1957. Ebenso Fröhner u.a.)

19 „Die Meinung des Psychiaters: Die Liebe ist für eine beträchtliche Anzahl der Jugendlichen eine rein körperliche Angelegenheit, fast eine Art Hygiene. — Dabei folgen sie dem Anreiz unmittelbar und hektisch, und lassen sich einfach treiben. Jene starken sexuellen Spannungen, denen schöpferische Impulse entspringen, bleiben aus. Dadurch fehlt es auch an Initiative. Man überläßt sich dem Zufall und baut nicht auf Selbstvertrauen. Die Jugend ist arm, sie hungert nach Liebe und findet Sexualität, sie ist erotisch verhungert. Die Burschen können nicht einmal mehr flirten. Sie meinen, daß die Begegnung mit einem Mädchen gleich ins Bett führen muß. Und die Mädchen glauben, daß heute kein junger Mann länger als drei Abende „Werbungskosten" zahlen will." (Georg Reimann: Revolution der Halbstarken?; in: Die Polizei-Praxis 1956, H 13/14)

20 Die Victorai Avanti war das begehrteste Moped, da es eine durchgehende Sitzbank hatte und überhaupt den sportlichsten Eindruck machte. Besonders beliebt war es, den Lenker auf eine Breite von nur etwas mehr als zwei Handbreit zu verkürzen.

21 „Aus den vorhandenen Pferdestärken holen die jungen Renner nicht nur ein Höchstmaß an Tempo, sie holen auch ein Maximum an Prestige heraus. Ein Prestige, das anders aussieht, als das der Erwachsenen, aber doch nicht so sehr verschieden ist von dem, das heute die Nutzung oder das Eigentum an einem Luxuskabriolett verleiht. Der Unterschied liegt darin, daß den Erwachsenen der Besitz genügt, während der Mopedolf auch fahren können muß." (Harry Pross): Die Flucht in die Bande. Moped-Jugend und die Frage der Autorität. In: FAZ 29.9.56). Ähnlich war das Verhältnis zu den Blue Jeans: Die Levis war einerseits ein Statussymbol, weil sie amerikanisch war, andererseits im „Gebrauchswert" den deutschen Jeans (genannt Flatterjeans, da sie am Hintern viel zu weit geschnitten waren) überlegen. Sie vermittelten nicht das Gefühl für den eigenen Körper, ein Gefühl, das sich überhaupt in allen Bewegungen ausdrückte: der Gang war geschmeidig und wiegend, bei leicht vornübergebeugtem Oberkörper, was zugleich eine wachsame Angriffsbereitschaft signalisierte.

22 „BZ" in Viererpackungen zu 30 Pfg wurde als die billigste Marke abfällig „Beamtenzigarette" genannt.

23 Wirst wohl nicht lange Anführer bleiben, Norbert! „Bei den Krawallen in Hannover 1956 riefen die Halbwüchsigen den 23jährigen X kurzerhand zu ihrem Boß aus. Er nahm lächelnd die Wahl an, jedoch wurde sein einziger Befehl, zum Schützenplatz zurückzugehen, nicht befolgt." (Kaiser, S. 65)

24 Abgelehnt wurden von uns entschieden die politischen Jugendverbände, „die sich in enger Verbindung mit den politischen Fronten oder Anliegen der Erwachsenenwelt konstituieren, oft organisatorisch nur die Jugend- und Nachwuchsorganisationen eines politisch-sozialen Erwachsenenverbandes sind". (Schelsky: Die skeptische Generation, 1957, S. 67). Das Verhältnis von jugendlichem Protest und politischer Organisation ändert sich erst in den 60er Jahren, in denen sich eine Identität von politischer und genuin jugendlicher Revolte herstellt. Die tiefe Abneigung gegen jedes Sich-Organisieren kommt sehr treffend in einem Leserbrief zum Ausdruck, mit dem ein „intellektueller Halbstarker" (insofern eine Ausnahme, als die Bewegung keine Literatur, keine Artikulation als die spontane und ephemere des Augenblicks hervorgebracht hat!) auf den schon zitierten Aufsatz von Harry Pross antwortet. „Die Überschrift ‚Flucht in die Bande', trifft den Kern der Frage: Es handelt sich um Resignation. Die Bande ist die letzte und schlechteste Möglichkeit, frei zu bleiben; und das wollen wir. (...) Wir wollen uns aber nicht in christlichen oder politischen Organisationen an die Zügel nehmen lassen. Das wäre so schön bequem, wir wären harmlos beschäftigt, einfach neutralisiert und hätten keine ätzende Wirkung mehr. Das endete schließlich damit, daß Herr Obermeier und Herr Gernegroß erbittert um den Präsidentenstuhl des Kaninchenzüchtervereins kämpfen. Solche Leute sind politisch natürlich völlig ungefährlich". (Kaiser, S. 117)

25 Die Münchener Abendzeitung z.B. meldet am 24.8.56 unter der Schlagzeile „2000 Jugendliche randalieren": „Der Polizei ist lediglich bekannt, daß den Zusammenrottungen eine Mundpropaganda in den Oberschulen und Betrieben voranging." Wenn ich das heute so lese, ist mir völlig schleierhaft, wie wir damals ohne Flugblätter, ohne Organisation, ja ohne gemeinsames Ziel in zwei Tagen ein paartausend Mann zusammengetrommelt haben! Daß man sowas verlernen, ja sogar vergessen kann!

26 Einheimisch für „Bornheimer Kirchweihfest".

weiteres einfällt. Dennoch wird er mit Anerkennung empfangen, zwei oder drei intonieren *„Tutti Frutti"* begleitet von rhythmischem Klatschen, dann heulen alle Motoren auf, ohne daß ein Wort gefallen ist, sitzen alle auf den Maschinen, die zu Fuß gekommen sind, hintenauf, und man fährt mehrere Male um den Häuserblock. Nach fünf Minuten stehen sie wieder an der gleichen Stelle, jetzt fast 30 Jugendliche. Die Stimmung steigt proportional zum Anwachsen der Gruppe. Es muß etwas geschehen, und deshalb werden Vorschläge gemacht: In der „Rosita" eine Schlägerei anfangen, weil Fuzzi dort Lokalverbot bekommen hat, die Jungens von der Vereinsstraße verprügeln, die man aus irgendeinem Grund, den keiner mehr weiß, nicht leiden kann. *„Haut se, haut se / immer auf die Schnauze!"* Der alte Schlachtruf! Der Ruf verselbständigt sich, da der Zug in eine ganz andere Richtung als zur Vereinsstraße geht. Man geht zu Fuß, da die Mopeds für die mittlerweile 70 Mann starke Gruppe nicht ausreichen. Norbert fällt ein, was er vorhin in der Zeitung gelesen hat und er ruft in eine momentane Stille hinein: *„Russen raus — Rock'n roll!"* Nach einer kurzen Pause des Erstaunens ist der Ruf akzeptiert: erst im Rock'n roll Rhythmus skandiert und dann melodisch in Anlehnung an bekannte Rock-Refrains variiert. Norbert ist plötzlich zum Anführer geworden, von dem erwartet wird, daß er dem Zug die Richtung weist.[23]

Weiß selbst nicht, wie mir das mit den Russen eingefallen ist. Ich habe das Gefühl, die meisten wissen gar nicht, was sie da rufen. Der Vater vom Bernd ist doch Kommunist, der vom Lucki auch. Und der Bernd und der Lucki reden doch auch immer so rum und sind für die Russen. Aber letzte Woche, als uns die Plakatkleber von der KPD ihre Klebtöpfe aufschwatzen wollen, wo wir gerade so durch die Gegend laufen, sagt der Bernd, mit Politik wollen wir nichts zu tun haben.[24] Da ham wir die Heinis halt stehenlassen. — Aber mit den Amis können wir heute mal Rabbatz machen. Aber da kommt gleich die MP und die haun einen mit ihren Holzknüppeln kurz und klein. Zu den Schwulen in die „Gretel" isses zu weit, bei den Flüchtlingen in der „Sonnenuhr" kennen se mich, daß is auch nix. Am besten ist, wir bleiben hier und machen Krach, bis die Polente kommt. So wie im letzten Monat, als wir plötzlich 2000 Mann waren und die Blauen verhauen haben, wird's nicht werden[25], aber vielleicht doch ganz spannend. Das wollt ihr net? Wollt zur Bernemer Kerb[26]. Da passiert doch dann unter Garantie nichts mehr. Dann fahrt ihr alle Zusammenstoßauto und so und das war's dann.

Auf dem Weg zur Kerb wird der Zug wegen ruhestörenden Lärms und Verkehrsbehinderung aufgelöst. Den Aufforderungen der Polizei, die mit zwei Überfallwagen eingetroffen ist, wird murrend aber ohne Widerstand Folge geleistet. Auf dem Kirmesplatz bilden sich später kleine Gruppen von denen zwei in eine Schlägerei miteinander geraten. Nachdem man sich auf diese Weise näher kennengelernt hat, wird noch am gleichen Abend Freundschaft geschlossen, eine Freundschaft, die für etwas mehr als eine Woche Bestand hat.

Ausblick

Erwin heiratet nach einem Jahr (19 Jahre alt) und schließt erfolgreich seine kaufmännische Lehre ab. Sonntags schiebt er den Kinderwagen durch den Huthpark und schaut den Fußballern zu.

Bernd wird LKW-Fahrer bei Coca-Cola, dann geht er zur Bundeswehr, wo er's zum Unteroffizier bringt. Er trägt im Urlaub mit Stolz seine Ausgehuniform und läßt sich durch Hänseleien seiner alten Kumpels nicht beeindrucken.

Norbert schließt Freundschaft mit dem Existentialisten, spielt mit ihm Cool-Jazz und Hard Bop, liest Camus und Sartre, macht Abitur im zweiten Bildungsweg. Er wird 1968 bei der Springer-Blockade in Hamburg verhaftet.

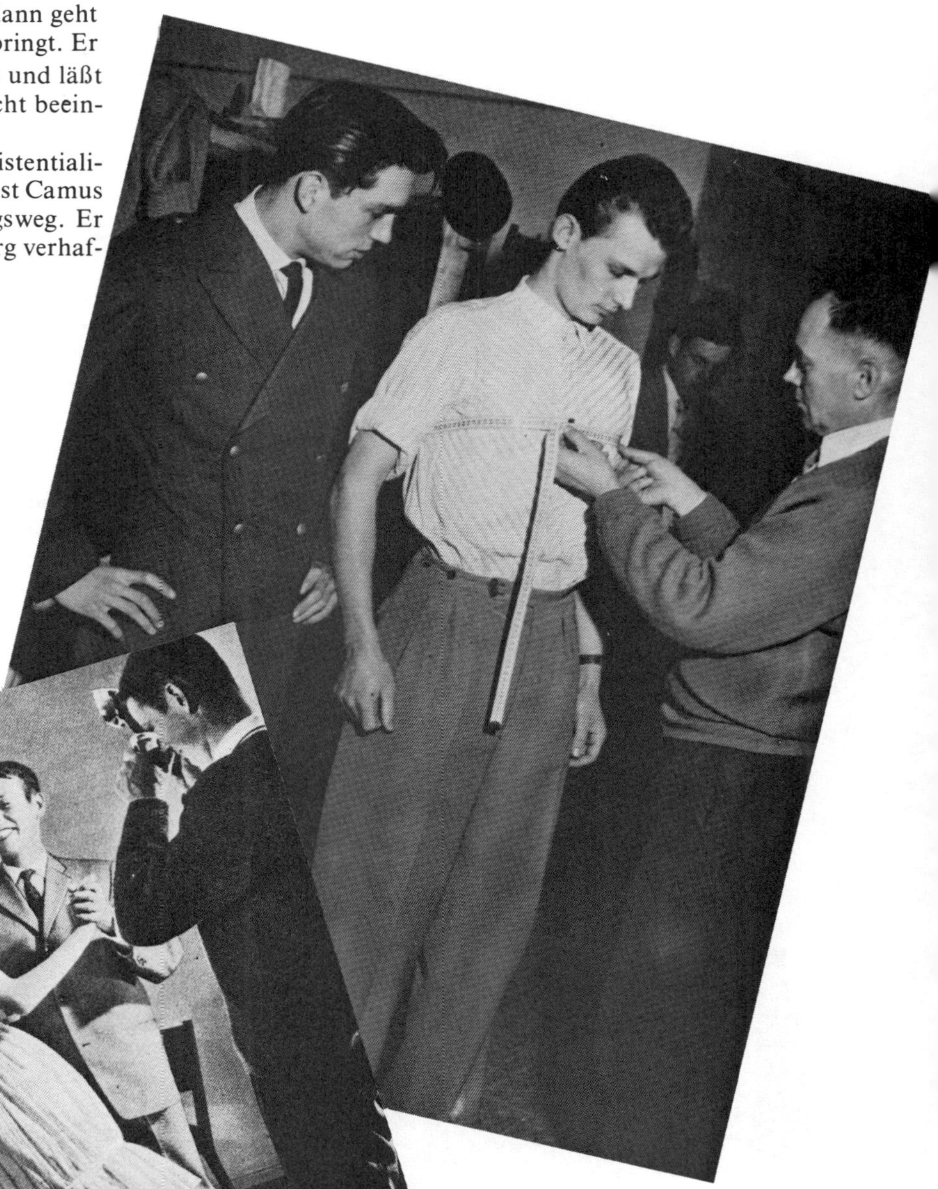

Andi Brauer
„Schaukeln & Wälzen“

Als in der Mitte der roarin' fifties die ersten Rockfetzen aus den Lautsprechern der Kofferradios quäkten, rock rock rock, everybody rock rock rock (Textende), da war die Aufregung bei den besser gekleideten Schichten anfangs groß, aber keiner ahnte, was aus diesem heiseren Neugeborenen mit seinem Awopbopaloobopalopbamboom einmal werden sollte. Was mit Bill Haleys simplen, von farbigen Rhythm & Blues-Musikern geklauten und mit Hillbilly verwässerten Hits in den USA begann, breitete sich blitzschnell weltweit aus, war bald auch jenseits des „Eisernen Vorhangs“ bekannt, wurde von der weißen und farbigen Jugend handfest in Besitz genommen und variiert, machte zahllose Moden mit, entwickelte Stile und Stilchen, und blieb doch immer fest verbunden mit der Musik der Schwarzen: Back to the roots.

Rockmusik ist eine klassenspezifische Musik, zumindest in den westlichen Industrieländern. Sicher ist sie längst vom internationalen Business vereinnahmt, sicher gibt es zahllose Mischformen, sicher zählen gerade auch Bürgerkinder zur internationalen Rockgemeinde, letztendlich aber ist klar zu unterscheiden: Rockmusik in ihren puren Formen ist Musik für die unteren Schichten und ihre Randgruppen, Disco-Glitter ist für die angepaßte Mittelstandsjugend und die, die zu ihr gezählt werden möchten. Die PUNKER mit ihren ollen Klamotten und den Leuchtfarben im Haar parodieren die Konsumgesellschaft, die gepflegten POPPER glauben sie zu genießen.

Zuallererst aber ist Rockmusik eine generationsspezifische Musik. Der Durchschnitt der Konzertbesucher liegt deutlich unter zwanzig, wenn auch von den heute 30-40jährigen einige unermüdliche ab und zu mal reinschauen. Rockmusik bietet in ihren vielfältigen Erscheinungsformen und Moden der Jugend die Möglichkeit einer sprachlosen Verständigung, einer Solidargemeinschaft, die durch den Gebrauch gemeinsamer Symbole ihren Protest gegen die überlieferten Verhaltensweisen der Erwachsenenwelt signalisiert, letztendlich aber die tatsächlichen Normen und Werte der Gesellschaft unangetastet läßt und übernimmt. Rockmusik wirkt direkt über das vegetative Nervensystem und hat eine heftig stimulierende und energieableitende Wirkung, vergleichbar mit Alkohol- und Drogengenuß, Motorradfahren, Actionfilm, Sex. Bill Haley war in seinen Anfängen noch zahm und längst nicht laut genug: der Kloß blieb den jugendlichen Zuhörern auf halbem Wege im Halse stecken und Veranstaltungshallen gingen zu Bruch. Die spätere flower-Bewegung brauchte das direkt Aggressive nicht mehr. Deep Purple, die Stones oder Led Zeppelin besorgten es ihnen gründlich. ROCK IS A DRUG.

Im Bill Haley-Konzert in Berlin 1958 (Foto: Ullstein)

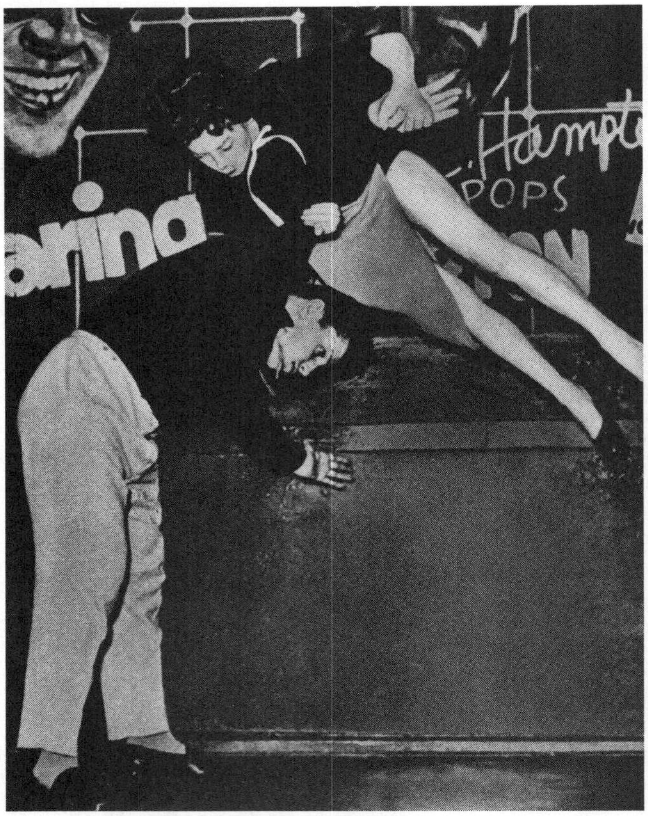

2

Rockmusik ist heute die authentische Musik der Großstadtjugend. Das Volkslied oder den alten Deutschen Schlager hat sie gründlich verdrängt. Rex und Roy haben sich von diesem amerikanischen Generalangriff nie wieder richtig erholt, nur die verlogene Idylle ihrer Texte lebt weiter im Disco-Look von Booney M. bis Dshingis Khan. Rockmusik ist anders. Ihre Botschaft ist realistisch, oft in den Texten, fast immer in der Musik erzählt sie von wirklichen Dingen, von Isolation, Sprachlosigkeit, Sucht und Sehnsucht, Ausweglosigkeit, Beton.

Eine Gegenüberstellung: Brauchte die bürgerliche Avantgarde der 20er bis 30er Jahre in ihrer Über-Kultiviertheit ein ausgeklügeltes ästhetisches System von Dissonanzen, um ihre emotionale Uneinigkeit mit den sich verändernden Verhältnissen auszudrücken, so demonstrierten Kurt Weill, Hanns Eisler oder Bela Bartok, daß sie überleben konnten, wenn sie ihre große bürgerliche Kunst mit der des Volkes verbanden.

So bezieht auch die Rockmusik immer wieder ihre Impulse aus der Musik der ausgebeuteten Minderheiten, schwarzer Rhythm & Blues von der amerikanischen country-side, Soul aus den farbigen Großstadt-Gettos, Reggae, Symbol des Widerstands auf den Karibischen Inseln, Skiffle und Beat aus dem Liverpool der frühen 60er Jahre, Punk, New Wave, Ska aus den Jugend-Gettos Londons oder West-Berlins von heute.

3

Etwas zur Vorgeschichte des Rock. Musik von „unten" kam bis in die 40er Jahre hinein im großen Unterhaltungs-Business nicht vor. In den USA, schon damals Zentrum der internationalen Popmusikbörsen, bestimmte die ASCAP, die „American Society of Composers, Authors and Publishers" die Scene. Anfang der 40er gabs Krach unter Giganten: ASCAP wollte mehr Lizengelder von ihren Kontrahenten, den (ebenfalls privatwirtschaftlichen) Funkdirektoren. Um der ASCAP die Forderungen nicht erfüllen zu müssen, bedienten sich die Senderfürsten eines folgenschweren Tricks. Sie gründeten eine eigene Lizenzgesellschaft, die BMI („Broadcast Music Incorporation") und schickten ihre Agenten auf die Dörfer. Man wurde fündig. Eine Unzahl von Country-, Hillbilly- und Bluesmusikanten tauchte in den Sendern auf und brachten ihre vitalen und realistischen, von Sex, Schweiß und Tränen erzählenden Lieder erstmals für die ganze Nation hörbar in die Medien. Aus 1000 im Jahre 1940 eingetragenen hauptberuflichen Komponisten waren Mitte der 60er Jahre an die 20.000 geworden. Die Vormachtstellung der alten Illusions- und Berieselungsspezialisten war unwiederbringlich dahin. Popmusik wurde jetzt von denen gemacht, für die sie auch bestimmt war, und die Idole der Popjugend, Elvis, Beatles, Stones, verkörperten den möglichen sozialen Aufstieg, der „Amerikanische Traum" als weltweiter Tranquilizer einer ungläubig gewordenen Jugend.

4

Im westdeutschen Nachkriegs-Show-Biz werkelten die Schlager-Macher des Tausendjährigen Reiches weiter eifrig vor sich hin. War jeder Bezug zum Zeitgeschehen unter Strafe verboten gewesen, so galt es jetzt um so mehr,

vergessen zu machen. Das abgewrackte Nachkriegs-Deutschland besang unermüdlich Senoras und Senoritas, Maria aus Bahia, verlogene Kitschpostkarten einer verstaubten Idylle aus der Sicht cocktailtrinkender Herrenmenschen. Zu Samba, Rumba, Tango und Slow-Fox gesellten sich jetzt die bislang nur unterm Ladentisch gehandelten Swing-Aufnahmen der 40er Jahre, Glenn Miller, Duke Ellington, all die großen amerikanischen Big-Bands, und ihre Stars, Frank Sinatra, Nat King Cole, Perry Como. Der Jazz, schon vor der Machtergreifung in Deutschland populär, seitdem „entartet", aber nie ganz von der Bildfläche verschwunden, hielt erneuten Einzug, inzwischen kommerzialisiert und von den meisten Widerborstigkeiten und Kanten befreit, akustisches Pendant zu Wrigley's Kaugummi, Coca Cola und Lucky Strike. Der authentische Jazz jener tage war eine schnelle, kompromißlose Musik, in Harmonik und Improvisation weit fortgeschritten, intellektuell und ekstatisch, geboren in den Keller-Clubs von New York, gespielt von Charlie Parker, Dizzy Gillespie, Lennie Tristano. Erst Ende der fünfziger Jahre tauchten Platten und Musiker des „Bebop" in Deutschland auf, blieben aber einer kleinen Gemeinde von Interessierten vorbehalten.

Den alten Deutschen Schlager focht das alles vorläufig wenig an. Es bot sich reichlich Gelegenheit, amerikanische Titel gewinnbringend unter die Leute zu bringenm, nische Titel gewinnbringend unter die Leute zu bringen, deutsch übersetzt und von bekannten einheimischen Interpreten gesunden. Allenfalls in ein paar Karnevalsschlagern oder Kabaretteinlagen wurde die gesellschaftliche Wirklichkeit gestreift. Alltägliches war tabu, Schweiß, Schmutz, Hunger, Elend und Sex blieben unter der Bettdecke. Innbegriff aller Sinnlichkeit war der „Kuß", der in abertausend Varianten einherhüpfte, erotisches Überbleibsel der alten, feucht-schlüpfrigen Operetten-Herrlichkeit. Die Entnazifizierung nach amerikanischem Muster ließ manchen Großverdiener aus Goebbels' alter Illusions- und Propaganda-Maschinerie schnell wieder Fuß fassen, ein paar Handgriffe, und der Schlager-Apparat war von Kriegs- auf Friedensproduktion umgestellt: Was im industriellen Überbau systematisch vollzogen wurde, konnte bei seinen musizierenden Hanswursten nicht anders sein.

Wer war ich in den 50ern? Ein Pipel in Lederhosen und Ringelpulli, Papa Opernsänger, Mama Hausfrau, Coca 20 Pfennig, U-Bahn ebenfalls. Und stand auf Blasmusik („Blas" — nicht „Blues"!). Der Rock'n'Roll erreichte mich auf einigen Umwegen im Sommer 1956, als ich in der Sommerfrische lederbehost mit den Nachbarsjungen Frösche fing und für die Bauern Spatzen jagte. Allerdings kam der Rock nicht persönlich ins Dorf, sondern in Gestalt eines armseligen Radio-Schlagers von Peter Kraus, auf-der-Insel-Pellalella-dort-im-Märchenland, deutscher Kitsch, nix besonderes, nur, es wurde nicht mehr gesungen wie Rudi Schuricke, mit Vibrato und Operettenschmalz, sondern mit Schluckauf und schon mal 'ner Elektrogitarre im Background. Immerhin.

Back in town hörte ich mich so langsam in die Soldatensender rein, Elvis, Bill Haley, Pat Boone, voll Bewunderung für die Schmalzlocken-Profis in meiner Umgebung, die schon ein paar Jahre älter waren und mit dieser neuen Musik voll lebten. Während die Älteren die Köpfe schüttelten über den neumodischen Lärm, ahnte keiner, welche akustischen Weltuntergänge noch ins Haus standen. Ehrlich gesagt, mich ging das alles nicht

Polydor

Tommy Steele

Rock'n'Roll-Gemeinde 1958

viel an, denn kaum hatte ich mich ans Tragen langer Hosen gewöhnt, lief ich von „Schlager der Woche" ins Blues- und Jazz-Lager über und war der Pop-Musik für einige Zeit entkommen. So glaubte ich wenigstens. In Wahrheit war ich bald dabei, die Grundmuster des Rock'n'Roll sozusagen von der Pike auf zu lernen, Zwölf-Takt-Schema, die gängigen Begleit-Riffs, Achtel-Stakkatos, After Beat. Ich hockte den ganzen Tag am Piano und versuchte die alten 20er-Jahre Blues' und Boogies von Meade Lux Lewis nachzuspielen, oder die neueren von Memphis Slim, und genau in dieser Musik hatte der Rock seine Wurzeln. Erst später, Ende der sechziger Jahre, stieß ich zur Scene, und da konnte ich mit meinen alten Piano-Mätzchen noch 'ne ganze Menge anfangen.

6

Aber zurück in die Staaten. Wie war es zum Rock'n' Roll-Boom Mitte der 50er Jahre gekommen? Seit den späten 40er Jahren gab es in den USA eine autonome kommerzielle Rhythm & Blues-Scene (größte Firma: Atlantic Records), die den umfangreichen Markt der farbigen Musikhörer abdeckte und schnell auf 100.000er Auflagen kam. Ihre Stars waren z.B. die Clovers, Ray Charles, Ruth Brown, die Drifters, Big Joe Turner. Die farbigen Rock'n' Roller, allen voran Chuck Berry und Little Richard kamen in direkter Linie aus diesem Stall. Truman und McCarthy zeichneten verantwortlich für ein Klima extremster Apartheid im Land, und so war auch der Show-Biz streng geteilt, auf der einen Seite die „Tin Pan Alley" (New Yorker Geschäftsstraße) mit ihren weißen Hit-Sängern, Doris Day, Dean Martin, Sinatra, Perry Como usf., und auf der anderen Seite die „race labels", vital und kommerziell erfolgreich, aber für die weißen Medien und den großen Teil der weißen Hörer tabu. Als sich Ende '54 McCarthy überlebt hatte und seinen Hut nehmen mußte, als die Rassentrennung in den Schulen durch Entscheidung des obersten Gerichtshof aufgehoben werden sollte, kam ein vorläufiger Liberalisierungsprozeß in Gang, in dessen Gefolge den Farbigen allmählich der Zugang zu den weißen Medien ermöglicht wurde, sicher weniger aus Begeisterung für ihre autonome Kultur, als wegen der unerhörten kommerziellen Erfolge, die am Horizont sichtbar wurden.

Anfangs lief das Geschäft mit der schwarzen Musik hauptsächlich über „Cover"-Versionen, d.h. erfolgreiche Titel aus der schwarzen Scene wurden ständig beobachtet, aufgekauft, bearbeitet, von erotischen und sozialkritischen Anspielungen befreit, und dann, mit einer Prise Hillbilly versehen, mit weißen Interpreten für den weißen Markt salonfähig gemacht. „Shake, Rattle and Roll" oder „Maybellene" von Bill Haley, einige der ersten Rock'n' Roll-Erfolge um '55, waren solche gecoverten Aufnahmen.

Als Erfinder des Begriffs „Rock'n'Roll" gilt der (weiße) Disc-Jockey Alan Freed, der Anfang der 50er schon Konzerte mit farbigen R & B-Musikern für weiße Jugendliche organisiert hatte, und auch seine Sendungen soweit als möglich mit R & B-Titeln würzte. Daß „Rock'n 'Roll"-Slang Ausdruck für „Beischlaf" ist, „Schaukeln & Wälzen" oder ähnliches bedeutet (man vergleiche das deutsche „hämmern", „nageln", „bumsen"), war hierzulande kaum bekannt. Aufregung gab's auch so genug. Die ersten Tourneen mit den amerikanischen Stars, allen

NXP/MPP1153274-8/17/77-MEMPHIS:
a farewell kiss on the eve of his in
photo. At left is his dad, Vernon
8/16 after an apparent heart

voran Bill Haley and His Comets (1958), führten zu inzwischen historischen Saalschlachten, nicht nur im inzwischen eh' abgerissenen Berliner Sportpalast. Was Wunder, wo Haley's internationale Karriere mit dem Film „Blackboard Jungle" („Saat der Gewalt") gestartet wurde.

Das Ergebnis des Rock'n'Roll-Geschäfts war eindeutig und makaber genug: Der Protest einer ganzen Generation Jugendlicher gegen die von den Eltern überlieferte Lebensweise wurde abgefangen, kanalisiert und zum größten Kassenerfolg in der Musikgeschichte: Bis zu 50% des Gesamtumsatzes der internationalen Schallplattenbranchen wurden (und werden) auf dem Rock-Sektor erzielt.

7

Die fünfziger Jahre boten idealen Nährboden für eine solche stürmische Entwicklung der Dinge. Der erneute wirtschaftliche Aufschwung sorgte dafür, daß Jugendliche über ein bißchen mehr Geld in den Hosentaschen verfügten, und die Konzerne sannen nach Wegen, dieses freie Geld in Umlauf zu bringen und in die eigenen Taschen zurückfließen zu lassen. Eine riesige Jugend-Industrie mit Zeitschriften, Filmen, Moden, Diskotheken, Eisbars, später auch Drogen und Rauschgifthöllen installierte sich und schuf ein neues Getto, ganz nach überliefertem Modell. Nach Farbigen und Juden nun das Jugend-Getto.

Der technologische Entwicklungsstand für die Schallplattenproduktion mit Millionen-Auflagen war zu diesem Zeitpunkt äußerst günstig. Die Herstellungsverfahren waren nach dem Kriege erneuert worden, statt der alten zerbrechlichen und klanglich wenig leistungsfähigen Schellackplatten gab es die neuen 17 cm Platten, die unverwüstlich und billig in der Herstellung waren und entscheidenden Anteil an der massenhaften Verbreitung der frühen Rock'n'Roll-Aufnahmen hatten. Die Aufnahmeverfahren waren vorangeschritten, es gab moderne Mikrophone und Magnet-Aufzeichnung, Hall- und Echoeinrichtungen, bald auch Mehrspur-Aufnahmeverfahren, die das getrennte Aufnehmen einzelner Musikpassagen und des Gesangs ermöglichten. Bis vor kurzem hat sich an den Aufnahme- und Wiedergabeverfahren von damals im Prinzip wenig geändert, wenn auch das Vorhandene technisch perfektioniert und vom 1-Spur bis zum 32- oder 64-Spur-Verfahren ausgedehnt wurde. Erst in jüngster Zeit gibt es grundlegende technische Neuerungen. („Digitalaufzeichnung")

Die elektrische Gitarre, ursprünglich in den 30er Jahren vom Jazz-Gitarristen Charlie Christian erfunden, um seine im Club zu leise Klampfe akustisch zu verstärken, wurde bereits Ende der 40er Jahre im Hillbilly und im Rhythm & Blues gleichermaßen gespielt. Die im Rock übliche Spielweise, die typische Blues-Improvisation, das „Anziehen" („Glide") der Saiten, das charakteristische Finger-Fibrato, das alles stammte aus der Tradition der farbigen Country-Blues Gitarristen, wurde vielleicht schon seit der Jahrhundertwende praktiziert und von Musiker zu Musiker weitergegeben. — Ohne Elektronik und Mikrophone wären weder der Sound noch die weltweite Verbreitung der Rockmusik möglich gewesen. Wer hätte einen Haley im Heilsarmee-Sound schon ernstgenommen. Allerdings verhielten sich die damaligen Lautstärken im Vergleich zu den Open-Air-Konzerten der späten 60er Jahre wie Bienengesumm zum Düsenjet. Konnten die Musiker damals ihre Verstärkerköfferchen noch selbst auf die Bühne tragen, so sind heute ganze Kolonnen von Bühnenmaschinen unterwegs, um die Stars des Rock-Biz ins rechte Licht zu setzen. Nur die Punks sind auch in dieser Hinsicht fürs einfache.

Die kommerziellen Verbreitungsmöglichkeiten für Musik waren Anfang der fünfziger Jahre annähernd auf ihr heutiges Niveau herangereift. Es gab ein weltweites Rundfunknetz, das Fernsehen begann sich durchzusetzen, der Tonfilm, speziell auch der Musikfilm, standen in voller Blüte. Ebenso sämtliche Praktiken gerissener Konkurrenz- und Verteilungskämpfe, Marketin, genaueste Analyse der Einschaltquoten und Käuferschichten, hochgradige Spezialisierung in allen Bereichen, ob Producer, Texter, Komponist, Studiomusiker, Techniker, oder Sonstwas. Und Bestechung auf allen Ebenen. Die sogenannten „Payola“-Skandale in den USA der 50er Jahre hatten wahre Watergate-Ausmaße. Eine ganze Generation Jugendlicher begann an sich zu zweifeln, als herauskam, daß ihre verehrten Disc-Jockeys nicht nur mit Geschenken, Reisen, Edel-Nutten und Bargeld von den einflußreichen Platten-Herstellern bewirtet wurden, sondern sogar Prozentual-Beteiligung an Platten erhielten, die sie besonders fleißig spielten. Die Jockeys, allen voran Allen Freed, „Erfinder“ des Rock'n'Roll, sprangen über die Klinge, ihre Geldgeber machen weiter bis in den heutigen Tag.

8

Natürlich hatte der Rock'n'Roll Folgen. Nicht nur, daß alle paar Jahre ein Revival sprich Wiederbelebungsversuch des 50er Jahre-Stils angesagt ist und sogar die noch lebenden Stars von damals wieder auf die Bühne geschleift werden (was außer Chuck Berry noch keinem gut bekommen ist). Die Entwicklung vieler kultureller Bereiche ist durch sie entschieden beeinflußt worden. Eine neue, widersprüchliche Ästhetik ist durch sie entstanden, korrespondierend mit anderen künstlerischen Genres, in der Spontaneität, natürliche Rauhheit des Materials und erotische Vitalität wichtiger sind als europäischer Tiefsinn und artifizielle Akrobatik. Großstadtjugend und Rockmusik scheinen heute untrennbar verbunden. Vielleicht wird erst eine grundlegende Änderung ihrer sozialen Wurzeln zu wirklich neuen Erscheinungsformen der Jugendkultur führen.

Foto: Ullstein

Wochenend

BILDERZEITUNG ZUR ERHOLUNG VOM ALLTAG

Preis 30 Pfg.

Jazz- MUSIK oder SEUCHE?

Chaotische Zeiten rufen auf allen Gebieten, besonders einschneidend im kulturellen Leben, extreme Richtungen hervor. Dies ist eine zwangsläufige, zu der Herausbildung des eigentlichen Zeitstils notwendige Erscheinung. Sie ist Ausdruck eines krankhaft übersteigerten Lebensgefühls und Auslebens des Einzelmenschen, das bis zu völliger Hemmungslosigkeit ausartet. So ist es zu verstehen, daß Jazzmusik genau wie nach dem ersten, so auch nach dem zweiten Weltkrieg eine neue Hochblüte erlebte und Gegenstand fanatischer Auseinandersetzungen wurde.

Was ist nun diese Musik, die heute wie je den Mittelpunkt dieser Diskussionen bildet? Ist sie eine wertbeständige musikalische Stilrichtung oder eine Verfallserscheinung, eine der vielen extremen Stile, die sich in Zeiten der Auflösung von Gesetzmäßigkeit und Ordnung immer wieder auf kulturellem Gebiet herausbilden? Ist Jazz überhaupt Musik oder gar Kunst? Fragen Sie hundert Ihrer Mitmenschen, die mit Jazz in Berührung kamen, was sie unter dieser Musik verstehen, und Sie können mit hundert verschiedenen Antworten rechnen. Nur darüber wird wohl einmütige Klarheit herrschen, daß diese Musik von Negern stammt. Sonst aber werden weder enthusiastische Lobreden der Jazzanhänger noch leidenschaftlich empörte Ablehnung der Gegner darüber hinwegtäuschen können, daß im allgemeinen in beiden Lagern nur eine sehr verschwommene Vorstellung darüber herrscht, worin eigentlich das Wesen des Jazz besteht.

Letzte Hingabe an die quirlende Tonfülle der Jazz-Improvisation zeichnet sich deutlich auf den verklärten Zügen des schwitzenden Jazz-Trompeters ab, während sich seine Augäpfel weltentrückt nach oben verdrehen.

Es fängt so harmlos an …

So wild und hemmungslos sich der Jazz in seiner höchsten Ekstase gibt — so harmlos fängt er gewöhnlich an! Es beginnt mit einer kleinen Melodie. Irgendein mehr oder weniger bekannter Schlager wird von der Tanzkapelle, der „band", wie es in der Fachsprache heißt, mit einheitlich gelangweiltem Gesichtsausdruck gespielt — notengetreu, das heißt so, wie sich der Komponist die Sache ursprünglich gedacht und schriftlich niedergelegt hat. Bisher geschieht also nichts Besonderes. Für den Eingeweihten jedoch ist dieses Vorspiel nur die Ruhe vor dem Sturm. Er fiebert vor Spannung, denn er weiß, daß die Entfesselung aller musikalischen und außermusikalischen Gewalten kurz bevorsteht.

Und richtig! Kaum ist der letzte Ton der Schlagermelodie verklungen, geht es los. Irgend ein Mitglied der Band, meist der Saxophonspieler, macht den Anfang. Als hätte ihm ein kleiner Stich in seine Sitzfläche das Zeichen zum Einsatz gegeben, fährt er von seinem Stuhl hoch und beginnt, die bisherige Melodie auf eigene Art umzuwandeln, er „improvisiert". Mit fliegenden Fingern durchmißt er das tönende Machtbereich seines Instruments von den höchsten Höhen bis in die tiefsten Tiefen. Noten haben aufgehört zu existieren. Sie scheinen sich an irgendeinem Punkt in der Luft konzentriert zu haben, der vom Spielenden mit fasziniertem Blick anvisiert wird, als könne er von dort her seine Einfälle für die Verarbeitung der Melodie beziehen. Gehen ihm die Einfälle oder die Luft aus, wird er vom Nächsten der Band abgelöst, und so wird die Reihe fortgesetzt, bis jeder einmal Gelegenheit hatte, die Melodie bis zur Unkenntlichkeit zu verzerren. Man sollte es nicht für möglich halten, was solide Instrumente für tolle Bock- und Seitensprünge zu machen vermögen — entsprechend unterstützt durch das Schlagzeug. Überhaupt der Schlagzeuger! Hinter einem wohlgeordneten Arrangement von Trommeln, Pauken, Becken thronend, feuert er, einem musikbesessenen Veitstänzer gleich, seine Opfer mit wirbelnden Trommelstöcken und wild fegendem Jazz-Besen zu immer größeren Leistungen an.

Noch aber ist der Höhepunkt des Ganzen nicht erreicht! Noch sind immerhin bei gutem Willen gewisse Bruchstücke der ursprünglichen Melodie zu erkennen. Aber auch dieser letzte Rest verschwindet, kommt dann die Krone des Jazz, jenes höchste Stadium, in dem sein ureigenstes Wesen deutlich wird: die Improvisation im Ensemblespiel! Während bisher die einzelnen Spieler zumindest in geordneter Reihenfolge aus dem Stegreif vortrugen, musizieren nun die Mitglieder der Band zusammen auf eigene Faust drauflos und suchen sich gegenseitig an Überraschungseffekten und in der virtuosen Beherrschung der Instrumente zu übertreffen. Es beginnt gewissermaßen der Kampf jeder gegen jeden, ohne Hemmungen in der Wahl der Mittel, ohne Rücksicht auf irgendwelche harmonische Bindungen. Das ist dann das Stadium der „heißen" Jazzmusik, des „hot", und erst bei dieser Temperatur fühlen sich die Jazzanhänger richtig wohl. Wenn das Saxophon gluckst und rülpst, wenn die Posaune winselnd die Tonleiter hinauf- und hinunterhüpft, wenn der Pianist Akkorde in willkürlicher Zusammensetzung aus den Saiten hämmert und die Trompete sich in Kapriolen überschlägt, wenn als einzig Geordnetes in diesem Chaos von Tönen und Klängen nur noch ein gewisser Rhythmus feststell-

doch „kultiviertere" — Abart zu hören. Die Amerikaner nennen es „Sweet Jazz".

Mit ihm kam nach dem ersten Weltkrieg eine Gegenströmung zum „hot" auf, die sich vom eigentlichen Wesen des Jazz zwar weit entfernte, jedoch eine ungeahnte Popularität erreichte. Er bildete die natürliche Reaktion und den Ausgleich auf die Gefühlsüberhitzung des „hot". Die freie Improvisation wird beim Sweet-Jazz in feste Form gepreßt. Es wird ausschließlich nach Noten gespielt und die Musiker halten sich gewissenhaft an die Partitur. In dieser Art wurde der Jazz auch in Deutschland bekannt. Als seine

Jazz mehr und mehr symphonischen Charakter an und fand damit Eingang in den Konzertsaal. Aus jener Zeit stammen auch die berühmten Jazz-Symphonien „Rhapsodie in Blue" und „Mississippi-Sweet". Die Einfallsarmut der Komponisten versteckte sich damals aber auch gleichzeitig hinter solchen jazz-symphonischen Bearbeitungen, vor denen kaum mehr ein Schlager, im Ausland nicht einmal Bach oder Beethoven, sicher waren.

Doch machte sich auch hier bald eine Gegenströmung bemerkbar. Mit dem Swing trat Jazzmusik in ihrer höchsten Entwicklung und ausgeprägtesten Form

Chlodwig Poth

Spuck zurück im Zorn

Historischer Abriß einer Jugendbewegung

1. Vorphase

In der Mitte unseres Jahrhunderts tauchte sie auf aus dem Dunkel der Geschichte, die große weltbewegende Jugenderhebung. Ihre ersten Exponenten jedoch blieben weitgehend unbekannt.

Um 1955 Als Ursprungsort der Bewegung dürfen wir (wie neueste Forschungen eindeutig bewiesen haben) Paris annehmen.

Vielfach wird als erster Prophet der Bewegung Maurice Tetringalle genannt. Ihm wird auch der philosophische Kernsatz der Bewegung: „Das ist vielleicht alles zum Kotzen!" zugeschrieben. Jedoch konnte seine reale Existenz bisher niemals überzeugend nachgewiesen werden.

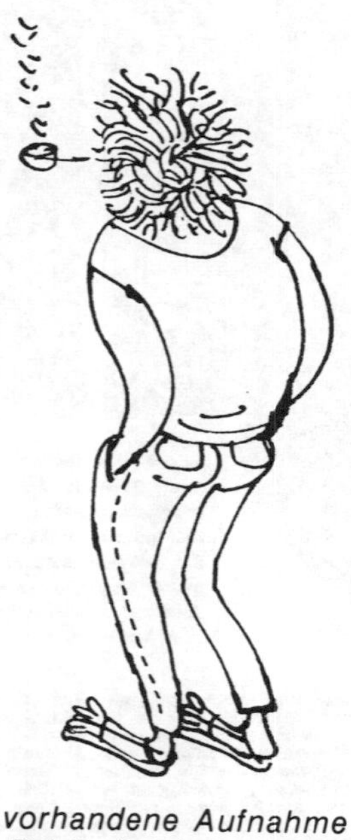

Die einzige vorhandene Aufnahme von Maurice Tetringalle. (Ihre Echtheit wird von vielen Seiten, wohl mit Recht, angezweifelt.)

Juli 1956 Als einigermaßen sicher mag gelten, daß in diesem Monat in der Rue Sylvestre Rochard, im Keller des Hauses 56, eine Zusammenkunft stattfand, die viele als die Geburtsstunde der Bewegung ansehen. An dieser Zusammenkunft nahm mit Sicherheit Roger Vallois teil, der erste nachgewiesene Denker der Bewegung, sowie Nathalie Sirocca, die als erste konsequent nach seinen Maximen lebte. Von Vallois ist der Ausspruch überliefert: „Naja, was soll's".

4. Januar 1956 Sie war es auch, die durch eine richtungweisende Tat die Bewegung vorantrieb. An jenem denkwürdigen Tage führte sie in einem Zeitraum von nur 15 Stunden mit nacheinander 6 Männern aus freiem Antrieb und ohne Bezahlung den Beischlaf aus.

„Nee, das war nix, ich hatte doch gleich so'n Gefühl, daß Du mir unsympathisch bist."

2. Vorphase

„Ich kann dir gar nicht sagen, wie wurscht mir das ist, daß du meine Mutter bist!"

Anfang 1957 Etwa zur gleichen Zeit spielt sich in der mittelenglischen Kleinstadt Roxville diese eindeutig belegte Szene ab.

Es handelt sich hierbei um Steve Bunburry, der ganz auf sich allein gestellt, nach nächtelangem Nachdenken zu der Erkenntnis kommt „Also, mich könn' sie alle mal!" Diese Erkenntnis soll fürdie Bewegung von ausschlaggebender Bedeutung werden. Steve Bunburry schreibt darüber einen Roman.

14. Juli 1957 Eine der Schlüsselfiguren der Bewegung, nicht nur in England, ist der Verleger John McNamarra. Von ihm stammt der Ausspruch: „Aus der Sache läßt sich was machen!"

28. Oktober 1957 McNamarra trifft mit Steve Bunburry zusammen.

30. Oktober 1957 McNamarra fällt beim Rasieren der Titel zu Bunburrys Roman ein: „Die wütenden Jünglinge".

31. Oktober 1957 McNamarra schlägt Bunburry vor, ein Theaterstück zu schreiben.

20. November 1957 Der Roman „Die wütenden Jünglinge" geht in die fünfte Auflage.

10. Dezember 1957 McNamarra fällt in der Badwanne der Titel zu Bunburrys Theaterstück ein: „Spuck zurück im Zorn".

„Ein für alle Mal — es ist mir scheißegal, daß Du meine Mutter bist!"

4. Januar 1958 „Spuck zurück im Zorn" wird uraufgeführt. McNamarra ist hierbei die Ballung und die, den realen Gefühlen der Jugend stärker entsprechende Raffung vieler Szenen sowie des Gesamthandlungsablaufs zu verdanken. (Unser Bild)

Der Roman und das Theaterstück Bunburrys verhelfen der Bewegung in England noch vor Frankreich und der übrigen Welt zum Siege.

17. März 1958 Wie eine Umfrage des demoskopischen Instituts INTERTEST bestätigt, werden allein in London 3781 Mütter geohrfeigt.

3. April 1958 Die Firma Hattingate, Woodrich & Bailey bringt den wütenden Jünglingspulli heraus.

12. April 1958 Harold Shinny-Walter gelingt es, wie mehrere glaubwürdige Zeugen beeiden, genau 267 Tage ohne Unterbrechung wütend zu sein.

„Nun hältste mal für 'ne Weile Dein Maul, OK Mama?“

21. April 1958 Shiery Vanderbild jr. vollendet sein Theaterstück „Kotz Dich aus auf Perserteppiche!“

McNamarra ist es auch hier, dem das Stück die letzte zeitkritische Aktualität verdankt.

15. Mai Eine bemerkenswerte, exzeptionelle Dokumentation der englischen Richtung der Bewegung gelingt William Gordon mit seinem Fotoband „... und in uns kocht es“, aus dem wir hier die Serie „Der Morgen des zornigen Jünglings“ abdrucken.

5. Januar 1958 Auch in Paris ist inzwischen die Bewegung in ständigem Anwachsen begriffen. In der Avenue st. Vincent 38 findet eine Party statt, die als ein Markstein der Bewegung gilt, weil hier der neue Stil zum ersten Mal in größerem Rahmen zum Durchbruch kommt, wenn er auch noch nicht in seiner reinsten Form in Erscheinung tritt, da — wie unser Bild zeigt — auf dieser Party auch noch getanzt wird.

10. Januar 1958 Zwischen dem Filmproduzenten Jean-Jolliot-Grussart und seinem Produktionsleiter Claude de Clochard findet eine Unterredung statt, anläßlich welcher Jolliot-Grussart die bedeutungsvollen Worte ausspricht: „Na Mann, nu' lassen Sie sich mal endlich was Neues einfallen!"

4. März 1958 Letzter Drehtag des Films „Nackt in heißen Betten".

11. Januar 1958 Claude de Clochard äußert beim Anblick dreier Mitglieder der Bewegung im Bistro Ecke Rue Stendhal — Rue Mortison „Holla!"

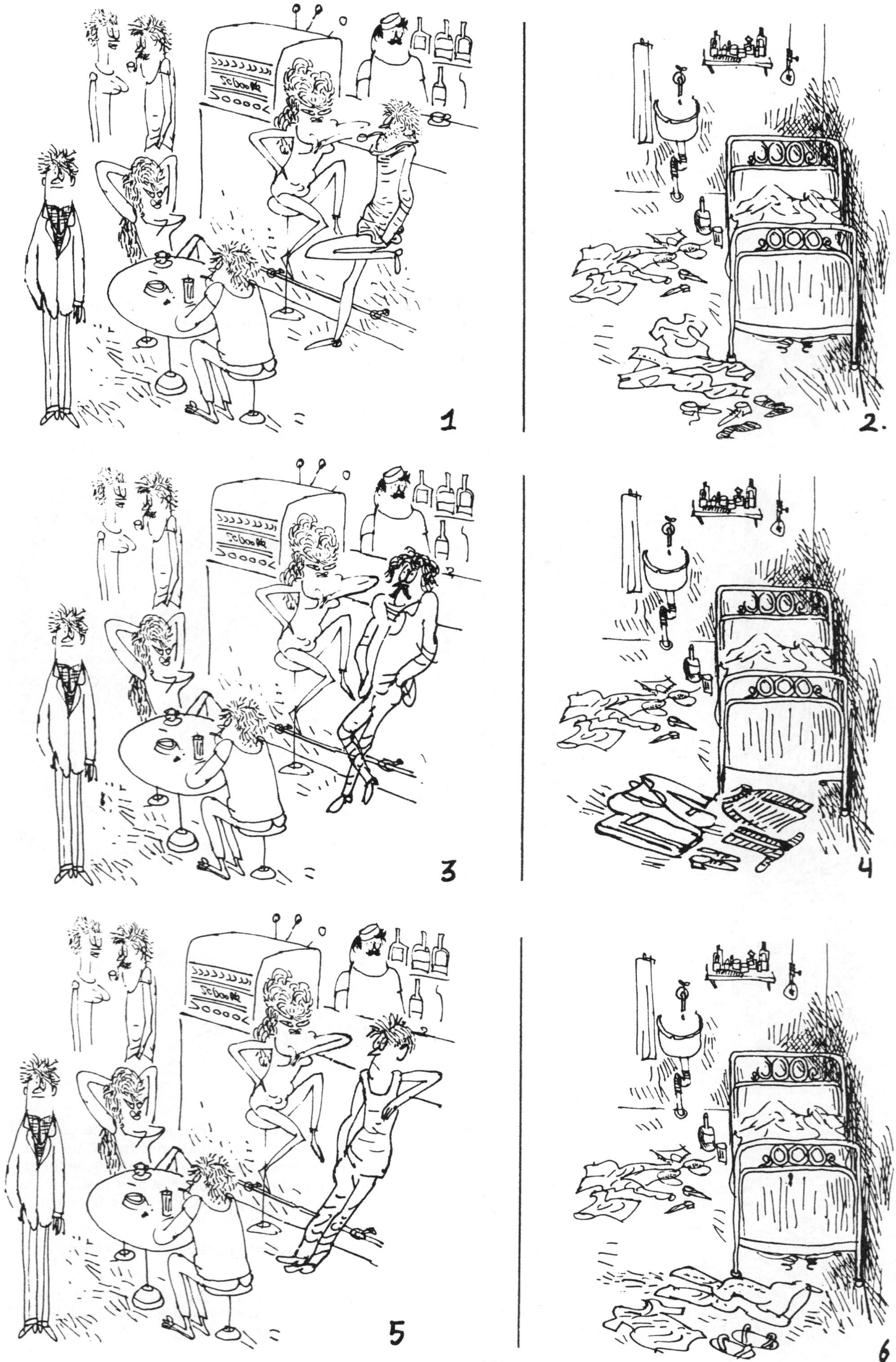
1
2.
3
4
5
6

1. HOCHPHASE

Mit diesem, ihrem ersten Film tritt nun die Bewegung aus dem Frühstadium in die erste Hochphase ein.

„Nackt in heißen Betten" enthält alle Merkmale der Bewegung schon in Vollendung. Dieser Film gilt mit Recht als das Vorbild für alle späteren Filmwerke der Bewegung. Der grundlegende Handlungsablauf sollte später nur noch variiert werden.

Der Einfluß dieses Films auf die Bewegung ist ungeheuer.

5. April 1958 Der Präsident der vereinigten Verbände der Espresso- und Trinkhallenbesitzer, Vittorio de Lasalate, prägt auf der 4. Verbandstagung mit seinem Ausspruch: „Diese neue Welle ist von Seiten des Verbandes mit größer Genugtuung zur Kenntnis genommen worden", den Namen, den die Bewegung von nun an tragen soll.

„Der Typ war doch gestern schon mal bei Dir. Du wirst langsam spießig, meine Liebe."

11. April 1958 Jeanette Chabrolard gelingt es unter dem Einfluß des Films „Nackt in heißen Betten", den Beitrag Nathalie Siroccas zur Bewegung weiterzuentwickeln, indem sie den Zeitraum auf 11 Stunden verkürzt und die Anzahl der Männer auf 9 erhöht. Auch von ihr ist ein schönes Dokument überliefert.

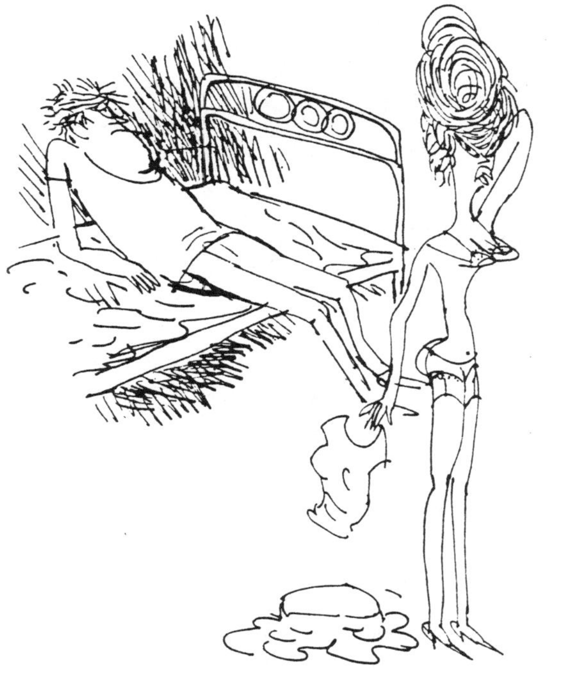

„Na, was woll'n wir denn sonst machen, das Kino fängt doch erst in einer halben Stunde an."

„Was haste gesagt? Du liebst mich? Nun mach aber ganz schnell, daß du aus dem Kahn hier rauskommst!“

16. April 1958 Sylvestre Truffaunet fügt dem Grundthema der Bewegung eine neue Nuance hinzu. In seinem Film „... die sich verschleudern“ stellt er zum ersten Mal einen klassischen Liebeskonflikt dar.

„Jawohl, ich liebe Dich — ich liebe Dich — ich liebe Dich ...“

27. April 1958 Claude de Clochard setzt sich in seinem zweiten Film „Die Horizontalen“ gleichfalls mit dem Thema Liebe auseinander.

15. Mai 1958 Prof. Jacques Brossart schreibt in „Le Monde“ über diesen Film: „Die expressive Zerworfenheit einer mit der Gesellschaft fundamental zerrissenen Jugend zerstückelt die emotionale Aura ihres Seins in kompromißloser Geworfenheit in das Nichts einer metaphysischen Imponderabilität ...“

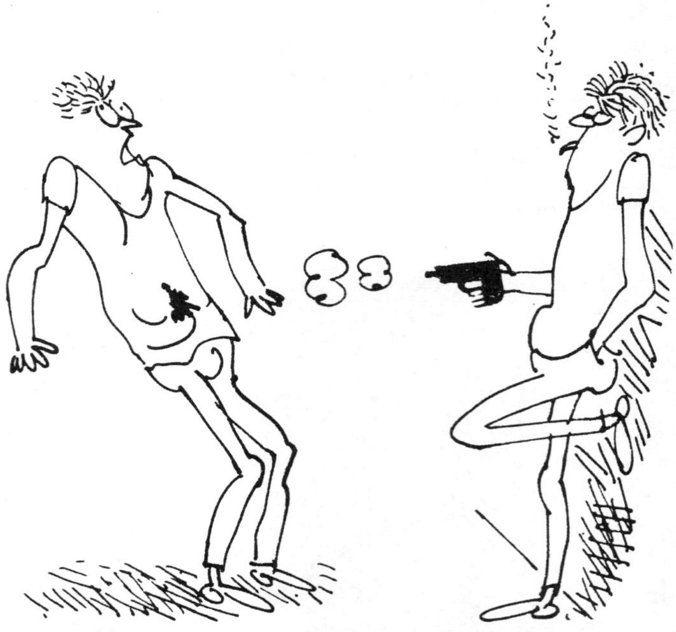

21. Mai 1958 In der Rue Balzac spielt sich die oben abgebildete Szene ab. Maurice Narboni äußert auf der Polizeistation, nach seinem Motiv befragt: „Wieso denn Motiv? Ich finde das so dufte, wenn's knallt.“

„Was willst Du denn eigentlich immer noch, wir haben's doch gemacht?“

23. Juni 1958 Das exemplarische Romanwerk der Bewegung „Schön' guten Morgen Stumpfsinn!“ der 18-dreivierteljährigen Claudette Safran erscheint im Pariser Verlag Julliamard. Unser dokumentarisches Foto zeigt die Autorin mit ihrem Verleger.

Claudette Safran verdankt die Bewegung auch die Einführung des Tête à Tête bei 150 km/Std.

23. Juni 1958 Der Präsident der Interfrance Cinema Compagnie gibt mit den Worten: „Nun wird's aber Zeit, daß wir uns an diese Lokomotive anhängen!" den Anstoß zum endgültigen Durchbruch der Bewegung.

„Komm hoch, Opa — schwing die Krücken! Wie lange willste denn noch hier den Verkehr aufhalten?"

19. April 1958 Pierre Kunz gelingt es, auf einer 350 ccm Maschine in der Innenstadt von Paris einen Schnitt von 165 km/Std. 7 Stunden lang durchzuhalten.

„Woll'n wir wechseln?"

24. Juni 1958 In einem Hause in der Rue Homer 27 findet die erste vollgültige Party im Stil der Bewegung statt, auf der nicht mehr getanzt wird. (Bild)

22. Mai 1958 Gaston Prossarde, der als Begründer der sozial-revolutionären Richtung innerhalb der Bewegung gilt, wird nach seiner tiefreichenden Neudurchdenkung des Eigentumbegriffs bei seinem 85. Versuch, seine revolutionären Ideen in der Praxis auszuprobieren, im Kaufhaus Lafayette verhaftet.

Unsere Aufnahme zeigt ihn in seinem Studio.

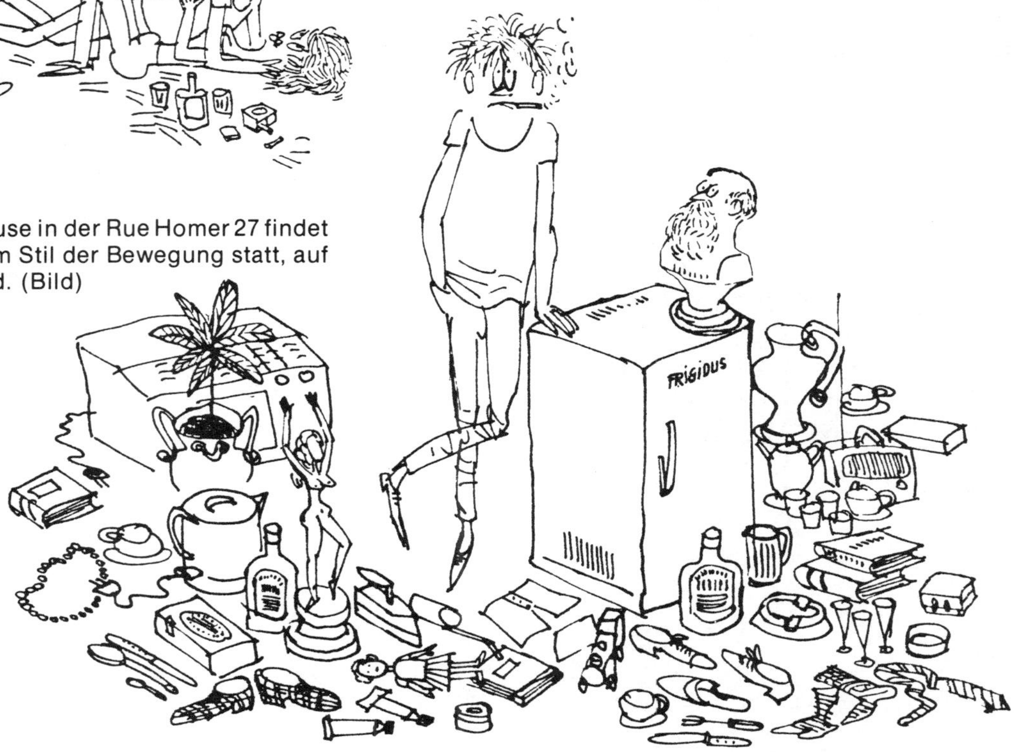

Dem Versuch des Staatsanwalts Roger de Latour, Prossardes weitreichende Ideen mit dem Begriff Kletpomanie abzutun, muß an dieser Stelle noch einmal mit allem Nachdruck entgegengetreten werden. Siehe auch: Prof. André Mueller-Dubout, „Der Eigentumbegriff bei Gaston Prossarde", Verlag Victoire & Carousse, Paris 1956.

5. Juli 1958 Nach dem Vorbild des englischen Verlegers McNamarra bringt der Pariser Verlag Mortisson, Cie einen Bildband über die Bewegung bis zur ersten Hochphase heraus. Titel: „Tu's oder laß es bleiben ...“ Auch aus diesem Bildwerk drucken wir die besonders beispielhafte Serie „... und so bis in alle Ewigkeit“ ab.

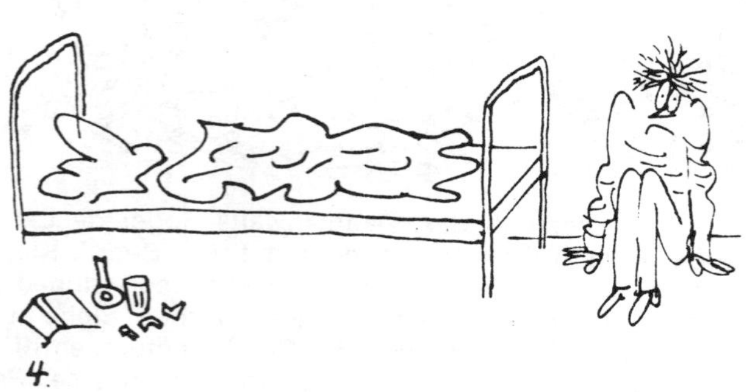

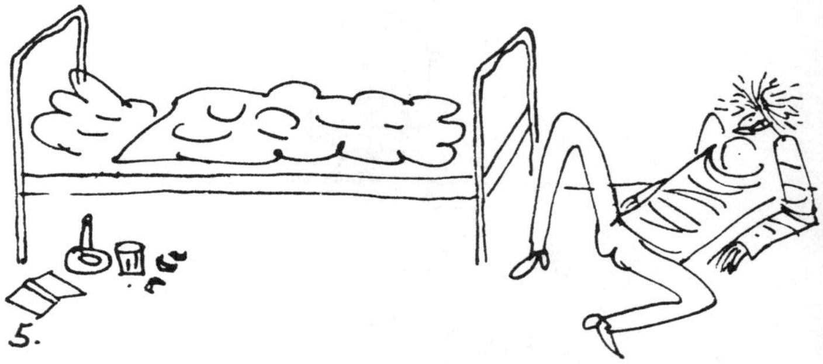

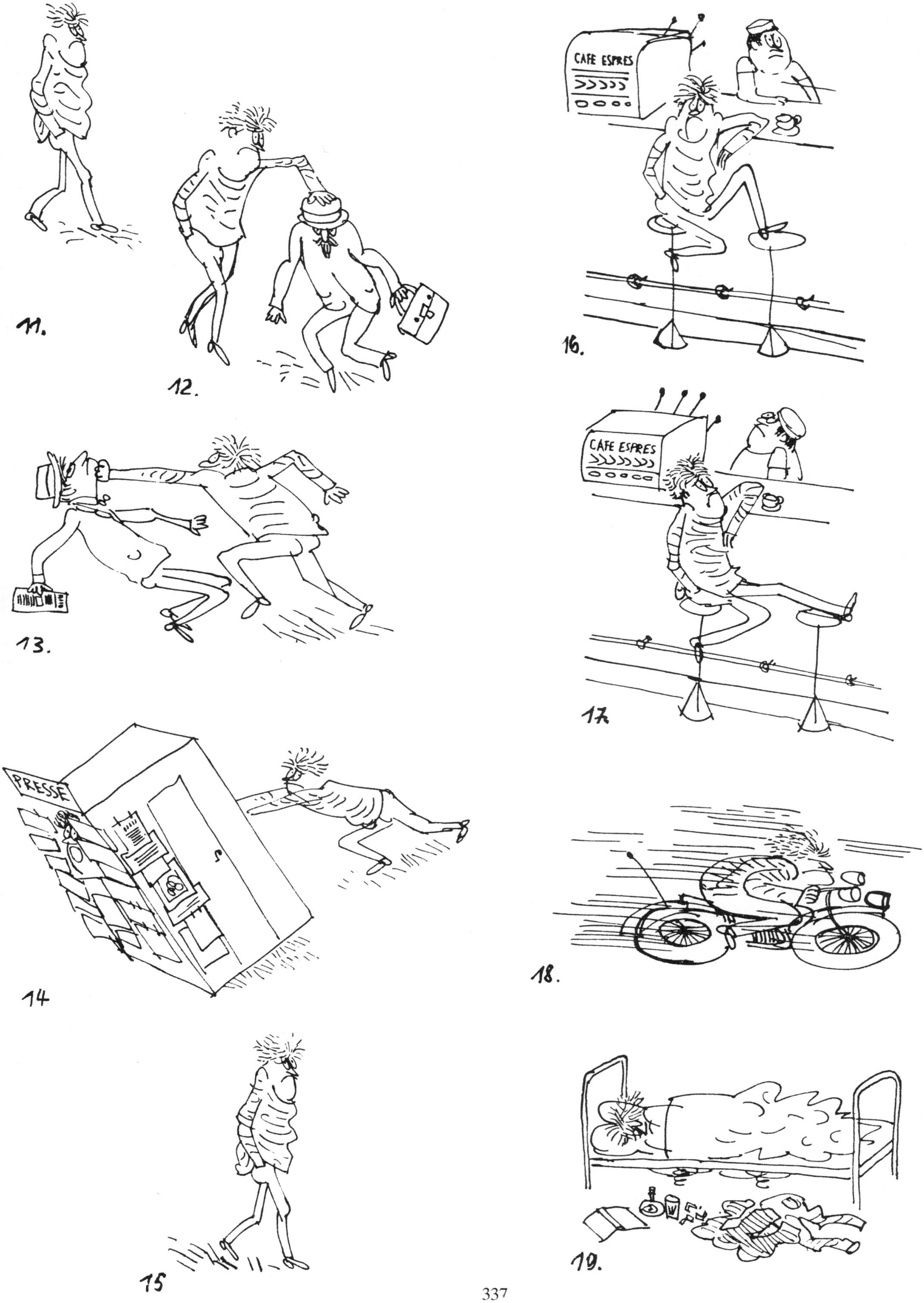

11.
12.
13.
PRESSE
14
15
CAFE ESPRES
16.
CAFE ESPRES
17.
18.
19.

2. HOCHPHASE

16. August 1958 Jacques Grisson führt mit seinem Film „Bis zur Neige" die Bewegung aus den Kellern der Vorphase auf eine höhere Ebene hinauf — so wie er Mozart in sie hineinträgt. Zwei besonders typische Szenen aus diesem Film mögen seine vorwärtsdrängende Kraft bezeugen.

„Wart mal mit dem Hemd noch bis zum Adagio, das sind die schärfsten Rillen auf der Scheibe."

30. August 1958 Der angesehene Pariser Kritiker Julliard Becker schreibt über Jacques Grissons „Bis zur Neige": „. . . in seiner steten Suche nach immer neuen, verblüffend revolutionären Kameraeinstellungen bezeugt er seinen überzeugt antikonventionellen Gestus . . ."

Unsere Aufnahme zeigt Jacques Grisson und seinen Kameramann Claude Bière bei der Arbeit.

„Wenn meine Regierung verreist ist, benutz ich immer ihren Kahn — ist doch ein edler Gag — wo sie mich hier drin gezeugt haben."

26. August 1958 Um 3 Uhr morgens, nach einer Party in der Rue Sébastopol 87, findet das erste denkwürdige Sportwagenrennen vom Place de la Bastille über den Boulevard Haussmann zum Place de l'Etoile statt.

Die Bewegung greift unter der Einflußsphäre der letztgenannten Filme rapide um sich und gewinnt immer mehr an geistiger Spannung.

Vor allem ist hier bemerkenswert, mit welch überzeugt antikonventionell-fröhlichem Gestus die Bewegung sich mit der Gegebenheit des „Sein oder Nichtsein" auseinandersetzt.

Zwei Beispiele mögen dies bezeugen:

24. August 1958 Auf dem Friedhof St. Justin findet eine vielbeachtete Party statt.

„Mann, was macht der Typ für einen Zopf, wegen so'n bißchen Abkratzen."

2. September 1958 In der Villa des Industriellen Sebert spielt sich die oben abgebildete Szene ab (links Harry Sebert jr.). Auch die befreiend sinnliche Betonung der Bewegung gewinnt, angeregt durch besagten Film, kräftige Impulse.

„Na, was ist nu', gehn wir rein, oder machen wir's selber?"

Aber erst das Wirken zweier Männer soll der Bewegung nun zur letzten weltweiten Ausdehnung verhelfen.

1. Ricardo Noncelli von der Noncelli-Pettycoat-Compagnie überträgt den Gedanken der fünffach zu tragenden Unterröcke auf die Bewegung.

2. William Ramsey, European Chief Manager der Sonnybear Advertising Compagnie setzt diesen Gedanken in die Tat um.

Der Sinngehalt der Bewegung in ihrer Endphase ist damit endgültig geprägt.

Die historische Entwicklung der Bewegung in ihrer physiognomischen Erscheinungsform.
(Nach Prof. Gaillard-Miller)

1. Paris um 1957
Vorphase

2. Paris um 1958
Hochphase

3. Paris um 1958
Hochphase, tachistischer Einschlag

5. Paris um 1958
Hochphase, intellektueller Einschlag
(äußerst selten)

6. London Eastend um 1957
Zorniger Jüngling, Frühstadium

Dito: Zornige Jungfrau

7. London Westend um 1958
Zorniger Jüngling, Spätstadium

8. New York um 1957
Beatnik, Heroin-Einschlag

9. New York um 1958
Beatnik, Marihuana-Einschlag

10. Düsseldorf um 1960
Endphase, Trevira-Einschlag

in „interessanter" gesellschaft

Neulich war ich mit Ilse bei dem Ehepaar XY eingeladen. Frau XY öffnete uns und brach dann in einen Schrei des Entzückens aus. Sie freue sich sehr, uns zu sehen, und in ihrer kleinen, aber sehr interessanten Gesellschaft würden wir uns wohl fühlen, sagte sie. Sie führte uns in ein Zimmer, in dessen Mitte eine Anzahl junger Frauen und Männer auf dem Teppich saß. Frau XY nötigte uns auf zwei Kissen. Wir versuchten, uns den anderen Gästen vorzustellen, doch Frau XY sagte sogleich, das sei bei ihren kleinen Gesellschaften nicht üblich, auch Händereichen sei verpönt.

Die Unterhaltung hatte für eine Minute gestockt, nun ging sie lebhaft weiter, und es dauerte eine ganze Weile, ehe wir begriffen, worüber eigentlich in großer Lautstärke gestritten wurde. Wir kamen uns furchtbar überflüssig vor, und es machte auch niemand den Versuch, uns in das Gespräch einzubeziehen.

Es waren in der Tat sehr merkwürdige Leute, die sich hier bei den XY versammelt hatten. Ilse war die einzige weibliche Person, die einen Rock trug. Die anderen Frauen und Mädchen trugen bunte, sehr enge Hosen, die nur bis zur halben Wade reichten, oder Hosen aus schwerem geripptem Samt, und dazu trugen sie entweder sehr freizügig geschnittene Blusen oder hochgeschlossene Pullover. Ilse allein trug eine einfache Kostümjacke. Ilse fiel auch sonst auf. Sie trug das Haar in schlichten Wellen, die anderen hatten das Haar ganz straff aus der Stirn gekämmt oder die Haarsträhnen fielen ihnen wild über Stirn und Ohren. Hierin glichen sie übrigens den jungen Männern, und ich schämte mich fast meines ordentlichen, glatten Scheitels und meines rasierten Kinns, denn zwei der jungen Männer hatten stattliche Kinn- und Wangenbärte. Als einziger trug ich einen Schlips und einen Straßenanzug. Die jungen Männer trugen entweder offene Hemden oder Pullover mit Rollkragen oder Jerseys; dazu hatten sie Blusen oder Janker und Samthosen an. Alle waren Brillenträger, aber die meisten der Brillen waren Sonnenbrillen, obwohl es längst Abend war.

Dann wurde Ruhe geboten, und ein junger Mann las einen Artikel vor. Als er geendet hatte, brachen alle in stürmischen Beifall aus, aber erst aus dem nachfolgenden Gespräch über lineare Poesie erfuhr ich, daß es sich nicht um einen Artikel, sondern um ein Gedicht gehandelt habe. Nachdem man Sinn, Tiefe und Profil des Gedichtes eingehend erörtert hatte, erhob sich Bibi, ein Mädchen, in dessen Ohrgehängen sich ein Äffchen mittlerer Größe bequem hätte schaukeln können. Sie blickte uns mit Sphinxmiene an und legte eine Schallplatte auf. Alle lauschten verzückt, nur Ilse und ich blickten uns verständnislos an. Es schien sich um eine Geräuschaufnahme zu handeln, denn ich hörte Hupen heraus, heisere Stimmen, dazwischen quäkte ein Kind, dann quietschte eine Straßenbahn in einer langen Kurve, und zum Schluß stürzte, so glaubte ich, ein Haus ein. Als das junge Mädchen den Apparat wieder abschaltete, saßen alle sehr ergriffen da. Ich wollte fragen, ob die Aufnahme während des Baues des Berliner Hansaviertels gemacht worden war, als Bibi verkündete, der Titel des Musikstückes laute „Burleske Symphonie" von Soundso, gespielt von den Sowieso-Rhythmikern.

Schließlich zeigte Siddi, ein junger Mann mit Vollbart, die ersten Malversuche seines jüngsten Kindes vor. So dachten wir jedenfalls. Aber ehe ich noch fragen konnte, wie alt das Kind sei, erfuhren wir, daß es ein Gemälde war, und Siddi hatte sogar einen Namen dafür, „Frühling abstrakt". Wir gaben uns redliche Mühe, etwas in dieses Gemälde hineinzusehen, aber es gelang uns nicht.

Plötzlich wandte sich das Interesse der jungen Leute uns zu. Ob ich eine Freundin, ob meine Frau einen Freund hätte? Nein? Wir lebten glücklich und seien einander treu. Interessant! Aber die unterdrückten, die unterbewußten Wünsche würden eines Tages … Wir bestritten sie entschieden; man lächelte wissend. Welche Musik wir liebten? Beethoven, Schubert? Wie altmodisch! Und was wir in unserer Freizeit täten? Tennis spielen? Um Meisterschaften? Nein, nicht um Meisterschaften, nur rein so zur Freude an der Bewegung, ohne be-sonderen Ehrgeiz. Sie schüttelten di[e] Köpfe. Und wie wir eingerichtet seien? Nun, Wohnzimmer, Schlafzimmer … Si[e] starrten uns wie Wundertiere an. Ic[h] fügte hinzu, daß wir auch Nichtrauche[r] seien. Sie wedelten empört mit ihre[n] Zigaretten.

Was ich denn von Beruf sei, wollten s[ie] noch wissen, sicher Kaufmann. Nei[n,] Schriftsteller, erwiderte ich. Schriftsteller? Und so primitiv normal? Da könne doc[h] etwas nicht stimmen. Und sie begannen uns zu psychoanalysieren, nach Komple-xen zu forschen, nach Kindheitserinne-rungen und Verdrängungen zu fragen, s[ie] begannen sich für unsere Träume zu in-teressieren. Wir erhoben uns, sagten gan[z] einfach „Auf Wiedersehen" und verließe[n] die kleine, interessante Gesellschaft.

Ich glaube, wir werden nicht wiede[r] zu dem Ehepaar XY gehen. Wir sind z[u] primitiv normal und können den Leute[n] dort wenig bieten. Oder vielleicht sollte[n] wir doch hingehen. Einen Normalen ha-ben sie ja nicht alle Tage unter sich. Wi[r] werden es uns noch überlegen.

384 38

Der Existenzialismus
im „Ratgeber für Haus und Familie"
1958

WAREN UND WOHNEN

Die wissenschaftlich-technische Revolution

Gegenüber der industriellen Revolution des 18. und 19. Jahrhunderts, die eine weitgehende Übertragung physischer Funktionen an Maschinen bewirkte, die geistige Steuerung der Produktionsprozesse jedoch beim Menschen beließ, ist das Wesen der wissenschaftlich-technischen Revolution darin zu sehen, daß in ihrem Verlauf gerade die geistigen Steuerungsprozesse vom menschlichen Gehirn auf technische Einrichtungen übertragen werden. Die beiden wichtigsten Voraussetzungen für diese die Gesellschaft und den einzelnen Menschen beeinflussende und verändernde Umwälzung waren die Elektroenergie als Träger von Informationen, Steuer- und Regelbefehlen sowie die Theorie der Regelung, die vor allem von dem Mathematiker Norbert Wiener entwickelt und 1948 in seinem Buch „Cybernetics or Control and Communication in the Man and the Machine“ veröffentlicht wurde.

Ihre entscheidenden gesellschaftlichen Folgen hat die Kybernetik (griechisch für „Steuermannskunst“) und die wissenschaftlich-technische Revolution insgesamt in den Bereichen der Atomenergie, der Automatisierung, der Raumfahrt und der Entwicklung der Chemie. Wenn wir uns vergegenwärtigen, in welchem Maße Stichworte wie schneller Brüter, Mikrochips oder Cruise Missiles die Diskussionen und die Kämpfe der Gegenwart bestimmen, ist jeder Hinweis darauf überflüssig, daß von der politischen Bewältigung der wissenschaftlich-technischen Revolution das Überleben der Menschheit abhängt. Obwohl die kapitalistischen Staaten in der Entwicklung der neuen Techniken zunächst der vom Faschismus zu großen Teilen verwüsteten Sowjetunion überlegen waren, ist die Tatsache nicht aus der Welt zu schaffen, daß die Tendenz der wissenschaftlich-technischen Revolution, die einen hohen Grad der Gesellschaftlichkeit aller Produktionsprozesse mit sich bringt, der auf Privatwirtschaft basierenden Ökonomik des Kapitalismus widerspricht. Die jahrtausendealte Trennung zwischen den sich abrackernden unmittelbaren Produzenten und den geistig-kreativen Anleitern „droht“ (im Sinne derer, die davon profitierten) zu verschwinden. Einen gewaltigen Schock bedeutete daher in den späten 50er Jahren das Gepiepe des Sputnik, einer kürbisgroßen Kugel, die die Sowjetunion in eine Umlaufbahn um die Erde schoß und mit der die Ära der Weltraumfahrt eröffnet wurde. Einen weiteren Schock bereitete die Einsicht, daß jeder Fortschritt der wissenschaftlich-technischen Revolution in den kapitalistischen Ländern, deutlich ablesbar an der „Revolution“ der Mikrochips unserer Tage, immer größere Massen von Arbeitslosen schafft und damit die soziale Situation dramatisch zuspitzt, während sie in der sozialistischen Ökonomik nur strukturelle Verschiebungen notwendig macht.

Es ist hier also umgekehrt wie auf dem Gebiet der Rüstung, die für die sozialistische Wirtschaft so fatale Folgen hat, während sie für die Kapitalisten ein unübertrefflicher Gesundbrunnen ist.

Weniger systemspezifisch sind dagegen die warenästhetischen Auswirkungen der neuen technischen Möglichkeiten. Der globale Siegeszug der Kunststoffe sprühte eine Farbigkeit in den Alltag, die bis dahin unbekannt war. Zugleich bieten sie bis dahin ungeahnte Möglichkeiten der dyamischen, „organischen“, transparenten und „leichten“ Gestaltung. Sie kommen den Bedürfnissen der Massenproduktion in einer Zeit knapp werdender natürlicher Rohstoffe entgegen, um den Preis allerdings einer Verarmung der Sinnlichkeit, einer Trostlosigkeit, die am beredtsten aus dem weggeworfenen Spielzeug der Kinder spricht.

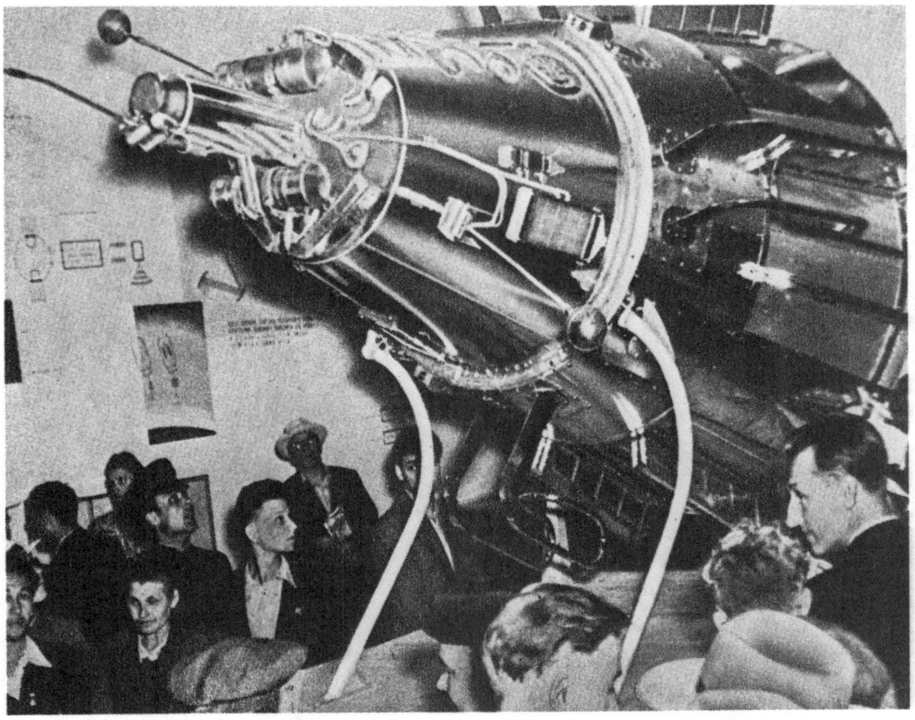

In anderthalb Stunden rund um den Globus

Auf ellipsenförmiger Bahn rast der sowjetrussische Satellit „Sputnik" mit 30 000 Stundenkilometern Geschwindigkeit um die Erde und funkt seinen Herzschlag in die Welt.

Vater des Nylon

Professor Hermann Staudinger blieb der Öffentlichkeit unbekannt, bis der Nobelpreis für Chemie des Jahres 1953 das Interesse auf ihn lenkte. Was er hier in Händen hält, ist das Modell der Kettenstruktur gewisser chemischer Stoffe — unverständlich für den Laien. Professor Staudingers Forschungen aber ist die Vaterschaft für Dinge zuzuschreiben, die jeder kennt: Nylon, Perlon, künstlicher Gummi, Kunstseide, Kunstleder, Plexiglas, Bakelit. Aus mathematischen und chemischen Formeln des stillen Gelehrten aus Jahrzehnten seiner Forschertätigkeit über Mikroskopen und Retorten entstand so eine neue, für alle greifbare Welt.

Es geht nicht mehr ohne ...

... Elektrizität

Rasiere dich unblutig, und du hast mehr Freude am Frühstück! Das ist die Devise vieler „Trocken-Rasierer". Wird die Elektrizität den Pinsel besiegen?

... Espresso und

... Selbstbedienungsläden sind echte Importware. Warum soll man nicht nachmachen, was gut ist? Und der Espresso, das aromatisch-heiße Getränk aus der chromblitzenden Kaffeemaschine, war dieser reizende Luxus nicht nachahmenswert? Genauso wie der neugierig-wählerische Griff in volle Regale ...

... Coca

Mit den Amis marschierten die Coca-Cola-Flaschen an. Ihnen folgten andere „Colas". Eins ist aber allen gemeinsam: die Abneigung aller echten Biertrinker. Prost!

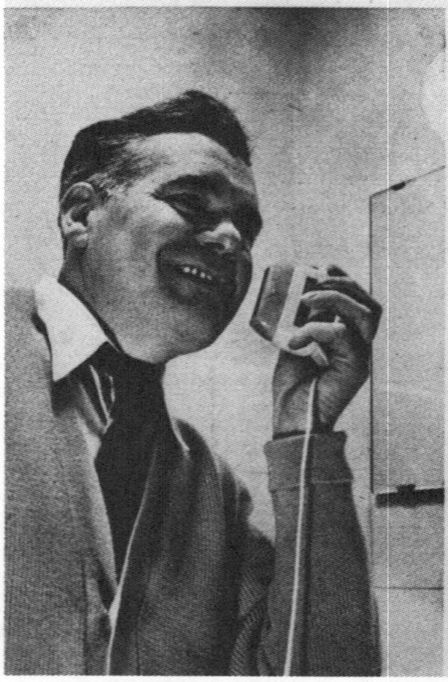

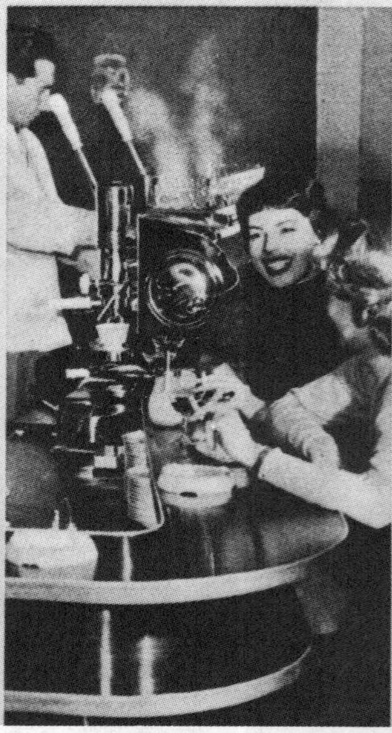

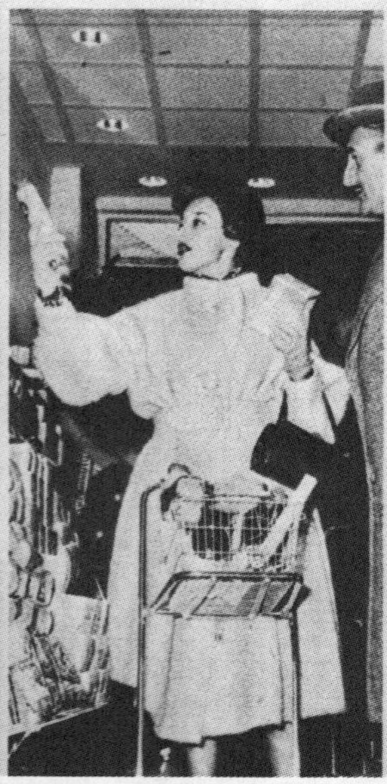

aber es geht ... ohne Köchin

Alle diese Herrlichkeiten gehören dir, liebe Hausfrau! Deine Großmutter und deine Mutter haben sich noch abplagen müssen mit Handgriffen, die heute ein kleiner Wunderapparat in Sekundenschnelle verrichtet. Kleine Maschinen aus Glas, Kunststoff und Metall schneiden, mahlen, kneten, mischen, pressen, schlagen Sahne und schälen sogar Kartoffeln. Sag jetzt deinem Mann, er soll mal tief in die Tasche greifen!

Dodge

Christian Borngräber

Hitparade des guten Geschmacks

Wohnen, Kunst und Schönheitspflege in den 50er Jahren

1945

1950

1955

Karikatur „ohne Worte" von Ernst Hürlimann. Man beachte 1945 das Radio, ein über den Krieg geretteter „Volksempfänger", 1950 eine Musiktruhe im Gelsenkirchner Spätbarock mit Dackelbeinen und 1955 die aktuellste Ausgabe eines Fernsehgerätes mit dünnen schrägstehenden Stahlrohrbeinen.

rechts:
Interbau, 6. Juli — 29. September im Berliner Hansaviertel. Appartement-Hochhaus für Alleinstehende (Klaus Müller-Rehm und Gerhard Siegmann, beide aus Berlin) auf dem Titelblatt der „Berliner Blätter".
Diese Zeitschrift wurde 1951 gegründet. In ihr wurde über Kultur, Politik und Wirtschaft West-Berlins im Boulevardstil berichtet. Ganz Berlin sollte natürlich einmal das werden, was es schon einmal war, nämlich „Reichshauptstadt", wie man dem Untertitel der „Berliner Blätter" entnehmen kann.

... Schon aus geldlichen Gründen können die wenigsten einen Innenarchitekten bei der Einrichtung ihrer Wohnung heranziehen. So zahlen die meisten unglaublich viel Lehrgeld durch unschöne, unpraktische Lösungen. Dabei sehnen wir uns heute doch alle nach einem ansprechenden, unsere Bedürfnisse voll befriedigenden Heim. „Schön wohnen — schöner leben" schüttet eine Fülle von künstlerischen und nützlichen Hinweisen, von technischen Ratschlägen und von wichtigem Grundwissen über uns aus, aber wohl geordnet und leicht faßlich aus der Feder eines kenntnisreichen, erfahrenen Fachmanns. Jeder, der nur etwas über persönliche Einfälle, Phantasie und praktischen Sinn verfügt, kann durch dies kleine Buch endlich sein eigener Innenarchitekt werden ...

Warum eigentlich? Es fehlt doch kaum etwas. Sie hatte Glück mit dieser kleinen Wohnung im Hansaviertel. Kaum war die Interbau vorbei, schon konnte sie einziehen. Und während des eigenen Rundgangs durch die Bauausstellung wohnte sie schon ein paar Minuten zur Probe im Junggesellenhaus, sechzehn Stockwerke und nur Einzimmer-Wohnungen. Appartements. 160 Klingelknöpfe zählte sie. Dreimal war sie mit Verwandten und Bekannten im August 1957 auf der Interbau, hin mit dem Sessellift vom Bahnhof-Zoo hoch über den Wipfeln des Tiergartens und zurück mit der Tunnelbahn, unterirdisch. In ein paar Jahren soll ja auch noch eine eigene U-Bahnlinie eröffnet werden, Haltestelle Hansaplatz. Irgendwie ist das hier jetzt eine bekannte Gegend. es geht ja noch fast wie auf der Baustelle zu, aber sonst kann sie nicht klagen. Alles im Haus, vom Fahrstuhl bis zum Müllschlucker, Haustelephon und Kachelbad. Natürlich Fernheizung. Ihr kleines Reich hat 32 qm, und sie hat sich immer eine Einbauküche mit Elektroherd gewünscht. Alles da, nur ein bißchen kleiner als im Wunschtraum. Aus der Küche wurde eine Kochnische. Die eine Hälfte der Wohnungen hat diese Kochnische, die andere nur einen Kochschrank mit Spülbecken, zwei Elektroplatten und Kühlfach. Aus dem Katalog der Interbau: Man ist geneigt, das Appartement mit der Kochnische als „weiblichen", das mit dem Kochschrank als „männlichen" Typ zu bezeichnen, denn es ist anzunehmen, daß sich Frauen für den ersten, Junggesellen aber für den zweiten Typ entscheiden dürften.

Soweit sie es jetzt schon überblickt, geht diese Rechnung hier nicht auf. Es herrscht Frauenüberschuß. Und schon sollen Witze über dieses Hochhaus gemacht werden. Da ist die Rede vom „Bienenhaus" oder auch vom „Schraubenlager", je nach Einstellung zum sogenannten schwachen Geschlecht. Doch müssen nicht alleinstehende Frauen über dreißig, wie sie, gerade im

BERLINER
Blätter
INTERBAU
INTERNATIONALE BAUAUSSTELLUNG BERLIN 1957
VOM 6. JULI-29
DIE HAUSZEITSCHRIFT DER REICHSHAUPTSTADT
DIESMAL:
Stadt von morgen
8
AUGUST
1957
Postverlagsort Berlin

Sonderbriefmarke zur Interbau, abgebildet ist die Berliner Kongresshalle (Hugh Stubbins, Berliner Kontaktarchitekt Werner Düttmann). Wochenschauen über die Kongresshalle sprachen vom „modernsten", oder auch „kühnsten Bauwerk der Welt". Das war schon damals eine Übertreibung, die ihren Ursprung in einem neuen, wenig erprobten, Bauverfahren hatte, dem Spannbeton. Zwischen vorgespannten dünnen Stahlseilen wurde der Beton, gleichsam als dünne Haut, eingegossen. Charakteristisch für Bauten aus Spannbeton sind überall auf der Welt deren frei schwingende Kurven, von denen man im Inneren der Gebäude meist wenig spürt.
Am 22. Mai 1980 war im Berliner „Tagesspiegel" die Schlagzeile zu lesen: *„Berliner Kongresshalle eingestürzt — Dachkonstruktion brach zusammen — Tonnenschwere Teile stürzten auf das Foyer — Fünf Personen verletzt."* Der Betonbogen des Dachs war auf die darunterliegende Freitreppe gestürzt. Ein Jahr später ist immer noch nicht klar, was mit der beschädigten „Schwangeren Auster", wie die Berliner die Kongresshalle bezeichneten, geschehen soll. So stehen lassen, abreißen, aufbauen? Die Entscheidung fällt den Politikern schwer, da kaum ein anderes modernes Bauwerk der „Frontstadt" als Geschenk der USA solch einen hohen Symbolwert hatte.
Heinrich Lummer, Fraktionsvorsitzender der CDU im Berliner Abgeordnetenhaus, im Juni 1980: *„Die Halle beruht auf deutsch-amerikanischer Gemeinsamkeit. Auch solche Gemeinsamkeit braucht ihre Symbole. Natürlich funktioniert eine gute Ehe ohne Ringe. Aber seit tausend Jahren sucht man Symbole."*

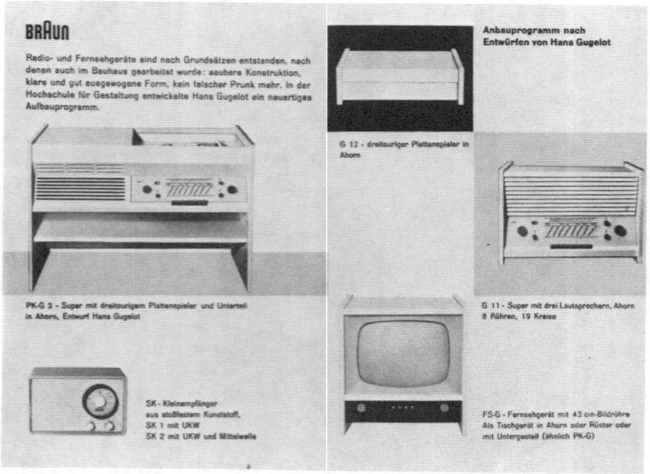

Werbeblatt der Braun AG, die ab 1955 Rundfunkgeräte in neuem Kleid herausbrachte: *„Radio- und Fernsehgeräte sind nach Grundsätzen entstanden, nach denen auch im Bauhaus gearbeitet wurde: saubere Konstruktion, klare und gut ausgewogene Form, kein falscher Prunk mehr. In der Hochschule für Gestaltung entwickelte Hans Gugelot ein neuartiges Aufbauprogramm."* Gemeint war die Hochschule für Gestaltung in Ulm. In den Musterwohnungen der Interbau war u.a. auch der PK-G, Super mit dreitourigem Plattenspieler und Unterteil in Ahorn, zu sehen (Entwurf: Hans Gugelot), Preis: 520,— DM.

Berufsleben ihren Mann stehen, wie man so sagt? Immer wieder gibt es lange Berichte in den Illustrierten: „Wie kriege ich einen Mann?" oder „Wie werde ich Filmstar?"

Eigentlich wollte sie ja heute abend ins Kino gehen, zu „Anders als du und ich". Es gab jedoch keine Karten mehr. Und die „Brücke am Kwai" wollte sie nicht zum dritten Mal sehen. „In 80 Tagen um die Welt" soll nicht schlecht sein und auf einer Riesenleinwand laufen. Nächstes Mal. Die deutschen Heimatschnulzen interessierten sie noch nie. Wer lebt denn schon auf einem Berghof?

... „Schön sein — schön bleiben", Sie verehrte Leserin, wissen selbst am besten, eine wie ausschlaggebende Rolle das äußere Erscheinungsbild und die Sicherheit des Auftretens im Leben einer Frau spielen. Fast immer entscheiden gerade sie über beruflichen Erfolg und gesellschaftliche Stellung. Ganz abgesehen von dem natürlichen Wunsche der Frau, nett und anziehend auszusehen, ist es also für viele Frauen geradezu eine Existenzfrage, über sich und die tausenderlei kleinen Kniffe Bescheid zu wissen, die die Mitmenschen bezaubern und ihr die Wege zu einem freundlicheren, ja glücklicheren Leben ebnen. Weil Verfasserin und Verlag wissen, wie schwer es ist, die knappe Zeit unseres Alltags mit der notwendigen Muße für Gesundheits- und Schönheitspflege in Einklang zu bringen, haben sie sich bemüht, Ihnen den Gebrauch dieses Ratgebers so leicht wie möglich zu machen ...

Auch nicht die richtige Abendlektüre? Die Überschriften der einzelnen Kapitel sprechen für sich selbst.... Welche Frau hat Erfolg? Drei Männer sprechen für viele. Entfalten Sie ihren Charme. Man ist so alt, wie man sich fühlt. Wohllaut der Stimme. Ist Anmut erlernbar? Locker sei der Gang! Benehmen ist nicht Glücksache. Das Haar — der schönste Schmuck der Frau. Färben — aber mit Geschmack! Büstenhalter richtig und falsch. Hosen tragen — ja oder nein? Die bösen, bösen Falten. Keine Angst vor Brillen! Sorgenkind Achselhöhle. Sind sie mit Ihren Hüften zufrieden? Adrett kann jede Frau sein. Geschmack ist wichtiger als Mode. Welche Farbe paßt zu Ihrem Typ? Kariert, getupft, geblümt, gestreift? Ziel aller Wünsche — jung und schön bis ins Alter ...

Zuviel auf einmal. Sie legt die beiden Bücher auf den Nierentisch, steht von der Snap-Couch auf, geht zum Fenster, zieht den Dekorationstüll beiseite und öffnet die Glastür vor dem französischen Balkon, um etwas frische Luft zu schnappen. Ganz in der Ferne sieht sie die angestrahlte Kongreßhalle. Manchmal kann einem die Decke wirklich auf den Kopf fallen. 2 m 50 Raumhöhe.

Die Wohnungen wurden im Auftrag der Hausverwaltung gestrichen und tapeziert. Sie hat alles so gelassen, auch wenn sie die Muster an den Wänden manchmal an bunte Würmer oder kleine Lebewesen, die man nur unter dem Mikroskop erkennen kann, erinnern. Irgendwie paßt das zu ihrem Einrichtungsstil und auch zu ihren Bildern. Kunstdrucke von Paul Klee, Fritz Winter und Picasso, ganz abstrakt und dazu die Sonnenblumen von van Gogh. Alles auf Preßpappe aufgezogen und ein heller Holzrahmen drumherum. Zum ersten Mal fällt ihr auf, daß ihre Sitzgarnitur dieselben Farben wie das Bild von Picasso hat. Couch in anthrazit, ein Sessel in rot, der andere in blau und dazu ein Hocker in gelb. Die Stoffbezüge in uni, ganz ohne Muster. Die Übergardine, die über die ganze Wandbreite läuft, bildet dazu einen schönen Kontrast. Sie sieht wie ein riesiges abstraktes Wandbild mit Falten aus. Über den Deko-Tüll darunter haben ihre Bekannten nur gelästert. Das sähe ja wie ein Fischernetz vom letzten

oben:
Helles Holz und harte Kanten der Braun AG wurden bald zum Vorbild. Hier das Titelblatt einer Broschüre: *„Grundig schafft Wohnkultur"*.
Ganz allgemein galten die Braun-Radios als allzu streng. Man beachte beim Grundig-Fernseher die schräggestellten Beine und die Netzbespannung vor dem Lautsprecher, dazu messingfarbene Zierleisten. Gehobener Lebensstil zwischen den beiden Polen „Gelsenkirchner Spätbarock" und „Bauhaus-Stil" zeigt sich auf diesem Titelbild ganz deutlich. Einfarbiger Teppich und Schalensessel mit Chromgestell, dazu der obligatorische Gummibaum, großmustrige Übergardine und einfarbige Tapete. Auf Interesse für abstrakte Kunst dieser Fernsehfamilie deuten das Bild an der Wand und die Skulptur auf dem Fernsehgerät.

unten:
Beispiel und Gegenbeispiel aus dem Ullstein-Ratgeber „Tapezieren — Anleitung zum Selbermachen". Am Anfang der Do-it-yourself-Bewegung, Mitte der 50er Jahre, zeigen diese beiden Bilder anschaulich, wie man es machen kann und wie man es nicht machen darf. Originaltext: *„Es soll hier nichts über die Form der Möbel oder die Muster der Tapeten, Bezugsstoffe und Teppiche im einzelnen gesagt werden, sondern nur über ihre Zusammenstellung. Es kann keine Frage sein, daß der obere Raum trotz starker Farbkontraste einen ruhigeren und geschlosseneren Eindruck macht als der untere, bei dem die vielen, nicht zueinander passenden Muster (sieben sind es im ganzen!) eine verwirrende Unruhe erzeugen. Nur gut, daß die junge Dame nicht noch ein gemustertes Kleid anhat!"*

Innendekorationsskizze aus dem Bauwelt-Sonderheft „Heiter wohnen" von Vera Sieveking zum Thema „Tapeten". Bild und Wandbekleidung sollen eine künstlerische Einheit ergeben. Das Motto lautet: *„Eines ist gewiß, nichts soll mehr durchdacht und überlegt sein als die Tapetenwahl!"*

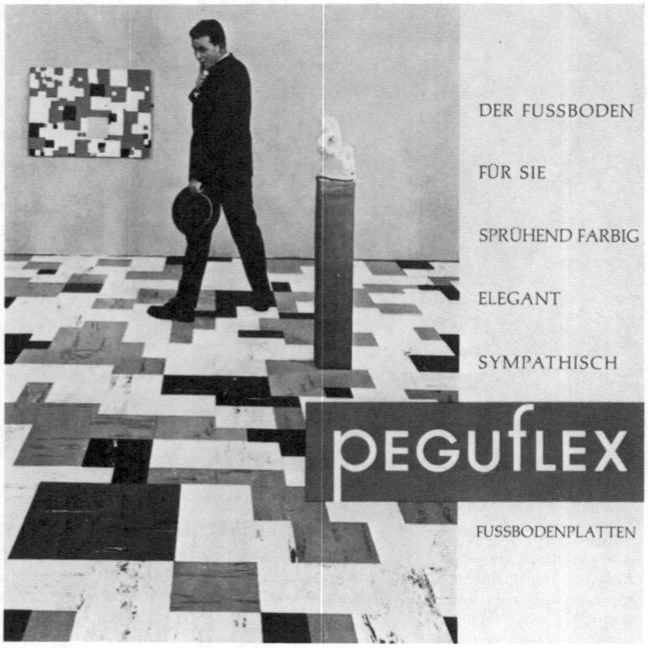

Dasselbe gilt für die Wahl des Bodenbelags: *„Der Fußboden für Sie: sprühend farbig, elegant, sympathisch!"* Innenraumgestalter ließen sich von Werken der modernen Malerei anregen. Auf diesem Werbeblatt für Peguflex-Fußbodenplatten, das den Architekturzeitschriften beigelegt wurde, wird dieser Zusammenhang bildhaft vor Augen geführt.

Urlaub auf Capri aus! Auch für ihre neue Rundfunk/Phonokombination hatten die nur ein böses Wort übrig: billige Apfelsinenkiste. Dabei ist diese „Kiste" noch teurer als andere in der gleichen technischen Ausstattung gewesen. Gewiß, ihre Musiktruhe hat keine Messingleisten und ist nicht in hochglanzdunkelbraun. Der hellgraue Kunststoff und die Esche natur sehen schon ein bißchen schäbig aus. Doch als sie dieses Modell der Firma Braun auf der Interbau in einer der Musterwohnungen gesehen hatte, gab es für sie nur eines: die oder keine, sauber und freundlich. Die schrägen Beine des Nierentisches und der Blumenhocker stehen im Kontrast zu den geraden Formen der Truhe.

Zu einem Teppich hat es noch nicht gereicht; er soll ja auch aus Wolle sein und nicht aus Sisal. Der Fußboden aus grau-marmorierten Kunststoffplatten ist zwar ein wenig kalt, aber pflegeleicht. Der Hersteller eines neuartigen Pflegemittels für die neuen Kunststoffe hat für die Bewohner dieses Hauses einen kurzen Einführungskurs zur richtigen Fußbodenpflege durchgeführt. Einmal darüber, und schon ist der Glanz da.

Sie geht wieder hinüber zur Snap-Couch, zieht an der Sitzfläche, so daß sie nach oben schwenkt und jetzt die Rückenlehne waagerecht liegt, drückt kurz gegen die senkrechtstehende Sitzfläche und, schnapp, klappt dieses Teil nach vorn. Aus der Couch ist ein Bett mit einer bequemen Liegefläche für eine Person geworden. Ein kurzes Duschbad noch zur Stärkung der Gewebe, und dann wird die Tütenlampe ausgeknipst.

Schon bald geistert der dicke Wirtschaftsminister Erhard durch ihre Träume, der unablässig murmelt: „Wohlstand für alle ... Wohlstand für alle." Berge von Sahnetorten sind zu bewältigen. Die Not soll ja vorüber sein. Und immer wieder fliegen Päckchen von hüben nach drüben für die Brüder und Schwestern in der „Sowjetzone", Deutsche Demokratische Republik. Ein Päckchen Bohnenkaffee, bitte! Kondensmilch ist wirklich etwas besonders Feines, am liebsten direkt aus der Dose herausgelutscht. Coca-Cola soll die Magenwände auffressen. Und da ist auch schon das neueste Modell eines Kabinenrollers, Modell „Isetta"! Wie soll man denn hineinkommen? Einfach von vorn, an der Türklinke ziehen, und das Lenkrad schwenkt mit. Das ist wohl nicht für Dicke gedacht. Und was passiert nach einem Unfall, kommt man da noch raus? Die Stadtautobahn umschlingt mit ihren Polypenarmen ganz Berlin.

*
* *

Frage: *Warum brachten die 50er Jahre ausgerechnet solche „beschwingten" Möbelformen hervor?*
Antwort: In der Bundesrepublik wollte man das nachholen, was unter der Bezeichnung „organic" und „free form" schon am Anfang der 40er Jahre in den USA begonnen hatte. Und außerdem hatte der dynamische Schwung eines Wiederaufbaus im Zeichen des Wirtschaftswunders sein leicht lesbares Zeichen im Schwung der eigenen Möbel.

*
* *

Die Idealvorstellung in den unzähligen Ratgebern für zeitgemäßes Wohnen lautet: beweglich wohnen ... Überholt scheint die Wohnung mit dem erstarrten Grundriß, der Raum von Raum beziehungslos trennt, mit einer Paradeaufstellung kompletter Möbelgarnituren.

Dem Menschen von heute entspricht die Form beweglichen Wohnens, die einen Grundriß von größerer Wandlungsfähigkeit erfordert. Die Möbel lösen sich mit ihren Formen aus jedem festgelegten Typ, wirken durch ihre Konstruktion fast schwerelos und sind von Raum zu Raum beliebig auszuwechseln. In sich variabel, lassen sich viele der Möbel anbauen, aufbauen und ergänzen, in den Einzelteilen verstellen und für den Umzug zerlegen. Die Familie von heute paßt sich auf engerem Raum den wechselnden Lebensbedingungen an und übt die Kunst des Improvisierens. Man neigt zur Vereinfachung des meist personallosen Haushalts und legt mehr Wert auf möglichst vollkommene technische Anlagen und gutes Haushaltsgerät als auf reiche Möbel ...

Meist personalloser Haushalt, gedacht ist an die, die gerade dabei sind, den eigenen Bungalow vor der Großstadt zu planen. Es herrscht bei denen, die sich Personal nicht leisten können, große Wohnungsnot. Doch, „gute Möbel — schöne Räume", das soll ja für alle gelten, leicht und grazil. Mobil, so läßt sich auch der Erfolg der Tütenlampe erklären. Einzelne Spiralarme, meistens drei, lassen sich individuell in alle gewünschten Richtungen biegen und sind durch je einen Schalter an den Tüten einzeln anzuknipsen. Das spart Stromkosten. Dieser Lampentyp ist als Steh-, Wand- und Deckenlampe im gesamteuropäischen Design dieser Zeit aufzuspüren. Die billigen und meistverkauften Ausführungen haben in drei verschiedenen Farben Plastiktüten mit Goldkordel, ebenfalls aus Plastik. Die teureren Varianten sind aus Messingblech, manchmal mit Lochmuster und manchmal in verschiedenen Pastellfarben. In der „Junggesellenwohnung" im Hansaviertel steht ein Modell mit Tüten aus naturfarbenem Reispapier und dreieckigem Messingfuß. Rechter Winkel? Na, bloß nicht! Tischkanten müssen wenigstens abgerundet sein. Organisch geformte Postermöbel auf Schaumstoffbasis gelten als besonders bequem. Organisch? Seit den 60er Jahren rümpft man die Nase, wenn es allzu organhaft wurde. Gemeint ist der Nierentisch. Allzu häufig verwechselt man seinen kleineren Bruder, den Palettentisch, mit ihm. Er ist der Prototyp des Blumenhockers. Seine palettenförmige Platte ist meist aus Resopal, Formica oder wie dieser kratz-, brand- und säurefeste Kunststoffbelag sonst noch heißt. Mehrere Pastellfarben stehen zur Auswahl und Dessins, die z.B. „Koralle" oder „Liane" heißen.

... Folgern wir doch logisch, wer möchte seine linke Niere oder seinen Magen mit dem Prädikat „Kitsch" belegen lassen? ... Ist man dumm, dann wohnt man wie ein Filmstar. Hat man weniger Geld als er, dann kauft man sich in einer Möbelhandlung ein Schlafzimmer mit schillernden Furnieren, einen Wäschekasten mit einem eingebauten Likörfach, einen Frisiertisch mit allen Effekten eines Friseurladens, einen Springbrunnen und Effektbeleuchtung. Wir lassen uns mit ein paar Schmuckleisten, die eine mangelhafte Herstellung verdecken, oder mit ein paar Blümchen, die über eine schlechte Form des Gegenstands hinwegtäuschen sollen, nicht abspeisen. Das Primäre muß in Ordnung sein, wenn man noch etwas hinzufügen will. ... Es scheint so, als ob die modernen Möbel nicht die Bedürfnisse der meisten Menschen befriedigen. Sie haben das Pathos der Beschränkung auf das Notwendigste. Sie sind zu streng. Sie fordern zuviel von dem abgearbeiteten Menschen. In einem modernen Raum, der vielleicht aus dem Geist des Bauhauses lebt, fühlt er sich wie auf dem Präsentierteller. Der Mensch von heute, der

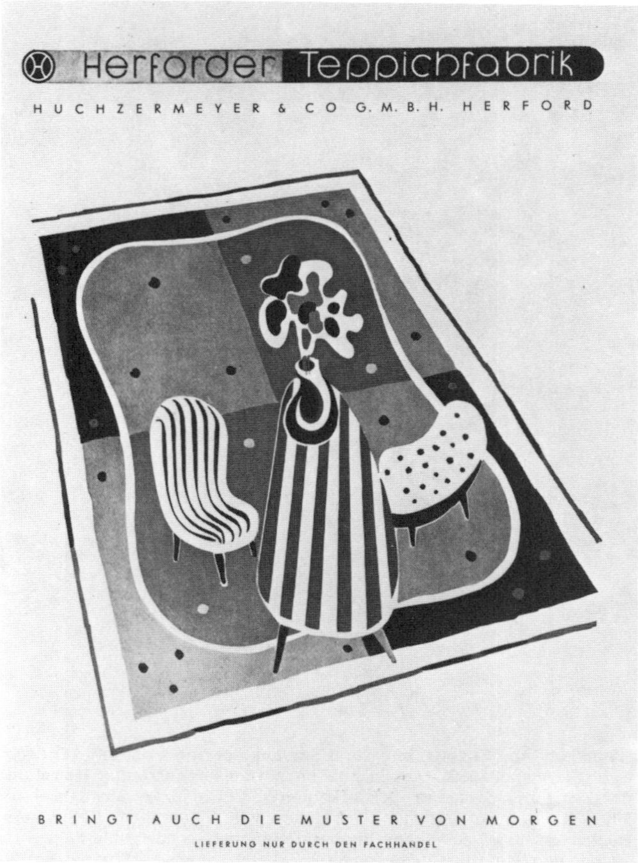

In einer Anzeige der Herforder Teppichfabrik von 1953 bilden Teppichmuster, Cocktailsessel, Couchtisch und Blumenvase eine Einheit, zeigen das „Muster von morgen".

Schutzumschlag in grün, schwarz und weiß vom zweiten Band „Neue Möbel", herausgegeben 1953 von Gerd Hatje.

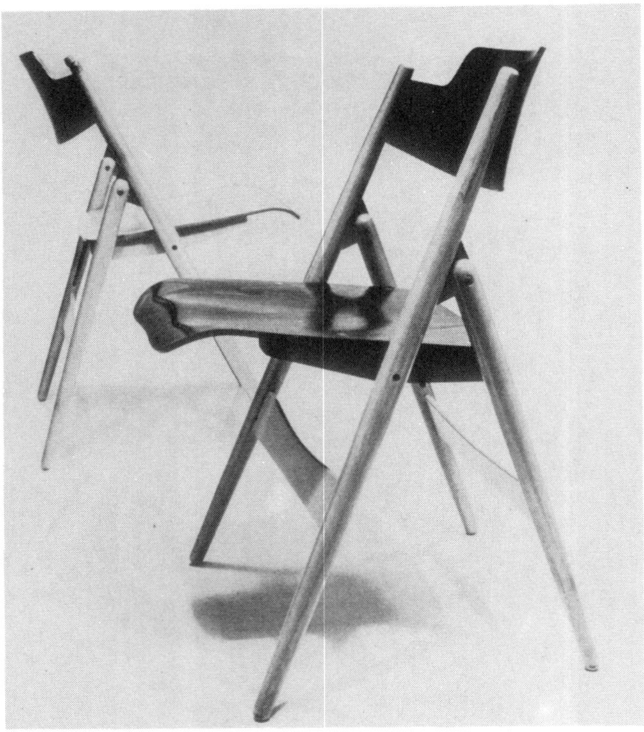

Klappstuhl aus Buche, Lehne und Sitz aus Sperrholz geformt (Entwurf: Egon Eiermann, 1952). Dies ist einer der am meisten verkauften Holzstühle der 50er Jahre, der heute noch zu kaufen ist. Er war in den 50er Jahren vor allem auch in öffentlichen Gebäuden, wie Stadthallen, Rathäusern, Büchereien usw., zu sehen. Sitz und Lehne gab es sowohl in hellem als auch in dunklem Holz, auf besonderen Wunsch mit abwaschbarem Plastikstoff in hellblau, hellgrün und hellgelb überzogen. Damaliger Verkaufspreis: 25,— DM.

Moderner Ohrensessel in Schalenform mit abgeschrägten konischen Beinen. Titelbild in rot, schwarz, weiß, gelb und grün von „Möbel und Raum" von Ruth H. Geyer-Raak und Sibylle Geyer.

sich in seinem diffus gefärbten Sakko in einen Sessel lümmeln möchte, ist in einem strengen modernen Raum eine unglückliche Erscheinung ... Ein Frankfurter Architekt hat einen Versuch gemacht. Er hat in der Prima eines Gymnasiums über die einfachen Dinge des Alltags, vom Stuhl über die Lampe bis zur schlecht sitzenden und farblich unmöglichen Krawatte des Lateinlehrers gesprochen. Er wies auf die betrübliche Tatsache hin, daß Angehörige geistiger Berufe hilflos dem mehr oder weniger glücklichen Rat einer achtzehnjährigen Verkäuferin ausgeliefert sind, wenn sie sich ein Hemd oder eine Krawatte zu kaufen gezwungen sind. So wären wir also, wie immer in Deutschland, bei der pädagogischen Aufgabe angelangt ...

Die 50er Jahre sind ein Jahrzehnt der Ratgeber für jedermann mit unglaublich hohen Auflagen, vom Taschenbuch bis zum Leinenband mit Halblederrücken. Die moderne Wohnung soll nicht mit Möbeln vollgestellt wirken. Oft gibt es dabei Schwierigkeiten, wenn man bedenkt, daß der häufigste Wohnungstyp im sozialen Wohnungsbau bei zwei Zimmern die 50 qm nicht überschreiten darf. Also verkauft man Möbel, die wenigstens optisch leicht und transparent wirken. Für die Ewigkeit richtet man sich sowieso nicht mehr ein. So sind diese Möbel leicht fortzuräumen und vor allem leicht fortzuwerfen. In Hochhäusern erinnert der Keller bei der Vielzahl der Mieter nur noch an einen Kaninchenstall. Und der alte Dachboden ist zugunsten des Flachdachs verschwunden.

Das Wohnen in einem Neubau bleibt ein Traum für viele. In Alt- und Neubauten stehen bis weit in das Wirtschaftswunder hinein in unzähligen Haushalten die Möbel, die der Krieg verschont hat. Trödel im heutigen Sinn hat einen abgestandenen Beigeschmack. Auf der Suche nach etwas Neuem, das ganz preiswert sein muß, baut man diese Möbel um, sägt Verzierungen ab oder streicht sie wenigstens farbig an. Ein neuer Toilettentisch z.B. besteht aus zwei alten Schrankbrettern, in Dreiecke geschnitten und in eine Zimmerecke eingepaßt. Davor ein Vorhang aus einem Stoff- oder Plastikrest. Auf dem unteren Brett stehen alle Toilettenartikel und darunter die Schuhe.

Lilo Aureden rät: Künstlich aufgeklebte Wimpern passen eventuell zu einem Faschingskostüm. Das Leben ist kein ewiger Fasching! Charmant mit den Wimpern „klimpern"? Ja! Aber bitte nur mit den eigenen! Keine Angst vor Brillen! Sie machen weder älter noch häßlich. Die Modefürsten von Paris, Rom und New York erfanden als Clou zu ihren extravaganten Modeschöpfungen Brillen, die mit Federn, glitzernden Steinen und Perlen besetzt sind, um die Wirkung ihrer Modellkleider zu unterstreichen. Frauen, die um jeden Preis modern sein wollen, tragen diese Augengläser, obwohl sie ihre volle Sehkraft besitzen ...

Was ist eigentlich zeitgemäß, was ist zeittypisch? 1955 antworten nur 7% der weiblichen Bevölkerung in der Bundesrepublik, daß sie sich in „ganz modernen Räumen" wohlfühlen können. 61% sind mit der gängigen Möbelproduktion in Hochglanzpolitur zufrieden. Mit der bildenden Kunst „im Stil Picassos" sieht es folgendermaßen aus: im Bevölkerungsquerschnitt bejahen 6% diese Art von Malerei, 32% lehnen sie ab. Doch wesentlich bedeutender ist noch eine andere Zahl. Ganz gleich ob abstrakt oder realistisch, 51% interessiert solch eine Frage überhaupt nicht.

Ganz gleich ob für, gegen oder uninteressiert, jeder Bundesbürger hat tagtäglich ein kleines Stück moderner Kunst in seinen Händen. Nach der Gründung der Bundesrepublik kam 1949 als erste Banknote der neue Fünf-Mark-Schein in Umlauf. Die Wertangabe ist noch ganz konventionell in Frakturschrift gehalten. Doch dahiner entspannt sich ein wildbewegtes asymmetrisches Liniennetz. Die Kritiker sprechen abwertend von einem „Liniengewirr in Picassomanier". Das Netz ist nicht zufällig und auch nicht nur aus Gründen zur Erschwerung der Fälschung auf diese Art und Weise entstanden. Der verantwortliche Graphiker rechtfertigt seine Arbeit: Dieses Gebilde zeigt den Mut, im Zeichen der Stromlinie etwas Neues zu schaffen. Der Notenentwurf entspricht meinem Künstlerstandpunkt, auch wenn ich durch banktechnische Platzvorschriften beengt war.

Kann eine Banknote obszön sein? Zur Zeit einer repressiven Sexualmoral, also in unseren 50er Jahren, gibt es darauf nur eine Antwort: ja! Und wiederum muß zum Beweis der Fünf-Mark-Schein herhalten. In dessen rechter Recke reitet eine Frauengestalt mit unverhülltem Busen als Europa auf dem Rücken eines Stiers. Das verletzt entschieden die gültigen Moralvorstellungen und bringt die Banknote in die beginnende Debatte um Schmutz und Schund in Kunst und Literatur, die in der „Aktion Saubere Leinwand" gipfelt. Über die unbekleidete Hildegard Knef bricht 1951 ein Sturm der Entrüstung los. Sie ist „Die Sünderin" im gleichnamigen Film von Willy Forst. Kinos werden wegen der „Ehre unserer Frauen und Mädchen" verbarrikadiert. Das „gesunde Ehrbarkeitsgefühl unseres Volkes" ist angegriffen. Sehen Sie sich doch lieber „Grün ist die Heide" oder „Das Haus in Montevideo" an!

Dr. med. Holm rät: Ungesunde Schwärmerei ruft Sexheuchler hervor! Aus frohem Herzen lachen, das ist das untrügliche Zeichen für eine glückliche Ehe! Auch in alten Ehen sollte der heimkehrende Ehemann nie vergessen, seiner Frau die Hand zu küssen.

„Mach mich glücklich", 304 Seiten, reich illustriert, ein Aufklärungswerk, das nicht enttäuscht. Intime Fragen und Antworten, über die man sonst nicht spricht.

*
* *

Frage: *Vor zehn Jahren wurden Nierentische verächtlich belächelt, heute gibt es Leute, die sie sammeln. Sind Nierentische, Tütenlampen, Mosaiktische und Cocktail-Sessel der 50er Jahre kitschige Entgleisungen, oder handelt es sich um gutes, bewahrenswertes, noch immer gültiges Design?*
Antwort: Man muß da differenzieren. Bei jeder Wiederentdeckung ist zuerst einmal all das kitschig, was heftig aus dem Gedächtnis verdrängt wurde. Möbel im Zeichen von Stromlinie und Asymmetrie der bekannen Architekten und Designer haben bereits ihren Platz in der Designgeschichte und in den Sammlungen gefunden. Wer sich für die Alltagskultur der 50er interessiert, sollte selbstverständlich all das in der Frage Aufgezählte sammeln. Für mich selbst ist bewahrenswert, was für eine bestimmte Epoche charakteristisch ist, ganz gleich, wer es entworfen hat. Mit der heutigen Gültigkeit ist es eine schwierige Sache. Ich glaube in diesem Zusammenhang noch nicht einmal mehr an die Unvergänglichkeit der Gebrauchsgegenstände, die das Etikett „zeitlos modern" tragen. Im Zeitgefühl der 50er Jahre sind gerade sie: einfach, aber doch geschmacklos.

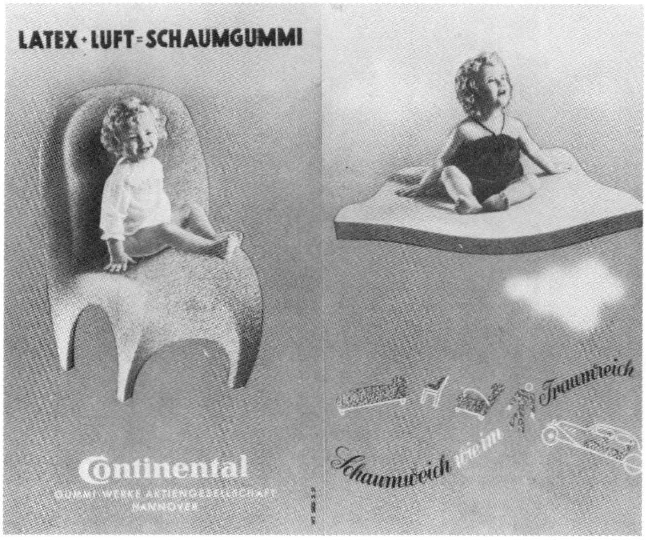

Ohne die neuentwickelten Schaumstoffe sind neue Formen und neuer Sitzkomfort der Polstersessel undenkbar. *„Schaumweich wie im Traumreich"*, und der Betrachter oder die Betrachterin assoziieren zu diesem Prospekt der Continental-Gummiwerke: weich wie die Haut eines Kleinkinds. Eine Originalprobe des Schaumstoffes war beigelegt.

Titelblatt des Katalogs der Ausstellung „Industrie und Handwerk schaffen neues Hausgerät in USA", die 1951 in Stuttgart 60.000 Besucher sahen (Zeichnung von Saul Steinberg). Hier, wie auch in allen anderen Ausstellungen zur Wohnkultur der Zeit, waren Möbel und Hausrat zu sehen, die von den Kritikern als „geschmackvoll", „einfach", „äußerst funktionsgerecht" und „künstlerisch wertvoll" bezeichnet wurden. Mit wenigen Ausnahmen gelangten diese Objekte *nicht* in die „gute Stube" des Wohlstandsbürgers.

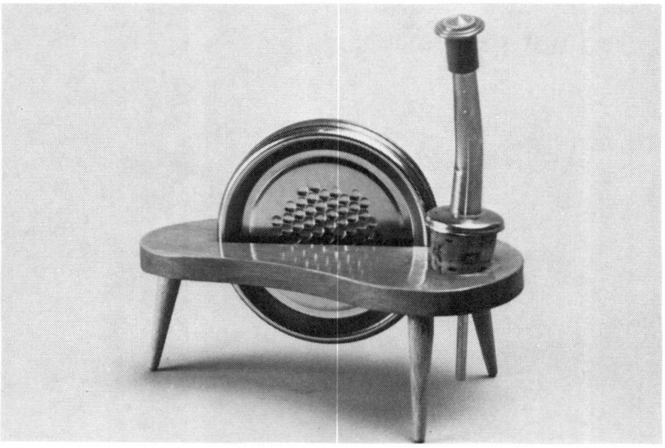

Kitsch! Auf diesem Foto ist die typische Form eines Nierentisches mit drei Beinen zu erkennen. Diese Form wurde bis auf eine Höhe von nur 4 cm verkleinert, um daraus einen Halter für Glasuntersetzer und Flaschengießer zu machen. Beide Accessoires für das gemütliche Beisammensein sollten Flecken und Ränder vermeiden. Der neue Nierentisch, auf den man Flasche und Gläser stellte, sollte noch möglichst lange so aussehen, nämlich „wie neu".

Kitsch, was heißt das schon?! Zwei Blumenhocker. Rechts in Palettenform, eingelegte Resopalstreifen in rot, blau und weiß. Links ein Muster aus schwarzen und türkisfarbenen Keramikplatten.

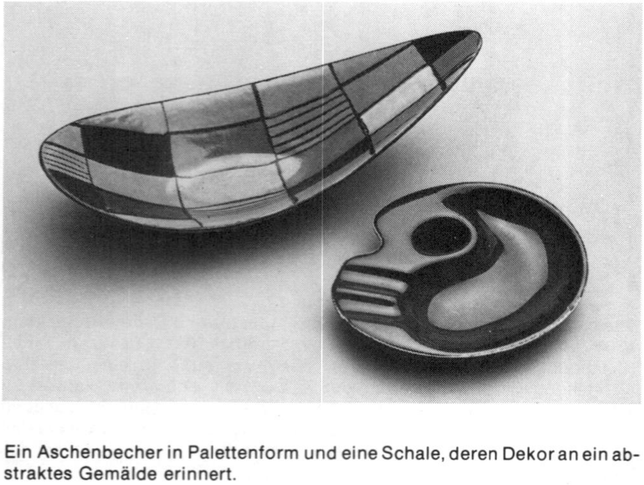

Ein Aschenbecher in Palettenform und eine Schale, deren Dekor an ein abstraktes Gemälde erinnert.

Glück am nächsten Tag. Sie ergattert eine Karte für die erste Abendvorstellung von „Anders als du und ich". Man hört davon munkeln, daß dieser Film verboten werden soll. Worum es geht, das verrät der Untertitel. In Klammern steht dort kurz und bündig: § 175. Nach ein paar Minuten Reklame kann das Programm beginnen.

Bei der „Fox Tönenden Wochenschau" ist sie nicht ganz aufmerksam. Sie will sich sowieso alle Programme der verschiedenen Wochenschauen komplett im „AKI" ansehen. Dort ist ununterbrochen Einlaß, man kann kommen und gehen, wann man will und weiß dann, was auf der Welt los ist. Ab und zu gibt es in den Wochenschauen auch etwas über das neue Wohnen zu sehen, schwungvoll, dynamisch und frei geformt. Gebrauchsgegenstände, vor allem Gläser und Vasen, sind gebaucht, gedrückt, gestaucht und geschrägt. Pflegeleichte Materialien, also Plastikstoffe, sind Trumpf. Schon vor der Interbau hatten Ausstellungen über den neuzeitlichen Wohnbedarf ungeheuren Zulauf. „Neues Wohnen" stellte die erste Werkbund-Ausstellung 1949 in Köln vor. „Wie wohnen?", versuchte man 1950 in Stuttgart zu beantworten. „Neues Hausgerät aus USA" zog dort 1951 60.000 Besucher in einem Monat an. 1952 wußte man es in Berlin und Stuttgart ganz genau: „Wir bauen ein neues Leben."

Zwei Gongschläge, endlich der Vorfilm! „Hören Sie auf Johanna!" ... Dieser Kulturfilm wirbt für zeitnahes Wohnen. Er führt die Zuschauer in das Atelier eines Formgestalters, der seinerseits gerade Besucher empfängt, die, gleichsam als Stellvertreter des Kinopublikums mit all diesem kalten und ungemütlichen Zeug, das er entworfen hat, nichts anzufangen wissen. Johanna, auf die man hören soll, ist die Frau des Formgestalters, die den Wunsch nach behaglicher Wärme schnell erfüllt, indem sie die Besucher, abrakadabra, in einen Plüschsalon der Gründerzeit zurückversetzt. Nach dieser kalten Plüschdusche geht es mitten in den Jugendstil hinein und weiter zur „Neuen Sachlichkeit", zum „Bauhaus" und wiederum zum Heute. Bitte, sagt Frau Johanna, setzen sie sich und machen Sie es sich bequem! Oder ist etwa dieser Sessel, den sie vorhin so verrückt fanden, etwa nicht bequem? Und diese Lampe, dieser Vorhang, dieses Glas, finden Sie nicht, daß sie so gut zu uns Menschen von heute passen? Und daß auch sie behaglich sind, freilich auf eine gut ausgelüftete, klare und saubere Weise? ...

Ein Nicken geht durch die Zuschauerreihen. „Ende". Langsam schiebt sich ein riesiger Wolkenvorhang vor die dunkle Leinwand. Rote Scheinwerfer flammen auf und tauchen dieses künstliche Wolkengebilde von unten her in magisches Licht. Fünf Gongschläge kündigen den Hauptfilm an.

Aha! Die fachwissenschaftliche Bearbeitung lag in den Händen des Instituts für Sexualforschung. Regie: Veit Harlan. Es geht um die Gefahren der Jugendzeit. Ein junger Mann aus gutem Haus, Vater von Beruf Direktor, gerät über einen Schulfreund in den Einflußbereich eines stadtbekannten Antiquitätenhändlers mit Vorliebe für ein künstlerisch geprägtes Leben. Bald wird getuschelt, daß sich dieser junge Mann, Primus der Klasse, wohl nichts aus Mädchen mache. Tatsächlich, im Haus des Antiquitätenhändlers, sportlicher Typ mit Bürstenhaarschnitt, kommt es hin und wieder zu Partys, auf denen die anwesenden Knaben bei Weihrauch und elektronischer Musik Ringkämpfe veranstalten. Die Mutter, sie hat natürlich eine Hausgehilfin, hat zuerst den richtigen Durchblick. Der Hausarzt spricht zu der verzweifelten

Frau: Krise oder Schicksal. Beide Elternteile werden auf die ihnen gemäße Art und Weise aktiv. Der Vater sucht den Antiquitätenhändler auf, um ihn im Zusammenhang mit dessen Veranlagung auf die gültigen Gesetze der Bundesrepublik zu verweisen. Die Mutter verreist ganz zufällig mit ihrem Ehegatten und überläßt den Sohn und die ebenfalls in ihrer Villa wohnende Haustochter einem hoffentlich gemeinsamen Schicksal. Der Erfolg ist durchschlagend. Die Mutter wird vom Antiquitätenhändler wegen Kuppelei angeklagt. Prozeß, Tränen und ein milder Richter. Doch alle Mühen haben sich gelohnt. Das eigene Fleisch und Blut ist gerettet. Der Primus der Klasse und seine junge Verlobte fahren gemeinsam auf dem Motorroller ins Glück zu zweit. Aus der Ferne winkt der Hafen der Ehe. „Ende" und wiederum der Wolkenvorhang.

Ein Blick in die Zukunft des Jahres 1958 zeigt folgendes: Bildende Künstler und deren Organisationen fordern zuerst in Düsseldorf ein Verbot dieses Films, da er, ihrer Meinung, nach in verleumderischer Art und Weise moderne Kunst und Homosexualität kopple. Auch der Deutsche Künstlerbund in Berlin macht Protest. Es heißt, daß der Film in verallgemeinernder Form durch bewußte Irreführung des Publikums die abstrakte Kunst diffamiere und ihre Künstler als entartet hinstelle.

Das Reizwort „entartet" ist gefallen. Gerade, weil die Nationalsozialisten im Dritten Reich die abstrakte Kunst als entartet brandmarkten, ist eine freie Diskussion über Aufgaben sowohl gegenständlicher als auch ungegenständlicher Malerei in den 50er Jahren unmöglich. Gegenstandslose Malerei wird allzu voreilig mit der Freiheit des Künstlers und auch ganz allgemein mit der Freiheit der Menschen in Verbindung gebracht. Alles, was im sozialistischen Realismus hinter dem „Eisernen Vorhang" entsteht, wird in der Zeit des Kalten Krieges als „Staatskunst" in altertümelnden Formen abqualifiziert. Realistische Strömungen in der Bundesrepublik, soweit überhaupt noch vorhanden, werden oft unterdrückt oder wenigstens lächerlich gemacht.

Meldung aus „Magnum — Zeitschrift für das moderne Leben", 1954: Die Äußerung des Berliner Malers Carl Hofer, des Vorsitzenden des Deutschen Künstlerbundes: *„Als ich dahinter kam, wie einfach es ist, gegenstandslos zu malen, hat mich diese Art Malerei nicht mehr interessiert",* hat die Maler Willi Baumeister, E.W. Nay und Fritz Winter veranlaßt, aus dem Deutschen Künstlerbund auszutreten.

Als „Signum der Zeit" gilt bei uns nur abstrakte, informelle und tachistische Malerei. Und die Liebhaber dieser Richtungen erkennen sofort die Ironie zwischen den Zeilen bei folgender Meldung in der Zeitschrift „Kunstwerk", die kommentarlos in deren „Notizbuch der Redaktion" übernommen wurde: Abstrakt malen soll der Gesundheit schaden. Zu dieser Feststellung kam auf dem kürzlich in Royan abgehaltenen französischen Cardiologie-Kongreß Dr. Brontzolakis, ein Facharzt für Herzkrankheiten, der beobachtet haben will, daß abstrakte Maler häufig von einer allergischen Hautkrankheit, verbunden mit erhöhtem Blutdruck, befallen werden.

Zurück zum § 175 und Dr. med. Holm: Ein Diktat homosexueller Kreise ist etwa auf dem Gebiet der Kunst leider unübersehbar. Gleichgeschlechtlicher Verkehr widerspricht dem Sinn der Verschiedenartigkeit der Geschlechter. Nähme er überhand, würde er den Bestand der zivilisierten Völker gefährden. Normale, gesunde Männer

Verschiedene Teller für Gebäck oder Obst. Der runde Teller mit Glasmosaik kann auch zur Zierde an die Wand gehängt werden. Die asymmetrische herzförmige Schale, Modell „West-Germany 444", wurde mit unzähligen Dekorvarianten angefertigt.

Die Uhr als Möbelstück! Trapezförmige Schränke mit abgeschrägten Beinen gehörten neben Nieren- und Palettentischen zur Alltagskultur der 50er Jahre. Meist war die Trapezform bei Kleinmöbeln mit Klapptür, wie Schuh- oder Garderobenschränken, zu finden. Bei dieser Uhr der Firma Hermle wurde dieses Grundmuster auf eine Höhe von 19 cm verkleinert. Die Kopie geht bis ins Detail. Messingfüße können bei den Möbeln zum Schutz vor Wischwasser einen Sinn haben. Bei dieser Uhr sind sie funktional nicht nur überflüssig, sondern sogar lästig. Sie sind so scharf, daß bei der Aufstellung der Uhr auf einer hochglanzpolierten Anrichte sofort die ersten Kratzer zu sehen waren, also lag unter dieser Uhr bestimmt ein Schondeckchen.

Einerseits begann mit dem Wirtschaftswunder die massive Verseuchung der Natur, andererseits wurden Fluchtwege aus der Verantwortung angeboten: naturnahe Formen bei Alltagsobjekten. Was konnte besser zueinander passen als Blume und Wandleuchte? Messingblech und schwarz lackierte Fassungen.

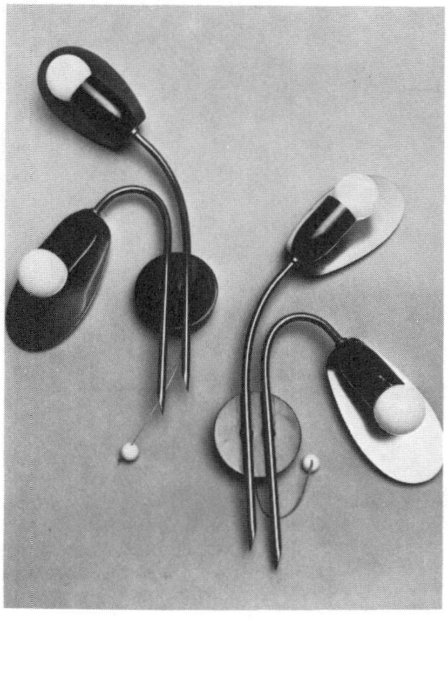

Auch Sonnenbrillen sahen wie Margeriten oder wie Schmetterlinge aus. Links: Alltagsmodelle, wobei die Sonnenbrille aus perlmuttglänzendem Kunststoff gestanzt wurde, vor dem dunklen Glas kleben falsche Wimpern. Rechts: Handgesägte Luxusmodelle, zum Teil mit Straß. Ein Lorgnon aus farblosem Plexiglas mit eingepreßter schwarzer Spitze. Die große Schmetterlingsbrille kostete in den 50er Jahren 250,— DM.

„Die Kunst und das schöne Heim" — Monatsschrift für Malerei, Plastik, Graphik, Architektur und Wohnkultur, Heft 4, Januar 1956. Auf dem Titelbild sind Vorhangstoffe zu sehen, die der Stuttgarter Maler Willi Baumeister für die Pausa AG entwarf. Diese Muster gleichen denen seiner Gemälde, nur sind sie so angeordnet, daß sie sich beim Zusammennähen von verschiedenen Bahnen ohne sichtbaren Bruch wiederholen.

und Frauen haben nicht nur den Wunsch, sondern auch die Verpflichtung, Kinder zu zeugen und zu gebären.

„Anders als du und ich" wird verboten. Es reicht aus, daß sich der Antiquitätenhändler mit modernen Bildern, u.a. von Picasso und Kandinsky, umgab und handelte. In der heilen Gegenwelt der Direktorenfamilie verbreitete die Wohnungseinrichtung zurückhaltende Gediegenheit. Die bevorzugte Inneneinrichtung dieser Gesellschaftsschicht ist ein Stil, den es im kunsthistorischen Sinn eigentlich gar nicht gibt, der Gelsenkirchner Spätbarock, benannt nach den Entwürfen der Möbelwerkstätten dieser Stadt. Diese Möbel sind weder modern noch antik. Sie sollen zwar alt, aber auch gleichzeitig ungebraucht und sauber wirken. Besondere Kennzeichen: Möbel mit Dackelbeinen, Tische und Sofas mit Rohrgeflecht, auch dort, wo es von der Benutzung her eigentlich überflüssig ist, Schondeckchen aus Brokat mit goldener Spitze. Alles in dunkelbraun.

Der Umgang mit diesem Film, der durchaus Homosexuelle und nicht die abstrakten Künstler verleumdete, ist typisch für den Umgang mit der eigenen brauen Vergangenheit in der Bundesrepublik. Wer ist eigentlich der Regisseur? Veit Harlan und seine Frau Kristina Söderbaum gehörten im Dritten Reich zu den Filmschaffenden, die antisemitische und rassistische Machwerke produzierten, u.a. auch „Jud Süß". Beide durchliefen nach Kriegsende das Entnazifizierungsprogramm, und schon ein paar Jahre später ist alles vergessen. Davon spricht niemand mehr bei der Forderung nach Verbot des Films.

*
* *

Frage: *Warum erleben die 50er Jahre heute eine Renaissance?*
Antwort: Für die Mode mag die Lust am Ungewöhnlichen, jedoch auch die Angst vor dem unvermeidlichen Älterwerden gelten. Bei Möbeln und Gebrauchsgegenständen gibt es einen neuen Sammlertyp, den Design-Freak, der ganz scharf auf schräge Sachen ist. Was in solch unverwechselbaren Formen zwischen New York und Moskau entstand, kann einfach nicht schlecht gewesen sein. Eine Renaissance von Kaltem Krieg und unbewältigter Vergangenheit? Niemals.

*
* *

Nach einem langen Fußmarsch zuhause angekommen, blickt sie irritiert auf ihre Reproduktionen moderner Kunst. Am liebsten mag sie Picassos Portrait einer jungen Frau mit langem Hals in den Farben blau, rot und gelb. 1956 fuhr sie übers Wochenende nach Hamburg, um sich dort eine große Ausstellung seiner Bilder anzusehen.

1956 bemerkt man verwundert, daß Picasso schon 75 Jahre alt ist, dieser Umstrittenste der Modernen. Er ist auch der Populärste. Viele Witzzeichnungen in der Boulevardpresse ironisieren seine Kunst. Karikatur eines Ausstellungsbesuchers moderner Kunst: Nach dem Betrachten der Bilder hat er, es ist immer wieder ein er, das Auge an der Stelle des Ohres, das Kinn an der Stelle des Hinterkopfes usw. Bildunterschrift: *vorher — nachher.* Oder: Zwei ältere Frauen, Typ alte Jungfer, betrachten eine moderne Skulptur, Typ „Liegende" von Henry Moore. Bildunterschrift: *Es muß irgend etwas Unanständiges bedeuten.* In der Umgangssprache wird alles, was ein wenig schräg, verbogen oder ganz einfach ungewohnt ist, mit Picassos Namen in Verbindung gebracht. Wenn man so will, gibt es in den 50er Jahren ein Leben im Picasso-Stil.

Mit Unbehagen bemerkt man in der Bundesrepublik Picassos Engagement für die Kommunistische Partei Frankreichs. Im Laufe der 50er Jahre verdrängt man, daß er es war, der eine Taube zum leichtverständlichen Symbol der Weltjugendfestspiele der sozialistischen Staaten und der Friedensbewegung machte. Am 31.1.1951 berichtete das „Neue Deutschland": Die werktätigen Menschen aller Länder erreichte die immer komplizierter werdende Kunst Picassos erst wieder, als er das Symbol der Weltfriedensbewegung schuf. Menschen, die vorher nie seinen Namen gehört hatten, kleben die „Picasso-Taube" mit sorgsamen Händen an ihren Arbeitsplatz, kleben ihr Bild an die Zäune und Mauern ihrer Städte. Das Bild der Taube haben alle verstanden.

Picassos Taube wird auch zum Erkennungszeichen des Berliner Ensembles unter der Leitung von Bertolt Brecht, und aus der Tschechoslowakei kam ein Brief mit einer dunkelblauen und weinroten Marke, auf denen diese Taube zum Gedenken an den ersten Friedenskämpferkongreß in Prag abgebildet ist. Ist die Kunst unserer Zeit nur abstrakt?

In vielen Kunstdebatten heißt es in der Bundesrepublik: die abstrakte Kunst ist gar nicht abstrakt! Wie bitte? Ja, der Gegenstand ist drin, mitten im abstrakten Bild. Die abstrakten Maler verreiben die Wirklichkeit und vermahlen sie und mischen sie unter ihre Farben. Das ist es, was die meisten Kritiker nicht wahrhaben wollen: die abstrakte Kunst spezialisiert sich auf einen Teil des Bildes, auf eine Sparte, auf Farbe und Form. Und trotzdem ist alles da. Und außerdem: in einem Bild stecken viele Bilder. Finden Sie nicht auch, daß das der Atem unserer Zeit ist: rasant, schnell, weiträumig und messerscharf? Manchmal mit erhöhtem Pulsschlag?

Die moderne Malerei hat heute schon in breiter Front die Lehrstühle der Akademien bezogen, die abstrakte Malerei schickt sich dazu an und beginnt eigene Akademien zu bilden. Wollen Sie immer noch im Abseits stehen? Flecken, überall nur Flecken. Bitte, im Katalog steht doch „Flasche mit Glas". Wo ist das Glas?

Tapeten mit einem Ausblick auf den Golf von Neapel gelten als konservativ, realistische Blumenmuster ebenfalls. Die Nerven sind ja gar nicht so schwach, wie wir immer wieder annehmen. Auf den Tapetenrollen sieht man einen aktuellen Querschnitt durch das Formempfinden der Zeit. Und mehr noch, oft nehmen diese Gebrauchskünstler die Entwicklung der abstrakten, gegenstandslosen und tachistischen Strömungen vorweg und finden größere Resonanz bei der Kunstkritik als manch freischaffender Künstler. Der letzte Schrei ist 100% abwaschbar. Das gilt für Wand und Boden. Die großen Linoleumwerke, die jetzt vor allem PVC verarbeiten, machen auch mit: Die Raumkunst der Gegenwart hat den Bodenbelag, der lange Zeit nur funktionelle Bedeutung hatte, wieder als dekoratives Element entdeckt ... Der Fußboden für Sie: sprühend farbig, elegant, sympathisch! Mit Peguflex bieten sich unerschöpfliche Kombinationsmöglichkeiten, so daß jeder Wunsch nach vollendeter, individueller Fußbodengestaltung erfüllt werden kann. Anschriften unserer Niederlassungen: ...

1952 veranstaltete die Mechanische Weberei Pausa AG den ersten großen Wettbewerb für Dekorationsstoffe. Mehr als 1000 Teilnehmer schickten rund 9000

Picassos Friedenstaube auf einer Sondermarke zum 1. Tschechoslowakischen Friedenskämpferkongreß in Prag, herausgegeben am 20. Januar 1951.

Formen und Farben der abstrakten Malerei waren auch auf Krawatten zu finden ...

... und ebenfalls auf Hals- und Kopftüchern. Selten wurde teure Seide genommen. „Trevira" und „Acetat" waren dagegen preiswert, knitterfest und pflegeleicht.

Vorlagen, von denen mehr als 70% aus abstrakten Dessins bestanden. Der freie Stoff-Dekor wurde zum Verkaufsschlager. Und in mancher Übergardine kann ein Stückchen Sehnsucht nach fernen Gefilden verborgen sein. Die Dessins haben Namen wie: Cointreau, Ciudad, Satyr, Pizzarro, Oporto, Eumenide. Gedruckt werden kann alles, und gebraucht wird alles, von der Küchenschürze bis zum Traum von Dior, von der Kinderwagendecke bis zum Theatervorhang, also ein unendliches Gebiet, unendliche Möglichkeiten auch für den Entwerfer. Die Vorbilder für die Werkkunstschüler der 50er Jahre heißen: Klee, Miró und immer wieder Picasso.

Polemisch gefragt: Was verbindet ein Bild von Oskar Schlemmer, eine Skulptur von Henry Moore und eine Wurstschneidemaschine von BBC? Es kann nur eins sein: die verdeckte Einheit der Zeit, der Zwiespalt unseres Lebensgefühls zwischen Technik und Naturverbundenheit. Das wird in dieser Kombination so ausgestellt, regt an und auf. „Mensch und Form unserer Zeit" hieß dieses Wagnis 1952 bei den Ruhr-Feststpielen in Recklinghausen: Wer den Sinn der Ruhr-Festspiele erfassen will, der muß wissen, daß die neue deutsche Gewerkschaftsbewegung mehr ist als eine Vertretung rein materieller Interessen ... Für Sonderfahrten standen Busse bereit.

Zurückgekehrt ins eigene Heim, erwarten dann einen die Vasen, Schalen, Schüsseln, Aschenbecher und all die anderen Objekte, die eher an Kleinskulpturen erinnern als an Gebrauchsgegenstände. Die einmal so selbstverständliche Herkunft von der Töpferscheibe wird radikal verleugnet. Symmetrieachsen gibt es nicht mehr. Die Fachleute sind sich einig, daß man in einer „polystilistischen Zeit" lebt, deren Entwicklung im Kurven-, Schalen-, Ei- und Eifußstil, im Knochenstil und Gitterstil verläuft. Formale Wechselbeziehungen zwischen Natur und Technik gelten als erregend-dynamisch und treffen das Nervensystem genau zwischen Intellekt und Gefühl. Sprechen wir doch von den gefesselten kinetischen Energien, die sowohl in einer Vase, als auch in einem Ausstellungspavillon versteckt sein können. Achten Sie doch das nächste Mal auf deren Erkennungsmerkmal, also auf Hyperbel- und Parabelformen! Manchmal künstlerisch überarbeitet, aber manchmal auch mathematisch genau!

Abstrakt, abstrakt, abstrakt, jetzt reicht es aber! Bitte sehr, wie wäre es mit diesem schwarzen Aschenbecher in der Form einer kleinen Hand. Hier hinein lassen sich ganz leicht die glimmenden Zigaretten ausdrücken. Oder, wie wäre es mit dieser Wandvase? Ebenfalls in der Form einer Hand, in deren Handgelenk man ein paar Blumen arrangieren kann. Noch nie etwas vom Einfluß der surrealistischen Kunst auf die Gestaltung unserer Alltagsobjekte gehört? Ängste, Kitsch? Was heißt das schon. Aber ja! Haben Sie ihren nassen Regenschirm draußen im Flur gelassen. Ich habe doch extra einen Schirmständer gekauft, der selbst wie ein zusammengeklappter Schirm aussieht. Weißes Lochblech im Boulevardstil. Und dieses entzückende Segelboot ist in Wirklichkeit ein Papierserviettenständer. Aus Messingdraht. Was sagen Sie zu meiner Schmetterlingsbrille. Italienisches Modell, handgesägt und 250 Mark teuer. Ich liebe die Kunst und trage deshalb eine Brosche in Palettenform. Und worauf steht der Gummibaum? Auf einem Palettentisch natürlich! Übrigens, wenn Sie sich etwas besser in der Kunstgeschichte auskennen würden, wüßten Sie, daß am Ende der 30er Jahre Man Ray in Paris zur Freude der anderen Surrealisten eine riesige farbverschmierte Palette nahm

Schwarz/weiße Tapete, Dessin „K 34-1", aus der Künstlerkollektion „Neue Form" der Marburger Tapetenfabrik (Entwurf: Elsbeth Kupferoth). In der gleichen Ausführung wurde auch ein Dekorationsstoff hergestellt.

Schwarz/weißer Plastikbezug für Polstermöbel, Dessin „forte", aus der Kollektion „abstracta 54" der Göppinger Kaliko- und Kunstleder-Werke (Entwurf: Arnold Bode). Für diese Firma arbeiteten auch Maler, wie Fritz Winter und K.R.H. Sonderborg. Es war üblich, Plastikmaterialien nicht nur für Möbelbezugsstoffe zu nehmen, sondern auch für Tischdecken und Vorhänge und das nicht nur für die Dusche. Pflegeleichtigkeit war wiederum eines der Hauptargumente, und dazu kam damals noch der Reiz eines neuen Materials. Die „Göppinger plastics" waren fast immer in abstrakten Desssins im Stil der Zeit gehalten.

Einleitende Worte zur Kollektion „abstracta 54" von Professor Arnold Bode: *„Es könnte die Frage auftauchen, ob Decor-Muster auf Folien überhaupt eine Bereicherung bedeuten, da die einfarbigen, strukturierten Flächen allein schon von großer Materialschönheit sind! — Ich wüßte nicht, welchen Sinn ein solcher Purismus haben sollte. Die Folie ist ein idealer Decorträger und was sollte mehr Berechtigung und Möglichkeit zum rhythmischen, farbig-dekorativen Akzent im Raum haben, als der Vorhang oder die bespannte oder geklebte Wandfläche? Hier geht es nicht so sehr um eine Frage des Materials, sondern letztens um die künstlerische Lösung."*

Ein Pepitarock mit entsprechendem Jackett steht fast jeder Frau

Zum Sommerkleid wirkt die Kostümjacke unpassend

Große auffallende Muster, ...

... quergestreifte und ...

... bauschig gearbeitete Kleider machen korpulente Damen noch korpulenter

Auffallende Musterung können sich nur junge Damen leisten

„Gechmack ist wichtiger als Mode". So ist dieses Kapitel überschrieben, entnommen dem Buch „Schön sein — schön bleiben" von Lilo Aureden, Gütersloh 1955, aus der Reihe „Praktische Ratgeber" im Bertelsmann Lesering.

„Fünf Deutsche Mark" mit einem „Liniengewirr in Picasso-Manier" und einer barbusigen „Europa auf dem Stier", wie sie ab 1948 dem kommenden Wirtschaftswunder entgegenritt (Entwurf: Max Bittrof).

Vasen. Vasen, die eher an Kleinskulpturen als an Gebrauchsgegenstände erinnern. Vasen, die ihre ursprüngliche Herkunft von der Töpferscheibe radikal verleugneten. Vasen in cremefarbenem Porzellan, meist mit Goldrand, manchmal mit schwarzem Dekor. Diese wurden von der Lindner-Porzellanfabrik hergestellt in Küps/Bavaria. Die meisten Entwürfe kamen von Ludwig Lindner, dem Inhaber der Fabrik, Jahrgang 1930. 1951 wurden die ersten asymmetrischen Modelle ausgeliefert.

Auch Rosenthal stellte asymmetrische Vasen her, jedoch immer in weißem Porzellan, manchmal mit einfarbigem Dekor. Die drei rechten Vasen galten als typische Vertreter einer energetischen Form, worunter man die mathematisch genaue oder künstlerisch freie Bearbeitung von Parabel- und Hyperbelformen verstand (Entwürfe von: Fritz Heidenreich, Hanns Hoffmann-Lederer, Hans Wohlrab und Richard Lathan, der für das Büro von Raymond Loewy arbeitete.) Die bauchige Vase im Vordergrund erhielt im Rosenthal-Werk den Spitznamen „schwangere Luise".

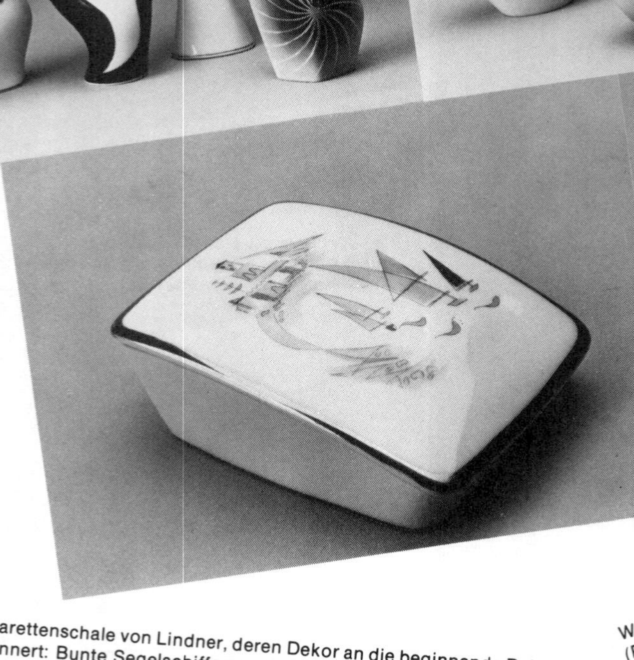

Eine Zigarettenschale von Lindner, deren Dekor an die beginnende Reisewelle erinnert: Bunte Segelschiffe vor der Kulisse einer Mittelmeer-Stadt.

Weiße Blumenschalen der Rosenthal-Kunstabteilung in Selb/Bavaria. (Rechts: Hans Wohlrab, 1952, Chefmodelleur von Rosenthal; links: Hans Stangl, 1953.)

Tischlampe aus geripptem rosafarbenem Plexiglas mit einem Untergestell aus Messing im Cocktailkirschen-Stil, deutsches Modell, noch funktionsfähig.

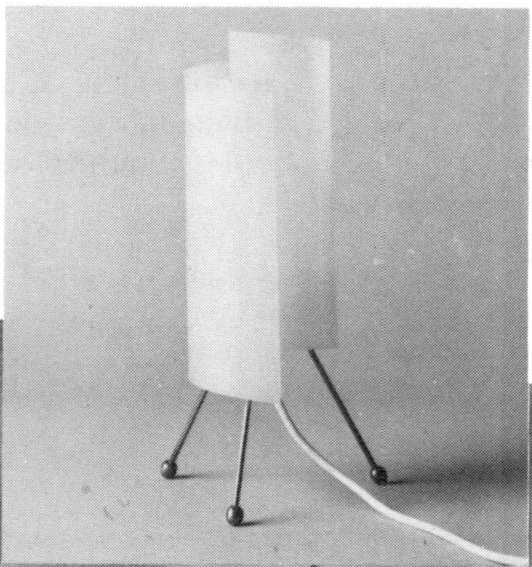

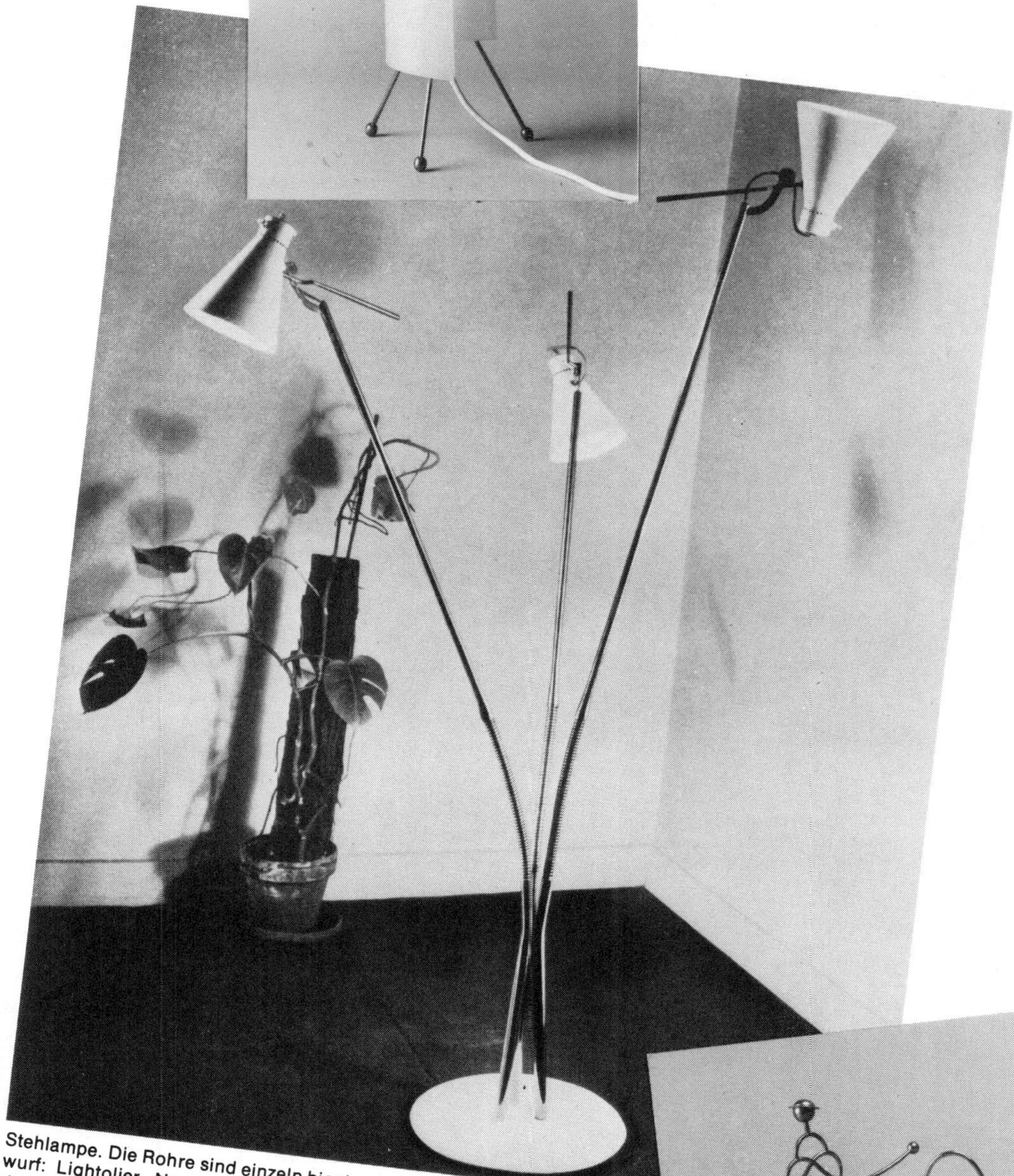

Stehlampe. Die Rohre sind einzeln biegbar, die Strahler schwenkbar (Entwurf: Lightolier, New York). Im Hintergrund ein sehr mickriger Philodendron mit großen Blättern.

Salzstangen- und Brezelständer aus gebogenem Messingdraht. Salzstangen, Salzbrezeln und gesalzene Erdnüsse begannen in den 50er Jahren ihren Siegeszug auf Kindergeburtstagen, Partys oder bei der allabendlichen Fernsehunterhaltung. Auch gehörten zum schnellen Imbiss die Fliegenpilztomaten, ausgehöhlte Tomaten mit italienischem Salat gefüllt und auf dem Deckel mit ein paar Tupfern Tubenmayonnaise dekoriert

Leichtgewichtige Begleiter ins Wochenend- und Urlaubsvergnügen war eine neue Generation von Kofferradios mit Transistoren. Hier von Nordmende das Modell „Mambo" für Mittel- und Langwelle, ab 1959 im Verkauf. Das Gehäuse ist aus Holz (wegen des guten Klangs!), der Überzug aus beigefarbenem Kunststoff in Lederimitation (wegen der Pflegeleichtigkeit!), noch funktionsfähig.

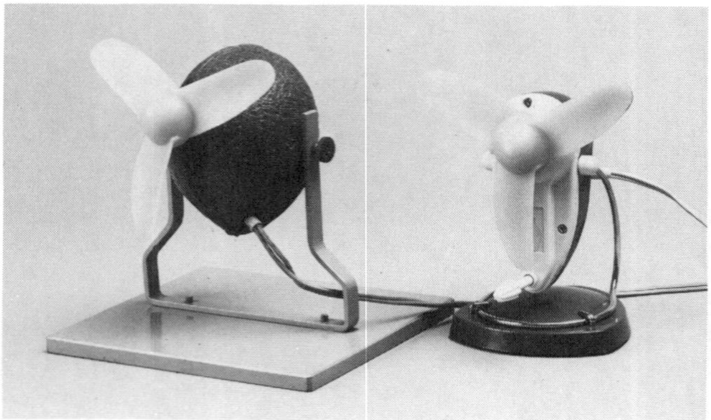

Ventilatoren, die wegen der Flügelblätter aus weichem Kunststoff kein Schutzgitter mehr benötigten. Rechts: Philips-Ventilator in rot und beige, dazu grüne Flügelblätter. Links: Dasselbe Modell von einem Anhänger der Do-it-yourself-Bewegung in eine polierte Kokosnuß eingebaut, ebenfalls noch funktionsfähig.

„Hast du dich schon mal gefragt: Und ich, passe ich mich der Einrichtung dieses Zimmers an?!" (Zeichnung von Leo Garel)

und drei Beine darunter schraubte. Voilà, die Geburt des Palettentisches! Noch nie auf dem Lippensofa von Dali gesessen? Er soll es nach dem Mund der unsterblichen Mae West geformt haben. Bezugsstoff in shocking-pink. Ich habe mir gerade einen Lippenstift von Elsa Schiaparelli in genau demselben Farbton gekauft.

... Welcher Mund gefällt? Junge Mädchen, die sich einen „lasterhaften" Mund malen, wirken nicht anziehend, sondern abstoßend. So manche Dame in den reiferen Jahren begeht denselben Fehler und macht sich dadurch nur lächerlich ... Ach, Lilo!

*
* *

***Frage:** Was aus den 50er Jahren ist für Sie z.B. gelungenes Design und was Kitsch?*
Antwort: Eigentlich nur das, was seine funktionale Gültigkeit über Jahrhunderte bewiesen hat. Will man nicht ganz so streng urteilen: gelungenes Design der 50er Jahre ist für mich persönlich der Pfennigabsatz und die Schmetterlingsbrille. Alle typischen Radios und Musiktruhen der Firma Braun rechne ich, wegen ihres verzweifelten Bemühens funktional auf den ersten Blick zu sein, zum Kitsch.

*
* *

Der Tag im Büro war heute für sie unerträglich lang und anstrengend. Eigentlich hatte alles vor ein paar Monaten begonnen, als ihr Chef verkündete, er wolle sein Büro auf die Höhe der Zeit bringen. Nichts gegen moderne Möbel und ein paar Grünpflanzen, doch darum ging es nicht. Die Arbeit aller Schreibkräfte sollte dem immer schneller werdenden Rhythmus der Zeit angepaßt werden. Heute wurden die ersten elektrischen Schreibmaschinen und Diktiergeräte geliefert. Ob sie jemals damit zurechtkommen wird? Vielleicht sollte sie sich ein anderes Büro suchen? Wie man hört, soll es jedoch noch viele Arbeitslose geben. Was tun?

Entspannen. Sie schaltet das Radio an. Düstere Meldungen vom Tagesgeschehen. Gegen SPD und FDP stimmte der Bundestag einer eventuellen Ausrüstung der Bundeswehr mit taktischen Atomwaffen zu. Die SPD forderte daraufhin die Durchführung einer Volksbefragung. Das Bundesverfassungsgericht entschied jedoch, daß diese Volksbefragung verfassungswidrig sei. In allen großen Städten kam es zu Demonstrationen gegen die Atomrüstung. „Atomrüstung ist Selbstmord" und „Denkt an Hiroshima" war auf mitgeführten Transparenten zu lesen ... Erst vor kurzem wurde bekannt, daß es 1955 in einem amerikanischen Testreaktor zu einem Betriebsunfall gekommen war. Der Vorfall konnte jedoch ohne gesundheitliche Schäden der Mitarbeiter behoben werden ...

Entspannen. Sie schaltet um. „Musik bringt gute Laune". Es singen für Sie die „Drei Travellers":
Berlin ist auch 'ne schöne Stadt, genau wie Bonn,
doch wenn Du drüben bleibst, dann merkst Du nichts davon ...
Wir haben keine Reeperbahn und auch kein Kärtner Tor.
Was macht das schon?
Wir tragen unser Schicksal mit Humor!
Doch dafür ist die halbe Welt in uns'rer Stadt zu Haus',
wir geben nur sehr wenig Geld für Auslandsreisen aus.
Wir fahren an die Havelseen und in den Grunewald,

und wenn wir an der Grenze steh'n,
ruft irgendjemand: „Halt!"
Das interessiert uns längst nicht mehr,
wir finden stets ein Loch,
ob Westberlin, ob DDR, nach Hause komm' wir doch!
Berlin ist ...

„Tanzende Trompeten" entsprechen auch nicht ihrem Geschmack. Ein Fernsehgerät gehört noch immer zu den Luxusgegenständen. Viel zu teuer. Eigentlich ist sie davon besessen, ihr Zuhause immer wieder in Gedanken neu einzurichten.

... „Heiter wohnen" ist, auf eine kurze Formel gebracht, das prägnanteste Merkmal des heutigen Lebensstils. Da gibt es bequeme Liegen zum Faulenzen, sogenannte Entspannungsliegen, es gibt sinnreich geformte Sitzgelegenheiten, in denen man mit angezogenen Knien stundenlang plaudern oder lesen kann. Alle, die bei der Wohnungseinrichtung einen gradlinigen, fast asketisch herben Stil lieben, alle, die den Begriff „Behaglichkeit" als antiquiert oder als bürgerlich-spießig empfinden, meistens sind es mehr Männer als Frauen, werden den heute wieder deutlich wahrnehmbaren Einfluß des japanischen Wohnstils auf unsere Möbelgestaltung begrüßen. Das durch Jalousien flimmernde Sonnenlicht oder der Schimmer der Lampe hinter der transparenten Bambuswand und der würzige Duft eines Räucherstäbchens zusammen mit dem des starken Tees geben die Inspiration zu tiefsinnigen Gesprächen ... In dem Maße, wie die Entwicklung unserer Verkehrsmittel die Entfernungen zusammenschrumpfen läßt, setzt sich unsere Zivilisation immer mehr über die nationalen Schranken hinweg. Die Technik führt, und alles andere folgt nach. An Sommer, Sonne und Ferienstimmung erinnern kleine Räume, deren Wände oder Dachschrägen himmelblau gestrichen oder mit orange-weißen Markisenstreifen bespannt sind. Blattranken in hängenden Körben, Sisalteppiche in warmem Gelb, rustikale Krüge, in denen eine große Blüte aufleuchtet, lampionähnliche Lampen, leichte Stühle aus Korbgeflecht mit hellroten oder kanarienfarbenen Sitzbezügen, das alles zusammen läßt einen heiteren Akkord aufklingen ...

Fünf Richtige im Lotto, ein Auto kaufen und dann in Richtung Süden, warum nicht zu einer dieser Inseln vor der Côte d'Azur, auf denen man nahtlos braun werden kann? Wo steckt bloß die leere Chianti-Flasche mit der Tropfenkerze von der Einweihungsparty? Irgend etwas war doch für heute geplant? Natürlich, der Chefkoch vom Restaurant „Giraffe" unten im Haus hat für alle interessierten Hausbewohner einen Kochkurs eingerichtet. Beim letzten Mal wurde ein Steak à Picasso ausprobiert, ein schönes Filetsteak mit grünen Mandeln, rotem Paprika und gelbem Mais als geschmackliche und farbliche Akzente. Was soll sie heute anziehen, den himmelblauen Freizeitanzug mit geschlitzten Hosenbeinen oder das neue Sackkleid und die Cocktailschürze mit aufgesetzten Taschen?

... Ein großer spanischer Ohrring paßt nicht zu einem runden Gesicht; auch dann nicht, wenn er gerade sehr modern ist ...

Eigentlich blöd, diese ewigen Nörgeleien, nicht wahr?

*
* *

Frage: Ist das hier eine Geschichte, die das Leben schrieb?
Antwort: Von den Fakten her gesehen, ja. Nichts ist erfunden, so kurios uns heute auch vieles erscheint. Ich habe den größten Teil der Vorlagen zu dieser Montage über Wohnen und Kunst in den Fachzeitschriften der damaligen Zeit gefunden, vor allem in „Baukunst und Werkform", „Die Kunst und das schöne Heim", „Bauwelt", „Die Innendekoration", „Das Kunstwerk" und „Magnum". Aus der großen Anzahl der Bücher, Broschüren und Kataloge, die sich ebenfalls mit diesem Thema beschäftigten, habe ich folgende benutzt:
„Ausstellung Mensch und Form unserer Zeit", Ruhr-Festspiele Recklinghausen 1952;
Otto Niedermoser „Schön wohnen — schöner leben" Frankfurt/Main — Wien 1954;
Ruth H. Geyer-Raack/Sibylle Geyer „Möbel und Raum" 1955 (1958: 14.—18. Tausend!);
Vera Sieveking „Heiter wohnen" Berlin, Bauwelt Sonderheft 35.
Fragen zu Schönheitspflege und Sexualität beantworteten mir Lilo Aureden „Schön sein — schön bleiben" Gütersloh 1955 (September 1956: 121.—150. Tausend als „Praktischer Ratgeber" im Bertelsmann Lesering!) und Dr. med. Holm „Mach mich glücklich" Hamburg 1959. Zuguterletzt, ich habe auch aus meinem Buch zitiert, Christian Borngräber „Stilnovo. Design in den 50er Jahren" Frankfurt/Main 1979. (202 Seiten, reich illustriert, ein Aufklärungswerk, das nicht enttäuscht. Zerdrückte Formen und Gestalten, die man nur ungerne vorzeigt.)

In den 50er Jahren begann sich zuerst in Südfrankreich die FKK- oder Nudistenbewegung Freiräume zu erobern. Hinter Sichtschutzzäunen oder auf kleinen Inseln konnte man nahtlos braun werden. Dieses Amulett ist ein Andenken an solch eine Insel vor der Côte d'Azur, an die Ile du Levant aus dem Jahr 1954. Später wurden dann Kulturfilme über das textillose Leben bei Sport und Spiel gedreht, die z.B. in West-Berlin um 1960 großen Zulauf hatten.

Alle Abbildungen aus der Sammlung von Christian Borngräber.

Joachim Petsch

Architektur und Städtebau
in den 50er Jahren*

Instandbesetzung 1945

Absicht

Ab 1968 läßt sich bei verschiedenen wissenschaftlichen Disziplinen (u.a. Zeitgeschichte, Politologie) eine inhaltliche Neuorientierung feststellen, die eine verstärkte Erforschung der „Determinanten" der westdeutschen Restauration zwischen 1945 und 1949 und der sozialökonomischen Entwicklung der Bundesrepublik in den 50er Jahren zur Konsequenz hatte. Die Formkultur der 50er Jahre dagegen wurde erst 1977 „ausstellungswürdig" (Ausstellung: „Die 50er Jahre. Aspekte und Tendenzen" im Wuppertaler Kunstverein) und 1978 „publikationswürdig" (p. maenz: Die 50er Jahre. formen eines jahrzehnts. Stuttgart 1978). Da sich sowohl die Ausstellung als auch die Publikation weitgehend auf avantgardistische formale Lösungen beschränkten — bezeichnenderweise stellte Maenz Bauten von Le Corbusier, F.L. Wright und E. Saarinen als exemplarische und damit typische Bauten der 50er-Jahre-Architektur vor —, wurde der Eindruck erweckt, in dieser „Epoche" hätten die modernen Architektur und der moderne Städtebau auch in der Bundesrepublik dominiert. Infolge des Festhaltens an den traditionellen Methoden — der Stilgeschichte, bei der jeweils nur die formalen Neuerungen interessieren, und der personalisierenden Architekturgeschichtsschreibung (Architektur als „Erfindung großer Männer")—, wurden formal rückständige bzw. traditionelle architektonische und städtebauliche Lösungen, die in den 50er Jahren die bundesdeutsche Architekturszene und Städtebaupraxis beherrscht hatten, ausgeklammert. Es kann daher von einer Übereinkunft derer gesprochen werden, *„die über Architektur reden und schreiben, jene Zusammenhänge niemals zu erwähnen, die die Nachkriegsarchitektur des Zweiten Weltkrieges mit der Architektur des Dritten Reiches verbinden"*. Da diese 1970 von J. Janssen getroffene Feststellung auch heute noch weitgehend ihre Gültigkeit hat, soll die Aufarbeitung der ideologischen architektonischen und städtebaulichen Leitbilder im Mittelpunkt stehen. Hauptziel des Beitrages ist es, die Anpassung der Ideologien im Architektur- und Städtebaubereich an die modifizierten sozialökonomischen und politischen Rahmenbedingungen aufzuweisen.

*Der vorliegende Beitrag beruht in wesentlichen Teilen auf zwei Aufsätzen des Verfassers über die 50er Jahre. Der besseren Lesbarkeit wegen wurde auf Fußnoten völlig verzichtet — Zitate und weiterführende Literatur können den nachfolgend aufgeführten Aufsätzen entnommen werden:
1. Zum Problem der Kontinuität nationalsozialistischer Architektur und Stadtplanung in den fünfziger Jahren am Beispiel der Zeitschrift „Baumeister". In: Die Dekoration der Gewalt. Kunst und Medien im Faschismus. Hrsg. von Hinz / Mittig / Schäche / Schönberger. Gießen 1979. S. 231 ff.
2. Die Bauhausrezeption in der Bundesrepublik in den fünfziger Jahren. In: Wissenschaftliche Zeitschrift der Hochschule für Architektur und Bauwesen Weimar. 26. Jg. H. 4/5. 1979. S. 433 ff (Bauhaus-Colloquium).

rechts: Nachkriegs-Behausung, Essen 1955 (Fotos: M. Scholz)

Die Baukunst des Dritten Reiches wird in den 50er Jahren auf die offizielle Baukunst reduziert — man bezeichnet sie als „maßlos".
Beispiel: Entwurf für die „Hohe Schule der NSDAP" am Chiemsee von H. Giesler 1938.

Auseinandersetzung mit der Architektur und dem Städtebau des Dritten Reiches

In vereinzelten Publikationen der unmittelbaren Nachkriegszeit wurden, indem die „Mitschuld" des Großkapitals (Schwerindustrie) und des Bürgertums hervorgehoben wurde, systemimmanente Ursachen für die Entstehung des Faschismus herausgestellt. Die kunsthistorische Literatur dagegen reduzierte sowohl die Baukunst als auch den Städtebau des Faschismus auf formalästhetische Kriterien: Die Auseinandersetzung mit der Architektur und dem Städtebau des Dritten Reiches vollzog sich als rein „ästhetische Bewältigung". Man charakterisierte die „offiziellen Bauwerke", wie beispielsweise die Bauten des Nürnberger Parteitagsgeländes von A. Speer und die Entwürfe für die „Hohe Schule der NSDSP" am Chiemsee von H. Giesler, die sowohl der Selbstdarstellung des NS-Regimes gedient als auch den architektonischen Rahmen für die kultischen Inszenierungen des faschistischen Systems abgegeben hatten, als „maßlos". Die Erklärung für die formale Erscheinung der „offiziellen Bauten" fand man in der „Unbildung", dem „Geltungsbedürfnis" und dem „schlechten Geschmack Hitlers".

Eine maßgebliche Rolle für die formale und informale Kontinuität architektonischer und städtebaulicher Vorstellungen nach 1945 spielte die Beurteilung der „nicht offiziellen Baukunst" des Dritten Reiches. Schon 1948 wurde die „nicht gleichgeschaltete Baukunst" des Dritten Reiches als „gut" und „vorbildlich" hingestellt, genauso wie die Wohnsiedlungsgesetzgebung positiv beurteilt wurde. Zur „nicht gleichgeschalteten Baukunst" zählte man in den 50er Jahren den „Heimatschutzstil", der an bodenständige Bauweisen und Bautraditionen angeknüpft sowie auf heimische Baumaterialien zurückgegriffen hatte und vor allem bei der architektonischen Gestaltung der Bauten des „sozialen Lebens" bevorzugt worden war (u.a. beim Wohnungsbau, bei Ordensburgen und Jugendherbergen), sowie die Industrie- bzw. Ingenieurarchitektur, die sich durch den weitgehenden Verzicht auf die Verkörperung und Vermittlung von NS-Architekturinhalten ausgezeichnet hatte und stattdessen bestrebt gewesen war, durch die Anwendung der modernen Konstruktionsweisen und Materialien (u.a. Skelettbauweise — Beton, Glas) den Stand der Produktivkräfte zu dokumentieren. Die Reduzierung der Architektur des Dritten Reiches auf die „offizielle Baukunst" und das Ausgehen von einem einheitlichen nationalsozialistischen Architekturprogramm ermöglichten die formale und ideologische Kontinuität dieser Architektur und dieses Städtebaus nach 1945. Daß das faschistische Architekturprogramm verschiedene konservative Architekturströmungen, wie den Heimatschutzstil, übernommen und in den Dienst der NS-Ideologie gestellt hatte, wurde dabei nicht erkannt.

Die Beurteilung von Vertretern der Heimatschutzbewegung, die wie Schultze-Naumburg aktive Nationalsozialisten gewesen waren, erfolgte im Sinne der autonomen Kunstvorstellung: Die „bodenständigen Gestaltungsvorstellungen" des Architekten hätten nichts mit den politischen Überzeugungen des Künstlers zu tun gehabt.

Personelle Kontinuität

Das Unvermögen, den Faschismus aus den sozialökonomischen Prozessen zu erklären, führte in der neu gegründeten Bundesrepublik zu einer Dominanz moralisierender, individuell wertender Kategorien. Der Faschismus wurde als „einmalig" abgetan und mit der „Dämonie

Hitlers“ erklärt. Dieser unpolitischen Argumentationsweise entsprach die Auffassung vom Bauen als einem rein kulturellen und nicht zugleich auch politischen, sozialen, ökonomischen und technischen Prozeß — sie hatte die auf das Ästhetische reduzierte Bewältigung der Kunst — und damit der Architektur — des Dritten Reiches zur Folge gehabt.

Nach der Ablösung der politischen Elite des Nationalsozialismus sollte die von den Besatzungsmächten initiierte Entnazifizierung die Entfernung aktiver Nazis aus den führenden Positionen des öffentlichen Lebens garantieren. Infolge des beginnenden Ost-West-Konfliktes („Eindämmung des sowjetischen Einflußes“ — „Kalter Krieg“) und der Wiederherstellung der alten Wirtschaftsordnung sowie des schnell einsetzenden Wirtschaftsaufschwunges blieb jedoch die wirtschaftliche Elite fast ausnahmslos unbehelligt. Für den Wirtschaftsaufschwung wurden „Fachleute“ gebraucht, weshalb die Entnazifizierung, von der man glaubte, sie hemme den „Aufbau“, nur halbherzig betrieben und schließlich ganz eingestellt wurde.

Deutsche Wirtschaftsführer galten insbesondere in den Augen der Amerikaner in erster Linie als „Geschäftsleute“ und nicht als ehemalige Nationalsozialisten. Der öffentliche Dienst war zwar von der Entnazifizierung am meisten betroffen — immerhin betrug der Anteil ehemaliger Parteigenossen an den hohen Bundesbeamten Mitte der 60er Jahre noch über 50 % —, da jedoch relativ wenige Angehörige der Baubürokratie ungeachtet ihrer oft reaktionären Grundhaltung Mitglieder der NSDAP gewesen waren, wirkte sie sich auf diesem Verwaltungsbereich kaum aus, so daß die Baubürokratie auf Bundes-, Landes-, Kreis- und Gemeindeebene weitgehend im Amt blieb. Der Wiederaufbau lag infolgedessen in den Händen der alten „Praktiker“. Mittelständische Herkunft und Mentalität zeichneten diese Führungsschicht aus, deren antidemokratisch-autoritäre Gesellschaftsvorstellungen durch die Biologisierung gesellschaftlicher Tatbestände und die Verwendung biologischer statt sozialer Kategorien geprägt waren. Das Ergebnis der Abstimmung in Hessen über die Verstaatlichung des Kohlebergbaus und der Schwerindustrie beweist jedoch, daß unmittelbar nach dem Kriege bei der Mehrheit der Bevölkerung eine antikapitalistische Grundstimmung vorhanden war. (Die Verstaatlichung wurde allerdings von den Amerikanern verhindert.)

Die personelle Kontinuität im Bereich der Baubürokratie förderte entscheidend die Kontinuität architektonischer und städtebaulicher Vorstellungen und die gesetzliche Übernahme der Arbeitsbeschaffungs-, Wohnungsbau- und Verkehrsprogramme des Dritten Reiches, die z.T. nur geringfügig modifiziert wurden; sie verhinderte darüber hinaus ein Wiederanknüpfen an das „Neue Bauen“ der 20er Jahre (Weimarer Republik).

Die rein ästhetische Bewältigung der Kunst und damit der Architektur des Dritten Reiches und die personelle Kontinuität hatten zur Folge, daß, von wenigen exponierten Vertretern der offiziellen Baukunst abgesehen, alle im Dritten Reich tätig gewesenen Architekten entweder im Amt verblieben oder führende Stellen in der Bauverwaltung und an den Hochschulen übernahmen oder weiterhin als freie Architekten arbeiteten (u.a. H. Dustmann, O. Firle, W. Kreis, H.G. Malwitz, H.B. Reichow, H. Rimpl, P. Schmitthenner, P. Schultze-Naumburg, F. Tamms). Drei Beispiele seien angeführt:

Oben: Wohnarchitektur des Dritten Reiches im Heimatschutzstil. Ausstellung „Schaffendes Volk“ in Düsseldorf 1937. Bauliche Oberleitung H. Bökels.

Unten: Moderne Industriearchitektur des Dritten Reiches.
Beispiel: Neubau der Hansa-Lloyd-Goliath-Motorenwerke in Bremen von R. Lodders 1935/36.

Um breite Schichten des Volkes mit „Grund und Boden" zu verbinden, wurde das „Eigenheim" wichtigstes architektonisches Leitbild; von der „Verwurzelung" der Massen versprach man sich die Lösung aller sozialen Probleme.
Siedlungshäuser aus dem Dritten Reich (oben) und aus den 50er Jahren (unten). Beispiele aus Dresden und Essen.

1) W. Kreis wirkte 1950 als „Ehrenmitglied" des BDA an einer Architekturausstellung in NRW mit, 2) F. Tamms wurde 1950 Leiter des Planungsamtes in Düsseldorf und 3) J. Schulte-Frohlinde übernahm dort 1952 gegen den Protest jüngerer Architekten die Stelle des Baudirektors.

Wiederaufbaukonzepte

Während in der unmittelbaren Nachkriegszeit u.a. in den Parteien, Gewerkschaften und Antifas politische und soziale Alternativen diskutiert und Demokratisierungs- und Sozialisierungsvorhaben in Angriff genommen wurden — sie scheiterten dann allerdings am Veto der Besatzungsmächte, insbesondere der USA —, fehlten in der Architektur- und Städtebauszene progressive Alternativmodelle fast völlig. Nur wenige Architekten forderten eine neue Bodenordnung bzw. die gesellschaftliche Verfügung über die Nutzung von Grund und Boden — bezeichnenderweise erschien die wichtigste Publikation zu diesem Thema in der Schweiz — und eine neue Raumordnung, um die ungünstige Verteilung der Nutzung in ländlichen Gebieten einerseits und Ballungszentren andererseits auszugleichen, sowie neue Bauweisen und Baumethoden, um mit Hilfe der industriellen Massenfertigung die Wohnungsnot beheben zu können.

Da sowohl die westlichen Besatzungsmächte gegen eine Sozialisierung der Bauwirtschaft waren als auch die politischen Kräfteverhältnisse in der neu gegründeten Bundesrepublik eine umfassende Bodenreform nicht zuließen, scheiterten Versuche wie in Freiburg, Grundstücke im Kernstadtbereich zusammenzulegen oder das Stadtgebiet in Gemeindebesitz zu überführen, sehr schnell, genauso wie die vorgesehene Enteignung des Großgrundbesitzes in der britischen Zone nicht durchgeführt werden konnte, da die in Aussicht genommenen Entschädigungssummen die öffentlichen Haushalte überfordert hätten; die geplante Enteignung war allerdings auch nur eine „Kann-Bestimmung" — die Maximalgrenze von Grundbesitz sollte 150 ha betragen. In den wenigen nach dem Kriege gebildeten „Aufbaugemeinschaften" (u.a. in Freiburg) verfügten außerdem die Hausbesitzer über das zahlenmäßige Übergewicht, da die herrschende Bodenverfassung (das kapitalistische Bodenrecht) bzw. die private Verfügung über Grund und Boden nicht angetastet worden war. Die erneut geforderte Eindämmung der Bodenspekulation und der städtischen Grundrente sowie die erstrebte Erweiterung der staatlichen Enteignungsmöglichkeiten, die seit der Jahrhundertwende Wunschträume des Kleinbürgertums darstellten, fanden ebensowenig ihren Niederschlag in gesetzlichen Regelungen. Es wurde lediglich das „Agrarvermögen" der NSDAP eingezogen und als Siedlungsflächen dem Wohnungsbau zur Verfügung gestellt.

Eine der Hauptursachen für das fast völlige Fehlen alternativer Aufbaumodelle beruhte auf der Tatsache, daß in den 20er Jahren eine materialistische Architektur- und Städtebautheorie erst in Ansätzen ausgebildet worden war und darüber hinaus eine Weiterentwicklung nicht erfolgen konnte, weil fast alle Vertreter des „Neuen Bauens" emigriert waren und ihre Rückkehr nach 1945 von den Angehörigen der alten Bauelite verhindert wurde. Die personelle Kontinuität bewirkte, daß die kurz nach der Jahrhundertwende entwickelten Architektur- und Städtebauvorstellungen der lebens- und kulturreformerischen Bewegungen (u.a. Bodenreformer, Siedlungs-,

Die Mehrfamilienhäuser wurden in den 50er Jahren formal dem „Eigenheim" angeglichen.
Beispiele aus Köln und Bonn.

Das Eigenheim kein Vorrecht der Reichen
Dieses Brautpaar wußte schon vor der Hochzeit, daß es ein eigenes Häuschen haben wollte und trat einer Bausparkasse bei. Sie sparten zusammen 17 Monate lang jeweils 220 Mark und hatten so bei Baubeginn 3750 Mark eingezahlt. Das Grundstück erhielten sie von der Stadt durch Erbpacht auf 99 Jahre kostenlos. Durch eigene Mitarbeit sparten sie runde 4000 Mark. Nach Einzug in ihr Haus zahlten sie monatlich an Zinsen, Tilgung und Gebühren 96 Mark. Bausparer sind vor allem Arbeiter, Angestellte und Beamte, die 1955 allein 1,04 Milliarden bei privaten Bausparkassen einzahlten. Der Vorteil dieses Zwecksparens liegt darin, daß ein dauerhafter Sachwert geschaffen wird, der viel zu einem glücklichen Familienleben beiträgt.

Heimatkunst-, Gartenstadt- und Heimstättenbewegung), die schon das Baugeschehen des Dritten Reiches bestimmt hatten, auch nach 1945 wirksam blieben und vor allem von den bürgerlichen Parteien vertreten wurden. Infolgedessen erfolgte der Wiederaufbau nach architektonischen und städtebaulichen Konzepten und Leitbildern, die zu Beginn der 40er Jahre entwickelt worden waren. Es bestand ein weitgehender Konsens zwischen Politikern, Architekten und Stadtplanern.

In den zwischen 1940 und 1944 publizierten Erlassen und Dokumenten hatte man sich gegen einen „identischen Wiederaufbau" — der Blick sei nicht „rückwärts" gewandt, deshalb sollte sich die Wiederherstellung von historischer Architektur auf „Meisterwerke" beschränken, nicht aber Alltagsarchitektur betreffen — und für eine „neue städtebauliche Gestaltung" ausgesprochen. Zum bestimmenden städtebaulichen Leitbild war die „aufgelockerte" bzw. „entballte" Stadt erklärt worden, denn eine Heimatbindung des Großstädters durch „Verwurzelung" auf eigener Scholle war das Ziel. Der Wohnungsbau war sowohl in den Innenstädten geplant — hier waren auch Mietwohnungen vorgesehen — als auch in den Randzonen. Bestimmendes architektonisches Leitbild war das Eigenheim. Beim vorgesehenen Zeilenbau diente der offene Raum lediglich als Abstandsfläche, er wurde nicht mehr — wie von den Vertretern des „Neuen Bauens" in den 20er Jahren — als sozial definierter Raum verstanden; angestrebt wurden eine ausgewogene hierarchische Siedlungslandschaft, erstellt aus Wohnbauten unter Verwendung lokaler Baumaterialien und Anwendung heimischer Bauformen, und einheitliche Siedlungsbilder mit vereinzelten Hochhäusern, die für Abwechslung sorgen und zugleich Orientierungspunkte bilden sollten. Es war vorgesehen, die Durchführung der Wohnungsbauprogramme und die Verwaltung der Wohnungen den Gemeinnützigen Siedlungsbaugesellschaften zu übertragen. Das Zentrum sollte ideologischer (Volkshalle) und kommerzieller Mittelpunkt sein. Auf der Basis von Schnellstraßensystemen, von denen man sich eine „Verflüssigung" des Individualverkehrs versprach, plante man eine allgemeine Verkehrsverbesserung; teilweise waren in den Wohngebieten Fußgängerzonen vorgesehen. Um die Städtebau- und Architekturkonzepte durchsetzen zu können, wollte man die staatlichen Enteignungsbefugnisse erweitern.

Verzichtet man bei diesen Ausführungen auf bestimmte Begriffe und Formulierungen wie beispielsweise Volkshalle und Enteignungsbefugnisse, so glaubt man Planungskonzepte für den Städtebau der 50er Jahre vor sich zu haben.

Exkurs: Bauwirtschaft, Wohnungsbau, Wohnungsbaupolitik

Genau wie im Dritten Reich fiel nach 1945/1949 dem Baugewerbe eine Schlüsselstellung zu. Da 16% der Wohnungen zerstört, 25% beschädigt waren und zusätzlich Millionen von Flüchtlingen untergebracht werden mußten, war die Durchführung eines umfangreichen Wohnungsbauprogrammes unumgänglich; es diente zugleich — auch hier besteht eine Parallele zum Dritten Reich — als Arbeitsbeschaffungsprogramm. Infolge der herrschenden Wohnungsnot behielten die Miet- und Kündigungsvorschriften von 1923 ihre Gültigkeit; darüber hinaus verfügte der Alliierte Kontrollrat am 8.3.1946 eine öffentliche Wohnraumbewirtschaftung — Zuteilung von Wohnraum durch die Wohnungsämter —, die am 31.3.53 auf bundesdeutsche Rechtsgrundlage gestellt wurde (Wohnungsbewirtschaftungsgesetz).

Wegen der im Massenwohnungsbau geringen Gewinnerwartung waren öffentliche Investitionen nötig, da Gewinne und Mittel des Kapitalmarktes aufgrund des Preisstops nur in Teilbereichen des Wohnungsbaus (steuerbegünstigter und frei finanzierter Wohnungsbau) zur Verfügung standen. Die öffentlichen Mittel flossen primär in den sozialen Wohnungsbau, dessen Mieten, da infolge der unverändert weiterbestehenden kapitalistischen Produktionsverhältnisse die Ware Wohnung nicht zu ihrem Entstehungspreis auf dem Markt angeboten werden konnte, heruntersubventioniert werden mußten.

Das Baugewerbe hatte von Beginn an in Deutschland im Rahmen der kapitalistischen Wirtschaftsentwicklung eine Sonderentwicklung genommen. Infolge geringer Kapitalausstattung dominierten kleine Betriebsgrößen (90% der Betriebe beschäftigten weniger als 50 Mitarbeiter), während in anderen Produktionszweigen Großbetriebe mit hoher Kapitalausstattung vorherrschten. Die Industrialisierung des Bauwesens war daher gering, es überwogen handwerkliche und manufakturmäßige Produktionsweisen. Gestützt und gefördert wurden die kleinen Betriebsgrößen durch die von den bürgerlichen Parteien mit der einsetzenden Restauration proklamierte „Mittelstandspolitik".

Da aufgrund der öffentlichen Finanzierung des sozialen Wohnungsbaus auch ohne Industrialisierung hohe Gewinne erzielt wurden und Absatzprobleme nicht bestanden, unterblieben die in den Partei- und Regierungsprogrammen geforderte Typisierung, Rationalisierung und Mechanisierung der Bauproduktion fast ganz, obwohl, wie die Beispiele aus den Architekturzeitschriften beweisen, die Bautechnologien durchaus vorhanden waren.

Das Ausbleiben direkter staatlicher Eingriffe hatte zur Folge, daß die während des Dritten Reiches entwickelten Maschinerien, industriellen Produktionsweisen und Organisationsstrukturen (u.a. Bauzeitpläne, Planungsgroßbüros) nach 1945 kaum Anwendung fanden. Auch bei den „Versuchs- und Vergleichsbauten" des Bundes — schon 1956 wurde die Bauforschung abgeschlossen — war die industrielle Vorfertigung einzelner Bauelemente selten zu finden. Da die kapitalistischen Produktionsverhältnisse unverändert blieben, waren steigende Baupreise das Ergebnis der geringen Industrialisierung.

Das I. Wohnungsbaugesetz vom 24.4.1950 wurde mit den Stimmen fast aller Parteien verabschiedet; Ziel des Gesetzes war es, bis 1956 zwei Millionen Wohnungen zu bauen. Die linken Parteien stimmten dem Gesetz zu, weil die Förderung primär dem Mietwohnungsbau galt und sich beispielsweise die SPD mit der staatlichen Rahmenplanung in einer privatkapitalistischen Wirtschaftsordnung zufrieden gab, in der Annahme, es handle sich um einen „dritten Weg" zwischen Kapitalismus und Kommunismus. Die Notwendigkeit vorübergehender staatlicher Planung und Lenkung im Wohnungsbau wurde auch von der CDU betont, die aber, den wohnungspolitischen Vorstellungen von W. Eucken aus den 30er Jahren folgend, so schnell wie möglich zum „freien Spiel von Angebot und Nachfrage" zurückkehren wollte. Sie war nämlich der Meinung, daß die Wohnungsnot von 1945 durch die Festlegung der Mieten und durch die staatlichen Investitionen im Wohnungsbau, die den Wohnungsmarkt zerstört hätten, entstanden sei.

Die Wohnungspolitik der Bundesrepublik, die in dem I. Wohnungsbaugesetz zum Ausdruck kommt, stellte eine direkte Fortsetzung der Wohnungsbaupolitik des Nationalsozialismus dar, sowohl was die Finanzierung, die Programmatik, die Durchführung und Verwaltung (Gemeinnützige Wohnungsbauunternehmen), die Formen (u.a. Unterscheidung von Geschoßwohnung, Eigenheim, Kleinsiedlung), als auch was die formalen Leitbilder betrifft; so sind beispielsweise die vorgeschriebenen Wohnungs- und Zimmergrößen im sozialen Wohnungsbau mit denen des Dritten Reiches identisch. Schon mit dem I. Wohnungsbaugesetz wurden die Weichen zugunsten des freien kapitalistischen Wohnungsmarktes und des Eigenheimes gestellt. Es wurde zwar noch keine eindeutige Bevorzugung dieses Wohntyps ausgesprochen — aufgrund des hohen Wohnungsdefizits war man sich darüber klar, daß der Mietwohnungsbau zunächst im Vordergrund zu stehen habe —, das Gesetz beinhaltete jedoch die Forderung, „breite Schichten des Volkes" mit Grund und Boten zu verbinden. Die Novelle zum I. Wohnungsbaugesetz vom 25.8.1953 und endgültig das 2. Wohnungsbaugesetz vom 27.6.1956 rückten das Einfamilienhaus = Eigenheim dann endgültig in den Mittelpunkt der Wohnungsbaupolitik. Getragen wurde diese Wohnungsbaupolitik von der ehemaligen Massenbasis des Faschismus, dem Kleinbürgertum, das aufgrund seiner Erfahrungen mit dem Dritten Reich verstärkt den Rückzug ins Private antrat bzw. einem „politischen Ruhebedürfnis" nachkam.

Seit dem Wilhelminischen Deutschland stellt das Eigenheim die bevorzugte Wohnform kleinbürgerlicher und bürgerlicher Schichten dar. Es galt und gilt als „Wunschtraum der deutschen Familie", weil es der „Sehnsucht des deutschen Wesens" entspreche. Als wichtigste Reproduktionsstätte autoriärer und faschistischer Systeme wurde es von diesen ideell und materiell besonders gefördert. Da die finanzielle Förderung des Eigenheims nach 1945 um ungefähr 10% höher lag als die einer vergleichbaren Mietwohnung, gewannen die privaten Haushalte für den Wohnungsbau immer mehr an Bedeutung, während der Anteil des sozialen Wohnungsbaus ab 1955 stetig sank. Ende der 50er Jahre wurden schon über 50% der Wohnungen in Ein- und Zweifamilienhäusern errichtet. 1960 und 1963 zogen die Gesetze zum Abbau der Wohnungszwangswirtschaft und Wohnraumbewirtschaftung die endgültige „Liberalisierung" des Wohnungsmarktes nach sich; das Bundesbaugesetz vom 29.6.1960 schließlich setzte öffentlichen Eingriffen in das Privateigentum enge Grenzen. Mit den Gesetzen der 60er Jahre war eine erneute Wohnungsnot vorprogrammiert.

Die Argumente, mit denen die Wohnungsbaupolitiker der bürgerlichen Parteien, insbesondere der CDU, die Eigenheim- und konservative Familienpolitik begründeten, näherten sich zu Beginn der 50er Jahre zunehmend den alten ideologischen Vorstellungen des Blut- und Bodenmythos; die antikommunistische Stoßrichtung gewann immer breiteren Raum und es ist lediglich eine Distanzierung von rassistischen und sozialdarwinistischen Formeln auszumachen. „Persönliche Freiheit", „Privateigentum" und „Eigentum an Grund und Boden" wurden als tragende Pfeiler der abendländischen Kultur ausgegeben, genauso wie die Familie als „Keimzelle" des Volkes

Das „Neue Bauen“ der 20er Jahre wurde abgelehnt, weil es Teil einer gesellschaftlichen Erneuerung und „undeutsch“ gewesen sei.
Beispiel: Frankfurter Römersiedlung von E. May 1928.

Das Stahlhaus der MAN von 1947, das in industrieller Massenproduktion hergestellt werden sollte und formal dem „Eigenheim“ angeglichen war, wurde leidenschaftlich bekämpft, weil man an der handwerklichen Produktionsweise in der Architektur festhalten wollte.

Rechte Seite:
Das „Eigenheim“ war in den 50er Jahren als formales Leitbild so dominierend, daß die meisten Verwaltungsgebäude ihm formal angeglichen wurden.
Beispiele: Finanzamt Aschaffenburg, Französische Botschaft in Bonn-Bad Godesberg, DGB-Kreisverwaltung Lübeck.

galt. Der Großstadt stand man feindlich gegenüber, da man unterstellte, sie zerstöre das „Familiengefühl“.

Von der „Verwurzelung“ der Massen — glaubte man doch, in der „Wurzellosigkeit“ und „Leidenschaft“ der Massen die Ursachen für die Entstehung des Faschismus erkannt zu haben — versprach man sich die Lösung aller sozialen Probleme. Deshalb avancierte das Eigenheim zum zentralen Bestandteil der Familienpolitik: Nur das Eigenheim könne die „Gesundung“ der Familie und damit auch die des Volke gewährleisten. Es mache die Familie krisenfest, verwandle die Massen in heimatverbundene Bürger und töte auch nicht — wie der Massenwohnungsbau — den „Willen zum Kind“. Boden- und Hausbesitz stärkten die „Abwehrbereitschaft“ gegen die „kollektiven Mächte des Ostens“, schützten vor „Vermassung“, förderten die „Liebe zur Heimat und Natur“ und immunisierten gegen Extremismus. Freiheit der Menschenwürde und die Fähigkeit zur Gemeinschaft erwachten erst aus Besitz: „Besitzlose Massen gefährdeten die Demokratie“; deshalb müsse eine staatstragende Schicht von Kleinbürgern geschaffen werden.

Die Privatisierung der sozialen Existenz durch immobiles Eigentum hatte die Funktion, die Restauration der alten Wirtschafts- und Gesellschaftsordnung abzusichern. Hiermit fanden sich auch die Gewerkschaften ab, die sich immer mehr der reinen Konsumpolitik (höhere Löhne) zuwandten: Höherer Lebensstandard wurde auf die Erhöhung der individuellen Konsummöglichkeiten reduziert.

Erst als sich Ende der 50er Jahre die kapitalistischen Verwertungsbedingungen änderten, führte man auch in Teilbereichen der Bauproduktion industrielle Produktionsweisen ein. Daher nahm man nun Abstand von den traditionellen städtebaulichen und architektonischen Vorstellungen, weil ihre ideologischen Inhalte nicht mehr produktionsrelevant waren.

Beurteilung des „Neuen Bauens“

Mit der 1946 ausgesprochenen Warnung vor den „Experimenten der Reichsforschungsgesellschaft Berliner Prägung“ — sie hatte sich Ende der 20er Jahre mit der Mechanisierung bzw. Industrialisierung der Bauproduktion beschäftigt und die soziale Bindung der Architektur und die ihr daraus erwachsende Verpflichtung betont — und der Reduktion der Architektur und des Architekturprogramms des Dritten Reiches auf die „offizielle Baukunst“ waren die Weichen für die formale Kontinuität der bodenständigen Bauweisen süddeutscher und norddeutscher Prägung gestellt; sie werden unter der Bezeichnung „Heimatschutzstil“ zusammengefaßt.

In einigen zwischen 1945 und 1950 erschienenen Publikationen wurden zwar die Forderungen nach Rationalisierung und Mechanisierung der Bauproduktion (u.a. Tafelbauweise) laut, man lehnte jedoch gleichzeitig das 1947 vorgestellte MAN-Stahlhaus mit der Begründung ab, ein „Maschineningenieur“ solle kein Haus bauen. Obwohl das Haus formal dem bevorzugten Einfamilienhaustyp angeglichen war und über rein architektonische Ausdruckselemente verfügte (u.a. Satteldach), fiel seine Beurteilung negativ aus, weil man im Wohnungsbau an der handwerklichen Produktionsweise festhielt. Mit im Vergleich zu den 20er und 30er Jahren abgeschwächten Argumenten lehnte die Mehrheit der Architekten in den 50er Jahren das „Neue Bauen“ der 20er Jahre und die inter-

nationale zeitgenössische Architektur ab; damit entfiel ein inhaltliches und formales Anknüpfen an diese Baukunst respektive ihre Weiterentwicklung. Der Vorwurf dem Bauhaus gegenüber lautete, es habe „widerliche Ideologien" verbreitet — man sprach von ihm als der „roten Kaderschmiede"; von seiner Architektenausbildung wurde lediglich die „unpolitische" Grundlehre übernommen. Abqualifiziert wurden vor allem die Architekten, die sich in den 20er Jahren — zumindest zeitweise — auch für eine gesellschaftliche Erneuerung eingesetzt hatten. W. Gropius wurde beispielsweise als „geborener Extremist" und „Inspirator der Bauhausexperimente" beschimpft, H. Meyer als „Antikunstarchitekt" tituliert. Als exemplarische Beispiele für die negativ beurteilten Bauten und Projekte der 50er Jahre seien der Entwurf H. Scharouns für das Kasseler Stadttheater genannt, der zwar den I. Preis erhielt, jedoch nicht zur Ausführung gelangte, und die Bauten von Le Corbusier.

Die internationale Architektur stehe unter dem Einfluß des „Amerikanismus", sei „monoton" und werde von „Glasnarren" getragen. Die Anhänger der „bodenständigen Baukunst" — von diesen als „wahre deutsche Kunst" ausgegeben — wandten sich gegen „Ausländerei" und „zersetzende Einflüsse" in der deutschen Kultur und qualifizierten das „Neue Bauen" und die zeitgenössische Architektur als „undeutsch" ab. Sie lehnten allerdings auch — wie schon an früherer Stelle ausgeführt — eine historisierende Architekturauffassung für den Wiederaufbau ab und die Restaurierung historischer Bauwerke; ihre bodenständige Baukunst sollte sich der erhaltenen historischen Baukunst jedoch „harmonisch" angleichen.

Die aufgeführten Äußerungen machen deutlich, warum nach 1945 ein Anknüpfen an progressive Architekturtraditionen der 20er Jahre und an zeitgenössische internationale Architekturströmungen unmöglich war. Scharoun mußte schon 1946 aus der Neuplanung für Berlin ausscheiden, weil der von ihm mitentwickelte „Kollektivplan" u.a. Planwirtschaft und Volkshäuser vorsah. Der dann schließlich realisierte „Zehlendorfer Plan" beruhte weitgehend auf Verkehrsplanungen, die im „Büro des Generalbauinspektors für Berlin", A. Speer, entwickelt worden waren.

„Heimatschutzstil"

Das von den lebens- und kulturreformerischen Bewegungen kurz nach der Jahrhundertwende propagierte und von den kleinbürgerlichen und bürgerlichen Schichten getragene „bodenständige Bauen" hatte seine Prägung durch den Rückgriff auf nationale und vor allem auf lokaltraditionalistische ländliche Bauweisen und Bauformen erfahren. Seine Anhänger begründeten ihre Kunstvorstellungen zunehmend mit rassistischen, nationalistischen und sozialdarwinistischen Formeln (Blut- und Bodenmythos). In den 50er Jahren mußten diese lediglich den ideologischen Erfordernissen des formaldemokratischen Gesellschaftssystems angepaßt werden. Zwar fanden die vertrauten Begriffe wie „Verwurzelung" und „Bodenständigkeit" weiterhin Verwendung, doch leitete man nur die ästhetischen Grundsätze des „Heimatschutzstiles" primär aus der Natur und der Landschaft ab und interpretierte sie religiös („der Wille der Natur als der Wille Gottes"); der „Mutterboden" oder das „Volk" galten nicht länger als die alleinigen Triebkräfte des „bodenständigen Bauens": Die Natur avancierte zum bevorzugten Seinsgrund — nur in enger Verbindung zu ihr sei „wahres Leben" möglich. Man rückte auf diese Weise die Bedingungen und Voraussetzungen für das architektonische Schaffen in den Bereich der „unwandelbaren Natur" und gab die „ästhetischen Gesetze" als „naturgegeben" aus: Entscheidende Kraft für die architektonische Gestaltung sei der „Glaube an das Göttliche in der Weltordnung". „Bodengebundenes deutsches Bauschaffen" fuße auf den natürlichen Gegebenheiten der Landschaft und sei Ausdruck der christlich-abendländischen Kultur.

Unter der Aufgabe des Architekten, „Heimat" zu schaffen, wurde aber nicht — wie in der völkischen Bewegung — ländliches = bäuerliches Leben verstanden. „Bodenständiges Bauen und Leben" meinte in den 50er Jahren Wohnen in der aufgelockerten und durchgrünten Kleinstadt, wobei häufig die unterschiedlichen Erscheinungsformen des landschaftsgebundenen Bauens mit dem föderativen System der Bundesrepublik in Verbindung gebracht wurden.

Da sich das boden- und landschaftsgebundene Bauen den von der „materiellen Armut" diktierten „zeitgemäßen Bedingungen" anpassen sollte, erfuhr der Heimatschutzstil der 50er Jahre durch die auf handwerklicher Grundlage basierende Aufnahme schlichterer Formen des puristischen Funktionalismus der 20er Jahre eine Modifizierung. So verzichtete man beispielsweise häufig auf die „bodenständigen Fenster", denen im Dritten Reich eine besondere Bedeutung zugekommen war. Es herrschten „einfachere Proportionen und Gliederungen" sowie „schlichtere Profilgebungen" vor. Von dem „Wohlklang der Maßverhältnisse", der „einfachen und klaren Gliederung der Baumassen" und der „Verbundenheit mit dem Boden" versprach man sich eine Verklärung des „Zweckhaften" und die Schaffung des bodenständigen Baukörpers. Nach wie vor galten primär Backstein- und Putzbauten („örtliche Werkstoffe") als Ausdruck der Bodenständigkeit. Darüber hinaus standen dem privaten Baubedarf wieder Baustoffe wie Stahl und Beton, die das Dritte Reich zur Rüstungsproduktion benötigt hatte, zur Verfügung. Aufgereihte Pfeiler, die eine ornamentale Rasterfassade schufen, wurden daher zum formalen Hauptcharakteristikum des Heimatschutzstiles der 50er Jahre.

Obgleich die bodenständige Baukunst in den 50er Jahren ein eindeutiges Übergewicht verzeichnete, versuchten vereinzelt Architekten, Architektenvereinigungen (u.a. Ring Kölner und Düsseldorfer Architekten) und Akademien (Berlin) an das „Neue Bauen" der 20er Jahre anzuknüpfen und eine formale Erneuerung der bundesdeutschen Gegenwartsarchitektur zu erreichen. Sie formulierten jedoch, anders als die Architekten und Architektengruppen der 20er Jahre, Baukunst primär formal, d.h. bei ihren Bauten standen formale und technische Aspekte im Vordergrund. Diese Architekturauffassung läßt sich besonders deutlich an der Bauhausrezeption festmachen; die „Bauhaus-Architektur" wurde auf formalästhetische Aspekte reduziert und damit das Bauhaus seiner progressiven Inhalte beraubt. Die Bezeichnung „gute" Architektur meinte nun eine Baukunst, die die Veränderungen der Bautechnologie und des Materials formal zum Ausdruck brachte. Die Konstruktion bzw. die stilisierte technische Form avancierte folglich zum wichtigsten gestalterischen Element, sie wurde zum Ausdrucksmittel, womit aber Architektur eine Reduzierung auf

Einige Bauten aus dem Bereich der Industrie zeigten auch in den 50er Jahren formale Merkmale der offiziellen Architektur des Dritten Reiches (u.a. Monumentalisierung an der Wand).
Beispiel: Kraftwerk der REW in Essen.

Da Stahl und Beton wieder zur Verfügung standen, erfuhr der „Heimatschutzstil" in den 50er Jahren eine Modifizierung. Rasterfassaden bestimmten oft das architektonische Erscheinungsbild.
Beispiel: Bundesfinanzministerium in Bonn 1951/53.

Nur ganz selten wird versucht, den Wiederaufbau am historischen Stadtgrundriß und an der historischen Architektur zu orientieren.
„Vielbelächeltes" Beispiel aus den 50er Jahren: Münster.
Unten: Einbau eines Kaufhauses in die „Salzspeicher" in Lübeck.

bloße Formmitteilung erfährt. Bei einigen Fabrikbauten der 50er Jahre kam diese Architekturauffassung zur Anwendung.

„Organischer Städtebau"

Die Biologisierung sozialökonomischer Prozesse hatte im Dritten Reich zur Wiederaufnahme wesentlicher Grundgedanken der lebens- und kulturreformerischen Bewegungen geführt; sie hatten die Grundlage für das Konzept des „organischen Städtebaus" gebildet. Haupttheoretiker im Dritten Reich war G. Feder gewesen, in den 50er Jahren war es H.B. Reichow, der schon im Dritten Reich zu den führenden Architekten des Systems gezählt hatte. Nach dem Vorbild der Natur, deren Wesen auf der Zellenbildung beruhe, sollte sich — nach Feder — der Stadtorganismus aus „Zellen" zusammensetzen, die wiederum in „Unterkerne" unterteilt waren. Die „Unterkerne" sollten auf einen Mittelpunkt orientiert sein, der durch Gemeinschaftseinrichtungen (u.a. Schulen) gebildet wurde. Durch genaue empirische Erhebungen hatte Feder für jeden Kern und für jede Zelle den Bedarf an Geschäften, Handwerkern etc. ermittelt. Insgesamt war die „ausgewogene" Stadt hierarchisch gegliedert und aufgebaut: Um den Stadtmittelpunkt („Zentralkern"), markiert und gleichzeitig hervorgehoben durch die Bauten der Partei und der Stadtverwaltung sowie durch Geschäftsbauten, waren die Zellen ringförmig gruppiert. Entsprechend der „naturgegebenen" sozialen Differenzierung („organische Volksgemeinschaft") sollten alle Wohntypen in den Wohngebieten vertreten sein; die eindeutige Bevorzugung galt jedoch der „deutschen Heimstätte" = dem Eigenheim. Als Ideal sah man eine Einwohnerzahl von 20.000 an.

Von der städtebaulichen und architektonischen Gestaltung hatte sich der Faschismus die „Gesundung" der Städte, von der ästhetischen Gliederung der „ungefügten" und „kollektiven" Masse des Staatsvolkes einen organisch gesunden Volkskörper versprochen. Entscheidend für die Entstehung des „organischen Städtebaus" ist die Tatsache, daß die organische Gliederung bzw. Einteilung der Städte in Zellen und Kerne nach der Struktur der faschistischen Partei vorgenommen worden war.

Die Gestaltungsgrundsätze des „organischen Städtebaus" der 50er Jahre enthüllen sich, wie H. Berndt 1968 schrieb, als dieselben, die schon von den Nationalsozialisten aufgestellt worden waren; meist wurde der Begriff „Zelle" lediglich durch den der „Nachbarschaft" ersetzt. Da nach den bürgerlichen Denkvorstellungen „Entwurzelung", „innere Haltlosigkeit" sowie die „Zusammenballung großer Menschenmassen auf engstem Raum" als Hauptursachen der materialistischen Einstellung, die den Faschismus verursacht hatte, angesehen wurden, war die Umgestaltung der Großstadt vorrangiges Ziel: „Entballung", „Auflockerung" und „Begrünung" hießen die Städtebauleitbilder der 50er Jahre, die, wie vorher ausgeführt, in den 30er und Anfang der 40er Jahre entwickelt worden waren.

Auch in den 50er Jahren glaubte man, die Vermassung bzw. Proletarisierung durch „soziale Modellierung" überwinden zu können. Die angestrebte organische Stadtlandschaft der 50er Jahre setzte sich aus verschiedenen überschaubaren Einheiten, den Nachbarschaften, zusammen: Vier Nachbarschaften bildeten eine Stadtzelle, drei Stadtzellen einen Stadtbezirk, vier Stadtbezirke einen

Stadtteil, drei Stadtteile eine Stadt. Die Idealgröße einer Stadt wurde mit 50.000 Einwohnern angegeben.

Weniger die Altstadtkerne, die als City ausgewiesen blieben, sondern die Randzonen der Städte standen im Mittelpunkt des Baugeschehens. Hier wurden die verschiedenen Wohntypen im modifizierten Heimatschutzstil errichtet, zu Zeilen aufgereiht oder nach „verästelten" Straßen ausgerichtet (Bielefeld: Sennestadt 1954). Die Mehrfamilienhäuser erfuhren eine formale Angleichung an das Eigenheim. Eine hohe Bebauung stieß auf Ablehnung; lediglich vereinzelt sollten als städtebauliche Bezugspunkte Wohnhochhäuser errichtet werden.

Die Heilung der Städte sollte mit der Gesundung der kleinsten Einheit — dem Wohnhaus der Familie — beginnen, dann sollte mit der Gliederung der Stadt in Nachbarschaften die Genesung der gesamten Stadt bewirkt werden.

Das Gesellschaftsbild der Architekten und Stadtplaner

Die Vorstellung von der Gesellschaft als „Organismus", die den Konzepten des organischen Bauens und des organischen Städtebaus zugrundeliegt und die die Gesellschaft als Produkt natürlichen Wachstums ansieht, bedeutet, daß Klassenunterschiede ignoriert oder geleugnet wurden. Die Idee der „organisch gegliederten Volksgemeinschaft", die im Dritten Reich an die Stelle „klassenkämpferischen Denkens" hatte treten sollen, wurde in den 50er Jahren von der Vorstellung der „nivellierten Mittelstandsgesellschaft" abgelöst — beide verschleierten die sozialökonomischen Strukturen.

Auf Ablehnung stieß in den 50er Jahren die Vorstellung einer Demokratie, in der „jeder über alles reden" dürfe; Demokratie sei kein „Allheilmittel". Demokratie wurde als Herrschaft der Elite verstanden, der aufgrund ihrer „Sachkenntnis" die Aufgabe zufalle, die Masse zu führen; letztere könne daher an städtebaulichen Planungen nicht beteiligt werden. Diese „öffentlichen Angelegenheiten" oblägen „berufenen Persönlichkeiten" — im Architekturbereich vor allem den freischaffenden Architekten.

Die „Masse" galt als „wurzellos" und „bindungslos". Da sie zur schöpferischen Gestaltung nicht fähig sei, erwartete man von ihr „Pflichterfüllung". Die zu starke Zusammenballung der Masse habe die Kultur „abwärts" geführt. Über die Erneuerung der Architektur und des Städtebaus durch die künstlerische Elite hoffte man, von einer „Kultur der Wenigen" zu einer „Kultur der Vielen" zu gelangen.

Die ideologische Geschlossenheit der architektonischen und städtebaulichen Formen, Konzepte und Leitbilder, die aus den Erfordernissen der Produktionssphäre und den veränderten politischen Bedingungen der Restauration der alten Produktions- und Klassenverhältnisse resultierte, begann Mitte der 50er Jahre zunehmend aufzuweichen. So flackerte 1954 eine Städtebaudiskussion in der Bundesrepublik auf, in der vor allem von Max Frisch und Joachim Besser die „restaurative Gesinnung" des Wiederaufbaus beklagt wurde. Der wachsende Widerspruch zwischen der Entwicklung der Produktivkräfte und den architektonischen und städtebaulichen Formen und Konzepten fand seine Lösung in der Vorstellung von der „Industriegesellschaft" und in dem Leitbild der „verdichteten und verkehrsgerechten Stadt" sowie in den daraus resultierenden technokratischen Planungskonzepten („Planung statt Planwirtschaft"), die aufgrund geänderter Verwertungsbedingungen — die Steigerung der Produktion und die Beibehaltung der Profite waren nur noch durch Entwicklung und Anwendung neuer Verfahren und Technologien (Rationalisierung) möglich — Ende der 50er Jahre das Architektur- und Städtebaugeschehen prägten. Die Internationale Bauausstellung in Berlin (1957) markiert die Wende. Die Bereitschaft zum technischen Fortschritt beinhaltete jedoch in keiner Weise die Bereitschaft zum gesellschaftlichen Fortschritt.

Städtebau der 60er Jahre: Leitbild ist nun die „verdichtete" und „verkehrsgerechte" Stadt.
Beispiele aus Ennepetal (Ruhrgebiet) und Bonn.

FILME
FERNSEHEN
FANS

Til Radevagen

Wie die blonden Tanten bei Capri baden gingen

Bundesrepubliks-deutscher Film in den 50er Jahren

„Am 26. April 1945, in den Morgenstunden, erobern die Sowjets die Oberlandstraße in Tempelhof. Sie brechen das Tor des UFA-Geländes auf und dringen in die Hallen ein.

Sie kommen sehr ungelegen, denn Helmut Weiss hat seinen neuesten Terra-Film „Sag die Wahrheit" nicht beendet. Noch am Tage des ersten direkten Beschusses stand Altmeister Reimar Kuntze seelenruhig hinter der Kamera, und Ehepaar Rühmann/Feiler spielte mit gewohntem Charme die Hauptrollen in dieser Filmgroteske von Ernst Marischka. Erst als die S-Bahn lahmgelegt wurde, erlosch auch im Atelier das Scheinwerferlicht."

(Dr. Hans Borgelt, Schicksalswende in Berlin, in: Wissen sie noch? Ein DnF-Tatsachenbericht vom Zusammenbruch und Neubeginn des deutschen Films, Wiesbaden 1955)

Ein notwendiger Rückblick

Buchstäblich bis fünf Minuten nach zwölf, als in den Straßen der Hauptstadt des Deutschen Reiches, das zu diesem Zeitpunkt nur mehr auf dem Papier bestand, bereits gekämpft wurde, drehte man also Filme.

Es ist schwer zu sagen, was sich die Beteiligten dabei gedacht haben. Der Mann, dessen besonderer Gunst und Förderung sie sich seit dem 30. Januar 1933 erfreut hatten, der Reichsminister für Volksaufklärung und Propaganda Dr. Joseph Goebbels, lebte zwar noch zu diesem Zeitpunkt, aber nur noch für fünf Tage, am 1. Mai brachte er seine Familie und sich um.

Die Filmleute wollten aber leben. Und viele dachten möglicherweise an die Zeit danach.

Die Herrlichkeit war vorbei. Der UFA-Konzern mit den anderen Produktionsgesellschaften — der Tobis, der Terra, der Bavaria, der Berlin-Film, der Wien-Film, der Prag-Film — hatte nicht nur die Filmproduktion und den Verleih des Deutschen Reiches mitsamt angeschlossener ‚Ostmark' Österreich und dem schon zu ‚Friedenszeiten' besetzten Großteil der Tschechoslowakei beherrscht, sondern im Verlauf des Raub- und Eroberungskrieges auch Dänemark und Norwegen, die Benelux-Staaten, Frankreich, Ungarn und den ganzen Balkan an sich gebracht.

Praktisch ganz Europa wurde von den Zentren des deutschen Films mit Kinoware versorgt.

Ein aufgeblähter Filmsektor war entstanden. Die Folgen sollten sich noch bis weit in die sechziger Jahre hinein zeigen. Aus den Trümmern und Zerstörungen des Krieges rappelten sich nicht nur die vielen Filmbeschäftigten wieder auf, die sich zu neunzig Prozent in den Westsektoren wiederfanden, in der späteren Bundesrepublik, (nur ein verschwindender Teil arbeitete und blieb vor allem bei der von der sowjetischen Militäradministration gegründeten DEFA, der ostzonalen Filmgesellschaft), — nein, in den Trümmern fanden sich auch ganz andere „Schätze": *„Ein Zufall aber, wirklich ein Zufall nur, rettet der AFIFA ihren wertvollsten Besitz. Wie durch ein Wunder wird das Tresorgebäude von den Russen nicht entdeckt. In den Tresoren werden die Negative unzähliger UFA-Filme aufbewahrt. Alles, was man in den kommenden Jahren als „Reprisen" auf den Filmmarkt schicken wird, liegt im Augenblick in seinem Kern hier verborgen. Ein Millionenschatz."*

In der UFA-Zentrale in der Krausenstraße im Stadtbezirk Mitte (heute Berlin/DDR) verließ man sich nicht auf Zufälle oder dumme Russen: *„In dem stark beschädigten Haus ist der Tresorraum unversehrt geblieben. Sein Eingang wird mit Trümmern, Schutt und Gerümpel kunstvoll getarnt.*

Eines Tages kommt ein sowjetischer Offizier mit einer Liste und einer Grundrißzeichnung des UFA-Hauses. ‚Wo Tresor?' fragt er. Die Deutschen heben bedauernd die Schultern: ‚Ausgebrannt!' Einen kurzen prüfenden Blick wirft der Russe in den Keller, nickt und geht davon. So wiederholt sich das Wunder, das bei der AFIFA in Tempelhof den Negativ-Bunker vor der Plünderung bewahrte, bei der UFA in der Krausenstraße. Gerettet werden auf diese Weise sämtliche Akten der Hauptverwaltung, Vertrags- und Personalakten der UFA, Bargeld und Wertpapiere, mehrere Dutzend Büromaschinen und rund hundert Koffer von UFA-Angehörigen, die ihre wichtigste Habe hier untergestellt hatten. (...) Und eines Tages steht fest, daß die Krausenstraße im sowjetischen Sektor liegt, während die AFIFA in der Viktoriastraße „amerikanisch" wurde. Da beginnt ein reger Pendelverkehr zwischen dem Dönhoffplatz und Tempehof. Baumaterialien, gerettete Kinogeräte, das gesamte Lager der UFA-Handelsgesellschaft, Büromaschinen und der komplette Inhalt des Tresors wandern über die Sektorengrenze. In aller Stille verlegt die UFA-Zentrale ihren Sitz in den Westen." (Hans Borgelt, a.a.O.)

Das war der Grundstein der UFA in den Westsektoren, deren von den westlichen Alliierten angeordnete Auflösung oder Entflechtung von den Beteiligten mit allen Mitteln hintertrieben werden sollte — eine Skandalgeschichte eigener Art — die die Filmwirtschaft der Bundesrepublik über mehr als ein ganzes Jahrzehnt beschäftigen sollte.

Die zerschlagene Filmindustrie, die Besitzer zerstörter Kinosäle — „Lichtspielhäuser" in der arischen NS-Zeit— machten sich daran, neue Produktionsstätten zu errichten, ihre Kinos wieder bespielbar zu machen.

Neue Filmgesellschaften und Atelierbetriebe entstanden — neben den alten Produktionsstätten in Berlin und München in Hamburg, in Göttingen, in Wiesbaden, in Baden-Baden. Das Volk wollte Filme sehen, wo es schon wenig zu essen und zu heizen gab in den ersten Nachkriegsjahren. Was in den Ateliers vor Kriegsende und bedingungsloser Kapitulation liegengeblieben war, wurde vollendet, Filme, die die NS-Zensur nicht freigegeben hatte, aus irgendwelchen Gründen, ließen sich nun beinahe mit dem Adelsprädikat des Widerstandes zeigen.

Zwei alliierte Kontrolloffiziere unterzogen sich der undankbaren Herkulesarbeit, für die Westzonen die gesamte NS-Spielfilmproduktion zu sichten, um den Augiasstall zu säubern von Rassistischem und Völkerverhetzendem. Fraglich ist, ob sie sich alle Erzeugnisse der zwölf Jahre tatsächlich angesehen haben. Sie werden sich an Verleihinhaltsangaben gehalten haben, und ohne Zweifel waren die Briten und Amerikaner vor allem auch — nicht unpatriotisch an die Absatzmöglichkeiten ihrer heimatlichen Filmproduktion denkend — daran interessiert, so viel wie möglich mit einem alliierten Aufführungsverbot zu belegen.

Dennoch machten die „Überläufer" und „Reprisen" bis weit in die fünfziger Jahre hinein einen beträchtlichen Teil des deutschen Verleihangebots aus.

Damit sind einige der Krisen des deutschen Films nach 1945 vorprogrammiert: Das Erbe belasteter Filmschöpfer, egal, ob Verwaltungsmann — Produzent, Autor — Regisseur oder Darsteller, die sich alle vorzüglich in den Wiederaufbau integrieren; die notwendige Öffnung des Binnenmarktes — bei erheblich verkleinertem Volumen, für die Filme — vor allem aus den USA, Großbritannien, Frankreich, als den westlichen Siegermächten; und die nur unvollständige Neuorganisierung der Produktion, die darüber hinaus gekennzeichnet ist durch Unterkapitalisierung und Kleinformatigkeit der Unternehmen.

Filmwirtschaft

„Die Welt", die ‚Hitler' der deutschen Filmwirtschaft hinterlassen hatte, *„war sehr klein geworden."*

„Der innerdeutsche Markt reicht nicht mehr bis Memel und Beuthen, sondern ist, die zwei Millionen Westberliner hinzugezählt, bei Helmstedt zu Ende. Raummäßig bedeutet das einen fünfzigprozentigen, einwohnermäßig einen fünfundzwanzigprozentigen Verlust. Der Auslandsmarkt befindet sich erst im Wiederaufbau." (Horst Axtmann, Die deutsche Filmwirtschaft 1945—1951. In: Film-Echo, Nr. 52/1951)

In diesem Überblick zu Beginn der Fünfziger Jahre gibt der Chefredakteur des Fachblattes der ‚deutschen Filmtheaterwirtschaft' die Probleme und den Stand der Dinge an.

Die Produktion konzentrierte sich in Westberlin, Hamburg und München, die meisten Produzenten hatten Lizenzen der Alliierten.

Nach einer kurzen Übergangszeit, in der es alliierte Monopolverleiher gab — sogenannte Militärverleihe — die MPEA in der amerikanischen Zone, Rank in der britischen und Ifa in der französischen, wurden diese aufgelöst bzw. durch Verleihe (von den Alliierten lizenziert) ersetzt, sie operierten meist auf Bezirksebene. Das Filmangebot setzte sich nach Herkunftsländern zur Jahreswende 1951/52 so zusammen:
(erfaßt sind alle Filme, die ab 1945 in die Kinos kamen)

Neue deutsche Produktion	226 Filme
Überläufer (vor 1945 hergestellte, aber erst nach 45 erschienene deutsche Filme)	52 Filme
Filme der ostzonalen DEFA	19 Filme
Alte deutsche Filme	570 Filme
Österreich	110 Filme
USA	641 Filme
England	178 Filme
Frankreich	198 Filme
Italien	73 Filme
Übrige Länder	90 Filme
Gesamt	**2157 Filme**

Filmtheater

Die durch Kriegseinwirkungen — Bombentreffer meist, weniger Zerstörung durch Kampfhandlungen — getroffene Substanz sowie der Bestand der Filmtheater war in den Westzonen zu Beginn des Jahrzehnts weitgehend wieder hergestellt. Der vorübergehende Trend zur Verkleinerung der alten Säle, aus Mangel an Baumaterial z.B., war schon längst einem Neubaugigantismus gewi-

chen. Häuser mit über tausend Plätzen gab es auch in Mittelstädten wie z.B. Ulm, Scala 1200 Plätze, Kassel, Capitol 1178, Mannheim, Planken 1500, Würzburg, Marienberg-Lichtspiele 1016, — ein Zufall, daß es sich bei jenen Städten um besonders stark zerstörte Industrieorte handelte?

„Europarekord"-Halter sogar war das Apollo-Theater in Düsseldorf mit 2811 Sitzplätzen, und in Westberlin wurde in Neukölln der Metro-Palast mit 2017 Plätzen wieder errichtet.

Der ungehemmte Bauboom sollte sich noch etliche Jahre fortsetzen, denn nun brachen die Goldenen Jahre des Kinos an — Fernsehen steckte noch in den Kinderschuhen und war eine Gasthaus-Attraktion, der Farbfilm gewann dem Kinofilm zusätzlichen Reiz und es begann auch die Zeit der Breitwandverfahren.

Die gewerbefreie Neuerrichtung von Kinos sollte bald zu einer Überbesetzung vieler Spielorte mit Kinos führen. Ein Zustand, den der Verband der Filmtheaterbesitzer schon frühzeitig beklagte, aber mit Appellen an die Vernunft keineswegs abändern konnte. Zu den alteingesessenen Familienbetrieben, wie die meisten Kinos damals betrieben wurden, kamen die Flüchtlinge aus den deutschen Ostgebieten und der SBZ/DDR, wo die meisten privaten Kinobesitzer Anfang der 50er Jahre enteignet wurden. Sie gingen in den Westen und bauten dort neu, die Konkurrenz verschärfend. Sehr viele der damals gebauten Kinos sind inzwischen längst vergangen, wurden „zweckentfremdet" im Verlauf des großen Kinosterbens, das schon Ende der fünfziger Jahre einsetzte, zu Lebensmittel-, Teppich- und sonstigen Supermärkten.

Das ist besonders schade, weil viele von ihnen in jenem typischen Stil, der die Architektur des Jahrzehnts prägte, errichtet worden waren und man heute lange suchen muß, um noch eines dieser Kinos zu finden.

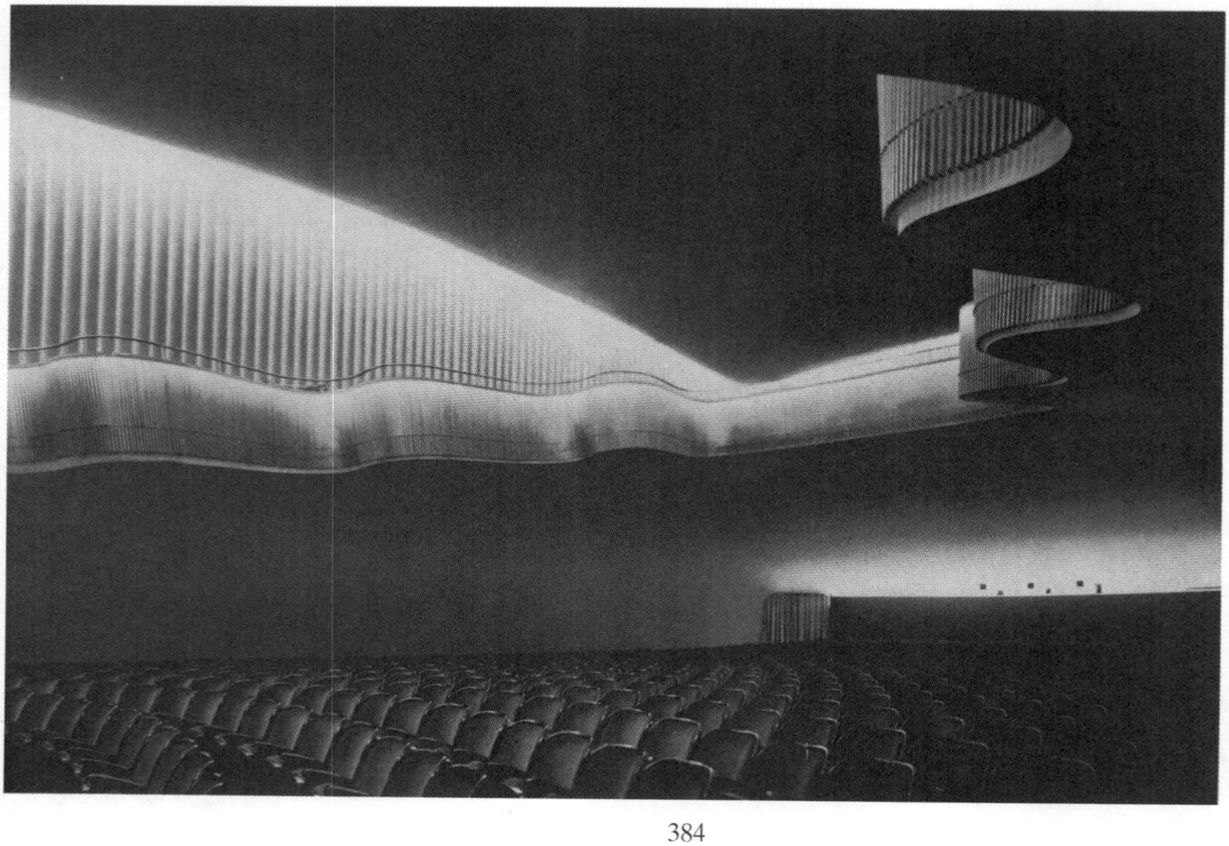

Filmgenres und -wellen

Heimatfilm

Über die Schwemme von GRÜNEN Filmen, die IM WALD, AUF DER HEIDE, AUF DER ALM, AM WILDBACH, IM TIEFEN TAL oder AUF DEM BERG spielten, ist schon so viel — auch gründlich — geschrieben worden, daß eine Auseinandersetzung mit ihnen an dieser Stelle kaum lohnt. Die allermeisten von ihnen stehen für „die Fortführung der schlimmsten Traditionen" und leisten sich „einen gemütlichen Ausklang des Nazifilms" (Crista Bandmann/Joe Hembus, Klassiker des deutschen Tonfilms 1930—1960, München, 1980, S. 14).

Und ein Vierteljahrhundert später ist es schwer zu entscheiden, ob sie die ihnen zugeschriebene Funktion — zur Integration von Millionen aus den ehemaligen deutschen Ostgebieten Geflüchteten in der neuen Heimat beizutragen — erfüllt haben. Das Schimpfwort „Hurenflüchtling" dürfte auch im Süddeutschen aus der Mode gekommen sein.

Ehe- und Problemfilm

Eine beinahe unzählbare Menge von Filmen hatte die Beziehung „zweier reifer Menschen" zum Thema. Krisen, die sich im Privaten, bestenfalls in Verfolgung der Karriere abspielten. Meist taten sie das im gehobenen Milieu und das tatsächliche Problem von Frauen, die infolge des Krieges allein standen, sich in den Arbeitsprozeß integrieren wollten und mußten, wurde oft hinter konservativen Lösungen zurückgenommen. Darstellerinnen wie Ruth Leuwerik, Winnie Markus und Luise Ulrich stehen für diesen gepflegten Frauentypus jener Filme, die zumeist *„von hierarchischen Wertvorstellungen und klerikal-reaktionären Postulaten bestimmt"* waren. (Klaus Kreimeier, Kino und Filmindustrie in der BRD. Ideologieproduktion und Klassenwirklichkeit nach 1945. Kronberg 1973, S. 152)

Sozusagen durch Volksentscheid stellt die Filmillustrierte „Film-Revue" alljährlich fest, wie es um die Beliebtheit deutscher und ausländischer Filmstars bei den deutschen Filmfans bestellt ist. Die bei der Leserbefragung als Spitzenlieblinge gekürten Filmdarsteller werden mit dem „Bambi" ausgezeichnet, einer sehr begehrten Trophäe, deren Überreichung alljährlich ein großer Tag für die Karlsruher Schwarzwaldhalle ist. Bild oben: 1955 / Matthias Wieman (links) und neben ihm Cécile Aubry mit den Trophäen, die sie in Stellvertretung von Ingrid Bergman und Jean Marais in Empfang genommen haben. Rechts Maria Schell und O.W. Fischer, beide mit „eigenem" Bambi. Diese beiden waren auch im Jahre 1956 die erklärten Lieblieben des befragten deutschen Filmpublikums, ebenso wiederum Jean Marais. Zu dritt stellen sie sich (Bild Mitte) in der Schwarzwaldhalle ihren beifallsfreudigen Freunden vor. Im März 1960 wurden (Bild unten) Ruth Leuwerik (links) und — zum vierten Male als in Deutschland beliebteste ausländische Filmschauspielerin — Gina Lollobrigida bejubelt. Auch O.W. Fischer hatte das Rennen wieder einmal gemacht. Für den Amerikaner Rock Hudson nahm der Hollywoodfilmschauspieler Van Johnson (zweiter von links) den Preis in Empfang.

Protest gegen den „Wüstenfuchs“ erhob das Syndikat (d.i. die Gewerkschaft, kein Gangsterring, Anm. d. Vf.) der technischen Filmschaffenden. Die für die Außenaufnahmen in der Normandie engagierten Techniker weigerten sich, die Arbeit aufzunehmen, nachdem sie erkannten, *„daß es sich um die Rehabilitierung der Hitlergeneräle handle, die die Henker unseres Landes waren“*. (-al)

Anmerkung: In dieser Meldung von 1951 war es unnötig zu übersetzen, daß mit dem „Wüstenfuchs“ der Generalfeldmarschall Rommel gemeint ist, der Film eine Produktion der Briten war.
(F-E, Nr. 19/1951)

Soldaten-Militärfilme deutscher Produktion

Ganz bestimmt kein Zufall war es, daß sich Mitte der fünfziger Jahre die in der Bundesrepublik produzierten Filme, in denen der „Landser“ im Mittelpunkt stand, plötzlich häuften. Bereits vorher waren sporadisch Filme in den Kinos erschienen, die sich dem heiklen Thema ‚unverdächtig‘ näherten. — „Rommel“, ein Film, der objektiv Wochenschaumaterial von Engländern und Amerikanern mitverwendete, kam bereits 1951 — mit großem Erfolg — auf die Leinwände, mit Unterstützung des Volksbundes deutscher Kriegsgräberfürsorge.

Führende Persönlichkeiten der ehemaligen Wehrmacht wurden weiterhin filmisch gewürdigt in „Des Teufels General“ (nach Zuckmeyers Theaterstück) — Curd Jürgens als General Harras alias Udet, um das Thema „Der 20. Juli“ stritten sich gleich zwei Filme. Und auch dem ehemaligen Abwehrchef der Wehrmacht, Admiral Canaris, einem Mitverschwörer, wurde ein filmisches Denkmal gesetzt, in der Hauptrolle O.E. Hasse.

Diese Filme befaßten sich, ganz der Geisteshaltung ihrer Produzenten entsprechend, allein mit dem aristokratischen Widerstand gegen Hitler, viel edle Gesinnung berufenen Führertums konnte in die Rollen hineingelegt werden.

Der Identifizierung mit den kleinen Marschierern, dem unbekannten Frontschwein, die viel mehr an den Mann von der Straße im Kino appellierten, dienten Filme wie „08/15“, drei Teile, in denen Drill und Erniedrigung in der Kaserne nicht ganz ausgeblendet blieben. Ihren Kontrapunkt fanden diese ‚ernsten‘ Landserfilme in den Militärklamotten, in denen der Kommiß als lustige Zeit der Kameradschaft, tollen Blödsinns und männlicher Orgien verklärt wurde, wie in „Drei Tage Mittelarrest“ oder „Der Frontgockel“.

Eine besondere Variante waren jene Filme, in denen der ungebrochene Überlebenswille des kleinen Soldaten nach dem „Ende“ gefeiert wurde, humorvoll gefärbt, wie in „Heldentum nach Ladenschluß“ oder „Unternehmen Schlafsack“.

Eine zweite Kriegsfilmwelle kam gegen Ende der fünfziger Jahre noch einmal aus den Ateliers.

Auch wenn sich manche ein kritisches Mäntelchen umhängten, indem sie mit Maßen an die Schuld des „Führers“ und sogar mancher Generäle erinnerten, so scheint es doch, daß viele dieser Produktionen nun ganz unverblümt den Helden feierten, Opfer- und Leidensbereitschaft des deutschen Soldaten, seinen Mut, sein Durchhaltevermögen. Die Schamfrist war abgelaufen. Traditionsbeschwörung und Feindbildherstellung für die Bundeswehr mögen ein wichtiges Motiv für die Entstehung solcher Filme wie „Der Stern von Afrika“, „Fabrik der Offiziere“, „Division Brandenburg“, vor allem aber „Hunde, wollt ihr ewig leben?“, „Der Arzt von Stalingrad“ oder „Nacht fiel über Gotenhafen“ gewesen sein.

Ganz auf der Linie des Einsatzes von immer gröberen Reizen, dem bedenkenlosen Fischen nach Zuschauern, liegt die Genrevermischung, die in solchen Filmen wie „Lebensborn“ zum Ausdruck kam: dem angeblich auf Tatsachen beruhenden Bericht über die Zusammenführung von reinarischen deutschen Soldten mit ebensolchen blonden Maiden, um dem Führer lauter gesunde germanische Wunschkinder zu schenken.

Film-Zuschauer, denen im Jahre 1953 dreidimensionale Werbefilme vorgeführt wurden. Ihre plastische Wirkung kam nur zur Geltung, wenn die Beschauer Polarisationsbrillen benutzten

Zwei von Hunderttausend

In der Zentrale des „Internationalen Maria-Schell-Clubs", München, traf der QUICK-Fotograf die 17jährige Christa Richter und den 18jährigen Peter Müller, die beide gerade die Schule hinter sich gebracht haben. Sie arbeiteten emsig für ihr Idol, das ihnen von der Wand her in vielen Variationen über die Schultern schaute. Die Jünger Marias sind glücklich, das Archiv ihres vielbeschäftigten Lieblingsstars verwalten zu dürfen. Auch die Autogrammpost der Schell — bis zu 12 000 Anfragen im Monat — erledigen die Schell-Fans ehrenamtlich. Der von der 21 Jahre alten Bankangestellten Elfie Schlemmer geleitete „IMSC" hat fast 5000 Mitglieder. Er ist einer der rund 750 Film-Fan-Clubs der Bundesrepublik, die insgesamt etwa 100 000 Mitglieder zählen.

Erotik und Sexualität im Film

Es ist daran zu erinnern, daß die Zeit synonym mit Ära Adenauer bezeichnet wurde. Für den Film hieß das, daß es trotz grundgesetzlicher Abschaffung der Zensur und der stattdessen von der Filmwirtschaft selbst vorgenommenen Prüfung der Filme durch die FSK = Freiwillige Selbstkontrolle eine ganze Reihe von Mechanismen und Instanzen gab, die dafür sorgten, daß kein Rock zu hoch und kein Decolleté zu tief rutschte. Bare Brüste, wie sie selbst im Nazifilm gelegentlich vorkamen, waren in den fünfziger Jahren tabu. Genauer, sie wurden in den „Kulturfilm" verbannt (z.B. „Hito-Hito", „Herrscher des Urwalds"). Dort waren sie — ganz in der Tradition der NS-Ideologie — wieder erlaubt, bei den unschuldig paradiesischen oder primitiven Wilden Afrikas oder Amazoniens.

Gewagtes wurde in bestimmten Genres oder von bestimmten Filmländern — mit Maßen — gestattet.

So wurden in jenen Jahren die „Schwedenfilme" ein Begriff (und Kassenerfolg), weil da — meist im Dunkeln und/oder bei Gegenlicht — für ein paar Sekunden von neunzig Minuten ohne Badebekleidung im See gebadet wurde.

Die Franzosen lieferten „Rotlicht-Bezirks"-Filme — sie spielten im Prostituiertenmilieu oder in libertinen Verbrecherkreisen. Die Italiener schließlich sorgten mit einer Reihe von „Reispflanzerinnen"-Filmen für den erfolgreichen Typ des vollbusigen, bis zu den Schenkeln im Wasser stehenden italienischen Vamp.

Einige Versuche, die engen Grenzen des sexuell erlaubten auszudehnen, fanden in den Aktionen von (katholischem) Volkswartbund oder der Bundesprüfstelle schnell ihr Ende.

Selbst heute harmlos anmutende Erotik im Kunstbereich (H. Knef als Malermodell in „Die Sünderin") führten zu Stürmen der Entrüstung.

Welche Verklemmungen und doppelte Moral diese Filmzeit hervorbrachte, läßt sich ex negativo an der ein Jahrzehnt später mit Macht ausbrechenden Sexfilmwelle beobachten. Da wurde all das nachgeholt, was unter Volkswartbund-Aufsicht und rigide kontrollierender Bundesprüfstelle nicht möglich war. Da erlebte auch der Heimatfilm eine letzte Blüte: Jetzt fielen auch tiefausgeschnittene Dirndlkleider und auf Heustadln oder Wiese von Oberbayern bis Ostfriesland machte sich uriger Sex à là Alois Brummer breit ...

Jedoch: Eingeleitet wurde das Filmen unter der Bettdecke mit dem Anspruch der Aufklärung. Ein Mann namens Oswalt Kolle hatte entdeckt, daß die Deutschen da — bei den Freuden der Liebe — dringend Nachhilfe brauchten ...

Knef-Film „Die Sünderin"

Rechts: Immer höher klettert Marion Michael in der Publikumsgunst. Nach „Liane, das Mädchen aus dem Urwald" und dem „Tollen Bomberg" verspricht auch ihr dritter Film, „Liane, die weiße Sklavin", ein Kassenknüller zu werden. Die Handlung hat es in sich. Liane, die im ersten Film von Hardy Krüger aus dem Urwald gelockt wurde, wird im zweiten von Partner Adrian Hoven wieder hineingelotst. Fotos: Arca/NF/Stempka

EDMOND O'BRIEN
GALE STORM
wischen
ITTERNACHT
und
MORGEN
LIEBE, GERECHTIGKEIT, GANGSTER UND TOD
MÄDCHEN IN NOT, RAUB IN DER NACHT, MÖRDER AUF DER FLUCHT

DIE BURG
der Rache
RICHARD GREE
Ritter, Romantik
Frauen und Räc
Zur Liebe gebor
dem Haß versch
EIN FARBFILM
IN TECHNICOLOR

WILLIAM HOLDEN
CLAIRE TREVOR
GLENN FORD
Flucht nach TEXAS
Verwegene Männer,

JOAN CRAWFORD
WENDELL COREY
Die LÜGNERIN
Frauenlist, Männersorgen,
Unverstand und Liebe.
Die Geschichte einer Ehe,
in der nicht alles ist,
wie es sein sollte

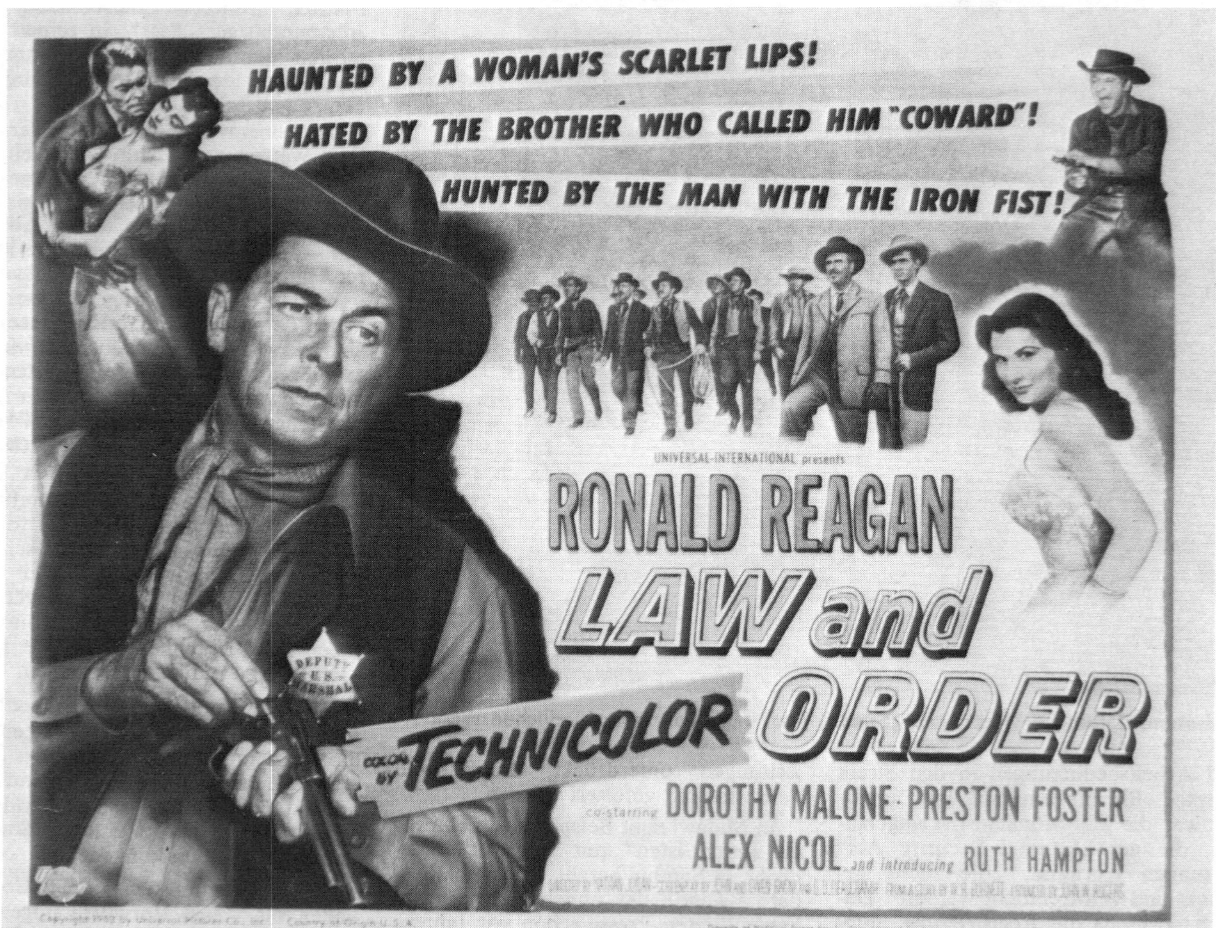
HAUNTED BY A WOMAN'S SCARLET LIPS!
HATED BY THE BROTHER WHO CALLED HIM "COWARD"!
HUNTED BY THE MAN WITH THE IRON FIST!
UNIVERSAL-INTERNATIONAL presents
RONALD REAGAN
LAW and ORDER
COLOR BY TECHNICOLOR
DEPUTY U.S. MARSHAL
co-starring DOROTHY MALONE · PRESTON FOSTER
ALEX NICOL and introducing RUTH HAMPTON
53 / 211

Die Jugend im Film

Die 50er Jahre, das waren die Jahre, in denen man — offeriert in mehreren „Wellen" — viele Dinge im Zeichen wachsenden Wohlstands (oder wenigstens stabiler, steigender Einkommen) als unverzichtbare Statussymbole „haben mußte". — Konsumgüter oft zweifelhaften Gebrauchswertes ersetzten historische Verarbeitung, Bewältigung der Geschichte. Die Aufbauleistung der Generation, die Hitler gefolgt war, wurde mit dieser „Schuld" verrechnet. Der Film half nach Kräften, die jeweils gängigen Ideale mit seinen Mitteln zu propagieren.

Alle „Wellen" neuer Konsumbereiche fanden ihren Niederschlag in den entsprechenden Filmen.

Ein Gutteil der alpenländischen Heimatfilme, die in der Gegenwart handelten — „Gruß und Kuß vom Tegernsee" etwa — ebenso wie die schlagerträllernden Italienfilme — „Marina" und viele andere — begleiteten die Reisewelle, trugen zu ihr bei, weil sie mit Musik, Liebe und jungen Leuten besser als bunte Prospekte bestimmte Glücksversprechen für „die kostbarste Zeit des Jahres" veranschaulichten. Der Urlaubsfilm wurde kreiert, als Produkt und Begleiterscheinung der Reisewelle.

Ihr vorausgegangen war die „Motorisierungswelle". Der Erfindergeist deutscher Kleinwagenbauer sorgte in nicht wenigen deutschen Spielfilmen für Situationskomik, wie z.B. der Messerschmidt-Kabinenroller in „Die Züricher Verlobung". Da konnte nicht ausbleiben, daß die Motorisierung der Jugend — vornehmlich mit der legendären NSU-„Quickly" — nur die Kinder der Reichen konnten sich einen italienischen Motorroller Marke „Vespa" leisten — bald zu Filmehren kam. Bevor aber auch nur einer der wenigen ernstzunehmenden Filme zum Thema JUGEND in die Kinos kam, gab es bereits eine ganze Schwemme von Leinwanderzeugnissen, in denen das Thema für die Zielgruppe „Bravo"-Leser in der typischen Art verbraten werden sollte.

„Peter und Conny machen Musik" als deutsche Imitation amerikanischer Rock'n'Roll-Filme, verquaster Seelenschmus für Abiturienten wie in „Mitternachtsblues" (Ruth Leuwerik als alles verstehende Studienrätin), Heinz Rühmann als „Der Jugendrichter" — man ahnt bereits, welche Lösungen da angeboten wurden.

„Das Kino hier war ursprünglich eine Goldgrube. Sie können sich gar nicht vorstellen, was wir nach der Eröffnung und auch in den ersten Jahren nach der Währungsreform für Einnahmen hatten. Und das darum, weil die meisten Uraufführungstheater ausgebombt waren. Aber im selben Maße, wie diese Theater rund um die Gedächtniskirche nach und nach wieder aufgebaut wurden, ließ im „Astoria" das Geschäft nach. Dazu kommt noch der Abbruch, den uns das Fernsehen unzweifelhaft tut. Die Folge des schlechten Geschäftsgangs war, daß wir auch die zugkräftigsten Filme nicht mehr bekamen, denn jeder Verleiher gibt seine Knüller natürlich lieber einem Filmtheater zur Premiere, das gute Einnahmen hereinbringt. (...) Gestern zur ersten Vorstellung hatten wir ganze drei Besucher. Drei! Wir haben nicht mal die Stromkosten dabei hereinbekommen." (Klagelied eines Filmvorführers. In: Heinz Pinkwart, Der Strohmann mußte weg)

AUS DER FROSCHPERSPEKTIVE läßt ein Mann des deutschen Films, der mit dem Verfassen von Kriminalromanen das Metier gewechselt hat, einige der vermeintlichen Gründe für den Niedergang des Films in

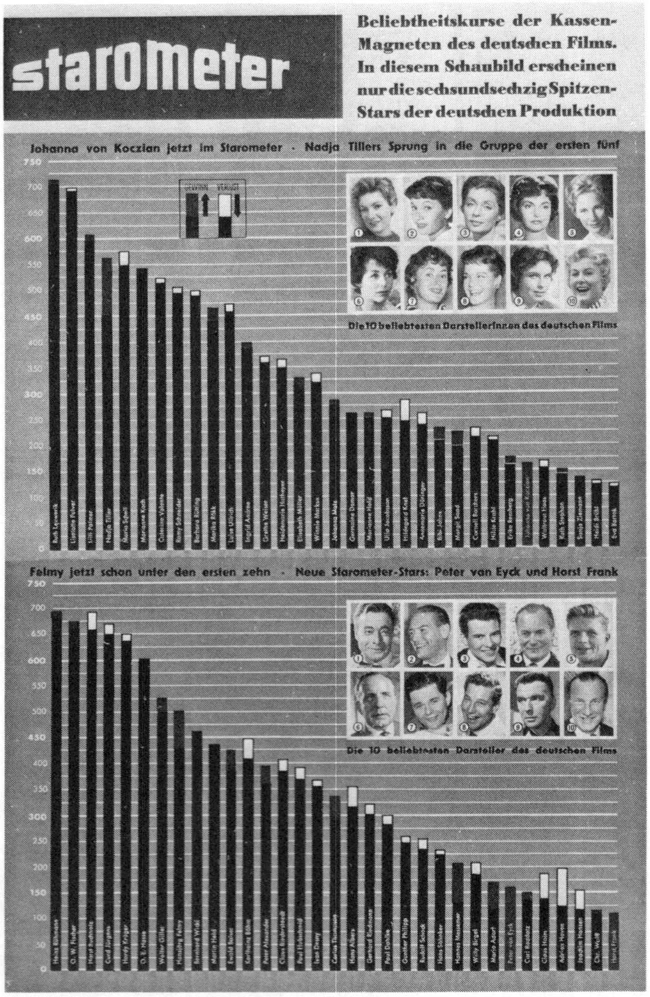

der Bundesrepublik resümieren. Sie sind nicht unbedingt und direkt alle falsch.
Doch einiges fehlt.

Im Film dauerten die fünziger Jahre mindestens bis 1962. Das war das Jahr des Oberhausener Manifests. In ihm drückte eine neue Generation ihren Protest und ihre Unzufriedenheit mit den bestehenden Verhältnissen aus und sagte den alten UFA-Mumien den Kampf an. Ein Jahr zuvor schon hatten zwei kritische Einzelkämpfer — Joe Hembus, Der deutsche Film kann gar nicht besser sein, Bremen 1961 und Walther Schmieding, Kunst oder Kasse. Der Ärger mit dem deutschen Film, Hamburg 1961 — mit denen abgerechnet, die nun abgewirtschaftet zu haben schienen.

Doch es dauerte noch eine ganze Weile, bis sich die Filme der Jungen auch in den Kinos durchsetzen konnten — nicht bei der Kritik, die sich schon die Organe geschaffen hatte, für einen besseren Film zu streiten, wie die 1957 gegründete „Filmkritik". Aber die Abspielbasis war immer noch von Alten beherrscht. Off-Kinos und Ansätze kommunaler Kinos waren noch weit entfernt, Gilde-Filmkunst-Theater führten ein Schattendasein. Es gab keine Ausbildungsstätte für Nachwuchs — der rekrutierte sich offenbar selbst unter der Hand. — Denn erst nach der Mitte der Sechziger Jahre sollten die neugegründeten Film- und Fernsehhochschulen in Berlin (West) und München ihre Arbeit aufnehmen.

Zu einer Zeit, da der Ausverkauf des Films schon im Gange war — die glorreiche UFA war als Resteverwertung in verschiedene Hände gegangen, der Filmtheaterpark zeitweise an Bertelsmann. Der Verleih hörte auf zu existieren. Die Bavaria-Filmstudios in München wurden von mehreren Fernsehanstalten (WDR und SDR) gemeinsam übernommen. Die Realfilm-Studios in Hamburg gelangten in gleicher Weise zum Norddeutschen Rundfunk. Dabei war Walter Koppel, der Studiogründer, einer der wenigen Produzenten der fünfziger Jahre, der unbelastet aus den Jahren des Nazismus herausgekommen war.

Das war das endliche Ende, der Bankrott, von „Opas" und „Papas" Kino. Beide Bezeichnungen geben vollkommen richtig wieder, daß nicht nur eine, sondern zwei Generationen Junger herangewachsen waren, die in dem darniederliegenden System weder eine Zukunft sahen, noch auch überhaupt eine Chance erhalten hätten.

Bis zum „Abschied von gestern" — Alexander Kluges programmatisch betiteltem Erstlingsfilm — hatten die Altproduzenten gewirtschaftet. Mit Schlager- und Operettenfilmen, in der Hoffnung vom Erfolg und der Bekanntheit der Schallplatte zu profitieren, mit Wiederverfilmungen (Remakes) angeblich publikumsträchtiger Erfolge von gestern (die Liste solcher Neuverfilmungen war nicht endlos, aber beträchtlich), mit Weiterpflege des UFA-Starrummels — mit fast schon tragikomischen Auswüchsen: Marika Rökk mußte noch mit über fünfzig die Revuebeine hochwerfen, mit Wellen, die abgeritten wurden, bis sie der letzte überdrüssig war, hatte man sich an das Alte geklammert. Nachdem mit dieser Art Film kein Geschäft mehr zu machen war, ging man ins Immobiliengeschäft, getreu Artur Brauners Devise: „Spandau, mein geliebtes Spandau! (dort befanden sich die CCC-Studios in einer ehemaligen Giftgasfabrik, Anm. d. Vf.) — Schön warst du nicht, aber sehr ertragreich!" (Artur Brauner, Mich gibt's nur einmal, München 1978)

James Dean und die Folgen

Einige wenige Filme genügten, damit ein junger amerikanischer Schauspieler aus dem „Actors-Studio" der Strasbergs zum Idol einer Epoche wurde: James Dean. Die Filme hießen: „Rebel without a cause", 1955, „East of Eden", 1955, und „Giant", 1956. Danach verunglückte er mit seinem Porsche Spyder tödlich und wurde erst recht zum populären Mythos dieser Jahrhunderthälfte. Es war ein Kometenaufstieg, ähnlich dem des jungen Marlon Brando, er spielte bewährte Leinwandgrößen an die Wand.

Kritiker, in seltener Übereinstimmung mit dem „an der Kasse abstimmenden Publikum", bescheinigten ihm die Sensibilität eines Gèrard Philipe und die Modernität eins Amerikaners gleichzeitig, „ein erstaunliches Nuancenreichtum" der Darstellung. (Denkt man an die Rollenfixierung der festgelegten alten UFA-Größen, vielleicht weniger erstaunlich. — Das ist nicht als einschränkende Wertung gemeint.)

Ein einziger Film *„bereitete den Boden, auf dem der James-Dean-Kult gedieh"* (Reclams Filmführer): *„Rebel without a cause"* — deutscher Verleihtitel *„... denn sie wissen nicht, was sie tun"*, — des Regisseurs Nicholas Ray.

„Dean verkörperte hier jene Jugend, der die traditionellen Werte ‚success' und ‚prosperity' schal geworden sind und die in der überkommenen Ordnung keinen Rahmen zur Selbstverwirklichung mehr sieht." (Ulrich Gregor/Enno Patalas, Geschichte des Films 1940—1960, Reinbek 1976, S. 450)

Es ist bislang recht unerforscht, warum und weshalb gerade zu einem bestimmten Zeitpunkt Lebens- und Selbstgefühl, Selbstdarstellung/-inszenierung, der Stil und das Bild einer ganzen Generation sich so hundertprozentig in einer einzigen Person verkörpert sehen können. „Starrummel" erklärt das Phänomen nur im Zusammenhang mit der totalen Vermarktung, dem Kult nach dem Tod des Heroen, seinem unvollendeten Leben, wie jüngst mit Elvis Presley und John Lennon geschehen.

„Rebel without a cause" ist ein „Street"-film. Er steht in der Tradition eines eigenen Genres, das sich aus Einwanderer-, Aufsteiger-, „proletarischer" New Deal-, klassischer Gangsterfilm- und vordergründiger Generationskonflikt-Thematik zusammensetzte.

Die versuchten deutschen Nachahmungen (oder Inspirationen) konnten sich auf solch eine Traditionslinie nicht berufen. Sie waren synthetisch und dennoch etwas ganz Neues im Angebot des deutschen Films.

So wurde dem jugendlichen Hauptdarsteller des ersten und wichtigsten Films, der hier diese unbesetzte Szenerie eroberte, Horst Buchholz in „Die Halbstarken", bescheinigt, er sei eine „synthetische Kopie von Marlon Barndo plus James Dean" —. Und in der Folge erhielt er das Image des deutschen James Dean so zwangsläufig, wie es der Wiederholungszwang deutscher Filmproduzenten diktierte — ihre Versuche, an Erfolgreiches anzuknüpfen, sofort eine Serie daraus zu machen. Buchholz spielte also auch die Hauptrollen in „Endstation Liebe", 1957, und „Nasser Asphalt", 1958.

Natürlich zogen auch Vertreter des Altkinos nach — wie Geza von Radvanyi mit „Und sowas nennt sich Liebe", sowie deren Schüler, die sich wiederspruchslos in den Produktionsapparat einfügten, wie Alfred Vohrer mit „Verbrechen nach Schulschluß", 1959. Der thematische und szenische Bezug, wie ihn Gregor/Patalas definierten, tritt schon in den Titeln deutlich hervor.

„Die Halbstarken" war der erste Spielfilm von Georg Tressler, der keineswegs jünger war als Vohrer, umgekehrt. Aber neue Themen anzuschneiden, war keine Sache des Alters. Tressler kam vom Dokumentarfilm und hatte Gespür für die Realität und einen entsprechenden Inszenierungsstil, Vohrer war ein junger alter Mann.

Die Drehbücher zu den drei erstgenannten deutschen Filmen der Halbstarken-Thematik stammten sämtlich von Will Tremper, einem der erstaunlichsten Talente des Films jener Jahre.

Exkurs

Es ist mehr als eine Fußnote wert, anzumerken, daß Tremper mehr war als nur eine „Krawalltüte" und Skandalreporter. Seine Filme „Die endlose Nacht", 1962, und „Playgirl", 1965, sind zu Unrecht vergessen, kamen vielleicht zu früh, wurden von dem kinobesessenen Tremper außerhalb des Apparates und unter abenteuerlichen Finanzierungsbedingungen hergestellt, ganz auf eigenes Risiko. Ein Verlust für den deutschen Film. Heute schreibt Tremper, völlig ausgeschieden aus dem Film, als ‚Petronius' für Axel Springers Welt am Sonntag zynische Fernsehkritiken und -kommentare.

Sein Fall ist nur noch vergleichbar dem von Manfred Gregor, der die literarische Vorlage zu Bernhard Wickis hochgelobtem Film „Die Brücke", 1960, schuf. „Die Brücke" war einer der an einer Hand abzuzählenden kritischen Filme über den Zweiten Weltkrieg — fünfzehn Jahre danach! — gegenüber bald einem Hundert der unkritischen, sachte verherrlichenden. Manfred Gregor verschwindet von der literarischen Bühne, spurlos, scheint es. Ist er mit dem Manfred Gregor identisch, der Ende der Sechziger, Anfang der Siebziger Drehbücher zu den unsäglichen Sexfilmchen des Schweizer Produzenten Erwin C. Dietrich verfaßt? Das würfe ein bezeichnendes Licht auf die Branche, wäre programmatisch für den Zustand des deutschen Films ausgangs der Fünfziger Jahre, wie er Talente verkommen ließ und die Kolporteure herrschten!

Siegfried Zielinski

Telewischen

Aspekte des Fernsehens in den 50er Jahren

Titel von Eric Godal (Christian Wolff Verlag) um 1956/57

Vorweg:

Die Frühgeschichte des bundes-deutschen Fernsehens ist von der Kulturpolitik bisher seltsam unbeackert gelassen worden. Zwar haben sich einige privilegierte Akten-Ordner aus Archiven und den Funkanstalten selbst mit Teilen der Rundfunkpolitik nach 1945 beschäftigt. Und zwar liegt wenigstens für den Programm-Bereich des Fernsehspiels mittlerweile ein kritischer systematischer Überblick vor (Hickethier 1980). Der komplexe Zusammenhang zwischen Politik, Wirtschaft, Technik, Programm und Publikum, in dem sich das mittlerweile konsum-intensivste Medium im ersten Jahrzehnt der BRD entwickelt hat, ist freilich zu Beginn der 80er Jahre fast genauso nebulös wie die Zukunft des Mediums unter den sich gegenwärtig zügig verändernden technologischen Bedingungen. Verblüffend und charakteristisch zugleich für den bundes-deutschen Hang zur Geschichtslosigkeit, oder besser: zur Geschichts-Verdrängung. Besteht doch bei der kritischen Auseinandersetzung mit der Tradition die „Gefahr" (für „die da oben"), daß Gegenwart leichter erklärbar und Zukunft vernünftiger und gewinnbringender (für „die da unten") handhabbar werden könnte.

Die folgende Text-/Bild-Montage kann nicht mehr, als einige Facetten der Entwicklung zu umreißen. Sie will Stichworte benennen, aus denen eine Geschichte des TV-Apparates, seiner Macher, Regenten, Verwalter, seiner Techniker, seiner Ästhetik und vor allem seines Publikums noch zusammenzufügen ist. Unter Ergänzung einer Vielzahl anderer Aspekte, versteht sich.

1. Verdrängte Traditionen

Offiziöse TV-Geschichten feiern die Eröffnung des „Deutschen Fernsehens" gerne alternativ anläßlich zweier Daten: Entweder dem 25. Dezember 1952, als der Nordwestdeutsche Rundfunk (NWDR) mit der Ausstrahlung eines regelmäßigen Programms begann. Oder noch später, dem 1. November 1954, von dem an das offizielle Gemeinschafts-Programm von sechs mittlerweile ins Leben gerufenen ARD-Anstalten ausgestrahlt wurde. Erst in jüngster Zeit beginnen Medienforscher demjenigen Teil der Geschichte des Mediums Rechnung zu tragen, der vom deutschen Faschismus getragen und bestimmt wurde (Studienkreis und Reiss 1979, Diller 1980).

Bis dahin waren es bestenfalls einige Technik-Freaks, die (mit Stolz) akzeptierten, daß das Medium eine längere Tradition hat, und die dies auch selbstbewußt veröffentlichten. Anläßlich der Eröffnung des NWDR-Fernsehens proklamierte der damalige Technische Direktor des Senders, Werner Nestel, die Kontinuität: *„Deutschland hat auf dem Fernsehgebiet eine verpflichtende technische Tradition! Schon von 1930 an wurde in deutschen Laboratorien von Rundfunk, Post und Industrie intensiv an der Erschließung des Fernsehens gearbeitet. Deutschland gehörte schon vor dem Krieg zu den Pionierländern des Fernsehens. Das Kriegsende hat uns den Verlust sämtlicher damals vorhandener Fernsehgeräte gebracht und leider auch die teils freiwillige, teils gezwungene Abwanderung vieler technischer Fernseh-Spezialisten nach Ost und West."* (nach Eckert 1963, S. 282f.)

Ca. 15 Jahre vor den bundesrepublikanischen Eröffnungs-Zeremonien, am 22. März 1935, begann nämlich bereits der Berliner Sender Witzleben das erste regelmäßige Fernseh-(Versuchs-)Programm der Welt auszustrahlen, und zwar dreimal in der Woche von 20.30 bis 22.00 Uhr. Dieses erste „Deutsche Fernsehen" war und blieb freilich unter der faschistischen Herrschaft ein exklusives Medium. Sowohl weil die Technik noch mangelhaft entwickelt war — ein Fernsehbild mit 180 Zeilen ließ nicht viel mehr als die Konturen des Abgebildeten erkennen —, als auch weil das Medium wirtschaftlich noch völlig unattraktiv war. Bei einem Geräte-Preis von ca. 1800 Reichsmark im Einführungsjahr (Reiss, S. 41) waren es nur wenige Hundert, die sich das Programm-Gemisch aus nazistischen Unterhaltungs-Filmen des Kinos und aktuellen Wochenschauen leisten konnten. Und als 1939 der erste Serien-Empfänger, der „FE 1", ein mit 20 x 23 cm großer Mattscheibe gepaarter „Volksempfänger", in Serie ging, kollidierte die faschistische Medienplanung bereits mit den Erfordernissen des Eroberungs-Krieges. Von den Zehntausend zum Stückpreis von 650 Reichsmark geplanten Apparaten verließen ganze fünfzig das Fließband (Mühlbauer, S. 40). Die Produktion wurde eingestellt.

Allerdings gab es bereits eine Form des Fernseh-Guckens, die sich auch zu Beginn der 50er Jahre, als sich die allergrößten Bevölkerungs-Teile den elektronischen Genuß ebenfalls noch nicht leisten konnten, großer Beliebtheit erfreute: den öffentlichen und kollektiven Empfang. Durch diesen entstanden so etwas wie die ersten deutschen Fernseh-Gemeinden. Während der nazistischen Renommier-Olympiade 1936 sahen in 28 „Fernsehstuben", die von der Reichspost in und um Berlin eingerichtet worden waren, immerhin 162.228 Besucher elektronisch vermittelt dem Ereignis zu. Im ersten Halbjahr 1938 waren es durchschnittlich je zehn- bis fünfzehntausend Besucher, die diese Stuben zum Blick in die Ferne nutzten (Diller, S. 193f.).

Nach der kriegsbedingten Einstellung der Empfänger-Produktion 1939 erhielt die deutsche Mediengeschichte dann noch eine besondere Rezeptions-Form, die bisher einmalig ist und es auch hoffentlich bleibt: das Fernsehen zur Betreuung, zur Ablenkung, zur psychologischen Heilung und Erbauung von Kriegs-Verwundeten, veranstaltet in den Lazaretts der faschistischen Wehrmacht (vgl. Bruch, Mühlbauer, Reiss).

Wenn das Fernsehen der Nazis für diejenigen Teile der Bevölkerung, die mit ihm konfrontiert wurden, wohl mehr eine attraktive Sehenswürdigkeit als ein Massenmedium war, so ist seine Geschichte doch nicht unerheblich für die Durchsetzung des Mediums in den 50er Jahren.

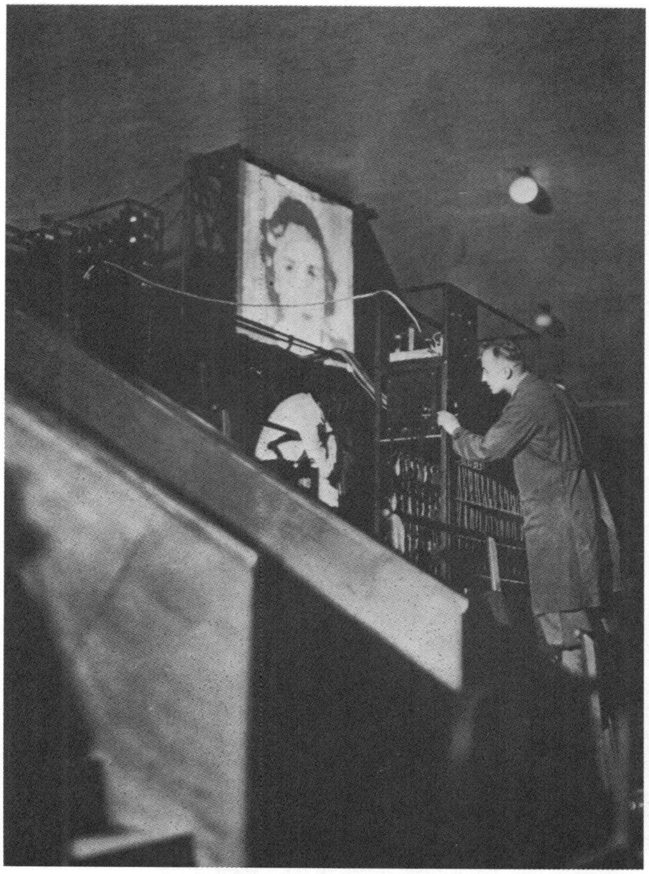

Großprojektion eines Fernsehbildes, 1937

Sport als Massenorganisator vor der Großbild-Projektion, eine der Berliner Fernstehstuben von 1936

So sah der erste Übertragungswagen von Radio Bremen aus: ein alter amerikanischer Militär-Lastwagen

Stuttgarter Funkhaus mit dem Schild der amerikanischen Informationskontrolle, 1946

Programm-Macher, Verwalter und vor allem Techniker fingen nicht am Punkt Null an, sondern konnten auf eine zehnjährige Entwicklung und entsprechende Erfahrungen mit dem Medium zurückgreifen.

2. Aspekte alliierter Rundfunk-Politik 1: „Die Amis"

Der amerikanische Präsident Truman formulierte eine Leitlinie für die Besatzungs-Politik auf dem Gebiet der Information, die wohl in ihrer Tragweite bis in die aktuelle Gegenwart hinein nicht ernst genug genommen werden kann: *„There is one thing that Americans value even more than peace. It is freedom: freedom worship — freedom of speech — and freedom of enterprise. It must be true that the first two of these freedoms are related to the third."* (Mettler, S. 33, Hvhbg. S. Z.) — Die Freiheit des Unternehmertums, die in dieser Aufzählung als einzige materielle überhaupt benannt wird, überwiege sogar den Wert des Friedens!

Was allerdings für den Bereich der Presse, des Films, oder der Buchverlage recht leicht zu realisieren war, nämlich eine kommerzielle Re-Organisation der Medien, war für den Rundfunk nicht möglich. Zum einen war die ca. 20-jährige Tradition staatlich-kontrollierter bzw. diktatorisch-faschistischer Herrschaft strukturell zu stark prägend für die deutsche Rundfunk-Kommunikation gewesen. Zum anderen fehlten auch die materiellen Grundlagen für eine profit-orientierte Organisation. 80 Prozent der kapital-intensiven deutschen Funkindustrie befanden sich auf sowjetisch besetztem Gebiet, und es wären in den Westzonen erst die notwendigen infrastrukturellen Voraussetzungen zu schaffen gewesen. Zudem: Womit sollte der Rundfunk auf der Hörer-Seite bezahlt werden? Eine florierende Waren-Zirkulation als Voraussetzung für ein durch Werbung getragenes Medium gab es nicht und war für die unmittelbare Zukunft auch nicht zu antizipieren. Dazu kamen von Anbeginn recht starke Bestrebungen der neu- und wieder-zugelassenen deutschen Verwaltungs- und Regierungs-Institutionen — an erster Stelle der Post —, einen zentralen Rundfunk unter staatlicher Kontrolle zu reorganisieren.

Das Ergebnis in der amerikanischen Zone — zu einer gemeinsamen rundfunk-politischen Strategie waren die Alliierten von Anfang an nicht in der Lage — war zunächst eine Anlehnung an die vorgefundenen regionalen Voraussetzungen. Kontrolliert von der Militär-Regierung und ihren Vertretungen auf Länderebene strahlten in der amerikanischen Zone die ehemaligen Großsender des Deutschen Reiches wieder aus: jetzt als „Radio Frankfurt", „Radio Stuttgart", „Radio München", und in einer amerikanischen Enklave der britischen Zone „Radio Bremen". Als ideologischer Konkurrent zum „Berliner Rundfunk", der unter der Regie der Sowjetischen Militär-Administration aus dem „Haus des Rundfunks" sendete, gründeten die Amerikaner auf Anordnung des US-Hauptquartiers und als Institution des „United States Information Services" (USIS) noch im November 1945 den DIAS (Drahtloser Funk im amerikanischen Sektor). Im Februar 1946 nahm dieser Sender seinen Betrieb auf und strahlte ab September desselben Jahres seine Vorstellungen von Freiheit als RIAS aus.

Immerhin schafften es die Amerikaner mit ihrer für die Rundfunk-Kontrolle zuständigen „Information Control Division" (ICD) zumindest, die starken Bestrebungen

Wichtigstes elektronisches Medium nach dem Weltkrieg war der Hörfunk.
links: ein Hörfunkübertragunswagen aus dem Jahre 1949.
unten: Erstes improvisiertes Hörspielstudio des RIAS aus dem Jahre 1946. Aus diesem Raum im Fernmeldeamt Berlin brachte RIAS (damals DIAS) am 28.7.1946 „Agammemnons Tod" von G. Hauptmann zur Welturaufführung

nach einem neuen Staats-Rundfunk zurückzudrängen, und eine wenigstens im Ansatz pluralistische Konzeption für die einzelnen Sender durchzusetzen, die im Verlauf der jahre 48/49 per Landesgesetze installiert wurden. Aber bereits der Kompromiß-Entwurf, der zwischen der ICD und z.B. der bayerischen Regierung im Oktober '47 beschlossen wurde, deutete an, wie stark sich die deutsche Tendenz zu politisch kontrollierter Herrschaft des Rundfunks durchsetzte: Im Rundfunkrat des Bayrischen Rundfunks (BR) saßen nun ein Regierungs-Vertreter, sieben Landtags- und ein Senats-Vertreter. Und als Bayern im August '48 das erste Rundfunk-Gesetz verabschiedete, waren bereits jene Strukturen im wesentlichen sanktioniert, wie wir sie auch heute noch kennen.

Die programm-inhaltliche Einflußnahme der ICD nahm umso mehr ab, je mehr die amerikanischen Besatzer ihre Strategie der Denazifizierung zugunsten der Politik des Kalten Krieges gegen den neuen Feind im Osten veränderten. Auf dieses Geschäft verstanden sich die Deutschen nach jahrelanger Übung in militantem Anti-Bolschewismus weit besser als auf dem der dringend notwendigen Demokratisierung. Und dafür brauchten sie kaum mehr ideologische Kontrolle. Zu Beginn des Jahres 1949 waren sämtliche Sender der amerikanischen Zone — mit Ausnahme selbstverständlich vom RIAS — praktisch wieder fest in deutscher Hand.

3. Aspekte alliierter Rundfunk-Politik 2: „Die Briten"

In vielerlei Hinsicht richtungweisend — nicht zuletzt auch für die Organisations-Politik der Amerikaner — war

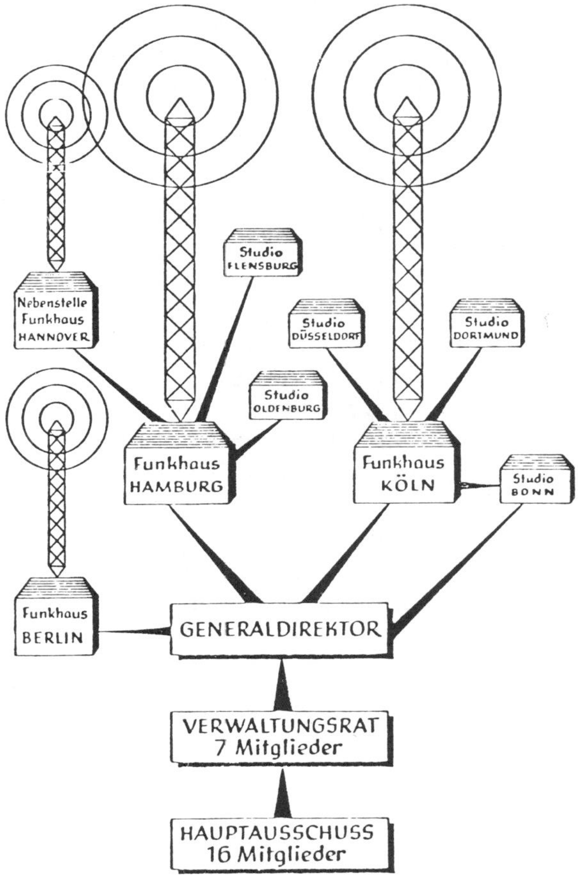

Der Aufbau des Nordwestdeutschen Rundfunks, 1949

In der Geschichte des Hörfunks und des Fernsehens unserer Stadt wurde am 1. Juni 1954 ein neues Kapitel aufgeschlagen: Der Sender Freies Berlin trat an diesem Tage in den Kreis der Sendeanstalten des freien Deutschland. Er trat damit auch in das Bewußtsein der Deutschen, die im kommunistischen Herrschaftsbereich zu leben gezwungen sind.
Sender Freies Berlin — das ist ein Name, der Aufgabe und Verpflichtung gleichermaßen in sich schließt.
Die Aufgabe ist eindeutig gestellt: Der Sender Freies Berlin soll in Wort und Bild politisch und kulturell die Weltoffenheit widerspiegeln, die in der deutschen Hauptstadt seit eh und je eine Heimstatt hat.
Die Verpflichtung ist klar umrissen: Der Sender Freies Berlin soll in Wort und Bild eine lebendige Brücke zu den Menschen sein, die auf uns warten und denen wir mehr schulden als eine Botschaft der Freiheit.
Diese Aufgabe und diese Verpflichtung wurden in den vergangenen zehn Jahren von den Mitarbeitern des Senders Freies Berlin mit Hingabe und mit guten Leistungen erfüllt. Indem sie dies taten, ließen sie diese Anstalt zu dem werden, was sie ist und bleiben muß: ein Sender der Freiheit!

Willy Brandt
Regierender Bürgermeister von Berlin

Zum 10jährigen Jubiläum des SFB (1964)

die Neuordnung des Rundfunks in der britischen Zone. Um „Radio Hamburg" herum, das als erster alliierter Sender bereits am 4. Mai 1945 wieder zu funken begann, wurde mit dem NWDR (ab 26. Sept. '45) zunächst eine einzige Rundfunk-Anstalt gegründet. Mit über 53 Prozent aller Radio-Teilnehmer der Westzonen, also etwa 5 Millionen Hörern (Bausch, Bd. 3, S. 19), war sie die größte und reichweiten-stärkste Anstalt. Die Briten versuchten hier ihr einheimisches Konzept der B.B.C. als einer zentralen öffentlichen Körperschaft zu verwirklichen. Unter Schirmherrschaft des Radio-Beauftragten Sir Hugh Charleton Greene, der von 1946 bis '48 auch erster Intendant des NWDR war, gelang dies auch zunächst, sowohl organisatorisch als auch programmatisch. In den ersten eineinhalb Jahren seiner Existenz war der NWDR wohl das freieste Stück Radio, das auf legaler Basis je in Deutschland existiert hat. Weitgehend frei von jeglichem Staatseinfluß, ohne kommerzielle Orientierung, mit deutlich antifastisch konturiertem Programm, das im politischen Wortteil des Hamburger Senders von Namen wie Axel Eggebrecht, Peter von Zahn, Karl-Eduard von Schnitzler (dem heutigen Chef-Moderator des „Schwarzen Kanals" der DDR), Wilhelm Heitmüller, Herbert Blank u.v.a. ehemaligen Exilierten und Widerständlern geprägt war. (Vgl. Jacobmeyer 1975)

Aber schon als am 1. Januar 1948 der NWDR als erste explicit öffentlich-rechtliche Anstalt gegründet wurde, kündigten sich Veränderungen zugunsten von Regierungs-Einfluß und Parteien-Proporz an. Im Ausschuß für die Wahl des ersten Verwaltungsrates saßen drei Ministerpräsidenten und ein Bürgermeister. Von dem britischen Konzept war an der Wende zu den 50er Jahren weitgehend nur noch die Einheit des NWDR für die gesamte Zone übrig geblieben. Aber auch diese war nicht mehr von allzu langer Dauer. Deutlich gebrochen wurde sie, als das westberliner Abgeordnetenhaus — nicht zuletzt als medienpolitische Nachwirkung des 17. Juni — im November '53 beschloß, per Landesgesetz die Berliner NWDR-Station in eine selbständige Anstalt umzuwandeln. Der SFB begann am 1. Juni 1954 mit eigenem Programm und Sendebetrieb. Die Pläne für diese Frontstadt-Anstalt reichen freilich bis in das Frühjahr '49 zurück, in die Zeit kurz nach der Teilung und noch während der Blockade (vgl. Schütte 1975 und Zehn Jahre SFB).

Praktisch seit der Gründung des NWDR gab es massive Auseinandersetzungen zwischen der Regierung Nordrhein-Westfalens, die den Westdeutschen Rundfunk (WDR) als eigenständige Anstalt zurückhaben wollte, und der Verwaltung des zentralen Senders. Mit starker Unterstützung durch die Adenauer-Regierung gelang der Spaltungs-Coup schließlich Mitte der 50er Jahre. Am 31.12.54 hatte die britische Regierung endgültig resigniert, was die Errichtung einer B.B.C.-Kopie in Westdeutschland anbetrifft. Sie schlug den Regenten von Bonn und Düsseldorf vor, die Verwaltungsvereinbarung aufzuheben, die Nordrhein-Westfalen in das Sendegebiet des NWDR einschloß. Dies war das Startzeichen für die Abspaltung des WDR. Nachdem die Regierungs-Autonomie des Senders durch die Installierung des Parteien-Proporzes abgelöst worden war, war an der Wende 1955/56 auch die Einheit der nordwestdeutschen Rundfunkanstalt gestorben.

4. Bunker-Fernsehen

Fernsehen ist nicht nur für die Empfänger und die Programm-Macher eine recht teure Angelegenheit. Es benötigt auch eine aufwendige Infrastruktur (Funkstrecken, Sendetürme, Verkabelungen, etc.), um technisch funktionieren zu können. Unter den wirtschaftlichen Bedingungen der ersten Nachkriegsjahre war in Westdeutschland nichts von alledem zu realisieren. Hinzu kam noch, daß die Alliierten den Kriegs-Verlierern zunächst jegliche Betätigung auf dem Gebiet des Fernsehens verboten, wegen der engen Verwandtschaft seiner technischen Eigenschaften mit der Radar-Technologie. Während also 1950 das „Telewischen" in den USA (mit ca. vier Millionen Teilnehmern) und in England (mit einer halben Million) bereits zur Normalität des Alltags zu gehören beginnt, muß sich die westdeutsche Öffentlichkeit noch alleine mit dem Radio als elektronischem Medium begnügen.

Unter Ausschluß des Publikums wird freilich sofort nach der Aufhebung des alliierten Verbots emsig an den Röhren, die bald die Welt (be)deuten sollen, gebastelt. Bereits im Juli 1948 hat der NWDR als finanz-stärkster Sender die Finanzierung einer acht-köpfigen Restgruppe der nazistischen „Reichspost-Fernseh-Gesellschaft" übernommen. Einen halben Monat später beschließt der Verwaltungsrat des Senders — mit Zustimmung der britischen Militärbehörden — die Entwicklung des Fernsehens offiziell wieder aufzunehmen. Einen weiteren Monat später fällt bereits die erste wichtige technische Entscheidung: das neu-deutsche Fernsehen erhält die 625-Zeilen-Norm, die eng mit der 525-Zeilen des amerikanischen Fernsehens verwandt ist. Mit dem aus dem Faschismus verbliebenen Restbestand an Technik, sowie mit amerikanischer und britischer Unterstützung, wird nun zügig an den weiteren technischen Voraussetzungen gefeilt. Und zwar in Berlin, der ehemaligen Zentrale des ersten „Deutschen Fernsehens", und vor allem auch in Hamburg. Dort kommt es dann auch in einem Luftschutz-Hochbunker am 22. März 1950 zur Übertragung des ersten Nachkriegs-Fernsehbildes. Die erste Programm-Sendung erfolgt am 25. September desselben Jahres, bald nachdem sich die westdeutschen Rundfunkanstalten zur A.R.D. zusammengeschlossen haben: Die Ansprache des Verwaltungsrats-Vorsitzenden des NWDR, Emil Dovifat, anläßlich einer Pressekonferenz über die Fernseh-Pläne des Senders wird vor einigen Auserwählten übertragen. Und am 27. November beginnt dann der offizielle Versuchsbetrieb des NWDR, zunächst an drei Tagen in der Woche.

Bis zur Eröffnung des Massenmediums dauert es allerdings noch zwei weitere Jahre. Gewissermaßen als Weihnachts-Geschenk für die braven Bundesbürger wird am 25. Dezember 1952 mit den Ansprachen des Technischen Direktors des NWDR und seines Intendanten, sowie dem Fernsehspiel „Stille Nacht" der regelmäßige, der Allgemeinheit zugängliche, Programmbetrieb aufgenommen. Auch der Bundespost-Minister feiert mit und bezeichnet in einer Festrede zur Eröffnung, die allerdings nicht übertragen wird, das neue Medium als einen wichtigen „Beitrag zur Gesundung der deutschen Seele" (vgl. Mühlbauer, S. 44).

Der NWDR sendet nun dreimal täglich von 20 bis 22 Uhr und zusätzlich in einem 30- bis 60-minütigen Nachmittags-Programm. Einen Tag nach der Eröffnung, am

Der Fernseh-Experimentier-Bunker in Hamburg, in dem noch heute Studios untergebracht sind, von außen ...
... und von innen (unten): erste westdeutsche Versuchssendung 1951. „Die Luft war dumpf"

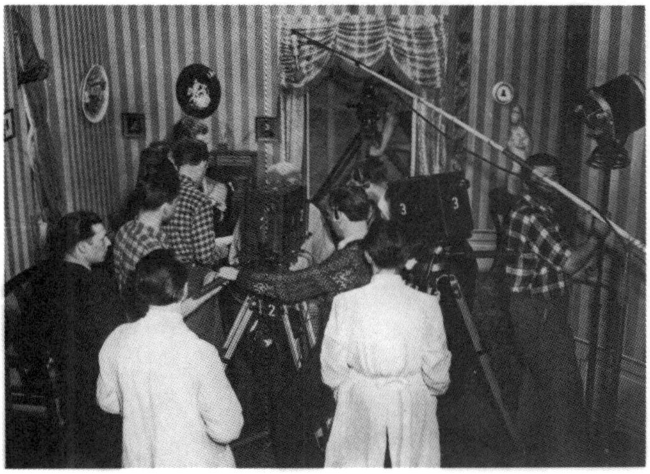

NWD
Fernsehdienst

Sendezeichen der ersten Fernsehjahre

Das Wetter als Puppentheater

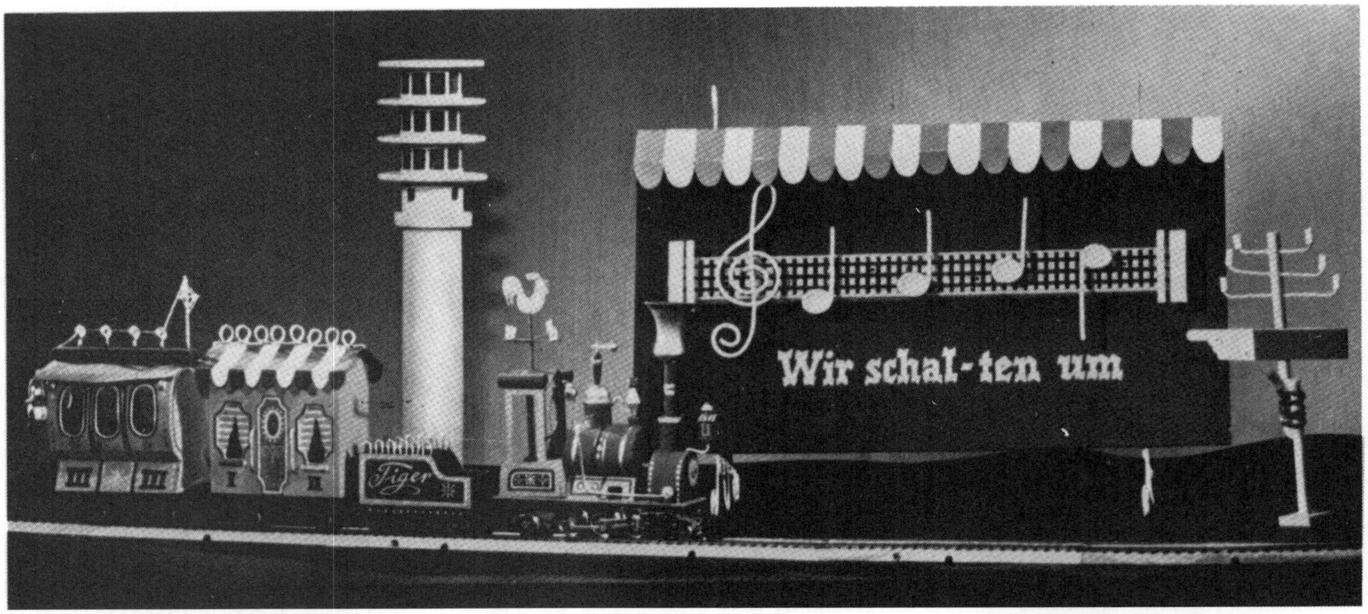

„Umschalten" als dramaturgisches Ereignis

rechts: Irene Koss, die erste Ansagerin im Nachkriegsfernsehen

26. Dezember, ist die Premiere jener Sendung, die es bis heute schafft, sämtliche Revolutionen, Erdbeben, Demonstrationen und sonstige Katastrophen in einer Viertelstunde zu verpacken: die „Tagesschau".

Die beiden Jahre bis zu diesem öffentlichen Sendebeginn waren mit Experimenten auf den verschiedenen Funktions-Ebenen des Mediums ausgefüllt. Die Richtfunk-Strecken für die Übertragung der Fernsehbilder wurden ausgebaut, zusätzliche Sender und Studios installiert. Besonders fix wurde der Berliner Sender wieder in Betrieb genommen. Er arbeitet bereits seit dem 1. Oktober 1951. Als zentraler Sender für das Ruhrgebiet folgte im September 1952 Köln mit einem eigenen Studio. Und auch auf der Ebene des Programms wurde fleißig probiert. Unter der Regie von Hans Farenburg, der zwischen 1935 und 1944 reichlich Fernseh-Erfahrung bei den Nazis gesammelt hatte, feiert am 3. März 1951 z.B. das erste Nachkriegs-Fernsehspiel Premiere. Es ist ein ordentliches Stück Hoch-Kultur: Goethes „Vorspiel auf dem Theater". Ende 1951 wird zum ersten Mal etwas übertragen, was später wesentlichen Anteil an der Organisierung von Massen-Publikum hat: Sport. Vom 30. November bis zum 6. Dezember berichtet der westberliner Sender vom 35. Sechstagerennen. Und zur gleichen Zeit, als die DDR am Geburtstag Josef Stalins 1952 mit dem „Deutschen Demokratischen Rundfunk" ihre Versuchs-Sendungen aufnimmt, wird mit Hannover die vierte Fernseh-Station in Betrieb genommen. So sind zum Ende diesen Jahres wichtige Voraussetzungen geschaffen für den zweiten Beginn eines „Deutschen Fernsehens" und für den ersten Start als flimmerndes Massenmedium.

5. Die Errichtung einer TV-Zentrale: Die ARD und der Beginn des bundesweiten Fernsehens

Trotz erheblicher Differenzen zwischen den Alliierten bzw. den neu entstehenden Länder-Regierungen und den Alliierten gab es praktisch vom Beginn des Nachkriegs-Rundfunks an Versuche der Koordinierung zwischen den verschiedenen regionalen Funkhäusern. Sie waren in technischer Hinsicht notwendig, aber auch in programm-inhaltlicher. In der Anfangs-Phase trafen sich

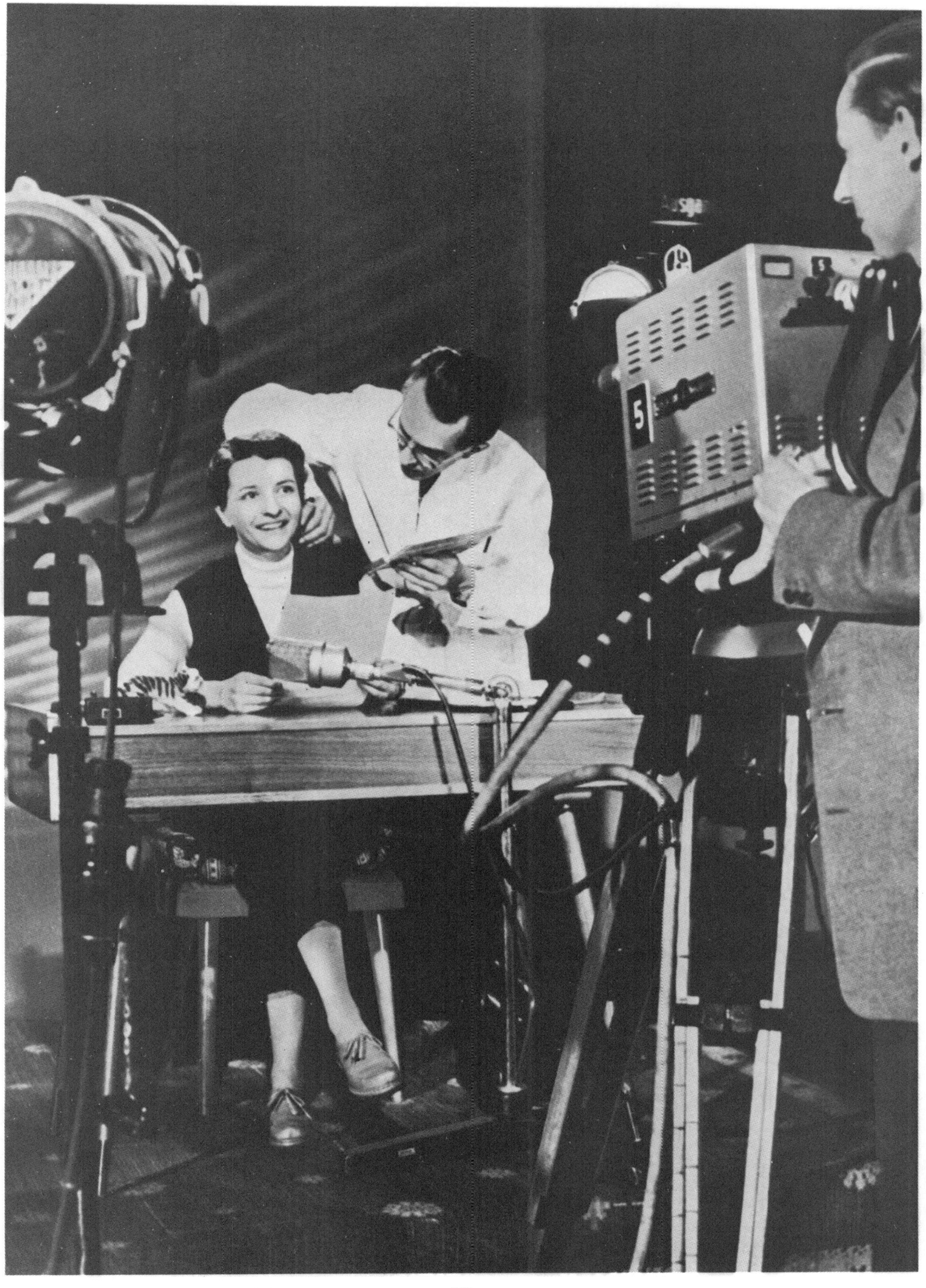
5

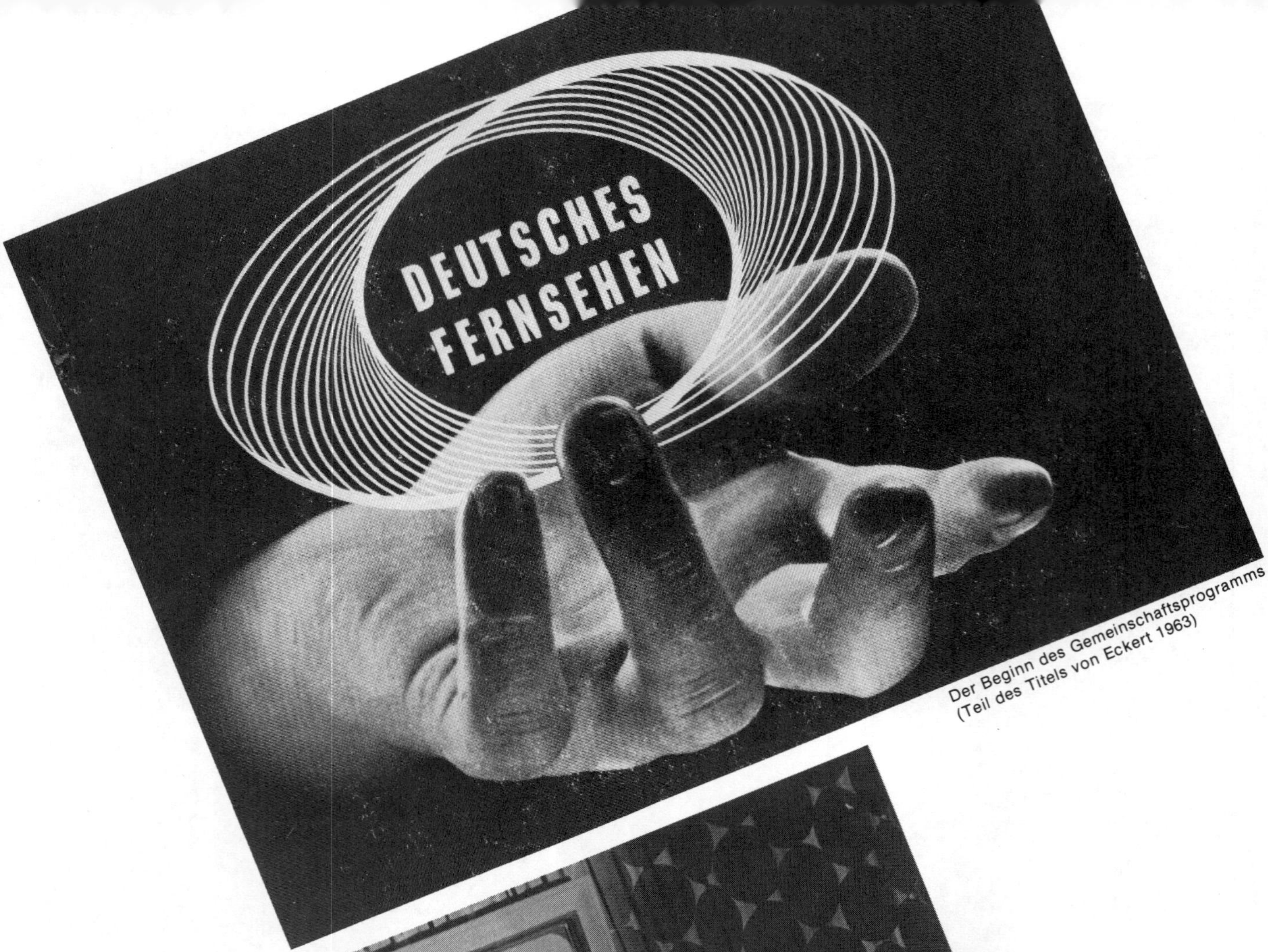

Der Beginn des Gemeinschaftsprogramms
(Teil des Titels von Eckert 1963)

Fußball als Massenorganisator vor dem vergrößerten Fernsehschirm:
Die Weltmeisterschaft 1954

besonders häufig die Schulfunk-Leiter der einzelnen Radio-Sender, da sie vor allem für das Re-Education-Programm zuständig waren, das von den Alliierten zunächst mit gemeinsamer Zielsetzung betrieben wurde (vgl. ARD-Jahrbuch '69). Mit der Re-Installierung einer zentralen westdeutschen Staatsgewalt, also der Gründung der BRD, wuchsen auch die entsprechenden Anforderungen an den Rundfunk. Zunächst vor allem nach „außen": So benötigten die einzelnen Anstalten eine einheitliche Vertretung gegenüber der „Union der Europäischen Rundfunkanstalten" (UER), die auch für die Verteilung der Wellen an die einzelnen Nationen zuständig ist. Der Auslandsdienst des wieder-erstarkenden westdeutschen Staates mußte gemeinsam, und selbstverständlich politisch kontrolliert, durchgeführt werden. Aber insbesondere verlangte auch die Durchsetzung eines bundesweiten Fernsehens die Konzentration der materiell-technischen wie der ideologischen Kräfte.

Knapp ein Jahr nach der Konstituierung des westdeutschen Bundestages und -rates, am 5. August 1950, hatte dann endlich auch der Rundfunk sein zentrales Organ. Die Sender Bayrischer Rundfunk (BR), Hessischer Rundfunk (HR), der NWDR, Radio Bremen (RB), der Süddeutsche Rundfunk (SDR) und der Südwestfunk (SWF) gaben sich in München die erste Satzung für eine „Arbeitsgemeinschaft der Rundfunkanstalten Deutschlands" und bestimmten den BR zur Geschäfts-Führung für die ersten sechs Monate. Das Markenzeichen „ARD" wurde freilich erst Ende 1954 vereinbart. Man brauchte es für die UER (in welche die BRD-Anstalten am 1. Mai 1952 als Aktiv-Mitglieder aufgenommen worden waren), und nicht zuletzt als nationales Fernseh-Symbol nach innen. Denn ab dem 1. November 1954 beginnt offiziell das „Deutsche Fernsehen" als Gemeinschafts-Programm aller Rundfunkanstalten des Westens. In dem ersten Fernseh-Vertrag werden die Anteile festgelegt, die jede Anstalt zum gemeinsamen Programm beizusteuern hat: der NWDR 50 Prozent, der BR 20 Prozent, HR, SDR und SWF jeweils 10 Prozent. Diese Anteile verändern sich bald, als der Mini-Sender Bremen und der SFB einbezogen werden, und vor allem nach der Abspaltung des WDR von der gemeinsamen nordwestdeutschen Anstalt.

Zur gleichen Zeit, als das westdeutsche Gemeinschafts-Programm beginnt, wird in den USA bereits in Farbe gesendet und hat England bereits seinen zweiten, kommerziellen Kanal erhalten.

6. „Eurovision"

Nicht erst seitdem die technologischen Voraussetzungen für einen Satelliten-Direkt-Empfang gegeben sind, werden mehr oder weniger laut Pläne für ein „Europa-Fernsehen" diskutiert. Die ersten Vorstöße — noch auf der Basis terrestrischer Sender — wurden bald nach der Unterzeichnung des Nato-Vertrages gemacht, nachdem die westeuropäischen Länder einschließlich der BRD ihre gemeinsamen ökonomischen und politischen Interessen entdeckt hatten und militant zu entwickeln begannen. Kleine, noch kaum beachtete, Premiere eines europäischen Fernsehbundes war am 27. August 1950, als die englische B.B.C. erstmals life aus Calais übertrug. Nach einer Reihe weiterer Zusammenschaltungen, vor allem zwischen Frankreich und England, schlug der Verwaltungsrat der UER seinen Mitgliedern vor, „sich für die

Das erste tragbare Fernsehgerät auf der Hamburger Campingausstellung

Eurovision 1953

Das Tischgerät TD 1410 aus der ersten Geräte-Generation von „Philips“

Errichtung eines permanenten Fernsehnetzes in Europa einzusetzen“ (nach Eckert 1965, S. 67). Am 2. Juni 1953 kam es dann zum ersten, vielfach gefeierten, größeren Zusammenschluß: Großbritannien, Frankreich, die Bundesrepublik und die Niederlande übertrugen gleichzeitig die Krönung Elisabeths der II. zur Königin von England. Ein Ereignis, das in einigen populären Annalen zur Fernsehgeschichte immer noch als der eigentliche Beginn des Mediums gepriesen wird.

Den entscheidenden Durchbruch zur „Eurovision“ — die von Spöttern wegen der zum Teil nervend schlechten Übertragungen auch „Neurovision“ genannt wurde — brachten dann die Fußballweltmeisterschaften 1954 in der Schweiz. Mit diesem Sport-Ereignis im Mittelpunkt veranstalteten acht westeuropäische Länder im politischen Umfeld der „Pariser Verträge“ die ersten vier „internationalen Programmwochen“ (vom 6. Juni bis zum 4. Juli '54). Bei den Fußball-Übertragungen erreichte die Zuschauerzahl mit bis zu 60 Millionen ein vielfaches der zu dieser Zeit bereits angemeldeten TV-Apparate in Europa. Dies war die eigentliche Geburt der „Eurovision“. Und auch in der Folgezeit nahmen und nehmen Sportübertragungen den Bärenanteil am einschlägigen Programm ein. Zu wesentlich mehr reichte wohl auch der politisch-ideologische Konsens zwischen den westlichen Konkurrenten nicht aus.

Clemens Wilmenrod, der Fernsehkoch der fünfziger Jahre

7. Vom Eliten-Bild-Funk zum attraktivsten Massenmedium: Aspekte der Publikums-Entwicklung

Die Zuschauerzahlen anläßlich der Fußball-Weltmeisterschaften deuteten es bereits an: Mit diesem Ereignis praktizierte das Fernsehen auch quantitativ Massenkommunikation. Die Orte, an denen diese auf der Zuschauer-Seite stattfand, waren freilich noch am wenigsten die heimischen, für den gemeinschaftlichen Empfang ohnehin viel zu kleinen, Nachkriegs-Wohnzimmer. Neben Kinos, in denen mit Hilfe von Großbild-Projektionen und selbstverständlich gegen Eintritts-Geld ferngeguckt werden konnte, — die sogenannten Aktualitäten-Kinos (Akis), die Fernsehen vorführten, wurden erst am 18. März 1959 durch Gerichtsurteil verboten — waren die wichtigsten Rezeptions-Orte der Elektrohandel, vor dessen Schaufenstern sich das Publikum in wahren Trauben sammelte, und vor allem auch die Kneipe. Nach einer Erhebung für das Jahr 1953 waren 78,2 Prozent der Fernseh-Teilnehmer Selbständige. Darunter waren 25,3 Prozent Gastwirte und 21,6 Prozent Rundfunkhändler (nach Eckert 1963, S. 28). Zusammen stellten diese beiden Berufs-Gruppen also fast die Hälfte der Apparate-Besitzer. Nur 4,8 Prozent der Apparate-Eigentümer waren zu dieser Zeit Arbeiter.

Der Boom, den die Fußball-Weltmeisterschaft verursachte — der Juli 1954 weist mit 22,2 Prozent die höchste Steigerungsrate der Teilnehmerzahlen überhaupt auf — wird deutlich in dem fast achtfachen Anstieg der registrierten Geräte-Besitzer zwischen dem 1. Januar und dem 31. Dezember diesen Jahres. Die Zahl sprang von 11.658 auf 84.278. Bis dahin konnte von einer Entwicklung auf der Publikums-Seite kaum die Rede sein.

Für die Experimente des Bunker-Fernsehens in den ersten Monaten gab es außer den unmittelbar Beteiligten überhaupt noch keine Zuschauer. Zu Beginn des Jahres 1952, also noch vor Eröffnung des regelmäßigen Programm-Betriebes durch den NWDR, wird die Zahl auf 300 geschätzt. Die erste offizielle Zählung ergab für den 1. März 1953 ganze 1117 Teilnehmer (vgl. die Zahlen in Eckert 1963, S. 305). Diese geringen Daten sind nicht nur in dem Rumpf-Programm begründet, das zu dieser Zeit angeboten wurde und das das Medium nicht besonders attraktiv erscheinen ließ, sondern insbesondere in den enorm hohen Empfänger-Preisen. Erst im September '51 wird durch „Philips" mit dem Tischgerät „TD 1410" die erste Serien-Produktion eines Heim-Empfängers aufgenommen. Und obwohl im Oktober des Jahres auf der „Deutschen Industrieausstellung" in Berlin bereits 17 verschiedene Firmen am Schirm sind und 40 unterschiedliche Empfangs-Geräte vorstellen, bleiben sie teuer. Die „Deutsche Philips", die den Markt souverän anführte, gab Ende 1952 ihre Preise mit 1.150,— DM für ein kleines Tischgerät und 2.100,— DM für ein selbststehendes Möbelstück mit Mattscheibe (eine sogenannte ‚Truhe') an. Die Gebühren waren im Vergleich dazu geringer: ab 1. Januar 1953 mußte pro Teilnehmer 5,— DM gezahlt werden.

Erst nach der Eröffnung des Gemeinschafts-Programms der ARD (am 1. November '54), die ein regelmäßiges, bundesweit empfangbares, Programm zur Folge hatte und mit der Umstellung der Geräte-Produktion auf Massen-Herstellung — im Januar '55 war der Preis für ein kleines Tischgerät auf ca. 700,— DM gesunken, im September hatten die ersten hunderttausend Empfänger die Fließbänder von „Philips" verlassen —

„Jugend diskutiert über aktuelle Politik", regelmäßiger Beitrag zum Jugend-Nachmittagsprogramm. Robert Lembke in der Mitte

Fernseh-Familie Schölermann

„Wer gegen wen — ferngesehn": Hans Joachim Kuhlenkampff

vollzieht sich die quantitative Entwicklung in größeren Dimensionen. Auch die Olympiade von 1956, ebenso wie sämtliche darauffolgenden, bescherte der Elektro-Industrie wieder größeren TV-Profit. Während der Übertragung der Winterspiele aus Cortina d'Ampezzo durch die italienische RAI über das Netz der „Eurovision“ steigt die Teilnehmerzahl um 11,7 Prozent im Januar und 15,6 Prozent im Februar auf insgesamt 328.134. Es dauert freilich noch mehr als ein Jahr, bis die erste Million im November '57 überschritten wird. Im September desselben Jahres hatten sich zum ersten Mal mehr Fernseh- als Radio-Teilnehmer angemeldet.

Die 50er Jahre waren also über mehr als die Hälfte medial vor allem die Domäne des Hörfunks, der sich zu dem Zeitpunkt, als die TV-Apparate-Besitzer die erste Million überschritten, mit ca. 15 Millionen schon allmählich der Sättigungs-Grenze des Marktes entgegenbewegte. Ein Umstand, der die Programm-Macher des Radios von heute immer noch zu tränenreichen Blicken in die Vergangenheit veranlaßt.

In den darauffolgenden Jahren nahmen die sozial immer noch privilegierten Truhen- und Tisch-Geräte-Besitzer noch einmal jeweils um ca. eine Million zu, so daß der Stand am Ende des Jahrzehnts 3.201.808 ist. 1960 liegt der Sättigungs-Grad des Fernseh-Marktes erst bei einem Viertel der bundesdeutschen Haushalte. Aus dieser Zeit liegen mir leider keine Zahlen zur sozialen Zusammensetzung des Publikums vor. Allerdings erinnere ich mich noch genau, welch hohe Achtung all jene Freunde genossen, bei denen man „Lassie“, „Fury“, die „Texas-Rangers“, „Am Fuß der blauen Berge“, oder — wenn die Alten abends mal nicht zu Hause waren — auch „Stahlnetz“ gucken konnte.

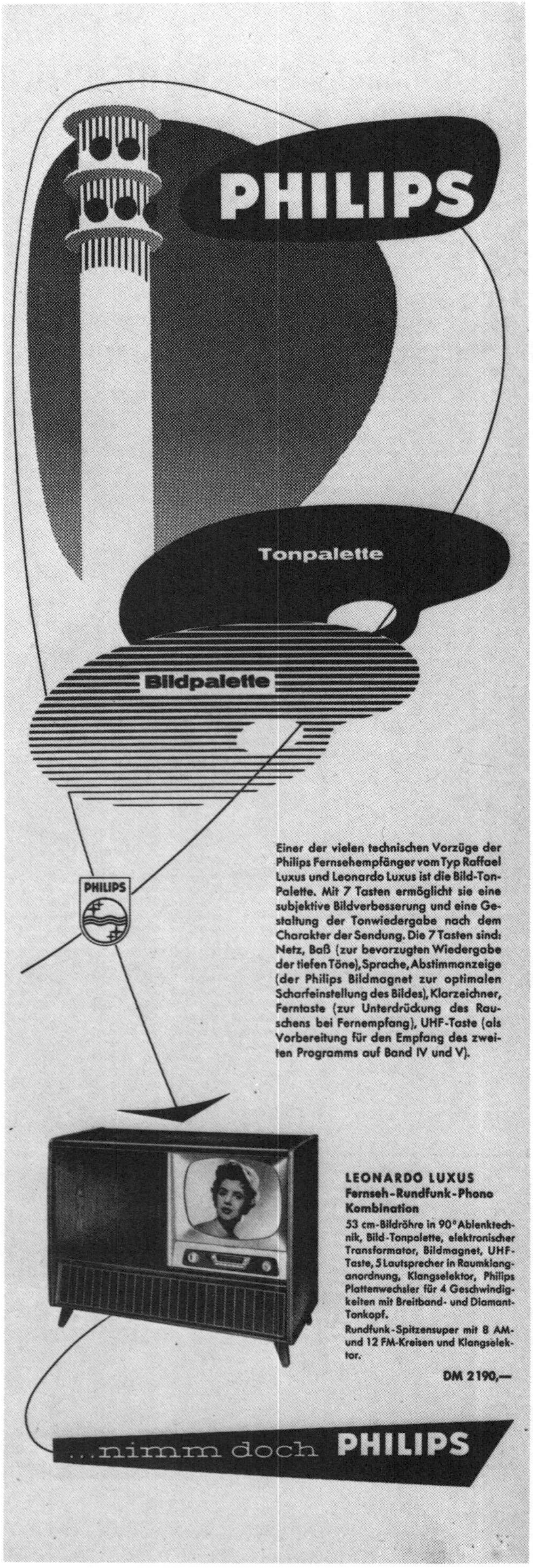

Fernsehreihe des NWRV nach amerikanischem Muster, gedreht in den Filmateliers Hamburg-Rahlstedt. Spannende Unterhaltung – und zugleich Information über die Tätigkeit der Polizei

DER FALL WESEMANN

achtung - fuenfte stahlnetz-sendung - das zwoelfte messer

636 000 Verbrechen und Vergehen wurden im Bundesgebiet allein 1956 abgeurteilt, davon 8800 „wider das Leben“. – Einen echten Mordfall rollt Jürgen Roland am 28. November im Stahlnetz auf

„STAR-Revue hilft mir sehr!“ meinte Jürgen Roland. „Ich habe schon einige Stahlnetzaufgaben mit sehr begabten Schauspielern besetzt, die in STAR-Revue unter ‚Der sollte filmen' vorgeschlagen wurden.“

FERNSEHEN mit STAR-REVUE
am 28. November 20.20 Uhr

8. Aspekte des Programms 1: Produktions-Bedingungen zwischen „Life“ und Kino

Die mangelnde Reichweite und soziale Durchsetzung des Mediums ist nicht zuletzt in den technischen Unzulänglichkeiten begründet, die das Fernsehen der 50er Jahre noch auszeichnete. Über große Strecken war es noch Experimentier-Fernsehen, und zwar insbesondere auf der Sender- und Verteiler-Seite. Technisch brauchbare Empfänger standen praktisch seit der Eröffnung des regelmäßigen NWDR-Fernsehens zur Verfügung, wenn sie auch noch mit recht kleinen Röhren ausgestattet waren (max. 36 cm) und in kleiner Stückzahl eben noch sehr teuer hergestellt und noch teurer verkauft wurden.

Nachdem die 625-Zeilen-Norm für die Bildübertragung entwickelt und für Westdeutschland verbindlich geworden war, bestand wohl auf der Sender-Seite das größte Problem darin, daß es noch keine Möglichkeit gab, die elektronischen Signale der Fernsehkameras zu speichern. Erst gegen Ende der 50er Jahre kam hier das amerikanische „Ampex“-Verfahren zur Anwendung. Es gestattete — analog zum Tonband — originäre Fernseh-Konserven herzustellen und zu übermitteln. Die erste magnetisch aufgezeichnete Sendung wurde am 9.12.1958 vom Südwestfunk im gemeinsamen Abend-Programm der ARD ausgestrahlt.

Bis dahin gab es nur zwei alternative Produktionsformen: Zum einen die Herstellung von Zelluloid-Filmmaterial, anfänglich noch auf 35 mm und später auf billigerem 16 mm. Dies hat für das stark auf Aktualität kaprizierte Medium Fernsehen den erheblichen Nachteil, daß die Entwicklung des Rohmaterials recht viel Zeit in Anspruch nimmt. Ganz abgesehen von den hohen Kosten, die dadurch entstehen, daß das Rohmaterial nur einmalig verwendbar ist. Zum zweiten gab es die Möglichkeit der Life-Übertragung. Die mit den Fernsehkameras aufgenommenen Bilder werden am Ort gemischt, geschnitten und synchron übertragen.

Die Life-Produktion war nicht nur für besonders aktuelle Sendungen zwingende Notwendigkeit. Der technologische Zwang wurde auch in den ersten TV-Jahren mit einem ideologischen Glorienschein versehen, indem mit der Life-Sendung das eigentlich Fernseh-Spezifische propagiert wurde. Dies wirkte sich besonders in den hochkulturellen Sparten des Programms aus, wie dem Fernsehspiel. Um das Life-Fernsehspiel wurden komplexe und ideologie-schwangere Theorien und Dramaturgien konstruiert, die eigentlich nur den Sinn hatten, originelle Begründungen für die Abgrenzung des neuen Mediums vom alten Kino zu finden und zu formulieren. Noch 1960 bezeichnet z.B. Josef Mühlbauer die „Life-Sendung aus dem Studio“ als die „klassische Form des Fernsehspiels“. (Vgl. dazu insgesamt Hickethier 1980)

Aber allmählich siegten die Zwänge der Produktion und die Weiterentwicklung der Technik über die gedanklichen Konstrukte: Zunächst wurde vorproduziertes Filmmaterial, etwa von Außen-Aufnahmen, mit Life-Szenen gemischt. Und insbesondere nach der Durchsetzung des „Ampex“-Verfahrens wurde auch in den künstlerischen Sparten des Programms vollständig aus Konserven gesendet. Dies war nicht zuletzt eine Notwendigkeit im Hinblick auf Wiederholungen, die sich bei den Programm-Machern mit wachsendem Umfang der Sendezeiten immer größerer Beliebtheit erfreuten. Mußten doch die Life-Sendungen vorher entweder komplett nachge-

Kinder-Fernsehen im Scheren-Schnitt

Revolutionierte die Produktions-Bedingungen: Die „Ampex“-Maschine zur elektronischen Aufzeichnung von Ton und Bild

Karikaturist Mirko Szewczuk

spielt werden, was eine Verdoppelung oder Verdreifachung des bühnentechnischen und schauspielerischen Aufwandes bedeutete, oder sie mußten mit Hilfe einer Filmkamera vom Bildschirm aufgenommen werden, um für das Archiv konserviert werden zu können.

Die Entwicklung der Produktions-Bedingungen in einer anderen Programm-Sparte mag ein kurzer Blick auf diejenige Sendung verdeutlichen, die auch heute noch über die Tagesereignisse an den Höfen von Bonn, Washington, Paris oder London, sowie den Niederungen der sonstigen politischen Welt berichtet: Die „Tagesschau" war in den 50ern noch wesentlich eine Adaption der Kino-Wochenschauen. Nach der ersten Versuchs-Sendung mit Filmmaterialien der „Neuen Deutschen Wochenschau" wurde in 100 Testsendungen dieses Konzept mit einigen Aktualisierungen erprobt und dann ab Weihnachten 1952 zunächst dreimal wöchentlich auf die Zuschauer losgelassen. Erst circa ein Jahr später begannen sich auch die übrigen Sendeanstalten an der Filmproduktion für die Hamburger Zentrale zu beteiligen. Noch bis April 1955 wurde mit dem recht schwerfälligen 35 mm-Material gearbeitet, danach erfolgte die Umstellung auf 16 mm. Ab 1. Juli 1959 wurde dann erst die magnetische Aufzeichnung benutzt. Etwa zur gleichen Zeit erhielt die „Tagesschau" den Charakter einer aktuellen Nachrichten-Sendung. Ab März '59 werden die Filmberichte ergänzt durch einen gesprochenen Nachrichten-Block, den die Hörfunk-Abteilung des NDR lieferte. Die eigene Redaktion in Hamburg, in der bis heute die Berichterstattung koordiniert und produziert wird, erhielt die Show erst im Oktober 1960.

Er war von Anfang an dabei: Werner Höfer mit einer seiner Trinker-Runden

9. Aspekte des Programms 2: Ablenkung von den schweren Sorgen des Alltags

„Ein deutscher Intendant sagte einmal in einer Diskussion, die Substanz der schöpferischen Kräfte in der Bundesrepublik reiche für ein Fernsehprogramm von zwei Stunden täglich gerade aus. Man möchte diesem Mann nicht nur recht geben, man möchte ihn für einen Optimisten halten. Nur mit Schrecken kann man sich vorstellen, was auf unseren Bildschirmen erscheinen wird, wenn täglich sechs und mehr Stunden Fernsehprogramm ausgestrahlt werden." (Mühlbauer, S. 80)

Nun, die Antizipation des Schreckens wurde Wirklichkeit. Ähnlich wie 50 Jahre zuvor beim Radio hatte man mit dem Fernsehen zu Beginn der 50er die Möglichkeit, nicht nur „allen alles zu sagen" (Brecht), sondern auch noch zu zeigen. Aber leider hatte man kaum etwas, was der Vorführung wert gewesen wäre. Valentin Polcouch, zeitgenössischer Fernseh-Kritiker und freier Autor, faßt dies in seinem Rückblick auf das ARD-Programm 1977 so zusammen: *„Wie wir — wenn auch ungern — zugeben müssen, entstand das Fernsehen nicht aus einem dringenden Bedürfnis, will sagen: Nicht die unabweisbare Notwendigkeit, in jeder Stube einen Monitor zum Zwecke der Erbauung, Information und Unterhaltung aufzustellen, drängte Erfinder und Industrie bis hin zum gebrauchsfertigen Bilderschrein. Umgekehrt war's gelaufen. Erst als das Fernsehen als technisches Angebot vor uns stand, begannen wir, seine Möglichkeiten auszufüllen. Erst kam die Sendezeit, dann erst die Substanz. Daß die Sendezeit im Laufe der Jahre einen imperativen Charakter annahm, daß schließlich die eigentliche Not nicht darin bestand, eine geistige Fracht vom Sender zum Rezipienten zu transportieren, sondern vielmehr, genug Fracht aufzutreiben, um das Vehikel Fernsehen mehr oder minder ganztägig in Verkehr zu halten — das konnte nicht ohne Folgen bleiben."* (ARD 1977, S. 139)

Die Parallele zur medialen Situation am Beginn der 80er Jahre ist unverkennbar. Unter der Parole „Laßt hundert Kanäle blühen!" sind auf der Basis von Glasfaser-Kabel-Techniken und Satelliten-Sendern die technologischen Voraussetzungen entwickelt worden, um ein Vielfaches des heutigen Programm-Angebots zu verkaufen. Im Gegensatz zu heute allerdings, wo die Macher wenigstens die Möglichkeit haben, Vorhandenes einfach zu multiplizieren, war vor dreißig Jahren kein Programm-Potential vorhanden. Gegen die Übertragung von Kino-Spielfilmen und -Wochenschauen — wie es zu wesentlichen Teilen der Praxis im faschistischen Fernsehen entsprach — wehrte sich erfolgreich die Filmindustrie. Möglich und naheliegend war so in der Anfangszeit vor allem der Rückgriff auf ältere Medien: das Radio, das Theater und auch gedruckte, wie zum Beispiel die Karikatur.

Eine beliebte Sendung des TV-Neubeginns war etwa „Was so geschah — Mirko Szewczuk glossiert die vergangenen 14 Tage" (Erstsendung am 7. März 1952), in welcher der Grafiker redend und zeichnend die Regenten-Welt karikierte. Sehr brav selbstverständlich. Denn Politik war nicht besonders erwünscht am Bildschirm. Der damalige Generalsekretär des NWDR Adolf Grimme, nach dem der heute wohl noch begehrteste Fernsehpreis der BRD benannt ist, hatte dies z.B. am 23. Oktober '53 recht eindeutig formuliert, als er das erste Nachkriegs-Studio in Hamburg-Lokstedt eröffnete: *„Das Fernsehen vermag den Menschen besser zu machen. Es ist sogar sein Soll, daß die Kraft von Bild und Wort das Gute wirke (...). Wenn dies neue Instrument sein Soll im Dienst am Menschen erfüllen will, dann muß es Freude schenken (...)"* (ARD 1977, S. 18f.).

Aber wie und womit „Freude schenken" angesichts der Trümmer-Landschaften in den Städten, angesichts erneuter Kriegsgefahr in Korea und anderswo, angesichts verstärkter Wieder-Aufrüstung, angesichts dessen, daß es für viele Bundesbürger immer noch nichts anständiges zu beißen gab, die ersten politischen Gefangenen schon wieder in deutschen Gefängnissen saßen, demokratische Organisationen illegalisiert und ihre Mitglieder diskriminiert und verfolgt wurden, und dafür aber die alten Nazis wieder ans Ruder gelassen wurden? Sicher nicht mit dem „Suchdienst des Roten Kreuzes" nach vermißten Personen, der ab 1953 nachmittäglich ausgestrahlt wurde und brutal an die Folgen des Krieges erinnerte. Und sicher auch nicht mit dem „Wort zum Sonntag", das ab Mai '54 regelmäßig der deutschen Fernseh-Gemeinde die neuesten Kirchen-Sprüche verkündete.

Geeigneter waren da schon ein Hans-Joachim Kuhlenkampf oder ein Peter Frankenfeld. Beide waren schon im Nachkriegs-Radio zu den wichtigsten Entertainern der Nation avanciert. Ihre TV-Shows gehörten Mitte der 50er Jahre zu den beliebtesten Sendungen: Kuhlenkampfs biederer TV-Quiz „Wer gegen wen?" und Frankenfelds eng an die Tradition der amerikanischen Improvisations-Shows angelegtes „1:0 für Sie". Auch die Anfänge von heute noch unseren Bildschirm bevölkernden Spaßmachern, wie Robert Lembke mit seinem alles andere als „heiteren" Beruferaten seit 1955, oder Werner Höfer mit seiner saufenden Journalisten-Runde, reichen bis in diese Phase des Mediums zurück.

Zu einer Zeit, da die meisten deutschen Familien bestenfalls am Sonntag Fleisch in ihren Kochtöpfen hatten, erfreute sich eine Sendeform größter Beliebtheit, die heute gänzlich aus dem Programm gewichen ist und durch Gymnastik und Schlankmacher-Sendungen abgelöst wurde: das dramatische Vorkochen mehr oder weniger kullinarischer Gerichte. Fernseh-Koch Clemens Wilmenrod war einer der größten TV-Stars der Wieder-Aufbau-Republik.

Und was heute so gerne als läppischer ideologiebefrachteter Import aus den USA verschrien wird, kann ebenfalls auf eine reichlich erprobte Tradition in den 50ern zurückblicken: die Familien-Serie. Zwischen 1954 und '59 kam „Unsere Nachbarn heute abend: Familie Schölermann" — Symbol für wiedergewonnene deutsche Gemütlichkeit, Ordnungssinn und Sauberkeit — auf immerhin 111 Sendungen. Als die Serie im März 1958 zunächst abgesetzt werden soll, geht ein Sturm der Entrüstung durch das Fernsehvolk. Die Schölermanns bleiben auf dem Bildschirm und werden, nachdem sie ausgespielt haben, durch die nicht weniger ordentliche, erfolgreiche und heitere „Familie Hesselbach" ersetzt.

Nicht zuletzt aufgrund solcher Glanzstücke neudeutscher synthetischer Nieder-Kultur, aber auch auf dem Hintergrund einer generellen kulturpessimistischen Haltung gegenüber dem neuen Medium, hatte sich das Fernsehen in den 50ern gegen den laut erhobenen Vorwurf von Seiten der Kritiker-Schickeria zu wehren, es beschleunige den Untergang des Abendlandes. Die vereinigten Kulturkritiker der westdeutschen Nation warfen ihm

oben: Symbol für die Fernseh-Unterhaltung der ersten Nachkriegsjahre: Frankenfelds kariertes Entertainer-Sakko.
unten: Die Nachfolge-Show des Masters, „Toi, Toi, Toi!“ nimmt etwas vorweg, was heute in den USA als „Gong-Show“ berühmt und berüchtigt ist: Künstler-Amateure stellen sich der Kamera, einem Life-Publikum und der Bewertung durch eine Jury

mit den auch uns heute noch bestens bekannten Argumenten Verblödungs-Wirkungen und Gegen-Bildung vor. Und zwar zufürderst nicht etwa spezifischen Programmen und ihren Machern, sondern dem „Medium an sich“. Die Strategie, mit der sich die Fernseh-Verwalter gegen diese Angriffe zu wehren versuchten, war — ebenfalls nicht neu und nicht einmalig für die Mediengeschichte — die sogenannte Hoch-Kultur in die elektronische Vermittlung von Worten und Bildern einzubeziehen. Vor allem in der zweiten Hälfte der 50er Jahre — die erste wird als Experimentier-Phase mit Rumpf-Programm ohnehin nicht ernst genommen — lag so in den künstlerischen Sparten der „Schwerpunkt auf den Literatur- und Theater-Adaptionen, von denen man sich eine kulturelle Reputation für das neue Medium erhoffte“ (Hickethier 1981, S. 20).

Der Anteil der Literatur-Adaptionen am Fernsehspiel betrug zwischen 1951 und 1959 insgesamt immerhin 81,4 Prozent; allein im Jahr 1957 waren von 90 Produktionen 82 Verarbeitungen bewährter literarischer Vorlagen. Historisch stand dabei für diesen Zeitraum (mit 47,3 Prozent) das im Vordergrund, was nach 1945 geschrieben worden war. Bezogen auf die unterschiedliche nationale Herkunft der literarischen Vorlagen dominierten eindeutig die mächtigsten Länder des westlichen Militär- und Wirtschafts-Bündnisses, die USA, England und Frankreich. Sie überwiegen sogar die Vorlagen aus deutschsprachigen Ländern. Diese Kaprizierung auf die Kultur der ehemaligen Besatzungsmächte, die im übrigen bis heute weitgehend konstant geblieben ist, dokumentiert die Adaptions-Praxis als eine kulturpolitische Strategie, die eng an der „Position der Bundesrepublik mit ihrer Integration in das westliche System“ orientiert ist (Hickethier 1980, S. 148, vgl. dort ebenso die angeführten Daten).

Die audio-visualisierte Literatur traf aber offensichtlich auch auf ein starkes Publikums-Interesse. Nach einer Untersuchung von „infratest“ über die Vorlieben des Publikums für Sendungen zwischen 1956 und 1958 wiesen vor allem die Bearbeitungen dramatischer Werke Sehbeteiligungen auf, von denen die Macher heute nur noch träumen können. Dabei ist bemerkenswert, daß trotz Eis-Kalten Krieges zum Beispiel zwei Adaptionen von Brecht mit an der Spitze der Beliebtheits-Hierarchie liegen: Die „Dreigroschenoper“ (Sendung am 27.2.57) mit einer Einschalt-Quote von 81 Prozent und „Der Kaukasische Kreidekreis“ (Sendung am 25.9.58) mit 82 Prozent Beteiligung. (Vgl. die Zahlen in Eckert 1963, S. 174ff.)

Selbstverständlich durfte bei diesen literarischen TV-Zubereitungen nicht das Symbolstück deutscher Nachkriegs-Literatur fehlen: Wolfgang Borcherts „Draußen vor der Tür“, die Geschichte des „Rußland-Heimkehrers“ Beckmann, der sich in der Plastik-Republik nicht mehr zurechtfindet, wurde 1957 vom NDR, der insgesamt die wichtigsten Impulse für die Entwicklung des Fernsehspiels gegeben hat, durch Rudolf Noelte inszeniert (Erstsendung am 19.11.57).

Wie stark das Fernsehen in den 50ern politisch von oben bevormundet und kastriert wurde, zeigt die Auseinandersetzung um ein Fernsehspiel, das ebenso vom NDR kam: Im Frühjahr 1958, als der ideologische Kalte Krieg einen Höhepunkt erreicht hatte, inszenierte Dieter Meichsner sein Hörspiel „Besuch aus der Zone“ für das Fernsehen. Obwohl der Autor und Regisseur darin durchaus nicht mit Antikommunismen gespart hatte, war der Realismus des Fernsehspiels, der gleichermaßen kritisch die Wirklichkeit des BRD- wie des DDR-Alltages einbezog, für das Massenmedium bzw. seine Regenten nicht mehr erträglich. Die Auseinandersetzung über das Stück Fernsehen wurde bis in den Bundestag hinein getrieben, wo die Adenauer-Gefolgschaft dem Intendanten Fritz Eberhard und Dieter Meichsner schamlose „Ostpropaganda“ vorwarf. (Hickethier 1981)

10. Die verhinderten Herren eines zweiten Programms: Adenauer und die Zeitungs-Verleger

Die Versuche, die öffentlich-rechtliche Konstruktion des Rundfunks und damit auch des Fernsehens in Westdeutschland zu kippen, sind genauso alt wie die Republik selbst. In der ersten Hälfte der 50er Jahre ging es dabei freilich noch nicht so sehr um Privatisierungs-Ambitionen, wie sie nach der allmählichen Durchsetzung des Fernsehens von den einschlägigen Unternehmer-Kreisen gehegt wurden, als vielmehr um die Durchsetzung von mehr zentraler Regierungs-Gewalt auf der Ebene des gesamten Rundfunks und seiner gesetzlichen Grundlagen. Die Aussichten auf einen ordentlichen Profit für Verleger und andere Industrielle waren zu dieser Zeit noch zu gering.

Die West-Alliierten hatten neben dem teilweisen personellen Austausch gegenüber dem faschistischen Rundfunk immerhin zwei wesentliche Veränderungen erreicht: Die Post (als zentrale Regierungs-Institution) war nach harten Auseinandersetzungen stark in ihren Kompetenzen beschnitten worden. Ihre Zuständigkeit war auf die Netz-Ebene, die Absicherung der für Rundfunk-Sendungen notwendigen technischen Infra-Struktur, beschränkt worden. Und politisch wurden die neu-deutschen Rundfunkanstalten durch Länder-Gesetze ins Leben gerufen. Sie unterstanden in ihrer Organisation der Kulturhoheit der einzelnen Bundesländer.

Gegen diese föderalistische Struktur liefen Adenauer und seine Regierungs-Mannschaft von Anbeginn Sturm. Seiner Meinung nach hatte der Rundfunk „politisches

Schnee, Hunger und Wölfe

»Das war ein Spiegel der Wirklichkeit«, schreibt ein Leser an HÖRZU. Der ehemalige Kriegsgefangene hat das sechsteilige Fernsehspiel ›Soweit die Füße tragen‹ gesehen. Fritz Umgelter hat es nach Josef Martin Bauers Roman gedreht: die Odyssee des deutschen Soldaten Clemens Forell, der 1949 aus einem sibirischen Gefangenenlager flieht. Drei Jahre kämpft er gegen Schneestürme, Verrat, Hunger und Wölfe an, bis er schließlich über die Mongolei und den Iran die Freiheit erreicht.

Monatelang dauerten die Außenaufnahmen in den eisigen Schneewüsten Finnlands. Ungeheuer waren die Strapazen für die Schauspieler und Techniker. Aber der Aufwand hat sich gelohnt. 400 dramatische Sendeminuten erregen die Fernsehzuschauer.

Heinz Weiß (Mitte), einst selber Offizier, als Kriegsgefangener Clemens Forell. Seine härteste Szene: der Kampf gegen Wölfe, die jedoch von dressierten Schäferhunden gedoubelt worden sind

Serien, welche die „Nation erschütterten“, gibt es nicht erst seit „Holocaust“: der Sechsteiler „So weit die Füße tragen“ kam 1959 auf den Bildschirm

Paul Edwin Roth in „Draußen vor der Tür“ von Wolfgang Borchert, 1957: die TV-Inszenierung des literarischen Symbols für Trümmer-Deutschland (ARD-Foto)

Führungsmittel der jeweiligen Bundesregierung" zu sein (nach Steininger, S. 342). Ein Jargon, der seine Tradition nicht einmal zu verschleiern versucht. In uns auch aus den letzten Jahren bestens vertrauter Manier der Unions-Medienpolitik wurde den Länder-Anstalten vorgeworfen, sie seien SPD-, damals also noch Oppositions-Sender. Die Attacken richteten sich in dieser Hinsicht anfangs besonders gegen den NWDR, der unter britischer Aufsicht immer noch die umfänglichsten publizistischen Freiheiten zu garantieren versucht hatte.

Die erste Phase der Auseinandersetzungen zwischen dem Bund, den Ländern, den Alliierten und den Anstalts-Verwaltungen war im Februar 1954 abgeschlossen. Zwischen den Kontrahenten war der „Entwurf eines Gesetzes über die Wahrnehmung gemeinsamer Aufgaben auf dem Gebiet des Rundfunks" als Kompromiß ausgehandelt worden, der die Zuständigkeit der Regierungs-Zentralen auf einige wenige Gebiete beschränkte (z.B. die Lang- und Kurzwellensender des Auslandsfunks, die Netzhoheit, aber auch der weitere Ausbau des Fernsehens). Die Errichtung des von Adenauer ersehnten „Deutschen Rundfunks" mit Sitz im Ruhrgebiet war verhindert worden. Dafür hatten die Kalten Krieger aber auf der Ebene des Kampfes um den Erhalt des NWDR gesiegt. Er war bereits praktisch gespalten. (Der Kompromiß von 1980 im Bezug auf den NDR wurde genau mit den gegensätzlichen Vereinbarungen erzielt. Zwar wurde der NDR als große Drei-Länder-Anstalt erhalten. Der Preis war aber mehr Regierungs-Einfluß und das potentielle Öffnen des Rundfunks für den Kommerz.)

Neuen Stoff für die Weiterführung und Verschärfung der Auseinandersetzungen lieferte dann die Verabschiedung des „Television Act" durch das britische Parlament (am 30. Juli '55), mit dem in England die gesetzliche Grundlage für kommerzielles Fernsehen geschaffen wurde. Das „Independent Television" (ITV) nahm am 22. September 1955 die Ausstrahlung von Fernseh-Programmen mit dem Ziel auf, Profit zu erzielen. Und auch in der Bundesrepublik wurde allmählich deutlich, daß das neue Medium nicht nur zur Erbauung des Publikums gut war, sondern auch für kräftige Gewinne privater Kapitale. Sichtbares Zeichen dafür war die Einführung des Werbefernsehens, die der Rat des Bayrischen Rundfunks im August '56 als erste Anstalt beschloß. Der Reinertrag sollte „kulturellen Zwecken" zugeführt werden, wie es damals noch hieß. Heute erzielen die Sender damit ca. die Hälfte ihres Einkommens.

Das Protokoll der Firmen-Gründungen und Gesetzes-Entwürfe der folgenden etwa fünf Jahre beschreibt den staatlich unterstützten Groß-Versuch der Installierung eines zweiten, privaten, Fernseh-Programms. Seine Intensität und die Bündnis-Breite, die darin zum Ausdruck kommen, machen deutlich, daß es ganz sicher nicht der letzte Versuch war:

— Noch bevor der Bayrische Rundfunk (im November '56) seine Reklame-Sendungen aufnimmt, wird am 8. August eine „Studiengesellschaft für Funk- und Fernsehwerbung" gegründet. Die Mitgliederliste versammelt die wichtigsten Interessenten an einem kommerziellen Rundfunk: der Markenartikel-Verband, der Deutsche Industrie- und Handelstag, der Bundesverband der Deutschen Industrie, die Gesellschaft der Werbeagenturen, der Verband deutscher Werbungsmittler und eine Reihe Zeitungs- und Zeitschriften-Verlage. Der Bundesverband Deutscher Zeitungs-Verleger (BVDZ) klagt vorsorglich zugleich gegen das Werbefernsehen des BR, weil es seinen Mitgliedern angeblich die Einnahmen schmälere. Die Klage wird im November desselben Jahres abgelehnt.

— Inzwischen ist auch die Adenauer-Regierung aktiv geworden. Zusammen mit dem Koalitions-Partner DP hat die CDU/CSU das Konzept für ein „Privatwirtschaftliches Fernsehen" entwickelt, das unabhängig von der ARD ein zweites bundesweites Programm betreiben soll. Auf Antrag der SPD-Fraktion wird das Konzept zum ersten Mal am 28. Februar '58 im Bundestag diskutiert. Wie bei wichtigen strittigen Problemen üblich, wird die Diskussion aus der Öffentlichkeit verlagert: in den Ausschuß für Kulturpolitik und Publizistik und den Rechtsausschuß des Parlaments.

— Auf seiner Jahresversammlung am 29. April '58 fordert der „Markenverband e.V." zum ersten Mal öffentlich die Installierung eines „Unabhängigen Fernsehens".

— Im Dezember des Jahres wird die „Freies Fernsehen GmbH" ins Leben gerufen. Gründer sind der Wiesbadener Großunternehmer Krause und der Verleger der „Nürnberger Nachrichten", Merkel. Sie vertreten zugleich den BDI, den „Markenverband", sowie diejenigen Verlage, die sich in der „Pressevereinigung für neue Publikationsmittel e.V." zusammengeschlossen haben. Erklärtes Ziel der Gesellschaft ist die Vorbereitung sowie die spätere Belieferung eines zweiten Fernseh-Programms.

— Im Januar '59 signalisiert die Adenauer-Regierung, daß sie die Pläne der Industriellen infra-strukturell absichern und finanzieren helfen will. Das Bundeskabinett billigt den Plan zum Ausbau eines zweiten Fernsehsender-Netzes. Er sieht zwei Ausbaustufen vor: Besondere

Priorität haben 29 Sender, die schwerpunktmäßig an der Grenze zur DDR errichtet werden sollen und in einigen dichtbesiedelten Regionen. Die Kosten für die erste Ausbaustufe werden mit 36 Millionen DM veranschlagt. Am 13. Mai stimmt der Verwaltungsrat der Bundespost diesem Plan zu.

— Etwa einen Monat später holen die Länder zum ersten Gegenschlag aus, da sie ihre Kulturhoheit bedroht sehen. Auf einer Konferenz der Ministerpräsidenten wird ein Beschluß verabschiedet, der sich gegen ein zweites Fernsehen auf kommerzieller Grundlage richtet und seine Anbindung an die bestehenden Rundfunkanstalten fordert.

— Industrie und Bonner Zentral-Regierung antworten sofort, indem sie konträre Fakten schaffen: Am 30. Juli wird die „Westdeutsche Fernsehen AG" in das Handelsregister eingetragen. Sie soll das zweite Sendernetz mit Programmen beliefern. Das Aktienkapital ist mit 100.000 DM noch lächerlich gering. Es soll freilich nach der Konzessions-Erteilung auf 10 Millionen, später auf 40 Millionen DM erhöht werden. — Am 30. September verabschiedet der westdeutsche Bundestag den Entwurf für ein „Gesetz über den Rundfunk". Das darin anvisierte „Deutschland-Fernsehen" weist bereits die Synthese von Staats- und Profit-Fernsehen auf. Unter Regierungs-Kontrolle sollen private Gesellschaften das Programm produzieren. Finanziert werden soll das ganze durch Werbung. Es wird auch schon ein Termin festgelegt, an dem das Programm beginnen soll: der 1. Januar 1961.

— Inzwischen versuchen die Rundfunkanstalten den Bestrebungen die materielle Grundlage zu entziehen, indem sie selbst zweite Programme entwickeln und installieren. Als erster beschließt der Rundfunkrat des WDR am 29. Oktober '59 die Ausstrahlung eines eigenen Konkurrenz-Programms. Politische Unterstützung erhalten die Anstalten durch den Bundesrat. Er erklärt am 13. November den Entwurf der Adenauer-Regierung für verfassungswidrig, weil er in die Kompetenz der Länder eingreife, und verwirft ihn. Genau eine Woche später zeigt Adenauer, wer in der BRD das Sagen hat: Sein Kabinett beschließt, den Entwurf aufrechtzuerhalten.

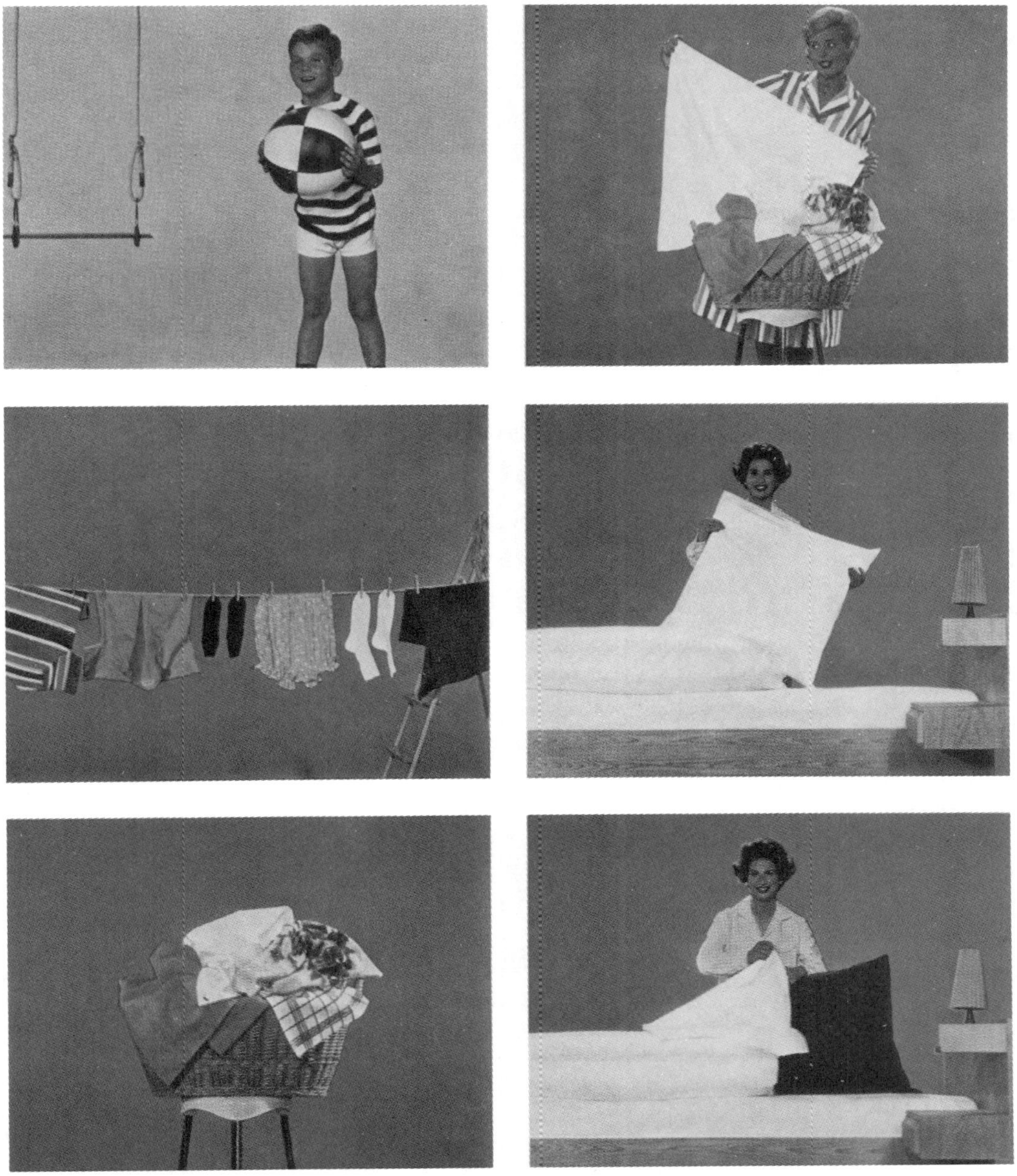

Standfotos aus einem Werbefilm für Persil '59

— In West-Berlin werden die einschlägigen Kapital-Interessenten ein wenig später aktiv. Am 27. Juni 1960 entsteht die „Fernsehgesellschaft der Berliner Tageszeitungen". In ihr sind alle kommerziellen Zeitungsverlage der Halbstadt mit gleichen Anteilen vertreten. Schon einen Tag nach der Gründung beantragt die Gesellschaft eine Lizenz zur Ausstrahlung von Fernseh-Programmen.

— Wiederum einen Monat später erreichen die Pläne der Bonner Regenten ihren Höhepunkt. Am 25. Juli unterzeichnet Adenauer den Gesellschafter-Vertrag der „Deutschland Fernsehen GmbH". Einige Tage darauf fühlt man sich trotz der hochmodernen Technologie des Massenmediums, um das es geht, in den Feudalismus zurückversetzt: Der ohnehin lächerlich geringe Kapital-Anteil der Länder wird an den Bund überschrieben. Damit ist Konrad Adenauer stellvertretend für die Bundesregierung alleiniger Gesellschafter der „Deutschland Fernsehen GmbH"!

— Dieses „Adenauer-Fernsehen" ist nun endlich auch Anlaß für zwei der Bundesländer, das höchste Gericht der BRD anzurufen. Mit Unterstützung des Landes Hessen reicht die Hansestadt Hamburg Klage beim Bundesverfassungs-Gericht ein. Niedersachsen und Bremen stoßen später zu.

— Sowohl die Industriellen, als auch die Bonner Regierung lassen sich aber dadurch nicht in ihren Vorbereitungen stören. Im Gegenteil: Im Verlauf des Jahres 1960 entsteht eine Vielzahl von Film-Produktions-Firmen, die bereits Konserven für das erhoffte zweite Programm herstellen. Am 4. November wird für die „Deutschland Fernsehen GmbH" sogar bereits ein Programm-Beirat eingesetzt. Unter den vorgeschlagenen Mitgliedern sind zwei, die bald nicht laut genug nach der Erhaltung des öffentlich-rechtlichen Rundfunks schreien können: die späteren Intendanten des WDR und des ZDF, Klaus von Bismarck und Karl Holzamer. Ein deutliches Widerstands-Zeichen setzt wenigstens der DGB. Er weigert sich den einzigen, ihm zugestandenen, Posten im Aufsichtsrat des Adenauer-Fernsehens zu besetzen.

— Aufgrund der drängenden und kapitalkräftigen Interessen-Lage arbeitet das Bundesverfassungs-Gericht recht schnell. Eine Vorentscheidung fällt es bereits in seiner Sitzung vom 30. November 1960: Bis zu seinem endgültigen Beschluß darf auf dem Gebiet der Bundesrepublik vorläufig nur die ARD Programme ausstrahlen. Am 28. Februar 1961 wird dann jenes Urteil verkündet, das 20 Jahre später bei dem Streit um die Erhaltung des NDR immer wieder zitiert wird, dem so große Kraft gegen die drohende kommerzielle Organisation der sogenannten „Neuen Medien" zugesprochen wird, und auf dessen längerfristige Aufrechterhaltung ich heute keinen Pfennig mehr wetten würde: *„(...) Der Bund hat durch die Gründung der ‚Deutschland Fernsehen GmbH' gegen Artikel 30 in Verbindung mit dem Viii Abschnitt des Grundgesetzes sowie gegen den Grundsatz bundesfreundlichen Verhaltens und gegen Artikel 5 des Grundgesetzes verstoßen."*

Das materiell-technisch bereits weitgehend vorbereitete zweite Programm erhielt mit dem ZDF ebenfalls formal eine öffentlich-rechtliche Organisations-Form. Das Profit-Fernsehen mit Regierungs-Stimme war gestoppt. Von oben. Und vorläufig.

Wichtige Literatur zum Thema und benutzte Quellen

ARD-Jahrbuch 69. Hamburg 1969.

Notizen zum ARD-Programm. 25 Jahre Deutsches Fernsehen 1952 bis 1977. München 1977.

Bausch, Hans: Rundfunkpolitik nach 45. Erster Teil. Bd. 3 der Reihe Rundfunk in Deutschland. Hrsg. v. H. Bausch. München 1980.

Brack, Hans, u. a. (Hrsg.): Organisation des Rundfunks in der Bundesrepublik Deutschland 1948–1962. Hamburg 1962.

Bruch, Walter: Kleine Geschichte des Deutschen Fernsehens. Berlin 1967.

Diller, Ansgar: Rundfunkpolitik im Dritten Reich. Bd. 2 der Reihe Rundfunk in Deutschland, a. a. O.

Dovifat, Emil: Der NWDR in Berlin 1946–1954. Berlin 1970.

Eckert, Gerhard: Zehn Jahre Fernsehen in Deutschland. Frankfurt/Main 1963. (Hrsg. zus. mit Fritz Niehus.)

Eckert, G.: Von Nipkow bis Telstar. Frankfurt/Main (o. J.) 1964.

Eckert, G.: Das Fernsehen in den Ländern Westeuropas. Gütersloh 1965.

Hickethier, Knut: Das Fernsehspiel der Bundesrepublik. Themen, Form, Struktur, Theorie und Geschichte 1951–1977. Stuttgart 1980.

Hickethier, K.: Das Fernsehspiel in der Adenauer-Ära. In: ARD-Fernsehspiel 1/1981.

Jacobmeyer, Wolfgang: Politischer Kommentar und Rundfunkpolitik. Zur Geschichte des NWDR 1945–1951. In: W. B. Lerg/R. Steininger (Hrsg.), Rundfunk und Politik 1923–1973. Berlin 1975.

Kahlenberg, Friedrich P.: „Von deutschem Heldentum" – Eine Film-Kompilation für das Fernsehen aus dem Jahr 1936. In: Mitteilungen des Studienkreises Rundfunk und Geschichte 1/1979.

Lerg, Winfried B.: Zur Entstehung des Fernsehens in Deutschland, In: Rundfunk und Fernsehen 4/1967.

Magnus, Kurt: Der Rundfunk in der Bundesrepublik und West-Berlin. Frankfurt/Main 1955.

Mettler, Barbara: Demokratisierung und Kalter Krieg. Zur amerikanischen Informations- und Rundfunkpolitik in Westdeutschland 1945–1949. Berlin 1975.

Mühlbauer, Josef: Fernsehen. Das Wunder und das Ungeheuer. Basel, Freiburg, Wien o. J. (1959/60).

Radio Bremen Jahrbuch 1950–51.

Reiss, Erwin: „Wir senden Frohsinn" – Fernsehen unterm Faschismus. Berlin 1979.

Reiss, E. und S. Zielinski: Die Entwicklung des Fernsehens – vom NWDR zum Channel Free Bavaria? Unveröff. VL-Manuskript TU Sommer 1977 (Berlin).

Rings, Werner: Die 5. Wand: Das Fernsehen. Wien, Düsseldorf 1962.

Schütte, Wolfgang: Der deutsche Nachkriegsrundfunk und die Gründung der Rundfunkanstalten. In: Lerg/Steininger, a. a. O.

Schwaegerl, Tony: Das deutsche Fernsehspiel 1936–1961. (Diss.) Erlangen–Nürnberg 1964.

10 Jahre SFB. Berlin 1964.

Steininger, Rolf: Rundfunkpolitik im ersten Kabinett Adenauer. In: Lerg/Steininger, a. a. O.

Unser Fernsehen 1952–1979. HÖR ZU o. O. 1979.

Voss, Cay Dietrich: Fernsehen. Neu geschaute Welt. Flensburg o. J. (um 1956/57).

Wehmeier, Klaus: Die Geschichte des ZDF. Teil 1, Entstehung und Entwicklung 1961–1966. Mainz 1979.

FRAUEN

Für soziale und ökonomische Gleichberechtigung

Schleswig-Holstein 1956/57. Im Streiklokal

Florence Hervé

Situation und Widerstand der Frauen in den 50er Jahren

Zum „Gleichberechtigungsgesetz"

[Auszug aus der Rede der KPD-Abgeordneten Gertrud Strohbach im Bundestag 1952 zum Entwurf eines „Gesetzes über die Gleichberechtigung von Mann und Frau auf dem Gebiet des bürgerlichen Rechts und über die Wiederherstellung der Rechtseinheit auf dem Gebiet des Familienrechts" der Adenauer-Regierung]

„Besonders kraß tritt der reaktionäre Geist des Gesetzes dort in Erscheinung, wo es sich mit der Betreuung und Erziehung der Kinder beschäftigt. Schon allein die Tatsache, daß hier fortgesetzt von elterlicher Gewalt, statt von elterlicher Sorge die Rede ist, zeigt, wes Geistes Kind die Verfasser dieser Vorlage sind." (...)

„In § 1356 heißt es: ‚Die Frau ist berechtigt, erwerbstätig zu sein', aber dieses Recht wird sofort wieder eingeschränkt durch den Nachsatz, ‚soweit dies mit ihren Pflichten in Ehe und Familie vereinbar ist'. In § 1360 heißt es dagegen: ‚Sie ist ... verpflichtet, erwerbstätig zu sein, wenn die Arbeitskraft des Mannes und die Vermögenseinkünfte der Ehegatten nicht ausreichen, um den angemessenen Unterhalt zu bestreiten!'

Das heißt also: Die Regierung will durch dieses Gesetz den Frauen die alleinige Pflicht zur Betreuung der Familie, aber auch die Pflicht zur Erwerbstätigkeit bei ungenügenden Einkünfen des Mannes auferlegen. (...)

Aber die Frauen sind im wirtschaftlichen und politischen Leben Westdeutschlands noch nicht gleichberechtigt. Alle Leitungen und Mitglieder der Partei müssen ihre Tätigkeit unter den Frauen überprüfen. Die Hilfe und Unterstützung für den Kampf der Frauen muß ein fester Bestandteil unserer Parteiarbeit werden. (...)

Die faschistische Terrorherrschaft und der von Hitler-Deutschland angezettelte mörderische zweite Weltkrieg hinterließen fünfzig Millionen Tote, Zerstörungen, Elend und Not.

Zugleich aber bestand in vielen Menschen die Hoffnung auf einen neuen Anfang, auf den Aufbau einer besseren Gesellschaftsordnung — und nicht den Wiederaufbau der alten —, auf ein Leben ohne Krieg. So war der 8. Mai vor allem der Tag der Befreiung von Faschismus und Krieg. Der Faschismus hatte zwar die proletarische und den fortschrittlichen Teil der bürgerlchen Frauenbewegung verfolgt und verboten; die berechtigten Forderungen der Frauen nach einem menschenwürdigen Leben, nach Gleichberechtigung und Frieden konnte er nicht totkriegen. So knüpften die fortschrittlichen Frauen 1945 an die Traditionen der „alten" Frauenbewgung an. Sie zogen Lehren aus der Weimarer Republik und dem Nationalsozialismus: z.B. daß eine breite Zusammenarbeit von Frauen unterschiedlicher sozialer Herkunft politischer und religiöser Weltanschauung notwendig ist, daß die Isolierung der Frauenfrage von den gesellschaftlichen Verhältnissen in die Sackgasse und daher die Ablehnung einer Zusammenarbeit mit der demokratischen und Arbeiterbewegung in die Ohnmacht führen. (...)

Bereits Anfang der fünfziger Jahre setzte allerdings der kalte Krieg ein. Was noch 1945 undenkbar war — Krieg und Wiederaufrüstung — war jetzt Wirklichkeit. Der Krieg tobte in Korea, die Wiederaufrüstungspläne lagen in den Schubläden. (...)

Die fünfziger Jahre waren auch durch vielfache Diskriminierungen der Frauen, durch Arbeitslosigkeit, ungleiche Entlohnung und unzureichenden Arbeits- und Mutterschutz gekennzeichnet. (...)

Kaum waren die Pläne zur Einführung einer europäischen Verteidigungsgemeinschaft 1954 durch den mächtigen Protest der Bevölkerungen und die Ablehnung der französischen Nationalversammlung zu Fall gebracht worden, wurden die Pariser Verträge zum Beitritt der Bundesrepublik in die NATO aus der Schublade geholt. Erneut protestierten Frauen aller Welt gegen diese grobe Verletzung der Potsdamer Abkommen. (...)

1945: Es gibt sechs Millionen Tote in Deutschland; es gab einen Frauenüberschuß von über sieben Millionen. Hunger und Not herrschten. Die Lebensmittelversorgung war schlecht. Das Bild der „Trümmerfrauen" prägte die zerstörten Städte. Frauen hamsterten, um überleben zu können. Auf der einen Seite, Hoffnung und der Wille, die

Doppelverdienertum
Bundeskonferenz des DGB, 1952

Betr.: Begriff „Doppelverdienertum"
Der Bundesvorstand möge den Hauptvorständen und den Landesbezirksvorständen nahelegen, bei Tagungen, Konferenzen und sonstigen Zusammenkünften von Funktionären, im besonderen von Betriebsräten, über den Begriff „Doppelverdienertum" Klarheit zu schaffen.

Begründung:
Die Frage des Doppelverdienertums hat in allen wirtschaftlichen Notzeiten die Öffentlichkeit beschäftigt. Dabei wurde und wird fälschlicherweise dann von Doppelverdienern gesprochen, wenn Mann und Frau gemeinsam durch unselbständige Tätigkeit das Familieneinkommen erarbeiten. Es wird aber übersehen, daß infolge der erhöhten Lebenshaltungskosten manche Familie erst dadurch gegründet und viele in ihrem Bestand erhalten werden, daß Mann und Frau weiterhin einen Beruf ausüben. Die Einschränkung dieser gemeinsamen Erwerbsmöglichkeit würde die Existenzgrundlage vieler Familien zerstören, wie das in Fällen bei gekündigten und entlassenen mitverdienenden Ehefrauen vielfach zu beobachten ist. Der Kampf gegen das sogenannte Doppelverdienertum ist aber auch insofern unsozial, als es den erhöhten Leistungswillen einer in unselbständiger Arbeit tätigen Familie bestraft, während alle Einkommen aus Grundbesitz, Renten usw. oder durch Tätigkeit mithelfender Familienangehöriger unberücksichtigt bleiben. Es kann also bei mitverdienenden Ehefrauen nicht von ungerechtfertigtem Doppelverdienertum gesprochen werden.
(Aus: Protokoll der 1. Bundesfrauenkonferenz des DGB vom 27. bis 29. Mai 1952 in Mainz, S. 264 f.)

Lohngleichheit und Leichtlohngruppen
Bundesfrauenkonferenz des DGB, 1959

Antrag Nr. 1: Gleicher Lohn für gleichwertige Arbeit
Die 3. Bundesfrauenkonferenz des DGB möge beschließen: Der Bundesvorstand des DGB soll in Zusammenarbeit mit den Gewerkschaften sich auch weiterhin für die Erfüllung der berechtigten Forderung „Gleicher Lohn für gleichwertige Arbeit" einsetzen.
Begründung:
Trotz vieler Erfolge der gewerkschaftlichen Lohnpolitik konnte der Grundsatz „Gleicher Lohn für gleichwertige Arbeit" bis heute in vielen Tarifverträgen noch nicht verankert werden. In der Mehrzahl der Tarifverträge sind zwar die Abschläge für Frauenarbeit und die besonderen „Frauenlohngruppen" verschwunden. Die Arbeitgeber setzen aber bei Tarifverhandlungen ihre ganze wirtschaftliche Macht ein, um zu erreichen, daß in vielen Tarifverträgen dem Grundsatz der gleichen Entlohnung nur formalrechtlich entsprochen wird. An die Stelle der sogenannten „Frauenlohngruppen" wurden sogenannte Leichtlohngruppen gesetzt, die Tätigkeiten erfassen, die ausschließlich oder überwiegend von Frauen verrichtet werden. In einigen Fällen wurden auch den bestehenden Lohngruppen in Tarifverträgen neue Lohngruppen vorgeschaltet oder angehängt. Die Löhne dieser Gruppen liegen niedriger als die Bezahlung der Hilfsarbeiter, so daß damit gewissermaßen ein Hilfs-Hilfsarbeiter geschaffen wurde.

Die Frauen in den Gewerkschaften des DGB sehen es als ihre Pflicht an, auf die Gefahren hinzuweisen, die sich aus der Schaffung von sogenannten Leichtlohngruppen und der Verwässerung des Grundsatzes, daß der Hilfsarbeiterlohn die unterste Gruppe im Tarifvertrag ist, für alle arbeitenden Menschen ergeben können.

Die 3. Bundes-Frauenkonferenz erwartet, daß der DGB und die in ihm vereinten Gewerkschaften diesem Bestreben der Arbeitgeber gewerkschaftliche Macht und Solidarität entgegenstellen.
(Aus: Protokoll der 3. Bundesfrauenkonferenz des DGB vom 25. bis 27. Mai 1959 in Bremen, S. 169)

Wurzeln des Militarismus und Faschismus auszurotten und etwas Neues aufzubauen. Dieser Wille, das Potsdamer Abkommen zu verwirklichen (Entnazifizierung, Entmilitarisierung und Demokratisierung) kommt zum Ausdruck in den wie Pilze aus dem Boden schießenden antifaschistischen Frauenausschüssen und in ihren Forderungen nach Einbeziehung der Frauen in die Gesellschaft, nach Frieden und Bestrafung der Kriegsverbrecher. Trotz Behinderung seitens der Alliierten in den Westzonen wurden in fast allen Städten Frauenausschüsse gebildet, die sich 1947 auf dem Gründungskongreß des Demokratischen Frauenbunds in Berlin zusammenschließen.

Die separate Währungsreform im Westen und die Gründung der Bundesrepublik zementieren u.a. die spalterische Politik der Westalliierten und restaurativer Kreise in der BRD. Die Neugründung des Demokratischen Frauenbunds in der Bundesrepublik wurde notwendig. Eine demokratische Frauenorganisation entstand hiermit 1950, die ab 1950 eine monatliche Zeitschrift, „die Frau von heute", herausgab.

In den fünfziger Jahren entfaltete der Demokratische Frauenbund vielfältige Aktivitäten zur Erhaltung des Friedens: die Frauen initiierten Friedenstage, begingen den Internationalen Frauentag im Zeichen des Kampfes um den Frieden, organisierten Betriebsarbeiterinnenkonferenzen, unterstützten tatkräftig durch Unterschriftensammlungen den Stockholmer Appell, demonstrierten gegen den Generalvertrag und die Pariser Verträge, gegen die Wehrpflicht und die Atomgefahr.

Die unmittelbaren Frauenforderungen, die in den fünfziger Jahren zugunsten der Friedensforderungen in den Hintergrund gedrängt waren, gewannen an Brisanz in der leidenschaftlichen Auseinandersetzung um das Gleichberechtigungsgesetz 1953. Der FDP unterbreitete 1954 einen Gesetzesentwurf, um die Verwirklichung der im Grundgesetz verankerten Gleichberechtigung voranzutreiben.

Die Aktivitäten des DFD paßten den kalten Kriegern nicht: er wurde unter dem bekannten Vorwand, er sei eine „verfassungswidrige und staatsgefährdende", eine „kommunistische Tarnorganisation" 1957 verboten.

Mit Verfolgungen, Prozessen und Behinderungen durch den „Verfassungsschutz" hatte ebenfalls die Westdeutsche Frauenfriedensbewegung zu tun. Die Frauen, die 1951 auf dem Kongreß der Frauen und Mütter für den Frieden in Velbert die WFFB initiierten, ließen sich nicht einschüchtern. Diese Frauen beider Konfessionen und aus verschiedenen Frauenverbänden verstanden sich als „Hüterinnen des Lebens", riefen zu Frauenfriedenskongressen in vielen Städten auf, um gegen Militarismus und Wiederaufrüstung zu protestierten.

Solche Friedenstage wurden übrigens von der kalten Kriegerin CDU-MdB Rehling „vom Standpunkt der Frau" diffamiert: Hiermit *„will man dem Staat das Recht verwehren, das Leben der ihm anvertrauten Bürger gegen Bedrohungen von außen zu sichern."!* (...)

Die Gewerkschaften, die 1945 zunächst auf örtlicher Ebene entstanden, beschlossen 1947 auf der 7. Interzonenkonferenz in Bad Pyrmont, sich stärker der Frauenfrage zuzuwenden. Im Frühjahr 1948 wurde auf dem allgemeinen deutschen Gewerkschaftskongreß aller Zonen die Aufgaben der Frauen in den Gewerkschaften beraten, und 1949 wurden auf dem Gründungskongreß des

DGB im Grundsatzprogramm Forderungen für die erwerbstätigen Frauen entwickelt. Eine Hauptabteilung Frauen wurde unter den neuen Fachabteilungen im geschäftsführenden Bundesvorstand geschaffen. Die Frauenausschüsse und -Konferenzen wurden die gewerkschaftlichen Organe der Frauenarbeit, mit der Aufgabe, die Frauen für die Probleme der Arbeitswelt zu interessieren und sie für den Kampf um soziale Verbesserungen zu aktivieren. Im Mittelpunkt der Forderungen: das Recht auf Arbeit und auf gleiche Entlohnung und ein besseres auf Arbeit und auf gleiche Entlohnung und ein besserer Arbeits- und Mutterschutz. Wenn auch der DGB sich in den fünfziger Jahren gegen die Verleumdung von „Doppelverdienertum" wandte, so wird das Recht auf Arbeit für Frauen jedoch nicht grundsätzlich gefordert (Frauen werden z.B. als „Mitverdienerinnen" bezeichnet). Gefordert werden die Einführung der gesetzlichen Regelung des Hausarbeitstags in allen Bundesländern, und vor allem die gleiche Entlohnung. (...)

Wenn sich der DGB mit der Frauenfrage nicht in dem Maße beschäftigte wie es erst in den siebziger Jahren der Fall ist, so verdanken wir u.a. seinen Aktivitäten doch, daß die Frauenforderungen in der Zeit des Kalten Krieges nicht verstummten und daß einige konkrete Maßnahmen zur Verbesserung der Lage der Frau ergriffen wurden.

Aus den Erfahrungen im gemeinsamen Kampf gegen Faschismus und Krieg und aus der Erkenntnis heraus, daß das „was uns heute einigt bedeutend stärker und schwerwiegender ist, als das, was uns trennt", arbeiteten KPD und SPD zunächst zusammen. In der SBZ vereinigten sich 1946 die beiden Parteien zur SED. In den westlichen Zonen scheiterte der Vereinigungswille an der Politik solcher SPD-Führer wie Schumacher, an dem bereits wiederbelebten Antikommunismus und an den Behinderungen durch die Westalliierten. Dieser Vereinigungswille kam zum Ausdruck u.a. in Aktivitäten zur Errichtung einer antifaschistisch-demokratischen Ordnung und zur Einbeziehung der Frauen in den antifaschistischen Aufbau. Die KPD hatte dabei einen entscheidenden Anteil an der Bildung von kommunalen Ausschüssen und befürwortete die Bildung einer eigenständigen breiten Frauenorganisation.

Zur konkreten Verbesserung der Lage der Frauen — vergessen wir nicht, daß in den fünfziger Jahren eine halbe Million Frauen arbeitslos war, daß es kaum Arbeits- und Mutterschutzbestimmungen gab, und daß die Diskriminierung der Frauen ausdrücklich in Gesetzen verankert war, — wurde die KPD ebenfalls im gesetzgeberischen Bereich initiativ und aktiv. So schlug sie die Verankerung der Gleichberechtigung der Frau, ihrer gleichen Entlohnung und ausreichender Kinderunterbringungsmöglichkeiten in einem Verfassungsentwurf für NRW vor; zur Erleichterung der Doppelbelastung der Frau entwickelte sie ein Gesetz für die Sicherung eines „Hausarbeitstags" für berufstätige Frauen. In die Auseinandersetzung um das „Gleichberechtigungsgesetz" griffen die KPD-Abgeordneten ein; sie brachten konkrete Vorschläge und setzten sich der Verschleppungs- und Verzögerungstaktik der im Bundestag vertretenen Parteien und der reaktionären Adenauerschen Frauen- und Familienpolitik entgegen.

In den Wahlprogrammen, auf den Parteidelegiertenkonferenzen der KPD wird deutlich, daß die KPD die Frauenfrage ernst nahm, daß es ihr auch darum ging, Mängel bei der Einbeziehung der Frauen in Parteileitungen zu korrigieren, und vor allem Frauen für die Demokratie zu gewinnen. Die Hoffnungen der Arbeiter- und der Frauenbewegung zur Verwirklichung der alten Forderung nach der Befreiung der Frau wurden in den fünfziger Jahren nicht erfüllt. Und trotzdem, es gelang den Kalten Kriegern mit ihrem Antikommunismus, mit Verboten und Verfolgungen nicht, solche Forderungen verstummen zu lassen. Diese sollten sogar Ende der sechziger Jahre einen neuen Aufschwung erleben.
(Zit. n. 23, S. 166 ff.)

Die Frauenzeitung der SPD hielt in den 50er Jahren die Tradition des Internationalen Frauentages noch aufrecht

Das alte Bild der Frau — über den Faschismus hinübergerettet

Im Lokal – *Der Herr erhält die Speisekarte und schlägt der Dame einige Gerichte vor, unter denen sie dann wählen kann*

Die Frau sollte auch im Berufsleben stets Frau bleiben

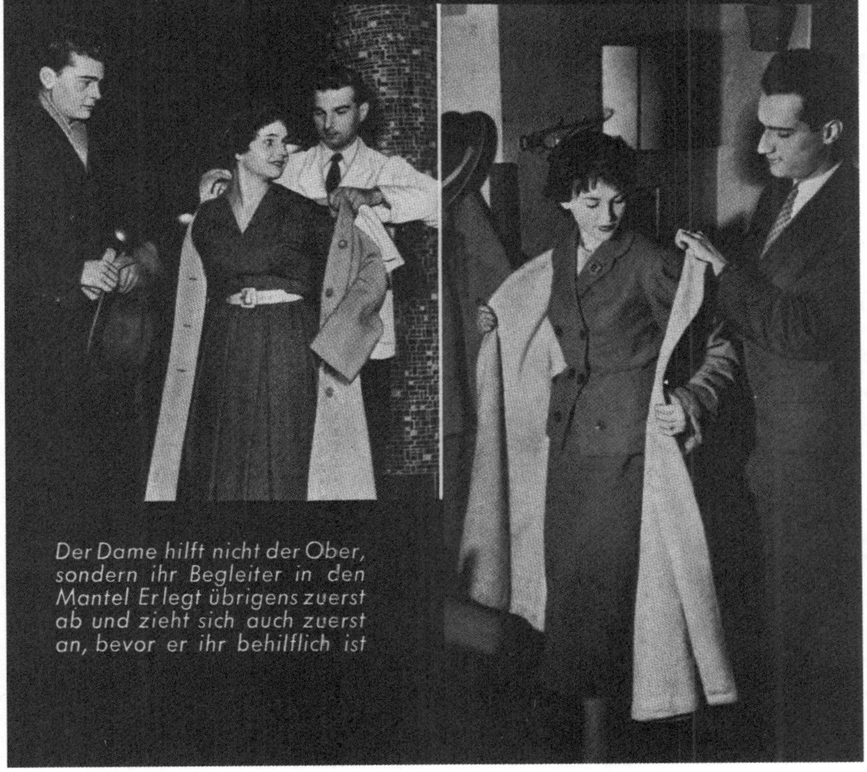

Der Dame hilft nicht der Ober, sondern ihr Begleiter in den Mantel Er legt übrigens zuerst ab und zieht sich auch zuerst an, bevor er ihr behilflich ist

Der ritterliche Tänzer fordert auch das „Mauerblümchen“ auf

Auch häßliche Frauen haben Erfolg, wenn sie scharmant sind

Frauen sollen auf der Straße nicht rauchen

aus:
„Einmaleins des guten Tons“
Bertelsmann Lesering 1955

Ehe und Bruch

Wie Bertelsmann-Autoren 1959 „Die gute Ehe" sehen

Die berufstätige Ehefrau 213

Auf die meisten berufstätigen Frauen wartet nach der Arbeit der eigene Haushalt

(Eine Drohung! Was wartet auf die berufstätigen Männer?)

Die berufstätige Ehefrau

Die Frage, ob eine Frau nach der Heirat weiter berufstätig sein soll oder nicht, gehört heute zu den meistdiskutierten Ehefragen, weil sie entscheidend in das Schicksal der Ehe eingreifen kann. Man kann und darf sie nicht einfach mit Ja oder Nein beantworten. Über das Nein ist die Entwicklung sowieso schon hinweggegangen, ein grundsätzliches Ja aber würde die vielen Schwierigkeiten und die gerechtfertigten Bedenken übersehen, die mit dieser Frage verbunden sind. Man sollte die Frage anders formulieren, etwa so: Ist es für eine bestimmte Ehe gut, hat eine Ehe oder eine bestimmte Familie echten Nutzen davon, daß die Ehefrau berufstätig ist, oder stört ihre Berufsarbeit die Harmonie der Ehe in irgendeiner Form? So gestellt hat die Frage praktischen Sinn. Denn Grundlage der Antwort, die man gibt, ist immer die Sorge um das Glück der Ehe und Familie.

Die berufstätigen Frauen von heute gehen ohne Zweifel mit weit mehr Unabhängigkeitsgefühl und Freiheit in die Ehe als frühere Frauengenerationen. Können und Wissen geben immer Rückhalt und stärken das Selbstbewußtsein. Die letzten Jahrzehnte haben ferner gezeigt, wie gut ein solcher Rückhalt in Zeiten der Not sein kann, wie wichtig es für eine Familie ist, wenn in Not- oder Krisenzeiten die Frau für den Mann einspringt oder ihn in seinem Daseinskampf unterstützen hilft. Daß auch für den normalen Alltag einer Ehe gemeinsame oder sich ergänzende, sogar andersgeartete Berufsinteressen für Mann und Frau gewinnbringend sind, weil sie die gegenseitige Achtung und das Gefühl der Unabhängigkeit stärken, steht ebenfalls außer Zweifel. Ehen berufstätiger Ehepaare sind daher sehr oft von den typischen Spannungen frei, die Ehen von „Nur-Hausfrauen" belasten. Man hat mehr Verständnis füreinander, man findet mehr Anerkennung, weil man sozusagen am gleichen Strang zieht. Beide Partner kennen die Probleme des Arbeitens außer Haus und versuchen daher gar nicht, wie es in anderen Ehen manchmal der Fall und Grund vieler Zerwürfnisse ist, die eigenen Lasten gegen die des Partners auszuspielen. Das ist die positive Seite. Hierzu gehört natürlich auch und nicht zuletzt der materielle Gewinn, den die Arbeit der Ehefrau zusätzlich einträgt und der für die Ehepartner und ihre Familie manche Erleichterung und Annehmlichkeit mit sich bringt, die sonst nicht möglich wäre. Ein höheres Einkommen ist in den weitaus meisten Fällen auch der Grund, warum die Ehefrau berufstätig bleibt.

Nun aber steht auf der anderen Seite auch das unbestreitbar Negative. Es ist schon in früheren Zeiten zutage getreten, als es den Begriff der berufstätigen Frau im heutigen Sinn überhaupt noch nicht gab: bei der Arbeit der Bäuerin zum Beispiel, die ja seit jeher neben ihren Aufgaben als Ehefrau, Hausfrau und Mutter auch Tag für Tag im Beruf ihres Mannes, in der Landwirtschaft, mithelfen mußte und es heute trotz der fortgeschrittenen Technisierung der Landwirtschaft weiter tun muß. Die Schwere dieser Pflichten, vor allem die anstrengende körperliche Arbeit, ließ sie oft vorzeitig altern, Frauenkrankheiten aller Art waren und sind gerade bei Landfrauen in erschreckend hohem Maße festzustellen. Natürlich gibt es auch hier Ausnahmen. Es kommt in erster Linie darauf an, ob das Maß an zusätzlicher Berufsarbeit erträglich ist oder nicht, was im Grunde von der Einsicht des Mannes abhängt. Daß aber in den meisten landwirtschaftlichen Betrieben viel eher Maschinen angeschafft werden, die der Rationalisierung und Erleichterung der Männerarbeit dienen als solche, die die Arbeit der Bäuerin erleichtern, macht die Doppelarbeit der Landfrau besonders problematisch und reformbedürftig. Dabei soll allerdings nicht vergessen werden, und das stützt wieder das Ja für die Berufsarbeit der Frau, daß Ehen auf dem Lande oft zwar nicht harmonischer, aber doch haltbarer sind als andere Ehen, gerade weil die gemeinsame Arbeit ein Bindemittel abgibt.

Was also die Landfrau schon immer spürte, in weniger krassem Maße auch die Frau eines Kaufmanns oder Handwerkers, das stellt ebenso die moderne, außer Haus arbeitende Ehefrau fest: daß die Doppelarbeit unendlich viel Kraft verschleißt, daß sie viel Nerven kostet, viel Umstellungsvermögen verlangt und andere, an der Substanz solcher Frauen zehrende Werte. Häufig ist eine Mutter oder Schwiegermutter im Haus, die die Hauptlast der Haushaltsarbeit trägt, in wenigen Ausnahmefällen kann sich die berufstätige Frau eine perfekte Haushaltshilfe leisten, die-

214 *Ehe und Beruf*

ihr die vollkommene Konzentration auf die Berufsarbeit gestattet. Meistens aber muß sie neben der Berufsarbeit auch noch den Haushalt versorgen, und dann erheben sich viele ernste Fragen: Wie lange hält man eine solche Doppellast körperlich und nervlich aus? Ist man in der Lage, trotz dieser Doppelarbeit auf die Dauer die ja auch noch vorhandene Aufgabe als Ehegefährtin des Mannes zu bewältigen, die nicht bewältigt werden kann, wenn man abgespannt, nervös, verdrossen und ohne Schwung ist?

Wie kann man nun die Frage der Berufsarbeit der Ehefrau lösen, daß Konflikte nach Möglichkeit vermieden werden? Nichts einzuwenden ist gegen die Berufsarbeit der Ehefrau, solange keine Kinder da sind. Dann ist die ganze Frage ausschließlich Sache der Einigung unter den Eheleuten selbst; kein Dritter wird, wie die Entscheidung auch ausfällt, von ihr betroffen. Natürlich muß auch in solchen Fällen, wovon noch die Rede sein wird (siehe Seite 388), eine vernünftige und kameradschaftliche Aufteilung der häuslichen Pflichten vorgenommen werden. So betrachtet, ist es für junge Eheleute sogar sehr gut, wenn beide arbeiten, beide zum Aufbau des Haushalts beitragen, wenn also die junge Frau nicht untätig zu Hause sitzt, wo sie mit dem noch geringen Maß an Hausarbeit gar nicht ausgefüllt sein kann. Die Berufsarbeit der jungen Ehefrau gibt heute, da Wohnungen immer noch knapp und teuer sind, oft überhaupt erst die Grundlage für ein eigenes Heim, für Erlösung aus dem möblierten Zimmer und damit auch für die Gründung einer Familie.

Anders sieht die Lage aus, wenn Kinder kommen. Die modernen Kinderpsychologie weiß sehr genau um die Notwendigkeit der „Nestwärme" gerade für das Kleinkind (vgl. Seite 389). Deshalb sollte, solange die Kinder noch klein sind, die Mutter im Hause bleiben, falls nicht aus wirtschaftlichen Gründen ihre Mitarbeit unbedingt erforderlich ist. Über die Notwendigkeit dieser Mithilfe gehen die Ansichten natürlich weit auseinander. Sehr oft treibt gar nicht finanzielle Notlage die Ehefrau zur weiteren Berufsarbeit, sondern der Dämon *„Lebensstandard"*. Gegen ein gesundes Streben, seinen Lebensstandard zu erhöhen, wird niemand etwas einwenden. Aber man hat heute allgemein ein wenig den Begriff verloren

Es ist sinnlos, alle seine Kräfte einem höheren Lebensstandard aufzuopfern

(es muss ja kein Mercedes sein; es reicht, wenn der Chef einen hat)

für das, was zu diesem Lebensstandard gehören muß und was nicht. Man sieht oft nicht die Grenzen, bis zu denen man beim Streben nach den Annehmlichkeiten des Lebens gehen sollte. Diese Grenzen laufen immer da, wo die Anschaffung von Annehmlichkeiten anfängt, auf Kosten menschlicher Werte zu gehen. Was hier not tut, ist eine Revision der Ansichten über das, was im Leben wirklichen Wert hat. Es sind viel zu viele äußerliche, rein repräsentative Dinge, die man heute dazu zählt, und die Sucht, unter allen Umständen zu einem bestimmten, übrigens völlig nivellierten Lebenszuschnitt zu gelangen, geht wie ein Bazillus umher. Alle diese dekorativen Dinge aber, die man glaubt besitzen zu müssen, weil der Nachbar sie hat, auf Kosten unersetzlicher Gegenwerte zu kaufen – der eigenen Gesundheit etwa, der Harmonie in Ehe und Familie, des seelischen und charakterlichen Gedeihens der Kinder –, hieße doch sie zu teuer zu bezahlen!

Das „Schlüsselkind" ist eine problematische Erscheinung unserer Zeit

(Ein Kind ohne Schlüssel ist noch problematischer)

Viele Ehefrauen gehen wieder ins Berufsleben, wenn ihre Kinder größer und schon etwas selbständiger sind. Das ist eine gesunde Entwickung, vor allem dann, wenn der Familientag von vernünftigen Ehepartnern zweckmäßig geregelt wird und wenn die Ehefrau nicht zu den Frauen zählt, die allein in der Hausarbeit aufgehen. In solchen Fällen wäre eine Halbtagsarbeit das Ideale. Leider aber sind Halbtagsstellen nicht sehr reichlich vorhanden.

In diesem Zusammenhang soll auch die Frage der „Schlüsselkinder" gestreift werden.

Wenn eine berufstätige Mutter ihre Kinder, weil sie niemanden zur Beaufsichtigung hat, einschließen oder ihnen den Wohnungsschlüssel überlassen muß, dann sollte, wenn nicht dringliche wirtschaftliche Gründe vorliegen, die Entscheidung doch immer gegen die Berufsarbeit der Mu
ausfallen. Denn Kinder sich selbst zu überlassen oder sie, wen
sind, unbeaufsichtigt den Gefahren der Straße aus
gefährliche Angelegenheit. Wenn auf de
vorhanden ist, größere Kin
wirkliche Obhut zu
Mutter

worauf es ankommt: ihrem Mann ein Heim zu schaffen, in dem er wirklich zu Hause ist, in das er nach des Tages Arbeit gern zurückkehrt. Dabei muß immer das im Vordergrund stehen, was ihm besonders am Herzen liegt, und das kann ganz verschiedenartig sein. Der eine verlangt unbedingte Ordnung. Er liebt es, wenn alle Gegenstände immer am gleichen Platz liegen, damit er seinen Zigarrenabschneider oder eine bestimmte Krawatte auch im Dunkeln finden kann. Wenn diese Wünsche nicht in lästige Pedanterie oder in Schikane ausarten, sollte man sie ruhig erfüllen, man erspart sich Ärger und Szenen. Einem anderen Ehemann ist wichtiger als absolute Ordnung, daß seine Frau immer gepflegt aussieht und hübsch angezogen ist, ein dritter legt großen Wert darauf, daß ihm nicht nur Allerweltsgerichte auf den Tisch gestellt werden, sondern Dinge, die seinem Gaumen immer von neuem schmeicheln. Es gilt also, das *Wesentliche* herauszufinden und sich darauf einzustellen, auch wenn es den eigenen Neigungen nicht ganz entspricht. Das gehört zu den Dingen, die eine Hausfrau lernen muß.

Viele Ehemänner lieben einen hübsch gedeckten Tisch –dann sollen sie den Tisch doch decken!

Beim Sonntagsausflug hat der Vater endlich einmal Zeit für seine Jungen (die Mädchen haben Glück gehabt)

... das Umhängen von Bildern oder das Basteln einer Puppenstube, jedoch entrüstet ablehnt. Kein Wunder, wenn Ehefrauen von solchem Hobby nicht besonders entzückt sind. Frauen haben bekanntlich weit seltener ein Hobby als Männer, auf alle Fälle sind sie viel seltener Sammler oder Bastler. Ihre große Passion sind neben künstlerischen Betätigungen, wie Musizieren, Malen oder Zeichnen, die verschiedenen Formen der „weiblichen" Handarbeiten. Es gibt nun Männer, die auf diesem Gebiet eine merkwürdige Unduldsamkeit entwickeln. Nähen, Stopfen, Flicken, Strümpfestricken – das alles lassen sie noch hingehen, weil es sein muß und zu den Aufgaben einer Hausfrau gehört. Alles aber, was darüber hinausgeht und nicht nüchtern-praktischen Zwecken dient, sondern nur dem schönen Ziel, eine Mußestunde zu vertreiben oder sich schöpferisch mit Nadel und Faden zu betätigen, macht sie mißtrauisch und stößt auf einen gewissen, wohl aus Eifersucht geborenen Widerstand. „Was stichelst du denn da schon wieder? Du wirst dir die Augen verderben!" (Beim Stopfen oder Flicken besteht diese Gefahr anscheinend nicht!) „Hör doch schon auf damit!" Nun wird eine gescheite Ehefrau natürlich nicht gerade dann nach ihrer Handarbeit greifen, wenn ihr Mann etwas Wichtiges erzählen oder eine dringende Angelegenheit mit ihr besprechen will. Die Handarbeit darf auch nie der Grund dafür sein, daß das Essen nicht zur rechten Zeit auf den Tisch kommt oder Wäschestücke nicht geflickt und gestopft sind. Aber ein vernünftiger Ehemann wird diese Passion seiner Frau, wenn er vielleicht auch ... spottet, immer tolerieren. Sie ist ... vielleicht ...

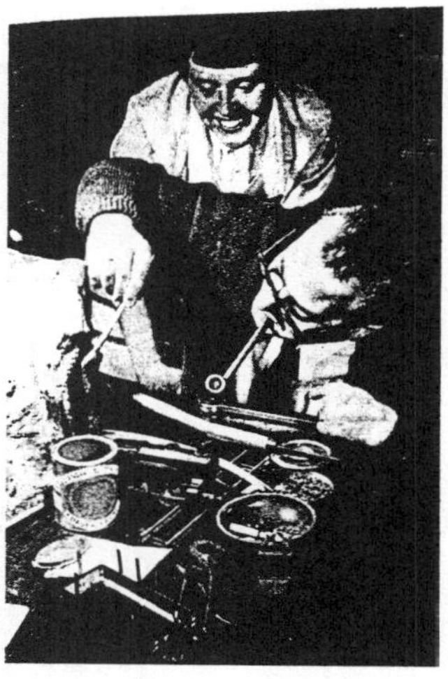

Schön ist es, wenn die Frau Verständnis für das Hobby des Mannes aufbringt

Der gemeinsame Feierabend

Der Feierabend ist die große Atempause vor einem neuen Arbeitstag. Er ist außerdem, wenn man vom Wochenende absieht, die einzige, auf nur kurze Stunden beschränkte Zeit, die einem Ehepaar für sein gemeinsames tägliches Leben zur Verfügung steht. Man kann diesen Stunden viel Inhalt geben, man kann sie auch bis zum Rande mit öder Langeweile füllen. Wie man es aber macht, der Feierabend zweier Eheleute ist stets ein Symptom ihrer Ehe überhaupt, ob sie leer oder voll Leben ist, ob sie tolerant, großzügig und nicht zuletzt mit Phantasie geführt wird. „Ja, mein liebes Kind, sie müssen sich schon die Mühe machen, sich etwas einfallen zu lassen", sagte einmal eine erfahrene Ehefrau einer jungen, die darüber klagte, daß ihr Mann schon nach dem ersten Ehejahr die meisten Abende außer Haus verbrachte, „wie wollen Sie ohne Phantasie Ihren Mann ein Leben lang behalten?" Phantasie haben heißt in diesem Fall nichts anderes als sich einfühlen können in die Bedürfnisse, die der Partner zum Ausklang des Tages hat, also gewissermaßen seinen „Feierabendrhythmus" aufspüren und sich selbst darauf einstellen. Sehr oft wird dieser Rhythmus durch kleine ...

Man kann dem gemeinsamen Feierabend viel Inhalt geben (und auch Form)

Nicht jede eheliche Auseinandersetzung ist gleich eine Tragödie

Warum soll nicht auch einmal der Ehemann am Putztag zugreifen?

(Ja, warum eigentlich nicht, wenn er bloß nicht ausrutscht!)

aus:
„Die gute Ehe"
Bertelsmann
1959

kann
önig,
eher,
sie
d es
»PS-
seiner
l zu-
Sonst

Deut-
bisher
den
ssen
und
ns-
cht
-
en
en".
nau,
das
iter
ehr
aß
ist
eln.
über
kann.
nschen
zu be-
ustand,
uch im
lösen
rgend-
m von
erneh-
pfercht
r muß
rbeits-
und
Man
wei-
im
och
ar-
ein,
gen
den
nn
nd
-

Das Leben ist nicht grau

Als wir noch jung waren, sehr jung, haben wir oft über die „bürgerliche Spießigkeit" gelacht, über die Menschen unter der Lampe am warmen Ofen, wenn draußen der Regen fiel und die Tropfen in die Pfützen klatschten.

Und heute? Heute sitzen wir unter der Lampe, ich stopfe seine Strümpfe, er liest die Zeitung, und manchmal liest er mir daraus vor. Ja, ich bitte ihn darum. Er weiß, daß mich nicht gerade verfassungsrechtliche Fragen und polemische Artikel interessieren — und so wählt er aus. Schon in der Auswahl, scheint mir, begegnen sich unsere Gedanken und unsere Gefühle. Oft bilde ich mir sogar ein, daß in einem besonderen Artikel, den er ausgewählt hat, eine kleine Liebeserklärung für mich verborgen liegt. Unsere Verbundenheit zeigt sich mehr und mehr in kleinen Dingen. Mit den großen Worten wird man sparsam, wenn man täglich zusammen ist und die Sorgen und Schwierigkeiten des Alltags teilt.

Wäre das Leben nicht farblos, gingen alle Jugendträume in Erfüllung? Je länger ich lebe, desto fester glaube ich es. Die kleinen Dinge machen das Leben aus, sein Glück und seine Enttäuschung. Mit ihnen, mit den kleinen Dingen sollte man ins reine kommen. Geduld und Nachsicht muß man lernen, muß unter der Lampe sitzen können, ohne sich zu langweilen. Ich stopfe seine Socken, er sagt ein Wort — oder er schweigt, wie es sich ergibt; und manchmal hören wir den Regen vor den Fenstern unserer kleinen Wohnung plätschern. Hinter der Tür des Nebenraumes spricht unsere Älteste ein schlaftrunkenes undeutliches Wort. Dann wirft sie sich auf die andere Seite. Wenn ich aufschaue, sehe ich: Er ist da. Ich bin nicht allein. Das Leben ist nicht grau.

Frauen für Frieden

Auf einer DGB-Kundgebung in Herne 1955 (TT-Bilderdienst)

Manifest des Friedenstages der Frauen (1950)

[Der Friedenskongreß der Frauen in München war vom bayerischen Innenminister verboten worden und wurde als „Kaffeeklatsch" getarnt.]

Eintausend delegierte Frauen und Mütter, die im Auftrag von hunderttausenden Menschen und im Auftrag von 18 verschiedenen Organisationen und Parteien sprachen, nahmen auf dem Friedenstag in München am 30. September 1950 das nachstehende Manifest an die deutschen Frauen an.

Angesichts der ernsten und heiligen Verantwortung für die Erhaltung des Lebens, das wir von Generation zu Generation tragen, und im vollen Bewußtsein der furchtbaren Gefahr eines neuen Krieges manifestieren wir Frauen feierlich unseren festen Willen, den Frieden mit allen Kräften zu verteidigen.

Uns sind in zwei grauenvollen Kriegen Wunden geschlagen worden, die nicht heilen. Erbarmungslos wurde vernichtet, was uns teurer ist als das eigene Leben. Unsere Tränen fließen um Millionen Tote, um die aus tausend Wunden blutende Heimat.

Die Sehnsucht der Frauen nach Frieden vereinigt sich mit der Sehnsucht aller Völker, in friedlicher Arbeit das Glück der Menschen zu sichern. Die Feinde der Völker aber bereiten einen neuen Krieg vor.

Ihr Überfall auf das friedliche Volk von Korea soll den Weltenbrand einleiten. Die Fackel des Krieges soll in alle Länder getragen werden. Täglich fallen Bomben auf stille Dörfer. — Unschuldige Kinder, Frauen und Greise sind ihre Opfer. Blut tränkt den Boden Koreas.

Was heute dort geschieht, kann morgen Deutschland treffen. So wie die koreanischen Mütter ihre Söhne verlieren, können morgen schon die unsrigen in einen schrecklichen Tod getrieben werden. Deshalb empfinden wir das Leid des koreanischen Volkes als unser eigenes.

Die Erinnerung an die Schrecken des Krieges ist lebendig in uns, die Angst vor einem neuen Krieg ist groß. Wir wollen die Augen vor der Gefahr, die unser aller Leben bedroht nicht verschließen. Wir sehen, daß auf dem Boden unserer Heimat der Krieg von den Feinden der Völker vorbereitet wird. Wir sollen zum Krieg gegen unsere Brüder und Schwestern im Osten Deutschlands und zum Krieg gegen andere friedliebende Völker mißbraucht werden.

Wir erheben flammende Anklage gegen alle, die auf dem Boden unserer Heimat den Tod unserer Männer und unserer Kinder, die Vernichtung unserer Wohnstätten um des eigenen Vorteils willen kaltblütig organisieren.

Wir Frauen sind berufen, das Leben, das wir geboren haben und das unserer Sorge anvertraut ist, zu schützen. Wir vereinigen unsere große mütterliche Kraft mit dem Friedenswillen aller Menschen der Welt und setzen der Kriegshetze unsere Forderung auf Erhaltung des Friedens entgegen. Wo einmal das Wort vom Krieg ertönt, wollen wir tausendfach den Frieden fordern!

Wir verlangen die Ächtung der Atomwaffe als einer Waffe der Massenvernichtung von Menschen. Wir werden unsere Forderung so lange erheben, bis kein Wissenschaftler und kein Arbeiter mehr an ihrer Herstellung arbeitet, sondern die Atomkraft zum Segen für die ganze Menschheit verwendet wird. Wir werden so lange die Ächtung der Atomwaffe fordern, bis kein Kriegshetzer mehr wagen kann, irgendein Land damit zu bedrohen. Wir sind der Ansicht, daß die Regierung, die als erste die Atomwaffe gegen irgendein Land benutzt, ein Verbrechen an der Menschheit begeht und als Kriegsverbrecher behandelt werden muß.

Wir fordern eine allgemeine Begrenzung und Kontrolle sämtlicher Waffen, da erhöhte Rüstungen die Kriegsgefahr steigern und den Nationen schwerste Lasten auferlegen.

Wir verlangen als entscheidende Voraussetzung für die Erhaltung des Weltfriedens die Einstellung des grausamen Krieges in Korea. Dort haben sich fremde Mächte in die inneren Angelegenheiten eines Volkes eingemischt. Deshalb fordern wir die sofortige Zurückziehung der amerikanischen und aller anderen fremden Truppen aus Korea.

Wir nehmen die heilige Verpflichtung auf uns, jeder Kriegsvorbereitung auf dem Boden unserer Heimat mit Entschiedenheit entgegenzutreten.

Zur Verteidigung des Lebens unserer Kinder werden wir unsere Männer auffordern, nicht für den Krieg zu arbeiten. Wir sind gewiß, daß die Väter unserer Kinder dem Ruf der Mütter Folge leisten werden.

Wir rufen alle Frauen in den Betrieben auf, nicht für den Krieg zu arbeiten!

Wir Mütter werden unsere Söhne lehren, sich zu weigern, einen Waffenrock zu tragen, um in einem Söldnerheer Kriegsdienst zu leisten. Wir werden unsere Söhne und Töchter in der Liebe zum Frieden und zur Freundschaft mit allen friedliebenden Völkern erziehen. Wir werden sie erziehen zur Bereitschaft, den Frieden zu verteidigen!

Unsere Liebe zum Leben macht uns stark, wie sie die Frauen Frankreichs und die Frauen Italiens zu Heldinnen des Kampfes gegen den drohenden Krieg gemacht hat.

Wir sind eine gewaltige Kraft! Unsere Sehnsucht nach Frieden und unser Wille, ihn zu verteidigen, brennt in den Herzen aller deutschen Frauen und Mütter ebenso heiß wie in den Herzen der Mütter Amerikas, der Sowjetunion, Chinas und wie in den Herzen der Mütter der ganzen Erde.

Wir rufen alle Mütter: Schützt das bedrohte Leben Eures kostbarsten Gutes, Eurer Kinder!

Wir rufen alle Frauen: Verteidigt Euer Recht auf ein glückliches Leben!

Wir rufen alle Mädchen: Kämpft um eine frohe Jugend, um ein erfülltes leben in einer gesicherten Zukunft!

Zwingt die Feinde der Völker zum Frieden durch Euren mutigen Widerstand gegen alle Kriegspläne! Zwingt sie die bestehenden Gegensätze friedlich zu lösen!

Unser weltumspannender Wille und unser gemeinsames Tun werden den Krieg bannen und den Frieden sichern!

Nehmt teil an dem großen Kampf für den Frieden der Welt durch die Unterzeichnung des Verbots der Atomwaffe, durch die Sammlung von Unterschriften bei jedermann, durch die Bildung von Friedenskomitees in Betrieben, Städten und Dörfern! Seit mutige Kämpferinnen für den Frieden an der Seite Eurer Männer, Eurer Söhne, Eurer Töchter! Setzt Eure ganze Kraft ein, um täglich für den Frieden zu arbeiten!

Schwestern! Legt die Hände ineinander zu dem feierlichen Schwur: Alles für den Frieden, die Grundlage des Glücks der Menschheit!

Die Delegierten des Friedenstages der Frauen München,
am 30. September 1950

Interview

Aus dem Alltag der sechs- bis sechzehnjährigen Monika in Berlin-Kreuzberg

Irene-Charlotte Lusk und Dodo Stanić interviewten Monika Kusserow, geboren 1944, Erzieherin, Mitglied des Demokratischen Frauenbundes, zwei Kinder, verheiratet.

Du warst 1950 sechs Jahre alt. Hattest Du als Kind schon eine Vorstellung vom Krieg?
Ja, wir haben viele Filme zusammen gesehen, und ich kann mich an Fernsehprogramme erinnern (also das war schon was Tolles, unser erster Fernseher — wir sind ja in einfachen Verhältnissen aufgewachsen —), meine Mutter sagte da schon mal: Diesen Film, den kannst du dir angucken, über Ernst Thälmann z.B., da liefen eben so Filme, ich kann mich an Titel nicht mehr erinnern, die im Krieg spielten, und aus diesen Filmen, wo auch vorher ein Dokumentarsprecher sagte, daß sie auf wahren Begebenheiten aufgebaut sind, konnte ich als Jugendliche schon sehen, wie grausam doch der Krieg ist. Und dann haben meine Eltern mir auch Fotos gezeigt, wie sie ihre Straße wiedergefunden haben nach dem Kriege. Sie haben mir viel erzählt, und da hab' ich doch schon aufmerksam zugehört und innerlich so ein haßerfülltes Gefühl bekommen, weil die Großmutter ohne Mann nach dem Krieg war und weil die Mutti auch beinahe draufgegangen wäre im Krieg.

Bist Du in Berlin geboren?
Nein, in Göttingen, wir haben dann getauscht nach Berlin. Dann haben mir meine Eltern von der Reise nach Berlin erzählt, wie hier alles so zerbombt und schrecklich war.

Aber Deine Eltern kommen aus Berlin?
Ja. Und auch die Oma, die zweimal ausgebombt wurde. (...)
Dann habe ich so mit 14, 15 Jahren ein Konzentrationslager besucht. Ich glaube, das war Ravensbrück.

Hast Du das KZ mit Deinen Eltern oder mit der Schule besucht?
Nein, das war mit einer zusammengewürfelten Jugendgruppe, da wurde so eine Fahrt unternommen, und da bin ich mit. Die Dokumentation dort an den Wänden, die blieb doch sehr in meinem Gedächtnis haften. Die Menschen, die Zahlen, unerhörte Zahlen, aus Polen, der CSSR, der Sowjetunion, Frankreich, wie und wo die Menschen überall umkamen. Das hab' ich mir wirklich eingeprägt und mir gesagt, ich möchte zu denen gehören, die sowas eben verhindern. Als ich nach Hause kam, haben wir darüber gesprochen, und meine Eltern haben mir immer wieder erzählt, wie so ein Krieg zustande kommt und warum, darüber haben wir viel gesprochen. Und warum ihre Arbeit so wichtig ist auch als Frau.

Damals war Deine Mutter schon im Demokratischen Frauenbund?
Ja sicher.

Deine Eltern waren politisch sehr engagiert, waren und sind Kommunisten. Hast Du in der Schule eine Diskrepanz festgestellt zwischen dem, was dort gesagt wurde und dem, was Du dachtest und was Deine Eltern erzählt haben?
Meine Eltern waren ja sehr engagiert politisch, und ich hatte die Möglichkeit, daß ich — heute sehe ich das als Glück an — daß ich in der DDR zur Schule gegangen bin. Da wurde ich nicht konfrontiert, da war ja für mich als Kind die Welt in Ordnung. Ich bin in der DDR eingeschult worden, und ich kann nicht sagen, daß ich da in dem Punkte Schwierigkeiten hatte. Wo ich konfrontiert wurde, war hier in Westberlin, wo ich gewohnt habe. Probleme hatte ich eher hier, als die Leute wußten, daß wir Kommunisten sind und an unsere Häuser schmierten „Kommunistenschweine" oder „Kommunisten raus". Sie haben mit Steinen geschmissen. Einmal haben mir ein paar Jungen aufgelauert und gesagt: *„Da kommt ja die rote Sau!"*. Da waren so Erlebnisse aus der Nachbarschaft.

Wie alt warst Du da?
Na, so vierzehn.

Was waren das für Kinder aus der Nachbarschaft?
Ja, Kinder, die so rundherum wohnten, die ich so vom Sehen kannte. Wir sind ja offen aufgetreten in Versammlungen. Und Mutti hat immer irgendwo Gespräche geführt. Das war also schon eine Konfrontation.

Ich welchem Bezirk hast Du damals gewohnt?
In Kreuzberg, in der Lübbener Straße.

Gab es dort Kinder, mit denen Du gespielt hast, oder hast Du Dich zurückgezogen?
Nein, ich war immer mittendrin. Mit zehn, zwölf, dreizehn hat man da noch keine Probleme. Das mit dem Steinewerfen war später, so mit fünfzehn, sechzehn. Da war das so, daß in den Hausfluren solche Schmierereien standen.

Und wie war das, als die Jungen Dir auflauerten?
Ich kam abends oder nachmittags — es war schon schummrig — und ich hörte eben nur: *„Da kommt ja diese rote Sau!"*. Dann haben mich drei festgehalten und wollten mich in den Kanal schmeißen. Und, das war irgendwie schon deprimierend, aber auf der anderen Seite war das auch — wenn ich das so heute oder auch damals überblicke — so, daß ich mir sagte, ich will doch gar nichts schlechtes. Ich will doch im Grunde nur, daß es allen Menschen auf der Welt gut geht. Wir wissen ja alle, wie es in Kreuzberg aussah, die Verhältnisse waren ja nicht überall so rosig in den Familien, daß man eben ein glückliches Familienleben schaffen konnte, daß alle genügend zu essen haben. Und das Wichtigste war eben für mich, daß man für den Frieden eintritt.

Hast Du diesen Jungen das alles gesagt?
Ach, um Gottes willen! In dem Moment ging mir nur dieser Satz im Kopf rum: Warum „rote Sau"? Warum sind wir anders? Wir wollen das Beste für die Menschen. Wir wollen, ‚daß wir alle friedlich nebeneinander leben. Das ging mir so im Kopf herum. Irgendwie kam da auch ein Gefühl in mir hoch, warum verstehen die Menschen uns nicht, wenn wir gegen den Krieg sind?

Und wie hast Du Dich aus dieser Situation befreit?
Ich hatte mich mächtig gewehrt, habe gestoßen und geschlagen und bin dann eben nach Hause gerannt.

Hast Du die Jungen angezeigt?
Nein. Ich hab' das eigentlich so ganz für mich behalten. Ich hab' nichts erzählt. Auch meinen Eltern nicht. Sie sollten sich keine Sorgen machen. Ich hätte ja nirgends mehr

hingehen dürfen abends, sie waren schon so in Sorge. Wenn sie an dem Abend zuhause gewesen wären, vielleicht hätte ich was gesagt, weil ich ziemlich aufgeregt war. Eigentlich hat mich dieses Erlebnis in meinem Weg bestärkt. Ich dachte: wir sind im Recht, wenn wir uns für 'ne gute Sache einsetzen.

Geschwister hattest Du nicht?
Nein. Ich hab's ganz für mich behalten. Das ist ein Gefühl, wie es manchmal Menschen haben, die im Konzentrationslager waren, die über solche Dinge, die sie furchtbar belasten, nicht sprechen.

Erzähle mal was über Deinen Alltag. Für wen oder was hast Du geschwärmt?
Die Musik in den 50er Jarhen war ja toll, der Rock'n'Roll, war toll, da hab' ich für geschwärmt.

Hast Du da auch schon getanzt?
Ja, hin und wieder. In der Jugendgruppe. In der „Neuen Welt" trafen wir uns oft, es war ja was los manchmal. Da haben wir schon mal Rock'n'Roll getanzt. Und zu Hause, wenn ich von der Schule kam, war es ganz üblich, das Radio anzumachen und Rock'n'Roll zu hören. Obwohl ich meinte, das ist nicht die Welt, der Rock'n'Roll, nicht das Tollste, sondern es gibt auch noch andere Musik. Hier haben mich auch wieder meine Eltern sehr geprägt. Sie haben mich dazu gebracht, auch mal umzuschalten. Wir hatten auch schöne Platten da, ernstere Musik, z.B. Mozart, oder fröhliche Volkslieder, das fand ich auch mal berauschend.

Ich hatte auch meine Pflichten, wenn ich nach Hause kam: da lag also ein Zettel: Wisch bitte Staub, putz Klinken, bring den Müll raus. Nebenbei lag der Zettel: 1 Pfund Brot, 1 Pfund Butter. Es war für mich selbstverständlich, daß ich da meinen Eltern half.

Was ist denn Klinkenputzen?
Das gab's doch damals noch, diese verschnörkelten Klinken, und die mußten fleißig mit Sidol geputzt werden. Das war das Schärfste. Das machte ich immer zuerst. Mußte ja sein.

Deine Mutter hat gearbeitet?
Mutti war einige Jahre zuhause wegen Krankheit. Sonst war sie ja fast jeden Tag im Einsatz. Da hatte ich schon meine Pflichten zuhause. Obwohl, die erste Pflicht war zu lernen. Und dann fühlte ich mich auch in der Jugendgruppe sehr wohl, und nebenbei war immer Zeit für irgendwelche Gespräche. Und dann waren zwischendurch immer Besuche im Büro von der Mutti, wo ich immer mal sein durfte, irgendwo in Tempelhof, glaub' ich. Da hab' ich sie meistens schreibend getroffen. Das war im DFB (Demokratischer Frauenbund Berlin, I.-C.L.). Ich kann mich erinnern, daß sie da immer wirbelte und zu tun hatte. Ich war eben Muttis Tochter und empfand es als sehr wohltuend, meine Mutter um mich zu haben, weil sie ja sonst sehr viel unterwegs war, oft sehr spät nach Hause kam und oftmals nachmittags um 5 oder 6 Uhr noch ein Zettel dalag: Komme später.

Hast Du es als Belastung empfunden, daß sie wenig Zeit für Dich hatte?
Nein, eigentlich nicht, weil ich gleich dazu angehalten wurde, mir meinen Kreis selbst zu suchen, nämlich in der Jugendgruppe. Und da lief das alles so parallel, sie hatte ihre Arbeit, ich hatte meine, und wir hatten auch gemeinsame schöne Wochenenden, da kann ich mich an schöne gemeinsame Erlebnisse erinnern.

Oder auch bei Schularbeiten, da gab es schon mal hin und wieder Knatsch, wenn das 1 x 1 nicht saß, da nahm sie sich dann auch Zeit für mich.

Wenn ich zurückblicke, hatte sie zwar wenig Zeit für mich, aber irgendwo war ich auch stolz darauf, daß sie an Friedensdemonstrationen teilnahm oder irgendwelche Flugblätter entwerfen mußte, soviel Zeit investieren mußte. Es hieß, es ist für eine gute Sache, und das hab ich eben voll akzeptiert.

Bist Du denn auch mitgegangen zu den Demonstrationen?
Nein, nicht so oft. Ich war doch noch ein bißchen jung. Da war ich noch nicht so dabei. Damals saß der Gummiknüppel noch sehr locker, das war vielleicht zu gefährlich. Da haben sie mich doch ein bißchen rausgehalten.

Und was hat Dein Vater gearbeitet?
Der ist gelernter Drucker, und dann ist er auch in die politische Arbeit eingestiegen, bei fortschrittlichen Kräften hat er mitgeholfen. Er erzählte nicht viel davon, da Kommunisten oft illegal arbeiten mußten, leider!

Erzähl doch mal von der Jugendgruppe. War das die FDJ, Die Freie Deutsche Jugend?

(. . .)
Was hat Ihr da so gemacht? Habt Ihr auch politisch gearbeitet, z.B. Flugblätter verteilt?
Wir haben schon mal Flugblätter gesteckt. (. . .) Ich bin zu den Gruppenabenden gegangen, mehr oder weniger einmal die Woche. Wir waren einmal in der Woche zusammen, und jeder konnte seine Probleme äußern.

Wir haben darüber gesprochen, was in der Welt so geschieht, wir sind auch mal sonntagmorgens schwimmen gegangen. Da hatte ich meinen Platz, wie ich meinte, diese Jugendgruppe fand ich gut, andere fand ich nicht so interessant. Ich wollte auch ein bißchen Inhalt in mein Leben bringen. Da meinte ich, daß mir in der FDJ dieser Inhalt gegeben wurde: daß man sich über Ernst Thälmann unterhielt oder über Karl Liebknecht, fand ich gut.

Ich wollte eben nicht nur so dahinleben, sondern meinte auch, wie meine Eltern: Man muß was tun, wenn man die Welt verändern möchte, wenn man den Frieden erhalten möchte, wenn man will, daß es seinen Kindern später gut geht. Und ich meinte, daß man das in dieser Gruppe ein bißchen mit verwirklichen konnte. Dort wurde auch der Grundstein gelegt, daß ich später zum DFB gefunden habe, um etwas zu tun, weiter zu tun.

Kannst Du Dich noch an Themen in der Jugendgruppe erinnern?
Ich kann mich erinnern, daß wir über Brecht gesprochen haben und über Musik. Dann besuchten uns auch Veteranen, die den Krieg miterlebt hatten und uns aus ihrem Leben erzählten. Da kann ich mich erinnern, daß immer etwas hängenblieb, daß ich mir sagte, so etwas darf nie wieder passieren, auch nicht, daß es Menschen gibt, die andere quälen, weil sie schwarz sind oder andere Weltanschauungen haben. Ich kann mich erinnern, daß diese Veteranen von den Nazis erzählten, von denen sie gequält wurden, nur weil sie anders dachten als diese. Das hat mich sehr beeindruckt und erschüttert.

Habt Ihr zuhause auch über aktuell-politische Themen gesprochen?
Vor allen Dingen abends, wenn man vor der Abendschau saß, Vater war da sehr streng: *„Jetzt paß mal auf, du mußt*

Dich doch mal interessieren." Es war ja nicht immer so einfach. Im Alter von fünfzehn/sechzehn hat man nicht immer die Konzentration für solche Dinge drauf. Mein Vater achtete sehr darauf, daß ich Bescheid wußte in der Welt. Manchmal nervte das ja, aber heute bin ich froh, daß er das getan hat.

An welches Erlebnis kannst Du Dich erinnern, das Dich in Deiner Jugend besonders beeindruckt hat?
Beeindruckt hat mich meine erste Autofahrt. Das war für mich damals was ganz Tolles. Ich kannte kaum ein Fahrrad, war selig über meine Rollschuhe. Aber als unser Nachbar uns einlud, mal eine Autofahrt zu machen — das war so ein kleiner Goggo — durfte ich mich mit zwölf hinten reinquetschen; ich saß da wie ein Fragezeichen — das war schon ein Erlebnis für mich. Für mich waren diese Nachbarn unheimlich reich. Wir sind durch Kreuzberg gefahren, es ging alles für mich riesig schnell, da hinten im Goggo.

Ein anderes Erlebnis hatte ich auch wieder mit unserem Nachbarn, der sehr resignierend und abweisend gegen uns war, weil für uns am 1. Mai — das war bei uns Gang und Gebe — die rote Fahne aus dem Fenster gehörte, da bin ich mit großgeworden. Geschichtlich durch alle Länder ist bis heute die rote Fahne die Arbeiterfahne, und die gehörte am 1. Mai aus dem Fenster. Und als die Polizei sie einmal entfernen wollte, da machte unser Nachbar nicht auf. Wir waren auf der Maikundgebung und nicht zuhause. Ich war irgendwie von unseren Nachbarn begeistert, da sie uns anerkannten. Sie waren dann auch freundlich, grüßten uns. Wie gesagt, damals die rote Fahne rauszuhängen, das war was ganz Schlimmes, und ich fand das schon prima, daß die Nachbarn dann so ein positives Verhältnis zu uns entwickelten. Und ich war irgendwie stolz, wenn die rote Fahne raushing.

Wie sah es denn mit den Lebensmitteln aus zu dieser Zeit, und welches war Dein Lieblingsessen?
Das sah, kann ich mich erinnern, manchmal bei uns ganz schön mau aus. Meine Eltern mußten ganz schön rechnen. Wir waren also nicht gerade auf Lorbeeren gebettet. Mein Lieblingsessen war 'ne Schabefleisch- oder Hackepeter-Stulle. Das war was Tolles, das gab's nicht so oft, wenn's dann auch noch Schrippen gab, da ha ich mich schon gefreut. Meistens bekamen wir dann Besuch. Wir konnten nicht so draufloskaufen.

Kannst Du Dich an Anschaffungen erinnern, die Deine Eltern gemacht haben?
Meine erste Uhr mit vierzehn Jahren, ich hab geheult vor Freude. Ich hatte Jugendweihe und wurde auch wunderbar eingekleidet, und als wir dann zur Jugendstunde gingen, also zu dieser Feierstunde morgens, bekam ich dann meine Uhr überreicht. Damit hatte ich überhaupt nicht gerechnet. Das war so was Überwältigendes für mich, meine erste Uhr. Wir haben alle drei, glaube ich, geweint vor Freude und Rührung. Irgendwie hatten meine Eltern das raus, mich im Dunkeln tappen zu lassen: *„Du, das können wir uns nicht leisten. Das siehst du ja wohl ein. Das geht nicht."* Aber dann war die Uhr eben doch da. Meine Eltern waren stolz und glücklich und ich auch.

Man hat irgendwie gewisse Dinge schätzen gelernt. Irgendwie haben meine Eltern es bis heute immer wieder geschafft, durch ihre Arbeit, durch ihre Reden mir zu vermitteln, daß man jede Arbeit schätzen muß und schöne Dinge, auch wenn sie noch so klein sind.

Erzähl doch mal von Eurer Wohnung, in der Ihr in Kreuzberg gelebt habt!
Ja, die war sehr einfach: zwei Treppen, in der Lübbener Straße 25, eine Küche, eine Stube und ein Korridor, die Toilette war eine Treppe tiefer. Meine Mutti war neulich mal da, es sieht also grausam aus, bis heute nicht renoviert, es sah damals schon schrecklich aus, es war schmuddelig und dann diese Einschüsse, Kriegsschüsse, also es ist heute immer noch genauso. Küche und Stube waren durch einen Korridor getrennt. Das war ein öffentlicher, da mußten die Nachbarn auch durch. Also, wenn ich aus der Stube kam, dann stand ich ja auf unserem Korridor, sagte „Guten Morgen, Frau Richter" und stolperte über den Hund, der gerade spazierengeführt wurde, ging in die Küche, und da hatte ich dann den Blick auf den Hinterhof. Und das Klo war ja dann auch was ganz Dolles, wenn es dann noch kalt und naß war, und dann mit der Kerze in der Hand, es war also wirklich wie im 18. Jahrhundert. Es war alles sehr einfach und trotzdem gemütlich. Mutti hatte das so raus, alles immer sehr schön und gemütlich zu machen mit dem wenigen, was wir hatten.

Und in der Stube habt Ihr zu dritt geschlafen?
Ja, da war eine Doppelbettcouch und eine Couch für mich. Abends ging dann das große Bettenmachen los. ja, und dann kann ich mich erinnern, hatten wir einen Plattenspieler mit der halben Klappe zum Hochklappen und eine moderne Lampe mit diesen drei großen Armen dran und an den Wänden eine fast ähnliche, nur so 'n bißchen rundlich. Es paßte alles kaum zueinander, aber es war eben alles doch sehr gemütlich.

Konntest Du spielen in der Wohnung?
Das war schon manchmal nicht einfach. Man mußte für mich sicher irgendwo ein Eckchen finden. Das hatte ich eben an der Couch, wo ich mich dann zurückzog, das war dann meine Welt, wo ich mit Puppen spielte. Mit 6, 7, 8 Jahren hatte ich meine Puppenfamilie, und dann gab's noch diese riesengroßen Rollen links und rechts an der Couch, die waren auch meine Puppen. Es war eben mein Reich, diese Ecke. Ich konnte hier spielen, und es störte auch keiner, und da hatte ich noch alle möglichen Deckchen und Kissen und eben doch irgendwie einen Platz für mich.

Ließ Deine Mutter Dich auch schon mal allein zu Hause?
Doch, ja doch. Ich war eben ihre Große, und ich war ganz stolz auf mich, wenn ich dann allein zu Hause blieb. Und irgendwie hat sich das bis heute übertragen, daß das auch bei meinen Kindern klappen muß, daß sie zwar bemuttert werden und man alles für sie tut, aber daß sie ein bis zwei Stunden auch einmal alleine sind. So auch damals. Meine Mutter hat mir dann auch Bücher hingelegt und Zeitschriften und gesagt, daß sie ganz dringend noch ihre Arbeit erledigen muß, und ich hatte das Gefühl, da ist was Wichtiges zu tun. Ich kann mich erinnern, daß ich nicht irgendwie traurig war, sondern sie hat mir immer das Gefühl gegeben, stolz zu sein, daß ich sie eben auch mal entbehren kann, damit sie ihre Arbeit weiter tun kann, damit sie sich nicht aufgibt und eben nur für ihre Kinder da ist. Daß da auch wichtige Dinge zu erledigen sind, und daß es andere Menschen gibt, die sie auch brauchen. So sagte sie: da sind viele Frauen, die mich brauchen, und dann eben blieb man doch mal alleine zu Hause.

Kannst Du dich denn noch an politische Ereignisse erinnern?
An einzelne Sachen nicht, aber ich hab' das schon gespürt,

durch die Eltern, daß sie in Aktion waren, immer irgendwo hin mußten. Aber ich war noch sehr jung, so daß das alles ein bißchen an mir vorbeiplätscherte. Aber ich weiß schon, daß die Mutti mal von einer Demonstration kam und eine ganz blaue Hand hatte, und wenn sie nicht die Hand an der Stirn gehabt hätte, also mächtig eins über den Kopf bekommen hätte, und daß Vati ein paar Tage eingesperrt war und daß meine Eltern Liebespärchen spielten, wenn sie Plakate klebten.

Tja, das waren so meine Gedanken, die ich damals als Kind und Jugendliche hatte, in einfache Worte gekleidet, so wie ich als junges Ding dachte, was ich empfand und wie ich meine Umwelt und meine Familie sah.

TT-Bilderdienst

Zur Entscheidung über die allgemeine Wehrpflicht

Erklärung des Demokratischen Frauenbundes Deutschlands, 1956

Ungeachtet der entschiedenen Ablehnung aus allen Kreisen unseres Volkes beschloß eine Mehrheit von Abgeordneten im Bundestag und Bundesrat die allgemeine Wehrpflicht.

Viele tausend Frauen und Mütter und ihre Vereinigungen brachten in den Wochen und Monaten vor dieser Entscheidung ihre Besorgnisse und ihre Ablehnung zum Ausdruck, als sie durch Briefe und Delegationen die Abgeordneten beschworen, den Wehrgesetzen die Zustimmung zu verweigern.

Mit dieser Haltung bekundeten sie nicht nur ihren eigenen Willen, sondern wurden zu Sprecherinnen von Millionen Müttern und Frauen, die ihre Söhne vor neuen Gefahren schützen und das Glück ihrer Familien erhalten wollen. Es ist nicht zu bestreiten, daß die Mehrheit der Frauen Westdeutschlands die allgemeine Wehrpflicht nicht will.

Die große Bewegung in den Reihen der Jugend, der Gewerkschafter, Wissenschaftler, der Kriegsdienstgegner, der Christen, bestärkt uns noch mehr in unserer Ansicht, daß man sich mit der Annahme der Wehrgesetze über den demokratischen Volkswillen hinwegsetzte.

Allzu große Sorgen werden damit den Frauen und Müttern aufgebürdet, die in Erinnerung an die Schrecken der Vergangenheit einen dauernden Frieden ersehnen und das neu Geschaffene in Sicherheit bewahrt und vermehrt wissen wollen.

Nie und nimmer werden wir uns mit der Einführung der allgemeinen Wehrpflicht abfinden können.

Wir dürfen nicht ruhig zusehen, wie unsere Söhne zum Dienst in einer Armee gezwungen werden, den sie leidenschaftlich ablehnen. Wie könnten wir die ungeheuere Gewissenslast ertragen und die Gefahr dulden, daß eines Tages in unserem geteilten Vaterland der Sohn dem Vater, der Bruder dem Bruder mit der Waffe in der Hand feindlich gegenüberstünde?

Soll denn das tägliche Leben durch neue finanzielle und soziale Belastungen, wie sie mit der Durchführung der Wehrpflicht unweigerlich verbunden sind, noch schwerer werden?

Die allgemeine Wehrpflicht ist nicht notwendig.

Mit großer Freude sehen wir, daß sich die Forderung nach Abrüstung und Verständigung, die auch im Juli 1955 auf dem Weltkongreß in Lausanne im Namen von vielen hundert Millionen Frauen und Müttern erhoben wurde, in der Welt immer mehr durchsetzt.

Wenn um uns herum abgerüstet wird, brauchen wir keine neuen Soldaten. Wenn sich die Bundesrepublik an den Abrüstungsmaßnahmen beteiligen würde, wäre unseren Söhnen und Familien Sicherheit gegeben, und die Mütter der Welt wären uns dankbar.

Heute, wo sich nach Ansicht zahlreicher Wissenschaftler bereits die Atom- und Wasserstoffbomben-Versuche auf Leben und Gesundheit der Menschen verderblich auswirken, muß alles verhindert werden, was die Möglichkeit eines furchtbaren Atomkrieges über unsere Heimat heraufbeschwören könnte.

Mit dieser unserer Überzeugung stellen wir Frauen des DFD uns im Sinne der Verfassung der Bundesrepublik an die Seite aller Gegner der Wehrpflicht, an die Seite unserer tapferen Jugend.

Wir unterstützen alle diejenigen, die in ihrer Gewissensnot den Artikel 4 des Grundgesetzes über die Kriegsdienstverweigerung in Anspruch nehmen.

Die Wehrpflicht ablehnen, heißt die Heimat schützen. Möge jede Frau und Mutter ihren Mann und ihren Sohn dazu ermutigen. Noch ist es Zeit!

Wir appellieren an alle Frauen und Mütter, an ihre Organisationen und Verbände, die Bestrebungen gegen die Verwirklichung der Wehrpflicht zu unterstützen und begrüßen alle dazu unternommenen Schritte.

Jeder einzelne trägt eine große Verantwortung.

Alltagsgeschichten

Über alle Sender: die drei Cyprys!

Das sind die drei Cyprys, die wir gern über alle westdeutschen Sender und RIAS-Berlin hören, in voller Aktion vor dem Mikrofon (von links nach rechts): Kurt Grysso, Karl Geithner, Friedel Hensch, die oft mit ihnen singt, und Werner Cyprys, nach dem sie ihren Namen tragen. Foto: Leykauf

sen
stellt
daß
zent
von
verg
Mar
gaß
aucl
sich
Stü
que
we
„Fi
wu
irg
ste
we
br
Fa
sic
ke
da
re

Blondinen bevorzugt?

„Männer ziehen
aber die Kaufleı
in Südafrika. D
wegs die Blond
Brünetten. Wie
ternehmer von
einer Berufsve
vertragen Blor
nicht umsichti
bringen ange
ihrer Arbeits
schminken si

-“ — nicht
alle zehn Minuten
Brünetten dagegen
blondinenfeindliche
beiten fleißig, wor
weltfremden,
ller
ber
ine
den
tes
ɔurg
je 1
Natu
sich

Jupp Hus
Kabaret
Schriftste
son, hat d
Zwangsf

autc
stel
mer
wie
der

VIELLEICHT KLAPPT ES SO. Einer der vielen Arbeitslosen im Bundesgebiet versucht auf diese originelle Weise Arbeit zu bekommen. Er ist gelernter Koch, würde aber auch gern jede andere Beschäftigung annehmen.

Cornelia Froboess: „Pack die Badehose ein ...“

Millionen Deutsche sind inzwischen zu Toto-Tippern geworden. 1949 setzte der Fußball-Toto 96,2 Millionen Mark um, 1954 war die Summe auf imponierende 477 Millionen angewachsen. Der Traum aller Toto-Spieler, einmal einen „Riesen-Zwölfer“ zu tippen, ging im März 1954 für „Mecki“, den 66jährigen Rentner Jakob Gepraegs, in Erfüllung: für 1 DM Einsatz kassierte er die runde Summe von 738000 Mark.

Unter Capris Sonne . . .

. . . trägt man Strohhüte und nackte Schultern. Berühmte Köpfe über den Schultern und unter den Hüten imponieren den Capresern schon lange nicht mehr, denn sie sehen ja jedes Jahr neue Berühmtheiten als Nachbarn.

←

Die Fremdenindustrie lebt von der guten Laune, dem sommerlichen Leichtsinn der Reisenden. Mit modischen Einfällen und Kunstwerken, wie diesen zierlichen Goldsandaletten, kann man viele Herzen und Geldbeutel erleichtern.

Ueberall auf Capri sieht man Schaltücher — die Mode der Fischerinnen und der Filmstars.

←

Unter dem Strohhut läßt sich viel verbergen. Nicht alles darf Capris Sonne sehen, wie langweilig wäre ein Urlaub ohne Geheimnisse.

5 Tagefahrt zur Weltausstellung Brüssel 1958
verbunden mit einer Rheinfahrt über Rüdesheim 168:
Verlangen Sie kostenlos Sonderprospekt
Ostern in Venedig
über Meran Gardasee Dolomiten
5 Tage 98:
4 Tage 88:
2 Oster-Reisen
Zentralschweiz
3 Tage 62.50 Karsamstag mit Ostermontag
Südschweiz Lugano
5 Tage 107.50 Gründonnerstag mit Ostermontag
Italienische u. französische Riviera
Monte Carlo
Nizza
7 Tage
Ostern 1958 in die Wildschönau
Ostern an der spanischen Riviera
Barcelona 4.-13. April
10 Tage nur 199:
München Berlin München
Osterreisen mit Bahn
Vigo di Fassa
Venedig
Rom
Italien-Rundreise
Golf von Neapel
Osterreisen mit Bus
Anmeldung hier
Orient Express
8 tägige Bahn-Standardreisen nach Paris
mit 6 Tagen Aufenthalt
Unsere beliebte Kaffeefahrt
Täglich Abfahrt 13.00 Uhr
Rund um den
Zur Wildfütterung
14 Tage Autobusreise nach Spanien
Sitges-Barcelona
Ostern in Wien
4 Tage 45:
Ostern in Meran
4 Tage 75:
An die Spanische Riviera
14 Tage 298:

Der Süden lockt. Eine Völkerwanderung ans Mittelmeer setzt ein, per Auto, Schiff, Eisenbahn und Flugzeug lassen Unzählige sich an die Sandstrände und romantischen Buchten Italiens, Spaniens und Jugoslawiens transportieren. Reisen ist kein Luxus und kein Abenteuer mehr, das deutsche „Wirtschaftswunder“ hat eine „Reisewelle“ beschert. „Touristik“ ist ein höchst einträglicher Unternehmenszweig geworden, dem unzählige Reisebüros und eine Reihe touristischer Großunternehmen sich mit wachsendem Erfolg widmen. Die Gesellschaftsreise — der pauschale Ferienaufenthalt inklusive Fahrt, Verpflegung, Unterbringung und Besichtigungstour im Bus — war der große Schlager der fünfziger Jahre.

Busreise 1949 nach Berchtesgaden

1954: Mit dem 3:2 Sieg über die ungarische Mannschaft errang die deutsche Elf in Bern den Weltmeistertitel!

Fritz Walter:
Das Siegestor von Bern

... Dr. Loogen und Chefmasseur Deuser haben nicht eine Sekunde Zeit zuviel, sich um den verletzten Horst Eckel zu kümmern, kleine Prellungen zu kontrollieren und zu massieren. Wir weichen keinen Schritt von unserer alten Gewohnheit ab, zunächst einmal tief durchzuatmen. Zwei, drei Minuten lang. Herberger, der mit zufriedenem Gesicht zuschaut, wartet einsichtig, bis wir uns mit Eiswasser, Sprudel, Tee und Zitronen erfrischt haben. Auch dann sagt er nicht viel. Nur ein paar Worte, die uns Mut machen sollen:

„Männer, es ist großartig, was ihr bisher geleistet habt. Gebt auch in der zweiten Halbzeit keinen Millimeter Boden preis. Spielt weiter so, dann kann kommen, was mag. Selbst wenn ihr jetzt verliert, wird euch niemand einen Vorwurf machen."

Als wir wieder einlaufen, ist das Stadion bis auf den letzten Platz besetzt. Die zweite Hälfte des Weltmeisterschaftsspiels zieht auch Zuschauer an, die sich in den ersten 45 Minuten durch den Regen abhalten ließen. Aufgeregter Applaus empfängt uns.

Die Generaloffensive der Ungarn in der ersten Viertelstunde nach der Pause ergibt viele torreife, zwingend herausgespielte Chancen. Das müssen wir anerkennen. Wir überstehen den Ansturm aber ohne Verlusttreffer, und das ist — wie sich später herausstellen soll — für den Ausgang des Spiels von entscheidender Bedeutung.

Wieder und wieder bremst Jupp Posipal, unser rechter Verteidiger, den gegnerischen Vorstoß. Jeder gestoppte Angriff ist für ihn der Beginn eines eigenen. Wenn er sich den Ball aus dem wildesten Getümmel herausgefischt hat, paßt er ihn zu uns nach vorn in den Sturm. Ottmar, Morlock und Rahn lassen Grosics nicht zur Ruhe kommen.

Rahn ist überall, und es scheint ihn keine Anstrengung zu kosten. Vorbildlich ordnet er seine vielkritisierte Eigenwilligkeit dem Zusammenspiel unter. Eine zentimetergenaue Vorlage von mir wandelt er um in einen kühnen Schuß auf das ungarische Tor, doch Grosics hält.

Aber wir spüren immer deutlicher, daß wir die bessere Kondition haben. Mehr und mehr befreien wir uns aus der langsam erlahmenden Umklammerung und diktieren selbst das Geschehen. Noch steht es 2:2.

Sechs oder sieben Minuten noch. Da will ich Schäfer mit einer Vorlage bedienen. Buzansky, der rechte ungarische Verteidiger, fängt sie ab. Leichtsinnigerweise schlägt er den Ball nicht gleich nach vorn, sondern läßt sich in einen unnötigen Zweikampf mit unserem Linksaußen ein, der energisch nachgesetzt ist. Schäfers Hartnäckigkeit macht sich bezahlt. Er erkämpft sich das Leder, läuft zwei drei Schritte und gibt eine wunderbare Flanke in den ungarischen Strafraum. Max, Ottmar und ein paar Ungarn springen hoch. Der Ball wird vorerst abgewehrt. Da stürmt mit seinen mächtigen Sätzen der Boß herbei. Wer ihn heranbrausen sieht, glaubt, daß er aus diesem wuchtigen Lauf heraus schießen wird, schießen muß. Die Zuschauer glauben es, und wir Spieler auch. Der Torhüter glaubt es, und die Verteidiger werfen sich entschlossen in die vermutliche Schußbahn. Diese Gelegenheit nutzt Helmut Rahn aus, nimmt geschickt und reaktionsschnell den Ball am Fuß mit, an zwei drei Gegnern vorbei, und läßt aus etwa vierzehn Meter Entfernung mit dem linken Fuß eine Bombe in die untere linke Ecke los. Verzweifelt wirft sich Torwart Grosics nach diesem Meisterschuß ...

Der Boß hat so gewaltig geschossen, daß er durch seinen eigenen Schwung zu Fall kommt, aber noch im Fallen sieht er, daß seine flache Bombe für Torhüter Grosics unerreichbar ist. Der Ball flitzt knapp am Pfosten vorbei in den Kasten und auf der anderen Seite schon wieder heraus, so unheimlich schnell ist seine Fahrt. Der Schiedsrichter pfeift. Grosics und ein paar Ungarn liegen am Boden. In Sekundenbruchteilen begreifen wir, was geschehen ist.

Helmut Rahn hat unser Führungstor geschossen!

3:2 für Deutschland in der 84. Spielminute!

Wir führen Freudentänze auf, schreien wie verrückt!

Die Ungarn sind wie aus den Wolken gestürzt. Ich kann mir denken, wie ihnen zumute ist. Soll ihre großartige Siegesserie ausgerechnet heute enden? Fünf Minuten haben sie noch Zeit, ihr Schicksal zu wenden. Aber werden sie die Kraft aufbringen, jetzt noch das Steuer herumzureißen?

Mit dem Anstoß stürmen sie sofort wieder los, stürmen, als ob es um ihr Leben ginge. Puskas setzt alles auf eine Karte. Er erhält eine Vorlage von Kosics, und da ... Tor! Nein, kein Tor! Der ungarische Major stand abseits.

Unser goldenes Tor, unseren Vorsprung, wollen wir mit allen erlaubten Mitteln halten.

Vier Minuten noch.

Drei Minuten noch.

Auf engstem Raum spielen wir einander zu. Vergeblich warten die Ungarn auf Steilpässe oder weite Flanken. Nur wenn wir angegriffen werden, geben wir den Ball zu einem freistehenden Mann, nach vorn, zur Seite oder auch zurück. Eine sportlich durchaus korrekte Form, gut über die Zeit zu kommen. Niemand wird uns das verdenken. Natürlich erkämpfen sich auch die Ungarn den Ball wieder und stürmen dann mit letzter Kraft noch einmal gegen unser Tor.

Zwei Minuten noch.

Eine Minute noch.

Da bekommt Czibor bei einem überraschenden Flankenwechsel halbrechts in Strafraumhöhe den Ball. Er wird ihm direkt auf den Fuß serviert. Mir steht vor Schreck fast das Herz still. Jetzt, jetzt ist es passiert! denke ich, als Czibor aus sieben, acht Metern einen Mordsschuß losläßt. Er zielt in die kurze Ecke, auf die sich Toni zum Glück konzentriert. Blitzschnell geht unser Düsseldorfer zu Boden und befördert in fliegender Parade den Ball mit beiden Fäusten in Richtung Eckfahne. Ebenso schnell setzt Werner Kohlmeyer hinterher und will das Leder zum Linksaußen schlagen. In der Drehung rutscht es ihm ab ins Aus.

In diesen Sekunden stand unser Sieg auf des Messers Schneide.

Einwurf der Ungarn. Ich fange den Ball ab, versuchte ihn nach vorn zu schlagen. Aber das nasse Leder rutscht wieder ins Aus.

Ist denn noch nicht Schluß? Schiedsrichter Ling müßte jetzt abpfeifen. Ob er wegen Tonis Verletzung nachspielen läßt? Die Ungarn führen den Einwurf aus. In diesem Augenblick höre ich — Mister Ling steht nur ein paar Meter von mir entfernt — den ersehnten Schlußpfiff. Das Spiel ist aus!

Das Unglaubliche ist wahr, das Unerwartete Wirklichkeit!

Der Fußball-Weltmeister 1954

heißt Deutschland!

Empfang ohnegleichen

Wolfgang Kirmes

Die 50er Jahre lassen grüßen

Erlebtes und Erzähltes

1 Kopf auf dem Hals

Überall im Häusermeer begegnen uns die verschiedensten Jahrzehnte und, wenn man an Schlösser, an das alte Kammergerichtsgebäude und heutige Berlin-Museum in der Lindenstraße oder an alte Dorfkirchen denkt, Jahrhunderte. Was bedeutet ein Jahrhundert in der Weltgeschichte, ein Jahrzehnt in der Geschichte einer Stadt? Und was bedeutet wieder ein Jahrzehnt im Leben eines einzelnen Menschen, was für die Heranwachsenden, was für die Älteren, was für die Alten? Und was kann alles ein Jahrzehnt anrichten? Spätestens seit Hiroshima sollte man es wissen: Es kann heute die menschliche Zivilisation auslöschen .... Aber wie ist man sich hierzulande in den 50er Jahren der Gefahr bewußt gewesen, wie hat man hierzulande die schreckliche Vergangenheit, den angezettelten Krieg und Auschwitz bewältigt? Welche Lehren hatte man aus der Vergangenheit gezogen? Wie sah die „Umerziehung", die Erziehung zum Frieden aus?

Am Innsbrucker Platz grüßt uns das erste Hochhaus der Westberliner Nachkriegsgeschichte mit bescheidenen 7 Stockwerken und dem rotbraunen Bord um das Dachgeschoß. Mit vielerlei Jubel wurde es 1950 eingeweiht. Bald erlebte es den ersten Nachkriegsumbau des Innsbrucker Platzes, der ehrwürdige alte U-Bahneingang verschwand, eine piekfeine gläserne Eingangshalle entstand, und mitten auf dem Platz breitete sich ein wunderschönes Blumenrondell aus, das von der lieben alten Straßenbahn umfahren wurde. Und da unter dem Rondell der wärmespendende U-Bahnschacht lag, begann hier am Innsbrucker Platz der Frühling von West-Berlin, feierten Jahr für Jahr die Zeitungen die blauen, gelben und lila Krokusse des Innsbrucker Platzes als erste Frühlingsboten.

Ja, der Frühling schien in den 50er Jahren noch in Ordnung, das Wetter noch normal. Natürlich gab es über zu kalte, zu warme und zu regnerische Tage stets etwas zu meckern. Aber noch konnte man an warmen Tagen bisweilen den Kieferndult des Grunewaldes in Schöneberg und Kreuzberg spüren. An Smogalarm war noch nicht zu denken. Die Dunstglocken der 70er und heutiger Jahre, wo das Einatmen feuchtwarmer und verdreckter Luft immer mehr Menschen zu schaffen, ja krank macht, waren noch nicht in Sicht. Paul Lincke, der 1906 seine und unsere „Berliner Luft" komponierte, würde sie häufig nicht wiedererkennen, mit soviel schrillen Schocktönen wird sie heutzutage gespielt. Und wenn Bully Buhlan in den 50er Jahren in seiner sympathischen Art musikalisch ankündigte: „Es liegt was in der Luft", so hatte der Schlagersänger nur zu recht. Durch Atombombenversuche stieg in den 50er Jahren die Radioaktivität der Luft ständig. Auch in Berlin — aber erst in den 70er Jahren bekam man die gefährliche Kurventabelle zu Gesicht, als die Radioaktivität im Abklingen war. Dieses Abklingen verdankt man dem Atomversuchsstopabkommen in der Atmosphäre, unter Wasser und auf der Erde vom Jahre 1963 zwischen den USA, der Sowjetunion und Großbritannien. Die Westberliner allerdings, die in den 50er Jahren gegen Atombomben und Atombombenversuche demonstrierten, marschierten bekanntlich für Moskau, und nicht für die Berliner Luft.

Der Frühling vom Innsbrucker Platz ist dahin! Nach mehr als zehnjähriger Bauzeit in den 70er Jahren zeigt er sich autogerecht! Ein Steinwurf von der Autobahn am Innsbrucker Platz entfernt ist der Rest eines Friedhofs auszumachen. Hier liegen auch 100 Kriegsgräber, hier ruhen, wie auf vielen Friedhöfen Berlins junge Menschen, die 5 Minuten vor Kriegsende in der Schlacht um Berlin geopfert wurden. Hier ruhen junge Fanatiker, die ihr Leben freiwillig wegwarfen, gemeinsam mit jenen, die überleben wollten und von anderen Fanatikern gehängt wurden. Da liest man auf Grabplatten „Unbekannter Soldat", „Unbekannter", „Unbekannte". Da liest man auch Namen, geboren 1927, geboren 1929, geboren 1920, 1921, 1923. Da ist wieder eine Grabplatte zerbrochen, da ist der Name nicht zu erkennen, ist der mit Namen selbst zum Namenlosen geworden. Hier kann über Jahrzehnte, über „Goldene Zwanziger" nachgedacht werden. SAGT, 50er JAHRE, SEID IHR DEN ÜBERLEBENDEN DER FANATIKER ODER DENEN GERECHT GEWORDEN, DIE DEM HENKERSEIL IN LETZTER MINUTE ENTRISSEN WURDEN? HABT IHR MIT DEM PFUNDE EINES TEILS DER DEZIMIERTEN NACHKRIEGSJUGEND GEWUCHERT, DIE EUCH EIN ENTSCHIEDENES „OHNE UNS" ENTGEGENSCHRIEN, DAMIT IHR KEINE WESTDEUTSCHE WEHRMACHT AUFBAUT, KEINE WEHRPFLICHT EINFÜHRT? ODER HABT IHR AUS STRAMMEN PIMPFEN, HITLERJUNGEN, JUNGOFFIZIEREN „DEMOKRATEN" GEZÜCHTET, FLINK WIE WINDHUNDE, HART WIE KRUPPSTAHL, ZÄH WIE LEDER?

Jenseits der Ringbahnbrücke am Innsbrucker Platz steht ein weiterer Zeuge wunderwirtschaftlicher Anfangsjahre, der nun schon 11stöckige „Bienenkorb", der vielen kleinen Fensterchen und Fenstergitter wegen so genannt.

Foto: Wolfgang Krolow

WEGE
DER
VÖLKER
TOTO

Hinter der Fassade mit den langen Außengängen vertauscht man die 50er Jahre mit der Wohnkultur der 20er Jahre. Der Baumeister Heinrich Lassen baute hier zwischen 1922 und 1925 im Gelände des einstigen Prachtparks des Schöneberger Millionenbauers Willmann die Wohnsiedlung Ceciliengärten auf, nach einer Prinzessin so genannt, weil die Bebauung hier schon 1912 geplant war, allerdings für Herrschaften mit Dienstpersonal. Die Kastanien des früheren Prachtparks wurden umgepflanzt, in Reih und Glied gesetzt und zieren bis heute die langgezogene Grünfläche der Hauptpromenade. Es ist ein Vergnügen, an der Wohnkultur der 20er Jahre entlangzuschlendern, auf zwei- bis dreigeschossige Häuserreihen mit ihren vorgezogenen Erkern zu blicken und sich an Vögeln, Rehen und Putten zu erfreuen, die sich an roten Torbogen der Eingangstüren tummeln. Von der Rubensstraße aus verlassen wir die 20er Jahre, schwenken zur Parallelstraße, dem Grazer Damm ein, und schon grüßt uns die Wohnkultur des Dritten Reiches mit vierstöckigen kasernenhaften Wohnblocks. Mit 2000 Kleinstwohnungen wurde hier das einzige zusammenhängende Wohngebiet in Berlin während des Nationalsozialismus geschaffen. Die Höfe haben immerhin weite Grünflächen, und an den Haustüren wird die Märchenwelt mit Rotkäppchen und Wolf, Goldesel, Hans im Glück oder Hänsel und Gretel auf Reliefverzierungen lebendig. Märchen waren nicht verboten.

Der Grazer Damm führt uns zum berühmtesten Trümmerberg Westberlins, zum INSULANER. Hier kann man nun schon seit drei Jahrzehnten auf der im Bombenkrieg zerstörten Wohnkultur der Jahrhundertwende, der 20er, 30er und 40er Jahre herumtrampeln und sich der Sträucher, Bäumchen und Blumen erfreuen, die sich durch Trümmerschutt hindurcharbeiten und die Kriegsruinen vergessen lassen. Die Trümmerberge der 50er Jahre lassen grüßen und damit auch die Bombennächte. Bei Kriegsende glaubte man, die Enttrümmerung, die Beseitigung der Kriegsschäden und Ruinen würde 25 Jahre in Anspruch nehmen, nach weiteren 25 Jahren wäre dann Berlin wieder eine heile Stadt. Mit Imponiergehabe und krankhafter Hektik zeigten die Westberliner 50er Jahre dann, was sie zu bieten hatten, und sie holten sich ihre Architekten nicht aus den 20er Jahren, sondern meist aus den 40er Jahren des Grazer Damms.

Mit dem Trümmerschutt des Bombenkrieges wurde man in den 50er Jahren also besser als erwartet fertig. Wie aber sah es mit den geistigen Trümmern aus? Wie wurde man mit jenen Idealen fertig, die zum Zusammenbruch 1945 führten, die Trümmer und Elend brachten? Wie zeigte sich die Dankbarkeit, die Kriegsfurie und den Kampf um Berlin überlebt zu haben? In einer der ersten Szenen des deutschen Nachkriegskabaretts heißt es bei Erich Kästner: *„1000 Jahre sind vergangen, und nun heißt's von vorn anfangen. Links, zwei, drei, vier, links, zwei, drei, vier. Ich hab ja den Kopf, ich jab ja den Kopf noch fest auf dem Hals."* Was haben aber die 50er Jahre in diesen Köpfen angerichtet, die die Kriegskatastrophe überlebt, aber noch gar nicht verkraftet haben? Ist die Grünanlage „Insulaner" ein Symbol der materiellen Trümmer, so war das Rundfunkkabarett „Insulaner" nach Währungsreform und Spaltung ein Symbol der primitivsten Stimmungsmache der 50er Jahre. Ach, wie jubelte man, wenn die „Insulaner" sangen: *„Es liegt eine Insel im roten Meer, die Insel heißt Berlin hui-hui-hui. Der Insulaner verliert die Ruhe nicht, der Insulaner liebt keen Getue nich. Der Insulaner hofft unbeirrt, daß seine Insel wieder schönes Festland wird — Ach wär das schööön ..."* Und als sie den Amerikanern in den Mund legten: *„Hätten wir lieber das Geld vergraben, das wir im Krieg an die Sowjets gaben"*, da war der Beifall so widerlich frenetisch, daß man sich am Kopf fassen mußte, der immer noch auf dem Halse ruhte. War das kein Getue, gefährliches Getue! Konnte man so Festland werden? Und begabte 'Insulaner'-Macher wie Günter Neumann mußten doch wissen, wohin so ein „Ulk" führen kann und wer darüber klatscht. Die 50er Jahre lassen grüßen. Und sie lassen in einer Senatsbroschüre für die Besucher Westberlins Anfang der 50er Jahre grüßen, worin zu lesen ist: *„Berlin — für Westeuropa der Riegel, der die Sturmflut des Ostens zurückhält — für die ganze freie Welt Symbol des unblutigen Widerstandes im Kalten Krieg — für viele Millionen hinter dem Eisernen Vorhang Licht in der Finsternis, Ziel ihrer Sehnsucht — für Millionen Menschen aber Heimatstadt, die ungewollt in den Brennpunkt des Weltinteresses geraten sind."* — Dafür also hatte man den Kopf auf dem Hals.

2 Gerichtstag in Calowswerder

Als Charlottenburg im Jahre 1705 mit ganzen 100 Einwohnern Stadtrechte erhielt, konnte keiner ahnen, wie prächtig sich diese Stadt entwickeln sollte. Zur Jahrhundertwende war es die reichste Stadt Preußens, mit den meisten Millionären, und es war so mächtig, daß es am liebsten Reichshauptstadt werden und Berlin entthronen wollte. Von Groß-Charlottenburg träumten besonders jene gern, die die reaktionären Traditionen Charlottenburgs hochhielten. Als nämlich die Revolutionskämpfer von 1848 durch Charlottenburg zu den Spandauer Gefängnissen geführt wurden, wurden sie von Charlottenburgs Spießbürgern verhöhnt und verspottet.

An Charlottenburgs Schloßbrücke ließ die Charlottenburger Prächtigkeit noch lange auf sich warten. Erst 1709 war hier die Fährenzeit beendet, und die erste primitive Holzbrücke stellte die Verbindung zu den Nonnenwiesen der Jungfernheide her. Bis zum Sommer 1900 bedienten zwei Windenwärter die Aufzugsklappen der Brücke. Dann wurde auch die Schloßbrücke wilhelminisch-großartig. Im Jahre 1901 war sie aus Stein und Eisen und mit großen Bögen vollendet. An gewaltigen Pylonen kletterten Greifen, biblische Sagenvögel, Panther und Wappengetier herum. In Kunstschmiedewerkstätten wurden die kostbaren Brückengitter und Brückenleuchten gefertigt.

Charlottenburgs prächtige Schloßbrücke trennte drei Charlottenburger Stadtteile: Schloßviertel, Lützow und Calowswerder. Spree, Ringbahn und Kanal bildeten die Grenzen von Calowswerder. Von einer uralten Slawensiedlung Calowshof hatte es den Namen. Eine feine Villenstraße sollte hier der Tegeler Weg werden, es reichte aber nur zu gutbürgerlichen vierstöckigen Wohnhäusern. Noch aber herrschte Brachland und mickriges Wiesenland vor, als hier am Tegeler Weg als Auftakt der Bebauung von Calowswerder und der späteren Satellitenstadt Charlottenburg-Nord nördlich der Ringbahn das gewaltige Landgerichtsgebäude errichtet und 1905 von Kaiser Wilhelm II. persönlich eingeweiht wurde. Mit der Bebauung von Calowswerder klappte es so nach und nach, aber ein kaiserliches Charlottenburg-Nord sollte es nicht geben; dann haben es die Nationalsozialisten mit Charlottenburg-Nord versucht, und da alle guten Dinge drei sind, schafften es die Bauherren des Wirtschaftswunders.

Was hat das wuchtige im romanischen Stil erbaute Landgericht im Laufe seiner Geschichte alles erlebt? Und was bedeutete es für den Schuljungen, der in den zwanziger Jahren hier ständig herumstrolchte? Wenn er in der ach so dicken Mauer vor den Fenstern des Erdgeschosses die eisernen Gitter sah, glaubte er immer, hier schauten Strafgefangene heraus, so verwechselte er die romanische Trutzburg, das Landgericht, mit einem Gefängnis, ja konnte beides nicht auseinanderhalten. Die netten Bewohner der Dienstwohnungen mögen es noch heute verzeihen. Sein Freund war mutiger und öffnete vor dem Gebäude die Türen der Autos, um sich sein Taschengeld zu verdienen. Dann stolzierten sie zum Hintereingang der Trutzburg, wo zwei Denkmalsbären auf sie warteten. Und schon ging der Ritt ins Kinderland los. Vor dem Haupteingang aber thronte die Göttin der Gerechtigkeit mit verbundenen Augen und einem Gesetzbuch in der Hand und schien zu sagen: *„Warte, warte Jüngelchen, was ich noch alles mit dir und dem Gebäude in den nächsten Jahrzehnten vorhabe.“*

1926 war die kaiserliche Brückenpracht der Schloßbrücke beendet, Notbrücken führten Straßenbahn und Fußgänger nach Calowswerder, und 1928 war die „republikanische“ Brücke nüchtern, ohne viel Schmuck, aber wieder mit zwei Bögen passierbar, und als 6jähriger sprang man wild und ungestüm darauf herum, um sie zu testen. Sie hielt stand. In den 50er Jahren wurden die Neubauten der vom Kriege zerstörten Brücken durch amerikanische Panzer getestet.

Der Schulweg ging noch quer durch verkommene Unkrautwiesen, Reste der alten Nonnenwiesen des Mittelalters, die durchsetzt von baufälligen Häuschen waren, Überbleibsel alter Gärtnereien. Was aber für ein herrlicher Spielplatz! Und im Frühling spielte man noch Murmeln und ließ, wie es auch noch die Kinder der 50er Jahre taten, Triesel auf Straßen tanzen. Ja, die 20er Jahre waren ebenso goldig für die Kinder wie für die Kinderwelt die 50er Jahre. Ja, ein Schuljunge der 20er Jahre konnte nicht, wie manche Erwachsene, die 30er Jahre, den aufkommenden Nationalsozialismus, die Aufrüstung, den Krieg ahnen. Die Kinder wußten nicht, daß die 20er Jahre mit der mißglückten Revolution von 1918 begannen und mit der „nationalen“ Revolution von 1933, die ebensowenig eine Revolution war, beendet wurden.

Die 30er Jahre kündigten sich 1932 an, als das Wiesenland verschwand. Die Fabriciusstraße wurde bebaut, und der berühmte Kirchenbaumeister Otto Bartning errichtete sein stolzestes Bauwerk, die Gustav-Adolf-Kirche mit ihrem fächerartigen Stil. Am 16. September 1934 wurde die Kirche eingeweiht, und erstmalig läuteten Glocken in Berlin und ganz Deutschland, die mit eingravierten Hakenkreuzen geschmückt waren. Wie stolz war das damalige Calowswerder darauf. Im nationalsozialistischen Calowswerder ging nun der Schulweg durch gepflasterte Straßen. In der Schulaula wurde das Ebertbild durch ein Hitlerbild ersetzt, Hindenburg blieb hängen. Die Bibelkreis-Jungen waren bald alle stramme Pimpfe, und wer kein Pimpf war, der hörte dann samstags in der NAPOLI-Stunde (nationalpolitischer Unterricht) die seltsamsten Sachen. Beispielsweise, daß die Schaukästen des antisemitischen Schmierblattes „Der Stürmer“ im Olympiajahr 1936 verschwanden, weil man jüdische Gäste erwartete, deren Devisen man brauchte und die man nicht verärgern wollte. Dann wurde uns Jungen auch der arische Schädel gemessen, und seltsamerweise waren die Köpfe zweier jüdischer Jungen am nordischsten, aber sie verließen bald die Schule und wanderten mit ihren Eltern aus.

Auch das Landgericht bekam neue Aufgaben. Erst zog das Reichsarbeitsgericht, dann das „Erbgesundheitsgericht“ ein. Hier sah dann das Messen des arischen Schädels nicht mehr so harmlos wie in der Schulstube aus. Hier wurde aktenmäßig untersucht, wer nicht lebenswert war und zur Sterilisation freigegeben wurde. Hier konnte eine Akte, konnten Untersuchungen von Kopfform und Augenfarbe Eindeutschung oder Auschwitz bedeuten. Hier wurde mit Menschenschicksalen unbarmherzig gespielt.

1939 beendete die 30er Jahre, und die 40er Jahre sollten die widersprüchlichsten Jahre werden. Sie brachten den größten Machtzuwachs des Großdeutschen Reiches, die größten Siege und die totale Niederlage. 1945 machten dann die 40er Jahre den großen Knick. Es durfte nun auf Hitler, Krieg und Kriegsgeschrei auf Deubel komm heraus geschimpft werden, und wie alle Orte, Städte und Dörfer blickte das zerschundene, vom Bombenkrieg mitgenommene Calowswerder, wie es jedenfalls mal hieß, recht unschuldig drein. Es schien, als ob über Nacht alles demokratisch geworden ist, und selbst die Kirchenglocken bimmelten nicht mehr mit Hakenkreuzen, denn das Kirchlein war stark zerstört. Für die „Hauptschuldigen“, und das waren natürlich die „kleinen Pgs“, erfand man die Entnazifizierung, und die fand für Charlottenburg und den britischen Sektor im Landgerichtsgebäude, der alten Zwingburg statt. Wo man also vor wenigen Jahren noch die Kopfform maß, wurde nun die Gesinnung des Kopfes gemessen. Selbt die liebe Grete Weiser, der beliebte ulkige Filmstar wurde hier von den nun demokratischen Parteimitgliedern überprüft und als „Mitläufer“ eingestuft. Mit heutigen Augen muß man das auch als „Kintopp“ ansehen und sich fragen, oder die Parteien müssen sich fragen, ob sie heute keine nominellen Parteimitglieder haben.

Der Schuljunge, der in den 20er Jahren um das Landgericht herumstrolchte, überlebte die Kriegsfurie, überlebte Denunziationen, die ihn nahe an den Henkerstrick brachten, 5 Minuten vor 12! Und er hörte 5 Minuten vor 12 die gewaltige Detonation, seine „guten“ Landsleute hatten die Schloßbrücke gesprengt, die er als 6jähriger „getestet“ hatte. Und man glaubte tatsächlich, nun würde eine friedliche menschlichere Zukunft beginnen und man könnte laut seine Meinung sagen. Konnte man 1945, 1946, 1947 die 50er Jahre ahnen, wo da alle Parteien vom Sozialismus redeten und amerikanische Zeitungen die deutschen Kapitalisten als Kriegsverursacher hinstellten? Aber 1948 kam ein neuer großer Knick, die westliche Währungsreform leitete Blockade und Umdenken ein. Dieser Knick läutete die 50er Jahre ein, an diesem Knick scheiterten und krankten die 50er Jahre, wer als Deutscher für diese Währungsreform damals die Zustimmung gab, hat sich sehr versündigt, und wer noch dazu nach 1933 emigrierte und die Zustimmung gab, hat in der Emigration zu wenig über Deutschland und Deutschlands Zukunft nachgedacht! Der Schuljunge von einst aber war voller böser Ahnung. Das kann nicht gut gehen, sagte er sich.

Und dann kam sein 31. Geburtstag. Es war der 8. Oktober 1952! Mit einem Bekannten von Bekannten trank er einige Glas Bier und Likörchen. In der Charlottenburger Kneipe ging es hoch her. Man sang volltrunken, wie da-

Straßenleben in der Hardenbergstraße in Berlin-Charlottenburg 1955 (Foto: Landesbildstelle, Berlin)

mals üblich, Stimmungslieder aus dem Dritten Reich. Man grölte vom „ach so schönen Westerwald“, von der „Lili Marleen“, „SA marschiert“ und kam bis zur „Fahne hoch“. Voller Ekel verabschiedete man sich und stolzierte nach Calowswerder an der Spree entlang. Da lag das Schiffchen „Spreenixe“, das als Kneipe ausstaffiert war. Ein junger geflüchteter Polizist „von drüben“, noch in Uniform, stand davor. Etwas besäuselt lud man ihn ein, zum Wohle des Geburtstags ein Bierchen zu trinken. Man betrat das Schiffchen. „Hier ist auch nicht alles Gold, was glänzt“; sprach man auf ihn ein, dem Schicksal der eigenen Kindheit und Jugendjahre nachsinnend. Zwei junge Herren, Polizisten in Zivil, wie sich später herausstellte, kamen an den Tisch. „Wie meinen Sie das?“ fragten sie. „Ihnen ist wohl der Grotewohl sympathischer als der Adenauer?“ „Wenn Sie mich so fragen, muß ich Ihnen sagen, daß mir der Grotewohl tatsächlich sympathischer ist.“ Die Zivilisten telefonierten. Bald erschienen zwei Polizisten, nun in Uniform, und holten den 31jährigen ab. Es ging zum Revier. Es befand sich damals noch im Landgerichtsgebäude, in der Zwingburg seiner Knabenzeit. Hier erklärte der 31jährige: „Machen Sie doch keinen Unsinn. Hier ist mein Ausweis. Sie sehen, ich habe heute Geburtstag, ich habe etwas getrunken und weiter nichts gesagt, als daß mir Herr Grotewohl sympathischer als Herr Adenauer ist, und ich bekomme von beiden Herren kein Geld.“ Es half nichts, man wurde nach Waffen untersucht, sie kramten aus den Taschen Oststreichhölzer und Ostzigarettenschachteln. „Ja, da müssen Sie warten, bis der Herr von der Kripo kommt. Seien Sie zufrieden, daß wir Sie nicht einsperren.“ Und so wartete der 31jährige in der Revierstube bis zum nächsten Morgen um 9 Uhr! Dann kam der Herr von der Kripo. Wieder zeigte man den Ausweis, wieder erklärte der 31jährige, er hatte Geburtstag gehabt, trank etwas, und er stehe weiter dazu, daß ihm der Grotewohl sympathischer als der Adenauer sei und er von beiden kein Geld erhalte. Aber der Herr winkte ab, war freundlich und jovial, lächelte, ja er gratulierte nachträglich zum Geburtstag und entschuldigte sich für das Versehen: „Da haben Sie ja mal auf ganz andere Art Geburtstag gefeiert. Das wollen wir rasch vergessen. Alle Eintragungen werden gestrichen, dafür verbürge ich mich.“

Aber den Geburtstag im einstigen Calowswerder, im alten Landgerichtsgebäude hat der einstige Schuljunge, der hier herumstrolchte, nicht vergessen, und wie später zu lesen sein wird, auch andere Herrschaften nicht. Und die beiden Polizisten, die einen in Zivil denunzierten, grinsten nun in Uniform noch lange, lange Zeit ironisch und herausfordernd, wenn man ihnen in diesem Jahr 1952 auf den Straßen Calowswerders begegnete. Und solche Blicke mußte man in wunderwirtschaftlichen Jahrzehnten mehr als genug erdulden. Ja, liebes Landgericht, du läßt Kindheit, arische Schädel, Entnazifizierung und 50er Jahre grüßen ...

3 Büchergeschichten

Was haben so manche Literaten, so manche Schriftsteller und Dichter, so manche Bücher und Broschüren, so manche alte Zeitschriften und so manche simple Leserzuschriften mit einem angerichtet? Wie haben sie das Leben beeinflußt und auch diese Betrachtungen über ein vergangenes Jahrzehnt? Als man aus Vaters Bücherschrank als Kind die wunderbaren Bände von „1001 Nacht“ herausholte und das herrliche Papier roch und die feinen Bilder besah, da war die Welt noch in Ordnung. Am man „Männe und Max“-Bändchen, die die Geschichten von Max und Moritz nachäfften, verschlang und später die Kriminalgeschichtchen eines „John Kling“, da war die Welt ebenfalls noch in Ordnung. Und selbst, als man als 14jähriger den „roten Kampfflieger“ geschenkt bekam, schien die Welt in Ordnung. Der rote Kampfflieger Manfred von Richthofen interessierte einen nicht, und somit hatte man nicht eine einzige Seite bis heute gelesen. Auch als der Lehrer die „Minna von Barnhelm“ auseinandernahm, nahm man es gelangweilt zur Kenntnis.

Dann wurde aber ein Bücherkarren zum Verhängnis. Da erwischte man ein uraltes Bändchen von Börne für 25 Pfennige. Da bekam man für eine einzige Mark die „gesammelten Werke des Jungen Deutschland“. Nun entzündeten die Herren Börne und Heine und Freiligrath und Herwegh ein Feuerchen im Gehirn, das sich bis heute nicht mehr löschen ließ. Und da erfuhr man mitten im Hitlerkrieg, daß Hoffmann von Fallersleben außer dem Deutschlandlied auch dichtete: *„Sprich, deutsche Geschichte, berichte der Welt, wer ist dein größter, berühmtester Held? Der deutsche Philister, der deutscheste Mann, der alles verdirbt, was man Gutes begann.“* Ja, auch in den 50er Jahren bis zur heutigen Zeit verdarb das Philistertum alles, aber auch alles, was man Gutes und Menschliches zögernd und langsam zwischen 1945 und 1948 begann. Die Bücherverbrennung des 10. Mai 1933, die prangerte man bisweilen an, aber der Geist, der in diesen Büchern loderte, der wurde aus der Schulstube verbannt. Mit ihm wäre der Kalte Krieg, die Aufrüstung und eine BILD-Zeitung unmöglich gewesen.

Alljährlich veranstalteten die Westberliner Buchhändler zuerst in einigen Räumen eines Schloßflügels von Charlottenburg, später, als die Druckmaschinen immer mehr auf Hochtouren liefen, in den Ausstellungshallen am Funkturm Buchmessen. Man sieht sie noch vor sich, die Mädchen und Jungen der 50er Jahre, wie sie im „Paradies der Kinder“ die bunten Märchen- und Abenteuerbücher verschlangen und artig auf Plastikkissen saßen. Erich Kästners „Emil und die Detektive“ galt ja Jahrzehnte, auch in den 50er Jahren, als klassisches Kinderbuch. Das Buch galt damals neben Elternhaus und Schule als dritte Großmacht der Erziehung. Wohin der Leseeifer führen kann, sah man dann, wir schreiben das Jahr 1955, wenige Schritte vom „Kinderparadies“. Da konnte man, nun im Erwachsenenparadies, gewiß Fridells „Kulturgeschichte“ studieren und Cerams „Götter, Gräber und Gelehrte“. Und es gab auch ein Widerstandsbuch: „Das Gewissen steht auf“. Aber daneben waren zwei Dutzend Nazimemoiren aufgestellt und Bilderbücher vom Zweiten Weltkrieg. Schacht, Rommel und „Schlacht um Ostpreußen“ studierten die Erwachsenen und kaum einer schaute ins „Gewissen“. Und die sogenannte „schöne“ Literatur? Eine halbe Stunde beobachtete man die Bücherratten. In dieser halben Stunde im Jahre 1955 wurde Tucholsky einmal, Hemingway 12mal, Dwinger 15mal, Laxness 2mal, Thomas Mann 3mal, Sorayas Memoiren und Oberarzt Dr. Solm unzählige Male aus Regalen entnommen.

Seit 1850 gibt es in Berlin Volksbibliotheken. Sind sie wirkliche Volksbibliotheken geworden, haben sie die richtigen Bücher unters Volk gebracht? Haben sie 1945 die richtigen Bücher ausgemerzt? Goethes Wort: „Edel sei

der Mensch, hilfreich und gut" steht in Goethes Werken und in allen Volksbibliotheken. Und auch sein „Zauberlehrling". Und hat man nicht nach 1948, in den 50er Jahren Geister gerufen, die man bis heute nicht los wird? Ja, es gab schon den Brecht und den Kafka in der modernen Freihandausleihe, und die liebe Sagan und auch der Heinrich Böll fingen an, interessant zu werden. Aber man konnte sich auch „Tagebücher" ausleihen. Draußen vor der Tür machte man sich davon Notizen, 1959 im Treppenhaus einer Westberliner Bibliothek. Auschwitz wurde in den 50er Jahren noch ziemlich klein, und die „Not in der Zone" entsprechend groß geschrieben. „Holocaust"-Filme wurden nicht gedreht. Hier seien also Auszüge eines kleinen „Auschwitz"-Tagebuches von Lucie Adelsberger einem „Mitteldeutschen Tagebuch" eines Christian Wulffen gegenübergestellt.

Auschwitz: *„Vor Hunger und Durst, Krämpfen und Schmerzen kamen die Kinder auch nachts nicht zur Ruhe. Ihr Stöhnen schwoll orkanartig an und hallte im ganzen Block wider, bis sie erschöpft nachließen. Wenn die, die achtlos über menschliches Leid hinweggehen, nur drei Nächte im Kinderblock erlebt hätten, würde wohl vieles anders werden."*

Mitteldeutschland 1952: *„Ich bin hungrig, immer bin ich hungrig gewesen in diesen 7 Jahren (vorher herrschte das Paradies und Auschwitz). Ich glaubte nicht, daß man 7 Jahre hungrig sein kann. Ich bin allein nicht hungrig nach Wurst, Käse, fetten Speisen, Oelsardinen, mein Hunger ist noch anders, etwa so: Das Haus verlassen und Reklameschilder sehen: PERSIL BLEIBT PERSIL! oder CINCANO. Dies möchte ich erleben. Einmal in eine Buchhandlung gehen und sagen: Einen Roman von Hemingway möchte ich lesen, Gedichte von Rudolf Alexander Schröder."*

Auschwitz: *„Einzelne Trupps bogen ab zu den ersten Krematorien und standen an wie Menschen in Hungerländern vor Lebensmittelgeschäften oder wie in einer Theaterpremiere. Tag für Tag sahen wir sie. Fünf Riesenflammen loderten Tag und Nacht. Und wenn sie am Verlöschen waren, kamen neue Menschen, um ihnen Brennstoff zu geben."*

Mitteldeutschland: *„Dieses Land ist schön. Ich liebe es, und weil seine Schönheit befleckt ist, liebe ich es noch mehr. Die Menschen, die mein Land regieren, können es nicht wissen, wie schön es ist. — Ich beantrage beim Feriendienst des FDGB eine Ferienreise. Die Zeit der großen Arbeiterbewegung, glaube ich, ist vorbei. Der Abschaum der Arbeiterschaft verwaltet und knechtet."* —

Welche Tagebücher waren in den 50er Jahren gefragt? Nicht die von Auschwitz, die aus „Mitteldeutschland", die aus der „Zone". Ein aufrechter westdeutscher Schriftsteller, Wolfgang Koeppen, gab mit seinem Roman „Das Treibhaus" diesem Jahrzehnt die richtige Bezeichnung. Er ahnte nicht, wie lange das Treibhaus Bestand haben sollte. Wie es immer schwerer wird und wurde, darin zu atmen.

28.6.52: Freiheitsballons für die Ostzone werden am Rathaus Schöneberg durch den Kampfbund deutscher Jugend hochgelassen. (Text und Foto: Landesbildstelle Berlin)

4 Die Weisen und Propheten aus dem Abendlande

In den Regalen der Volksbibliothek fand man auch ein Buch aus ersten Nachkriegsjahren, herausgegeben im Auftrage der US-Regierung. Als man es herausnahm, brüllte die sogenannte „technische Kraft", die die Ausleihe mit Superfototechnik besorgte: „Ihr Arbeitsplatz ist unten, Herr!" Unten, draußen vor der Tür, las man dann im Büchlein die Worte Roosevelts vom 3. Januar 1938: *„Der Friede ist am schwersten bei jenen Völkern gefährdet, welche Demokratie aufgegeben oder sie niemals entwickelt haben."* Und man las Roosevelts Worte vom 30. Juni 1938: *„Der kommende Endsieg gehört der Demokratie und damit der Erziehung und Bildung, denn kein Volk der Welt kann ewig in Unwissenheit und Sklaverei gehalten werden."* Nun, da möge nun etwas von politischer Erziehung und Bildung der 50er Jahre geplaudert werden. Aus den Staatsbürgerschulen Friedrich Naumanns wurde 1920 die „Deutsche Hochschule für Politik" geschaffen. 1933 wurde sie im nationalsozialistischen Geist weitergeführt und ihr eine „Führerhochschule der Hitlerjugend" beigegeben. In den 50er Jahren gab es in Westberlin wiederum eine „Hochschule für Politik", die später zum Otto-Suhr-Institut avancierte. Hier wuchsen die „Politologen" der 50er Jahre heran. Was bekamen sie 1955 zu hören? Betreten wir den Hörsaal und lassen wir uns von Prof. v.d. Gablentz aufklären. Denn dieser Mann war *die* Kapazität der politischen Bildung. Sein Bestseller hieß: „Über Marx hinaus" und gehörte in jedes christlich-abendländische CDU-Heim. D.v. Gablentz meinte, die Bundesrepublik sei ein Staat mit einer selbständigen Regierung, legitimiert durch freie Wahlen, gegliedert nach Ständen und Klassen und zugleich, in abgeschwächter Form, eine spätkapitalistische, klassenlose bürgerliche Gesellschaft. Innerhalb dieser Klassen und Stände sei die Spannung zwischen Einheimischen und Flüchtlingen nicht ganz überwunden. Die Besatzungstruppen sind innerhalb dieser klassenlosen bürgerlichen Gesellschaft Freunde und Alliierte des gemeinsamen Feindes (!) geworden. Natürlich habe der Staat Schönheitsfehler. Er hat kein Zentrum, kein Nebenzentrum, keine anerkannte Führungsschicht (sie wurde ja durch solche Vorlesungen geschaffen!) Deshalb habe sich in den Umgangsformen, in der Verwaltung, in der Schule, im literarischen Geschmack eine Neigung zur Restauration, zum Konservativen entwickelt. Man bejaht, ja stimmt der Gesellschaftsform zu, möchte aber keine Verantwortung tragen. Zur DDR meinte der Hochschulprofessor, es lohne sich nicht, den Namen des Staates auszusprechen, die DDR sei kein Staat, sondern eine Herrschaftskolonie, bestehend aus 97 Prozent Unterdrückten und 3 Prozent Nutznießern. Die Höchstbewertung der geistigen Arbeit und die Heranziehung der Jugend für höhere Ämter (in besagter Kolonie!) sei eine Mahnung an das westliche Deutschland. — Als Gast und blutiger Laie hörte man dann noch den Professor Möbus. Was man da zu hören bekam, im besagten Jahr 1955, ist noch heute aufregend wie voller Wut zu lesen, denn es wirkt bis heute vor und läßt den heutigen Generationskonflikt, ja den der Studentenrevolte einläuten. Im Jahre 1955 wurden 100 Jugendliche befragt, wer Soldat werden möchte. 28 auf alle Fälle nein, 42 nur wenn triftige Gründe vorliegen, und zur Einstellung zum Nationalsozialismus hatten von 100 Jugendlichen 39 keine Meinung, 11 sprachen sich für den Faschismus aus, 43 standen ihm passiv gegenüber, und der Rest war Schweigen.

Ehe der Dichter der dezimierten Nachkriegsjugend, Wolfgang Borchert, starb, schrieb er das berühmte Antikriegsdrama „Draußen vor der Tür".

Jahrzehntelang wurde es in Westberlin aufgeführt. Wie wurde dieser leidenschaftliche Kriegsgegner und Mahner in den 50er Jahren in seiner, in der Wolfgang Borchert-Schule geehrt? Man sieht die Ausstellung noch heute. Schüler sollten das gespaltene Berlin malen. Da sah man dann gewaltige Ungeheuer, die Volkspolizisten darstellten, die auf winzige Menschlein herabblickten, man sah die Kaiser-Wilhelm-Gedächtniskirche und daneben Kirchen, die in Ostberlin abgerissen werden. Man sah eine ekelerregende Spinne, die ihr Netz auf Westberlin ausbreiten will. Auch auf Drahtbiegesymbolik verstand man sich, man war modern. Drei hochstehende Drähte, das waren die Westsektoren, ein verkrümmtes Etwas Ostberlin. Und während die Schüler malten, sagte eine Frau Kardos wahr. In einem Hause in der Knobelsdorffstraße. Man stand Schlange. Man vertraute den Kartenkunststücken. Kardos verdiente. Frau Kardos aber prophezeite auch in der Politik, in den Zeitungen. Für 1955 prophezeite sie ein baldiges einiges Berlin und beruhigte Geldleute: Die Ostaktien steigen, alle bekommen ihre Werte im Osten zurück. Frau Ursula Kardos wurde **die** Prominente Westberlins. Wenn die Bürgermeister Empfänge gaben, wenn die Pressebälle stiegen, Frau Ursula Kardos war immer dabei. Ohne Frau Kardos und ohne v.d. Gablentz sind die 50er Jahre nicht zu begreifen, wären sie für Westberlin unvollständig.

5 Das Schicksal fährt mit

1871 wurde die erste Strecke der Ringbahn zwischen Moabit und Schöneberg, über Weißensee, eröffnet, 1877 war die Ringbahn vollendet, 1882 nahm die Stadtbahn den Betrieb auf, und wenn die Stadtbahn außerhalb des Ringes war, wurde sie zur Vorortbahn. Die Geschichte Berlins, der Weg Berlins zur Viermillionenstadt, die Errichtung ganzer Stadtteile, ja die Industrialisierung der Stadt, wäre ohne die „Stadt und Ring" nie möglich gewesen. Die „Stadt und Ring" ist ein Stück Berlin, und ist auch heute ein Stück West-Berlins. Und wer sich daran versündigte und versündigt, der trifft ein Stück Heimat. Der hat kein Verhältnis zum echten Berlinertum. Generationen fuhren mit der „Stadt und Ring", und ihr Schicksal und das Schicksal der Stadt fuhren stets mit. Und vom Balkonfenster der Wohnung im schon erwähnten Calowswerder blickte man auf den Ringbahnhof und beobachtete als Steppke die Züge. Plötzlich rief man: „Mutti, Mutti, da fährt ja ein Zug ganz ohne Lokomotive." Ja, wie staunte man, als die „Stadt und Ring" plötzlich ganz elektrisch fuhr, wie bestaunte man die gelbroten Wagen der 3. Klasse, durchbrochen von dem Blau-Rot der 2. Klasse. Am 1. Mai 1929 wurde der volle elektrische Betrieb aufgenommen, wurde der Bahnhof Ausstellung eröffnet, der wenig später Bahnhof Westkreuz wurde. Später fuhr man mit der S-Bahn zur Schule. Freundliche Zugbegleiter ließen uns Kinder vorne im Dienstabteil einsteigen. Und der Zugführer erklärte uns den berühmten „Totenknopf". „Seht, wenn mir einmal schlecht wird, wird meine Hand schwach und drückt auf den Knopf, und der schnellt dann nach oben und der Zug bleibt stehen." Am 1. Dezember 1930 wurden die ersten S-Schilder angebracht, aber es dauerte lange, ehe sich die Berliner daran gewöhnten, daß ihre „Stadt und Ring" nun S-Bahn hieß, ja viele verstanden das S nicht auszusprechen. In der S-

Bahn konnte man die Jahreszeiten riechen. Im Frühling lag der betörende Duft von Flieder in den Abteilen, den die Berliner von den Schrebergärten heimbrachten, später duftete es nach Herbstastern, Goldrauten und Äpfeln und Birnen. Dann kam der' Bombenkrieg. Und die S-Bahn schleppte sich durch die Stadt, die immer mehr zur Ruinenstadt wurde. Immer wieder wurde sie bombardiert, immer wieder erholte sie sich wie ein krankes Tier. Dann kam die „Schlacht um Berlin". Im letzten Ringbahnzug gen Calowswerder saß man. Tote und Verwundete fuhren mit. Blutlachen benetzten den Boden. Lokomotiven zogen den Zug. — Wie freute man sich, als man dann eines Tages wieder die erste S-Bahn fahren sah. Die Fenster waren verpappt. und in den Abteilen roch es nach Kartoffeln der Hamsterfahrer. Dann kam die Währungsreform. Der S-Bahnhof Schönhauser Allee war voller Westberliner, die mit Bockwurst, Schrippen, Brot und Kuchen und Kartoffeln gen Westen fuhren. Der Bahnhof Gesundbrunnen war voller „Ostler", die mit Schokolade, Kaffee und Pullis gen Osten fuhren. Und es kamen die 50er Jahre, der Kalte Krieg. Wer mit der S-Bahn fuhr, so hieß es in Denkschriften, finanziere östliche Geheimdienste. Laut Denkschrift des Senats von 1959 gehörten zu den „kommunistischen Tarnorganisationen" u.a.: „Pestalozzibund", „Gemeinschaft gegen Schund und Schmutz", „Deutscher Turn- und Sport-Bund", „Schutzverband deutscher Autoren", „Deutsche Friedensgesellschaft", „Verlag und Redaktion SOS" usw., usw. O, was ging einem alles durch den Kopf, als man mit seiner S-Bahn fuhr, zu den Rathäusern, zu Herrn Kressmann, als man erfuhr, daß man eine „Niete" sei, oder als man in einer Westberliner Illustrierten wochenlang las, daß man ein „Ulbricht-SEDist", „ein armer Mann ohne Vaterland und Heimatgefühl" sei. Und dann war einem plötzlich in seiner S-Bahn kurz vor Weihnachten 1959 mulmig, undefinierbare Angstzustände kamen auf, man stieg aus, wurde kurzatmig, torkelte, kam auf Umwegen in Calowswerder an. An den Weihnachtstagen kam der Nachtarzt, am Tage rannte man vor Angst ins erstbeste Krankenhaus. Die Krankheit der 50er Jahre nahm von einem Besitz ...

6 Das Haus der Heimat

„Wie ist die Zeitung interessant für unser liebes Vaterland! Was haben wir nicht alles vernommen? Die Fürstin ist gestern niedergekommen, und morgen wird der Herzog kommen, hier ist der Kaiser durchgekommen, bald werden sie alle zusammenkommen. Wie interessant, wie interessant, Gott segne das liebe Vaterland!" So verspottete einst Hoffmann von Fallersleben die Presse seiner Zeit. Wie hätte er die Soraya-Presse der 50er Jahre gesehen, wie seine „Deutschlandlied"-Brüller verurteilt? Wo der Hofrat Koch einmal seine Meiereien betrieb, da wurde die Kochstraße durchgezogen. Hier wurden dann schicke Schulen aufgebaut und dann noch schickere Zeitungspaläste. Hier wurde Meinung fabriziert und wird heute von Springer Meinung fabriziert. Hier schrieb am 5.4.1945 „Das schwarze Korps": *„Über die kommende Entwicklung weiß man nichts. Aber eines ist sicher, daß von den Sowjets keine Ordnung kommen kann. Die Deutschen werden weiter kämpfen ... Um sie zu besiegen, muß man mehr tun, als ihre Provinzen, ihre Rüstungswerke zerbrechen, man muß ihre Idee überwältigen."* 10 Jahre später prophezeite Frau Kardos in der BZ: *„Die Zeit ist nicht mehr fern, da die Firmen ihre Aktien, Werte und Anlagen zurückerhalten werden, die im Osten beschlagnahmt sind."* Und drei Monate vorher, am 2. September 1954, jubelte die BZ: *„Jetzt steht es fest, wir werden wieder Soldaten. Zur Verteidigung der Freien Welt braucht man den deutschen Landser."*

In dieser „Straße des sprühenden Geistes" gab es auch eine kleine Buchhandlung, kurz vor der Wilhelmstraße. Hier also verkaufte man mal Bücher, darunter viele, viele Heeresdienstvorschriften und als hohe Geisteskost mal den Jünger und Weihnachten 1943 gar Dinah Nelkens „Ich an Dich". Und mit Chef und Angestellten schimpfte man tüchtig auf Hitler und tauschte die Sendungen des Londoner Rundfunks aus und war guter Hoffnung. Unten im Packkeller war ein kleines „Giftschränkchen". Hier holte man sich „Im Westen nichts Neues", Thomas Manns „Kleiner Herr Friedemann" und „Buddenbrocks" heraus und etwas von Stefan Zweig, um sich zu „vergiften". Eine Packerin heftete im Keller ein großes Hitlerbild an, um uns zu erschrecken. War man nicht anwesend, war man dabei, im Osten seine Verwundung zu holen oder als Kriegsversehrter Kasernenkorridore zu reinigen. Ja, diese Buchhandlung war der Elfenbeinturm und Zuflucht, wo man quatschen konnte. Man erreichte ihn mit der S-Bahn und fuhr bis Anhalter Bahnhof. Stets kam man am Prinz-Albrecht-Palais vorbei, das 1737 bis 1739 nach Vorbild französischer Adelsschlösser und als Hauptattraktion der Friedrichstadt erbaut wurde. Vor dem Gebäude errichtete Schinkel 1830 die Säulenhalle. Die weiten Säle des Gebäudes waren mit Riesenbildern geschmückt, die antike Szenen schilderten. Herrlichste Porzellane waren in Glasvitrinen ausgestellt. Als man aber vorbeikam, herrschte hier nicht die Kunst, sondern die SS, war hier das Sicherheitshauptamt, und in der Säulenhalle patrouillierten SS-Leute. Für viele, viele bedeutete das Gebäude Angst, Schrecken, Folter und Tod! Keine 200 Meter von dem Elfenbeinturm!

1945! Der Krieg war beendet. Der Anhalter S-Bahnhof war noch voller Wasser, selbst die Treppen, die nach unten führen, schwammen im Wasser. Noch Jahre rochen die Stationen der U- und S-Bahnen, die über Friedrichstraße fuhren, nach Chlor. 1945, man schlenderte durch das Palais der SS. Alles voller Trümmer. Irgendwo entdeckte man einen Engel aus Stein. Ein Friedensengel? Das Gesicht schien mild, aber täuschte man sich? Man erreichte die Buchhandlung, der Laden war da, aber das Haus darüber war weg. Noch heute ist da, wo sein Elfenbeinturm stand, eine Ladenruine, die Außenfassade mit Kacheln verkleidet. Man erfuhr, daß der Chef in den Kriegswirren umkam, die Prokuristin bekam für Verlag und Buchhandlung von den Amis keine Lizenz. Zuviel über Hitler gequatscht?

1961! Der 13. August beendete mit dem Mauerbau die 50er Jahre. Spritzen und Tabletten milderten zeitweise Angstzustände und Depressionen, die ständig andere Formen annahmen. Kurze Strecken fuhr man dann mit enormem Herzklopfen allein. Und da stand man mal wieder vor dem Anhalter Bahnhof. Wo einst hier das EUROPA-Haus glänzte, stand nun das „Haus der ostdeutschen Heimat". (Heute „Haus der deutschen Heimat" genannt) Die Neugierde, die sich schon in der Knabenzeit entwickelte, war groß. Mal sehen, was da vor sich geht. Westdeutsche Schulklassen gingen hinein, nicht das Böseste ahnend, schloß man sich an. Im Kinosaal sah man nun mit den Jungen und Mädchen Filme vom 1. Mai. Da sah man nette Westberliner Menschen, wie sie ungezwungen zum Platz der Republik schlenderten, wo noch die Reichstagsruine stand, und dann sah man den 1. Mai östlich des Brandenburger Tores, wie Panzer rollten und verbissene Gestalten robotergleich in Marschsäulen aufmarschierten. Man vergaß, jene Westberliner, die am 1. Mai vor dem Mauerbau in Ostberlin die Bockwürste verzehrten, das Portbier tranken und die vielen Volksfeste überall in der Hauptstadt der DDR, wie man drüben Ostberlin bezeichnet, zu zeigen. Es war da ein schwarz-weiß-gemalter 1. Mai. Diese zwei Filmchen wurden einem dann zum Verhängnis. „Der gehört ja nicht dazu", rief einer. Man zeigte den Ausweis. Es half nichts. Man wurde im Polizeiauto zum nächsten Revier gebracht. Man wartete, wartete eine Stunde. „Ach, Sie sind ja schon bekannt", erfuhr man. Die Sache in Calowswerder von 1952, wo man während des Geburtstages den Grotewohl sympathischer fand als den Adenauer, hatte man vorsorglich notiert, der Beamte war also damals wortbrüchig. Unter Beschimpfungen wie „Kommunistensau, Dreckschwein" wurde man ins Präsidium gefahren. Eine Zelle nahm einen auf. Man ließ sich Plürrekaffee und ein altes, uraltes Stück Brot mit Margarine geben. Nur nicht die letzten Nerven verlieren, sagte man sich.

Während man in der Zelle das alte Brot aß, besuchten Beamte die Frau. Wegen zweier 1.-Mai-Filme, weil man sehen wollte, was man deutschen Schulkindern von seiner Heimatstadt erzählte, war „Gefahr im Verzuge". Hausdurchsuchung. Man durchstöberte die Zeitungen, die Tagebücher und bewunderte die Fotovergrößerungen an den Wänden. „Die sind ja sehr schön, sowas sollte Ihr Mann machen." Man konnte, wenn man wollte, auch in Heine, Tucholsky, Thomas Mann oder Thackereys „Snobbuch" nachlesen, alles DDR-Drucke. Man konnte seine Leserbriefe und Artikel nachlesen, die meist vom Frieden handelten, gegen den Kalten Krieg aufriefen oder Heimatgeschichten erzählten, die schwer genug und bisweilen verstümmelt hereinkamen; sie nahmen die Tagebücher und private Kalender und SED-Zeitungen mit; sie nahmen Fingerabdrücke ab und man wurde unrasiert und ungekämmt fotografiert. Und man fand in Revieren auch besonnene Beamte, die ihre Verwunderung über diese Behandlung aussprachen. „Ich denke, das Haus der ostdeutschen Heimat kann jeder besuchen, ist ein öffentliches Haus", rief einer. Am späten Nachmittag des nächsten Tages wurde man, nachdem man beim Untersuchungsrichter war, freigelassen. Nein, wie man in diesen Stunden betitelt wurde, spottet jeder Beschreibung. Ein Besuch im „Haus der ostdeutschen Heimat", das nur wenige hundert Meter vom ehemaligen Prinz-Albrecht-Palais der SS steht, wo heute auf einem verwahrlosten Gelände Autos ohne Führerschein gefahren werden, war 1961 kein Stück Heimat, war ein Stück Unmenschlichkeit. Calowswerder, der Geburtstag dort war Beginn, das „Heimathaus" Ende der gelebten 50er Jahre.

7 Schnee von gestern?

Die 50er Jahre sind vergangen, aber sie sind kein Schnee von gestern. Sie sind, ohne die nationalsozialistische Vergangenheit bewältigt zu haben, selbst ein Stück unbewältigter Vergangenheit geworden, an dem noch Generationen zu knabbern haben werden. Die 50er Jahre unseres Jahrhunderts hatten eine frappante Ähnlichkeit mit den 50er Jahren des vorigen Jahrhunderts. Nach der mißglückten Revolution von 1848 war das kleinste Stückchen Rot am Knopfloch verdächtig, aber die Wahrsagerei, das Gesundbeten war hoch im Kurs. Im Hörsaal der Universität wie von Kirchenkanzeln konnte man hören, daß sich die Sonne um unsere Erde dreht.

Goldene Jahrzehnte hat es noch nie gegeben. Wären die 20er Jahre goldig gewesen, hätte es kein 1933 gegeben. Jedes Jahrzehnt hat seine Mitläufer, seine Ignoranten und Denunzianten gehabt. Stellvertretend für viele Schicksale wurden hier eigene Erlebnisse angeführt, um zu zeigen, was Denunzianten und Ignoranten anrichten können und in den 50er Jahren angerichtet haben. Das Feuer der Menschlichkeit, des Mitfühlens, es glimmt manchmal sehr, sehr schwach. Kein Mensch aber könnte auch nur ein Jahr leben, wenn er es selbst nicht einmal spüren würde, sich einmal im Jahr daran erwärmen könnte. Denunzianten aber können in manchen Jahrzehnten Leben zerstören, können eine ganze Generation verraten. Und das muß man den 50er Jahren vorwerfen, sie haben die friedliebenden Teile der vom Kriege dezimierten Nachkriegsjugend verraten und verkauft. Als dann während der Zeit der Studentenunruhen, der Bildung der APO am Ende der 60er Jahre Fragen gestellt wurden, da waren die „Aufsteiger" „sprachlos" ...

Jedes Jahrzehnt verlangt Zivilcourage. Wer sie in den 50er Jahren nicht aufbrachte und wer sie heutzutage nicht aufbringt und Unrecht nicht beim Namen nennt und wider das Gewissen handelte und handelt, der möge nicht vergangene Jahrzehnte verurteilen und einstige Mitläufer kritisieren. Wer Mitschuld trägt am Verrat der Nachkriegsjugend, der möge sich heute nicht als „verständnisvoller Freund" der jungen Leute aufspielen. Heutige Generationskonflikte wurden in den 50er Jahren gezüchtet. Jeder, der Verstand hatte, konnte es fühlen ...

für nette, valli, robrabrot, neger,
gerlinde, prumus und für ina

Eckhard Siepmann

6 Kreuze hinter die 50er Jahre

Memoiren eines Lumpensammlers

und siehe,
da ging ein Rauch auf vom Lande,
wie ein Rauch vom Ofen.
1. Mose 19, V. 28

†

ich darf mich vorstellen, von beruf: lumpensammler. wer so viel mit lumpen umgeht wie ich, wird selbst dreckig, und wenn sie mich so sehen würden, von oben bis unten voller staub und flecken — vielleicht würde es sie grausen!

einige leute betrachten mich mit argwohn, vor allem solche mit einfluß und viel sauberer wäsche. ausgerechnet ich, im staub der vergangenheit mich herumtreibend, damit beschäftigt, die ausrangierten dinge in eine vernünftige ordnung zu bringen, ausgerechnet ich wurde von den sorgfältig gekleideten leuten angeklagt, gründlich gegen die ordnung zu verstoßen! was ganz sicher mit meiner persönlichen sympathie für den teufel zu tun hat. aber mal ehrlich, kann ich schuldig sein, wenn ich, aufgewachsen in den 50er jahren, den teufel für einen ordnungsfaktor halte und den gott der parfümierten leute für einen chaoten?

ich weiß ja nicht, was sie in jenen jahren getrieben haben, gingen sie vielleicht auch jeden sonntag in die kirche, so wie ich? hatten sie vielleicht auch lange kratzende strümpfe an, mußten beim vaterunser immerzu kratzen? aus irgendeinem grund mußten die kinder, und wahrscheinlich auch die erwachsenen, am sonntag immer etwas anderes anziehen als am alltag. es gab sonntagsschuhe und alltagsschuhe, und am samstag wurde gebadet, damit man sonntags ganz sauber war. und am sonntag, nach dem gottesdienst und dem mittagessen, das auch immer reichlicher war als alltags, mußte man spazierengehen, warum, tja, das fragen sie mich zuviel. auf diesen spaziergängen, auf denen die nähere umgebung unerbittlich erschlossen wurde, ging der vater mit den händen auf dem rücken, zwischen den fingern der hut, den man in der natur schon mal abnehmen konnte. gestikulierte der vater im gespräch, das selten war, mit der rechten hand, so behielt doch die linke den hut auf dem rücken, obwohl es gar nichts mehr einzuklinken gab. kreuzte eine uns bekannte familie den weg, so wurde der hut zuvor aufgesetzt, um ihn lüften zu können. unglaublich, aber er wurde aufgesetzt, um ihn lüften zu können! derlei ungereimtheiten haben mir — und ich bin gar nicht mal ein freund von reimen — die einsicht in die offizielle ordnung gründlich verstellt. ich konnte, bei allem ehrlichen bemühen, den sinn der um mich ablaufenden prozesse nicht ergründen, und das ist es vielleicht, was mich zu einem freund einer andersgearteten ordnung hat werden lassen. fixierte ich am sonntag abend den auf der garderobe abgelegten hut meines vaters, wie er nach getaner arbeit mit seiner aufgezwungenen zuspitzung den runden hut meiner mutter ansah, so erschien mir deren konversation deutlich interessanter als das, was gleichzeitig im wohnzimmer gesprochen wurde.

was passiert mit hüten? sie kommen aus der mode. die meisten werden weggeschmissen, stellen sie sich einmal vor, wie viele hüte in die müllhalden der welt eingegraben sind. sie sind produziert worden unter zumeist unlustigen umständen, haben ihre träger vielleicht auch einmal vor schlechter witterung geschützt, zumeist sind sie aber getragen worden, um gelüftet zu werden, dann kommen sie aus der mode. es sei denn, sie landen bei mir! ich hebe sie gut auf, ich fotografiere sie und bringe ihr bild unter die leute. und dabei interessiert mich nicht der hut so sehr, sondern mehr noch die leute!

II

in schwelm, wo ich geboren wurde, gibt es eine evangelische und eine katholische kirche, entsprechend auch zwei häuser mit turm. die evangelische kirche hat mehr mitglieder, entsprechend ist die kirche größer, wenn sie auch selten voll ist, außer weihnachten.

sonntags um zehn uhr war frühstück. pünktlich versammelten sich alle familienmitglieder frisch gewaschen und in sonntagskleidung. an diesem tag fand das frühstück im wohnzimmer statt, nicht in der küche.

von einer schellackplatte tönte ein satz aus dem „Brandenburgischen Konzert“ von Bach, zerlegt von dem klappern der bestecke. um viertel vor 11 begann ein enormes läuten von glocken, das war das zeichen, die sonntagsmäntel und -schals anzulegen, wenn es die jahreszeit notwendig machte, auch handschuhe. und nun begann die jagd nach den gesangbüchern. jedes mitglied hatte ein eigenes, vertauschungen wurden nicht geduldet. je mehr die familie sich nun der kirche näherte, desto zahlreicher wurden die treffen mit anderen familien, deren mitglieder ebenfalls gesangbücher fest in der hand hielten. je nach der beziehung zwischen den familien gestaltete sich das zusammentreffen: vom sprachlosen „schneiden“ über den höflichen gruß bis hin zum gemeinsamen gang und eintritt in das gotteshaus.

als nächtes galt es, sich in eine der sitzreihen einzufädeln. würde es irgendwo platz geben, um die sechsköpfige familie gemeinsam unterzubringen? denn nur so war den übrigen gemeindemitgliedern die kontrolle möglich, daß die gesamte familie anwesend war. andererseits: einige plätze kamen nicht in frage, da sie die familie in kontakt mit einer anderen familie gebracht hätte, der aus irgendeinem grunde nicht angebracht war. zum dritten konnte man nun auch nicht endlos darumstehen und über zugleich günstige und gefahrlose plätze spekulieren, das platznehmen mußte doch einen mehr oder weniger spontanen anstrich bewahren. waren die plätze erst eingenommen und das lese- (besser singe-)bändchen des gesangbuchs vor das lied gelegt, das die täfelchen an den seitenwänden als das als erstes zu singende angaben, so konnten die seelischen vorbereitungen auf die bevorstehenden zwei stunden unerbittlicher langeweile in aller ruhe vorgenommen werden.

das zwar geräumige, aber kärglich ausgestattete und ganz weiß angestrichene kirchenschiff gab wenig her, womit sich die augen hätten beschäftigen mögen.

von der decke in riesiger höhe hingen lampen an unendlich lang erscheinenden schnüren, in gleichmäßigen abständen. ich überlegte, wie stark sie wohl befestigt seien. sollte es nicht möglich sein, auf ihnen zu sitzen, sie langsam in schwung zu bringen? beim weitesten ausschlagen des pendels würde ich den absprung wagen, auf die nächste lampe, und so weiter, so daß ich, mitten im vaterunser, wie tarzan oder liane im urwald, mich durch das gotteshaus schwingen würde, wobei ich bei den schlußworten „von ewigkeit zu ewigkeit“ zum großen sprung auf das kreuz ansetzen würde, um bei dem wort „amen“ dessen vierung zu umklammern.

unweigerlich wurde der pastor das opfer der herausgeforderten fantasie. zunächst fielen ihm alle haare aus, dafür wuchsen vampirzähne. die hüte aller jahrhunderte und klassen passieren auf seinem schädel revue, wobei ich ab und zu in gelächter ausbrach, was meine familie schwer diskreditierte. es wuchs dem pastor ein bart, der bald von der kanzel herab die erde berührte, sich durch den mittelgang fortsetzte und mit zunehmender geschwindigkeit an den seitenwänden hin und herlief, ein wüstes gestrüpp, das seinerseits unkräuter, kleines ungeziefer und spinnweben aller größenordnungen hervorbrachte. im verlauf der predigt, die immer wieder die freiheit des christenmenschen beschwor, dem totalitarismus eine absage erteilte, unserer brüder und schwestern in anderen landesteilen gedachte, die unfreiheit mit dem plan in verbindung brachte und christus so endlich zu einem propagandisten der freien marktwirtschaft machte, — im verlauf dieses diskurses wuchs dem pastor nicht selten ein riesiger penis, der zunächst krachend das holz der kanzel durchbrach, bedrohlich über den köpfen der verzweifelt um den ausdruck der gleichgültigkeit bemühten gemeindemitglieder dahinwucherte, um schließlich, beim durchbrechen der stirnwand, das zeichen zum allgemeinen panikartigen, vom geläute aller glocken begleiteten aufbruch zu geben.

III

eine bedeutende rolle spielte in den 50er jahren das sein. wie bitte? das SEIN! was das ist? nichts ist das! alles, was ist, ist seiendes. das sein ist nicht, sondern west. zwischen dem seienden, dem blöden alltag, und dem sein west ein tiefer abgrund.

die bekannten fress-, reise- und sexwellen des kleinbürgertums fanden ihr äquivalent in einer „seinsfrömmigkeit" des „gehobenen bürgertums", die ihren ausdruck nicht nur in darmstädter und andernorts lokalisierten „gesprächen" fand, die ganz modern auf tonband aufgenommen und in dezentem design verbreitet wurden, sondern auch in tausenden von söhnen und töchtern der mittelklasse, die die ihnen um die ohren geschlagenen widersprüche der gesellschaft kompensierten, indem sie abends, in ihre zimmer zurückgezogen, saint exupery's kleinen prinzen lasen oder sich die gedichte von rilke anhörten, von einer grammophon-platte, gelesen von will quadflieg oder mathias wiemann. gerungen wurde um das sein auch in den farbsymphonien des malers meistermann oder in den skulpturen von gerhard marcks. durch die kunst war das ganz andere anwesend, sie war nicht die herausforderung zum kampf, sondern das versöhnende, das nach getaner mittelstandsarbeit den trivialen alltag kompensierte. ihren gütestempel erhielt die kompensation durch das maß, in dem auch die moderne kunst einbezogen wurde: picasso, natürlich picasso, große retrospektive bei lebzeiten in köln, 1955, und natürlich henry moore und max ernst, documenta, für ganz schicke biennale in venedig, und werner haftmann, der das ganze exemplarisch interpretierte. niemals, solange die erde besteht, dürfte die kunst niederträchtiger verraten worden sein als in ihrer umkehrung durch die offizielle rezeption in den 50er jahren. aber nicht nur die zeitgenössischen künstler verfielen dieser perversion, sondern die gesamte, wehrlose geschichte der kunst, alle revolutionäre und träumer ihrer geschichte gerieten, oft zum zweiten mal, unter die guillotine der verordneten rezeption.

die freunde des seins zeichneten sich alle durch guten geschmack aus, durch qualitätvolle stoffe an den fenstern und auf dem körper, durch einen rest von jugendlichkeit, der sich in ihren kaum durch arbeit und existenzsorgen gezeichneten gesichtern erhalten hatte.

††††

in den familien des mittelstands, und nur um die geht es hier, herrschte ruhe. der staat war der staat, und seine tragende parzelle, wie vordem und immer noch, war die familie. die familie war so wie auf den fotografien, die in regelmäßigen abständen von berufsfotografen hergestellt werden mußten, aus irgendeinem grund: der vater stand, die mutter saß, und auf ihrem niveau, irgendwie verteilt, erschienen die kinder, wobei die älteren söhne stehen durften, soweit sie den vater noch nicht überragten. waren sie schon so groß wie der vater, so mußten auch sie sitzen. der vater, stehend, schaute die mutter an, die mutter schaute stumm auf die kinder und die blickten geradeaus oder sich selber an, sie fühlten sich dabei unwohl, aber sie machten das mit. der gesamtausdruck war der der übereinstimmung, von dem fotografen unter einem schwarzen tuch mit aller kunst hervorgelockt. immer war das endergebnis eine pyramide, deren spitze der vater bildete. was war aber mit diesem kerl los? er war der, der sich immer am meisten blamierte, weil er sich am weitesten aus der familie rauswagen mußte. er mußte sich in der welt der widersprüche behaupten und darin untergehen, und, mitten in seinem untergang, die fahne der souveränität schwingen. sein untergang war allen familienmitgliedern deutlich, aber kraft seiner autorität, deren ursprung undeutlich blieb, zählten diese katastrophen nicht: was zählte, war seine dominierende stellung. die reale kraft lag bei der mutter, die sie dazu benutzte, die kaputtheit des vaters auszugleichen und gleichzeitig den schein der herrschaft des vaters aufrechtzuerhalten. so waren die mütter, selbst wenn sie unter der macht des vaters die partei der autorität wählten, der zufluchtspunkt des anti-autoritären.

was war mit den vätern los?

viele kinder hatten väter, von denen sie erfahren mußten, daß sie mit hitler gegangen waren. das war nicht leicht herauszukriegen, aber manche bestanden auf aufklärung. mein vater war kein hitler-anhänger, und er war kein widerstandskämpfer, er hatte sich zurückgezogen, war aus gesundheitsgründen nicht an der front, er war ein mann der kirche, ein verhinderter pastor, mit einem lebenslangen kampf gegen die falschen autoritäten der kirche, von daher sehr sympathisch. was mir nicht gefiel, war seine art, margarine auf sein brot zu schmieren. warum schmierte er immer über den brotrand hinaus, auf seinen daumen, den er danach ableckte? dieser von margarine glänzende daumen, er wird mich ein leben lang nicht verlassen, diese zunge, die das mißgeschick wieder in ordnung brachte! ist denn das so wichtig, werden sie fragen, und ich antworte ihnen: das ist ganz erheblich wichtig!

diese armen väter erschienen als brennpunkt für alles, was an der gesellschaft hassenswert war, weil sie darum kämpften, sich in dieser gesellschaft zu bewähren und sie zu verteidigen. stellen sie sich folgende szene vor: ich komme in das wohnzimmer, und aus dem radio tönt ein wunschkonzert, wie es in den 50er jahren üblich war. ich komme ins zimmer und sage, stellt diese musik ab, ich werde wahnsinnig, wenn ich das höre! und dieser kerl antwortet mir: millionen von menschen finden das gut, aber du, du wirst wahnsinnig! was bleibt mir übrig, seien sie gerecht, als einen stuhl zu nehmen und auf ihn loszurennen, ich schwächling, der gerade konfirmiert worden war! der stuhl flog daneben, ich sagte, ich haue ab, ihr seht mich nie wieder, meine schwestern schlossen eiligst das haus ab, ein ausbruch aus dem fenster war nicht möglich, weil unsere wohnung im dritten stock eines mietshauses war, und am nächsten tag, nach einer nacht voller selbstmordgedanken, war meine wut bereits eingedämmt. dieser schurke, dieses miststück, mit seiner cdu, seinem faltigen kehlkopf, seinem fettigen daumen, seinem scheißchristentum, das eine andere welt predigt, aber sich mit der ehrhard-welt gemein macht!

als aufgewecktes kind las ich sigmund freud, der kam gerade als fischer-taschenbuch heraus. aha! ich begehre meine mutter! verflucht, der alte hat sie, und ich armer kerl gehe leer aus. soll ich ihnen was sagen? das interessierte mich nicht. ich sagte mir: mag die wissenschaft auch befinden, daß das der hintergrund des vaterhasses ist: es interessiert mich nicht. was ich weiß, ist, daß ich diesen kerl nicht ertrage, er mag zwar seine verdienste haben, mag gegen die nazis und die pfaffen gewesen sein, aber ich ertrage ihn nicht, nicht seinen gaumen und seinen margarine-daumen, seine belehrungen und seine schlußsätze, seine ansprachen am heiligen abend und sein nachthemd, er muß verschwinden, damit ich leben kann.

†††††

als schüler hattest du in den 50er jahren drei möglichkeiten: völlige anpassung, nur zu haben über eine seelische verkrüppelung, die das leben auf den nullpunkt brachte; selbstmord — eine möglichkeit, von der einige sprachlos gebrauch machten, was allgemein als unbegreiflich, wenn nicht empörend empfunden wurde; oder die schaffung eines systems von fluchtwegen, um das überleben zu ermöglichen.

die gründe für die unerträglichkeit des schülerdaseins blieben uns selbst verborgen. die schule — in meinem fall ein altsprachliches gymnasium — stellte keine allzugroßen anforderungen an uns, die schwierigkeit bestand allein darin, ohne die schularbeiten, auch hausaufgaben genannt, zu machen, das klassenziel zu erreichen. die lehrer waren bedauernswerte menchen, deren schwächen offen zutage lagen, und ihre ohnmacht,

Piano Lang
Man nennt es Liebe
Müsik: Franz Grothe

die überlagert wurde durch die anmaßungen, zu denen sie durch ihre stellung verführt wurden, machte uns die entfaltung unserer aggressvität oft schwer genug, auf die wir aber nich verzichten konnten, um angesichts ihrer ausgespielten überlegenheit nicht unterzugehen. nur ganz schemenhaft war uns bewußt, worin die unerträglichkeit des daseins von uns mittelstandskindern in der schule und in der familie begründet sein mochte: nämlich in der diskrepanz zwischen der verkündeten moral und dem alltagsleben. die größe der verkündeten ideen kollidierte mit einem wurmhaften dasein, das unermüdlich damit beschäftigt schien, widersprüche zuzuschütten und für den festen sitz der zum gesicht ewordenen maske zu sorgen. alle diese kleinbürger hatten ein verhältnis der konkurrenz zueinander, die ungeschriebenen spielregeln, unter denen sie diese konkurrenz auslebten, schrieben aber vor, daß bei diesem kampf nur die formen akzeptabel seien, die den schein der nichtexistenz dieser konkurrenz aufrechterhielten. dieser widerspruch erzeugte ein klima der absurdität und des irrsinns; diesen erscheinungen eine schauseite der normalität abzuringen, muß als die entscheidende kulturelle leistung der adenauer-ära gewürdigt werden.

die fluchtwege führten zunächst in die extremen winkel der häuser. die keller und die dachräume wurden in den 50er jahren zu reservaten für die, die an der offiziellen kulturleistung nicht teilnehmen mochten. in den kellern wurde jazz gespielt, wurde diskutiert, hier waren die als „nonkonformisten" gebrandtmarkten unter sich. und oft genug entwickelte sich in diesen beargwöhnten lokalitäten eine spießigkeit zweiter ordnung: eine verwandte politische borniertheit, ein verhaltenskodex, der seine eigenen normen entwickelte.

so sehr die kleinbürger auch die jazzkeller beargwöhnten, sie selbst verspürten einen unwiderstehlichen drang, ihr gesellschaftliches dasein mit einem hauch von verruchtheit zu umgeben, dergestalt, daß sie sich selbst einen keller schufen, in den sie in regelmäßigen abständen freunde und bekannte einluden, die selbst über einen solchen keller verfügten und deren einladungen bestimmte verpflichtungen auferlegten.

wie sahen meine überlebensstrategien aus?

mein vater war uhrmacher, und ich hatte drei schwestern, eine jüngere, mit der ich zusammenhielt, und zwei ältere, die mir völlig unerständlich waren. meine mutter half meinem vater in dem kleinen geschäft als verkäuferin. den haushalt führte ein „dienstmädchen", dora, tochter von flüchtlingen, die mit 14 jahren zu uns kam.

bis zu meinem 13. lebensjahr schlief ich gemeinsam mit meiner kleinen schwester in einem raum unserer 3-zimmer-wohnung, der tagsüber als wohnzimmer fungierte und stets gut aufgeräumt sein mußte. ich las für mein leben gern bücher, vor allem nachts im bett, meine kleine schwester wollte aber schlafen, mach endlich das licht aus! ich besorgte mir eine taschenlampe und verkroch mich mit dem buch unter das oberbett. dann kam der tag, an dem meine schwester folgendes sagte: ich weiß, daß du da unter der decke liest, und wenn ich das weiß, kann ich nicht einschlafen. das war der punkt, am dem es keine umkehr mehr gab. ich stellte meine eltern vor die wahl, mir ein eigenes zimmer, und sei es irgendein loch zu geben, oder mich nicht wiederzusehen. da sie grund genug hatten, mir extreme handlungen zuzutrauen, verschafften sie mir ein kleines dachzimmerchen, in dem ein ofen, ein bett, ein stuhl und ein tisch standen — ein paradies, in dem ich die folgenden sieben jahre meines lebens zubrachte. hier fand ich raum zum atmen, zum lesen, zum lieben, hier war der treffpunkt der aufmüpfigsten kinder der stadt, die den bürgern den krieg erklärten, hier wurden die destruktiven feldzüge geplant, die das städtchen in bewegung hielten. unser erklärter feind war der „bürger", „bürgerlich" das polemischste schimpfwort. bürgerlich war alles außer uns selbst und außer den künstlern, die wir liebten. wir trafen uns möglichst oft, und in den nächsten von samstag sonntag zelebrierte diese brüder- und schwesternschaft die mystische union: versammlungen bis in den morgen hinein, in denen jeder vernünftige satz verpönt war, eine mischung aus absurden handlungen, unsinnig-metaphysischem gebrabbel, lustigen tänzen, billigem rotwein, küssen und gebratenen äpfeln. betrunken kletterten wir aus den dachfenstern, wandelten über den dachfirst und pissten in die schornsteine, nichts konnte uns passieren. wir waren die andere welt, gerecht vor gott, wenn auch nicht vor den menschen, wir waren die reinheit, der dreck in der welt der saubermänner und -frauen, „Spiel nicht mit den Schmuddelkindern", sang ironisch ein freund meiner ältesten schwester, der ab und zu ins haus kam, und schwelm war voller schmuddelkinder, unter den vielen anständigen.

einen hinweis auf das reale gegenbild des bürgers wurde uns bei einer der vielen strafaktionen zuteil, mit denen wir in schach gehalten werden sollten. einer der wenigen lesenden unter den schullehrern sprach dabei folgendes: „Diese Clique, die sich als was ganz besonderes vorkommt, führt beständig das Wort Bürger als Schimpfwort im Munde. Dieses Wort hatte im 19. Jahrhundert seinen Sinn, als die Gesellschaft noch in Klassen gespalten war, als den Bürgern der Proletarier gegenüberstand, der Fabrikarbeiter, der weniger gesellschaftliche Rechte als der Bürger hatte. Heute aber sind alle Menschen gleichberechtigt, und daher ist es völlig unsinnig, gegen den Bürger zu polemisieren." hätten wir nur gut zugehört! so ein idiot, dachten wir, so ein idiot! wenn seine bemerkung auch soziologisch unhaltbar war, so beinhaltete sie doch einen hinweis, den wir unbegriffen an uns vorbeiziehen ließen wie einen übelriechenden wind. wir hätten uns jahre des lernens erspart, wenn wir an dieser stelle geschaltet hätten! so aber dauerte es noch jahre, jahre, in denen die „clique" zerfiel, bis wir begriffen, wer das wirkliche gegenbild zum bürger war, und welche historische dynamik diesem gegensatz innewohnte.

††††††

nach und nach lernte ich, daß es auf der welt zwei sorten von leuten gab: anhänger des plans und anhänger des freien verkehrs der dinge. sie teilten die welt unter sich auf, jede gruppe beherrschte einen ungefähr gleich großen teil des globus. sie führten einen unerbittlichen kampf gegeneinander, der jeden tag das mögliche ende der welt zum programm machte. in den schulen der freunde des freien verkehrs der dinge lernte ich, daß der plan die freiheit vernichte, daß die freunde des plans eine verschwindende minderheit seien, die alle menschen in ihrem machtbereich unterdrückten und danach strebten, die ganze welt gewaltsam in ihren plan einzubeziehen. daß wahre freiheit nur da bestehe, wo der freie verkehr der dinge garantiert sei. er sei die wahre basis menschlicher freiheit; wo man den dingen nicht ihren lauf ließe, sondern sie einem plan unterwürfe, könne es freiheit nicht geben. die freunde des plans hingegen argumentierten, daß der freie verkehr der dinge nur einer verschwindenden minderheit nutze, und daß diese minderheit eine diktatur über die menschen in ihrem machtbereich ausübe; daß es freiheit nur da geben könne, wo die menschen den verkehr der dinge gemeinschaftlich regelten; daß nur eine solche regelung es verhindern könne, daß der verkehr der dinge sich für wenige zum vorteil und für die mehrheit zum nachteil auswirke.

in diesen widersprüchen sich zurechtzufinden, das war außerordentlich schwierig! der augenschein, das bitte ich sie zu bedenken, sprach für die anhänger des freien verkehrs der dinge. sollten die hier herrschenden gedanken die gedanken einer minderheit sein, so stimmten doch die meisten leute diesen gedanken offenbar zu. sollten im einflußbereich des plans die herrschenden gedanken die der mehrheit sein, so zeigten sich doch viele, nach allem anschein, mit ihnen durchaus nicht einverstanden, man hörte sogar von bewaffneten erhebungen.

mich persönlch, wenn sie das interessiert, beschäftigte zu dieser zeit das essen weniger als die gedanken. ich hörte folgendes: die freunde des plans argumentierten, daß die art und weise, wie dinge in umlauf gesetzt werden, die gedanken bestimme, während die freunde des freien verkehrs der dinge sagten, daß der gedanke unabhängig von diesen niederungen sei. ehrlich gesagt, genau das war es, was mich als gedankenfreund bestach. die lust am reichtum der gedanken wollte ich mir von niemanden verderben lassen, die unabhängigkeit des denkens wollte ich mir von niemanden verwursten lassen!

und überhaupt, wenn es zuträfe, daß die gedanken von den dingen abhängig sind, wie die freunde des plans behaupteten, gerade dann spräche ja alles für den freien verkehr der dinge, dann konnte es ja überhaupt nicht verwundern, wenn die steuerung der dinge auch gesteuerte gedanken zur folge hatte!

dummerweise entsprach zu dieser zeit hierzulande dem reichtum in den kühlschränken und auf den schrottplätzen kein offizieller reichtum der gedanken. die offiziellen gedanken waren von einer peinigenden öde für mich, wobei gleichzeitig die frei zirkulierenden dinge sich immer höher auftürmten. während ich begann, aus dem verkehr herausgefallene dinge zu sammeln, wendete ich mich in diesem elend der geschichte der gedanken zu, die sich mir als unendliche schatztruhe darstellte. besonders interessant erschienen mir die gedanken hegels und schillers.

da ich mich, ehrlich gestanden, in der gegenwart nicht richtig wohlfühlte, gefiel mir an ihnen besonders, daß sie die unhaltbarkeit alles bestehenden als tatsache betrachteten, und daß sie zugleich einem wesen sein recht gaben, das sich dem allgemeinen entgegenstellt. dieses wesen, meine damen und herren, war ich, ich, der ich mich mehr und mehr aus dem allgemeinen getümmel zurückzog in die dinge, die ich dem freien verkehr entzogen hatte, ich, der lumpensammler! die gegenwart, so fühlte ich immer deutlicher, hatte ich gegen mich, aber die geschichte war auf meiner seite, das i ging, lao-tse, meister eckart, gryphius, jakob böhme, leonardo, bach, schubert, bartók und kafka. so voll war ich von gedanken und gefühlen, daß mir fast der kopf platzte, denn man konnte mit diesen spießgesellen nur im kopf, nicht aber in der wirklichkeit etwas anfangen.

diese situation wäre ganz sicherlich tödlich gewesen, wenn mir nicht ein merkwürdiger umstand zuhilfe gekommen wäre. ich erfuhr aus zeitungen, daß ganz entlegene landstriche aus dem einflußbereich der freunde des freien verkehrs der dinge sich gegen deren ordnung, die mir selbst nicht geheuer war, auflehnten. es war aber nicht die macht des gedankens, mit denen diese unruhen beschwichtigt wurden, sondern die macht von ledernacken, tränengas und bomben. zum zweiten mal war ich peinlich berührt — erst diese öde des freien gedankens, und nun auch noch nackte gewalt! können sie mir es verübeln, wenn ich mit diesen unzufriedenen sympathie empfand, ich, dem man in der schule schiller gepriesen hatte?

zugleich erfuhr ich, daß die freunde des plans die revoltierenden in ihrem kampf unterstützten, und daß sie darüber hinaus auch noch einen deutschen philosophen als kronzeugen für diesen kampf ins feld führten, ausgerechnet einen schüler meines freundes hegel! nun überstürzten sich für mich die ereignisse. ich begann, bücher dieses hegel-schülers zu lesen; die lektüre löste in meinem kopf eine mühle aus, die keinen stein meines gehirns auf dem anderen ließ. ob sie es glauben wollen oder nicht, das war ein verdammt schmerzhafter prozeß: alles, woran ich mich bisher gehalten hatte, wurde zu asche gemacht. vieles, was mir bisher als unauflösbarer widerspruch erschienen war, als widerspruch, den ich nur als allgemeine absurdität des daseins begreifen konnte, das stellte sich plötzlich als unerbittliche logik dar.

auf der anderen seite fand ich plötzlich immer mehr leute, von denen ich bisher gar nichts gewußt hatte, denen es ähnlich ergangen war wie mir, und ich beeilte mich, mich mit ihnen zusammenzutun, um mit ihnen die bücher des hegel-schülers zu studieren. wir, die wir die welt bis dahin nur interpretiert hatten, kamen bald darauf, daß es notwendig sei, sie zu verändern; und kaum hatten wir den fuß auf die straße gesetzt, was mir, offen gestanden, zunächst ziemlich schwer fiel, wurde auch schon der erste von uns anhängern des freien gedankens von den vertretern des freien verkehrs der dinge durch einen kopfschuß liquidiert.

mit diesem knall, den ich aus der nähe hörte, waren die 50er jahre und ihr nachleben endgültig zuende, für mich und viele andere, unwiderruflich und mit folgen.

Bazon Brock

Haben wir gelebt?

Op, Pop und Hopp auf dem Laufsteg durch die Wohnlandschaft der sechziger Jahre

I. Wegwerfen auf Kredit

Hopp war der aus Ex- und Hopp, der halb burschikosen, halb martialischen Typisierung unseres Verbraucherverhaltens; Teilnehmer an den Verkaufsschlachten. Er hatte als Hoppla die zwanziger Jahre mitgemacht! Jenny Lenia artikulierte »Hoppla«, wenn die Lebewelt der Dekadenz sich an ihrem eigenen Ende berauschte. In ihrer Kindheit hatten die Herrschaften noch Hoppe-Hoppe auf Papas befracktem Knie gemacht – so lernten sie frühzeitig, wie schön lustvoll der Schrei der Fallenden sein kann.

Dann machte Hopp, der spätere Heros der Wegwerfkultur, ein anderes Training mit, bei dem zumeist gelangweilt und wie selbstverständlich »Ex« konstatiert wurde, ganz so, wie über Generationen hin der Befehl zum Saufen an Akademiker ausgegeben wurde. Nun trank die Erde, soff die See »Ex« das Blut der Säufer.

Aber dann das strahlende konsumimperative »Ex- und Hopp«: auslutschen, abkauen, wegwerfen. Immer raus aus den Bullaugen bei voller Fahrt, rein in den Bach aus allen Fabrikrohren. Ins Badewasser oder gar die Becken der öffentlichen Schwimmhalle zu pinkeln, galt als Ausgeburt des Asozialen.

Gewisse Wörter.... durfte man nicht mit der Kneifzange anfassen, sie waren dreckig. Andere wurden erst dreckig durch menschliche Berührung: Vaterland und Heimat! Ex und Hopp. Ich gab damals Flüchtlingsausweise an Westdeutsche aus, damit sie rechtzeitig merken sollten, daß ihnen gerade (mit freilich anderen Methoden) so die Heimat genommen wurde, wie zuvor uns Ostflüchtlingen. Ausgereizt der Grund und Boden auf Kredit, und ohne dafür Steuern zahlen zu müssen (das taten ja zwangsweise genügend viele Kleinstverdiener); also Ex – und Hopp, raus aus der Wohnung, raus aus der Kasse, ausgesteuert, ausgepowert. Ex und Hopp! Doch Milch macht's – ein kräftigendes halbes Literchen für die Kohlenstaub- und Bleivergifteten, und Hopp mit der Einwegflasche, die im Straßengraben auf einigen zerschlissenen Taschenbüchern landete. Das Buch zum Wegwerfen! Zehn Jahre früher als Bildungsgut für Minderbemittelte eingeführt. Jetzt hatten die Armen endlich auch den Standard wahrer Bildung erreicht, Bücher nämlich nicht zu lesen, sondern vorzuzeigen. Wer mag schon Ex-Bücher vorzeigen, mickrig, vom Gilb entstellt, mit abgefressenen Rändern. Alles halb Angekaute, nicht ganz Gefällige, Angeschubste, Eingedrückte wurde in den Müll gedonnert.

Wegwerfen! Die entscheidendste Veränderung im kulturellen Verhalten der Deutschen während der sechziger Jahre. Waren die Schlager der fünfziger Jahre verständlicherweise noch Hemden aus Kunstfasern, die selbst von Panzerketten (Wochenschaubeispiele) nicht zerstört werden konnten, so galt nun das Hemd als einzig zeitgemäß, das garantiert nur einmal getragen werden konnte. Übrigens ist Papier ja nicht nur geduldig, sondern hat den Vorzug, umstandsloser als jeder andere Stoff beseitigbar zu sein. Man denke: Tageszeitungen aus einem Material, das sich nur schwer zerstören ließe; eine Katastrophe.

Es war die Zeit, da der industrielle Fortschritt auf denkwürdige Weise die Konsumpflicht des Bürgers rechtfertigte. Die Güter durften gar nicht lange halten, weil ihr Besitzer oder Gebraucher sonst womöglich jahrelang auf die inzwischen eingeführten Neuerungen verzichten müßte. Aber schlagend waren andere Argumente, für die Hopp Parade laufen konnte. Man stelle sich den Fortgang der Massenproduktion in erwartbarerweise noch auf Jahre (exponentiell gesteigert) vor. Und? Die Welt wäre vollgestopft mit Gütern, so daß sich die Frage, wohin mit dem

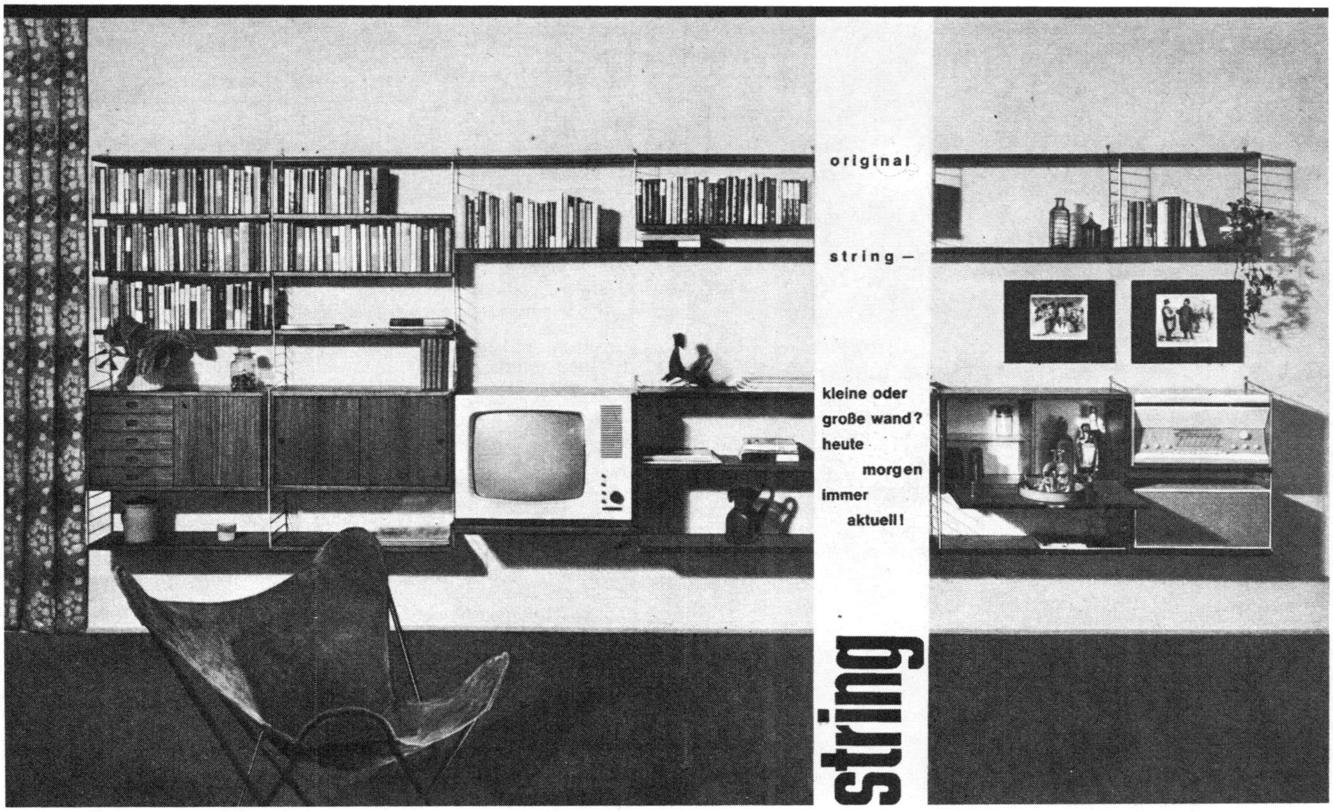

ganzen Zeug, gar nicht mehr stellen ließe, denn wohin immer man das Zeug hätte bringen wollen, dort wäre eben auch schon viel Zeug. Früher schreckten solche Vorstellungen nicht. Zum einen lebte man ja früher in einer Mangelgesellschaft, zum anderen konnte man sich trotz einhundert Jahren Abrüstungskonferenzen und »Nieder mit den Waffen« darauf verlassen, daß regelmäßig und bedarfsweise Kriege veranstaltet würden, in denen man durch Zerstörung alles loswerden konnte, was einen daran hätte hindern können, so fortzufahren wie bisher.

Freilich wurden ja in den sechziger Jahren in anderen Weltgegenden kraftvolle, zerstörungspotente Kriege geführt. Lohnte es sich für uns nicht, unsere überschüssige Konsumproduktion mit Flugzeugen etwa überm Vietcong abzuwerfen, wie ich das damals vorschlug? Es ist gegen die Vorschrift und deshalb verboten: »Keine Gegenstände aus dem Fenster des Zuges werfen«, geschweige denn aus Flugzeugen. Im übrigen wäre das ja gerade nicht Krieg gewesen, sondern eben auch bloß »wegwerfen«. Krieg ist, wenn man Dinge benutzt, um andere Dinge zu zerstören. Das ist ein Opfer! Frieden ist, wenn man Dinge verbraucht, indem man sie wegwirft. Das ist Freiheit! Aber wehe dem, der zum Beispiel weggeworfene Altbauten aufhebt. Das ist gesellschaftsschädlich, unhygienisch, freiheitsfeindlich. Da wird Konsum zum Krieg mit der Pflicht zum Opfer, also zum Zerstören.

Beseitigen und Platz schaffen. Volk ohne Raum sind Konsumenten ohne leere Stellflächen.

Da wußten selbst die keinen Rat mehr, die aus dem Generalstab nahtlos in die »Stäbe« der Firmen überwechselten, um dort nun Marktstrategien zu entwerfen. Sie hatten in den Sechzigern ihre Erfolgsorgasmen. Doch der geplante Verschleiß war alles, was ihnen einfiel.

Mir fiel mehr ein. Ich empfahl zum Beispiel auf dem Hinterhof von Kempinski, Berlin-West, Wegwerfübungen zu trainieren – aber als Gymnastik gegen das Habenwollen. Das war meine Strategie, die der affirmativen Praxis: den Feind kann man nur mit seinen eigenen Waffen schlagen. Gegen Paragraph 218 hilft nur massenhafte Selbstanzeige, gegen Naschhaftigkeit nur Schokoladefressen bis man kotzt, gegen schlechte Arbeitsbedingungen hilft nur Dienst nach Vorschrift. Eulenspiegel, Nietzsche, Schwejk – lange her und immer falsch verstanden. Wir Popartisten, Happenisten, Action-teacher verstanden das nur allzu gut. Blieben aber »Hofnarren des Kapitalismus, Clowns, willfährige Werkzeuge in der Hand des Klassenfeindes«, während die Herren Linksschwenkmarsch sich von eben den Kapitalisten einen Kulturpreis nach dem anderen abholten. Sie übten nur wegwerfende Handbewegungen, nachdem sie kräftig eingesackt hatten, diese selbstgefälligen Mafiosi des untergründigen Fortschritts in der Geschichte.

Aber es gab noch eine weitere schlagwörtliche Rechtfertigung für die hohe kulturelle Wertigkeit, die in den sechziger Jahren dem Wegwerfen zuwuchs. Nicht nur Wegwerfen als Immunisierung gegen das Raffen, sondern gegen das Behalten. Die fünfziger Jahre über hatte man ja alles auf altväterliche Weise behalten, was einem tausend Jahre lang hoch und heilig gewesen war. »Es darf nichts weggeworfen werden«, sagte die alte Tante aus dem BDM und wandte ihre Untermenschenkenntnisse nun wieder staatsschützend gegenüber Kommunisten an. Es wäre ja nicht nur unmenschlich gewesen, auf die Mitarbeit der Generation von Globke und Co. zu verzichten, zumal die alle nur ihre Pflicht getan hatten. Vor allem wäre das Vergeudung gewesen. Nun, in den Sechzigern, konnte man sich langsam mehr und mehr Verzicht und Vergeudung leisten, man traute sich schon mal, alte Auffassungen von der deutschen Einheit, vom Deutschen Reich, von Bismarck als Gottgesalbtem und Hitler als Auserwähltem wegzuwerfen. Zu reparieren war da eh nichts mehr; eine neue Einheit wäre in jedem Falle billiger und besser geworden als die alte.

Auch das ein Verfahren der Marktwirtschaft, die frei-

Autor Brock als Rotbart-Rostfrei-Modell

macht: der Neukauf eines Gutes muß billiger sein als die Reparatur, damit man neukauft. Schließlich ging man auch in der Chirurgie damals dazu über, nicht mehr hier zu schnippeln und da zu kleckern; Totalausräumung im Unterleib wie im Oberstübchen. Jawohl, auch bei den Ideologien, den Theorien, den Heilsempfehlungen und den Wahrheitsbeweisen. Positivismusstreit und Dialektik der Aufklärung – es konnte da keine Sieger geben! Wie schon der Münzkopf Max Planck festgestellt hatte, können echte Wissenschaftler nicht durch bessere Argumente zur Aufgabe ihrer Theorien veranlaßt werden. Nur weil sie ihre Wahrheiten mit ins Grab nehmen, hört der alte Unsinn zugunsten des neuen auf. Nun, in den Sechzigern, erklären sich zum ersten Mal gestandene Wissenschaftler bereit, ihre Überzeugungen aus Pflichtgefühl zu wechseln! Gehorsam gegenüber dem Fortschritt: Öfter mal was Neues, nicht immer nur neue Waffen erdenken, auch mal dran denken, wie man auf neuem Wege mehr Geld beschafft. Nur die Militärforschung garantierte so recht die Freiheit der Wissenschaft, sie erhielt unbürokratisch und unkonventionell viel freies Geld. Wo Absatzschlachten geschlagen werden, bringt Konsumforschung möglicherweise auch Geld, sogar doppelt, wenn man die Kritik an diesem Konzept auch gleich als Warenästhetik mitliefert. Der Kunde weiß dann, daß die Wissenschaftler wirklich an alles und auch ans Gegenteil denken. Also – und das ist wirklich vergessen worden, Prof. Erhard war ja Wissenschaftler – schuf man die Glaubensvoraussetzungen für eine völlig neue Auffassung von Kredit.

Die alle anderen Tendenzen dominierende Wegwerfverpflichtung aus Konsumgehorsam mußte schließlich finanziert werden. Daß man Geld nicht einfach zum Fenster rauswerfen darf, braucht man niemand zu sagen, der es verdienen muß. Aber der, welcher Kredit hat, kauft gerne all das, was ohnehin nur wert ist, rasch weggeworfen zu werden. Angst vor Armut essen Seele auf – Kredit essen bloß Zukunft, und davon hatte man ja eine Menge. Denn die Zukunft ließ sich ja machen. Zukunft konnte man herstellen in beliebigen Dimensionen. Die Zukunft bot sich unmittelbar in den Kaufhäusern an, auch das als Angebot an die dafür kaufkräftig gemachten Massen, eine alles bewegende Neuerung der sechziger Jahre: »Wenden Sie sich vertrauensvoll an unser Kreditbüro, günstigste Teilzahlungsbedingungen für jedermann, ohne Bürgschaft, Verdienstbescheinigung genügt.« Die Finanzierungskosten trugen die Rohstoffproduzenten der dritten Welt, na also! Man war nicht undankbar, denn bei jeder sich bietenden Gelegenheit wurde dazu aufgefordert, doch auch der armen Menschen in der dritten Welt zu gedenken: »Die Armen, sie leben hoch, hoch, hoch!« Und dann wurde getwistet. Und mit den Goldklunkern gerasselt, wie Beatle Paul das seinen Zuhörerinnen empfahl.

Sorglose Synthetiks

Profit macht Spass

knick und iss

Werden Sie Mitglied der Rostfrei-society.

Eine viertel Million europäischer Caravaner sind mehr als zufrieden

... besser Becher von Bellaplast

II. Op und Pop am Leib und in der Bude

Sex und Hopp – kam die Pille eigentlich vor dem Minirock oder umgekehrt? »Die wirft sich selbst weg«, hieß die Standardbezichtigung für kaiserlich-republikanische Kleinbürgermädchen. Unter A.H. galt das nur noch für Judenliebchen. »Ich bin am Ort das größte Schwein und laß mich nur mit Juden ein«, höhnten die abgeblitzten Laufkunden, die nichts gegen lockende Liebschaft hatten – aber diese Rassenschande!

Mit der Pille wurde alles anders. Wer die Zeit des Übergangs vom Terror des Wenn-falles zum wohlig verantwortungsfreien »Wie es Euch gefällt« nicht miterlebt hat, kann sich nicht einmal annähernd vorstellen, was die Einführung der Pille bedeutete. Auch die heutigen Pillenverächter können sich das nicht vorstellen, weil es damals keinerlei (außer der kriminalisierten) Gelegenheit zum Schwangerschaftsabbruch gegeben hat. Ganz davon zu schweigen, daß sich die Leibestechniken und ihr Genuß fundamental veränderten. Es gab nur eine Einschränkung, nämlich die penetrant vorgetragene Meinung, daß Freizügigkeit schnell die Sinne abstumpfe. Dagegen konnte dann nur die Erhöhung der Reize helfen: totale Beinfreiheit im Minirock. Die Gezeiten des Rocksaumes waren immer schon in Beziehung auf die Veränderungen der Moral und des Einkommens, der Aggressionspotentiale und der Gesundheitsvorstellungen gesehen und gewertet worden. Aber stets waren die gesellschaftlich führenden Schichten auch in diesen Fragen tonangebend gewesen. Mit Mary Quant setzte zum ersten Mal die Unterschicht ihre Modevorstellungen gegenüber den ansonsten immer noch aristokratisch verbrämten und distanzierten Oberschichten der westlichen Welt durch.

Das englische Ladenmädchen aus den Industrievorstädten als Modekönigin – das war doch wohl nur möglich, weil die Entscheidung für den Minirock endlich sanktionierte, was den höheren Herren so gut wie den Kumpels immer schon Ausdruck jeder modischen Masche gewesen ist. Nämlich Erhöhung der Attraktivität, das heißt der Anziehungskraft der Frauen. Am anziehendsten war seit Großvaters Zeiten jene handbreite, nacktfleischige Zone zwischen Strumpfband und Höschenansatz, die nach Einführung des Strumpfhalters von den legendären Strapsen jeweils paarig überbrückt wurde.

Der Strapsenapparat, obwohl seinerzeit – vor siebzig Jahren – als Gesundheitsreformwäsche eingeführt, hinderte in der Freiheit jener Bewegungen, die der Mini gewähren sollte. Außerdem irritierte der unverstellte Dauereinblick in Vorhof und Arkanum der Miniträgerinnen. Ohne wenigstens teilweise Verhüllung kein Enthüllungseffekt! So fand denn eine eigentlich typische Schreibtischkonstruktion der Strumpfwirker sofort reißenden Absatz: die Strumpfhose. Der Strumpfhalter schien damit so gut wie erledigt – leider auch jene Reizzone an den Oberschenkelhälsen. Aber dieser Verlust konnte vielleicht dadurch aufgefangen werden, daß man ein interessant gestaltetes Sichthöschen (neue Umsatzquelle zudem) über die Strumpfhose zog. Das ging nicht ganz so problemlos, sonst hätte es ja wohl damals nicht die ausdauernde Erörterung der Frage gegeben, ob man nun gegen alle hygienischen Argumente und gegen medizinische, wie auch gegen Argumente des Wohlbefindens die Strumpfhose tatsächlich unter dem Höschen tragen dürfe oder ob nicht vielmehr etc...

Diese gewichtigen Probleme wurden damals nicht nur in Frauenzeitschriften abgehandelt; ich selbst durfte im

Durchscheinen ist alles: Thomas Bayrles Plastikmantel

Feuilleton der ZEIT mich ausführlich ins Unterzeug legen. Auch bildeten sich damals die ersten Clubs gegen die Wegrationalisierung der Strapse. Dieser Widerstandsbewegung gehören ja heute sogar junge Leute an, die aus Jahrgangsgründen dem Straps nicht einfach bloß nostalgisch verbunden sein können. Eine euro-anthropologische Konstante, auf welcher schon der Strumpfbandorden und das Strumpfband als Unterpfand der Liebe basierten?

Die Frage, ob der Mini die Pille erzwang oder die Pille den Mini ermöglichte, muß also suspendiert werden: Zumindest wirkte die Strumpfhose stark reizmindernd, ja desillusionierend – welcher Effekt offenbar auch durch die Überführung des Sichthöschens vom Tennisplatz ins Büro nicht ausgeglichen werden konnte.

Ins Umfeld des Problems gehörten in den 60ern die Dauerthemen »Pille und Krebs, Pille für den Mann, die Pille und der Partnertausch, die Pille und das Ende der gewerbs-

Brigitte Bardot 1967 im Op-Art-Kleidchen mit Op-Art-Ball und Op-Art-Tier

mäßigen Prostitution, die Pille und die Freigabe der Pornografie«. (Bevor es soweit war, bevor man also die sozialhygienische Funktion der Pornografie insofern anerkannte und die Pornografie nach skandinavischem Vorbild freigab, vermochten die monatlichen Ausklappseiten des »Playboy« manche sonst vielleicht kriminell ausagierten Energien zu dämpfen.) Langsam, langsam wagten es die Kioskbesitzer, ihrer Umsatzerwartung durch entsprechende Plazierung der Magazine im öffentlichen Sichtfeld nachzuhelfen.

Zwar hielt sich auch der Playboy noch über weite Strekken an die Vermutung, daß nackte Mädchen erst durch Künstlerhand wahrhaft ansehenswert werden. Vargas, der exklusiv bei Playboy unter Vertrag stand, war natürlich ein erstrangiger Zeichner, der auf einige Popmaler auch entsprechenden Einfluß hatte.

Auch übten die ersten Nacktfotografen ihre künstlerische Freiheit ganz in der Tradition der Aktmalerei aus. Aber mit dem Aufkommen der billigen Farbfilme und Kameras verloren die Künstler das Monopol auf die Darstellung des nackten Körpers. Millionen Knipser zeigten sich und ihren Lieben wechselseitig, was das Objektiv von ihnen scharf mitbekommen hatte. Da bedurfte es der Künstler nicht mehr – erstens war die ständige Rechtfertigung aufreizender Darstellungen durch den Kunstvorbehalt nicht mehr nötig, zweitens ermöglichte das Objektiv An- und Einsichten der Leiber, die dem glänzendsten Künstlerauge unzugänglich blieben. Aber das ist ein Kapitel für sich. Die Künstler vermochten einen Teil ihrer Privilegien nur noch als Comiczeichner zu retten, natürlich mehr oder weniger weicher Pornocomics. Mitte der 60er feierte dieses Genre einen ersten Höhepunkt mit Guy Peellaert/Pierre Bartier. »Die Abenteuer der Jodelle«: Nackt und bloß und mit allem Drum und Dran kämpft das zeitlose Großstadtmädchen Jodelle gegen die Usurpatoren der Macht des Weibes und gegen die Vorherrschaft der Waffen der Männlichkeit. Wie die zur gleichen Zeit sich rasant durchsetzenden Asterixcomics sind auch die Jodelle-Abenteuer überdeutlich auf die Analogie zwischen römischer und amerikanischer Weltmachtgier ausgerichtet. Im Kino trat Jodelle als Barbarella auf; erfolgreich dargestellt von Jane Fonda, die später eine der bekanntesten Antivietnamkämpferinnen Amerikas wird. Die Kostüme der Barbarella schienen alle von der Kunststoffindustrie aus Werbegründen gestiftet worden zu sein: nackte Brüste oder Hintern, aber gerahmt von Klarsichtfolie, unter der die Fonda selbst in heftigster Bewegung nicht zu schwitzen schien. Kunststoffkleidung, Plastikplastiken auf lebenden Ständern! Ausdruck der Keimfreiheit und Sterilität wie Sex im Operationssaal? Oder eine zeitgemäße Form des Schleiers, den Cranach seinen Nackten aufhauchte? Der durchsichtige Regenschirm war aber wenigstens akzeptabel, weil sinnvoll – weniger Karambolagen auf Trottoirs.

Eine wirklich philosophische Durchdringung des neuen Materials gelang erst Rudi Gernreich, dem Pariser aus Wien. Er kreierte den NOBRA, den Nichtbüstenhalter. Die Dialektik von Verhüllen und Aufreizen – das Spiel um Durchsichtigkeit und Verschleierung – machte er sinnvoll mit seinem Büstenhalter, der zwar seiner Funktion nach einer ist, aber nicht wie einer aussieht. Sein BH ist hauchdünn und fast unsichtbar vor Durchsichtigkeit. Und er formt doch, aber nur als Unterstützung der natürlichen Brustformen. Aus der Position von Omas Massiv-BH und deren Negation im Oben-ohne, vorgetragen von vielen Emanzipierten, denen der BH als eine vom Manne verordnete Zwangsjacke vorkam, entbarg Gernreich mit seinem NOBRA die Negation der Negation: zwar BH, aber dennoch nackt. These: BH ist aus ästhetischen und medizinischen Gründen geboten; Antithese: BH ist abzulehnen, weil er entscheidend dazu beiträgt, die Frau zum Sexobjekt zu formen; Synthese: NOBRA unterstützt die natürlichen Formen und hindert dennoch den Blickkontakt und die Bewegung kaum. Natürlich blieb das nicht der einzige Rückgriff auf den jungen Marx in den 60er Jahren.

Unsicher ist bis heute, ob Gernreich zu Recht auch die Erfindung des Körperstrumpfs zugesprochen wird: sozusagen eines Büstenhalters für den ganzen Leib oder eines Strumpfes vom Zeh bis zum Hals. Er hat sich jedenfalls, das ist sicher, nicht durchgesetzt.

Ganz anders versuchten Paco Rabanne und Courrèges zwischen Nacktheit und Bekleidung zu vermitteln, also dem Problem neue Facetten abzugewinnen, wie man sich anzieht, um ausgezogen zu werden. Die tektonische Lösung, Kleider aus Metallplättchen wie Häuser zu bauen, deren Türen und Fenster sich bequem öffnen und schließen lassen, wollte nicht recht überzeugen. Auch die Einarbeitung von vielen Lüftungs- bzw. Sichtschlitzen zeigte nur sinnenfällende Resultate, wenn die Trägerin ziemlich stark nach vorne gebeugt stand oder ging, was schließlich nicht über längere Zeit möglich war.

Immerhin verwandelten die Entwürfe von Courrèges und Rabanne die Angezogenen in Gestalten der Zukunft. Science-fiction-Attitüden zeichnen sie aus; denn nüchterne Geometrisierung oder apparative Strenge verliehen der Frau eine Distanziertheit, die auch als Unabhängigkeit vom Zugriff männlichen Begehrens interpretiert werden konnte.

Manchem erschienen die Courrègesfrauen eher den Gedanken an das Ein- und Ausschalten von Apparaten nahezulegen. In jedem Fall: Selbst die Kleider mit Avantgardeanspruch waren vergleichsweise billig und wurden (leider) nur allzu schnell weggeworfen.

Die Meister in der Nachfolge Diors kämpften recht angestrengt dagegen an, daß sich in den 60ern langsam das eine Modezentrum der Welt – Paris – in viele Zentren zerlegte: Tokio, London, New York, Florenz, Mailand, Rom, Berlin. Sie rangen sich dazu durch, die Entwürfe der Haute Couture auch den Fabrikanten von Massenkonfektion zu verkaufen. Die gleichen Exklusivmodelle würden, selbst in Millionenauflagen über die ganze Welt verstreut, nach den Gesetzen der Wahrscheinlichkeit sich nur höchst selten an einem Ort begegnen – und die Angst davor war ja schließlich der einzige Grund für den Kauf von Haute Couture Modellen; andere Gründe gab es nicht mehr, nachdem es möglich geworden war, rationell und doch identisch Schnitt und Verarbeitung praktisch unbeschränkt zu kopieren. Einen mittleren Weg zwischen Kaufhaus und Haute Couture beschritten die Boutiquen, die innerhalb kürzester Zeit der bestexpandierende Geschäftstypus wurden.

Die Mode wird – durch ihre Auffälligkeit dafür prädestiniert – in den 60ern von allen Konsum- und Kulturkritikern heftig angenommen. Sie bleibt skandalträchtig, weil sie sich jeder Art von Vorhersage entzieht, ganz gleich, ob man sich für die Vorhersage auf den Bauch der Kundenkenner oder auf die ausgetüfteltsten wissenschaftlichen Methoden beruft. Die tatsächlichen Entwicklungen der zumeist kurzfristigen Trends bleiben ein reines Rätsel und damit ein Dorn im Auge der Kapitalisten (auch Millioneneinsatz für Werbung kann eine gewünschte Mode nicht lancieren) wie der Kapitalismuskritiker (Geld und Marktmacht scheinen doch nicht unbeschränkt; die Vitalitätsreserven des Systems kommen aus Eigentümlichkeiten des sozialen Verhaltens, die man weder als viehische Dummheit noch als Gehirnwäsche abtun kann). Das emanzipatorische Potential von Mode und Massenkonsum ist eben

Für Angélique-Darstellerin Michèle Mercier entwarf Paco Rabanne ein Kettenkleid mit passendem Kopfschmuck

Andy Warhols Campbell's Soup 1964

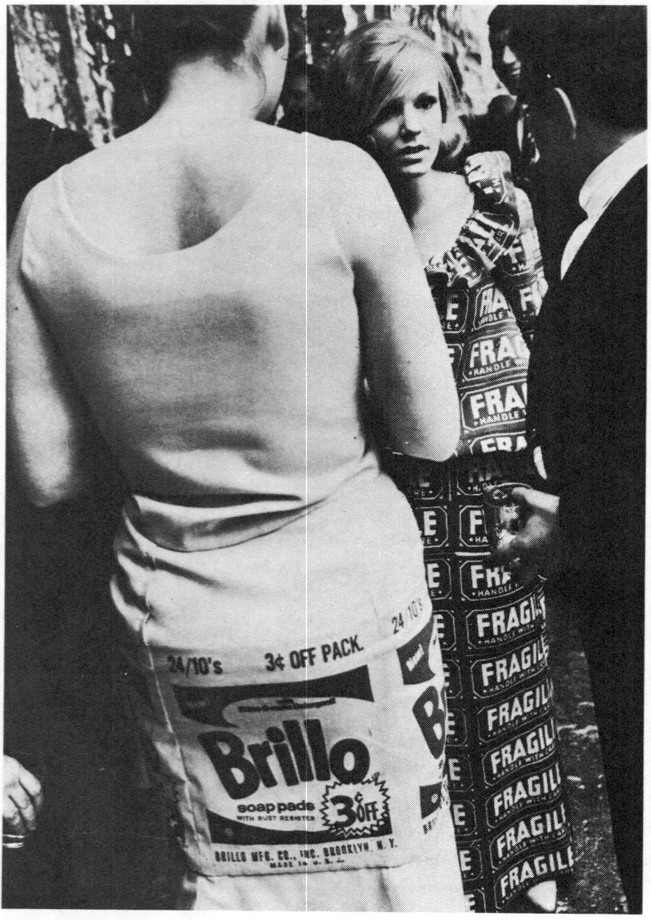

Damen der New Yorker Society in »Brillo«- und »Fragile«-Kleidern

doch sehr viel höher zu veranschlagen als die nicht ganz unbegründete Furcht, der Warenfetischismus führe die einzelnen wie die Masse zurück auf die Stufe bloß dressierter Haustiere des Kapitalismus. Jedenfalls war das eines der damals wichtigsten Themen der kultur- und gesellschaftspolitischen Diskussionen.

Wenn die Verteidiger des emanzipativen Effekts von Massenkonsum recht hatten, dann war auch zu verstehen, warum die Kapitalisten versuchten, ihre Vormachtstellung durch Kriege wie den in Vietnam zu verteidigen. Fürchteten die Kapitalisten die Konsequenzen ihres Systems selber? Massenkonsum ohne Auswahlfreiheit ist undenkbar – und Auswahlfreiheit ist immerhin eine Freiheit, die höhere Freiheitsansprüche ermutigt. Bezwang die Freiheit, die Eigentum der Kapitalisten geworden zu sein schien, womöglich gerade ihre Herren? War der Vietnamkrieg doch ein Freiheitskrieg auf beiden Seiten?

Aber daß die USA den Krieg gewinnen könnten, wenn sie nur kräftig und ohne Rücksicht auf die humanitäre Selbstbeschränkung draufhauen würden, glaubten nur wenige Leutchen nicht. Ich glaubte es zum Beispiel deshalb nicht, weil die USA es unterließen, gleiche Kampfbedingungen für sich und den Vietcong herzustellen. Meine Empfehlung, dem Vietcong zunächst einmal die gleichen Waffen zu schenken, mit denen man selber kämpfte, konnte nur als unsinnige Einmischung von Künstlern ins harte Geschäft der Macht eingeschätzt werden. Als typische Popmanier oder als typischer Happeningsklamauk. Daß dieser Klamauk Methode hatte, ging damals kaum einem ernsthaft um Erhellung der Zeitabläufe bemühten Wissenschaftler, Politiker oder Journalisten auf. Freilich konnten sich diese Zeitgenossen dann auch nicht recht klarmachen, warum die Popartisten, die Happenisten und Fluxusflieger so versessen darauf zu sein schienen, im Museumsbereich nur zu wiederholen, was überall sonst, im Stadtbild und in den Wohnstuben des Westens, auf den Fernsehschirmen und in den Illustrierten ohnehin schon ablief – und zwar vor aller Augen und ohne besonderen Anlaß, es sei denn aus Gründen der Unterhaltung und der Werbung, die aber auch eigentlich nur eine Form von Unterhaltung zu schein schien. Bestenfalls verstand man, daß die Künstler einer merkwürdigen Faszination durch Trivialmythen unterlagen – also der Entdeckung neuer Mythen im Alltagsleben der Massenkonsumenten und der Medienwelt.

Die Kinder von HAMBURGER und COCACOLA hatten offensichtlich das Bedürfnis, sich ihr Leben wenigstens in einigen lyrischen Fetzen und halbironischen Stereotypen zu überhöhen. Zunächst gingen sie bloß gemeinsam in die Kinos, um von Westernhelden und Indianern Zuspruch zu erhalten. Dann versuchten sie auch zusammen zu leben, sich gleich oder ähnlich ungleich anzuziehen und zu verhalten. Blumenkinder, Kommunarden; Hippies und Freaks; Stadtstreicher und Waldläufer wurden gerade durch die Mythisierung ihrer Existenz gesellschaftlich tonangebende Klatschgrößen; sie agierten wie das Personal eines uralten Mythos, dessen Erzähler jedoch mit der Erzählung nicht beginnen konnte, weil es ihn noch nicht oder überhaupt nicht mehr geben durfte. Ein schönes Durcheinander, ein farbiges Erscheinungsbild andauernder Folkloreveranstaltungen.

Aber auch in der Musik der Beatles steckte mehr Kraft der Emanzipation, als sich die Veranstalter von Teenagerfestivals wünschen mochten. Daß lange Haare Widerstandskraft signalisieren, war schon biblische Legende. Vor allem ebnen lange Haare Geschlechtsunterschiede ein, soweit man die am Aussehen von Menschen festzumachen vermag. Unisexuell eingeebnete Gestalten waren vor

FLUXUS

Composition 1960 #3

Announce to the audience when the piece will begin and end if there is a limit on duration. It may be of any duration.

Then announce that everyone may do whatever he wishes for the duration of the composition.

La Monte Young
5.14.60

Tomas Schmit, »Zyklus für Wassereimer (oder Flaschen)«, Amsterdam 1963
»der interpret steht in einem kreis von 10–30 wassereimern (oder flaschen). ein eimer (eine flasche) ist mit wasser gefüllt, die anderen sind leer. der interpret nimmt den gefüllten eimer (die gefüllte flasche), gießt dessen (deren) inhalt in den im uhrzeigersinn nächsten eimer (die nächste flasche) und setzt jenen (jene) wieder an seinen (ihren) platz. er nimmt den jetzt gefüllten zweiten eimer (die zweite flasche) und gießt ihn (sie) wieder in den nächsten (die nächste) aus etc............ bis alles wasser verdunstet oder verspritzt ist.«

Wolf Vostell:
In Ulm, um Ulm und um Ulm herum.
Happening aus 24 verwischten Ereignissen
(Die Überlebenden des nackten Einkaufspreises)
Einmalige Aufführung am 7. November 1964 an 24 Stellen der Stadt Ulm.
»Für die Mithilfe bei der Organisation der vielen Schauplätze sei den Ulmer Behörden, den Privatleuten, die uns ihre Grundstücke und Gebäude überließen, und den Firmen, besonders Bayer Leverkusen für das gestiftete Moltopren, herzlich gedankt.«
...sowie der Bundeswehr, die vor dem staunenden Happening-Publikum als musikalisches Element die Motoren mehrerer Düsenjäger aufheulen ließ (Bild).

na aber was ist denn fluxus?:ich huete mich,es zu definieren.das waere unmoeglich und unangebracht.das folgende verstehe man als anmerkung:
wollte man all das fluxus nennen,was seit 62 unter der leitung von maciunas geschehen ist,oder das,was sich fluxus nennt,haette man einen diffusen haufen von grossartigem und klaeglichem,gutem und schlechtem vor sich,der jeder aesthetischen einordnung sich widersetzte.leute wie stockhausen,mon,harry kramer muessten beruecksichtigt werden...-begrenzt man indes die fluxuszeit auf die jahre 62,63&64 und zaehlt zu fluxus nur die 7½ europaeischen festivals,die meisten der fluxuspublikationen dieser zeit und das damalige werk von leuten wie maciunas,lamonteyoung,george brecht,emmett williams,ben patterson,paik,koepcke,robin page,ben vautier,jackson maclow,dick higgins, yoko ono,alison knowles,robert watts und tomas schmit,ist der materialhaufen halbwegs geschlossen,durchaus einzigartig und beschreibbar.in ein paar groben stichworten:conception art;konkretes;nichtexpressionistisches;nichtsymbolistisches;erststufiges;nichtformales(extrem simples);abbau der ueberlieferten praesentationsformen;sinnliches,unsinniges;etc.-

denkt man an (etwa im vergleich mit dem george brecht des 'water yam')ja durchaus expressionistoide leute wie paik,beuys oder vautier,ist es ihre konkrete,sinnliche direktheit,die ihnen die zugehoerigkeit zu fluxus im engeren sinne sichert.---denkt man an expressionisten wie knizak,faellt es schwer,denkt man an friedman,faellt es sehr schwer,sie zu fluxus zu rechnen. denkt man an den aesthetisch akademischen(und da ja auch recht guten), rituellen symboliker vostell,kann man nicht auch an fluxus denken! ---

»Zwei Mönche kamen an einen Fluß. Der eine war Hindu, der andere Zen. Der Inder schickte sich an, den Fluß zu überqueren, indem er auf dem Wasser wandelte. Das regte den Japaner auf, und er rief den Inder zurück. ›Was ist los‹, fragte der. Der Zenbuddhist sagte: ›Das ist nicht die Art, wie man einen Fluß überquert. Folge mir.‹ Er führte ihn zu einer seichten Stelle, und sie wateten hindurch.«

(aus: John Cage, A Year from Monday, 1967)

NAM JUNE PAIK: ausschnitt aus der "SYMPHONIE NO.5"/1963

230TH YEAR THE FIRST OF SEPTEMBER !!!

Ask to Chinese (if there is still any Chinese in the world) whether the Atom-War killed,

ONLY 400 million chinese or 600 million chinese.

and Ask to the " Deuthche Soldaten Zeitung",
whether Hitler killed,

ONLY 4 million Jews or 6 million Jews.

DECEMBER THE 7 TH (Honolulu time)
December the 8th (Japan time)

LARGO

‖: ‖: count the waves of the Rhine :‖ :‖

365 TH YEAR

Repeat all what you have played from the beginning till now in one year in the same succession and time proportion.

one year is abridged to one day.
one month is .... one hour.
one day ....one minute.
one minute...................one second.
one second.................. one microsecond
one micro second.............one piccosecond.
one picco second.............one nano second.

400 TH YEAR

AT LAST

Wolf Vostell became more famous than Pablo Piccaaso.
George Maciunas became more famous than J.S. Bach.
Christine Keeler became more famous than J.R. VALENTINA TERESHKOWA!!!

allem für Polizisten ein Problem, die ja doch immerhin Frauen gegenüber ritterliche Instinkte nicht ganz zurückhalten können. Da nahmen manche Demonstranten über das Verfälschen ihrer Geschlechterzugehörigkeit Hemmungsappelle für sich in Anspruch, die männlichen Lebewesen vor der Polizei nicht zustehen. Das wurde dann 1968 auch anders. Nämlich fast wie früher. Früher, also vor der Entfaltung der Pop-Programmatik. Zwar hat diese Programmatik starke Wirkungen gezeigt, aber verstanden wurde sie kaum. Die Pop-Programmatik empfiehlt eine künstlerische Haltung, die sich nicht mehr aus der offenen Konfrontation mit den herrschenden Unsinnigkeiten der Konsumwelt, der Massengesellschaft, mit Hollywood und Fernsehschmonzes entwickeln sollte; die sich nicht mehr die Produktion von bloßem Widerspruch gegen alles das abverlangen läßt, was sich durch diesen Widerspruch erst recht demokratisch kritisiert und deshalb legitimiert darstellen kann. Die Pop-Programmatik empfiehlt nicht mehr, gegen die Zumutungen von Zuckerbrot und brutalen Spielen die Kulturweihwedel der hohen, hehren, ewigen Werte ins Feld zu führen. Die Pop-Programmatik empfiehlt Zustimmung als schärfste Kritik – empfiehlt, sich immer erst einmal auf irgendwelche unausweichlichen Rechtfertigungen für Machtpositionen einzulassen, diese Positionen dann beim Wort zu nehmen, sie bis zum Äußersten zu radikalisieren und sie durch die inakzeptablen Konsequenzen jeglichen Anspruchs auf absolute Geltung auszuhebeln. Also: anstatt lang und erfolglos gegen die Kaninchenstall- oder KZ-Architektur der Nachkriegsneustädte zu polemisieren, jene Haltung vorzuführen, der sich diese Architektur verdankte: Abräummentalität, die die grauenvollen Luftangriffe des zweiten Weltkriegs herzlich begrüßte, weil so die alten deutschen Städte endlich modernisiert werden konnten. Also erbat ich »Glückliche Bomben auf die deutsche Pissoirhausarchitektur«, als die Frankfurter Nordweststadt als eines der ersten Retortenmonster entstand. Andy Warhol formulierte die Tendenz der Programmatik wahrhaft meisterlich: »Das Schönste an New York ist McDonalds. Das Schönste an Paris ist McDonalds. Das Schönste an Berlin ist McDonalds. In Moskau gibt es noch nichts Schönstes.« Es wäre ja auch allzu lächerlich gewesen, sich als pinselschwingender Künstler den Milliarden bewegenden Konsummaschinen entgegenstemmen zu wollen. Campbells Suppendosen mußten ihren Anspruch auch in die hohe Welt der Kultur tragen, wenn sie schon die ganze Welt besetzten. Da durfte auf keinen Fall so getan werden, als sei die Kultur etwas anderes als Kaufhausangebot. Die einzige Möglichkeit, Veränderungen herbeizuführen, mochte vielleicht darin bestehen, den Leuten möglichst total und radikal die Konsequenzen ihrer Verhaltensweisen vor Auge zu führen – sie möglichst schnell mit der ersehnten Schokolade so voll zu stopfen, daß sie kotzen mußten.

Kurz, die Pop-Programmatik war affirmativ. Dummerweise hatte der alte Marcuse das noch nicht mitgekriegt und versuchte immer noch, den jungen Leuten jenen Typus von Kulturkritik nahezulegen, den er als junger Mann in den 20er Jahren kennengelernt hatte. Und Marcuse veröffentlichte einen alten Aufsatz, in dem er den affirmativen Charakter der Kultur geißelte. Da galt »affirmativ« als positiv rechtfertigend und zustimmend. Davon konnte in der Popart keine Rede sein, obwohl es natürlich genügend Künstler gab, die seelig zu sein schienen über die Gelegenheit, mit dem Talent von Plakatmalern und der Haltung von Werbefritzen ins Allerheiligste der Malereigeschichte vordringen zu können: ins Pantheon der allgemeinen Akklamation durch Herr und Gott. Marcuses platte Begriffshülse »affirmativ« stiftete jedenfalls soviel

Verwirrung, daß der philosophisch einwandfreie Begriffsgebrauch unter die Räder geriet. Affirmation ist ja Negation der Negation als erneute Ausgangsposition. Vielleicht hätte man stets negative Affirmation sagen sollen, wenn man die Haltung der Popart zu kennzeichnen versuchte. Aber nun ja – inzwischen ist allgemein bekannt, daß der Dienst genau nach Vorschrift die denkbar vollständigste Sabotage des Dienstes ist. Und also haben sogar schon einige Gewerkschafter verstanden, was affirmative Strategie bedeutet, was sie den Popartisten bedeutete. Was an der Popart noch heute beachtlich ist, verdankt sich dieser Haltung. Der Rest, vielleicht sogar der überwiegende Teil, ist doch bloß schlechte Reklamemalerei.

Wie es Mary Quant mit der Durchsetzung des Mini zum ersten Mal gelang, dem Unterschichtengeschmack zur Führung zu verhelfen, so gelang es der Popart zum ersten Male, dem Unterhaltungsbereich, dem Kitsch, dem Camp, wie Suzanne Sonntag den Kitsch für affirmative Strategen nannte, die führende Rolle in der effektiven Kritik an der Gesellschaft aufzunötigen. Und wer wollte es schon wagen, gegen die Unterhaltung vorzugehen, wenn sie so hundertfünfzigprozentig für den ihr nur neunundneunzigprozentig abverlangten Wahnsinn im Gewande der Alltagslogik eintritt? Der Kulissenzauber der Unterhaltungsindustrie ist durch die Popart zum Enthüllungskunststück verwandelt worden, wie es sich Brecht oder Krakauer oder Benjamin vielleicht auch schon für die erste Phase der Massen-/Konsumgesellschaft Ende der 20er hatten vorstellen können. Diese Verwandlungs- und Enthüllungskunststücke verlangten die zitierte Bereitschaft, nicht mehr an totem Material zu kleben. Weg mit dem Zeug, das uns einreden wollte, aus sich heraus kostbar, wertvoll zu sein. Noch besser, gar nichts erst haben zu wollen, was nicht nur Instrument ist, was Mittel ist. Die angestammten Verlaufsformen von Popaktionen waren das Happening und das Fluxuskonzert. Geschehnisse ohne Rest, ohne Kulturmüll, der auf die Museumsdeponie befördert werden mußte. Das Museum selbst hatte zum Kaufhaus zu werden, eine Durchlaufstation, ein Umschlagplatz für Lebensmittel und Alltagspraktika.

Es berührt doch merkwürdig (vor allem die damaligen Attraktionsstars), daß tatsächlich nichts übrig geblieben ist, weder im Designbereich noch in der Architektur. Es gab Wegwerfmöbel aus Preßpapier, die gab's tatsächlich – und bei uns stehen sie noch heute, weil wir nicht die Kraft hatten, sie wegzuwerfen. Damals waren wir restlos erfüllt vom subversiven Geist der Zustimmung, das galt geradezu als alleiniger Maßstab. Scheel wurde angesehen, wer möglicherweise doch darauf spekulierte, seine Werbemalerei im Gewande der Kulturrevolution durch Pop zum Rembrandtersatz werden zu lassen. Es gibt kein Popdesign für Möbel und Architekturen über das hinaus, was in Las Vegas und auf Jahrmärkten, in Fernsehunterhaltungssendungen und auf dem Theater an Kulissenzauber entfaltet worden ist. Nichts davon blieb, als die schlechte Durchschnittsmalerei von Künstlern, die gar keine Popartisten waren und eigentlich auch nur akademische Maler sein wollten. Nichts blieb, alles löste sich in Aktion auf, vor allem in die Aktion der Studentenrevolution, in den USA, Frankreich, Italien und der BRD. Nichts blieb, und das ist ein Triumph, denn es bezeugt doch, wie wirksam die Pop-Programmatik gewesen ist.

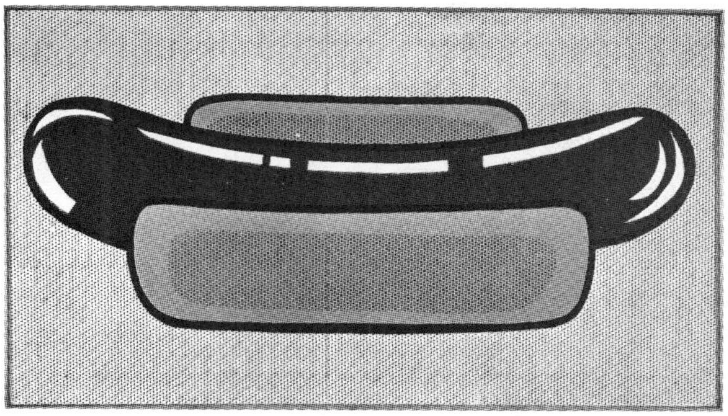

Oben: Roy Lichtensteins »Hot Dog«, 1963
Unten: Claes Oldenburg auf dem Marsch durch die sechziger Jahre

Zu den einzelnen Stichpunkten dieses Beitrags veröffentlichte Bazon Brock Originaltexte aus den sechziger Jahren in: Bazon Brock, »Ästhetik als Vermittlung – Arbeitsbiographie eines Generalisten«, hrsg. von Karla Fohrbeck, 1001 Seiten mit vier Stichwortregistern.

Eine Mauer quer durch Berlin

»Das Unrecht vom 13. August? Von welchem Unrecht sprechen Sie? Wenn ich Ihre Zeitung lese und Ihre Sender höre, könnte man glauben, es sei vor vier Tagen eine große Stadt durch eine Gewalttat in zwei Teile auseinandergefallen. Da ich aber ein ziemlich gutes Gedächtnis habe und seit vierzehn Jahren wieder in dieser Stadt lebe, erinnere ich mich, seit Mitte 1948 in einer gespaltenen Stadt gelebt zu haben, einer Stadt mit zwei Währungen, zwei Bürgermeistern, zwei Stadtverwaltungen, zweierlei Art von Polizei, zwei Gesellschaftssystemen, in einer Stadt, die beherrscht ist von zwei einander diametral entgegengesetzten Konzeptionen des Lebens. Die Spaltung Berlins begann Mitte 1948 mit der bekannten Währungsreform. Was am 13. August erfolgte, war ein logischer Schritt in einer Entwicklung, die nicht von dieser Seite der Stadt eingeleitet wurde.«[1]

Dies schrieb der Schriftsteller Stefan Hermlin am 17. August aus Ost-Berlin in einem Antwortbrief an seine westdeutschen Kollegen Günter Grass und Wolfdietrich Schnurre. Tatsächlich, die Spaltung der einstigen deutschen Hauptstadt war nicht über Nacht vom Himmel gefallen, aber sie wurde am 13. August in Beton gegossen. In den frühen Morgenstunden dieses Tages nahmen 4000 Mitglieder der DDR-Betriebskampfgruppen an der 164 Kilo-

13. August. Die Mauer wächst. Westberliner klettern auf Leitern und Zäune, um noch hinüberschauen zu können.

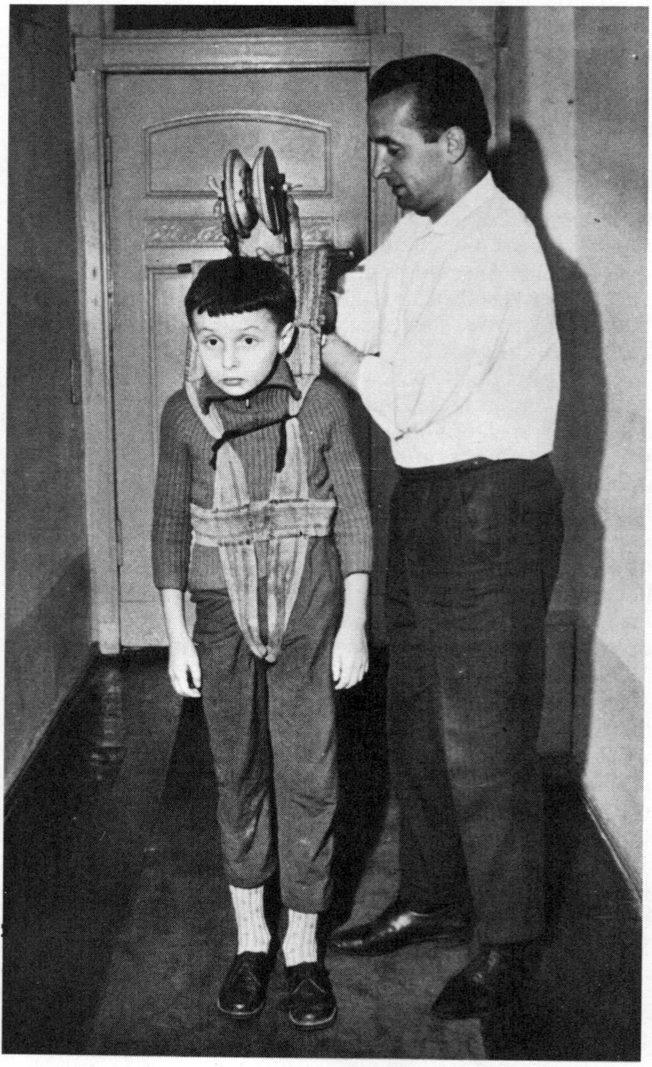

Flucht per selbstkonstruiertem Sessellift von Berlin Ost nach Berlin West.

meter langen Grenze zwischen dem sowjetischen und den Westsektoren der Stadt Aufstellung. Sie standen Stunde um Stunde, bis Volkspolizei und Truppen den ersten provisorischen Stacheldraht gelegt hatten. Die Trennungslinie verlief quer durch die Stadt, teilweise mitten durch Straßen, in denen nun die eine Seite zur DDR, die andere zu West-Berlin gehörte. An der Bernauer Straße im Wedding bildeten sogar Häuserfronten die Grenze, indem die Fenster dieser Häuser vermauert wurden.

Was seit Wochen als Gerücht über der Stadt geschwebt hatte, war am 13. August Wirklichkeit geworden: die Grenzen zwischen den Sektoren waren dicht. Das stellten auch Hunderte von Ostberlinern und DDR-Bürgern vor den Absperrungen fest, die noch an diesem Sonntag in den Westen fliehen wollten, einen Tag später die 53000 Grenzgänger aus Ostberlin, die nicht mehr zu ihrem Arbeitsplatz im Westteil der Stadt gelangen konnten.

Für viele Jahre bleibt es beim Blickkontakt mit Freunden und Verwandten hinter der Mauer.

»Der Osten handelt – was tut der Westen? Der Westen tut nichts! US-Präsident Kennedy schweigt... MacMillan geht auf die Jagd... und Adenauer schimpft auf Brandt«, meldete die stacheldrahtumkränzte Bild-Zeitung am 16. August. US-Präsident John F. Kennedy hatte noch im Juli des Jahres, nach seinem Zusammentreffen mit Nikita Chruschtschow anläßlich der Gipfelkonferenz in Wien, Sofortmaßnahmen zur konventionellen Aufrüstung der amerikanischen Streitkräfte beschlossen und dies unter anderem als Maßnahme zur Sicherung des »freien Berlin« dargestellt: Es gehe nicht allein um die Sicherung Berlins, betonte Kennedy, auf dem Spiel stehe die Verteidigung der westlichen Welt. »Wir wollen keinen Kampf – aber wir haben schon früher gekämpft. Wir können und werden den Kommunisten nicht gestatten, uns allmählich oder mit Gewalt aus Berlin zu vertreiben. Westberlin ist ein Symbol, eine Insel der Freiheit im kommunistischen Westen.«[2]

Chruschtschow hatte, nachdem in Wien keine Einigung in der Berlin-Frage erzielt werden konnte, angekündigt, die UdSSR werde einen separaten Friedensvertrag mit der DDR abschließen und dieser die volle Souveränität über den bislang sowjetisch besetzten Teil Deutschlands einschließlich des sowjetischen Sektors der Stadt Berlin erteilen. Darin sahen die westlichen Alliierten und die westdeutsche Regierung ein einseitiges Infragestellen des Viermächtestatus' der Stadt. Daß eine einseitige Währungsreform, Restauration, Remilitarisierung und Diskussion um eine atomare Bewaffnung der BRD vorausgegangen waren, unterschlug man dabei gern. Als die Regierung der UdSSR im November 1958 vorgeschlagen hatte, »die Berliner Frage zu lösen, indem für Westberlin der Status einer entmilitarisierten Freien Stadt festgelegt wird, in deren Angelegenheiten sich kein Staat, auch keiner der beiden deutschen Staaten einmischen soll«,[3] wurde dieser Plan zwar als »Chruschtschow-Ultimatum« bekannt, aber Adenauer und seine Verbündeten lehnten ab.

Als die internationalen Nachrichtenagenturen am 13. August die Meldung von der Schließung der offenen Grenze durch DDR-Truppen bekanntgaben, waren die Reaktionen in Washington, London und Paris erstaunlich gelassen. Foy Kohler, 1961 stellvertretender US-Außenminister und Chef des Berlin-Arbeitsstabes:

»Wir waren einerseits zwar sehr überrascht von den Ereignissen, denn unsere Nachrichtendienste wie der CIA hatten nichts derartiges erwartet, aber andererseits spielte sich ja alles im sowjetischen Sektor ab: Die Grenze zu den Westsektoren wurde um keinen Zentimeter überschritten, und unsere Interessen waren damit nicht berührt. Unsere drei Essentials für Berlin – das Anwesenheitsrecht alliierter Truppen, die Zufahrt von und nach Westdeutschland und die Lebensfähigkeit der Stadt – waren keineswegs betroffen.«

Die Stimmung in der Bevölkerung war gedrückt. Die Aktienkurse Westberliner Firmen fielen um bis zu zwanzig Punkte. Der Fußballclub Hertha BSC errechnete, daß er in der nächsten Saison auf 65000 Fans aus dem Ostsektor der Stadt würde verzichten müssen. Die ersten Wechselstuben im Westen mußten schließen. Mehrere zehntausend Arbeitsplätze blieben unbesetzt.

Die sogenannten »Grenzgeher« und vor allem Tausende von Flüchtlingen waren in den Wochen zuvor für die Regierung der DDR zu einem existentiellen Problem geworden. Seit 1948 waren Jahr für Jahr 200000 Menschen aus der DDR geflüchtet, insgesamt 2,6 Millionen, das heißt, jeder neunte DDR-Bürger, der sich im »goldenen Westen« einen gutdotierten Arbeitsplatz und materiellen Luxus erhoffte. »Dem ersten Arbeiter- und Bauernstaat auf deutschem Boden laufen die Arbeiter und Bauern weg«, höhnte die Springer-Presse und brachte in den August-Tagen die täglichen Flüchtlingszahlen wie Siegesmeldungen in fetten Überschriften auf der ersten Seite ihrer Zeitungen. Und während allein in Ostberlin 45000 Arbeitskräfte fehlten, fuhren 53000 Ostberliner jeden Tag zur Arbeit in den Westteil der Stadt. Sie bezogen die Hälfte ihres Lohnes in D-Mark, »tauschten das zum Kurs von 1:4 ein und markierten bei uns im Osten den dicken Maxe. Im Westen drückten sie die Löhne, und bei uns kauften sie die Läden leer.«[5] Die Folgen dieser Entwicklung und vor allem der starken Fluchtbewegung spitzten sich zu Beginn der sechziger Jahre in der DDR dramatisch zu. Aufgrund fehlender Arbeitskräfte blieben Teile der Ernte auf den Feldern. Volkseigene Betriebe konnten Liefertermine nicht mehr einhalten, und Exportaufträge gingen verloren. In Landkreisen und Kleinstädten war die medizinische Versorgung der Bevölkerung gefährdet, während im benachbarten Wirtschaftswunderland Ärzte und Apotheker zu neuen Praxen, Geschäften und Geld kamen. Anfang August hatte die DDR-Regierung vergeblich versucht, das Grenzgänger-Problem einzudämmen. DDR-Bürger, die im Westen arbeiteten, mußten sich registrieren lassen, rückwirkend ab 1. August Miete, Strom, Gas, Wasser und auch Steuern in Westgeld zahlen und sollten bis Ende September des Jahres Arbeitsplätze in Ostberlin oder der DDR annehmen. Die Entwicklung war jedoch nicht mehr aufzuhalten. Mehr und mehr Grenzgänger blieben im Westen. »...jeder, der nur etwas nachdachte, konnte sich ausrechnen, daß das Regime in der DDR zu entscheiden haben würde, ob es ein Land ohne Volk haben wollte oder das Risiko eingehen könnte, die Grenzen hermetisch zu schließen«,[6] schätzte der ehemalige Bürgermeister von West-Berlin, Heinrich Albertz, zwanzig Jahre später die Lage ein.

Die Regierung der DDR hatte sich am 13. August entschieden und damit auch einen Riegel vor die revanchistischen Wiedervereinigungspläne der Regierung Adenauer geschoben. »Die Zone sollte ›befreit‹, mit einem ›befreiten‹ Polen sollte über die ›Rückgabe‹ der verlorenen Ostgebiete verhandelt werden. Den Königsbergern wurde die Rückkehr in ein ›befreites‹ Ostpreußen versprochen. Dies waren die von Kanzler Adenauer ausgesprochenen Ziele; die Gedanken der noch weniger Ängstlichen schweiften weiter und machten selbst am Ural nicht halt. Berlin war in diesem Konzept, das die Existenz der Bundesrepublik begründet und vergiftet hat, ein belagerter Vorposten, der bald von den vorrückenden Kräften der Befreiung entsetzt werden würde...«,[7] beschrieb Rudolf Augstein vier Wochen vor dem Bau der Mauer die Haltung der Bundesregierung in den fünfziger Jahren und ergänzte schon fast prophetisch: »Nicht aus Feigheit und innerer Morschheit werden die Westmächte in der Deutschlandfrage zurückstecken, sondern weil sie sich, verführt von unseren Staatsmännern in Bonn, in eine unhaltbare Position manövriert haben. Die Ausrüstung der Bundeswehr mit Atomwaffen durfte nicht geschehen, ohne daß gleichzeitig die bestehenden Grenzen in Mitteleuropa anerkannt wurden. Beides zusammen, die Sprengkraft des unruhigen Deutschland und die Sprengkraft der Atomwaffen in deutschen Händen, konnte man nicht haben. Irrtümer sind entschuldbar, aber sie müssen bezahlt werden.«[8]

Bezahlen mußte vor allem die Berliner Bevölkerung. Getrennte Familien, die Trennung von Freunden war für viele ein einschneidendes Schockerlebnis. Daß der Mauerbau eine der entscheidenden Voraussetzungen für die Jahre später einsetzende Entwicklung neuer, gleichberechtigter Beziehungen zwischen der DDR und der Bundesrepublik sein würde, war den 300000 Berlinern, die am 15. August vor dem Rathaus Schöneberg protestierten, sicher nicht bewußt.

1 Hermlin, Stefan, Antwort in: Vaterland, Muttersprache, Berlin 1979, S. 185
2 Zit. nach: Petschull, Die Mauer, Hamburg 1981, S. 26
3 Vgl. Niggl, Peter, Cold as Ice, in: Stadtfront, Berlin 1982, S. 55
4 Zit. nach: Petschull, Die Mauer, a.a.O., S. 55
5 ebd., S. 32
6 Zit. nach: Lusk, Irene; Zieseke, Christiane, Stadtfront, Berlin 1982, S. 57
7 Augstein, Rudolf, Geht Berlin verloren?, in: Vaterland, Muttersprache, a.a.O., S. 183
8 ebd.

Schweinebucht und Kuba-Krise

1959: Kubanische Revolution. Am 8. Januar zieht Fidel Castro mit 1500 weiteren Guerilleros unter dem Jubel der Bevölkerung in Havanna ein. Das Volk Kubas beginnt sein Schicksal in die eigenen Hände zu nehmen. Dies schmeckt dem US-Imperialismus nicht: Die »Dreistigkeit«, direkt vor den Türen der USA der Freiheit der Rohstoffausbeutung und -kontrolle in Kuba ein Ende zu machen, soll bestraft, der Unabhängigkeitswille der kleinen Zuckerinsel darf nicht zugelassen werden. Denn die westliche Hemisphäre soll möglichst frei sein von Kommunismus und Sozialismus und dem, was den US-Regierenden als solches erscheint. Und da sich die USA die Rolle der Weltpolizei selbst zugeteilt haben, gilt es in Sachen Kuba zu retten, was noch zu retten ist.

Bereits in seiner Antrittsrede am 20. Januar 1961 im Weißen Haus macht der US-Präsident John F. Kennedy klar, wie sich die USA gegenüber Völkern verhalten werden, die sich ihre Unabhängigkeit erkämpfen wollen: »... daß wir jeden Preis bezahlen, jede Last tragen, jedes Opfer erdulden und jeden Freund unterstützen oder uns auch jedem Feind widersetzen werden, um den Fortbestand und den Erfolg der Freiheit zu sichern.« Diese Drohung ist für Kuba nicht neu: Bereits 1960 stecken Verkehrsflugzeuge der USA mehr als zehn kubanische Plantagen in Brand, vorher sind die diplomatischen Beziehungen abgebrochen worden. Das Ziel ist die »Ausrottung des Castro-Kommunismus«. So organisiert der CIA die Sabotage gegen das Schiff La Coubre, das mit in Europa gekauften Waffen nach Kuba unterwegs ist (100 Tote und 200 Verwundete sind die Opfer); der CIA versucht die Ermordung Fidel Castros und installiert auf einer karibischen Insel den Radiosender Swan für antikubanische Propaganda in 12 Staaten Lateinamerikas und, und, und.

Die Anzeichen für eine Invasion häufen sich, am 15. April 1961 ist es soweit: B-26 Bomber fliegen einen Angriff gegen die kubanische Luftwaffe und vernichten diese praktisch. Am 16. April landen bei der Playa Girón (Schweinebucht) 1500 von der CIA ausgebildete und bewaffnete exilkubanische Söldner. Die US-amerikanische und andere westliche Presse verbreitet laufend vorgefertigte Siegesmeldungen. Das kubanische Volk jedoch ist vorbereitet und willens, sich seine Unabhängigkeit nicht nehmen zu lassen: Nach drei Tagen sind die Invasoren, ist die Konterrevolution von kubanischen Frauen und Männern vernichtend geschlagen. Die Befragung von Konterrevolutionären ergibt eindeutig die Verantwortung der USA für den Überfall (vgl. auch H.-M. Enzensberger: Das Verhör von Habana, Frankfurt/M. 1969). In zahlreichen Karikaturen wird Kennedy als Schweinebuchtpräsident dargestellt.

Die Motive und die soziale Herkunft des Invasionskommandos beschreibt Fidel Castro auf der Maikundgebung 1961: »Sie besaßen 3700000 Hektar Land, 9666 Wohnhäuser und Gebäude, 70 verschiedene Unternehmen, 10 Zukkerfabriken, 2 Banken, 5 Erzbergwerke und 2 Zeitungen. (...) Und dann erklären einige dieser verachtungswürdigen Frechlinge, sie wären gekommen, um für Ideen, für die Freiheit des Unternehmertums zu kämpfen.«

Die Politik der USA, mit allen Mitteln die ökonomische und politische Emanzipation Kubas zu verhindern, hat die Entwicklung der Revolution entscheidend beeinflußt: In zwei Jahren verändert sich die Revolution von einer nationaldemokratischen über eine antiimperialistische zu einer sozialistischen Bewegung.

1962: Vom 14. bis 28. Oktober folgt das nächste Drama für Kuba, das die gesamte Welt in Atem hält: die sogenannte Kuba-Krise. Die Wiederherstellung der alten Verhältnisse ist nach der Niederlage in der Schweinebucht keineswegs vom Tisch: US-amerikanische Politiker berufen sich auf das Interventionsrecht der USA und fordern sofortige Maßnahmen, da mit der Zeit die Beseitigung des Kommunismus auf Kuba immer schwieriger würde. Angesichts dieser Bedrohung plant die Sowjetunion, Mittelstreckenraketen auf Kuba zu stationieren. Kennedy reagiert mit einer Seeblockade. Die Konfrontation zwischen den USA und der Sowjetunion führt dicht an den 3. Weltkrieg heran. Die USA drohen, Atomwaffen gegen die Sowjetunion einzusetzen. Dies ist die erste Atombombendrohung, seit die USA 1945 Hiroshima und Nagasaki zerstört haben. Die Sowjetunion lenkt ein, im Wissen, daß sie der strategischen Überlegenheit der USA nicht viel entgegenzusetzen hat, und verzichtet auf die Stationierung der Raketen auf Kuba. Kennedy gibt als Gegenleistung das Versprechen ab, die USA würden Kuba nicht überfallen und auch auf eine Stationierung von landgestützten US-Raketen in Westeuropa verzichten. Chruschtschow tritt wenig später zurück, sein Nachfolger Breschnew orientiert auf den Ausbau der sowjetischen Atommacht, denn es soll nie wieder passieren, daß die Sowjetunion atomar erpreßt wird, wie es Kennedy nach der Kuba-Krise tat. Am 2. November 1962 schreibt die amerikanische Zeitschrift »Time«, daß der deutsche Verteidigungsminister Franz Josef Strauß in der Art der Beilegung der Kuba-Krise »einen zynischen Handel« sieht, »der sein eigenes langfristiges Ziel schwäche, Atomraketen für Westdeutschland zu erhalten«.

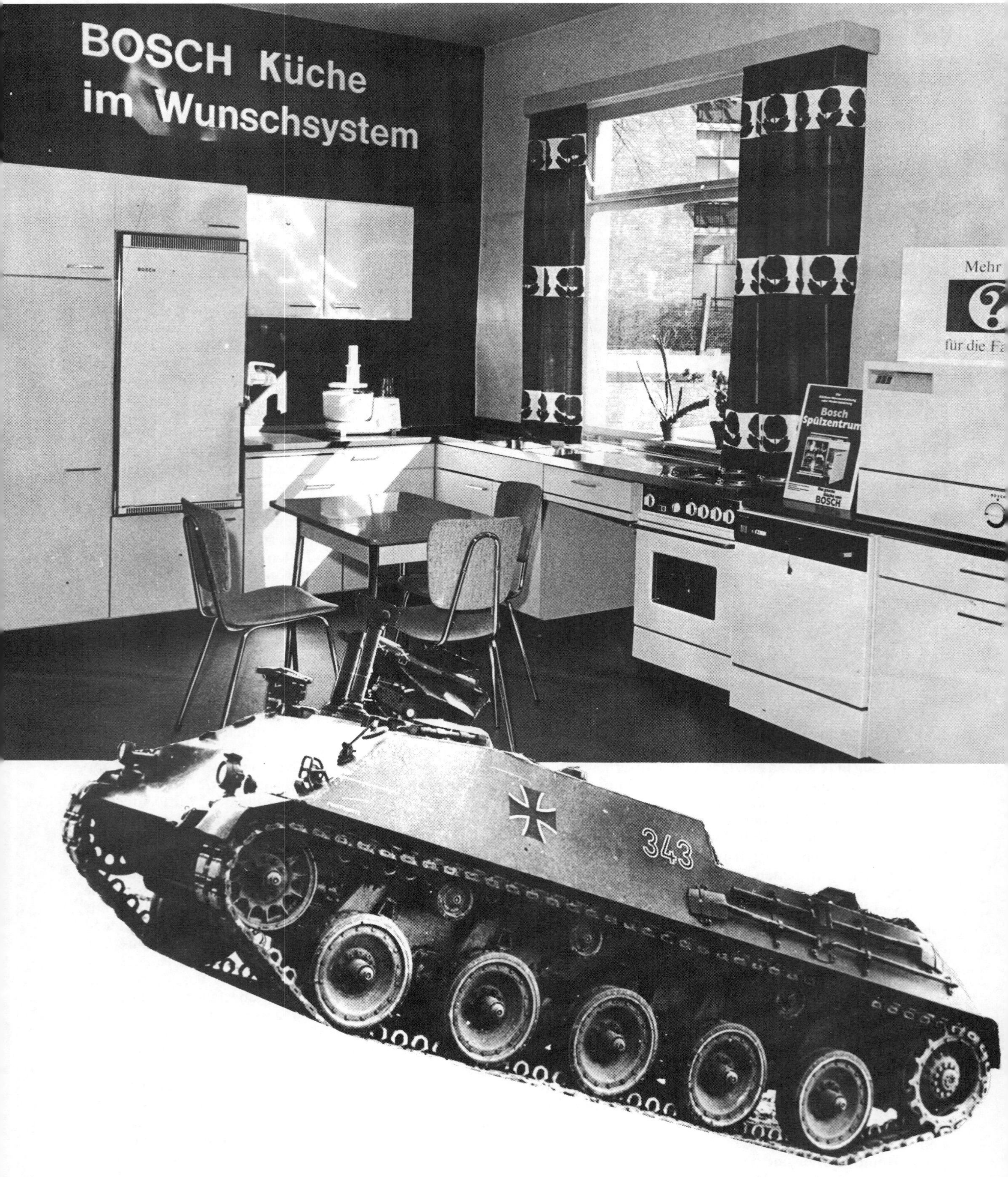
BOSCH Küche
im Wunschsystem
BOSCH
Mehr
für die Fa
Bosch
Spülzentrum
BOSCH
343

Michael Ben

Die normative Kraft des Faktischen

Zur gesellschaftlichen, wirtschaftlichen, außen- und innenpolitischen Situation der Bundesrepublik in den 60er Jahren

Heinrich Lübke blickt nach »drüben«.

Gelegentlich decken sich Jahrzehnte mit dem historischen Zeitmaß einer Etappe. Ob die bundesdeutschen 60er Jahre weit enfernt mit der kubanischen Revolution von 1959 beginnen oder sehr naheliegend 1961 mit dem Bau der Berliner Mauer, ob sie mit dem ersten Ostermarsch 1958 oder mit dem Godesberger SPD-Programmparteitag 1959 beginnen, mit den ersten bedeutenden Stimmverlusten der den »CDU-Staat« regierenden Partei bei den Bundestagswahlen von 1961 oder mit der späten, klassenindifferenten Kritik an den Nazigenerationen und ihrem bewußtlosen Wiederaufbau des alten Systems – von Mitscherlich als »Die Unfähigkeit zu trauern« formuliert –, eine beliebig verlängerbare Datenreihe zeigt deutliche Veränderungen an.

Von den neuen Antennen und den nagelneuen Mattscheiben kommen die alten Dummheiten – so entdeckt der später nobelpreisgekrönte Konrad Lorenz an Enten und Graugänsen »Das sogenannte Böse« des Menschen – jeder Zopf wird neu frisiert und nicht mehr um den Kopf gedreht. Der zur »Stunde Null« verniedlichte Sieg über den terroristischen deutschen Kapitalismus erscheint als graue Vorzeit. Daß der biedere Präsident Heuß einst Hitlers Ermächtigung zugestimmt hatte, nimmt sich neben den Nazis in der Leitungsetage der »jungen Demokratie« ausgesprochen harmlos aus. Daß sein Nachfolger Lübke KZ-Baumeister war, beschäftigt die erheiterte Nation weit weniger als die Dämlichkeit, mit der ihr oberster Repräsentant auf jeder Reisestation für einen durchschlagenden faux pas sorgt. Und die Vergangenheit des CDU/CSU-SPD-Kanzlers Kiesinger unter Goebbels macht erst durch eine Ohrfeige von Beate Klarsfeld westdeutschen Skandal. Das 1960 elfjährige Bonner Deutschland hat sich mit der Spaltung die Restauration des Kapitalismus, Westintegration und Remilitarisierung erkauft. Mit den Trümmer-, Hunger- und Arbeitslosenjahren sind deren faschistische Ursachen verdrängt vom Wiederaufbaustolz, als Ludwig Erhard, »der Dicke mit der Zigarre«, Ende der 50er Jahre anfängt, den Arbeitern ihre Arbeit als Wirtschaftswunder zu verkaufen. Aber sein Regierungschef Adenauer, der »Architekt« dieses halbstarken Staates, der sich »Juniorpartner« der USA nennt, erscheint plötzlich sogar der eigenen Partei immer hinderlicher, und die kalten Krieger geraten ins Stolpern. Hinter dem Propagandanebel für die Rückeroberung des Ostens hat sich das internationale Kräfteverhältnis entscheidend verändert.

Das Ende der 60er Jahre markiert die Regierungserklärung der kleinen Koalition aus SPD und FDP ab 1969. Willy Brandt will »mehr Demokratie wagen«. Noch gravierendere Marken sind aber die Moskauer und Warschauer Verträge 1970, Dokumente einer Entspannung, deren erste West-Signale zu Beginn des Jahrzehnts von John F. Kennedy ausgegangen waren. Oder sollte erst der nur notdürftig mit der Enttarnung seines Sekretärs als Meisterspion kaschierte, kleinlaute Übergang vom »Reformkanzler« Brandt zum »Macher« Schmidt 1973 als politisches Ende der hier behandelten Phase gelten? Noch sind die 60er Jahre nicht in den Schubladen der Geschichtsklitterung verschwunden. Gerade jetzt, nach der neuerlichen »Wende« zu Beginn der 80er Jahre, sieht die entgegengesetzte Tendenzwende zu Beginn der 60er relativ flach aus, zeigen sich manche der damals aufregenden Neuerungen als mehr oder weniger konjunkturbedingte Modifikationen. »Ein Zeitalter wird besichtigt« – Heinrich Mann schreibt: »Der einzelne lebt kurz, vollendete Verwandlung erblickt er selten, eher wird er zuletzt noch Zeuge eines Rückfalls der Nation in längst widerlegte Zustände.«

Ludwig Erhard empfängt die Presse im Bundeskanzleramt.

I. Wirtschaft – Die Wolfsgemeinschaft mit den Schafen

Der Kapitalismus schien jeder anderen Ordnung überlegen und das Ziel der Geschichte zu sein: kontinuierlich steigende Profite und hoher Lebensstandard für sehr viele. In den 60ern verliert dieses »Wunder« an Glanz, die Expansion an Schwung. Die Wachstumsdynamik der Rekonstruktionsphase nach dem Krieg reduziert sich auf den normalen kapitalistischen Krisenzyklus, dessen Niveau allerdings schon weit über dem der meisten Konkurrenten liegt.

Die vergleichsweise geringen Kriegszerstörungen an den Produktionsmitteln der Westzonen (8,1%) und die Demontagen (7,3%) waren schon zur Zeit des Marshall-Plans und des Koreakrieg-Booms Anfang der 50er Jahre überwunden.[1] Von 10,4% 1950 hatte sich die Arbeitslosigkeit bis 1960 auf 1,2% verringert. Die Beschäftigtenzahl war darüberhinaus, von 11,8 auf 17,2 Millionen, um 46% angestiegen. Das Anlagevermögen nimmt wertmäßig um 129% auf 423 Mrd. DM zu. Die Einkommenssteigerung pro Jahr lag bei durchschnittlich 5,36% und das Wirtschaftswachstum bei 7,65%. Letzteres war hauptsächlich extensiv, also zurückzuführen auf die Wieder- und Neueingliederung qualifizierter billiger Arbeitskräfte aus den Reservearmeen der Arbeitslosen, Flüchtlinge und Frauen.

In den 60ern verlangsamt sich das Wirtschaftswachstum. 1967 ist das erste Jahr mit leichtem Wirtschaftsrückgang. Im ganzen Jahrzehnt verdoppelt sich der Kapitalstock noch einmal. Die Kapitalintensität (Aufwand pro Arbeitsplatz) nimmt in den 60ern zu. Das Kapital konzentriert sich bei den Konzernen, die sich mehr technischen Aufwand schneller leisten können, die dadurch höhere Produktivität und eine Senkung des Lohnanteils der Kosten erzielen. Die von den Siegermächten entflochtenen Großbanken, Eisen- und Stahlkonzerne sind längst wieder rückverflochten, die Chemie-Töchter der IG-Farben größer als die Mutter, und die Dekartellisierungsbestimmungen wurden bereits 1958 durch das »Gesetz gegen Wettbewerbsbeschränkungen« abgelöst, ein Kartellgesetz der unerschöpflichen Ausnahmebestimmungen.

Unter den Kanzlern Adenauer, Erhard, Kiesinger und Brandt unterscheidet sich die staatliche Subventionierung privater Kapitalverwertung kaum. Akkumulationsförderung, wie zum Beispiel Steuerbefreiung für reinvestierte Profite, beschleunigt die Ungleichmäßigkeit des Wachstums. Sie steht zwar allen Unternehmen zu, wirkt faktisch aber prozentual, also je mehr, desto größer die Investitionen. Die dritte Monopolisierungsphase beginnt nach der 66/67er Krise mit einer enormen Zunahme mehr oder minder freiwilliger Vereinigungen. Ende der 60er Jahre liegt die Eigenkapitalrendite industrieller Großunternehmen um 25% höher als die der übrigen Aktiengesellschaften.

Unterdurchschnittlicher Profit drückt aber nicht nur auf die kleineren Unternehmen, sondern auch auf die Tariflöhne und Gehälter in den beherrschenden Großbetrieben, so daß die Kaufkraft hinter der Entwicklung von Gewinn und Produktivität zurückbleibt – ein Widerspruch, mit dem die Bewegung Krise-Konjunktur-Krise, wenn auch auf höherer Ebene, zu ihrem Ausgangspunkt zurückkehrt: unverkäufliche Überproduktion und Unterauslastung von Kapazitäten. Die Rentabilität von Rationalisierungs- und Ersatzinvestitionen sinkt. Arbeitsplätze werden dann sogar bei absolut steigenden Investitionen abgebaut. Um die »Investitionsneigung« zu stimulieren, verschenkt der Staat Beihilfen und begründet das mit einer angeblich beschäftigungsfördernden Wirkung privater

Gewinne nach dem Modell der Wiederaufbaujahre. Tatsächlich gegeben sind die Voraussetzungen der ersten echten Krise nach dem Krieg. Die BRD, die vorher nur Konjunkturabschwächungen erlebt hatte, reiht sich wieder in die kapitalistische Norm ein, in der krisenerzeugende Disproportionen unvermeidlich sind. Gesellschaftlich notwendige, aber weniger einträgliche Bereiche müssen vom Staat gestützt, übernommen werden oder verkommen. Was für den einzelnen Unternehmer ein Zwangsgesetz ist, die Konkurrenz der Profiteure, erzeugt allerdings nicht nur Überproduktion, sondern auch die »Gesundschrumpfen« genannte Vernichtung von Kapital und Arbeitsplätzen zugunsten der schluckfreudigen Stärksten.

Die Krise 1966/67 erschüttert den Lebensstandard noch kaum, dafür aber die Ideologie vom krisenfreien ewigen Wachstum des Kapitalismus. Sie zersetzt die infantilen Heile-Welt-Bilder, die scheinbar wertfrei-unpolitische Konfession, die das faschistische Bewußtsein ersetzt hat. Politische Einmischung, »Das Prinzip Hoffnung« nimmt zu, erfordert auch noch weniger sozialen Mut. Die Arbeits- und Studienplätze sind sicher in den 60er Jahren, die McCarthy-Imitation ist vorbei und die Hysterie der »inneren Sicherheit« erst in Vorbereitung.

Das magische Viereck

1964 bringt Erhard das »Gesetz zur Förderung der Stabilität und des Wachstums« ein, das aber erst 1967 nach dem Regierungswechsel und dem Tiefpunkt der Krise verabschiedet wird. SPD-Wirtschaftsminister Schiller ergänzt Erhards »magisches Dreieck« – Vollbeschäftigung, Stabilität, Wachstum – um »außerwirtschaftliches Gleichgewicht«. Im wesentlichen sollen Einnahme- und Ausgabeverhalten der öffentlichen Hände, die Abstimmung zwischen Staat und Tarifparteien (»konzertierte Aktion«) und längerfristige Planungshorizonte als Rahmenbedingungen die gesamtwirtschaftlichen Ströme beeinflussen, ohne in die Dispositionsautonomie des Privatkapitals einzugreifen. Der Glaube, daß der staatsmonopolistische Kapitalismus eine sich selbst regulierende freie Marktwirtschaft sei, hat auch bei deren Propheten erheblich gelitten. Bei schwindender Bedeutung des Marktes zugunsten der Monopole und staatlicher Lenkung findet sich ein hübsches Adjektiv: Aus der »freien –« wird die »soziale Marktwirtschaft«.

1951/52 begann die Periode der Wiedergewinnung außenwirtschaftlicher Souveränität und permanenter Handelsbilanzüberschüsse. Der Weltexportanteil der BRD, 1950 bei 3,6%, liegt 1967 bei 11,5%. Die Tendenz geht zu immer höher verarbeiteten Produkten, zu Investitionsgütern. Die Währungsreserven steigen. Am stärksten wachsen zwischen 1960 und 1970 sowohl der Export als auch der Import nach und aus den anderen EG-Ländern. Die Einfuhren aus USA/Kanada und den Entwicklungsländern sind rückläufig. Besonders günstige Ausbeutungsbedingungen im eigenen Land gehören zur Basis einer »Appropriation« fremder Kaufkraft. Die jeder kapitalistischen Akkumulation innewohnende Tendenz, die Produktion über die nationale Konsumtionskraft hinaus zu steigern, ist eines der ökonomischen Motive des Imperialismus.

Die Handelsbilanzüberschüsse und nun auch stärker die Kapitalexporte steigen durch die gleichzeitige USA-Konjunktur auch in der Krise weiter. Daraus folgt u.a. ein neues Interesse an »Entwicklungspolitik«, wie umgekehrt aus der langsam einsetzenden politischen Entspannung die (erst ab 1970 nennenswerte) Intensivierung des Ost-West-Handels. Sein Anteil am Außenhandelsvolumen lag in den 50ern bei 2–3%. Das erste Röhrenembargo wird 1962/63 verhängt. Der Export in die 1. und 3. Welt wird auch durch die traditionell strenge Stabilitätspolitik gefördert, durch Unterbewertung der D-Mark – teils Ursache, teils weiteres Resultat des außenwirtschaftlichen Ungleichgewichts und ein erheblicher Beitrag zu den internationalen währungspolitischen Schwierigkeiten, den periodischen Fluchtbewegungen anderer Währungen in die D-Mark. Durch die außenwirtschaftliche Entwicklung verknüpfen und parallelisieren sich die nationalen Krisen und Konjunkturen zunehmend.

Die Exportoffensive wurde lange vor Erschöpfung des inneren Marktes in den 50ern begonnen durch systematische Niederhaltung der Konsumeinkommen und Umsatzsteuerbefreiungen. Vorausgesetzt wurde das Stillhalten interner Konsuminteressen und der Partnerländer – bis schließlich 1969 der Aufwertungsdruck von außen wirkt und der »innere Frieden« bröckelt. Mit spontanen Streiks werden Lohnerhöhungen durchgesetzt. Das Exportpreisniveau steigt zwischen 1969 und 1971 um ein Drittel durch Paritätsverluste und Kostenanstieg – Kosten, die aber bei den ausländischen Konkurrenten noch stärker steigen, und die gleichzeitige günstige internationale Konjunktur schafft Nachfrageventile und Preiserhöhungsspielräume. Die Schere zwischen Export- und Importpreisentwicklung (Terms of Trade) öffnet sich weiter zuungunsten der Rohstofflieferanten.

Der Kapitalexport vorwiegend nach Westeuropa, USA/Kanada und in die infrastrukturell höher entwickelten Teile der dritten Welt soll die vom Warenexport provozierten Zoll- und Währungsrestriktionen kontern, Marktstellungen, Vertriebs- und Servicenetze ausbauen, Transport- und Versicherungskosten sparen, durch Produktionsbedingungen und Arbeitskraftqualifikationen Engpässe im Wachstumspotential der BRD überspielen und den tendenziellen Fall der Profitrate bremsen. Beruhigt werden soll die internationale Kritik an den Währungsreserven, abgemildert die negative Kapitalertragsbilanz, das Verhältnis eigener Auslandsprofite zu den Lizenzgebühren und dem höheren Profit, den ausländische Kapitale aus der Bundesrepublik transferieren.

Anfang der 60er Jahre ist das alte Kolonialsystem endgültig zusammengebrochen. Die USA verlangen von der BRD, unter »sicherheits- und allianzpolitischen« Gesichtspunkten mehr für die »Stabilisierung der freien Welt« zu leisten, denn die BRD schränkt ihren Spielraum bis 1968/69 immer wieder durch die Bigamie-Doktrin Hallsteins ein (Abbruch diplomatischer Beziehungen und der »Entwicklungshilfe« bei Anerkennung der DDR), bzw. durch die Kostspieligkeit der Belohnung heischenden, Bonn zuliebe monogamen Staaten – sodaß schließlich gerade aus dem Entwicklungsministerium Interesse an einer neuen Ostpolitik bekundet wird. Die Rohstoffabhängigkeit der BRD verteuert den Alleinvertretungsanspruch. Zunächst steigert die Bundesregierung den Finanzanteil an den multilateralen Entwicklungshilfeorganisationen. Die Beteiligung an der Weltbank bringt den BRD-Konzernen dann etwa 12% der vergebenen Aufträge, was dem viereinhalbfachen des eingezahlten Kapitals entspricht. Aber trotz absoluten Anstiegs um das Sechsfache fällt zwischen 1960 und 1970 der Anteil der dritten Welt an den BRD-Direktinvestitionen im Ausland. Ausgebaut wird das Förderinstrumentarium: Staatsbürgschaften, 40 Doppelbesteuerungsabkommen, Deutsche Entwicklungshilfegesellschaft DEG 1962, Entwicklungsländersteuergesetz 1963. Das Enteignungsrisiko wird dem privaten Kapital durch 45 Kapitalschutzabkommen abgenommen.

Frühe 60er: Der DGB-Nachwuchs protestiert in Duisburg gegen die Lehrlingsgesetze.

»Ich lebe, es ist alles in Ordnung!« Eine Bergarbeiterfrau hört nach Tagen zum ersten Mal wieder die Stimme ihres verschütteten Mannes (oben).
»Sind die Kameraden ruhig?« – »Ja, Kameraden sind alle ruhig.« – Am 24. Oktober 1963 brach im Schacht Mathilde, einer Erzgrube der Ilseder Hütte in Lengede, der Untergrund eines Schlammteiches, und 500 000 Kubikmeter Schlamm und Wasser ergossen sich in den 100 Meter tiefen Schacht. Von den 129 Bergleuten vor Ort konnten sich 79 retten, sieben wurden nach 23 Stunden befreit. Nach weiteren 28 Stunden war die Verbindung zu drei in 77 m Tiefe eingeschlossenen Kumpels hergestellt, deren Bergung am 1. November die ganze Nation miterlebte – wie auch die Bohrungen nach 11 Überlebenden in 60 m Tiefe, die sich durch Klopfzeichen bemerkbar gemacht hatten und am 7. November gerettet werden konnten, zwei Wochen, nachdem sie eingefahren waren.

Raum ohne Volk

Infolge des Arbeitskräftemangels werden große Anwerbekampagnen für »Gastarbeiter« veranstaltet. Sie sind, je nach konjunkturellem Verwertungsbedürfnis, leichter zu reglementieren und abzuschieben. Von einigen hunderttausend wächst die Zahl der ausländischen Arbeiter auf 4 Millionen zwischen 1961 und 1970, von 2,5 % auf 9,2 % der Beschäftigten. Geringfügig steigt der Frauenanteil. Zwischen 1950 und 1970 werden ca. 1,4 Millionen landwirtschaftlich Erwerbstätige außerhalb der Landwirtschaft lohnabhängig. Der abhängige Teil der Erwerbstätigen nimmt zu, der Anteil der Arbeiter sinkt, der der Angestellten steigt. Letztere sind in der Krise 1966/67 unter den Arbeitslosen noch bemerkenswert unterrepräsentiert.

Der Wohlstand wächst bei Arbeitern und Angestellten. Die Verschiebung zwischen beiden Gruppen ändert bei vielen die Kleiderordnung, ist aber keine »Aufwärtsmobilität« in Richtung Selbständigkeit. Größere Kapitalisten auf der einen Seite bedeuten mehr Lohnabhängige auf der anderen.

1970 ist bereits jeder siebte Erwerbstätige unmittelbar oder mittelbar Staatsbeschäftigter, was die Vorstellung von Klassenauseinandersetzungen ausschließlich mit dem Privatkapital immer anachronistischer macht. Wie der Staatsbereich dehnen sich die Dienstleistungsbetriebe aus. Die lohnabhängigen Mittelschichten wachsen, vor allem die Intelligenz, das Leitungs-, Aufsichts- und Spezialistenpersonal. 1970 liegt der Abhängigenanteil in der Intelligenz mit 83 % nahezu gleich hoch wie in der gesamten Erwerbsbevölkerung, aber weniger als die Hälfte verrichtet rein ausführende Spezialistenarbeit. Die Zahl der Studierenden in den 60er Jahren verdoppelt sich nahezu von 250 000 auf 422 000.

Sprich deutlich, du bist reich!

schrieben die Brüder Goncourt im 19. Jahrhundert. Die Sozialpolitik in den Sechzigern wird von den hauptsächlich auf Lohnverhandlungen reduzierten Gewerkschaften kaum beeinflußt, und die außerparlamentarische Bewegung beschränkt sich auf andere Konfliktfelder. Das Sozialbudget finanziert sich zunehmend aus Lohnbestandteilen, abnehmend aus Staatszuschüssen. 1962 löst das Bundessozialhilfegesetz das Fürsorgegesetz von 1924 ab. Nach der zeitverzögerten Anpassung der Renten an die Lohnentwicklung folgt 1963 auch die Dynamisierung der Unfallrenten. Im selben Jahr protestieren die Kriegsopferverbände mit einem »Marsch auf Bonn« gegen die Verzögerung ihrer Rentenanpassung. Steigen die Sozialkosten auch insgesamt durch die wachsende Zahl alter Menschen und Lohnabhängiger, so doch keineswegs im Verhältnis zur ökonomischen Entwicklung. Nach 40 Versicherungsjahren erreicht das Rentenniveau 1965 im Schnitt 335,90 DM im Monat. 8,3 % beträgt die durchschnittliche Inflationsrate zwischen 1966 und 1970. Die wieder angestiegene Arbeitslosigkeit von 1967 verkraftet das »System sozialer Sicherung«, hier die Arbeitslosenversicherung, noch mühelos durch Rückgriff auf Vermögensbestände, obwohl Teile der Einzahlungen laufend für staatliche Strukturaufgaben mißbraucht werden. 1969 kommt die endgültige Regelung der Lohnfortzahlung im Krankheitsfall: Die ersten 6 Wochen zahlt der Betrieb weiter, danach die Krankenkasse 75 % des Grundlohns. Im Kern war diese Regelung schon 1956/57 durch den berühmten, 16 Wochen dauernden Schleswig-Holsteiner Metallerstreik erkämpft worden, der aber die ganze Richtung der Sozial-

Links: Borgward-Pleite 1961: 17000 Beschäftigte passieren zum letzten Mal das Werkstor.
Rechts: Am 12.4.1961 startet der sowjetische Astronaut Juri Gagarin mit dem Raumschiff »Wostock I« zu seinem Flug um die Erde. Er ist der erste Mensch im All.

reformdebatte nicht hatte verändern können. Anstelle einer Sozialreform wird die gesellschaftliche Ungleichheit mit einer Sozialversicherungsreform befestigt.

Bei jeder sozial- und tarifpolitischen Entscheidung sitzt die DDR als heimlicher dritter Verhandlungspartner am Tisch und bringt durch die Systemkonkurrenz der bundesrepublikanischen Arbeiterklasse und ihren Gewerkschaften einen zweischneidigen – weil in den Schoß gefallenen – Vorteil. 1962 resümiert Adenauer: »Es sind inzwischen Stimmen laut geworden, meine Damen und Herren, es seien auf sozialpolitischem Gebiet zu große Aufwendungen gemacht worden. Nun bin ich der Auffassung, daß bei der Lage, in der das deutsche Volk sich damals befand, bei der bedrohenden Gefahr des Kommunismus, es besser war, zuviel als zuwenig zu tun.«[2] (Das gleiche hatte 1881 Bismarck in einer kaiserlichen Botschaft formuliert: »Heilung der sozialen Schäden nicht ausschließlich im Wege der Repression sozialdemokratischer Ausschreitungen, sondern gleichmäßig auf dem der positiven Förderung des Wohles der Arbeiter.«)

Anfang der 60er Jahre zeigte sich der Erfolg u. a. daran, daß die konservative Regierung es sich erlauben konnte, die nach dem KPD-Verbot von 1956 zahlreich eingesperrten Kommunisten nicht mehr länger in den Adenauerschen Gefängnissen durchzufüttern. Die Sozialreform war ohne Gesellschaftsreform durchgesetzt. Die einzige revolutionäre deutsche Systemveränderung, die in der DDR, stand den Medien des »goldenen Westens« zufolge permanent vor dem Zusammenbruch: Wer von dort wegen des höheren Lebensstandards hier und der entsprechenden Gesinnung abhaut, wird zum Kronzeugen für eine »Abstimmung mit den Füßen« gegen den Sozialismus. Die BRD präsentiert sich als »Schaufenster des freien Westens«. Der Tagesspiegel schreibt am 24.9.58: »Die Bauernschaft der Zone ist ausgelöscht, die Dörfer sind verwaist«, und noch 1968 meldet Spiegel-Redakteur Nolte: »Ich kam an Halle vorbei, durch Dessau, Roslau, Zerps und Leitkau und Gommern, und überall war die DDR dunkel und neblig und unheimlich. Die Katzen jagten sich auf den Straßen.«[3] – Zitate dieser Jahre aus einer Menge, mit der sich dicke Bände füllen ließen.

II. Außenpolitik – Der kommunistische Mond

Mit der Kernwaffenparität seit 1953 war die amerikanische Hiroshima-Drohung gegen die Sowjetunion (Trumans »big stick«) vom Mord- auch zum Selbstmordinstrument geworden. Ein Kranz von US-Militärstützpunkten rund um die UdSSR und bessere Trägermittel sollten die Möglichkeit zur risikolosen Offensive wiederherstellen. Aber im Sommer 1957 erprobten auch die Sowjets Interkontinentalraketen und im Oktober des gleichen Jahres den ersten künstlichen Erdsatelliten. Diese friedliche Demonstration einer breiten, dynamischen wissenschaftlichen und wirtschaftlichen Basis des sozialistischen Systems löste im Westen eine regelrechte Panik aus. »Ich für meinen Teil möchte nicht beim Licht eines kommunistischen Mondes zu Bett gehen«, sagte als Vizepräsident Kennedys späterer Nachfolger Lyndon B. Johnson, aber »wir müssen offen zugeben, daß die Russen uns bei unseren eigenen Plänen geschlagen haben – kühne Fortschritte der Wissenschaft im Atomzeitalter.« Nach dem »Sputnikschock« bringt die UdSSR mit Juri Gagarin auch den ersten Kosmonauten wieder heil auf die Erde, und Kennedy nennt den Wettlauf zum Mond einen Bau von »Dämmen gegen die Flut«. In der Bundesrepublik ist gerade erst die Nierentischzeit vorbei und der Trödel noch billig.

Im Pentagon entsteht die Theorie von der Gewinnbarkeit eines Atomkrieges, vielfache Überlegenheit und ein völlig überraschender Erstschlag vorausgesetzt und 30 Millionen amerikanische Tote einkalkuliert. Neben der »maximalen Abschreckung« wird die Theorie der »begrenzten Abschreckung« für einen Zweitschlag entwikkelt, der dem Gegner nur einen Pyrrhus-Sieg ließe, aber die militärisch-industrielle Lobby der Maximalisten setzt sich immer wieder mit neuen Legitimationen durch (Raketenlücken usw.). Trotz der Erstschläger-Doktrin der USA entscheidet sich die UdSSR für ein kleineres, defensives Zweitschlagspotential.

In seiner »Strategie des Friedens« formuliert Kennedy: »Die vor acht Jahren stolz verkündete Politik der ›Befrei-

Fidel Castro, seit 1959 nach siegreichem Guerillakampf gegen das Regime des Diktators Batista Staatschef Kubas. Nachdem im April 1961 die USA mit ihrem Versuch, Castro durch eine vom CIA vorbereitete und unterstützte militärische Invasion zu stürzen, gescheitert ist, kommt es nach dem US-Debakel der Schweinebucht im Oktober 1962 während der Kuba-Krise zur Konfrontation der Großmächte.

ung‹ (des Ostens, d. Verf.) hat sich als Fallstrick und Irrtum erwiesen. (...) Wir müssen jetzt schrittweise und vorsichtig daran arbeiten, ein Programm zu verwirklichen, das darauf abzielt, den sowjetischen Machthabern alle ihre Untertanen abspenstig zu machen, die Unzufriedenheit erkennen lassen...« So wenig der Sozialismus »zurückzurollen« war, sind es die nationalen Befreiungsbewegungen. Fast alle kolonialen Überreste in Afrika und Asien verwandeln sich in unabhängige Staaten, und die automatische UNO-Mehrheit des Westens hört auf. Die Billigung von US-Interventionen à la Korea wäre nicht mehr zu haben. Kennedy reagiert mit der »state of the union message« (30.1.61): Asien, Afrika und Lateinamerika sind »diejenigen Schauplätze, auf denen der Kampf um die Freiheit entschieden wird«. Zwar gelingt es mit der CIA zusammenarbeitenden Putschisten, im Kongo Lumumba, die Symbolfigur der afrikanischen Unabhängigkeit, im September 1961 zu ermorden, aber in der kubanischen Schweinebucht holt sich Kennedy eine vernichtende Niederlage (siehe Seite 473), und der Abzug der sowjetischen Raketen von Kuba muß mit dem Abzug der amerikanischen aus der Türkei bezahlt werden. Eher schon ist es Marilyn Monroes höchst anzüglich gehauchtes »Happy birthday, dear Präsident«, was dem Star im weißen Haus Glamour bringt, als seine außenpolitischen Erfolge.

Die retardierenden Momente in der gesellschaftlichen Entwicklung der sozialistischen Länder – wesentlich im Westen für das klassenmäßige Verhältnis zu diesen Staaten in ihren verschiedenen Entwicklungsphasen – haben ihre Hauptursache in der unter großen ökonomischen und sozialen Kosten aufgezwungenen Rüstungspolitik, dem Druck, der nach den 20 Millionen Toten der Sowjetunion im 2. Weltkrieg durch Hiroshima und den kalten Krieg des Westens fortgesetzt wird. So erscheint eine halbmilitärische Administration oft effektiver als die zeitaufwendige, mühsame, widersprüchliche Entfaltung von Demokratie und bewußter Arbeitsproduktivität. Die neue Gesellschaftsordnung kann nicht unter eigenen Bedingungen entwickelt werden und produziert schwerwiegende Krisen, in den 60er Jahren die bürokratische Vorgeschichte des Prager Liberalismus von 1968 (siehe Seite 605). Wo irgend Erfolgsaussichten wie in der CSSR bestehen, organisieren selbstverständlich die NATO-Staaten, u. a. über ihre bundesdeutschen und österreichischen sozialdemokratischen Dienste, Zuckerbrot und Peitsche, ökonomische Durchdringung und gezielte Subversion. In Gesellschaften, die ihre sozialistische Entwicklung im Chaos der faschistischen Niederlage beginnen mußten, sind auch die Schichten zahlreicher, denen die Folgen der Veränderung für ihre soziale Lage nicht vermittelt werden konnten. Das Wichtigste an der Stalinkritik auf dem 20. KPdSU-Parteitag 1956 wurde im Westen nie begriffen: die Fähigkeit, Fehlentwicklungen aus eigener Kraft zu korrigieren, wenn auch sehr ungleichzeitig in den einzelnen sozialistischen Ländern.

Nikita Chruschtschows berühmter Auftritt in der UNO am 13. Oktober 1960: »Er betitelte Hammarskjöld als Narren, Franco als Henker und Eisenhower als Lügner. Der Präsident der Vollversammlung ruinierte seinen Hammer bei dem Versuch, Chruschtschow zum Schweigen zu bringen, der mit ständigen Zwischenrufen störte.« Schließlich zog Chruschtschow einen Schuh aus und schlug damit heftig auf sein Pult, um damit seinem Antrag auf sofortige Abschaffung aller Reste des Kolonialismus Nachdruck zu verleihen. Die Sitzung wurde unterbrochen.

Begeisterter Empfang für John F. Kennedy bei seinem Besuch in der Bundesrepublik im Juni 1963. Vor dem berühmt gewordenen Jubelbesuch in Berlin nahm Kennedy nach seiner Landung auf einem Fliegerhorst bei Hanau zunächst die Truppenparade der US-Streitkräfte ab. Das Bild zeigt den Wagen des Präsidenten unter einem Tor von Raketen.

US-General Lucius D. Clay, Weltmeister im Klimmzug, '48/'49 als Berliner »Blockadebrecher« bekannt geworden, riskiert 1962 am Potsdamer Platz einen Blick über die Mauer.

Eine Mauer gegen die »billigste Atombombe«,

wie Westberlins erster regierender Bürgermeister seine »Frontstadt« angepriesen hat,[4] die »Türklinke«, mit der »das Tor zum Osten aufgestoßen werden kann«.[5] Am 1.8.1961 (dpa) sagt Strauß, »daß der Westen auf eine Art Bürgerkrieg vorbereitet sein müsse«. Bonn sei bereit, »diese Krise bis zur letzten Konsequenz zuzuspitzen«. Im »Sofortprogramm« des Forschungsbeirats im Ministerium für gesamtdeutsche Fragen wird exakt aufgelistet, welche VEB's und LPG's ihren früheren Eigentümern zurückgegeben werden sollen. Der Handel mit den wertlosen »Ostwerten« belebt sich. Die Bonner Rundschau (9.7.61) empfiehlt, gegen die DDR »alle Mittel des Krieges, des Nervenkrieges und des Schießkrieges anzuwenden. Dazu gehören nicht nur herkömmliche Streitkräfte und Rüstungen, sondern auch die Unterwühlung, das Anheizen des inneren Widerstandes, die Arbeit im Untergrund, die Zersetzung der Ordnung, die Sabotage, die Störung von Verkehr und Wirtschaft, der Ungehorsam, der Aufruhr.« Willy Brandt sieht das damals ähnlich. »Die Welt« vom 10.2.1961: »Gegenüber einigen Journalisten bemerkte er zu Beginn seines Washingtoner Aufenthalts, in der Zone herrsche eine explosive Stimmung. Sie könnte leicht einen neuen Aufstand nach dem Muster des 17. Juni auslösen (...). Seine Freunde könnten da im Notfall ein wenig nachhelfen.«[6] Auf die kleinen Propheten wartet eine große Pleite.

Nachdem alle sowjetischen Vorschläge für gesamtdeutsche Regelungen abgelehnt worden waren, hatte die UdSSR in zwei Noten 1958 und '59 eine isolierte Lösung des Berlin-Problems vorgeschlagen: eine Art entmilitarisierte freie Stadt, garantiert von den 4 Siegermächten, eventuell der UNO, deren Zugangswege mit der DDR ausgehandelt werden. Aber die westlichen Medien schreien solange »Macht das Tor auf!«, bis das Tor zu ist. Die neuen Vorschläge werden hysterisierend als Ultimatum bezeichnet, und Bonn will plötzlich wieder eine gesamtdeutsche Lösung, woraufhin die UdSSR einen Friedensvertragsentwurf vorlegt, allerdings nicht mehr für einen deutschen Staat, sondern für die BRD und die DDR. Alles scheitert daran, daß Adenauer die Westmächte auf das westdeutsche Einverleibungskonzept, den »Alleinvertretungsanspruch« festlegt. Noch schwache, entgegengesetzte amerikanische und englische Tendenzen inspirieren den wesentlich friedlicheren SPD-Deutschlandplan von 1959. Zu seinem Kontext gehört die Wehner-Rede von 1960, mit der die SPD ihr Einschwenken auf den totalen Westintegrationskurs Adenauers signalisiert.

Am 13. August 1961 löst die DDR das Problem. Die Grenze wird verrammelt. Mit der Wut darüber treten auch die politischen Veränderungen im Westen zutage. Für viel zu schwach hält Adenauer die Führungsrolle der USA in den Händen Kennedys, der nur noch zu verbalen Protesten bereit ist. Was hierzulande als unerträgliche Verschärfung des kalten Krieges angeprangert wird, erweist sich im Gegenteil als erhebliche Entschärfung. Die Mauer wird zum ungeliebten Denkmal des Zwangs zur friedlichen Koexistenz. Die westliche Ostpolitik muß sich ändern. Auf Kennedys beiläufige Frage nach einer Anerkennung der DDR antwortet Adenauer: »Niemals werde ich meine Hand dazu hergeben, ein Regime anzuerkennen, das 17 Millionen Deutsche versklavt.«[7] Bei seinem folgenden Westberlinbesuch lehnt Kennedys Vize Johnson vor der Bundestagswahl 1961 demonstrativ den Wunsch Adenauers ab, ihn zu begleiten, was den regierenden Bürgermeister Brandt als neuen SPD-Kanzlerkandidaten aufwertet.

Nach dem Mauerbau verlagern sich die Hauptkonfrontationslinien zwischen den antagonistischen Weltsystemen in andere Regionen. Noch gelten internationalistische Positionen als moskauhörig, die Anerkennung von DDR und Oder-Neiße-Grenze als verfassungs(gerichts)feindliche Hochverratsdelikte. Die von Goebbels übernommene Parole der »Gefahr aus dem Osten« ist Staatsdoktrin, aber nicht mehr abwandelbar zu einem Wahlslogan. Die USA haben neue Sorgen. Westeuropa und Japan, die wichtigsten Verbündeten, sind ökonomische Rivalen geworden. Innerhalb des Globalgefüges wächst der auch militärisch wieder stark gewordenen BRD ein neues Gewicht zu.

Kein »Papiertiger«

Der US-Imperialismus ist geschwächt, also gefährlich. Wie Nixon lügt über den CIA-Versuch, die chilenische Wahl von 1970 zu beeinflussen, lügt Johnson über das Ausmaß des Vietnamengagements. Zwei US-Zerstörer werden in vietnamesische Küstengewässer des Golfs von Tonking geschickt. Zwei Tage später, am 4. August 1964, werden zur »Vergeltung« – zwei vietnamesische Schnellboote hat-

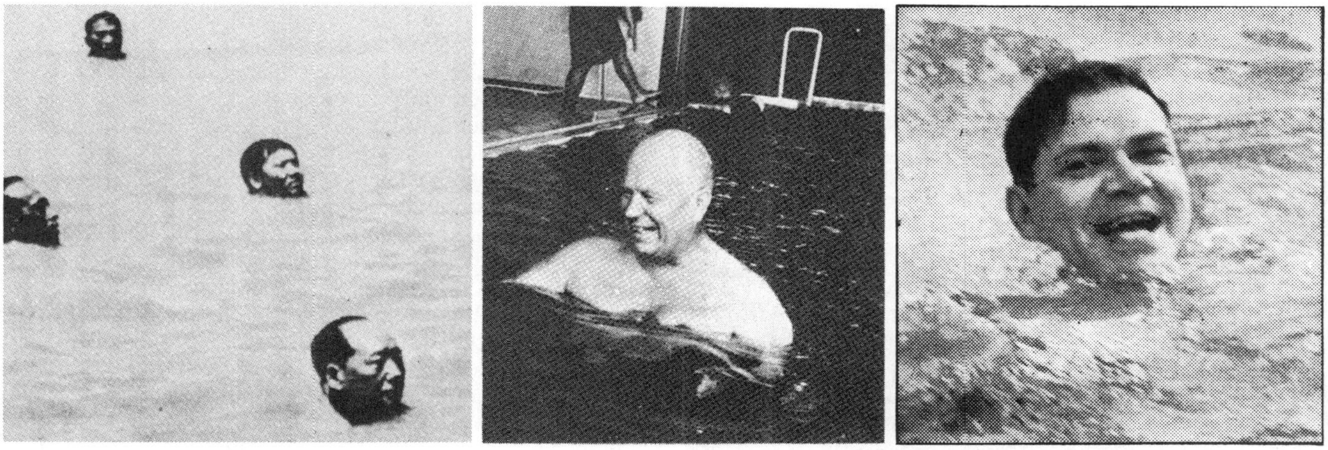

Politiker gehen baden: Mao, Chruschtschow, US-Verteidigungsminister McNamara.

ten die Zerstörer durch Schüsse abgedrängt – 64 schwere Bombenangriffe befohlen. Der Kongress erteilt den Blankoscheck, »in Südostasien bewaffnete Gewalt anzwenden, wie es der Präsident für richtig hält«.

Drei Jahre zu spät, am 21.12.67 berichtet die New York Times aus dem auswärtigen Ausschuß zur Tonking-Untersuchung vom »Brief eines früheren Seeoffiziers, der erklärt, daß der Präsident, McNamara (US-Verteidigungsminister, d. Verf.) und die vereinigten Stabschefs dem Kongreß Falschinformationen gegeben hätten«. Senator Wayne Morse: »Die Maddox war ein Spionageschiff. (...) Die Vereinigten Staaten waren am 4.8.64 ein Provokateur im Golf von Tonking, und so wird die Geschichte es festhalten.«[8] Zunächst aber, ab 1966 mit Flügen auf Hanoi und Haiphong, soll Vietnam »in die Steinzeit zurückbombardiert« werden. Das stellt andere Kriegsschauplätze, wie die vom Westen massiv unterstützten Invasionen Israels, in den Schatten. Daß die Chinesen 1964/65 sechs US-Spionageflugzeuge abschießen, erregt weit weniger Aufsehen, als der über der UdSSR 1960 abgeschossene Aufklärer U 2. Zur Ablenkung von der Gefahr aus dem Westen werden 1965 die »Tagebuchaufzeichnungen des Meisterspions« Penkowski, eines inzwischen verhafteten CIA-Agenten in der sowjetischen Forschungskoordinierung, als Bestseller lanciert. Das ergibt Zeitungsschlagzeilen wie »Chruschtschow bereitet einen Blitzkrieg vor«, »Der Plan für den Kampf um Westberlin«, »Neue sowjetische Geheimwaffen werden angekündigt« usw. »Es war kein Tagebuch«, erklärt ein CIA-Beamter im entsprechenden Kongreß-Hearing 12 Jahre später, »und es war insofern ein großer Betrug.« Ein anderer CIA-Mann lakonisch: »Spione führen keine Tagebücher.« Die New York Times vom 26./27.12.77 beendet ihren Bericht, indem sie die Penkowski-Papiere, mit denen höhere Rüstungsausgaben gerechtfertigt wurden, einordnet als eines »der über 250 englischsprachigen Bücher, die seit dem Beginn der 50er Jahre von der CIA erarbeitet oder finanziert wurden«.

Die US-Militärtheorie heißt inzwischen »flexible response« und sieht einen Atomwaffeneinsatz schon bei regional begrenzten Konflikten vor. Aber nach den Debakeln von Kuba und Berlin und angesichts der immer stärker gegen die US-Aggression auf Vietnam gerichteten Weltmeinung verliert diese Erpressungspolitik an Boden. Zbigniew Brzezinski, seit 1966 im Planungsstab des State Departement, schlußfolgert: »Der Westen hat erkannt, daß er die kommunistische Herrschaft in den osteuropäischen Ländern nicht beseitigen kann. (...) Anstatt darauf zu warten, daß sie zusammenbricht, sollten die Vereinigten Staaten künftig revolutionäre Veränderungen in den einzelnen kommunistischen Ländern und im sowjetischen Block als ganzem fördern.« Diese »Politik des Brückenschlags zu den Völkern Europas«, auch Konvergenz-Politik genannte Anpassung an veränderte Kräfteverhältnisse steht in immer deutlicherem Widerspruch zur atavistischen Revanche-Politik der BRD – ein Widerspruch, der von der diplomatischen Offensive der sozialistischen Länder nach der Konferenz der kommunistischen- und Arbeiterparteien von 1967 noch massiver vorangetrieben wird.

Die »politische Zwergenhaftigkeit« (Strauß) der BRD ist die der CDU/CSU-Regierung, ihre Unfähigkeit, die globalen Veränderungen zu begreifen. Immerhin schreibt auch Brandt 1963 noch (»Koexistenz – Zwang zum Wagnis«), die Anerkennung aller durch den 2. Weltkrieg geschaffenen Realitäten würde einen Verzicht auf die Vernunft bedeuten, was das Festhalten an den deutschen Grenzen von 1937 nur moderater ausdrückt. Andererseits stellt erstmals die 1966 mit der noch nicht mitregierenden SPD abgesprochene Friedensnote der Regierung Erhard Gewaltverzichtserklärungen gegenüber den osteuropäischen Staaten in Aussicht – ausgenommen die DDR. Allerdings wirkt der Vorbehalt, die Grenzen nur in einem künftigen gesamtdeutschen Friedensvertrag festzustellen, auf Polen als Provokation. Erst die Regierungserklärung der sozial-liberalen Koalition 1969 nennt »zwei Staaten in Deutschland« und »Verhandlungen beiderseits ohne Diskriminierung auf der Basis der Gleichberechtigung, die zu vertraglich vereinbarter Zusammenarbeit führen sollen« – gedacht im Sinne Brzezinskis als »Wandel durch Annäherung«. Gleichzeitig wird das Neue als Kontinuität interpretiert: BRD und DDR sollen »füreinander nicht Ausland« sein. Die Anerkennung der Mehrheit für Brandts Kniefall in Warschau ist nicht die einzige Reaktion. An vielen Wänden steht: »Brandt an die Wand«. In den Moskauer und Warschauer Verträgen 1970 anerkennt die BRD endlich die europäischen Grenzen und verzichtet auf Gebietsanspüche. Das ist die Basis des Viermächteabkommens 1971 – bei dem die BRD kein Verhandlungspartner ist –, wonach die Westsektoren Berlins »kein Bestandteil der Bundesrepublik sind und auch weiterhin nicht von ihr regiert werden«. Ein Vergleich mit der »Ultimatum«-Empörung 1958/59 zeigt das Ausmaß der Veränderungen. Es folgen Transitabkommen, Besucherregelungen, Verkehrsvertrag und der Grundlagenvertrag BRD/DDR 1972. Dann erst werden die Moskauer und Warschauer Verträge bei Stimmenthaltung der Opposition ratifiziert. Die DDR, vorher von 32 Staaten anerkannt, nimmt zu weiteren 55 diplomatische Beziehungen auf.

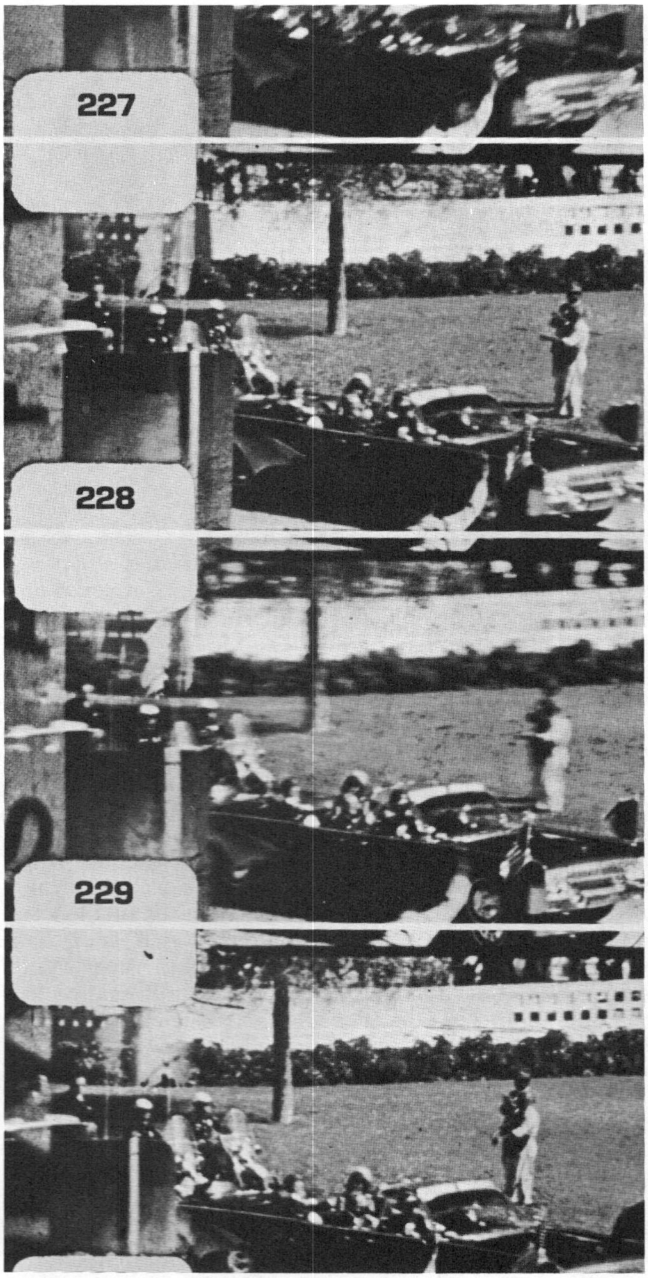

Dallas, Texas, 22. November 1963: John F. Kennedy bricht im Feuer des Attentäters zusammen. – Erinnerungssplitter:
»Es muß ein Freitag gewesen sein, denn meine Eltern badeten – wir badeten immer nur freitags –, während ich Fernsehen guckte. Plötzlich wurde das Programm unterbrochen und die Nachricht von Kennedys Tod bekanntgegeben. Meine Eltern kamen in Bademänteln aus dem Bad gelaufen...« (Bojana B., damals 6 Jahre alt)
»Wir saßen vorm Fernseher, und meine Mutter brach bei der Nachricht sofort in Tränen aus. Ich empfand das Ganze als großes Drama und bezog die Aussage meiner Mutter, der hätte uns geholfen, auf unsere Familie...« (Regina D., damals 9 Jahre)
»In der Schule fand eine Trauerfeier statt. Die meisten Schüler waren in Schwarz erschienen oder mit Trauerflor. Um uns rum flennten viele Mädchen, und wir hatten große Mühe, unser Kichern zu unterdrücken. Zum Fackelzug abends bin ich nicht gegangen...« (Rolf W., damals 13 Jahre)

Aus dem Bonner Krähwinkel in die Welt

führt der Weg über Washington. Der »Dulles-Phase« westdeutscher Außenpolitik, der engsten Anlehnung an die Hegemonialmacht, folgt 1959–63 Adenauers »gaullistische Phase«, der Wunsch nach einer Achse Paris-Bonn trotz des »schwarzen Tages für Europa« (Adenauer): Die französische Nationalversammlung lehnt 1959 die Europäische Verteidigungsgemeinschaft EVG ab. Die Alternative Washington oder Paris stellt sich nicht wirklich, aber die Heterogenität im westlichen Lager sorgt für vielschichtigere außenpolitische Debatten. Die »Gaullisten« (Adenauer, Strauß, v. Guttenberg, Krone, Dufhues, Gerstenmeier u.a.) befürchten eine sowjetisch-amerikanische Verständigung zum Nachteil Westeuropas, aus dem sie eine 3. Weltmacht mit dem Kern Frankreich/BRD bilden wollen. Sie folgen de Gaulles Ablehnung des EWG-Beitritts von England, das die USA als Bindeglied wünschen.

Die FDP, nach der 61er Wahl Koalitionspartner, schwächt die »Gaullisten«, indem sie Schröder (CDU) als Außenminister durchsetzt. Die auch von der SPD unterstützten »Atlantiker« treten für den britischen EWG-Beitritt und eine flexiblere Ostpolitik ein und versprechen sich mehr politische Handlungsfreiheit durch Koordination mit den USA, die ihre globalen Interessen nicht an die »Deutschlandfrage«, Adenauers Gretchenfrage, binden lassen.

Kennedy schmeißt den lästigen Bonner Botschafter Grewe ziemlich unverblümt 'raus. Zur Prügel hinter den Kulissen liefert Kennedy in Westberlin das öffentliche keep smiling: »Isch bün ain Börlinner.« Nach der Ermordung Kennedys am 22. November 1963 in Dallas – Brandt läßt die Westberliner Kerzen ins Fenster stellen – rüffelt der neue Präsident Johnson kaum weniger drastisch den neuen Kanzler Erhard, in Sachen Ostpolitik nicht länger mit den Füßen im Zement stehen zu bleiben. Der Streit zwischen »Atlantikern« und »Gaullisten« – ohnehin versichern sich beide immerzu der amerikanischen Schutzmacht – wird gegenstandslos, als sich erweist, daß weder die USA die NATO zur 4. Atommacht mit westdeutscher Beteiligung machen, noch Frankreich sein Potential (»force de frappe«) einer westeuropäischen Atommacht eingliedern würde.

Die französischen Hegemonievorstellungen hatten sich lediglich als Windschatten für die BRD erwiesen, der es gelungen war, die Sicherheitsbedürfnisse der westlichen Nachbarn durch freiwillige Einbindung in die EG-Politik zu befriedigen, ohne den Wiederaufstieg des eigenen Kapitals zu behindern. Die politische Union mit supranationalen Institutionen wird von de Gaulle abgelehnt, als die BRD zur stärksten westeuropäischen Macht geworden ist. Frankreich setzt seine Agrarinteressen durch (inzwischen gehen zwei Drittel des EG-Haushalts in landwirtschaftliche Überproduktion) und weiß Mehrheitsentscheidungen durch die »Politik des leeren Stuhls« zu verhindern, bis 1966 mit dem »Luxemburger Kompromiß« ein Veto-Recht in allen Fragen Einstimmigkeit erzwingt und damit weitgehend politische Lähmung. Während die CDU noch im 69er Wahlkampf für einen europäischen Bundesstaat eintritt, setzt die SPD realistischer auf Erweiterung der EWG, die ein blendendes Geschäft ist für das bundesdeutsche Kapital.

Fortsetzung der Politik mit anderen Mitteln

»Die neue deutsche Armee wurde nicht gegründet, um den Bonner Staat zu schützen, sondern der neue Staat wurde gegründet, um eine Armee gegen die Sowjets ins Feld zu stellen – mag diese Ratio den Paten im In- und Ausland auch nicht voll bewußt gewesen sein«, schreibt Augstein 1961.[9] Gegen das disqualifizierte Erscheinungsbild des preußischen Militarismus wird Graf Baudissins Konzept der »inneren Führung« gestellt. Aber der »Bürger in Uniform«, der sich vom Soldaten der Nazi-Wehrmacht unterscheiden sollte, wird auf das alte antikommunistische Feindbild gedrillt. Leute machen Kleider. Zu den zivilen Funktionen der Bundeswehr gehört die kostenlose Produktion von wissenschaftlich-technischem Führungsnachwuchs u. a. für die Rüstungs-, Flugzeug- und Elektronikindustrie. Die politische Hilfsschule der Nation gibt sich gerne harmlos als technische Hochschule für den betrieblichen Mittelbau.

Im Widerspruch zum Grundgesetz, das friedensstörende Handlungen mit Strafe bedroht, steht die reale Struktur der Bundeswehr, die nach Organisation, Umfang und Ausrüstung auf offensiven großräumigen Bewegungskrieg und atomare Eskalation hin programmiert ist. Dennoch steht auch in Schmidts erstem Weißbuch eines SPD-Verteidigungsministers: »Das Konzept hat sich bewährt.« Geändert werden nur die Rüstungsausgaben. Sie steigen erheblich schneller als vorher. Ist Noske auch erklärtermaßen Schmidts bewunderter Ahnherr, so entspricht es doch sozialdemokratischer Auffassung mehr, den »inneren Frieden« durch Polizeikräfte zu erzwingen, während die Konservativen im Einsatz des Militärs gegen die eigene Bevölkerung noch nie ein politisches Problem gesehen haben. 1968 untersagt Generalinspekteur de Maizière – der die Notstandsgesetze durchaus als Korrelat zur militärischen Aufrüstung wertet – trotz gemeinsamer Notstandsübung mit Bundesgrenzschutz und Bereitschaftspolizei die Ausbildung der Truppen für den Einsatz im Innern.

Die vom früheren Verteidigungsminister Strauß angestrebte atomare Bewaffnung der Bundeswehr hat sich erledigt. Kennedy bietet noch 1962 die Unterstellung von Atom-U-Booten unter den (amerikanischen) NATO-Oberbefehl an, und die New York Times sieht 1963 eine politische Aufgabe darin, »die NATO zu kräftigen, indem die USA ihr nukleare Verantwortung übertragen. Zugleich hoffen sie (die USA, d. Verf.) damit die deutschen Aspirationen zu beenden, den nationalen Fortschritt Frankreichs aufzuhalten und sich die letzte Verfügungsgewalt über die Nuklearstreitmacht des Westens zu bewahren.« Die Schlußrunde dieser nicht ohne alte Ängste vor den Deutschen geführten Debatte gebiert den aberwitzigen Vorschlag, gemeinsam finanzierte, als zivile Frachter kaum ernsthaft zu tarnende Nuklearraketenschiffe mit gemischten Mannschaften auf den Weltmeeren kreuzen zu lassen (MLF – multilateral forces), schon rein militärisch ein von allen beteiligten Staaten schnell eingesehener Unsinn, für den nur noch die BRD kämpft. Auch die SPD stimmt vorsichtig zu in völliger Fehleinschätzung des weltpolitischen Kräfteverhältnisses. 1965 verbietet sich die USA selbst durch den Abschluß des Nichtverbreitungsvertrages mit der UdSSR die Weitergabe von Kernwaffen an Verbündete.

1961–75 kauft Bonn im Rahmen des Devisenausgleichsabkommens (indirekte Bezahlung der US-Truppen in der Bundesrepublik) für 40 Mrd. DM Rüstung in den USA, außerdem Schatzanweisungen, zahlt Schulden vorzeitig zurück, gibt Darlehen und friert Zinsen ein, verpflichtet sich zum Nichtumtausch großer Mengen des sinkenden Dollars, renoviert US-Truppen-Unterkünfte u.v.m. Das belastet zwar die Beziehungen, aber die USA können durch ihre militärische Vormachtstellung solche ökonomischen Zugeständnisse erzwingen. Die eigenen Waffenexporte der BRD sind noch ziemlich unscheinbar. Geheim werden von 1959–64 für 180 Mill. DM Waffen nach Israel geliefert. Aufgrund der Bekanntmachung des geheimen Waffen-Deals durch den ägyptischen Staatschef Nasser beschließt die Bundesregierung, künftig keine Waffen mehr in »Spannungsgebiete« zu liefern – und stellt (nach der Ankündigung von Ulbrichts Besuch in Kairo) die Entwicklungshilfe an Ägypten ein.

III. Innenpolitik –
Die »Idiotenfalle«

Die durch die 5%-Klausel geschützten »staatstragenden« Parteien werden durch die Parteienfinanzierung in den 60er Jahren zu Staatsparteien gemacht. Ab 2,5% Wählerstimmen (1968 auf 0,5% gesenkt) gibt es eine Wahlkampfkostenpauschale für den Ersatz von politischer Auseinandersetzung durch Werbung. Die Offenbarungspflicht für Spenden »juristischer Personen« – eine der Finanzquellen – wird auf 20000,– DM festgesetzt, was bekanntlich Flick & Co am Einkauf von Abgeordneten aus allen Bundestagsparteien nicht hindert. (Einseitig, aber eine Seite treffend, bezeichnet Sartre die bürgerliche Demokratie als »Idiotenfalle«.) Je größer die außerparlamentarische Bewegung ist, desto mehr ist von »repräsentativer Demokratie« die Rede: Ihr wart so dumm, uns zu wählen, jetzt haltet gefälligst den Mund! Der mündige Bürger hat sich durch seine Stimmabgabe mundtot gemacht. Was er nach der Wahl-Materialschlacht zur Sache fordert, ist bloß noch undemokratisch, weil gegen die Mehrheit, nämlich die Parlamentsmehrheit. Im Idealfall ist die parlamentarische Demokratie eine Demokratie der Parlamentarier. (Zwischen 1956 und 1964, schätzt [der spätere, für die Berufsverbote zuständige FDP-Innenminister] Werner Maihofer, werden 100000 bis 150000 Staatsschutz-Ermittlungsverfahren durchgeführt, fast alle gegen Linksoppositionelle, die meisten gegen KPD-Mitglieder und Sympathisanten.) Der Gewaltbegriff wird so definiert, daß bei Bedarf faktisch alle öffentlichen Protestformen als Gefährdungsdelikte abgeurteilt werden können. Die Vorarbeit beschreibt Verfassungsschutzpräsident Günther Nollau in seinen Memoiren: »Wir druckten ein bescheidenes Blättchen, nannten es ›Der drite Weg‹ und versandten es an Kommunisten in Ost und West, deren Anschriften wir uns beschafften. Wir hatten auch eine Spalte für Leserbriefe geschaffen und baten um Zuschriften. Auf diese Weise hofften wir, Kommunisten kennenzulernen, die Gegner des Stalinismus waren. Im Mai 1959 starteten wir unser Blättchen mit dem Artikel ›Zwischen Stalinismus und Kapitalismus‹. (...) Die klugen SPIEGEL-Redakteure (die daraus eine tolle Story über die Opposition in KPD und SED machten, d. Verf.) hatten sich nicht die Frage gestellt, woher diese ›Ideal-Kommunisten‹ ihre Mittel hatten, um dieses Blättchen erscheinen zu lassen. Jede Nummer kostete immerhin einige tausend D-Mark. Die Frage nach dem Geldgeber hatten sich aber andere Leute gestellt, die – begreiflicherweise – auch an unserer obskuren Publikation interessiert waren: die Kollegen vom Ministerium für Staatssicherheit (MfS) der DDR. Sie brauchten einige Jahre, um das Problem zu lösen. Im Dezember 1961 hatten sie es geschafft« – denn am 28.12.61 stand es in der Berliner Zeitung.

Der SPIEGEL druckt auch anderes, zum Beispiel im Oktober 1962 einen kritischen Artikel über die Verteidi-

»Spiegel-Affäre« 1962: Demonstration gegen die Verhaftung von Rudolf Augstein und Konrad Ahlers auf Veranlassung von Franz Josef Strauß.

gungsfähigkeit der Bundeswehr als Plädoyer für deren konventionelle Stärkung und gegen die von Strauß propagierte atomare Aufrüstung. Mitten in der Kuba-Krise, die als günstiger Stimmungsrahmen die kalten Krieger wärmt, werden Herausgeber Augstein und Redakteur Ahlers (später Schmidts Regierungssprecher) verhaftet, die Verlagsräume durchsucht, umfangreiche Materialien beschlagnahmt und alle Beschwerdeverfahren einfach nicht zugelassen. Zweieinhalb Jahre später muß der Bundesgerichtshof mangels Feststellbarkeit das Landesverratsverfahren abblasen. Durchexerziert war dennoch, wie mühe- und rechtlos ein publizistisches Sprachrohr der Antiatombewegung von der ohnehin sehr relativen Pressefreiheit ausgesperrt werden kann. Ohne breite Proteste wäre kaum zugunsten des SPIEGEL entschieden worden in »Güterabwägung« zwischen Pressefreiheit und unbeweisbarem »Landesverrat«, einem Gummiparagraphen, der beliebige Ergebnisse zuläßt. Die Hälfte der Richter wollte der Presse tatsächlich eine Mitverantwortung für die Staatssicherheit diktieren.

Die freie Wahl zwischen den Klaviertasten

hat, wer weder Noten lesen, noch Klavierspielen kann, nach Brechts Vergleich mit der bürgerlichen Freiheit. Die – in den 60er Jahren immer kenntnisreicher in Anspruch genommen – muß sich vor zu vielen Pianisten schützen durch einen Formierungsprozeß, der in der großen CDU/CSU-SPD-Koalition 1966–1969 kulminiert. Was mit dem höchstrichterlichen Verbot von Volksbefragungen begann, um die nicht-vasallentreue Bewegung gegen die Umfunktionierung der BRD zum US-Atomschildträger zu spalten, das endet mit 12 Grundgesetzänderungen und der Verabschiedung der Notstandsgesetze 1968: ein ständiges Notparlament kann aus 22 Bundestags- und 11 Bundesratsvertretern gebildet werden. Diese beschließen selbst, wann das normale Parlament verhindert ist. Für zivile Dienstleistungen rekrutiert werden dürfen auch die nichtwehrpflichtigen Männer und Frauen zwischen 18 und 65 im Rahmen eines »besonderen Gewaltverhältnisses« (§ 32). Auf gewerkschaftliche Proteste hin werden jedoch Arbeitskampfmaßnahmen als zulässig deklariert (Art. 9, Abs. 3), obwohl das der Logik aller übrigen Bestimmungen diametral widerspricht. Wessen Post/Telefon überwacht wird, der muß danach nicht mehr in Kenntnis gesetzt werden, und erfährt er es trotzdem, sind Rechtswege ausgeschlossen. Die Bedingungen für die Ausrufung des Notstandes sind völlig unscharf gefaßt, und das »Widerstandsrecht« adressiert den Widerstand gerade nicht gegen staatlichen Verfassungsbruch, sondern gegen die Bürger, »gegen jeden, der es unternimmt, diese Ordnung zu beseitigen, haben alle Deutschen das Recht zum Widerstand, wenn andere Abhilfe nicht möglich ist« (Art. 80a). So lassen sich etwa Gegner der Notstandsgesetze und andere außerparlamentarische Bewegungen der Lynchjustiz anempfehlen, wie sie die Westberliner Polizei bei den 68er Demonstrationen propagiert. Das Bundesverfassungsgericht segnet die Notstandsgesetze ab mit der Begründung, auch elementare Verfassungsgrundsätze könnten zum Schutz dieser Verfassung außer Kraft gesetzt werden. Nicht an Krieg, an Bürgerkrieg ist gedacht, als stünde die Revolution bevor. Kein gefährlich großer Teil der Bevölkerung zweifelt an der Potenz und Zukunft des herrschenden Systems, sondern die Herrschenden befürchten, es könne so, wie es geht, kaum lange weitergehen. Man sieht sich besser vor.

Wie das übergeordnete Grundgesetz durch ein untergeordnetes Verwaltungsgesetz geändert wird, zeigt das Stabilitätsgesetz, das staatliche Eingriffe beiläufig auf den in der Verfassung keineswegs vorgegebenen »Rahmen der marktwirtschaftlichen Ordnung« festlegt. Verstaatlichungen (Art. 15 GG) hält Verfassungsgerichtspräsident Benda, vorher CDU-Innenminister, nun für obsolet, da mit dem Stabilitätsgesetz der Kapitalismus (»marktwirtschaftliche Ordnung«) verfassungsfest geworden sei (Neue Juristische Wochenschrift 1967). Nebenbei wird zur Grundlage der vom Parlament zu beschließenden Haushaltspläne die vom Parlament nicht zu beschließende mittelfristige Finanzplanung der Regierung.

Die Partner der drei Regierungswechsel

»Man darf also, Herr Bundeskanzler, zusammenfassend feststellen: Die Politik ist ihrer Natur nach ein schmutziges Gewerbe.« Adenauer: »Ich möchte nicht sagen, ihrer Natur nach, aber in der Tat.« Und auf einen entsprechenden SPD-Vorwurf: »Die Herren scheinen anzunehmen, daß Gerissenheit für dieses Geschäft ein Nachteil ist.« [10]

Zu Beginn der 60er Jahre sind 4 Parteien im Bundestag übriggeblieben. CDU/CSU wie SPD nennen sich »Volksparteien« mit dem Anspruch, in Klassenharmonie ebenso Ausbeuter wie Ausgebeutete zu vertreten. Alle streiten mit der FDP um den Platz einer »Partei der Mitte«. Alle sind füreinander koalitionsfähig und machen sich die wenigen Prozent Wechselwähler mit Wahlgeschenken und

In Vorbereitung der großen Koalition trafen sich Barzel, Wehner, Brandt und Kiesinger 1966 zum Kaffeetrinken.

personaler Imagewerbung streitig. Die CDU drängt 1963 ihren unzeitgemäßen Übervater aus dem Palais Schaumburg. Der Mohr hat seine Schuldigkeit getan, der Mohr kann (kaum noch) gehn. Adenauer hält seinen Kanzlernachfolger Erhard, den »Vater des Wirtschaftswunders«, für einen politischen Dilettanten. Der Rest der Welt merkt es später. Die CDU gibt sich liberaler, und das konservativ-autoritäre Erbe des goßen »Alten aus Röhndorf« erhält sich im Profil der CSU.

Programmatisch paßt sich die SPD 1959 auf dem Godesberger Parteitag in allen gesellschaftlichen Grundfragen der CDU an. Man wollte nicht länger als Arzt am leeren Krankenbett des offenbar für immer gesundeten Kapitalismus stehen, wollte Salonfähigkeit und Wahlerfolg auch in rückständig katholischen Gebieten, auf dem Land und unter Frauen. Via Nell-Breuning SJ (DGB-Chefideologe dieser Jahre) kommen die katholische Soziallehre und die Bergpredigt an die Stelle der marxistischen Relikte, während der Kriegerbund mit Adenauer, USA und NATO besiegelt wird. Das bringt der SPD 1962 das erste ernsthafte Koalitionsangebot der CDU ein, die nach dem Verlust der absoluten Mehrheit seit 1961 mit der FDP regieren muß. 1963 stirbt der SPD-Vorsitzende Erich Ollenhauer und wird aus der rechten »Bürgermeister-Riege« durch Willy Brandt ersetzt.

Erich Mende (später CDU) übernimmt die zu Beginn der 60er Jahre nationalistisch geprägte FDP, die entgegen ihrer Wahlaussage 1961 mit der CDU koaliert und seither den immer wieder bestätigten Ruf einer »Umfall-Partei« hat. Ihre Minister sprengen durch Rücktritt die Regierung Erhard, um dessen Haushaltskonsolidierung mittels Steuererhöhungen zu verhindern. Die Lücke, die Erhard hinterläßt, ersetzt ihn voll und ganz. Außenpolitische Unbedarftheit und wirtschaftliche Schwierigkeiten hatten seinen Nimbus zerstört. Als lachender Dritter tut sich die SPD mit CDU/CSU unter Kiesinger zusammen. Aber die wesentlichen Positionen aus Erhards letztem Politikversuch, dem Konzept der »formierten Gesellschaft« (dessen Ghostwriter der ehemalige Abendroth-Schüler Rüdiger Altmann war), werden von seinen Nachfolgern in der großen Koalition unbehindert von parlamentarischer Opposition durchgesetzt. Erhard hatte weitgehende Einschränkungen der parlamentarischen Demokratie und der gewerkschaftlichen Tarifautonomie verlangt. Sieben von elf »einfachen«, weil nicht verfassungsändernden Notstandsgesetzen sind bereits durchgebracht. Die von den Grundgesetzvätern ausdrücklich verworfenen Notstandsgesetze nach dem berüchtigten Modell des Weimarer Ermächtigungsparagraphen 48 bekommen 1965 noch keine ⅔-Mehrheit im Bundestag, sondern erst, als die SPD in die Regierung eingebunden ist. Die »Sozialpartner« haben sich jetzt zur

Großer Metallarbeiter-Streik, Mannheim 1963

»konzertierten Aktion« mit der Regierung zusammenzufinden. 1966 scheint es durchaus möglich, die CDU aus der Regierung zu verdrängen, aber die SPD rechtfertigt lieber mit Koalitionskompromissen ihre Politik, insbesondere ihre Zustimmung zu den Notstandsgesetzen. Ihre Beteiligung ermöglicht die Neuordnung der Wirtschafts- und Außenpolitik. Ohnehin hätten nicht einmal die Adenauer-Wähler in einen Krieg um die »Zone« ziehen wollen. Innenpolitisch ist die Integrationsfähigkeit der SPD gefragt. Wirtschaftsminister Schiller (damals noch SPD) und Finanzminister Strauß treten als »Plisch & Plum« auf. Mit den entsprechenden Ressorts fällt die von Schröder konzeptionell vorbereitete außenpolitische Innovation der SPD zu.

Auf der Konferenz der deutschen Botschafter von Abidjan 1968 wird eine Afrikapolitik gefordert, die kein bloßer Annex der »Deutschlandpolitik« Marke Hallstein mehr sein soll, damit sich die BRD auf Dauer nicht selbst isoliert. Die Entwicklungshilfepolitik für Lateinamerika war bereits seit 1962 den Prioritäten von Kennedys »Allianz für den Fortschritt« untergeordnet. Die Befürchtung der Unternehmerverbände, auf den »Ostmärkten« zu spät zu kommen, wird erst von der kleinen Koalition ab 1969 effektiv aufgegriffen.

Die Entspannungspolitik wirkt auch als neuer politischer Spielraum auf die Westpolitik zurück. Die BRD kann ihre Interessen, ohne ständig um Berücksichtigung in den Verhandlungen der Großmächte bitten zu müssen, direkter vertreten, zumal durch drei Regierungswechsel die Harmonie mit den USA in sorgfältiger Abstimmung wieder hergestellt ist. Eine Minderheit sind noch die Konservativen der USA, die in der größeren Eigenständigkeit Bonns eine »Schwächung des Westens« sehen. Zu dessen zweitstärkster Macht ist die BRD inzwischen aufgerückt.

Nach einer heftigen Auseinandersetzung und internationalen Protesten muß der Bundestag die Verjährungsfrist für Naziverbrechen verlängern.

Der Niedergang der Erhard-CDU treibt die revanchistischen Kräfte weiter nach rechts. Die neonazistische NPD wird gegründet und zieht zwischen 1965 und 1968 in sieben Landtage ein. Daß sie bei der Bundestagswahl 1969 mit 4,3 % knapp scheitert, ist der antifaschistischen Mobilisierung der Linken zuzuschreiben, sowie der Empörung über die Verhöhnung der Opfer in den Auschwitzprozessen.

In der Opposition von 1966–69 verzeichnet die FDP einschneidende Umstrukturierungen durch Abgänge zu CDU/CSU und NPD und linksliberale Zugänge, was dann nach 1969 in der Koalition mit der SPD dazu führt, daß in die Minderheit geratene Abgeordnete der alten FDP zur CDU übertreten und Barzels gescheitertes Mißtrauensvotum gegen Brandt 1972 möglich machen.

Umstände für die Neukonstituierung der Kommunistischen Partei 1968 sind die schwächere Identifikation der Linken mit einer regierenden SPD und der Entspannungsdruck aus den internationalen Veränderungen. Parallel zum Wahlbündnis linker, außerparlamentarischer Kräfte ADF (Aktion demokratischer Fortschritt) kandidiert 1969 die DKP.

Wachsende Politisierung und große, spontane Streiks im selben Jahr warnen die SPD vor den opportunen Grenzen des Opportunismus und zwingen zu einem gewissen Schwenk. Kann die CDU 1961 noch den Slogan »Keine Experimente« plakatieren, so geben sich 1969 schon alle als »Reformparteien«, was nur der SPD geglaubt wird. Selbst die FDP ist für das »Abschneiden alter Zöpfe«, womit der Inhalt der Reformen am genauesten als äußerlich ausgedrückt wird.

noch mehr in katholischen und ländlichen Regionen, in Klein- und Mittelbetrieben ohne Gewerkschaft. Aber das Privateigentum an Produktionsmitteln bedarf geschickterer Legitimation. Der Unterschied zwischen Eigentum des persönlichen Bedarfs und solchem, das sich durch Ausbeutung fremder Arbeit »von selbst« vermehrt, muß verwischt werden: »Mittelstandsorientierung«, »Volksaktien« zur VW- Privatisierung, Förderung des privaten Wohnungsbaus und »Vermögensbildung in Arbeitnehmerhand« sind die Schlagworte. Weitergehendes wäre sozialistische Planwirtschaft, die Dregger den »Ersatz des Zufalls durch den Irrtum« nennt. Auf den Zufall setzen die oberen Randgruppen der Arbeiterklasse, deren Wohlstand Eigentümerinteressen fördert, Aufstiegsillusionen und eine starke Identifikation mit dem herrschenden sozialen und politischen System. »Wohlstand für alle« verspricht Erhard. Mehr als ein Jahrzehnt später zieht die SPD die unverbindliche Formel »Kultur für alle« vor, denn die Leute sind klüger geworden. Vermittels des Lebensstandards sollte neben sozialer Ruhe auch die Attraktivität des bundesdeutschen Modellkapitalismus der DDR-Bevölkerung vorgeführt werden. Der Erfolgshöhepunkt beider Zwecke wird in den 60ern erreicht und überschritten.

Grundlage des klassenübergreifenden Konsens ist nicht nur die 1966/67 eingemottete Wirtschaftswunderideologie, sondern ebenso die Verschmelzung der »nationalen Frage« mit dem ungebrochen ererbten und im kalten Krieg modernisierten Antikommunismus. Zur Zerstörung des Klassenbewußtseins zwecks »sozialem Burgfrieden« wird die Einheitsgewerkschaft eingespannt, deren Einheit einst von den KZ-Häftlingen gedacht war als Einheit der in Sozialdemokraten und Kommunisten gespaltenen Arbeiterklasse. Nun läßt sich eine rechtssozialdemokratische Führung nach Proporz CDU-Mitglieder hinzuwählen. Was von den 6 Millionen Anhängern der Kommunisten nach 12 Jahren Faschismus und 12 Jahren Bonner KPD-Verfolgung übrig ist, darf Mitglied sein.

Die BRD verkauft sich als »klassenlose«, als »ideologiefreie Volksgemeinschaft«. Schelskys selbstgefällige Formel von der »nivellierten Mittelstandsgesellschaft« hat nicht die Amerikanisierung in der Konsumsphäre zu illustrieren, sondern die Klassen zu verdecken. Als Hochhuth an deren Existenz im SPIEGEL erinnert, trägt ihm das Erhards berühmte Intellektuellenbeschimpfung »Pinscher« ein. Offen formuliert wird elitärer Klassengeist nur in der Binnensphäre der herrschenden Klasse. Hans Martin Schleyer nach einer Beschreibung des »Idealunternehmers« als »Menschenführer« (in »Das soziale Modell«): »Wenn die Unternehmer für sich und ihre Positionen streiten, werden sie zugleich zu Vorkämpfern für die Freiheit.« Ein anderer ehemaliger SS-Würdenträger, Prof. R. Höhn, hat auf dieser Einsicht sein einflußreiches »Harzburger Modell« der Unternehmensführung und Ausbildung von Führungskräften aufgebaut. Ohnehin rekrutieren sich in den 60ern noch viele Spitzenmanager aus dem faschistischen Offizierskorps.

Als sich im Ruhrgebiet wieder was rührt und auf den Schornsteinen bestreikter Fabriken schwarze Fahnen wehen, drehen Schübel/Gallher ihren legendären Dokumentarfilm »Rote Fahnen sieht man besser«. Zeitgleich mit den Campus-Unruhen von Berkeley, Paris und Tokio hat die Studentenbewegung (siehe ab Seite 556 ff / 586 ff) hier ihren spektakulären Höhepunkt 1968. Konservative konstatieren eine »Fahnenflucht der Eliten«. Der »Basiskonsens« wird dünner. Freilich ist, was als »tiefe Grundlagenkrise der Bundesrepublik« erscheint, bei vielen nur eine ebenso überfällige wie kurzfristige Abwendung vom etablierten Normen- und Verhaltenskodex. In die Tiefe gehen die Bewegungen der 60er Jahre, soweit sie eine Renaissance des Marxismus bringen und als sozialistische Politik, als praktische Kritik weiterleben. »Aber die Praxis ist nur die Ausnahme, und die Theorie ist die Regel.« (Marx)

Trotz Streik und Aussperrung in der Baden-Württembergischen Metallindustrie 1963 liegt die niedrigste Zahl von Streiks zwischen 1959 und 1965. Noch bei den laufenden Tarifverhandlungen 1967 vermeiden es die Gewerkschaften, sich auf die betrieblichen Abwehrkämpfe zu stützen, stützen stattdessen in der »konzertierten Aktion« die an der Regierung beteiligte SPD. Auch die späteren Streiks in der Eisen- und Stahlindustrie von Ruhrgebiet und Saarland, die sich gegen sehr niedrige Tarifabschlüsse in der neuerlichen Hochkonjunktur richten, werden nicht von den Gewerkschaften getragen, von der IG-Bergbau sogar diffamiert. Erst nach den Septemberstreiks von 1969 beginnt eine bis 1974 anhaltende Kette gewerkschaftlicher Auseinandersetzungen. Die Kritik an der Sozialpartnerschaftspolitik bringt Debatten über »Mitbestimmung« und »Humanisierung der Arbeitswelt« in Gang. Der Begriff Klassenkampf bleibt tabu. Linke Sozialdemokraten erfinden die etwas halbseidene Bezeichnung »Doppelstrategie«, frei nach Rudi Dutschkes »Marsch durch die Institutionen«.

Daß die gewerkschaftliche Anpassung dennoch nicht soweit reicht, wie die der SPD, zeigt etwa die Unterstützung des IG-Metall-Vorsitzenden Otto Brenner für den SDS, die Zeitschriften »Neue Kritik«, »express international« und die Anti-Notstands-Bewegung. Wie beim Protest gegen die Spiegel-Affäre 1962 machen auch jetzt Intellektuelle den Anfang, im gewerkschaftlichen Umkreis vor allem Wolfgang Abendroth und einige SDS-Vertreter, sowie Helmut Ridder, der zusammen mit Ekkehard Stein schon 1963 ein Gutachten gegen die Notstandsgesetze vorlegt. 1965/66 wird der DGB von einigen hundert Hochschulprofessoren zum Festhalten an seinen Beschlüssen gegen diese Gesetzespläne aufgefordert. Erstmals beteiligen sich größere Gruppen der Studentenschaft, und ein entsprechender Kongreß findet im Mai 1965 in Bonn auf Initiative des SDS und anderer Verbände statt. Im Oktober 1966 folgt der Kongreß »Notstand der Demokratie« in Frankfurt, an dem sich sechs Einzelgewerkschaften, regionale und lokale Gliederungen, aber nicht der DGB beteiligen. Das den Kongreß veranstaltende gleichnamige Kuratorium, maßgeblich von der IG-Metall unterstützt, wird in den folgenden Jahren zum Zentrum der Bewegung. Zum ersten Mal seit der Anti-Atomtod-Kampagne der 50er Jahre gibt es wieder eine institutionalisierte Zusammenarbeit von kritischer Intelligenz und Gewerkschaft. Deren Unterstützung wird zwar sofort nach der SPD-Regierungsbeteiligung schwächer, aber mit Beteiligung vieler Gewerkschafter wird der im Mai 1968 veranstaltete Sternmarsch auf Bonn zur größten Massendemonstration seit langen Jahren. Der DGB-Bundesvorstand führt in Dortmund eine Konkurrenzkundgebung durch, um nicht in Aktionsbeschlüsse eingebunden zu werden, und die IG-Metall hält das Thema aus der anstehenden Tarifbewegung raus. Andererseits führen einzelne Betriebe Proteststreiks durch, die an ihrem Frankfurter Schwerpunkt vom lokalen DGB unterstützt werden. Der widersprüchlichen Haltung der Gewerkschaften ist es zu verdanken, daß die Sperrminorität gegen Grundgesetzänderungen im Bundestag nicht erreicht wird.

Freeze oder stirb

Die »Kampagne für Abrüstung« (1958) wird seit 1960 Ostermarschbewegung genannt und gibt sich 1968 mit der »Kampagne für Demokratie und Abrüstung« eine lockere Organisationsform, die selbstverständlich als kommunistisch gesteuert denunziert wird. SPD und DGB verbieten ihren Mitgliedern die Teilnahme. Aber die Spaltung der Bewegung durch Druck auf antikommunistische Ausgrenzung funktioniert diesmal nicht. Der Diskussionsprozeß führt zur Anerkennung der weder quantitativ dominierenden noch politisch führenden Kommunisten als konsequente Mitträger der Bewegung. In ihr arbeiten auch der SPD nahestehende Organisationen, wie »die Falken« (deren Bundesvorstand anfangs auch mit Ausschlüssen droht), die »Naturfreundejugend«, unter den Gewerkschaftern auch führende, ebenso SDS, DFU, Kriegsdienstverweigerer u. a. Mit ihrem schnellen Wachstum macht die zunächst stark pazifistische Bewegung einen Politisierungsprozeß durch. 1965 wird nicht nur konkrete Abrüstung von der eigenen Regierung verlangt, sondern erstmals auch die Anerkennung der DDR, die Aufhebung des KPD-Verbots und die Beseitigung der Notstandspläne. Ein weiterer Zusammenhang ist hergestellt, der zwischen Demokratie und Frieden. Schwerpunktthema der Ostermärsche ist ab 1964 der von der Bundesregierung unterstützte Vietnamkrieg.

Auch die »Bildzeitung« kann die Zunahme »langhaariger Affen« nicht verhindern. Die APO wächst und wehrt sich gegen den Pressezaren: »Leute, freßt Scheiße – 5 Millionen Fliegen können nicht irren.« Für die SPD wird die Begrenzung nach rechts deutlicher, will sie ihre Integrationsfähigkeit nach links nicht gänzlich einbüßen. Analog wirkt die sich ausbreitende Streiktätigkeit und Kritik in den Gewerkschaften. Die innenpolitischen Entwicklungen stimulieren die Entspannung und umgekehrt. In der SPD entwickelt sich, wenn auch vorübergehend, ein reformsozialistischer, in Randgruppen marxistischer Flügel, der

Die Ostermärsche

begannen 1960 in der Bundesrepublik mit dem Marsch von Braunschweig durch die Lüneburger Heide zum Todeszentrum Bergen-Hohne. Bereits im folgenden Jahr verliefen von hier vier Ostermärsche strahlenförmig nach Hamburg, Bremen, Hannover und Braunschweig.
1961 waren es insgesamt schon 15 Ostermärsche.
Während der Marschtage wurden Strecken von 100 km und mehr zurückgelegt, so von Miltenberg nach Frankfurt 82 km. Vom Wetter ließen sich die Marschierer nicht entmutigen. Der Marsch 1961 prägte sich als der nasseste und kälteste ein. – Stefan Andres gab 1961 den in regenfester Kleidung zum Marsch durch den Odenwald Angetretenen mit auf den Weg: »Wir marschieren, weil wir gewillt sind, den Teufelskreis der Atomrüstung zu durchbrechen! Wir fordern eine atomwaffenfreie Zone in Mitteleuropa.«
Die Teilnehmerzahlen stiegen von Jahr zu Jahr: ein Bild quer durch alle Parteien, Schichtungen, Generationen und Bekenntnisse.
Bereits 1962 war zu zentralen Forderungen erhoben:

- *Verzicht auf atomare Bewaffnung in ganz Deutschland;*
- *Verzicht auf die Stationierung atomar ausgerüsteter Truppen auf deutschem Territorium;*
- *Vereinbarungen über eine von den Großmächten und der UNO garantierte atomwaffenfreie Zone in Mitteleuropa.*

Toni Tripp

Kampagne für Abrüstung
1964
Ostermarsch Göppingen–Stuttgart
Man kann sich auch zu Tode rüsten
muß die Rüstun sterben
NIE WIEDER KRIEG
Worüber hielt man in Nürnberg Gericht?
Erinnert sich Johnson denn nicht?
OSTERMARSCH GEGEN
SOLIDARISCH GEGEN
ATOMWAFFEN
COLEM
KASE
AS NO-EXIS
Keine Atom-Minen quer durch Deutschland

ATOMMINEN
DEUTSCHLAND
Keine Ausbreitung von Atomwaffen
atomwaffen freie Zonen
Ostermarsch
der Atomwaffengegner
DUISBURG
DORTMUND
Ostermarsch der Atomwaffengegner
RAKETEN
Ostermarsch
HAMBURGER HAFENARBEITER FORDERN ATOMWAFFENSPERRVERTRAG
Deutscher Beitrag
Abrüstungskonferen
Statt

einige Gewerkschaftsbereiche prägen kann, die Jungsozialisten und den sozialdemokratischen (später sozialistischen) Hochschulbund SHB. Der Historiker Baring berichtet,[11] man habe die Befürchtung gehabt, »ein besseres Verhältnis zwischen Bonn und Moskau könne sich negativ auf die innenpolitische Stabilität der Bundesrepublik auswirken. Jungen Menschen werde vielleicht zunächst unverständlich sein, daß die Zusammenarbeit mit Kommunisten außenpolitisch notwendig sei, innenpolitisch aber verhängnisvoll. Die SPD, die hier ›besonders gefährdet‹ sei, müsse frühzeitig Zeichen setzen und verdeutlichen, daß die unüberbrückbaren Gegensätze zwischen Kommunisten und Nichtkommunisten auch künftig bestehen bleiben.« 1970 beschließt die SPD-Führung ein offizielles Verbot der Aktionseinheit.

Mit dem Niedergang und der vielfachen Spaltung der antiautoritären Bewegung entstehen auch an den Hochschulen diverse sozialistische, meist »partei«-gebundene Studentenorganisationen, später in den Siebzigern etablieren sich die sogenannten »Undogmatischen« und Basisgruppen. Es wachsen die gewerkschaftlich orientierten Organisationen im Wissenschaftsbereich, wie der 1969 gegründete, heute größte Studentenverband MSB-Spartakus, der (wie einst der SDS) vor die SPD-Parteitür gesetzte SHB, die GEW, der 1968 von Werner Hofmann initiierte Bund demokratischer Wissenschaftler (BdWi) u.v.a. – virulent bleibt die Bereitschaft, außerhalb der dafür vorgesehenen Ventilformationen gegen lähmende »Realpolitik« etwas zu riskieren und zu lernen, statt sich belehren zu lassen. Als illusionär erweisen sich die Annäherungsmöglichkeiten an die SPD von der Bildungsreform bis zum Betriebsverfassungsgesetz – ausgenommen die Entspannungspolitik. Zusammenhänge zwischen dem nach außen gespiegelten Klassengegensatz und der Sozialpartnerschaftsideologie im Inneren, zwischen der staatlichen Beteiligung am Imperialismus gegen Algerien, Kongo, Vietnam u.v.a. und dem autoritär gehaltenen Status quo der eigenen Gesellschaft sprechen sich herum. Zwar lesen ehedem spektakuläre Revoluzzer heute längst einen gewissen Sloterdijk, und die Arbeiterklasse, von einer ungleich tieferen Krise als 1966/67 getroffen, muß sich mit einer Organisation wehren, deren Spitze immer noch Ernst und Breit Erhards Eine-Hand-wäscht-die-andere-Technik retten will, aber evident sind die Folgen des Aufbruchs der 60er Jahre für die Friedensbewegung der 80er und, frei nach Nestroys Krähwinkel-Spott, es wird auch die Geschichte des Universums nicht mehr nur unter besonderer Berücksichtigung der Bonner Neustadt wahrgenommen.

Wer sich nicht in Gefahr begibt, kommt darin um.

»Ende der fünfziger Jahre legte Rainer Barzel mit seinem Komitee ›Rettet die Freiheit‹ schwarze Listen von Kommunisten und ihren Sympathisanten an. Der Boom der sechziger Jahre, der alle Kritik am kapitalistischen System erstickte, ließ die Fortführung der Listen entbehrlich erscheinen. Doch schon beim ersten Knick in der Steilkurve gab's 1972 den Berufsverbote-Erlaß. Ab zwei Millionen Arbeitslosen wird den Repräsentanten der real existierenden gesellschaftlichen Alternative der kalte Krieg erklärt. Ab wieviel Millionen der heiße?« schreibt Gremliza in KONKRET 11/83.

Eine gänzlich andere Zusammenfassung der hier behandelten geschichtlichen Erfahrung gibt der 1968 mit dem linken »Wissenschaftspolitischen Club Münster« sympathisierende heutige Kölner Staatsphilosoph Martin Kriele, CDU-MdB:[12] Die Friedensbewegung spiegele einen Machtverlust der Amerikaner wider. Nach Reideologisierung und Idealisierung des Marxismus Mitte der 60er Jahre, der moralischen Parteinahme gegen demokratische Verfassungsstrukturen frage sich, »was war eigentlich in jener Epoche das dominante machtpolitische Faktum? Welche Erkenntnis erfaßte 1968 die ganze Welt mit gewaltiger Evidenz? Es war die Erkenntnis, daß die USA den Vietnamkrieg nicht gewinnen konnten. (...) Nachdem die Amerikaner in Vietnam nicht siegen konnten, können sie in vergleichbaren Situationen anderswo auch nicht siegen. (...) Die Machtverhältnisse haben sich global zu Lasten des Westens verschoben, und dies war im öffentlichen Bewußtsein allenthalben gegenwärtig.« So sei der Friedensbewegung heute nicht Naivität, sondern umgekehrt eine zu schnelle, schlaue, unmoralische Anpassung an die Sowjetunion vorzuwerfen, Wertmaßstäbe, die aus der normativen Kraft der militärischen und machtpolitischen Entwicklung seit Vietnam stammten. Gelobt und ergänzt wird Kriele von Baring: »Nur ganz wenige bekennen sich zur Äquidistanz, also zu der Auffassung, das eine System sei so gut oder schlecht wie das andere, Ost und West stünden uns gleichermaßen ferne.«[13] Eine Bezeichnung gleicher Entfernung vergleichbarer Waffen wird auf die Entfernung zu Menschen, sozialen Systemen, Interessen und Hoffnungen bezogen – die feine Distanz zwischen reaktionärer Subjektivität und Objektivem.

Die Politik in den bisherigen 35 Jahren bundesdeutscher Geschichte hat sich am stärksten in den 60er Jahren verändert, die Beziehungen zum Westen, zum Osten; Wirtschaft, Gesetzgebung, Staatsaufbau; die alten und die neuen sozialen Bewegungen; Kultur, Sitten und Bewußtsein, Ansprüche und Geschichtskenntnisse. In der Emanzipation vom Mief der Adenauer-Zeit geht die Angst verloren. Im Wirklichen wird wieder nach dem Möglichen gefragt. »Erst in der Mutmaßung erweist sich unser Maß an Mut.« (Robert Musil) Fast alles hat sich geändert – außer dem System.

Zutreffend unter den veröffentlichten Ansichten scheint: Innerhalb des Bestehenden sei das Fundament »atlantischer Sicherheitspolitik« ohne Alternative, seien die großen Würfe, die »grand designs«, mit dem Ende der 60er Jahre abgeschlossen und erschöpft. Desillusionierend lassen sich Proteste gegen einzelne Aspekte der Politik zur Modifikation des Alten nutzen, das die Krisen auf fast allen Gebieten glänzend verarbeitet. Ansätze für grundlegend Neues werden in ihren Kinderkräften maßlos überschätzt. Das Einfache war damals einfach nicht zu machen und scheint noch schwer auf absehbare Zeit.

Aber die Haut ist nicht mehr so dick, daß man ohne Rückgrat stehen kann.

1 Ökonomische und sozialpolitische Daten aus »Geschichte der Bundesrepublik. Beiträge« von Albrecht, Deppe, Huffschmid u.a., Pahl-Rugenstein Verlag, Köln 1979
2 Deutscher Bundestag – 4. Wahlperiode – 39. Sitzung. Bonn, 9.10.62, S. 1633
3 Zit. nach Hubert Reiche, »Die Russen kommen – pünktlich«, Frankfurt/M. 1983, S. 91
4 Telegraf 12.3.53
5 Die neue Zeitung 17.7.51
6 Zit. nach Reiche, »Die Russen kommen – pünktlich«, a.a.O., S. 111
7 »Adenauer und der Weg Deutschlands«, Robert Strobel, Verlag C.J. Bucher, Luzern und Frankfurt/M. 1965
8 am 21.2.68 nach Herald Tribune vom 23.2.68
9 Rudolf Augstein, »Waffen statt Politik« in: »Bilanz der Bundesrepublik«, Magnum-Sonderheft, Köln 1961, S. 48
10 »Adenauer und der Weg Deutschlands«
11 Arnulf Baring, »Machtwechsel. Die Ära Brandt-Scheel», Stuttgart 1982, S. 357
12 in: »Kontinent. Ost-West-Forum«, 3/83
13 Arnulf Baring, FAZ 28.9.83, »Außenpolitische Zeitschriften«

Witich Roßmann

Zwischen APO und Ministerwürden

Gewerkschaften in den 60er Jahren

Oktober 1968. Marsch der Krupp-Arbeiter zur Konzern-Hauptverwaltung in Essen.
Unten: Rede des IG-Metall-Vorsitzenden Otto Brenner zur Mitbestimmung, ebenfalls im Oktober 1968

Gewerkschaften in den sechziger Jahren. Ein wenig erregendes Kapitel deutscher Gewerkschaftsgeschichte. In der internationalen Streikstatistik behauptet die Bundesrepublik mit solidem Abstand den letzten Platz. Selbst in der bundesdeutschen Streik- und Arbeiterkampfgeschichte präsentieren sich die Sechziger als Hort der Stabilität. Der »soziale Frieden« beherrscht die gesellschaftlichen Klassenbeziehungen. Er läßt die Klassenkämpfe historisch, vergangen erscheinen, die Klassenstrukturen an Kontur verlieren und die emanzipatorischen Ziele der Arbeiterbewegung in Vergessenheit geraten.

Mit dem Beginn der 60er Jahre ist der historisch-politische Zyklus der Kämpfe um die gesellschaftliche Neuordnung ebenso erfolglos abgeschlossen wie die Kämpfe gegen Remilitarisierung und Atombewaffnung Ende der 50er Jahre. Selbst für den unmittelbaren sozialpolitischen Fortschritt waren die zentralen Weichenstellungen erfolgt: Die Vereinbarungen über die schrittweise Einführung der 40-Stunden-Woche 1956 hinterließen für die 60er Jahre nunmehr die geschäftsmäßige Abwicklung der einzelnen Arbeitszeitverkürzungsschritte; die Lohnfortzahlung im Krankheitsfall war 1956/57 erkämpft worden, und die ökonomische Prosperität garantierte nahezu jährliche Reallohnzuwächse.

Ein neuer Kampfzyklus hingegen, getragen von neuen Bedürfnissen, Forderungen und Zielen und einer neuen Generation in der Arbeiterbewegung schien nicht in Sicht. Was verblieb der Gewerkschaftsbewegung in einer solchen Übergangsperiode außer Selbstzufriedenheit und Anpassung? Einer Periode, in der die ältere Generation der Arbeiterklasse endlich und erleichtert die gesellschaftlichen Spannungszustände von faschistischer Repression, Kriegsterror, beruflichem und sozialem Neuanfang in der Nachkriegszeit im Rückzug auf Privatheit und Konsum, auf Wohnen, Häuschen, Auto, Urlaub und Fernseher verdrängen konnte. Gleichzeitig einer Periode, in der die aktiven Kader der Arbeiterbewegung resignativ um Selbstbehauptung in einem Klima von Restauration, antigewerkschaftlicher und antisozialistischer Denkmuster und Konsum-Mentalität kämpfen, ihr kommunistischer Teil bis 1968 illegalisiert ist und die jüngere Generation ihnen skeptisch ein aktives Engagement verweigert. Denken und Handeln in Klassenkategorien begann selbst innerhalb der Gewerkschaftsbewegung nurmehr als Restbestand traditionellen, überlebten Bewußtseins akzeptiert zu werden. Die vielfach prognostizierte Verwandlung der Gewerkschaften in ein modernes Versicherungs- und Dienstleistungsunternehmen mit öffentlich-rechtlichem Status und bürokratisierter wie zentralisierter Binnenstruktur drohte Realität zu werden. Indizien dafür, Tendenzen dahin, aber auch die Gegenkräfte in den 60er Jahren zeigt allein schon die skizzenhafte Betrachtung der Lohn- und Tarifpolitik, der Organisations- und Programmdiskussionen in den Gewerkschaften.

Lohn- und Tarifpolitik in den 60ern: Ein Kinderspiel?

Die Lohn- und Tarifpolitik stellt sich beim ersten, statistischen Anblick – verglichen mit den 70ern – als problemlos dar. Das Bruttosozialprodukt stieg jährlich um 4,4 Prozent, die Nettoreallöhne um 4,5 Prozent (1960–69). Auf einen Arbeitslosen kamen drei bis vier offene Stellen – fast genau umgekehrt wie in den 50er Jahren. Gleichzeitig wurde von 1960 bis ’67 die tarifliche Arbeitszeit von 44 auf 40 Wochenstunden verkürzt. Der Verteilungsspielraum des

Kapitals aber wurde selbst damit nie ernsthaft durchbrochen. Neben einigen kleineren Streiks der Berg- und Papierarbeiter (1962), der Fliesenleger und Gummiarbeiter (1967) blieb der Metallarbeiterstreik von Baden-Württemberg 1963 der einzige große *gewerkschaftliche* Streik in den 60ern.

Schon die ersten Anzeichen sich – gegenüber den 50ern – normalisierender Wachstumsraten, gar einer zyklischen Wachstumsverringerung reaktivierte konfrontative Strategien im Unternehmerlager: Die Metallunternehmer forderten 1962/63 eine Lohnpause und die Aussetzung der fälligen Arbeitszeitverkürzung trotz eines Wirtschaftswachstums von 3,4 Prozent (1963). Prophylaktisch drohten sie mit Aussperrung, die sie nach zwei Tagen Schwerpunktstreik in Stuttgart und Mannheim flächendeckend (270000 Beschäftigte) und provokativ zum 1. Mai wahrmachten. Damit sollte gleichermaßen die verbliebene Kampffähigkeit getestet und die linksstehende IG Metall geschwächt werden. Nach 2 Wochen Streik und Aussperrung, solidarischer Kampfbereitschaft der Mitglieder, auch der Frauen und erstmals der ausländischen Kollegen in größerer Zahl, hatte die IG Metall mit ihrem Bezirksleiter Willy Bleicher diese soziale wie politische Machtprobe des Kapitals erfolgreich abgeschlagen. Die Unternehmer mußten weiterhin die Arbeitsmarktlage in den Lohnabschlüssen honorieren, und den Gewerkschaften genügte in der Regel die glaubwürdige Streikdrohung. Tarifpolitik konnte nahezu ausschließlich als Verhandlungspoker erscheinen.

In den Jahren nach 1963 mehrten sich die Versuche, die gewerkschaftliche Politik staatlicher Kontrolle zu unterwerfen: Produktivitätsorientierte Lohnformeln wurden ausgearbeitet, der Sachverständigenrat, die sogenannten »Fünf Weisen«, gegründet, und Bundeskanzler Erhard erging sich in Maßhalteappellen, die schließlich in der Forderung nach der »Formierten Gesellschaft« endeten. Die erste Nachkriegskrise 1966/67 nutzten die Unternehmer dementsprechend umgehend, um übertarifliche Lohn- und Sozialleistungen abzubauen und provozierten damit mehr als 200 betriebliche Abwehrstreiks.

Erfolge erzielten die Strategien staatlicher Gewerkschaftseinbindung aber erst nach Bildung der »Großen Koalition« und Einrichtung der »Konzertierten Aktion«, einem Gremium, in dem regelmäßig Regierungs-, Kapital- und Gewerkschaftsvertreter gemeinsam wirtschaftspolitische Probleme erörterten und in dem insbesondere die Gewerkschaftsvertreter auf staatliche Lohnleitlinien festgelegt werden sollten. Zwei Jahre gewerkschaftliche Anpassung an diese Lohnleitlinien im Konjunkturboom 1968/69 ließen die Gewinne explodieren – und den betrieblichen Protest. Einem Streik im Dortmunder Stahlkonzern Hoesch, der sich an innerbetrieblichen Lohndifferenzen entzündet hatte, folgte im September 1969 eine sich von Tag zu Tag in den Großbetrieben der Stahl-, Bergbau-, Werft- und Metallindustrie ausweitende spontane Streikwelle. Schon nach einer Woche, am 9. September, befanden sich in 29 Betrieben über 65000 Arbeiter im Streik; insgesamt bestreikten 140000 Arbeiter 69 Betriebe und setzten selbst für die 60er Jahre außergewöhnliche Lohnerhöhungen (11 Prozent) und außertarifliche Zulagen (20–30 Pf pro Stunde) durch. Verblüfft mußte die IG Metall in einer internen Auswertung feststellen, daß sich die gewerkschaftspolitische Situation der 60er Jahre verkehrt habe: Habe bis dahin »die große Masse der Arbeitnehmer passiv und mehr oder minder apathisch Gewerkschaftspolitik über sich ergehen lassen, seien so gut wie alle Tarifbewegungen »von oben her angekurbelt, eingeleitet und durchgeführt worden (und) ... nirgendwo Druck von unten ... ausschlaggebend« gewesen, so kündige sich in

Letzte Schicht

Toni Tripp

Zechensterben

In nicht ganz zwei Jahrzehnten »Struktur-Wandel« von der größten Bergbaustadt Europas zur kleinsten, nämlich von 22 Schachtanlagen auf Null: Als letzte Zeche auf Essener Gebiet soll 1986 die Schachtanlage Zollverein in Essen-Kray geschlossen werden.

Der Anfang wurde 1966 mit den im Süden Essens gelegenen Schachtanlagen »Ludwig« und »Langenbrahm« gemacht. Das ging noch ohne besonderes Interesse der Öffentlichkeit über die Bühne. Auch die Schließung einiger im grünen Ruhrtal gelegenen Zechen deutete noch nicht auf das volle Ausmaß der Umwälzung hin, die als »Strukturwandel im Ruhrgebiet« bekannt gemacht worden war. Als dann jedoch die Zechen des inneren Stadtgebiets geschlossen wurden, wie etwa die Krupp-Zeche »Amalie«, da kam eine erste Vorstellung davon auf, welches Ausmaß das Zechensterben im Ruhrgebiet haben würde.

Doch immer noch spiegelten die IG Bergbau-Energie-Kongresse das Bild einer mächtigen Gewerkschaft. Der Wandel zur Energie-Gewerkschaft wurde damit deutlich, daß die Repräsentanten von IG Bergbau-Energie in Sachen der Atomenergie eine eigene Haltung einnahmen. Nicht zufällig wurde der Chef der IG Bergbau-Energie Arbeitsminister. (Von dem allerdings heute weder einer als von einem Bergarbeiterführer noch von dem zum Minister aufgestiegenen Kumpel spricht.) Jedoch: im Ruhrgebiet war 1966 das Wirtschaftswunder zu Ende. 71000 Bergarbeitern wurde bis Anfang 1967 gekündigt, Kurzarbeit, Feierschichten und Zechenschließungen waren an der Tagesordnung.

Es gab Bergleute, die im Laufe der folgenden Jahre nicht nur einmal ihren Arbeitsplatz und auch ihren Wohnort wechseln mußten. Dies geschah in Familien, in denen nicht nur der Vater, sondern auch der Großvater schon auf immer gleicher Zeche ein volles Arbeitsleben unter Tage hinter sich gebracht hatte, so daß ein Arbeitsplatzwechsel über fast ein Jahrhundert für Bergleute kaum angefallen war.

den Septemberstreiks eine »neu entstehende aktive Kampfbereitschaft« an. Denn dieser größte Streik der 60er Jahre wurde ohne gewerkschaftliche Initiative und Unterstützung allein von der betrieblichen Gewerkschaftsbasis getragen. Die Führung stand staunend daneben und versuchte sie dann in tarifpolitische Verhandlungen zu überführen.

Auf die Automationswelle der 60er Jahre reagierten die Gewerkschaften vornehmlich mit Arbeitstagungen, die »Chancen und Risiken« analysierten. Auf den internationalen Konferenzen der IG Metall zu den Problemen des technischen Fortschritts (1963, 1965) wurden wirschafts-, arbeitsmarkt- und bildungspolitische Forderungen entworfen, die später Arbeitsschwerpunkte der sozialliberalen Koalition in den 70er Jahren wurden. Der Abschluß von Tarifabkommen zur analytischen Arbeitsbewertung förderte hingegen die Rationalisierungspolitik, deren soziale Folgen (Umsetzung, Abgruppierung, Umschulung, Entlassung) das Rationalisierungsschutzabkommen für die Eisen- und Metallindustrie 1968 lediglich finanziell abfederte.

Gewerkschaftliche Organisationskrise

In den 60er Jahren stagnierten die Mitgliederzahlen der DGB-Gewerkschaften bei etwa 6,5 Millionen, und der gewerkschaftliche Organisationsgrad sank sogar auf 30,3 Prozent. Darin spiegelten sich neben den sozialökonomischen Strukturveränderungen (Zunahme der Frauen- und Angestelltentätigkeit, Expansion des Dienstleistungssektors) vor allem die gelockerten Bindungen der Masse der Lohnabhängigen an ihre Gewerkschaften. Ihre Notwendigkeit wurde zwar in Meinungsumfragen nicht bestritten, aber kampflos erreichbare Tariferfolge, die vielfältigen Möglichkeiten, durch Betriebswechsel und Weiterbildung bessere Arbeitsplätze und höhere Löhne zu bekommen, lösten die individuelle Organisationsdisziplin, die Fluktuationsraten stiegen. Häufig genügte ein Betriebswechsel, um die Mitgliedschaft nicht zu erneuern. Alle Gewerkschaften versuchten, dem Problem durch verbesserte Beitragskassierung und Verwaltungsarbeit beizukommen. Der integrationistische Flügel der Gewerkschaften, als deren Exponent sich Georg Leber und seine IG Bau Steine Erden profilierten, nutzte diese Organisationskrise zugleich, um den Versicherungs- und Dienstleistungscharakter der Gewerkschaft auszubauen: Durch eine Satzungsänderung erschwerte Georg Leber den Gewerkschaftsaustritt so stark wie die Kündigung eines Zeitschriftenabonnements. Vom Bauarbeitgeberverband ließ er sich 1961 im Tarifvertrag schriftlich die IG BSE als »Ordnungsfaktor« anerkennen und beanspruchte von diesem »Vorteilsregelungen« für Gewerkschaftsmitglieder. Eine Zusatzrente für Gewerkschaftsmitglieder, das »Gemeinnützige Erholungswerk e.V.«, das unter anderem ein Ferienheim bei St. Tropez baute, und die »Stiftung Berufshilfe«, alle finanziert aus den Zusatzversorgungskassen bzw. der Lohnausgleichskasse und von der Gewerkschaft verwaltet, sollten die Organisationsdisziplin retten: Organisationssicherung durch Bürokratisierung und sozialpartnerschaftliche Kooperation. Anders die IG Metall. Sie setzte auf eine betriebsnähere Tarifpolitik, den verstärkten Aufbau von Vertrauensleutekörpern, eine basisnahe Bildungsarbeit und ein aktive Tarifpolitik. Organisationssicherung durch Basisnähe und Erhalt einer mobilisierungsfähigen Gegenmacht – so lauteten die organisationspolitischen Antworten des linken Gewerkschaftsflügels. In den organisationspolitischen Divergenzen reflektierten sich nicht zuletzt die politischen Kontroversen innerhalb der Gewerkschaften Anfang der 60er Jahre.

Großer Bahnhof in Köln: Der millionste »Gastarbeiter«, der Portugiese Hernando Rodrigues de Sá, wird 1964 von Unternehmern feierlich empfangen und bekommt ein Moped und Blumen geschenkt.

Die Zahl der westdeutschen Erwerbstätigen ging von 1960–1972 aufgrund ihrer Altersstruktur um 2,3 Millionen zurück. Aber es wurden Arbeitskräfte gebraucht – und die holte sich die deutsche Industrie aus den ärmeren Ländern Europas. Ab 1960 kamen die sogenannten »Gastarbeiter« in größeren Zahlen, zunächst vor allem aus Italien, Griechenland und Spanien, später auch aus Jugoslawien und schließlich aus der Türkei.

»Die ausländischen Arbeitnehmer kommen aufgrund einer freiwilligen Entscheidung als freie Menschen in ein Land mit einer freiheitlichen Gesellschaftsordnung. Es gibt keine Freiheit ohne Verantwortung. Deshalb ist zunächst einmal jeder selbst für seine Lebensgestaltung in dieser freiheitlichen Ordnung verantwortlich. Wir erwarten deshalb von den Ausländern, daß sie sich selbst um Eingliederung und Anpassung an unsere Verhältnisse bemühen. Nicht wir können uns den Ausländern anpassen, sie müssen sich vielmehr selbst unsere Ordnungsvorstellungen zu eigen machen…« (Prof. Siegfried Balke, Bundesvereinigung der Deutschen Arbeitgeberverbände, 1968).

Die sich »freiwillig« entschieden hatten, weil die wirtschaftlichen Bedingungen in ihrem Heimatland ihnen keine oder nur schlechte Möglichkeiten boten, gerieten in der Bundesrepublik nicht selten in Verhältnisse, die sie sich bei den Anwerbungsgesprächen in Italien oder Spanien nicht hätten träumen lassen. In der ersten Phase der Ausländerbeschäftigung bis ca. 1961 wurden im bayerischen Dachau italienische, spanische und griechische Arbeiter mit ihren Familien in den halbverfaulten Baracken des ehemaligen Konzentrationslagers Dachau einquartiert.

Die deutsche Bevölkerung erleichterte den ausländischen Kollegen die Eingewöhnung nicht sonderlich. »Sie sind feige, dreckig und geil. Sie pöbeln blonde Mädchen an und machen Jagd auf unsere Ehefrauen. Wer sich mit ihnen anlegt, bekommt ein Messer zwischen die Rippen. Sie haben nur Weiber, Vino und Spaghetti im Kopf«, beschrieb Günter Wallraff 1969 die gängigsten Vorurteile gegenüber Ausländern.

Konzertierte Aktion zwischen Gewerkschaften, Unternehmern und Regierung: Rosenberg, Berg und Schiller

Selbstverständnisdebatte im DGB

Aufhänger einer breiten Selbstverständnisdiskussion im DGB wurde Anfang der 60er Jahre der Beschluß von 1959, das alte Münchner Programm des DGB von 1949 zu überarbeiten. Während die integrationistischen Kräfte um Georg Leber eine Revision nach dem Godesberger Vorbild der SPD anstrebten, wollten die sozialistisch-reformistischen Kräfte um die IG Metall die zentralen Elemente des Münchner Programms erhalten: Volkswirtschaftliche Planung, Mitbestimmung und Gemeineigentum an Schlüsselindustrien. Im Hintergrund der Debatte stand die gewerkschaftliche Verarbeitung des Wirtschaftswachstums, des neu gewonnenen materiellen und sozialen Wohlstands. Für den integrationistischen Flügel war all das Ausdruck der modernen Industriegesellschaft, die ausbeutungs- und klassenfrei unter der Vorherrschaft des Rechts- und Sozialstaats funktioniere und nichts mehr mit dem Kapitalismus der Vorkriegszeiten, seiner Krisen, seiner Ausbeutung, Verelendung und Unterdrückung gemein habe. In ihr könne und müsse die Gewerkschaft als öffentlich anerkannte Kraft sozial ausgleichende und befriedende Ordnungsfunktionen übernehmen. Der Wirtschaftsoptimismus, der den Programmentwurf und Lebers Reden durchzog, mag heute merkwürdig illusionär erscheinen – damals spiegelte er den Zeitgeist eines steilen Konjunkturbooms. Assistiert von den Massenmedien, fiel es Georg Leber nicht schwer, seine Kontrahenten in IG Metall und IG Chemie als antiquierte, dogmatische Altsozialisten und Traditionalisten abzutun und sich selbst als undogmatischen Reformisten zu präsentieren. Allein, die Klassenwirklichkeit in den Betrieben, die Aussperrungspraxis 1963 wie die ersten Notstandsgesetzentwürfe setzten der gewerkschaftlichen Anpassung Grenzen. 262 Änderungsanträge als Produkt einer sehr kritischen Programmdiskussion 1962/63 sorgten für stärkere kapitalismuskritische Akzente. Die Godesberger Wende wurde nur unvollständig nachvollzogen. Alle Elemente der gewerkschaftlichen Neuordnungskonzeption des Münchner Programms von 1949 blieben erhalten, wenn auch im 63er Programm in viele Kapitel verstreut, isoliert voneinander, ja zum Teil in marktwirtschaftliche Gedankengänge gestellt und damit ihres eigentlichen Inhalts entledigt. Nur die im 63er Programm hervorgehobene Mitbestimmungsforderung wurde später Gegenstand von gewerkschaftlichen Initiativen. Wenn auch nach rechts verschoben, so konnten doch alle Flügel schließlich mit dem politischen Kompromiß des Düsseldorfer DGB Programms von 1963 leben. Links von der SPD blieben so die Gewerkschaften, mindestens ihr linker Flügel, programmatisch und politisch der letzte Ort gesellschaftlichen Einflusses, in dem die politische Kultur der Arbeiterbewegung überdauern konnte.

Zwischen APO und Ministerwürden. Gewerkschaftliche Politik am Ende der 60er Jahre

Die ökonomisch-politische Entwicklung folgte indes mehr den ökonomischen Bewegungsgesetzen des kapitalistischen Reproduktionsprozesses als den eher naiven Illusionen integrationistischer Gewerkschafter. Die Wachstumsraten verminderten sich und mündeten 1966 in der ersten Nachkriegskrise, die zugleich zur politischen Krise der CDU/CSU Alleinherrschaft wurde. Die zwei wichtigsten Arbeitsschwerpunkte der neuen »Großen Koalition« setzten gewerkschaftliche Tolerierung und Mitarbeit voraus: Sicherung einer Zweidrittelmehrheit für die Notstandsgesetze und ein effktiveres wirtschaftspolitisches Steuerungsinstrumentarium, zu derem Kern die »Konzertierte Aktion« der »Sozialpartner« gehören sollte. In dieser Phase vollendete sich der Anfang der 60er Jahre eingeschlagene Weg des integrationistischen Flügels. Georg Leber wurde Verkehrsminister. Das Amt sei peripher, meinten Kiesinger und Brandt übereinstimmend, wichtig sei allein die symbolträchtige Einbindung des staatstragenden Gewerkschaftsflügels. Stolz vermerkte Georg Leber in seinen Memoiren »Vom Frieden«, daß allein der Aufbau einer integrationistischen Minderheit in den Gewerkschaften den Widerstand gegen die Notstandsgesetze so weit neutralisiert habe, daß sie parlamentarisch passieren konnten. In die »Konzertierte Aktion« wurde sogar die kritische IG Metall so erfolgreich eingebunden, daß die »wilden Streiks« 1969 nicht zuletzt als Ergebnis gewerkschaftlicher Anpassung interpretiert werden müssen. Die parlamentarische Fixierung auch des linken Gewerkschaftsflügels, die Bedenken gegenüber generalstreikähnlichen Aktionsformen und die Aussicht auf Kompensation der Notstandsgesetze durch eine Ausweitung der Mitbestimmungsgesetze ließen gewerkschaftlichen Widerstand in der Schlußphase erlahmen. Die inhaltliche Kritik an den Notstands-Gesetzen wurde aufrechterhalten, die Zugeständnisse an die Tarifautonomie und Streikfreiheit gewürdigt. Doch die Nichtbeteiligung am zentralen Sternmarsch der Notstandsgegner 1968 in Bonn, die Organisierung einer eigenen Funktionärskundgebung in Dortmund bei Verzicht auf weitergehende Kampfmaßnahmen wurden als faktische Hinnahme der Gesetzesverabschiedung begriffen.

Aber die politische Hegemoniekrise des CDU/CSU Blocks, die Bildung der »Großen Koalition«, die zyklische Krise und die infrastrukturellen Krisen im Bildungs-, Gesundheits- und Verkehrssektor förderten auch eine andere Tendenz: Aus der studentischen Opposition gegen den Vietnam-Krieg, die Notstands-Gesetze und autoritäre Hochschulstrukturen sowie aus der Ostermarschbewegung formierte sich eine außerparlamentarische Oppositionsbewegung, die sich vielfältig mit dem linken Gewerkschaftsflügel vernetzte. Der vom SDS initiierte Kongreß »Demokratie vor dem Notstand« und der Appell von 215 Professoren an den DGB, gegen die Notstandsgesetze aktiv zu werden (1965), und das gewerkschaftliche Nein zu den Notstands-Gesetzen, vom DGB-Kongreß 1966 bekräftigt, flossen im 1966 gegründeten Kuratorium »Notstand der Demokratie« zusammen. Neu gegenüber den Kämpfen gegen Remilitarisierung und Atomtod: Nicht mehr der ganze DGB, sondern nur noch sein linker Flügel schloß sich dem Kuratorium an, beteiligte sich an dessen Kongreß in Frankfurt 1966 (20000 Teilnehmer). Und erstmalig mußte sich diese Oppositionsbewegung unabhängig, zum Teil sogar gegen die SPD der Großen Koalition formieren. Die Spaltung in der Programmdiskussion war nunmehr politikbestimmend geworden und äußerte sich auch im Verhältnis der Gewerkschaftsflügel zur APO: Während der Westberliner DGB-Vorsitzende Walter Sickert als Prototyp des rechten Flügels mit seinen Ausfällen gegen die APO nicht hinter die Springer-Presse zurückfiel, konnte Ulrike Meinhof in der »Metall« publizieren, äußerte Otto Brenner viel Verständnis für die Studentenbewegung, wurde ihr aus der IG Metall manche intellektuelle und finanzielle Hilfe zuteil.

An der gewerkschaftlichen Basis trug das Vorbild der selbstbewußten studentischen Aktionsformen, aber auch ihr Einfluß auf die Bildungs- (IG Metall, IG Chemie) und die Jugendarbeit, zur Rückbesinnung auf eigene, originär gewerkschaftliche Kampfformen bei. Der unmittelbarste Einfluß zeigte sich in der Lehrlingsbewegung. Sie demonstrierte nicht nur ideenreich gegen unglaubliche Mißstände in der Berufsausbildung, sondern trat auch selbstbewußt fordernd gegenüber den Gewerkschaften auf – so mit eigenen Lehrlingsdemonstrationen, Arbeiterjugendgerichten, Lehrlingszentren und später mit der Aktivierung einer ausbildungs- und betriebsbezogenen, antikapitalistisch geprägten Gewerkschaftsjugendarbeit, die alle Tendenzen zur Reduktion gewerkschaftlicher Jugendarbeit auf Hobby- und Freizeitschwerpunkte weit hinter sich ließ.

Örtliche, aktionsbezogene Zusammenarbeit zwischen der APO, der Gewerkschaftsjugend und betrieblichen wie gewerkschaftlichen Organisationen gab es häufig bei Aktionen gegen die NPD und in Rote-Punkt-Aktionen gegen Fahrpreiserhöhungen.

Es entstand langsam ein gesellschaftspolitisches Klima, in dem die gewerkschaftliche Basiskritik an der Konzertierten Aktion, von einer starken Minderheit auf dem 9. IG Metall Gewerkschaftstag 1968 formuliert, in den Septemberstreiks Realität werden konnte. Die Kampfform spontaner betrieblicher Streiks durchbrach gerade die in der Bundesrepublik extrem verrechtlichten »Spielregeln« der Klassenbeziehungen. Und die autonome betriebliche Streikführung signalisierte unerwartete Handlungspotentiale in der Arbeiterklasse. Wenngleich der Streikumfang und sein politischer Charakter geringfügig gegenüber dem Generalstreik im Mai 1968 in Frankreich und im Herbst '69 in Italien erscheinen mochten, in der Bundesrepublik erschütterten sie rechte Weltbilder von der »nivellierten Mittelstandsgesellschaft« (Schelsky) nicht weniger als linke von der »eindimensionalen Gesellschaft« (Marcuse). Eine neue Generation, so analysierte die IG Metall, sei in die aktive Arbeiterbewegung eingetreten, die Routineveranstaltungen nicht mehr selbstverständlich hinnehme, »Beschlüsse, die früher ohne Wimpernzucken akzeptiert wurden« hinterfrage, personelle Lösungen nicht schweigend akzeptiere. Die »Mentalität der Funktionäre in den Betrieben« habe sich offensichtlich verändert, die Gewerkschaften müßten künftig aufpassen, daß sie nicht hinter dem »gegebenen Kampfwillen zurückbleiben«. Ein neuer Zyklus gewerkschaftlicher Kämpfe hatte sich mit den Septemberstreiks '69 konstituiert, der sich gegen die integrationistische Einbindung der Gewerkschaften behaupten mußte und von den gewerkschaftlichen Kampferfahrungen des linken Flügels profitieren konnte. Ihm vor allem kommt in den sechziger Jahren das Verdienst zu, daß die Gewerkschaften als soziale Bewegung überlebten und nicht zu öffentlich-rechtlichen Institutionen degenerierten.

Demonstration der Lehrlingsbewegung am 7. Juni 1969 in Köln mit den Parolen »Selbstbestimmung und Klassenkampf statt Mitbestimmung und Gewerkschaftskrampf«

Ingeborg Simon

CONTERGAN ®

Frage: Was wissen Sie (noch) von CONTERGAN?

Kinder mit verkrüppelten Gliedmaßen fallen Ihnen ein – und was sonst? Nichts mehr? Diese magere Bilanz ist meist alles, was übrig blieb von einem Ereignis, das von 1957 bis 1961 allein in der BRD weit über 1000 Tote und noch mehr Schwerbeschädigte und Kranke hinterließ (genaue Zahlen existieren bezeichnenderweise überhaupt nicht). Daß unser Wissen und unser Gedächtnis zum Fall CONTERGAN so wenig hergeben, trotz der ständig daran erinnernden Leiden Überlebender, ist kein Zufall, sondern das Ergebnis geschickter Politik derer, die dieses Unglück zu verantworten haben. Sie haben es nämlich von Anfang an verstanden, den CONTERGAN-Skandal für die Öffentlichkeit in einen unvorhersehbaren Schicksalsschlag umzufälschen (»nationales Unglück«). So gehört CONTERGAN bis heute zu den »unbewältigten« verdrängten Ereignissen der frühen 60er Jahre. Filmemachern würde es genug Stoff bieten für einen Streifen, der es an Brutalität und Kriminalität mit jedem Film über die Machenschaften der sizilianischen Mafia aufnehmen könnte.[1]

Die Akteure des CONTERGAN-Ereignisses sind auf der einen Seite die »Gesunde-Geschäfte-Macher« der Pharma-Industrie, Versicherungsagenten, Staranwälte, Privatdetektive, gekaufte Gutachter und ein echter Nobelpreisträger; auf der anderen Seite hilflose Opfer, unzählige Tote, Geisteskranke als menschliche Versuchskaninchen, von internen Querelen geschwächte Elterngruppen, handlungsunfähige Kontrollinstanzen und einige standhafte Ärzte und Wissenschaftler.

Zum Ablauf der Handlung

Die Dalli-Werke Maurer & Wirtz, Hersteller von Seifen und Waschmitteln, steigen 1946 in Stolberg (Rheinland) mit der Gründung der Chemie Grünenthal ins gewinnversprechende Pharmageschäft ein. Ohne großes »know how« wird die Produktion in einer alten Kupfergießerei aufgenommen – zunächst mit Antibiotica, später mit Schlaf- und Schmerzmitteln. Im Oktober 1957 kommt CONTERGAN auf den Markt. In kürzester Zeit wird dieses »gefahrlose« und »ungiftige« Schlafmittel (»unschädlich wie ein Zuckerplätzchen«) zum Umsatzrenner. Und weil das Geschäft damit so floriert, wird CONTERGAN (int. Thalidomid) gleich in weiteren 50 Variationen als Rheuma-, Grippe-, Asthma- und Migränemittel vermarktet. Nicht nur der heimische Markt, auch das Ausland, von Australien über Afrika bis Brasilien, wird beliefert. Mit dem rasch zunehmenden Verbrauch – 1961 benutzen über 1 Mio. Bundesbürger das »Schlafmittel des Jahrhunderts« – mehren sich in Stolberg Meldungen über gravierende Nebenwirkungen, von Ärzten in Krankenhäusern und Praxen beobachtet: Muskelkrämpfe, Gliederschwäche, Angstzustände, Lähmungen, dauernde Körperbehinderung – Symptome einer schweren Nervenschädigung (Polyneuritis). Die ersten Krankenhäuser verbannen CONTERGAN von ihren Stationen, verunsicherte Ärzte erwarten von Chemie Grünenthal Auskunft. Anstatt diesen schlimmen Meldungen nachzugehen, setzt der Hersteller seine ganze Kraft dafür ein, die Realitäten zu leugnen. Abgesandte des Konzerns besuchen besorgte Ärzte, lügen oder bagatellisieren, räumen Bedenken aus, hinterlassen Werbematerial. Wo diese Taktik nicht verfängt, wird mit Schadensersatzforderungen gedroht, werden geplante ärztliche Veröffentlichungen in den Redaktionen zurückgehalten. In schwierigen Fällen (»Unruhestifter«) werden Detektive eingesetzt, um nach Verfehlungen im Privatleben zu schnüffeln, und gedungene Patienten in Kliniken eingeschleust. Je erdrückender die Zahl der eingehenden Meldungen über Nebenwirkungen, um so häufiger werden die Ärztebesuche, um so zahlreicher die Werbeprospekte. Das Ausland wird – solange es geht – von allem abgeschirmt. Nach mehreren kritischen Vorträgen auf ärztlichen Kongressen sieht sich Grünenthal gezwungen, den Kampf gegen die schon länger geforderte Rezeptpflicht des bisher frei verkäuflichen CONTERGAN aufzugeben. Es laufen auch ganz diskret erste Auszahlungen an Geschädigte aus dem firmeneigenen »CONTERGAN-Schaden-Konto« an. Relativ spät – nämlich erst Ende 1961 – wird erstmalig vom Hamburger Kinderarzt Dr. Lenz auf einem Kongreß der Verdacht geäußert, daß die plötzlich gehäuft auftretenden Fälle einer an sich sehr seltenen Mißbildung bei Neugeborenen (Phokomelie) etwas mit dem Schlafmittel CONTERGAN zu tun haben könnten, das im August 1961 wegen der Verursachung schwerer Nervenschäden der Rezeptpflicht unterstellt worden war. Nur der unerschrockenen Vorgehensweise von Dr. Lenz ist es zu verdanken, daß CONTERGAN kurz danach vom Markt genommen wurde. Lenz' Warnung an den Hersteller: »Jeder Monat Verzögerung in der Klärung bedeutet, daß 50 bis 100 schrecklich verstümmelte Kinder geboren werden«, wurde am 26.11.61 in der »Welt am Sonntag« zitiert und setzte dem lukrativen Geschäft mit CONTERGAN in der BRD ein Ende. Da CONTERGAN in der Werbung gerade für Schwangere mit der willkürlichen Behauptung der Unschädlichkeit propagiert wurde, lag die Zahl der Opfer hier besonders hoch. Nach Schätzungen von Dr. Lenz wurden zwischen 5400 und 6700 mißgebildete Kinder mit einer Überlebenschance von 40 % in der BRD geboren.

Kurz nach dem CONTERGAN-Verbot wurden die Ermittlungen der Staatsanwaltschaft eingeleitet, die sich als äußerst kompliziert erwiesen. Sie nahmen sechs Jahre in Anspruch. Nach mehreren Durchsuchungen der Firma sowie eines gut getarnten »Bunkers« (dessen Existenz von einem anonymen Anrufer verraten wurde) kam eine Menge Belastungsmaterial zusammen, das trotz seiner Unvollständigkeit zur Anklageerhebung gegen sieben Angeklagte ausreichte. Erst 1968 begann der Prozeß, der in seinem Verlauf häufig Hollywood-reife Gerichtsszenen bot: theatralische Auftritte von Staranwälten, die mit Hilfe von Befangenheitserklärungen, Kreuzverhören, Verzögerungstaktiken, Zeugenbeschimpfungen und Beleidigungen der Opfer alles daran setzten, Zeit zu gewinnen und zu desorientieren. Kräftig unterstützt wurden sie von einer extra eingerichteten firmeneigenen Abteilung Öffentlichkeitsarbeit mit eigener Nachrichtenagentur, in der Rechtsexperten, Sachverständige – unterstützt von mehr als 20 Mitarbeitern – bemüht waren, die öffentliche Meinung zu manipulieren. Dazu ein Verteidiger der Angeklagten: »Gewiß versuchen wir, die Presse zu beeinflussen. Nach unserer Meinung ist das nicht nur nicht unehrenhaft, es ist unsere Pflicht.« Der Erfolg blieb nicht aus. Als Ende 1973 – nach einer Dauer von mehr als fünf Jahren – der Prozeß mit einem Vergleich endete, blieben die Angeklagten der Firma Chemie Grünenthal ohne Schuldzuweisung. Großer öffentlicher Protest über die Entscheidung blieb aus.

Auf welchem wirtschafts- und gesundheitspolitischen Hintergrund war CONTERGAN bei uns möglich?

Im Jahre 1957, als CONTERGAN eingeführt wurde, herrschte in arzneimittelrechtlicher Hinsicht ein gesetzloser Zustand. Jeder, der Lust und Geld hatte, konnte Arzneimittelhersteller werden. Irgendwelche Auflagen an Qualifikation und/oder Ausrüstung existierten nicht. Das Ergebnis dieses »freien Wettbewerbs« waren Anfang der 60er Jahre über 2000 Arzneihersteller und mehr als 60000 Arzneimittel. Überflüssig zu erwähnen, daß mit der ungehemmten Produktion ein rasant ansteigender Medikamentenkonsum einherging.

1961 wurde das erste Arzneimittelgesetz verabschiedet, dessen ausdrückliche Zweckbestimmung die Stärkung der Pharma-Industrie war. Dazu der damalige Justizminister Dittrich: »Insbesondere ist es für die Pharmazeutische Industrie, im Hinblick auf ihre Exporte, fast lebenswichtig, sich auf landeseigene gesetzliche Standards stützen zu können, um nicht gegenüber anderen arzneimittelerzeugenden Ländern in Nachteil zu geraten.« Dieser gemeinsame Wunsch von Regierung und Pharmakonzernen erfüllte sich 1968: Die BRD wurde Pharma-Exportland Nr. 1 vor Japan und den USA. Im Gesetzgebungsprozeß selbst folgte der an sich federführende Gesundheitsausschuß in allen wichtigen Fragen den Empfehlungen des nur beratend tätigen Wirtschaftsausschusses. Zwangsläufige Folge war, daß der für den Verbraucher vorrangige Aspekt der Arzneimittelsicherheit keine Rolle spielte. So verlangt das Gesetz von 1961 keinen Nachweis von Wirksamkeit und Unbedenklichkeit. Es kennt keine Zulassungskontrolle, keine Überwachung der Produktion und fordert keine Prüfungen an Mensch und Tier. Nach Einführung eines Arzneimittels erfolgt keine Risikoüberwachung. Herstellern und Ärzten bekannt werdende unerwünschte Wirkungen müssen nicht an Kontrollorgane weitergemeldet werden, Werbeaussagen und Beipackzettel unterliegen keiner Aufsicht. In dieser marktwirtschaftlichen »Freiheit« sind Arzneimitteltragödien trotz der Existenz des Arzneimittelgesetzes vorprogrammiert, das heißt, CONTERGAN wäre durch das Arzneimittelgesetz von '61 nicht verhindert worden. Die hier beschriebene Situation auf dem Arzneimittelmarkt seit 1957 bedeutet auf CONTERGAN bezogen: Die bei Grünenthal eingegangenen Meldungen über Nebenwirkungen konnten einfach ignoriert werden, eine Mitteilung an das zuständige Ministerium in Nordrhein/Westfalen unterblieb, Bundesgesundheitsamt und ärztliche Arzneimittelkommission wurden nicht alarmiert, Werbeaussagen und Beipackzettel wurden nicht aktualisiert, Ministerialbeamte konnten hingehalten werden – Grünenthal war im alleinigen Besitz aller Informationen und konnte damit nach Belieben verfahren. Der Mangel an arzneimittelrechtlicher Handhabe zur klaren Verurteilung des Konzerns und seiner inhumanen Praktiken wird auch im Abschlußbericht der Anklagevertretung deutlich. Da ist – trotz der Schwere und Brutalität der Vergehen – selten von konkreten Gesetzesverstößen die Rede. Man muß sich mit moralisierenden Vokabeln wie »höchst fragwürdig« (Menschenversuche), »irreführend und fahrlässig« (Werbung und Beipackzettel), »unentschuldbar« (Bagatellisierung der Nebenwirkungen) behelfen. Das Schicksal der Arzneimittelverbraucher hing allein vom Verantwortungsbewußtsein des Pharmakonzerns ab, und der war bereit, für sein Produkt, das ihm im Mai 1960 46% des Gesamtumsatzes einbrachte, über Leichen zu gehen, und tat das auch. Daß eine Gesetzgebung, die das Bedürfnis des Verbrauchers nach Arzneimittelsicherheit nicht so grundsätzlich negiert wie bei uns, etwas vermag, zeigen folgende Beispiele: In England und Schweden, wo der Gesetzgeber die Rezeptpflicht für CONTERGAN von Beginn an forderte, blieb die Zahl der Opfer weit hinter unseren zurück. Strengere Auflagen an Umfang und Qualität der Unterlagen von Tier- und Menschenversuchen verzögerten in den USA den Zulassungsprozeß solange, bis die aus England kommenden ersten Schreckensnachrichten die Zulassungsprüfung stoppten. In der DDR wurde CONTERGAN Anfang 1961 (also vor dem Bekanntwerden des Verdachts der Phokomelie) vom Zentralen Gutachterausschuß abgelehnt, weil die vorliegenden Prüfungsunterlagen als nicht ausreichend erachtet wurden und zwei wesentliche Zulassungskriterien des Arzneimittelgesetzes der DDR – die Unentbehrlichkeit für die Therapie und das Bestehen eines gesellschaftlichen Bedürfnisses – nicht erfüllt waren. Unsere Arzneimittelgesetzgebung zog – im Gegensatz zu allen anderen betroffenen Ländern mit entwickelter Arzneimittelherstellung – keine wirksamen Konsequenzen aus dem Fall CONTERGAN. Zwar wurde das Gesetz von 1961 im Jahre 1964 ergänzt durch die Einführung einer automatischen dreijährigen Rezeptpflicht für Mittel mit neuen, in der medizinischen Wissenschaft noch unbekannten Wirkstoffen sowie durch die Aufforderung der Hersteller, bei neuen Arzneimitteln zu erklären, daß sie ausreichend und sorgfältig nach dem jeweiligen Stand der wissenschaftlichen Erkenntnis geprüft worden seien, aber an der Praxis änderte diese »Novellierung« nichts (wie der Arzneimittelskandal von 1968 um den tödlichen Appetitzügler MENOCIL beweist).

Ist der Fall CONTERGAN abgeschlossen?

Die notwendigen Konsequenzen wurden in der BRD bis heute nicht gezogen. Obgleich seit 1978 ein neues Arzneimittelgesetz in Kraft ist, wurde die Arzneimittelsicherheit des Verbrauchers nicht entscheidend verbessert. Weder berücksichtigte der Gesetzgeber die damals im Abschlußbericht der Anklagevertretung sehr präzise formulierten Anforderungen an die Aufklärung des Verbrauchers (durch Beipackzettel), noch beachtete er ausreichend die von der Weltgesundheitsorganisation auf Grund der CONTERGAN-Tragödie entwickelten Richtlinien über die Prüfung von Arzneimitteln an Menschen. Und Chemie Grünenthal hat das große CONTERGAN-Geschäft offenbar auch noch nicht vergessen. Wie man hört, läßt sie zur Zeit in Berlin einen CONTERGAN-Abkömmling an Menschen testen, laufen in England wieder Versuche mit CONTERGAN bei Kindern, die an einer seltenen Geschwulsterkrankung leiden, wünscht man sich in Asien die Freigabe von CONTERGAN für die Leprabehandlung.

Der Fall CONTERGAN ist also noch nicht ad acta gelegt, Arzneimittelunglücke im großen Stil sind immer noch möglich, wie gerade wieder die Verbote umsatzstarker tödlicher Rheumamittel belegen. Aber: Das ungebrochene Vertrauen der Verbraucher der 60er Jahre in die Leistungsfähigkeit und Sicherheit der Arzneimitteltherapie ist dahin.

1 Zur Darstellung des Contergan-Falls s. Sjöström u. Nilsson, *Contergan oder Die Macht der Arzneimittelkonzerne*, VEB-Verlag Volk u. Gesundheit, Berlin 1975. Auf den Fakten, die in diesem Buch festgehalten wurden, baut der vorliegende Bericht auf.

Siegfried Zielinski

Die Ferne der Nähe und die Nähe der Ferne

Bilder und Kommentare zum TV-Alltag der 60er

Die sechziger Jahre im Fernsehen: das ist die erste Begehung des Mondes durch einen Menschen und die Placierung des Banners mit den Stars und Stripes außerhalb der Erde ebenso wie der Mauerbau durch Berlin und große Teile Restdeutschlands; das ist die Auseinandersetzung um die sozialistische Insel Kuba, welche die Welt nur siebzehn Jahre nach der Beendigung des zweiten an die Schwelle zum dritten Weltkrieg brachte; das ist der Prozeß gegen Adolf Eichmann in Israel, in dessen Verlauf die mörderischen Gewaltverbrechen der Nazis für viele Millionen Menschen wieder präsent wurden; das ist das Bild der schwarzen US-amerikanischen Sprinter Tommie Smith und John Carlos, die bei den olympischen Spielen von Mexiko 1968 ihre Fäuste zum symbolischen Gruß der Black Panther erhoben und damit die Welt darauf aufmerksam machten, daß Schwarze in den USA nur für zwei Dinge geehrt werden: für Spitzenleistungen im Sport und für ihre Aufopferung auf den Schlachtfeldern ihrer Regenten.

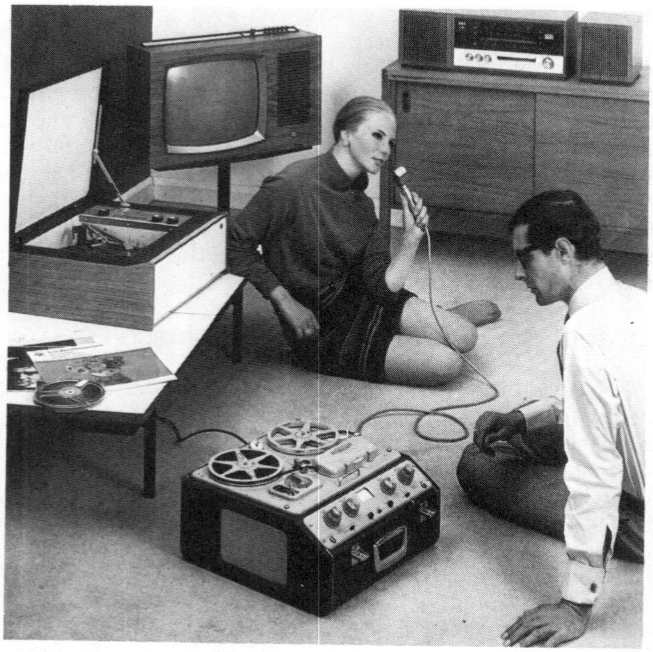

Die sechziger Jahre im Fernsehen: das ist der sowjetische Einmarsch in die ČSSR, das ist die von Strauß initiierte Affaire um das Nachrichten-Magazin »Der Spiegel«; das sind die politischen Morde an John F. und Robert Kennedy, an Martin Luther King und an Benno Ohnesorg, die bereits die Mediatisierung von spektakulären Ereignissen zur Voraussetzung haben. Die elektronischen Medien sind live beim Töten dabei im Auftrag einer zum Haß aufgeputschten Öffentlichkeit. Die sechziger Jahre brachten vor allem flimmernde Kriegsbilder in die bundesdeutsche Wohnzimmer-Gemütlichkeit – auch in Form zahlreicher Versuche, den Eroberungskrieg der Nazis und seine politischen Wurzeln verstehbar zu machen; vor allem aber Kriegsbilder von den zahlreichen aktuellen Schauplätzen, an denen versucht wurde, gesellschaftliche Konflikte mit militärischen Mitteln zu lösen: Bilder aus dem Kongo und Angola, aus dem Irak und aus Jemen, aus Indien, Biafra, Malaysia, Kaschmir; Bilder aus dem Nahen Osten

mit dem – wie sich jetzt herausstellt – nur vorläufigen Höhepunkt des »Sechs-Tage-Krieges«; und Bilder des zugleich gigantischen und vergeblichen Versuchs der Großmacht USA, das kleine Vietnam in die Steinzeit zurückzubomben und seinen Boden auf ewig mit Napalm zu verseuchen.

Die sechziger Jahre im Fernsehen: das sind weniger Bilder und Töne von den kleinen und großen Revolutionen in der sozialen Nahwelt Bundesrepublik und Umgebung; von den »wilden« und legalisierten Streiks während der ersten großen wirtschaftlichen Rezession der Wohlstands-Republik, den zahllosen individuellen und organisierten Verweigerungen gegenüber staatlichen, kirchlichen und kulturellen Autoritäten, weniger Bilder von den tiefen Rissen, welche die vorgeblich so harmonische Landschaft in dem westlichen Teil Deutschlands zunehmend kennzeichneten. In der künstlerischen Produktion der Literatur, des Theaters, des Kinos und des ambitionierten Fernsehspiels wurden sie angegangen und aufgedeckt; für die Masse der Bevölkerung wurden sie zugekleistert mit der bunten Welt der Waren und mit markanten Strategien der Unterhaltung und Ablenkung: durch die professionellen Entertainer Lou van Burg über Rudi Carell bis Vico Torriani, die zahllosen locker-flockigen Serien des Werbe-Rahmenprogramms, die die Abende der Republik einläuteten, die importierten und hausgemachten Fließbandprodukte über Freiheit, Abenteuer und intakte Familienverhältnisse, gegen welche die wenigen Beispiele kritisch-engagierten Fernseh-Journalismus' und künstlerischer Bildherstellung wie Alibis wirkten, die zudem noch unter ständigem Beschuß der staatstragenden Verbände und veröffentlichten Meinung standen.

Die folgende Text-Bild-Montage will nicht den aberwitzigen Versuch machen, die Ereignisse des Jahrzehnts im Fernsehen und das Fernsehen in diesem Jahrzehnt repräsentieren zu wollen. Sie will lediglich einige Spotlights auf die Entwicklung werfen, wobei an der einen oder anderen Stelle das Große und Ganze aufscheinen mag.

»Ob männlich, sächlich oder weiblich,
man fühlt sich abends unbeschreiblich
zermürbt beziehungsweise matt,
sofern man was geleistet hat.
Um nun sich seelisch aufzufrischen,
strebt man sogleich zum Televischn,
macht es vorm Kasten sich bequem
... und hier beginnt nun das Problem ...«

(Gedichtanfang des Pseudonyms ›Alias‹
aus: Fernseh-Rundschau, Heft 1/1961

Die Rezeptionsweisen haben sich geändert. Die Apparate, die zu Beginn der 50er Jahre noch vorwiegend in Kneipen standen oder in den Schaufenstern des Rundfunkhandels bestaunt wurden, stehen nun en masse in den Wohnzimmern der Republik. Halböffentliche und kollektive Formen der Besichtigung elektronischer Bilder sind abgelöst worden durch mehr oder weniger individuelles Fernsehen in den eigenen vier Wänden. Die Beschäftigung mit den am Fließband hergestellten synthetischen Bildern der sozialen Nah- und Fernwelt ist für diejenigen zur hervorragenden Restzeit-Gestaltung geworden, die das Wirtschaftswunder in den Fabrikhallen und Großraum-Büros der Republik erarbeiten.

Fernseh-Eklat zu Beginn des Jahrzehnts: Fritz Kortners Inszenierung der »Lysistrata« von Aristophanes führt zu erbittertem Streit zwischen einigen Intendanten der ARD und der veröffentlichten Meinung. Bayern setzt einen ersten Meilenstein für seine fortan noch öfters praktizierte Tradition und macht von seinem Veto-Recht im Hinblick auf die Ausstrahlung Gebrauch. Wegen angeblicher »Unsittlichkeit« klinkt sich der Bayrische Rundfunk am »Lysistrata«-Abend des 17. Januar 1961 aus dem gemeinsamen Programm der ARD aus. Der zu erwartende Effekt des Streits um die Inszenierung Kortners: 60% der Zuschauer sind zum Zeitpunkt der Sendung auf das Programm eingeschaltet. Das Thema ist aktueller denn je und machte eine Wiederholung der »Lysistrata« in unseren Tagen sehenswert: Die griechischen Frauen verweigern ihren Ehemännern den Geschlechtsverkehr, solange diese Krieg führen. (Links im Bild Fritz Kortner, in der Mitte Romy Schneider)

Am 28. Februar 1961 erklärt das Bundesverfassungsgericht mit seinem mittlerweile legendär gewordenen »Fernsehurteil« die Gründung der »Deutschland Fernsehen GmbH« für verfassungswidrig. Das »Adenauer-Fernsehen« als zentrastaatliche Organisation mit privater Beteiligung ist gescheitert. Den Ländern wird das alleinige Recht zugesprochen für den Organisations- und Programmbereich des Rundfunks; lediglich für die Sende-Infrastruktur wird dem Bund die Zuständigkeit bestätigt. Als Übergangslösung werden die ARD-Anstalten in der Folge mit der Ausstrahlung eines zweiten Programms beauftragt. Im Juni des Jahres wird dann formal-juristisch durch die Ministerpräsidenten der Länder das ZDF ins Leben gerufen, als zentrale Anstalt auf der Basis eines Staatsvertrages zwischen den Bundesländern. Nach fast zweijähriger Vorbereitungs- und Versuchsphase beginnt das ZDF am 1. April 1963 seinen regelmäßigen Programmdienst. Der zentrale Auftrag an das »Kontrast-Programm« wird in §2 des Staatsvertrages formuliert: »Die Sendungen der Anstalt haben den Fernsehteilnehmern in ganz Deutschland ein umfassendes Bild Deutschlands zu vermitteln und der Wiedervereinigung zu dienen. Sie müssen der freiheitlich-demokratischen Grundordnung entsprechen.«

Einer der Schritte auf dem Weg zum »Global Village«: Am 1. Mai 1961 überträgt das britische Fernsehen der BBC Bilder von der Parade auf dem Roten Platz. Ministerpräsident Chruschtschow und Astronautenheld Juri Gagarin, der im gleichen Jahr als erster in einem bemannten Raumschiff die Erde umfliegt, salutieren. Die Ferne wird zur Nähe. Weltereignisse kommen elektronisch vermittelt in die Wohnzimmer. Die Internationale der Fernseh-Zuschauer beginnt zu entstehen. Ein gutes Jahr später, ab dem 23. Juli um 19.58 Uhr, sendet der erste Fernseh-Satellit live aus den USA. »Telstar I« wiegt lediglich 77 Kilo und hat einen Durchmesser von nur 86 cm; sein Energie-Konzept wäre für die Erde fortschrittlich: er wird durch 3700 Solarzellen angetrieben.

Kanzler Erhard begrüßt die Funk-Nation für alle sichtbar auf der Großbild-Projektion. Eine durch den Faschismus unterbrochene Tradition wird wieder aufgenommen. Seit 1961 findet die Internationale Funkausstellung in zwei-jährigem Rhythmus wieder in Berlin statt. Mit Erhard kann sich in erster Linie die Elektro-Industrie freuen. Denn die sechziger Jahre sind das Jahrzehnt, in dem das Fernsehen als populärstes Massenmedium entfaltet wird. Der Apparat ist nicht mehr länger Luxus-Gut, er wird zum primären Ausstattungsstück für die privaten Haushalte. Am 1. Januar 1960 weist die Republik 3375003 Geräte-Besitzer auf, die Gebühren bezahlen (die anderen werden nicht erfaßt). Alleine in diesem Jahr nimmt die Zahl um mehr als eine Million zu, auf 4497936 angemeldete Geräte. Im Verlauf der Dekade verdreifacht sich der Bestand vom Beginn des Jahrzehnts nahezu, sodaß zu seinem Ende über 15 Millionen Haushalte mit dem Mattscheiben-Möbel ausgestattet sind. Mit etwa 84 % ist damit annähernd die Sättigungsgrenze erreicht, das heißt, jeder, der sich einen Apparat potentiell leisten kann und nicht notorischer TV-Gegner ist, verfügt auch über einen solchen.

Das Fernseh-Programm wird dem Angebot eines Warenhauses vergleichbar, in dem jeder finden soll, was er sucht und was seinen Bedürfnissen entgegenkommt. Die Fans des Persil-deutschen Schlagers ergötzen sich an »Musik aus Studio B«, mit den Spitzen der Plastik- und Einlull-Kultur vor tanzenden Modepuppen im Courregès-Look als Staffage, den Vorläufern der neu-deutschen Ausstattungsstücke des Pop-Video.

Auch Uschi Nerke trägt ihre Haare anfänglich hinten hochtoupiert und die Spitzen seitlich Richtung Kinn nach vorne gezogen. Sie moderiert die Sendung für die kulturrevolutionäre Jugend der Republik. Mit den *Cream*, *Black Sabbath*, *Steppenwolf*, *Jimi Hendrix* oder *Eric Burdon* besetzen für einen Bruchteil des Monats-Programms die zumeist langmähnigen, etwas »vergammelten« Rock-Idole der 60er den Bildschirm. Sie tragen das Flair der großen weiten Welt musikalischer Gegenkultur – vornehmlich aus den Kellern und Kneipen Großbritanniens – bis in die entferntesten Ecken der Provinz. Es ist die seltene Zeit, zu der die Familienvorstände das Glotzenzimmer verlassen und die jugendlichen Verweigerer zu gierigen TV-Konsumenten werden. Michael Leckebusch, Regisseur und Erfinder des »Beat-Club«, wird dann später den als Disco aufgemachten Fleischmarkt »Musikladen« inszenieren.

»Little« Joe C., der temperamentvolle, draufgängerische Benjamin der Familie, bei dessen Anblick junge Mädchen feuchte Unterhosen bekommen sollen und der für unzählige Jungs zum nie erreichten Vorbild avanciert.

Adam C., der dem Charakter des Vaters am nächsten kommende Sohn; ruhig, ernsthaft und bedacht, aber auch hart und entschlossen, so als würde er die Lösung sämtlicher Weltprobleme in seinem Kopf, in seinen Fäusten und in seinem Coltgürtel tragen.

Ben Cartwright, Gesamtvater nach nordamerikanischem Vorbild; lebt im wesentlichen für zwei Werte: die Verteidigung und Vermehrung seines Besitzes, die »Ponderosa Ranch«, sowie für seine Familie, die drei Söhne.

Hoss C., gutmütiger, tollpatschiger, bärenstarker Dummkopf der Familie; ist schüchtern und haut überall dort drauf, wo er Unrecht verspürt; und das tut er instinktiv und häufig, denn die Umwelt ist schlecht.

Amerikanische Serien beginnen den internationalen Fernsehmarkt zu dominieren. In ihren entwickeltsten Formen, wie zum Beispiel der Familien-Western-Serie »Bonanza«, spiegeln sie dramaturgisch und ästhetisch das Profitprinzip wider, unter dem das US-Fernsehen produziert wird. Hochgradig arbeitsteilig nach Marketing-Gesichtspunkten zusammengesetzt, verkörpern sie Grundgesetze für internationale Kulturwaren: Für möglichst viele Menschen mit den unterschiedlichsten Bedürfnissen und sozial-psychologischen Dispositionen müssen ständig Angebote in Form von Charakteren, Konflikten, Schauspielern und Inszenierungen offeriert werden, die diese vor dem Apparat versammeln und auch über längere Zeiträume am Schirm halten.

57% der Fernseh-Apparate sind eingeschaltet, als am 21. Januar 65 »Der Goldene Schuß« mit Lou van Burg über die Mattscheibe flimmert. Das sind mindestens 8130000 Zuschauer nebst Familienanhang, die sich fernsehend beim Leistungswettbewerb anderer entspannen wollen. In den Augen des Programm-Veranstalters ZDF sind dies aber auch viele Millionen Konsumenten, die vorgeblich nach den Waren der bundesdeutschen Konsumgüter-Industrie gieren. Denn die Mainzer Anstalt wirbt mit dieser Sendung in einer Broschüre von 1966 um Kunden der Reklame-Industrie. Die Einnahmen aus der elektronischen Werbung werden für die TV-Anstalten zunehmend lebensnotwendig. 1966 kassieren die Fernsehanstalten zusammen über 537 Millionen DM aus der Fernsehwerbung. Beim ZDF kostet in diesem Jahr zum Beispiel ein Spot von 30 Sekunden zu bester Sendezeit 19200 DM. Für jede weiteren angefangenen 5 Sekunden müssen 2650 DM bezahlt werden.

»Die Seelenwanderung«, mit dem »Prix Italia« ausgezeichnetes Original-Fernsehspiel des WDR von Karl Wittlinger mit Wolfgang Reichmann und Hans Lothar in den Hauptrollen, steht nicht nur ästhetisch-dramaturgisch für die Versuche des Mediums, sich mit einer eigenen Kunstform zu profilieren. Es ist auch ein typisches Beispiel für die Auseinandersetzung mit den Erfahrungen des wirtschaftlichen Wiederaufbaus der Republik. Mit existentialistischem Gestus wird der Preis beklagt, den der ökonomische Aufstieg zur Spitze der Industrie-Länder gekostet hat: seelischer Müll. Verbrauchte, verkaufte und verbitterte Menschen auf der Suche nach ihrer Identität.

Beispiel eines Dialoges zwischen den beiden Protagonisten Axel und Bum:

BUM: Und warum bin ick eine arme Sau?
AXEL: Ick kann es dir janz einfach erklären.
BUM: Ick höre.
AXEL: Ick kann es dir ohne Umschweife erklären.
BUM: Also – dann schweif' direkt drauf los!
AXEL: In einem Satz kann ick dir's erklären. In sechs Worten. Willst du die sechs Worte hören?
BUM: Ick bitte darum.
AXEL: Weil du ein guter Mensch bist.
BUM: Hugo – zwei Klare auf mein Konto!
AXEL: Bloß eines is mir dabei nich janz plausibel: Warum es dir noch beschissener jeht als mir. Ick bin nämlich ooch ein juter Mensch. – Oder bist du ein besserer Mensch als icke?
BUM: Nein, ick bin kein besserer Mensch als du, aber ick lebe bewußter als du. Verstehst du det?
AXEL: Nee – wird aber schon stimmen. Du hast Abitur.
BUM: Ja – ick bin vielleicht überhaupt der letzte Humanist.

Täter und Opfer der mörderischen Massenverbrechen der Nazis gelangen nicht etwa erst 1979 mit der US-Serie »Holocaust« in die bundesdeutschen Wohnzimmer. Nicht zuletzt unter dem Eindruck des Frankfurter Auschwitz-Prozesses, der nach vielen Monaten 1965 zu Ende geht, wird vor allem im Fernsehspiel verstärkt an der Auseinandersetzung mit dem Faschismus gearbeitet. In bis heute kaum wieder erreichter Eindringlichkeit inszeniert Egon Monk beim NDR »Ein Tag« von Gunter R. Lys und bricht damit erstmals auch mit einem medialen Tabu: Das Fernsehspiel versucht den Tagesablauf in einem faschistischen Konzentrationslager von 1939 zu rekonstruieren und darzustellen. Rolf Hochhuths »Berliner Antigone« (1968), Heinar Kipphardts »Die Geschichte des Joel Brand« (1964), Rolf Hädrichs »Mord in Frankfurt« (1968) sind nur drei Beispiele von vielen, die sich mit Menschen unter der Herrschaft der Nazis, mit Täterschaft, Widerstand und Anpassung und vor allem auch mit dem Verhältnis der jungen Bundesrepublik zu ihrer Vergangenheit befassen. Letzteres ist nötiger denn je. Denn am 28. November 1964 wird die rechtsradikale NPD gegründet und zieht bald in sieben Landtage ein.

Die Kunst, Fernsehgäste zu bewirten

Auch wenn die Zeiten vorbei sind, zu denen das Medium zum Massenorganisator in den Fernseh-Stuben oder den Aktualitäten-Kinos, den Akis, wurde oder zu denen man mit dem TV-Apparat als Attraktion die Fassungsvermögen deutscher Wohnzimmer testete: Geselligkeit – als Ersatz für Gesellschaftlichkeit – wird immer noch großgeschrieben. Gäste für lange Fernsehabende müssen bewirtet werden. Hersteller von Salzstangen, Erdnuß-Flips und anderem Knabberzeugs haben Hochkonjunktur. Pizzerien richten einen besonderen Service ein. Auf Anruf bringen sie die runden Scheiben mit Pepperoni oder Plockwurst in flachen Pappkartons direkt in das gemütliche Wohnzimmer. Mit den »Fernseh-Häppchen« dringt das Medium auch in den gut-bürgerlichen Speiseplan ein. Sie haben den »Skat-Imbiß« abgelöst.

Fernseh-Häppchen

1 langes „Meterbrot"
Butter zum Bestreichen
Waldorfsalat:
1 kleine Knolle Sellerie
1 Apfel
30 g Walnüsse
100 g Mayonnaise
Walnüsse zum Belegen

Braten:
200 g kalter Schweinebraten
50 g Mayonnaise
½ Teelöffel Senf
Aspik
Johannisbeergelee
Liptauer Käse:
2 Ecken Gervais
50 g Butter
3 Eßlöffel Sahne
1 Gewürzgurke
1 kleine Zwiebel
Salz
Kümmel
Paprika
Salatblätter

Das Brot in Scheiben schneiden und zwei Drittel der Brote mit Butter bestreichen. Ein Drittel der Brote wird mit Waldorfsalat, das zweite Drittel mit Schweinebraten und das letzte Drittel mit Liptauer Käse bestrichen. Für den Waldorfsalat die geschälte Sellerie und den ebenfalls geschälten Apfel auf der groben Seite der Rohkostreibe raffeln, die Walnüsse grob hacken und alles mit der Mayonnaise vermischen. Dick auf die vorbereiteten Brote häufen und mit je einer halben Walnuß garnieren. Den Schweinebraten in dicke Scheiben und dann in Größe der Weißbrote schneiden. Die Mayonnaise mit dem Senf verrühren und die unbestrichenen Brote mit der Senfmayonnaise bestreichen. Darauf je eine Scheibe Schweinebraten geben, mit gehacktem Aspik bestreuen und in die Mitte einen Tupfer Johannisbeergelee setzen. Für den Liptauer Käse den Gervais mit einer Gabel zerdrücken, mit Butter und Sahne verrühren und die feingewürfelte Gurke und Zwiebel sowie die Gewürze hinzufügen. Den Käse dick auf die restlichen gebutterten Schnitten streichen und mit etwas Paprika bepudern. Auf jeden Teller ein Salatblatt geben und die Schnittchen auf den Tellern anrichten.

Auf dem Höhepunkt der ersten bedeutenden wirtschaftlichen Rezession im Wirtschafts-Wunder-Land wird das Farbfernsehen durchgesetzt. Obwohl bei den Zuschauern kein erkennbarer Bedarf danach vorhanden ist, und obwohl sich selbst die Macher des Mediums anfänglich dagegen sträuben. Aber der Kampf um die Aufteilung der Welt unter die konkurrierenden Farbsysteme der USA, Frankreichs und der Bundesrepublik zwingt zur Eile. Zudem verlangsamt sich der Umsatz bei Schwarz-Weiß-Geräten mit tendenzieller Marktsättigung. Die TV-Industrie benötigt neue Profitquellen und erhält sie auch. Den offiziellen Startschuß gibt Willy Brandt auf der Internationalen Funkausstellung am 25. August 1967. Auch wenn sich die Empfänger für bunte Bilder in den ersten Jahren nur sehr zögernd absetzen lassen, ist der Effekt für die beteiligten Konzerne wirtschaftlich heilsam. Denn vor allem muß die Produktion bei den TV-Anstalten auf die neue Technik eingestellt werden. Alleine an Vorbereitungskosten investierten das ZDF 21 Millionen DM, die ARD gar 32,3 Millionen. Bis 1972 werden beide Veranstalter zusammen 160 Millionen für die Umrüstung auf Farbe ausgegeben haben. Der Kommunikationssoziologe Horst Holzer beziffert den Umsatz, den die Industrie durch die Umrüstung der mobilen Produktionsmittel und der anstaltseigenen Gebäude erzielt, bis 1975 auf 300 Millionen DM. Das Buntfernsehen ist eine jener neuen Techniken im Medienbereich, die von der Industrie zur Verfügung gestellt und durchgesetzt werden, ohne daß die Akzeptanz bei den Abnehmern überprüft worden ist. So beträgt denn auch 1970 der Anteil der Farbseher gerade zwischen 6 und 8%. Allerdings werden zu diesem Zeitpunkt schon mehr als die Hälfte der Programme bunt produziert. Die Vielen bezahlen den Luxus für die Wenigen.

In den sechziger Jahren entfaltet sich nicht nur das vorwiegend seicht unterhaltende und informierende Fließprogramm des Fernsehens mit der ideologischen Ausgewogenheit und der ästhetischen Mittelmäßigkeit als primären Produktionsprinzipien. Es ist auch die Blütezeit des engagierten Fernsehspiels. Insbesondere beim NDR arbeiten neben und unter Egon Monk hervorragende Regisseure des neuen Mediums. Neben den sogenannten »Original-Fernsehspielen«, die eigens für die TV-Inszenierung geschrieben werden, spielen Adaptionen zeitgenössischer Literatur und des Theaters eine wichtige Rolle. Die erste Aufzeichnung eines Fernsehspiels in *Farbe* ist 1968 der »Marat« von Peter Weiss unter der Regie von Peter Schulze-Rohr mit Hans Christian Blech in der Titelrolle.

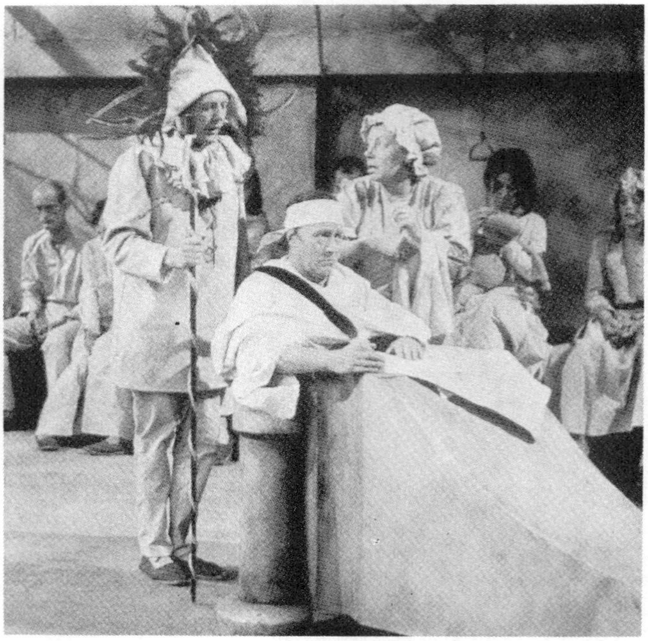

Das zweite Beispiel, ebenfalls in Farbe: Egon Monk und Klaus Hubalek inszenieren »Über den Gehorsam, Szenen aus Deutschland, wo die Unterwerfung des eigenen Willens unter einen fremden als Tugend gilt«.

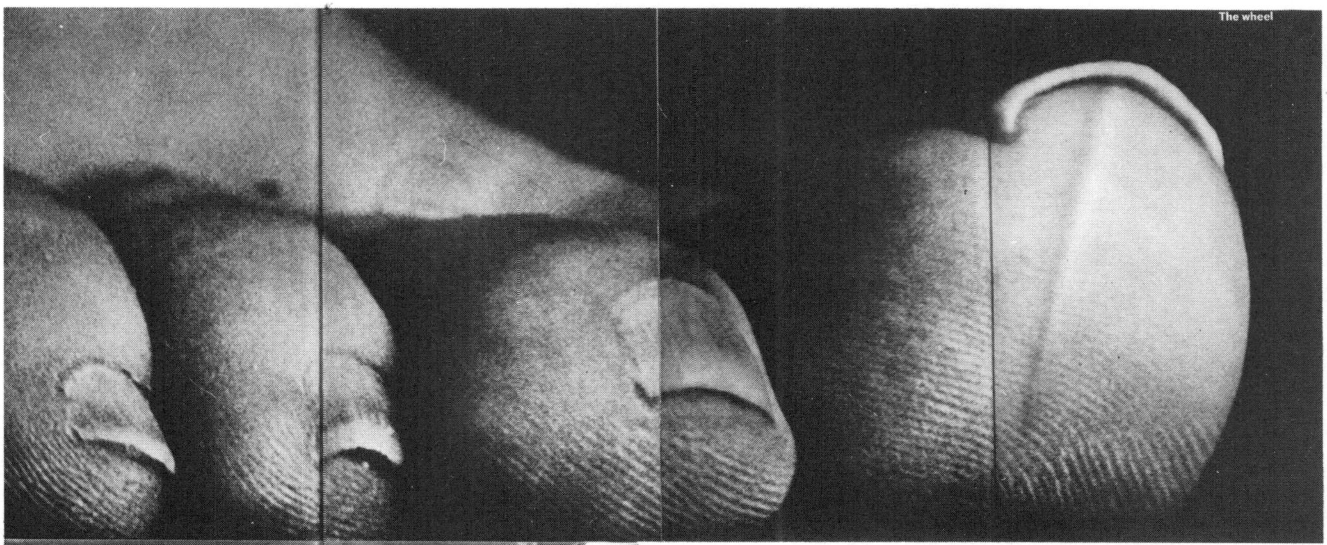

1967 erscheint bei Bantam Books in New York ein Buch, das in der Medienlandschaft Aufsehen erregt: Marshall McLuhan hat zusammen mit dem Designer Quentin Fiore seine These aus den »magischen Kanälen« vertieft und veranschaulicht: »The medium is the message.« Dieser Satz wird bis heute zur wohl am häufigsten zitierten Phrase in der Diskussion um das Fernsehen, auf das er sich nur unter anderem bezog. In McLuhan, Leiter des Instituts für Kultur und Technologie an der Universität von Toronto und nicht etwa Würdenträger der amerikanischen Streitkräfte, wird ein Wissenschaftler gesehen und angeprangert, der den TV-Apparat vergöttert. Sein großes Verdienst in der Auseinandersetzung mit den modernen Massenmedien, nämlich begreiflich gemacht zu haben, daß das Fernsehen wie andere Maschinen oder Verkehrsmittel eine Erweiterung menschlicher Produktivkraft mit ganz eigenen physikalischen Gesetzen und sozialpsychologischen Auswirkungen ist, wird verschüttet durch das bis zum Erbrechen Re-Zitieren seiner zentralen These. Sein Buch endet in der Original-Ausgabe mit einem Zitat von A. N. Whitehead: »It is the business of the future to be dangerous!«

»Die Leute in unserem Land und in Amerika und in jedem west-europäischen Land, die müssen fressen, sie müssen fressen, um nicht auf die Idee zu kommen nachzudenken, daß und was wir zum Beispiel mit Vietnam zu tun haben, nicht? (...) Ich kann nicht glauben, daß der Tag irgendwann mal ausbleibt – daß die Leute es satt haben, nur satt zu sein. (...) Daß sie den Selbstbetrug satt haben, all die schönen Lebensmittel für den Lebenszweck zu halten. Wunderbar – mir gefallen Autos auch, mir gefallen auch alle Sachen, die man in den Kaufhäusern kaufen kann. Aber wenn man sie kaufen muß, damit man nicht zu Bewußtsein kommt, dann ist der Preis, den man dafür zahlt, zu hoch. Da braucht man dann nicht mehr nur nach Vietnam zu gukken und sich das Elend da anzugucken; da reicht es dann, wirklich einen Blick auf unsere Gesellschaft zu werfen und die Bewußtlosigkeit zu sehen, die ich einfach menschenunwürdig nenne. (...) Mit was ich mich niemals abfinden werde, ist, daß ich die Tendenz, in der sich die spätkapitalistische Gesellschaft so ungeheuer deutlich fortbewegt, nämlich hin zum Faschismus, das kann man wirklich mit einem Auge sehen, da braucht man gar nicht beide dazu, was sich in Amerika abspielt. Und ich sehe nicht ein, warum man das, was man jahrhundertelang getan hat und als falsch erkannt hat, weiter tun sollte, nämlich so tun, als ob man nichts tun könnte. Und ich werd' mich – deshalb sag' ich das – niemals damit abfinden, daß man nichts tut. Ich hab' den Richtern gesagt, ich weiß warum sie sagen, man kann nichs tun, weil sie nichts tun können wollen. Aber ich will etwas getan haben dagegen.«

Gudrun Ensslin in der »Panorama«-Sendung Nr. 208 vom 4. November 1968, fünf Tage nach dem Prozeß gegen sie, Andreas Baader, Horst Söhnlein und Thorwald Proll wegen des Brandanschlages auf zwei Frankfurter Kaufhäuser in der Nacht zum 3. April 1968. Nicht zuletzt, weil es auch derartige Positionen zu Wort und ihre Träger ins Bild kommen läßt, steht das politische Magazin des NDR unter ständigem Beschuß der Konservativen innerhalb und außerhalb der Rundfunkanstalten. Insbesondere die Leiter der Sendung, zunächst Gert von Paczensky und ab 1.1.1967 Peter Merseburger, stehen permanent auf der Abschußliste der staatstragenden Zeitungen.

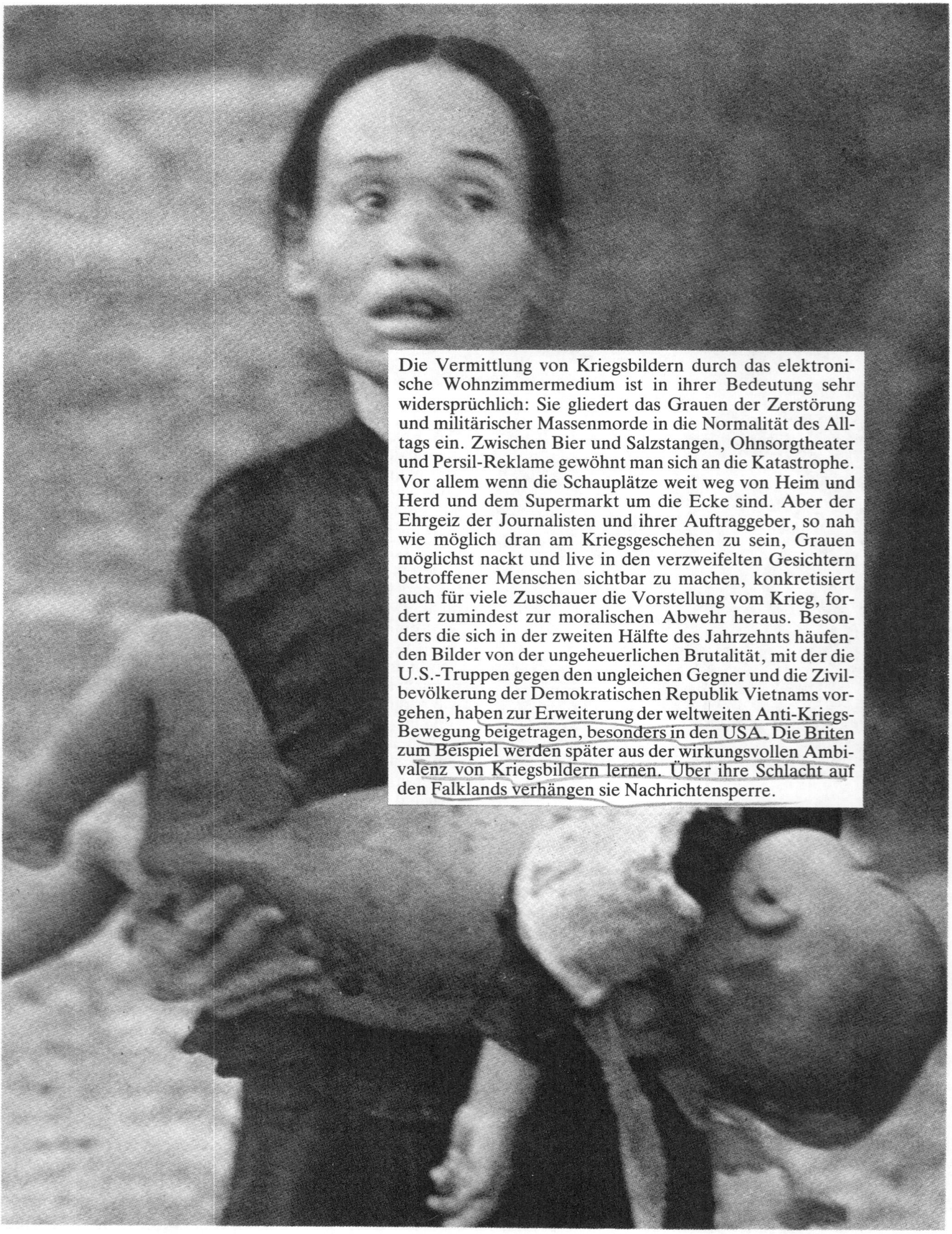

Die Vermittlung von Kriegsbildern durch das elektronische Wohnzimmermedium ist in ihrer Bedeutung sehr widersprüchlich: Sie gliedert das Grauen der Zerstörung und militärischer Massenmorde in die Normalität des Alltags ein. Zwischen Bier und Salzstangen, Ohnsorgtheater und Persil-Reklame gewöhnt man sich an die Katastrophe. Vor allem wenn die Schauplätze weit weg von Heim und Herd und dem Supermarkt um die Ecke sind. Aber der Ehrgeiz der Journalisten und ihrer Auftraggeber, so nah wie möglich dran am Kriegsgeschehen zu sein, Grauen möglichst nackt und live in den verzweifelten Gesichtern betroffener Menschen sichtbar zu machen, konkretisiert auch für viele Zuschauer die Vorstellung vom Krieg, fordert zumindest zur moralischen Abwehr heraus. Besonders die sich in der zweiten Hälfte des Jahrzehnts häufenden Bilder von der ungeheuerlichen Brutalität, mit der die U.S.-Truppen gegen den ungleichen Gegner und die Zivilbevölkerung der Demokratischen Republik Vietnams vorgehen, haben zur Erweiterung der weltweiten Anti-Kriegs-Bewegung beigetragen, besonders in den USA. Die Briten zum Beispiel werden später aus der wirkungsvollen Ambivalenz von Kriegsbildern lernen. Über ihre Schlacht auf den Falklands verhängen sie Nachrichtensperre.

In der Bundesrepublik und in West-Berlin sind es vor allem die Studenten der außerparlamentarischen Opposition, die gegen den Eroberungskrieg der US-Regenten auf die Straße gehen. Begleitet und verfolgt von der wütenden Hetze besonders der Springer-Presse, die in den 60er Jahren etwa ein Drittel des Zeitungsmarktes beherrscht. Ihre Aufrufe in kaum verhüllter Pogrom-Sprache an die satten und braven Bürger werden mitverantwortlich gemacht für den Mord auf offener Straße an Benno Ohnesorg, anläßlich einer Demonstration gegen den Besuch des Schahs von Persien 1968, und für die Schüsse auf Rudi Dutschke ein paar Monate später. Das Fernsehen verhält sich vornehmlich staatstragend. Nur in wenigen Redaktionen finden die APO und ihre Anhänger vorsichtige Unterstützung oder zumindest politisches Verständnis. Die Regel-Berichterstattung benutzt die Bilder von den Kämpfen der Demonstranten gegen Polizeiknüppel und Wasserwerfer zur Einstimmung gegen den vorgeblichen »Terror der Straße«. Für diejenigen, die von den intellektuellen Revoluzzern ohnehin nichts halten – und das ist das Gros der in relativem Wohlstand vor der Glotze vereinten TV-Gemeinde – wird die Nähe immer häufiger zur Ferne. Man entflieht ihr am liebsten durch einen Urlaub auf Mallorca, durch das Blättern in Quelle-Katalogen oder eben indem man der weiten Welt vom Wohnzimmersessel aus beiwohnt.

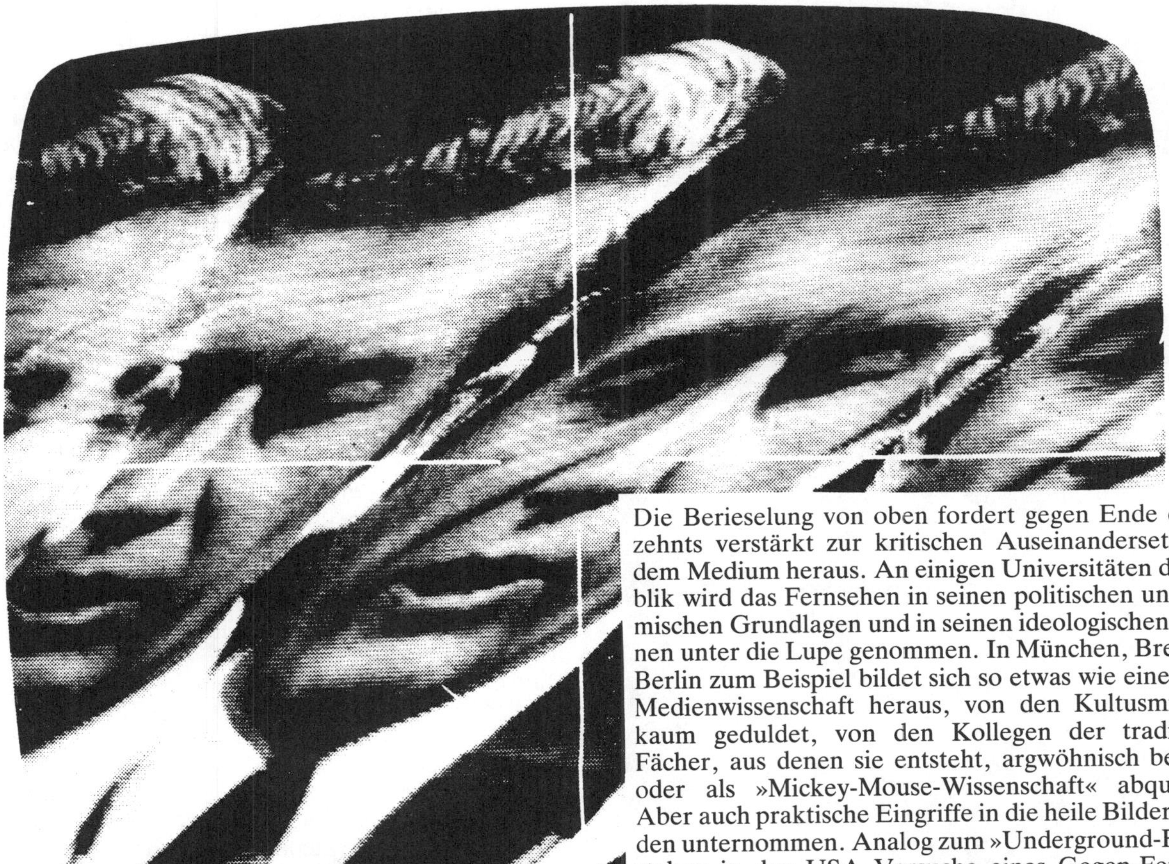

Die Berieselung von oben fordert gegen Ende des Jahrzehnts verstärkt zur kritischen Auseinandersetzung mit dem Medium heraus. An einigen Universitäten der Republik wird das Fernsehen in seinen politischen und ökonomischen Grundlagen und in seinen ideologischen Funktionen unter die Lupe genommen. In München, Bremen und Berlin zum Beispiel bildet sich so etwas wie eine kritische Medienwissenschaft heraus, von den Kultusministerien kaum geduldet, von den Kollegen der traditionellen Fächer, aus denen sie entsteht, argwöhnisch beobachtet oder als »Mickey-Mouse-Wissenschaft« abqualifiziert. Aber auch praktische Eingriffe in die heile Bilderwelt werden unternommen. Analog zum »Underground-Film« entstehen in den USA Versuche eines Gegen-Fernsehens. »Guerilla-Television« ist eines der profiliertesten Projekte. Man bleibt nicht bei der Verfremdung des kommerziellen Angebots stehen, sondern fängt auch an, mit Hilfe der kleiner und billiger werdenden Video-Technik Alternativen zur herrschenden TV-Kultur zu erarbeiten.

Theater

Wer ist dieser zarte Macbeth? Unter der Regie von Kurt Hübner spielte Bruno Ganz 1967 den blutrünstigen Potentaten in Bremen.

Ort, Stück, Mimen: alles Spitze. Ernst Schröder als Faust im Berliner Schillertheater. Repräsentationstheater at its best. Ein Stichwort auf der Bühne, wohlverabredet, löst einen Chor aus, der im Textbuch des großen Weimarers nicht vorgesehen war: einstudiert, erst flüsternd, dann im langsamen Crescendo, skandiert die erste Reihe des Rangs: *Was geht uns Goethe an, was geht uns Johnson an!* Als Schröder sich von Faust in Schröder zurückverwandelt und gegen die amusische Störung protestiert, flattern Hunderte von Flugblättern ins abendgekleidete Parkett: Ihr seht seelenruhig zu, wie in Vietnam gemordet wird, und versichert euch hier noch eurer faustischen Großartigkeit! Schluß mit dieser Kultur-Heuchelei! Das Licht im Saal geht an, Chaos-Stimmung, das Parkett wettert teils zurück, andere verlassen fluchtartig den Glitzertempel aus Adenauers Zeiten. Kein Einzelfall, auch die Musikbühnen sind betroffen, zum Teil solidarisieren sich die Künstler, Pièrre Boulez und andere. Die abgeschmackten Reste des ehemaligen Bildungsbürgertums verteidigen in den 60er Jahren ihr Theater wie eine Burg, in der Gemüt, Erbauung und Überhöhung des merkantilen Alltags eine letzte Zufluchtsstätte gefunden haben. Unter Beschuß liegt dieses Refugium nicht nur durch politisierende Kunstbanausen von außen, sondern auch durch Stückeschreiber mit unzumutbarem Agit-prop-Angebot und durch Schauspieler und Dramaturgen, die eine Demokratisierung der Organisationsstrukturen der Bühne verlangen. Das verstörte Publikum schlägt zurück durch Abo-Kündigungen und Stadtrats-Verdikte. Ein Ché-Guevara-Poster in einem Dramaturgen-Zimmer wird im Einflußbereich des Bayern-Kurier zu einem landesweiten Skandal. Stücke wie Aimé Césaires »Im Kongo«, Martin Sperrs »Landshuter Erzählungen«, Tankred Dorsts »Toller« werden von Intendanten produziert, deren Vertrag gerade ausläuft. Das in den 60er Jahren entwickelte Dokumentationstheater wird als unkünstlerische Abschreibung der Wirklichkeit zurückgewiesen, aber Stücke wie Hochhuths »Stellvertreter«, in dem die Rolle des Papstes Pius in der Hitler-Ära untersucht wird, wie die »Ermittlung« von Peter Weiss, das die Verlogenheit der bundesrepublikanischen Nazi-Prozesse dokumentiert, oder Enzensbergers »Verhör von Habana«, in dem die US-gesteuerten Söldner der Schweinebucht-Invasion zu Wort kommen, beweisen, daß die auf die Bühne gebrachte Wirklichkeit eine Sprengkraft besitzt, die die kalkulierte Unaufmerksamkeit des Bürgertums gegenüber der Realität aufzubrechen in der Lage ist. Vereinzelt gelingt die Herausbildung von Theaterensembles (am bekanntesten die Westberliner »Schaubühne am Halleschen Ufer« und das Frankfurter »Theater am Turm«), die durch Einverständnis und Solidarität, ineins mit hoher künstlerischer Qualität, einen Durchbruch erreichen, die an ausländischen Theatertruppen wie dem Mailänder »Piccolo Teatro« des Giorgio Strehler und dem von Bertolt Brecht begründeten »Berliner Ensemble« in Ostberlin Vorläufer haben.

Diesseits von Beckett und Handke drängen Stücke-Schreiber auf den Bühnenmarkt, die Pop- und Comic-Elemente zu verarbeiten versuchen: Bazon Brocks »Theater der Positionen«, Peter Zadeks Inszenierung der »Räuber« oder Gehre/Heitmüllers »Cesare Pirelli jagt Donald Duck«. Die Simplifikationen, die hier vorgeführt werden, benutzen und negieren zugleich die schrecklichen Vereinfachungen der imperialistischen Massenkommunikationsmedien.

Die Manen Artaud und Brecht sind die Antipoden, zwischen denen das neue Theater der 60er Jahre seinen Weg sucht: »Zwischen Trance und Reflexion, zwischen Exorzismus und Verhaltensmodell, zwischen Ritual und gezieltem

Engagement, zwischen Einmaligkeit und typischer Situation werden die Möglichkeiten, die menschliche Innen- und Außenwelt darzustellen, erprobt.« (Roland Kabelitz)

Im gleichen Spektrum, wenn auch an anderem Ort, nämlich auf der Straße und anderen ungewohnten Orten bewegt sich eine Theaterform, die, unsubventioniert und rebellisch, drastisch geschminkt und ungeschminkt, zum Umsturz aufruft: das »Living Theatre« und das »Bread and Puppet Theatre« aus den USA, und, mehr den Ich-Bezirken und der direkten Politik verhaftet, die Straßentheater der Anti-Autoritären, vor allem in Hamburg und Westberlin.

Das »Living Theatre«, aus seiner Heimat verbannt, fand in den späten 60er Jahren mit seinen Evokationen der Anarchie und einer neuen Körperlichkeit im Berliner Sportpalast ein Echo, das noch seine eigenen Intentionen in den Schatten stellte.

Pop Art erobert das Bühnenbild. Wilfried Minks Ausstattung der »Räuber« von Friedrich Schiller im Bremer Theater.

Nur die Zuschauer waren ganz nackt

CS Berlin, 12. Januar

Noch vor knapp zwei Wochen hatten Judith Malina und Julian Beck, die beiden Gründer des New Yorker „Living Theatre", über mangelnde Resonanz beim Publikum geklagt. Am Sonnabend bei ihrer letzten Vorstellung mit „Paradise Now" in Berlin bewiesen ihnen die Zuschauer im Sportpalast das Gegenteil: Mitgerissen stürzte etwa ein Dutzend Animierter auf die Bühne, ließ sämtliche Hüllen fallen und „arbeitete" mit. Ohne Kostüm (großes Foto).

Immer wieder hatten die nur mit Lendenschurz angetanen Schauspieler die etwa 6000 Zuschauer zum Mitspielen aufgefordert. Doch erst gegen Schluß zündete der Funke: Ein paar Mutige enterten das Podium. Im strahlenden Scheinwerferlicht begannen sie, sich auszuziehen.

Briketts

Dem Publikum im brav-winterlichen Ausgehanzug schien die „Ganz-ohne"-Show zu gefallen. Mit beifälligem Johlen feierten sie die Amateur-Mimen im Adamskostüm.

Als diese, angefeuert durch den Erfolg, mit Dessous, Strümpfen, Jacketts und Hemden nach dem Publikum warfen, entwickelte sich eine wahre Kleiderschlacht. Textilien aller Art wirbelten durch den Sportpalast und dazu ertönten Sprechchöre. Forderungen nach Frieden, Freiheit, Liebe und einem besseren Leben wurden von einem Grüppchen überbrüllt. „Wir wollen keine Freiheit — wir wollen Briketts!"

Damit kamen sie bei den Nackten auf der Bühne nicht an. Die froren nicht, obwohl sie nur mit der eigenen Haut bekleidet waren. Wahres Wunder: Nach der Schau verließen alle komplett bekleidet den Sportpalast. Nicht ein einziges Hemdchen ging verloren!

Bühnenbild der Stuttgarter Aufführung der »Ermittlung« von Peter Weiss: Mit Fotos der Angeklagten der Auschwitzprozesse.

Rechts: Das Foto von der Erschiessung eines »Vietcong-Verdächtigen« durch den Saigoner Polizeipräsidenten, persönlich und auf offener Straße, wurde zum Symbol für die vietnamesische Konterrevolution – hier als Hintergrundmotiv des Berliner Strassentheaters. Links im Bild Ina Siepmann, spätere Mitbegründerin der »Bewegung 2. Juni«.

Vietnam-Demonstration 1966 in Westberlin. Da die Soldaten der befreundeten Schutzmacht USA in Vietnam die Freiheit, also auch unsere Freiheit verteidigten, mußte jeder Gegner des US-»Engagements« zwangsläufig ein Gegner unserer Freiheit sein. Folgerichtig trat der Verfassungsschutz auf den Plan. Hier hat er neben einigen Kommunisten – betagte Demonstranten waren meist Kommunisten – auch den Kabarettisten und Filmschauspieler Wolfgang Neuss ausgemacht. Die Springer-Presse veröffentlichte das Foto mit den Markierungen des Verfassungsschutzes – ergreifendes Beispiel ihrer Jagdmentalität.

Rechts: Bürgermeister Albertz überreicht US-Vizepräsident Humphrey eine Nachbildung der Berliner Freiheitsglocke.

AUFRUF

Wir bitten um Unterstützung der amerikanischen Politik für Hitler in Vietnam. Und für was in Europa?

Wir bitten um klare Bezeichnung der amerikanischen Propagandakompanien in Westberlin (Westberliner Tageszeitungen).

Spandauer Volksblatt
Der Tagesspiegel
Der Kurier — Telegraf — BZ — Morgenpost

kurz, acht Westberliner Tageszeitungen bitten um Vertrieb in Saigon und Umgebung.

Wir bitten um Gasmasken und Luftschutzkeller für die Redaktionsstäbe der Westberliner Tageszeitungen. Wie leicht fällt aus Versehen so eine Napalmbombe der Amerikaner auf das Ullsteinhaus.

Wenn ihr die Ausdehnung des Krieges auf Mitteleuropa und Berlin wünscht, unterstützt die Westberliner Tageszeitungen! Spendet auf ihr Konto!

Berliner Weihnachts-Damoklesschwert 1965

Spendet für Johnsons Gallensteine!

Amerikas Führung treibt Anti-Kennedy-Politik in Vietnam.

Einzahlungen auch an das ehemalige Mitglied eines amerikanischen Geheimdienstes „Inspekter" Sikorski („Täglich müssen amerikanische Soldaten sterben. Und wir?") von der BZ, Axel-Springer-Haus.

Heute für die amerikanische Vietnam-Politik Geld spenden heißt sparen fürs eigene Massengrab.

Eure Rührung ist mörderisch
Das Wasser in euren Augen ist gut
für die ewigen Blindenverführer
Lasset die Toten die Toten begraben
Ergründet wie die Lebenden Lebende bleiben

Die Redaktion Neuss Deutschland, Abteilung Begräbnishilfe

W. Neuss — G. Delavaux
W. Gruner — G. Groenewold
R. Bochow — M. Koegler
E. A. Rauter — H. Rieck

Barzel lobt Grass - Wehner lobt Strauß - Wir haben die große Ko-operation

NEUSS DEUTSCHLAND
ORGAN DES ZENTRALKOMITEES DER SATIRISCHEN EINHEITSPARTEI DEUTSCHLANDS

Extra-Blatt

TAGESZEITUNGSLESER! BELOGENE!

Unter dem verbrauchten Gebimmel der Berliner Freiheitsglocke herden sich die Westberliner Tageszeitungen zu einem zynischen Anzeigenvormarsch. Sie organisieren ein METAPHYSISCHES WEIHNACHTSGEDENKEN für die Hinterbliebenen der amerikanischen Toten des amerikanischen Krieges in Vietnam.

Wir organisieren ein HUMANISTISCHES WEIHNACHTSGEDENKEN für die Arbeiter der Porzellan-Manufaktur, die aus den Geldspenden der Westberliner Bevölkerung Porzellanbimmeln für trauernde Amerikaner anfertigen sollen.

NEUSS DEUTSCHLAND ergänzt den Aufruf der Westberliner Tageszeitungen:

Wir bitten um Spenden für die Hinterbliebenen der amerikanischen Soldaten, die im Kampf gegen Hitler-Deutschland gefallen sind.

In Europa wurden amerikanische Soldaten im Feldzug gegen Hitler getötet.
In Vietnam kämpfen amerikanische Soldaten mit dem südvietnamesischen General Ky.
Sein größtes Vorbild: Adolf Hitler

Süßer die Glocken nie klingen. Als in der Weihnachtszeit 1965 die Westberliner Tageszeitungen dazu aufriefen, den Angehörigen von in Vietnam gefallenen GI's Nachbildungen der Berliner Freiheitsglocke zu schenken, biß Wolfgang Neuss zu. Der Satire wurde zu jener Zeit in Berlin das Leben leicht gemacht: Sie mußte häufig nur noch abschreiben. Antwort der Berliner Presse: Anzeigenboykott gegen Neuss.

Til Radevagen

Die sechziger Jahre – Zehn Jahre im Kino

Was hat einer gemacht in den Jahren, einer der dem Film verfallen ist? Im Kino ist er gewesen.

Dazu schwänzte er viele Male die Schule, den Nachmittagsunterricht, den es damals noch gab, in der Provinzstadt am Rande der Schwäbischen Alb. Industriestadt mit fünfzig, sechzig Tausend Einwohnern, Metall-, Textil- und Zementindustrie. Die vier Kinos hießen Capitol, Gloria, Kammer und Universum. Das Universum hatte eine große Kinoorgel mit Wasserspielen.

Das Ritual des Kino- anstatt des Schulbesuchs lief immer gleich ab: Mitschüler wurden instruiert, die uns entschuldigten, falls unser Fehlen auffiel. Als Pendler vom Land konnten wir nicht zum Mittagessen nach Hause wie die Stadtschüler. Im Imbißraum eines kleinen Kaufhauses wurde gegessen, Russische Eier mit Kartoffelsalat vorzugsweise, als Grundlage für die Biere, die dazu getrunken wurden. Anschließend ging es in die erste Nachmittagsvorstellung. Wir sahen uns alles an – von der dämlichen dänischen Sexklamotte *Sieben Schwarze Büstenhalter* über Hitchcocks *Aus dem Reich der Toten* und *Psycho – Vertigo* bis zu Ozus *Abschied in der Dämmerung*. Ja, auch diese Filme liefen damals in ganz normalen Kinos in ganz normalen Städten.

Wir gingen ins Kino, Fernsehen sahen wir bis in die Mitte des Jahrzehnts im Gasthaus.

Ein gewisses Privileg war die Freundschaft mit einem Schulkameraden, dessen Eltern ein Kino in einem Vorort der Stadt besaßen. Vor allem an den Sonntagen hieß das: Mit dem Fahrrad zwanzig Kilometer hinstrampeln, denn an den Wochenenden fuhr der Postbus nur selten, noch seltener. Vormittags in eine Matineevorstellung in der Stadt, meist wurden lange Kultur- oder Reisefilme gezeigt, nachmittags zum Freund, der einen, wenn er mit dem Kartenabreißen fertig war (er half in dem Familienbetrieb jeden Sonntag), mit hinaufnahm in die »Privatloge«. Das war ein ganz normaler Raum der Wohnung mit großem Fenster zum Kinosaal, wo man sich bequem in Sesseln und auf einem Sofa lagern konnte, selbstverständlich Raucherlaubnis, mit dem Kristallaschenbecher auf dem Nierentisch... Unten dröhnte und summte das jugendliche Publikum im proppenvollen Saal, Holzklasse. Was machte das schon? Den harten Sitz spürte man nicht, wenn man *Fuzzy's* Abenteuern zusah. Man frohlockte mit dem guten Westernhelden, wenn er den Bösewicht in die Sackgasse, den Canyon ohne Ausgang, getrieben hatte, oder man warnte die ahnungslosen Siedler durch Zurufe, wenn schwerbewaffnete wildbemalte Indianer sich an ihren Planwagentreck auf dem Weg nach Westen heranschlichen.

Das waren Zeiten! Da galt ein geradezu klinisch sauberer, steriler Film wie *Bettgeflüster* als das Äußerste an vorstellbarer Frivolität zu Beginn des Jahrzehnts. Und wenn wir auf das Ende sehen...? Dazu später.

Vorerst war Sex wie Erotik nur mit einem riesigen drohenden Zeigefinger im Kino zu besichtigen. Anläßlich eines Aufklärungsfilmes wurde in einem der Kinos von der hinteren Saalwand bis vorne an den Bühnenrand ein Seil längs durch die Raummitte gespannt, links davon saßen die Frauen, rechts davon die Männer, in der Mitte mußten zwei Sitzreihen frei bleiben. So streng waren die Bräuche.

Ortsveränderung, Umzug in eine andere Provinzstadt. Immer noch war das Kino das wichtigste Fenster zur Welt. Die Zeit war etwas vorangeschritten, doch der Ort tiefkatholisch und noch über hundert Kilometer von einer Metropole (Frankfurt am Main) entfernt.

Wenigstens brachte die Katholizität mit sich, daß in der wichtigsten Einfallstraße zur Innenstadt, nicht weit einiger Kinos, ein Schaukasten mit den aktuellen Besprechungen

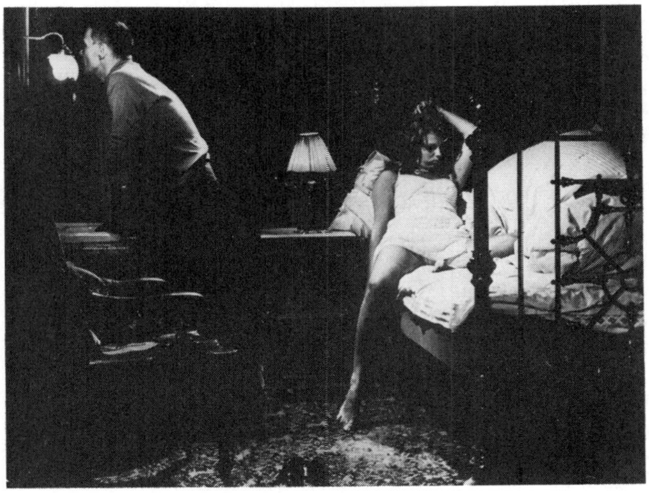

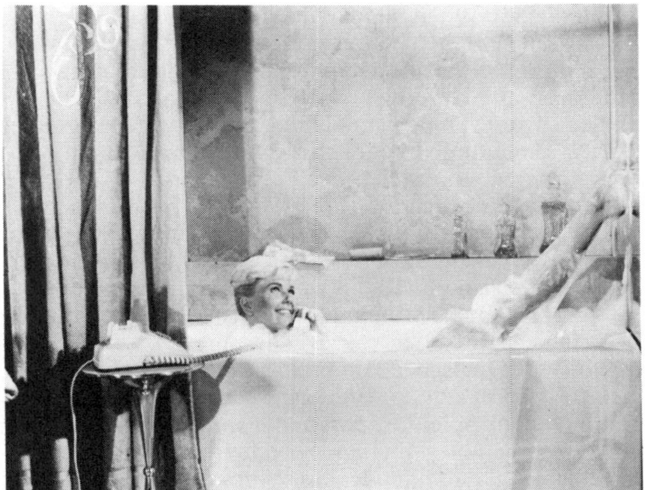

Oben: Ingmar Bergmanns »Das Schweigen«
Unten: Doris Day in »Bettgeflüster«

Heinz Rühmann, »Das schwarze Schaf«

Hitchcocks »Psycho«

des »Katholischen Filmdienstes« hing, nach dessen Wertungen man sich richtete – oder nicht. Bergmans *Das Schweigen* wurde auch hier ein Publikumserfolg und Skandal. Neben dem Kassenhäuschen des Kinos war ein uniformierter Polizist postiert. In Zweifelsfällen, ob einer schon 18 sei, mußte der Verdächtige sich ausweisen. Großes Gelächter in der Schlange: Ein junger Bursche, der kontrolliert wurde, war gerade an diesem Tag achtzehn Jahre alt geworden.

Immerhin vermittelte der katholische Filmdienst ein Interesse an mehr und weniger fromm ausgerichteter Filmkritik. Und was wären die Jahre – in der Zerstreuung, der Kinodiaspora, der filmischen Kulturwüste – ohne die Filmzeitschriften gewesen? – Die »Filmkritik« mit ihrem Schulheftformat bis 1963, danach etwas größer, herausgegeben von Enno Patalas und Wilfried Berghahn, und dann die »Film«, von Hans Dieter Roos gegründet, eigentlich mußte man sie beide lesen. Und so konnte man wenigstens über die Filme lesen, die man in der Provinz nicht zu sehen bekam. Das öffnete einem ganz neue Horizonte, ließ die Ansprüche wachsen, schärfte den Filmverstand und vergrößerte das Dilemma: Was die Kritiker forderten, was sie kritisierten, das wollte man auch, sah man vor Ort provinziell verstärkt als dasselbe Problem. Es kamen immer sehen wollte, ins Kino, ins normale Programm. Ein Filmkunstkino, geschweige denn ein Gilde-Theater gab es nicht, es gab noch nicht einmal »Filmkunsttage«. Dafür manchmal Schulvorstellungen, *Faust* mit Gustav Gründgens, *Verspätung in Marienborn* und *Frage 7* sind mir in Erinnerung, die beiden letzten Titel Anti-DDR-Propaganda.

Nur ein kleiner Lichtblick waren Filmreihen der Volkshochschule, da bekam man in Vortragssaalatmosphäre und von gespreizt-idealistischen »Einführungen« eines Dozenten begleitet wenigstens ein paar »Klassiker« zu sehen, darunter verdächtig viele alte deutsche Filme: *Metropolis*, *Das Kabinett de Dr. Caligari*, *M* und *Dr. Mabuse*. Verdächtig, weil man inzwischen Siegfried Kracauers »Von Caligari bis Hitler« gelesen hatte, einem der an einer oder zwei Händen abzählbaren Filmbücher eines ganzen Jahrzehnts. Später, viel später erfuhr man erst, daß auch dieses Buch 1958, also dreizehn Jahre nach dem Original, nur stark gekürzt und verfälschend übersetzt veröffentlicht worden war...

Die Filmzeitschriften ersetzten einem zum Teil das Sehen der Filme; als die »Film« in jedem Heft ein Filmprotokoll abzudrucken begann und die »Filmkritik« damit anfing, »Ausgewählte Filmtexte« in der Reihe »Cinemathek« zu veröffentlichen, konnte man Filme wenigstens lesen.

Überhaupt der Zustand der Filmkritik ansonsten, außer den Cineastenblättern! Es gab die »Bravo« und bis in die sechziger Jahre hinein eine Frauenillustrierte, mit viel Golddruck, die »Frau und Film«. »Lux – die Seife der Filmstars« inserierte regelmäßig ganzseitig.

Die Kritik in der Tagespresse, wenn sie überhaupt stattfand, war erbärmlich: ein bißchen Inhaltsangabe, ein wenig Wertung, christlich geprägt, wohl abgeschrieben.

Dabei lenkten einen die ernstzunehmenden Zeitschriften erst einmal darauf, daß Film nicht nur mit Kunst, sondern viel mit Industrie und eine ganze Menge mit Politik und Ideologie zu tun hatte. Eine Lektion, die sich später noch auswirken sollte, spezifisch provinzlerisch.

Dabei waren alle diskussionswillig und interessiert – die Heimatzeitung, die fortsetzungsromanlange Leserbriefe abdruckte, die Aufforderung enthaltend, doch endlich auch die wichtigen Filme zu zeigen; der Kinobesitzer, der schon damals einen »Monopolplatz« hatte – er bespielte sämtliche fünf Kinos der Stadt –, der einen zum Gespräch einlud und die steigenden wirtschaftlichen Probleme der Branche erläuterte: die nachlassenden Besucherzahlen durch die zunehmende Verbreitung des Fernsehens... Aber für einen Filmfreund allein könne man schlecht ein Programm machen...

Alles zu einer Zeit, als man so nebenbei erfuhr, daß eine Zensur doch stattfand, denn Filme »aus dem Ostblock und der Ostzone« mußten, wenn sie jemand zur Kinoauswertung importieren wollte, einem »Interministeriellen Ausschuß« vorgeführt werden. Das Ergebnis war, daß man in den Sechzigern gerade damit anfing, Filme aus den sozialistischen Ländern überhaupt zur Kenntnis zu nehmen, auf dem Umweg über ausländische Festivals und die Berichterstattung von dort.

Das ist immer noch am Anfang jener Jahre.

Wo ist der deutsche Film? Es gab ihn, er machte so herum, ohne sich mit Ruhm zu bekleckern. Das wenige, was mit Anstand oder bemüht aus der Jahresproduktion hervorragte, erhielt den vom Bundesminister des Inneren vergebenen »Deutschen Filmpreis«. 1960 bekam Bernhard Wickis *Die Brücke* die »Goldene Schale« für den besten abendfüllenden Spielfilm, verbunden mit einer Prämie von 200000 Mark; ein »Filmband in Silber« als »überdurchschnittlicher abendfüllender Spielfilm« wurde *Rosen für den Staatsanwalt* von Staudte verliehen, Anlaß für böse Kommentare über den Nestbeschmutzer – nicht den antisemitischen Studienrat Zind, den die Justiz entkommen ließ, sondern den Filmschöpfer, der die Geschichte filmisch aufgriff. 1961 und 1962 fand man im Ministerium keinen preiswürdigen Ersten. »Der deutsche Film ist in einem Tal. Seine Musen gehen rechts und links an uns vorüber«, drückte es Georg Ramseger blumig in seiner Rede anläßlich der Verleihung am 25. Juni 1961 in Berlin aus.

Die Rede wurde in der Kinoprovinz kaum zur Kenntnis genommen. Daß etwas faul war, nahm man vielleicht auf den Wirtschaftsseiten der FAZ wahr, aber der Sozialkundelehrer las in seinem Unterricht nur die Leitartikel von Seite eins vor, oder aus »Bild« und »Welt«. Auf den Wirtschaftsseiten im Januar 1962 wurde über die Pleite der Firma UFA – Film-Hansa berichtet, ein Filmverleih, nicht gerade der kleinste, unwichtigste.

Der erste Pasolini-Film war ins Kino gekommen, von einem mutigen jungen Verleih, »neue Filmform«: *Accatone – Wer nie sein Brot mit Tränen aß;* bei der Bavaria war schon die Columbia eingestiegen, Ilse Kubaschewskis Gloria-Sternenhimmel strahlte noch und funkelte, die Filme der französischen Neuen Welle liefen an, in Italien brachte eine ganze Generation junger Filmregisseure ihre Erstlinge heraus, aber wo blieben die Deutschen? Die neue Generation der Filmer der Bundesrepublik? Siebzehn Jahre nach dem Nullpunkt werkelten immer noch dieselben wie vor ihm. Selbst »die größten Regisseure Deutschlands« (Joe Hembus behandelt sie der Reihe nach in seinem legendären Pamphlet – Helmut Käutner, Kurt Hofmann, Wolfgang Staudte, Rolf Thiele) hatten ihr Handwerkszeug weitgehend in Goebbels' Filmfabrik gelernt.

Aber die Jungen kamen, sie meldeten sich zu Wort. Mit einem Manifest, das sie auf dem damals offensten Festival (es hatte das unerhörte, auffordernde Motto »Wege zum Nachbarn«), der Oberhausener Kurzfilmwoche verabschiedeten. Sie traten damit aus dem Schatten. Sie boten an, für die Summe von fünf Millionen Mark zehn Spielfilme herzustellen. Eine ziemliche Frechheit, so den Altproduzenten, den Vätern und Großvätern der vergreisten Industrie den Fehdehandschuh hinzuwerfen. Das war überfällig, sieht man sich einmal – in Filmtiteln – an, was die an Vergangenheits- und Gegenwartsbewältigung im Jahr vor Oberhausen zustande gebracht hatte: *Lebensborn* (Edeldeutschenzucht in der NS-Zeit), *Der Teufel spielt Balalaika* (deutsche Kriegsgefangene in Rußland nach 1945), *Das schwarze Schaf* (Heinz Rühmann als Pater Brown, nach Chesterton, in Merry Old England), *Die Stunde, die du glücklich bist* (Ehebruchschnulze in gehobenem Gegenwartsmilieu). Damit beherrschten hierzulande die Altfilmer die Ateliers und Regiesessel, während allerorten ein Generationswechsel stattfand, Erstlingsfilme mit neuen Themen und frischen Bildern in die Kinos drängten – in die ihrer eigenen Länder. Dort ging es auch nicht ohne Vatermord ab, aber es war doch eine Infrastruktur des Kinos und der Industrie vorhanden.

Wie es hier aussah, beschreibt Enno Patalas in seinem Bericht über Oberhausen: »Hierzulande ist die Basis, auf der neue Talente sich entwickeln können, ohne sogleich vom kommerziellen Betrieb verschlissen zu werden, unvergleichlich schmaler als in irgendeinem anderen Land Europas. Keine staatliche oder staatlich subventionierte Akademie bietet Gelegenheit zu einer Ausbildung außerhalb der Industrie; keine Cinemathek gestattet, eine universale Filmbildung zu erwerben; kein nationales Filminstitut finanziert jungen Talenten ihre Experimente; die Filmclubs sind nach hoffnungsvollen Anfängen in grauer Provinzialität versunken;...« (Filmkritik 4/62). Keine Ausbildungseinrichtung, kein zentrales Filmarchiv, keine Förderungseinrichtung für Nachwuchs, keine Forschungsstätte. Es grenzt schon an ein Wunder, daß sich in den

»Der junge Törless« von Volker Schlöndorff

»Katzelmacher« von Rainer Werner Fassbinder

»Abschied von gestern« von Alexander Kluge

folgenden Jahren praktisch über Nacht der Neue Deutsche Film durchsetzen konnte, Filmer, die nur in Ausnahmefällen – wie Volker Schlöndorff am IDHEC in Paris – eine reguläre Filmausbildung hatten.

Im Nachhinein scheint es einem auch, als ob die meisten Filme der Jungen Deutschen zu ernst, zu problembehaftet waren, zu wenig komisch – es war doch die hohe Blüte der *Beatles*-Filme von Richard Lester! –, doch war das andererseits auch wieder verständlich, wenn man sieht, welche Themen von den Machern der Altbranche unbeachtet geblieben waren. Den endgültigen Durchbruch erzielte der Junge Deutsche Film dann 1966, als Schlöndorffs *Der junge Törless* das »Filmband in Gold« erhielt und Kluge in Venedig den »Spezialpreis der Jury« für *Abschied von Gestern* (dem der Deutsche Filmpreis ein Jahr später verliehen wurde) bekam.

In Frankfurt, wohin es einmal wöchentlich ging zum Besuch der Berufsfachschule, konnten wenigstens teilweise Filmbildungslücken geschlossen werden, in den Repertoirekinos, Vorläufern heutiger Programmkinos.

Der *Abschied von Gestern*, ein Abschied aus der Provinzialität – wenigstens für einen Tag in der Woche, Anschluß an die Welt! In einem großen Kino in der Frankfurter Innenstadt, in einer Nachmittagsvorstellung im »Esplanade« saß ein Mann, von Alter und Typ einer der Erbauer der Bundesrepublik, eine Reihe vor mir. In der Szene, in der Anita G., die Heldin in Kluges Film, den Schwangerschaftstest in einer Toilette macht – das wird so dezent wie irgend vorstellbar gezeigt, weil man nur Anita G.'s Kopf sieht und nicht ihr Hantieren –, war der Mann fassungslos, minutenlang murmelte er halblaut vor sich hin: »So eine Schweinerei, so eine Schweinerei!«

Keine westdeutsche Film-Ausbildungsstätte – bis zum Jahre 1966. Am 17. September 1966 nahmen 35 Ausgewählte ihr Studium an der Deutschen Film- und Fernsehakademie Berlin auf, 850 hatten sich beworben, 74 eine mehrtägige Prüfung gemacht. Ein Jahr später begann der Studienbeginn an der Münchner Hochschule für Fernsehen und Film.

Absolventen von München: Michael Schanze, Fernsehshowstar, Wim Wenders. Absolventen von Berlin: Helma Sanders, Harun Farocki, G. P. Straschek, Wolfgang Petersen.

Das letzte Drittel des Jahrzehnts endet turbulent. Auf den Neuen Deutschen Film folgt wenige Jahre später »Das andere Kino«, die zweite Generation, zum Teil erklärte Experimentalfilmer, die sich dem »Underground« verschreiben. Der sich gerade von der Unrast der fünfziger Jahre einmal verschnaufen wollende Bundesbürger nimmt sie kaum wahr. Der deutsche Film produziert – in seinem Altbestand – Serien: Krimis nach Edgar Wallace, mehr als zwei Dutzend in den zehn Jahren, und Karl-May-Verfilmungen. Und als alles denkt, nun ist es endgültig aus mit den alten Lurchen, da überschwemmt eine Sexfilmwelle die braven Deutschen. Wobei sich vorzüglich ein ehrlichnaiver Aufklärer, ein bayrischer Spediteur und ein »Jungspezialist« hervortun: Oswald Kolle, Alois Brummer und Günter Hunold – *Das Wunder der Liebe*, *Graf Porno und...*, *Schulmädchenreport*.

Den Antels, Marischkas, Gottliebs usw. wäre zuviel Ehre angetan, sie hier mit einem Filmtitel zu erwähnen. Stattdessen ist zur Kenntnis zu nehmen, daß Rainer Werner Faßbinders erster Film entsteht, *Katzelmacher*, fast jedes Jahr ein neuer Godard kommt (deren Filme der Verfasser mit dem provinziellen Hintergrund hinfort immer erst mit jahrelanger Verspätung gut findet – oder versteht).

In Frankreich platzt 1968 das Festival von Cannes, die

»Generalstände des Kinos« werden ausgerufen, in Frankfurt am Main demonstrieren Studenten erstmals gegen den Vietnamkrieg – und gegen das Kriegerepos des Hollywood-Haudegens John Wayne, *Die Grünen Teufel*. In Fulda demonstriert auch einer dagegen, brieflich, an die Zeitung, und der Kinobesitzer fordert vorsichtshalber Polizeischutz für den Aufführungsort an. In Berlin, an der Filmakademie, wird »permanente Revolution« gemacht, und achtzehn Studenten fliegen raus (der Knall auf dem Festival, der Berlinale, kommt erst 1970, Verhoevens *O.K.* löst ihn aus.

Und endlich, endlich versöhnt ein Filmgenre Kindsköpfe, Kinonormalverbraucher und Revolutionäre! Der *Italowestern* als verkapptes Revolutionsmodell und -anleitung erlaubt, was einst bei *Fuzzy* / Al St. John nicht erlaubt war: mit Zündplättchenpistolen im Kino herumzuknallen; und wenn der Operateur im Vorführraum vergißt, die Kohlen der Projektionslampe nachzustellen und es unplanmäßig schwarz auf der Leinwand wird, dann spielt ein revolutionsromantischer Geiger im Filmclub der Universität Kampflieder zur Überbrückung, und ab und zu auch mal die Internationale...

Zehn Filmjahre, die subjektiv in der ersten Hälfte als sich endlos dehnend, in der zweiten als sich überstürzend erfahren wurden. Zehn Jahre im Kino gewesen, manchmal halbe, auch ganze Tage, und immer noch wenig Filme gesehen!

Agnes Hüfner

Was habe ich hier?

Die versuchte Inbesitznahme des Landes oder Die Literatur der 60er Jahre

was habe ich hier? und was habe ich hier zu suchen,
in dieser schlachtschüssel, diesem schlaraffenland,
wo es aufwärts geht, aber nicht vorwärts,
wo der überdruß ins bestickte hungertuch beißt,
wo in den delikatessengeschäften die armut, kreidebleich,
mit erstickter stimme aus dem schlagrahm röchelt und ruft:
es geht aufwärts!

– Hans Magnus Enzensberger –

1960 erscheint Enzensbergers zweiter Gedichtband, er heißt »landessprache«. Im selben Jahr gibt Wolfgang Weyrauch die Anthologie »Ich lebe in der Bundesrepublik« heraus. Wolfgang Koeppen, dessen große Romane über das restaurierte Land bereits vorliegen, fragt darin: »Bin ich Hans im Glück oder das beste Persil, das es je gab?« Martin Walser, der im selben Jahr »Halbzeit«, den ersten Band seiner Trilogie über Anselm Kristlein, den Werbefachmann, veröffentlicht, beschreibt den Autor im Adenauerstaat: »Jeder ein Tänzer. Unangewandt. Absolut wie Hölderin«, und als Seele der neuen Republik findet er: »Es ist die Angst vor dem Kommunismus, die diesen Staat zusammenhält.« Der Clown Hans Schnier ist der gesellschaftlichen Realität nicht gewachsen, er landet als Bettler auf den Stufen des Bahnhofs der Bundeshauptstadt Bonn. Bölls »Ansichten eines Clowns« erscheint 1963.

1960 protestieren Schriftsteller und Publizisten gegen den Versuch Adenauers, ein regierungsamtliches zweites Fernsehen zu installieren. 1960 wird ein mit Staatsgeldern finanziertes »Rotbuch« herausgebracht; 452 Hochschullehrer, Schriftsteller und Künstler werden der »kommunistischen Kulturarbeit« überführt.

»Eine Silbe, sage ich, eine einzige kleine Bemerkung. Das ist nämlich nicht zur Vergangenheit, für Sie nicht, für Sie ist das Zukunft. Verstehen wir uns, mein lieber junger Freund? Eine ganz kleine Bemerkung – und Sie sind erledigt... Wir können uns nicht leisten, die Jugend unseres Volkes von Kommunisten erziehen zu lassen, so etwa. Ich weiß, wie man so was in die Wege leitet, habe meine Beziehungen zum Ministerium.« – Paul Schallücks Roman »Engelbert Reineke« wird 1959 veröffentlicht. Der Lehrer E. R. arbeitet an demselben Gymnasium wie vor '45 sein Vater, der durch Denunziation ins Konzentrationslager gebracht und dort ermordet worden ist. E. R., mit der lebendigen Vergangenheit konfrontiert, entschließt sich, Schule und Stadt zu verlassen. Aber nach dem Gespräch mit dem Denunzianten, einem inzwischen erfolgreichen Geschäftsmann, der mit seinen Beziehungen zum Ministerium droht, bleibt er vor Ort.

1961 erscheint bei rororo, herausgegeben von Martin Walser, die Sammlung »Die Alternative oder Brauchen wir eine neue Regierung?«, Wahlkampfhilfe für die SPD, die große oder die kleine Hoffnung.

Das Jahr 1960 mag willkürlich gewählt sein, trotzdem war kurz davor oder kurz danach die Adenauerzeit noch bei Lebzeiten zuende. Die Vergangenheit, Krieg und Faschismus, waren in erste Worte gefaßt. Auch die aus dem Krieg Gekommenen hatten zur Sprache gefunden. Wolfdietrich Schnurre: »Man konnte erst mal nur Hauptsätze machen. Punkt. Punkt. Punkt.« Die Bonner Republik war ins Visier gekommen. Die Bücher von Alfred Andersch, Heinrich Böll, Wolfgang Koeppen, die Lyrik von Paul Celan, Günther Eich, Ingeborg Bachmann lagen vor. Gegen Ende der 50er Jahre kamen Hans Magnus Enzensberger, Peter Rühmkorf, kamen Günter Grass, Uwe Johnson, Siegfried

Lenz, Arno Schmidt, Martin Walser dazu. Aber wo kamen sie hin? Die Erinnerungsarbeit zerschellte an einer Gegenwart, die erstarrt schien. Aus dem Neuanfang war Wirtschaftswunder, Restauration, Aufrüstung und Teilung geworden. Das geistige Klima war vom »Treibhaus« Bonn (Koeppen) bestimmt, die Moral in der Verdrängung ersoffen. In Christian Geisslers »Anfrage« (1960) wird einer, der sich bekennen will, in der Zeit des Faschismus schuldig geworden zu sein, für unzurechnungsfähig erklärt und in eine Heilanstalt überführt. Der Nonkonformismus, den Koeppen oder Walser als unwürdige Haltung beschreiben, meint eben jenes »Nicht-Zuhause-Sein«, das Enzensberger in der »landessprache« benannt hat.

Ich fege alle Hoffnungen von unserem Tisch
zehn Jahre nach Oradour.
Ich sitze in meinem Sessel aus grünem Plüsch.
Ich besinge die Müllabfuhr.

– Peter Rühmkorf –

Aus der Not, sich dieses Adenauerdeutschland nicht zu eigen machen zu können, aus dem Zorn über die schiefgelaufene, festgefahrene Entwicklung, entstanden Unruhe und Bewegung, der Anspruch mitzureden und mitzuwirken, die Gegenwartsbefragung setzte vehement ein. Damit fiel auch ein neuer Blick auf die Vergangenheit. Vor Rolf Hochhuths »Stellvertreter« (1963) war die Verbindung zwischen Vatikan und Hitlerregierung, vor Peter Weiss' »Ermittlung« (1965) die Verbindung zwischen KZ und Konzern kein Thema. Vor Walsers »Überlebensgroß Herr Krott« (1963) stand kein überlebter Kapitalist auf der Bühne. Vor Max von der Grüns »Männer in zweifacher Nacht« (1962) und »Irrlicht und Feuer« (1963) gab es keine Arbeitsunfälle in der Literatur und kaum solchen Zorn auf den Opportunismus der Gewerkschaften. »Mein Gott, was soll nur werden, wenn wir einmal gegen unsere eigenen Vertreter aufstehen müssen, weil sie Bonzen geworden sind. Beim Aufwachen aus dem Wirtschaftswunder werden wir das Frühstück bezahlen müssen.«

In den 50er Jahren war Arbeit kein Gegenstand für Schriftsteller, die arbeitenden Klassen galten als spießig, die soziale Realität schien widerspruchsfrei. Jetzt um die 60er Jahre herum wurden die Fesseln der Erwartung gesprengt, und die Literatur füllte sich mit einem unbekannten Stoff- und Formenreichtum, der von den Arbeiterschriftstellern der Gruppe 61 bis zu Helmut Heißenbüttels Modell einer neuen Literatur, der Beschäftigung mit der Sprache als Sprache, reichte.

Der sich ankündigende Übergang von der Adenauer- zur sozialdemokratischen Republik machte die Geister freier, die Erkundungslust an Geschichte und Gesellschaft wuchs. Aufklärung und Rationalität waren Maßstäbe, die ein starkes Interesse an Fakten hervorbrachten. Freilich war die Erkenntnis behindert vom anhaltend »überheblichen Mitleidsblick« (Oskar Maria Graf, 1962) gegenüber dem sozialistischen Experiment DDR, das auf deutschem Boden, separiert entstanden, einfach undenkbar zu sein hatte. So groß die Aufregung, zum Beispiel der Gruppe-47-Autoren, über den Bau der Mauer 1961 war – weil die Fehler einer von Anfang an auf Spaltung zielenden Deutschlandpolitik nun sozusagen festgegossen dastanden –, so überzeugend wirkte sich das Ereignis schließlich für das Anerkennen der Realitäten aus. Die Grenze zum Sozialismus lenkte den Blick in die eigene Politik, von der verlangt wurde, mit dem Osten Kontakt aufzunehmen. Dabei bedeutete die Ablehnung des DDR-Sozialismus eine starke Bindung an die bürgerliche Demokratie, hohe Erwartungen gegenüber der SPD oder Hoffnungen, die von fern her kamen und sich in der Ferne erfüllten, in der kubanischen Revolution, in den Kämpfen der Befreiungsbewegungen, vor allem in Vietnam.

Am Ende des Jahrzehnts, als die Partei der Reformpolitik endlich das Sagen hatte, war die leidenschaftliche Suche der Autoren nach »einer bewohnbaren Sprache in einer bewohnbaren Welt« (Böll) erschöpft. Willy Brandt machte vor dem Warschauer Getto den Kniefall. Beim 1. Schriftstellerkongreß in Stuttgart 1970 bat er die Schriftsteller um tätige Mitgestaltung von Politik und Gesellschaft. Viele hielten das Angebot für ausreichend und richteten sich wie zu Hause ein. Einige zogen das heimatlose Leben auf den »Baustellen« (Tagebuch von Luise Rinser, 1970) vor. Andere setzten noch eine Weile die Suche fort und sprachen mit dem Vorsitzenden der neu gegründeten DKP, Kurt Bachmann, über ihre Ansprüche an eine »hiesige Partei« (Martin Walser). Wieder andere hatten das Land ganz aufgegeben. Enzensberger brachte 1970 sein »Verhör von Habanna« heraus, die Selbstdarstellung der geschlagenen Konterrevolution auf Kuba, die Enthüllung der Herrschaftsanmaßungen des internationalen Kapitals. 1970 hatte sich die Gruppe 47 schon fast aufgelöst, die Gruppe 61 schickte sich dazu an, und der Werkkreis Literatur der Arbeitswelt wurde aus der Taufe gehoben. Die Belletristik stand nicht sehr hoch im Ansehen, und die Dokumentarliteratur galt als Spezialität. Als die SPD daran ging, die neue Deutschlandpolitik in Verträge zu fassen, war die Frage »Was habe ich hier?« scheinbar nicht mehr virulent.

Zuvor hatte die Literatur damit sogar die Staatsmacht bewegt. Hochhuth, der für seinen »Stellvertreter« keinen Verleger fand, bis Erwin Piscator das Stück auf die Bühne brachte, erwirkte eine Beschwerde des Vatikans, eine Anfrage im Bundestag und öffentliches Aufsehen. Von der Grün verlor nach der Veröffentlichung von »Irrlicht und Feuer« seinen Arbeitsplatz und die Gewerkschaftsmitgliedschaft. Gerd Semmer, der Ostermarsch- und andere Lieder schrieb, als Süverkrüp sozusagen noch klein war, hatte vorübergehend Aussicht auf einen Hochverratsprozeß. Böll erhielt für den »Clown« die Bestätigung einer »bedenklichen Kritik des Industriellenmilieus« und einen Hirtenbrief der katholischen Kirche. Hochhuths Feststellung »Der Klassenkampf ist nicht zuende« von 1965 ließ Bundeskanzler Ludwig Erhard die Beschimpfung »Pinscher« einfallen, weil Schriftsteller nichts von Ökonomie verstehen. Innerliterarisch war das öffentlichkeitswirksamste Ereignis das Auseinanderfallen der Gruppe 47 1966 in Princeton über der Frage der Solidarität mit Vietnam, in der Grass und Hans Werner Richter eine Provokation des Gastgebers USA befürchteten. Überhaupt war Grass publizistisch sehr aktiv gegen Erich Frieds Gedichtband »... und vietnam und ...« (1966) zum Beispiel oder gegen Peter Weiss' »10 Arbeitspunkte eines Autors in der geteilten Welt« (1965), in denen Weiss seine Arbeit in Beziehung zum Sozialismus und zu den Befreiungsbewegungen setzte. Wegen einer Geldsammlung für die vietnamesische Befreiungsfront in den Münchner Kammerspielen nach der Premiere von Weiss' »Diskurs über die Vorgeschichte und den Verlauf des lang andauernden Befreiungskrieges in Viet-Nam als Beispiel für die Notwendigkeit des bewaffneten Kampfes der Unterdrückten gegen ihre Unterdrükker sowie über die Versuche der Vereinigten Staaten von

Lützel Jeman

Dichter in Berlin

Mehr und mehr konzentriert sich das literarische Leben der Bundesrepublik in Berlin. Dort wohnen Johnson, Grass, Schnurre, Meckel, Schnell, Fuchs. Walter Höllerer, ordentlicher Professor, Herausgeber zweier Literaturzeitschriften, Poet dazu, organisiert Dichtertreffen, finanziert mit Mitteln der Fordstiftung Kurse für Jungdichter, das Literarische Colloquium, Kritikertreffen und Schauspielnächte. Als gutbezahlte artists in residence sieht man prominente Ausländer: Butor, Bachmann, Gombrowicz. Richter, Chef der Gruppe 47, hält in Berlin-Grunewald seinen Jour fix, Wagenbach hat seinen Verlag in Friedenau eröffnet, im Gästehaus der Akademie der Künste weilen gerngesehene Besucher wie Peter Weiß. Dichter, wohin man schaut. Doch was zieht sie alle nach Berlin? Was hält sie dort? Warum schreiben sie so gute Bücher? Unser Fotostrip versucht, die Antwort zu geben. Er sieht hinter die Kulissen des Betriebs und zeigt uns allen die Dichter als Menschen.

Am nächsten Morgen stattet Höllerer Hans Werner Richter einen Besuch ab.
Nun, was führt dich her, Walter?
Der Uwe ist in Schwierigkeiten. Er sucht nach einem Adjektiv. Es ging da, Moment, ja, es ging um eine Eckkneipe . . .
Etwa zur gleichen Zeit macht Johnson seinen gewohnten Morgenspaziergang. Plötzlich ruft jemand seinen Namen. Kein Zweifel, Peter Rühmkorf ist wieder mal im Lande!
Uwe, Hans-Werner rief mich gerade an. Ich wollte dir nur sagen, daß mir kein Adjektiv eingefallen ist. Aber Ingeborg kennt sich da doch aus, vielleicht . . .
Schönen Dank, Peter!
Während sich Johnson auf den Weg zu Ingeborg Bachmann macht, ist Grass nach Kreuzberg gefahren. Schnell und Stomps schlafen noch, doch Günther Bruno Fuchs ist tatsächlich schon munter.
Schön, dich wieder mal zu sehen, Günter. Nee, Adjektive sind bei mir nicht drin. Aber Eckkneipe ist gut, sehr gut sogar. Ich kenn eine ganz in der Nähe — wollen wir da nicht weiter überlegen?
Richter und Höllerer sind inzwischen nicht weitergekommen. Peter Weiß, den sie angerufen haben, ist leider gerade in Schweden, Schnurre weigert sich zu helfen, Peter Härtling, Klaus Wagenbach und das Brandtsche Wahlkontor machen unglücklicherweise einen Betriebsausflug nach Kladow. Da hellt sich Höllerers Gesicht auf. „Wofür haben wir eigentlich die Jungs vom ‚Literarischen Colloquium'?" Zehn Minuten später sind alle Jungdichter schon am Nachdenken . . .
verschlafene Eckkneipe? Das geht nicht mehr Hoffmannsthal, Sprachverlust, Wirklichkeitsschwund, Ironie, Rolle des Erzählers, Fiktion, Tod des Adjektivs, *graue, saubere, bebitzelte, kosmische.* das kann man nach Miller nicht mehr bringen, *verwegene, doofe? blutige* . . . geht das schon wieder? *abbröckelnde, schnellebige* . . . *eckige* Eckkneipe . . .?
Zur gleichen Zeit in Ingeborg Bachmanns Wohnung in Grunewald.
Schönen Gruß von Peter. Er meinte, du könntest mir weiterhelfen, ich suche
Hans-Werner rief bereits an. Ich wills versuchen, Uwe. Wenn du derweil einen Reim auf „*tränenblind*" finden könntest? Ich komme mit meiner Elegie nicht weiter . . .

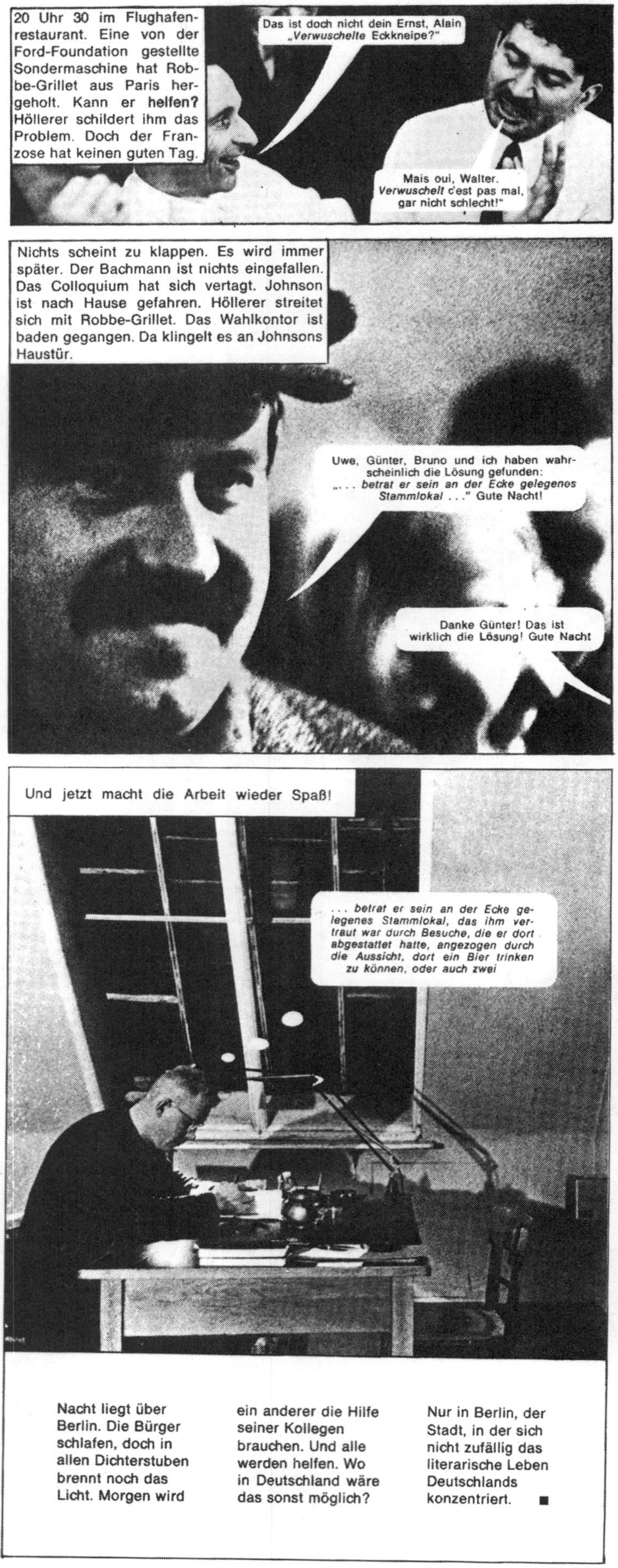

Nacht liegt über Berlin. Die Bürger schlafen, doch in allen Dichterstuben brennt noch das Licht. Morgen wird ein anderer die Hilfe seiner Kollegen brauchen. Und alle werden helfen. Wo in Deutschland wäre das sonst möglich? Nur in Berlin, der Stadt, in der sich nicht zufällig das literarische Leben Deutschlands konzentriert. ■

Amerika, die Grundlagen der Revolution zu vernichten« (1968) flogen Regisseur Peter Stein und einige Schauspieler sowie das Stück aus dem Programm. Reinhard Lettau wurde nach einer Rede über die Servilität der Presse als lästiger Ausländer aus Westberlin ausgewiesen (1967). Springer, Notstandsgesetze, Vietnam waren die neuralgischen Punkte der Auseinandersetzungen der Schriftsteller untereinander und mit der Staatsmacht, die sich nach 1966 CDU und SPD teilten.

Ab 1967/68 übernahm die Studentenbewegung die Erschütterung des bundesdeutschen Ruhestandes, und Heinrich Böll schickte Beate Klarsfeld, die 1969 Bundeskanzler und Altnazi Kiesinger geohrfeigt hatte, Blumen.

Ziemlich einig waren sich die Schriftsteller in der Beurteilung einer Gegenwart, die vom Fortwirken des Personals aus der Hitlerzeit geprägt war. Viele stellten dagegen die Verantwortung des einzelnen. In Hochhuths »Stellvertreter« geht einer, der Priester Riccardo, mit ins KZ, eine Provokation der auf Ausgleich mit dem Faschismus bedachten päpstlichen Politik, eine individuelle Tat der Selbstachtung. In Siegfried Lenz' »Deutschstunde« (1968) versucht der junge Siggi Jepsen das Wirken faschistischer Ideologie zu begreifen und stößt dabei auf einen pervertierten Pflichtbegriff, der jede Unmenschlichkeit abdeckt. Seine Selbstbefragung endet damit, daß er etwas Neues anfangen will. »Etwas Neues? Was soll das sein...? Noch gibt es Möglichkeiten. Aber werde ich sie nutzen?« Drei Jahre vorher hatte Wolfgang Hildesheimer »Tynset« veröffentlicht, das Buch ohne Möglichkeiten. »Das Entsetzen ist nicht an eine Stätte gebunden, es kennt auch keinen Ort, es wächst in der Zeit, und überall gleichzeitig, mancherorts unsichtbar, aber allgegenwärtig, oft verdeckt, aber es wächst, es gedeiht, es blüht, es trägt Früchte.«

Auf der Suche nach gesellschaftlichen Kräften, die am Neuen mitwirken könnten, bewegen sich die Schriftsteller in enormer Entfernung vom Volk. Noch Jahre später ist es das »Volk von Mitläufern« (Andersch). Durch Max von der Grün und die Autoren der Gruppe 61 kommen Stoffe aus dem Arbeitsleben in die Literatur, die vor allem das ausgebeutete Subjekt und eine ausbeutende Herrschaftsklasse zeigen. Doch sind Romane wie Christian Geisslers »Kalte Zeiten« (1965), in denen die Frage nach der Veränderung eines Klassenbewußtseins gestellt wird, das vom System »ganz schön in die Mangel« genommen wird, selten. Allerdings sind Erfolge in der Wirklichkeit auch kaum zu vermelden. So beschreibt Geissler zum Beispiel einen Schriftsteller, der als Agitator nach Hamburg kommt und dessen Wahrheiten keiner hören will. Die Orientierung auf Protokolle und Reportagen – Erika Runges »Bottroper Protokolle« erscheinen 1968, Günter Wallraff geht ab Mitte des Jahrzehnts vor Ort nachsehen, wie Entfremdung funktioniert (»Wir brauchen Dich«, 1966) – ist auch ein Versuch, sich dieser anstandslos angepaßten Arbeiterbewegung zu nähern, sie zu begreifen, ein genauer zu betrachtender Forschungsgegenstand. Gegen Ende der 60er Jahre gehen Faßbinder, Kroetz, Sperr in die Randbereiche und erkunden die Sprach- und Bewußtseinslosigkeit der »kleinen Leute«, die sie in der Provinz ansiedeln.

Dabei sind Begriffe wie System und Sozialismus seit Anfang des Jahrzehnts keine Fremdwörter in der Literatur. Auch wird in den 60ern Marx wieder gelesen, und die Literatur der DDR darf durch die Mauer in den Westen. Aber wer nicht wie Hochhuth eine gerechtere Klassengesellschaft will, sucht eher außerhalb des Landes. Peter Weiss ist mit seinem »Marat«-Stück (1964) der erste, der in den beiden Hauptfiguren, Marat und Sade, das Thema Revolutionär und/oder Individualist aufgreift. Von den linken Autoren ist Weiss derjenige, der ausdauernd an der Frage, wie es zur sozialen und politischen Befreiung kommt, arbeitet. Der deutschen Arbeiterbewegung nähert er sich langsam von außen, 1973 beginnt er mit der »Ästhetik des Widerstands«. Außen, das ist ab 1965 vor allem der vietnamesische Befreiungskampf, der besonders von Martin Walser und Erich Fried als unsere Angelegenheit behandelt wird. Walser: »Das ist unser Krieg. Mit vollem Recht sprechen die amerikanischen Militärsprecher auf den Pressekonferenzen in Saigon von den Free World Forces. Die Streitkräfte der Freien Welt. Das sind unsere Streitkräfte... Die Amerikaner sind unsere engsten Verbündeten, unsere engsten politischen Freunde. Sie führen diesen Krieg auch in unserem Namen.« (»Praktiker, Weltfremde und Vietnam«, Rede aus dem Jahr 1966, die in einem Essayband von Walser erschien, der Titel: »Heimatkunde«.)

Vietnam ist Deutschland
sein Schicksal ist unser Schicksal
Die Bomben für seine Freiheit
sind Bomben für unsere Freiheit.

– Erich Fried –

»Unsere Freiheit«, das war für die meisten nicht ironisch gemeint. In der politischen Betätigung, ob im Wahlkontor der SPD 1965, ob in der Solidaritätsbewegung für Vietnam und in den Bewegungen gegen die Notstandsgesetze und das Springermonopol, an denen Schriftsteller aktiv teilnahmen, war die Grundlage im wesentlichen die Vorstellung einer sowohl antifaschistischen als auch sozial gerechteren Demokratie, deren Garant die SPD schien.

Der Schock der Großen Koalition von 1966 war groß, Notstandsgesetze und Atombewaffnung wurden von allen Bonner Parteien befürwortet. Er war das Ende der Hoffnungen, linksliberale – wie sie selber es genannt hätten, sozialistische – und bürgerliche Vorstellungen unter einen Hut bringen zu können. Kein Wunder, daß Enzensberger im parlamentarischen System keine Klassenkampfmöglichkeiten mehr erkennen konnte und die Literatur erst einmal totsagte (»Einige Allgemeinplätze, die Neueste Literatur betreffend«, Kursbuch 15, 1968). Kein Wunder, daß ab 1969, als die sozialliberale Regierung endlich dran war, nur die Pragmatiker ihren Identifikationsanspruch eingelöst sahen.

Die große Aufbruchstimmung vom Anfang der 60er Jahre, die für einige noch einmal in der außerparlamentarischen Bewegung Hoffnung und Zukunft enthielt, ging an der Fixierung auf die SPD und am Desinteresse für die Geschichte des sozialistischen Deutschland langsam kaputt.

Udo Lindenberg / Horst Königstein

We've Gotta Get Out Of This Place

Als Elvis Presley 1958 in der Bundesrepublik als GI stationiert wurde, sah es so aus, als wäre die Rock'n'Roll-Zeit wieder vorbei. Die Chefs der Plattenindustrie schickten frischgewaschene Teenie-Stars mit Schmalztolle und Schnullermund ins Rennen (z.B. Fabian, Ricky Nelson) und glaubten, alles wieder unter Kontrolle zu haben. Unterhalb dieser allseits geförderten offiziellen Platten-Kultur entwickelten sich jedoch ganz eigene musikalische Gegenwelten: In Liverpool und Hamburg beispielsweise waren Jugendliche derart vom Rock'n'Roll angezündet, daß sie ihr letztes Taschengeld ausgaben, um an Platten-Importe aus Amerika ranzukommen. In schmutzigen Kellerlöchern oder nachmittags in der Schulaula probten Nachwuchsrocker mit Teekisten und Waschbrett (Skiffle) oder mit notdürftig übers Radio verstärkten elektrischen Gitarren amerikanische Folklore und »Whole Lotta Shakin' Goin' On«. Mit Peter Kraus und Ted Herold hatte das nicht viel zu tun. In England machten Jugendliche eine ähnlich aufregende Entdeckungsreise ins Rock'n'Roll-Land. Der Liverpooler Disc-Jockey Billy Butler erzählt: »Wir haben nichts von dieser Musik im Radio gehört oder im Fernsehen gesehen. Deshalb haben wir diese Platten uns selbst vorgesungen oder vorgesummt. Dann haben wir uns 'ne Gitarre gegriffen und es probiert. In jedem von uns war ein kleiner Star versteckt: wir wollten immer die ersten und die besten sein. Das war's. Beim Skiffle ist zum erstenmal etwas in uns mulmig geworden – das war aufregend und schnell. Da sind Sachen angerührt worden, von denen vorher keiner wußte, daß es sie gab.«

Gymnasiasten und Studenten pflegten zu jener Zeit den Jazz, den sie als Ausdruck ihrer Anti-Haltung entdeckt und in »Exi-Kellern« heimisch gemacht hatten – schwarze Hose, schwarzer Rollkragenpullover, bleiches Gesicht, unheimlich »coole« Haltung: Morgen macht die Atombombe sowieso alles kaputt. Ringo Starr erzählt über seine Liverpooler Zeit: »Die Skiffle-Mode war '58, '59. Damals verließ ich gerade meine Rocker-Gang. Ich war dann in einer Band mit Freunden, die zusammen in der gleichen Fabrik arbeiteten. Wir spielten mittags für die Männer unten im Keller. Das war immer kostenlos. Dann waren Wettbewerbe in den Tanzlokalen. Wir haben diese Wettbewerbe gewonnen und waren bald bekannt: die Eddie-Clayton-Skiffle-Group. ...und dann Rory Storm. Rory Storm spielte zu der Zeit Rock'n'Roll. Er war populärer als die allerersten Beatles-Formationen. Wir sind damals aus dem Cavern rausgeflogen, weil wir Rock'n'Roll gespielt haben. Das war so ein Exi-Lokal, in dem sonst ausschließlich Dixieland-Jazz gespielt wurde. Wir durften ein paar Wochen lang nicht auftreten. Dann haben sie gemerkt: Rock'n'Roll ist in. Also müssen wir Rock'n'Roll haben.«

In den frühen 60er Jahren merkte man diese Bewegung am deutlichsten in Hamburg: In den neondurchglänzten Kellerbars probierten englische und deutsche Jugendliche gemeinsam eine Revolte, die auf der Bühne des »Star-Clubs« und im »Top Ten« ihren ungehobelten Ausdruck fand. Was dann Ende '62 auf Platten zu kaufen war (»Twist And Shout« beispielsweise), hatte schon einen sorgfältigen Glättungsprozeß durchgemacht.

John Lennon sagt: »Unsere besten Nummern sind nie aufgenommen worden... wir waren eine Bühnenband in Liverpool, Hamburg und in anderen Tanzpalästen, und was bei uns rüberkam, war fantastisch, wenn wir simplen Rock spielten – keiner in England kam da ran. Als wir dann Erfolg hatten, wurden die Kanten abgeschliffen. Brian (Epstein) hat uns in Anzüge gesteckt und all das. Das war unser Ausverkauf. Unsere Musik war bereits tot, bevor wir die Tournee durch die britischen Theater machten.« *(Lennon Remembers)*

Ringos Erinnerung an die *Reeperbahn:* »Und dann Hamburg, völlig verrückt, die Reeperbahn. Da war ich nicht, wie jetzt, in einem großen Hotel, sondern in der deutschen Seemannsmission. Soviel Geld gab's ja auch nicht. Das war jedoch völlig egal, denn es war alles so aufregend. Als ich hier war, hat man mir gesagt, daß auf der Reeperbahn, laut Gesetz, jeder überfahren werden kann, sobald das Auto gehupt hat. Da lagen also die Angedetschten im Rinnstein. Und dann erst in diesem Club: Da säuberten Typen ihre Kanonen und sagten: ›Du spielen *What'd I Say*‹. Das war wie in Chicago. Also spielten wir *What'd I Say*.«

Jugendliche probierten die Grenzen aus, die Ordnungshüter reagierten hektisch. Die sogenannten »Twistkrawalle« in München im Sommer 1962 waren wie ein Signal: Nur weil einige junge Leute Gitarre spielten und Hunderte dazu auf der Straße tanzten, kam es nächtelang zu Polizeieinsätzen mit Knüppel und Wasserwerfern, Verletzten und Festnahmen. Es sah so aus, als wäre die Umsetzung bestimmter Träume in die Wirklichkeit nicht erlaubt – als müßten »die Erwachsenen« Erinnerungen an eigene Fantasien und Wünsche bekämpfen. Und schon wurden die ersten Zeichen einer neuen Gegenkultur sichtbar, die in Amerika an die (politische) Folksong-Bewegung der 30er und frühen 40er Jahre anknüpfen konnte: das Gemeinschaftssingen (»Hootenanny« – Woody Guthrie, Pete Seeger, später dann Joan Baez, Bob Dylan etc.), das zum Forum der Kritik an herrschenden Zuständen wurde (Rassentrennung, Armut in Amerika, korrupte Politik, Angst vor dem Atomtod, Krieg in Vietnam etc.). Mit dem Präsidenten John F. Kennedy wurde 1963 eine Symbolfigur ermordet, die Hoffnungen auf gesellschaftliche Veränderung geweckt hatte. Resultat war – in Amerika – Enttäuschung und Resignation. Viele zogen sich wieder zurück und arbeiteten an Ideen über eine andere Lebensform, die »außerhalb der Gesellschaft« durchgezogen werden sollte. Hippies, Drogen, organisierter Widerstand der Schwarzen, Kriegsdienstverweigerung usw. Das Bild war bunt, vielfältig und äußerst irritierend: »Denn irgend etwas passiert hier – aber sie wissen nicht, was es ist – nicht wahr, Mr. Jones?« (Bob Dylan). Die meisten, die so rumprobierten, waren Bürgerkinder. Viele hatten sich nach kurzer Zeit ausgetobt, nahmen die Blumen wieder aus dem Haar und tauschten ihre Träume gegen eine »ordentliche« Karriere ein. Arbeiterkinder lernten solche Spielwiesen kaum kennen: sie mußten gleich nach der Schule in die Lehre. Arbeiterkinder, wenn sie's überhaupt schafften, konnten gerade noch als Beat-Musiker oder Fußballer eine wirkliche Aufstiegschance sehen. Eric Burdon von den »Animals«: »Wir wollten, daß die ganze Welt uns so kennt, wie die Leute in unserer Straße.« Das Ziel war klar: Raus aus der Maloche! (So sangen die Animals aus Newcastle *We've Gotta Get Out Of This Place*.) Die ganze Welt sollte sagen: »Da geht der berühmte Eric!«

Die Jahre 1964 bis 1968 sind die Jahre von *Satisfaction*, von *My Generation*, von *Substitute*, von *Like a Rolling Stone*, von *White Rabbit*, von *Sergeant Pepper*, von *Dead End Street* – von Hunderten neuer Songs, die den Rhythmus geliefert haben für die *Street Fightin' Men* und die aufsässigen Sprüche an Häuserwänden und auf Transparenten vorformulierten. Der Unterschied zu den späten 70er Jahren: Die kalte Wut der Punk-Rocker ist nur auf den ersten Blick den Brutalakkorden der frühen Who, Stones oder

Kinks vergleichbar. In den 60er Jahren war mehr Hoffnung drin. Die Sicherheitsnadel in der Haut demonstriert: Schaut her! So macht ihr uns kaputt! Viele haben tatsächlich keine Mark auf der Tasche, vor allem in England. Da ist kaum noch was, woran diese Jugendlichen glauben können. Ihr Rumgammeln ist keine flotte Parka-Wandernummer mehr, sondern erzwungen: Jugendarbeitslosigkeit, keine Chance für einen Job. Viele spielen schon mit einer Hakenkreuzbrosche am Jackenkragen. Der »allgemeine« Reichtum der 60er Jahre und der ungebrochene Fortschrittsoptimismus (»Alles wird überhaupt immer besser«) sind wirtschaftlicher Unsicherheit gewichen. Nach dem Aufbruch in den 50er und 60er Jahren sieht es jetzt wieder düster aus: Die meisten klammern sich ängstlich an die Ordnung der »guten alten Zeit«. Heute liest sich eine Beschreibung des »Gammlerproblems« aus dem Jahre 1966 (Wiener Tageszeitung »Die Presse«) einfach nur noch naiv und lieb: »Zum ersten Mal in der Geschichte Schwabings sind sieben langmähnige ›Gammler‹ im Morgengrauen von Bäumen des Englischen Gartens runtergeholt worden. Sie hatten dort oben übernachtet und wurden zu ebener Erde von Beamten der Münchener Polizei erwartet. Der Weckruf lautete: ›Ausweiskontrolle‹. Bisher hatten die arbeitslosen jungen Herren mit den Pilzköpfen hinter dem Zaun des staatlichen ›Holzhofs‹ im Englischen Garten ihre kurzen Nächte verbracht. Dort waren sie wegen Hausfriedensbruch an die Luft gesetzt worden. Auf den grünen Wiesen des größten Münchener Parkgeländes wurde es ihnen zu kühl. ›Der erste Schnee wird das Problem klären‹, haben optimistische Polizeibeamte des Schwabinger Reviers vorausgesagt.«

Wenn Mitte der 60er Jahre in der Bundesrepublik englische oder amerikanische Rock-Musik gespielt wurde, dann kam gerade noch der Beat an. Nur selten wurde – gerade bei der schwarzen Musik (Rhythm and Blues, Soul) – die Geschichte klar, die hinter Musik und Text stand. Die Disc-Jockeys sagten: »Hier kommt wieder ein heißer Knaller ...«, und mehr erfuhr der Hörer meist nicht. Dabei drückte sich beispielsweise in den Songs der Schwarzen eine ganz andere Beziehung zum Alltag und zum Leben aus, als in den Herz-Schmerz-Ohrwürmern der Hitparaden-Verkäufer. John Lennon erzählt in *Lennon Remembers*, wie entsetzt die Beatles waren, als bei ihrem ersten Amerika-Besuch 1964 kaum ein Mensch Chuck Berry kannte. Über solche Musik konnten die Amerikaner nur lachen. »Unsere Botschaft war: hört euch diese Musik an.

In Liverpool war das genauso, wir kamen uns sehr exklusiv und underground vor, weil wir all diese alten Platten hörten. Und sonst hat die keiner angehört – außer Eric Burdon in Newcastle und Mick Jagger in London. So allein waren wir damit... Wir kamen nach Amerika und es war genauso: keiner hörte sich Rock'n'Roll oder schwarze Musik an. Wir kamen in das Ursprungsland und keiner wollte es hören.« Keiner wollte vor allem die Geschichten hören, bis die weißen Rhythm-and-Blues-Fans die Musikhörer mit der Nase drauf stießen: wer Robert Johnson war, wo Muddy Waters Musik macht und wovon Otis Redding in *Sittin' On The Dock Of The Bay* singt – von arbeitslosen Schwarzen nämlich, die über einen ganzen Kontinent wandern, um irgendwo im Hafen Güter zu verladen. Und dann kriegen sie auch da wieder keine Arbeit.

Immer dann, wenn in den nächsten Jahren Radio, Fernsehen und die Zeitungen sensationelle Ereignisse in den Jugendkulturen meldeten – ob Studentenrevolte oder das Woodstock-Festival (1969) –, so erwischten sie immer nur das Finale. Verfall und Verkauf waren längst in Sicht, Plastikschmetterlinge für 1,50 DM. Aus dem spielerischen Umgang mit bewußtseinserweiternden Drogen wurde Haschisch-Chic und mörderische Spritz-Touren. In Stadions wurden riesige Verstärkertürme aufgebaut, und jeder Musiker spielte technisch so perfekt, wie er konnte. Aber die Botschaft ging verloren. Die »Politologen« andererseits konnten sich über Mittel und Ziele ihrer Aktionen nicht einig werden. Dabei war der Zug schon ohne sie abgefahren. Was nützte es, wenn beispielsweise Watergate und das Ende des Vietnam-Krieges all jenen im nachhinein recht gab, die 1968 noch als Landesverräter beschimpft und verfolgt worden waren?

Die Musik jener Zeit spielte schon mit Bildern, die nur noch entfernt mit der Wirklichkeit zu tun hatten: die Untergangsstimmung von *Salty Dog* (Procol Harum) und der bösartige Comic-Strip, wie verteufelt der Lauf der Welt ist: *Sympathy For The Devil*.

music straight from the jungle, and a sub-
...gger for mass juvenile delinquency.
...ndance on its birth,

Vietnam was the first war that was fought against a background of rock & roll from a transistor radio.

Rändi Warwel

Als der Stein ins Rollen kam

Bunte Bilder zur Rockgeschichte

LONNIE DONNEGAN

CLIFF RICHARD

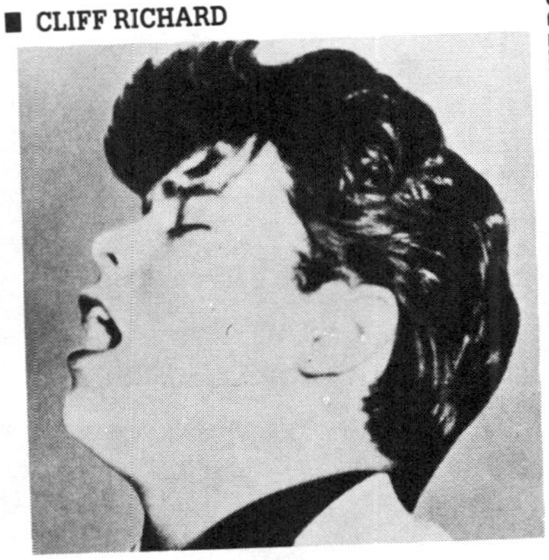

BUDDY HOLLY

THE RATTLES + ACHIM REICHEL

Die amerikanische Kultur tritt auf der Stelle. **Buddy Holly** ist tot. Die Unterhaltungsbranche sucht nach Maßstäben. Trotz **Phil Spector**, den **Four Seasons** und den Girl Groups brauchen die Teens mal was für den Kopf. Die Briten schminken ihre Rocker mit der BBC-Quaste blaß und farblos. Topact: **Cliff Richard**. Profumo zu Keeler: „Sag mal, Chris, verliert dein Kaugummi nicht sein Aroma, wenn du ihn des Nachts auf den Bettpfosten klebst?“ **Lonnie,** antworten Sie! **Chris Barber** macht Dixieland, doch die Kids wollen nicht mehr.

Rhythm & Blues ist angesagt. Aber bitte authentisch. Ob aus den Slums oder den Schools of Art, es brodelt gegen Stock und Hut: Rhythm & Blues. Doch bevor die Briten ihre eigene Identität finden und den Amis zeigen wo's lang geht, wird im Hamburger Star-Club gerockt. Hier werden die Nächte zum Tag, und wer's auf der Reeperbahn nicht schafft, hat auch beim Heimspiel Trauer.

Zur gleichen Zeit: Liselotte Pulver geistert durchs Spukschloß im Spessart. Im zweiten Stock des Hauses schnarcht Dornröschen gar jämmerlich. Wird der Rockprinz Rattlereichel die Unglückliche noch vor Ende des Films wachküssen?

Britische Invasion nennen die Chronisten die Beat-Welle, die die USA Anfang der sechziger erreicht und mit einigen Hochauläufern auch unsere Breitengrade bewegt. Teilweise sind die Namen der Kapellen klangvoller als deren musikalische Ergüsse. Namhaft sind: **Freddie & the Dreamers, Swinging Blue Jeans, Jerry and the Pacemakers.** Wesentlich sind: **The Searchers**. Ihr „Needles and Pins“ ist gut gemachte Popmusik, kunstfertig produziert, niveauvoll arrangiert, der Zeit voraus? Laster Bangs, ein Rockkritiker: „Es war die Höflichkeit und allgemeine musikalische Ordentlichkeit, die sie sowohl zu Propheten des Folkrock als auch letztlich zu Verlierern im Zeitalter der Beatlemanie gemacht hat.“

Das Beatlefieber hat Anfang 64 seinen Höhepunkt. Britische Gruppen tummeln sich erstmals in den US-Charts. 50.000 Dollar kostet der Werberummel für „I Want To Hold Your Hand“ allein in New York. Im November 63 wird Kennedy erschossen. Die Pilzköpfe treten Anfang 64 in der amerikanischen Ed-Sullivan-Schau auf. Weihnachten: **Ringo** läßt sich die Mandeln abfeilen. Weltweit werden Nachtwachen abgehalten. Die **Rolling Stones** erobern Marktanteile.

Foto: Phonogram GmbH

■ HERMAN'S HERMITS

■ THE MONKEES

Auf der Insel werden die **Kinks** gegründet. **Ray Davies** ist der Mann, der neue Töne anschlägt. Klassengegensätze sind ätzend. „You really got me" ist heavy und geht los wie ein Preßlufthammer. Heavy metal 1965. Im Bremer Beat-Club: Die Kinks mit Bügelfalte. Man gibt sich höflich. Im Hamburger Star-Club heißt live auch mal Putz machen. Die **Pretty Things** sind das, was den Stones angedichtet wird: Igittigit. **Casey Jones** hat gut lachen: Hahahaha hehejo. **Sam the Sham**: Volle pulle. Kurzfristig muß der Star-Club auch mal schließen. Die Journalisten können das Wasser nicht mehr halten; die Fans weinen. Presserummel für den Jugendschutz?

Nachdem ein Wissenschaftler namens Hardy in den USA einem herzkranken Patienten ein Schimpansenherz eingesetzt hat, welches nur 90 Minuten tuckert, setzen die Amis **The Monkees** in die Welt. 1965 verkauft **Herman and his Hermits** mehr Singles als die **Beatles**. Weltweit. Herman mit den hervorstehenden Zähnen trällert, und die Misses Brown und ihre lovely Daughters schmelzen wie Marchmellows auf dem Grill. Endlich gehört der Poprock allen Menschen. Selbstverständlich.

■ **THE KINKS**

Foto: Radio Bremen

Auch die **Troggs** und die **Tremeloes** haben Hits. **Dave Dee, Dozy, Beaky, Mick und Titch** haben Witz. Die Teenies sind high und lustig. Die etwas abgeklärteren Fans setzen auf die **Walker Brothers.** Die wiederum setzen auf Show mit Pathos und Stil. Doch der Rock-nur-so-zum-Spaß ist auch wieder am abklingen. Aus dem Äther klingt schon die progressive Welle.

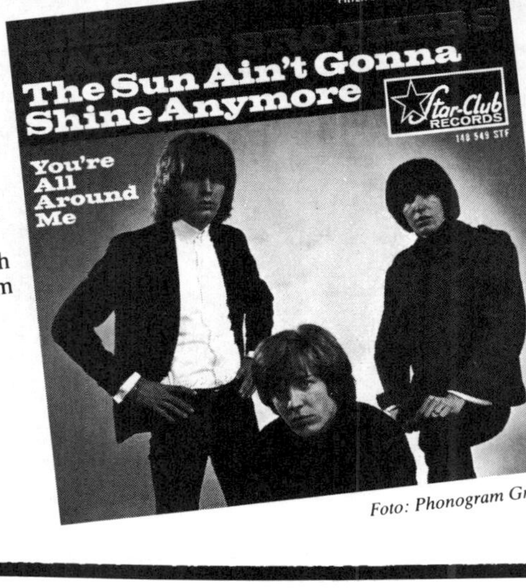

Foto: Phonogram GmbH

Foto: Phonogram GmbH

Akt Nr. Zwei: 1967 wird Sgt. Pepper von den **Beatles** geboren. Die **Stones** setzen dagegen: „Satanic Majesties Request“. Ist das bitte Kunst? Die mittlerweile entstandene Rockpresse antwortet einhellig JA. Das Publikum ist schon lange nicht mehr einer Meinung. Die **Beatles** haben mit den neuen Gruppen kaum noch etwas gemein. „Supergruppen“ mit irrem instrumentalen Improvisiergehabe machen Schlagzeilen. Protestidole wie **Dylan, Zappa** oder die **Fugs** machen gute Texte und Poster. Herr Zappa scheißt auf den Rest der Welt. Indes: die LP wird zum Werk, der Gitarrist zum Gitarjero. Der Plattenverleger wird zum Finanzaristokraten. Der „Gegenkultur“ fehlt's nicht an Stil. Ob **Cream** oder **Bee Gees** – Geld stinkt nicht. Love & Kies.

■ **THE CREAM** *Foto: Polydor*

■ **JIMI HENDRIX** *Foto: CBS*

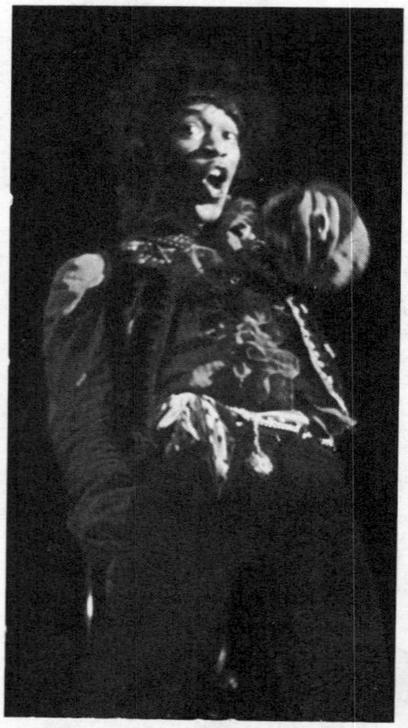

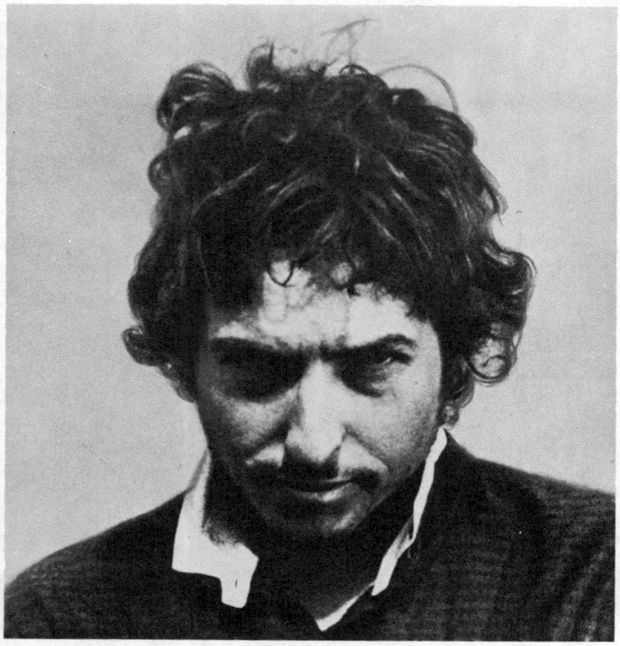

Mittlerweile kommen die psychodelischen Kicks wieder aus USA. Die Briten geben sich kalifornisch. Ein bißchen Wibbern, elektronisch wabern und rauchen, **Pink Floyd** landet mit Arnold Layne eine Hit-Single. Die Drogenära fordert ihren Tribut. Der **Pink Floyd**-Kopf Syd Barrett wird blöde. Opfer werden in dieser Zeit einige gebracht. **Jimi Hendrix** setzt zwar Meilensteine, doch musikalisch landet er in einer Sackgasse. Ende der 60er Jahre verläßt ihn der Blues ein für alle mal. Jim Morrison von den **Doors** stirbt stilecht, ein Amerikaner in Paris. Und auch die Zeit der Kaftane und Meditationen macht keinen rechten Sinn. Und wieder besinnt man sich auf Mutter Rock'n'Roll. Auf der einen Seite der Rock-Barrikade wenigstens. Auf der anderen? Die Schnulze schnulzt, und für **Tom Jones** fallen die Damen in Ohnmacht.

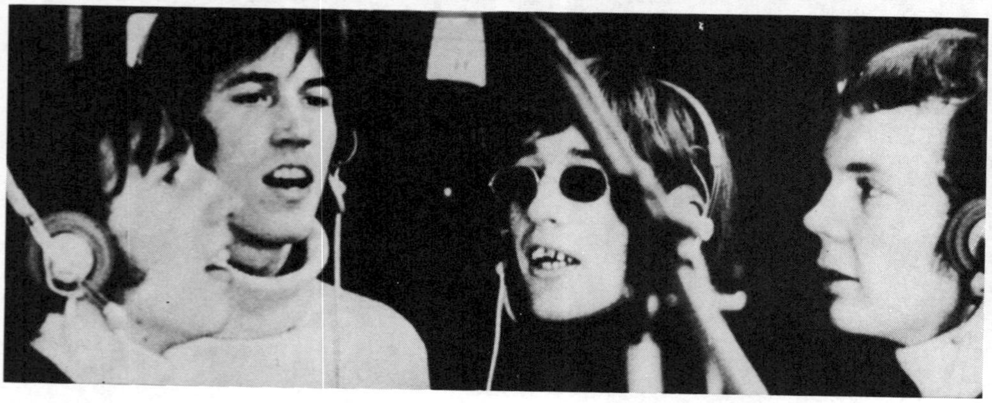

■ **TOM JONES**

■ **THE BEE GEES**

■ **BOB DYLAN** *Foto: CBS*

■ **JANIS JOPLIN** *Foto: CBS*

■ THE ROLLING STONES

■ ALTAMONT-FESTIVAL

Das Rockpublikum ist altersmäßig Ende des Jahrzehnts nicht mehr homogen. Der Nachkriegsbabyboom trägt Früchte. Da sind die, die mit **Cliff Richard** groß geworden sind und auch noch die, die von **Keith Richards** den Anstoß bekommen haben und die ganz jungen, die Kinder der ersten Generation. Sagen Sie, Herr McCartney, wann wollen Sie die Bretter, die die Welt bedeuten, verlassen? Und der liebe Beatle antwortet: „When I'm sixtyfour".

Die Industrie erkennt spätestens zu dieser Zeit ihre Möglichkeiten. Festivals werden organisiert, Mythen werden gezimmert: Monterey, Woodstock, Altamont. **Janis Joplin** auf der Woodstockbühne: „Früher waren wir nur wenige, jetzt gibt es Massen und Massen und Massen von uns." Einige aus dem grauen Heer der bunten Massen überstehen die Festivals nicht. Die Toten von Woodstock sterben hinter den Kameras. Die Presse nimmt keine Notiz. Beim Rolling Stones-Gig auf der Altamont-Rennbahn erstechen sogenannte Ordner einen Zuschauer. Rhythm & Blut. 2.000 Lightyears from home. Der Schock von Altamont steht im herben Kontrast zur werbeträchtig geschneiderten friedlichen Message des Mediums Rockmusik.

Die der Rockmusik angedichtete Kraft zur Bewußtseinserweiterung oder Veränderung, ist nur Teil einer Kultur, die auch Anfang der Siebziger in voller Blüte steht. Vor dem Hintergrund politischer und sozialer Stimmungen, versteht sich. 1970 stirbt Janis Joplin, doch nach einer Schweigeminute öffnet sich der Vorhang des Rocktheaters erneut...

Randi Warwel

Yeah Yeah Yeah

Die Beatles?
Ach so, ja.
Vier Typen, denen das Schicksal die Virtuosität nicht in die Wiege 3. Klasse gelegt hat, trifft das Glück wie ein Hammer.

Liverpool ist verrottet. Die Malocher haben nichts zu lachen, doch vier schaffen den Ausbruch aus dem Nichts. Die Burschen haben den Rock'n'Roll. Sie schreien es heraus... Und? Werden gehört. Erst in Liverpool, dann in London. Über New York fegen sie hinweg wie ein Hurrican.

Die Welt hält die Luft an. Hysterie, Orden, Ordner, Roll & Royce. Ob in Tokio oder Jericho – die Trompeten der Fab Four verkünden ein neues Zeitalter.

Und während die Hip-Generation »All You Need Is Love« einstudiert, beginnen US-amerikanische Bomberpiloten die Zivilbevölkerung von Vietnam mit Napalm auszurotten.

Auf das Konto der vier gehen – zwischen 1962 und 1970 – dreizehn Langspielplatten und zweiundzwanzig Singles. Das bringt zwischen 1963 und '68 ungefähr siebzig Millionen Pfund. Wahnsinniger Reichtum setzt dem Rock'n-'Roll-Märchen ein Ende.

Die vier Typen haben Meilensteine gesetzt und Diamanten geerntet. »Lucy In The Sky with Diamonds«. 1970 bricht das Quartett auseinander. Was war geschehen?

1960 gründet John Lennon die Beatles. Im April reisen sie als »Silver Beatles« nach Hamburg. '60/'61 tingelt die Gruppe zwischen Liverpool und Reeperbahn. Die Hamburgerin Astrid Kirchherr, existentialistische Mode- und Photodesignerin, freundet sich mit den Jungs an. Ihre Erfindung: Stagedress plus Haarschnitt. In dieser Zeit nimmt der Orchesterchef Bert Kaempfert für die Polydor eine Platte auf: Tony Sheridan singt »My Bonnie« und »When The Saints«, die Beatles schrubben als »Beat Brothers« den Rhythmus dazu und werden mit 300 DM einmalig abgefunden. In den Hamburger Clubs arbeiten sie an ihrer Bühnenpräsenz. Preludin macht schlank und hält wach.

Noch bevor Nikita Chruschtschow sie als Sumpfblüten und Neandertaler tituliert, die Beatles als Ausdruck kapitalistischer Dekadenz einstuft, lernen die Liverpooler mit Nutten und Nepp umzugehen. In England schockiert noch der zweiteilige Badeanzug.

Zurück in Liverpool, zeigen sie, was sie auf Sankt Pauli gelernt haben. Lennon schreibt nebenbei in einer Zeitschrift, die über Clubs, Crime und natürlich über die Beatles berichtet. Das Blatt findet reißenden Absatz. Auch in dem Plattenladen, in dem ein Herr Namens Brian Epstein bedient. Als dieser eines Tages gefragt wird, ob er schon mal was von einer Single mit Tony Sheridan und den Beatles gehört habe, muß er passen. Obwohl sein Laden einer der best sortierten ist. Klar, Epstein besorgt die Scheibe, und sie verkauft sich mittelmäßig. Doch von der Begleitcombo zu den wirklichen Beatles ist nur ein kurzer Weg. Brian Epstein übernimmt das Management dieser erfolgversprechenden Rock'n'Roll-Truppe.

1962 spielen die Beatles letztmalig drei Monate im Hamburger Star-Club. An den Trommeln hat mittlerweile Richard Starkey, kurz Ringo genannt, Platz genommen. Paul McCartney spielt Baßgitarre, George Harrison Lead und John Lennon den Rhythmus.

Am 7. März 1963 erscheint in England das Album »Please, Please Me«. Die Vier treten in Anzügen auf, die verdammt viel Ähnlichkeit haben mit der letzten Kollektion des Pariser Kleidermachers Pierre Cardin. Pariser Chic und Rock'n'Roll? Verträgt sich das? John Lennon: »... Brian steckte uns in Anzüge und so, und wir brachten es sehr, sehr weit. Aber wir verkauften uns... Die Musik

war tot, bevor wir überhaupt auf eine Theatertournee durch GB gingen. Wir fühlten uns völlig beschissen, weil wir unser Ein- oder Zweistundenprogramm auf zwanzig Minuten reduzieren mußten, worüber wir uns in einer Hinsicht freuten, aber wir hatten die gleichen zwanzig Minuten jede Nacht zu wiederholen. Die Beatlesmusik starb damals, musikalisch gesehen. Deshalb haben wir uns als Musiker nie weiterentwickelt, wir murksten uns selber ab. Und das war das Ende davon. George und ich bekannten uns am ehesten dazu; wir vermißten die Auftritte in den Clubs, weil wir dort Musik spielten; und später wurden wir Techniker, wirtschaftlich erfolgreiche Schallplattenkünstler – was etwas anderes war –, denn wir waren wichtige Leute, und egal in welches Medium du uns stecktest, es war auf irgend eine Art lohnend.«

»Das Jahr 1963«, so schreibt die Londoner Times in einem Rückblick, »war das Jahr der Beatles.« Von März bis August bleibt »Please, Please Me« in den Hitlisten. In Deutschland erscheint die LP als Hör zu-Langspielplatte. Covertext: »Spaß zum Zuhören und – beim Tanzen. Sie wissen ja: Jeder Beatle-Titel eine Sensation. Über die Beatles-Perücken kann man streiten. Über die Musik nicht.«

Doch die Fans streiten weder über das eine, noch das andere. Sie kaufen, was ihnen ein mittlerweile entstandener Industriezweig offeriert. Und wenn auch die Begeisterungswelle für Ramsch mit Beatles-Signet wieder nachläßt, die Schallplatten des Quartetts bleiben der Exportschlager der britischen Wirtschaft.

Am 11. Juni 1965 nimmt Queen Elli die Beatles in die Birthday Honours List auf, indem sie die vier zu Mitgliedern des Most Excellent Order of the British Empire ernennt. Ringo, Paul, George und John dürfen nun die Initialen M.B.E. hinter ihren Namen führen.

Auf die Frage eines Reporters, »Was war Ihre Reaktion, als Sie die Nachricht bekamen?«, antwortet Paul: »Ich finde, es ist wunderbar. Was wird Paps dazu sagen?« Vier Jahre später schickt John Lennon seinen Anhänger wieder an die Königin zurück. Aus Protest gegen die britische Einmischung in Biafra und den US-amerikanischen Vietnamkrieg.

Das Jahr '65 beweist: Das Quartett ist in der Lage, alle bislang aufgestellten kommerziellen Rekorde zu brechen. Geistreich und witzig arbeiten sie, bewußt oder unbewußt, an einem Image, nie abgehoben von den Fans. Unumwunden geben sie zu, daß sie in erster Linie am kommerziellen Erfolg interessiert sind. Um welchen Preis? Die Frage klingt lächerlich.

Lennon: »... Da saßen wir manchmal mit dem Gouverneur zusammen und mußten uns von diesen verzogenen pißköpfigen Bürgerärschen beleidigen lassen, die irgendwelche abfälligen Bemerkungen über unsere Herkunft aus der Arbeiterklasse oder über unsere Manieren vom Stapel ließen. (...) das ganze Geschäft war schrecklich.«

Die Tatsache, daß sie eine enorme Anzahl von Platten innerhalb einer relativ kurzen Zeit auf den Markt werfen, ist neu in der Branche. Ebenfalls neu im Biz ist, daß da zwei Schreiber erheblich kreativer sind als alle ihre Vorgänger in Sachen Rock.

Das Gespann Lennon/McCartney entwickelt eine künstlerische Einzigartigkeit, die den Kurs in der Entwicklung der Rockmusik vollständig verändert. Als sie sich die

Pomade aus den Haaren waschen, spülen sie ansatzweise den rauhen Beat eines Little Richard mit heraus, doch schon in den ersten Jahren ihres Schaffens beweisen sie sich als Meister der gesamten Rockpalette. Rhythm and Blues heißt »Roll Over Beethoven«, »Money« oder »Long Tall Sally«. Die Buddy Holly-Nummer »Words Of Love« steht für Rockabilly. »I'll Follow the Sun« kommt leicht folkig daher, und beim Hören von »If I Fell« haben die ihren Spaß, die traditionelle Balladen schätzen.

Da die Beatles es darüberhinaus noch schaffen, sich nicht selber zu plagiieren, jede neue Produktion einen neuen Stoff abwarf und Beweis für die totale Creativität der Schreiber und Komponierer ist, festigt sich ihre Position als Kunstschaffende. Und als im Sommer '65 »Yesterday« veröffentlicht wird, erkennt auch der letzte Erziehungsberechtigte, daß die Pilzköpfe nunmehr die Aggressivität von Schwammerln haben. Elegant, glatt und sentimental, geradezu kammermusikalisch brummt das Cello aus den Lautsprecherboxen.

Ende des Jahres erscheint »Rubber Soul«. Auch »Michelle« wird ein Hit.

Der Gebrauch neuer Instrumente ist neben den klassischen Assoziationen der wohl spezifischste Beitrag des Albums zur Rockhistorie. Sicher, die Yardbirds hatten auch schon mit indischen Tönen gespielt, doch George Harrisons Sitarspiel läßt die Gurus auf allen Kontinenten zu ihren Glöckchen greifen.

1966 erscheint das Album »Revolver«. Die Tendenz zum Experiment nimmt zu. Das Jahr ist auch das letzte, in dem die Beatles live auftreten. Am 23. Juni starten sie zu einer zweiteiligen Welttournee. München, Essen und Hamburg sind die Deutschland-Stationen. 100000 Leute drängen sich im Fußballstadion von Manila. Am 29. August geht im Candlestick-Park von San Francisco der letzte Auftritt der Fab Four über die Bühne. Die Beatles sind nach dieser Tour nur noch formal eine Einheit. Zu unterschiedlich verläuft bei ihnen die persönliche Entwicklung.

Harrison läßt sich zu Ravi Shankar jetten, um beim Sitarspiel zur inneren Ruhe zu finden. Lennon düst in die Lüneburger Heide, weil er sein Solodebüt als Schauspieler in Richard Lesters »How I Won the War« vorbereitet, Paul zieht zu seinem Hirtenhund, und Ringo pflegt seine Vibes bei Muttern und Sohnemann.

Anfang 1967 erscheint »Sgt. Pepper's Lonely Hearts Club Band«, das erste Konzept-Album in der Rockgeschichte. Im August stirbt Brian Epstein.

Als der Beatlefilm »Magical Mystery Tour« von der Presse zerissen wird, ist den vieren klar, daß ihnen das Beatle-Glück nicht bis in alle Ewigkeiten hold ist. Selbst Yogi Maharishi kann ihnen keine Garantiekarte für das Gelingen neuer Unternehmungen mit auf den Weg geben. Entspannt und locker schleudern sie mit der Apple Corporation Limited ins Chaos.

London swingt, Harold Wilson geht selbst beim Streik der Hafenarbeiter nicht die Pfeife aus, und die Beatles genehmigen sich beim Sieg der Briten über die deutsche Fußballcrew einen Victory-Joint extra. Der Apple-Laden ist keine Goldgrube.

Noch einmal steigt das Beatlefieber sprunghaft an. Das weiße Album ist zwar nicht mehr das Werk einer Gruppe, sondern das Werk von Solisten, doch zeigt sich schon hier, welche Wege die einzelnen anschließend einschlagen werden.

George Harrison gewinnt als Sänger und Komponist eigenständiges Format. John Lennon hat mit Yoko Ono eine Partnerin gefunden, mit der er seinen Sarkasmus und seine Widerborstigkeit auslebt. Paul schreibt weiterhin hübsche und melodiöse Liedchen, die den Charme seines Rasierwassers haben, und Ringo weiß wiedermal nicht, wie das alles enden soll.

1969 erscheinen von den Beatles noch zwei Langspielplatten: »Let It Be« und »Abbey Road«, und als 1970 das Ende der Fab Four bekanntgegeben wird, kann sich schon kaum jemand an Mary Hopkins erinnern, die auf dem beatle-eigenen Label Appel mit »Those Were The Days« einen ziemlichen Erfolg hatte.

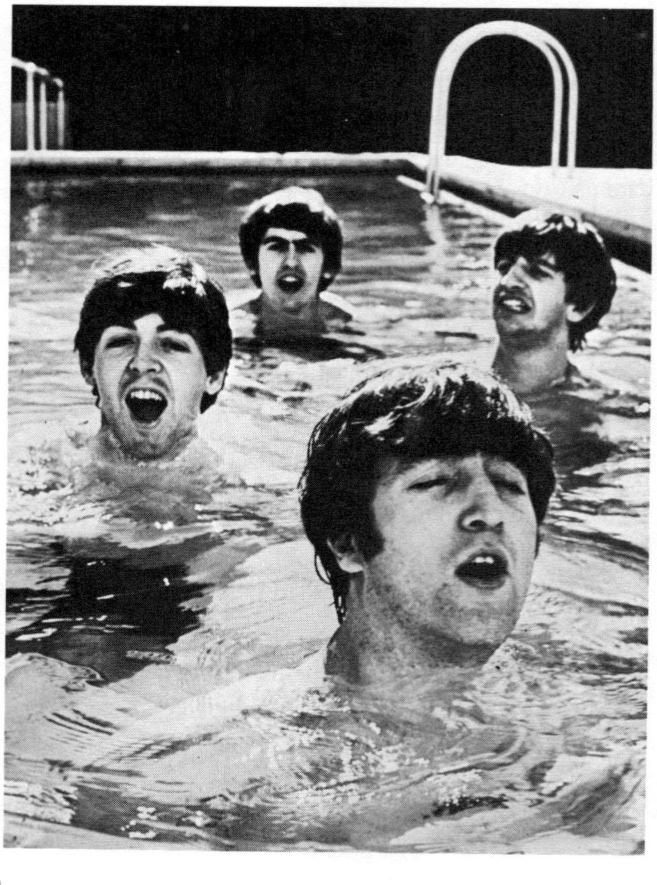

Gabriele Huster

Ich habe Mick gesehen

Ich habe Mick gesehen

3. April 1967

31. März. Vor der Westfalenhalle in Dortmund. Es ist halb sieben. Um acht erst soll das Konzert beginnen, das Konzert der Rolling Stones. Vor der Halle brodelt es wie in einem Hexenkessel. Typen, die man nicht mehr „rassig" nennen konnte. Mein Freund Peter konnte nur den Kopf schütteln, als er einige Halbstarke sah, denen die Haare fast bis zum Gürtel reichten, was nicht übertrieben ist. Dabei sind seine Haare auch nicht grade kurz zu nennen. Wir traten von einem Fuß auf den anderen, so kalt war es. Schließlich erbarmten sich die Wärter und ließen uns herein. Sie saßen in Eisenumzäunungen, fast wie in Käfigen. Damit keine Mißverständnisse entstehen, als die „Raubtiere" wurden wir angesehen, die Stonesfans.

Peter hatte mir eine Karte geschenkt, er ist so süß zu mir, ich weiß gar nicht, wie ich das wieder gutmachen soll... Wir saßen auf unseren Plätzen, tolle Plätze, Balkon 1. Reihe. Nachdem wir über eine Stunde gewartet hatten, kam ein Typ auf die Bühne, der noch mal jung spielen wollte und sich deshalb in eine enge Hose gezwängt hatte. Er ~~ka~~ trug ein Blümchenhemd und hatte seine Haare nach vorne gekämmt. Er kündigte „The Batman" an, eine neue deutsche Gruppe, die sich alle Mühe gab, uns in Stimmung zu bringen.

Ich war nicht richtig bei der Sache, denn bei mir meldete sich das schlechte Gewissen. Meinen Eltern hatte ich nämlich erzählt, ich wäre bei meiner Dortmunder Freundin zu einer Party eingeladen, da ich außerhalb wohne, solle ich auch dort übernachten. Die Freundin saß zwei Reihen vor mir, auch mit ihrem Freund.

Nacheinander traten „The Creation" mit „Painter man", ganz große Klasse, Achim Reichel und schließlich die „Easy Beats" auf. Little Stevie war der erste, der Schreie erntete. Er machte eine ganz heiße Schau, schmiß sich auf den Boden, sprang wieder in die Höhe. Ein ganz süffiger Boy. Die Atmosphäre war einmalig. Man kann es nicht richtig wiedergeben, so was muß man selbst erlebt haben. Die Verstärkungsanlagen waren auf Überlautstärke eingestellt, wie uns der Opa im Blümchenhemd mitgeteilt hatte. Er hatte auch gesagt, daß keine Polizei da wäre. Der Schuft, mit dem Fernrohr, das ich mitgenommen hatte, hatte ich bereits an die 50 Polizisten hinter dem Vorhang erspäht. Aber noch etwas anderes hatte ich entdeckt, nämlich Brian Jones, der unauffällig in der Absperrung stand. Seine berühmte lila Samtjacke und ebenso berühmten breiten, schwarzen Hut konnte ich sofort erkennen. Als die letzten Töne von „Friday on my mind" verklungen waren, wußten alle: jetzt kann es sich nur noch um Minuten handeln. Denkste...

Der Opa kam zum Vorschein und kündigte erst mal eine Pause an. Halb zehn. Die Uhr schlug dreimal, und dann, endlich kamen sie! Der Saal kochte über. Aber sie nahmen ganz leise ihre Instrumente, Mick zog seine Carnaby-Jacke aus, was die ersten Schreie zum Erfolg hatte. Sein weißes Rüschenhemd kam zum Vorschein. Es begann mit „The last time", „Get off of my cloud", „Lady Jane", „Paint it black" und viele andere folgten. Micks Hemd war aus der Hose gerutscht. Sekundenlang wurde sein Bauch sichtbar. Die Mädchen sprangen von den Stühlen. Die Bühne wurde gestürmt. Die Polizei trat in Aktion.

Halbohnmächtige Mädchen wurden von der Bühne gezerrt. Neben mir saß ein Junge, der auf seinem Rücken ein Bild von Charlie Watts befestigt hatte. Er schrie immer in die Menge hinein: "Charlie, Charlie!" und bildete sich tatsächlich ein, daß sein Charlie ihn hören würde.

Meine Reaktion war ganz anders, als ich sie mir je vorgestellt hatte. Ich verstehe es heute selbst nicht mehr. Ich saß wie angenagelt auf meinem Stuhl und bekam keinen Ton heraus, während hinter mir die Mädchen auf den Stühlen standen und sich die Kehle wund schrieen. Ich wollte mitsingen, wie es alle um mich taten, aber ich saß da stocksteif, preßte das Fernrohr vor meine Augen und beobachtete jede einzelne Bewegung von den Stones, von Mick.
Er ist für mich der Traumboy. Es war ein Erlebnis, ihn zu beobachten. Er machte fast überhaupt keine Schau, hatte es auch nicht nötig, denn es gelangte schon zu Schreikrämpfen, wenn er nur von einem Fuß auf den anderen trat. Überall hört man jetzt, die Stones wären unfreundliche Typen, die auf die Sympathien ihrer Fans pfeiffen. Alle, die sie an dem Abend in Dortmund gesehen haben, können bezeugen, daß das großer Quatsch ist. Nach "Let's spend the night together" wollten die Stones endlich Schluß machen. Doch als die Fans protestierten, spielten sie noch "Satisfaction" und eine neue Nummer von ihrer LP "Between the buttons". Dann verbeugten sie sich und ließen eine völlig aufgelöste Horde ihrer Fans zurück. Wie lange habe ich gebraucht, um wieder auf den Boden der Wirklichkeit zurückzukommen? Peter mußte mich regelrecht wachrütteln.
An diesem Abend konnte ich nicht einschlafen. Der Plattenspieler meiner Freundin stand neben meinem Bett. Ich hörte mir sämtliche Stonesplatten an, die meine Freundin besitzt.
Am anderen Morgen zog ich mein neues Schockfarbenkleid an, verabschiedete mich von meiner Freundin und ihren Eltern. Peter wartete schon auf mich. Er ist überpünktlich, wenn ich ihn nicht hätte! Ich dachte die ganze Zeit an den vergangenen Abend, so daß ich mehr als einsilbig war. Peter wurde schon wütend. Schließlich traf er vor dem Bahnhof einen alten Freund aus der Zeit, wo er noch in ein Internat gegangen ist, und vergaß mich völlig. So ist er, wenn er mit mir alleine ist, ist er der süßeste Junge, den man sich denken kann, aber wenn ein anderer Junge dabei ist, dann ist es aus. Aber so sind, glaube ich, die meisten Boys. Nun, ich langweilte mich jedenfalls und wußte auch, daß sich die beiden ohne mich genauso gut unterhalten konnten. Also ging ich in die Bahnhofshalle hinein und bekam plötzlich Lust, auf Entdeckungsreise zu gehen. Ich ging durch einen Erfrischungsraum und kaufte mir eine Cola, durch einen Wartesaal in einen anderen Raum, an dessen Wänden einigen Zeitungen in Kästen. Ich las: "Rolling Stones heute morgen um 11 Uhr auf dem Marktplatz. Freikonzert." Mein erster Gedanke war: Sofort hin! Mein zweiter Gedanke: Heute ist der 1. April, und auch die Zeitung macht manchmal ihre Witzchen, besonders wenn es sich um hysterische Jugendliche

Mick – Porträt von Gabriele Huster, 1967

handelt. Außerdem war ich sicher, daß die Stones um 11 Uhr noch im Bett liegen. Ich las die Beschreibung des gestrigen Abends. So stand ich eine Zeit lang vor dem Kasten, dann drehte ich mich um und stieß dabei vor einen Jungen, der hinter mir stand und ebenfalls die Zeitung studierte. "Entschuldigung", murmelte ich. Dann konnte ich mit Mühe einen Schrei unterdrücken. Trotz riesiger Sonnenbrille und bis zu den Ohren hochgeschlagenem Kragen erkannte ich – – – Mick! Meine Reaktion war blitzschnell. Wenn Du jetzt einen Schreikrampf bekommst, haut er sofort ab, dachte ich. Aber wenn Du ganz vernünftig "Hallo Mick" sagst, kannst Du vielleicht ein paar Minuten mit ihm quatschen. Der Gedanke daran war ungeheuerlich, ich weiß auch heute nicht mehr, wo ich die Geistesgegenwart hergenommen habe. Jedenfalls sagte ich möglichst natürlich, aber mit leicht belegter Stimme: "Hello, Mick". Er grinste. Mein Herz klopfte bis zum Hals. Meine ohnehin schon kläglichen Englischkenntnisse waren wie weggeblasen. "How do you do?", stotterte ich. Doofer ging es wirklich nicht. Aber er war der tollste Junge, den ich je gesehen habe, und er lachte so lieb, daß meine ganze Angst verflog. Außerdem sah er kein bißchen mehr nach Star aus, sondern wie ein ganz besonders süßer Junge. Er trug eine dunkelgrüne Jacke mit gelben Blumen, dazu ein gelbes Hemd, enge Hosen und Cordschuhe. Ich war sofort in ihn verliebt. Er sagte mit seiner tollen Stimme, daß er sich freue, daß ich etwas Englisch könne, denn Deutsch wäre sehr schwer für ihn. "Englisch ischt gar nicht so schwer, nischt wahr?", fragte er. Ich lachte. Ich hatte meine Fassung wiedergewonnen. Ich fragte ihn, ob ihm Deutschland gefiele. Er fände die deutschen Fans ganz fab, sagte er. Sie wären eigentlich die einzigen echten Beatfans, die ihnen noch übriggeblieben wären, in England wäre eine große Sweetwelle im Augenblick, deshalb wären sie gar nicht so gefragt. Er hat zwei süße Grübchen, wenn er lacht und auch, wenn er spricht. Er hat auch die Haare viel kürzer, als ich sie in Erinnerung habe, es stand ihm ausgezeichnet. Wenn auch noch so viel Schlechtes über Mick und über die Stones gesprochen wird, wer ihn einmal gesehen hat, der kann ihn nur noch lieben. Mick erzählte mir, daß Brian sehr musikalisch sei, er spielt sieben Instrumente. Keith und er machen die Musik und den Text. Das wußte ich ja alles schon, aber trotzdem machte es mich so unsagbar glücklich, daß er etwas sagte, und ich allein durfte ihm zuhören. Aber es mußte ja einmal zuende sein. Nach etwa zehn Minuten, die mir wie eine kleine Ewigkeit, aber trotzdem viel zu kurz vorgekommen waren, kam ein junger Mann hereingestürmt, ich glaube, es war Andrew Oldham und beschwor Mick, sich zu beeilen, der Zug nach München würde in 15 Minuten abfahren. Als er mich sah, grinste er, als wollte er sagen: Kannst Du es eigentlich nicht lassen, Mick? Er wartete vor der Tür, daß Mick ihm folgen würde. "Okay", sagte Mick. Er schaute mich sehr lieb an, half mir in meine Cordjacke, nahm dann meine Hand und sagte: "Sweet girl, du bischt ein sehr süßes Mädschen." Ich lächelte tapfer. Du darfst jetzt nicht heulen, flehte ich mich an. Ich sagte: "Tschau, Mick" und ging hinaus. Meine Beine wackelten. Das letzte von ihm habe ich nur noch verschwommen wahrgenommen: sein Lächeln, das verständnisvolle Grinsen von Andrew Oldham, vielleicht war er es gewohnt, daß Mick den Mädchen den Kopf verdrehte.

Vor dem Bahnhof sah ich Peter. Er fragte grade einen Jungen: "Hast Du ein Mädchen ...?"
"Hier bin ich, Peter", sagte ich. Erst schaute er mich vorwurfsvoll an, dann merkte er, daß etwas nicht stimmte. "Ich habe eben mit Mick Jagger gesprochen", sagte ich. Jeder andere hätte mich jetzt für verrückt erklärt oder mich ausgequetscht wie eine Zitrone. Peter nicht. Er versteht mich immer. Ich weiß genau, daß ich zu ihm gehöre. Trotzdem kann ich diese Begegnung mit Mick nie vergessen. Ich habe unglaubliches Glück gehabt, ihn zu treffen. Aber immer, wenn ich daran denke, bin ich etwas traurig, vielleicht weil ich genau weiß, daß ich die Stones, daß ich Mick nie wiedersehen werde.

Meine Eltern haben erfahren, daß ich heimlich bei den Stones war. Sie haben eigentlich fab reagiert, ich habe wenig Krach gekriegt. Aber sie würden mich nie wieder zu diesen "ungewaschenen, asozialen Halbstarken" fahren lassen, auch später nicht. Sie waren mir weder ungewaschen, noch asozial vorgekommen, und ich glaube nur das, was ich mit eigenen Augen gesehen habe.
Mick habe ich mit eigenen Augen gesehen.

Ob einer Beatles- oder Stonesfan war, das sagte damals alles. Für mich keine Frage – mein Idol: Mick Jagger – wild, verkommen, sexy! Die geschockten Erzeuger waren ratlos.

Meine »wilden Jahre«: von 1963–67 Internat, ein »Mädchenstift« auf dem Land. Die Eltern hatten Höhere-Tochter-Ambitionen und erhofften sich optimale Kontrolle. Daß ich nicht lache! Hier fing alles an: Aus der angepaßten Zehnjährigen mit schicker Innenrolle und Pepitakleidchen wurde binnen kurzer Zeit der ausgefranste abgewetzte Beatnik. Runter mit den Haaren, rein in Parka und Jeans (natürlich »die Echten« von Lewis), die die älteren

Schülerinnen ausrangiert hatten. »Nietenhosen« wurden die damals noch genannt. »Und sowas findet ihr schön? Das sind doch Arbeiterhosen!«

Sieben Griffe auf der Gitarre, für »Eve of destruction«, »Universal soldiers« und »House of the rising sun« hat's gelangt. Die »Bravo« (streng verboten) horteten wir unter den Matratzen. Mittwoch nachmittags die »Bravo-Hitparade« und jeden Abend »Hallo Twen« mit Manfred Sexauer. Geschwoft wurde jede freie Minute. Wir waren voll drauf. An Sommerabenden ging's – Arm in Arm mit der Freundin, Penatencreme auf den Lippen, Kofferradio untergeklemmt – ins Dorf: den Boys auflauern. Jedesmal die gleiche nervenaufreibende Ungewißheit, ob Bübi, Heinzi oder Pedder aufkreuzen würden, sowie die Angst, von der Stiftsdomina entdeckt zu werden. Auf diese Boys stand Rausschmiß! Die waren echt »asozial«! Halbstarke! Verknallt war ich in Heinzi. Der konnte noch nicht mal mir und mich auseinanderhalten.

Drei tolle Jahre! Alles drehte sich um Boys und Beat.

Ein Schock, als meine Eltern mich von heut auf morgen nach Hause holten. Aus der Traum! Meine erste Liebe, meine Gruppe, meine beste Freundin – von allen abgeschnitten, alles kaputt. Die Grausamkeit meiner Eltern zerriß mir das Herz.

Jetzt begann ein Doppelleben: Gegenüber den Kontrolleuren in der Schule und Zuhaus hab ich mich getarnt. Abends im Bett kamen Trauer und Wut. Tränen über'm Album mit Fotos von Heinzi und den Freundinnen. Ein japanischer Transistor unter'm Kopfkissen. Radio Carolina, haha, said the clown. Heiße Gefühle für Mick, in dessen Armen ich lag.

Die neue Schule – eine Katastrophe. Keiner kannte, keiner mochte mich. Häßlich war ich und klobig mit meinen dicken Beinen, die ich nun wieder zeigen mußte. Meine Rache konnte nur passiv sein: Leistungsverweigerung – aber sie war niederschmetternd für meine Eltern. Zweimal habe ich die gleiche Klasse wiederholen müssen.

1967 dann die Stones in Dortmund. Ich mußte hin, das war klar. Hab' meinen Eltern irgendwas vorgeflunkert.

Die Idee zu meiner Mick-Jagger-Story kam mir, weil die Teenagerzeitschrift MP (Musikparade) damals Stories von Teenies abdruckte, die »ihrem Star« begegnet waren. Nachdem meine Mutter ohnehin spitzgekriegt hatte, daß ich bei dem verbotenen Konzert war, hat sie meine Geschichte sogar für mich getippt. Ich glaube, daß sie den Text auch »entschärft« hat. Er ist im Ton braver als ich damals war.

Das Doppelleben der Gabi H. So wollten sie die Eltern: in vorsichtigem Mini mit Handtäschchen – und so sah sie sich selbst: in abgewetzten Jeans, mit Parka und Gitarre.

MP hat meine Story aus unerfindlichen Gründen nicht angenommen. Für mich war damals sicher mit dem Schreiben schon der Zweck erfüllt. Das loslegen Dürfen, den boyfriend, den ich nicht hatte, die Begegnung mit dem Idol herbeifantasieren, die öde Wirklichkeit sprengen – das war's wohl.

Die Rock-Kultur der Sechziger – soweit wir ihrer über Schallplatten, Rundfunk und »Bravo« habhaft werden konnten – war »Rettung« für viele Wirtschaftswunderkinder wie mich, Überlebensmöglichkeit für den besseren, den »subversiven« Teil in mir, für ein Stück Lebendigkeit, das ohne dieses Ventil auf der Strecke geblieben wäre. Erst die Siebziger zeigten uns Wege auf, den Protest gegen die Regeln der Alten bewußter zu formulieren. Bis dahin mußte Mick Jagger für mich kämpfen. Nicht so sehr mit »Street fighting man«, vielmehr mit »Let's spend the night together«!

Wo stünden wir heute ohne euch? Beatles, Stones, Kinks, Spencer Davies, Eric Burdon und Bob Dylan – habt heißen Dank!

Anke Kuckuck

Mini, Twist & Twiggy

»Bravo« über Manuela: »Ihre Geschichte – das ist die Geschichte eines Mädchens mit einem Traum. Unbeirrt hat Manuela an diesem Traum festgehalten. Heute ist aus diesem Traum wunderbare Wirklichkeit geworden. Wer nächste Woche Bravo liest, wird Manuela noch mehr lieben.«

Die Zeit war nicht so, daß ich mich gerne an sie erinnere. Aber als sie vorbei war, hatte ich das Schlimmste überstanden. Meine Pubertät, meine Entwicklung vom »Kind zur Frau« fiel in die Jahre '60 bis '70. Und heute kommt es mir so vor, als hätte nicht nur ich streckenweise nicht gewußt, wo's lang geht. Klar, irgendwie und irgendwo hatte auch die Bundesrepublik Deutschland noch was Pubertäres – politisch gesehen. Und die Leute meiner Altersklasse und etwas drüber haben ziemlich gestrampelt und geackert, um sich und den ganzen »Politkram« aus der Scheiße zu ziehen. Ich war »politisch gesehen« inaktiv, hörte nur gelegentlich, daß das alles »wahnsinnig wichtig« sei und »man unbedingt was tun müsse«. Meine Eltern waren genau vom Gegenteil überzeugt. Und da ich sowohl gegen alles war, was von ihnen kam, als auch gegen das, von dem andere Zeitgenossen meinten, daß ich es tun müßte, ging es damals in meinem Kopf ziemlich chaotisch zu. Eben deshalb und weil alles so kompliziert war, hatte ich mich wohl entschlossen, im wesentlichen gar nichts zu tun. Ich habe ausgesprochen viele Energien darauf verwendet, die Strömungen der Zeit aufzugreifen und nachzuäffen.

Gudrun, zwei Jahre älter und damit glücklicher als ich, zeigte mir die entscheidenden Hüftschwenke und Armverrenkungen zu Chubby Checkers »Let's Twist Again« (1960). Ich sang Manuelas »Schuld war nur der Bossa Nova« (1963) und wußte doch kaum, was damit gemeint war. Ich übte verzweifelt ihren deutsch-ausländischen Zungenschlag und fühlte mich direkt angesprochen von ihrem Song »Ich geh' noch zur Schule«. Völlig unerklärlich war mir die Vorstellung, daß Gitte in so einen Langweiler wie Rex Gildo verknallt sein sollte, wo ich noch kurz zuvor (1963) mit ihr davon geträumt hatte, 'nen Cowboy als Mann zu wollen. Und dann der Minirock! Mein erster (1968 – zwei Jahre nach seiner Erfindung) war absolut häßlich und innerhalb unserer Familie *die* Sensation, trotz (oder gerade wegen?) meiner krummen Beine. Dazu malte ich mir schwarze Balken über die Augenlider und versuchte zu hungern. Ich war nämlich viel zu fett für die unglaublichen Twiggy-Maße von 78-55-80 (zum Vergleich: Brigitte Bardot damals 93-50-85). Twiggy, die goldene Bohnenstange, der dürre Kleiderständer aus dem swinging England.

Ich stand stundenlang vor dem Badezimmerspiegel und versuchte, mir mit Hilfe von Haarspray und Tesafilm Sechserlocken vor die Ohren zu legen. Obgleich es hier und da klappte, fand ich mich farblos und dämlich. Nicht ganz zu Unrecht, wie mein Konfirmationsfoto aus jener Zeit beweist. Ach, es war scheußlich damals. Das Gute an den Sechzigern ist lediglich, daß sie vorbei sind. Grund genug, noch einmal nachzugucken, was ich da glückstrahlend hinter mir gelassen habe.

Der Twist versprach, was die 60er für mich nicht hielten. Er machte mich neugierig auf meine Körperteile. Vom Rock'n'Roll relativ unbeleckt, fühlte ich beim Twist zum erstenmal den Rhythmus in Bauch und Bein. Da war was, bei dem ich nicht wie Mama an was Männlichem hängen mußte, um mich nach Musik bewegen zu dürfen. Es ging ganz alleine zu Hause. Und Gudrun half mir, die richtigen Schwünge zu üben. »Twist and Shout« – beides gehörte nicht unbedingt zu einem netten Mittelstandsmädchen. Die Hände gestreckt vor dem Bauch, die Beine leicht gespreizt, das verwegene Wackeln der Hüften und dann ganz nach hinten rüber. Heißa!

»Geschmacklos«, »obszöne Sexualität«. Na klar. Hüfte und Becken hatte ich bisher an mir noch nicht entdeckt. Tanzen ohne Regeln. Leben ohne Regeln. Das war's, was ich mir wünschte und wovon ich in meinem Schleiflack-Mädchenzimmer träumte – hinter verschlossenen Türen.

Gitte, die noch 1963 'nen Cowboy als Mann wollte, sang schon ein Jahr später mit dem ehemaligen Regensburger Domspatz Rex im Duett.

In Ägypten wurde der Twist verboten. Grund genug, weiter zu twisten, auch wenn die Schlaumeier in den Zeitungen schrieben: »Twist ist tot, es lebe der Bossa Nova.« To twist heißt »sich winden, sich verdrehen, verflechten«. Selbiges, nimmt man es im Nachhinein wörtlich, reicht natürlich nicht zur Selbstverwirklichung, war allein noch nicht die Freiheit, die ich wollte. Dabei war mir doch egal, ob die Onkel Doktors fanden, daß Twist »vielfach zu Meniskus- und Bandscheibenschäden« führte, oder ob die Ungarn den Tanz als »Therapie gegen Rheumatismus« empfahlen. Wichtig war für mich, wenn in der Zeitung stand: »Sein Leben ist Twist.« Gemeint war Drafi Deutscher, der mit seiner Combo 1963 beim Twist-Festival in der Berliner »Neuen Welt« mit 17 Jahren die »Goldene Gitarre« gewann. Manuela sang »YaYa Twist«; und sag mir einer, ich hätte sie nicht toll gefunden, diese süße Teeny-Maus mit ihrer Turmfrisur, diesen ledernen Schreihals mit der heißen Gitarre auf den Knieen. Beide hatten soviel Erfolg, wie ich ihn gerade gebraucht hätte, um frei zu sein. Dabei war ich erst zehn, elf, zwölf Jahre alt.

Unser mühsam erspartes und lange nicht abbezahltes Einfamilienhaus, in dem die aus den Fuffzigern übriggebliebenen Cocktailsessel noch einmal mit Blümchenmuster überzogen wurden und später der Sesselgarnitur wichen, wurde für mich zum Symbol dieser Zeit. Kleinfamilie lebt isoliert, hat's – wie man sieht – zu was gebracht, Probleme sind hinter den Gardinen zu lösen und gehen keinen was an, um den Garten gehört ein Zaun, damit niemand reingucken kann. Und verlassen wir alle unser Häuschen, verhalten und verkleiden wir uns so, wie es sich gehört. Igitt. War das überall so? Ist das immer noch so?

Als »anreizend« auf die Menschenmenge hatte ein Münchner Gericht den Twist einer 19jährigen Handelsschülerin und eines 18jährigen Angestellten bezeichnet. Sie hatten auf der Leopoldstraße getanzt und bekamen wegen »Landfriedensbruch« sechs Monate Jugendstrafe auf Bewährung. Ja, richtig: Mit achtzehn galt man vor 20 Jahren noch nicht als volljährig.

Aber ich ging noch nicht auf die Straße, weder zum Twisten noch zum Demonstrieren. Mädchen meiner Herkunft gingen auf's Gymnasium, um was Besseres zu werden, und danach schnurstracks nach Hause, um Marika Kilius und Hans-Jürgen Bäumler Eiskunstlaufen zu sehen. Und dann waren da noch Gitte und Rex Gildo, der in Wirklichkeit Alexander Ludwig Hirtreiter hieß (und heißt).

»Sie lieben sich, sie lieben sich nicht, sie lieben sich, sie lie...«

Wie konnte die Cowboy-Gitte nur mit so einem blöden Kerl im Duett singen! Vor Chris Howland im »Studio B«

gab sie die Affäre auch noch zu. Und später war's dann doch wieder nichts auf ewig. Genau wie bei Kilius/Bäumler. Auf niemanden war Verlaß. »Sexy-Rexy« – ha, daß ich nicht lache. Da konnte ich schon eher ihren Flirt mit dem niedlichen Thomas Fritsch verstehen. Und ganz toll war ja auch dieser Typ, der immer in den Karl-May-Filmen den jungen, guten Cowboy spielte. Wie hieß er doch gleich? Götz George.

Na gut! Mit Gitte habe ich mich 1970 versöhnt, als dann endgültig die Turtelei und Singerei (»Geh'n Sie aus vom Stadtpark«) mit Rex vorbei war. Heute singt Gitte: »Ich bin stark.« Das habe ich wohl damals gespürt und die Sache mit Rex nicht verstanden.

Nach Winnetou und Old Shatterhand begann die Ära, in der ich mich dann doch auf die Straße begab – und sei es nur, um jene Jungs zu treffen, von denen ich endlich mal wissen wollte, was Aufklärung ist. Leider hatte ich den Eindruck, daß ich für niemanden die Richtige sein könnte, denn Twiggy war aufgetaucht. Einfach so. Ohne Vorwarnung. Da wächst nun langsam der Busen, der Hintern wird rund, die Beine kriegen Formen, und man hat reichlich genug damit zu tun, sich äußerlich zu verändern, und schon kommt ein 17jähriges Mädchen daher, flach wie das Bügelbrett hinter dem eingebauten Küchenschrank, nennt sich mit dreifach-falsch-bewimpertem Augenaufschlag Twiggy (»Zweiglein«) und wird, mir nichts dir nichts, zum Mode-Idol, verdient in ihrer Kümmerlichkeit Hundertausende von englischen Pfund, später amerikanischen Dollars (wegen der Steuer). Und so wie das »Phänomen des Jahrhunderts« wollte ich schließlich auch sein. Denn: Twiggy sieht auch aus, als wüßte sie noch nicht so viel vom Leben. Twiggy ist auch noch nicht richtig Frau und nicht mehr richtig Kind. Und Twiggy ist klapperdürr. So was hat die Welt noch nicht gesehen. Sie wiegt 41 Kilo und hätte im Nachkriegsdeutschland zehn Jahre zuvor keine Chance gehabt. Wer mag sich schon gerne an Hungerzeiten und Auszehrung erinnern. 1967 erinnerte sich augenscheinlich niemand mehr daran. Das Photomodell füllte die Modeseiten großer Illustrierten. Ihre Mode war unsere Mode. Sie hatte kurze glatte Haare, tiefe Augen und einen großen Mund. Und sie trug ihre Kleider und Röcke stets 20 bis 25 Zenti-

Drafi Deutscher, 1967 von »Bravo« zum »Sänger des Jahres« gekürt, war nach seiner Verurteilung wegen »Verführung Minderjähriger« weg vom Fenster.

Mini, Charme und tiefer Blick: Twiggy mit John Steed.

meter über dem Knie. Sie war das Minimädchen der Minizeit. Und wenn ein Kleidungsstück in den letzten Jahrzehnten wirklich Furore gemacht hat, dann war es der Minirock. Schließlich enthüllt er seit nunmehr 19 Jahren Knie und Doppelmoral und ist als Bekleidungsstück noch nicht – wie soviele Modeerscheinungen vor ihm – in der Versenkung verschwunden.

Mein erster Minirock war rotweiß kariert. Er unterschied sich in der Länge bzw. Kürze keineswegs von den Beinkleidern, die ich heute trage. Allenfalls Schnitt, Farbe, Material und Zubehör gefallen mir heute besser. Außerdem versuche ich nicht länger, es Twiggy gleich zu tun. Ihre Spindeldürre ist unerreichbar und heute auch nicht mehr erstrebenswert für mich. Ich war erst 1968 so weit, meinen Rocksaum Zentimeter um Zentimeter gen Schritt zu kürzen. Besonders radikal war ich wohl nicht. Dennoch: meine Eltern schüttelten den Kopf. Tante Elli war ernstlich empört. Unser Nachbar tat lieber so, als gucke er nicht hin.

Ein Ärgernis, ein verwegenes Teil, ein Diskussionsgrund ist der Mini seit damals allemal geblieben. All' die hohen Herrn und kleinen Spießer zerreißen sich noch immer das Maul und überlegen trotz »sexueller Revolution«, wie sie ihre Verklemmtheit, ihre Doppelmoral und ihre Angst vor der eigenen Geilheit am besten hinter Empörung und wissenschaftlichen Argumenten verstekken können. Das bloße Knie einer Frau scheint noch immer hochexplosiv zu wirken. Oder ist es eher die gefährliche Annäherung an jene Stelle, an der die Beine zusammenlaufen und die die Quelle von Freud und Leid ist? Jedenfalls wurden und werden damals wie heute Kriminologen, Theologen und Soziologen bemüht, die dann etwaige Ausfallserscheinungen von Männern beim Anblick eines Minis ins rechte Licht rücken. Ich fand kürzlich eine Meldung aus Österreich: *»Wien. Die mit dem Frühling kürzer werdenden Röcke erhöhen nach Ansicht österreichischer Kriminalpsychologen die Gefahr von Sexualdelikten. In manchen Situationen stelle der Minirock einen zusätzlichen Anreiz dar und könne selbst Männer animieren, die ursprünglich gar keine böse Absicht gehabt hätten. Die Minirockträgerin solle vor allem nicht provozieren. Die späteren Verbrechensopfer zögen oft ohne Begleitung von Diskothek zu Diskothek und stiegen sogar zu fremden Männern ins Auto ... «*

Wer also trägt die Schuld und vor allem die Verantwortung für männliches Fehlverhalten? Die Minirockträgerin.

Anno 1968 schienen die Männer noch gefestigter ob solcher Versuchungen. Im Sittendezernat in München wurden damals 169 Fälle von Notzucht untersucht, und in einem einzigen dieser Fälle redete sich der Täter darauf hinaus, die Frau, die er zu vergewaltigen versuchte, habe einen kessen, kurzen Rock getragen. Auch die Berliner »Sitte« stellte keinen Anstieg der Verbrechensstatistik fest.

Für mich war der Mini mit 15, 16 Jahren ein Stück Rebellion. Weg mit allen Normen und Rocklängen-Diktaten. Je kürzer, desto provozierender. Ob dicke oder dünne Beine – Hauptsache, shocking.

Und der Mini, den die Engländerin Mary Quant 1965 »erfand«, schockte nicht nur Männer. Ich erwähnte Tante Elli, die es einfach empörend fand, wie leichtfertig wir Mädchen mit unseren Beinen umgingen. Ihre eigenen hielt sie sorgsam unter Stoff versteckt. Wahrscheinlich, um sie für ihren Mann aufzusparen, mit dem sie im abgedunkelten Schlafzimmer schlief und der heimlich großen Gefallen an den unbedeckten Beinen junger Mädchen fand.

Die eine Sorte Frauen schrie: »Der Mini befreit uns«, die anderen riefen: »Der Mini, ein Werk des Teufels«, der dritte Typ Frau meinte: »Der Mini macht uns zu Sex-Objekten.«

Niemals zuvor hatte in der rund 5000 Jahre alten Mode-Geschichte ein Kleidungsstück so viel Aufsehen erregt. Geht man die Reihe der angezogenen Menschen im Laufe der Jahrhunderte durch, so stellt man fest: Der Mini war gar nicht neu. Es trugen ihn bis 1965 nur ausschließlich die Männer. Die Frauen aber kannten weder Mini noch Hotpants (mal abgesehen von den sogenannten Naturvölkern), und schon das Lüften eines weiblichen Knöchels kam zu manchen Zeiten einer Aufforderung zum Geschlechtsakt gleich. Die Damen gingen lang bis zur skandalumwogten Charleston-Zeit so um 1928. Zur Massenbewegung wurde der Mini erst mit Mary Quant und Twiggy.

Seither rätseln die Modeexperten: »Ist der Mini tot?« »Wann kommt er wieder?« Der Mini – gestylt, geschliffen, zum Gradmesser für schöne Beine und Lust-Rock verkommen – hat in den 19 Jahren seines Bestehens für die dämlichsten Schlagzeilen gesorgt. Er hat nicht nur Beine, sondern auch Moralvorstellungen und Gesinnungen enthüllt. Hier und da taucht er immer mal wieder auf. Bei den Punkfrauen Mitte der Siebziger, die breitere Ledergürtel und langgezerrte T-Shirts mit schwarzen Strumpfhosen trugen. Bei Nena und Co in glockenförmiger, pastellfarbener Variante. Und sogar unsere Brüder und Schwestern im Osten, bei denen der Mini 1965 nicht gern gesehen und erst 1970 als gesellschaftsfähig erklärt wurde, haben 1983 die offizielle Erlaubnis für den Mini erhalten. Paula Putz stellte in der Nationalzeitung die neuesten »glockig schwingenden und betont knapp sitzenden Röcke aus Jeans-Stoff« vor.

Das Ende dieser Geschichte über Pubertät und 60er, über Gitte und Twiggy, über Twist und Shout beinhaltet gleichzeitig ihre Fortsetzung. Wie singt Gitte heute doch so laut? »Ich will alles.« Ich auch.

Sabine Weißler

Plastikmeere

Leichteres Leben dank Plastik

»I was born with a plastic spoon in my mouth«
– The Who, 1967 –

Die Bundesbürger lieben Plastik. Sie produzieren es eifrig und sie verbrauchen es gerne. Im Laufe der sechziger Jahre mauserte sich die Bundesrepublik zum drittgrößten Kunststofferzeuger der Welt. Mit ihrem Verbrauch von Kunststoffprodukten liegen die Bundesrepublikaner sogar auf Platz 1 der Weltrangliste. Um diesen einsamen Gipfelplatz zu erklimmen, wurde der Kunststoffverbrauch in der BRD in den Jahren zwischen 1960 und 1970 fast vervierfacht.

In den fünfziger Jahren hatten vor allem Küchenartikel und synthetische Gewebe den geheimnisvollen Glanz des Neuen. Sie waren in ihrer duftigen Pastellfarbigkeit und ihren eigenartigen Formen, die das Material ermöglichte, eine ästhetische Sensation.

In den Sechzigern setzten sich die Kunststoffgüter weniger spektakulär, dafür aber massenhaft durch. Der riesenhafte Anstieg in der Kunststoffverpackungsproduktion zwischen 1961 und 1969 ist weniger durch die künstlerischen Möglichkeiten, die die leicht formbaren und unendlich wandelbaren Stoffe bieten, erklärbar, als vielmehr durch soziale Veränderungen: 1960 gab es in der BRD 17000 Selbstbedienungsläden, 1969 immerhin fünfmal soviel, nämlich 86000. Damit erreichte der Selbstbedienungsanteil am Gesamtumsatz des Lebensmitteleinzelhandels 80 Prozent. Die Waren mußten nun in Teilmengen angeboten werden, da kein Krämer mehr das Mehl, die Butter oder den Quark in den gewünschten Mengen abpacken konnte. Außerdem wuchs die industrielle Produktion von Lebensmitteln. Das brachte die Notwendigkeit von konservierenden, luftdichten Verpackungen mit sich. Diese Verpackungen mußten aber trotzdem auf die Ware schließen lassen. Das war nicht immer durch Glas zu gewährleisten. Brot kann man nicht in Glas verpacken. Hier boten sich die – noch recht neuen – Polyäthylenfolien an. 1969 bestand bereits jede dritte Lebensmittelverpackung aus Kunststoff.

Eine Folge des wachsenden Wohlstands ist die Zunahme von Spontankäufen. Und Spontankäufe mußten »tragbar« gemacht werden. Zum Beispiel durch die Plastiktüte. Die Plastiktüte begann ihren unaufhaltsamen Erfolgsweg um 1964. Am Anfang hatte sie einige Kinderkrankheiten zu überwinden. Zum Beispiel waren die Farbdrucktechniken noch nicht ausgereift, und die Tüten färbten ab. Es wurden Regreßansprüche vor Gericht gestellt.

Plastiktüten sind umweltfreundlich. Sie verbrennen zu Kohlenoxyd und Wasserstoff und riechen dabei wie eine frisch ausgeblasene Wachskerze. Sie unterscheiden sich im Grad der hervorgerufenen Umweltbelastung von den verschiedenen PVC-Erscheinungsarten.

PVC findet sich im Alltag häufig als Weich-PVC in Form von Kunstleder, Dekorationsfolie (»d-c-fix«) und Bodenbelag. PVC ist ein in der Produktion problematischer Stoff. Es kam zu Fällen von Hautkrebs bei an der Produktion beteiligten Arbeitern. Wenn PVC verbrennt, entsteht Salzsäure.

Kunstleder aus PVC erfreute sich in den sechziger Jahren wachsender Beliebtheit. In der Zeit zwischen 1967 und 1969 machte die Kunstlederproduktion einen regelrechten Sprung nach oben. Dies ist auf die vermehrte Verwendung von PVC-Kunstleder in der Möbelproduktion zurückzuführen – wer erinnert sich nicht an die Sofas aus »Echt Skai«.

Noch eine andere Entwicklung in der Kunststoffproduktion nahm in den 60er Jahren ihren Anfang. In der Industrie – wie auch in den privaten Haushalten – setzte sich in den 60ern das Öl mehr und mehr durch. Für die Kunststoffverarbeitende Industrie ist Öl nicht nur Energielieferant, sondern auch Rohstoff. Trotzdem ist ihr Ölverbrauch relativ gering.

In den sechziger Jahren gelang der endgültige Durchbruch der Kunststoffe in den Alltag. Heute werden sie in ihrer Erscheinungsform als Verpackung allerdings kaum noch bewußt wahrgenommen. Man sieht eben den Putenschenkel – und beachtet nicht die Klarsichtfolie, die es erst ermöglicht, daß das Hühnerteil in ungekühlten Regalen im Supermarkt gestapelt werden kann.

Die Meereswellen, über die Jim Knopf in der Augsburger Puppenkiste schipperte, waren eigentlich Plastikplanen. Das wußten selbst wir Kinder schon, aber es störte uns nicht.

Sabine Weißler

Sexy Sixties

Gernreichs »Oben ohne«-Badeanzug

»Die Sexwelle« wird Mitte der Sechziger das Auftauchen von Nacktheit und Sexdiskussionen in der Öffentlichkeit genannt. Plötzlich fallen die Hüllen und die Verkaufsziffern steigen. Wer gern reich sein möchte wie Herr Gernreich, der Modeschöpfer aus NY, versucht es 1963 mit »oben-ohne« Trägerkleid. Ab 1964 braucht man dann solche Einfälle nicht mehr, um entblätterte Busen zeigen zu können. Die Titelblätter der Magazine sind dabei noch züchtig. Sie belassen es bei der Andeutung, daß das fotografierte Porträt mit tiefem Dekolleté nicht durch BH-Träger an den Schultern verunziert wird. So kann man sich noch ausmalen, was weiter unten zu sehen wäre. Ob man richtig fantasiert hat, weiß man, wenn man weiterblättert.

Wirklich kraftvoll setzt sich diese Welle – nachdem die »Freßwelle« und die »Reisewelle« vorausgingen – erst ab ca. 1966 durch und erreicht 1968 ihren Höhepunkt, als absolut nichts mehr nicht mit Sex in Verbindung gebracht wird.

Dem optischen Durchbruch gehen Skandale in den fünfziger Jahren voraus: Um die wenige Sekunden nackt gezeigte Hilde Knef im Film »Die Sünderin« oder um den Kinsey-Report, der das Sexualverhalten der US-Amerikaner untersucht oder um den schwedischen Film »Das Schweigen«, in dem 1963 ein leibhaftiger Geschlechtsverkehr zu sehen ist.

Der Rock'n Roll und der narzistische Körperkult der Halbstarken erschreckte Eltern, die aus den 30er Jahren eine entlebendigte, lust- und glücklose Einstellung vermittelt bekommen hatten. Doch die Halbstarken und ihre steilen Bräute hatten es schwer. Die »Ära Adenauer« war sauber und hatte für schmutzigen Sex keinen Platz. Was sollten sie mit ihren entdeckten Lüsten, mit den schwingenden Hüften aus Tüll, den wogenden Brüsten der BB und dem weichen Gang des James Dean anfangen?

Die Halbstarken heirateten und versuchten, ihre Erotik unbeaufsichtigt in der Ehe zu erleben. Zwischen 1960 und 1964 steigt die Zahl der Frühehen deutlich an; »fast ein Drittel von Deutschlands Bräuten trägt am Tage der Eheschließung ein Kind entweder auf dem Arm oder unter dem Herzen«, meldet 1966 »Der Spiegel«. Zur bundesdeutschen Wirklichkeit kommen hinzu 1 Mio. verbotener Abtreibungen im Jahr, die unter Lebensgefahr und in geschätzt über 15000 Fällen mit tödlichem Ausgang in demütigender Weise ausgeführt werden. Darüber wurde in einer großen Serie erstmals 1960/61 im »Stern« diskutiert. Der gleiche Arzt, der dort in seinem Bericht die menschenverachtenden Auswirkungen des § 218 schilderte, brachte es fertig, am Schluß seines Artikels ein Bekenntnis für diesen Todesparagraphen abzulegen. Eine repressive Gesetzgebung und eine konservative Ärzteschaft machten es den Menschen unmöglich, sich mehr und glücklicher mit ihren Lüsten zu beschäftigen. Zum Beispiel verbot die sogenannte »Himmlersche Polizeiverordnung« bis in die 60er Jahre hinein jegliche Werbung für Verhütungsmittel.

Es gab auch noch (bis Ende der 60er Jahre!) den Kuppeleiparagraphen, der Vermietern, Bekannten und sogar Familienangehörigen (also auch Eltern) verbot, unverheirateten Paaren Räumlichkeiten zur Verfügung zu stellen, in denen diese »Unzucht« treiben konnten (alles, was Unverheiratete sexuell miteinander unternehmen konnten, war »Unzucht«). Anzeige konnte jeder erstatten, zum Beispiel jeder Nachbar. Auch deswegen war es fast unmöglich in dieser Zeit, unverheiratet zusammenzuleben. War man erst verheiratet, blieb man – unaufgeklärt und verängstigt – sich selbst überlassen.

Die verzweifelten Paare suchten Rat in den Eheberatungsstellen, die sich von 17 im Jahre 1958 auf 125 im Jahre 1965 vermehrten. Als Gründe für die wachsende Nach-

NEUE
JLLUSTRIERTE
REVUE

Gr.-Brit. sh 3/6; Italien Lire 200,-; Jugosl. 4,00 N. Din; Österreich S 6,-; Schweiz sfrs 1,20; Schweden skr 2,25 inkl. oms.; Spanien Ptas 30,-

Nummer 9 3. März 1968, 90 Pfennig, bei Hauslieferung zuzügl. ortsübl. Zustellgebühr

C 5155 C

Ehe-Intrige gegen Vico Torriani

Justiz-Skandal

Unschuldige Mutter als Abtreiberin bestraft

Drei Mädchen ermordet

Der Lustmörder von Carolina

Oswalt Kolle:

Sexualität vor der Ehe

frage werden angeführt: verändertes Rollenverständnis, Undeutlichkeit des Ehe- und Familienbildes und das, »was man heute den ›sozialen Hiatus‹, d.h. die Kluft zwischen aufgestauten Ansprüchen und nachhinkendem Einkommen nennt, in der alsbald die Unzufriedenheit zu beginnen pflegt«. Ehe ist, wie jede menschliche Beziehung, von der Gesellschaft beeinflußt. Ein zeitgenössischer Familiensoziologe stellt treffend fest: »Die Gesellschaft selber ist ganz offensichtlich ratbedürftig.«[2]

Durch Filmskandale und vor allem durch die Diskussion um die neuentwickelte Anti-Baby-Pille hatte das Thema »Sex« eine breite Öffentlichkeit erreicht. Die Ehe- und Sexualprobleme der zwischen persönlichen Erfahrungen und gesellschaftlicher Wirklichkeit irregewordenen Generation wurden mehr und mehr publik. Die Jugend der 50er Jahre konnte erst in den 60er Jahren, nachdem sie das Elternhaus abgeschüttelt hatte, daran gehen, ihre Neugier zu stillen und ihre Unwissenheit zu beseitigen. Sie wurde zu dankbaren Konsumenten für jedes winzige Stück, das an Aufklärung geboten wurde und das ein bißchen den Schein von Hemmungslosigkeit und Freiheit verbreitete. Presse und Industrie erkannten den Bedarf und unterstützten ihn nach Leibeskräften.

Die Werbung hatte die verkaufsfördernde Wirkung des Sex schon früh entdeckt. In den fünfziger Jahren galt Reklame für Miederwaren und Tampons als unanständig. Zehn Jahre später saß eine nackte Frau in einer mit trübem Wasser gefüllten Badewanne und genoß die pflegende Wirkung von Fenjala, oder sie räkelte sich unter kühlen Brausen und lobte Badedas. Schon in der ersten Hälfte des siebenten Jahrzehnts und bevor die Redakteure Sex auf die Titelblätter brachten, hatte die offensichtliche Verknüpfung von Sex und Ware angefangen. Zunächst noch, um mit Sex die Ware an den Mann zu bringen; der nächste Schritt war dann, die Ware Sex zu vertreiben.

Während sich mit den sexuellen Problemen der Menschen eine ständig wachsende Zahl von Psychologen und Sozialarbeitern in immer mehr Beratungsstellen abmühte, feierte die platte, unkommentierte, aber nichtsdestoweniger aussagekräftige Zurschaustellung von mangelhaft erotisierter Nacktheit ihre profitablen Orgien. Bei Blättern wie »Spontan« oder »Konkret« verkam der Anspruch von sexueller Befreiung und Darstellung der Verbindung von Erotik und Politik häufig zu einem Nebeneinander von Pin-ups und Nachrichten. Auch den Konkret-»Machern« steckten die prüden Zeiten noch tief in den Knochen und sie hatten ihre eigene Mühe damit, sie zu überwinden.

Der sehr ernsthafte Versuch zur Überwindung sexueller Tabus und einer ganz persönlichen wie gesellschaftlichen Befreiung von repressiven Normen wurde auch von den Studentinnen und Studenten gemacht, die 1965 die erste sogenannte »Intimberatungsstelle für Studenten« an der FU stürmten. Die Leiterin, die Nervenärztin und Psychotherapeutin Frau Lange-Undeutsch berichtet: »Wir hatten uns die Teilnehmerzahl etwa bei 20 gedacht. Aber schon am ersten Abend kamen ins Studentendorf nach Schlachtensee 34, darunter 29 junge Männer und 5 Mädchen. Am zweiten Abend waren es bereits doppelt soviel, und beim dritten Male kamen an die hundert Studenten und Studentinnen.«[3]

»Konkret« und »Spontan« wurden, genauso wie unzählige kleine und große Aufsätze und Artikel, Organe für Überlegungen, die man zur sexuellen Befreiung anstellte. Der SDS-Vorsitzende von 1966/67, Reimut Reiche, stellt in einer solchen Schrift bereits 1968 einen Hauptunterschied zwischen sexueller Revolution und Befreiung auf der einen Seite und Sex-Markt auf der anderen Seite heraus. Er erkennt, daß in der Sexwelle erotische Bedürfnisse der Menschen geweckt werden, deren Befriedigung durch die Instrumentalisierung zugunsten einiger weniger, die an der Sex-Welle verdienen, unmöglich gemacht wird. Der ehemalige psychologische Berater der Berliner Polizei beschreibt diesen Mechanismus folgendermaßen: »Totale Triebunterdrückung produziert genau jene Untertanenhaltung, die ein Gesellschaftssystem braucht, das auf Herrschaft einiger und Beherrschung vieler gegründet ist.«[4]

Über Abtreibung, Empfängnisverhütung, vorehelichen Geschlechtsverkehr und ähnliche Themen werden die Schüler jetzt im Haus des Deutschen Gewerkschaftsbundes von einem Medizinstudenten der FU belehrt. Doch Berlins Schülergewerkschaft ging noch weiter: Nicht nur theoretische, sondern auch praktische Hilfe steht auf ihrem Programm. In einem Flugblatt boten die Schülergewerkschaftler an: »...möglichst alle Schüler, die daran Interesse haben, beim Problem der Beschaffung von Anti-Baby-Pillen zu beraten«.

Das Beispiel machte rasch Schule. Zur Zeit des Redaktionsschlusses dieser Ausgabe bestanden Gruppen von 15 bis zu 80 Schülerinnen und Schülern, die mit Hilfe von Abiturienten und Studenten »Selbstaufklärung« betrieben, in Berlin, Hamburg, Frankfurt, Baden-Baden, München, Göttingen, Marburg, Gießen, Darmstadt, Mannheim, Eßlingen, Homberg, Fritzlar, Hilden und Düsseldorf. In Hamburg-Blankenese wird ein Sexfragebogen vorbereitet.

»Nur krasser Hunger und verweigerte Brunst«, schrieb einst der Dichter, Orgelbauer und Komponist Hans Henny Jahnn (»Fluß ohne Ufer«, »Lübecker Totentanz«), vermögen Revolutionen zu erzeugen.« In einer mit Buttertorten und Brathähnchen eher überfressenen Gesellschaft proben Deutschlands in Sachen Liebe unterernährte Oberschüler den Aufstand. Doch die Schülerinnen und Schüler, die im Kampf gegen die Prüderie der Schule und die Doppelmoral der Gesellschaft sich zusammengeschlossen haben, könnten möglicherweise auch noch anderen Mißständen auf die Spur kommen und über andere Fragen nachzudenken beginnen als nur über Fragen des Liebeslebens.

(aus Konkret, 10/67)

Die Flut der Artikel, Vorträge, Diskussionsveranstaltungen und Zirkel zur Frage der sexuellen Aufklärung als Teil der politischen Emanzipation war unvorstellbar. Keine Schüler-, keine Studentenzeitung, in der dies nicht – weit vor Vietnam, Notstandsgesetzen, Schulreform etc. – das Thema Nummer eins gewesen wäre, von Eltern und Behörden meist schärfstens bekämpft und mit Sanktionen belegt.

In der Allgemeinheit dagegen ging es weniger um den offensichtlichen Zusammenhang von Sexualität und Politik. Der Punkt, um den in den Illustrierten und Aufklärungsfilmen jeder Couleur die Diskussion kreiste, war die Frage, ob, wie, warum und vor allem mit welchen Folgen Frauen und Mädchen sexuelle Lust empfinden können und *wollen*. Mutmaßungen, Ratschläge und Warnungen türmten sich aufeinander – während die Frauen und Mädchen darangingen, ihre Lust erstmals massenhaft, hemmungslos und ohne Angst zu genießen.

„Sehr brav! Sehr lebendiger Unterricht! Aber kommen Sie nun von den südamerikanischen Flüssen auch mal zu den Städten der engeren Heimat, Herr Kollege!"

»Ich kenne eine Menge Mädchen, die gerade 20 sind und schon mit zehn, fünfzehn verschiedenen Männern geschlafen haben. Ich glaube, daß in letzter Zeit die Mädchen immer hemmungsloser werden. Weil es ja auch kein Risiko mehr gibt. Dadurch, daß es Verhütungsmittel gibt, die absolut sicher sind, und man keine Angst mehr vor einem Kind hat. Darum ergreifen die Mädchen immer mehr selbst die Initiative und schlafen mit jedem, der ihnen gefällt.«

»Und Sie?« frage ich vorsichtig.

»Na ja«, sagt sie, »ich schlafe auch mit dem, der mir gefällt! Aber nicht so oft«, fügt sie hinzu.

»Was würden Sie tun, wenn Sie merken, daß Sie schwanger sind?«

Das Mädchen runzelt die Stirn: »Ehrlich gesagt, ich habe selbst einmal vor der Frage gestanden. Meine Periode blieb aus, und ein Arzt sagte mir, ich sei schwanger. Ich erzählte das meiner Mutter, die machte ein furchtbares Theater und wollte mich rausschmeißen, half mir aber nicht. Dann fuhr ich zu meinem Freund, und der sagte, wir wollen heiraten. Das wollte ich aber nicht. Ich will doch nicht geheiratet werden, nur weil ich ein Kind bekomme. Dann lief ich von einem Arzt zum anderen: immer dasselbe ›Tut mir leid, so etwas tue ich nicht‹. Der neunte Arzt endlich verschrieb mir Tabletten. Die bewirkten nichts. Er verschrieb sie mir noch einmal, ich nahm sie alle auf einmal, und dann setzten furchtbare Blutungen ein, und ich hatte einen Abortus. Es war fürchterlich. Ich war allein in Hamburg in einem Hotelzimmer und dachte, ich muß sterben. Aber ich hab's überstanden. Mein Gott, heute würd' ich das nicht noch einmal tun.«

»Was würden Sie denn heute tun?« »Heiraten würde ich noch immer nicht. Ich würde einfach das Kind zur Welt bringen. Irgendwie schlägt man sich schon durch.«

»Liebe ist etwas Schönes, etwas, was Spaß macht, was Lustiges«, sagt sie. «Natürlich hat es mit Sex zu tun. Und ich finde«, fügt sie mit einem Augenzwinkern hinzu, »lieber Sex ohne Liebe als gar kein Sex.« Natürlich ist sie für voreheliche Beziehungen und findet die meisten deutschen Mädchen noch immer zu prüde. »Sie haben alle einen Freund, mit dem sie schlafen, aber sie haben ein schlechtes Gewissen dabei. Sie machen sich Gedanken, ›ob ich's wohl tun soll und ob er mich auch liebt...‹. Wenn ich das schon höre! Man sollte leben und frei und offen und ehrlich zu sich selbst sein. Sex ist doch ganz einfach etwas Schönes und bekanntlich ja auch Gesundes...«

(aus einer Umfrage von »Konkret« 1966)

Denn die Antibabypille hatte sie erstmals in der Geschichte der Menschheit in die Lage versetzt, Sex und Kinderkriegen *sicher* voneinander zu trennen. Es war nur noch *ihre* Entscheidung, *sie* bestimmten erstmals *wirklich* über sich als sexuelle Wesen, waren nicht mehr angewiesen auf das Verständnis (sprich: reines Händchenhalten, oder, wenn's hochkam, gegenseitiges Onanieren), die Rücksicht (sprich: Präservativ, Coitus interruptus und was es da mehr an Schrecklichkeiten gab), die Hilfe des Mannes (sprich: Heirat, wenn's »schief« gegangen war), oder, noch schlimmer oder auch nicht, auf Engelmacherinnen und geldgierige Ärzte in ihren heimlichen Abtreibungsküchen.

Viele Männer, vor allem die jungen, waren ebenso erleichtert wie die meisten Frauen. Kein Wunder aber auch, daß manch einer seine persönliche Macht oder gar die Struktur unserer abendländischen Kultur ins Wanken kommen sah. Und man findet in einem Sex-Nachschlage-Bestseller sogar Einschätzungen über die Rollenverteilung von Mann und Frau in der Sexualität wie in der Gesellschaft, die schlichtweg verblüffen. »Wie ein Fluch hat sich im abendländischen Kulturbereich die Meinung ausgewirkt, der Mann habe während der Vereinigung vorwiegend die Aufgabe, seiner Frau Lust zu bereiten. Der Mann wurde dadurch zu einem Lustinstrument der Frau herabgewürdigt.«[5]

Der eigentliche Aufklärungspapst im Westdeutschland der bürgerlichen Sex-Welle war Oswalt Kolle, ein netter Mensch, der es gut meinte mit den jungen (und auch älteren) Ehepaaren, die keine Ahnung hatten, was sie da nacht-ein, nachtaus trieben.

Familie Kolle am Strand von Sylt

Der Vorsitzende Oswalt K. über den Vorsitzenden Oswalt K.:

Abend für Abend findet in unserem Lande vieltausendfach ein Kampf statt, der selten unentschieden endet.

Der Kampf der Geschlechter wird im Schlafzimmer ausgetragen. Das Ergebnis wird für beide Teile unbefriedigend und vertieft die Kluft nur, anstatt sie zu schließen.

Ich habe versucht und versuche es immer wieder, den hochgeputschten Kampf der Geschlechter gegeneinander zu befriedigen.

Er wurde durch seine sexualkundlichen Artikel in der »Neuen Revue« berühmt, denen er eine Vielzahl von Filmen hinterherschickte – allesamt Kassenschlager. Er sieht das Problem schon etwas anders: »Jahrtausendelang haben die Männer aus mehr eigennützigen Gründen der ›anständigen‹ Frau verwehrt oder übelgenommen, wenn sie Lust empfand oder die Lust gar zeigte.«[6] Was macht die arme Ehefrau denn nun? Lust ja oder nein? Ja, oder doch??

Was von Oswalt Kolle noch gutgemeint als Aufklärung empfunden wird, mit einigen Möglichkeiten der bewußteren, lustvolleren und glücklicheren Lebensgestaltung, stellt sich in einer unfreien Gesellschaft dar als Sackgasse sexueller Befreiung und als ein Fest der Entfremdung des Menschen weg von seinen Bedürfnissen, weg von seinem Körper, weg von seinen individuellen Qualitäten und auch als weit entfernt von einer wirklichen Erotisierung des Alltags.

Der Eros der bürgerlichen Sex-Welle war ein Strohfeuer. Er hatte nichts von jener »kulturschöpferischen Macht«, die Herbert Marcuse – einer der wichtigsten Theoretiker der sechziger Jahre – dem Eros zuerkennt. »Das erotische Ziel, den gesamten Körper als Subjekt – Objekt der Lust beizubehalten, verlangt nach fortgesetzter Verfeinerung des Organismus, nach Intensivierung seiner Empfänglichkeit, nach Zunahme seiner Sinnlichkeit. Das Ziel schafft seine eigenen Pläne der Realisierung: Abschaffung der Mühsal, Verbesserung der Umgebung, Überwindung von Krankheit und Verfall, Beschaffung von Luxus. All diese Tätigkeiten entspringen direkt dem Lustprinzip und begründen gleichzeitig Arbeiten und Werke, die die einzelnen zu ›größeren Einheiten‹ zusammenführen.«[7] Dieser Lebensgestaltung muß eine radikale Veränderung der Gesellschaft vorausgehen. Nur dann kann befreite Sexualität ihre kulturschöpferischen Qualitäten entfalten.

1 Gubalke, Wolfgang, Bräute – Kurse zwischen Realistik und Romantik, in: Tübinger Brief, Mitteilungen, Berichte und Notizen aus dem Jugendsozialwerk, 3/64
2 Groeger, Guido, Die Bedeutung der Beratung in der heutigen Gesellschaft, in: Soziale Arbeit, 2/1965
3 Interview in: blickpunkt 4/1965
4 Kentler u.a., Für eine Revision der Sexualpädagogik, München 1967
5 Boschmann, Rüdiger, Sexspiel – Hingabe und Ekstase, Flensburg (Beate Uhse) 1968, S. 243
6 Kolle, Oswalt, Das Wunder der Liebe, Zürich 1967, S. 314
7 Marcuse, Herbert, Triebstruktur und Gesellschaft, Frankfurt/M. 1971, S. 209

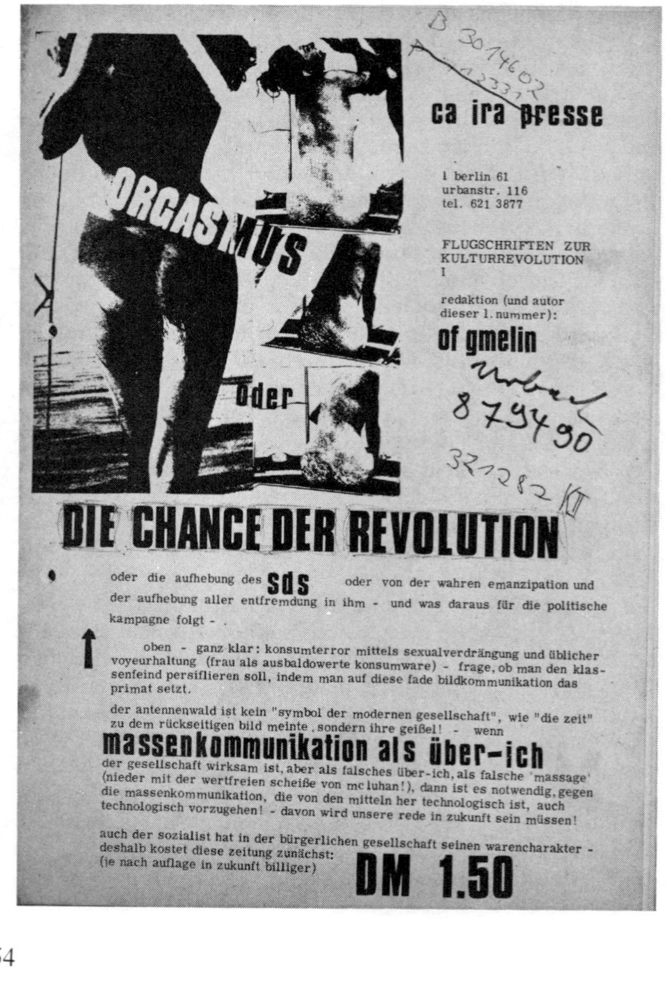

Eckhard Siepmann

Genital versus Prägenital

Die Großväter der sexuellen Revolution

Bei der Aneignung der »Kritischen Theorie«, die ebenso auf Freud wie auf Marx basiert, merkten die Antiautoritären sehr schnell, daß ohne Kenntnis der psychoanalytischen Theorien eine zeitgemäße Analyse der Gesellschaft nicht möglich ist. Stärker als in den 20er Jahren, als die Kritik im Vordergrund stand, fiel aber nun, da es um *praktische* Veränderung ging, die gesellschaftliche Praxisferne Freuds auf. Wie sollte der Bogen von der Psychopathologie des Alltagslebens zur handfesten Revolutionierung des Alltags geschlagen werden?

In dieser brenzligen Situation wurde Wilhelm Reich, ein Schüler Freuds entdeckt, zu dessen Programm es gehörte, »6000 Jahre Ausbeutung, Mystizismus und Sexualunterdrückung« zum Stillstand zu bringen. Die Antiautoritären, unermüdlich auf der Suche nach außerökonomischen Argumenten, durch die das traditionelle marxistische Arsenal bei dem angestrebten Dialog mit den Massen erweitert werden könnte, auf der Suche nach einer Möglichkeit, den Kapitalismus für die Lustarmut des Alltags haftbar zu machen, trauten ihren Ohren nicht.

»Jahrtausende alte Unterjochung des Trieblebens hat erst den massenpsychologischen Boden geschaffen, Autoritätsangst, Hörigkeit, unglaubliche Bescheidenheit auf der einen, sadistische Brutalität auf der anderen Seite, auf deren Grund sich eine 200 Jahre alte kapitalistische Profitwirtschaft austoben und erhalten kann.«

Noch ehe die großen Verlage die Situation begriffen, waren die ersten Raubdrucke auf dem »Markt«, das heißt in den Kneipen, in der Mensa, bei den Teach-ins; Wilhelm Reich wurde damals wahrscheinlich mehr geraubdruckt als irgendein anderer Autor – Hinweis genug, wie begierig er aufgenommen wurde. Die erste Schrift, eine DIN-A-4-Schwarte, von der K I aufgelegt, trug in riesigen Buchstaben einen Titel, der für an Kolles unbekannten Wesen geschulte Ohren eine rasierklingenhafte Direktheit hatte: DIE FUNKTION DES ORGASMUS (1927). Der Arzt Reich hatte festgestellt, daß die Psychoanalyse in einzelnen Fällen temporäre Heilerfolge haben kann, die aber folgenlos bleiben, solange das Realitätsprinzip, das die Krankheit verursacht, unverändert bleibt. Anders als seine gutverdienenden Kollegen zog er den Schluß, daß die Psychoanalyse zur praktischen Umwälzung der Wirklichkeit beitragen müsse, um langfristig helfen zu können. Er gründete die Sexpol-Bewegung und organisierte sich in der Kommunistischen Partei.

Der zweite Raubdruck, der alsbald kursierte, war die kleinformatige MASSENPSYCHOLOGIE DES FASCHISMUS. In dieser 1933 – bereits im Exil – veröffentlichten Schrift analysierte Reich die tiefenpsychologischen Strategien der Nazis, die Instrumentalisierung der Sexualunterdrückung für die Durchsetzung des Führerkults, und kritisiert gleichzeitig die antifaschistischen Strategien, die auf Aufklärung abzielen und dabei die unbewußten Bereiche ausklammern, also eben jenes Terrain, in dem die Faschisten laut Reich ihre Saat ausstreuten. Mit diesem Kurs ging Reich auf Konfrontation mit der bürgerlichen Internationalen Psychoanalytischen Gesellschaft und zugleich mit der Kommunistischen Partei: Aus beiden wurde er ausgeschlossen.

Noch 1966 kam dann die gewerkschaftsnahe Europäische Verlagsanstalt, schneller als alle Raubdrucker, mit einem Buch heraus, das Reich 1936 in Kopenhagen veröffentlicht hatte: DIE SEXUELLE REVOLUTION. Untertitel: Zur charakterlichen Selbststeuerung des Menschen. Diese Schrift, heute als Taschenbuch wiederaufgelegt, sei der kritischen Lektüre allen empfohlen, die in dem Verhältnis von Sexualität und Politik einen maßgeblichen Faktor für die Veränderung der Welt sehen. Im ersten Teil analysiert Reich aufs neue die bürgerliche Sexualmoral mit ihren bewährten Unterdrückungsmechanismen Ehe und Familie als Garanten des kapitalistischen Herrschaftssystems. Im zweiten Teil beschreibt er die sexuelle Revolution in der frühen Sowjet-Union und ihre Bremsung im System des entwickelten Stalinismus.

»Die sexual-ökonomische Selbststeuerung«, wie Reich sie sich vorstellte, ist darstellbar als ein einfaches kybernetisches System der Problembewältigung der gesamten sozialen Realität einschließlich der Sexualität. Das an sich »steuernde« Moment ist eine Art »Libidokreislauf«: Die sich frei entfaltende Genitalität streift die Fesseln und Zwänge der prägenitalen Partialtriebe ab und ordnet sie der – heterosexuellen – Genitalität unter; die Destruktionstriebe verlieren die Möglichkeit, sich sexuell zu engagieren und müssen sich für sozial nützliche Tätigkeiten absorbieren lassen; der »potente, liebesfähige, sexualbejahende« (S. 45) Charakter bildet sogar zwanglos die Tendenz zur monogamen Bindung auf Zeit aus (»sexuelle Dauerbeziehung«, S. 152f.), weil sowohl der Zwang zur neurotisch bestimmten Polygamie (Don-Juanismus) als auch der Zwang zur neurotisch bestimmten Monogamie (Besitzeifersucht, vor-ödipale Fixierungen etc.) ihre Basis verlieren und das zwanglos-sexualbetonte »Kennenlernen« des Partners einen tragfähigen Selbstwert gewinnt, der nurmehr der »natürlichen Abstumpfung« unterliegt (auf die seltsamer- und bezeichnenderweise auch Reich nicht verzichten kann) und dann auch wieder mit einem Minimum an Zwang, Ängsten und Versagungen gelöst werden kann.

(Reimut Reiche, in »neue kritik« 48/49/1968)

Indem Reich die Lösung der verschiedenen pathologischen Konflikte von der ungestörten Entfaltung der »genitalen Libido« abhängig macht, sich schnurstracks auf die Herstellung des »Primates der Genitalität« konzentriert, gerät er in einen in den 60er Jahren nicht ausdiskutierten Gegensatz zu dem Libido-Theoretiker par excellence der Antiautoritären, zu Herbert Marcuse. In seinem 1955 in den USA veröffentlichten Buch TRIEBSTRUKTUR UND GESELLSCHAFT (»Eros and Civilisation«), das zum theoretischen Fundament des Hedonismus der Antiautoritären wurde, erkennt Marcuse in der Reduktion der Sexualität auf die Genitalität eine Verarmung, die ein gezieltes Produkt kapitalistischer Sexualunterdrückung ist. Er propagiert die Resexualisierung aller Körperzonen, den Ausbruch aus der »unter das genitale Supremat gezwungenen Sexualität zur Erotisierung der Gesamtpersönlichkeit«. Dieser Ausbruch »würde sich als erstes in einem Wiederaufleben der prägenitalen polymorphen Sexualität und in der Abnahme des genitalen Supremats manifestieren. Der Körper in seiner Gesamtheit würde ein Objekt der Besetzung, ein Ding, dessen man sich erfreuen kann – ein Instrument der Lust. Diese Veränderung im Wert und im Ausmaß der libidinösen Beziehungen«, so Marcuses Utopie, »würde zu einer Auflösung der Institutionen führen, in denen die privaten zwischenmenschlichen Beziehungen organisiert waren, besonders der monogamen und patriarchalen Familie«. Geschrieben im Staat von Dulles und Eisenhower!

Unter den Kontrahenten Reich / Marcuse stand außer Zweifel: Sexuelle Emanzipation ist nur möglich innerhalb der Atemlosigkeit, die allein der Kampf um die gesellschaftliche Befreiung erzeugt.

Diese Skizze ist gewidmet einer kleinen kämpferischen Gruppierung, bei der die Erbschaft der 60er Jahre bestens aufgehoben ist: der Bunten Liste Freiburg und ihrer Reich-Initiative.

Klaus Hartung

Die Psychoanalyse der Küchenarbeit

Selbstbefreiung, Wohngemeinschaft und Kommune

Die Haare werden länger . . .

Der Blick zurück läßt überschrittene Schwellen kaum noch erkennen. Wer wollte sich noch der Widerstände gegen den ersten Schritt auf den verbotenen Rasen erinnern, wiewohl dieser Schritt möglicherweise konsequenzenreicher war als manche militante Demonstration; wer kann sich die Qualen noch vergegenwärtigen, die dem ersten Steinwurf vorausgingen. Die Schwellen waren da, weil Angst auf ihnen lag. Was aber hat das Überschreiten dieser und anderer Schwellen zu einem historischen Schritt gemacht? Das »epatez le bourgeois«, das Schockieren des Bürgers, gab es schließlich immer, und immer gab es eine Bohème, eine Szene, die mit den Regeln brach. Um eine vorläufige Antwort zu geben: Das »epatez le bougeois« war die Dokumentation einer Unabhängigkeit, war ein Akt des Mutes und zugleich Konstituens eines Lebens außerhalb der Gesellschaft. Der kulturrevolutionäre Aufstand in den 60er Jahren unterschied sich genau an diesem Punkt. Nicht Mut, sondern Eingeständnis der gemeinsamen Ängste, nicht Behauptung der Unabhängigkeit, sondern Flucht nach vorn aus einem kleinbürgerlichen Verhängnis meldete sich da an. Das machte das Auftreten der K 1 so unerträglich: Sie artikulierte, was anderen kaum noch zu verdrängen gelang.

Revolutionstheorien

Von Revolutionstheorien wird nicht mehr geredet, und das Fehlen einer revolutionären Theorie gesteht man allenfalls im kleinen Kreise ein. Dennoch liegt der Traum von der verändernden Macht des Gedankens, wenn er einmal die Massen ergreift, gar nicht so fern von der Realität. Kaum eine politische Theorie war erfolgreicher als jene, wonach die Revolutionäre sich revolutionieren müssen, wonach ohne Veränderung des Alltagslebens es keine Veränderung der Gesellschaft geben wird. Dieser Gedanke ist tatsächlich zum Maulwurf geworden. Er hat sich gegen die Liquidation seiner ersten Propagandisten behauptet. – Als 1970 die Spaltung der Bewegung anfing, nahmen die selbstlosen Freunde des Proletariats Abschied von der antiautoritären Bewegung, ließen sich die langen Haare schneiden und legalisierten ihre »Verhältnisse«. Die Stadtguerilla suchte ihren Untergrund in der gehobenen Mittelklasse und mußte sich folgerichtig ihr anpassen. Das rebellisch gewordene Leiden an der kleinbürgerlichen Herkunft und seine Wendung in kulturrevolutionäre Politik war nun selbst kleinbürgerlich. Die Organisation allein versprach Erlösung von diesem Makel. Und die vielen, die mit ihren aufgebrochenen Widersprüchen noch nicht fertig waren, durften die sich blitzschnell vermehrenden therapeutischen Sekten besuchen. – Die politische Bühne in den letzten 20 Jahren hat viele Szenenfolgen gesehen und viele Wechsel revolutionärer Kostüme, die Roten Garden und die Umherschweifenden Haschrebellen, die Spontis und die Stadtguerilla, die kommunistischen Kader und die Großstadtindianer. Fast unabhängig davon ging die Zersetzung der herrschenden Alltagskultur weiter, bis hin zur alternativen Szene, zur Gegenkultur oder »zweiten Kultur«. Wer vor 20 Jahren angesichts eines Trupps von Bauarbeitern noch überlegte, ob er die Straße wechseln sollte, weil man manchmal müde war, dauernd wegen der langen Haare angemacht zu werden, hätte sich kaum vorstellen können, daß heute langhaarige Bauarbeiter in der alternativen Frühstückskneipe sitzen.

Männer, laßt die Haare wachsen!

Dann habt ihr mehr Chancen bei Frauen und Chefs

Von HANS-DIETER FISCHER

Frankfurt, 12. Januar

Er muß nicht reich sein, aber tolerant. Er muß nicht schön sein, aber lange Haare haben. Deutschlands Frauen zwischen 16 und 30 stellen sich einen Idealmann vor, der statt nach Haaren in der Suppe zu suchen, jede Menge Haare zum „Drinrum-Wühlen" auf dem Kopf hat.

Die Begeisterung für Haare, die sich über dem Kragen kräuseln, läßt auch mit steigendem Alter der Damen nicht nach. Selbst von den Frauen um 50 liebt es mehr als jede zweite bei den Männern haarig.

Das Institut für Rationelle Psychologie in München stellte bei Tests fest: Viele Frauen haben einen regelrechten „Samson-Komplex". Sie halten die langen Haare für ein Zeichen von Freiheit und Unabhängigkeit. Sie glauben, daß langhaarige Männer

- **im Beruf eher etwas riskieren und nicht ständig Angst um ihr Pöstchen haben,**
- **zu Hause nicht dauernd den Herrn und Gebieter herauskehren,**
- **öfter als andere zeigen, was unter ihren langen Haaren steckt.**

Der Kurswert der langhaarigen Männer ist aber nicht nur in der Liebe gestiegen. Mehr und mehr Chefs geben Männern mit längeren Haaren den Vorzug. Sie glauben, daß solche Mitarbeiter geistig beweglicher sind, mehr Mut zum Risiko und mehr Einsatzfreude haben.

Diese Chefs und Frauen irren sich! Die Münchner Soziologin Gisela Pök hat in einer Untersuchung nachgewiesen: Die Unterschiede zwischen langmähnigen und kurzhaarigen Männern sind wirklich nur rein äußerlich. Nachgemachte Beatles sind genauso tolerant oder spießig, so mutig oder ängstlich wie ein spiegelblanker Glatzkopf.

Bild-Zeitung

Selbstbefreiung

Selbstbefreiung, Kulturrevolution, Revolutionierung des Alltags: legendäre Figur für einen Prozeß, für den diese emphatischen Formeln stehen, ist sicherlich die K 1. So fest ihre historische Rolle zu sein scheint, so schwankend ist ihr Bild. Viele, zuviele Erben berufen sich auf sie, die Wohngemeinschaften, die therapeutischen Sekten, die kollektiven Kindererzieher und Bezugspersonen, die Knastgruppen und die rituellen Vereinigungen sexueller Befreiungen. Auf die K 1 wird sich sicherlich die »Beziehungsdiskussion«, der unvermeidliche Intim-Jargon des »irgendwie« und »irgendwo« berufen. Und was heute der alternative Alltag an Supermarkt der Lebensformen anzubieten hat, läßt die Anfänge geradezu asketisch erscheinen.

Selbstbefreiung ist ein merkwürdiges Wort. Die Springerpresse und der illustrierte Schmierenjournalismus übersetzten es sofort mit Enthemmung. Die »Liebeskommune vom Stuttgarter Platz« wurde zur Projektionswand, zur pornographischen Videokassette, deren Film im kollektiven Unbewußten non-stop zu laufen begann. Aber dennoch läßt der Skandal, der mächtige kulturzersetzende Schub, der von solchen Ansätzen wie der K 1 ausging, sich so nicht erklären: denn zur gleichen Zeit begannen die Pornokinos zu florieren. Beate Uhse offerierte längst schon mehr Details für die in Gang gesetzte sexuelle Phantasie, ganz zu schweigen von der tiefen Erschütterung der Sexualnormen durch die Pille.

Auch wenn man vergleicht, was gegenwärtig Menschen, sei es unter Bhagwan, sei es unter dem forschen Sadismus von Gruppentherapeuten hinnehmen, um ein unklares »Selbst« aus ihrer persönlichen Realität herauszuzerren, dann zweifelt man doch an der Genealogie der Verhaltensänderungen, ganz abgesehen davon, daß die antiautoritäre Kommune eine derartige ritualisierte Glückssuche schärfstens verurteilt hätte. Selbst wenn man die Ansätze der 60er Jahre, anders zu leben, als Durchbruch einer vernünftigeren Lebensgestaltung begreifen will, in der es mehr Kommunikation gibt und in der sich die Überlebenschancen des einzelnen erhöhen durch den kollektiven Zusammenhang, so kommt man doch keinen Schritt näher an das Skandalon »Kommune« und an ihr fortdauerndes mythisches Gewicht.

»Kommune 1«

Wohngemeinschaft und Kommune

Außerdem: Wohngemeinschaften gab es schon vorher. Ich lebte schon seit 1964 in einer »WG«. Wir waren da alle politisch aktiv, es gab auch schon die Diskussionen um den Abwasch, eingeschlossen die Psychoanalyse der Küchenarbeit. Auch kam es vor, daß die Freundin des einen am Morgen aus dem Zimmer des anderen nebenan trat, was es dann manchmal schwierig machte, die Reihenfolge der Badezimmerbenutzung am Morgen festzulegen. Zu dieser Zeit war ich schon im SDS. Als dann aber 1965 einige junge SDS-Genossen in den Landesvorstand gingen und zugleich in die SDS-Wohnung einzogen, um Leben und politische Arbeit zu verbinden, war ich empört. Noch skandalöser war es, daß in dieser Wohnung die herrschende Sexualunterdrückung aufgehoben werden sollte. Ich und viele andere SDS-Genossen reagierten hämisch-süffisant: »Die haben's ja auch nötig«. Rainer Langhans wohnte eine kurze Zeit in meiner Wohngemeinschaft. Ich lernte ihn als ziemlich neurotisch kennen. Er hatte Probleme mit seiner Freundin, von denen ich gar nichts wissen wollte. Dann, mit der K 1, war seine Neurose in der Öffentlichkeit. Es war der Aufstand der Geschädigten, die ihre Misere veröffentlichten. Darin lag der Skandal, die Peinlichkeit für uns

Die Kommune in der Stephanstraße bewohnt und verlassen

rationale Funktionäre des SDS. Diese Selbstentblößung entblößte auch uns. Es brachte uns in den Verdacht, daß unserem politischen Handeln ganz persönliche Motive unterlagen, daß wir möglicherweise für Vietnam auf die Straße gingen, weil wir auch sonst frustriert waren.

Kunzelmanns epochemachender Satz, daß man auch über seine Orgasmusschwierigkeiten reden müsse, wenn von Politik geredet wird, formuliert exakt die damalige Situation. Die Reaktion der meisten SDSler (mich eingeschlossen) war: Siehe da, er gibts sogar zu. Aber das Wort war entschlüpft und nicht mehr gut zu machen. Die Intervention der K 1 hatte ein für allemal die Trennung Politikmachen/Alltag zum Widerspruch verschärft, hatte sie akut gemacht. Hier liegt für mich der Hauptgrund, daß die Studentenbewegung nicht zur Bewegung für Studenten verkam, sondern zur antiautoritären Bewegung wurde, deren Schockwellen nach wie vor zu spüren sind.

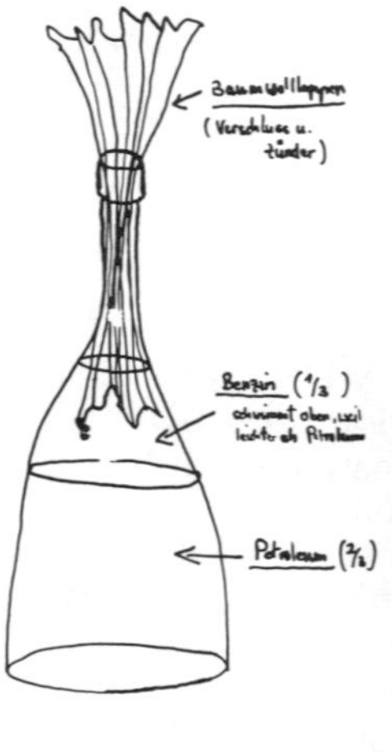

»Deutschlands schönster Kommunarde« vorher und nachher

Die bürgerliche Presse hatte es bald raus: Die Berliner Kommunen boten gar keinen leicht konsumierbaren, gewaschenen Sex, »Quick« sprach 1967 mit Ekel von »verschwiemelten Kommunarden«, und das »Neue Blatt« konstatierte, daß der »Liebeskommune« die Frauen weglaufen. Dennoch: Der Haß blieb, und das war berechtigt. Denn indem die ersten Kommunarden so schamlos ihr »Selbst« entblößten, ihre sexuellen Schwierigkeiten öffentlich machten, ihre bürgerliche Herkunft, ihre Probleme mit den Eltern zugänglich machten, trafen sie die bürgerlichen Normen an einer viel empfindlicheren Stelle als an einer längst schon obsolet gewordenen Sexualmoral. Sie verrieten ihre Familiengeschichte, sie verrieten ihre Privatheit. Vor allem aber kehrten sie das Verhältnis von stark und schwach um. Die provozierende These (und Praxis) war: Wer leidet, hat etwas zu sagen. Nicht der intellektuell gewappnete Politfunktionär hat etwas zu sagen, sondern gerade der, der Schwierigkeiten hat, sich zu artikulieren, der Angst hat, der soll ans Podium. Hier liegt tatsächlich der Kern kollektiver Lebensveränderung, in der Einsicht nämlich, daß das Kollektiv dann stark ist, wenn es auf den Schwachen hört.

Wenn der Schlüssellochblick der bürgerlichen Presse schmutzige Matratzenlager, Frauen in Unterwäsche, strähnige Haare entdeckte, so war die Empörung über Promiskuität nur hilflos. Dahinter steckte richtige, aber begriffslose Beunruhigung. Die Illustrierten vermochten nicht den Zusammenhang zwischen langen Haaren, Psychodiskussionen, Reich-Exegese und politischen Provokationen entziffern, wohl aber denunzieren. Was sie ahnten und nicht begriffen, war, daß die revolutionäre Sprengkraft gerade in der kollektiven Wendung der individuellen Misere, daß eine ungeheure politische Produktivkraft in der Aufhebung der individuellen Widersprüche liegt, wenn es auf der Straße geschieht.

Fritz Teufel und Rainer Langhans mit ihrem Anwalt Horst Mahler auf dem Wege zur kulturrevolutionären Praxis in Moabit

Totalisierung der Politik

Politische Produktivkraft? Es ist ein emphatischer Begriff aus jenen Jahren. Um jenen Umsturz im Verhalten, jene Zersetzung der herrschenden Kultur zu verstehen, muß man erkennen, daß die K 1 zunächst nicht die Öffentlichkeit provozierte und provozieren wollte. Sie legte sich vielmehr mit dem SDS an. Ihre Einsicht war es, daß die Protestbewegung von der »repressiven Toleranz« der Gesellschaft geschluckt würde, wenn sich die Revolutionäre nicht selbst revolutionierten. Politische Arbeit, in der das Privatleben sich nicht auflöst, wird niemals radikal sein. Nicht

Totalisierung des Glücksanspruchs formulierte die K1, sondern die Totalisierung der Politik. Insofern führt kein Weg von der K1 zu den orange people und therapeutischen Sekten (auch wenn einzelne Kommunarden dort angelangt sind).

Die Entdeckung der Justiz

Noch vor der Konstituierung der Kommunen fand im November 1965 die sogenannte Plakataktion statt. Einige SDS-Mitglieder hatten sich Plakate gegen den Vietnam-Krieg aus München besorgt. Diese Plakate besagten, daß Proteste gegen den Vietnam-Krieg den US-Imperialismus nicht erschüttern, sondern daß allein die (dick rot gedruckt) Revolution im eigenen Lande helfe. Diese Plakate wurden nachts in der Innenstadt geklebt. Es kam zu einigen Verhaftungen und zu einer fürchterlichen Aufregung im SDS. Der Text sei unvermittelt, anarchistisch, falle der SDS-Politik in den Rücken und überhaupt: die illegale Aktion! Besondere Empörung löste ein Rechtfertigungsversuch der Akteure aus: Man hätte erfahren wollen, wie die Staatsgewalt reagiert. Das war nun ganz schlimm, das mußte ja jeder politisch aufgeklärte Genosse ohnehin wissen. Zu diesem Zeitpunkt wurde gerade in Arbeitskreisen die »formierte Gesellschaft« Ludwig Erhardts analysiert und die Totalität staatlicher Macht entziffert. Und da versuchte nun eine kleine Gruppe, quasi spielerisch »Erfahrungen zu machen«!

Diese Auseinandersetzung zog sich durch die ersten Jahre der antiautoritären Bewegung und bekam eine entscheidende Bedeutung nach Gründung der Kommunen. Deren Mitglieder waren die ersten, die Steine warfen am 2. Juni, die die Bannmeile vor dem Schöneberger Rathaus verletzten, die jeden Protest in eine wirkliche Provokation verwandelten. Daß Fritz Teufel verhaftet wurde und dann gegen Teufel und Langhans die ersten Prozesse begannen, war gewollte Konsequenz. Ihr Auftreten in Moabit war ihre wirkliche politische Leistung, ihre kulturrevolutionäre Praxis. Sie waren die ersten Angeklagten der Nachkriegsgeschichte, die die Prozeßszene zum Tribunal machten. Das Gericht konnte von ihnen dargestellt werden als Repräsentanz aller erlittenen Zwänge, aller autoritären Unterwerfungen von Kindheit an. Das zähe, witzige Durchbrechen der Spielregeln vor Gericht, die Fähigkeit, das letzte Wort zu haben, vollendeten einen Befreiungsprozeß, der in der Kommune selbst nur angelegt war.

Die Kinder

Die Kommunekinder waren von Anfang an Objekte tiefsten Bedauerns in der bürgerlichen Öffentlichkeit. Sie galten als verwahrlost, verführt, sie lebten überhaupt am falschen Ort. Im nachhinein sind Zweifel erlaubt, ob es ihnen wirklich gut ging. In der K1 war kaum Zeit für sie, da waren die politischen Termine, die Prozeßtermine. In der K2 war manchmal zuviel Zeit für sie. Sie wurden zu Studienobjekten. Ihre Analität wurde minutiös diskutiert und ihre ödipalen Probleme wurden durchforscht. Für sie begann abrupt die antiautoritäre Erziehung, die oft nur die kaum beendete autoritäre Erziehung ihrer Eltern negierte. Weihnachten 1969 wurde in der K2 ein Weihnachtsbaum für die Kinder angezündet, den diese zu ihrem Entsetzen exemplarisch verbrennen sollten. Doch es wäre genauso leicht wie verfehlt, darüber zu spotten. Auf paradoxe Weise wurden in diesen Zusammenhängen Kinder als autonome menschliche Wesen richtiggehend entdeckt und ernstgenommen. Die aus diesen Ansätzen entfaltete Praxis der antiautoritären Erziehung übersprang wie ein Funke tausend politische Barrieren. Ein Eckpfeiler deutscher Tradition brach mit ihr zusammen.

Lutz von Werder

Kinderläden

Versuch der Umwälzung der inneren Natur

Internationaler Vietnam-Kongreß 1968 im Audimax der TU Berlin

Durchaus: Abgeschnittene Schwänze

Auf dem Flugblatt waren abgeschnittene männliche Genitalien zu sehen. Das wirkte. Es ging also gegen die Häuptlinge. Mehrere Frauen drängelten sich in der Vollversammlung des Berliner SDS am 10.10.67 ans Mikrofon. Christian Semler, der gerade über die Fortschritte der Betriebsarbeit berichtete, wurde unsanft beiseite geschoben. »Endlich ist es soweit. Wir ergreifen das Wort. Wir, der stumme Teil des SDS. Wir machen hier und jetzt Revolte. Gegen Euch Männer. Wir sehen klar, daß unsere Unterdrückung mit Euch zusammenhängt.« Das war die Spaltung, lange bevor jeder seine eigene Partei aufbaute. Der Tumult war erheblich. Mehrere führende Genossen wollten sich erklären. Aber die Frauen wehrten sich. Zaghafte Ansätze, sie zum Rückzug zu zwingen, begannen mit dem Hinweis auf die Gefahr der Ablenkung vom Hauptwiderspruch. Ein Genosse, ich glaube es war Bernd Rabehl, ich bin aber nicht sicher, gab sich Mühe, etwas über den Penisneid loszuwerden. Aber das war eher etwas für Männer als für Frauen. Die hatten einen entscheidenden Schritt in der Entwicklung der antiautoritären Revolte der 60er Jahre getan. Sie erweiterten den Begriff der Emanzipation: Ohne Befreiung der Frau von Kindern, Hausarbeit und Männerwirtschaft keine Zeit und keine Kraft und kein Mut zum aufrechten Gang als Frau. Das ahnte in der VV noch keiner. Aber die abgeschnittenen Schwänze, die traurig sich hängen ließen, wiesen auf ein Ende. Das Ende der unbeschwerten traditionellen Erektion und der gutmütig leidenden, freudlosen Penetrationsbereitschaft unter anderem.

Nun spricht Rudi Dutschke

Rudi sprach lange, malerisch, engagiert mit seiner rauchigen Stimme. Sein Gesicht glänzte von verhaltener Wut. Es gab zu viel Undialektisches in der Welt. Ein Panorama der Weltökonomie und der Weltrevolution verzeichnete allerdings Ansätze. Von Vietnam über Nah-Ost bis zu den Black Panther. Vietnam Kongress 1968. Das Audi-Max der TU Berlin roch säuerlich. So voll, so dichtgedrängt. Che war unser Über-Ich. Weg vom Alltag, von Familie, Job, Steuerabrechnung. Das war durchaus unterschwellig zu spüren. Als die mitgebrachten Kinder den langen Reden nicht mehr folgen konnten, mußten die Mütter sich auf den Fluren um ihr Spiel kümmern. Dort trafen nun mehrere Mütter zusammen. Eine Gruppe bildete sich. Der Funke der Solidarität unter den Kindern sprang auf die Mütter über. Die Idee kam auf: Das machen wir öfters. Das machen wir täglich. Klar, in einem Laden, denn es gab in Berlin, wegen der Zentralisation des Handelskapitals, preiswerte Straßenläden. »Wir machen Kinderladen. Wir treiben die Veränderung unseres Lebens in der Familie voran. Wir machen uns Luft vom Mutterzwang und der stillen Fabrikation autoritärer Kleinbürger.« Rudi Dutschke redete noch lange. Er bekam den Fall der Profitrate, die Todeskrise des Systems, noch voll in den Blick, ohne gleich an die Apokalypse zu denken. Er leitete auch ab, daß die Studenten angesichts der fortschreitenden Subsumption der Wissenschaft unters Kapital Avantgardefunktion hätten. Draußen hatte sich auf den Fluren ein Kinderladen gebildet. Relativ geräuschlos. Der erste. Seit Vera Schmidt. Seit Wilhelm Reich das Moskauer Kinderlaboratorium die »größte Tat seit der Pariser Kommune« genannt hatte.

Kochkünste der inneren Natur

Die Kinderladen-Idee wurde von der Kommune II, vom Aktionsrat zur Befreiung der Frau, von sich rasch bildenden Initiativgruppen unter den linken Studenten, unter Künstlern und Berufslosen Berlins verbreitet. Im Mai 68 existierten 3 Läden, im Februar 69 arbeiteten 15 Gruppen. 11 davon hatten schon einen Laden bezogen. Auch in unserer Wohngemeinschaft begann der Gründungsprozeß. Er begann mit Kleinarbeit. Laden finden, mieten, renovieren, ausbauen, einrichten. Das brauchte viel Zeit. Im SDS fing man sich leicht den Vorwurf »idealistischer Abweichler« ein, wenn man es zu viel mit dem Privaten hatte. Auch in der Kinderladengruppe fuhr die Gruppendynamik ab. Die Verteilung von Funktionen wurde nur mühsam auf Diskursniveau gebracht. Alle fühlten sich mit gutem Grund überfordert. Aber: alle wollten aus den alten Verhältnissen heraus. Raus aus der Enge der Kleinfamilie, dem Tanz um ein wenig Liebe, dem Streit um die gerechte Teilung der Erziehungs- und Betreuungsarbeit. Die neuen Verhältnisse: Mehrere Elternpaare machen zusammen eine Wohngemeinschaft. Alles wird geteilt, und die Teilung wird in der Wohnöffentlichkeit ausgehandelt. Die Kinder werden eine autonome Gruppe. Die Eltern machen Politik, und die Kinder befreien sich von den Eltern. Wer als Elternpaar weiter sich vereinzeln wollte, sollte wenigstens über einen Kinderladen einen ersten Schritt ins neue Leben machen. Die Umsetzung dieser Alternative vermittelte viel über die Gewalt der inneren Natur: der Triebe.

Wir fahren mit anderen Eltern an die See. Sonne und Kinder. Wir machen es den Kindern nach. Wir ziehen uns aus. Es ist nichts dabei, obwohl es alle zum ersten Mal machen. Aber abends will Peter nicht mehr mit uns zusammen sein. Er ist eifersüchtig auf einen anderen Mann. Peter nimmt das Auto und verschwindet für zwei Tage, kehrt dann wieder, zwingt seine Familie zur Abreise. In der Elterngruppe lockern sich die alten Beziehungen. Ein Druck auf die Zweierbeziehungen entsteht: nicht gleich die Schwänze abschneiden, aber wechseln. Auch die Rollen tauschen. Das Oben und Unten. Hinter den stillen Charakterfassaden erscheinen orgiastische Bedürfnisse. Die weibliche Frigidität verschwindet mit der Routine der Hausarbeit. Unter den Kindern entwickelt sich das freie Spiel der Konflikte, sozialdarwinistisch. Bezugspersonen werden tatsächlich variabler. In diese Kindheiten schien vielleicht etwas, worin bisher noch keiner war: Heimat. Über dem Kinderalltag schwebt ein Programm: Freispiel, auch wenn sich die Eltern über Saubermachen und Essenkochen im Laden in die Wolle kriegen.

Gegenüber dieser neuen Lebenswelt erscheinen die öffentlichen Kindergärten als repressiv, undemokratisch, steril, unpädagogisch. Die sozial-liberale Bildungspolitik sah sich gezwungen, eine Prise antiautoritären Giftes in ihre Abkündigungen zu mischen.

Liebespädagogik im Orwellsystem

Lothar Binger, damals Drucker, hatte als alter Publizistik-Student eine Idee: eine Zeitung. Der Zentralrat der Kinderläden hatte mit seiner Broschürenreihe »Anleitung für eine revolutionäre Erziehung« Nr. 1 bis 6 schon gezeigt, was die neue Pädagogik ausmacht: Abbau der Eltern-Kind-Fixierung durch Gruppentherapie, Übertragung der Kinderbedürfnisse auf das Kinderkollektiv, Freiheit in der

Befriedigung libidinöser und sexueller Bedürfnisse, keine Anwendung von Strafen, Entwicklung von Lernprozessen vom Kinde aus. Da waren dann Vera Schmidt, Walter Benjamins Kindertheater, die sozialistischen Pädagogen Bernfeld, Rühle, Hörnle, Kanitz wiederauferstanden. Diese Broschüren wurden ein Modell für einige Lektoren, die ihre Verleger zur Kopie animieren konnten. Linke Pädagogik wurde nun ein wichtiges Glied im Sortiment. Lothar Binger aber wollte einen Schritt weitergehen. Die Kinderladenbewegung sollte über eine Zeitung ein Forum der Diskussion und Verallgemeinerung ihrer pädagogischen Erfahrungen erhalten. Er lud uns ein. Wir saßen auf dem Fußboden, bei Tee und Keksen. Ich stellte einen sehr abstrakten Artikel über die Ersetzung der Familienerziehung durch Kinderräte vor. Der Artikel fiel durch. Das lesen unsere Eltern nicht, sagte Lothar. Was dann erschien, in acht Nummern, wurde auch nicht gelesen. Aus der Zeitung wurde ein Vereinsblättchen. Das zeigte einen Widerspruch: zwischen theoretischem Anspruch und der alltäglichen Praxis. Der Weg vom Freud-Studium zum angstfreien Leben mit Kindern geriet zu lang. Viele Eltern wurden langsam berufstätig. Einige aktive Eltern wollten nun auch Berufsrevolutionäre werden und rückten von der Kinderkiste etwas ab. Die Diskussion zwischen den Läden über die Liebespädagogik war bald sehr flau. Um so lauter ereiferten sich die Presse und die Wissenschaft. Sie begannen zu warnen, zu drohen, zu pöbeln. Wieder einmal waren mit der Familie die Fundamente des Abendlandes in Gefahr. Diesmal ging die Gefahr von 15 kleinen Gruppen aus und von glücklichen Kindern.

Der »Stern« öffnet allen die Augen

1969 ließ der Stern fünf Millionen Leser hinter die Kulissen der Kinderläden blicken. Sie erkannten ein Horrorkabinett. Natürlich waren die Reporter auf der Sitzung des Zentralrates der Kinderläden gewesen. Der wollte aber nicht mit dieser Presse kooperieren. Da schimpften die Journalisten: »Wir bekommen unsere Informationen auch so.« Das stimmte. Nach diesem lauten Knall war der Staat gefordert. Er kam, was damals noch ging, mit dem Zuckerbrot. Eltern-Kinder-Gruppen konnten, auf Antrag, finanzielle Förderung erhalten. Unter der Bedingung der Einhaltung von Auflagen. Die sozial-liberale Koalition versprach einen Reformschub auch im Vorschulbereich. Professionelle Erzieherinnen wurden in den Läden eingestellt, und die Eltern überließen ihnen schnell das Feld.

Die Kinderladenbewegung gerät in den Zwiespalt zwischen Anpassung und Widerstand. Viele neue Eltern distanzieren sich vom Revolteelan der Gründergeneration. Sie leben nicht in Wohngemeinschaften. Sie wollen auch keine Beziehungsexperimente.Sie betrachten ihr Leben und die Gesellschaft pragmatisch. Wie später Helmut Schmidt.

Die Freiheit zur Onanie stirbt

Angesichts der SPD auf dem Weg zur Staatsmacht radikalisierte sich der SDS in Richtung Marxismus-Leninismus. Auf der letzten Bundeskonferenz des Vereins in Frankfurt im April 1969 stritt man schon hitzig über die Umwälzung der Arbeit und nicht mehr um Erziehung und Familie. Das Lesen der gelben Schriften des großen Steuermanns und das Studium der blauen Bände von M & E trugen ihre Früchte. W. F. Haug war sicherlich sehr zufrieden. Auch in der Kinderladen-Diskussion in Frankfurt rangelten nun psychoanalytische und marxistische Positionen. Aus rund 20 Städten der BRD waren Kinderladengruppen angereist, um zu erkennen, daß in der Berliner Ladenscene der Kampf zweier Linien entbrannt war. Die Wende im SDS zum Proletariat bedeutete im Kinderbereich: Wende zum Arbeiterkind. Kinderemanzipation sollte nicht mehr die »Freiheit zur Onanie« (ein Genosse in Frankfurt) bedeuten, sondern die Befreiung des Arbeiterkindes von den Lasten der Ausbeutung. Die Vertreter des Kinderhauses an der TU Berlin sagten es klar und deutlich: »Ihr wollt mit den Kinderläden nur die Privilegien eurer Mittelschichtkinder verteidigen. Die Kinderläden müssen aber als pädagogische Inseln liquidiert und in den Dienst der Arbeiterkinder gestellt werden.« Die Angegriffenen antworteten:

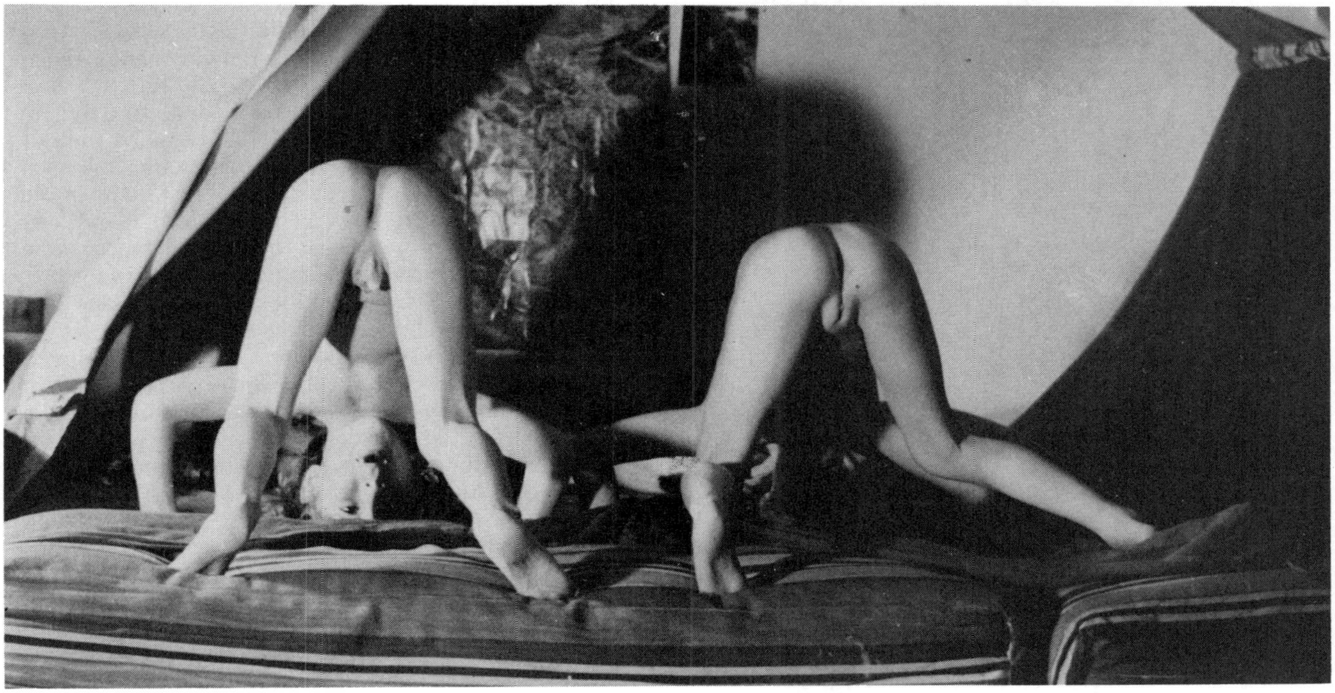

»Ihr wollt eine Klasse befreien, die es gar nicht mehr gibt. Aus der konkreten Arbeit rettet ihr euch in Illusionen über den Aufbau einer proletarischen Partei.« Die Gegenantwort: »Ihr habt Marx und Engels nicht gelesen. Ihr seid in eurem Freud versumpft. Ihr denkt noch in kleinbürgerlichen Begriffen.« Hinweise auf den Stalinismus wurden schon belacht. »Das antiautoritäre Chaos ist jetzt vorbei. Es geht um disziplinierte, harte Arbeit. Frauenemanzipation, Kindererziehung, alles muß sich den Änderungen des Parteiaufbaus und der Parteiführung unterordnen.« Der SDS löste sich auf. Überall taumelten die selbsternannten Kader im Gründungsrausch. Auch, ich sah damals überhaupt nicht, daß der Verzicht auf die Psychoanalyse in der Kindererziehung falsch war. Ich war wieder von der Gewalt der objektiven Verhältnisse behext und vergaß den subjektiven Faktor, die politische Kraft der Utopie und der Ekstase. Ich stand auf der Seite derer, die das Arbeiterkind befreien wollten.

In unserem Kinderladen hatten die Eltern die Klassiker der sozialistischen Erziehung: Rühle, Kanitz, Bernfeld, Hörnle gelesen. Ihre Losung: Erst die Einheit von Erziehung und sozialer Umwälzung schafft den neuen Menschen, wies uns über die Enge unserer Erziehungslaboratorien hinaus. Wir wollten runter von unserer Erziehungsinsel im Bürgerbezirk. Wir zogen ins proletarische Kreuzberg, Fichtestraße 12. Arbeiterkinder drängten dort durch die Tür des neuen Ladens. Sie leerten den Eisschrank, verkloppten unsere Kinder, machten das Spielzeug kaputt. Nun spaltete sich die Elterngruppe. Die meisten waren für proletarische Märchen, besonders wenn sie den Kindern einfühlsam von Reinhardt Wolff erzählt wurden, aber nicht für den Arbeiterkinderclub »Rote Panther«. Der Kinderclub zog aus. Die Arbeiterkinder kamen nicht mehr in den Laden.

Der Rote Panther wird eingesperrt

Peter war der unbestrittene Führer unserer proletarischen Kindergruppe. Er war bei den wichtigsten Aktionen: go in im Rathaus Kreuzberg, Vietnam-Demonstration Ende 1969 dabei. Er war es, der den SPD-Stadtrat Erwin Beck fragte: »Was tust Du für uns Arbeiterkinder? Warum gibt es keinen Abenteuerspielplatz in der Fichtestraße?« Und der Genosse Beck antwortete: »Ich bin ein Schüler Bernfelds, und ihr Kinder sollt es gut haben.« Sie hatten es aber nicht gut. Peters Eltern waren geschieden. Er lebte in feuchter Wohnung bei seinem Vater. Der war oft in der Kneipe, auf Arbeit, nicht zu Hause. Peter ging dann auch wenig zur Schule. Eines Tages kam er nicht mehr in die Gruppe. Er war in ein Heim eingewiesen worden, in Westdeutschland. Wir protestierten beim Sozialamt, ohne Erfolg. Peter hatte tatsächlich ein politisches Bewußtsein. Er las mit 12 Jahren die Mao-Bibel. Wie er uns aus dem Heim schrieb, baute er dort eine rote Kindergruppe auf. Er schrieb auch: »Wenn ich rauskomme, stoße ich wieder zu den Roten Panthern. Ich werde nicht vergessen, daß ich ein Roter Panther bin.« Er kam mit 16 Jahren aus dem Heim. Da gab es die »Roten Panther« schon lange nicht mehr. Er mußte auch lächeln, als man ihn einmal auf diese Gruppe ansprach.

Heute verbreiten die Kinderläden noch den Geruch von Revolte und Kinderverführung. Es ist aber wohl so, wie es Ernst Bloch sieht. Auch hier liegt für die Zukunft einiges in der Vergangenheit begraben. Der Traum von der befreiten Kindheit.

Zeitschriftenanzeigen des »Arbeitskreises Soziale Marktwirtschaft«, der »Lufthansa«, der »CDU« und der Investmentfirma »IOS«

Ulrike Marie Meinhof

Offener Brief an Farah Diba

Guten Tag, Frau Pahlawi,

die Idee, Ihnen zu schreiben, kam uns bei der Lektüre der »Neuen Revue« vom 7. und 14. Mai, wo Sie Ihr Leben als Kaiserin beschreiben. Wir gewannen dabei den Eindruck, daß Sie, was Persien angeht, nur unzulänglich informiert sind. Infolgedessen informieren Sie auch die deutsche Öffentlichkeit falsch.

Sie erzählen da: »Der Sommer ist im Iran sehr heiß, und wie die meisten Perser reiste auch ich mit meiner Familie an die persische Riviera am Kaspischen Meer.«

»Wie die meisten Perser« – ist das nicht übertrieben? In Balutschestan und Mehran z.B. leiden »die meisten Perser« – 80 Prozent – an erblicher Syphilis. Und die meisten Perser sind Bauern mit einem Jahreseinkommen von weniger als 100 Dollar. Und den meisten persischen Frauen stirbt jedes zweite Kind – 50 von 100 – vor Hunger, Armut und Krankheit. Und auch die Kinder, die in 14tägigem Tagewerk Teppiche knüpfen – fahren auch die – die meisten? – im Sommer an die Persische Riviera am Kaspischen Meer?

Als Sie in jenem Sommer 1959 aus Paris heimkehrend ans Kaspische Meer fuhren, waren Sie »richtig ausgehungert nach persischem Reis und insbesondere nach unseren natursüßen Früchten, nach unseren Süßigkeiten und all den Dingen, aus denen eine richtige persische Mahlzeit besteht, und die man eben nur im Iran bekommen kann«.

Sehen Sie, die meisten Perser sind nicht nach Süßigkeiten ausgehungert, sondern nach einem Stück Brot. Für die Bauern von Mehdiabad z.B. besteht eine »persische Mahlzeit« aus in Wasser geweichtem Stroh, und nur 150 km von Teheran entfernt haben die Bauern schon Widerstand gegen die Heuschreckenbekämpfung geleistet, weil Heuschrecken ihr Hauptnahrungsmittel sind. Auch von Pflanzenwurzeln und Dattelkernen kann man leben, nicht lange, nicht gut, aber ausgehungerte persische Bauern versuchen es – und sterben mit 30; das ist die durchschnittliche Lebenserwartung eines Persers. Aber Sie sind ja noch jung, erst 28 – da hätten Sie ja noch zwei schöne Jahre vor sich –, »die man eben nur im Iran bekommen kann«.

Auch die Stadt Teheran fanden Sie damals verändert: »Gebäude waren wie Pilze aus dem Boden geschossen; die Straßen waren breiter und geräumiger. Auch meine Freundinnen hatten sich verändert, waren schöner geworden, richtige junge Damen.«

Die Behausungen der »unteren Millionen« haben Sie dabei geflissentlich übersehen, jener 200000 Menschen, die im Süden Teherans »in unterirdischen Höhlen und überfüllten Lehmhütten leben, die Kaninchenställen gleichen«, wie die New York Times schreibt. Dafür sorgt die Polizei des Schah, daß Ihnen sowas nicht unter die Augen kommt. Als 1963 an die tausend Menschen in einer Baugrube in der Nähe der besseren Wohnviertel Unterschlupf gesucht hatten, prügelte eine Hundertschaft von Polizisten sie da heraus, damit das ästhetische Empfinden derer, die im Sommer ans Kaspische Meer fahren, nicht verletzt würde. Der Schah findet es durchaus erträglich, daß seine Untertanen in solchen Behausungen leben, unerträglich findet er lediglich ihren Anblick für sich und Sie etc. Dabei soll es den Städtern noch vergleichsweise gut gehen. »Ich kenne Kinder – heißt es in einem Reisebericht aus Südiran –, die sich jahrelang wie Würmer im Dreck wälzen und sich von Unkraut und faulen Fischen ernähren.« Wenn diese Kinder auch nicht die Ihren sind, worüber Sie mit Recht heilfroh sein werden – so sind es doch Kinder.

Sie schreiben: »In Kunst und Wissenschaft nimmt Deutschland – ebenso wie Frankreich, England, Italien

Schah-Verehrer

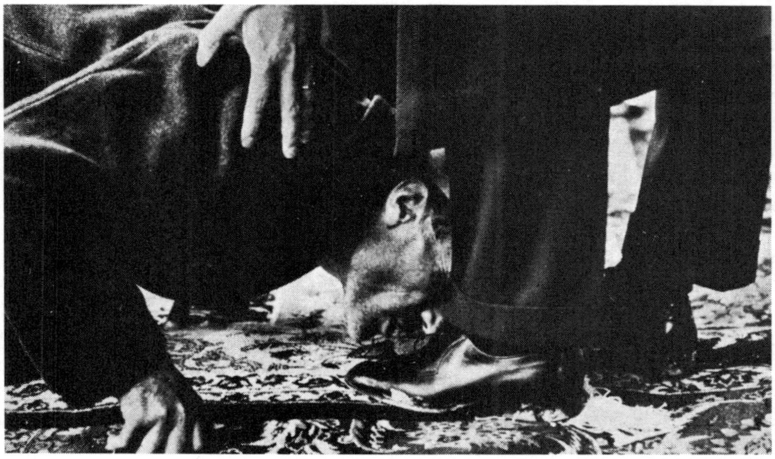

Schah-Schuh

und die anderen großen Kulturvölker – eine führende Stellung ein, und das wird auch in Zukunft so bleiben.«

Das walte der Schah. Was die Bundesrepublik angeht, so sollten Sie solche Prognosen vielleicht lieber den deutschen Kulturpolitikern überlassen, die verstehen mehr davon. Aber warum nicht rundheraus gesagt, daß 85 Prozent der persischen Bevölkerung Analphabeten sind, von der Landbevölkerung sogar 96 Prozent oder: Von 15 Millionen persischen Bauern können nur 514480 lesen. Aber die 2 Milliarden Dollar Entwicklungshilfe, die Persien seit dem Putsch gegen Mossadegh 1953 bekommen hat, haben sich nach den Feststellungen amerikanischer Untersuchungsausschüsse »in Luft verwandelt«, die Schulen und Krankenhäuser, die davon u.a. gebaut werden sollten, bleiben unauffindbar. Aber der Schah schickt jetzt Wehrpflichtige auf die Dörfer, um die Armen zu unterrichten, eine »Armee des Wissens«, wie man sie selbstentlarvend nennt. Die Leute werden sich freuen, die Soldaten werden sie Hunger und Durst, Krankheit und Tod vergessen lassen. Sie kennen den Satz des Schahs, den Hubert Humphrey taktloserweise verbreitet hat: »Die Armee sei dank der US-Hilfe gut in Form, sie sei in der Lage, mit der Zivilbevölkerung fertig zu werden. Die Armee bereitet sich nicht darauf vor, gegen die Russen zu kämpfen, sie bereitet sich vor, gegen das iranische Volk zu kämpfen.«

Sie sagen, der Schah sei eine »einfache, hervorragende und gewissenhafte Persönlichkeit, einfach wie ein ganz normaler Bürger.«

Das klingt ein wenig euphemistisch, wenn man bedenkt, daß allein sein Monopol an Opium-Plantagen jährlich Millionen einbringt, daß er der Hauptlieferant der in die USA geschmuggelten Narkotika ist und daß noch 1953 das Rauschgift Heroin in Persien unbekannt war, indes durch kaiserliche Initiative heute 20 Prozent der Iraner heroinsüchtig sind. Leute, die solche Geschäfte machen, nennt man bei uns eigentlich nicht gewissenhaft, eher kriminell und sperrt sie ein, im Unterschied zu den »ganz normalen Bürgern«.

Sie schreiben: »Der einzige Unterschied ist, daß mein Mann nicht irgendwer ist, sondern daß er größere und schwerere Verantwortung als andere Männer tragen muß.«

Was heißt hier »muß«? Das persische Volk hat ihn doch nicht gebeten, in Persien zu regieren, sondern der amerikanische Geheimdienst – Sie wissen: der CIA – und hat sich das was kosten lassen. 19 Millionen Dollar soll allein der Sturz Mossadeghs den CIA gekostet haben. Über den Verbleib der Entwicklungshilfe können nur Mutmaßungen angestellt werden, denn mit dem bißchen Schmuck, den er Ihnen geschenkt hat – ein Diadem für 1,2 Millionen DM, eine Brosche für 1,1 Millionen DM, Diamantohrringe für 210000 DM, ein Brillantarmband, eine goldene Handtasche –, sind 2 Milliarden ja noch nicht durchgebracht. Aber seien Sie unbesorgt, das westliche Ausland wird nicht kleinlich sein, den Schah wegen ein paar Milliarden Unterschlagungen, Opiumhandel, Schmiergeldern für Geschäftsleute, Verwandtschaft und Geheimdienstler, dem bißchen Schmuck für Sie zu desavouieren. Ist er doch der Garant dafür, daß kein persisches Öl je wieder verstaatlicht wird, wie einst unter Mossadegh, nicht bevor die Quellen erschöpft sind, gegen Ende des Jahrhunderts, wenn die vom Schah unterzeichneten Verträge auslaufen. Ist er doch der Garant dafür, daß kein Dollar in Schulen fließt, die das persische Volk lehren könnten, seine Geschicke selbst in die Hand zu nehmen; sein Öl für den Aufbau einer Industrie zu verwenden und Devisen für landwirtschaftliche Maschinen auszugeben, um das Land zu bewässern, des Hungers Herr zu werden. Ist er doch der Garant dafür, daß rebellische Studenten und Schüler jederzeit zusammengeschossen werden und Parlamentsabgeordnete, die das Wohl des Landes im Auge haben, verhaftet, gefoltert, ermordet werden. Ist er doch der Garant dafür, daß eine 200000-Mann-Armee, 60000 Mann Geheimdienst und 33000 Mann Polizei, mit US-Geldern gut bewaffnet und wohl genährt und von 12000 amerikanischen Armee-Beratern angeleitet, das Land in Schach halten. Damit nie wieder passiert, was die einzige Rettung des Landes wäre: die Verstaatlichung des Öls, wie damals am 1. Mai 1951 durch Mossadegh. Man soll dem Ochsen, der drischt, nicht das Maul verbinden. Was sind die Millionen, die der Schah in St. Moritz verpraßt, auf Schweizer Banken überweist, gegen die Milliarden, die sein Öl der British Petroleum Oil Comp. (BP), der Standard Oil, der Caltex, der Royal Dutch Shell und weiteren englischen, amerikanischen und französischen Gesellschaften einbringt? Weiß Gott, es ist eine »größere und schwerere Verantwortung«, die der Schah für die Profite der westlichen Welt tragen muß, als andere Männer.

Aber vielleicht dachten Sie gar nicht an das leidige Geld, vielleicht mehr an die Bodenreform. 6 Millionen Dollar pro Jahr gibt der Schah dafür aus, durch Public-Relation-Büros in der Welt als Wohltäter bekanntgemacht zu werden. Tatsächlich waren vor der Bodenreform 85 Prozent der landwirtschaftlichen Nutzfläche in Großgrundbesitz, jetzt sind es nur noch 75 Prozent. Ein Viertel des Bodens gehört nun den Bauern, das sie zu einem Zinssatz von 10 Prozent im Laufe von 15 Jahren abbezahlen müssen. Nun ist der persische Bauer »frei«, nun bekommt er nicht mehr nur ein Fünftel, nein *zwei* Fünftel der Ernte für sich (eins für seine Arbeitskraft, eins für den Boden, der ihm gehört), die verbleibenden drei Fünftel bekommt auch in Zukunft der Großgrundbesitzer, der nur den Boden verkaufte, nicht aber die Bewässerungsanlagen, kein Saatgut, nicht das Zugvieh. So gelang es, die Bauern noch ärmer, noch tiefer verschuldet, noch abhängiger zu machen, noch hilfloser, gefügiger. Fürwahr, ein »intelligenter, geistvoller« Mann, der Schah, wie Sie sehr richtig bemerkten.

Sie schreiben über die Sorgen des Schahs um einen Thronfolger: »In diesem Punkt ist das iranische Grundgesetz sehr strikt. Der Schah von Persien muß einen Sohn haben, der eines Tages den Thron besteigt, in dessen Hände der Schah später die Geschicke des Iran legen kann... In diesem Punkt ist das Grundgesetz äußerst streng und unbeugsam.«

Merkwürdig, daß dem Schah ansonsten die Verfassung so gleichgültig ist, daß er z.B. – verfassungswidrig – die Zusammensetzung des Parlaments bestimmt und alle Abgeordneten vor ihrem Eintritt in das Parlament ein undatiertes Rücktrittsgesuch unterzeichnen müssen. Daß keine unzensierte Zeile in Persien veröffentlicht werden darf, daß nicht mehr als drei Studenten auf dem Universitätsgelände von Teheran zusammenstehen dürfen, daß Mossadeghs Justizminister die Augen ausgerissen wurden, daß Gerichtsprozesse unter Ausschluß der Öffentlichkeit stattfinden, daß die Folter zum Alltag der persischen Justiz gehört. Ist in diesen Dingen vielleicht das »Grundgesetz« doch nicht so strikt und unbeugsam? Der Anschauung halber ein Beispiel für Folter in Persien:

»Um Mitternacht des 19. Dezember 1963 begann der Untersuchungsrichter mit seiner Vernehmung. Zunächst befragte er mich und schrieb meine Antworten nieder. Später fragte er dann nach Dingen, die mich entweder nichts angingen oder von denen ich nichts wußte. Ich konnte also nur antworten, daß ich nichts wisse. Der Untersuchungsrichter schlug mir ins Gesicht und dann mit einem Gummiknüppel zunächst auf die rechte, dann auf die linke Hand. Er verletzte beide Hände. Mit jeder Frage schlug er erneut zu. Dann zwang er mich, nackt auf einer heißen Kochplatte zu sitzen. Schließlich nahm er die Kochplatte in die Hand und hielt sie an meinen Körper, bis ich bewußtlos wurde. Als ich wieder zu mir kam, stellte er erneut seine Fragen. Er holte eine Flasche mit Säure aus einem anderen Zimmer, schüttete den Inhalt in ein Meßglas und tunkte den Knüppel ins Gefäß...«

Sie wundern sich, daß der Präsident der Bundesrepublik Sie und Ihren Mann, in Kenntnis all diesen Grauens, hierher eingeladen hat? Wir nicht. Fragen Sie ihn doch einmal nach seinen Kenntnissen auf dem Gebiet von KZ-Anlagen und Bauten. Er ist ein Fachmann auf diesem Gebiet.

Sie möchten mehr über Persien wissen? In Hamburg ist kürzlich ein Buch erschienen, von einem Landsmann von Ihnen, der sich wie Sie für deutsche Wissenschaft und Kultur interessiert, wie Sie Kant, Hegel, die Brüder Grimm und die Brüder Mann gelesen hat: Bahman Nirumand: »Persien, Modell eines Entwicklungslandes oder die Diktatur der Freien Welt«, mit einem Nachwort von Hans Magnus Enzensberger – rororo-aktuell Band 945, März 1967. Ihm sind die Fakten und Zitate entnommen, mit denen wir Sie oberflächlich bekanntgemacht haben. Ich weiß nicht, ob es Menschen gibt, die nach der Lektüre dieses Buches noch nachts gut schlafen können, ohne sich zu schämen.

Wir wollten Sie nicht beleidigen. Wir wünschen aber auch nicht, daß die deutsche Öffentlichkeit durch Beiträge, wie Ihren in der »Neuen Revue«, beleidigt wird.

Hochachtungsvoll
Ulrike Marie Meinhof

Jürgen Henschel

Der 2. Juni – Das Ohnesorg-Foto

Am Vorabend des Schah-Besuchs fand im überfüllten Audimax der FU eine große Kundgebung statt. Besonders iranische Studenten und andere vom Schah ins Exil Getriebene halfen, politische Auseinandersetzungen über die inneren Verhältnisse im Iran voranzubringen. Damals konnte ja kaum einer ahnen, daß die Tage des Schahs schon gezählt waren.

Der 2. Juni begann mit einem »großen Empfang« für den »Gast des Senats« vor dem Schöneberger Rathaus. Sicher, in den sechziger Jahren nannten wir andere Zahlen, wenn wir stolz auf das Erreichte waren; an Teilnehmerzahlen wie bei späteren Friedensdemonstrationen war noch nicht zu denken! Immer lauter wurden auf dem John-F.-Kennedy-Platz, der bis an die Bürgersteige abgesperrt war, die Rufe »Nieder mit dem Schah«. Die Stimmung wurde ständig lebhafter, Polizei – damals noch nicht in den kriegerischen Monturen wie heute – und Demonstranten standen sich gegenüber. Da geschah etwas, was wir alle noch nie erlebt hatten: Plötzlich wurden drei Autobusse durch die polizeiliche Absperrung gelassen, und heraus sprangen etwa 100 junge Männer, die später berühmt-berüchtigt gewordenen »Jubelperser«. Sie stürmten auf die Rathaustreppe, um dort mit ihren Schildern Spalier für ihren Herrn zu bilden. Eines der Transparente werde ich nicht vergessen: »Es lebe weiße Revolution von Schah«! Empörung machte sich Luft bei den Demonstranten, die zum Teil auch übergriff auf die Schaulustigen, die sich eingefunden hatten.

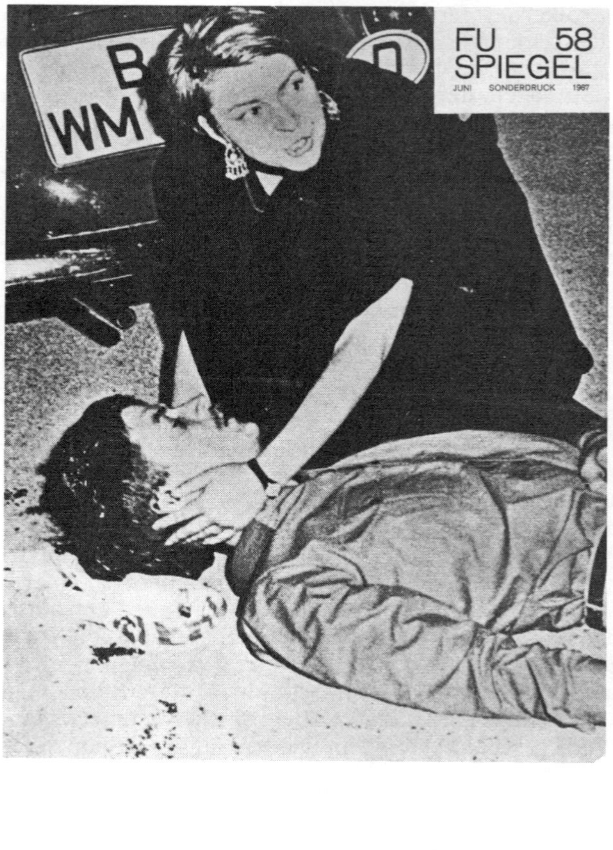

Die Empörung erreichte ihren Höhepunkt, als die Jubelperser plötzlich mit den Leisten ihrer Schilder selbst die Polizeigewalt in Westberlin übernahmen und auf die Menschen – jung und alt – hinter der Absperrung losgingen und einschlugen. Unsere Ordnungshüter griffen jetzt auch ein; besonders die berittenen Beamten mit ihren langen Ruten schlugen nun selbst auf die Demonstranten ein, anstatt die SAWAK-Leute bei ihren Übergriffen zu bremsen. Ein ohrenbetäubendes Pfeifkonzert »begrüßte« den Senatsgast. Ähnlich wie am Rathaus wurde der Schah an allen Orten seiner Stipvisite »empfangen«.

Zu den härtesten Auseinandersetzungen kam es dann am Abend anläßlich eines geplanten Opernbesuches. Tausende säumten den Kaiserdamm, obwohl die Riesenfläche vor der Deutschen Oper abgeriegelt war. Das Vorspiel begann damit, daß Journalisten den ersten Ärger mit der Polizei bekamen, als sie am Filmen und Fotografieren gehindert wurden. Plötzlich bekam die Polizei den Befehl, die Straße vor der Oper »freizumachen«. Brutal gingen die Beamten vor. Das Foto von der aus einer Kopfwunde blutenden Frau stammt aus dieser Situation. Die Demonstranten, vermischt mit Schaulustigen, wurden gewaltsam in die Nebenstraßen, vor allem in die Krumme Straße, gedrängt. Die Wut der Demonstranten über die Brutalität der Polizei wuchs ständig – die Polizisten wurden angeheizt mit Mund-zu-Mund-Propaganda, einer ihrer Kollegen sei getötet und andere seien verletzt worden. (Die Polizei war aber auch damals schon mit Funk ausgerüstet und hätte sich selbst vom Wahrheitsgehalt solcher Parolen überzeugen können!)

Etwa zur Zeit, als Benno Ohnesorg sterben mußte, war ich Zeuge, wie ein Polizeioffizier seine »lahmen Ärsche« beschimpfte, weil sie nicht forsch genug den Bürgersteig und die Hauseingänge räumten! Ich gebe das alles so ausführlich wieder, weil es zeigt, in welcher hochgeputschten Situation wir uns alle befanden.

Wir Journalisten machten unsere Arbeit, angesteckt von der allgemeinen Stimmung. Ich pendelte hinter, vor und zwischen den Polizeilinien. So kam ich auch in den Garagenhof, wo ein kopfverletzter Jugendlicher gerade von einer jungen Frau, die offenbar nicht zu den Demonstranten gehörte, versorgt wurde. Ich wechselte mit der Frau einige Worte, machte eine Aufnahme, auch noch, als der Jugendliche auf einer Trage in ein Sanitätsauto gebracht wurde. Spät in der Nacht erst endeten die Auseinandersetzungen.

Am nächsten Morgen teilte der Rundfunk mit, daß ein Jugendlicher bei dem Polizeieinsatz »zum Schutz der Öffentlichen Ordnung« ums Leben gekommen war. Am späten Vormittag dann kam der »Abend« mit einem Foto des erschossenen Benno Ohnesorg heraus. Als ich das Bild sah, erinnerte ich mich blitzartig des Erlebten in dem Garagenhof, beeilte mich, nach Hause zu kommen, um die Filme zu entwickeln.

Hier muß angemerkt werden, daß ich zu der Zeit noch in meiner Wohnung, auf der verdunkelten Toilette, meine Laborarbeit machte. Als ich mir die Filme ansah, die entsprechenden Fotos abgezogen und mit dem Foto im »Abend« verglichen hatte, war klar, es war der von Kurras Erschossene!

Im »Republikanischen Club« war am Samstagabend (der 2. Juni war ein Freitag) eine Journalistenzusammenkunft. Ich hatte einige Abzüge mitgebracht, und so erschien wenige Tage später das Foto ganzseitig im »FU-Spiegel«.

Es fanden danach im Zusammenhang mit dem Tod Bennos viele Veranstaltungen statt, Krumme Straße, Studentenheim Siegmundshof und an der FU, dann Demonstration und Beisetzung in Hannover, Demonstrationen auch in den folgenden Jahren am 2. Juni.

Den fotografisch Interessierten darf ich vielleicht abschließend noch sagen, daß das bekannt gewordene Ohnesorg-Foto ein Ausschnitt ist, der so die damals herrschende Stimmung und Empörung, wie ich meine, am besten wiedergibt; auf dem Foto selbst ist Benno ganz zu sehen.

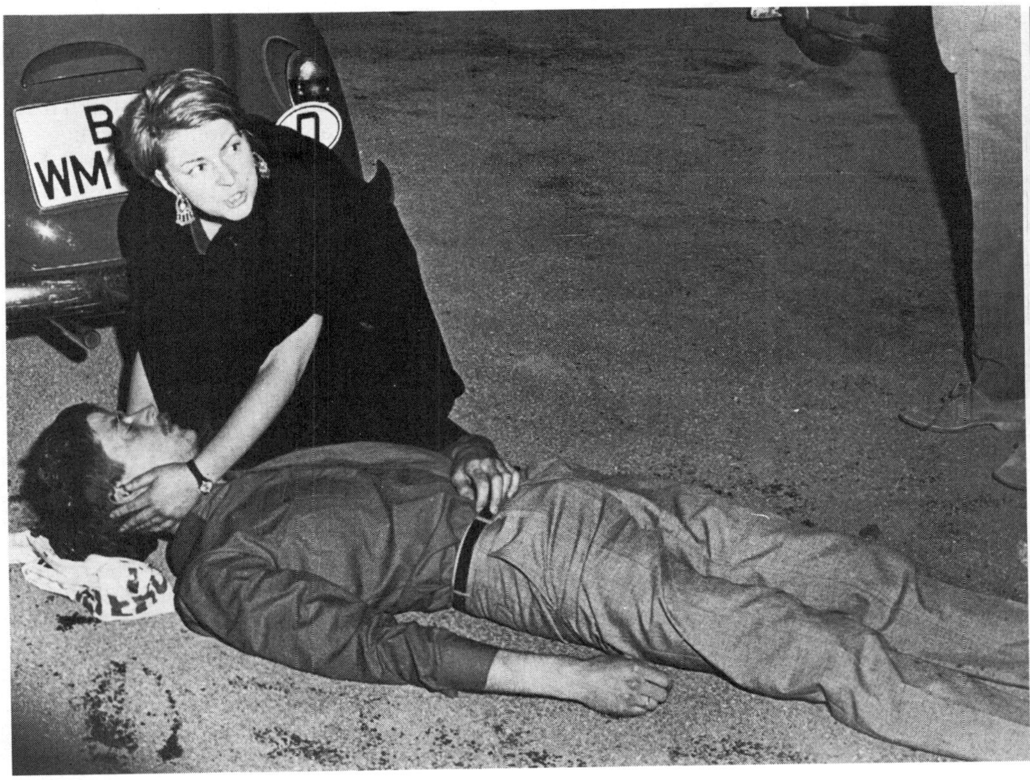

Heinrich Albertz

Erinnerungen an den 2. Juni

Warum bin ich zurückgetreten? Der 2. Juni blieb natürlich das entscheidende Datum – der Tag des Zornes Gottes über meinem Haupt. Zunächst erschien der Staatsbesuch des Schahs von Persien – eine lästige Pflicht wie viele andere. Wir hatten viel Aufwand dieser Art hinter uns – Besuche, die von großer Zustimmung getragen waren – John F. Kennedy an der Spitze –, Besuche, die eher für das Auge als für das Herz geschaffen waren – die Königin von England –, viele exotische Gäste. Der Schah war eine Mischung von allem.

Die Bundesregierung hatte Berlin auf sein Programm gesetzt. Man glaubte ja auf diese Weise die Bindung zwischen Westberlin und dem Bund demonstrieren zu können. Als ob dies den Schah auch nur von weitem interessierte! Ich widersprach zunächst nicht. Sollte er kommen, wir hatten schon Schlimmeres überstanden. Die Studenten kündigten Demonstrationen an. Sie hielten Seminare ab in der FU über die Gewaltherrschaft des Schahs, über die Verbrechen von SAWAK. Sollten sie. Ich konnte mir nicht aussuchen, wen Bonn nach Berlin schickte. Wen hatten wir alles empfangen – vor allem aus Lateinamerika! Erst als auf der Reise des Schahs durch Westdeutschland die ersten schweren Zusammenstöße zwischen Demonstranten und Polizei gemeldet wurden, versuchte ich, den Besucher noch im letzten Moment loszuwerden. Es war zu spät. Auch der Bundespräsident war eigens nach Berlin gekommen, um dem Staatsgast hier noch einmal zu begegnen. Es wäre eine schwere Belastung für die Beziehungen zwischen der Bundesrepublik und dem Iran, würde das Programm geändert. Und: Sollten die Studenten bestimmen, wer Berlin besuchen darf und wer nicht? So auch ich.

Heinrich Albertz, Farah Diba, der Schah, Wilhelmine und Heinrich Lübke in der Deutschen Oper Berlin

So kam er an mit seiner Frau. Unsympathisch und steif, in einer stelzernen Würde, ohne eine erkennbare menschliche Regung. Die Straßen waren fast leer, als wir vom Flugplatz zum Rathaus fuhren. Erst dort waren junge Leute versammelt und – zu meinem Entsetzen nach Berlin eingeflogene – Schlägertruppen, die, während der Schah und ich in meinem Amtszimmer ein erstes Gespräch führten, mit Dreschflegeln und Stangen auf die Studenten einschlugen – die Polizei machtlos dazwischen. Ein unbeschreiblicher Lärm drang durch die Fenster. Ich war mit dem Gast beschäftigt, ohne genau zu erkennen, was sich dort unten abspielte. Ich habe bis heute nicht klären können, wer die Mitverantwortung für diese Gewalttaten trug. Natürlich SAWAK. Aber sie mußte Sonderflugzeuge gebucht haben. Wußte das Auswärtige Amt davon? Der Bundesnachrichtendienst? Jedenfalls hatte diese erste Konfrontation die Empörung der Studenten aufs äußerste gereizt. Für den Abend war Schlimmes zu erwarten. Die Polizei versicherte mir, Vorfälle wie am Mittag würden sich nicht wiederholen. Gegen 18 Uhr erwartete ich die Gäste zu einem Empfang im Charlottenburger Schloß. Dort war alles ruhig. Erst als wir vom Schloß kommend in die Bismarckstraße einbogen – die Kolonne der Wagen, auch der des Bundespräsidenten –, sahen wir, was bevorstand. Die Straße schwarz von Tausenden von Menschen, die Absperrungen durchbrochen. Wir mußten auf den Bürgersteig auffahren und direkt vor dem Eingang der Oper halten. Ein infernalisches Geschrei. Eier, Farbbeutel flogen, wohl auch ein paar Steine. Nur mit Mühe kamen wir durch die Tür – der Schah, der Bundespräsident, ich – mit den Frauen (die meine blieb noch zurück und mußte erst nach nochmaligem Öffnen der Tür hereingeholt werden) –, eine groteske Szene. Ich sagte zu dem ersten Polizeioffizier, dem ich hinter der Tür begegnete: »Ich hoffe, daß sich bei der Abfahrt dieses Schauspiel nicht wiederholt.« Vielleicht hat dieser Satz alles weitere ausgelöst. Ich hatte der Polizei keine unmittelbaren Weisungen zu geben,

Der Schah und Farah Diba beim Tee-Empfang des Bundespräsidenten im Schloß Bellevue in Berlin

schon gar nicht für die Form ihres Einsatzes. Das konnte nicht einmal der Innensenator, politisch für die Polizei verantwortlich. Aber der Polizeipräsident gab dann seine Befehle – die er später geschmackvoll als Weisung zur Bildung der »Leberwurst« bezeichnete. Die Demonstranten wurden von zwei Seiten zusammengedrückt und mit dem Knüppel auseinandergedroschen. In dieser Konfrontation fiel dann der unsägliche Schuß. Der Polizeimeister Kurras hatte den Studenten Ohnesorg getötet.

Das Gerücht, ein Student sei erschossen, dann: ein Polizist sei erschossen, drang in die Oper. Eine verläßliche Meldung lag nicht vor. Ich saß steinern neben der steinernen Farah Diba. Ich habe nie in meinem Leben so wenig von einer Oper gesehen und gehört. Ich glaube, es war Mozart. Als wir das Haus verließen, war die Straße leer von Demonstranten. Ich begleitete den Bundespräsidenten und den Schah zu ihren Wagen. Der meine stand auf dem Mittelstreifen, von Polizei geschützt. Ich fuhr nach Hause. Ja, ich fuhr nach Hause. Warum fuhr ich nach Hause? Warum nicht ins Polizeipräsidium – warum von dort nicht ins Krankenhaus zu dem toten Studenten? Äußerlich war alles klar: Ich war nicht Innensenator, ich wußte noch nicht einmal verläßlich, ob ein Mensch und wer erschossen sei. Ich mußte meine Frau heil nach Hause bringen. Ich war todmüde, angeekelt von allem, was geschehen war. Aber ich werde die Schuld für dieses persönliche Versagen tragen müssen, bis ich vor meinem ewigen Richter stehe.

Ich versuchte, den Polizeipräsidenten oder den Innensenator zu erreichen. Ehe sie sich meldeten, kam die Nachricht vom Tode Benno Ohnesorgs schon über die Mitternachtsnachrichten des Rundfunks. Der Pressechef des Senats las mir eine von ihm formulierte Erklärung vor: Ich stünde voll hinter der Polizei. Ich stimmte zu. Im Gespräch mit der Polizeiführung tauchte das erste Mal die Version von einem Querschläger auf, der den Studenten getroffen habe. Ich mußte mit einem Menschen reden. Ich rief den Senator für Wissenschaft und Kunst, Werner Stein, an. Wir sprachen lange miteinander – ratlos, was ist mit den Studenten? So ratlos wie heute die Regierenden. Am nächsten Morgen mußte ich den Schah zum Flugplatz bringen. Ich fragte ihn, ob er von dem Toten gehört habe. Ja, das solle mich nicht beeindrucken, das geschehe im Iran jeden Tag. Seine Gegner seien Söhne von reichen Leuten, die er enteignet habe.

Ich fuhr ins Rathaus. Der Polizeipräsident erwartete mich. Er wiederholte die Geschichte vom Querschläger. Er mußte wissen, daß er log.

Ich denke weiter über den 2. Juni nach. Nicht über die Motive der Studenten und die Geschichte der APO. Darüber ist so viel geschrieben und geredet worden, auch von den unmittelbar Beteiligten, die nun fast alle in bürgerlicher Sicherheit leben, daß man es nicht mehr hören kann. Sondern über die eigenen Reaktionen, Fehlentscheidungen, Zwänge – wenn es solche gab. Im Abstand von vierzehn Jahren verkürzen sich die Abläufe auf merkwürdige Weise. Was zwischen dem 2. Juni und dem Tag meines Rücktritts geschah, erscheint mit heute wie eine Jagd durch eine heiße Wüste. Von »Mahlströmen der Geschichte« hat Dietrich Stobbe in seiner Rede bei der Heinemann-Bürgerpreis-Feier gesprochen. Vielleicht ein bißchen hoch gegriffen. Aber was uns die Studenten um die Ohren schlugen – die Preisgabe aller Werte des vielberedeten freien Westens in Vietnam und die tatsächliche Situation in Westberlin, die ja nur in einem Brennspiegel die Wirklichkeit in unserem Teil Deutschlands darstellte – es waren schon zwei Ströme, die sich auffraßen und den, der dazwischen stand, dazu. Ich werde die Frage eines amerikanischen Generals am 4. Juni nie vergessen: »Sollen wir hier Ordnung schaffen?« »Stadtweite Unruhen«, das war genau das Stichwort, auf das bestimmte Einsatzpläne der Polizei eingerichtet waren – Unruhen freilich, die von Ostberlin angezettelt werden könnten. Und die Öffentliche Meinung glaubte ja an die Steuerung der Demonstrationen von jenseits der Mauer her. Diese Automatik mußte um fast jeden Preis verhindert werden. Gott sei Dank waren die maßgeblichen Amerikaner in Berlin durch ihre Erfahrungen in Berkeley und anderswo besonnen und im ganzen gelassen. Aber während ich durch die Stadt fuhr – ohne jeden persönlichen Schutz übrigens – und auf den Windschutzscheiben vieler Autos den Aufkleber: »Albertz – Mörder« las, lag hier die größte Sorge. Die beginnende Erkenntnis über das, was die Studenten wirklich bewegte, und meine Konsequenzen aus dieser Erkenntnis ins Gleichgewicht mit den vitalen Interessen Westberlins zu bringen – die den Studenten völlig gleichgültig waren, diese Unsicherheit – ohne ihre Wurzeln überhaupt zu spüren – benutzten die Frondeure in der Partei – rücksichtslos und für ihre eigenen Interessen.

Zu den beiden oberen Bildern: Nach Ankunft des Schahs gehen die kaisertreuen Perser zum Angriff auf Demonstranten und Zuschauer über. Am Boden liegend Walter Siepmann, CDU-Mitglied und Mitglied des Rates der Stadt Schwelm. Er gab zu Protokoll:
»Am 1. Juni kam ich zu einem 8-tägigen Besuch nach Berlin. Am 2. Juni ging ich zum Schöneberger Rathaus, um den Schah von Persien zu sehen. Ich stand unmittelbar hinter der Absperrung und war zunächst erstaunt, daß kurz vor der Ankunft des Gastes zwei Autobusse vor dem Rathaus vorfuhren, denen Demonstranten mit schahfreundlichen Plakaten und Fähnchen entstiegen. Auf die Sprechchöre junger Berliner antworteten diese Leute vor der Absperrung mit Hochrufen auf den Schah.
Plötzlich sah ich zu meinem Schrecken, daß einer der Schahanhänger mit einem Totschläger (Stahlspirale mit Bleikugel) auf einen jungen Mann eindrang, der neben mir stand und lediglich gerufen hat. Ich stellte mich vor den Bedrohten (vermutlich ein oppositioneller Perser) und rief dem Angreifer zu: Tun Sie das Ding weg, hier wird nicht geschlagen!
Daraufhin kamen noch weitere Schläger, die mit Holzlatten auf uns losschlagen wollten. Ich wäre verletzt worden, wenn nicht andere Zuschauer mich zu meinem Schutze zu Boden gerissen hätten. Ich sah, daß es zu diesem Zeitpunkt an mehreren Stellen vor der Barriere zu tätlichen Ausschreitungen seitens der Schahanhänger kam. Die Angreifer schlugen so heftig zu, daß ihre Latten teilweise auf der Barriere zersplitterten. Sie versuchten sogar, einen jungen Mann über die Absperrung zu zerren (vermutlich ein Student, roter Pullover), was ihnen nicht gelang, da wir ihn zu mehreren festhielten.
Zu meinem Erstaunen schaute die Polizei, die hinter uns Aufstellung genommen hatte, diesen Angriffen gegen Unbewaffnete minutenlang tatenlos zu.
Ich erkläre, daß keiner der neben mir stehenden jungen Männer jemanden bedroht hat. Als Stadtverordneter einer westdeutschen Stadt bin ich dringend daran interessiert, daß Übergriffe von seiten der Polizei im freien Teil Deutschlands nicht verschleiert werden.«

Irene Lusk

Che lebt

Oktober 1967: Das Audimax der freien Universität Berlin ist total überfüllt – eines der zahlreichen Teach-in's in den Monaten seit dem Tod Benno Ohnesorgs bei der Anti-Schah-Demonstration findet statt. Ich gehöre zu denen, die durch die tödlichen Schüsse politisiert werden und für die die angeblich heile Welt in Westberlin zusammenfällt. Also besuche ich fleißig Teach-in's, um mir ein Bild zu machen, was in der Welt nun eigentlich wirklich los ist. Auf dem obengenannten Treffen im Audimax tritt plötzlich eine junge Frau an das Rednerpult und gibt unter Tränen die Ermordung Che Guevaras bekannt. Empörung, Trauer und Wut der Teilnehmer sind groß. Ich selbst komme mir ziemlich blöd vor, weil ich den Eindruck habe, ich sei die einzige, die Che Guevara nicht kennt. In der nächsten Zeit finden die Poster von Che mit der kleidsamen Baskenmütze, auf der über der Stirn ein roter Stern befestigt ist, reißenden Absatz, ebenso der von der Oberbaumpresse herausgegebene Brief von Che Guevara »Schaffen wir zwei, drei, viele Vietnam«. Die kleine hellgrüne Broschüre erhält eilig den Stempelaufdruck »Che lebt«. Che wird für die außerparlamentarische Opposition zum revolutionären Vorbild, Kuba ist bereits ein Faszinosum für die Bewegung.

Fidel Castro über Che Guevara: »Che war ein Mensch, den alle sofort liebten – wegen seiner Einfachheit, wegen seines Charakters, wegen seiner Natürlichkeit, wegen seiner Kameradschaftlichkeit, wegen seines Stils, wegen seiner Originalität – auch wenn sie die anderen besonderen Tugenden, die ihn auszeichneten, noch nicht kennengelernt hatten. (...) Und so begann er eines Tages gegen Ende November 1956 zusammen mit uns den Marsch auf Cuba. Ich erinnere mich daran, daß diese Überfahrt für ihn besonders hart war, da er bei den Umständen, unter denen die Abfahrt vorbereitet werden mußte, sich nicht einmal die Medikamente besorgen konnte, die er nötig brauchte. Während der ganzen Überfahrt litt er unter einem starken Asthmaanfall – ohne die geringste Erleichterung, aber auch ohne die geringste Klage. (...) Es war einer seiner wesentlichen Charakterzüge, sich ohne Umschweife zur Verfügung zu stellen, ohne zu zögern sich zur Durchführung der gefährlichsten Aufgaben zu melden.«

Der Argentinier und Arzt Ernesto Che Guevara und Fidel Castro lernen sich 1955 in Mexiko kennen. Nach dem Ende des Befreiungskampfes auf Kuba wird Che Wirtschaftsminister und Botschafter Kubas. Im Juni 1959 verläßt Che Havanna, um nach Europa, Asien und Afrika zu reisen und Kontakte zu den »blockfreien Staaten« herzustellen. Im September nach Kuba zurückgekehrt, übernimmt er die Wirtschaftsabteilung für Agrarreform und wird außerdem von Fidel Castro zum Präsidenten der Nationalbank ernannt. Der Revolutionär, der das Geld verachtet, verwaltet jetzt die kubanischen Staatsfinanzen und erfährt, daß Kuba seine Goldreserven und Dollars in Fort Knox deponiert. Che läßt sofort die Goldreserven in Devisen umwandeln und auf kanadische und schweizer Banken übertragen: So entgehen diese Werte der späteren Beschlagnahme kubanischen Eigentums in den USA.

Im März 1965 ist Che aus der Öffentlichkeit Kubas verschwunden. Dem vorausgegangen sind Differenzen zwischen Che, den »orthodoxen« Kommunisten und auch Fidel Castro. Che setzt sich vehement dafür ein, daß alle gesellschaftlichen und wirtschaftlichen Entscheidungen in Kuba so getroffen werden, daß sie sofort das Werden des neuen Menschen fördern, das heißt zum Beispiel, daß einzig aus sozialer Verantwortung gearbeitet werden soll und nicht aus materiellem Anreiz. Zum anderen wendet er sich gegen eine zu enge Bindung Kubas an die Sowjetunion und China und tritt leidenschaftlich für eine Ausweitung des

Che liest Goethe im Schweinestall

Befreiungskampfes in ganz Südamerika ein.

Fidel Castro wiederum will das kubanische Experiment durch politische Diplomatie, durch eine Anlehnung mal mehr an die Sowjetunion, mal mehr an China sichern. Und ein Export der kubanischen Revolution nach Südamerika widerspricht der sowjetischen Politik, deren Ziel die »Friedliche Koexistenz« zwischen der Sowjetunion und den USA ist.

Im Oktober 1965 verliest Fidel Castro – durch öffentlichen Druck dazu veranlaßt – einen Brief Che Guevaras: »Ich verzichte hiermit formell auf meine Position in der Parteiführung, auf meine Stelle als Minister, auf meinen Rang als Kommandant und auf meine kubanische Staatsbürgerschaft. Kein Gesetz bindet mich mehr an Kuba. Die einzige Bindung ist anderer Art, sie kann nicht zerrissen werden wie Bindungen kraft Gesetzes...

Andere Völker der Welt verlangen nach meinen bescheidenen Bemühungen. Ich kann das tun, was Dir (Fidel) verwehrt ist, weil Du als Führer der Revolution in Kuba die Verantwortung trägst. So ist denn die Zeit gekommen, da wir uns trennen müssen. Ich sage noch einmal ausdrücklich, daß ich Kuba von jeder Verantwortung freispreche, außer von der, die sich aus meinem Beispiel ergibt...« (zit. nach Frederik Hetmann, Ich habe sieben Leben – Die Geschichte des Ernesto Guevara, genannt Che, Reinbek 1977)

Che ist seit März 1965 in Bolivien und organisiert den Guerillakampf gegen den Neokolonialismus, die neue Sklaverei, gegen die Industrienationen, die die Rohstoffquellen der Dritten Welt kontrollieren und ausbeuten und die Weltmarktpreise diktieren.

Che Guevara: »Die cubanische Revolution hat Lateinamerika dreierlei gezeigt. Erstens, Guerilla-Kämpfe können ein reguläres Heer besiegen. Zweitens, man braucht nicht abzuwarten, bis alle Vorbedingungen für eine Revolution gegeben sind: der Anfang der Revolution kann sie schaffen. Drittens, im unterentwickelten Amerika muß der Kampf seine Schwerpunkte auf dem Land haben.« (Der Partisanenkrieg, Köln-München 1966)

Che Guevara, »An die Bergarbeiter Boliviens«:

»Laßt uns aus der Erfahrung lernen! Bloße Körper sind machtlos gegen Maschinengewehre und Barrikaden, wie stark sie auch sein mögen, sind machtlos gegen die modernen Methoden der Zerstörung. Der Kampf der Massen in den unterentwickelten Ländern mit großer Bauernbevölkerung und weiten Gebieten muß von einer kleinen beweglichen Avantgarde, den Guerilleros, geführt werden – fest verankert im Volk. Diese Organisation wird auf Kosten der feindlichen Armee wachsen und als Katalysator der revolutionären Begeisterung der Massen dienen, bis eine revolutionäre Situation geschaffen worden ist, in der die Staatsgewalt unter einem einzigen wirkungsvollen Schlag – im richtigen Augenblick versetzt – zerbrechen wird.«

Im September 1967 sind von den Guerilleros unter dem

Kommando Che Guevaras nur noch siebzehn übrig geblieben. Der bolivianische Präsident verspricht 50000 Pesos Kopfgeld für einen toten oder lebendigen Che. 1000 bis 1500 Soldaten der US- hörigen bolivianischen Armee sind im Einsatz, um der letzten Guerilleros habhaft zu werden. Am 8. Oktober gelingt es ihnen, Che festzunehmen, wenig später wird er heimtückisch ermordet. Sein Schicksal ist ein tragisches Beispiel dafür, daß sich seine Guerillatheorie nicht auf jedes unterentwickelte Land in Südamerika anwenden läßt.

Che's »Schaffen wir zwei, drei, viele Vietnam« wird von der Studentenbewegung begeistert aufgegriffen, wird Anlaß zum Lernprozeß und steht – ebenso wie »Che lebt« – an vielen Wänden geschrieben. Ohne Kenntnis der Hintergründe wird die Parole zunächst nicht selten als Kriegsverherrlichung gesehen. Gemeint ist jedoch die objektive Möglichkeit eines zweiten, dritten... Vietnam in Lateinamerika, Asien oder Afrika: die Vervielfältigung des Mutes, der Ausdauer und revolutionären Menschlichkeit des vietnamesischen Befreiungskampfes. Der Sieg des vietnamesischen Volkes beweist, daß ein Volk – und sei es noch so klein – einen erfolgreichen Kampf auch gegen die größte imperialistische Weltmacht führen kann. Mit den zwei, drei, vielen Vietnam rückt für die Studentenbewegung die Möglichkeit einer Weltrevolution in traumhafte Nähe.

Die Rede Fidel Castros nach der Ermordung Ches – gehalten vor über 300000 Menschen in Havanna – erscheint als Voltaire-Flugschrift 16 und in der Zeitung 883; Che Guevaras »Bolivianisches Tagebuch« wird 1968 herausgegeben, ebenso »Der Mensch und der Sozialismus in Cuba«.

Che Guevara in »Der Mensch und der Sozialismus in Cuba«:

»In dieser Periode des Aufbaus des Sozialismus können wir miterleben, wie der neue Mensch entsteht. Sein Bild ist noch nicht vollendet; es könnte es auch nie sein, weil der Prozeß zur Entwicklung neuer ökonomischer Formen parallel läuft. Abgesehen von denen, die mangelnde Erziehung auf den Weg des Einzelgängers treibt, zur selbstsüchtigen Befriedigung ihrer Ambitionen, gibt es auch noch andere, die in diesem neuen Rahmen gemeinsamen Voranschreitens dazu neigen, isoliert von der Masse zu gehen, die sie begleiten. Entscheidend ist, daß die Menschen mit jedem Tag mehr Bewußtsein von der Notwendigkeit ihrer Eingliederung in die Gesellschaft und zugleich von ihrer eigenen Bedeutung als deren Triebkräfte erlangen.

Sie gehen nicht mehr völlig allein auf Irrwegen fernen Sehnsüchten entgegen. Sie folgen ihrer Avantgarde, die aus der Partei besteht, aus den fortschrittlichen Arbeitern, aus den fortschrittlichen Menschen, die den Massen verbunden sind und in enger Gemeinschaft mit ihnen vorwärtsgehen. Die Avantgarden haben ihren Blick auf die Zukunft gerichtet und auf ihre Belohnung, doch diese wird nicht als etwas Individuelles erhofft; der Preis ist die neue Gesellschaft, in der die Menschen andere Züge haben werden: die Gesellschaft des kommunistischen Menschen.«

Fidel Castro über Che Guevara: »Che hat den Ideen des Marxismus-Leninismus einen frischeren, reineren, revolutionäreren Ausdruck verliehen. Kein Mensch hat in dieser Zeit den Geist des proletarischen Internationalismus auf ein höheres Niveau gebracht als er.« (...)

»Als Che fiel, verteidigte er keine anderen Interessen, verteidigte er keine andre Sache als die Sache der Ausgebeuteten und der Unterdrückten dieses Kontinents. Das niedrigste ist, daß sie darüber hinaus erklären, warum sie es getan haben, indem sie anführen, daß ein Prozeß, in dem sie über Che hätten Gericht halten müssen, schrecklich gewesen wäre, indem sie anführen, daß es umöglich gewesen wäre, einen solchen Revolutionär auf die Anklagebank zu setzen.

Und nicht nur das, sie haben ferner nicht gezögert, seine sterblichen Überreste verschwinden zu lassen. Ob es nun wahr oder gelogen ist, wichtig ist, daß sie bekanntgegeben haben, sie hätten seinen Leichnam verbrannt, womit sie begonnen haben, ihre Angst zu zeigen, daß sie nicht fest davon überzeugt sind, daß sie, indem sie das körperliche Leben des Kämpfers vernichteten, auch seine Ideen und sein Beispiel vernichtet haben.«

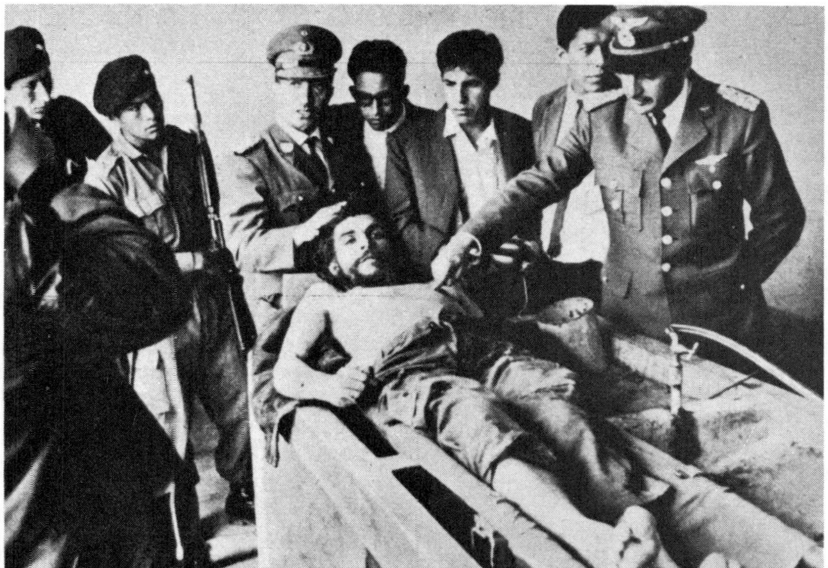

Wie eine Jagdtrophäe wurde Guevaras Leichnam ausgestellt. Ein Offizier weist auf die tödliche Herzwunde. Aber sie stammt nicht aus dem Kampf. Che wurde heimtückisch ermordet.

Stokeley Carmichael

Black Power!

Rede auf der ersten lateinamerikanischen Solidaritätskonferenz (OLAS) in Havanna, August 1967

Stokeley Carmichael, 1967 26 Jahre alt, einer der Führer der Black-Power-Bewegung

Noch vor kurzer Zeit glaubten die meisten Afro-Amerikaner, daß man die bestehende Unterdrückung am besten bekämpfen könnte, wenn man sich in die Gesellschaft integriert. Wenn wir die Bequemlichkeiten der amerikanischen Gesellschaft (Hotels, Motels, Restaurants und was weiß ich sonst noch) frei benützen dürften, dann wäre unsere Lage besser. Diese Haltung charakterisierte die Bürgerrechtsbewegung, und sie beweist die bürgerliche Herkunft dieser Bewegung. Nur Bürger kümmern sich um den Komfort des amerikanischen Lebens. Die afro-amerikanischen Massen haben keine Arbeit, keine Unterkunft und erst recht kein Geld für Motels, Hotels oder Restaurants. Die Bürgerrechtsbewegung hat nie die Massen mobilisiert, weil sie sich nicht an die wirklichen Bedürfnisse der Massen wandte.

Trotzdem war die Bürgerrechtsbewegung ein wichtiger Anfang. Der Widerstand gegen ihre Ziele hat die bis dahin unbekannte Intensität des amerikanischen Rassismus bloßgestellt. Man glaubte vorher, daß die Ziele der Bürgerrechtsbewegung ziemlich leicht zu erreichen wären, da sie von der Verfassung garantiert waren. Statt dessen wurden Tausende von Afro-Amerikanern verhaftet, bedroht und einige ermordet – nur weil sie für die von der Verfassung garantierten Rechte demonstrierten, die den Weißen vorbehalten waren.

Die afro-amerikanischen Massen waren außerhalb der Bürgerrechtsbewegung geblieben. Vier Jahre lang warteten sie ab, ob die gewaltlosen Demonstrationen irgendeine Veränderung bewirken würden. Sehr bald mußten wir erkennen, daß nichts sich änderte, und im Sommer 1964 – nur einige Wochen nach der Verabschiedung des Gesetzesentwurfs über die Bürgerrechte – ereignete sich die erste der über hundert Explosionen, die bis heute weitergehen. Diese Explosionen waren in Wirklichkeit gewaltsame Aufstände, bei denen Afro-Amerikaner den Soldaten und Polizisten Feuergefechte lieferten, Kaufhäuser ansteckten und sich aus ihnen holten, was unser rechtmäßiges Eigentum ist, was wir aber nie besessen haben – Lebensmittel und Kleidung. Diese Revolten werden in jedem Jahr häufiger und heftiger. Bald wird es keine wichtigere Stadt mehr geben, die nicht einen unserer Aufstände erlebt hat, die unter dem Motto stehen: Sieg oder Tod.

In diesen Städten sind wir rechtlos. Wir haben keinerlei Verfügungsgewalt über die Häuser, über den Grundbesitz oder über die Kaufhäuser. Alles gehört den Weißen, die außerhalb der Gemeinde leben. Es handelt sich also um richtige Kolonien, deren Kapital und Arbeitskraft von Leuten ausgebeutet werden, die außerhalb wohnen. »White Power« – die weiße Macht – schreibt die Gesetze, und mit Hilfe der Waffen und Knüppel der rassistischen weißen Polizisten und ihrer schwarzen Söldner setzt sie diese Herrschaft auch durch. Die jungen Bewohner dieses Ghettos, die solche Zustände mit der Waffe in der Hand bekämpfen wollen, sind von der Bürgerrechtsbewegung nie erfaßt worden. Erst durch die Black-Power-Bewegung haben sich diese jungen Leute zusammengeschlossen. Sie sind das eigentliche revolutionäre Proletariat, das bereit ist, mit allen Mitteln für die Befreiung unseres Volkes zu kämpfen.

Black Power ist seit 1966 der Ruf unserer Bewegung. »Black Power« – Macht für die Schwarzen. Die Massen haben verstanden, daß wir unterdrückt werden, weil wir machtlos sind. Nur durch Macht werden wir die Möglichkeit haben, die Entscheidungen zu treffen, die das Schick-

sal unserer schwarzen Gemeinden bestimmen. Ohne Macht sind wir dazu verurteilt, das zu erbetteln, was uns rechtmäßig gehört. Mit Macht werden wir unseren eigentlichen Besitz wiederholen – schließlich war es die weiße Macht, die uns dieses Eigentum abgenommen hat.

Black Power ist mehr als ein Slogan. Es bedeutet eine Haltung gegenüber unseren Problemen und den Anfang ihrer Lösung. Black Power packt den Stier, der uns den Bauch aufschlitzen will, bei den Hörnern, die Rassismus und Ausbeutung heißen. Amerika ist ein rassistisches Land. Von Anfang an war es auf der Unterwerfung der farbigen Völker aufgebaut. Die europäischen Siedler haben systematisch das Land gestohlen und die Indianer ausgerottet. Und zur gleichen Zeit, als die Vereinigten Staaten diesen Völkermord gegen die Indianer begingen, griffen sie den afrikanischen Kontinent an und transportierten die Eingeborenen mit Gewalt als Sklaven nach Amerika.

Um einen Menschen zu versklaven, braucht man eine Rechtfertigung. Amerika ist darauf gekommen, die Überlegenheit der Weißen und die Minderwertigkeit der Nicht-Weißen zu verkünden. Uns nennt man Nigger, Leute, die spanisch sprechen, sind Spicks, Chinesen Chinks und Vietnamesen Gooks. Indem er uns und die anderen farbigen Völker erniedrigt, findet der weiße Mann seine Berechtigung, uns zu unterdrücken, auszubeuten und zu versklaven. Aber es ist noch viel leichter, einen Menschen in Sklaverei zu halten, wenn man ihn selbst davon überzeugt, daß er minderwertig ist. Solange er das glaubt, hält er sich selbst in Ketten. Solange ein Sklave es akzeptiert, daß sein Herr ihn als Sklave definiert, wird er Sklave bleiben, selbst wenn sein Herr stirbt.

Black Power greift diese Gehirnwäsche an und erklärt: Wir definieren uns selbst. Wir übernehmen nicht die Definition des Weißen, der uns als faul, dumm und unkultiviert darstellt. Wir erkennen unsere eigene Schönheit und unsere eigene Kultur. Wir schämen uns nicht mehr, schwarz zu sein. Denn ein Volk, das sich seiner selbst schämt, kann nicht frei sein. Man hat sich unserer Hautfarbe bedient, um uns zu unterdrücken; wir werden uns ihrer bedienen, um uns zu befreien, ebenso wie andere Völker ihre Nationalität als Waffe im Befreiungskampf benützt haben. Diese Sammlungsbewegung auf der Grundlage unseres Bewußtseins als Rasse war als Bestandteil unseres Kampfes notwendig. Aber wir müssen einsehen, daß sie nicht völlig damit identisch ist, daß sie nur den Ausgangspunkt darstellt.

Black Power bedeutet aber nicht, daß wir anstelle der weißen Führer jetzt schwarze Führer wollen, um die schwarzen Massen zu beherrschen – oder, daß schwarzes Geld in schwarze Taschen wandert. Wir wollen, daß es in eine gemeinsame Tasche kommt. Die Gesellschaft, die wir unter den Schwarzen erstreben, ist nicht eine Gesellschaft kapitalistischer Unterdrückung, denn es liegt in der Natur des Kapitalismus, daß er die Ausbeutung nicht abschaffen kann. Wir kämpfen für eine Neuverteilung des Besitzes und das Ende des Privateigentums in den USA.

Black Power bedeutet auch, daß wir uns als Bestandteil der Dritten Welt verstehen, daß wir unseren Kampf in enger Verbindung mit den Befreiungskämpfen in Vietnam und der ganzen Welt sehen. Unsere Aufgabe ist es, mit diesen Bewegungen zusammenzuarbeiten. So müssen wir uns fragen: Wenn die Afrikaner Johannesburg angreifen, wenn Lateinamerika revoltiert – welches wird die Rolle der USA sein und welche die der Afro-Amerikaner? Es scheint unvermeidlich, daß die Vereinigten Staaten etwas tun werden, um ihre finanziellen Interessen in Südafrika und Lateinamerika zu schützen, und das bedeutet, den weißen Regierungen dieser Länder zu helfen. Die Schwarzen werden dann die Pflicht haben, die Intervention der USA zu stoppen, oder wenigstens zu neutralisieren.

Bürgerrechtsbewegung und Black Power in USA

seit 1945

- Verstärkter Zuzug von Schwarzen in die Städte als Folge der landwirtschaftlichen Industrialisierung; gleichzeitig zunehmender Verlust der Funktion als industrielle Reservearmee infolge der sprunghaft ansteigenden Automation der Produktion; wachsende Arbeitslosigkeit, verstärkt nochmals ab 1960.
- Entstehung rein schwarzer Ghettos.

1954

- Der Oberste Gerichtshof der USA erklärt auf Antrag der NAACP (National Association for the Advancement of Coloured People, 1910 gegründete Bürgerrechtsorganisation) unter W. E. B. DuBois die Rassentrennung insbesondere an den Schulen für verfassungswidrig.

ab 1955

- Erste Aktionen der Bürgerrechtsbewegung gegen die Rassendiskriminierung nach dem Prinzip der Gewaltlosigkeit, zum Beispiel »Bus-Boykott« in Montgomery, Alabama (Schwarze weigern sich, »ihre« Plätze einzunehmen).
- Martin Luther King entwickelt sich zur zentralen Figur der Bürgerrechtsbewegung; starke christliche Bindung.

ab 1960

- Breite Demonstrationsbewegung im Süden und im Norden für die Durchsetzung der Rassenintegration; starke Beteiligung von schwarzen Studenten bei »sit-ins« in weißen Restaurants etc.; es entstehen neue bedeutende Organisationen: SNCC (Students Nonviolent Coordinating Committee) und CORE (Congress of Racial Equality); eine Welle von Verhaftungen und Prozessen demoralisiert und enttäuscht mehr als die Aktionen, die 1967/68 auslaufen, letzten Endes einbringen.
- Aufschwung der »Black Muslim«-Bewegung, die, gegen das weiße christliche Amerika gerichtet, einen eigenen schwarzen islamischen Staat in Afrika oder Amerika fordert (»schwarzer Rassismus«), ihr Führer ist Elijah Muhammed; ihr bekanntester Agitator Malcolm X.
- Schlagartig zunehmendes Interesse insbesondere der schwarzen Studenten und der Mittelschicht an ihrer afrikanischen Herkunft und Kulturgeschichte unter der Parole »black is beautiful«: afrikanische Mode und Haartracht, schwarzer »Kulturnationalismus«. Schwarze Kulturvereinigungen entstehen; ab Mitte des Jahrzehnts Forderung und Realisierung von »schwarzen Studien« an den Universitäten.

1963

- Bruch von Malcolm X mit den Black Muslims und Gründung einer eigenen »Organisation of Afro-American Unity«. Erste Ansätze einer anti-imperialistisch-internationalistischen Linie.
- 28.8.1963, legendärer Höhepunkt der Bürgerrechtsaktionen: der Marsch auf Washington unter Führung von Martin Luther King.
- Bombenattentat auf eine gemischte Schule in Birmingham, Alabama, bei dem vier schwarze Mädchen getötet werden.
- Die Serie der »heißen Sommer« beginnt: gewalttätige Aufstände insbesondere der schwarzen Jugendlichen in den Ghettos (1964 Harlem, 1965 Watts bei Los Angeles, 1966 Chicago, 1967 Newark und Detroit, 1968 im ganzen Land).

1965

- Ermordung von Malcolm X in Harlem (vermutlich durch den CIA) nach einer Reise durch Afrika. Eine neue Welle der Radikalisierung.

ab 1966

- Die Black Power Bewegung entsteht, vor allem in den Ghettos des Nordens, als Antwort auf die erfolglose Bürgerrechtsbewegung. Die Aktivitäten zum Selbstschutz vor rassistischen Überfällen und Polizeiterror (im Süden gibt es bereits seit 1960 Selbstschutzorganisationen, »Deacons of Defense«) nehmen zu, getragen insbesondere von arbeitslosen Jugendlichen und Studenten.
- Die immer desolatere Situation der Ghettobewohner (weiter steigende Arbeitslosigkeit, Rauschgifthandel, Straßenkriminalität, zerrüttetes Bildungs- und Gesundheitswesen, verkommene Wohnhäuser) fördert das Selbstverständnis der schwarzen »Gemeinde« (community) als Teil der »dritten Welt«. Weitere bedeutsame Faktoren sind die Entstehung selbständiger schwarzer Nationalstaaten in Afrika seit 1960, das zunehmende Engagement der USA in Vietnam, das Anwachsen der nationalen Befreiungsbewegungen in der ganzen Welt. Die Ableitung der Theorie vom weißen »Mutterland« (= weiße Oberschicht in USA) und schwarzer »Kolonie« (= Gemeinde) geht zurück auf Frantz Fanons Buch über die Sklaverei, »Die Verdammten dieser Erde«.

1966

- Gründung der »Black Panther Party for Self-Defense« (Zusatz später gestrichen) durch die Studenten Huey P. Newton und Bobby Seale; erster offener Bruch mit dem Prinzip der Gewaltfreiheit und Beginn bewaffneter Patrouillen in Oakland durch Black Panther vor allem zum Schutz der schwarzen Bevölkerung vor Polizeiübergriffen; darüberhinaus Organisierung von sozialen Maßnahmen (Kinderspeisung, Schulen, medizinische Versorgung).

1967

- Die friedliche Invasion des Kapitols von Kalifornien macht die Black Panther landesweit bekannt (Anlaß: unter Gouverneur Ronald Reagan wird wegen der Black Panther ein Gesetz *gegen* das Recht jedes US-Bürgers auf Bewaffnung eingebracht und verabschiedet); Gründung neuer Black Panther-Gruppen im ganzen Land.
- Eldridge Cleaver schließt sich nach neunjährigem Gefängnisaufenthalt den Black Panthern an; er ist Schriftsteller und Mitarbeiter der fortschrittlichen Zeitung »Ramparts«.
- Black Power Kongreß in Newark mit afrikanischer Beteiligung, daran anschließend mehrtägige Unruhen.

1968

- Vereinigung der Black Panther Party mit dem SNCC (später wieder gelöst) und der vorwiegend weißen »Peace and Freedom Party«; aus dem SNCC stoßen Rap Brown und Stokeley Carmichael zu den Panthern.
- Die schwarzen Goldmedaillengewinner Tommie Smith und John Carlos werden aus der Olympia-Mannschaft ausgeschlossen, weil sie während der Siegerehrung die Faust im schwarzen Handschuh für alle Welt sichtbar zum Gruß der Black Panther erheben.
- Ostern 1968 wird Martin Luther King ermordet. Massendemonstrationen und Aufstände in über 100 Städten; über hunderttausend Mann aus Armee und Nationalgarde werden zur Unterstützung der Polizei eingesetzt. In vier Tagen gab es ca. 50 Tote (davon fünf Weiße, kein Polizist), mehrere Tausend Verletzte, Zehntausende Verhaftete, mehrere Hundertmillionen Sachschaden – und eine Gewinnexplosion bei der Firma Smith & Wesson.

1968/69

- Zunehmender Polizeiterror gegen die Black Panther Bewegung führt zu zahllosen Verhaftungen. 28 Führer der Black Panther Party werden getötet, die meisten ihrer Gruppen zerschlagen. Eldridge Cleaver flieht vor einer drohenden Verhaftung nach Kuba, später nach Algier.
- Am Ende des Jahrzehnts ist die Bürgerrechtsbewegung politisch am Ende; Black Power verbindet sich mehr und mehr mit den anderen politischen und sozialen Bewegungen.

Eckhard Siepmann

Vietnam – Der große Katalysator

Katalysatoren sind Stoffe, die in chemischen Prozessen für Verlangsamung oder Beschleunigung sorgen. Die vietnamesische Revolution zersetzte in den kapitalistischen Metropolen alle überkommenen Politik- und Moralverständnisse, streute Dynamit in überlieferte Generationskonflikte, sprengte Reste von Staatsloyalität auf, zwang Zehntausende zur Suche nach einer neuen politischen und persönlichen Identität, lieferte das gesamte Arsenal der Legitimationsideologien des »freien Westens« dem historischen Mülleimer aus. Was für die wenigen Durchblickenden unter den Eltern der spanische Bürgerkrieg war, das wurde der vietnamesische Befreiungskampf für die Generation der Kinder – Lernprozeß, der keinen Stein der Sozialisation auf dem anderen ließ. Die Domino-Theorie der US-amerikanischen Konterrevolution (»wenn Vietnam fällt, dann fällt der gesamte Ferne Osten«) wurde Wirklichkeit in dem Bewußtsein der Jugend in den Metropolen: Mit dem Glauben an die Befreiungsfunktion des US-Napalmkrieges stürzten bei einer ganzen Generation die moralischen, politischen und kulturellen Sozialisations- und Integrationsstrategien des »freien Westens« wie ein Kartenhaus zusammen.

Bei diesem Prozeß, der so weit über die politische Bewußtseinsebene hinausgriff, lassen sich zwei deutliche Etappen unterscheiden; Phasen, die gerade darum, weil sie das gesamte rationale und emotionale Gefüge der Betroffenen wälzten, tief in das Identifikationsgefüge eingriffen. Die erste Etappe läßt sich unter der Losung: *Frieden für Vietnam!* zusammenfassen. Sie beinhaltete die Erkenntnis, daß es für die USA und die mit ihnen verbündete »freie Welt« bei dem Krieg gegen die Vietnamesen nicht um deren Freiheit, sondern um ihre Unterwerfung zugunsten strategischer Vorteile des Westens ging. Das war der äußerste Punkt der Erkenntnis in dieser Phase, der Impuls des Engagements blieb ein moralischer: Schluß mit dem Gemetzel, das die Fernseher, seit 1967 in Farbe, in jeden Haushalt übertrugen; eine pazifistische Forderung, der sich auch große Teile der US-Bevölkerung anschlossen. Daß über diese Forderung hinausgegangen wurde zu der Losung *Für den Sieg der vietnamesischen Revolution*, ist einem Lernprozeß zu verdanken, der aus unmittelbaren Erfahrungen aus den Emanzipationskämpfen in den Metropolen selbst seine Nahrung erhielt und der schließlich in einer Dialektik mit den Befreiungsbewegungen in der dritten Welt, allen voran in Vietnam, eine Erfahrungsbasis hatte, die schließlich alle pazifistischen Illusionen hinwegspülen sollte zugunsten der Forderung, daß in Vietnam wie in den Metropolen der Imperialismus beseitigt werden müsse, um ein menschenwürdiges Leben auf diesem Globus zu ermöglichen. Die Tatsache, daß dieser Lernprozeß unter den Militanten in Westeuropa ungefähr gleichzeitig ablief, ermöglichte den »Internationalen Vietnamkongress«, der Mitte Februar 1968 in Westberlin stattfand. Vom SDS organisiert und von 11 sozialistischen und trotzkistischen Organisationen aus Frankreich, Italien, Holland, Großbritannien und anderen Ländern veranstaltet, von Solidaritätsadressen der westeuropäischen Intelligenz (Bertrand Russel, Jean-Paul Sartre, Ernst Bloch, Helmut Gollwitzer, Herbert Marcuse, Luchino Visconti, Michelangelo Antonioni, Pier Paolo Pasolini, Giorgio Strehler, Hans Werner Henze, Luigi Nono, Alberto Moravia, Lelio Basso, Peter Weiss u.a.) beflügelt, von einer internationalistischen und militanten Demonstration abgeschlossen, signalisierte dieses Ereignis eine Qualität und Solidarität des Anti-Imperialismus in Westeuropa, wie sie seit dem spanischen Bürgerkrieg nicht mehr erreicht worden war.

Diese Einheit zerfiel in den folgenden Jahren in dem

17./18. Februar 1968: »Internationaler Vietnam-Kongreß« in der Technischen Universität Berlin

Maße, in dem die Beteiligten neue Identitäten in verschiedenen Organisationen und Parteien suchten.

Unberührt von diesen Differenzierungen blieb die schweigende Mehrheit, die von Anfang an sich gegen Hinterfragungen ihres Selbstverständnisses abpanzerte, Widersprüche in ihrer Moral mit dem Essen in Magensäuren verbrannte und ausschied und sich militant gegen alles wandte, was das spärlich im Gewebe der Unterdrückungsmechanismen Zusammengetragene zu gefährden schien. Der Haß auf die, die sich für die Feinde der vermeintlichen Freunde engagierten, gehört in dieses Kapitel hinein, denn er ermöglichte diesen Vernichtungskrieg der USA ebenso, wie seine Verunsicherung half, ihn zu beenden.

Reaktion des Berliner Senats auf den Vietnam-Kongress an der FU

Für Freiheit und Frieden

Ein Aufruf zur Teilnahme an der Kundgebung auf dem John-F.-Kennedy-Platz.

Der Senat von Berlin, das Abgeordnetenhaus von Berlin, die im Abgeordnetenhaus vertretenen Parteien, die Gewerkschaften und der Ring politischer Jugend haben einen Aufruf erlassen, in dem die Berlinerinnen und Berliner zur Teilnahme an der Kundgebung vor dem Rathaus Schöneberg am Mittwoch, dem 21. Februar, um 16.30 Uhr aufgefordert werden. Der Aufruf hat folgenden Wortlaut:

»Berlinerinnen und Berliner!

Unsere Stadt steht für Freiheit und Frieden. Das haben wir in der Vergangenheit bewiesen. Das werden wir auch in Zukunft beweisen.

Was die Berliner denken und wollen, werden sie morgen vor der Welt kundtun.

Wir wissen, wer unsere Freunde sind. Wir lassen uns von ihnen nicht trennen. Wir wissen auch, wo unsere Gegner stehen.

Alle Berliner sind zur Kundgebung vor dem Rathaus Schöneberg am Mittwoch um 16.30 Uhr aufgerufen.

Berlin steht für Freiheit und Frieden.«

Auszug aus der Rede des Vorsitzenden der Jungsozialisten, Landesverband Berlin, auf der Senatskundgebung am 21.2.1968:

Wir haben uns hier versammelt, um zu bekunden: Berlin steht für Freiheit und Frieden. Das war in der Vergangenheit so, und daran kann auch die kleine Zahl der Mini-Revoluzzer und Krawallmacher in dieser Stadt nichts ändern.

Als Sprecher der jungen Generation stelle ich fest: Es gibt keine Gemeinsamkeit zwischen der überwiegenden Mehrheit der Berliner Jugend und denen, die Lehrfilme zum Bau von Molotow-Cocktails zeigen, die Fensterscheiben einschlagen, die in Kirchen randalieren, die – gewollt oder ungewollt – mit den Kommunisten gemeinsame Sache machen...

Unsere politische Haltung ist eindeutig. Wer unter Ho-Tchi-Minh-Bildern, unter der Losung »Schafft zwei, drei... viele Vietnams« demonstriert, der meint das Gegenteil von Frieden und Freiheit. Wir sind für den Frieden in Vietnam, aber für einen politischen Frieden, nicht für den militärischen Sieg des Vietkong. Unser Bekenntnis zum Frieden ist unteilbar. Deshalb dürfen wir nicht zulassen, daß verantwortungslose Extremisten Frieden und Freiheit sagen, um damit ihren Feldzug gegen unseren demokratischen Rechtsstaat und die parlamentarische Demokratie tarnen zu können...

Auszug aus der Rede des Berliner DGB-Vorsitzenden und Präsidenten des Berliner Abgeordnetenhauses, Walter Sickert:

Ich freue mich, daß ich angesichts dieser machtvollen Kundgebung mit der Feststellung beginnen kann: Was in den vergangenen Wochen und Monaten lärmend und randalierend über den Kurfürstendamm und durch andere Straßen zog – das war nicht Berlin. Berlin ist hier!

Wir haben uns nicht zusammengefunden, um Haß gegen Haß, Gewalt gegen Gewalt oder Terror gegen Terror zu setzen. Wir haben uns zusammengefunden, um vor aller Welt zu bekunden: Die Menschen dieser Stadt sind entschlossen, das zu verteidigen, wofür die Berliner Arbeitnehmer in den bitteren Zeiten des Aufbaus und der Not unter Einsatz aller Kraft gearbeitet haben: unser blühendes demokratisches Gemeinwesen, unseren Rechtsstaat, unsere Freiheit! (...)

Die Handvoll Revoluzzer und ihre kritiklosen Mitläufer irren sich in einem entscheidenden Punkt: Die Berliner Arbeitnehmer lassen sich das nicht wieder nehmen, wofür sie gelitten und gedarbt haben, statt den Lockungen und Versprechungen des Ostens zu erliegen. Sie sind frei in einem demokratischen Rechtsstaat, und sie bleiben frei.

Darum geht es nämlich. Es geht den Demonstranten gar nicht um Vietnam oder um eine Hochschulreform. Sie wollen die Axt anlegen an die Wurzeln unseres Staates. Wenn es am Sonntag tatsächlich darum gegangen wäre, für eine möglichst baldige Beendigung des Blutvergießens in Vietnam einzutreten – die Gewerkschaften wären dabeigewesen. Die Gewerkschaften sind gegen jeden Krieg, auch gegen den in Vietnam. Aber es ist nicht unsere Sache, für einen Sieg der Vietkong über die USA oder für die Beseitigung unserer Demokratie zu marschieren...

Die Senatskundgebung »Für Freiheit und Frieden« – Ein Stimmungsbild.

Ein Amateurfotograf, der das Verbrennen einer roten Fahne nicht mehr knipsen konnte, weil sein Film zu Ende war, versuchte unauffällig zu verschwinden. Der Verwaltungsangestellte Mende, der Rudi Dutschke ähnelte: »Als ich wegging, folgte mir ein älterer Mann mit einer roten Armbinde. Er begann mich zu stoßen und rief: ›Kommunistensau, hau ab.‹ Da tönte es plötzlich aus der Menge heraus, immer lauter: ›Hier ist Dutschke.‹ Das ging wie ein

Lauffeuer durch die ganze Menge. Sie kam in Bewegung und rückte auf mich zu.

Da rief ich: ›Ich bin ein Arbeiter wie ihr.‹ Man trat mir dennoch mit Schuhen ins Gesicht. Dann hatte jemand eine Flasche in der Hand und schlug auf mich ein. Ich spürte am ganzen Körper nur noch Schläge. Irgendwie konnte ich mich aber wieder aufrappeln.«

Die Zahl der Verfolger draußen wuchs. Aus zuerst zwanzig wurden viele Hundert. Mende suchte in einer Filiale der Firma Eduard Palm & Co. Schutz, wurde aber von einem Angestellten aus dem Laden gewiesen, ging unter den Schlägen zu Boden, rappelte sich wieder hoch und stürzte einem Polizeikommissar in die Arme.

Diesem Zugführer einer Berliner Polizei-Inspektion, 42 Jahre alt, gelang es nur mit Mühe, den Verfolgten vor den erregten Berlinern zu schützen. Der Polizeioffizier, der auf Geheiß seiner Dienststelle seinen Namen nicht nennen darf, zum »Stern«: »Wir hatten schon einige Zwischenfälle vorher erlebt. Es war für uns eine ganz neue Erfahrung; das war ja eine entmenschte Masse. Ich war gerade nach vorn gegangen, um die Lage zu erforschen, als mir der junge Mann entgegengerannt kam. Er lief mir direkt in die Arme, fiel mir um den Hals und stammelte: ›Um Gottes Willen, schützen Sie mich, die wollen mich totschlagen.‹

Hinter ihm her kamen an die tausend Leute, die uns beide nun noch vierzig Meter weit verfolgten. Dann hatten sie uns eingeholt. Die Leute johlten und riefen: ›Schlagt den Dutschke tot.‹ Ich bekam Schläge auf den Rücken. Wir wurden zu Boden geworfen. Die Menge war außer sich. Wir haben uns dann die letzten Meter bis zum Wagen irgendwie hingeschleppt. Ich konnte gerade noch die Tür aufreißen und den jungen Mann hineinstoßen.«

Mende erinnert sich: »Die Leute wollten darauf den Mannschaftswagen umkippen. Zwei von ihnen schlugen eine Scheibe ein. Ich sah durch das Fenster entstellte und tierische Gesichter. Die Menge brüllte draußen: ›Lyncht ihn, hängt ihn auf.‹«

(aus: Stern Nr. 10, 1968)

Vietnam-Chronik

Ho Chi Minh kämpfte 50 Jahre lang gegen die Imperialisten und Invasoren Vietnams.
Oben: Auf dem Kongreß der französischen Sozialisten in Tours 1920 griff der junge Ho die Kolonialherren zum ersten Mal an.
Unten: Ho Chi Minh als Staatschef Nordvietnams. Er stirbt 1969 und erlebt die gänzliche Befreiung des Südens nicht mehr.

1859–83 Französische Truppen erobern Annam. Beginn der Kolonialherrschaft.

1940 Japanische Truppen besetzen Vietnam im Einvernehmen mit Vichy.

1941 Gründung der von Kommunisten (Ho Chi Minh) geführten Widerstandsbewegung Vietminh, die von der US-Regierung unterstützt wird.

1945 *März:* Staatsstreich der japanischen Truppen gegen die französische Kolonialverwaltung.
September: Ho Chi Minh proklamiert die »Demokratische Republik Vietnam«.
September: Unterzeichnung eines modus vivendi zwischen Ho Chi Minh und der französischen Regierung in Paris.
November: Französische Truppen beschießen Haiphong; 6000 Tote. Beginn des Indochina-Krieges.

1949 *März:* Frankreich gründet den »Staat Vietnam« unter Bao Dai.

1950 *Mai:* Beginn der US-Militärhilfe für die französischen Vietnamtruppen. (Kosten 1953: über 1 Milliarde Dollar.)

1954 *8.5.:* Kapitulation von Dien Bien Phu.
26.4.–21.7.: Genfer Konferenz. Festlegung des 17. Breitengrades als Demarkationslinie bis zum 20. Juli 1956, dem letzten Datum für Wahlen unter internationaler Kontrolle in ganz Vietnam. Bis dahin regiert Ho Chi Minh in Nordvietnam, Bao Dai in Südvietnam.
7.7.: US-Truppenstärke in Südvietnam: 684.
24.10.: Eisenhower sagt Diem US-Hilfe zu und »erwartet, daß diese Hilfe durch die nötigen Reformen ergänzt wird«. »Wären zur Zeit der Kämpfe Wahlen abgehalten worden, hätte wahrscheinlich 80% der Bevölkerung eher für den Kommunisten Ho Chi Minh als für Staatschef Bao Dai gestimmt.« (D. Eisenhower, Mandate for Change)

1955 *20.7.:* Diem lehnt die von Nordvietnam vorgeschlagene Konferenz zur Vorbereitung gesamtvietnamesischer Wahlen ab.
10.8.: »Die südvietnamesische Regierung betrachtet sich als in keiner Weise an die Genfer Abkommen gebunden«. (Ngo Dinh Diem)
23.10.: Nationalreferendum setzt Bao Dai ab und erklärt mit 98,8% Diem zum Staatsoberhaupt.

1956 *20.7.:* Die im Genfer Abkommen vorgesehenen gesamtvietnamesischen Wahlen finden nicht statt.

1959 *Mai:* Gesetz 10/59. Militärgerichte können jeden »Saboteur« zum Tode oder zu lebenslänglicher Zwangsarbeit verurteilen.
30.8.: Nationalwahlen. Oppositionskandidaten sind nicht zugelassen.

1960 *26.4.:* Achtzehn südvietnamesische Minister, Professoren und Priester richten – »ohne Rücksicht auf Konsequenzen, die das für uns hat« – einen öffentlichen Aufruf an den südvietnamesischen Premierminister Diem, »das System zu liberalisieren, die Demokratie zu fördern, ein Minimum an Bürgerrechten zu garantieren, Opposition zuzulassen, den Familien- und Partei-Nepotismus zu beenden und das Vertrauen in eine ehrenhafte und gerechte Regierung zu erneuern«.
20.12.: Gründung der Nationalen Befreiungsfront (FNL); Vorsitzender wird der Saigoner Rechtsanwalt Nguyen Hu Tho. »Die FNL wurde nicht auf Anregung Hanois gegründet und wird auch nicht von dort geleitet.« (Le Monde, 21.4.1965)

1961 *18.10.:* Dem Ermächtigungsgesetz für Diem folgt eine Notstandserklärung.
US-Truppenstärke in Vietnam: 3500.

1962 *April:* Erste »Strategische Dörfer«, in denen US-Soldaten südvietnamesische Zivilbevölkerung zusammenpferchen, um den »Vietcong« die Basis zu entziehen.

1963 *2.1.:* Erste offene Schlacht (bei Apbac) zwischen FNL und südvietnamesischen Truppen, die unterliegen.
»Es ist höchst beunruhigend festzustellen, daß die Republik Südvietnam nach sieben Jahren nicht mehr, sondern weniger gefestigt ist und dem Ziel einer populären, verantwortungsvollen und verständnisvollen Regierung heute entfernter statt näher. Das amerikanische Interesse rechtfertigt es nicht, den dortigen Krieg zu einem amerikanischen zu machen«, heißt es im Bericht der Vietnam-Kommission des US-Senats vom 25.2.
11.6.: Erste Selbstverbrennung eines buddhistischen Mönches als Protestaktion gegen das Regime Diems, das im Mai des Jahres ein Blutbad in Hue angerichtet hatte.
21.8.: Diem erklärt Standrecht für ganz Südvietnam.
»Diem ist ohne Verbindung zum Volk.« (J.F. Kennedy, 2.9.)
1.11.: Ermordung Diems, Sturz der Regierung. Bis Juni 1965 häufiger Regierungswechsel und mehrfache Staatsstreiche.
4.11.: US-Außenminister Dean Rusk lehnt de Gaulles Vorschlag zur Neutralisierung Vietnams ab.
15.11.: Der US-Militärsprecher in Saigon kündigt für den 3.12. den Abzug von 1000 US-Soldaten an.
22.11.: Ermordung Kennedys.
24.11.: Präsident Johnson erklärt, er werde den Krieg »fortsetzen«. Beginn der »escalation«.

1964 *30.1.:* Staatsstreich, General Khanh wird Premierminister Südvietnams.
April: Khanh erklärt, daß 7 Millionen Einwohner (= 57% der Landbevölkerung) unter der Kontrolle der FNL leben.
23.6.: »Die USA sind bereit, die Ausweitung des Krieges in Südvietnam zu riskieren.« (Verteidigungsminister Robert McNamara)
Juli: Aufruf von 5000 amerikanischen Professoren und Dozenten zur Beendigung des Krieges in Vietnam. – US-Truppenstärke: 23500.
24.7.: Johnson lehnt den Vorschlag de Gaulles, eine internationale Konferenz einzuberufen, ab.
4.8.: Zwischenfall im Golf von Tongking. Der US-Zerstörer »Maddox« berichtet von einem Torpedoangriff nordvietnamesischer Wachboote, um einen Vorwand zum Beginn der Luftangriffe auf Nordvietnam zu haben.
September: Ablehnung des ersten, von UN-Generalsekretär U Thant vermittelten nordvietnamesischen Verhandlungsangebots durch Dean Rusk.

1965 *Januar:* Ablehnung des zweiten, durch U Thant vermittelten nordvietnamesischen Verhandlungsangebots durch Dean Rusk.
Februar: Das Pentagon bestätigt, daß von 7500 erbeuteten FNL-Waffen 179 kommunistischer (= 2,5%), der Rest westlicher Herkunft (überwiegend amerikanischer) sind. 19550 festgenommene »Infiltratoren« sind fast sämtlich Südvietnamesen, nur sechs stammen nachweislich aus Nordvietnam.
7.2.: Regelmäßige Luftangriffe auf Nordvietnam beginnen.
19.3.: Bombardierung des Dorfes Man Quang.
24.3.: US-Truppen setzen zum erstenmal Gas ein.
»Die Unvollkommenheiten des Menschen sind nun einmal derart, daß die Gewalt oft der Vernunft vorausgehen muß und die Vergeudung des Krieges den Werken des Friedens« (erklärt Lyndon B. Johnson, am 8.4.).
11.6.: Staatsstreich: General Cao Ky wird Premierminister. US-Truppenstärke: 54000.
»Ich habe nur ein Vorbild: Hitler.« (General Ky, 6.7.)
»Durch zehn Jahre hindurch haben die Vereinigten Staaten das Genfer Abkommen von 1954 verletzt und versuchten, einem politischen und wirtschaftlichen Problem eine militärische Lösung aufzuzwingen.« (Wayne Morse, demokratischer Senator, 7.8.)
September: US-Truppenstärke: 129000.
Dezember: Aufruf von 200 westdeutschen Schriftstellern und Professoren zur Beendigung des Krieges in Vietnam.
Tote (1965): etwa 108000 (davon 72000 Zivilisten).

1966 *Mai:* Senator J.W. Fulbright warnt die amerikanische Regierung und Nation von der »Arroganz der Macht«. – Kämpfe und Meutereien in Da Nang und Huë.
Juli: Großbritannien, der Vatikan, Frankreich, Indien und andere Länder protestieren gegen die Ausweitung des Bombenkrieges auf nordvietnamesische Städte.
August: Seit Beginn der Luftangriffe wurden von US-Flugzeugen über Nordvietnam mehr Bomben abgeworfen als im gesamten zweiten Weltkrieg.
November: Die US-Truppenstärke beträgt jetzt 385000. – US-Militärbudget für Vietnam seit Beginn des Krieges: 28 Milliarden Dollar.

1967 *August:* US-Truppenstärke: 400000. – Tote: 13600 US-Soldaten, 55000 südvietnamesische Soldaten, 228000 FNL-Soldaten. – Das US-Militärbudget für Vietnam (für 1968) beträgt 24 Milliarden Dollar.

1968 Beginn der Tet-Offensive der FNL im Februar, die zu einem großen militärischen Erfolg wird. Die Stadt Huë und große Teile des Landes werden unter Kontrolle der FNL gebracht, was dazu führt, daß der Oberbefehlshaber der US-Truppen in Vietnam, General Westmoreland (»Wir werden sie mit unseren ausgeklügelten Waffen, die sie sich nicht leisten können, so lange bearbeiten, bis sie nach Gnade winseln.«), am 31. März abgelöst wird.
16.3.: Massaker von My Lai – alle 500 Bewohner des Dorfes werden umgebracht.
3.4.: Einverständnis der USA zu Gesprächen über die Beendigung des Krieges.
10.5.: Beginn der Verhandlungen in Paris.
Unverminderte Luftangriffe der USA.
31.10.: Erstes Ergebnis der Pariser Verhandlungen: Die USA müssen ihre Kriegshandlungen gegen Nordvietnam einstellen. Die Luftangriffe und Entwaldungsaktionen in Südvietnam gehen unvermindert weiter.

1969 *18.1.:* Erstmalige Teilnahme der Nationalen Befreiungsfront Südvietnams (FNL) an den Verhandlungen in Paris.
Richard Nixon ist Präsident der USA. Auch unter seiner Regierung werden die Kampfhandlungen gegen die Bevölkerung Südvietnams fortgesetzt.
8.6.: Proklamierung der Republik Südvietnam und Bildung einer Provisorischen Revolutionären Regierung. Offizielles Staatsoberhaupt Südvietnams ist immer noch der von den USA ausgehaltene Van Thieu.

Am 16. März 1968 zerstörten amerikanische Soldaten das südvietnamesische Dorf My Lai und brachten nahezu alle Bewohner um. Frauen und Kinder werden zusammengetrieben und sehen in Todesangst, wie die Gewehre auf sie angelegt werden.

Erich Fried

Gleichheit Brüderlichkeit

Vietnam ist Deutschland
sein Schicksal ist unser Schicksal
Die Bomben für seine Freiheit
sind Bomben für unsere Freiheit

Unser Bundeskanzler Erhard
ist Marschall Ky
General Nguyen Van Thieu
ist Präsident Lübke

Die Amerikaner
sind auch dort die Amerikaner
Katholiken und Protestanten
sind dort Katholiken

doch die Sozialdemokraten
sind die Buddhisten
die Gewerkschaften sind die Vietcong
Hanoi ist Pankow

Saigon ist Bonn
und Westberlin ist Da Nang
Ein großer Teil des Landes
ist finsterer Urwald

Um festzustellen
wer bei uns Thich Tri Quang wird
ist die Umgebung von Bonn
noch zu wenig erforscht

Bonns Landesvaterrecht
über Berlin ist drum wichtig
und die Stadtkinder dort
sind strengstens zu kontrollieren

Ein buddhistisches Westberlin
wäre nur kleine Schritte
entfernt von Hanoi
Zwar es gibt auch loyale Buddhisten

die nicht wie Berliner
den eigenen Nabel beschauen
und Spiele spielen vor denen
der Landesvaterschaft grauset

In Vietnam ists für derlei zu spät
dort schützt man mit Notstandsgesetzen
die Kinder und ihre Mütter
faßt sie sicher und hält sie warm

und erhält in ihnen
ein brennendes Wissen lebendig
daß die Zukunft die Wieder-
vereinigung sein muß in Freiheit

Was denen dort teures Recht ist
erreicht mit Mühe und Not
uns hier ist es billig
in Vietnam schlägt das Herz von Deutschland

Ulrike Marie Meinhof

Vietnam und Deutschland

Das wird nun systematisch unter die Leute gebracht: In Vietnam verteidigt Amerika die westliche Freiheit; in Vietnam stellt Amerika seine Bündnistreue unter harten, rührenden, dankenswerten Beweis; Vietnam – das könnte morgen schon Deutschland sein. Nichts von all dem ist wahr. Nachweisbar ist nur, daß die Bevölkerung, die derlei glauben gemacht wird, und die Presse, die derlei glauben macht, bis hin zu den Politikern, die das bekräftigen, in diesem Krieg eine Funktion haben. Eine Funktion, die durchaus übersichtlich und benennbar ist, die aber mit deutschen Sicherheitsfragen nur sehr indirekt zusammenhängt. Die 100 Millionen Mark, die Bonn nach Vietnam geschickt hat, und die Friedensglocken, die die Berliner Presse organisiert hat, haben nichts mit Vietnam, dafür sehr viel mit Bonner Politik zu tun. (...)

Bonn, in der Ära John Foster Dulles groß geworden – triumphal waren Adenauers Amerika-Reisen in den fünfziger Jahren –, unterstützt den Vietnam-Krieg aus egoistischem, um nicht zu sagen aggressivem Interesse. Er beweist – fragwürdig genug – die Bedrohung aus dem Osten; er rechtfertigt die Strategie der Vorwärtsverteidigung, der Raketenbasen an den Grenzen der DDR; er gibt Gelegenheit, die USA täglich und stündlich an ihre Sicherheitsgarantien für Berlin und die Bundesrepublik zu erinnern; er liefert Nervosität und Zündstoff, wo Unfrieden in Deutschland gestiftet werden soll. Immerhin hat Barzel bekräftigt, was in der Regierungserklärung dokumentiert wurde: Es gäbe keinen Frieden in Europa ohne Wiedervereinigung. Sprich: Vietnam – das könnte morgen schon Deutschland sein. Die das propagieren, setzen sich dem Verdacht aus, dergleichen vorbereiten zu wollen.

Der dubiose Verein »Moralische Aufrüstung« hat das alles in einer ganzseitigen Anzeige in deutschen Tageszeitungen ausgesprochen. Da wurde dem Bundeskanzler eine gute Reise gewünscht, und er wurde gebeten, Johnson und dem amerikanischen Volk zu sagen, »daß wir Deutschen dankbar sind für die Opfer an Leben und Gut, die Amerika in Vietnam für die Freiheit – auch unsere Freiheit – bringt«. Und dann fand man sehr schnell den Dreh, den wir befürchten: »Die Fragen der Wiedervereinigung und der Oder-Neiße-Linie (sic!) werden nur dann eine echte Lösung finden, wenn wir alle unsere Kräfte gemeinsam für die Verwirklichung einer freien, auf allgemeinverbindlichen moralischen Maßstäben begründeten Weltordnung einsetzen. Amerika und Deutschland müssen sich entscheiden, mit der Ideologie der Freiheit voranzugehen.« Voran – wohin?

Um solch bösartiger Erwägungen willen bleiben dann alle Fakten auf der Strecke, die in Sachen Vietnam einfach und klar sind: Daß die Bündnistreue der USA diesem Land aufgezwungen wurde – also keine ist –, das war 1954, als Dulles das Land unter Diem in den Manila-Pakt manipulierte; als die freien Wahlen 1956 nicht stattfanden, weil Vietnam dann neutral geworden wäre, zweifelhafte Bündnistreue abgewiesen hätte. Dann bleibt auf der Strecke, daß es in Süd-Vietnam westliche Freiheit im Sinne von Pressefreiheit, Meinungsfreiheit, Religionsfreiheit nie gegeben hat und daß der Vietkong eine Volksbewegung ist, die mit dem Wort »kommunistisch« nicht definiert werden kann.

Damit das alles auf der Strecke bleibt und nicht bekannt wird, verhängt die Berliner Presse einen Anzeigenboykott gegen Wolfgang Neuss, veröffentlicht »Die Welt« nur 8 Zeilen über die 120-Zeilen-Erklärung der Schriftsteller und Hochschullehrer gegen den Krieg in Vietnam, dafür aber Krämer-Badonis Gegenaufruf und dreimal eine Serie von Leserbriefen gegen die praktisch unveröffentlichte Schriftstellererklärung. Es gehört zum Bonner Geschäft mit dem Vietnam-Krieg, daß der Bevölkerung Tatsachen vorenthalten werden, Zusammenhänge unklar bleiben, daß die Bevölkerung nichts durchschaut, aber mitmacht. (...)

(aus: Konkret Nr. 1, 1966)

Oben: Demonstration gegen den Vietnam-Krieg mit Bildern Ho Chi Minhs. (Auf dem Bild: Frank Wolff)
Unten: Gegenkundgebung des Berliner Senats vor dem Schöneberger Rathaus unter dem Motto »Berlin steht für Frieden und Freiheit«.

Ulrich Chaussy

Das Attentat auf Rudi Dutschke

Am Morgen des elften April 1968 um 9.10 Uhr fährt der Interzonenzug aus Richtung München im Westberliner Bahnhof Zoo ein. Unter den Reisenden, die mit ihren Koffern und Taschen bepackt aus den Waggons klettern und sich durch die Trauben der Wartenden auf dem Bahnsteig über Treppen und Gänge nach draußen drängeln, ist auch ein schmächtiger, junger Mann. Sein glattes Gesicht, bartlos und blaß, seine kurzgeschnittenen und sorgfältig gescheitelten Haare, die die Ohren freilassen, und sein scheuer Blick geben ihm das Aussehen eines gerade Achtzehnjährigen.

Josef Bachmann, der am Vorabend um 21.52 Uhr in München in den Interzonenzug gestiegen ist, sieht niemand seine vierundzwanzig Jahre an. Dagegen könnte ein geschulter Beobachter an der leichten Wölbung der hellbraunen Wildlederjacke unterhalb der linken Schulter feststellen, daß Bachmann eine Pistole im Schulterhalfter bei sich hat.

Aber das haben zu seiner Erleichterung nicht einmal die Volkspolizisten bemerkt, die wie immer mitten in der Nacht zur Paßkontrolle in das abgedunkelte Abteil traten und routinemäßig nach Funkgeräten und Waffen fragten. Sie haben auch keinen Blick in seine blaugrüne Einkaufstasche geworfen, in der er seine zweite Pistole, Marke »Röhm« RG5, Kaliber sechs Millimeter, die Gaspatronen und die etwa einhundert Schuß scharfe Patronen in Wäsche eingewickelt versteckt hatte. Einer der Grenzbeamten hat nur wie üblich den vor seinem Bauch hängenden Koffer mit Visaformularen, Stempeln und Fahndungsliste aufgeklappt, den ihm hingestreckten Paß durchgeblättert, im schnellen Wechsel das Bild im Paß und den zu ihm aufschauenden Bachmann fixiert, weitergeblättert, den Visumstempel auf eine freie Seite gedrückt, hat schließlich den Paß zurückgegeben, seinen Koffer zugeklappt und ist aus dem Abteil verschwunden. Bachmann hat gewartet, bis sich die Schritte der Beamten ein wenig entfernt anhörten, hat sich die braune Reisetasche aus dem Gepäcknetz gegriffen und daraus die Zeitungen, einen SPIEGEL und die BILD-Zeitung, die er vor der Abfahrt in München gekauft hatte. Die hat er dann gleich beiseite gelegt und sich einem Artikel aus der »Deutschen Nationalzeitung« vom 22. März 1968 gewidmet, den er aus einem Pappumschlag mit anderen Zeitungsausschnitten heraussuchte.

Unter der Schlagzeile

STOPPT DUTSCHKE JETZT!
Sonst gibt es Bürgerkrieg
Nazis jagen – Kommunisten hofieren?

sind fünf Fotos eines jungen Mannes zu sehen, eben dieses DUTSCHKE: Profil von links, von vorne, noch einmal Profil links, redend mit offenem Mund, halbrechts von vorne, Profil von rechts, Bilder, wie aus einer Fahndungskartei der Polizei.

(...)

Nach dem Lesen hat sich Bachmann noch einmal genau die Fotos angeschaut, das Licht gelöscht und zu schlafen versucht.

In Westberlin kennt sich Bachmann einigermaßen aus. Er ist am 11. April 1968 nicht zum ersten Mal in dieser Stadt. Vom Bahnhof Zoo aus geht er zu Fuß in die Kantstraße. Dort, in einem An- und Verkaufsgeschäft, versetzt er ein Kofferradio aus seinem Gepäck. Er bekommt dafür 32 Mark. Jetzt kann er immerhin frühstücken, nur ein paar Schrippen und Wurst, auf einer Bank beim Bahnhof Zoo. Es ist etwa elf Uhr.

Nach dem Frühstück geht er zu den auf Kundschaft wartenden Taxifahrern auf dem Bahnhofsvorplatz.

Stoppt Dutschke jetzt!
Sonst gibt es Bürgerkrieg
Nazis jagen - Kommunisten hofieren?

»Deutsche Nationalzeitung« vom 22. März 1968

»Wissen Sie vielleicht, wo Rudi Dutschke wohnt?«

Achselzucken ist die Antwort, fragen Sie doch mal bei Ulbricht nach in der Zone, sagt einer. Dann scheint ein anderer Bescheid zu wissen: »Der Dutschke ist doch so einer von der Kommune. Da müssen Sie in die Kaiser-Friedrich-Straße. Da sind die irgendwo.«

Bachmann macht sich auf den Weg. In der Kaiser-Friedrich-Straße trifft er einen Postboten. Von ihm erfährt er die Hausnummer. Er klingelt im Haus 54a. Nach einiger Zeit öffnet ein Mann mit Wuschelkopf die Tür. Den kennt Bachmann auch, das ist der Langhans. Von dem sind zu dieser Zeit auch alle paar Tage Bilder in der Zeitung. Aber Langhans sucht er nicht. Er sucht Dutschke und fragt nach ihm. Nein, Rudi wohnt hier nicht und ich weiß auch nicht wo, sagt Langhans und fügt noch hinzu, Bachmann solle doch mal im SDS am Kurfürstendamm 140 fragen. Dann schließt er die Tür wieder.

Bachmann sucht sich eine Telefonzelle, ruft an im Sozialistischen Deutschen Studentenbund, Landesverband Berlin, Kurfürstendamm 140. Aber die Telefonstimme gibt ihm über Dutschke keine Auskunft. Mit dem Einwohnermeldeamt ergeht es Bachmann genauso. Auskunftsersuchen grundsätzlich nur persönlich, gegen Bearbeitungsgebühr. Er könne aber vorbeikommen.

Ungefähr um 15.00 Uhr ist Bachmann dort. Student sei er, er komme aus Westdeutschland und wolle Rudi Dutschke besuchen, nur so, in einer Privatsache. Die Angestellte schiebt ihm ein Antragsformular über den Tresen, kassiert eine Mark, verschwindet zwischen den Karteischränken und kommt mit einem Zettel wieder. Darauf steht: Rudolf Dutschke, Student, 1000 Berlin 31, Kurfürstendamm 140, bei Mahler.

Was er weiter unternimmt, hält später der Staatsanwalt in der Anklageschrift fest:

»Mit dem Autobus fuhr er zum Bahnhof Zoo, aß hier einen Teller Linsensuppe und zwei Bouletten und ging dann zu Fuß zum Grundstück Kurfürstendamm 140. Er ging dann in das Haus hinein, suchte jedoch nicht das Büro des SDS auf, sondern verließ das Haus wieder. Vor dem Eingang fragte er ein zufällig vorbeikommendes ›Falken‹-Mitglied nach Dutschkes Anschrift. Er überlegte nun, ob er sein Vorhaben vorläufig aufgeben, nach München zurückfahren und dort Dutschke treffen sollte. Er wußte, daß Dutschke einige Tage später in München erwartet wurde.

Als er gegen 16.35 Uhr den Kurfürstendamm überquerte und auf dem Mittelstreifen stand, blickte er sich noch einmal um. Dabei sah er, daß Rudi Dutschke mit einem Fahrrad aus dem Hause Kurfürstendamm 140 trat.

Der Angeschuldigte ging zurück und auf Dutschke zu.

Auf der Fahrbahn des Kurfürstendamms stieß er aus Unachtsamkeit gegen einen fahrenden PKW, dessen Außenspiegel zerbrach. Der Fahrer hielt an und forderte vom Angeschuldigten Schadenersatz. Dutschke hatte inzwischen am Fahrbahnrand das Grundstück Kurfürstendamm 142 erreicht.

Der Angeschuldigte ging zu ihm hin.«

Rudi Dutschke erinnerte sich Jahre später so:

»An diesem 11.4.1968 befand ich mich cirka 50 Meter entfernt vom SDS-Zentrum auf dem Berliner Kurfürstendamm. Weitere 20 Meter hinter dem SDS-Zentrum befand sich die Apotheke, von der ich für unseren gerade dreimonatigen Sohn Medizin zu besorgen hatte. Die Mittags-

Rudi Dutschke mit seinem Sohn Hosea-Che

Kurfürstendamm 140, vor dem Eingang zum SDS-Zentrum

pause der Apotheke war noch nicht beendet. Cirka zehn Minuten hatte ich zu warten. Auf dem Fahrrad sitzend, mit einem Bein auf der Straße und dem anderen auf dem Gehweg, hin und herschauend – schließlich war die ganze Hetzzeit nicht vergessen und nicht ganz weg – versuchte ich die Zeit zu verbringen. Nach einigen Minuten sah ich, wie ein Auto auf dem Mittelstreifen des Kudamms einparkte, fast genau dem SDS-Zentrum gegenüber. Ein Mann stieg aus, ging nicht über die Straße, sondern setzte sich auf dem Mittelstreifen in meine Richtung in Bewegung. Ohne etwas zu ahnen, sah ich, wie er immer näher kam. Dann stand er nur noch sechs bis sieben Meter vor mir auf dem Mittelweg der Straße. Nachdem die letzte Autowelle an ihm und mir vorübergefahren war, ging Bachmann nun über die Straße, dicht an mir und meinem Fahrad vorbei auf den Gehweg. Kaum hatte er diesen erreicht, wandte er sich direkt an mich und fragte, vielleicht zwei Meter entfernt: ›Sind Sie Rudi Dutschke?‹

Ich zögerte nicht und sagte ›Ja‹.«

Nur kurz liegt Rudi blutend und regungslos nach Bachmanns Schüssen auf der Fahrbahn des Kurfürstendamms, Sekunden nur, in denen sich vom Peitschen der Schüsse in Panik versetzte Fußgänger aus Angst auf den Boden werfen, und jetzt, wo es ruhig geworden ist, den Kopf heben und Bachmann nachschauen, der hastig in Richtung Bahnhof Zoo davonrennt, da wacht Rudi aus seiner kurzen Bewußtlosigkeit auf, kommt taumelnd auf die Füße, fährt sich mit den Händen durch das Gesicht, besieht seine blutigen Hände und bricht nach wenigen Schritten in Richtung SDS-Zentrum wieder zusammen.

Zwei Passanten stürzen auf ihn zu, greifen ihm unter die Arme, er wehrt sich, will alleine weiter und schafft es nicht, seine Helfer packen ihn gegen seinen schwächer werdenden Widerstand fester und führen ihn zu einer Sitzbank an der Ecke von Kudamm und Johann-Georg-Straße, direkt vor dem SDS-Zentrum. Dort betten sie ihn auf die Bank, schieben notdürftig eine Jacke als Kissen unter den blutenden Kopf. Die Neugierigen und Schaulustigen, die sich jetzt in Minutenschnelle in einer dichten Traube rund um die Sitzbank scharen, reden schon wieder. Einige erzählen, wie sie ihn schreien hörten, nach den Schüssen, schreien nach Vater und Mutter, daß er: Mörder! gerufen hat und auch: Ich muß zum Frisör! und auch wirre und unzusammenhängende Worte. Noch ist die Polizei nicht da, noch können die Spaziergänger alles aus der Nähe sehen, Rudis umgestürztes Fahrrad mit der braunen Lederaktentasche voller Bücher am Lenkrad, seine beiden Schuhe und die zerbrochene Armbanduhr auf der Fahrbahn, die Blutspur von dort bis zu der Bank, auf der er halb besinnungslos und unruhig liegt.

Die Betroffensten bleiben schweigend kurz stehen, die Aktentaschen und für die Ostertage prall gefüllte Einkaufsbeutel ziehen ihre Arme zu Boden und verstärken den Ausdruck von Ratlosigkeit in ihren Gesichtern. Nicht lange, und sie gehen weiter, nach Hause. Andere, so berichten später Reporter vom Tatort, geben mit verschränkten Armen ihre Kommentare ab. »Man braucht ja nicht gleich zu schießen, aber daß der mal einen Denkzettel abgekriegt hat, ist ganz gut«, soll einer gesagt haben, und ein anderer: »Sieh mal an, wenn's ans Sterben geht, ruft sogar der nach Vater und Mutter.«

Um 16.40 Uhr stoppt der Funkstreifenwagen »berta 47« am Tatort. Die Polizisten springen heraus, laufen auf die Menschentraube um Rudi herum zu, drängen sich in die Mitte. Die Umstehenden fassen die Polizisten am Arm, deuten Kudamm-aufwärts in die Richtung, in die Josef Bachmann losgerannt ist; die Beamten sehen den blutüber-

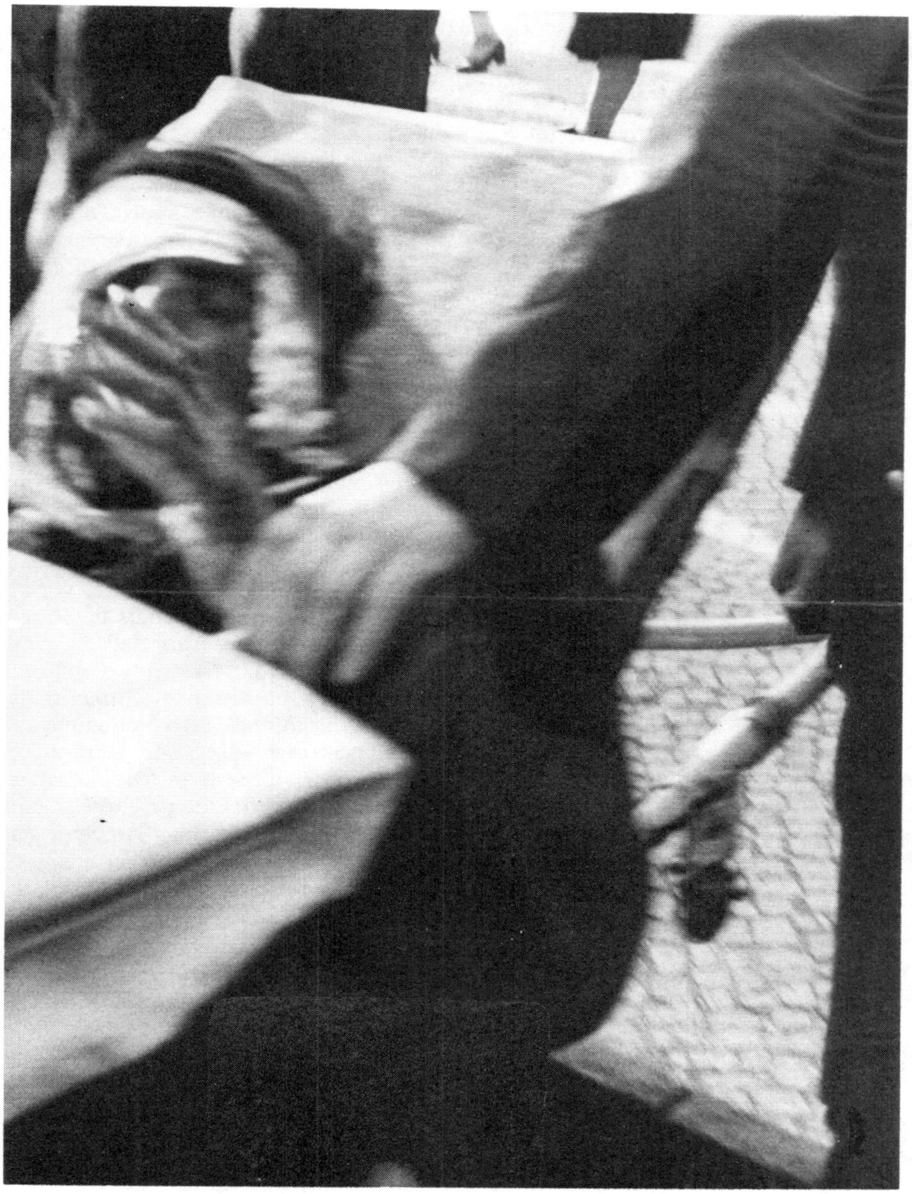

Wolf Biermann
Drei Kugeln auf Rudi Dutschke

Drei Kugeln auf Rudi Dutschke
Ein blutiges Attentat
Wir haben genau gesehen
Wer da geschossen hat
Ach Deutschland, deine Mörder!
Es ist das alte Lied
Schon wieder Blut und Tränen
Was gehst Du denn mit denen
Du weißt doch was dir blüht!

Die Kugel Nummer eins kam
Aus Springers Zeitungswald
Ihr habt dem Mann die Groschen
Auch noch dafür bezahlt
Ach Deutschland, deine Mörder!

Des zweiten Schusses Schütze
Im Schöneberger Haus
Sein Mund war ja die Mündung
Da kam die Kugel raus
Ach Deutschland, deine Mörder!

Der Edel-Nazi-Kanzler
Schoß Kugel Nummer drei
Er legte gleich der Witwe
Den Beileidsbrief mit bei
Ach Deutschland, deine Mörder!

Drei Kugeln auf Rudi Dutschke
Ihm galten sie nicht allein
Wenn wir uns jetzt nicht wehren
Wirst du der Nächste sein
Ach Deutschland, deine Mörder!

Es haben die paar Herren
So viel schon umgebracht
Statt daß sie euch zerbrechen
Zerbrecht jetzt ihre Macht!
Ach Deutschland, deine Mörder!

strömten Mann liegen, sehen, daß dem nur die bereits alarmierten Sanitäter helfen können, wenn überhaupt jemand, machen gleich kehrt und nehmen die Verfolgung des Täters auf. Sie stellen ihn etwa 150 Meter vom Tatort entfernt.

(...)

17.30 Uhr. Unter dem Feuerschutz eines Kollegen dringt ein Polizist in den Keller auf einem Baugrundstück in der Nestorstr. 54 ein. Er fordert Josef Bachmann auf, aufzugeben und die Waffe wegzuwerfen. Bachmann antwortet nicht, er schießt auf den Beamten, der auf ihn zukommt. Der schießt zurück und trifft. Bachmann schreit auf und bricht, in Brust und Arm getroffen, zusammen. Sanitäter kommen und transportieren ihn auf einer Bahre ab.

(...)

Die Genossen. »Im SDS-Zentrum ratlose SDS-Genossen, einige weinen. Leise, aufgeregte Stimmen. Was tun? Jemand berichtet über eine Nachricht im SFB: Rudi Dutschke ist tot. Verzweiflung breitet sich auf den Gesichtern aus. Alle sind gelähmt. Jemand ruft im Albrecht-Achilles-Krankenhaus an, in das man Rudi Dutschke gebracht hat. Im Krankenhaus kann man keine Auskunft über Dutschkes Zustand geben. Vor ein paar Minuten ist er mit einem Krankenwagen weiter ins Westend-Krankenhaus gebracht worden zur Gehirnchirurgie. Dort: keine Auskunft.

Christian Semler steht an der Fensterbank und kritzelt eine Presseinformation auf einen Zettel: Wenn auch der Attentäter noch nicht identifiziert sei, so stehe doch fest, daß der Hauptschuldige für diesen Mordanschlag Springer sei, denn seine Zeitungen schafften erst die atmosphärischen Voraussetzungen für eine solche Tat.

18.30 Uhr. Die Nachricht verbreitet sich, daß Rudi Dutschke lebt, seine Chancen seien 50:50. Die Atmosphäre entkrampft sich. Die fertig formulierte Pressemitteilung wird an alle Nachrichtenagenturen gegeben. Laufend klingelt das Telefon. Journalisten fragen an, Mitglieder der außerparlamentarischen Opposition erkundigen sich nach Rudis Befinden. Ein Flugblatt wird gedruckt. Die führenden Leute des Berliner SDS tagen in einem geschlossenen Raum. Aktionen werden diskutiert, wieder verworfen.

Soll man auf die Straße gehen? Die Auslieferung der

15 Pf
B·Z
Die größte Zeitung Berlins

Berliner fordern: Schluß mit Terror und Krawall

Schütz will hart durchgreifen

Berlin, 6. Febr. „BZ

„Macht Schluß mit Terror und Krawall!" So reagierten gestern breite Kreise der Berliner Öffentlichkeit zu den jüngsten Ausschreitungen in unserer Stadt. „Wir fordern schnelleres und konsequenteres Einschreiten", erklärte die Gewerkschaft ÖTV. Die CDU kritisierte den Senat wegen einer „Politik harter Worte und ständiger Tatenlosigkeit". Der „Regierende" Schütz will hart durchgreifen. Er plant ein Gesetz, mit dem Krawallmacher von den Universitäten gewiesen werden können.

(Berichte auf den Seiten 2 und 7.)

Stoppt den Terror der Jung-Roten jetzt!

Seit Jahren streift mit schöner Regelmäßigkeit immer wieder ein Hauch jugendlichen Zorns unser Land:

- Erst — zwischen 1952 und 1953 — machten randalierende Motorradfahrer unsere Städte unsicher;
- dann — 1956/57 — schmierten junge Rabauken Hakenkreuze an Kirchen und Gräber;
- und jetzt — 1967/68 — gibt es den Wanderzirkus ...tion — in Berlin, in ...rg, in Bo-

Wie lange wollen sie noch zulassen, daß unsere jungen Leute von roten Agitatoren aufgehetzt, daß unsere Gesetze in Frage gestellt, unterwandert und mißachtet werden?

Sind wir denn eine Apfelsinen-Republik, in der man Recht und Gesetz, Autorität und Ordnung unter fadenscheinigen Vorwänden mit Füßen treten darf? In der man den gesetzestreuen Bürger zum Trottel, den Gesetzesbrecher zum Helden machen darf? Und in der man den Amerikanern ...n Fenster ein- ...leichen

Springer-Zeitungen verhindern? Den gesamten Straßenverkehr in Berlin lahmlegen? Das Rathaus besetzen? Soll man zum aktiven Widerstand aufrufen? Gar nichts tun?

Man beschließt fürs erste, um 19.00 Uhr eine Pressekonferenz im Republikanischen Club anzusetzen. Aber um 19.00 Uhr berät man noch immer. Eine um 20.00 Uhr im Auditorium Maximum der Technischen Universität geplante Veranstaltung wird »umfunktioniert« und zum Diskussionsabend über die nächsten Aktionen gemacht.

20.00 Uhr Audimax TU, ein Schild in dünnen Lettern seit Spätnachmittag vor dem SDS-Zentrum am Kurfürstendamm, 20.00 Uhr Audimax TU, sagt jeder jedem weiter, der fragt, wie es weitergehen soll. 20.00 Uhr Audimax TU, randvoll mit über 2000 ratlosen Leuten, die darauf warten, daß jemand zu ihnen spricht, alles erklärt, daß etwas passiert. Schweigen, rote Fahnen, Flugblätter. Dann kommen die Genossen aus dem SDS-Zentrum. Dort, hinter der verschlossenen Tür im Versammlungsraum am Nachmittag haben sie selber geschwiegen, als das Gerücht umging, Rudi sei tot. Einige haben geweint. Jetzt brechen sie die ohnmächtige Stille mit harten Worten.

»Ich darf daran erinnern, welche Pogromhetze gerade von den Abgeordneten dieses Berliner Senats nach dem zweiten Juni stattfand. Ich erinnere daran, daß ein Neubauer und ein Schütz anläßlich der Vietnam-Konferenz diese außerparlamentarische Opposition zusammenschlagen wollten. Ich erinnere daran, daß auch Neubauer und Schütz zusammen mit der Springer-Presse die Verantwortung für einen Mörder tragen, der sich an Rudi herangemacht hat, um ihn niederzuschießen. Und ich spreche ganz deutlich aus, die wirklichen Schuldigen heißen Springer, und die Mörder heißen Neubauer und Schütz!«

Oster-Spaziergang

„Jetzt wird ein Abfluß gebaut, bevor's 'ne Überschwemmung gibt"

„Darf meine Frau heute ins KaDeWe gehen?"

Karikaturen aus Springer-Zeitungen

Frankfurt,15.5.1968

Du hast nicht nur drei Kugel verdiant,du hast vier Kugel verdient.Leider,eine hat gefehlt.Aber du sollst nicht verrecken, sondern dein ganzes Leben Krüppel bleiben und leiden,leiden...Als kommunistisches Schwein und Verräter hast du es verdient! Aber dann verschwinde aus Deutschland, Verräter.Hau ab nach Moskau,du kommunistisches Schwein!   P.B

BIELEFELD, DEN 16.4.68

LIEBER RUDI!

HAU AB AUS DEUTSCHLAND! IHR ROTEN AHNT NOCH NICHTS VON EUREM GLÜCK.
BACHMANN HATTE EINE SCHLECHTE WAFFE. MEINE MÄNNER HABEN BESSERE. GUTE BESSERUNG!

Heinrich M

GENANNT: „GESTAPO MÜLLER"

Lieber Rudi Dutschke,

wir wünschen Ihnen eine baldige Genesung, daß Sie schon bald wieder für Ihre Grundsätze voll einsatzfähig sind
Wir sind zwei Leverkusener Oberschülerinnen, die Ihr Bestreben schon vom Anfang an verfolgten und Ihre Meinung in der Hauptsache teilen. Deswegen waren wir sehr Bestürtzt, als wir von dem Attentat, das man auf Ihnen verübte gehört hatten. Das ist auch der Grund, daß wir Ihnen schreiben. Daran können Sie auch erkennen, daß nicht nur die Studenten Ihrer Meinung sind, sondern auch der größte Teil der Schüler, die nicht bei den Demonstrationen dabei waren.

Zwei Ihrer Mitstreiter,
für Recht, Freiheit, Ordnung und Demokratie
Karin J   und Helga B

»... Auf dem Weg dahin haben wir im Amerikahaus die ganzen Scheiben eingeschmissen. Bei dieser Demonstration auf dem Weg zur Kochstraße ist bei mir mein ganzes Leben, alles nochmal abgelaufen, verstehst du. Alle Schläge, die ich abgekriegt habe, was du so erlebst, was du als Ungerechtigkeit empfindest. Die Empörung über das Attentat an Rudi war inzwischen in ganz Deutschland so groß, und in allen Städten ist am selben Abend etwas passiert, da war so eine Stimmung voll Sympathie fürRudi, daß die Bullen gar nicht einschritten. Sie haben sich anders verhalten als sonst. Da waren Polizeioffiziere, die haben gesagt, Kinder, wir können euch doch verstehen, aber machts nicht zu doll, die haben ja in dem Getümmel noch richtig mit uns gesprochen. Als ich denn über die Straße bin und diese Fackeln und dieses Rufen immer ›Ru-di Dutsch-ke‹, das war eben für mich eine Verkörperung der ganzen Geschichte. Die Kugel war genauso gegen dich, da haben sie das erste Mal nun voll auf dich geschossen. Wer da schießt, ist scheißegal. Deshalb sind wir denn auch gleich auf dieses Springer-Haus zu und haben Steine rin geschmissen. Aber irgendwo haben die Leute nicht richtig mitgemacht, nur die ersten Reihen, die voll druff waren, der Rest ist stehengeblieben, oder hat dir von hinten die Steine aus der Hand genommen, ist mir echt passiert.«

(Michael Baumann, »Wie alles anfing«)

Die Anti-Springer-Kampagne

Allen Gesellschaftsanalysen der Antiautoritären lag die Einsicht zugrunde, daß in den kapitalistischen Ländern der wissenschaftliche, ökonomische und technische Fortschritt zur Unterdrückung der Menschen eingesetzt wird und daß diese Unterdrückung nur funktioniert, weil die Menschen dazu gebracht werden, ihr zuzustimmen. Die subjektiven Interessen der Menschen, also das, was sie bewußt als ihr Interesse verfolgen, steht in völligem Gegensatz zu ihrem objektiven Interesse, also zu dem, was sie wirklich frei und glücklich machen würde. Die Menschen verfolgen ihre »falschen Bedürfnisse« mit einer Hartnäckigkeit und Wut, die letzten Endes die trifft, die auf diese Verdrehung und auf die Möglichkeit der Veränderung aufmerksam machen.

Für die Motorik, die in der Lage ist, diese ungeheuren Energien auf die Selbstzerstörung umzuleiten, machten die Antiautoritären vor allem zwei Ursachen ausfindig: die sexuelle Unterdrückung mitsamt der von ihr erzeugten Moral und Destruktivität, sowie die Manipulationsapparate der Massenmedien.

Die Hauptmanipulatoren war schnell herausgefunden. In den späten 60er Jahren, als heftig geliebt und gehaßt wurde, war die bestgehaßte Kreatur außer jedem Zweifel der Großverleger und Volksvergifter Axel Springer. Seine Zeitungen stellten wochentags 30 % und sonntags 90 % der Gesamtauflagen, in Westberlin und Hamburg sogar rund 70 % (Der Spiegel, 40/1967). Allein die Bild-Zeitung, massenwirksamste Dreckschleuder des Konzerns, hatte zu jener Zeit eine Auflage von fast 4,5 Mill. Exemplaren. Keine Lüge war diesen Blättern zu dreckig, kein Mystizismus zu abgeschmackt, kein Baden in Pornografie und Blut zu ekelhaft, wenn es galt (und gilt), die psychischen Energien der Leser zur Zementierung des bestehenden Systems und für die Erdrückung seiner Gegner zu entfesseln. Das Denken der Menschen abzuschaffen, wurde zum konsequenten und erklärten Ziel des Verlegers. Die Folgen bekamen die Kritiker des Meinungsterrors bald am eigenen Leibe zu spüren, vom Angespucktwerden über herausgeschlagene Zähne bis zu Mordanschlägen. Springers Kampagne gegen die – »von Ulbricht gesteuerten« – Radikalen erreichte in Westberlin einen ersten Höhepunkt nach dem Schahbesuch 1967 und gipfelte in den Haßtiraden nach dem Vietnamkongress, die eine Lynchatmosphäre in der Stadt verbreiteten und ihre wohl gemeinste Erniedrigung nach dem Krieg besorgten.

Die Antwort der Antiautoritären war eine breit angelegte Kampagne zur Enteignung des Verlegers, die sich auf die Berliner Verfassung stützte. Nach dem Attentat auf Rudi Dutschke kam es in Westberlin und in vielen anderen Städten der Bundesrepublik zu militanten Massenaktionen, deren logischer Adressat das Springer-Imperium war. Springer beeilte sich, nicht zuletzt mit dem Blick auf die angezündeten Firmenwagen, die Antiautoritären als die neue SS darzustellen. In den folgenden Jahren war sein Image angeschlagen, die Auflage der Bild-Zeitung sank; dem Einzelkämpfer Wallraff ist es zu verdanken, daß das Wissen um die Niedertracht und Menschenfeindlichkeit des Springer-Konzerns auch in den 70er Jahren aus dem öffentlichen Bewußtsein, auf dem er als Giftkröte nistet, nicht herausgesäubert werden konnte.

Die geifernden Lügen der Springer-Presse waren schon vor dem Attentat auf Rudi Dutschke Gegenstand der Diskussion. Am 6. März 68 fand im Audimax der FU Berlin eine Veranstaltung unter dem Motto »Appell zur Vernunft« statt, während der Gewerkschaftsjournalist Heinz Brandt am Objekt die Wirkung der Bild-Zeitung zu erklären versuchte.

Rechte Seite oben: Am Morgen nach dem Attentat auf Rudi Dutschke vor dem Berliner Springer-Haus in der Kochstraße
Unten: Barrikadenbau gegen die Auslieferung der Springerblätter in München und Bildzeitungs-Verbrennung in Essen

AXEL SPRINGER VERLAG
Bild

Bundespräsident Lübke fand auch gelegentlich der Einweihung des Berliner Springerhauses ein unvergeßliches Diktum: »Hier springt eine ganz klare Quelle.«

Rede zum Beginn der Springerkampagne

Wir Studenten fordern die Enteignung Springers. Wir haben mit dieser Forderung einen gewissen Erfolg gehabt. Der Fall Springer ist zu dem Prüfstein geworden, durch den sich die Demokraten von den Antidemokraten endlich wieder unterscheiden lassen. Das Springerhochhaus kann der Ort werden, an dem sich die Revolutionäre von den Reformatoren endlich wieder unterscheiden lassen. (...)

Der Springerkonzern selbst hat, noch ehe die Kampagne gegen ihn wirklich begonnen hat, eine Gegenkampagne eingeleitet: Das größte Zeitungsimperium des Kontinents, der Besitzer der drittgrößten Zeitung der Welt, der Inhaber eines Monopols bei den Sonntags- und Publikumszeitschriften, eines Quasimonopols auf dem Westberliner Zeitungsmarkt, der Besitzer eines Drittels aller in der Bundesrepublik erscheinenden Tageszeitungen hat zu seiner Verteidigung ausgerechnet die Rolle des verfolgten Juden und der unterdrückten Minorität gewählt: hauseigene Mathematiker haben kürzlich den Marktanteil Springers auf 4% zusammengerechnet. Gleichzeitig müssen wir die Argumente der Opposition, die dieser Feind zusammenhält, näher untersuchen. Weder kann man nämlich sagen, daß alle sich in dem vorläufigen Ziel – der Enteignung Springers – einig wären, noch viel weniger, daß sie in den Methoden des Kampfes für dieses Ziel übereinstimmen. Augstein will eine Auflagenbeschränkung, die Pressekommission empfiehlt ein Gesetz zur Beschränkung der Konzentration, Grass ekelt sich vor einem Tribunal, der Republikanische Club hat eine Teilenteignung vorgeschlagen – entsprechend und noch mehr unterscheiden sich die Argumentationen der Protagonisten gegen Springer.

Ich möchte zunächst eine Selbstverständlichkeit voranstellen: Jede Argumentation gegen Springer, die die Macht Springers als ein Problem der »schieren Größe« betrachtet, das durch quantitative Maßnahmen, durch Wirtschaftskontrolle, durch Entflechtung usw. zu lösen sei, geht an der Tatsache vorbei, daß die Ansammlung der Springermacht ein politisches Problem ist, auf das eine politische Antwort gefunden werden muß. (...)

Man kann das Schema, nach dem die Springerpresse Öffentlichkeit produziert, auf folgende einfache Formel bringen: Jeden Befreiungsversuch der Menschen aus den Zwängen des Spätkapitalismus stellt die Springerpresse als Verbrechen dar. Sie stellt diese Befreiung dar einerseits in ihrer bürgerlichen, isolierten und verzweifelten Form als tatsächliches Gewaltverbrechen. Die soziale Situation und psychologische Motivation des Täters wird verschwiegen, übrig bleiben die Bestialitäten. Die aus der Beschreibung von Mördern und Triebverbrechern entwickelten Diffamierungsstereotypen wendet sie andererseits ungebrochen gegen die politischen Befreiungsbewegungen. Die geschichtliche Kontinuität und das geschichtliche Recht der Befreiungsbewegungen vernichtet sie durch eine Nachkriegspolitik, die die Nachricht von gestern durch die von heute auslöscht und das Bewußtsein des Lesers in die Grenze der jeweiligen Sensation mauert. Der politische Revolutionär erhält die Attribute des Gewaltverbrechers. Der politische Kampf erscheint als individualistischer und abstrakter Terror, die imperialistischen Verhinderungsfeldzüge als Ungeziefer-Vertilgungsaktion.

Ich möchte dieses allgemeine Schema durch einige Thesen zu den wichtigsten Bestandteilen der Springer-Ideologie erläutern.

Der Springerkonzern bildet die propagandistische Vorhut des aggressiven Antikommunismus. Dabei profitiert er von einer Tradition, die mit der Verdrängung der Oktoberrevolution durch die deutsche Sozialdemokratie begann und im Nationalsozialismus kulminierte. Mit der Gleichung Rot gleich Braun übersetzt die Springerpresse das Trauma der unaufgearbeiteten deutschen Vergangenheit in Angst und Aggression gegenüber dem Kommunismus (Modell: »Ingeborg Brandenburg geht auf KZ-Tournee« – so schildert die Bild-Zeitung die Tatsache, daß eine westdeutsche Jazzsängerin in Leibzig gastiert). (...)

BZ, 17.4.65: »Ostberlin ohne Schokoladenhasen. Einheitsei für 13,70 DM. Ist Ostern ohne Schokoladen-Osterhasen denkbar? In Ostberlin ist das keine Frage. Es gibt keine Schokoladen-Hasen – basta. Der schwerfällige Versorgungsapparat hat sich abermals blamiert. Und er beantwortet zugleich die Frage, wieweit sich die Verhältnisse in der Zone in letzter Zeit gebessert haben. Ein Gang durch Ostberliner Geschäfte bewies: Nach wie vor sitzt König Mangel auf dem Thron... An unseren Verhältnissen gemessen ein trostloses Bild.« Man könnte über diesen Artikel lachen, hätte die Springerpresse ihre 10 Millionen Leser nicht derart abgerichtet, daß sie aus solchen Artikeln Trost und Hoffnung für ihr eigenes Leben schöpfen. Die Springerpresse ist ein Hindernis für eine Politik der Entspannung und Abrüstung und eine friedliche Verständigung mit der DDR. (...)

Die Krisenzeichen im Innern setzt die Springerpresse um, indem sie die Leser auf die Suche und Verfolgung von immer neuen Feinden schickt. Arbeitslosigkeit, Unfälle, Katastrophen, Krankheiten und Verbrechen sind die Elemente des allgegenwärtigen Feindes. Dabei mobilisiert die Berichterstattung über Mörder und Triebverbrecher eine Wut der Sittlichkeit, die nicht allein aus den damit angerührten Verdrängungen erklärt werden kann. Die Wut der Leser bezieht ihre Gewalt aus der Gesamtverfassung des Lebens. Die Erfahrung der Unterdrückung wird aufgesplittert in eine Pluralität von Zwängen. Am Schicksal der natürlich Schwachen stellt die Springerpresse die Gewalttätigkeit der Gesellschaft dar und honoriert den isolierten Protest gegen sie. Im selben Maße, wie sie die gesellschaftlich Schwachen verfolgt, lenkt sie das Mitleid auf die natürlich Schwachen: Kinder, Greise, Tiere, Mütter. (zum Beispiel eine Bildunterschrift: »Ein Bild, das auch ohne Kommentar eine erschütternde Aussage macht. Der dreijährige Thomas Allen steht in den verkohlten Trümmern seines Elternhauses in Detroit. Alles Leid der Welt wird deutlich, wenn man in diese Kinderaugen sieht.«) Aus dem Wunsch der Leser nach Gerechtigkeit macht die Springerpresse Lynchinstinkte, aus der verdrängten Sehnsucht nach einer freien Gesellschaft den Haß gegen diejenigen, die sie errichten wollen.

Die Befreiungsbewegungen in Asien, Lateinamerika, Afrika und in den amerikanischen Großstädten verwendet die Springerpresse als Rohstoff für eine Theorie der internationalen Verschwörung. Den Verfolgungsträumen des einzelnen, die die autoritäre Nachkriegsgesellschaft produziert und verdrängt, gibt die Springerprese durch Greuelgeschichten über die Befreiungskämpfe der andersfarbigen Völker immer neues Material. (...)

Haß auf den Feind wird im Spätkapitalismus gegen die Hasser zurückgewendet. Der Krieg gegen den Feind wird immer wieder abgebrochen und verwandelt in einen Feldzug zur eigenen Reinerhaltung von den Eigenschaften des Feindes, zur Erhaltung von Sauberkeit und Pflichterfüllung. Die Polizisten, die am 2. Juni knüppeln durften, hatten bei der Vietnamdemonstration Rosen auf den Knüppeln und antworteten auf Befragen: »Das ist eine freundliche Geste von uns.« Nicht mehr der Eroberung neuen Lebensraumes dient die gestaute Aggression, sondern der Erhaltung der Unterdrückung der schon unterdrückten Völker und der Verhinderung der Befreiung in den eigenen Reihen. Nicht: »Schlagt los!« will die nachfaschistische Presse durch ihre Feindkonstruktionen sagen, sondern dies: Wenn ihr euch jemals rührt, wenn ihr Scheidungen nicht dem Scheidungsanwalt, Lohnerhöhungen nicht den Tarifverhandlungen, Wohnungen nicht dem Wohnungsamt, Ungerechtigkeiten nicht dem Richter, eure Sicherheit nicht der Polizei, euer Schicksal nicht mehr dem Spätkapitalismus überlaßt, dann kommen Mord, Folter, Vergewaltigung, Verbrechen.

Ich fasse diese Thesen zusammen:

Die Springerpresse stellt die permanente Zustimmung der Massen zu einem Herrschaftssystem her, dem diese demokratisch nicht zustimmen können, weil sie an der Bildung der politischen und ökonomischen Zielvorstellungen nicht beteiligt sind. Sie verhindert die Entstehung eigener gesellschaftlicher Perspektiven bei den Massen und macht sie dadurch bereit, autoritäre Zielvorstellungen zu akzeptieren. Die Springerpresse praktiziert den autoritären Staat schon vor seiner institutionellen Verwirklichung.

Springers wirtschaftliche Macht kann nicht gebrochen werden, wenn seine politische Macht nicht gebrochen wird. Springers politische Macht ist Teil eines Herrschaftssystems, das die Herrschaft über die Massen nur durch die ständige Drohung mit dem Weltbrand aufrecht erhält. Die Enteignung Springers kann also nicht das Werk des Herrschaftssystems sein. Sie muß eingeleitet werden durch politische Aktionen, die die Forderung nach der Enteignung Springers mehr und mehr zur Forderung derer machen, die er heute noch entmündigt. Die Enteignung Springers kann nur das Ergebnis solcher Aktionen sein.

Heißt das, daß eine Enteignung erst einmal utopisch ist, daß wir weiter nur demonstrieren, protestieren müssen? Wenn ein Haus in Flammen steht und jemand kommt herein und schreit »Feuer«, dann passiert es, daß der erwachte Besitzer denjenigen, der ihn geweckt hat, mit dem Brandstifter verwechselt. Wenn das Feuer, das Springer an allen Ecken und Enden schürt, eines Tages auf sein Hochhaus übergreift, dann soll er uns nicht anklagen, daß wir es gelegt hätten.

Nach den Osterunruhen verklagte Springer Horst Mahler auf Schadensersatz. Vor Gericht: Axel C. Springer, Horst Mahler und sein Verteidiger Otto Schily.

Attentäter
ein krimineller
Sonderling
Attentäter

Reinhard Krüger

Mai 1968 in Frankreich

Die Phantasie vor der Macht

An geschichtlichen Ereignissen, die das politische Bewußtsein und Selbstverständnis von Millionen von Menschen in den sechziger Jahren für lange Zeit bestimmten, war das Jahr 1968 reich: die Fortsetzung und Beendigung der »Kulturrevolution« in der VR China, die »Tet-Offensive« der Streitkräfte der FLN in Vietnam, die Ermordung Martin Luther Kings, der Mordanschlag auf Rudi Dutschke, die Verabschiedung der Notstandsgesetze, die Ermordung Robert Kennedys, der »Prager Frühling« und der »Mai 1968« in Frankreich.

Doch so sehr bei all diesen Ereignissen die politischen Leidenschaften entfacht wurden: Keines von ihnen hatte für die Diskussion um eine politische Strategie der »revolutionären Veränderung der spätkapitalistischen Gesellschaft«, die mit Heftigkeit in den intellektuellen Hochburgen des universitären Europa geführt wurde, eine solche Bedeutung, wie die Entwicklung in Frankreich im Mai 1968. Und dies aus gutem Grund: Führte doch die Entwicklung des Mai 1968 ein hochentwickeltes kapitalistisches Land wie Frankreich in eine solche Lage des Zerfalls der bisherigen Ordnung, die, und darin sind sich alle Beteiligten einig, den Übergang Frankreichs zu einer wie auch immer gestalteten revolutionären und sozialistischen Gesellschaft in greifbare Nähe zu rücken schien. Damit wurde Frankreich für einen kurzen historischen Moment zum Modellfall dafür, daß die totgesagte sozialistische Revolution in einem entwickelten kapitalistischen Land möglich werden konnte. Doch der Mai 1968 in Frankreich hat über seine geschichtliche Tatsache hinaus Bedeutung. Er war für viele europäische Länder das Beispiel einer politischen Koalition zwischen Arbeiterbewegung und Studentenbewegung. Er war aber auch mit dem Scheitern dieser Koalition Anlaß des Bruchs der sich entwickelnden Ansätze eines gemeinsamen politischen Vorgehens in den einzelnen europäischen Ländern. Revolutionäre Ungeduld, die das schon Greifbare und Machbare erahnt, auf der einen Seite, Verharren in den ausgetretenen Wegen traditioneller Politikformen, deren Erfolgsaussichten fraglich geworden sind, auf der anderen Seite waren die politischen Widersprüche, die durch die Entwicklung in Frankreich katalysiert wurden. Mit dem Scheitern der politischen Koalition von Arbeiter- und Studentenbewegung in Frankreich trugen auch große Teile der Studentenbewegung in Westberlin in Form von »proletarisch-linken Parteiinitiativen« und »Kommunistische Partei Deutschlands – Aufbauorganisationen« ihre Hoffnungen auf eine solche Koalition zu Grabe.

Die Poeten auf der Straße

Ich bleibe dabei
Der Platz des Poeten ist jetzt
Die Straße
Stürmen die Elfenbeintürme
Sie schleifen
Den Ausnahmezustand proklamieren

Wenn ich mich gehenlasse
Über mein Elend heule
Und dieses Elend nicht auch
Deins ist
Leser
Schlag mich hart

Damit die Poesie
Sich nie mehr davonschleicht

(Unbekannter Barrikadendichter)

Zwei Bewegungen werden ein Strom (I)

Wer am 31. März 1968 den »Tagesspiegel« unter der Überschrift »Unruhe auch an der Sorbonne. Erste Studenten-Proteste in der Geschichte der Pariser Universität« las, konnte sich kaum vorstellen, in welchen revolutionären Sturm sich diese Aktionen binnen weniger Wochen verwandeln sollten.

Am 22. März 1968 hatten 147 Studenten im Anschluß an eine Demonstration, die sich gegen die Verhaftung von Teilnehmern der großen Vietnamdemonstration vom 21. Februar richtete, das Verwaltungsgebäude der philosophischen Fakultät der Sorbonne in Nanterre, einer jener großen Schlafstädte vor den Toren von Paris, besetzt. Dort beratschlagten sie über das weitere Vorgehen, nachdem im Anschluß an die Demonstration erneut zahlreiche Studenten unter dem Vorwurf, sie hätten während der Demonstration erneut zahlreiche Studenten unter dem Vorwurf, sie hätten während der Demonstration amerikanische Einrichtungen beschädigt, verhaftet worden waren.

Die wichtigsten Ergebnisse dieser Versammlung wurden in einem Flugblatt zusammengefaßt. Dort heißt es:

»Wir müssen mit jenen Formen des Protests brechen, die keinerlei Wirkung mehr erzielen... Wir schlagen Euch vor, Freitag, den 29. März umfangreiche Diskussionen durchzuführen über:
- den Kapitalismus 1968 und die Kämpfe der Arbeiter;
- Universität und kritische Universität;
- der antiimperialistische Kampf;
- die Länder des Ostens und die Arbeiter- und Studentenkämpfe in diesen Ländern.

Aus diesem Grunde besetzen wir den ganzen Tag das Gebäude C, um diese Probleme in kleinen Gruppen in verschiedenen Hörsälen zu diskutieren.«

Die »Bewegung des 22. März« war geboren; eines ihrer Mitglieder: Daniel Cohn-Bendit.

Am 29. März wurden in Nanterre die Fakultätsgebäude besetzt, worauf der Dekan die Schließung der Fakultät anordnete. Die Maßnahmen führten zu einer wachsenden Solidarisierung unter den Studenten und den Hochschullehrern, die zu Solidaritätsstreiks mit den Studenten aufriefen. Im Laufe des Monats April hatte diese Bewegung in den Universitäten solche Ausmaße angenommen, daß der gaullistische Staatsapparat nur noch mit den Mitteln schärfster Repression glaubte, Herr der Lage werden zu können. Einmal auf dem Niveau einer allgemeinen Konfrontation zwischen der Mehrheit des universitären Teils der Bevölkerung und dem Staatsapparat angelangt, katalysierte die Bewegung an den Hochschulen die politische Krise des gaullistischen Staates.

Die latente Krise

Frankreich befand sich nach den fünfziger Jahren im Prozeß des Übergangs vom einem Agrar-Industrieland zu einem Industrie-Agrarland. In dieser Zeit zogen Millionen von Franzosen in die industriellen Zentren und die Schlafstädte, die sich um die industriellen Metropolen des Landes herausbildeten. Damit wurde ein großer Teil der bisher ländlichen Bevölkerung zu Lohnarbeitern und erfuhr nun erstmalig die Arbeitsbedingungen in großen kapitalistischen Betrieben.

Die rasche Industrialisierung des Landes brachte für die Universitäten, die ihre Kapazitäten den gewachsenen Bedürfnissen der sich entwickelnden Industrie anpassen mußten, ein explosionsartiges Ansteigen der Studentenzahlen, die den bisherigen institutionellen Rahmen der Hochschulen zu sprengen drohten.

Zudem wurde Frankreich nach 1958, seit Charles de Gaulle in einem Putsch die Vierte Republik beseitigt hatte, in einem den revolutionären und demokratischen Traditionen des Landes entgegengesetzten Sinne politisch beherrscht.

Der Präsident der Fünften Republik, die de Gaulle gründete, wurde auf sieben Jahre gewählt, setzte nach seinen eigenen Vorstellungen die Ministerpräsidenten und die Minister ein, und besaß Vollmachten, die es ihm gestatten, auch ohne parlamentarische Mehrheit und gegen das Parlament zu regieren.

Dieses Herrschaftsmodell konnte nur so lange funktionieren, wie der Präsident in der Lage war, den Verzicht der Bevölkerung auf demokratische Rechte durch spezifisch andere Formen von Politik erträglich zu machen: mit den Mitteln der politischen Integration der Widersprüche die aufbrechenden sozialen Konflikte zu dämpfen und zugleich mit den spezifischen Mitteln des Bonapartismus und Populismus den Schein einer Aufhebung der sozialspezifischen Interessen in der Form eines allgemeinen nationalen Interesses zu produzieren.

Dieses System muß in die Krise geraten in dem Moment, wo die populistischen Methoden der Mehrheitsbeschaffung nicht mehr funktionieren. Will sich das System dennoch an der Macht behaupten, muß es zu repressiven Maßnahmen gegen diejenigen Teile der Gesellschaft greifen, die ihm den Kampf angesagt haben. Und dies kann die politische Krise des Systems nur noch verschärfen; denn im Gegensatz zur Bundesrepublik besteht in der französischen Bevölkerung, offensichtlich als politische Verhaltensweise, deren Tradition bis zur Französischen Revolution 1789 zurückzuverfolgen ist, eine ausgesprochen antietatistische Grundhaltung. Jede politische Herrschaft in Frankreich muß in dem Falle, daß der Staatsapparat gegen Teile der Bevölkerung zu Maßnahmen der Repression übergeht, damit rechnen, daß die Bevölkerung mehrheitlich auf die Seite der vom Staat Angegriffenen übergeht.

Ab der Mitte der sechziger Jahre wurde diese Krise allmählich akut. Bei den Präsidentschaftswahlen und den Wahlen zur Nationalversammlung konnten die Gaullisten in Koalition mit dem RPR (Rassemblement pour la République – Sammlungsbewegung für die Republik) des späteren Präsidenten Giscard d'Estaing nur noch knapp die Mehrheit behaupten. Am 22. Januar 1968 verlor die gaullistische Koalition die Mehrheit in der Nationalversammlung, nachdem der polynesische Abgeordnete sich aus Protest gegen die französischen Atomversuche im Pazifik aus der Regierungsmehrheit zurückgezogen hatte. Am 24. Februar gelang es der PCF (Parti Communiste Française – Französische Kommunistische Partei) und der FDGS (Föderation der demokratischen Linken), die eine lockere Verbindung der alten Sozialdemokratischen Partei Frankreichs mit anderen kleineren Linksparteien ist, nach langen und schwierigen Verhandlungen, ein Aktionsprogramm zu verabschieden, das die weitere Auflösung des gaullistischen Systems beschleunigen sollte: Es wurde die Stärkung der Rolle des Parlaments gegenüber dem Präsidenten gefordert, die Einschränkung der Position des Präsidenten und die Abschaffung des Artikels 16 der Verfassung, der dem Präsidenten in Ausnahmefällen Sondervollmachten gab. Tatsächlich hätten dies sinnvolle Maßnahmen zur Umgestaltung der politischen Strukturen in Frankreich sein können, denn die Linken verfügten zu der Zeit über fast 50 % der Sitze in der Nationalversammlung, einmal abgesehen von den Linksgaullisten, deren Treue zu de Gaulle auch nicht mehr sicher war.

Zwei Bewegungen werden ein Strom (II)

Parallel zu diesen allgemeinen politischen Prozessen war seit dem Beginn des Jahres 1968 ein allgemeines Anwachsen der Aktivitäten der Arbeiterbewegung zu verzeichnen. Bei Renault in Billancourt, keine Bahnstunde von Paris entfernt, jenem wichtigsten Industriebetrieb in Frankreich, wenn man die Kampfbereitschaft der Arbeiter einschätzen will, hatte es seit dem März mindestens 90 Arbeitsniederlegungen gegeben. In anderen Betrieben brodelte es ähnlich. Fast immer ging es um die Erhöhung des gesetzlich garantierten Mindestlohnes, um allgemeine Lohnanhebungen und die Reform der Sozialversicherungs-Gesetze.

Anders als in Westdeutschland zündeten in Paris die Aktionen der Rebellen unter den Arbeitern: Der Traum von der Aktionseinheit von Studenten und Arbeitern wurde für kurze Zeit Wirklichkeit.

Auf der Demonstration am 1. Mai in Paris kam es dann zu ersten Berührungen zwischen den beiden Bewegungen, die sich in den Betrieben und den Universitäten in den letzten Monaten gebildet hatten. Immer mehr nahmen die Forderungen allgemeinen Charakter an und zielten auf die Beseitigung des gaullistischen Regimes. Doch noch hatte dies keinen anderen Charakter, als den einer allgemeinen Forderung. Am 2. und 3. Mai sollten in Nanterre Kampftage gegen den Imperialismus stattfinden. Daraufhin schloß der Dekan erneut die Fakultät. Am nächsten Tag solidarisierten sich die Studenten an den anderen Pariser Universitäten und die Schüler der Gymnasien mit den Studenten in Nanterre. Am Abend fand in Paris eine Demonstration gegen die Schließung der Fakultät in Nanterre statt. Am Ende der Demonstration kam es zu ersten Straßenschlachten. Die Verhaftungen des Abends gaben den Anlaß für die Demonstrationen des nächsten Tages. Dann folgte die entscheidende Nacht vom 10. auf den 11. Mai, in der die Empörung der Studenten über die Repressalien des gaullistischen Staates auch auf weite Teile der Bevölkerung übergriff. Nach der Demonstration des französischen Studentenverbandes UNEF am 10. Mai zogen etwa vier- bis fünftausend Studenten ins Quartier Latin um die Sorbonne. Alles deutete darauf hin, daß die von der Polizei durchgeführten Straßenabsperrungen von vornherein zum Ziel hatten, die Studenten im Quartier Latin gewissermaßen zu ghettoisieren. Das Quartier Latin wurde von Polizei umstellt, worauf die Studenten spontan zu Gegenmaßnahmen griffen, indem sie zu ihrem Schutz Barrikaden bauten.

In der Nacht, gegen zwei Uhr, ging der Kampf los. Die Polizei setzte Tränengas- und Giftgas ein, um die Barrikaden zu räumen. Gasverletzte Studenten wurden festgenommen und bewußtlos geprügelt, Fliehende bis in die Häuser verfolgt. Und hier schlug die Stimmung in der Bevölkerung um: Die Bewohner des Quartier Latin, deren Autos noch eben als Barrikaden in Flammen aufgegangen waren, bieten den Studenten Schutz, gießen das Gift- und Tränengas neutralisierende Mittel auf die Straßen, leisten den Studenten gegen die Brutalitäten der Polizei jede Hilfe. Ganz Frankreich, über den einzigen vom Staat unabhängigen Rundfunksender über die Ereignisse im Quartier Latin unterrichtet, ist am nächsten Tag entrüstet. Jeder weiß: der Kampf kann jetzt nur noch neue Qualitäten erreichen, wenn die Organisation der Arbeiterbewegung, insbesondere die kommunistische Partei und die kommunistische Gewerkschaft CGT (Confédération Générale du Travail – Allgemeine Arbeitervereinigung), sich zu den schärfsten Maßnahmen des politischen Kampfes entschließen können: dem politischen Generalstreik.

Am Morgen des 12. Mai wurde in Verhandlungen zwischen den Organisationen der Studentenbewegung sowie der PCF und der CGT vereinbart, für den 13. Mai, dem zehnten Jahrestag des Putsches von de Gaulle, zu einem Generalstreik und zu politischen Demonstrationen unter der Parole »Zehn Jahre sind genug« aufzurufen. Damit erfuhr die Situation eine neue politische Zuspitzung: die zu einem einheitlichen politischen Strom zusammengeführten großen Bewegungen in den Fabriken und den Lehreinrichtungen des Landes orientierten sich auf eine Ablösung des politischen Regimes in Frankreich. Die nächsten Tage ließen diese dann sogar allmählich in greifbare Nähe rükken. Aus der Provinz wurden die ersten spontanen Fabrikbesetzungen durch streikende Arbeiter berichtet. Wie ein Lauffeuer breitete sich die Idee von der Fabrikbesetzung im Lande aus. Ja, selbst die Fußballprofis hißten die rote Fahne auf ihren besetzten Vereinshäusern, und die Tänzerinnen der Folies Bergères traten in den Streik.

Fast das gesamte industrielle und infrastrukturelle Potential des Landes war binnen weniger Tage gelähmt. Ein großer Teil der Bevölkerung, dabei zehn Millionen streikende Arbeiter, zeigten sich nun fest entschlossen, die Bewegung bis zum Sturz des Regimes voranzutreiben. Diejenigen, die bislang an den Schalthebeln der Macht gesessen hatten, antworteten mit ungeahnter staatlicher Brutalität. Die Mittelschichten, das wenig bewegte Stimmvieh der gaullistischen Regierung, waren politisch neutralisiert. An ihrer linken Peripherie zeigten sich Erscheinungen, die einen Übergang in das Lager der revoltierenden Bevölkerung erwarten ließen.

Der Nanterre-Student Daniel Cohn-Bendit bei der Straßen-Agitation. Cohn-Bendit lebte in den 70er Jahren in Frankfurt, u. a. als Redakteur der Zeitschrift »Pflasterstrand«. Der Titel dieser Publikation ist einer Parole des Pariser Mai entlehnt: »Unter dem Pflaster: der Strand«. Die Parole antizipiert Illusionen, die im folgenden Jahrzehnt weite Verbreitung finden sollten.

De Gaulle denunzierte die Rebellen als »Chienlit«, d. h. als das Bett bepissende Hundemeute. Antwort von unten: Wir sind Frankreich, und der Bettpisser bist DU! (»Le chienlit, c'est lui!«)

»Unter dem Pflaster der Strand« – Unter den Pflastersteinen, die zu Argumenten werden, lächelt uns, surrealistisch verfremdet, das Antlitz von Rousseau entgegen: Zurück zur Natur!

Streikende Renault-Arbeiter

Verhandlungen oder Revolution?

In dieser Situation wurde für die Strategie der linken und demokratischen Kräfte die Frage nach dem politischen Verhalten gegenüber den – angeschlagenen – herrschenden Kräften entscheidend. Sollte man sich auf eine weitere Verschärfung der politischen und sozialen Lage, auf einen weiteren Zerfall der Gesellschaft in zwei antagonistische Blöcke orientieren – auf die Gefahr hin, Teile der noch zu gewinnenden potentiellen Bündnispartner wieder dem Regime in die Arme zu treiben, oder sollte man darauf setzen, das jetzt schon Erreichbare den Herrschenden abzuringen, um auf der Grundlage eines solchen Teilerfolges eine politische Mehrheit zu bilden, die groß genug wäre, den Sturz des Regimes zu bewirken – mit dem Risiko, diejenigen Bevölkerungsteile, die jetzt schon bereit waren, bis zum Letzten zu gehen, zu desorientieren...

Es ist nicht möglich, im Nachhinein darüber zu urteilen, welche der beiden Strategien (die vereinfachend auch die Trennungslinie zwischen Studenten- und Arbeiterbewegung im Mai 68 kennzeichnen) geschichtlich gerechtfertigt war. Tatsache ist, daß die mit den großen Gewerkschaften

Jean-Paul Sartre spricht im Mai 68 in der Sorbonne zu den Studenten. Sartre stand während der Mai-Auseinandersetzungen klar auf der Seite der revolutionären Studenten, die das Eingehen der KPF auf die von de Gaulle vorgeschlagenen Parlamentswahlen als »Komplizenschaft mit de Gaulle« scharf verurteilten. Seiner Meinung nach hatten »die Kommunisten Angst vor der Revolution«. Ob die allerdings tatsächlich machbar gewesen wäre, erscheint rückblickend fraglich – bei den Juli-Wahlen konnten die Gaullisten ihren Stimmanteil sogar vergrößern.

CGT, CFDT (Confédération française démocratique du travail – Demokratische französische Arbeitervereinigung, eine ehemals christliche Gewerkschaft) und FO (Force Ouvrière – Arbeiterkraft, sozialdemokratische Gewerkschaft) verbundenen politischen Parteien PCF, FDGS, PSU (Parti socialiste unifié – Vereinigte sozialistische Partei) und PR (Parti radical – Radikale Partei, eine kleinbürgerliche radikal-republikanische Partei) auf Verhandlungen mit der Regierung und den Unternehmerverbänden orientierten und gleichzeitig die politischen Bedingungen schaffen wollten, die die Übernahme der politischen Herrschaft durch eine demokratische Volksregierung gestatteten. Aber: Kann man auf die Übernahme der politischen Macht orientieren, wenn man sich gegenüber den Herrschenden als Fordernder verhält, wenn man durch die Verhandlungsgeste die bestehenden Herrschaftsverhältnisse zumindest implizit anerkennt? Denn bei den Verhandlungen sollte es nicht um die Übergabe der politischen Macht gehen, sondern um Verbesserungen der Lage der Arbeiter und der Studenten, die sich im Rahmen gewerkschaftlicher Forderungen bewegten. Als dann die Verhandlungen am 23. Mai begannen, auf denen Regierung und Unternehmer zunächst nicht bereit waren, auch nur einen Fußbreit nachzugeben, zeigten sich auf dem linken Spektrum der Gesellschaft bereits erste große Risse. Die Wortführer der Studentenbewegung, große Teile der Studenten und ein Teil vor allem der jungen Arbeiter dachten weiterhin in der Linie der Bewegung des 22. März, wonach die sukzessive Verschärfung der Lage die Gesellschaft an jenen Punkt hätte heranführen müssen, der eine Revolution hätte ermöglichen können. Von diesen Positionen aus betrachteten sie die begonnenen Verhandlungen als Verrat an jener Linie, die zur Revolution führen mußte.

Abgesehen davon, daß es fraglich ist, ob Verhandlungen mit den Herrschenden überhaupt den Weg für eine Machtübernahme durch eine Volksregierung freigemacht hätten, waren die linken Parteien PCF, FDGS und PSU untereinander noch nicht einmal über eine Minimalplattform für eine Regierungsübernahme einig geworden. So war es auch nicht möglich, auf der Grundlage einer gemeinsamen Plattform in die Front der sich abwartend verhaltenden Linksgaullisten einzubrechen und damit dem gaullistischen System den entscheidenden Stoß zu versetzen.

In dieser Situation reorganisierten die Gaullisten ihre gelähmten Kräfte. Es erschienen erste gaullistische Flugblätter, es wurden Aufrufe zu ersten Demonstrationen für das System vorbereitet.

Obgleich die linken Parteien sich noch nicht über das Wie einer Machtübernahme einig waren, wurden doch die Vorbereitungen für die Übernahme der politischen Macht vorangetrieben. Es bildeten sich in Stadtteilen, Betrieben und Hochschulen Vorbereitungskomitees für eine demokratische Volksregierung. Unter dem ständigen Druck der Volksbewegung mußte Hochschulminister Peyrefitte seinen Hut nehmen, Premierminister Pompidou geriet ins Wanken und de Gaulle verließ am 29. Mai fluchtartig den Elysée-Palast. Alles deutete darauf hin, daß dem Sieg nichts mehr im Wege stand.

Doch dann kamen die ersten Meldungen von Maßnahmen durch, die die Regierung hinter den Kulissen vorbereitet hatte. Zunächst hatte de Gaulle die noch inhaftierten Putschgeneräle der OAS (Organisation de l'armée secrète – Organisation der Geheimarmee) aus der Zeit des Algerienkrieges freigelassen. Wenn man bedenkt, daß de Gaulle seine Macht im Jahre 1958 gerade gegen jene Kräfte angetreten hatte, die im Interesse einer Aufrechterhaltung des französischen Kolonialregimes in Algerien als Geheimarmee einen Putsch vorbereitet hatten, der sich gegen de Gaulle richten sollte, dann wird die politische Tragweite der Freilassung dieser Kräfte durch de Gaulle Ende Mai 68 erkennbar: De Gaulle schloß auf der Seite der Rechten Frieden, um so alle Kräfte der Reaktion gegen die drohende Revolution im Lande zu versammeln und in eine einheitliche Richtung zu führen. Dann flog de Gaulle nach Baden-Baden, um dort mit dem Oberbefehlshaber der französischen Streitkräfte in der BRD, dem ihm treu ergebenen Gefährten aus der Résistance-Zeit, General Massu, über einen Truppeneinsatz gegen Paris zu verhandeln. Schließlich verstärkten sich um Paris ungewöhnliche Truppenbewegungen gepanzerter Armee-Einheiten, sodaß man sich am 30. und 31. Mai fragte, ob de Gaulle einen Militär-Putsch vorbereitete. Es ist fraglich, ob de Gaulle zu dem Mittel des Putsches gegriffen hätte. Tatsache ist aber, daß er versuchte, den Anschein zu erwecken, als sei er bereit, mit aller militärischer Gewalt zuzuschlagen. Dies reichte jedoch schon aus, die uneinheitliche Linke letzten Endes zum Rückzug zu veranlassen. Erklärte die PCF noch am 30. Mai, daß es nicht mehr alleine darum ginge, daß der Lohnzettel stimme, sondern daß die Politik von Grund auf anders werden müsse, daß für das Volk regiert werden müsse, hieß es am 6. Juni in der »Humanité«, der Zeitung der PCF: »Jahrelange Forderungen wurden endlich erfüllt. Siegreiche Wiederaufnahme der Arbeit in den Betrieben.«

Anders, als es diese Schlagzeile zu verstehen geben will, vollzog sich jedoch die Wiederaufnahme der Arbeit in den Betrieben nur sehr schleppend. Noch um den 15. Juni herum waren nicht alle besetzten Betriebe von den Arbeitern wieder verlassen worden. Zu sehr hatten sie sich jenem Punkt genähert, an dem die Macht greifbar wurde, um diese Perspektive jetzt wieder einfach aufzugeben. Desgleichen die Mehrzahl der Studenten. Das Quartier Latin blieb von den Studenten besetzt. Die in Ansätzen entwickelten Strukturen von Gegenherrschaft funktionierten weiter. Es zeichneten sich allmählich die Konturen eines neuen Lebens, einer neuen Art, die sozialen Beziehungen zu organisieren, ab. Jetzt eigentlich erst, als der ständige Druck der Polizei nachgegeben hatte, nachdem man eine zeitlang in gewisser Ruhe leben konnte, stellte sich das Gefühl ein von dem, was man gerne erreicht hätte: eine Kulturrevolution als eine umfassende Reorganisation des Lebens, gestaltet nach den Prinzipien der Freiheit, der Gleichheit, der Brüderlichkeit und der Phantasie.

Doch Mitte Juni war auch damit Schluß: In einem bürgerkriegsähnlichen Manöver überfiel die Polizei das Quartier Latin und zerstörte jenen ersten Ort nach der Pariser Commune, an dem die Träume eines freien Lebens begannen, gegenständlich zu werden. Eine erneute Mobilisierung der Bevölkerung gegen die Unterdrückung der Studenten durch die Polizei war nicht mehr zu erreichen. Zu sehr waren die sozialen Energien in den letzten Wochen verausgabt worden, und zu gering waren jetzt, nach den Abkommen zwischen Regierung, Unternehmern und Gewerkschaften, die Aussichten geworden, tatsächlich noch eine grundlegende Wende der Entwicklung herbeiführen zu können. Schon hatte man sich mit den zwar beträchtlichen, im Vergleich zu dem, was hätte erreicht werden können, aber eher bescheidenen Ergebnissen der Verhandlungen zufrieden gegeben: zehnprozentige Lohnerhöhungen, dreißigprozentige Erhöhung des garantierten Mindestlohnes, Verbesserungen des Sozialversicherungssystems und eine in Aussicht gestellte Hochschulreform. Zu sehr war das politische Denken auch auf seiten der Linken wieder an den herkömmlichen Politikformen orientiert. De Gaulle hatte das Parlament aufgelöst und mußte sich Neuwahlen stellen, die für Ende Juni angesetzt wurden. Und bei diesen Wahlen trat ein eigenartiges Phänomen ein: Das Volk, das soeben noch in der Lage gewesen war, ein reaktionäres Regime ins Wanken zu bringen, wählte konservativ. So ging de Gaulle noch ein letztes Mal als Sieger aus den Wahlen im Juni 68 hervor, was nur damit zu erklären ist, daß die während der Kämpfe politisch neutralisierte Mitte sich bei den Wahlen voll auf die Seite von Ruhe und Ordnung, von de Gaulle stellte.

Prager Frühling

Dubček am 1. Mai 1968.
Unten: Sowjetische Soldaten am 21. August 1968.

Aufruf an das gesamte Volk der ČSSR
Radio Prag, Mittwoch, 21. August 1968, 4.30 h;
Bericht des Präsidiums des ZK der KPČ:
»An das gesamte Volk der ČSSR!
Gestern, am 20. August 1968, etwa 23 Uhr, überschritten Truppen der Sowjetunion, der Polnischen Volksrepublik, der DDR, der Ungarischen Volksrepublik und der Bulgarischen Volksrepublik die Staatsgrenze der ČSSR. Dies geschah ohne Wissen des Präsidenten der Republik... Das Präsidium des ZK der KPČ ruft alle Bürger unserer Republik auf, Ruhe zu bewahren und den einrückenden Truppen keinen Widerstand zu leisten, weil die Verteidigung unserer Staatsgrenzen nunmehr unmöglich ist. Deshalb erhielten weder unsere Armee noch die Sicherheitsorgane den Befehl zur Verteidigung des Landes. Das Präsidium des ZK der KPČ erachtet diesen Akt als widersprechend nicht nur den Grundprinzipien der Beziehungen zwischen den sozialistischen Staaten, sondern auch als eine Bestreitung der Grundnormen des internationalen Rechtes. (...)«[1]

Radio Prag, 7.50 h:
»Unser Gebäude wurde von sowjetischen Einheiten umringt. (...) Es ist unwahrscheinlich, daß wir noch weitere Nachrichten herausgeben können. (...) Die Bevölkerung versucht immer noch, sich hinter Autos und Lastkraftwagen zu verbarrikadieren. Zunächst haben die Okkupationstruppen noch keinen Zutritt zum Rundfunkgebäude, aber wir wissen nicht, wie lange sich diese Situation noch hält. In diesem Augenblick war ein scharfes Schießen in der Vinohradská zu hören. Die Leute flüchten in Richtung auf unser Gebäude vor den Salven der MG und rufen Dubček,

Dubček, und wir schließen uns ihnen an. (...) Es ist nicht möglich, daß wir in dieser Situation untergehen... Laßt uns weiter an den Sozialismus und die Demokratie glauben! Sie hören die Schüsse...«[2]

Nachrichtenagentur TASS, Moskau, 7.27 h:
»Die Telegraphenagentur der Sowjetunion ist bevollmächtigt, folgendes zu erklären: Die Partei- und Staatsfunktionäre der ČSSR haben sich an die Sowjetunion und andere Bündnisstaaten mit der Bitte gewandt, dem tschechoslowakischen Brudervolk dringend Hilfe zu erweisen, einschließlich der Hilfe mit Streitkräften. Diese Bitte ist auf die Gefahr zurückzuführen, die der in der ČSSR bestehenden sozialistischen Ordnung und der auf der Verfassung basierenden Staatlichkeit von seiten der konterrevolutionären Kräfte droht, die mit den dem Sozialismus feindlichen äußeren Kräften ein Komplott eingegangen sind. (...)«[3]

Der 21. August bedeutete das Ende der Ära Dubček in der ČSSR, das Ende des »Prager Frühling«, der »Liberalisierung« der tschechoslowakischen Gesellschaft. Alexander Dubček wurde entmachtet und seiner Parteiämter enthoben, Ota Sik, Wirtschaftsminister der Regierung Dubček bis zum September 1968, ging ins westeuropäische Ausland – die starke Minderheitenfraktion der KPČ um Bilak, die den »Hilferuf« an die Sowjetunion gesandt hatte, übernahm die Macht in der Partei, belastet mit der schweren Bürde des traumatischen Erlebnisses, das das tschechoslowakische Volk in den Augusttagen gemacht hatte.

»Demokratisierung« war die wesentlichste Losung, mit der eine Mehrheitsfraktion in der KPČ im Januar 1968 umfassende gesellschaftliche Veränderungen zu propagieren begann und dabei auch die eigene Führungsrolle neu zu definieren versuchte:

»Die Kommunistische Partei stützt sich auf die freiwillige Unterstützung durch die Menschen. Sie verwirklicht ihre führende Rolle nicht dadurch, daß sie die Gesellschaft beherrscht, sondern dadurch, daß sie der freien, fortschrittlichen und sozialistischen Entwicklung am treuesten dient. Sie kann sich ihre Autorität nicht erzwingen, sondern muß sie immer aufs neue durch ihre Taten gewinnen. (...) Die führende Rolle der Partei wurde in der Vergangenheit oft als Monopol, als Konzentration der Macht in der Hand der Parteiorgane aufgefaßt. Das entsprach der falschen These, daß die Partei das Instrument der Diktatur des Proletariats sei (...)«,[4] heißt es im Aktionsprogramm der KPČ vom 5. April 68. Das bedeutete konkret Pressefreiheit und Versammlungs- und Koalitionsfreiheit, die verfassungsmäßig garantiert wurden. So konnte die 1948 aufgelöste Sozialdemokratische Partei im Juni einen Aufruf zu ihrer Neugründung erlassen, der in der Presse veröffentlicht wurde. Veröffentlicht wurde ebenfalls das Manifest der »2000 Worte«, das sich an »Arbeiter, Bauern, Angestellte, Wissenschaftler, Künstler und alle« richtete und die Kommunistische Partei nicht nur kritisierte, sondern überhaupt infrage stellte; die KP zeigte sich diesen Kritikern als »eine Machtorganisation, die große Anziehungskraft für regierungssüchtige Egoisten, skrupellose Feiglinge und Menschen mit schlechtem Gewissen hatte«.[5]

Die harten Worte richteten sich in erster Linie an Ex-Parteichef Novotny, unter dessen Regierung sich die wirtschaftlichen Probleme gehäuft hatten und eine bürokratische Erstarrung in Partei und Gesellschaft eingetreten war. Rudi Dutschke, der im März 1968 Prag besuchte, schätzte die Entwicklung des tschechoslowakischen Sozialismus im letzten Interview, das er vor dem Attentat geben konnte, folgendermaßen ein:

»In den Ländern des sozialistischen Lagers, mit Ausnahme der Volksrepubliken China und Kuba, entstand durch die dogmatische Handhabung der politischen Führung, durch die Entfremdung zwischen Partei und Massen, durch die einseitige Bestimmung von oben und durch die fehlende schöpferische Wechselwirkung zwischen der Partei und den Massen eine autoritär-sozialistische Gesamtstruktur. (...)«[6] Er räumte aber zugleich ein: »Es besteht allerdings die Gefahr, daß es bei den demokratischen Kräften in den sozialistischen Ländern zu einer zeitweiligen Verherrlichung bürgerlich-demokratischer Formen kommt (Liberalisierung). Daran sind entscheidend schuld die bisherigen undemokratischen Praktiken der Parteiführung.«[7] Und im selben Interview: »Es darf innerhalb eines Konzeptes der sozialistischen Demokratie natürlich keine Freiheit für die Konterrevolution geben. Es darf aber auch nicht von den Massen getrennten Bürokraten überlassen bleiben, zu bestimmen, was konterrevolutionär ist.«[8]

Die Tschechoslowakei – Modell eines basisdemokratischen Sozialismus oder Komplott von Konterrevolutionären innerhalb und außerhalb des Landes gegen die bestehende Ordnung, wie die Sowjetunion und die ZK-Minderheitenfraktion die Situation analysierten? Eindeutig war, daß der Warschauer Pakt einen Brückenkopf der westlichen Staaten im eigenen Machtbereich hätte fürchten müssen. Aber war diese Gefahr gegeben?

Ein wesentlicher Bestandteil der »Liberalisierung« während des »Prager Frühling« war die Propagierung und Realisierung wirtschaftlicher Veränderungen. Angestrebt wurde vor allem eine Dezentralisierung der Wirtschaft, Lohndifferenzierung, Einführung von weiteren »Marktmechanismen« (zum Beispiel des Profitmotivs) und die Öffnung der Wirtschaft zum Westen hin.[9]

»Wenn wir heute um die Abschaffung der Gleichmacherei und um die Geltendmachung des Leistungsgrundsatzes in der Bewertung unserer Arbeitenden bemüht sind, wollen wir dadurch keine neuen privilegierten Schichten schaffen. Wir wollen, daß auf allen Gebieten unseres gesellschaftlichen Lebens die Entlohnung der Menschen von der gesellschaftlichen Bedeutung und der Effektivität ihrer Arbeit abhängt, von der Entfaltung ihrer Arbeitsinitiative, dem Grad der Verantwortung und dem Risiko. Das steht im Interesse der Entfaltung unserer ganzen Gesellschaft. Der Leistungsgrundsatz hebt die technische Reife, die Rentabilität und Produktivität der Arbeit, die Autorität und Vollmacht der verantwortlichen Leiter und das Prinzip der materiellen Interessiertheit hervor, er betont die wachsende Bedeutung der Qualifikation aller Arbeitenden.«[10] (Aus dem Aktionsprogramm der KPČ vom 5. April 1968)

Derlei marktwirtschaftliche Signale wurden im westlichen Ausland erhört. Das Kabinett der Bonner Großen Koalition billigte den Vorschlag des Wirtschaftsministers Schiller, für eine Anleihe Prags bei der Weltbank zu garantieren. Über mögliche Gegenleistungen Prags wußte der »Spiegel« zu berichten, daß die tschechoslowakische Regierung eine Erweiterung der Handelsmission der Bundesrepublik in Prag zusagte und auf die Möglichkeit der Normalisierung der diplomatischen Beziehungen zwischen beiden Ländern anspielte – zu einem Zeitpunkt, als zwischen der BRD und dem »Ostblock« noch die eisige Kälte des Kalten Krieges vorherrschend war.

»Wir wissen, wie all diese Regierungen handeln und vor allem, wie die Bundesrepublik Deutschland als Haupthelfer des US-Imperialismus vorgeht. Wir sehen hier eine Reihe von Dingen, unter denen besonders der Beginn der ›Flitterwochen‹ in den Beziehungen der ›Liberalen‹ und dem Imperialismus auffällt«,[11] hob Fidel Castro in seiner Rede am 25. August 1968 über die Situation in der ČSSR hervor. »Die Imperialisten nutzen ausführlich ihre ganze bürgerliche Fassade, den ganzen Luxus einer Klassengesellschaft, die die Kunst und das Raffinement und den Luxus außerordentlich entwickelt hat – aber eben dies alles kann unter gar keinen Umständen zur Aspiration der sozialistischen Gesellschaften werden oder der Völker, die versuchen, den Weg zum Kommunismus zu finden. Überall setzen sie ihre Küchengeräte, ihre Automobile, ihre Kühlschränke, ihren Flitter, ihren Luxus aller Art als Waffe ein, ebenso wie ihre Zeitschriften und ihre Propaganda. (...)«[12]

»Es ist erklärlich, daß die Länder des Warschauer Paktes Truppen entsandten, um die imperialistische Verschwörung und die Entwicklung der Konterrevolution in der ČSSR zu verhindern«,[13] erklärte Castro in derselben Rede, ließ aber keinen Zweifel daran, daß diese gewaltsame Aktion von keinem rechtlichen Standpunkt aus als legal bezeichnet werden könne:

»Denn es kann hier nicht die Rede davon sein, daß in der ČSSR nicht die Souveränität des tschechoslowakischen Staates vergewaltigt wurde. Dies wäre eine Fiktion und eine glatte Lüge. Die Vergewaltigung war im Gegenteil ganz offensichtlich.«[14]

Offensichtlich ist die traumatische Bedeutung, die der Einmarsch der Truppen für das tschechische Volk hatte; offensichtlich ist auch, wer aus den Prager Ereignissen politisches Kapital schlug, nämlich die, die den CIA-Putsch in der Dominikanischen Republik, den faschistischen Putsch in Griechenland und den Krieg der USA in Vietnam nicht nur billigten, sondern daran verdienten.

1 Skibowski, Klaus Otto, Schicksalstage einer Nation, Düsseldorf 1968, S. 79f
2 Skibowski, Schicksalstage, a.a.O., S. 85f
3 ebd., S. 83
4 ebd., S. 9f
5 zit. nach Der Spiegel Nr. 29, 1968, S. 47
6 Rudi Dutschke in: Konkret Nr. 3, 1968
7 ebd.
8 ebd.
9 Vgl. Stellungnahme des SDS Frankfurt/Berlin zu den Ereignissen in der ČSSR (Flugschrift).
10 Skibowski, Schicksalstage, a.a.O., S. 9
11 Fidel Castro Ruz, Kuba und der Einmarsch der Divisionen des Warschauer Paktes in die ČSSR, COSAL-Arbeitsunterlage 27, Dortmund 1968, S. 13
12 ebd., S. 17f
13 ebd., S. 41
14 ebd., S. 19

Franz-Josef Degenhardt

Zu Prag

Jetzt
rufen sie bei mir an,
die Beobachter von Mißständen
aus Funk- und Zeitungs-
und anderen Häusern.
Degenhardt, sagen sie,
oder, vertraulich, Väterchen,
nun, was sagen Sie jetzt
zu Prag?
Ach, die widern mich an.
Endlich, endlich
dürfen sie die in Jahren hinuntergewürgte
Kritik
hinauskotzen.
Diesmal darf man vom Leder ziehen
zu Prag.
Beifällig nicken Verleger und Intendanten.
Und wir, Freunde,
es scheint, wir haben gut gearbeitet.
Denn hört euch diese Typen an,
die Vorsitzenden der Aufsichtsräte,
die Vorstände und Herren der Konzerne
und deren Sachwalter
auf Regierungs- und anderen Bänken.
Sie sind empört,
weil der Aufbau des Sozialismus
gehemmt worden ist
zu Prag.
Sie trauern
und sprechen von Scham,
die Stalingradkämpfer,
die Makler und Generale
und deren Sachwalter
in Zeitungs- und anderen Häusern.
Sie trauern,
weil der Sprung voller Wagnis
auf eine andere Stufe des Sozialismus
nicht stattfinden durfte
zu Prag.
Nein,
wir hören genau hin.
Die sagen »das goldene Prag«.
Und wenn die Gold sagen,
meinen die Gold,
die Herren,
die den Vorfall in der Schweinebucht
peinlich,
den Vorfall in Santo Domingo
gelungen,
den Vorfall in Griechenland
überhaupt nicht benennen.
Nein, mit diesen Herren
(und mit den Herren ohne Eier,
versteht sich)
teilen wir nicht
unsere Wut
über den Sieg der Panzer
zu Prag.

Detlef Michel

Maos Sonne über Mönchengladbach

Die Sehnsucht der Intellektuellen nach dem Einfachen

Demonstration 1969 in Bochum

Sehr bald nach den ersten sit-ins und Demonstrationen der Studentenbewegung hatten sich die Karikaturisten der Boulevardpresse ihr Bild von dem neuen Feind gemacht: Grobe Kerle, finster dreinblickend, langhaarig und unrasiert, so hindern sie mit einer Keule in der Hand den kleinen Mann auf der Straße am gemütlichen Kudamm-Bummel. Der Student als Bürgerschreck. So hat es sicherlich die Mehrheit der Bevölkerung gesehen. Bewußt unkonventionelle Kleidung, Demonstrationen, die sich nicht länger an die polizeilich verordneten Routen hielten, Berichte über die Libertinage in der Kommune – all das beflügelte die Phantasien und Ängste, hier nähme eine Bewegung ihren Lauf, die jede Autorität mißachte.

Es waren die Studenten selber, die das Bild vom Bürgerschreck bekräftigten. Einerseits kritisierten sie es als Manipulation der Medien, andererseits fühlte man sich aber auch geschmeichelt, wenn sich eine harmlose Demonstration auf dem Bildschirm in eine bürgerkriegsähnliche Straßenschlacht verwandelte. So antiautoritär, daß man derartige Machtphantasien einfach hätte von sich abschütteln können, war man nun doch wieder nicht.

Im Gegenteil: Die Studentenbewegung war durch und durch autoritär strukturiert. Der SDS war eine elitäre Vereinigung unter der Führung weniger, die sich oftmals fast geheimbündig absprachen. Die Mehrheit folgte atemlos den theoretischen Erörterungen und nahm dankbar jedes neue politische Stichwort in den eigenen Sprachschatz auf. Wer das Vokabular beherrschte, signalisierte damit, daß er zum harten Kern der Rebellen gehörte.

Zumeist sehen die gängigen Interpretationen in der Studentenbewegung entweder den Kampf einer noch nicht zur Macht gekommenen gegen die etablierte Elite oder das Aufbegehren einer intellektuellen Jugend gegen Herrschaftstraditionen, einen Modernisierungsschub in Politik, Wissenschaft und Kultur, der dann in den siebziger Jahren mit der Reformpolitik der SPD staatstragend wird. Beide Interpretationen enthalten gewiß Richtiges, beide aber unterschlagen den moralischen Anspruch dieser Bewegung.

Die Vätergeneration der Studenten war Hitler gefolgt oder hatte zumindest geschwiegen. Jetzt schwieg sie zum Krieg der USA in Vietnam. Politiker, deren Karriere schon im Faschismus begonnen hatte, wurden jetzt nicht müde, ihren amerikanischen Freunden für dieses »militärische Engagement« zu danken.

Parlamentarier übertrafen sich im Speichellecken. Die Studenten, die die Rebellion trugen, hatten in der Nachkriegszeit gelernt, daß mit der amerikanischen Besatzungsmacht Demokratie und Menschenwürde in den einen Teil Deutschlands eingezogen sei. Jetzt, da sie das auf ihre Gegenwart anwenden wollten, als sie im Namen von Demokratie und Menschenwürde gegen die Napalmbomben auf vietnamesische Dörfer protestierten, wurden sie von Polizeiknüppeln belehrt, daß die Staatsmacht und ihre Ideologie etwas sehr Verschiedenes sind.

Einmal in die Opposition gedrängt, ohne parlamentarische Vertretung, fand die Studentenbewegung schnell internationale Verbündete. In den USA gab es die Hippies und die Black Panther, in Amsterdam die Provos, in Japan die Zengakuren, in Lateinamerika die Guerilleros, in Vietnam den Vietcong, in China die Roten Garden. Die Summe bildete eine globale Befreiungsbewegung. Man fühlte sich eins mit den Unterdrückten dieser Erde, im Einklang mit den Abermillionen, die siegessicher den Weg zur besseren Zukunft gingen. Man war gewiß, diesen Sieg in einer kurzen Spanne von Jahren selber zu erleben.

Das war nicht bloß eine Chimäre, denn seit Ende der fünfziger Jahre begann sich unter dem Druck der Unabhängigkeitsbewegung der Dritten Welt das internationale

Tokio: die Zengakuren wehren sich gegen Polizeiangriffe

Vietnam-Demonstration in Washington 1967

Ausnahmezustand auf dem Campus der Universität von Berkeley

Provo-Demonstration in Holland 1966

Jugoslawien: Studenten unter dem Bild von Dutschke (1968)

»Dem Volke dienen«. Studentendemonstration in Rom 1969

»Yankee, go home!« – Demonstration in Santo Domingo 1967

Streiks und Studentenunruhen an der Universität von Mexiko

Oben: Großes Mao Tset-tung-Gedächtnisschwimmen. Am 2. August 1968 feiern revolutionäre Lehrer, Studenten und Arbeiter Maos Durchschwimmung des Blauen Flusses zwei Jahre zuvor.
Unten links: Die Universität von Peking ist mit Wandzeitungen gepflastert, die sich gegen Rektor Lu Ping und andere »Tyrannen der Akademie« richten.
Unten rechts: Dem Spott und Hohn preisgegeben: Parteiführer mit Schandmützen werden 1967 auf dem Lastwagen durch die Straßen gefahren.

***Rechte Seite:** Chinesische Briefmarken aus kulturrevolutionären Zeiten. Ob auf dem Reisfeld, bei der Armee, in der Morgenröte, beim jubelnden Besteigen der Berge, die Massen halten Mao Tse-tung-Ideen (in Form des kleinen roten Buches) stets begeistert hoch, während Maos Sonne sich strahlend über sie erhebt.*

庆祝中国共产党成立五十周年
1921—1971
中国人民邮政
8分
国家机关的改革，最根本的一条，就是联系群众。
中国人民邮政
8
全世界人民反对美帝国主义及其走狗的斗争一定会取得更加伟大的胜利。

Rom 1969

Tokio 1968

Gefüge erstmals seit dem Zweiten Weltkrieg zu verschieben. In Europa hatten die Supermächte ihre Einflußsphären abgesteckt. Weder der Aufstand der Arbeiter in der DDR 1953, noch der Ungarn-Aufstand 1956, noch der Bau der Berliner Mauer 1961 tasteten den status quo an. Veränderungen finden währenddessen in Asien, Afrika und Lateinamerika statt. 1954 wird Frankreich in Indochina geschlagen, 1959 marschieren Fiedel Castro und Che Guevara in Havanna ein, 1960 wird der Kongo unabhängig, 1962 Algerien. Der alte Kolonialismus, soweit er den Weltkrieg überdauert hatte, zerfällt jetzt vollends.

Natürlich war der Gleichklang, in dem sich die Studentenbewegung mit den Befreiungsbewegungen der Dritten Welt fühlte, eine Selbsttäuschung. Natürlich ist es ein existentieller Unterschied, ob man sich als Student in den Metropolen Paris, New York oder Berlin mit der Polizei herumprügelt oder als Partisan auf dem langen Marsch mit dem Maschinengewehr ums Überleben kämpft. Dennoch speisten sich aus dieser Täuschung die Triebkräfte der Bewegung. Mao Tse-tung hatte seine Soldaten gelehrt, sie sollten in der Bevölkerung sein »wie der Fisch im Wasser«. Die Studenten tauchten bei ihren Demonstrationen in der Menge der Passanten unter, sobald die Polizei erschien. Diese Taktik wurde vom SDS ausdrücklich mit jenem Mao-Zitat propagiert. Geborgte Identität: der Guerillero im Dschungel und der Student im Dschungel der Großstadt. Gewiß waren das Übertragungen, wie sie platter nicht sein konnten. Aber sie waren erfolgreich. Gewiß war das Bild, das die Bewegung sich mit solchen Übertragungen von ihrer Mächtigkeit machte, hypertroph. Aber sie brauchte solche Bilder. Man muß offenbar alles wollen, um wenigstens etwas zu bekommen. Die Rebellion in den Metropolen hat nicht die bessere Zukunft gebracht, aber sie hat zum Ende des Vietnamkrieges beigetragen.

Die Dritte Welt wurde zum Mythos. Bedurfte es für die Metropolen der kompliziertesten Theorien, um zu erklären, warum die Arbeiterklasse nicht das geringste Interesse an den studentischen Forderungen hatte, und fielen diese Theorien eine nach der anderen in sich zusammen, so schienen die Verhältnisse in der Dritten Welt unmittelbar einleuchtend. Gut und Böse, Opfer und Täter, Unterdrückte und Herrschende – alles lag klar vor jedermanns Auge. Man brauchte nur hinzusehen. Einfachheit und Überschaubarkeit übten eine unwiderstehliche Faszination auf die Bewegung aus. Politische Ableitungen waren nicht notwendig, um die moralische Integrität des Widerstands in der Dritten Welt zu begründen. Die ungezählten Diktatoren, die der CIA schier nach Belieben einsetzte und absetzte, mußten nicht erst als solche enthüllt werden, sie waren es offenkundig.

Im Widerstand gegen sie wuchsen die Helden: Mao Tsetung zum Beispiel, oder Ho Chi Minh, die eben nicht bloß politische und militärische Führer waren, sondern zarte Gedichte schrieben; Che Guevara, der eben nicht bloß ein hervorragender Scharfschütze und Organisator war, sondern mit Jean-Paul Sartre tagelang über den »Neuen Menschen« philosophierte. Mao war Lehrer, Castro Rechtsanwalt, Guevara Arzt: Intellektuelle, die zur Waffe griffen. Sie wurden zu Projektionsfiguren eigener Wünsche. Für die Studentenbewegung verkörperten sie Intellektuelle, die dem traditionellen Schicksal ihrer Klasse entronnen waren und die Welt nicht nur interpretierten, sondern auch veränderten.

Dieselben, denen Reflexion und Kritik als unverzichtbar galten und die immer wieder die gesellschaftlichen Verhältnisse im eigenen Lande analysierten, unterwarfen sich den Traumbildern aus der Dritten Welt. Was hier immer wieder scheiterte, dort schien es Wirklichkeit zu werden. Naiv wurde der chinesischen Propaganda Glauben geschenkt. Erfolgsmeldungen über revolutionäre Errungenschaften, über die Entwicklung der Planwirtschaft, die Zurückdrängung des Marktes, die Aufhebung des Widerspruchs zwischen Hand- und Kopfarbeit stießen nicht auf Zweifel. Skeptische Berichte in der Presse wurden als antichinesische Hetze beiseite gelegt. Die wenigen Reisenden, die aus China zurückkehrten und anderes über die Kulturrevolution zu berichten wußten, als man hier in der »Peking Rundschau« gelesen hatte, fanden kein Gehör. Nicht wenige studierten Maos Zitatensammlung, das »Rote Buch«, wie sich einst ihre Eltern in die Heilige Schrift vertieft hatten. Nur zu viele ließen sich eher mit Blindheit schlagen, als daß sie einen zweifelnden Blick auf die chinesische Realität geworfen hätten.

Die Begeisterung für die Kulturrevolution speiste sich vor allem aus der Enttäuschung der APO über die Verhältnisse im Ostblock. Marx hatte den Sozialismus als Übergangsphase definiert, in der das Proletariat zur Macht gekommen sei und nun das Endziel, den Kommunismus, ins Auge fassen könne. Der Sozialismus selber sei noch gezeichnet von den Muttermalen der kapitalistischen Vergangenheit, sei deshalb immer noch vom Klassenkampf bestimmt, sei die Gesellschaftsformation, in der der Staat allmählich absterbe. Keine Spur davon konnten die Antiautoritären in den »realsozialistischen« Ländern entdecken;

Ob in Berlin... (links Georg von Rauch mit zwei Wieland-Kommunarden)

im Gegenteil: Die Zunahme staatlicher Tätigkeit und das Anwachsen staatlicher Institutionen schien unübersehbar. China ging da scheinbar einen anderen Weg. Die Kulturrevolution war – in ihrem propagandistischen Selbstverständnis – die Erfüllung der Marxschen Prophezeihung. Sie setzte den Klassenkampf im Sozialismus fort, wollte die Überbleibsel aus vorrevolutionärer Zeit und die Bürokratie, in der sich eine neue Bourgeoisie etablierte, vernichten. Und sie sollte eine kulturelle Revolution sein, eine des Überbaus. Ihre Form sollte die Überzeugung sein, ihr Mittel die Wandzeitung. Ganz China, so verkündeten die Zeitungen und Zeitschriften aus Peking, war von einer Welle der massenhaften Debatte über den richtigen Weg zum Kommunismus erfaßt. Es schien, als erfülle sich im menschenreichsten Land der Erde Satz für Satz der Marxismus, wie ihn die Studenten aus ihren Büchern gelesen hatten. Eine den Intellektuellen schmeichelnde Vorstellung: daß die Wirklichkeit dem Denken aufs Wort pariert, daß der Intellektuelle Macht hat über Gesellschaft und Staat, wenn nur die Massen seine Gedanken vollstrecken.

Studenten, die sich selbst als antiautoritär bezeichneten, führten bei Demonstrationen ihre Autoritäten überlebensgroß auf Transparenten mit: Mao sollte auch ihnen den Weg weisen. Man heftete sich Plaketten mit Maos Bild ans Revers. Man hängte Poster in die Wohngemeinschaft, auf denen Mao als Sonne, strahlend mit verklärtem Blick, über dem Horizont aufging. So leuchtete er überall, von Peking bis nach Mönchengladbach.

Dieselben, die hierzulande die Autoritäten stürzen wollten, rechtfertigten den Personenkult in China. Die hierzulande von der Emanzipation des Menschen sprachen, rechtfertigten Demütigung und Unterwerfung im Namen der Selbstkritik, wie sie während der Kulturrevolution üblich war. Photos, auf denen die Opfer zu sehen waren, wie Rotgardisten ihnen Schandmützen aufsetzten und sie öffentlich an den Pranger stellten, Berichte von Schauprozessen, Terrorurteilen, Mord und Totschlag waren eben Fälschungen oder Greuelmeldungen oder – allenfalls – unvermeidliche Randerscheinungen. China als Projektion: Dort sollte sich ersatzweise die radikale Veränderung der gesellschaftlichen Verhältnisse vollziehen, die hierzulande ausblieb. Maos Sonne leuchtete so hell, daß man geblendet war.

Der Übergang der Studentenbewegung in diverse Parteien Anfang der siebziger Jahre kennzeichnet einerseits das Ende dieser Bewegung, andererseits bedeutet er in mancher Beziehung keinen Bruch mit ihr. Erhalten blieb zum Beispiel die autoritäre Struktur. Die Studentenbewegung hatte ihre Führer, und sie begriff sich als Avantgarde. Nun gab es Parteiführer, die Maos im Kleinformat, und als passende Organisation die Kaderpartei. Erhalten blieb auch die heimliche Sehnsucht nach dem Einfachen. Die Parteien lieferten schlichte Weltbilder, in denen man Hauptfeinde und Bündnispartner, Haupt- und Nebenwidersprüche leicht auseinanderhalten konnte. Wer bis dahin als Bürgerschreck durch die Straßen gelaufen war, kürzte nun seine Haare, kleidete sich ordentlich und verwandelte sich in einen klassenbewußten Proleten. Geborgte Identität.

...oder in Stuttgart: die Mao Tse-tung-Ideen finden auch bei uns begeisterten Zuspruch der Massen. Studenten der Stuttgarter Kunstakademie ziehen 1967 mit einem riesigen, von Ulrich Bernhardts gemalten Mao-Porträt durch die Königstraße, verlesen Sprüche aus dem Mao-Büchlein und weisen die Bürger per Flugblatt auf die Unumgänglichkeit einer tiefgreifenden Kulturrevolution in der schwäbischen Metropole hin.

Michael Sonntag

Stille Tage in B.

Die provinziellen Sechziger

»Bremerhaven, Stadt u. Stadtkreis an der Wesermündung, 80 qkm große Enklave des Landes Bremen; (1964) 144680 Einw.; Überseehafen, bes. für den deutsch. Passagierverkehr, größter Fischereihafen des europ. Festlandes; Industrie: Schiffbau und Fischverarbeitungsbetriebe.«

So zu lesen in einem Lexikon von 1966. Bremerhaven, von seinen Stadtvätern und der Fremdenverkehrsindustrie auch »Tor zur Welt« genannt, womit unfreiwillig darauf hingewiesen ist, daß »die Welt« sich offenbar woanders befindet; Provinzstadt, Durchgangsstation für Fische und Menschen. Seit jeher SPD-regiert und dies den Hafen- und Werftarbeitern verdankend, steht sie zusammen mit Bremen in Kontrast zum benachbarten ländlichen Oldenburgischen, wo die Nazis zum ersten Mal überhaupt in einem Landesparlament eine absolute Mehrheit erreichten. Die Stadt lebt von den und für die Häfen; kilometerweit an der Weser entlanggestreckt, ist sie mehrfach so lang wie breit, ein Schlauch.

Mitte der sechziger Jahre gibt es hier ein paar Gymnasien, eine Menge Kneipen, 3 oder 4 Kinos, eine Marineschule, keine Universität, einmal im Jahr Freimarkt, eine lokale Tageszeitung, ein sogenanntes »Vergnügungsviertel« für vornehmlich nächtliche und männliche Freuden, das im wesentlichen aus einer einzigen Straße besteht, und es gibt auch sonst viel Langeweile. Der über den Weserdeich kommende Wind bläst mit der Trübsal um die Wette.

Die Militärbasis der Amerikaner in Bremerhaven-Weddewarden hat einen eigenen AFN-Sender. Als die Beatles, Stones, Byrds, Beach Boys die sechziger Jahre einläuteten,

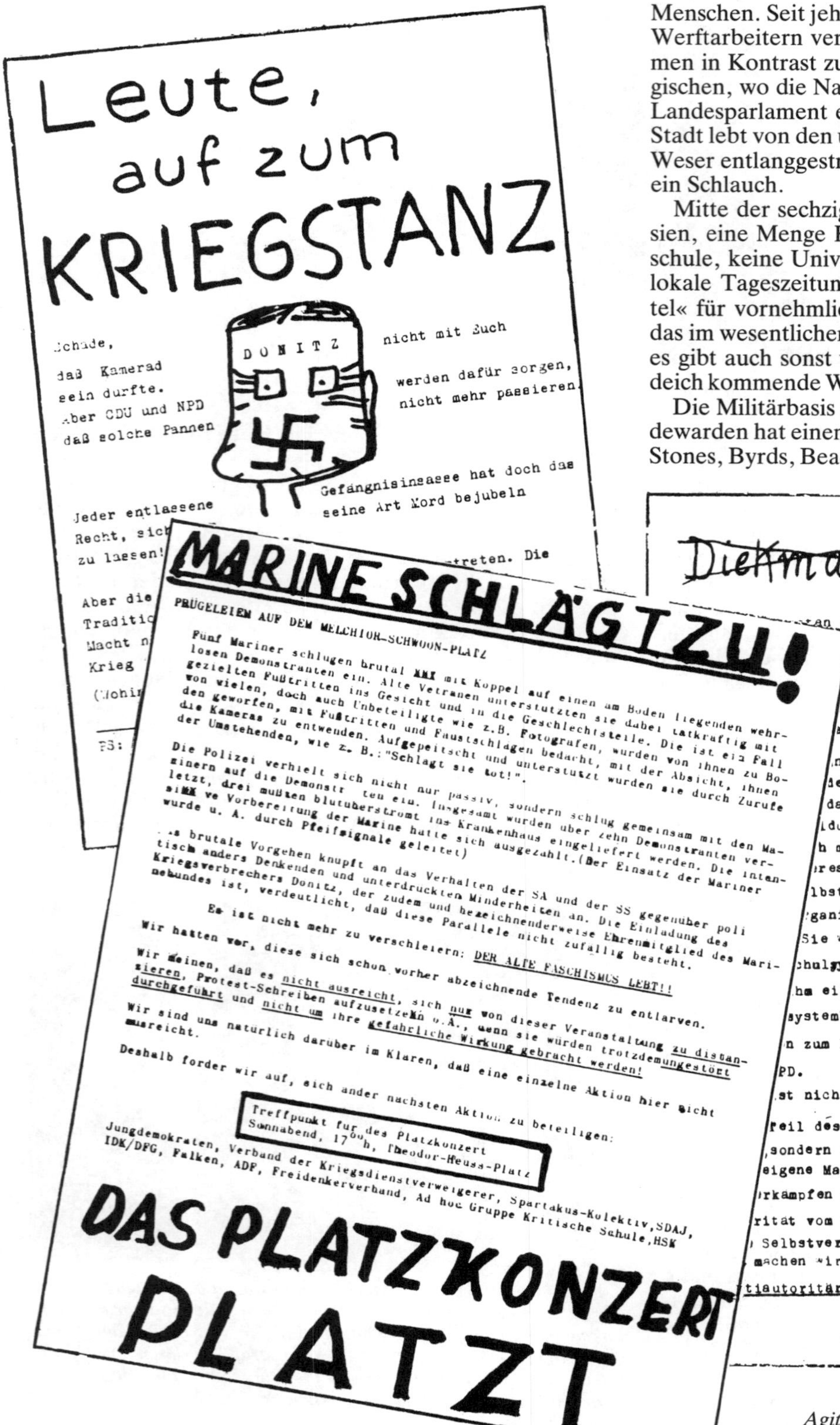

Leute, auf zum KRIEGSTANZ

DONITZ

Schade, daß Kamerad sein durfte. Aber CDU und NPD daß solche Pannen

nicht mit Euch werden dafür sorgen, nicht mehr passieren.

Gefängnisinsasse hat doch das seine Art Mord bejubeln

Jeder entlassene Recht, sich zu lassen! ... treten. Die

Aber die Traditio... Macht n... Krieg ... (Schir...

PS: ...

MARINE SCHLÄGT ZU!

PRÜGELEIEN AUF DEM MELCHIOR-SCHWOON-PLATZ

Fünf Mariner schlugen brutal XXX mit Koppel auf einen am Boden liegenden wehrlosen Demonstranten ein. Alte Vetranen unterstützten sie dabei tatkräftig mit gezielten Fußtritten ins Gesicht und in die Geschlechtsteile. Die ist ein Fall von vielen, doch auch Unbeteiligte wie z.B. Fotografen, wurden von ihnen zu Boden geworfen, mit Fußtritten und Faustschlägen bedacht, mit der Absicht, ihnen die Kameras zu entwenden. Aufgepeitscht und unterstützt wurden sie durch Zurufe der Umstehenden, wie z. B.: "Schlagt sie tot!".

Die Polizei verhielt sich nicht nur passiv, sondern schlug gemeinsam mit den Marinern auf die Demonstr ten ein. Insgesamt wurden über zehn Demonstranten verletzt, drei mußten blutüberströmt ins Krankenhaus eingeliefert werden. Die intensiXX ve Vorbereitung der Marine hatte sich ausgezahlt. (Der Einsatz der Mariner wurde u. A. durch Pfeifsignale geleitet)

..s brutale Vorgehen knüpft an das Verhalten der SA und der SS gegenüber politisch anders Denkenden und unterdrückten Minderheiten an. Die Einladung des Kriegsverbrechers Dönitz, der zudem und bezeichnenderweise Ehrenmitglied des Marinebundes ist, verdeutlicht, daß diese Parallele nicht zufällig besteht.

Es ist nicht mehr zu verschleiern: DER ALTE FASCHISMUS LEBT!!

Wir hatten vor, diese sich schon vorher abzeichnende Tendenz zu entlarven.

Wir meinen, daß es nicht ausreicht, sich nur von dieser Veranstaltung zu distanzieren, Protest-Schreiben aufzusetzeXn o.Ä., denn sie würden trotzdem ungestört durchgeführt und nicht um ihre gefährliche Wirkung gebracht werden!

Wir sind uns natürlich darüber im Klaren, daß eine einzelne Aktion hier nicht ausreicht.

Deshalb forder wir auf, sich ander nächsten Aktion zu beteiligen:

Treffpunkt für des Platzkonzert
Sonnabend, 17⁰⁰h, Theodor-Heuss-Platz

Jungdemokraten, Verband der Kriegsdienstverweigerer, Spartakus-Kolektiv, SDAJ, IDK/DFG, Falken, ADF, Freidenkerverband, Ad hoc Gruppe Kritische Schule, HSK

DAS PLATZKONZERT PLATZT

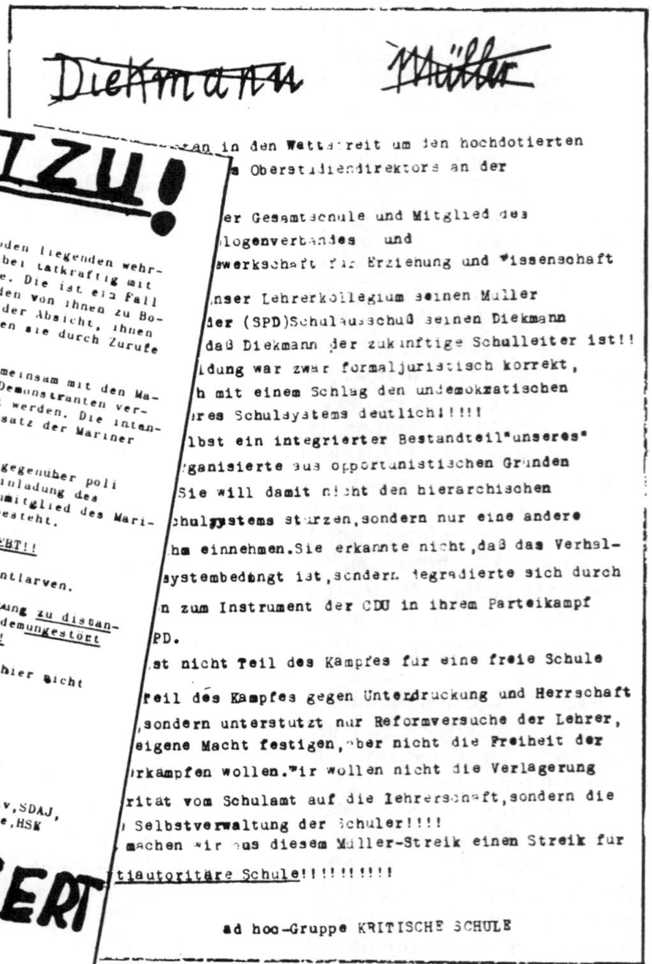

~~Diekmann~~ ~~Müller~~

...an in den Wettstreit um den hochdotierten
...s Oberstudiendirektors an der

...er Gesamtschule und Mitglied des
...logenverbandes und
...ewerkschaft für Erziehung und Wissenschaft

...nser Lehrerkollegium seinen Müller
...der (SPD)Schulausschuß seinen Diekmann
...daß Diekmann der zukünftige Schulleiter ist!!
...idung war zwar formaljuristisch korrekt,
...h mit einem Schlag den undemokratischen
...eres Schulsystems deutlich!!!!!
...lbst ein integrierter Bestandteil "unseres"
...ganisierte aus opportunistischen Gründen
...Sie will damit nicht den hierarchischen
...chulsystems stürzen, sondern nur eine andere
...hm einnehmen. Sie erkannte nicht, daß das Verhal-
...systembedingt ist, sondern degradierte sich durch
...n zum Instrument der CDU in ihrem Parteikampf
...PD.
...st nicht Teil des Kampfes für eine freie Schule
...Teil des Kampfes gegen Unterdrückung und Herrschaft
..., sondern unterstützt nur Reformversuche der Lehrer,
...eigene Macht festigen, aber nicht die Freiheit der
...rkämpfen wollen. Wir wollen nicht die Verlagerung
...rität vom Schulamt auf die Lehrerschaft, sondern die
... Selbstverwaltung der Schüler!!!!
... machen wir aus diesem Müller-Streik einen Streik für
...tiautoritäre Schule!!!!!!!!!!

ad hoc-Gruppe KRITISCHE SCHULE

Agitationsschriften aus der norddeutschen Provinz

nach den Schüssen auf Kennedy, waren sie über den AFN zuerst zu hören; jeden Samstagnachmittag die US Top-40. Später irgendwann werden die Hits umrahmt von den stündlichen Nachrichten aus Vietnam.

Rar sind hier die Plätze der öffentlich-jugendlichen Lustbarkeiten; tagsüber, nach der Schule, muß man mit der »Milchbar« am Hallenbad neben dem Stadttheater vorlieb nehmen oder mit dem Restaurant im neuen, hochmodernen Hertie-Prunkbau, mit Blick über den Weserdeich und der großen Chance, vor die Tür gesetzt zu werden, weil es schwerfällt, die dortige bürgerliche Ordnung nicht schon durch bloße Anwesenheit zu stören.

Für nächtliche Vergnügungen gibt's neben den normalen Kneipen praktisch nur noch die »Haifischbar«. Der Name täuscht: Assoziationen ans Ambiente der Seemannsliederromantik gehen fehl. Statt weißer Taube schwarz getünchte, kahle Wände, dürftiges Mobiliar und spärliche Beleuchtung, winzige Tanzfläche aus Beton, harte Musik und mehr oder weniger harte Getränke und mehr oder weniger harte sonstige Stoffe, hier so leicht zu erwerben wie nirgendwo sonst in der Stadt.

Ein finstrer Ort mithin, verrucht, berüchtigt in weitem Umkreis, mehrfach polizeilich durchsucht und geschlossen, mehrfach wiedereröffnet und unentbehrlich für die (damals noch nicht so genannte) Scene der 15-25jährigen; jeden Abend am gleichen Ort, jeden Abend die gleichen Leute.

Wenn sich hier überhaupt wer bewegt, dann sind das keine Studenten, sondern höchstens ein paar Schüler aus den oberen Klassen der Gymnasien. Und der aufrechte Gang wird nicht unbedingt gelegentlich politischer Demonstrationen geübt; selbst Ohnesorgs Tod und der Anschlag auf Dutschke lösen hier kaum etwas aus. Besser steht es da schon – für eine gewisse Zeit – mit den länger vorbereiteten Ostermärschen, zu denen jedesmal die Kader aus Bremen herangefahren werden, die die richtigen Fahnen und Parolen und vor allem den Lautsprecherwagen mitbringen. Ansonsten muß man schon selbst nach Bremen fahren, wenn man an einer »richtigen« Demo teilnehmen will.

In der Provinz muß der aufrechte Gang im Bereich des alltäglichen (Über-)Lebens geübt werden; weniger die Themen der großen Politik, als vielmehr die »kleinen« Erlebnisse und Erfahrungen in Schule und Familie und jeden Tag auf der Straße zeigen einem hautnah, wo man steht. Daß man mit etwas längeren Haaren als Mann noch nicht einmal im Hafen einen Job bekommt, um das spärliche Taschengeld aufzubessern (das Schüler-Bafög stand noch in den Reformprogrammen), mag man vielleicht noch hinnehmen. Dafür kamen dann Kurzhaarperücken für Männer in Mode. Daß der Lehrer vor der Klasse genauso redet wie der Familienvater zu Hause und der Nachbar am Stammtisch, wer hätte anderes erwartet, dem der schale Geschmack der Wirtschaftswunderfreiheit mitsamt ihrer Predigten über Disziplin & Ordnung & Leistung beim Wiederaufbau schon zu den Ohren heraushängt? Alle waren sie an diesem »Wiederaufbau« beteiligt; nur beim vorhergehenden Abriß war keiner von ihnen dabei. Oder wer will Oberstudienräte noch ernst nehmen, die – unter anderem – einerseits Frankreich dafür belobigen, daß es weniger Feiertage im Jahr hat als die faulen Deutschen, und andererseits – wenngleich, wie man zugestehen muß, mit einer gewissen Folgerichtigkeit – Sir Bertrand Russell allen Ernstes für einen Franzosen halten und mit der Klasse über »Bertrong Rühssell« sprechen wollen?

Korrelieren hier Aufgeblasenheit und Lächerlichkeit positiv miteinander, so daß man das Ganze bisweilen auch von der komischen Seite nehmen kann, so fällt das im Alltag auf der Straße oftmals schwer. Die fehlende Bügelfalte und die etwas längeren Haare genügen, um nicht nur empört-verächtliche Blicke auf sich zu ziehen. Des deutschen Volkes bis dahin arg darniederliegende Erinnerung an faschistische Zeiten und Zustände erlebt eine Zeit der kollektiven Blüte, wie sie kein Versuch der »Aufarbeitung« und »Bewältigung« je hat erreichen können. Wer als Schüler bis dahin noch nicht wissen mochte, was ein KZ ist, weil ja der Geschichtsunterricht aus probatem Zeitmangel nie so weit vorgedrungen war, der bekam jetzt eine zumindest vage Vorstellung davon. Nach Volkes Stimme gehörte nun wieder eine Menge Leute ins KZ und verbrannt und vergast, oder wenigstens ins Arbeitslager oder zum Bund. Wer trotzdem seine Haare weiterwachsen ließ und seine verblichenen Jeans anbehielt und vielleicht gar noch zur neuen Uniform der Nichtuniformen, dem Parka, griff, der durfte durchaus auch auf Handgreiflichkeiten rechnen. Die Prügelstrafe für »Gammler« – die (etwas weniger wehrhaften) Punks der Sechziger – auf offener Straße war nicht unüblich, und bisweilen kündete das gewaltsame Abschneiden der Haare dem unbefangenen Beobachter von den heiteren Bräuchen des Volkstums. In der Rede der Straße wie der mancher Politiker errang zu jener Zeit der Begriff »Ratte« den Status eines terminus technicus zur angemessenen Kategorisierung einer bestimmten Sorte Nicht-Menschen. In dem Sinne, in dem angelegentlich solchen Brauchtums vom »alltäglichen Faschismus« gesprochen worden ist, war das, woran er sich entzündete, durchaus eine alltägliche politische Demonstration. Das Tragen langer Haare wurde zu einem Bekenntnis, zu dem bisweilen mehr Mut gehörte als zum Mitlaufen in einer größeren Menschenmenge; der intensive Kuß auf offener Straße – ohne daß man verlobt war, natürlich – konnte noch zur Demonstration gegen das entrüstet gaffende Spießertum geraten; die aufgedrehten Lautsprecher, aus denen die neue Rockmusik (»Negermusik«) dröhnte, zu der man sich – nach konventionellen Maßstäben – recht willkürlich und gar anzüglich bewegte (»wie die Wilden im Urwald«), all das hatte in seinen Anfangszeiten zumindest und vielleicht gerade in der Provinz auch eine zutiefst politische Dimension, machte den Alltag zur Politik und die Politik zum Alltag, und fortan war beides nicht mehr ganz so leicht zu trennen wie vorher.

An den Schulen kamen »Schülerzeitungen« auf, die einem wie warme Semmeln aus den Händen gerissen wurden; es kam gar nicht so sehr darauf an, was drinstand, als vielmehr, daß es so etwas überhaupt gab. Kaum gedruckt, schon von der Schulleitung verboten oder zensiert, waren die nachfolgenden Ausgaben noch umso begehrter. Der Kampf um das Raucherzimmer oder die Raucherecke auf dem Schulhof wurde plötzlich ebenso zum lebenswichtigen Politikum, wie die Wahl des Schulsprechers. Die Kandidaten mußten in der Aula vor versammelter Schulmannschaft Preisreden auf sich selber halten, wo man schon mal – für die Größeren – versicherte, man sei Marxist, kurz und bündig, oder – für die Kleineren – den heiligen Eid leistete, man werde gewiß für die Aufstellung eines Cola-Automaten auf dem Flur sorgen.

Es wurde also, unübersehbar, »mehr Demokratie gewagt«, wie Willy Brandt das bald darauf nennen sollte. Und als der Sprecher der Abschlußklasse anläßlich der Abifeier – ebenfalls in der Aula, vor versammelter Schule und auch noch den Eltern der Abiklasse – erstmals in der Schulgeschichte eine nicht aus bieder-anbiedernden Späßen über die Lehrerschaft bestehende, sondern nicht ganz unpolitische Rede gehalten hatte, war von Stund' an die

Abifeier abgeschafft. Da war nun der Demokratie genug gewagt.

Trotzdem begann der Stadtschülerring Erklärungen zu politischen Angelegenheiten abzugeben, die sich weder auf die Forderung nach Wiedervereinigung mit unseren Brüdern und Schwestern in der Zone beschränkten, noch diese überhaupt enthielten, sondern sich vielmehr zum Beispiel gegen Kriegsdienst und Notstandsgesetzgebung wandten, woraufhin sogleich sein politisches Mandat auf das heftigste von eben jener Seite bezweifelt wurde, die ihn gerade vorher noch seiner zonenübergreifenden Verlautbarungen wegen belobigt hatte. Die Schüler-Intelligentia versuchte den politisch-gesellschaftlich-kulturell-sexuellen Diskurs, indem sie lauter Debattiergruppen gebar, Marcuse und Reich lesend, in den städtischen Jugendheimen in irgendeinem Hinterzimmer, den Hausmeister ihrer Werk- und Bastelleidenschaft versichernd, meist nur wenige Wochen bestehend, schnell wieder auseinander fallend. Die subversive Literatur war mit arg vielen Fremdworten gespickt und nur schwer verständlich; auch war niemandem so recht und vollständig klar, was die befreite Libido und derlei Dinge mit dem zu tun hatte, was man mit der eigenen Freundin veranstaltete. Da diese (bzw. das weibliche Geschlecht überhaupt) bei den Lesungen nur selten und spärlich zugegen war, mußte dies – und vieles andere – auch weiterhin unklar bleiben. Schwer hat's die Theorie, zur Praxis zu werden, nicht nur in der Provinz.

Leichter hatte es da schon das Pfeifchen mit dem Stoff, der den Alkohol zu ersetzen begann und die Gedanken zu beflügeln, sie nicht wie dieser ermattete, der neue Dimensionen des Musik- und Wahrnehmungserlebens erschloß und der um ein weiteres vereinte gegen die, die bereits zur Arbeit fuhren, wenn man frühmorgens noch die letzten Reste aufrauchte.

Eine Zeitlang ging das problemlos zusammen: politisch aktiv *und* den sinnlichen Genüssen allerlei Art aufgeschlossen sein. Bis dann einige sich organisierten, das heißt sich einen Namen gaben und eine Satzung, in denen den Mitgliedern ausdrücklich zum Beispiel der »Haschischkonsum« untersagt wurde, da er doch Apathie und Passivität fördere und den rechten Elan zum politischen Kampf nehme.

Waren es die »kleinen«, alltäglichen und zu einem Gutteil gewissermaßen die »lokalen« Erfahrungen gewesen, die prägten und sich einprägten, so beschränkte sich in der Provinzstadt der Übergang von den »satten« in die »unruhigen sechziger Jahre« doch im wesentlichen auf die Bilder im Fernsehen und die Nachrichten in den Zeitungen. Denn wer unruhig war, den hielt es nicht am entlegenen Ort, fern des »eigentlichen« Geschehens. Und man nahm diese Erfahrungen mit, nach Abschluß der Schulzeit, sich auf die deutschen Universitäten verstreuend, die Provinz zurücklassend und doch in sich tragend. Am Orte aber blieb wenig, und es blieb – weitgehend – ruhig im Lande. Ewiges Schicksal offenbar der Provinz, Garant ihrer Dauer: verlassen zu werden.

Peter Grohmann

Zwischen Hängen und Würgen: Stuttgart, 1960–1970

Die Hänge in der Stadt werden langsam, aber sicher zugebaut: Allianzstadt, wie wir damals sagten. Heute heißt's Rommelshausen.

»Ja, als der alte Klett noch da war...«, seufzt Eugen Eberle. Er muß es wissen, der Gegner von Hängen und Würgen, seit 1946 bis heute ununterbrochen im Rathaus. Der geschasste Bosch-Betriebsratsvorsitzende stolperte 1951 über die Neuauflage der verhängnisvollen RGO-Politik seiner Partei, der KPD, von der er sich in den sechziger Jahren trennte. Noch vorher, nach den großen Koalitionen von Bonn und Stuttgart, hatte Eberle die Gründung der Demokratischen Linken in die Wege geleitet – das landesspezifische Bündnis sammelte kritische Intelligenz, SPD-Oppositionelle, freie Linke, Christen, Kommunisten und APO zum Marsch auf den Landtag. Der Marsch der Studenten zum Bild-Zeitungsdrucker Bechtle in Eßlingen Ostern 1968 drückte auf die schwäbische Stimmung. Immerhin, 3,7 % landesweit. Das reichte nicht.

***

Stuttgart ist ganz anders. Die Kämpfe in den Metropolen wecken bei uns heute noch Aufmerksamkeit, daran soll niemand zweifeln. Das machen Bosch und Daimler und 10000 gut beschäftigte Zulieferer, trotz Krise des Kapitalismus. Und wenns wirklich mal klemmt, fährt Lothar Späth nach Rotchina. Das hat Kiesinger nie getan.

***

Eigenartig, diese Saturiertheit. Fritz Lamm organisierte 1960/61 mit großem Erfolg eine Hilfsaktion für algerische Asylanten. Er, der jahrelang im kubanischen Exil gesessen hatte, wußte, wo die SPD die Wohnungsschlüssel liegen hatte für politische Freunde. Der Betriebsratsvorsitzende wußte auch manchen jungen Unternehmer vom Fleiß der algerischen Genossen zu überzeugen. Praktische Politik für die Leute, die über Straßburg nach Stuttgart kamen. Bis 1959 erschien die von ihm redigierte linkssozialistische Zeitschrift »Funken«. Lamm wurde – wie schon 1931 – 1963 aus der SPD ausgeschlossen: er konnte vom SDS nicht lassen. Quer durch die linken Gruppen und Fraktionen der Stadt (und darüber hinaus) bildete er Diskussionszirkel, schaffte Wasser auf die Mühlen müder Linker.

***

In den sechziger Jahren war Stuttgarts Polizei noch – bis '72 – »kommunal«, Relikt aus der Zeit des Antifaschismus nach '45. Die Freunde und Helfer meldeten schon mal eine anstehende Verhaftung vor der Kommunistenjagd oder weigerten sich gar, Naziversammlungen zu schützen. Etliche tausend Stuttgarter drückten das Gestrige 1966 vom Schiller-Platz. Heut' wird umgekehrt gedrückt.

***

Sozialistische Linke, Sozialistisches Zentrum, Sozialistische Jugend: Markanter als in den Uni-Städten gibt in Stuttgart die unabhängige Linke die Signale zum vorletzten Gefecht, hatte doch bereits die KP-Opposition vor '33 etliche Sitze im Gemeinderat. Zwar wechselten manche der Genossinnen und Genossen öfters mal die Fronten, von der KPD zur KPO, von der zur SPD oder von dort ins Nirwana. Doch ein kritisches Potential der »Unabhängigen« hielt sich über die Jahre munter, kam aus den Vorgärten, um beim Heizen für revolutionäre Stimmungen zu

sorgen. Überhaupt, Stimmungen. Die alten Arbeiterchöre hielten stand, nach Herweghs Texten. Den Stuttgarter mochten sie, auch in der Illegalität.

***

Hier gehts langsamer, Leute. Längst hatten SPD und DGB zum Rückzug aus der »Anti-Atomtod«-Bewegung geblasen, als in Stuttgart immer noch der »Atomausschuß Stuttgart-Ost« rumorte. Eine Fernlenkwaffe aus Moskau, mutmaßte die SPD. Kriegssdienstgegner und Naturfreunde, Falken und SDS, Versöhnungsbund und Freidenker, VVN und Württembergischer Sängerbund, Betriebsräte, Ärzte, Pfarrer riefen nach der Wende von 1961 zu Kundgebungen und Demonstrationen, denen die Ostermärsche folgten, von Ulm nach Stuttgart, von Miltenberg nach Stuttgart, von Göppingen nach Stuttgart. Ausschlüsse vor allem aus der SPD waren die Folge.

***

Oder 1962. Theodor Ebert stellte das Konzept einer Gewaltfreien Zivilarmee vor. Nun denn, er ist nicht der letzte Stuttgarter, der die Stadt verließ. Oder 1964. Die Subversive Aktion, die den Katholikentag in Angst und Schrecken versetzte mit ihrer Botschaft »An die Lämmer des Herrn«. Dem Prozeß wegen wilden Plakatierens mit Wasserglas folgte die »Republikanische Verlagsgesellschaft« mit einer ersten Veröffentlichung von Aufsätzen Rabehls, Schwendters, Böckelmanns, Essers und Goeschels. Die Druckkosten sind noch nicht ganz drin. Oder 1965. Am 1. Juli wurde der Club Voltaire gegründet, fortan bis zum Niedergang – ja, was denn? Joschka Fischer und die unabhängigen sozialistischen Schüler wußten, wo das Bier billig war.

1966 fuhren wir nach Dresden – die erste »Ost-West-Jugendbegegnung« machte Furore. Gewerkschafter, Studenten, Hausfrauen, Jugendleiter. Ein viertel Jahr später kam eine 30köpfige Delegation aus Dresden zum Gegenbesuch, und alle fuhren wieder zurück.

1968, im Oktober, erschien das erste einer Serie von rund 50 Plakaten: »Plakat«. Vorn Bild, hinten Infos, herausgegeben von der Projektgruppe Presse und Information in der APO. Holtfreters Montage »Ein Mann hat seine festen Freunde« (Hitler-Kiesinger-Franco) führte zum erfreulichen Ermittlungsverfahren gegen die Redaktion ... und 39 andere. Leider fielen wir unter die Amnestie. Das ist halt die Scheiße hier im Ländle: immerzu Amnestie, bis zur Amnesie. Jetzt wolln sie nicht mal mehr Whyl bauen. 1969, zur Hauptversammlung der Daimler-Aktionäre, erschien das erste »plakat für die Beschäftigten bei Daimler-Benz«. Monatliche Auflage: 4000. Es erscheint übrigens heute noch, finanziert durch Spenden und die Aufwandsentschädigungen für Betriebsräte der »Hoss-/Mühleisen«-Gruppe, die es im schwäbischen Großkonzern als Konkurrenz zur versteinerten IG-Metall Ende der 60er Jahre gleich auf gut 30% der Stimmen brachte. Willi Hoss stimmt heute im Bundestag. Das soll keine Kritik sein, Willi, Du stimmst schon richtig.

Plakat der Gruppe »plakat« von Jürgen Holtfreter zum Vietnam-Krieg, 1968

***

Max Bense. Peter Palitzsch. Wendelin Niedlich. HAP Grieshaber, Willi Bleicher, Anna Haag. Helmut Mader. Gudrun Ensslin. Volker Schauer. Helmut Heißenbüttel. Wolfgang Dauner. Charlotte Maack. Onno Poppinga. Willi Hoss. Jürgen Holtfreter. Tiki Kiefer. Adolph Kummernuß. Karl Schwab. Uwe M. Schneede. Ted Bergmann. Yüksel Pazarkaya. Ulrich Cassel. Vorwiegend Männer, längst nicht alle, und ich.

***

Gerstenmaier. Kiesinger. Sepp Schwarz (auch Nazi, sowas wie Globke). Aktion Schneehase, bei der mit unterschiedlichem Erfolg Kommunisten gejagt wurden. Der Schlag gegen die illegale KPD im Ländle war kein Schlag ins Wasser. Polizeipräsident Leitenberger, der fast jedes Demo-Transparent vorher sehen wollte. Wenig Hippies. Und Techniker, Techniker, Techniker.

***

Die Waldheime. Streng getrennt: hier DKP, hier SPD. Alles evangelisch. Fritz Westermeier und Clara Zetkin eröffneten als Festredner das Gaisburger Waldheim am 7. Mai 1911.

***

Die Genossen reisten nach Berlin, die von der illegalen KPD nach Ost, die vom SDS nach West. Wenn sie zurückkamen in die Stadt zwischen Hängen und Würgen, hatten sie beide nicht viel zu melden. Ich sag' ja, wir sind zu saturiert in dieser Stadt. Es gibt noch immer: den Gesangverein Frohsinn in Stuttgart-Ost. Den Arbeiter-Rad- und Kraftfahrerbund Solidarität. Das sozialistische Zentrum. Eugen Eberle. Die Plakat-Gruppe bei Daimler-Benz und »plakat«. Steinkühler statt Bleicher. Die Waldheime, die DKP, die KPD. Und die Spätzles-ML: die MLPD. Sie ist auch nicht größer. Den Polizeipräsidenten, jetzt verstaatlicht. Den Fernsehturm. Ein Nachtlokal statt dem Club Voltaire. Ein Fechtclub statt dem SDS. Immer noch keine Hippies. Verdammt, jetzt hab' ich die Studenten vergessen.

EXTRABLATT weitergeben

plakat

"plakat" für die Beschäftigten der Daimler-Benz AG geschrieben und hergestellt von Kollegen des Werkes Untertürkheim u. Sindelfingen

Impressum: "plakat"-Flugblatt / herausgegeben von sozialistischen und kommunistischen Kollegen in der Daimler-Benz-AG / Eigendruck und Selbstverlag / Verantwortlich: Grohmann, 7 Stuttgart 1, Kernerstr. 49

HITZE · ARBEIT · KRANKHEIT

"Heute ist es aber verdammt heiß" sagt der Meister dem Kollegen an der Maschine. Dem Kollegen klebt der Arbeitsanzug am Körper. Seine Beine sind wie Blei. Die Glieder schmerzen, unter den Armen hat er sich durch das ständige Hantieren wund gerieben. Während der Schicht trinkt er abwechselnd Cola, Limonade und Bier, um sich aufzuputschen. Sein Kreislauf ist nicht mehr in Ordnung. Nach neun Stunden Arbeit unter solchen Bedingungen ist er zu Hause nicht mehr ansprechbar. Er braucht Stunden, um wieder einigermaßen ins Lot zu kommen.

KRANKENSTAND: 9%

Auf der letzten Betriebsversammlung wurde festgestellt, daß der Krankenstand bei neun Prozent liegt.

Warum wohl?

Wir können dazu einige Informationen beisteuern:
Die günstigste Temperatur für körperliche Arbeiten liegt, je nach Art der Arbeit, zwischen 12 und 20 Grad. Ab 25 Grad wird die Hitze gefährlich für den menschlichen Körper, wenn dieser schweren Arbeiten ausgesetzt ist. Ab 30 Grad wird sie lebensgefährlich. Das sind die Richtwerte des neuesten Lehrbuches für Arbeitsmedizin. (Thieme Verlag 1970). Die Untersuchungsergebnisse der Arbeitsmediziner kann man in knappen Worten so zusammenfassen: bei ständiger körperlicher Arbeit, besonders Schichtarbeit um 30 Grad, häufen sich die akuten Ausfallerscheinungen (Umkippen am Arbeitsplatz). Bei den meisten Arbeitern treten aber nicht akute Schäden auf, deretwegen man sich krankschreiben lassen könnte, sondern Dauerschäden. Diese Dauerschäden führen irgendwann zu einer akuten Erkrankung, die ihre Ursache in der Hitze-Arbeit hat. Aber diese Erkrankungsursache ist nicht schadenpflichtig, weil der Arbeiter nicht nachweisen kann, daß die Erkrankung unmittelbar mit seiner Arbeit zusammenhängt. Die häufigsten Dauerschäden sind: eine Dauerbelastung des Herzens, eine Überbelastung des Kreislaufs und der inneren Organe, besonders der Niere; ein nie mehr endender schleichender Erschöpfungszustand.

Die Arbeitsmediziner kommen zu der Schlußfolgerung: "Herz- und Kreislaufgeschädigte, Nierenkranke, Übergewichtige, vegetativ Labile und Ältere müssen von Hitze-Arbeit ausgeschlossen werden."

Das heißt nichts anderes als: in vielen Hallen sind die Temperaturen zu hoch und schwanken außerdem, die Arbeit in diesen Hallen ist auf die Dauer lebensgefährlich.

Uns kann niemand erzählen, daß diese Tatsachen dem Vorstand nicht bekannt wären. Der Vorstand sagt: "Wir haben nicht die nötigen Mittel, um diese Verhältnisse abzuändern."

»Plakat«-Betriebszeitung für Daimler-Benz-Arbeiter. Jeweilige Auflage 5000–6000 Exempl. Sie wird vor den Werktoren verteilt und z.T. durch Spenden der Kollegen finanziert.

Klaus Gürtler
APO an der Leine

Der Rote Punkt in Hannover

Die letzte ernsthafte Revolte fand 1533 statt. Damals brauchten die braven Lutheraner vier Jahre, ehe sie die kommunistischen Wiedertäufer unter Kontrolle hatten. Damit ist über Hannover schon fast alles gesagt – eine Stadt der Biederkeit, Residenz mittelmäßiger Potentaten und Ministerpräsidenten, bevölkert von Beamten, mittelständischen Spießern und einer Arbeiterschaft, die der SPD auch 1918 treu und blind ergeben geblieben war. Man kann hier leben – viel mehr aber auch nicht. Und wenn etwas typisch ist an diesem stadtgewordenen Mittelmaß, dann sind es allenfalls periodische Anfälle von Größenwahn, während derer sich die Eingeborenen als Bewohner einer »Weltstadt« fühlen. Und doch...

Was ist eine »Weltstadt« ohne Uni? Also bat der Stadtrat dero Landesregierung untertänigst um die Förderung des Geistes. So bekam die Technische Hochschule Mitte der 60er Jahre einige geisteswissenschaftliche Seminare drauf – wie Ketchup auf eine amorphe Fleischwurst. Die durch diesen Spritzer gezeugte »Universität« bot indes dem sich radikalisierenden Geiste – resp. SDS – eine nur schwache Basis. Die technischen Institute lebten von ihren guten Beziehungen zur Industrie, die Studenten von den ihren zu den »Alten Herren«. Hannovers zweite Hochschule blieb denn auch vom Geiste unberührt: Noch im April 68 verabschiedeten die Verbindungen der Tierärztlichen Hochschule ihren scheidenden Rektor, als sei nichts weiter geschehen – in vollem Wichs, mit Fackelzug unter wehenden Panieren, von denen salbig die Rede des Asta-Vorsitzenden darniedertroff. So mochte Hannover seine Studenten – das Experiment mit dem Geiste indes scheiterte kläglich.

Doch da sind zwei, die in der Nähe Hannovers geboren und in Hannover begraben wurden, deren Todesdaten für Anfang und Ende der »heißen Phase« der Studentenbewegung stehen: Benno Ohnesorg und Hans-Jürgen Krahl. Durch sie, die beide hier nicht lebten, wurde Hannover ohne eigenes Zutun zum Ort der wichtigsten SDS-Beschlüsse und zum Mittelglied zwischen Berlin und Frankfurt.

Während der Auseinandersetzungen um die »Rote Punkt«-Aktionen in Hannover wurden Polizeibeamte in den Straßenbahnen eingesetzt

Benno Ohnesorg

Am 9. Juni 1967 versammelten sich gut 7000 Studenten in der hannoverschen Sporthalle. Die einen, um den Tod Benno Ohnesorgs zu betrauern, andere, um darüberhinaus politische Konsequenzen zu ziehen. Der Asta der TH hatte sich bereits durch die Distanzierung von der »gewalttätigen« Berliner Anti-Schah-Demonstration und das Verbot »unwürdiger« roter Fahnen und Transparente profiliert – die Presse vermerkte es wohlwollend. Doch die Diskussion in der Sporthalle lief ihm entschieden aus dem Ruder. Habermas scheute schließlich nicht vor der Regierungs-Vokabel eines »linken Faschismus« zurück, um die von Dutschke, Krahl und anderen vorgeschlagene Konfliktausweitung mit gewaltlosen, aber durchaus ungesetzlichen Mitteln zu diffamieren. Die Frankfurter Schule schmollte – so praktisch hatte sie das alles nicht gemeint mit dem Marxismus.

Die Prominenz reiste ab – die kleine SDS-Gruppe blieb schwach an der TH und war selbst unter den politisch aktiven Studenten selten mehrheitsfähig. Schon im Mai 67 war jedoch ein »Unabhängiger Schülerbund« gegründet worden – organisatorischer Kern einer schnell wachsenden Schülerbewegung, die zur zweiten Mobilisierungsstütze der hannoverschen APO werden sollte. Ab 1969 firmierte sie als »Schülerbasisgruppe im SDS« und wurde schnell zum internen Sprengsatz: Die Revolte gegen die »freischwebenden Schwätzer« unter der örtlichen SDS-Prominenz verlief dadurch stürmischer als anderswo.

Rudi Dutschke

Die langsame Radikalisierung des Geistes offenbarte sich am Gründonnerstag 68. Bereits zwei Stunden nach dem Attentat auf Rudi Dutschke kam es zu einer spontanen Demonstration auf dem Opernplatz, und der Mut zur Isolation äußerte sich in dem Plan, die Marktkirche zu besetzen. Stadtsuperintendent Rufus Flügge konnte sich durch eine gequälte Billigung dieses Vorhabens eine ungestörte Karfreitags-Predigt einhandeln, die Gemeinde jedoch kochte. Die wahren Protestanten verlagerten ihre Aktivitäten gegen Abend jedoch auf den Steintor-Platz. Dort – im Verlagshaus der immerhin SPD-eigenen »Hannoverschen Presse« – wurde die BILD-Zeitung gedruckt. Die beiden Hofeinfahrten waren schnell mit Mülltonnen und zufällig bereitliegenden Balken und Eisengittern blockiert. Nach und nach sammelten sich über 1.000 Demonstranten inmitten einer aufgehetzten Meute von Fahrkartenverkäufern, Arbeitsvermittlern, Friseuren und sonstigen gesunden Volksempfindern. Ein Klima der Hetze und der Isolation breitete sich aus, es bestätigte die Blockierer in ihrer Wut: Drei Kugeln auf Dutschke, sie kamen aus dieser Meute, aus dieser Druckerei. Es roch nach Gewalt.

Doch trotz dieser für staats- und BILDschützerische Polizeiaktionen günstigen Voraussetzungen geschah – nichts. Die Provinz hat auch ihre Vorzüge: Es war der routinierten Schläfrigkeit des Polizeipräsidiums zu verdanken, daß in Hannover die Auslieferung der BILD-Zeitung tatsächlich verhindert werden konnte, denn die Hälfte der Bereitschaftspolizei genoß ihren Osterurlaub. So lagen denn die Zeitungspacken ab 21 Uhr versandfertig auf dem Hof, doch der Ausbruchversuch eines tollkühnen Fahrers blieb ob der fehlenden Staatsgewalt kläglich stecken. Diese marschierte erst um 2 Uhr in der Früh auf und ließ ihren Feiertagsfrust in einem bis in die Morgendämmerung anhaltenden Brutaleinsatz an den Demonstranten aus. Um 3 Uhr war die Pressefreiheit wieder hergestellt – gerade noch rechtzeitig, um die Hannoveraner mit Springers Botschaft zu beglücken. Niedersachsens Maschen und Heideflecken indes blieben unversorgt. Am frühen Morgen protestierten noch 200 Demonstranten vor dem Polizeipräsidium gegen die 39 Festnahmen der vorangegangenen Nacht.

Der Sonntag war ruhig, der Montag sollte es ebenfalls werden: Das Ostermarsch-Komitee hatte die FDP zur Teilnahme bewegen können und distanzierte sich infolgedessen heftig von einigen Scherben vor dem Amerika-Haus. Doch leider hatten die Ostermarschierer mit diesem seriösen Bündnispartner nichts im Sinn und verprellten ihn garstig: Die friedliche Auflösung des Ostermarsches mißlang, der Zug bewegte sich wieder zum Steintor. Diesmal versuchten dort starke Polizeikräfte mit einem »cordon sanitaire» das Grundrecht auf Mordhetze und Lügenmeldungen zu schützen. Obwohl nach mehrstündigen Auseinandersetzungen die Polizei erfrischend bunt eingefärbt war und einen Teil ihrer Tschakos an eifrige Sammler verloren hatte, konnte die Auslieferung der BILD nicht mehr verhindert werden.

Die Auswirkungen der Ostereignisse auf die Studenten waren gering. Ein Antrag des SDS, im Asta keine Springer-Erzeugnisse mehr auszulegen, wurde von einer studentischen Vollversammlung, die die Aktionen auswerten sollte, schlicht abgeschmettert. Und die Polizei stellte verdutzt fest, daß sich unter den 48 Festgenommenen nur acht Studenten befanden. Die APO in Hannover war nie eine reine Studentenbewegung.

Notstand

Die anhaltende Schwäche des SDS zeigte sich deutlich bei den geradezu kläglich verlaufenden Anti-Notstandsaktionen in Hannover. Gerade 250 Teilnehmer konnten zur ersten Aktion am 26. Mai mobilisiert werden. Erst die Schüler brachten am 28. Mai während der Schulzeit 700 Demonstranten auf den Opernplatz. Diese zogen daraufhin zur Technischen »Universität« (die Anstalt war inzwischen umbenannt worden), wo gerade 300 Studenten diskutierten. SDS-Sprecher Manfred Lauermann argumentierte auf verlorenem Posten. Der Uni-Dozent und spätere Kultusminister Peter v. Oertzen mahnte zum Fortschritt in Legalität – was er damit meinte, wurde erst später deutlich, als er die ersten Berufsverbote durchdrückte.

Das Desaster setzte sich an der Sporthalle fort. Dort hatte der DGB zu einer Kundgebung nicht etwa gegen die Notstandsgesetze, sondern für die Mitbestimmung mobilisiert und zog unter den Klängen einer Knappschafts-Blechkapelle eine Parade der Ignoranz durch: Mochte in Frankreich der Generalstreik toben, mochte der Notstand geprobt werden, mochten die Studenten auf der Bühne »Generalstreik« krakeelen – was verboten ist, ist nicht erlaubt, wo kämen wir da hin? Frankreich war weit weg an diesem Sonntag – und als am nächsten Tag einige Studenten am DGB-Haus eine rote Fahne hißten, konnten die Sekretäre über derlei deplazierte Symbolik nur lachen. Sie lachten zu früh – ihre »Stunde der Wahrheit« schlug im September 69, und in Hannover noch eher.

Roter Punkt

Der »Rote Punkt« war in Berlin schon lange ein Erkennungszeichen zwischen »Anhaltern«, wie es damals hieß, und mitnahmewilligen Autofahrern. In den Straßenbahnblockaden von Hannover und Heidelberg wurde er zum politischen Symbol des Widerstands und des Erfolgs, des gelungenen Ausbruchs aus der Isolation und des später immer wieder beschworenen »Bündnisses mit der Arbeiterklasse«. Ein Hauch von Paris durchwehte Hannover in diesen heißen Junitagen – und auch die Provinz-de-Gaulles in Rathaus, Leineschloß und Polizeipräsidium empfanden die Ängste ihres großen Vorbilds. Sie wurden überrascht, aber diesmal nicht – wie bei der BILD-Blockade – auf nur polizeitaktischer Ebene.

Am 1. Juni erhöhte die ÜSTRA die Fahrpreise um eine saftige Spanne. Das hannoversche Verkehrsunternehmen, das – über veschiedene Energiekonzerne – der Bundesholding gehörte, hatte schon seit Jahren Strecken stillgelegt, die Fahrpläne verschlechtert, Personal entlassen und regelmäßig Dividenden ausgeschüttet. Profit zerstört den Öffentlichen Nahverkehr – das war hier überdeutlich. Doch DGB und die ÖTV, die sich gerade in Tarifverhandlungen mit der ÜSTRA befand, billigten die Fahrpreiserhöhungen des Unternehmens, da sie sich dessen »Kosten«-Standpunkt zu eigen gemacht hatten. Es geschah also nichts, vorerst.

Doch da war das städtische Renommier-Freizeitheim Linden, das einer Diskussionsveranstaltung zum Thema ÜSTRA den Raum verweigerte. So setzten sich die verhinderten Veranstalter – Lehrlings- und Betriebsprojektgruppen des SDS sowie die frischgegründete DKP –

Oben: In Hannover ruht der Straßenbahn- und Autoverkehr. Als Antwort der Nahverkehrsgesellschaft ÜSTRA auf die Demonstrationen gegen die Fahrpreiserhöhung bleiben die Wagen im Depot.
Mitte: Polizeieinsatz gegen »Rote Punkt«-Demonstranten
Unten: »Fahr mit!« fordern Hannovers Autofahrer ihre Mitbürger auf

zusammen und entwarfen einen gemeinsamen Aufruf zu einer Demonstration am 7. Juni. Etwa 300 Demonstranten versammelten sich wie üblich am Opernplatz, die vorbeiführenden Gleise wurden – sehr zum Mißfallen der DKP – besetzt. Als dann auch noch der Straßenbahn-Knotenpunkt Steintor besetzt wurde, fuhr zwar keine Straßenbahn mehr in Hannover, aber das Anfangsbündnis SDS/DKP zerbrach daran. Die DKP hütete ängstlich ihre neugewonnene Legalität und versprach sich Erfolg von der nun an täglich stattfindenden 17-Uhr-Kundgebung am Opernplatz. Der SDS blockierte. Dieser Widerspruch sollte sich im Laufe der Aktionen zuspitzen: Es kam zu »Friedlichkeitsappellen« der DKP, die handgreiflich durchgesetzt wurden, zu Denunziationsaufrufen und sogar zum Zerfetzen von roten Fahnen, die angeblich die Bürger verschreckten. Aber letztlich blieb die DKP eine Randerscheinung, die sich der SDS-Redner nur durch Abschalten der parteieigenen Lautsprecheranlagen zu erwehren wußte.

Am nächsten Tag wird wieder der Abendverkehr blokkiert. Diesmal versucht die Polizei, mit hartem Einsatz die Schienen zu räumen, sie hat als Neuheit Tränengas zu bieten. Doch die Demonstration schwillt auf über 2000 Teilnehmer an, so daß bis in die späten Abendstunden neben dem Steintor auch noch der Aegidientorplatz als zweiter Straßenbahnknotenpunkt besetzt werden kann. Der 10. Juni bringt den Durchbruch. Es kommt zu schweren Auseinandersetzungen und Steinwürfen. Trotzdem gelingt es der Polizei nicht, die Blockade aufzuheben. Auf den Schienen stehen Bauwagen und Busse, denen der nötige Reifendruck fehlt. Inzwischen läuft der »Rote-Punkt«-Verkehr schon recht gut: Viele Autofahrer haben das massenhaft gedruckte Symbol an der Windschutzscheibe befestigt, halten an den Straßenbahninseln und nehmen die Wartenden mit.

Der nächste Tag bringt die größte Demonstration, die Hannover in den 60er Jahren erleben sollte: etwa 10000 Menschen ziehen durch die Straßen. Die Polizei ist verschwunden, selbst die Verkehrsregelung wird den Demonstranten überlassen. Ein heimliches Kartell zerbricht: Die Lokalpresse, die sich in Absprache mit der Polizei auf ein Verschweigen sämtlicher SDS-Aktionen geeinigt hatte, beginnt notgedrungen über die Demonstrationen zu berichten. Auch vom DGB erklingen neue Töne: Auf einmal findet er den Protest legitim und hängt sich mit einem

Flugblatt an. Die Stadt bastelt an einer Gegenoffensive, der SDS plant eine Ausweitung des Kampfes.

Die Ergebnisse zeigen sich am nächsten Morgen: Blokkade schon ab 4 Uhr früh, der Berufsverkehr liegt lahm. Doch als die Genossen einige Stunden später die BILD und die Lokalpresse zu sehen bekommen, trauen sie ihren Augen nicht: Ein roter Punkt zum Ausschneiden. Die Blockade wird zur Naturkatastrophe, der mit einer »Aktion Gemeinsinn« zu wehren ist. Die Polizei wird wieder sichtbar: Mit Lautsprecherwagen fährt sie durch die Wohngebiete und ruft zur Beteiligung an der »Rote-Punkt«-Aktion auf. Am selben Tag veruntreuen Bürgermeister Barche und Oberstadtdirektor Neuffer 15000 DM, indem sie in einer Großanzeige warnen: »Lassen Sie sich nicht von Agitatoren mißbrauchen, die ›ÜSTRA-Fahrpreise‹ sagen und Anarchie meinen!« Wenn schon Anarchie, dann aber auch anständig organisiert. Die ÜSTRA bemüht sich gar nicht mehr, ihre Fahrzeuge auslaufen zu lassen, Stadt und Polizei versuchen mit einem atemberaubenden salto mortale an die Spitze der Bewegung zu gelangen, sekundiert vom DGB: Am 13. Juni berichtet die Presse von »Verhandlungen« zwischen Vertretern von Stadt, Kapitalistenverbänden und DGB, die verbilligte Rentnerkarten und die Zusage ergeben hätten, das »Tarifgefüge« und die »Kommunalisierung« der ÜSTRA zu »überprüfen«. Kernaussage: »Am Montag sollen Straßenbahnen und Busse wieder fahren.«

In dieser Situation wäre dem SDS die Lage völlig aus der Hand geglitten, wenn die von ihm vertretene »harte« Linie (Nulltarif und die Enteignung der ÜSTRA) nicht massive Unterstützung aus den Betrieben erhalten hätte. Aus eigener Kraft gelingt dem SDS noch am Sonntag die Einigung der hannoverschen Asten auf der SDS-Linie, doch in der Nacht zum Montag handeln andere: Eine Gruppe von Hanomag-Arbeitern zementiert zentrale ÜSTRA-Weichen ein, Montag früh wird im Betrieb gesammelt, und am Nachmittag formiert sich auf dem Betriebsgelände ein Demonstrationszug, um das Geld – immerhin 1600 DM – den Blockierern zu überbringen. Ebenfalls am Montagvormittag findet im Gewerkschaftsraum eine Versammlung der hannoverschen Betriebs- und Personalräte statt, die dem DGB-Kreisvorstand sein kosmetisches »Verhandlungsergebnis« wegstimmt und in einer turbulenten Auseinandersetzung aus einem DGB-Flugblattentwurf eine Passage tilgt, in der sich von »Gewalttätern« distanziert wird. Die ÜSTRA fährt nicht.

Der 17. Juni endlich bringt die Kapitulation. Nach einer kurzen Besetzung des Rathauses, in dem die Stadtväter in Sondersitzung tagen, verkündet Oberstadtdirektor Neuffer das Ergebnis: Einheitstarif von 50 Pfennigen, als Einstieg in den Nulltarif, und Kommunalisierung der ÜSTRA. Die Aktionen werden abgebrochen, die DKP feiert auf einer »machtvollen Abschlußkundgebung« (UZ) mit 50 Teilnehmern ihren grandiosen Sieg, der »Rote-Punkt«-Verkehr läuft routiniert weiter.

Am 19. Juni fährt die niedersächsische Polizei alles an Gerät und Personal auf, was sie zusammenkratzen kann, an jeder Weiche steht ein Polizist, Steintor und Aegi sind Wagenburgen. In einer gespenstischen Szene nimmt die angeknackste Ordnung die Stadt wieder in Besitz; so was soll ihr nicht noch mal passieren. Diese Drohgebärde war ernst gemeint, es passierte nicht noch einmal. Vom Nulltarif war später nicht mehr die Rede, die nächste Preiserhöhung folgte 1970. Es kam wieder zu schweren Auseinandersetzungen, hier und bei jeder folgenden Tariferhöhung – doch der Erfolg von 1969 war nicht zu wiederholen, er gewann rückblickend eher mythische Qualität.

Ein lahmgelegter Straßenbahnwagen wird mit einem »Roten Punkt« gekennzeichnet

Hans-Jürgen Krahl

Für den SDS war die »Rote-Punkt«-Aktion der Höhepunkt und zugleich der Beginn seines Zerfalls. Es begannen scharfe Fraktionierungskämpfe entlang der Organisations- und Schulungsfrage. In den Auseinandersetzungen hatten die im SDS verbundenen Aktionsgruppen Selbständigkeit und Selbstbewußtsein gewonnen, der Zusammenhalt zerbrach. Als am 15. Februar 1970 Hans-Jürgen Krahl bei einem Verkehrsunfall verunglückte, versammelte sich die SDS-Prominenz. Man traf sich danach in der Cafeteria der Architekturfakultät, dem ständigen Versammlungsort des SDS, und hatte nur noch eine Gemeinsamkeit, über die man sich verständigen konnte: die Auflösung des Verbandes.

Die Anfänge der Frauenbewegung

London: Frauen pfeifen hinter Männern her und kneifen erstaunten Passanten in den Po, um damit bewußt zu machen, was tagtäglich mit jungen Frauen geschieht.

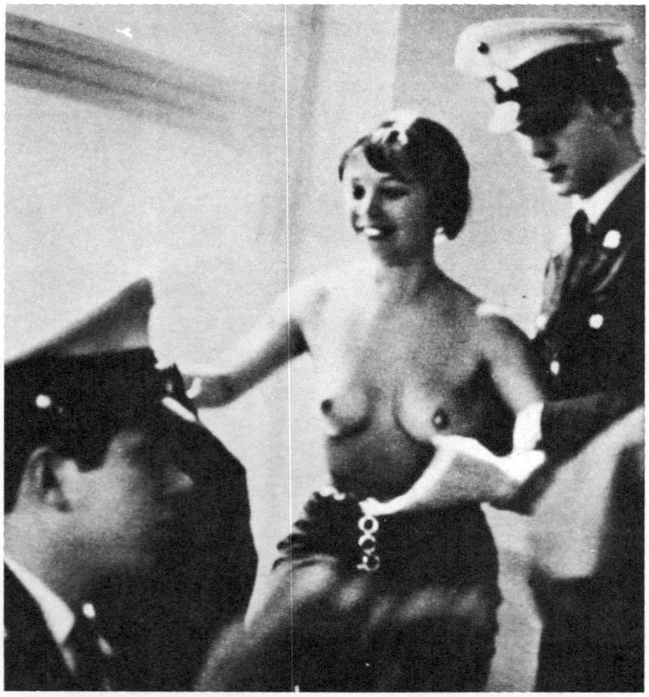

Links: Mit entblößtem Oberkörper versuchten Studentinnen ein Gericht in Hamburg lächerlich zu machen, das eine Kommilitonin aburteilte.

Helke Sander
Rede des »Aktionsrates zur Befreiung der Frauen«

bei der 23. Delegiertenkonferenz des »Sozialistischen Deutschen Studentenbundes« (SDS) im September 1968 in Frankfurt

Liebe Genossinnen, Genossen.
Ich spreche für den Aktionsrat zur Befreiung der Frauen. Der Landesverband Berlin des SDS hat mir einen Delegiertenplatz gegeben, obwohl nur wenige von uns Mitglieder des Verbandes sind. Wir sprechen hier, weil wir wissen, daß wir unsere Arbeit nur in Verbindung mit anderen progressiven Organisationen leisten können, und dazu zählt unserer Meinung nach heute nur der SDS.

Die Zusammenarbeit hat jedoch zur Voraussetzung, daß der Verband die spezifische Problematik der Frauen begreift, was nichts anderes heißt, als jahrelang verdrängte Konflikte endlich im Verband zu artikulieren. Damit erweitern wir die Auseinandersetzung zwischen den Antiautoritären und der KP-Fraktion und stellen uns gleichzeitig gegen beide Lager, da wir beide Lager *praktisch*, wenn auch nicht dem theoretischen Anspruch nach, gegen uns haben. Wir werden versuchen, unsere Positionen zu klären, wir verlangen, daß unsere Problematik hier inhaltlich diskutiert wird. Wir werden uns nicht mehr damit begnügen, daß den Frauen gestattet wird, auch mal ein Wort zu sagen, das man sich, weil man ein Antiautoritärer ist, anhört, um dann zur Tagesordnung überzugehen.

Wir stellen fest, daß der SDS innerhalb seiner Organisation ein Spiegelbild gesamtgesellschaftlicher Verhältnisse ist. Dabei macht man Anstrengungen, alles zu vermeiden, was zur Artikulierung dieses Konfliktes zwischen Anspruch und Wirklichkeit beitragen könnte, da dies eine Neu-Orientierung der SDS-Politik zur Folge haben müßte. Diese Artikulierung wird auf einfache Weise vermieden. Nämlich dadurch, daß man einen bestimmten Bereich des Lebens vom gesellschaftlichen abtrennt, ihn tabuisiert, indem man ihm den Namen Privatleben gibt. In dieser Tabuisierung unterscheidet sich der SDS in nichts von den Gewerkschaften und den bestehenden Parteien. Diese Tabuisierung hat zur Folge, daß das spezifische Ausbeutungsverhältnis, unter dem die Frauen stehen, verdrängt wird, wodurch gewährleistet wird, daß die Männer ihre alte, durch das Patriarchat gewonnene Identität noch nicht aufgeben müssen. Man gewährt zwar den Frauen Redefreiheit, untersucht aber nicht die Ursachen, warum sie sich so schlecht bewähren, warum sie passiv sind, warum sie zwar in der Lage sind, die Verbandspolitik mit zu vollziehen, aber nicht dazu in der Lage sind, sie auch zu bestimmen. (Am ersten Tag der Delegierten-Konferenz hat eine Frau geredet.) Die Verdrängung wird komplett, wenn man auf diejenigen Frauen verweist, die innerhalb des Verbandes eine bestimmte Position erworben haben, in der sie aktiv tätig sein können. Es wird nicht danach gefragt, welche Versagungen ihnen das möglich gemacht haben, es wird übersehen, daß dies nur möglich ist durch Anpassung an ein Leistungsprinzip, unter dem ja gerade auch die Männer leiden und dessen Abschaffung das Ziel ihrer Tätigkeit ist. Die so verstandene Emanzipation erstrebt nur eine Gleichheit in der Ungerechtigkeit und zwar mit den von uns abgelehnten Mitteln des Konkurrenzkampfes und des Leistungsprinzips.

Die Trennung zwischen Privatleben und gesellschaftlichem Leben wirft die Frau immer zurück in den individuell auszutragenden Konflikt ihrer Isolation. Sie wird immer noch für das Privatleben, für die Familie erzogen, die ihrerseits von Produktionsbedingungen abhängig ist, die wir bekämpfen. Die Rollenerziehung, das anerzogene Minderwertigkeitsgefühl, der Widerspruch zwischen ihren eigenen Erwartungen und den Ansprüchen der Gesellschaft erzeugen das ständige schlechte Gewissen, den an sie gestellten Forderungen nicht gerecht zu werden, bzw. zwischen Alternativen wählen zu müssen, die in jedem Fall einen Verzicht auf vitale Bedürfnisse bedeuten.

Frauen suchen ihre Identität. Durch Beteiligung an Kampagnen, die ihre Konflikte nicht unmittelbar berühren, können sie sie nicht erlangen. Das wäre Scheinemanzipation. Sie können sie nur erlangen, wenn die ins Privatleben verdrängten gesellschaftlichen Konflikte artikuliert werden, damit sich dadurch die Frauen solidarisieren und politisieren. Die meisten Frauen sind deshalb unpolitisch, weil Politik bisher immer einseitig definiert worden ist und ihre Bedürfnisse nie erfaßt wurden. Sie beharrten deshalb nach dem autoritären Ruf im Gesetzgeber, weil sie den systemsprengenden Widerspruch ihrer Forderungen nicht erkannten.

Die Gruppen, die am leichtesten politisierbar sind, sind die Frauen mit Kindern. Bei ihnen sind die Aggressionen am stärksten und ist die Sprachlosigkeit am geringsten. Die Frauen, die heute studieren können, haben das nicht so sehr der bürgerlichen Emanzipationsbewegung zu verdanken, sondern vielmehr ökonomischen Notwendigkeiten. Wenn diese Privilegierten unter den Frauen nun Kinder bekommen, werden sie auf Verhaltensmuster zurückgeworfen, die sie meinten, dank ihrer Emanzipation schon überwunden zu haben. Das Studium wird abgebrochen oder verzögert, die geistige Entwicklung bleibt stehen oder wird stark gemindert durch die Ansprüche des Mannes und des Kindes. Dazu kommt die Unsicherheit, daß man es nicht fertig gebracht hat, zwischen Blaustrumpf und Frau fürs Haus zu wählen, entweder eine Karriere aufzubauen, die mit einem weitgehenden Verzicht auf Glück erkauft werden muß, oder eine Frau für den Konsum zu sein. Das heißt, es sind eben jene privilegierten Frauen, die die Erfahrung gemacht haben, daß der bürgerliche Weg zur Emanzipation der falsche war, die erkannt haben, daß sie sich mit den Mitteln des Konkurrenzkampfes nicht emanzipieren können, die erkannt haben, daß das allgemeine Leistungsprinzip auch zum bestimmenden Faktor innerhalb der Verhältnisse geworden ist, die erkannt haben, daß der Weg zur Emanzipation auch schon in der Methode liegt, mit der man sie anstrebt.

Diese Frauen merken spätestens, wenn sie Kinder bekommen, daß ihnen alle ihre Privilegien nichts nützen. Sie sind am ehesten dazu in der Lage, den Abfallhaufen des gesellschaftlichen Lebens ans Licht zu ziehen, was gleichbedeutend damit ist, den Klassenkampf auch in die Ehe zu tragen und in die Verhältnisse. Dabei übernimmt der Mann die objektive Rolle des Ausbeuters oder Klassenfeindes, die er subjektiv natürlich nicht will, da sie ihm ja auch wiederum nur aufgezwungen wird von einer Leistungsgesellschaft, die ihm ein bestimmtes Rollenverhalten auferlegt.

Die Konsequenz, die sich daraus für den Aktionsrat zur Befreiung der Frau ergab, ist folgende:

Wir können die gesellschaftliche Unterdrückung der Frauen nicht individuell lösen. Wir können damit nicht auf Zeiten nach der Revolution warten, da eine nur politisch-ökonomische Revolution die Verdrängung des Privatlebens nicht aufhebt, was in allen sozialistischen Ländern bewiesen ist.

Wir streben Lebensbedingungen an, die das Konkurrenzverhältnis zwischen Mann und Frau aufheben. Dies geht nur durch Umwandlung der Produktionsverhältnisse und damit der Machtverhältnisse, um eine demokratische Gesellschaft zu schaffen.

Da die Bereitschaft zur Solidarisierung und Politisierung bei den Frauen mit Kindern am größten ist, weil sie den Druck am meisten spüren, haben wir uns in der praktischen Arbeit bisher auf ihre Konflikte konzentriert. Das heißt nicht, daß wir die Konflikte der Studentinnen ohne Kinder nicht wichtig nehmen, heißt nicht, daß wir nicht trotz der gemeinsamen Merkmale aller Frauen in der Unterdrückung die klassenspezifischen Unterdrückungsmechanismen übersehen, es heißt lediglich, daß wir eine möglichst effektive Arbeit leisten wollen und uns einen Ansatzpunkt schaffen müssen, der es uns erlaubt, die Problematik systematisch und rational anzugehen.

Da die anfänglichen Bemühungen, die wir machten, diese Konflikte mit dem SDS und innerhalb des SDS anzugehen, scheiterten, haben wir uns zurückgezogen und alleine gearbeitet. Als wir vor einem halben Jahr anfingen, reagierten die meisten Genossen mit Spott. Heute nehmen sie uns übel, daß wir uns zurückgezogen haben, sie versuchen uns zu beweisen, daß wir überhaupt ganz falsche Theorien haben, sie versuchen uns unterzujubeln, daß wir behaupten, Frauen brauchten zu ihrer Emanzipation keine Männer und all den Schwachsinn, den wir nie behauptet haben. Sie pochen darauf, daß auch sie unterdrückt sind, was wir ja wissen. Wir sehen es nur nicht mehr länger ein, daß wir ihre Unterdrückung, mit der sie uns unterdrücken, weiter wehrlos hinnehmen sollen. Eben weil wir der Meinung sind, daß eine Emanzipation nur gesamtgesellschaftlich möglich ist, sind wir ja hier. Wir müssen hier nämlich einmal feststellen, daß an der Gesamtgesellschaft etwas mehr Frauen als Männer beteiligt sind, und finden es die höchste Zeit, daß wir die sich daraus ergebenden Ansprü-

Treffpunkt: 1.Mai 1969, 11 Uhr, Turmstr. Ecke Stromstr.
Treffpunkt der Frauen und Kinder an der Kirche
Aktionsrat zur Befreiung der Frauen, Republikanischer Club, Berlin 15, Wielantstr. 27

che auch einmal anmelden und fordern, daß sie zukünftig eingeplant werden. Sollte dem SDS der Sprung nach vorn zu dieser Einsicht nicht gelingen, dann wären wir allerdings auf einen Machtkampf angewiesen, was wir lieber verhindern würden (für uns wäre es Energieverschwendung). Denn wir werden diesen Machtkampf gewinnen, da wir historisch im Recht sind.

Die Hilflosigkeit und Arroganz, mit der wir hier auftreten müssen, macht keinen besonderen Spaß. Hilflos sind wir deshalb, weil wir von progressiven Männern eigentlich erwarten, daß sie die Brisanz unseres Konfliktes einsehen. Die Arroganz kommt daher, daß wir sehen, welche Bretter ihr vor den Köpfen habt, weil ihr nicht seht, daß sich ohne euer Dazutun plötzlich Leute organisieren, an die ihr überhaupt nie gedacht habt, und zwar in einer Zahl, die ihr für den Anbruch der Morgenröte halten würdet, wenn es sich um Arbeiter handeln würde.

Genossen, eure Veranstaltungen sind unerträglich. Ihr seid voll von Hemmungen, die ihr als Aggressionen gegen die Genossen auslassen müßt, die etwas Dummes sagen oder etwas, was ihr schon wißt. Die Aggressionen kommen nur teilweise aus politischen Einsichten in die Dummheit des anderen Lagers. Warum sagt ihr nicht endlich, daß ihr kaputt seid vom letzten Jahr, daß ihr nicht wißt, wie ihr den Streß länger ertragen könnt, euch in politischen Aktionen körperlich und geistig zu verausgaben, ohne damit einen Lustgewinn zu verbinden. Warum diskutiert ihr nicht, bevor ihr neue Kampagnen plant, darüber, wie man sie überhaupt ausführen soll? Warum kauft ihr euch denn alle den Reich? Warum sprecht ihr denn hier vom Klassenkampf und zuhause von Orgasmusschwierigkeiten? Ist das kein Thema für den SDS?

Diese Verdrängungen wollen wir nicht mehr mitmachen.

In unserer selbstgewählten Isolation machten wir also folgendes: Wir konzentrierten unsere Arbeit auf die Frauen mit Kindern, weil sie am schlechtesten dran sind. Frauen mit Kindern können über sich erst wieder nachdenken, wenn die Kinder sie nicht dauernd an die Versagungen der Gesellschaft erinnern. Da die politischen Frauen ein Interesse daran haben, ihre Kinder eben nicht mehr nach dem Leistungsprinzip zu erziehen, war die Konsequenz die, daß wir den Anspruch der Gesellschaft, daß die Frau die Kinder zu erziehen hat, zum ersten Mal ernst nehmen. Und zwar in dem Sinne, daß wir uns weigern, unsere Kinder weiterhin nach den Prinzipien des Konkurrenzkampfes und Leistungsprinzips zu erziehen, von denen wir wissen, daß auf ihrer Erhaltung die Voraussetzung zum Bestehen des kapitalistischen Systems überhaupt beruht.

Wir wollen versuchen, schon innerhalb der bestehenden Gesellschaft Modelle einer utopischen Gesellschaft zu entwickeln. In dieser Gegengesellschaft müssen aber unsere eigenen Bedürfnisse endlich einen Platz finden. So ist die Konzentration auf die Erziehung nicht ein Alibi für die verdrängte eigene Emanzipation, sondern die Voraussetzung dafür, die eigenen Konflikte produktiv zu lösen. Die Hauptaufgabe besteht darin, daß unsre Kinder nicht auf Inseln fernab jeglicher gesellschaftlichen Realität gedrängt werden, sondern darin, den Kindern durch Unterstützung ihrer eigenen emanzipatorischen Bemühungen die Kraft zum Widerstand zu geben, damit sie ihre eigenen Konflikte mit der Realität zugunsten einer zu verändernden Realität lösen können.

Augenblicklich arbeiten schon fünf dieser Kinderläden, vier weitere organisieren sich, und einige andere sind im organisatorischen Vorstadium. Wir arbeiten am Modell für den FU-Kindergarten und organisieren Kindergärtnerinnen, bzw. helfen den Kindergärtnerinnen, sich selber zu organisieren. Theoretisch versuchen wir das bürgerliche Vernunftprinzip und den patriarchalischen Wissenschaftsbegriff zu kritisieren.

Wir haben einen so ungeheuren Zustrom, daß wir ihn kaum organisatorisch verkraften können. Unser Ziel ist zunächst, die Frauen zu politisieren, die schon ein bestimmtes Problembewußtsein haben. Dies ist am besten möglich innerhalb der Universitäten. Wir müssen diese unsere Gegenmodelle zunächst weiterentwickeln und auf eine größere Basis stellen, damit wir Methoden einer kollektiven Erziehung finden, die nicht nur den sowieso schon Privilegierten zugute kommt. Diese Kader und diese Erkenntnisse haben wir jedoch noch nicht. Darum können wir unsere Arbeit nicht dadurch gefährden, daß wir halbe Aktionen in Arbeitervierteln machen. Es sind besonders die Männer, die sich nach und nach bei uns eingefunden haben, die für eine schnellere Vermittlung nach außen in die Arbeiterschaft eintreten. Hier gibt es wieder zwei Probleme. Zum einen haben verschiedene Männer gesehen, daß plötzlich etwas gemacht wird, was eine Perspektive hat. Aufgrund ihrer gewandteren Formulierungen übernehmen sie bei manchen Arbeitskreisen die Führung, wogegen nach wie vor viele Frauen hilflos sind. Sie tun so, als sei der Gedanke der Kinderläden ihre eigene Erfindung, sie sehen die politische Relevanz und sagen jetzt den Frauen, sie würden ihre Probleme verdrängen, wenn sie sich jetzt mit Erziehung beschäftigen. Der Versuch, möglichst schnell andere Bevölkerungsschichten mit unseren Kinderläden zu erfreuen, mag darauf zurückzuführen sein, daß sich die Männer nach wie vor weigern, ihre eigenen Konflikte zu artikulieren. Im Augenblick haben wir der Arbeiterschaft nichts zu bieten. Wir können nicht Arbeiterkinder in unsere Kinderläden nehmen, wo sie ein Verhalten lernen, für das sie zuhause bestraft werden. Die Voraussetzungen dazu müssen für die Arbeiter erst geschaffen werden.

Aus den Arbeiten an den Kinderläden ergeben sich für uns weitere Arbeiten, die damit in engem Zusammenhang stehen. Die Kinder, die jetzt in unseren Länden sind, werden sich nicht mehr in die gewöhnlichen Schulen einfügen. Die Eltern dieser Kinder werden die bestehenden Schulen nicht mehr hinnehmen. Durch die breite Basis, die wir den Läden geben wollen, versuchen wir eine breite Basis für den Konflikt an den Volksschulen zu schaffen. Dieser Konflikt wird Wirkungen haben, die sich zeigen bei den Kindern und Eltern, die nicht durch unsere Läden gegangen sind. Wir müssen dann verhindern, daß Kinder ausgebildet werden, um das zu lernen, was eine kapitalistische Gesellschaft ihnen zu lernen erlaubt.

Wir wissen, unproduktive Arbeiten können abgeschafft werden, wir wissen, wir werden einen ungeheuren Bedarf an Erzieherinnen und Erziehern, an Kindergärtnerinnen und Kindergärten haben. Es ist nicht mehr nötig, daß 90 % aller Arbeiterinnen ungelernte Arbeiterinnen sind.

Genossen, ihr seht, daß unsere Arbeit andere Schwerpunkte hat, als die Verbandsarbeit.

1. Wir haben unsere Arbeit vorerst beschränkt auf Erziehungsfragen und alles, was damit zusammenhängt.
2. Alles Geld geht im Augenblick in die Kinderläden und die dafür notwendigen Vorbereitungsarbeiten.
3. Wir nehmen uns Zeit für die Vorbereitungsarbeiten und die Politisierung des Privatlebens.
4. Wenn die Modelle der Kinderläden uns praktikabel erscheinen, werden wir uns auf die Schulen konzentrieren.
5. Daneben wird natürlich theoretische Arbeit geleistet, die in größeren Zusammenhängen argumentiert.

Wenn sich der SDS als ein Verband begreift, der innerhalb der bestehenden Gesellschaft emanzipatorische Prozesse in Gang setzen will, damit eine Revolution überhaupt möglich wird, dann muß der Verband Konsequenzen für seine Politik aus unserer Arbeit ziehen.

Damit kommen wir auf die Frage der Prioritäten.

Wir müssen diskutieren:

Soll sich eine Gruppe hier und eine Gruppe da auf ein Lehrlings- bzw. Schülersekretariat konzentrieren oder sollen wir uns konzentrieren auf die Verbreiterung der Basis der Kindergärten.

Ein Lehrlingssekretariat fängt die wenigen glücklichen und männlichen Volksschulabgänger auf, die das Glück hatten, eine Lehre beginnen zu können, wie schlecht sie im einzelnen auch sein mag. Ein Schülersekretariat fängt die wenigen und materiell gesicherten Ober- und Berufsschüler auf, die das Glück hatten, liberale Eltern zu haben, die sie auf eine Schule schicken konnten und die Kinder darin unterstützten. Das Lehrlingssekretariat wird immer wieder genährt durch die Leute, die Voraussetzungen mitbringen, die die Schule ihrem Bewußtsein zubilligte. Aber gerade diese Voraussetzungen wollen wir abschaffen. Soll hier eine Gruppe eine Nato-Kampagne und da eine Gruppe eine Bundeswehrkampagne machen oder sollen wir uns auf die gesellschaftlichen Bereiche konzentrieren, die den Angelpunkt bilden, die Machtstrukturen zu verewigen?

Genossen, wenn ihr zu dieser Diskussion, die inhaltlich geführt werden muß, nicht bereit seid, dann müssen wir allerdings feststellen, daß der SDS nichts weiter ist als ein aufgeblasener konterrevolutionärer Hefeteig.

Die Genossinnen werden dann die Konsequenzen zu ziehen wissen.

Sibylla Flügge
Der Weiberrat im SDS

Im Anschluß an ihre Rede bewarf eine Genossin die SDS-Autoritäten mit Tomaten. – Dies war die erste Ankündigung einer neuen deutschen Frauenbewegung.

Dieses Ereignis wurde als ganz unerhört empfunden, als so unglaublich, daß die SDS-Männer, aber auch die anwesenden Frauen, sich zunächst nicht dazu verhalten konnten. Im kleineren Kreis konnten sich die Männer dann allerdings nicht enthalten, höhnische Bemerkungen über die Frauen zu machen. Das gab vielen Frauen den letzten Anstoß, sich in Frauengruppen zusammenzuschließen. Die Frauen waren im SDS so offensichtlich unterdrückt, daß die Idee dazu schon längere Zeit in der Luft lag, spätestens jedoch seit der Gründung des Berliner »Aktionsrat zur Befreiung der Frauen« im Frühjahr 1968.

In Frankfurt bot die Feierstunde der SPD anläßlich des 50. Jahrestages der Erringung des Frauenstimmrechts einen willkommenen Anlaß, eine Gruppe zu bilden. Die Frauen machten ein Flugblatt, das sie während der Veranstaltung verteilten, an dessen Verlesung sie jedoch durch prügelnde SPD-Männer und Frauen gehindert wurden. Auch nach dieser Aktion blieben die Frauen weiter zusammen und packten endlich einmal aus, was ihnen an den SDS-Männern schon lange gestunken hatte. Ihrer ganzen Wut gaben sie Ausdruck in einem Flugblatt, das sie unter dem Namen »Weiberrat« bei der 24. Delegiertenkonferenz des SDS im November 1968 verteilen wollten:

RECHENSCHAFTSBERICHT

des weiberrats der gruppe frankfurt

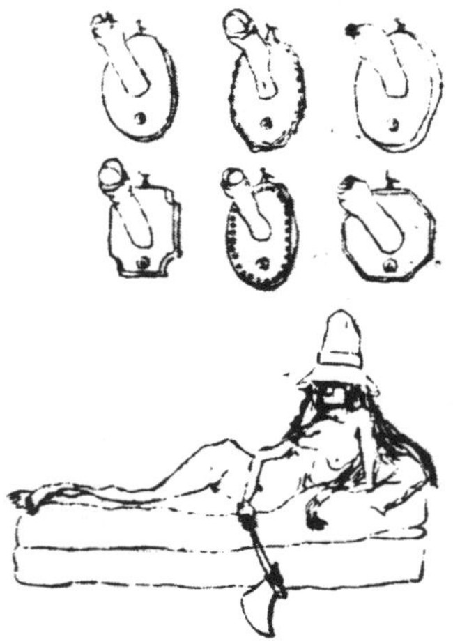

1) schauer
2) gäng
3) kunzelmann
4) krahl
5) rabehl
6) reiche
7) ....

Wir machen das maul nicht auf!
wenn wir es doch aufmachen, kommt nichts raus!
wenn wir es auflassen, wird es uns gestopft: mit kleinbürgerlichen schwänzen, sozialistischem bumszwang, sozialistischen kindern, liebe, sozialistischer geworfenheit, schwulst, sozialistischer potenter geilheit, sozialistischem intellektuellem pathos, sozialistischen lebenshilfen, revolutionärem gefummel, sexualrevolutionären argumenten; gesamtgesellschaftlichem orgasmus, sozialistischem emanzipationsgeseich, GELABER!
wenn's uns mal hochkommt, folgt: sozialistisches schulterklopfen, väterliche betulichkeit; dann werden wir ernst genommen, dann sind wir wundersam, erstaunlich, wir werden gelobt, dann dürfen wir an den stammtisch, dann sind wir identisch; dann tippen wir, verteilen flugblätter, malen wandzeitungen, lecken briefmarken: wir werden theoretisch angeturnt!
kotzen wir's aus: wir sind penisneidisch, frustriert, hysterisch, verklemmt, asexuell, lesbisch, frigid, zukurzgekommen, irrational, penisneidisch, lustfeindlich, hart, viril, spitzig, zickig, wir kompensieren, wir überkompensieren, sind penisneidisch, penisneidisch, penisneidisch, penisneidisch, penisneidisch.
frauen sind anders!
BEFREIT DIE SOZIALISTISCHEN EMINENZEN VON IHREN BÜRGERLICHEN SCHWÄNZEN!

Über diese Flugblattaktion schrieb zwei Jahre später eine Frau folgenden Bericht für den Weiberrat:

»In Hannover wollten wir das Flugblatt im Einverständnis mit den anderen anwesenden Genossinnen verteilen. Diese reagierten zunächst abweisend auf die Aggressivität des Flugblattes. Wir riefen alle zusammen und gaben Beispiele der im Flugblatt erwähnten Unterdrückung. Bei dieser konkreten Erläuterung gaben alle zu, daß es in ihren Gruppen genauso ging. Daraufhin stellten sich alle Mitglieder der 8 anwesenden SDS-Frauengruppen hinter das Flugblatt. Wir wollten mit den Genossen die Vorwürfe diskutieren. Als aber im Verlauf der Delegiertenkonferenz klar wurde, daß man sich von den Frauen eine interessante Einlage versprach, beließen wir es bei einer Extrabegründung, warum wir uns der Diskussion nicht stellen würden. Die Genossen reagierten auf das Flugblatt wütend, chaotisch und aggressiv-autoritär, wie man es erwarten konnte. Aber der Streit fand nicht statt, weil die Frauen sich zum Schweigen verpflichtet hatten.

Wieder zuhause, wurde weitergearbeitet. Zum ersten Mal setzten sich die Genossinnen bei einer SDS-Mitgliederversammlung alle in einer Ecke zusammen, und man konnte beobachten, daß dies von den Genossen wohl bald als Machtdemonstration begriffen wurde. Wenn eine Genossin einen Beitrag brachte, wurde ihr zugehört. Außerdem war sie selbst viel sicherer, weil sie die anderen Frauen hinter sich wußte und weil sie wußte, daß ihr notfalls eine andere weiterhelfen würde.«

In diesem ersten Weiberrat tauchten aber schon bald große Probleme auf, weil die Gruppe für persönliche und herrschaftsfreie Diskussion zu groß geworden war und weil neu hinzukommende Frauen sich ausgeschlossen fühlten. Die Konkurrenz- und Autoritätskonflikte wurden mit der Zeit so stark, daß eine befriedigende Arbeit nicht mehr möglich war. Als dann im Wintersemester 1968/69 im »Aktiven Streik« die traditionellen Lehrveranstaltungen an der Universität gesprengt wurden und durch selbstorganisierte, ihrem Anspruch nach antiautoritäre, Diskussionskreise ersetzt wurden, gingen daher die einzelnen Frauen lieber in diese Veranstaltungen, und der Frankfurter Weiberrat löste sich auf.

(Aus: »Frauenjahrbuch 1«, Frankfurt/M. 1975)

Klaus Hartung

Der Protest, die Bewegung und ihre Formen

Frieden war nicht gewünscht

Der Blick zurück ist oft ein Akt der Plünderung. Auf dem Höhepunkt der Friedensbewegung, an dem man den Eindruck haben kann, daß es kaum noch um reale politische Durchsetzung geht, sondern um die Choreographie, mit der immer mehr Massen immer eindrucksvoller aufzutreten vermögen, liegt jener räuberische oder – netter gesagt – jener vereinnahmende Blick in die Protestbewegung der 60er Jahre nahe. Es liegt nahe, die Protestformen von damals als Fundus zu studieren, denn vielleicht ist dieses oder jenes Kostüm der Empörung noch zu entmotten. – Es gibt allerdings bei beiden Bewegungen eine Korrespondenz, ein gemeinsames Interesse an den Aktions*formen*, eine besondere Reflexion darüber, in welcher Form reagiert werden soll. Aber bei dem Konstatieren dieser Ähnlichkeit zwischen der »größten Bewegung Deutschlands überhaupt« (Vilmer), der Friedensbewegung, und der Studentenbewegung fangen die Unterschiede schon an. Bevor ein falscher Abglanz des warmen Herbstes auf die damaligen sit-ins, Besetzungen, Blockaden, Spaziergang-Demonstrationen, Puddingattentate fällt, halte ich es für richtiger, die Schroffheit der Unterschiede zu betonen. Das ist umso mehr angebracht, als die Friedensbewegung auf den ersten Blick heute das einzulösen scheint, was damals an Hoffnungen und Theorien die antiautoritäre Bewegung durchzog. Damals wie heute erwartete man nichts vom »System«. Der Ausgang aus den versteinerten Verhältnissen der »formalen Demokratie« schien nur durch die direkte Aktion möglich.

In den Friedenscamps und Zeltstädten vor den Raketenbasen scheint endlich der Traum vom »antiautoritären Lager« wirklich geworden zu sein. Dennoch ist alles ganz anders. Zwar war auch in den 60er Jahren die Gefahr eines Atomkrieges gegeben, sie wurde aber nicht verinnerlicht. Die Geister standen nicht am Rande des Abgrunds, protestieren hieß nicht »Dennoch«-Kunst. Die Friedensbewegung, aktiver wohl als jede andere Bewegung, bewegt sich politisch nicht, zumindest nicht über den beschworenen »Minimalkonsens« hinaus. Sie erstarrt in unmittelbarer Nähe der Apokalypse. Alle gesellschaftlichen Veränderungen scheinen zu weit hergeholt. 5 Minuten vor 12 bleibt keine Zeit mehr für Revolution, nicht einmal für einen kleinen Sturz der für die Stationierung verantwortlichen Regierung. Und nach der Stationierung darf der friedensbewegte Lehrer, Arzt und Pfarrer an seinen Arbeitsplatz zurückkehren, falls nicht doch das kommt, worauf man sich eingerichtet hat. – Warum hieß die antiautroritäre Bewegung vor 20 Jahren nicht »Bewegung für den Frieden in Vietnam«? Warum nicht »Anti-Notstandsbewegung«? Weil es nicht um den Frieden in Vietnam, sondern um den Sieg im Volkskrieg ging, weil nicht nur die Notstandsgesetze verhindert, sondern die Notstandsgesellschaft verändert werden sollte. Blinde Selbstüberschätzung? Doch zumindest dies: die Hoffnung und das Bewußtsein, daß eine Minderheit, wenn sie sich außerhalb der fixierten Bahnen politischer Organisationen in Bewegung setzt, die versteinerten Verhältnisse zum Tanzen bringen kann; daß die Menschen ein Bedürfnis nach radikaler Veränderung haben und daß keine Veränderung denkbar ist, die nicht auf die Wurzeln der Verhältnisse zielt. Mit anderen Worten: Was in der antiautoritären Bewegung an Formen des Widerstandes entwickelt wurde, war Teil einer sich entfaltenden Revolutionstheorie. Wer 20 Jahre später mit archivarischem Blick den Aktionsformen der 60er Jahre nachgeht, wird nichts begreifen.

Unter Bilka und roten Fahnen – illustre Aktionseinheit. Horst Mahler (mit Schirm), Wolfgang Lefevre (mit Sonnenbrille) und Klaus Feske (mit erhobenem Arm) wurden in den 70er Jahren zu Führungskadern: Der erste führte die RAF an, der zweite die internationale Hegelgesellschaft und der dritte das Sekretariat der SEW.

Das zu emanzipierende Subjekt

Nachdem dies gesagt ist, können wir noch einmal feststellen, daß die Formen der Aktionen, des Protestes und des Widerstandes in den 60er Jahren äußerst wichtig waren, intensiv diskutiert wurden und in den teach-ins an zentraler Stelle standen. Was war an den Formen so wichtig? – Benno Ohnesorg, der am 2. Juni 1967 bei der Anti-Schah-Demonstration vor der Deutschen Oper in Berlin erschossen worden war, wurde drei Tage später in Hannover beerdigt. Am Abend begann ein teach-in in der Hannoveraner Sporthalle, das zu einem bemerkenswerten Zusammenstoß führte. Prof. Habermas hatte in einem langen Referat die Typologie der Protestformen entwickelt, um vor denjenigen Konfrontationen zu warnen, die die Studentenbewegung in die Resignation treiben könnten. Rudi Dutschke griff ihn an: »Ihr begriffsloser Formalismus erschlägt das zu emanzipierende Subjekt.« Er hingegen zog eine Linie vom Volkskrieg der Dritten Welt zu antiautoritären Aufständen gegen die verdinglichten Apparate der Metropolen im Spätkapitalismus bis zur Notwendigkeit, »jetzt« in Westberlin »spontane Widerstandsgruppen« zu organisieren, um der herrschenden Gewalt entgegenzutreten. Das schien Habermas so bedrohlich, daß er spät nachts noch intervenierte und vor einem »linken Faschismus« warnte. Danach, nach harter Kritik durch den SDS, nahm Habermas das böse Wort zurück. Dutschke sei unklar gewesen und habe nicht deutlich gemacht, daß es sich »nur« um öffentliche Protestaktionen gehandelt habe. Der Professor hatte sich ein zweites Mal vertan. Rudis Formel war nicht ungenau, sondern überschüssig, ein theoretisches Vorführen revolutionärer Antwort auf konkrete Unterdrückung. Revolutionsspiel und Spiel der Revolution. Aktionsformen? Es handelte sich gerade nicht um Textbücher für Masseninszenierungen, sondern um Organisationsideen, Ideen also, in denen sich die einzelnen als gemeinsam handelndes Subjekt auf der Straße entdecken konnten.

Phantasie und Gewalt

Es wurde die Bannmeile vor dem Schöneberger Rathaus durchbrochen, es wurde eine »Ordnerdemonstration« (100 Ordner und ein Demonstrant abwechselnd) organisiert, als die Auflage erfolgte, Ordner zu stellen; es wurde die »Spaziergang-Demonstration« veranstaltet, als auf dem Ku-Damm das Demonstrieren verboten wurde; und dann die Farbeier ans Amerika-Haus, das Puddingattentat auf Humphrey – nichts wäre falscher, als darin bloß einfallsreiche Protestformen zu entdecken. Schon gar nicht konnte zwischen friedlichen Demonstrationen und Gewaltakten, zwischen Protestierern und Gewalttätern getrennt werden. In all diesen witzigen Reaktionen blieb die Grenze zwischen Spiel, Protest, symbolischer Gewalt und realem Angriff fließend. Immer wurde versucht, die Formen, in denen sich die herrschende Gewalt verbarg, die Demonstrationsauflagen, Verbote usw. zu zerstören, sei es durch Mimikry oder direkte Konfrontation. Die Unterdrükkungsapparate – und das war zunächst die Polizei, später auch die Justiz – sollten bloßgestellt werden. Und zwar derart, daß sie hilflos mit ihren übermächtigen Waffen danebenschlugen, nie wissend, ob ihre Gegner nun gerade das revolutionäre Recht auf die Straße oder das bürgerliche Recht auf Demonstrationsfreiheit wahrnehmen. So ging die Rosa-Luxemburg-Demonstration in geordnetem Zug in den Wedding, um in der U-Bahn zu verschwinden und als marodierender Steinewerferhaufen vor den Scheiben des KaDeWe wieder aufzutauchen. Schon nach der Tschombé-Demonstration 1964 betonte Rudi Dutschke, daß die »Bereitschaft zur Illegalisierung der Demonstration« von »entscheidender Bedeutung« gewesen sei. Durch die »Dialektik von Legalität und Illegalität« sollte die »repräsentative Demokratie« entlarvt werden. Der grandiose Trick dabei war, daß das Instrument der Unterdrückung, die Polizei, zu einem Instrument der Aufklärung, der revolutionären Agitation selbst ver-

Ostern 1968 am Kanzler-Eck in Westberlin: Als sich APO-Demonstranten und Polizei in einer zugespitzten Situation gegenüberstehen, wälzt sich plötzlich und unerwartet ein Demonstrationszug der Kampagne für Abrüstung in das Geschehen. In Westberlin und andernorts hatte die Evangelische Studentengemeinde (ESG), unterstützt von Präses Scharf und dem Theologieprofessor Gollwitzer, bedeutenden Anteil an der Vermittlung der Ideen der Antiautoritären in die aufgeklärten Fraktionen des Bürgertums hinein.

Demonstration in Westberlin gegen das Vorgehen der Polizei anläßlich der Anti-Schah-Proteste. Oben: Die Kommune I im Büßergewand; unten: 50 Ordner auf einen Demonstranten signalisieren die »Ordnungsbereitschaft« der Antiautoritären.

wandelt wurde. Nicht nur, daß Beweglichkeit auf Waffen, Leidenschaft auf Brutalität, Sprache auf Knüppel traf – sondern daß die Minderheit ihre Macht im Medium unterdrückender Gewalt entfalten konnte, war der Witz. Da sich die antiautoritäre Bewegung nicht mehr von der Straße drängen, sich nicht mehr an die Universität zurücktreiben ließ, wurde der Krieg in Vietnam konkret in der »Metropole« Berlin. Und nicht zuletzt: Über die Banalität, daß Gewaltverhältnisse sich nicht gewaltlos stürzen lassen, konnte zum ersten Mal in der deutschen Nachkriegsgeschichte ohne Angst nachgedacht werden.

Lernprozeß

Durchnäßte Rückkehr nach der Demonstration vor dem Moabiter Gericht (Prozeß gegen Fritz Teufel); wohin? – Zum teach-in in's »Audimax«. Diskussion auf dem Vietnamkongreß über das »offene Messer« des Innensenators, in das die Demonstranten nicht laufen sollten, als die Demonstration noch verboten war; wo? – Im teach-in. Das teach-in war immer Teil der Aktionen. Oft genug gab es nach den Auseinandersetzungen gequälte Analyseversuche. »Was haben wir gelernt?« »An welchem Punkt stehen wir?« »Was sind die ›organisatorischen Konsequenzen?‹« Doch es handelte sich nie um bloße Manöverkritik, noch um Schulung der Demonstranten oder Information über die politischen Hintergründe des Vietnamkrieges. Ich erinnere mich an das Entsetzen, als die gerade gegründete KPD/AO nach dem Einfall der USA in Kambodscha eine Landkarte über Kambodscha aufhing, als alle darüber reden wollten, was jetzt zu tun war, und zwar in der Stadt. Zu diesem Zeitpunkt war's aber mit der antiautoritären Bewegung schon fast vorbei, und das merkte man zuallererst daran, daß auf dem teach-in keine gemeinsame Sprache mehr gefunden wurde. – Das teach-in war der alchimistische Ort der antiautoritären Bewegung. Hier traf der Guerillatraum auf die Straßenkampfrealität, hier ging es um den Sieg im Volkskrieg und um die Angst vor dem ersten Steinwurf. Hier wurden – oft unter grotesker Anspannung der Begriffe – die Erfahrungen der eben beendeten Auseinandersetzung mit der Polizei in den welthistorischen Rahmen gesetzt und aus diesem wieder die nächste Aktionsform abgeleitet. Diese kollektive Organisationsarbeit brachte schwere Zeiten für Verfassungsschutzspitzel; schrieben sie mit, so kehrten sie mit politologischen Papieren ins Amt. Der Zusammenhang von Artikulation, Welterkenntnis und Selbstorganisation, damals in einer emphatischen Formel zusammengefaßt: »Lernprozeß«, ist von der bürgerlichen Öffentlichkeit nie begriffen worden. Die Frage der BILD-Zeitung: »Was wollen die Studenten?« hing ewig unbeantwortet über den 60er Jahren.

Zwei Geißeln unserer Justiz: während Fritz Teufel die Aufforderung »Angeklagter, erheben Sie sich!« mit dem Seufzer »Wenn es denn der Wahrheitsfindung dient« befolgte, schiß der Student Karl-Heinz Pawla in den Gerichtssaal und wischte sich mit der Anklageschrift den Hintern ab.

Am 12.8.1967 feiert das aufgeklärte Westberlin die Entlassung von Fritz Teufel (links) aus der Untersuchungshaft, in die ihn der Schah-Besuch gebracht hatte. Unter dem Schirm Dieter Kunzelmann.

Ritual oder Revolutionierung der Revolutionäre

Nach den Osterunruhen, die durch das Attentat auf Rudi Dutschke ausgelöst wurden, spielte sich etwas ein, was abschätzig die »Wasserspiele am Kudamm« hieß. Die Krawalle am Wochenende, das Spiel mit der Polizei waren rechten wie linken Kritikern oft genug ein Ärgernis; die einen beklagten den Sakrileg des mangelnden Ernstes, die anderen die mangelnde politische Perspektive. Aber die Kritiker vergaßen den kulturrevolutionären Charakter solcher Aktionen, deren Triebkraft sich gerade in ihrer Wiederholung anmeldete. In diesen scheinbar ritualisierten Formen verbreiterte die antiautoritäre Bewegung ihre Basis. »Im Angriff auf die Polizei und selbst noch im Wegrennen spielten nicht nur Angst und Gewissensbisse, sondern auch Geistesgegenwart und Muskelbewegung eine Rolle, Waffen, die zunächst gegen die Gewalt verinnerlichter Zwänge wirksamer waren als gegen die Staatsgewalt. In der schützenden Anonymität der Masse ging darum nicht, wie das bürgerliche Ressentiment unterstellt, die subjektive Energie des einzelnen unter. Sie kam hier erst zu ihrem Recht. Daß spontanes Handeln, kollektive Initiative, Selbstorganisation der Masse nicht nur auf Diskussionen eingeübt werden konnte, sondern Errungenschaften der agierenden Masse selbst waren, beweist, welch mächtige Triebkraft die Aufhebung individueller Unterdrückung für die Selbsttätigkeit der Masse ist.« (*Der Untergang der Bildzeitung,* S. 121.) Zugespitzt kann man sagen, daß sich gerade in den ritualisierten Aktionsformen das geschichtliche Subjekt entfaltete, vorausgesetzt, daß unter Emanzipation das Erfahren der eigenen Kräfte verstanden wird. Gerade diese Erfahrungen widersetzten sich der Gefahr, daß die Bewegung unter eine Politik der Bewegungsfunktionäre geriet. Die Gefahr eines solchen Endes war dennoch allen bewußt, denn Rückkehr in die Bahnen traditioneller Interessen- und Protestpolitik hätte die einzige historische Chance vernichtet: »die Revolutionierung der Revolutionäre« als die »Voraussetzung der Revolutionierung der Massen« (Dutschke).

Die erfolgreiche Straßenschlacht und ein Ende von etwas

Am 4. November 1968 sollte sich Rechtsanwalt Horst Mahler vor dem Landgericht am Tegeler Weg verantworten. Zum Schutz des Gerichtes gab es die üblichen Polizeisperren. Zur Überraschung der Polizei wurde angegriffen, waren ihre Gegner zum ersten Mal auch für einen Angriff ausgerüstet. Es war auch das erste Mal, daß in einer realen Machtprobe, einer wirklichen Straßenschlacht ein Sieg über die Polizei errungen wurde, zum ersten Mal hatten auch – zu unserer Genugtuung – junge Arbeiter und Lehrlinge, die während der »Osterunruhen« zur Bewegung gestoßen waren, an vorderster Front mitgekämpft. Diese »Schlacht am Tegeler Weg« war der Endpunkt antiautoritärer Aktionsformen. Das Denken veränderte sich. Nicht mehr der Lernprozeß, sondern die organisatorischen Voraussetzungen für den Machtkampf standen nunmehr im Vordergrund. Wir konnten nicht mehr zurück, um aber weiterzugehen, war die Basis zu schwach. Während sich unsere Köpfe mit Klassenanalyse füllten, legten die Polizisten endgültig den Tschako ab, um ihre Köpfe im Bürgerkriegshelm verschwinden zu lassen.

Die Mörder sind noch unter uns

»Im Hintergrund immer die beiden Undiskutablen, die beiden Untragbaren und Unerträglichen: Lübke und Kiesinger.« schrieb Heinrich Böll 1968 angesichts der Verabschiedung der Notstandsgesetze in »Konkret«. Untragbar und unerträglich waren diese Repräsentanten des bundesdeutschen Staates nicht nur wegen ihrer reaktionären Gegenwartspolitik in Kleiner und Großer Koalition, sondern vor allem aufgrund ihrer Vergangenheit, denn die war nationalsozialistisch.

Zum Beispiel Heinrich Lübke – Bundespräsident von 1959 bis 1969. Lübke stellte sich selbst gern als Verfolgten des Naziregimes dar, der »nicht davor zurückschreckte, KZ-Häftlinge in seiner Wohnung zu bewirten, jede Möglichkeit aus(nutzte), rassisch und politisch verfolgten Menschen Unterschlupf zu gewähren.«[1] Die Wahrheit bewies das genaue Gegenteil. Heinrich Lübke hatte Baupläne für Konzentrationslager entworfen und unterzeichnet. Dokumente mit seiner Unterschrift belegten diesen Sachverhalt. Schriftgutachten – von der Zeitschrift »Stern« bezahlt und veröffentlicht – ließen die Forderungen nach Lübkes Rücktritt laut werden, nachdem drei Jahre zuvor zunächst DDR-Behörden und danach die Zeitschrift »Konkret« die Sache ans Licht gebracht hatten, jedoch ohne nennenswerte Reaktion.

»Die etablierte Öffentlichkeit, der es vor zwei Jahren noch ganz egal war, ob Lübke ein großer oder ein kleiner Nazi war, weil sie selbst aus Leuten besteht, die kein Interesse daran haben können, daß man sie fragt, ob sie große oder kleine Nazis waren, diese etablierte Öffentlichkeit hat gemerkt, daß sie der entstehenden Gegenöffentlichkeit etwas bieten muß, wenn sie nicht von ihr verdrängt werden will, daß sie wenigstens den Gestus von Opposition an-

Ein Bild aus der Vergangenheit des Heinrich Lübke (3. von links): 1941 besichtigt Rüstungsminister Todt die V-Waffen-Versuchsanstalt Peenemünde, in der Häftlinge für die Rüstungsindustrie arbeiten. Lübke ist stellvertretender Bauleiter der Firma, die für Peenemünde tätig ist.

nehmen muß, wenn sie überhaupt noch von denen, die angefangen haben, politisch zu denken und zu arbeiten, beachtet werden will«,[2] erklärte Ulrike Meinhof im April 1968 das plötzliche Interesse der Medien am »Fall Lübke«. Zwei Jahre zuvor hatte niemand wissen wollen, daß Lübke in einem Architektenbüro des Stabes Speer beim Rüstungsministerium tätig gewesen war, hatte niemand Fotodokumente, die Lübke unter anderem mit NS-Rüstungsminister Todt zeigten, wahrgenommen.

Zum Beispiel Kurt-Georg Kiesinger, Nachfolger Ludwig Erhards, Kanzler der Großen Koalition und Nazi der ersten Stunde. Er trat schon am 1. Mai 1933 der NSDAP bei. Und brachte es zu etwas in dieser Partei, wie später in der CDU. Er sei als junger Mensch an der NSDAP »interessiert« gewesen, gab Kiesinger in Interviews zu, schwieg aber zu seiner Tätigkeit in der Rundfunkabteilung des nationalsozialistischen Außenministeriums. Dort war er Verbindungsmann zum Propagandaministerium gewesen, also mitverantwortlich für die Auslandspropaganda des Deutschen Reiches. »Ferner wird gebeten zur Kenntnis zu nehmen, daß Herr RA Kurt-Georg Kiesinger, Referatsleiter im Auswärtigen Amt, als ständiger Verbindungsmann zwischen der Rundfunkpolitischen Abteilung des Auswärtigen Amtes und der Interradio bestellt wurde.«[3] Sinn und Ziel der »Ätherkriegsführung« der Ausland-Rundfunk-Gesellschaft Interradio A. G.: »Die Moral der feindlichen Bevölkerung kann durch diese neue so gefährliche Waffe derart getroffen werden, daß der Rundfunk zur Vernichtung des Gegners beiträgt und somit die militärische Kriegsführung unterstützt.«[4]

Kiesingers Nazi-Karriere war in der Bundesrepublik kein Geheimnis. Ins Licht der Öffentlichkeit gerückt wurde sie erst, als Beate Klarsfeld den Kanzler am 8. November 1968 während des CDU-Parteitages in der Berliner Kongreßhalle vor surrenden Fernsehkameras und für jedermann sichtbar ohrfeigte. Auf die Frage: »Warum haben Sie gerade Kiesinger geohrfeigt? Warum nicht Lübke? Es gibt doch noch eine Menge anderer Nazis in hohen Positionen, die viel schlimmer waren als unser Kanzler«, antwortete sie schlicht: »Wenn man die Nazis

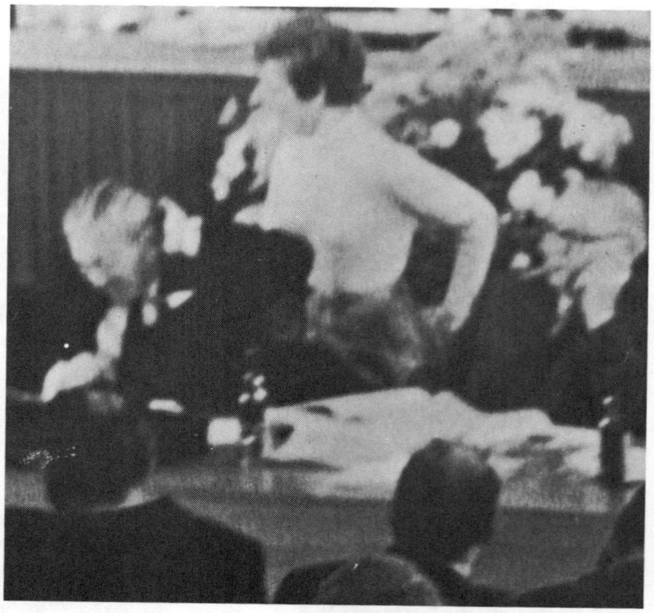

Die Ohrfeige. Beate Klarsfeld langte einmal kräftig hin und schrie »Faschist«.

aus dem öffentlichen Leben entfernen will, muß man mit dem einflußreichsten Mann im Staat anfangen. Wenn Kiesinger zurücktritt, werden wir nie wieder einen Nazi als Kanzler haben. Es wird der Beginn einer Entnazifizierung sein.«[5]

Kurt-Georg Kiesinger trat nicht zurück. Er stellte Strafantrag gegen Beate Klarsfeld. Verhandlung und Urteilsverkündung fanden noch am Tag der Ohrfeige statt: ein Jahr Gefängnis ohne Bewährung. Kiesinger selbst ist nie juristisch zur Rechenschaft gezogen worden.

Dennoch, die sechziger Jahre waren auch ein Jahrzehnt großer Prozesse gegen Nazi-Verbrecher.

1961 kidnappten drei Agenten des israelischen Geheimdienstes Adolf Eichmann auf offener Straße in Argenti-

Eichmann vor Gericht in Jerusalem 1961

nien. Eichmann war Leiter des Judenreferates im Reichssicherheitshauptamt der Reichsführung der SS gewesen. Ihm wurde die Verantwortung für den Mord an sechs Millionen Juden zur Last gelegt. Eichmann, der am 15. Dezember 1961 in Israel zum Tode verurteilt wurde, hatte während des Verfahrens in einem kugelsicheren Glaskäfig gesessen, sichtbar auch für die deutschen Fernsehzuschauer. Doch der beklemmende Prozeß gegen ihn hinterließ kaum Spuren im öffentlichen Bewußtsein der Bundesrepublik. Auch Gerichtsverfahren wie das gegen den General der Waffen-SS Karl Wolff, Adjudant des Heinrich Himmler, 1964 in München wegen Beihilfe zum Mord in mindestens 300000 Fällen zu 15 Jahren Zuchthaus verurteilt, bewegten kaum etwas. Als Wolff 1969 vorzeitig entlassen wurde, gab es keinen nennenswerten Protest.

Anders die Auschwitz-Prozesse, die für viele, vor allem junge Menschen eine erste Konfrontation mit den Verbrechen Nazi-Deutschlands bedeuteten. Vom 20.12.1963 bis zum 19.8.1965 wurde in Frankfurt am Main über die Mörder dieses größten faschistischen Vernichtungslagers zu Gericht gesessen. »Der Prozeß gegen die Chargen von Auschwitz hat eine Bedeutung erhalten, die mit dem Rechtsgeschäft nichts mehr zu tun hat. Geschichtsforschung läuft mit, Enthüllung, moralische und politische Aufklärung einer Bevölkerung, die offenbar auf keinem anderen Wege zur Anerkennung des Geschehenen zu bringen war.«[6] schrieb Martin Walser 1965 in seinem Aufsatz »Unser Auschwitz«.

22 Männer der SS-Wachmannschaften waren angeklagt, bei Verhandlungsende saßen noch zwanzig von ihnen im Gerichtssaal. Einer war in der Zwischenzeit gestorben, ein anderer verhandlungsunfähig. 359 Zeugen aus 19 Nationen traten vor ihre ehemaligen Folterer und sprachen von Mord und Qual. Für viele von ihnen bedeutete das Wiedersehen ein erneutes Durchleben der erlittenen Tortur. Sieben bis acht Millionen Menschen sind in Auschwitz ermordet worden. So unvorstellbar diese Zahl ist, so unvorstellbar waren auch die Leiden derer, die davon in Frankfurt, für jedermann hörbar, berichteten. Unvorstellbar gering dagegen die verhängten Strafen: dreimal Freispruch, einmal Jugendstrafe von zehn Jahren, Zuchthausstrafen zwischen drei Monaten und drei Jahren und von vierzehn Jahren, sechsmal lebenslänglich wegen besonderer Grausamkeit.

Als Kurt-Georg Kiesinger 1969 von Kanzler Willy Brandt abgelöst wurde, machte das nicht zuletzt deutlich, welche Bewußtseinsveränderungen die außerparlamentarischen Kräfte in den Jahren zuvor erzeugt hatten. Eine Nation, bei deren älteren Mitgliedern die faschistische Vergangenheit tabu war, deren Jugend begonnen hatte, nach dieser Vergangenheit zu fragen, war beeindruckt vom Kniefall Brandts vor dem Ehrenmal für die Opfer im Warschauer Ghetto im Jahre 1970.

Nach Kiesinger könne kein Nazi mehr Kanzler werden, hatte Beate Klarsfeld gehofft, aber kaum mehr als zehn Jahre nach ihrer Ohrfeige wurde Karl Carstens zum Bundespräsidenten gewählt.

1 Persönlichkeiten der Gegenwart – Heinrich Lübke, Freudenstadt 1966, S. 29
2 Meinhof, Ulrike Marie, Demokratie spielen, zit. nach: Meinhof, Die Würde des Menschen ist antastbar, Berlin 1980, S. 135
3 Zit. nach: Heuer, Rolv, Kiesinger, Konkret Nr. 5/1967
4. ebd.
5 Interview mit Beate Klarsfeld von Wolfgang Röhl, Konkret Nr. 16/1968
6 Walser, Martin, Unser Auschwitz, Kursbuch 1, Frankfurt/Main 1965

Eckhard Siepmann

Die Negation der Negation als brennender Weihnachtsbaum

Das Treibhaus der antiautoritären Philosophie und seine Erbauer

10 Jahre nach der Revolte: Hölderlin im Berliner Olympia-Stadion. Im Jahr des Deutschen Herbstes spielt die Schaubühne Hyperion.

flectere si nequeo superos
acheronta movebo

Wenn ich die Oberen nicht beugen kann,
werde ich das Reich der Schatten mobilisieren

Von Hegel zu Marx

»Siehe, die Füße derer, die dich hinaustragen werden, stehen schon vor der Tür.« – Hegel –

Als die ersten Nachrichten über die revolutionären Ereignisse in Paris nach Tübingen drangen, sprangen drei Studenten namens Fritz begeistert auf, pflanzten ein Maibäumchen in die Erde und tanzten drumherum. Einer von ihnen schrieb auf ein Blatt: »In der Werkstatt, in den Häusern, in den Versammlungen, in den Tempeln, überall werd' es anders!«

Knapp zweihundert Jahre später leuchteten diese Worte in einer Winternacht auf der Anzeigentafel des Berliner Olympia-Stadions auf; dort spielte die Schaubühne Hölderlin.

Die beiden anderen verfaßten umfangreiche philosophische Werke. Hegels idealistisches Denken, insbesondere seine dialektische Methode, wurde zur Brutstätte für die Schlangen des dialektischen Materialismus, sodaß schon der dritte, nämlich Schelling, von Friedrich Wilhelm IV. von Preußen bestellt wurde, um »die Drachensaat zu zerstören«, die Hegel ausgestreut hatte.

Dabei war dieser im Äußeren ein betulicher Mann. Bis an sein Lebensende pflegte er am Jahrestag der französischen Revolution, die Zipfelmütze über den Tränensäcken, in den Keller zu steigen, um eine Flasche Rotwein heraufzuholen. Seine Geburtstagsfeier zierte der junge Hegel, der gerade die Grundlinien seines Systems entworfen hatte,

Hegel spielte in der Berliner Lotterie und pflegte an den Jahrestagen der französischen Revolution eine Flasche Rotwein zu entkorken.

mit folgendem Scherz: Er zog eine Decke von der reich gedeckten Tafel, breitete die Arme aus und sagte vieldeutig zu seinen Gästen: »Es ist alles da zum Verzehren!« Die verstanden ihn sogleich. Er nun wieder! In Hegels Philosophie wird nämlich unentwegt verzehrt.

Eine Speise steht mir gegenüber, dampft. Ich beäuge sie; ich sinniere über die Unerfaßbarkeit des Inneren der Natur; ich bekomme Appetit, das Wasser läuft mir im Mund zusammen; umstandslos verleibe ich mir die Speise ein. Das, was mir unvermittelt gegenüberstand, existiert so nicht mehr; und ich selbst bin nicht mehr derselbe wie vorher. Man weiß, daß Leute, die allzuviel Schweinefleisch essen, schließlich selbst diesen Tieren zu ähneln beginnen. Die gesamte Weltgeschichte entspricht nach Hegel diesem Vorgang: Der absolute Geist sieht die Materie sich gegenüber, und die Geschichte ist der Prozeß, in dem der Geist die Materie durchdringt und »verzehrt«. Kunst, Religion und Philosophie sind verschiedene Stufen, auf denen das Materielle immer weiter einverleibt ist und verschwindet. Derselbe Vergeistigungsprozeß vollzieht sich im gleichen Dreischritt auch in den einzelnen Perioden, bis schließlich in der geistigsten, der Philosophie, der letzte Schritt vollzogen und der absolute Geist endlich, nach der Durchdringung von allem, was er nicht ist, bei sich selbst angekommen ist – und zwar, wie kann es anders sein, in der Form der hegelschen Philosophie.

Den gleichen Weg nimmt der Begriff: Am Anfang steht die unmittelbare Einheit des Begriffs mit sich selbst. Darauf folgt die Entgegensetzung des Begriffs gegen sich selbst; schließlich folgt die Wiedereinheit des Begriffs mit sich selbst durch die Aufhebung des Gegensatzes. Damit ist der Begriff, wie der Essende, wie der absolute Geist, auf einer neuen, höheren Ebene angelangt.

Entscheidend ist, daß alles Existierende seine eigene Negation in sich birgt, seine eigene Negation hervortreibt, um in der Negation der Negation zu einem neuen Sein zu gelangen. (Warnung: Es ist jedem angehenden Magister abzuraten, mit dieser unzulässigen Verkürzung in eine philosophische Prüfung zu gehen!)

Eins teilt sich in zwei. Zum Beispiel zerfällt die antiautoritäre Bewegung am Ende des Jahrzehnts in Leute, die die Knarre, und Leute, die die Mao-tse-tung-Ideen hochhalten. Die Berührungspunkte bleiben marginal. Während sich die philosophischen Ambitionen der Stadtguerilla auf einige Bonmots aus den Mao-Werken beschränken, mischen die wahren »ML«er (in diesem Markenzeichen der Maoisten verbinden sich die Initialen von Marx und Lenin) schon mal eine Knarre in ihr Emblem Hammer und Sichel.

Eins teilt sich in zwei – Titel einer chinesischen Broschüre über leichtverständliche Dialektik, die bald auch in unseren maoistischen Zirkeln andächtig studiert wurde. Auf dem Umweg über Peking kehrte Hegel nach Berlin, wo er einst gelehrt hatte, zurück. Der Platonismus der hiesigen Maoisten, die unbedingte Herrschaft der reinen Idee, holte auf abstruse Art Hegel aus dem Schatten, in dem er während der lebendigen Jahre dieser Bewegung, von einigen Studiengruppen an der FU abgesehen, gedämmert hatte.

Und zwar im Schatten von Karl Marx. Marx war überall anwesend; ohne einige Kenntnisse seiner Grundbegriffe und Theorien konnte sich niemand blicken lassen. Marx-Fetzen mal leicht ins Gespräch einlaufen zu lassen – »wie olle Marx sagt« –, galt als gesellschaftsfähig. Aber Marx wurde auch wirklich studiert, in Gruppen oder individuell, und zwar aus Spaß an seinen Entdeckungen und seinen Formulierungen. Es war damals noch klar, daß man ohne die Kenntnis von Marx die moderne Welt nicht kapieren konnte.

Unter den Schriften von Marx, die die Antiautoritären am allermeisten interessierten, nahmen die die erste Stelle ein, in denen sich Marx, im gleichen Alter wie die »Streetfighter«, mit Hegel auseinandersetzt. Der »junge Marx« wird dabei zugleich zur Fanfare, mit der dem orthodoxen Marx-Bild das Signal zur Beerdigung gegeben werden soll.

Marx sieht in Hegels Werk die mystifizierte Darstellung der wirklichen Weltprozesse. Nicht der Weltgeist bringt seine Negation hervor und gerät durch die Negation der Negation auf eine neue Stufe; aber der Kapitalismus bringt das Proletariat hervor als seine Negation; in der Revolution (Negation der Negation) verschwinden beide (die Kapitalisten werden enteignet und die Arbeiterklasse verliert durch das Verschwinden ihres Abhängigkeitsverhältnisses ihren alten Charakter), das heißt, die Gesellschaft rückt auf eine neue Stufe. Die Motorik dieses Prozesses ist nicht mehr der sich selbst suchende Geist, sondern der Kampf der Klasseninteressen.

Indem Marx solcherart Hegel »vom Kopf auf die Füße stellt«, den Prozeß: bei sich selbst sein, sich entfremden, sich auf die Entfremdung einlassen, sich verändern, auf die wirkliche Existenz des Menschen überträgt, formuliert er mit 26 Jahren Zusammenhänge, die in vielen Köpfen 120 Jahre später für eine unerwartete Ordnung sorgen sollten.

Zwar waren die Erscheinungen der Entfremdung, der Begriff sogar aus den höheren Lesebüchern bekannt – nicht aber der Grund der Entfremdung.

Zwar war man nicht mehr gottgläubig, hätte aber gerne gewußt, wie überhaupt jemand darauf verfallen konnte.

Die Eltern hatten permanent Moral gepredigt, aber wenn man sie genau beobachtete, handelten sie nicht danach. Sie handelten nicht nach ihrer eigenen bürgerlichen Moral, wie war das zu erklären?

Was hatte es mit der Ehe, mit der Familie, mit dem Staat auf sich, keiner fühlte sich dabei mehr so recht wohl, aber ohne sie geht's wohl auch nicht?

»Daß in der Bewegung des *Privateigentums*«, kritzelte Marx 1844 in Paris, »eben in der Ökonomie, die ganze revolutionäre Bewegung sowohl ihre empirische als theoretische Basis findet, davon ist die Notwendigkeit leicht einzusehen. Dies *materielle*, unmittelbar *sinnliche* Privateigentum ist der materielle sinnliche Ausdruck des *entfemdeten menschlichen* Lebens. Seine Bewegung – die Produktion und Konsumtion – ist die *sinnliche* Offenbarung von der Bewegung aller bisherigen Produktion, d.h. Verwirklichung oder Wirklichkeit des Menschen. Religion, Familie, Staat, Recht, Moral, Wissenschaft, Kunst etc. sind nur *besondre* Weisen der Produktion und fallen unter ihr allgemeines Gesetz. Die positive Aufhebung des *Privateigentums*, als die Aneignung des *menschlichen* Lebens, ist daher die positive Aufhebung aller Entfremdung, also die Rückkehr des Menschen aus Religion, Familie, Staat etc. in sein *menschliches*, d.h. *gesellschaftliches* Dasein.« (MEW, Ergänzungsband, 1. Teil, S. 532f)

Hier waren alle Stichworte beieinander, um auch denen, die nicht unmittelbar an der Mehrwertproduktion beteiligt waren, die Notwendigkeit der Aufhebung des Privateigentums vor Augen zu führen. Und da die Aufhebung des Kapitalverhältnisses selbst sich als eine umständliche und langwierige Sache erwies, begann die Kommune-Bewegung kurzerhand mit der Abschaffung des individuellen Privateigentums, um auf diese Weise schon mal im Kleinen den Rückzug aus Familie, Staat etc. zu praktizieren, bei welcher Übung sie jedoch leider wieder von der Entfremdung eingeholt werden sollte.

Der zweite wichtige Text waren die Thesen »ad Feuerbach« von Marx und Engels. Der Philosoph Ludwig Feuerbach hatte seit 1838 Schriften veröffentlicht, in denen er Hegel materialistisch interpretiert, wobei er jedoch in der Position der Anschauung verharrt, der Interpretation. Marx und Engels geben Feuerbach den finish, den sie bei ihm vermissen, und mit dem sie die kopernikanische Wende in die Philosophie bringen: Der neue Materialismus löst sich erst dann ganz von dem Idealismus, wenn er begreift, daß die Betrachtung allein nicht genügt; die Welt muß nicht nur erklärt, sondern *verändert* werden, und dazu ist wirkliche *Aktion* notwendig. Philosophie ist historisch out, wenn sie sich nicht mit der *Praxis* verbindet. In der

SDS-Plakat von Jürgen Holtfreter (1968)

Rosa Luxemburg

3. These wird ein Gedanke ausgesprochen, der den Nerv des antiautoritären Denkens berührt (und dessen Bedeutung weit in die Zukunft weist): »Die materialistische Lehre von der Veränderung der Umstände und der Erziehung vergißt, daß die Umstände von den Menschen verändert und der Erzieher selbst erzogen werden muß. (...) Das Zusammenfallen des Änderns der Umstände und der menschlichen Tätigkeit oder Selbstveränderung kann nur als *revolutionäre Praxis* gefaßt und rationell verstanden werden.« Die Brisanz dieser beiden Sätze hat ein umfangreiches Schrifttum provoziert und kann hier nur angedeutet werden. Ihr Sprengstoff liegt auf der individuellen und auf der gesellschaftlichen Ebene, ihre Wahrheit auf der Vermittlung beider.

Individuell: Die Praxis der »direkten Aktion« der Antiautoritären hatte immer eine doppelte Stoßrichtung: Veränderung der bestehenden schlechten Verhältnisse bei gleichzeitiger Veränderung der an der Aktion Beteiligten. Ernst und Spaß wohnten nahe beieinander: mit Ernst wurde nach der lustigsten Aktion die Kritik betrieben, ob eine Aktion *beiden* Kriterien, denen der objektiven *und* subjektiven Veränderung genügt habe; eine Aktion, bei der nichts gelernt wurde, aus der die Beteiligten nicht verändert hervorgingen, wurde als partieller Fehlschlag beurteilt. Das bedeutet auch, daß dieses Kalkül als Doppelstrategie in jegliche Aktionsplanung einging.

Gesellschaftlich: Wie ist eine sozialistische Gesellschaft denkbar, wie ist sie machbar, bei der der Erzieher erzogen wird? Der Erzieher, das heißt, die temporäre Führung, ist erziehbar nur durch Massen; die Führung muß sich permanent der Kritik der Massen aussetzen, wenn sie nicht pervertieren soll. »Das Hauptquartier bombardieren!« – diese Losung von Mao tse-tung wurde entsprechend bejubelt, der demokratische Zentralismus der osteuropäischen KPen heftig kritisiert. Die chinesische Kulturrevolution wurde – verkürzt – auf diesen Nenner gebracht, der Einmarsch in Prag 1968 mit umgekehrten Vorzeichen ebenso.

Theoretische und praktische Dialektik und Prozeßhaftigkeit, Dialektik von Führung und Masse, Theorie und Erfahrung, Veränderung und Selbstveränderung – das war die Aufhebung von Hegel und Marx bei den Antiautoritären und ihr eigentliches Credo; an Ort und Stelle mit großen Illusionen behaftet, aber gleichzeitig eine unauslöschliche Erbschaft an die Zukunft.

»Lenin erblickt auch in der absoluten Gewalt des Zentralkomitees und in der strengen statutarischen Umzäunung der Partei eben den wirksamen Damm gegen die opportunistische Strömung, als deren spezifische Merkmale er die angeborene Vorliebe des Akademikers für Autonomismus, für Desorganisation und seinen Abscheu vor strenger Parteidisziplin, vor jedem ›Bureaukratismus‹ im Parteileben bezeichnet. Nur der sozialistische ›Literat‹, kraft der ihm angeborenen Zerfahrenheit und des Individualismus, kann sich nach Lenins Meinung gegen so unbeschränkte Machtbefugnisse des Zentralkomitees sträuben, ein echter Proletarier dagegen müsse sogar infolge seines revolutionären Klasseninstinktes ein gewisses Wonnegefühl bei all der Straffheit, Strammheit und Schneidigkeit seiner obersten Parteibehörde empfinden, er unterziehe sich all den derben Operationen der ›Parteidisziplin‹ mit freudig geschlossenen Augen. (...)
Die Befürworter des Ultrazentralismus übersehen, daß das einzige Subjekt, dem jetzt diese Rolle des Lenkers zugefallen, das Massen-Ich der Arbeiterklasse ist, das sich partout darauf versteift, eigene Fehler machen und selbst historische Dialektik lernen zu dürfen. Und schließlich sagen wir doch unter uns offen heraus: Fehltritte, die eine wirklich revolutionäre Arbeiterbewegung begeht, sind geschichtlich unermeßlich fruchtbarer und wertvoller als die Unfehlbarkeit des allerbesten ›Zentralkomitees‹.«

(Rosa Luxemburg, aus: Organisationsfragen der russischen Sozialdemokratie, 1904)

Die Frankfurter Schule

Die Bücherbesessenheit der Antiautoritären der späten 60er gab Hausbesetzern der frühen 80er, die ab und zu einen zwiespältigen Blick auf jene Bewegung warfen, mit der sie in den Feuilletons immer wieder verglichen wurden, eine Menge Rätsel auf. Die Bewohner des besetzten Georg-von-Rauch-Hauses in Berlin werden kaum wissen, daß dieser von der Polizei getötete Professoren-Sohn eine umfangreiche zusammengeklaute Privatbibliothek besaß, für die es andauernde Unterbringungsschwierigkeiten gab. Der plausibelste Grund für diese Lesebesessenheit ist in dem Umstand zu suchen, daß die Antiautoritären nicht einen Kiez, sondern sich selbst und den gesamten Weltzusammenhang zu verändern suchten. Mit dieser Differenzierung ist keine Wertschätzung verbunden; das Spektrum und die Erfolge waren unterschiedlich. Ein zweiter Grund ist der, daß die Antiautoritären ein kulturelles Erbe, nämlich das der 50er Jahre, abschütteln mußten, das für die Hausbesetzer gar nicht mehr existierte, sie nicht mehr interessierte. Die Renaissance des Marxismus in den 60er Jahren bleibt eine Herausforderung, die angenommen werden wird, sobald erkannt ist, daß ohne das Eindringen in die sozialen Fundamente dieser Gesellschaft deren Übel nicht praktisch zu wenden sind.

In dieser Renaissance erwies sich eine Institution als überaus hilfreich, die als »Frankfurter Schule« firmiert. Die Lehrer dieser Schule waren Philosophen zumeist jüdischer Herkunft der Weimarer Republik, die nach 1933 emigrieren mußten und mit der finanziellen Unterstützung eines begüterten jungen Mannes namens Felix Weill in den USA ein »Institut for Social Research« gründen konnten, das soziologische Untersuchungen auf marxistischer Grundlage betrieb. Einige von ihnen – Adorno, Horkheimer, Pollock – wurden nach dem Krieg Professoren an der Frankfurter Universität und verbreiteten von dort aus, unterstützt von dem heute noch lebenden Jürgen Habermas, die »Kritische Theorie«. Der ungarische Philosoph Georg Lukacs, der die Frankfurter Schule als »Grand Hotel Abgrund« bezeichnete, auch Walter Benjamin, Herbert Marcuse und Ernst Bloch teilten Intentionen der Frankfurter Schule, kritisierten aber deren Rückzug auf die reine Theorie, Abstinenz von durchgreifender politischer Praxis.

Die Frankfurter Schule war für die Antiautoritären hilfreich in dem Maß, wie sie dazu beitrug, die dialektisch-materialistische Analyse des 19. Jahrhunderts auf die Gegenwart zu übertragen. Sie lieferte nicht nur die von kapitalistischen Verwertungsinteressen ungetrübten soziologischen Befunde der Gegenwart, sondern zugleich Analysen der Mechanismen der Bewußtseinsmanipulation, die für die Antiautoritären bei ihrem Versuch, den subjektiven

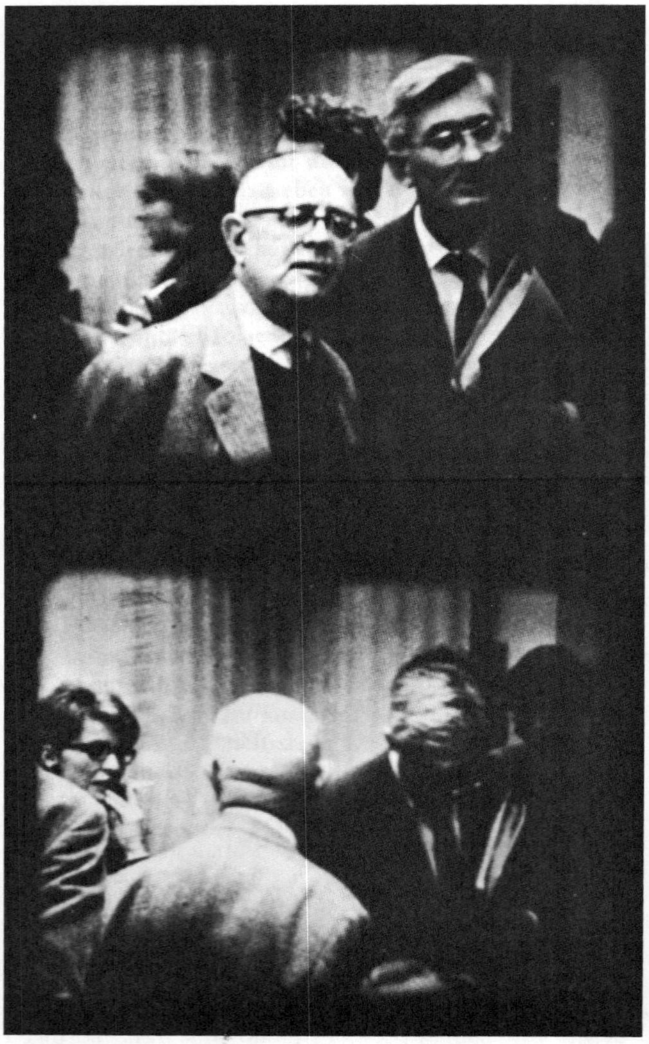

»Alles, was heutzutage Kommunikation heißt, ausnahmslos, ist nur der Lärm, der die Stummheit der Gebannten übertönt. (...) Alle Kultur nach Auschwitz, samt der dringlichen Kritik daran, ist Müll.« Adorno, hier mit Habermas, in einem Frankfurter Hörsaal.

13. Mai 1968: Herbert Marcuse diskutiert im Auditorium Maximum der FU Berlin mit Studenten. Am Tisch v.l.n.r.: Klaus Meschkat, Herbert Marcuse, Jacob Taubes, Bahman Nirumand.

Faktor in die politische Praxis einzuführen – sei es als Kritik an den bei uns bestehenden Verhältnissen, sei es an denen der Länder mit sozialisierter Ökonomie – Wasser auf die Mühle war. Mit der Frankfurter Schule im Rücken fühlte sich die antiautoritäre Bewegung im Verbund mit der europäischen Philosophie, gegen das bornierte Über-Ich der Sozialisation der 50er Jahre.

Die Geschichte der mit Marx beginnenden Kritischen Theorie erreichte in der Frankfurter Schule eine neue Qualität durch den Versuch einer Durchdringung von dialektischem Materialismus und Psychoanalyse, von Marx und Freud: Dieser Versuch ist zugleich der Schlüssel für die Faszination, die das »Frankfurter Denken« auf die nach einer neuen Identität und Subjektivität suchenden Antiautoritären ausübte.

Benutzte Adorno das Freudsche Instrumentarium vor allem für seine Kunstanalysen und seine Sezierungen der spätbürgerlichen Kulturindustrie, die ab und an schier diabolischen Charakter annahmen, so ging Herbert Marcuse einen entscheidenden Schritt weiter: Aus seiner Kritik der »eindimensionalen Gesellschaft«, die den gesellschaftlichen Reichtum darauf verwendet, die Menschen an ihrer Selbstverkrüppelung arbeiten zu lassen und jeden Selbstbefreiungsversuch zu ersticken, entwickelt er das Bild einer befreiten und befriedeten Gesellschaft, in der die Triebenergien nicht mehr auf Destruktion umgebogen werden, sondern für die Schaffung immer größerer Einheiten und eines neuen Menschen sorgen. In den subkulturellen Aktivitäten der neuen Oppositionen in den kapitalistischen Metropolen sah Marcuse diese veränderte »Libido« (Triebenergien) bereits am Werk und wurde von deren Trägern weltweit stürmisch begrüßt.

Im Verlauf der antiautoritären Revolte kam es zu dem unvermeidlichen Bruch mit den »Frankfurtern«. Adorno seilte sich ab mit der Bemerkung, er habe ein Denkgebäude entwickelt, wie habe er sich vorstellen können, daß es eines Tages mit Hilfe von Molotow-Cocktails verwirklicht werden solle, und Habermas bezichtigte die Studenten auf einer großen Versammlung gar des »Linksfaschismus«. Sichtbaren Ausdruck nahm dieser Bruch an, als Theodor W. Adorno, von seinen Freunden zärtlich »Teddy« genannt, während eines teach-in in der Westberliner FU, damals gern Mickey-Mouse-Universität gerufen, nach einer Rede ein roter Teddybär überreicht wurde.

Walter Benjamin

Ein halbes Jahrhundert vor den Antiautoritären proklamierten und praktizierten Grosz und Heartfield die Umleitung der Fantasie aus der Kunst in die Politik.

Wenn es für die Antiautoritären einen Philosophen gab, von dem sie nicht nur lernten, sondern den sie liebten, so war es Walter Benjamin. 1892 in Berlin geboren, Studium der Philosophie in Freiburg, München, Berlin und Bern, 1933 Emigration nach Frankreich, Mitglied des Horkheimerschen Instituts für Sozialforschung, freier Schriftsteller und Übersetzer. Am 27. September 1940 nahm er sich auf der Flucht vor der Gestapo in dem spanischen Grenzort Port Bou das Leben. Benjamins Spektrum umfaßte Goethe und Haschisch, Baudelaire und das proletarische Kindertheater. Das Spannungsfeld von Marxismus und Messianismus, in dem er operierte, ineins mit der Dialektik und Zärtlichkeit, mit denen er sich den Gegenständen des Alltags zuwandte, mögen die tieferen Gründe für die Faszination sein, die in den späten 60er Jahren von ihm ausging.

Marx mit Lust

Neben der mit Marx beginnenden Kritischen Theorie der Gesellschaft, den Debatten in der frühen Sowjetunion und der kommunistischen Internationale, neben Versuchen, eine materialistische Psychologie und Pädagogik zu entwickeln, existiert eine Traditionslinie, die nicht so leicht unter einen begrifflichen Hut zu bringen ist, die aber für das Denken und insbesondere die Praxisformen der antiautoritären wichtig waren. Es ist nicht übertrieben zu sagen, daß die spezifischen Antiautoritären Aktionsformen in dem Augenblick massenhaft praktiziert wurden, als der Sozialistische Deutsche Studentenverband mit einer Entwicklungslinie fusionierte, die historisch auf den Berliner Dadaismus zurückgeht.

Um 1919, im Zusammenhang mit der Novemberrevolution und dem Ersten Weltkrieg, kam es in der Geschichte des Verhältnisses von Sozialismus und Kunst zu einem heiteren Knick. Hatten linke Künstler bis dahin ihre Fähigkeiten »in den Dienst der Sache« gestellt, indem sie in ihren Produktionen inhaltlich die Interessen der Unterdrückten vertraten, die alte Welt anklagten und utopische Bilder

»Januar-Manifest«

1. Wer in Politik, Staat, Kirche, Wirtschaft, Militär, Parteien, Organisationen keine Gaudi sieht, hat mit uns nichts zu tun.
2. Boykottiert alle herrschenden Systeme und Konventionen, indem Ihr sie nur als mißratene Gaudi betrachtet.
3. Jeder echte Künstler ist zur Umänderung seiner Umwelt geboren.
4. Preise, Stipendien, gute Kritiken, alles wirft man uns nach; aber eins ist sicher: brauchen kann man uns nicht.
5. Unbrauchbarkeit ist unser höchstes Ziel: Gaudi ist unpopuläre Volkskunst.
6. Die ganze Welt ist der Bereich, in dem sich der schöpferische Impuls, der allein der Gaudi vorbehalten ist, entfalten kann.
7. Alles was anwendbar ist, ist nicht für den Menschen. Ohne den Künstler gäbe es schon jetzt keinen Menschen mehr.
8. Wir sind gegen den Fasching, weil der Fasching die Gaudi kommerziell engagiert. Der Mißbrauch der Gaudi ist das größte Verbrechen.
9. L'art pour l'art ist beendet, ebenso l'art pour l'argent und l'art pour la femme. Jetzt beginnt l'art pour la Gaudi.
10. Schöpferisch sein heißt: durch dauernde Neuschöpfung mit allen Dingen seine Gaudi treiben.
11. Mensch sein heißt homo ludens und homo gaudens.
12. Seit der Herrschaft des dialektischen Materialismus und des Determinismus ist die Gaudi kein integrierendes Moment der Kultur mehr: wir fordern ihre Befreiung aus der Unterdrückung durch die herrschenden Ideologien und den Rationalismus.
13. Dem Satz »Wissen ist Macht«, der das Zeitalter der Wissenschaft eingeleitet hat, wird der Satz folgen: »Gaudi ist Macht«, der das Zeitalter der Gaudi einleitet.
14. So wie Marx aus der Wissenschaft eine Revolution abgeleitet hat, leiten wir aus der Gaudi eine Revolution ab.
15. Die sozialistische Revolution mißbrauchte die Künstler. Die Einseitigkeit dieser Umstürze beruhte auf der Trennung von Arbeit und Gaudi. Eine Revolution ohne Gaudi ist keine Revolution.
16. Es gibt keine künstlerische Freiheit ohne die Macht der Gaudi.
17. Alle unzufriedenen Kräfte sammeln sich in einer Organisation der Antiorganisateure, die sich in einer umfassenden Revolution verwirklichen.
18. Wir fordern allen Ernstes die Gaudi. Wir fordern die urbanistische Gaudi, die unitäre, totale, reale, imaginäre, sexuelle, irrationale, integrale, militärische, politische, psychologische, philosophische... Gaudi.
19. Durch die Realisierung der Situationistischen Gaudi werden alle Probleme der Welt gelöst: Ost-West-Probleme, Algerienfrage, Kongo-Problem, Halbstarkenkrawalle, Gotteslästerungsprozesse und sexuelle Verdrängungen.
20. Wir engagieren die ganze Welt für unsere Gaudi!

(München, Januar 1961) Gruppe SPUR

eines befreiten Lebens entwarfen, so zogen die Berliner Dadaisten aus der Erfahrung des Weltkrieges den Schluß, daß alles »Geistige« nichts helfe. »Geschossen wird doch.« Sie proklamierten das Ende der Kunst und entwickelten einen karnevalistischen ästhetischen Terrorismus, in dem sie ihre Phantasie und Wut besser aufgehoben sahen als in Kunstwerken, die unweigerlich ihren Weg in die Unterhaltungs- und Alibi-Bedürfnisse des liberalen Bürgertums finden würden. Motor dieser Bewegung war übrigens ein Grafiker, der in den 20er Jahren als John Heartfield bekannt wurde.

Kunst als provokatorisches Geschehen auf der Basis einer radikalen Gesellschaftskritik hatte seitdem international Konjunktur – ihre Geschichte ist noch nicht geschrieben worden. Wer weiß heute, daß es selbst im Blut-und-Boden-Deutschland ungebührlich flanierende »Wilde Cliquen« gab? Sind je die Halbstarken unter Adenauer ästhetisch gewürdigt worden?

Die Synthese von Marxismus und Karneval nahm nach dem Zweiten Weltkrieg zunächst in Form der »Situationistischen Internationale« sichtbare, vor allem lesbare Gestalt an, einer westeuropäischen Künstlervereinigung, die bis in den Pariser Mai hineinwirkte.

»Was ist in der Tat die ›Situation‹?« fragt das im Mai 1960 erschienene Manifest dieser Gruppe. »Sie ist die Verwirklichung eines höheren Spiels, genauer gesagt, die Provokation zu dem Spiel, das die menschliche Gegenwart ist. Die revolutionären Spieler aller Länder können sich in der Situationistischen Internationale vereinigen, um dann zu beginnen, aus der Nichtgeschichtlichkeit des alltäglichen Lebens hervorzutreten. (...) Welches müssen die grundlegenden Eigenschaften einer neuen Kultur sein, und zwar im Vergleich zur jetzigen Kunst? Entgegen dem Schauspiel führt die realisierte situationistische Kultur die umfassende Teilnahme ein. Entgegen der konservierten Kunst ist sie eine Gemeinschaft des direkt erlebten Augenblicks. (...) Ihre Versuche beabsichtigen wenigstens eine Revolution des Verhaltens und einen dynamischen Unitären Urbanismus, fähig, sich über den ganzen Planeten auszubreiten und darauf über alle bewohnbaren Planeten ausgebreitet zu werden.«

Unter den Unterzeichnern der verschiedenen Länder findet sich aus Deutschland die Gruppe »Spur«, die im Herbst 1957 in München gegründet worden war. Diese Gruppe verbreitete 1961 ihr »Januar-Manifest«, bevor sie 1962 wegen Abweichungen aus der ausschließungsseeligen Situationistischen Internationale verbannt wurde.

Verkleidet und verhaftet: Dieter Kunzelmann

Unterzeichnet ist dieses Flugblatt unter anderem von einem gewissen Kunzelmann, der im folgenden Vierteljahrhundert unermüdlich für Gaudi im politischen Leben vor allem Westberlins sorgte und heute als Mitglied des dortigen Abgeordnetenhauses um Büro-Ordnung und Angriffsbereitschaft der AL-Fraktion bemüht ist. Im September 1962 trennte sich Kunzelmann »wegen ideologischer Differenzen« von der Gruppe »Spur« und war im Herbst 1963 an der Gründung der »Subversiven Aktion« beteiligt. Gelegentlich des Kennedy-Attentats tönt diese Gruppe in ihrem Flugblatt:

»In der Urhorde erschlugen die Söhne den Vater, um die Mutter zu besitzen, und die Welt erschoß den Großen Bruder John, um sich an Jaqueline zu vergreifen. Die Unmöglichkeit der Erfüllung dieses Wunsches wird sublimiert durch die Annäherung Jaquelines an das Bild einer Maria Immaculata. Der erschlagene John F. Kennedy feiert seine Auferstehung und Himmelfahrt in Cap Kennedy, und um seine Reinkarnation (Bobby, Edward, John) werden wir wohl nicht vergebens in den Messen der Massenmedien beten.

Die westliche Wohlstandsgesellschaft braucht solche Pannen wie Lengede und Kennedy, um an Hand der Reaktion zu testen, ob noch alle gleichgeschaltet sind: durch dieses Manifest geben wir kund, daß der gegängelte Zauber nicht überall ankommt.

Wer all dies nicht versteht, will es nicht verstehen und untermauert nur die Wahrheit dieser Sätze; gleichzeitig entpuppt er sich als devoter Befehlsempfänger gesamtgesellschaftlicher Dogmen.

Dezember 1963 — *Subversive Aktion München, Berlin, Nürnberg«*

Die Gruppe empfiehlt das Studium der Werke von »Th. W. Adorno und seiner Mitarbeiter«; gleichzeitig fand sie bei Herbert Marcuse die Stichworte für eine produktive Utopie: Das Ausleben des Lustprinzips sollte für revolutionäre Energien sorgen.

Im Mai 1964 rieben sich die Studenten der Unis in München, Stuttgart, Tübingen und Berlin verwundert die Augen. Im Uni-Bereich klebten grellfarbige Plakate mit folgendem ungewöhnlichen Wortlaut:

»Mit dieser Welt gibt es keine Verständigung: Wir gehören ihr nur in dem Maße an, wie wir uns gegen sie auflehnen.«

»Alle sind unfrei unter dem Schein, frei zu sein.«

»Freiheitsberaubung wird als organisiertes Vergnügen geliefert.«

»Im Stillen ist eine Menschheit herangereift, die nach dem Zwang und der Beschränkung hungert, welche der widersinnige Fortbestand der Herrschaft ihr auferlegt.«

»Der deutsche Intellektuelle und Künstler weiß das alles schon längst. Aber dabei bleibt es. Wir glauben, daß Wissen nicht Bewältigung ist. Wenn auch Ihnen das Mißverhältnis von Analyse und Aktion unerträglich ist, schreiben Sie unter Kennwort ›Antithese‹ an 8 München 23. Postlagernd. Verantwortlich Th. W. Adorno, 6 Frankfurt/Main, Ketterhofweg 123.«

Einer der Leser dieses Plakats, der sofort zustimmte (im Gegensatz zu Adorno, der Anzeige wegen unbefugter Verwendung seines Namens erstattete, was den Subversiven eine Geldstrafe von 100 DM, dafür aber auch tiefe Erkenntnisse einbrachte), war der gelernte Industriekaufmann, DDR-Flüchtling und Sportjournalistik-Student Rudi Dutschke. Er meldete sich spontan bei den »Subversiven«. Einer von ihnen, Frank Böckelmann, hat später das Anders-Sein von Rudi und damit ihn selbst sehr treffend charakterisiert:

»Von Dutschke ging eine Atmosphäre der Fremdheit aus, die zugleich begeisternd war. Er hatte wenig im Sinn mit unserer Art von Zynismus und unserer Gewohnheit, alles mehr oder weniger spielerisch anzusehen. Von ihm ging so etwas Strenges, Düsteres und gleichzeitig Entschlossenes aus. Wie er die Verhältnisse darstellte, konnte man sie wiedererkennen und gleichzeitig nicht wiedererkennen. Diese Zwiespältigkeit übte eine seltsame Faszination aus.

Er war auch umgeben von so einer Ahnung von Reinheit, man möchte fast sagen: Keuschheit. Er hatte etwas Asketisches an sich. Und auch das war so etwas wie ein moralischer Gegenanspruch zum Anspruch der Gesellschaft, daß man Karriere macht und sich einfügt und nicht unangenehm auffällt. Diese Radikalität, diese Ahnung von einer tiefen Unschuld, die von ihm ausging – während wir uns immer schon im Gegensatz zu ihm ›schmutzig‹ gefühlt haben und schmutzig sein wollten.«

Im November 1964 traten Frank Böckelmann und Dieter Kunzelmann in den Münchner SDS ein, im Januar 1965 Rudi Dutschke und sein Mit-Subversiver Bernd Rabehl in den Berliner SDS. Im Dezember 1964 hatten die Berliner und die Münchner Sektion noch gemeinsam ein Flugblatt zum Tschombé-Besuch verfaßt, der zu einer Demonstration in Berlin führte, in der sich die antiautoritäre Bewegung als Embryo zu erkennen gab; erkennbar waren schon das Element der »guerillahaften« Beweglichkeit und das des Spiels.

Die Zusammenarbeit zwischen der Münchner Gruppe um Kunzelmann und der Berliner um Dutschke/Rabehl setzte sich Anfang 1966 mit einer Plakataktion zum Vietnam-Krieg fort und mündete im Sommer in die Viva-Maria-Gruppe, so genannt nach dem Revoluzzer-Film von Louise Malle. In einer Millionärs-Villa am Kochelsee verschafften sich die Beteiligten Klarheit darüber, daß eine revolutionäre Politik notwendig scheitern müsse, wenn sie nicht den privaten Bereich in die Umwälzung miteinbeziehe. Beschlossen wurde die »Gründung revolutionärer Kommunen in den Metropolen«.

Die legendäre »Spaziergangsdemonstration« über den »weihnachtlichen« Kurfürstendamm vom 17.12.1966, die die konfettiberieselte Polizei ausrasten ließ, weil der Gegner sich zwar mit Kindertrompeten meldete, vor dem Zuschlagen der Ordnungshüter aber in der Masse der Konsumenten verschwand, und an deren Ende ein brennender Weihnachtsbaum stand, war das erste legitime Kind aus der kurzlebigen wilden Ehe von Marxismus und Dada.

Eine andere Frankfurter Schule: Hans-Jürgen Krahl, Adorno-Schüler und -Kritiker, Philosoph und Agitator liegt auf dem Boden, und ein Polizeibeamter nutzt die Chance, ihm noch einen Schlag zu verpassen. Krahl starb 26jährig bei einem Autounfall.

Der Anarchismus hatte für diese Bewegung kein philosophisches oder politisches Gewicht, dafür war sie zu klug, um nicht zu sagen, zu gebildet. Zwar wurden die Schriften der Anarchisten massenhaft gelesen und geraubdruckt, und das Programm der »direkten Aktion« verdankt ihnen viel; sie beeinflußten aber weniger die politischen Strategien, eher die Aktionsformen, die Ästhetik und Erotik der Antiautoritären. Das utopische Denken des Marxismus, im Frühwerk von Marx wie in einigen späten Schriften von Engels angelegt, in den 60er Jahren noch von Ernst Bloch bezeugt und in der Realität des Sozialismus verdrängt, gewann in den anarchistischen Schriften ein wichtiges und weiterwirkendes Korrelat.

Entsprechend zwiespältig war das Verhältnis der westdeutschen Antiautoritären zu den Kommunistischen Parteien im In- und Ausland. Zwar zogen die ungleichen Halbgeschwister in allen wichtigen Fragen (Vietnam, Universität, Notstandsgesetze) am gleichen anti-imperialistischen Strang; über das Verständnis von Sozialismus und revolutionärer Praxis hier und jetzt konnte keine Einigung erzielt werden. Die einen brandmarkten die anderen als »Kleinbürger«, die anderen die einen als »Bürokraten«. Trotz temporärer Aktionsbündnisse war der Graben nicht zu überbrücken. Die Kritik der Antiautoritären am bestehenden Sozialismus bewegte sich auf einer doppelten Ebene: der theoretischen und der praktischen.

Zentraler Kritikpunkt war das realsozialistische Politikverständnis. Wurde Emanzipation von den Antiautoritären begriffen als Produkt der *Einheit von Diskussion als kollektiver Erkenntnisfindung, direkter Aktion als kollektiver Praxis und eines daraus hervorgehenden kollektiven Lernprozesses*, der eine neue, höhere Stufe desselben Dreischritts ermöglichte, so diagnostizierten die, die täglich mehrmals nach »drüben« verwünscht wurden, den dort praktizierten Sozialismus als einen zentralistisch regulierten Verwaltungsvorgang, in dem es keine Selbsttätigkeit der Massen außerhalb vorgezeichneter Kanäle geben darf, wo jede spontane Aktion im Keim erstickt wird, weil sie eine unkontrollierte Stelle ist und die Möglichkeit eines Risikos einschließt; wo also alle Grundlagen politischer Emanzipation im Sinne der Antiautoritären systematisch vernichtet wurden. Öffentlichkeit, das politische Zauberwort der späten 60er Jahre, Basis aller demokratischen Praxis, war für die, die sie in der bürgerlichen Gesellschaft unter großem Einsatz einklagten, im bestehenden Sozialismus nicht zu erkennen. Ohne Öffentlichkeit, ohne Selbstverständigung der Basis produzierte der demokratische Zentralismus in den Augen der Antiautoritären naturnotwendig eine bürokratisch deformierte Mißgestalt mit einem auf kleinen demokratischen Füßchen einherkommenden enormen zentralistischen Wasserkopf.

Diese theoretische und praktische Kritik hatte ein außerordentlich entwickeltes Niveaugefälle, das in seinen niedersten, kleinbürgerlich-utopistischen Polemiken keine weitere Beachtung verdient, dessen reflektiertere Form aber in eine auch heute noch diskutierenswerte Fragestellung mündet: Versucht der bestehende Sozialismus, die Kraft, die er braucht, um in der Auseinandersetzung mit dem Imperialismus zu bestehen, aus der Entfaltung seines welthistorisch neuen Niveaus zu gewinnen, oder sucht er sie noch zu häufig, indem er Kategorien, die der alten Welt angehören, auf seiner rationelleren Basis effektiver fördert?

Sehen wir den Imperialismus als Thesis, den bestehenden Sozialismus als seine Negation, so war die antiautori-

Rudi Dutschke mit Polly und Ernst Bloch

täre Bewegung, in den Kategorien von Hegel, ein gescheiterter und gleichwohl nützlicher Versuch der Negation der Negation: brennender Weihnachtsbaum – unbeholfene, aber zugleich zukunftsweisende Einklagung des subjektiven Faktors gegen eine Verwaltungswelt, die dem Spätkapitalismus einbeschrieben ist und die innerhalb des Sozialismus und zugleich gegen ihn eine latente Gefahr darstellt, gegen die zu kämpfen, bei Beachtung aller Unterschiede, notwendiges Element der Abschaffung des Krieges und der Produktion des allseitigen Menschen ist.

Die Begeisterung, von der die Revolte getragen wurde, und die mit der Gewißheit verbunden war, jedes Hindernis, wie widerlich es auch sein möge, beiseite räumen zu können, wurde provoziert durch das Erlebnis kollektiver Erkenntnis, die sich unmittelbar in kollektives Handeln umsetzte. Die permanenten Prozesse von Analyse und Aktion, Kritik und Selbstkritik, das Ineinandergreifen von Arbeit und Spiel, Kampf und Fete, Liebe und Haß, das Abstreifen der psychischen Vereinsamung und der physischen Sprachlosigkeit erzeugten eine ungeheure Euphorie, eine Kraft und Zuversicht, für die auch der kleinste und entlegenste Sieg zum untrüglichen Indiz für den nahe bevorstehenden Untergang der alten Welt, des falschen, kaputten Lebens wurde.

Gerade diese Euphorie stellt den Aufbruch der Antiautoritären, bei allen Unterschieden des historischen Gewichts und der geforderten Opfer, in einen Lichtkegel, in dem die Wiedertäufer, die Pariser Commune, der russische Oktober und alle anderen geschichtlichen Augenblicke sichtbar werden, in denen „die Rückkehr des Menschen in sein menschliches, d. h. gesellschaftliches Dasein" (Marx) Wirklichkeit zu werden schien.

Wenn die Revolutionen die Lokomotiven der Geschichte sind, so war die Revolte eine kleine Lokomotive, deren rötliche Dampfwölkchen noch am Himmel auszumachen sind, auch nachdem die Maschine im schlüpfrigen Morast steckengeblieben ist.

AU WEIA!

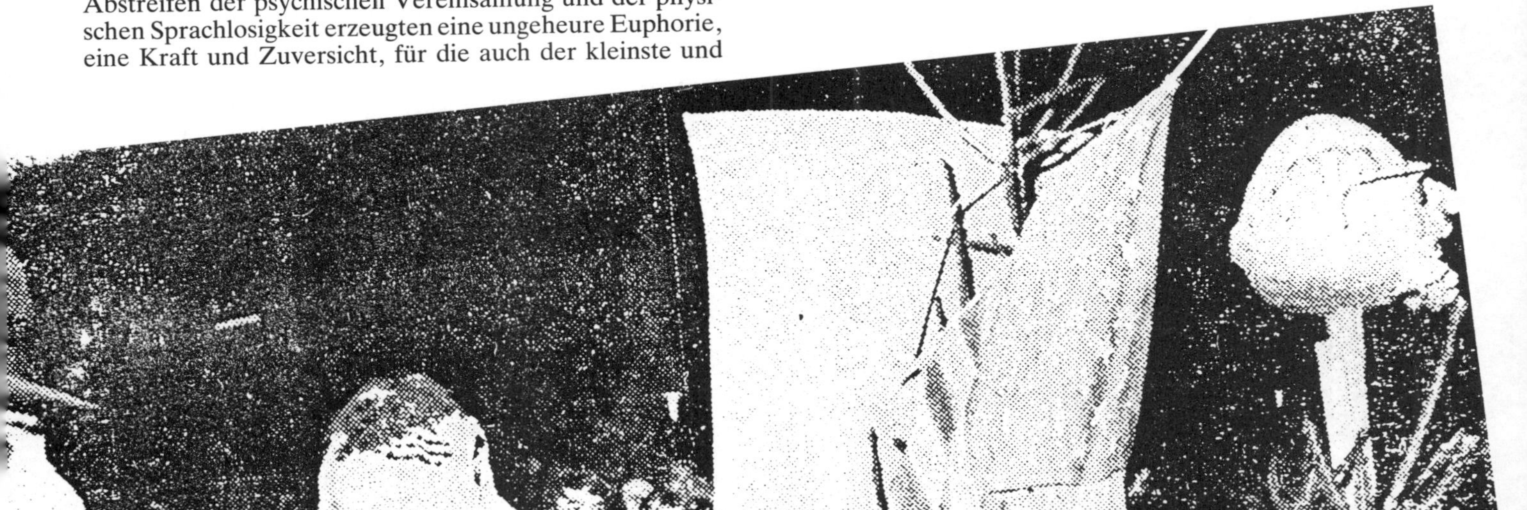

Johnson und Ulbricht

... aus Pappmaché wurden vorgestern abend auf dem Kurfürstendamm verbrannt. Zusammen mit einem Weihnachtsbaum und dem amerikanischen Sternenbanner. Linksradikale, peking-freundliche Studenten der FU sind für diesen Zwischenfall verantwortlich. Gegen Johnson protestierten sie, weil amerikanische Truppen in Südvietnam kämpfen. Ulbricht gilt bei den Studenten in der Vietnam-Frage als nicht radikal genug. Vor der makabren Szene am Kranzler-Eck hatten über 1000 Studenten gegen den Vietnam-Krieg protestiert. Dabei war es zu heftigen Zusammenstößen mit der Polizei gekommen.

Eckhard Siepmann

Unergründliches Obdach für Reisende

für ali, nermin und dirk

Unter den schweren Prüfungen, die die Antiautoritären einem verschreckten Bürgertum auferlegten, ragen drei besonders schmerzhaft heraus. Es sind dies, in der Sprache der Verstörten: die Befürwortung gesellschaftlicher Anarchie, das Austoben einer ungezügelten Sexualität und die Hingabe an Rauschgifte aller Art. Wie bei Vorurteilen üblich, haben auch diese ein Körnchen Wahrheit in sich. Das Körnchen macht sich vor allem dialektisch bemerkbar: Das blinde Huhn, das es findet, hier die aufgescheuchte Gesellschaft, praktiziert nun tagtäglich gesellschaftliche Anarchie, huldigt einer verqueren Form der Vergesellschaftung der Sexualität in perversen Peep-Shows, vereinsmeierlichem Gruppensex und BILD-Zeitungs-Voyeurismus und zollt den Rauschmitteln ihren Tribut in Form von Millionen Alkoholkranker. Die Ausstiegsweisen der Antiautoritären wurden indes mit allem publizistischen Pech und Schwefel, mit juristischen Sanktionen und mit Überfällen auf den Straßen verfolgt. Unabweisbar drängt sich die Frage auf, wie es zu dieser Vertauschung der Wertmaßstäbe kommt, und schlicht ist die Antwort. Mit einem untrüglichen Instinkt für die Grenzmarken des Immergleichen wurde geahnt, daß in den Grenzüberschreitungen der Antiautoritären – in der Verwandlung der Straße, in der Entprivatisierung der Zärtlichkeit, in der Eroberung neuer Bewußtseins- und Wahrnehmungsbereiche – sich die Erkenntnis kristallisierte, daß es in den offiziellen Angeboten des Alltags kein Leben mehr gebe; daß die Grenzüberschreitungen kollektiv unternommene und reflektierte Experimente eines nicht systemkonformen Lebens seien.

Bewußtseinserweiterung – was für ein Wort! Was für ein Programm! Bewußtsein war eh' schon eines dieser typisch linken Fremdwörter, im Deutschen unbekannt. Und nun noch Erweiterung. Wiederum kam das Licht aus dem Osten, aber diesmal nicht aus Moskau, sondern von den Hanffeldern in Afghanistan, Indien und Libanon. Rings um den Kurfürstendamm entstanden »Teestuben«, in deren Dämmerlicht es nach Gelächter und einem unangenehmen Öl/Benzin-Gemisch roch. Diese Rauschmittel, zu denen sich bald das inländisch chemisch abgemischte LSD gesellte, rührten an den Grundfesten der Freiheit. Die ersten Heroin-Toten lieferten den jubelnd aufgenommenen Beweis: Der Ausstieg – das ist der Tod!

Die Binsenweisheit, daß Haschisch und LSD nicht zur Sucht führen, verschlägt innerhalb dieser Euphorie nicht; die Frage, ob den Heroin-Toten eine verwandte gesellschaftliche Ausweglosigkeit wie den ungleich zahlreicheren Alkohol-Toten den Schritt aus dem Leben nahegelegt hat, wurde nicht gestellt; verantwortlich wurden für dieses Unglück diejenigen gemacht, die für das Ende eines menschenunwürdigen Daseins kämpften.

Die Eigenart der nicht-alkoholischen Rauschmittel besteht darin, eine Welt für Augenblicke sichtbar werden zu lassen, die ohne Leistungsdruck und Rituale, ohne Rollen und Hierarchien funktioniert. Eine solche Welt ist zwar wünschenswert, und sie erscheint angesichts des technologischen Arsenals sogar realisierbar. Gleichzeitig befinden wir uns in einem Realitätsprinzip, das für dieses Fernziel

Rechte Seite: »Woodstock Nation bedeutet Verweigerung, bedeutet Abkehr, bedeutet Subversion. Woodstock Nation bedeutet den Bruch mit der bestehenden Gesellschaft, mit ihren Gesetzen, Traditionen, Werten und Normen. Woodstock Nation bedeutet, daß einer nicht länger mitmacht, daß er aufhört zu tun, was ihm gesagt wird, und statt dessen so zu leben versucht, wie er selbst es für richtig hält.«

(Salzinger, Rock Power)

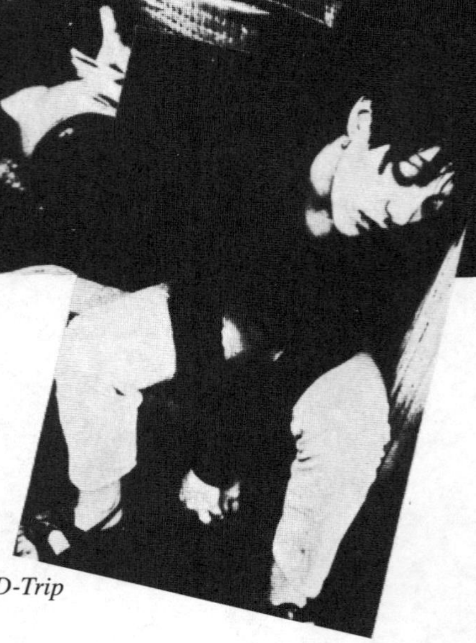

LSD-Trip

Übersetzungen notwendig macht, die mit den auf uns herabsinkenden Träumen kollidieren. Die Rauschmittel tendieren dazu, uns für diese Übersetzungen unfähig zu machen, und darum sind sie der geheime Verbündete derer, denen die Welt gefällt, so wie sie ist.

Wer jemals intensiv Haschisch geraucht hat, dessen Blick, dessen gesamte Wahrnehmung wird nie wieder so sein wie vordem. Der Haschisch-Raucher wird auf Einzelheiten aufmerksam, die andere nicht sehen, und die veränderte Sinnlichkeit stiftet eine Art synästhetischer Solidarität. Kiffer sitzen gern beisammen und lachen sich über mehr oder weniger unschuldige Leute tot. »Man beginnt«, erzählt einer von ihnen dem »Spiegel« (46/1969), »die Umwelt mit den Augen des Kindes zu betrachten... Die Fernseh-Tagesschau wirkt auf einmal komischer als die hirnrissigste Dick-und-Doof-Klamotte. Die pompösen Mienen der Politiker sehen aus wie aufgepappte Faschingsnasen... Ich habe erkannt, daß Herbert Wehner in Wirklichkeit das Rumpelstilzchen ist. Seit ich Rainer Barzel gesehen habe, als ich stoned war, kann mir Buster Keaton nichts mehr bieten...«

Die Wohnkultur der Antiautoritären – der Verzicht auf Bettgestelle, Bilderrahmen, Tapeten, auf Nippes aller Art, die Bevorzugung der Matratze gegenüber dem Stuhl – ist ein direkter Output des Haschischrauchens – unmöglich die Vorstellung, im elterlichen Wohnzimmer an einem Joint zu ziehen. Zu der Veränderung des Körpergefühls trat unvermittelt ein unerwartetes Verständnis für Äußerungsformen entfernter Kulturen. Eine dreitägige Konferenz der religiösen und philosophischen Creme eines vergangenen Jahrhunderts in China, die darin bestand, daß die höchsten Geister unter Gelächter Schnee in einen Brunnen schippten und sich dann wieder trennten, stieß auf keinerlei Verständnisschwierigkeit. Einleuchtend wurde plötzlich die Verwandtschaft des Zen-Buddhismus mit dem Computerwesen, damit also auch mit elektronischer Musik, die ihrerseits wieder unabweisbare Verbindungen zur Mystik Meister Eckharts sowie zum Pilzesammeln hatte. Selbst zwischen Haschisch und Vietnam machte sich eine Querverbindung bemerkbar – das Gift unterhöhlte den »Leistungswillen« der GI's. Für einen Augenblick schien alles mit allem zusammenzuhängen, was eine ungeheure Entdeckungseuphorie entfesselte – schwer nachvollziehbar in einer Gegenwart, in der schon eine Tomate nicht mehr am Geschmack zu identifizieren ist.

Gegen Ende des Jahrzehnts geriet Maria Juana in den Schatten ihrer fulminanteren Stiefschwester Lucy in the Skies with Diamonds. Während Haschisch die Sinne schärfte, knipste LSD das Licht des Verstandes aus, um in den Kellergewölben der Wahrnehmung ein bengalisches Feuer zu entfachen, 2000 Lichtjahre (so vermessen von den »Stones«) von den Querelen des Tages entfernt. Du brauchtest zwei Stunden, um dorthin zu kommen, zwei Tage um wieder zurückzukommen, und mancher verfehlte retour die Erde und ging in der Kälte des unbequemen Weltalls verloren.

Die Geschichte des Zusammenhangs von politischer und Wahrnehmungsrevolte ist noch ungeschrieben. Sie ist verschlungen in die Geschichte der Politisierung der Kunst im 20. Jahrhundert. Daß die Phantasie praktisch werden muß, diese Erkenntnis haben in den 20er Jahren in Moskau die Konstruktivisten, in Berlin die Dadaisten und in Paris die Surrealisten vermittelt. Die Kehrseite der Medaille, das Unzureichende des Programms, die Phantasie an die Macht zu bringen, zeigten die Antiautoritären der 60er Jahre in einem funkelnden, schillernden und am Ende babylonischen Licht. Das Unergründliche Obdach für Reisende am Berliner Ludwigkirchplatz wurde 1969 von der Polizei geschlossen und ist seitdem ein Eros-Center.

Günter Langer

Der Berliner »Blues«

Tupamaros und umherschweifende Haschrebellen zwischen Wahnsinn und Verstand

Wenn es irgendwo und irgendwann eine innige Beziehung zwischen Musik und Politik gegeben hat, dann in der Berliner Scene der endsechziger Jahre. Der Umstand, daß es sich zumeist um US-amerikanische Musik handelte, ist nebensächlich, er unterstreicht nur einen – wenn auch begrenzten – formalen und inhaltlichen Gleichklang der Jugendkulturen beiderseits des Atlantiks. Die subversivste und militanteste Gruppe in Berlin erwarb sich den Namen »Der Blues«. Von diesem »Blues« soll im folgenden die Rede sein.

I. Wo kein Terror ist, muß er erfunden werden!

Nicht nur *Reagan* handelt nach dieser Devise. Produkt- bzw. Brandmanager erfinden ihn nicht, sie üben ihn aus. Sie verstehen sich auf *Konsum*-Terror und sichern sich so ihre Jobs. Politmanager oder Verwaltungshengste lassen sich aus dem gleichen Grund zuweilen (wie eben Reagen auf anderer Ebene) Vergleichbares einfallen: sie produzieren *Bombenterror*, oder lassen ihn produzieren.

You don't need a weatherman to know
which way the wind blows
(Bob Dylan in *Subterranean Homesick Blues*)

Berni und Bär (Bernhard Braun und Ralf Reinders)

Das »Engagement« der USA in Vietnam, bislang unübertroffener Höhepunkt schmutziger Interventionen in der sogenannten Dritten Welt, drohte in den sechziger Jahren überzugreifen auf die Bundesrepublik Deutschland. Kanzler Ludwig Erhard, angeblicher Vater des deutschen Nachkriegswirtschaftswunders, stellte öffentlich Überlegungen über eine deutsche Beteiligung am Krieg in Südostasien an. Die antiautoritäre Fraktion des SDS (Sozialistischer Deutscher Studentenbund) wußte, was in einem solchen Ernstfall zu tun wäre: Rudi Dutschke und andere propagierten konkrete Sabotage durch Massenaktionen, aber auch durch klandestine Operationen. Im Klartext bedeutete dies nichts anderes als den Versuch, guerillaähnliche Gruppen in den Metropolen zu etablieren. Die Weathermen in den USA (Fraktion des dortigen SDS – Students for a Demokratic Society –, die sich nach oben genannter Dylan-Zeile benannte) setzten gleiche Überlegungen bereits in die Tat um. (Ihre spektakulärste Aktion war das Niederbrennen von Einberufungsbüros in verschiedenen Universitätscampi.) Der Berliner Verfassungsschutz sah seine Stunde gekommen.

Big Brother's Little Helper

Ob der damalige SPD-Innensenator und Chef von Polizei und Verfassungsschutz, Kurt (»Kutte«) Neubauer, den Rolling Stones Song »Mother's Little Helper« kannte, darf bezweifelt werden. Ein Mann von Statur und Geisteshaltung ähnlich der seines Nachfolgers, Heinrich Lummer, hört Heino und nicht Mick Jagger. Dennoch hat er sich die Botschaft aus dem Song zu Herzen genommen und entsprechend seinen Bedürfnissen adaptiert. Er ließ seine Verfassungsschutzleute der Bevölkerung zeigen, daß auch kleine Leute zu Großem fähig sind. Das Große sollte der Kampf, der Sieg sein. Wogegen aber kämpfen? Kutte oder einer seiner Untergebenen wußte Rat! Man ließ einen Agent provocateur auf die Scene los. Dieser feine »Mitarbeiter« riet dann tatsächlich den Genossen zu illegalen Aktionen und brachte auch gleich entsprechendes Werkzeug mit: Waffen, Bomben und Rauschgift. Sein Name: Peter Urbach, genannt »S-Bahn-Peter«.

Der Spitzel Peter Urbach

Gebastelte Bombe, von der »Quick« als »Höllenmaschine« abgebildet

Urbachs Legende kam gut an: Als Waise in seelenlosen Heimen aufgewachsen, hätte er den Charakter dieses kapitalistischen Staates erkannt. Auch mit dem Osten sei er über Kreuz, da ihn die Deutsche Reichsbahn wegen angeblicher ideologischer Abweichung entlassen habe. (Aus S-Bahn-Kreisen war später jedoch zu hören, Urban hätte geklaut und sei deshalb gefeuert worden.) Nunmehr eltern- und arbeitslos, sei er gezwungen, sich durch Gelegenheitsjobs und Villeneinbrüche durchzuschlagen. Seine handwerklichen Fähigkeiten öffneten ihm die Türen zu vielen interessanten Observationsobjekten: In der Kommune 1 goß er den Betonfußboden, in diversen Wohngemeinschaften reparierte er die sanitären Anlagen. Die Beziehung zur K 1 erwies sich für ihn als größter Aktivposten. Denn wer die Gesinnungsprüfung durch Langhans, Teufel und Kunzelmann überstanden hatte, dem wurde auch anderswo vertraut.

So bot Urbach SDS-Leuten Pistolen an, die diese wohl fast alle abgelehnt haben dürften, ohne aber über diesen Vorfall untereinander zu diskutieren. Es passierte auch schon, daß er Genossen mitten auf dem Ku-Damm versuchte davon zu überzeugen, daß es doch nicht anginge, daß die Frankfurter Kaufhausbrandstifter um Andreas Baader immer noch im Knast sitzen müßten. (Baader, Ensslin, Proll und Söhnlein hatten 1968 in Frankfurt ein Kaufhaus angezündet, um *gegen* den Konsum*terror* ein Fanal zu setzen.) Es sei endlich an der Zeit, an Befreiungsaktionen zu denken. Eine derartige Forderung schien damals zu irrsinnig, als daß sie jemand hätte ernst nehmen können. Aber trotzdem schlug niemand Alarm. Anläßlich der Osterunruhen 1968, nach dem Attentat auf Rudi Dutschke, schleppte Urbach die Mollies herbei, mit denen die Springerautos angesteckt wurden. Für einen »feurigen« Empfang Nixons zu Weihnachten '68 verteilte er an verschiedene Kommunen und einzelne Genossen Bomben, die jedoch nicht verwendet wurden. Bommi Baumann (später Mitbegründer der »Bewegung 2. Juni«) beschreibt in seinen Memoiren (»Wie alles anfing«) immerhin den mißglückten Versuch, diese Dinger Nixon zur Kenntnis zu bringen.

Canned Heat

Bommi entstammt einfachen, kleinbürgerlich-proletarischen Verhältnissen. Schule und Ausbildung hatte er irgendwann geschmissen, Studentendeutsch und intellektueller Leistungsdruck waren ihm fremd, stattdessen verstand er etwas von Musik, speziell vom Blues. Unzufrieden mit der Unverbindlichkeit, die im SDS herrschte, und unzufrieden mit der Psycho-Orientierung in K 1 und K 2, träumte er von einer neuen Art Kommune, von einer Kommune, in der es keine Trennung zwischen Theorie und Praxis, von Kopf- und Handarbeit, von Reden und Handeln mehr geben durfte. Diese Kommune realisierte sich tatsächlich in einer herrlichen altbürgerlichen 8-Zimmerwohnung in der Charlottenburger Wielandstraße 13, nicht weit ab vom Ku-Damm, nicht weit ab vom Republikanischen Club (damals APO-Zentrale), und nicht weit ab vom INFI, dem Dritte-Welt-Institut des SDS, und auch nicht weit ab von der »Grotte« bzw. dem »Schotten« in der Schlüterstraße, wo sich allabendlich die APO-Strategen beim Bier trafen.

Übergroße Poster von Bakunin und Stalin zierten das Berliner Zimmer. Die Kommunarden freuten sich über jeden Besucher, der Erstaunen ob dieses Widerspruchs ausdrückte, konnte man ihn doch daraufhin aufklären, daß beide einen gemeinsamen Nenner hatten: Terror, revolutionären Terror. Im übrigen sei die Spaltung zwischen Anarchismus und Kommunismus sowieso aufzuheben, Ideologien seien zu bekämpfen. Einzig ein Glaubenssatz blieb erhalten: Wahnsinn und Verstand trennt nur eine dünne Wand! Und Wände waren auch abzulehnen. Die »Doors« im fernen Kalifornien kannten das gleiche Problem, sie wollten eben die »Türen« zwischen hier und da sein. In der Wielandkommune schlief und fickte man einträchtig zusammen im größten Raum, nebeneinander, wie im Karnickelstall. (Nur Kindern und einigen Doktoranden wurden Extrawürste gebraten.) Kurz: Die Atmosphäre entsprach dem Namen der in der Kommune meistgespielten Blues-Rock-Gruppe (auch aus Kalifornien): *Canned Heat.*

Ein anderer »ideologischer« Bestandteil kam aus Italien: die Italo-Western, hier insbesondere der Film »Von Angesicht zu Angesicht« mit Tomas Milian und Gian Maria Volonté in den Rollen zweier Führer einer spontanen Volksrebellion in Mexiko. Während Volonté den kaltblütigen Strategen verkörperte, der den »Notwendigkeiten« gehorchte und notfalls über Leichen ging, setzte Milian den gefühlvollen, lebens- und liebesorientierten Part dagegen. Für die Wielandkommunarden war Milian natürlich der klare Favorit, mithin Identifikationsobjekt.

Ein weiteres Identifikationsobjekt war Marlon Brandos Rolle in »Queimada«. Auf einer von Schwarzen bewohnten Karibikinsel waren die Zustände derart, daß nur eine Revolution Abhilfe schaffen konnte. Es fehlte nur noch der Chefrevolutionär. Die Einheimischen selbst hatten keinen, so mußte sich ein Yankee bereitfinden: Marlon Brando. Der »Cangaçeiro« dagegen war authentischer brasilianischer Rebell und genoß deshalb auch besondere Hochachtung in Kommunekreisen. Nur die Frauen fanden ein Haar in der Suppe, ihnen schien Cangaçeiro zu sehr Macho zu sein. Immerhin war er aber der Schönste, weil Malerischste.

Die Wielandkommune entwickelte sich schnell zum Magneten der Berliner subversiven Szene: Die K1 kam regelmäßig zum Baden (wo sonst hätten 3 bis 4 Personen auf einmal Platz im Kachelbad gefunden?), die SDS-Führer holten sich Unterstützung für fast jede subversive Aktion, die damals stattfand, selbst Rocker-Eike und seine Rockerbande aus dem Märkischen Viertel suchten dort Unterschlupf. Griechische antifaschistische Genossen holten sich Unterstützung für ihre klandestinen Bedürfnisse, Radio Revolution (Berlins erste freie und mobile Radio station) fand dort Disc-Jockeys, politische Kommentatoren und Chauffeure.

Bommi beschreibt die Wielandkommune als ein wichtiges Durchgangsstadium hin zur Haschrebellen- und zur Stadtguerillabewegung. Dies stimmt insoweit, als gerade dort radikaler als je zuvor jeglicher Schleier von verstaubten Theorien und antiquierter Praxis gerissen wurde. Dies stimmt auch insoweit, als Bommi dort seinen zukünftigen Partner gefunden hat: Georg von Rauch. Stellte Bommi die individuellen Bedürfnisse in den Vordergrund seiner Überlegungen, war für Georg das wichtigste der unbedingte Wille, der Wille zur Veränderung, der Wille zur Tat, die versteinerten Verhältnisse wollte er unbedingt zum Tanzen bringen, notfalls auch mit Zwang. Für die Mehrzahl der Beteiligten stimmt die Beschreibung jedoch nicht: Sie hat die Kamikaze-Strategie abgelehnt und ihre Energie in die verschiedensten Projekte eingebracht. Von Einheit konnte ohnehin keine Rede sein: Nach wenig mehr als zwei Monaten wurde die Shit-Raucher-Fraktion rausgeschmissen, und im fünften Monat bedrohte Georg Bommi mit dem Brotmesser, woraufhin letzterer es vorzog, auch das Weite zu suchen. (Erst Monate später kam es zur Wiedervereinigung der beiden.)

Ballata di Pinelli

Im Frühjahr 1969 ereignete sich auf der Mailänder Piazza Fontana Schreckliches: Die Banca Della Agricoltura flog in die Luft, und mit ihr Dutzende von Menschen. Die Polizei und die Medien hatten schnell die Schuldigen ausgemacht: eine norditalienische Anarchogruppe um den Tänzer Pietro Valpreda und den Arbeiter Pinelli. Pinelli »ließen« sie aus dem 5. Stock des Polizeipräsidiums fallen, und Valpreda lochten sie jahrelang unschuldig ein. Erst Jahre später kam die Wahrheit ans Tageslicht: Im Auftrage der mysteriösen Geheimloge P2 hatte die Neofaschistengruppe Nuove Ordine diese Untat begangen.

Kurz vor diesem Verbrechen, das die P-2-Loge in Zusammenarbeit mit italienischen Geheimdienstlern in Szene

Georg von Rauch, das »Wuschelköpfchen«

Eike Jahn und seine Kumpels aus dem Rocker-Club Nr. One

Bommi Baumann schickte aus seiner Zelle einen Brief, den die Zeitung »883« als eine Art Manifest veröffentlichte.

Ein Foto aus den Polizeiakten: Demonstranten fordern die Befreiung Bommi Baumanns

›Das Leben erscheint uns öde und unmenschlich‹

„Das Leben, wie es bisher abrollt, erscheint uns sinnlos, öde, leer und unmenschlich. Wir versuchen, auf irgendeine Art auszubrechen, um Gefühle des Glücks, der Zärtlichkeit und Gemeinsamkeit zu erleben, die uns diese bürgerliche Gesellschaft verweigert. Die Aussicht, ein ganzes Leben unter diesen herrschenden Verhältnissen leben und arbeiten zu müssen, erscheint uns derart entsetzlich, daß wir uns abwenden, zum Alkohol oder Haschisch greifen und vor uns hindämmern, ohne uns um irgend etwas noch zu kümmern. Aber bald müssen wir entdecken, daß uns das System auch dabei nicht in Ruhe läßt. Bullen werden uns von den Herrschenden auf den Hals gejagt. Und das Geldproblem. Diese vertierte Gesellschaft hat es geschafft, alles so einzurichten, daß jeder gezwungen ist mitzumachen oder in der Gosse zu verrecken. Ich kann hier jeden Tag die Opfer dieser Unterdrückung sehen und begreife durch deren Lebensgeschichte die Geschichte des Kapitalismus. Solange nicht die ökonomischen Verhältnisse verändert sind, so lange ist ein menschliches Leben unmöglich. Es gibt nur einen Ausweg aus unserer Situation, und der heißt soziale Weltrevolution, Weltbürgerkrieg. Wir müssen an Stelle der Konkurrenz und des Individualismus unsere proletarische Solidarität setzen und unsere Bedürfnisse, die sich im Kampf voll herausbilden werden, so befriedigen, daß wir Menschen werden, die ihre Geschichte in die Hand nehmen, um unsere eigene Geschichte zu machen. An Stelle der entfremdeten kapitalistischen Arbeit müssen wir und werden wir eine Arbeitsweise setzen, die auf der Bedürfnisbefriedigung der Menschen beruht. Kurz, es gilt, die Menschen des 21. Jahrhunderts zu schaffen, wie Che sagt in seinem Vermächtnis für uns. Dieses Vermächtnis werden wir erfüllen, koste es, was es wolle! Wie Eldrige Cleaver sagt: ‚Wir werden Menschen sein. Wir werden es sein, oder die Welt wird dem Erdboden gleichgemacht bei unserem Versuch, es zu werden.‘ Macht kaputt, was euch kaputt macht! Bommi."

gesetzt hatte, kam es zu einer fast schon zur Legende gewordenen Italienreise der Wielandkommunarden und einiger SDSler, der angeblich ersten Waffenbeschaffungstour der Roten Armee Fraktion (RAF). Man fuhr in zwei Autos und traf sich in Trento bei einem deutschen Schriftsteller, der sich da einen schönen Lenz machte und den dortigen Studentenführern um Mauro Rostagno (heute ein Sannyasin) die Theorien Karl Korschs nahebrachte. Ziel der Reise war die Herstellung von Kontakten und Unterstützung für griechische Genossen, die ihrerseits sich im Entstehen befindlichen antifaschistischen Guerillagruppen in ihrem Heimatland politisch und materiell unter die Arme greifen wollten. Warum konnten die Griechen das aber nicht selber machen? Sie hatten angeblich zu wenig Kontakte in Italien, und vielleicht ließ sich doch durch SDSler die eine oder andere zusätzliche Quelle aufschließen, zumal der Name SDS-Berlin überall in Europa wie ein Dietrich wirkte. Fast alle Türen öffneten sich wie von selbst, die Gruppe wurde tatsächlich in ganz Norditalien rumgereicht: zur linkssozialistischen PSIUP in Vicenza, zu den Altanarchisten in Carrara, zum schwerreichen Links-Verleger Feltrinelli (kurz darauf angeblich bei einem Sprengstoffattentat auf eine Stromleitung umgekommen), zu den Maoisten des Renato Curcio in Mailand und anderen. Mario Curcio lehnte interessanterweise jede Zusammenarbeit rundweg ab. Zu der Zeit war er zu viel mit dem Aufbau einer wahrhaft marxistisch-leninistischen Partei des Proletariats beschäftigt. Erst ein bis zwei Jahre später kam ihm die Idee, die Brigate Rosse (Rote Brigaden) zu gründen.

Ein Programmpunkt jedoch schlug fehl: Urbach wollte in Vicenza zur Gruppe stoßen, ließ sich jedoch nicht blikken. Stattdessen wurden die Berliner von den italienischen Genossen auf die »unauffälligen« Limousinen rings um ihr Parteibüro aufmerksam gemacht. Diese Limousinen eskortierten die Berliner anschließend bis ca. 10 km vor die Stadtgrenze und überließen sie ihrem weiteren Schicksal, in diesem Fall dem nächtlichen Nebel auf der Autobahn nach Bologna, wo sie dann im Büro der PCI Unterschlupf fanden. S-Bahn-Peter hatte bereits in Berlin natürlich Wind von der Reise bekommen und angeboten, seine Connections in die Sache einzubringen. Offensichtlich von ihm stammt die später publizierte Verfassungsschutzversion von der angeblichen Absicht, in Italien Waffen für die Gründung der RAF besorgen zu wollen. Allerdings glaubten Urbachs Auftraggeber selbst nicht so recht an die Story, denn auch nach Veröffentlichung des Berichts unter voller Namensnennung einiger Beteiligter hat weder die Polizei noch die Staatsanwaltschaft etwas unternommen, Ermittlungsverfahren wurden in dieser Angelegenheit niemals eröffnet, obwohl sie sonst in dieser Hinsicht nicht gerade faul waren.

Allen Beteiligten an dieser Reise war von nun an sonnenklar, woher bei Urbach der Wind wehte. Diese Erkenntnis verbreiteten sie auch daheim in Berlin, und zwar auf einer eigens zu diesem Zwecke einberufenen großen Versammlung im Rechtsanwaltsbüro des Horst Mahler. Allerdings ließ es sich Bommi nicht nehmen, weiterhin mit Urbach gelegentlich Kontakt zu pflegen. Er heuchelte Interesse an Urbachs Waffenkatalogen, die der ihm im Beisein von Frau und Kind in seiner Wohnung in der Wilhelmsaue 136 zeigte. Als Belohnung für das Interesse schenkte ihm Urbach schwarzen Pakistani, Shit der besten Sorte. Auf der Szene erschien Bommi danach regelmäßig mit der Bemerkung, der Verfassungsschutz hätte wieder die Spendierhosen angehabt. Weshalb Horst Mahler weiterhin Vertrauen in Urbach setzte, ist allen anderen stets ein Geheimnis geblieben. Erst nachdem Urbach Baader hatte hochgehen lassen, kamen Abgesandte der späteren RAF zur Szene-Zeitung 883, um einen Steckbrief mit Urbachs Foto veröffentlichen zu lassen. Das Foto sollte mit dem Spruch versehen werden »Zum Abschuß freigegeben«. Die 883 hatte glücklicherweise bessere Stories parat.

Die griechischen Genossen wurden unterdessen nicht vergessen, aber sie kümmerten sich selbst um die Italienkontakte. Inwieweit sie Erfolge in ihrem Sinne erzielten, kann nicht mehr beurteilt werden, da sich ihre Spur in der Klandestinität verloren hat. Vergessen werden sollte aber nicht die Bedeutung, die die Existenz des griechischen Faschismus für die Diskussion in der Berliner Linken in jener Zeit hatte. Das INFI (Internationales Nachrichten- und Forschungsinstitut des SDS) hatte immerhin eine umfangreiche »Analyse Griechenlands – Geschichte und Struktur der Junta, mögliche Formen des Widerstands« erstellt. Gert von Paczenskys Deutsches Panorama überschrieb einen Artikel Serge Mallets mit: »In Griechenland droht ein zweites Vietnam«. (Vgl. Deutsches Panorama Nr. 11/1967, S. 16) Die Furcht war allgemein verbreitet, daß sich der Faschismus von Südeuropa ausgehend auch nach Mittel- bzw. Westeuropa ausbreiten könnte. Portugal und Spanien waren noch fest im Griff der altfaschistischen Garde, und in Italien waren verschiedene Gruppen, am spektakulärsten die Gruppe um den Fürsten Borghese, damit beschäftigt, einen faschistischen Putsch vorzubereiten. Es ist zu vermuten, daß Feltrinelli eventuell diese Gefahr überschätzt hat und sich deshalb in subversive Aktivitäten verwickeln ließ, die ihn letztlich das Leben kosteten.

II. Kick Out the Jams, Motherfuckers!

Die endsechziger Jahre in den USA waren nicht nur geprägt durch den ständig sich eskalierenden Vietnamkrieg und den Protest dagegen, sondern auch von dem Versuch der schwarzen Bevölkerung, die eigene Identität zu finden, und von dem Versuch, sich von der täglichen »weißen« Repression zu befreien. Dieser Versuch gipfelte einerseits in verschiedenen Ghettoaufständen, andererseits in dem Versuch, sich auch bewaffnet zu verteidigen. Dieser Versuch nahm organisatorische Gestalt in der Gründung der »Black Panther Party« an. In der »Motor

Jim Morrison

City« Detroit machten sich auch weiße Jugendliche diese Strategie zu eigen, sie bildeten eine »White Panther Party«. Musikalisch wurden diese Jugendlichen von der Rockgruppe MC 5 begleitet, die aus heutiger Sicht ein Vorläufer des Punk gewesen sein könnte. MC 5 forderte auf zur völligen Befreiung von allen hergebrachten Zwängen: Kick out the jams, motherfuckers! Die MC 5-Musik fand auch ihren Weg nach Berlin. Vor jeder militanten Demo oder Aktion suchten deren Protagonisten Aufmunterung beim Abspielen der MC 5-Scheibe.

Bisher wurde sozusagen der »Sommer« der Bewegung beschrieben, der aber näherte sich bald dem »Indianersommer«.

Summer's Almost Gone

Der ultrarechte Reagan-Unterstützer Senator Jesse Helms und dessen »moral majority«-Prediger Jerry Falwell sind auf der US-politischen Bühne keine Neuheit. Rechte Bürgerinitiativen, wie zum Beispiel die Liga für den Anstand, zogen auch in den Sechzigern gegen den Sittenverfall zu Felde. Ein beliebtes Angriffsziel war die kalifornische Rockgruppe The Doors, Gegner des Vietnamkrieges und Propheten der sexuellen Revolution. Ihr romantisch-aggressiver Rocksound, gepaart mit Jim Morrisons Charisma und Sex-appeal, wirkte zudem besonders anziehend auf junge US-Amerikanerinnen. Auch aus Berliner SDS-Stuben waren die Doors nicht wegzudenken, ihre Frage konnte aber hier gleichfalls nicht beantwortet werden: »Where will we be when the summer's gone...?

Die Jahreswende 1968/69 markiert das Ende einer Phase, in der der Protest gegen autoritäre Herrschaft und neoimperialistische Politik in der Dritten Welt hauptsächlich von Studenten getragen wurde. Der SDS löste sich formell auf, die übrig gebliebenen Kader sammelten sich entweder in dem ebenfalls niedergehenden Republikanischen Club oder versuchten unters Volk zu gehen, indem sie Basisgruppen initiierten oder »proletarische« Parteien gründeten. Kommunikationsforum wurde die *Rote Presse Korrespondenz*, gemeinsame Praxis konnte aber nicht mehr hergestellt werden.

In einer solchen Phase, in der sich alles umorientierte, niemand mehr so recht wußte, was richtig oder falsch war, gab es keine Verbindlichkeit oder gar Verantwortung mehr gegenüber den anderen. Dies förderte natürlich auch den Zerfall der Sitten, bzw. der Solidarität. Beispielsweise entschlossen sich die Wielandkommunarden, die Fernsehapparate des Republikanischen Clubs zu »enteignen«, nur weil es Spaß brachte, auf fünf verschiedenen Bildschirmen gleichzeitig fünf verschiedene Programme im Berliner Zimmer der eigenen Kommune laufen zu lassen. Immerhin bot sich Polizeispitzel Urbach hier erneut Gelegenheit, sich Liebkind zu machen, das heißt, »Vertrauen" zu erwerben, indem er im RC den Tip gab, wo die Geräte zu finden wären.

Mother's Little Helper

Genau wie die kleine Pille im Stones-Song in den Haushalt der Mütter fand, zogen die Drogen in die Kommunen ein. Zunächst sah es so aus, als ob dem Aktionismus der Kommunen mit der angepriesenen »Bewußtseinserweiterung« der Todesstoß versetzt worden wäre. In Wirklichkeit bereitete der Drogenkonsum den Boden für eine gefährliche und selbstzerstörerische Phase. Diese Phase ermöglichte die Verschmelzung zwischen der aktionistischen Kommunebewegung mit der drogenkonsumierenden Subkultur. Die wichtigste Figur in diesem Prozeß war zweifellos Bommi Baumann. Er war in beiden Gruppen zu Hause und wurde als integrer Typ überall akzeptiert. Es kristallisierten sich zwei Gruppen heraus, aus deren Reservoir später die Bewegung 2. Juni hervorgehen sollte.

Eine Gruppe fand den Weg über die Knastwoche in Ebrach/Bayern nach Nahost zur El Fatah und zurück in den Berliner Untergrund. Fortan fanden Aktionen unter dem Namen Tupamaros Westberlin (TW) statt. Die andere Gruppe konstituierte sich inmitten der Subkultur. Sie wollte es nicht länger hinnehmen, Joints versteckt rauchen zu müssen. Sie propagierte den massenhaften Bruch des bestehenden Opiumgesetzes, das auch das Rauchen von Marijuana und Haschisch verbietet. Als Persiflage auf die Politgruppen nannte sie sich »Zentralrat der umherschweifenden Haschrebellen«, figurierte aber auch als »Vampirvollzugsausschuß« und unter ähnlichen Namen.

War, children, it's just a shot away
(The Rolling Stones in *Gimmie Shelter*)

Das Erlebnis des nicht so fernen Krieges in Nahost hat die TW-Gruppe in ihrem Glauben bestärkt, daß die Zukunft dem Kampf der Palästinenser gehöre. Vietnam verlor in ihren Augen an Wichtigkeit, war doch die Niederlage der USA angeblich schon unabwendbar. Aus welchen Gründen die TW-Gruppe sich fast ausschließlich auf klandestine Operationen verlegt hat, läßt sich schwer nachvollziehen. Offenbar hat sie das nahöstliche Milieu dermaßen stark

Tommy Weißbecker, zeitweilig »Stalin« betitelt, Georgs »doppeltes Lottchen«. Er tauschte nach seinem Freispruch im Gerichtssaal seinen Platz mit dem verurteilten Georg von Rauch, woraufhin dieser entlassen wurde. Als man Tommy, der für Georg gehalten wurde, abführen wollte, gab er sich als Tommy zu erkennen und mußte freigelassen werden.

»Haschrebellen« auf einer Demo am Ku-Damm

beeindruckt, daß eine andere als die Guerillakampfform für indiskutabel gehalten wurde.

Vielleicht war ihre Geisteshaltung auch ähnlich derjenigen, die Boris Sawinkow in seinen »Erinnerungen eines Terroristen« (Berlin 1929) bei seinen russischen Terroristen Anfang des Jahrhunderts beschrieben hat: Sie liebten die Revolution so tief und innig, wie sie nur diejenigen lieben, welche ihr Leben für sie geben. Terror verglichen sie mit religiösem Opfer. Den Terror stellten diejenigen in den Mittelpunkt der Revolution, die sich psychisch nicht mit Propaganda und Agitation beschäftigen konnten, ohne sich dabei selbst zu zerbrechen.

Wie auch immer, die erste Aktion, die den Tupamaros Westberlin zugeschrieben wird, der Anschlag auf das Jüdische Gemeindehaus in der Berliner Fasanenstraße, der glücklicherweise schiefging, erwies sich für die Gruppe als fatal. Die Ablehnung dieser Tat war so total, daß die Gruppe dadurch auch innerhalb der Linken vollkommen isoliert blieb. Einige folgende, weniger spektakuläre Aktionen, die mit dem Kürzel TW in Verbindung gebracht wurden, konnten das Scheitern der Gruppe aber nicht mehr verhindern. Sie löste sich auf und ihre Spur verlor sich in der vorher so belächelten Subkultur.

Hard Rock Café

Auch in Berlin hätte Jim Morrison sein Hard Rock Café finden können, im Zeichen der 12 Tierkreise, im *Zodiac*. Es war eine der größten Merkwürdigkeiten der endsechziger Jahre. Oben befand sich die inzwischen berühmte Schaubühne am Halleschen Ufer, in der die Truppe um Peter Stein Brecht und Gorki spielte, und unten im Theater-Café hatte sich das *Zodiac* eingenistet, durch dünne Türen getrennt vom hinteren Saal, in dem sich Edgar Froeses Tangerine Dream in höllischem Krach übte. Im *Zodiac* tranken nicht nur die Theaterfreaks ihren Pausendrink, sondern es traf sich dort im Neonlicht die Scene der Ausgeflippten, die Scene der alternden Gammler der Frühsechziger, die Scene der Undergroundmusikfreunde, die Scene der Anhänger Schwarzer Messen, die Scene der Freunde des roten Libanon und der roten Banderolen (gängige Shit- und LSD-Sorten jener Zeit), die Scene der Individualisten und Existentialisten aller Art.

Einige *Zodiak*-Stammgäste sollten es noch zu Berühmtheit bringen: Von Bommi Baumann war schon die Rede, Berni Braun und Bär Reinders hängte man später Mitgliedschaft in der RAF bzw. Führerschaft in der Bewegung 2. Juni an, Karl Pawla genoß schon durch seinen Schiß vor den Richtertisch im Moabiter Gerichtssaal hohes Ansehen, Löffel wurde später des Mordes an drei Geldtransporteuren bezichtigt und beging im Knast noch vor der Verhandlung Selbstmord. Hier lernte Bommi seine Freundin Hella kennen, die schon damals harte Sachen konsumierte und dadurch für die Polizei erpreßbar für diverse Aussagen werden sollte.

Hier im *Zodiak* begann es, setzte sich fort im *Mr. Go* unter den Yorckbrücken und im *Unergründlichen Obdach für Reisende* am Fasanenplatz, bis es in der *Teestube* in der Xantener Straße und im *Park* am oberen Ku-Damm verebbte. Die Freaks versteckten sich nicht mehr, sie rauchten ihren Shit in aller Öffentlichkeit. Ihre Moral war einfach: Vorhandene Bedürfnisse müssen ausgelebt werden, egal was die Gesellschaft oder ihre Gesetze dazu sagen. In diesem Klima wuchs der Gedanke der offensiven Verteidi-

Ein Smoke-in ist keine Veranstaltung.
Was passiert, hängt von unseren Einfällen ab.
Darum:
Kuchen besonderer Art backen soviel wie möglich, damit jeder einmal abbeißen kann. Auch Candies sind zum Verteilen vorzüglich geeignet. Bringt alles mit, was man zum Musik machen gebrauchen kann.
Und natürlich alle Utensilien zum Rauchen einladen.
Wer Stoff hat und damit knausert, der wird im Kanal gebadet!

Smoke-in im Berliner Tiergarten

gung. Was lag auch näher, als sich gegen Razzien mit Klamotten zu wehren? Die Situation erforderte geradezu ihren publizistischen und organisatorischen Ausdruck. So gesehen war der Zentralrat der umherschweifenden Haschrebellen fast so etwas wie eine historische Notwendigkeit.

Die Szene politisierte sich. Sie organisierte öffentliche Smoke-ins im Tiergarten, beteiligte sich an einer Vietnam-Demo (die alten SDS-Kader, die inzwischen dabei waren, diverse »proletarische« Parteien zu gründen, wunderten sich, wo plötzlich so viele Freaks herkamen) und verbreiteten ihre Parolen über die »883« (so etwas wie Zitty, TAZ und Radikal in einem). Ihren absoluten Höhepunkt erreichte diese Bewegung im Mai 1970, als die Amis auch Kambodscha überfielen. Der Blues aus dem *Zodiac* bestimmte qua 883 die Protestformen: Die TU wurde zum Bollwerk gegen die Bullen proklamiert, von wo aus das Amerika-Haus angegriffen werden sollte. Die Schlacht tobte stundenlang, drei Polizeipferde mußten wegen gebrochener Beine erschossen werden, Hunderte Demonstranten wurden eingelocht.

III. The Winter 's Coming On

»We had some good times
but they're gone
the winter 's coming on«, sang Jim Morrison. Wie Rudi Dutschke starb auch er in der Badewanne, Pamela nebenan im Bett, wie auch Gretchen, ahnungslos. Rudi starb an den Spätfolgen des auf ihn verübten Attentats, Jim

vermutlich an den Folgen zu starken Alkohol- und Kokaingenusses. Die beiden so unterschiedlichen Protagonisten des antiautoritären Protests starben beide fern der Heimat, der eine in Aarhus, der andere in Paris. Jim wurde im Juli 1971 auf dem Friedhof Père Lachaise nur im Beisein von fünf Freunden beerdigt.

Am 4. Dezember 1971 ging ein anderes Kapitel des Antiautoritarismus zu Ende. Georg von Rauch, Bommi und zwei weitere »Blues«-Typen tappten in eine Bullenfalle. Georg wurde von einer Kugel direkt zwischen die Augen getroffen, die anderen drei konnten entwischen. Am 2.3.72 wurde in Augsburg Tommy Weißbecker, der unbewaffnet war, aus drei Metern Entfernung von Bullen erschossen.

Zu dieser Entwicklung trug ein saublödes Ereignis entscheidend bei: Zwei Brandbomben aus Urbachs oder anderen Beständen wurden bei Bär und Berni unterm Bett gefunden. Über Nacht waren die beiden zu Top-Terroristen in den Medien avanciert, obwohl sie eigentlich mit der Politik überhaupt nichts am Hut hatten. Die beiden konnten sich bei *Zodiac*-»Bräuten« wie selbstverständlich verstecken. Sie hegten die nicht unbegründete Hoffnung auf friedliche Klärung des Sachverhalts, zumal ein berühmter Anwalt eingeschaltet wurde. Doch daraus wurde nichts. Bommi und Georg nahmen sich der Sache an. Nach ihrem Bruch in der Wielandkommune hatten sie sich im Dunstkreis der »umherschweifenden Rebellenhaufen« wieder versöhnt. In der richtigen Erkenntnis, daß erst die Medien Berni und Bär zu »Terroristen« gemacht hatten, wollten sie ein Exempel statuieren. Den reißerischsten Artikel hatte die Illustrierte »Quick« verzapft. Obwohl der Artikel namentlich nicht gezeichnet war, konnten die beiden annehmen, daß ihn Horst Rieck geschrieben hatte, ein Journalist, der sich zuvor zu den Zielen des SDS bekannt hatte und im SDS ein- und ausgegangen war, jetzt aber bei der »Quick« unter Vertrag stand. Die geplante Strafaktion ging jedoch schief, alle vier Beteiligten wurden in Riecks Wohnung festgenommen.

Bommi mußte 18 Monate absitzen. Georg kam durch einen grandiosen Coup erstmal wieder frei. Während der Gerichtsverhandlung tauschte er mit dem freigelassenen Tommy Weißbecker die Plätze und konnte ungehindert den Gerichtssaal verlassen. Die Ordnungshüter hielten Tommy für Georg und wollten ihn einlochen, mußten ihn aber freilassen, als sich Tommy zu erkennen gab.

Der Untergrund begann sich durch derartige Ereignisse aufzufüllen. Aber wie sollten die Abgetauchten dort leben? Spenden flossen allzu spärlich. Geldbeschaffungsaktionen wurden so fast zur Notwendigkeit, damit offenbar auch die Bewaffnung. Einige liefen über zur »marxistisch-leninistischen« Konkurrenz, zur RAF. Die anderen blieben sich selbst treu und versuchten auch im Untergrund ihren Antiautoritarismus aufrechtzuerhalten. Mit geringem Erfolg allerdings, wie Bommi es eindringlich beschrieben hat. Die Kritik der Waffen hat eben ihre eigenen Gesetze, nicht in jedem Fall ist sie der Waffe der Kritik überlegen. Die Niederlage begann mit der Abwendung vom Blues, der mit den Worten Jim Morrisons die Richtung wies:

They got the guns
But we got the numbers
Gonna win, yeah
We're takin' over
Come on!

Eckhard Siepmann

1969 – Die große Sonnenfinsternis

Pünktlich zum Ende des bewegenden Jahrzehnts begannen die Antiautoritären mit ihrem Turmbau zu Babel. Der gewaltsame Versuch, eine neue Qualität des Kampfes zu erzwingen, den scheinbar erratischen Block der Wirklichkeit mit neuen, verzweifelten Mitteln aufzubrechen, führte zu einer allseitigen Sprachlosigkeit, die bis dahin unerahnbare Kostüme provozierte. Eine zentrifugale Bewegung, die den SDS in nichts auflöste, zersplitterte den projektierten Neuen Menschen in voneinander isolierte Über-Ich- und Es-Bereiche und hinterließ, jenseits der Schauseite plausibel erscheinender Massenaktionen, eine Wüste, in der keiner mehr den anderen verstand, jeder jeden verdächtigte und kein theoretischer Stein mehr auf dem anderen stand.

Es schellt an der Tür von Bahman Nirumand, vor der Tür steht sein alter Freund Jürgen Horlemann.

Jürgen: Guten Tag, Herr Dr. Nirumand.

Bahman: Hahaha, komm' rein, Jürgen.

Jürgen: Herr Nirumand, wir möchten Sie bitten, auf einer Veranstaltung der Kommunistischen Partei Deutschlands über Iran zu referieren...

Bahman: Sag mal, was ist los mit dir...

Jürgen: Um es kurz zu machen...

Es war das Jahr der nichtwiederzuerkennenden alten Freunde. Ein anderer alter Freund hatte plötzlich in der folgenden Weise sein Zimmer umgeräumt: Genau in der Mitte einer Wand war ein Tisch plaziert, auf dem ein makelloses rotes Tischtuch lag. Genau in der Mitte des Tisches lag das kleine Rote Buch des Vorsitzenden Mao. Zur Linken und zur Rechten des Buches gelbe Papierbögen in unübertrefflicher Symmetrie. Auf dem einen stand, daß, um eine Revolution zu machen, man sich mit den wahren Freunden zusammenschließen und die wahren Feinde bekämpfen müsse; auf dem anderen, dem Sinn nach, daß die Volksmassen großartig seien und wir selbst, ja, so hieß es, wir selbst oft lächerlich bis zum Gehtnichtmehr oder so ähnlich. Unweigerlich prangte über der Mittelachse des Büchleins ein DIN-A-1-Poster eben jenes Vorsitzenden. Als er nun gefragt wurde, ob er nicht noch die vier Buchstaben INRI dazusetzen wolle, bezeichnete er den Unwissenden, übrigens ohne jede Gemütswallung, als schwarze Ratte.

Eine gewaltige Menge an »Matten« ging zu Boden, es war die Zeit des Erstschlipses, Wohngemeinschaften wurden aufgelöst, es wurde geheiratet, daß sich die Balken bogen.

Kleine ärmliche Wohnungen in den Arbeiterbezirken hatten Hochkonjunktur. Merkwürdigkeiten chinesischer Übersetzungen ins Deutsche wurden plötzlich Umgangsdeutsch, in den Losungen wucherte der Infinitiv. Die Initialen der Nachnamen von Marx und Lenin wurden zur Grenzlinie zwischen Gut und Böse. Zur Äquatortaufe für eine ML-Partei wurde die Gründung hauseigener Studentenorganisationen. Die, die gerade selbst noch Studenten gewesen waren, ergingen sich in umständlichen Belehrungen, wie das Bewußtsein von Studenten herauszubilden sei und wo die Grenze von Studenten und Kleinbürgern liege.

Daß es so, wie es war, nicht mehr weitergehen könne, meinte auch eine andere Fraktion, allerdings schlug sie, sowohl ästhetisch als auch politisch, genau entgegengesetzte Wege ein. Es bildeten sich umherschweifende Rebellenhaufen ohne festen Wohnsitz. Statt der lichten Höhen der reinen Leere wurden die verräucherten Höhlen der Subkultur bevölkert. Anstelle von Abstinenz, Fleiß und Askese der Maoisten bestanden die umherschweifenden Rebellen auf dem sofortigen Glück, das sie vor allem im Zündeln, Koksen und Rauchen fanden. Das Vakuum, das durch die chinesische Sprachauszehrung entstand, füllte der umherschweifende Blues, aus Reiseerfahrungen schöpfend, mit immer neuen Wendungen. Der einzige Verzicht, den man übte, war der Theorieverzicht.

Noch bevor im Verlauf des folgenden Jahrzehnts die maoistischen Parteien zerfielen, hatten sich die umherschweifenden Rebellenhaufen aufgelöst bzw. zu einer anderen Qualität weiterentwickelt: In der Stadtguerilla war Disziplin wieder angesagt.

Eine dritte Fraktion bildete Basisgruppen, organisierte sich in den Arbeiterparteien, machte Gewerkschaftsarbeit oder verfolgte den von Rudi Dutschke propagierten Langen Marsch durch die Institutionen.

Die Zersplitterung der Antiautoritären, die Anfang 1970 mit der Selbstauflösung des SDS auch einen aktenmäßigen Abschluß fand, gab dem »Establishment« das Zeichen für das langersehnte Herausholen des großen Knüppels. Mit Mord und Totschlag, Gefängnis und einer endlosen Kette von Berufsverboten wurde der zunächst begeisterte und später verzweifelte Versuch geahndet, die Versprechungen der bürgerlichen Gesellschaft, Freiheit, Gleichheit und Brüderlichkeit, hier und jetzt zu verwirklichen.

Das Berliner SDS-Zentrum nach seiner Auflösung

Autorenverzeichnis

Heinrich Albertz * 1915 in Breslau, Pfarrer im Ruhestand, veröffentlichte u.a. »Blumen für Stukenbrock«, Stuttgart 1981; von 1914 bis 1948 Flüchtlingspfarrer in Celle, von 1948 bis 1951 Niedersächsischer Flüchtlingsminister; in den Sechzigern Innensenator und Regierender Bürgermeister von Berlin (West), trat 1967 zurück, als die wahren Hintergründe des Todes von Benno Ohnesorg bekannt wurden.

Michael Ben * 1946 in Altenburg/Thüringen, Publizist, schreibt für DVZ, Konkret, Funk etc., Mitherausgeber der Zeitschrift »Debatte«.

Bernd Bonwetsch * 1940 in Berlin, Hochschullehrer, veröffentlichte »Der große Vaterländische Krieg« im Handbuch der Geschichte Rußlands, Bd. 3, Stuttgart 1984.

Christian Borngräber * 1945 in Wernigerode/ Harz. Lebt in Berlin als Architekturhistoriker und Designtheoretiker. Veröffentlichungen: »Stilnovo — Design in den 50er Jahren«, Fricke-Verlag, Frankfurt/M. 1979; »Das deutsche Avantgarde-Design. Möbel, Mode, Kunst und Kunstgewerbe« (Hg.), Kunstforum International Bd. 82, 1985/86.

Andi Brauer * 1945 in Berlin, Liedermacher und Komponist, ehemaliges Mitglied der Musik-Theatergruppe »Lok Kreuzberg«, sechs LPs und zahlreiche Filmmusiken.

Bazon Brock * 1936 in Stolp/ Pommern, ordentlicher Professor für Ästhetik/ Gestaltungstheorie an der Bergischen Universität - Gesamthochschule Wuppertal, publizierte u.a. »Ästhetik als Vermittlung. Arbeitsbiographie eines Generalisten«, Köln 1977.

Ulrich Chaussy * 1952, studierte Germanistik und Soziologie und begab sich Anfang der achtziger Jahre auf die Suche nach der Person Rudi Dutschkes und den Ereignissen der späten sechziger Jahre.

Gabriele Dietz * 1956 in Burg bei Marburg, Mitarbeiterin der ELEFANTEN PRESS.

Rainer Dorner, Dr. phil. * 1943 in Frankfurt/M., Hochschullehrer, Dozent für Deutsche Literatur an den Schulen des Deutschen Buchhandels. Veröffentlichte »Doktor Faust. Zur Sozialgeschichte des deutschen Intellektuellen«, Scriptor Verlag, Kronberg/ Ts. 1976, und »Tu was du willst«, Kursbuch 52, Mai 1978.

Maria Eiken * 1960 in Bakum/ Oldenburg, studierte Deutsch und Arbeitslehre/ Haushalt an der TU Berlin.

Stefanie Endlich, Dr. * 1948 in Dresden, Soziologin, tätig als Journalistin, Lehrbeauftragte und Koordinatorin von Kunstwettbewerben. Zahlreiche Veröffentlichungen und Rundfunksendungen über Kunst und Architektur; Beitrag über griechische Geschichte im Katalog zur Ausstellung HAP Grieshaber, Staatliche Kunsthalle Berlin 1977.

Sibylla Flügge * 1950 in Clausthal-Zellerfeld, Rechtsanwältin, veröffentlichte Beiträge in »Ledige Mütter«, Frankfurt/M. 1976, und »Mutterlust/ Mutterfrust«, Frankfurt/M. 1980.

Georg Fülberth * 1939 in Darmstadt, Professor für Politikwissenschaft, veröffentlichte u.a. »Leitfaden durch die Geschichte der Bundesrepublik Deutschland«, Köln 1983, und »Konzeption und Praxis sozialdemokratischer Kommunalpolitik 1918 - 1933«, Marburg 1984.

Peter Grohmann * 1937 in Breslau, Schriftsteller, Schriftsetzer, Kabarettist.

Klaus Gürtler * 1950 in Hannover, Germanist und Historiker, lebt immer noch in Hannover, z.Zt. als Journalist eines Stadtmagazins.

Klaus Hartung * 1940 in Olbernhau/ DDR, Journalist, veröffentlichte u.a. »Die neuen Kleider der Psychiatrie«, Berlin 1980, in den sechziger Jahren SDSler in Berlin.

Jürgen Henschel * 1923 in Berlin, Fotoreporter, publizierte u.a. den Bildband »Unterwegs«.

Stephan Hermlin * 1915 in Chemnitz, Schriftsteller, veröffentlichte Lyrik, Erzählungen, Aufsätze und Reportagen. Kehrte 1945 nach neun Jahren Exil nach Deutschland (Frankfurt am Main) zurück, lebt seit 1947 in Ostberlin.

Florence Hervé * 1944 in Boulogne/ Seine, Frankreich, Übersetzerin, Germanistin (Dr. phil.), Dozentin und freie Journalistin, veröffentlichte u.a.: »Frauenbewegung und revolutionäre Arbeiterbewegung. Texte zur Frauenemanzipation in Deutschland und in der BRD von 1848 bis 1980«, UMB Ffm 1981, Mitherausgeberin von »Geschichte der deutschen Frauenbewegung«, Pahl-Rugenstein, Köln 1981.

Reinhard Hippen * 1942 in Leer/ Ostfriesland, Grafik-Designer, Gründer und Leiter des »Deutschen Kabarett Archivs« in Mainz.

Jürgen Holtfreter * 1937 in Rostock, Schriftsetzer, Fotomonteur, Grafiker, ELEFANTEN PRESSer.

Agnes Hüfner, Dr. * 1943 in Recklinghausen, Kulturredakteurin, publizierte »Brecht in Frankreich«.

Gabriele Huster * 1953 in Essen, Kunsthistorikerin, erträumte und zeichnete seinerzeit Mick Jagger.

Rainer Höynck * 1927 in Berlin, Journalist, Redakteur beim RIAS Berlin, Mitherausgeber des Fotobuchs »Berlin auf den 2. Blick«, Mitglied des Deutschen Werkbundes.

Wolfgang Kirmes * 1921 in Berlin-Charlottenburg. Nach kaufmännisch-buchhändlerischer Ausbildung, nach Kriegsverletzung und Ende des Zweiten Weltkrieges in freier journalistischer Tätigkeit in Jahrzehnten unzählige Beiträge, vorwiegend stadtgeschichtlicher Art veröffentlicht — gegen Krieg, Kriegsgeschrei und Volksaufhetzung.

Birger Kohnert * 1956 in Lübeck, Diplom-Sozialwirt

Ekkehart Krippendorff * 1934 in Eisenach/ Thüringen, Professor an der Freien Universität Berlin, veröffentlichte (mit P. Kammerer) das »Reisebuch Italien«, 2 Bde., Rotbuch Verlag 1978/ 80, und »Staat und Krieg — Zur Logik der politischen Unvernunft«, Suhrkamp 1985. Lebte von 1969 - 1978 in Italien.

Reinhard Krüger * 1951 in Berlin, studierte Chemie, Romanische Literatur und Geschichte, veröffentlichte Aufsätze zur Ästhetik sowie Rezensionen.

Anke Kuckuck * 1954 in Bünde/ NRW, Journalistin.

Günter Langer * 1946 in Berlin, in den Sechzigern SDSler.

Rüdiger Liedtke * 1947 in Paderborn, Journalist und Publizist, veröffentlichte 1982 »Die verschenkte Presse« und 1984 »Widerstand ist Bürgerpflicht«.

Udo Lindenberg * 1946 in Gronau, Rockmusiker, in den Sechzigern verschiedenste Trommel- und Studienversuche, '68 nach Hamburg getrampt mit 100,— und Karriereträumen, mit Trommelstöcken in den Taschen auf St. Pauli rumgerannt und Job gesucht. Wollte schon als Seemann anheuern, da traf er die »City Preachers«, die gerade einen neuen Trommler suchten. 1969 erste eigene Band.

Andreas Ludwig * 1954 in Berlin, Historiker und Mitglied der Berliner Geschichtswerkstatt, veröffentlichte mit anderen »Projekt Spurensicherung«, Elefanten Press 1983.

Irene Lusk * 1945 in Berlin, Kunsthistorikerin, veröffentlichte »Montagen ins Blaue« und Beiträge in verschiedenen anderen Büchern.

Hans Mahle * 1911 in Hamburg, Rentner, Ehrenvorsitzender der Gesellschaft für deutsch-sowjetische Freundschaft, Gründungsmitglied des Nationalkomitees Freies Deutschland. Kam bei Kriegsende nach Deutschland zurück und lebte in Berlin. Ab 13. Mai 1945 erster Intendant des Berliner Rundfunks, 1946 Leiter des Rundfunkreferats in der Zentralverwaltung für Volksbildung, von 1947 - 51 Generalintendant des Senders in der Sowjetischen Besatzungszone und der DDR, von 1954 - 59 Chefredakteur der »Schweriner Volkszeitung« und später Chefredakteur der »Wahrheit« in Westberlin.

Günter Maschuff * 1926 in Königsberg/ Pr., Journalist, veröffentlichte zahlreiche Beiträge in Zeitschriften und Anthologien, z.B. in »Hilfe Schule, Geschichten für Kinder« bei ELEFANTEN PRESS.

Hannelore Mayer * 1952 in Köln, Lehrerin.

Ulrike Marie Meinhof * 1934 in Oldenburg, Studium der Philosophie, Pädagogik und Germanistik in Marburg, Münster, Hamburg; von 1959 bis 1969 Mitarbeiterin von »Konkret«, von 1962 - 64 als Chefredakteurin. Ab 1968 freie Journalistin und Lehrbeauftragte an der FU Berlin, nach der Befreiung des Kaufhausbrandstifters Andreas Baader im Untergrund.
/ Mai 1976 im Gefängnis Stuttgart-Stammheim.

Detlef Michel * 1944 in Türkheim/ Elsaß, Schriftsteller, schreibt Filme und Theaterstücke, u.a. »Eine linke Geschichte« (zus. mit V. Ludwig).

Irmtraut Morgner * 1933 in Chemnitz, Schriftstellerin, veröffentlichte u.a. »Leben und Abenteuer der Trobadora Beatriz« und »Amanda«, lebt in Berlin/ DDR.

Jens Theo Müller * 1953 in Oldenburg, Linguist (MA), Videomacher und Taxifahrer.

Erik Neutsch * 1953 in Schönebeck/ Elbe, freier Schriftsteller in der DDR, veröffentlichte »Die Spur der Steine«, Berlin 1974, und »Auf der Suche nach Gatt«, Berlin 1973.

Hans Joachim Neyer, Dr. * 1947 in Ibbenbüren, Lehrer, veröffentlichte »Kunst und Politik bei Aragon. Vom Surrealismus zur Poésie de Circonstances«, Verlag Peter Lang.

Helmut Peitsch * 1948 in Minden, Privatdozent am Fachbereich Germanistik der FU Berlin, veröffentlichte 1978 »Georg Forster, 'Ansichten vom Niederrhein'«, Verlag Peter Lang, und gab 1982 und 1984 Band 1 und 2 »Nachkriegsliteratur« im Argument Verlag heraus.

Joachim Petsch * 1939, Studium der Kunstgeschichte, Akad. Oberrat am Kunsthistorischen Institut der Ruhr-Universität Bochum, Forschungsschwerpunkte: Architektur und Städtebau des 20. Jahrhunderts. Publikationen: »Architektur und Gesellschaft. Zur Geschichte der deutschen Architektur im 19. und 20. Jahrhundert«, Köln 1973, (Hrsg.) »Architektur und Städtebau im 20. Jahrhundert«, 2 Bde., Berlin 1974/75, »Baukunst und Stadtplanung im Dritten Reich«, München 1976; Aufsätze in Zeitschriften und Sammelbänden.

Wolfgang Plat, Dr. * 1923 in Hamburg, Rechtshistoriker, Sachbuchautor und Dokumentarfilmer. Veröffentlichte »Polnische Gegenwart«, Verlag S. Fischer 1973, und »Deutsche Träume oder der Schrecken der Freiheit — Aufbruch ins 19. Jahrhundert«, Econ Verlag 1981. Befand sich vom 8. Mai 1945 - 1. Dezember 1949 in sowjetischer Kriegsgefangenschaft.

Chlodwig Poth * 1930 in Wuppertal, 1936 nach Berlin. Nachkriegszeit und Studium an der Hochschule für Bildende Kunst. 1945 erste Veröffentlichungen im »Start«, ab 1948 Mitarbeiter am »Insulaner«, verschiedene Jobs. 1955 Übersiedlung nach Frankfurt als Grafiker in einer Agentur. Es folgen fünf Redakteursjahre bei der Werkszeitung der Dunlop-Werke in Hanau. 1961 selbständiger Grafiker, danach Karikaturist, Mitbegründer von »Pardon« und später »Titanic«.

Thomas Til Radevagen * 1944 in Guben/ Niederlausitz, lebt in Berlin.

Witich Roßmann * 1951 in Wolfsburg, studierte Politik und Geschichte, ist wissenschaftlicher Mitarbeiter am Institut für Politikwissenschaft Marburg, veröffentlichte »Wirtschaftskrise, Faschismus und Gewerkschaften«, Köln 1981 (zus. mit F. Deppe).

Helke Sander * 1937 in Berlin, Regisseurin (z.B. »Der subjektive Faktor«) und Professorin.

Helma Sanders-Brahms * 1940 in Emden, Filmautorin. Veröffentlichte »Deutschland, bleiche Mutter« (rororo) und »Heinrich« (Panta Rhei Filmverlag).

Maruta Schmidt * 1944 in Liberec, Mitarbeiterin bei ELEFANTEN PRESS, Mitherausgeberin von »FrauenBilderLeseBuch« und »Frauen unterm Hakenkreuz« bei ELEFANTEN PRESS.

Michael Schneider, Dr. * 1943 in Königsberg, freier Schriftsteller, veröffentlichte »Das Spiegelkabinett«, Novelle, 1980, und »Nur tote Fische schwimmen mit dem Strom«, Essays u. Polemiken, Kiepenheuer & Witsch 1984.

Eckhard Siepmann * 1942 in Schwelm/ Westfalen, Lumpensammler, veröffentlichte »Montage: John Heartfield« und »Bikini — Kalter Krieg und Capri-Sonne« bei ELEFANTEN PRESS.

Ingeborg Simon * 1939 in Oldenburg, Apothekerin, Vertrauensfrau der Fachgruppe Apotheken in der ÖTV Berlin, publizierte »Arzneimittelbroschüre für Verbraucher«, Bonn 1979, und »Das 2. Arzneimittelgesetz« in »Bankrott der Gesundheitsindustrie«, Berlin-West 1981.

Michael Sonntag * 1951 in Bremerhaven, Diplom-Psychologe, lebt in Berlin.

Karl-Ludwig Sommer * 1950 in Celle, Wissenschaftlicher Mitarbeiter, veröffentlichte u.a. »Gustav Heinemann und die SPD in den sechziger Jahren«, München 1980, und »Es geht ums Leben! Abrüstungsbemühungen und Aufrüstungspolitik in der Bundesrepublik Deutschland 1945 - 1981«, Bremen 1982.

Christian Sterzing * 1949 in Krefeld, Rechtsanwalt, veröffentlichte »Das ist unser Land — Westbank und Gaza-Streifen unter israelischer Besatzung«, Bornheim-Merten 1980 (gemeinsam mit J. Metzger und M. Orth).

Andrea Theissen * 1952 in Oranienburg, Studium der Germanistik und Geschichte an der FU Berlin. Historikerin.

Toni Tripp * 1911 in Essen, lebt in Düsseldorf, selbständiger Fotograf, seit 1947 Journalist, Mitglied der Deutschen Journalisten Union. Eigenes Redaktionsbüro mit Bilderdienst Rhein-Ruhr.

Michael Venedey * 1920 in Konstanz, Arzt, veröffentlichte verschiedene Beiträge zum Thema Psychologische Kriegsführung; Sprecher der Friedenskoordination Berlin (West).

Rändi Warwel * 1952 in Berlin-Spandau, Journalist und Grafiker, Veröffentlichungen in verschiedenen Zeitschriften und z.B. in »Stadtfront« (Elefanten Press).

Sabine Weißler * 1958 im Groß-Umstadt/ Odenwald, Diplom-Politologin, publizierte diverse Zeitschriften- und Katalogbeiträge, Redaktion von »Die Zwanziger Jahre des Deutschen Werkbunds« und »Plastikwelten«, ELEFANTENPRESS 1985.

Lutz von Werder, Prof. Dr. * 1939 in Berlin, Hochschullehrer, Soziologe, Pädagoge, Kulturarbeiter in Berlin-Schöneberg, veröffentlichte »Schwarze Landschaft« (1979), »Aufbruch nach Kythera« (1982).

Michael Wildt * 1954 in Essen, gelernter Buchhändler, studiert Neuere Geschichte, Sozial- und Wirtschaftsgeschichte und Volkskunde in Hamburg.

Siegfried Zielinski * 1951 in Butzbach/ Hessen, Medienwissenschaftler, publizierte »Veit Harlan« (1981) und »Holocaust zur Unterhaltung« (1982).

Reiner Zilkenat * 1950 in Berlin-West, Studium der Geschichte und Politischen Wissenschaft (MA), politischer Mitarbeiter im Parteivorstand der SEW. Veröffentlichungen u.a.: »Preußen. Zur Sozialgeschichte eines Staates: Eine Darstellung in Quellen«, Reinbek 1981 (mit Peter Brandt u. Thomas Hofmann); »Hitlerfaschismus geschlagen! Die KPD lebt und kämpft! Aus dem Kampf der Berliner Kommunisten 1945«, Westberlin 1985 (mit Bruno Kuster).

Sach-, Personen- und Ortsregister

G

H

I

J

K

L

M

N

O